TRANSMETTRE, SOUMETTRE, SOCIALISER

ESSAI SUR L'APPRENTISSAGE EN FRANCE
DE COLBERT À LA GRANDE GUERRE

DU MÊME AUTEUR

Bread, Politics and Political Economy in the Reign of Louis XV, 2 vol., La Haye, Martinus Nijhoff, 1976. Deuxième édition, Londres, Anthem Press, 2016.

The Bagarre: Galiani's « Lost » Parody, La Haye, Martinus Nijhoff, 1979.

Le Complot de famine : histoire d'une rumeur au XVIIIe siècle, Paris, Armand Colin, « Cahiers des Annales », 1982.

Les Ventres de Paris : pouvoir et approvisionnement dans la France d'Ancien Régime, Paris, Fayard, 1988.

Adieu 89, Paris, Fayard, 1993.

Le Meilleur Pain du monde. Les boulangers de Paris au XVIIIe siècle, Paris, Fayard, 1996.

La Fin des corporations, Paris, Fayard, 2001.

Le Retour du bon pain : une histoire contemporaine du pain, de ses techniques, et de ses hommes, Paris, Perrin, 2002.

Cherchez le pain : guide des meilleures boulangeries de Paris, Paris, Plon, 2004.

Le Pain maudit : retour sur la France des années oubliées 1945-1958, Paris, Fayard, 2008.

The Stakes of Regulation: Perspectives on Bread, Politics and Political Economy Forty Years Later, Londres, Anthem Press, 2015.

Raisonner sur les blés, Paris. Essai sur les Lumières économiques, Paris, Fayard, 2017.

Pour le pain, Paris, Fayard, 2020.

Ouvrages collectifs

Reappraisals and New Perspectives in European Intellectual History, avec D. La Capra (dir.), Ithaca, Cornell University Press, 1982.

Understanding Popular Culture in Early Modern Europe, Berlin, Paris et New York, Mouton Publishers, 1983.

Work in France: Representations, Meaning, Practice, and Organization, avec C. Koepp (dir.), Ithaca, Cornell University Press, 1986.

Food and Gender: Identity and Power, avec C. Counihan (dir.), Amsterdam et New York, Harwood Academic Publisher, 1998.

La France, malade du corporatisme ? XVIIIe-XXe siècles, avec P. Minard (dir.), Paris, Belin, 2004.

Learning on the Shop Floor: Historical Perspectives on Apprenticeship, avec B. de Munck et H. Soly (dir.), Oxford, Bergham Books, 2007.

The Economic Turn: Recasting Political Economy in Enlightenment Europe, avec S. Reinert (dir.), Londres, Anthem Press, 2019.

Steven L. Kaplan

Transmettre, soumettre, socialiser

Essai sur l'apprentissage en France de Colbert à la Grande Guerre

Fayard

En couverture : *Verriers au Four*, François-Marie Firmin-Girard (1838-1921),
huile sur toile, 75 × 103 cm, collection privée.

Création graphique : Antoine du Payrat

ISBN : 978-2-213-71191-1
Dépôt légal : mai 2023

À la mémoire de mon petit-fils,
Morgan Patrick Kaplan (2004-2021),
garçon délicieux, apprenti passionné de l'histoire

INTRODUCTION

L'apprentissage n'est pas un sujet exotique de nos jours. Pourtant, il y a quelques décennies, on en parlait peu. Pour le grand public, en tant que catégorie à la fois sociale et pédagogique, il renvoyait plutôt au passé, non à l'avenir, à un phénomène passablement folklorique, sinon ringard. Il était vaguement associé à des pratiques d'une autre époque, plus ou moins dickensiennes ; il évoquait des clichés négatifs, pâtissant d'une stigmatisation tacite : cul-de-sac social réservé à des jeunes gens qui ne réussissent pas à l'école, représentation assez sombre, sauf pour une poignée d'acteurs, porteurs de certains aspects du patrimoine culturel et faisant partie d'un quotidien pittoresque dans l'imaginaire collectif, tels les métiers de bouche.

Aujourd'hui, l'apprentissage est en pleine renaissance. La définition est dorénavant consensuelle : « Une forme d'éducation alternée [qui] a pour objectif de donner à des jeunes travailleurs [on évite le mot élèves] ayant satisfait à l'obligation scolaire une formation générale, théorique et pratique, en vue de l'obtention d'une qualification professionnelle sanctionnée par un diplôme [de type très variable][1]... » La presse parle de l'apprentissage, quasiment tous les jours[2]. Récemment, le gouvernement s'en est emparé comme un levier socio-économique et culturel d'un réel intérêt durable, et non comme une

1. *L'Apprentissage en questions. 131 réponses pour administrer, former, décider*, Nancy, CRDP-Lorraine, 2001, p. 111.

2. Habituellement, les articles de presse parlent du « succès sans précédent » de l'apprentissage, mais dans *Le Monde*, daté du 22 juillet 2022, un titre annonce : « L'apprentissage : grosse inquiétude après le coup de rabot budgétaire ». Même angoisse dans l'organe de la Confédération nationale de la boulangerie-pâtisserie : « Coup de chaud sur le financement de l'apprentissage ». *Les Nouvelles de la Boulangerie-Pâtisserie*, n° 1050 (15 juillet 2022).

simple technique pour résorber conjoncturellement le chômage. Le président Macron a pour but un million d'apprentis (2016 : 290 000 ; 2021 : 730 000). À l'instar de tous ses prédécesseurs depuis 2000, il a impulsé la réhabilitation de l'apprentissage comme un atout majeur (le cas allemand depuis cent cinquante ans servant de paradigme, source d'anxiété transformée en facteur d'émulation), la revalorisation des pépinières de l'apprentissage comme des sites stratégiques de formation et de production plutôt que des voies de garage, des lieux de relégation socioprofessionnelle et l'extension de l'apprentissage à des domaines inédits. Sans pouvoir entrer dans les têtes des nouveaux/nouvelles apprenti.e.s, mais pour m'être informé auprès de nombreux formateurs dans des Centres de formation d'apprentis (CFA) consulaires, publics et d'entreprise de plusieurs métiers, j'ai l'impression qu'une attitude plus positive s'empare des CFA et des écoles dans la sphère de l'artisanat. J'ai eu plusieurs fois l'occasion de me trouver juge dans des concours d'apprentis techniquement sérieux, mais globalement tristes, manquant d'enthousiasme et d'espoir. Quelques semaines avant de rédiger ce texte, j'ai présidé un concours d'une grande intensité, tendu parce que l'enjeu semblait en valoir la chandelle pour tous les participants (et leurs familles et conseillers), mais aussi joyeux et un peu grisant, car marquant une étape dans une trajectoire perçue comme bénéfique, voire enrichissante.

En même temps, les Français ont renoué avec la notion générique d'apprentissage à la suite de son retour en grâce. Sectoriellement, le terme-métaphore n'a jamais perdu son crédit ni sa crédibilité. Par exemple, à l'école, depuis longtemps, l'apprentissage à la lecture est un sujet controversé et au lycée on étudie le roman d'apprentissage ; un patron initiant une nouvelle employée à une démarche particulière veut mesurer rapidement sa courbe d'apprentissage ; ma petite-fille fait un apprentissage au cheval ; avec l'arrivée de quelques joueurs chevronnés, l'équipe de rugby de Biarritz (BO) espère faire son apprentissage de la victoire ; diverses associations caritatives invitent des bénévoles à faire l'apprentissage de la solidarité. Nous sommes tous méfiants à l'égard de l'apprenti sorcier, celui qui se livre témérairement à des expériences périlleuses. Face à la cacophonie parlementaire, on peut penser à l'appréciation sardonique de Zola à l'égard des « apprentis républicains ». Nous connaissons tous un phénomène proche de l'apprentissage, mais nous évitons le mot, peut-être parce qu'il figure un rapport strictement vertical et une sorte de soumission implicite. Nous préférons parler d'un *mentor*, conseiller sage qui nous a pris en charge sur le lieu de travail (pour nous orienter, voire nous protéger), au cours d'un enseignement/entraînement sportif (un coach inspirant), en faculté de médecine (un.e professeur.e éclairant la voie à un.e interne), en école doctorale en sciences sociales ou littérature (une directrice de thèse exigeante qui aide l'étudiant.e à se dépasser). Un policier new-yorkais appelle son mentor « rabbin » : il dispense influence aussi bien que sapience. Un couvreur dit que son mentor est celui qui lui a appris à ne pas tomber, puis l'a rattrapé quand il a décroché. Dans un syndicat, le mentor est souvent le gardien des réseaux. Pour un comédien, le mentor est un modèle, le virtuose du métier qu'il souhaite devenir. Des femmes rebaptisent le mentor « femtor ».

Jadis, la notion d'apprentissage était encore plus polysémique. Pendant l'Ancien Régime, en ville et dans ses environs, on vivait à côté de l'apprentissage institutionnel et informel omniprésent. Les termes apprentissage et apprenti entrent dans le vocabulaire quotidien portant une large palette de significations. Des écrivains dessinent un apprentissage à la vie, mais aussi à la mort, l'un et l'autre intimement liés, largement négligés, complexes et nécessaires[3]. *Émile* ébauche une vision « Lumières » de l'apprentissage à la vie, qui mobilise toutes sortes de stimulations et de formations pour l'adolescent, bien au-delà de la discipline de l'établi. Il se penchera vers le bien, d'abord intuitivement, en quelque sorte naturellement, puis en connaissance de cause, pas par pas, expérience par expérience. L'abbé Fleury, un demi-siècle plus vieux que Jean-Jacques, prêtre, historien et juriste, voit la vie (qui est « courte ») comme un apprentissage permanent où il faut choisir entre connaissances pratiques et « celles qui ne donnent que du plaisir », entre l'étude et l'évaluation des « biens de l'âme », ceux « du corps » et ceux « de fortune ». Cet apprentissage est fondé sur la raison et un postulat utilitariste : l'homme grandissant, mûrissant – tardivement ? – apprendra à préférer le nécessaire au détriment de l'hédonique. Rousseau et Fleury réfléchissent, de manière fort dissemblable, sur ce que des anthropologues de notre ère appellent l'acquisition d'« une personnalité sociale différente ». Le philosophe et le prêtre suggèrent des modèles de stades de vie-en-apprentissage, une idée reprise par Charles Chabroul, membre de l'Assemblée nationale

3. *Sermons du père Louis Bourdaloüe de la Compagnie de Jésus pour le Caresme*, t. 2, Paris, Rigaud, 1707, p. 402 ; Antoine Furetière, *Dictionnaire universel contenant généralement tous les mots françois, tant vieux que modernes et les termes de toutes les sciences et des arts*, t. 2, La Haye, Arnoud et Reinier Leers, 1702, p. 294.

en 1790, qui envisage la vie en trois temps : le premier est proprement le moment de l'apprentissage pour l'acquisition des savoirs basiques ; puis le temps du travail où l'on renouvelle constamment ses connaissances ; enfin, l'époque de repos, qui doit être à son tour préparé et raffiné[4].

Si l'apprentissage est un projet d'autoconstruction jusqu'à la fin, il n'est pas surprenant que l'on puisse chercher « un apprentissage pour la vertu » et/ou « pour le vice » – on vivra « des combats » édifiants si l'on entreprend les deux simultanément. Toutes les grandes innovations exigent un apprentissage, semble indiquer Samuel Pufendorf, juriste allemand, un des penseurs les plus influents du Grand Siècle. Après « avoir fait l'apprentissage sur les Bêtes », les mangeant de préférence aux fruits privilégiés par les enfants, « la Nature n'étant pas encore corrompue en eux », les premiers hommes « s'accoutumèrent par-là insensiblement à la cruauté ». Ils « tournèrent ensuite les armes contre leurs semblables ». L'idée commune de l'apprentissage tendait à donner la primauté aux connaissances (non spécifiées) par rapport à l'explicitation, puis l'intériorisation des règles de comportement dans la vie de tous les jours, même si certains associent « l'action d'apprendre quelque chose avec le besoin de s'assujettir à "des règles" pour garantir la qualité et la fiabilité de ces connaissances »[5].

L'apprentissage n'est pas un mouvement mécanique, programmé. Il faut une décision d'apprendre et d'y consacrer le temps nécessaire. On évite la question difficile, voire délicate : quel sujet, quelle profession, vers quelles fins ? On ne paraît pas se préoccuper excessivement

4. Jean-Jacques Rousseau, *Émile ou de l'éducation*, éd. Charles Wurz et Pierre Burgelin, Paris, Gallimard, 1969 ; abbé Claude Fleury, *Traité du choix et de la méthode des études*, Nîmes, P. Beaume, 1783, p. 51 ; *Opinion de Charles Chabroul, membre de l'Assemblée nationale, sur quelques questions relatives à l'ordre judiciaire* (mars 1790), Paris, Imprimerie nationale, 1790, p. 17. Cf. Michael W. Coy, « Being What We Pretend to Be: The Usefulness of Apprenticeship as a Field Method », dans Michael W. Coy (dir.), *Apprenticeship: From Theory to Method and Back Again*, Albany, State University of New York Press, 1989, p. 11.

5. Baron de Pufendorf, *Le Droit de la nature et des gens*, t. 1, trad. Jean Barbeyrac, Amsterdam, Gérard Kuyper, 1756, p. 441 ; *Sermons du père Louis Bourdaloüe*, t. 2, p. 195 ; *Encyclopédie méthodique. Commerce*, t. 1, Paris, Panckoucke, 1783, p. 123-24 ; Antoine-François Prost de Royer et Jean-François-Armand Riolz (éd.), *Dictionnaire de jurisprudence et des arrêts, ou Nouvelle édition du Dictionnaire de Brillon* [désormais *Dictionnaire Brillon*], t. 5, Lyon, Aimé de la Roche, 1786, p. 650, 656-57 ; Pierre Restaut, *Traité de l'orthographe françoise en forme de dictionnaire*, Poitiers, F. Barbier, 1792, p. 58. Cf. Frederick C. Gamst, « Railroad Apprenticeship and the 'Rules': Historic Roots and Contemporary Practices », dans M. W. Coy (dir.), *Apprenticeship from Theory* ; M. W. Coy, « Being What We Pretend to Be », dans *ibid.*, p. 2-3.

de savoir « comment » apprendre[6]. Implicitement, selon bien des exégètes, ordinairement on n'apprend pas tout seul. Au-delà de l'impératif de bien observer (« apprendre à voir » et à faire soi-même en imitant), l'apprentissage est de nature sociale. On le fait avec quelqu'un d'autre, sous l'égide d'une personne (ou de plusieurs) compétente et expérimentée. Les savoirs que l'on cherche communément ne relèvent pas de l'ésotérique. Il s'agit de connaissances plus ou moins disponibles, accessibles. S'il y a des informations secrètes, elles concernent telle ou telle profession dans un contexte étroit et particulier de transmission.

Dans le quotidien, l'apprentissage est communément associé à l'entrée dans le monde des arts et métiers, univers extrêmement bigarré, mêlant peintres et sculpteurs avec paveurs, vidangeurs et cordonniers, la petite bourgeoisie (quelquefois la bourgeoisie tout court) et le menu peuple. Il y a également une lecture sociale surprenante de l'apprentissage, tendancieuse et sardonique, un regard sur le XVIIIe siècle qui aurait pu être repris au XIXe :

> Il n'y a guères [*sic*] que les parens pauvres ou du moins médiocrement partagé des biens de la fortune, qui *mettent*, comme on dit, leurs enfans *en métier* pour apprendre les professions méchaniques, que des enfans pauvres, & par conséquent mal élevés, indisciplinés, maladroits, ineptes, lourds, paresseux, & que les parens jettent dans une boutique ou un atelier, le plutôt qu'ils peuvent, pour s'en défaire, aux meilleures conditions possibles[7]. . .

Cependant, une *Histoire universelle des théâtres* insiste sur le fait que l'apprentissage, nonobstant la tentation de l'attacher à des couches particulières de la population, concerne tout le monde :

> Les jeunes nobles étaient aussi tenus de fréquenter les Cours des Princes de leur Nation, de suivre les armées en tems de guerre, d'où ils furent appellés *poursuivant d'armes*, d'aller durant la paix, faire des voyages ou des messages pour acquérir de l'expérience des *Tournois*, & pour s'instruire des mœurs étrangères : ensuite ils devenaient *Archers*, puis *Ecuyers*, & enfin admis à être *Gendarmes*, ils faisaient encore l'apprentissage de la Chevalerie pendant huit à dix ans...

---

6. Sur les « *ways of knowing* », voir *ibid.*, p. 2-3, 10-11.

7. *Journal de l'agriculture, du commerce, des arts et des finances* (janvier 1771), p. 10. Sur « le caractère ambigu de la désignation d'apprentissage », notamment concernant les filles/femmes (embauches déguisées en apprentissage), « locations » de jeunes apprenti.e.s et la multiplicité de sens attachée au mot apprenti même au sein des corporations, voir Monica Martinet, « Travail et apprentissage des femmes à Lyon au XVIIIe siècle », *MEFRIM*, n° 123/1 (2022), p. 11-24.

Cette vision plus cosmopolite trouve un écho assez large. Par exemple, *L'Alambic moral*, texte dense écrit peut-être par un grand commis d'État, qui appelle à une sorte d'obligation universelle d'apprentissage :

> Apprentissage. Tout demande un noviciat. Le meilleur est certainement de voir pratiquer sous ses yeux. On devroit donc établir des apprentis à tous les états, sans aucune exception. Apprentis militaires. Apprentis marins. Apprentis négociateurs. Apprentis ministres. Apprentis juges. Apprentis intendans. Apprentis curés. Etc.[8].

En traitant l'apprentissage, on met l'accent sur les résultats généralement gratifiants : pour avoir investi dans sa formation, dans la poursuite du savoir, dans la recherche du perfectionnement des compétences, on récoltera les fruits, personnels et professionnels. On ne parle pas beaucoup du prix à payer, toujours en temps, parfois en espèces trébuchantes, couramment en sueur, physique et morale. L'apprentissage peut se révéler rude, quelquefois même pénible : pour les uns une gageure, pour les autres une épreuve, et pas seulement dans les métiers ou les activités considérés comme « inférieurs », comme les arts dits mécaniques. Peu de commentateurs essaient de montrer qu'une dimension de souffrance rend l'apprentissage plus enrichissant et l'apprenti une personne (ou un sujet) meilleur. Apprendre, c'est exigeant, mais l'apprentissage n'a pas vocation à être douloureux ; peut-être sévère, jamais tyrannique. Une « complainte » apocryphe (mais sincèrement amère) sur l'apprentissage d'un « clerc de procureur » au XVIIIe siècle – poème lyrique parmi bien d'autres « misères », mini-genre littéraire – souligne la dureté que peut réserver un effort soutenu d'apprendre :

> La faim, le froid & le sommeil,
> Le plus dur esclavage :
> Vit-on jamais sous le soleil
> Semblable apprentissage[9] ?

8. *Histoire universelle des théâtres de toutes les nations par une société de gens de lettres*, Paris, Veuve Duchesne, 1779, t. 8, p. 208 ; [attribué à G.-L. Rouillé d'Orfeuil, intendant, philosophe, conservateur], *Alambic Moral, ou analyse raisonnée de tout ce qui a rapport à l'homme*, Maroc [*sic*], 1773, p. 58-59. Sur l'argument qu'il ne faut point circonscrire l'apprentissage au monde des arts mécaniques, voir Pierre-Jacques Brillon, *Dictionnaire des arrests ou jurisprudence universelle des parlemens de France*, t. 1, Paris, G. Cuvelier, 1711, p. 142 ; et *Dictionnaire Brillon*, t. 5, p. 657-58.

9. *Le Patira, ou complainte d'un clerc de procureur sur son misérable apprentissage* dans *Misères de ce monde, ou complainte facétieuse sur les apprentissages de différens arts et métiers de la ville et fauxbourgs de Paris*, Londres et « se trouve » à Paris, chez Cailleau, 1783, p. 108.

Une analyse de la carrière du célèbre ministre libéral Turgot souligne la supposition que l'apprentissage bien fait demande une longue et rigoureuse préparation, en l'occurrence une vie entière (son placement auprès de mentors tel Gournay – homme d'affaires, administrateur de haut niveau, philosophe –, son long passage comme intendant en province lui permettant de prendre le contrôle général, super-ministère économique, sans accroc). Ironie délicieuse, celui qui a aboli l'apprentissage, dans sa forme institutionnelle et conventionnelle, en supprimant tout le système corporatiste, « ne se hasarda pas de faire un apprentissage aux dépens de la nation[10] ». L'expérience de Turgot nous rappelle que, si l'apprentissage des élites – pour la haute administration, la guerre, la vie de cour – peut être admis comme nécessaire, avantageux et incontestable, l'apprentissage dans sa forme la plus familière, massive, populaire, imbriqué dans les structures sociales, politiques et idéologiques de la monarchie (pour mémoire : divine et absolue) ne peut pas être considéré comme consensuel et indispensable, à la suite de l'avènement des Lumières économiques et libérales.

Une autre façon de parler de l'apprentissage est de mettre en avant – l'exemple de Turgot le montre obliquement – le manque d'expérience de l'apprenti. Comme l'écrit Saint-Aubin, philosophe et dramaturge, « les arts méchaniques » ne sont pas les seuls que l'on ne peut exercer qu'après avoir fait un apprentissage. Il faut former pour le théâtre exactement comme on le fait pour les « arts libéraux », la peinture et la sculpture, « les professions les plus libres et les plus honorés dans la société », la médecine, la science du barreau. « Pourquoi donc la comédie auroit-elle la liberté, ou pour mieux dire la licence de faire payer au public l'apprentissage de ses élèves ? » L'apprenti est un débutant. Il est novice dans toutes les affaires du monde : intellectuelles, professionnelles, sentimentales. Comme l'assure Nérestan dans une des pièces de Voltaire :

À la cour de Louis, guidé par mon courage
De la guerre sous lui j'ai fait l'apprentissage.

De la même manière, Hannibal, néophyte dans la pratique, fait « l'apprentissage de l'art de la guerre sous son père », Hamilcar Barca. « Je ne suis encore qu'un apprenti chrétien », avoue un jeune homme pieux d'une famille noble. « Il y a une personne que j'aime ; mais

10. *Dictionnaire Brillon*, t. 7, p. 273.

j'ignore si ce que je sens pour elle est amitié ou amour », déclare Agis dans une comédie de Marivaux, « car j'en suis là-dessus, à mon apprentissage ». L'abbé Rozier sait que le bon apprenti peut rêver grand : « Rien ne pouvoit plus m'empêcher, quoique simple apprenti, non-seulement de marcher sur les pas d'Académiciens célèbres, mais encore d'aller plus loin qu'eux [...] ». « Tant de hauteur demande un Guide sage », rapporte l'écrivain Lavau, « qui ne soit point à son apprentissage ». En résumé, d'après le *Dictionnaire encyclopédique des ana* [*sic*], « qui est apprenti n'est pas maître »[11].

Ce manque d'expérience que nous venons de souligner peut provoquer une certaine méfiance qui se traduit par une mise en garde : dans l'usage commun, la notion d'apprentissage devient à l'occasion presque péjorative. « Au sens figuré », affirme Pierre Richelet (1706), l'apprenti « ne fait pas encore bien ». Avec la même précaution, l'abbé Ferand décrit l'apprenti comme « personne peu habile aux choses dont elle se mele ». Le *Dictionnaire* de Furetière lui fait écho : l'apprenti « n'est point habile, point adroit, point accoutumé ». Bejaune « se dit par corruption de bec jaune, on ne fait de ce mot par métaphore des oisons et autres oiseaux qui ont le bec jaune », relate le *Dictionnaire de droit et de pratique* : « On l'applique à un apprentif qui n'a aucune teinture de l'art auquel il veut s'adonner. » Dans toutes les professions, on doit s'évertuer à éviter les apprentis : en médecine, l'apprenti est « un maladroit qui nous donne à crudité de sa première idée » ; les chirurgiens font leur apprentissage sur les corps des pauvres pour parvenir graduellement à une certaine maîtrise (Furetière est plus alarmiste : « Il est dangereux qu'un chirurgien ou un médecin fasse son apprentissage sur nous ») ; des peigneurs adroits et expérimentés tirent « d'un même chanvre beaucoup plus de premier brin que ne font

11. Jacques-Thomas Mague de Saint-Aubin, *La Référence des théâtres*, Paris, Guillot, 1787, p. 91 ; A. Furetière, *Dictionnaire universel*, t. 1, p. 114 ; abbé Maury, *Éloge funèbre de très-haut, très-puissant et excellent prince, Monseigneur Louis, Dauphin de France*, Sens, Tarbé, 1766, p. 30 ; François-Louis Poïtevin, *Le Nouveau Dictionnaire suisse, françois-allemand et allemand-françois*, Basle, Jean Rodolphe Imhof, 1754, p. 79 ; *Zayre* [*sic*], *Tragédie de Voltaire, Théâtre de Mr de Voltaire*, t. 1, Genève, 1768, p. 112 ; Pierre Massuet, *La Science des personnes de cour, d'épée & de robe*, t. 6, Amsterdam, Z. Chatelain, 1752, p. 463 ; *Lettres choisies de monsieur de la Rivière, gendre de M. le comte de Bussi-Rabutin*, t. 2, Paris, Debure, 1751, p. 118, 298, 380 ; [Pierre Carlet de] Marivaux, *Le Triomphe de l'Amour, comédie de M. de Marivaux*, Paris, P. Prault, 1732, p. 89 ; abbé François Rozier, *Observations sur la physique, sur l'histoire naturelle et sur les arts*, t. 20, Paris, au bureau du *Journal de Physique*, 1782, p. 270 ; S. Pufendorf, *Le Droit de la nature*, t. 1, p. 613 ; Philippe Bernardi, *Maître, valet et apprenti au Moyen Âge : essai sur une production bien ordonnée*, Toulouse, CNRS-Université de Toulouse-Le Mirail, 2009, p. 94-123 ; Lavau, *L'Éducation, poème divisé en deux chants*, 1739, p. 13 ; *Encyclopediana, ou Dictionnaire encyclopédique des Ana*, Paris, Panckoucke, 1791, p. 110.

les apprentis ». Observateur fin de la vie parisienne, Louis-Sébastien Mercier distingue le bon travail d'un décrotteur chevronné du Pont-Neuf (« célérité », « propreté ») de celui d'un « apprenti ignare à qui vous confiez votre jambe, & qui prenant le polissoir au lieu de la vergette, étend sur un bas de soie blanc, une cire noire & gluante que la plus habile blanchisseuse ne pourra effacer »[12].

À terme, on sait que l'apprenti s'améliore, mais pour l'instant « vous avez la rage absurde de vouloir toujours vous mêler de choses auxquelles vous n'entendez rien, & vous tombez toujours dans les *inepties* que l'on pardonneroit à peine à un apprentif de 6 mois ». Car, au fond, l'apprentissage, période d'acquisition du savoir-faire, est logiquement la phase des erreurs et des malfaçons involontaires. Le mauvais maître dans la fabrique des draps de luxe à Nîmes est par définition celui qui s'installe « sans faire aucun l'apprentissage ». Les fils de maître, qui n'ont pas fait d'apprentissage structuré, sont souvent marqués par « leur incapacité ». Après tout, apprenti est porteur du signe de médiocrité, mais on reconnaît que l'apprentissage est justement le moment des erreurs, des égarements, des maladresses, des étourderies, c'est-à-dire le temps d'accumuler de l'expérience, de rectifier des mauvais jugements, de forger une solide habileté[13].

L'apprenti institutionnel du XVIIIe siècle doit son existence sociale au régime corporatiste, directement ou indirectement. Cet apprenti est souvent défini tout bonnement comme « un aspirant à la maîtrise », ce qui ne préjuge pas qu'il y arrive. Ici ou ailleurs, il bénéficie d'un statut qui se traduit par une reconnaissance, même s'il est assigné au rang de « subalterne », dans tous les sens, par rapport à son maître

---

12. Pierre Richelet, *Dictionnaire François contenant généralement tous les mots,* Amsterdam, J. Elzevir, 1706, p. 63 ; abbé Jean-François Féraud, *Dictionnaire critique de la langue française,* t. 1, Marseille, J. Mossy, 1787, p. 134 ; A. Furetière, *Dictionnaire universel,* t. 1, p. 114 et t. II, p. 348 ; Claude-Joseph de Ferrière, *Dictionnaire de droit et de pratique,* t. 1, Paris, Joseph Saugrin, 1758, p. 191 ; Abel Boyer, *Nouveau dictionnaire françois-anglois, anglois-françois,* éd. Louis Chambaud et Jean-Baptiste-René Robinet, t. 1, Paris, Panckoucke, 1785, p. 48-49, 320 ; Lefébure de Saint-Ildephont, *Le Médecin de soi-même, ou méthode simple et aisée pour guérir les maladies vénériennes, avec la recette d'un chocolat aphrodisiaque,* t. 1, Paris, Michel Lambert, 1775, p. 619 ; Jean-Alexis Borelly, *Journal d'agriculture et d'économie rurale,* t. 2, Paris, Imprimerie du *Journal de l'instruction publique,* an II, p. 276 ; Louis-Sébastien Mercier, *Tableau de Paris,* t. 6, Amsterdam, 1783, p. 2.

13. *Observations grammaticales et morales sur Figaro,* Paris, 1785, p. 22 ; *Reglemens et statuts concernans le commerce, art et fabrique des draps d'or, d'argent et de soye,* Nîmes, septembre 1682, dans *Recueil des reglemens généraux et particuliers concernant les manufactures et fabriques du royaume,* Paris, Imprimerie royale, 1730, p. 149 ; Philippe Bornier (éd.), *Conférences des ordonnances de Louis XIV,* t. 2, Paris, 1755, p. 443 et t. 2, Paris, Les Libraires associés, édition de 1744, p. 439.

d'abord, dans un monde d'une verticalité aiguë, et par rapport au public, à tous les niveaux, qui l'aperçoit comme un agent subordonné et semi-domestique. L'apprenti institutionnel fonctionne au sein d'une communauté – sans en être jamais regardé comme membre – et jouit de certains avantages réels ou d'opportunités éventuelles. Sans être voué à devenir maître, il garde cette possibilité. Son choix sera déterminé par la stratégie de sa famille, s'il en reste proche, mais surtout par ses moyens, provenant encore une fois de sa famille et de ses réseaux, car ses gains à lui seront ordinairement trop modestes. S'il ne peut pas atteindre la maîtrise par le biais du chef-d'œuvre et le prix d'entrée habituel, il reste la mobilité corporative par mariage : l'apprenti devenu gendre du maître a une trajectoire dorée. Une veuve de maître peut le protéger ; si elle est influente et résolue, un passage par la petite porte dérobée n'est pas impensable.

Beaucoup moins chère que la voie royale, un apprenti peut emprunter une route parallèle, mais asymétrique, menant à une « installation » ou un « établissement » en dehors du système, donc illicite, avec l'espoir (ou pas !) de s'insinuer un jour dans une communauté par l'achat d'une maîtrise ou une dérogation politique lui permettant de payer sa réception sans surcharge. Soulignons que le recours au vaste champ alternatif, « officiellement » clandestin, mais pratiqué plus ou moins ouvertement en fonction des usages, des tolérances, des négociations et/ou d'arrangements, n'est plus considéré, notamment à l'intérieur et aux alentours des grandes villes, comme le signe d'un échec ou le marqueur d'un engagement honteux. L'univers en dehors des corporations est jonché de risques, barrières et d'écueils, mais il est désormais assez bien cartographié, pas forcément accueillant, mais *open for business*. L'apprenti – actuel (en fuite), ex, pseudo (l'apprenti sans brevet, sans statut formel, parfois vu comme apprenti entre guillemets) – peut intégrer, en quelque sorte, le non-système où il sera capable de gagner son pain.

Un apprenti institutionnel, adroit et confiant, a la possibilité d'envisager une « carrière » dans le système comme compagnon. « Attrape-science » qui a su apprendre par tous les moyens – le terme est péjoratif, témoignant du poids de la domination, mais il rend tout de même hommage à l'assiduité –, il est en mesure de décrocher une bonne place dans une maison solide. Sinon, il peut souhaiter se perfectionner tout en gagnant sa vie sur le Tour de France, où compagnons et compagnonnages (sociétés secrètes) transmettent leur savoir-faire dans des cours ou par bouche-à-oreille ou démonstration, et pratiquent une sociabilité et une solidarité qui renforcent l'autonomie (relative) du très récent ancien apprenti. Un brevet parisien lui donnera toujours priorité pour se faire embaucher dans certaines villes. Même après des années comme compagnon, ces vraies-fausses franchises restent utiles à l'ex-apprenti[14].

La comparaison avec le XIXe siècle est compliquée. Désormais protégé par le droit naturel grâce à la métamorphose idéologique et institutionnelle « Turgot-Le Chapelier » (1776/1791), l'apprenti ne peut se voir contester le droit de travailler. Cependant, le manque d'encadrement le prive d'un ancrage stable, d'un tremplin opérationnel, voire fiable. Le seul statut de l'apprenti du XIXe siècle est informel et descriptif : il est ouvrier débutant. L'écosystème culturel est bien plus pessimiste. Face à l'éclatement de l'apprentissage dans le sillage de l'abolition définitive des corporations en 1791, situation de désarroi quasi structurel aggravée considérablement par des mutations profondes dans l'industrie, changements qui modifient sérieusement les relations sociales de production, il devient difficile de parier sur le succès de l'apprenti lambda. Vraisemblablement, ce dernier, davantage que son homologue du XVIIIe siècle, court un plus grand risque de ne pas réduire de façon significative sa dépendance et de ne pas échapper à la précarité récurrente. En dehors de sa famille ou de certaines entreprises dans lesquelles sa famille est intégrée, l'apprenti n'a ni matrice ni modèle. L'itinéraire est à inventer dans chaque cas. L'apprenti fait comme il peut. S'il a les moyens, matériels et psychologiques, d'aspirer à l'indépendance, il peut devenir un jour entrepreneur, chef d'atelier ou contremaître. S'il parvient à la « possession du métier », il sera, sauf accidents conjoncturels, à l'abri de la misère, et même en état de

14. Nicolas Toussaint Lemoyne Des Essarts, *Dictionnaire universel de police*, t. 1, Paris, Moutard, 1786-1790, p. 328 ; Edme Billard-Dumonceau, *Le Suborneur, comédie en 5 actes et en vers*, Paris, Prault, 1782 ; *Dictionnaire de l'Académie françoise*, 5e éd., t. 1, Paris, J.-J. Smits, 1798, p. 70-71. Même pendant l'Ancien Régime, identifier un apprenti n'est pas toujours tâche aisée. Voir le cas d'un perruquier à Châlons-sur-Saône, *Gazette des tribunaux*, t. 25, nº 13 (1788), p. 201-02. Voir également le débat sur l'orthographe idoine pour des apprenties : aprentisse ; apprentisse ; aprentive ; aprentîe. J.-F. Féraud, *Dictionnaire critique*, t. 1, p. 134 ; P. Richelet, *Dictionnaire François contenant généralement tous les mots*, p. 63 ; *Journal de la langue françoise, soit exacte, soit ornée*, Paris et Lyon, Doumergue/Knapen fils, 1784, p. 475-77 ; abbé Louis Barthélemy, *Grammaire des dames, ou Nouveau Traité d'orthographe françoise*, Genève, Paul Barde, 1785, p. 104. « Attrape-Science » provient de l'article fascinant de Sven Steffens, « Le nom de l'apprenti : une analyse du vocabulaire socioprofessionnel », *Revue belge de la philologie*, t. 79 (2001), p. 591-617. Sur les noms et les épithètes de l'apprentissage, voir aussi : N. T. L. Des Essarts, *Dictionnaire universel de police*, t. 1, p. 321 ; *L'Âne promeneur*, Pampelune, chez Démocrite, 1786, p. 42 ; *Gazette de Tribunaux*, t. 21, nº 6 (1786), p. 85-86.

fonder une famille. S'il ne maîtrise qu'une spécialité, s'il ne sait que répéter un ou plusieurs gestes, il sera à jamais en proie aux aléas de cette sphère de concurrence brutale, de *turnover* exacerbé (quelquefois programmé) et de grande précarité matérielle et morale. À l'usine, où il existe une très grande variété d'opérations, l'apprenti est susceptible de se trouver réduit à faire tourner une machine (mais s'il apprend à réparer et entretenir cette machine, il pourrait élargir son horizon, et même devenir quasi indispensable), ou de participer d'un travail tellement divisé qu'il ne se reconnaît pas, surtout s'il avait en tête depuis le commencement une idée précise d'une profession qui l'attirait. Ce même apprenti peut aussi être confronté à d'autres cas de figure à l'usine, le rapprochant d'un travail artisanal exigeant une grande dextérité et laissant la place à certaines initiatives.

Désormais, il n'est pas toujours aisé d'identifier un apprenti et encore plus délicat de le définir. Fuyant même quand il ne fugue pas, l'apprenti du XIXe siècle n'est pas toujours celui que l'on croit : d'où le nom de « pseudo »-apprenti accordé à de nombreux cas ambigus. Au-delà de l'adoubement institutionnel, ces apprentis manquent parfois des autres signes classiques permettant de les reconnaître, tels le contrat écrit ou le congé d'acquit performant, c'est-à-dire assimilable, comme sous l'Ancien Régime, non à une simple « libération d'obligations », mais à l'octroi des « franchises », en France une notion vaporeuse mais flatteuse[15].

Un point qui réunit les apprentis des deux époques est l'équilibre précaire de l'apprentissage. Inhérente au stade de développement de l'enfance-jeunesse, notamment pendant l'adolescence, cette instabilité devient plus aiguë à certains moments pendant le cycle de l'engagement : quand la demande pousse l'atelier à tourner plus vite ; s'il y a le moindre changement dans la façon de nourrir les apprentis, en repas ou simple collation ; s'il y a de mauvais traitements, violence symbolique ou physique ; et vers la fin de la période du contrat, quand l'apprenti se sent capable de voler de ses propres ailes. Des apprentis ont de multiples maîtres pendant l'Ancien Régime et au XIXe siècle, et on pratique des transferts d'un apprenti à un nouveau maître ordonnés par les autorités (communautés, police, prud'hommes). Une portion significative des acteurs des deux périodes n'achève pas l'apprentissage. Globalement et logiquement, l'encadrement du système

15. M. D. C., de l'Académie française, *Le Dictionnaire universel des arts et des sciences*, t. 1, Paris, Lemercier, 1732, p. 483 ; A. Furetière, *Dictionnaire universel*, t. 1, p. 962.

corporatif amortit l'instabilité, mais les tests quantitatifs pour le XIXe et le XVIIIe restent à faire.

Pour clore cette première partie, je fais appel à Montaigne qui pensait l'apprentissage comme un sujet tant pratique que philosophique et en termes aussi pertinents au XIXe siècle que durant l'Ancien Régime. D'emblée, il liait l'apprentissage à la question axiologique. « Le meilleur l'apprentissage », écrit-il, « est de désapprendre le mal ». Il s'agit d'abord des vices individuels, d'un dérèglement de conduite, des idées ou des actes immoraux que l'auteur tient « en horreur » depuis sa prime enfance. Cependant, sa « naturelle inclination » n'est pas forcément partagée par tout le monde. D'où l'utilité de cette entreprise d'hygiène sociale et morale. Si l'on commence par désapprendre, on ouvre ensuite la voie à l'étude de tout le reste. La partie du « mal » sociale et culturelle semble faire référence à l'accumulation de blocages à l'instruction, à l'ignorance si répandue, à la vanité, à tous ces préjugés qui obstruent le passage vers la conquête du savoir. Ailleurs, Montaigne donne une inflexion à la notion d'apprentissage qui paraît le rendre consubstantiel, avec la curiosité et le questionnement, à la vie même. Il est conscient que « [s]on apprentissage n'a d'austre fruict, que de [lui] faire sentir combien il lui reste à apprendre ».

Dans un sens plus concret, l'essayiste fait allusion à des tâches ardues, à des défis que l'on ne peut conjurer sur-le-champ, même s'il est impulsé par un grand élan, une forte émotion personnelle et collective : « Ce sont l'apprentissage, qui ont à estre faicts avant la main, par longue et constante institution. » C'est la responsabilité de la société, d'après Montaigne, – ou peut-être de sa *sanior pars* – de se soucier de ce genre d'apprentissage, de « cette assiduité de correction et d'instruction ». Au XVIIIe siècle, quand on pensait à Montaigne à propos de l'apprentissage, c'est la première formule qui revient – « le meilleur l'apprentissage, désapprendre le mal ». Elle se prête au détournement, même de la part de lecteurs bienveillants. Un petit raccourcissement engendre un principe plus frappant, plus pugnace : « Le meilleur l'apprentissage, disoit Montaigne, est de désapprendre. » C'est alors ouvrir la boîte de Pandore. La phrase de Montaigne se mue en méthode. Désapprendre tout ce qui a été acquis auparavant ? Vers une *tabula rasa* ? Cette version pourrait résonner avec certains encyclopédistes, libéraux zélés et réformateurs, mais sûrement pas avec ceux qui ont la charge de former les jeunes. On entend des échos de la formule tronquée chez quelques patrons iconoclastes au XIXe siècle, chez d'autres au XXe siècle désenchantés par les mécanismes et le contenu de l'apprentissage. Je n'ai jamais terminé mon CAP, mais la première nuit en fournil, mon mentor, un ouvrier de soixante ans, m'a enjoint : « Oublie tout ce que tu as appris à l'école d'apprentissage. » Cette attitude n'est pas rare encore aujourd'hui[16].

-2-

Ce livre est un essai. Je veux dire tout simplement que je ne propose pas « une histoire » prétendant traiter la question de façon plus ou moins exhaustive. Sujet et problématique foisonnants, l'apprentissage offrira encore longtemps un cortège d'opportunités à des chercheurs en sciences sociales tant sur un plan national que régional, local et international/comparatif. Dans ce vaste champ fertile, j'ai retenu quelques thèmes qui me semblent riches, voire primordiaux. Il y a une certaine logique dans ce choix, mais rien d'inexorable, rien qui relève d'un tracé « vrai » ou nécessaire.

J'ai découvert la question de l'apprentissage voilà plus de quarante ans, au début de mes recherches sur le monde du travail. Situé au carrefour de l'histoire sociale, culturelle, économique, politique et institutionnelle, il demandait, pour être fructueusement problématisé, à la fois un approfondissement d'analyse et un élargissement des sources et des points d'entrée. Au centre de toute réflexion sur la production et la transmission dans le monde du travail, l'apprentissage s'est révélé un enjeu important dans le débat qui a débouché sur la cristallisation du libéralisme. Il fait le lien entre la vie de tous les jours des gens ordinaires et la grande bataille idéologique et politique qui ébranle la France des Lumières, et plus particulièrement des Lumières économiques. Tout en dessinant une chronique de l'enfance et de la jeunesse, l'apprentissage touche les structures fondamentales de la société (de classification, de représentation, de reproduction), l'organisation de l'activité industrielle et de la génération de la prospérité, la gestion de l'économie domestique de centaines de milliers de familles, et la construction de l'ordre quotidien. La question de l'apprentissage contribue à façonner la conception de la relation – normative et réelle – de l'État à la société et de la régulation comme méthode et idée-force dans les affaires du monde du travail et au-delà (bien d'autres domaines, tel celui de l'approvisionnement des grains et des

16. Michel de Montaigne, *Essais de Michel de Montaigne*, Paris, J.-F. Bastien, 1783 : t. 2, p. 151, t. 3, p. 244, 466 ; *Dictionnaire Brillon*, t. 5, p. 656-67, 815.

farines, étant concernés). La mise en question de l'apprentissage est presque contemporaine de la mise en question du contrat social des subsistances, pacte solennel marquant l'obligation sacro-sainte du roi d'intervenir pour protéger une société en proie à la misère, la disette récurrente, le chômage chronique et des doutes lancinants.

Suivant l'apprentissage de Colbert jusqu'à la fin de l'Ancien Régime, je me suis rendu compte qu'il fallait l'accompagner pendant ses derniers jours institutionnels et sa transition frileuse et incertaine vers une autre incarnation après sa mort. D'où l'examen attentif des premières années de la Révolution et de l'ambiguïté du message envoyé aux familles et aux enfants/jeunes : les apprentis font partie du nouveau monde régénéré, ils sont dotés des droits inaliénables de l'homme et du citoyen, mais, dans le sillage de l'appel à défendre la patrie en danger et de la promesse évanescente d'un tournant social et démocratique, ils se retrouvent dans la vie quotidienne réduits à une sorte de domesticité à peine voilée. La corporation, foyer paradigmatique de l'apprentissage, institution intimement liée à la vieille monarchie honnie, est anéantie. La Révolution, sous toutes ses couleurs, puis Napoléon instaurent une kyrielle de nouvelles institutions qui transforment l'Hexagone. Pourtant, rien n'est fait pour encadrer l'apprentissage. Les pistes doivent être poursuivies pendant tout le XIXe siècle.

Ce projet, dans sa nécessaire transversalité, m'a amené à me confronter au XIXe siècle, dépaysement roboratif, et ce fut pour moi, spécialiste de l'Ancien Régime, praticien de la Révolution et braconnier implanté au XXe siècle, un des aspects passionnants de l'aventure. Abruptement, je me suis trouvé dans une France familière et en même temps étonnamment étrangère sur certains plans. Les codes et les règles ne sont pas les mêmes, comme certaines cadences de vie et de travail, modes de sociabilité, moyens de mobilité, manières de s'entendre, méthodes de gouvernance (le préfet n'est pas un intendant relooké !). En m'acculturant, en explorant, en accédant à des connaissances nouvelles, au-delà de la fascination ethnographique pour le paysage, notamment urbain, expérience dynamique car changeante, je me suis rendu compte que, quand on regarde l'Ancien Régime ou la Révolution de la perspective du XIXe, on aperçoit les choses, les gens, même les « faits » différemment. On pose d'autres questions, on soumet les sources à d'autres interrogations. On acquiert une capacité de comparer qui renouvelle le questionnaire. On se débarrasse d'idées reçues, de présupposés trompeurs et d'attentes téléologiques infondées. De façon similaire, le prisme du « moderniste » donne une inflexion particulière, distincte, aux institutions, pratiques et discours du XIXe. En un mot, l'apprentissage de l'Ancien Régime est éclairé et en quelque sorte transformé par celui du XIXe siècle, et vice-versa. La périodisation académique française est pesante et décourageante[17]. Elle l'était bien plus quand j'étais un jeune historien. Le poète américain Robert Frost avait raison de douter que « de bonnes clôtures font de bons voisins ».

Ce qui suit est une étude des caractères élémentaires de l'apprentissage, de leur évolution et de leur fonctionnement à travers une assez longue période. Le sujet n'est pas bien connu ; je braque les projecteurs, autant que faire se peut, sur l'expérience elle-même, les banalités de la vie de tous les jours, sur ses irrégularités régulières, sur les rythmes de l'ouvrage et des pauses, sur les signes différenciant le jeu de l'apprenti.e de celui des ouvriers, sur les stades de vie de l'apprenti.e (« l'avant » demeurant ténébreux, « l'après » s'ouvrant sur une multitude d'itinéraires qui dépassent les bornes de cette étude). Je fais l'inventaire des mécanismes d'encadrement, de leur érosion, leur résilience, leur annihilation, leur absence criante. Les modes de contrôle ou de police (plutôt la langue de l'Ancien Régime qui déteint un peu sur le siècle suivant), de surveillance, d'évaluation et de sanction influent sur l'enchaînement de l'apprentissage et sur la conduite des apprenti.e.s. Je prends en compte, toujours en fonction des circonstances changeantes, le poids relatif du droit, de la politique publique, des normes, des coutumes et usages. La formation est un souci primordial, implicite pendant l'Ancien Régime, laissé à la discrétion du contrat, placé au centre de toute discussion sur l'apprentissage au XIXe siècle. La mobilisation et/ou la marginalisation des parents m'interpelle, leur implication dans l'apprentissage ou leur passivité. Le rôle du maître n'est pas moins central que celui de l'apprenti.e : ils font couple, plus ou moins uni ou désuni. Leurs relations sur le lieu de travail, et quelquefois en dehors, constituent un point d'observation crucial. Pendant le XIXe siècle, la technologie pèse sur l'apprentissage, et peut même influencer le parcours de l'apprenti.e, tandis que sous l'Ancien Régime, notamment au cours du siècle des

17. Sur la question de périodisation, voir Jean Le Bihan et Florian Mazel, « La périodisation canonique de l'histoire : une exception française ? », *Revue historique*, n° 680 (2016), p. 785-812. Sur celle d'« estrangement », voir Clare H. Crowston, Steven L. Kaplan et Claire Lemercier, « Les Apprentissages parisiens aux XVIIIe et XIXe siècles », *Annales, Histoire, Sciences Sociales*, 73e année (2018), p. 849-51.

Lumières économiques, on parle beaucoup progrès industriel, soulignant la primauté de son soubassement théorique, mais sans se préoccuper des réalités sur le tas, en particulier des retombées pour l'atelier, production et transmission.

Plus largement, je m'intéresse autant aux pratiques qu'aux discours, au faire en tension et en synergie avec le dire, autant au poids du symbolique qu'à celui du matériel, aux représentations à côté des actions, à la production du sens aussi bien que des choses, aux continuités (parfois discrètes) autant qu'aux discontinuités (particulièrement impressionnantes), aux énormes inerties de l'Ancien Régime (sans exclure des élans d'innovation et d'iconoclasme) autant qu'à la versatilité du XIXe siècle (sans exclure des arrimages obstinés), aux apories aussi bien qu'aux accomplissements de la Révolution et à la présence viscérale de la Révolution et de la contre-révolution tout au long du XIXe siècle.

Il y a une activité de l'apprentissage très vive en dehors des barrières corporatistes. Sous-estimé par l'historiographie, l'espace économique et social des « sans-qualité » est immense. Les sans-qualité ne vivent pas sur une autre planète, mais plutôt à côté des artisans et commerçants « légitimes ». Leurs façons de faire l'apprentissage sont très semblables à celles des gens incorporés. Le modèle corporatiste touche tout l'univers de l'apprentissage sous l'Ancien Régime. On y pratique la reproduction aussi bien que la production. Historiquement, l'apprentissage est consubstantiel à l'institution de la corporation, et cette dernière et l'idéologie qu'elle incarne sont consubstantiels à la monarchie de l'Ancien Régime. La monarchie sait prendre ses distances avec la corporation, comme elle est capable de l'exploiter, voire de la miner de diverses manières. En même temps, la couronne s'appuie fortement sur elle pour renflouer son trésor et remplir des fonctions de police. Scruter l'évolution de l'apprentissage revient pour une part importante à suivre les vicissitudes de la corporation, institution encastrée dans la grande chaîne qui englobe l'ensemble de la France. En haut, le corporatisme s'inscrit dans « la constitution politique » de la monarchie ; en bas, il ouvre une fenêtre sur la vie des communautés d'arts et métiers, et la vie dans une communauté, association morale, groupement de solidarité, vecteur de réglementation, détentrice d'un supposé monopole commercial. Aussi vulnérable qu'indispensable, l'institution corporative est attaquée d'abord par des critiques de plus en plus féroces à l'époque des Lumières, puis par la monarchie elle-même (par exemple, la tentative de Turgot visant à l'abolir en 1776), ensuite par le gouvernement révolutionnaire – non pas en 1789 (ce qui aurait été logique à l'heure de la régénération institutionnelle et morale, de l'immolation stratégique et rituelle des privilèges, de la proclamation des droits de l'homme, mettant en avant la liberté), mais en 1791, suppression ultime, définitive, associée au député libéral Le Chapelier, dont la marque idéologique déteint sur tout le XIXe siècle. L'analyse de cette institution, de son parcours au fil des siècles, de ses ressources, de ses faiblesses, surtout de sa résilience, de son aptitude à rebondir et à s'adapter, nous renseigne sur le fonctionnement de la monarchie, ses méthodes de classification et de communication à travers la grande chaîne, ses instruments de régulation, ses relations avec les forces vives de la France urbaine. Elle nous éclaire aussi sur la communauté des maîtres, leur conception du bon ordre social et économique et de la représentation politique (l'atelier jouant le rôle de succursale corporative, comme le feront à leur façon les sections des sans-culottes après 1791). Après la mise à mort institutionnelle, comme idéologie, le corporatisme vit encore un siècle et demi, se diversifiant, s'étoffant, se radicalisant, se faisant petit quand il le faut, tout en aspirant discrètement au pouvoir. Il participe, jamais d'une seule voix, aux débats sur le futur de l'apprentissage au XIXe siècle ; il rôde autour des libéraux, dont les yeux sont rivés sur le spectre de sa réification (illicite et en tout cas non désirée) comme retour du refoulé. La problématique institutionnelle, longtemps repoussée par l'historiographie, met en relief la quête, puis la lutte de l'apprentissage postrévolutionnaire pour se doter d'une identité, d'un projet et de moyens pour le réaliser.

L'apprentissage prospère sous la monarchie (divine, absolue et administrative), perd sa position protégée sous la Révolution et survit (sans être florissant de santé) sous une cascade de régimes politiques/constitutionnels au XIXe siècle – deux empires, deux républiques et plusieurs monarchies. L'apprentissage correspond-il mieux, dans sa quintessence, à une forme spécifique de gouvernance par rapport à une autre ? Logiquement, l'apprentissage trouve davantage d'appuis sous des régimes pratiquant, d'une manière ou d'une autre, une politique sociale et un interventionnisme (de Colbert à Necker, voire Bonaparte) que sous les gouvernements plus passifs ou imprégnés d'une vision laisser-fairiste préconisant un État minimum. Le mouvement des idées incarnant cette conception politique s'appelle le libéralisme. Il sature le XIXe siècle, plus influent dans certains régimes que dans d'autres, dans certains partis politiques que dans d'autres (les divisant parfois), mais constituant un inébranlable rempart contre l'engagement de l'État dans les actions économiques (et socioéconomiques). Ce libéralisme demeure opposé à tout encadrement institutionnel et réglementaire de l'apprentissage jusqu'à la Grande Guerre (et au-delà). Fondé sur la primauté et l'inviolabilité absolues des droits de la propriété et de la liberté – droits naturels, antérieurs à toute forme d'organisation politique –, le libéralisme ne tolère aucune entorse à l'immunité d'un individu, aucune restriction à son autonomie légitime ou à la latitude de son action, aucune atteinte à sa propriété, y compris la propriété de soi-même, et sa prérogative d'en disposer sans limite. D'où la sollicitude libérale pour des maîtres refusant la visite d'inspection de leurs ateliers, inséparables de leurs foyers, pénétration de leur espace sacré ; d'où l'hostilité libérale à la fixation d'un âge minimum pour le démarrage d'un apprentissage ; leur suspicion à l'égard de l'activisme prud'homal, qui dégageait un miasme corporatiste. Ce libéralisme de combat est né au milieu du XVIIIe siècle, en partie en confrontation avec le corporatisme et l'apprentissage niché en son sein, commencement d'un antagonisme inlassable vis-à-vis de tout corps intermédiaire. Il s'en prend à toute expression de dirigisme, tant du côté des grains que du travail. Apologiste de l'égocentrisme économique, de l'individualisme irréductible, de la concurrence débridée, du marché autorégulateur (« la cherté chasse la cherté »), ce libéralisme, comme son nom l'indique, vénère la liberté, se méfie profondément de l'égalité, intrinsèquement illusoire et/ou nocive et porteuse sournoise de la régulation. Il ne se contente pas de modifier règles, modes d'emploi et système taxinomique. Il entend penser le pouvoir autrement. Il ne faut pas se méprendre : ce libéralisme s'imagine comme une méthode de gouvernance, non pas comme une sorte d'espace extraterritorial d'anarchisme, de désinvolture ou d'incurie érigée en doctrine. Est-il besoin de rappeler que ce libéralisme, plus mature, plus astucieux, plus fort, est encore aujourd'hui une force considérable dans la gestion sociale, économique et politique ?

La régulation est l'ennemie tous azimuts des libéraux. L'argument en faveur d'un système de type corporatiste réside quant à lui dans la conviction que le vivre-ensemble – à des fins morales, économiques ou sociales – ne se produit pas spontanément. Pour gérer fructueusement et harmonieusement l'objectif affiché, les membres de la communauté croient à la nécessité et l'efficacité des règles, transformant des us et coutumes et des normes en langage-prescription concret et sans équivoque. Définie (en partie) comme une institution de régulation de ses affaires internes, la corporation est mobilisée (homologuée et intégrée dans une constellation plus large) par le gouvernement, parfois local (municipal) ou régional (via parlement ou intendant) pour mettre ses capacités au service de la régulation des marchés (du travail, des matières premières, des produits achevés), des espaces du travail non corporatif (la police des sans-qualité ou des faux ouvriers), et du comportement des différents acteurs économiques et sociaux qui gravitent autour de l'univers corporatif (producteurs, sous-traitants, consommateurs). Certains aspects de la vie de la communauté exigent une vigilance et une médiation particulières ; ainsi en est-il de l'apprentissage, car il vise le cœur de l'être corporatif, son identité historique et culturelle : le souci du recrutement comme expression de la distinction et de l'autonomie de la communauté, le respect du principe de l'égalité des maîtres (fiction performative), la réaffirmation de la loyauté de la concurrence entre maîtres, et l'assurance du bon ordre dans les ateliers (contribution à la politique de contrôle du marché du travail). Pour répondre aux besoins des artisans/commerçants, membres de la communauté, l'apprentissage doit fonctionner correctement : la formation et la socialisation des enfants/jeunes leur permettent d'ajouter de la valeur au travail de l'atelier ou du commerce tout en les préparant pour leur propre avenir et en fortifiant la capacité de l'État à promouvoir de la croissance et du dynamisme économique et tenir son rang sur la scène internationale, au moins selon la théorie régnante. Sans une vigilance rigoureuse et constante, selon l'argument corporatiste, on ne peut assurer cette bonne marche de l'apprentissage.

Les critiques du corporatisme (moralement asphyxiant, économiquement sclérosant et techniquement rabougrissant) et de l'apprentissage (inutile, coûteux, tyrannique, esclavagiste) tiennent la vision (préjugés, erreurs) et l'application (brutale, mortifère) de la régulation pour responsable de la stagnation qui plombe la France, éclipsée par ses rivaux. La Révolution nourrit une attitude ambivalente, pour ne pas dire opportuniste. Elle ne libère pas le travail (y compris l'apprentissage) pendant plusieurs longues années, par crainte d'aggraver le désordre. Quand un certain libéralisme triomphe en 1791, Le Chapelier, à l'instar de Turgot, n'est pas prêt à renoncer à la régulation (naguère toxique et anachronique). Il faut réguler, mais autrement, sélectivement et parfois durement. Puisque l'apprentissage n'est plus considéré, dans un premier temps, comme une question publique, il ne semble pas nécessaire d'envisager sa régulation, sauf quand il est question d'ordre public, *stricto sensu*. Comment assurer l'enseignement, le mûrissement, la moralisation, l'entrée dans la vie pleinement marchande des apprentis ? Comment se passer d'un encadrement minimal pour articuler des règles facilitant la fabrication du bon ouvrier et de la bonne ouvrière ? Le débat sur la régulation de l'apprentissage (formalisation, organisation, surveillance, protection, règlement des conflits, lieu et méthodes de transmission) se poursuit pendant tout le XIXe siècle. Une nouvelle institution prometteuse (les prud'hommes) et une grande loi plus ou moins mort-née amorcent la trajectoire difficile de la régulation. La question sous-jacente n'est pas décidée non plus : quel rôle et quelles responsabilités – obligations ? – pour l'État, dans le développement économique et la vie de la société ?

La révolution industrielle, formule plus à la mode, qui ne se réduit pas à la mécanisation poussée et à l'intensification de la division du travail, mais engendre de multiples « externalités », n'exige-t-elle pas une régulation d'un nouvel esprit doté d'une nouvelle boîte à outils ? En tout cas, elle change les conditions pour l'apprentissage, pas universellement – ce serait une erreur d'imaginer une métamorphose globale –, mais dans de nombreux ateliers (y compris certains ateliers familiaux) et fabriques (manufactures ou usines). Le paysage est différencié spatialement et en termes de techniques et de production : ici la concentration du capital et du travail, propulsée par une mécanisation approfondie, des solutions énergétiques idoines, un changement d'échelle considérable ; là, un mélange d'outils, de pratiques et de marchés à l'intérieur d'une même entreprise ou dispersé dans des unités de tailles différentes ; même des ateliers confectionnant des produits bien connus, comme des articles de Paris, peuvent introduire des modifications dans les méthodes de fabrication inspirées par le machinisme ou l'hyperspécialisation. Si bien des artisans persistent dans leur façon traditionnelle de faire, d'autres s'adaptent aux nouvelles possibilités.

Évidemment l'apprentissage évolue, une grande partie de ces ajustements et aménagements échappant (pour l'instant) à l'historien. Des observateurs parlent dans certains cas de détournement de l'apprentissage : le terme ne devrait plus être appliqué à beaucoup de jeunes (et de très jeunes) travailleurs, des « petites mains » et des « enfants de peine ». Pendant l'Ancien Régime, face au grand éparpillement de métiers, aux différentes échelles d'opération, aux particularités régionales et surtout au manque de sources, on n'a pas mesuré l'impact du type du travail (techniques, organisation, rythmes) sur la pratique de l'apprentissage. Des études consacrées à un seul métier (disons les chapeliers un peu partout ou les boulangers parisiens) nous apportent des informations pertinentes sur le déroulement de l'apprentissage dans ces professions, qui ne se prêtent pas aisément à l'extrapolation. L'innovation est loin d'être absente pendant le XVIIIe siècle, mais elle est morcelée ; ses répercussions sur l'apprentissage se dérobent. Il en est de même au XIXe, où le problème est d'autant plus compliqué que la technologie bouge énormément et le machinisme, d'expression très variée, s'installe inégalement. Nous captons son écho dans les discours traitant ces mutations, propos souvent orientés, réfractés ou franchement tendancieux. La prise de position catégorique est tentante : l'apprentissage, prodigieusement souple, sait s'adapter à tous les cas de figure, donc il s'invite dans l'usine en 1875 comme il faisait partie de l'atelier en 1675 ; ou, au contraire, l'apprentissage appartient à un mode de production périmé et se trouve tout naturellement voué à disparaître au cours du développement industriel du XIXe siècle. En attendant des enquêtes sectorielles proches du terrain ou sur des entreprises individuelles qui nous permettront peut-être de voir comment la technologie façonne ou évince, il faut s'efforcer de relever tous les éléments possibles de cette rencontre. De Colbert jusqu'à Clemenceau (et Jaurès), l'analyse de l'innovation technologique ne prend tout son sens qu'à travers une analyse de l'évolution du capitalisme, toujours l'éléphant dans la pièce, comme disent les Anglo-Américains, omniprésent et ignoré. Peu de chercheurs nient le poids immense du capitalisme, mais on l'aborde plus confortablement par synecdoque que frontalement.

Bien moins tentaculaire que le capitalisme, mais plus commode à interroger, le marché du travail est un dispositif économique, social et politique intimement lié à la question de l'apprentissage. Ce dernier alimente ce marché, grande préoccupation du pouvoir tant sous l'Ancien Régime qu'au XIXe siècle. L'État (appuyé dans un premier temps sur la corporation) y voit une des clés de la tranquillité sociale et de la croissance économique. Le marché du travail institutionnel de l'Ancien Régime se mue en marché laisser-faire au XIXe siècle, transition peu lisse, pleine d'aspérités et de vestiges légués par le monde antérieur. Il y aura toujours des entrepreneurs et des ouvriers (prenant la relève des maîtres et des compagnons), assure Turgot en 1776 à la future classe capitaliste (*alias* la bourgeoisie, label pas encore *clean* dans l'historiographie de 2022) : ainsi, la subordination des ouvriers reste l'objectif d'une régulation sévère que les libéraux du XIXe siècle ne récusent pas. Cela dit, à ce moment-là l'apprenti, devenu ouvrier et muni (ordinairement) d'un livret fourni par le maire ou la police-justice, entre sur le marché du travail facilement sur le plan administratif ; même un apprenti « inachevé », mais sorti régulièrement (avec congé écrit) y trouve sa place, selon la conjoncture. Pendant l'Ancien Régime, en revanche, une sorte d'abîme symbolique et réglementaire éloigne l'apprenti en cours de brevet du marché du travail officiel (ou licite ou ouvert). L'apprenti peut certes se trouver mêlé à des marchés secondaires subreptices, mais tant qu'il n'est pas inscrit sur le livre des compagnons de « sa » communauté et/ou enregistré au bureau corporatif de son métier (ou palette de métiers dans le nouveau corporatisme post-1776), il ne s'intègre pas dans le marché institutionnel. Dans l'univers des sans-qualité, le mouvement est beaucoup plus fluide : les faux apprentis, comme les faux ouvriers, s'introduisent tant dans le marché du travail institutionnel que dans les marchés parallèles.

Notons que le monde du travail, extrêmement hétéroclite partout et toujours, dans sa topographie institutionnelle, industrielle, résidentielle et monumentale, traverse une longue phase de transformation démarrant timidement à la fin du XVIIIe siècle et prenant toute son ampleur au cours du XIXe. L'écosystème urbain (de production, de commerce, de consommation, d'éclairage, de transport) évolue tangiblement, mais pour autant l'apprenti logé chez son patron au XIXe ne vit pas dans un espace très différent de celui de l'Ancien Régime. Cependant, la relation entre l'habitat et le lieu de travail change entre le XVIIIe et le milieu du XIXe siècle. L'apprenti logé chez lui à partir des années 1850 a souvent un bout de chemin à parcourir pour rallier sa boutique. Durant ce siècle, la rue émerge, physiquement et symboliquement, comme site de tous les dangers. Rhétoriquement, au moins, l'apprenti risque de se frotter à l'immoralité aussi bien à l'intérieur de l'atelier qu'en dehors. L'échelle de vie dans le monde du travail se modifie : les grandes villes, tel Paris, se transforment matériellement et administrativement, s'élargissent, se réorganisent, non sans retombées sur l'emplacement des ateliers et des fabriques, le stock de logement, les loyers, en un mot sur la vie quotidienne.

À côté de la grande restructuration spatiale (donc sociale et économique) ponctuant la transition entre le XVIIIe et le XIXe siècle, une autre relation spatiale se modifie, moins nettement que celle-ci, impulsée par des forces idéologiques et politiques. La Révolution, dans sa phase libérale, souhaite imposer et pérenniser une distinction claire entre un espace (ou secteur) dit public et une sphère privée, concept largement repris sous le Premier Empire. Changement capitaliste, si l'on veut : il répond surtout aux exigences d'un individualisme et d'un laisser-fairisme exacerbés. Pendant l'Ancien Régime, à certaines fins, la séparation entre public et privé était plutôt nette : le bief du meunier est son espace privé fonctionnel ; les biens communaux expropriés par acte de justice deviennent propriété exclusive d'un bourgeois ou d'un noble ; des contrats notariaux respectent cette distinction basique relevant des notions de propriété et d'usage pas hautement théorisées, mais généralement acceptées. En revanche, la puissante voix de l'économie morale conteste l'opposition privée-publique justement en ce qui concerne la possession exclusive des divers types de biens ou marchandises. Beaucoup d'éléments de la vie quotidienne, tels le transport ou certains vecteurs de communication, ou même certains chemins et des ponts, sont à la fois publics et privés. La Révolution libérale inaugure une frontière nette entre le secteur public (un espace rétréci, réduit à la portion congrue) et la sphère privée, épanouie, site de tout le dynamisme (invention, formation des capitaux, accélération du temps) d'une société. L'État, incarnant le public, ne peut plus empiéter sur le privé au nom d'une « chose publique » archaïque et ne peut plus tolérer la tentative des citoyens se sentant délaissés de s'emparer des ressources publiques au nom d'une idée (arbitraire ou sectaire) de justice. L'apprentissage n'a pas de place dans la réflexion sur l'éducation publique ou dans l'arène institutionnelle publique, car il relève strictement du privé. Malgré tous les nouveaux codes et normes, cette frontière, dans beaucoup de domaines, demeure floue et contestée.

Autre thème qui m'intrigue, mais reste peu accessible : les relations entre parents et enfants/jeunes. Même après plusieurs études pionnières sur les questions de la représentation et du comportement des enfants, on a du mal à cerner cette question à la fois sociale et intime. On rencontre des cas, parfois des causes célèbres, plus couramment rapportés à cause de l'expansion de la presse au XIXe siècle, d'enfants rebelles qui bravent leurs parents. Pourtant le pouvoir parental paraît demeurer fort à travers toute notre période. La division du travail est genrée, conformément à la tradition : le père est censé manier l'autorité juridique et morale, la mère l'autorité affective et le levier sentimental. Mais on voit de nombreux exemples de pères en larmes et de mères tenant tête à des maîtres hautains ou à des juges augustes. D'un côté, le père est parfois absent au moment crucial, défaillance relevée tant par le maître que par les juges. De l'autre, des mères profondément impliquées dans le suivi de l'apprentissage de leurs enfants ne laissent rien passer sur les prestations ou sur l'horaire du travail. La mère énergique suscite une résistance misogyne basique, tant pendant le XIXe siècle que sous l'Ancien Régime. Les parents sont dénoncés, particulièrement au XIXe siècle, pour leur insouciance à l'égard de leurs enfants-apprenti.e.s. L'historien décèle bien des exemples contraires, mais on n'est pas en mesure de quantifier ni d'évaluer ces accusations.

L'étude de l'apprentissage ne génère pas suffisamment d'information pour dégager une conception ou une représentation parentales de l'enfance-jeunesse. Il y a des enfants/jeunes étonnamment matures et alertes, mais la plupart des parents, d'après leurs témoignages, semblent considérer leurs enfants, même ceux qui frisent la vingtaine, comme des êtres vulnérables, potentiellement fragiles, plus ou moins sensibles, sans défense, même (surtout ?) quand ils trahissent une posture agressive. Les autorités traitent les filles comme plus faibles que les garçons, mais il n'est pas évident que les parents partagent ce point de vue. Certaines familles paraissent reconnaître que l'adolescence constitue une phase à part quand des forces biologiques et sociales non identifiées commencent à influer sur la conduite des enfants. La sexualité ne provoque que rarement des remarques, et même alors elles sont amphigouriques. Sans articuler concrètement leurs espoirs, les parents semblent attendre de l'apprentissage une expérience de socialisation qui aidera l'enfant à se construire et s'insérer dans la vie sociale, publique, commerçante. Surtout, ils tiennent à la formation de leurs enfants, notamment à un enseignement professionnel sérieux, appliqué, efficace : s'ils n'ont pas le culte de l'éducation, ils demandent l'acquisition du savoir-faire. Certains, peut-être beaucoup, se satisfont de ce que l'apprenti.e acquière juste ce qu'il faut pour pouvoir exercer un travail avec plus ou moins d'autonomie. On connaît encore moins les attitudes des enfants à l'égard de leurs parents. Les uns paraissent très attachés, sinon dépendants ; d'autres accordent du respect aux parents, sans exprimer dévouement ou tendresse ; d'autres encore fuguent sans égard pour les supplications de leurs parents qui les pressent de revenir. Cependant, quand la mère en particulier est malmenée verbalement par le maître, l'enfant réagit parfois violemment.

J'ai fait allusion à l'attachement de bien des parents à la formation, spécialement à celle qui est institutionnelle, mais aussi par voie alternative. On n'a que très peu d'idée de leur appréciation de la transmission informelle ou contre-culturelle, autant de catégories qui disparaissent, au moins dans la taxinomie, du XIXe quand il n'y a plus de corporation pour servir de point de comparaison. On sait que, sauf exception, les contrats d'apprentissage sont peu loquaces sur le programme précis d'enseignement professionnel. Les plaintes officielles des apprentis et de leurs parents contre une formation insuffisante ou franchement fautive sont assez communes au XIXe siècle, plus rares au XVIIIe ; il y a certaines indications indirectes que ces doléances, notamment sous l'Ancien Régime, sont traitées discrètement, débouchant souvent sur un changement de maître. En dehors de l'assaut libéral contre l'apprentissage au sein des Lumières, quelques écrivains critiquent l'apprentissage, mais pas en détail, pas sur des points concrets ou spécifiques. Dans l'esprit encyclopédique – mordant mais vague –, ils soutiennent que seule une formation complémentaire robuste, particulièrement dans le domaine du dessin et de la géométrie (« grammaire universelle »), peut sauver les apprentis d'une certaine médiocrité (ou d'une médiocrité certaine). Au XIXe, il y a un jaillissement de création d'écoles de toutes espèces, s'adressant à la formation dans les arts et métiers, *lato sensu*. Certaines de ces écoles sont étatiques, d'autres municipales, d'autres encore privées. Si elles enseignent les arts et métiers, elles ne visent pas la préparation de l'apprentissage ; en général, elles forment des garçons estimés astucieux comme contremaîtres, dessinateurs techniques ou chefs d'atelier, ou les lancent sur le chemin de l'ingénierie, sphère d'excellence française. Autrement dit, il s'agit de fabriquer des élites. Dans la deuxième partie du XIXe siècle, le débat se concentre sur l'apprentissage lui-même. Sa décadence n'est-elle pas due, en grande partie, aux déficiences de l'atelier, site historique de formation ? L'école ne serait-elle pas mieux à même, dans un monde moderne, de codifier et passer le savoir ? Si oui, quelle école ? De nombreuses écoles s'ouvrent pour préparer à l'apprentissage, pour le réaliser en quelque sorte sur place ou pour le compléter. Pourtant, l'atelier ne manque pas de partisans, qui proposent son *aggiornamento*, fréquemment avec l'appui d'une école sous sa tutelle.

Évidemment, les relations entre maîtres et apprenti.e.s (et subsidiairement entre maîtres et familles des apprenti.e.s) constituent un des noyaux durs de ce livre. On parvient à obtenir des renseignements sur ces rapports grâce à une grande hétérogénéité de sources. Aucune n'est transparente ; certaines « parlent » plus facilement que d'autres qui sont réfractaires par leur forme, leur contenu ou leur contexte. Plusieurs catégories de documents d'archives – par exemple, les fonds de la police et/ou de la justice pour l'Ancien Régime et la Révolution, des prud'hommes pour le XIXe siècle – ont une caractéristique que l'on peut nommer « pathologique ». Ils portent cette marque car leurs « producteurs » avaient pour mission la dénonciation d'un outrage, d'un tort grave ou d'un acte répréhensible ; ou l'enquête sur cette accusation, suivie éventuellement par sa répression/punition en cas de culpabilité (ou d'utilité publique) ; ou l'intervention dans un conflit plus ou moins acrimonieux dans le but de calmer le jeu, de concilier les parties ou, faute d'apaisement, de les juger. Tous les acteurs, y compris les magistrats, portent en quelque sorte une cause : ils présentent leurs plaintes ou écoutent/lisent les témoignages et autres preuves et renseignements recueillis à travers un prisme d'intérêts, de présupposés moraux et sociopolitiques, d'éléments d'une idéologie sue ou non sue. Précautions dramatiques, excessives, voire injustes ? Peut-être. Tous ces discours ne sont pas nécessairement polémiques, hyperboliques, intéressés. Il me semble néanmoins prudent de traiter toutes les informations, constatations, observations et appréciations que l'on tire de ces archives comme ternies ou simplement suspectes.

Donc, il faut « décontaminer » les témoignages ; ou dans un idiome plus scientifique, les soumettre à une réhabilitation critique pour déterminer lesquels sont utiles et fiables. Ils ne doivent pas être tous éclairants de la même manière. Il faut les interroger plus ou moins impitoyablement, reconstruire autant que possible le contexte de production des déclarations et paroles rapportées, tirer au clair des propos équivoques, arracher le discours larvé ou latent, essayer de recouper tous les éléments. Je veux aller au fond de l'« affaire » qui a généré tels ou tels documents, mais ce n'est pas mon seul but, tant s'en faut ! Je m'intéresse aux informations annexes, à la petite moisson qu'on récolte fortuitement, ce qu'on n'a pas cherché en premier lieu : la description des lieux de travail (placement des établis et types d'outils, place du maître, stockage des matières premières) ou de logement (lit, agencement de l'espace, propreté, ventilation, hygiène) ; indications concernant les relations entre le maître et ses ouvriers, entre l'apprenti.e et sa famille ou, plus rare encore, entre apprenti.e.s ; pistes sur la réputation du maître dans le voisinage ; renseignements sur la nourriture fournie par le patron et/ou la famille et la gestion des repas/collations (quantité, type ou qualité, rythmes de consommation) ; allusion à la santé financière de l'atelier/boutique et à la capacité du maître de donner de l'ouvrage ; références aux pratiques religieuses des apprentis, à leur alphabétisation, à leurs loisirs et « sorties ». Tout cela est une aubaine pour l'historien. En ce qui concerne les éléments de vie et les renseignements qui ne prêtent pas à controverse, *a priori* on les retient, même si on espère toujours une corroboration, car le témoignage unique ne constitue pas une base solide. En revanche, quand il s'agit d'une accusation, inéluctablement controversée, il est rare qu'on puisse la déclarer « vraie » sans réunir une puissante concordance de preuves. Même quand on dispose de nombreux témoignages sur un point ou une personne, on ne les traite pas comme représentatifs ou typiques : ce serait présomptueux.

La notion de source pathologique a un autre sens, sans doute plus délicat. Je traite de très nombreux cas de détournement de l'apprentissage pour servir des besoins de ménage ; de l'affectation des apprenti.e.s non seulement à des corvées et des commissions sans lien avec leur développement professionnel, mais parfois à des travaux excessivement durs, voire abrutissants ; et d'affaires de maltraitance (notamment violence physique et symbolique). À part le « butin » imprévu que ces dépouillements apportent, ils nous aident à passer de l'anecdote croustillante et du cliché éculé à l'administration de la preuve. Je tiens à la démonstration, pas à l'affirmation ou l'extrapolation commode ou la conjecture de salon. Le risque d'une présentation dense de ces comportements et de ces actions abusifs et/ou violents est de donner l'impression, par exemple, que la violence est permanente, répandue, parfois très grave, c'est-à-dire l'ordinaire, le quotidien, une sorte d'« exceptionnel normal[18] ». Le conflit est quasi omniprésent et en quelque sorte normalisé ; les actes de violence de toute espèce sont assez fréquents, significatifs et ils font froid dans le dos. Mais mon impression (car on s'en tient forcément à *l'impression* malgré un travail considérable, et il faudra une enquête quantitative poussée pour trancher) est que l'expérience « ordinaire », un peu partout en France, est un apprentissage raisonnablement tranquille, accompagné des tensions et des aspérités ordinaires, jalonné de certains abus et d'un certain nombre de plaintes, mais vécu globalement avec une satisfaction réciproque relative.

18. Cette formule ne traduit pas la grande respiration qu'a été la *microstoria.* Voir Edoardo Grendi : « Microanalisi e storia sociale », *Quaderni Storici*, t. 33 (1972), p. 506-20 et « Repenser la micro-histoire ? », dans Jacques Revel (dir.), *Jeux d'échelles. La micro-analyse à l'expérience*, Paris, Gallimard/Seuil, 1996, p. 233-43 ; Carlo Ginzburg et Carlo Poni, « La microhistoire », *Le Débat*, t. 10 (décembre 1981), p. 133-36.

Je termine sur un autre point méthodologique, plus général, plus vaste, que je suis contraint de traiter schématiquement. Ce livre traduit une approche hybride, un mixte d'histoire sociale et culturelle avec des touches d'histoire politique, économique et institutionnelle. Jadis, j'ai été formé par l'école dite des *Annales*, corporation dans laquelle j'aspirais à une maîtrise en histoire, intimement liée à un double apprentissage (prolongé) en sociologie et anthropologie, marquée par une fascination pour la longue durée sans le moindre dédain pour le court terme, avec un triple penchant Bloch-Braudel, Zola-Perec et *Alltagsgeschichte-microstoria*. Militant de l'histoire sociale, mais chercheur boulimique, je n'ai pas vécu l'assaut contre l'hégémonie de l'histoire sociale vers la fin du XXe siècle comme la fin du monde. Ce combat a été mené principalement par un post-modernisme, aussi agressif que cacophonique, qui a fort peu touché la citadelle France – « mouvement » qui s'est appuyé de façon décisive sur le tournant linguistique. Cette critique violente m'a incité à mettre en question une partie de la doxa de ma génération. Expérience stimulante, elle m'a rendu plus sensible au langage, à la textualité, au discours, à l'instabilité du sens, au « culturel » comme variable indépendante, à la multiplicité des dimensions du réel. Je ne me suis pourtant pas rallié aux culturalistes triomphants, car je trouve qu'ils allaient parfois trop vite en besogne, se moquaient des preuves et évacuaient trop volontiers le social. À l'apogée Annaliste, on disait que tout était social, doctrine, disons-le franchement, arrogante. Aujourd'hui, je souscris toujours à ce principe, mais avec davantage d'humilité et de souplesse. Je ne vois pas d'opposition entre le social et le culturel : ils s'imprègnent, se nourrissent, se complètent. Il y a évidemment des nuances, voire des tensions, souvent fructueuses, mais certainement pas de discordance fondamentale. Tout comme je code l'économique comme à la fois matériel et symbolique – c'est-à-dire social et culturel –, je regarde des représentations et des idées comme autant de formes de pratiques. L'apprentissage me semble un beau terrain pour appliquer cette histoire ouverte, plurielle, exigeante.

-3-

Ce livre se compose de huit chapitres. Le premier traite du corporatisme, le point de départ, mais pas le point d'arrivée de l'apprentissage à travers l'histoire française. Une des « structures structurantes » de la société, le corporatisme encadre l'apprentissage au sein des milliers de communautés d'arts et métiers, et engendre des règles, des normes et des pratiques qui nourriront le paradigme de l'apprentissage en dehors de son système. Violemment attaqué par le libéralisme des Lumières, supprimé après de surprenantes tergiversations par la Révolution, le corporatisme, âme sans corps, plane sur tout le XIXe siècle. Spectre idéologique toujours troublant, mis hors de combat, mais prospérant à la marge, il resurgit au lendemain de la Grande Guerre, dans un contexte culturel et politique propice en France et à l'étranger. Ragaillardi, il s'incarne enfin comme un modèle de gouvernance socioéconomique et politique sous Vichy, expérience ratée, mais qui entache de façon indélébile l'historiographie du monde du travail et de l'apprentissage. Parce que je crois qu'il faut « problématiser » les sujets que l'historien étudie et parce que je trouve qu'il est bon de se rappeler que l'histoire n'est jamais juste un moment après un autre (les relations entre époques n'étant ni linéaires ni unidirectionnelles), j'ouvre le chapitre avec Vichy et la révolution nationale, puis je remonte à l'Ancien Régime (un retour aux sources dans plusieurs sens de la formule) et à la « grande chaîne de la condition corporative », avant de considérer la première abolition des corporations et de l'apprentissage avec elles à l'époque des Lumières et la tentative de refonder le corporatisme. Enfin, je scrute l'entrée du corporatisme dans la Révolution jusqu'à sa suppression définitive et le traitement de l'apprentissage dans ce contexte radicalement neuf. Le chapitre se termine avec une réflexion sur l'ombre du corporatisme qui hante le XIXe siècle, sur la transition d'une nostalgie corporatiste à l'articulation de plusieurs écoles d'idéologie corporatiste, notamment à l'extrême droite catholique et contre-révolutionnaire, mais aussi sous plusieurs formes laïques, sociales et même progressistes.

Le deuxième chapitre est consacré aux parents, protagonistes souvent négligés dans la discussion sur l'apprentissage. J'insiste sur la spécificité de la problématique de l'Ancien Régime et de celle du XIXe siècle, tout en les confrontant, les comparant, faisant sortir les continuités de soucis et de méthodes et les divergences et particularités. Pour le siècle des Lumières, j'évoque le regard que portent les parents sur l'enfance et sur leurs enfants et leur façon d'envisager leur placement : le choix du métier, la quête du « bon maître » par le biais des relations, des réseaux et des intermédiaires, l'observance circonspecte de la période d'essai suivant la signature du contrat et la prise en compte des parcours possibles. La fin des corporations ne signale ni la fin de l'apprentissage ni l'abandon des pratiques parentales devenues habituelles.

Durant le XIXe siècle et à l'aube du XXe, les parents cherchent le métier « potable » et le maître convenable, se servant des mêmes outils fort limités que pendant l'Ancien Régime, peut-être plus conscients du manque d'information fiable, souvent moins bien protégés par des contrats dorénavant de moins en moins écrits, secourus à la marge par des « patronages » confessionnels et laïques apportant un ensemble de facilités et assurances, et vertement critiqués par des commentateurs et moralistes qui dénoncent leur « cupidité » et incapacité de défendre les réels intérêts de leurs enfants. Néanmoins, certains parents font preuve d'une vigilance têtue dans le suivi de l'apprentissage de leurs enfants. J'analyse également le paradigme du « père-de-famille », ébauché sous l'Ancien Régime et élaboré pendant le XIXe siècle où il est censé structurer le rapport maître-apprenti.

Je vous invite à entrer en apprentissage dans le chapitre 3, où j'essaie de rendre plus concret l'apprenti.e et son engagement. J'examine l'âge (bien moins jeune qu'on a tendance à l'imaginer), la durée du marché (moins long qu'on ne le croit communément) et le prix demandé par le maître pour prendre en charge le novice, ponction courante, mais pas majoritaire. Le contrat est la substantifique moelle de l'apprentissage : étant donné sa centralité, je l'épluche ici et dans d'autres chapitres. Je regarde les promesses du maître, et ses autres prestations, notamment le manger, marqueur tant psychologique et symbolique que matériel du bien-être de l'apprenti. Mais le devoir primordial du maître est l'enseignement : quelle formation propose-t-il ? Je sonde les éléments épars concernant la transmission dans les deux grandes époques, puis je m'éloigne du champ direct de l'enquête pour prendre en compte la recherche et réflexion d'autres sciences sociales sur les processus et les méthodes de l'apprentissage – *learning how* –, en France et ailleurs, avant d'explorer ce que j'appelle l'apprentissage parallèle ou alternatif. Le type le plus important pendant l'Ancien Régime est l'allouage, un engagement qui imite l'apprentissage canonique dans quasiment tout ce qu'il fait, à commencer par la sélection du maître, la substance du contrat et le rôle de l'alloué.e dans l'atelier. Les filles/femmes sont aussi impliquées que les garçons/hommes ; l'allouage est présent dans des dizaines de métiers, densément dans l'imprimerie, mais aussi dans de nouvelles manufactures. Sans atteindre le statut presque institutionnel de l'allouage, maints types de formation dotent le XIXe siècle d'un paysage pluriel d'apprentissage.

Le parcours de l'apprenti.e est le thème du quatrième chapitre. Comme son maître, il a des devoirs. Le premier est sa soumission, geste tant pratique que symbolique, l'obéissance conditionnant tout le reste. Une représentation courante de l'apprenti, plus caricature qu'ethnographie, le dépeint comme une sorte d'agitateur, insolent et rebelle. L'expression d'insubordination la plus insupportable pour le maître est le départ précoce de l'apprenti, c'est-à-dire avant la fin de la durée stipulée dans son contrat. Sauf exception, le maître le vit comme une triple trahison : juridique (un contrat, c'est un contrat) ; personnelle (le fils adoptif abandonnant son père) ; et commerciale (le maître ne pouvant pas bénéficier de la formation qu'il est en train d'accorder à l'apprenti). Les corporations sous l'Ancien Régime, les prud'hommes au XIXe s'efforcent d'enrayer ces « désertions ». Le départ irrégulier traduit fréquemment une situation de conflit : les autorités parviennent assez souvent à trouver un nouveau maître pour un apprenti mécontent, opération baptisée « transport » dans le monde corporatiste, instrument dans un répertoire assez étoffé de techniques pour régler les différends, dont on trouve des échos au XIXe. Je me tourne ensuite vers la spécificité de l'itinéraire de l'apprentie : les barrières que les filles/femmes rencontrent (blocages corporatifs ou coutumiers, misogynie constitutive en quelque sorte de leur rôle socioéconomique rehaussée par le mépris gratuit et la condescendance paternaliste), les modes très variés de formation/transmission qu'elles connaissent et leur présence significative dans le monde du travail, licite et clandestin. Puis j'explore l'expérience des apprenti.e.s, leurs conditions réelles d'accueil (bizutage, couchage, soupe) et de labeur (dureté, heures d'application), ainsi que le tableau de ces conditions dépeintes par des contemporains à des fins multiples (dénonciation, commisération, réforme). Je consacre de nombreuses pages à deux phénomènes banals et troublants : la tentation de consigner l'apprenti.e à des travaux domestiques, des corvées, à des tâches parfois onéreuses et sans relation avec le métier de formation ; et toute une panoplie de mauvais traitements, de formes de violence psychologiques et physiques presque toujours contestées, réfutées et en même temps, très fréquemment, manifestement subies. Le chapitre se termine au moment où l'apprenti.e achève son parcours : part-il en bons termes, en tension, en conflit ouvert ?

Le chapitre 5 s'intéresse à la régulation « assumée ». Située dans l'Ancien Régime, je l'appelle assumée car le pouvoir à tous les niveaux, y compris au sein des communautés, croit à la nécessité de règles, normes et interventions pour le bon fonctionnement de l'apprentissage et du système dont il est l'expression. La corporation elle-même est un instrument de police, vocable pour désigner la régulation à l'époque. Elle participe, à côté d'autorités locales et régionales, à la surveillance et à l'exécution des règlements. Cela dit, le contrat est la vraie matrice de l'organisation et de la conduite du parcours. Je regarde une fois encore le contrat, notamment tel que rédigé et chorégraphié par le notaire, acteur clé dans l'apprentissage et à bien d'autres moments de passage ou de mutation, tendus et/ou joyeux, sous l'Ancien Régime, figure présente, mais moins sollicitée au XIXe siècle, quand d'autres formes de traités surgissent. À l'ère corporatiste, le contrat est appelé brevet ; sans ce document, l'apprenti achevé ne peut pas naviguer commodément sur le marché du travail. La communauté exige le rapide enregistrement du brevet pour garantir l'avenir de l'apprenti, mais surtout pour assurer la bonne entente entre maîtres, car, pour diverses raisons conjoncturelles, mais avant tout pour assurer (la fiction de) l'égalité des maîtres, le nombre d'apprentis est assez strictement limité. Les transgressions ne sont pas rares ; elles suscitent des frictions frisant la colère parmi les maîtres. Seules une minorité de communautés entreprennent une régulation de la transmission du savoir en organisant un examen avant de valider le brevet, angle mort qui ne sera pas sérieusement discuté jusqu'à la fin du XIXe siècle. L'attaque virulente contre l'apprentissage en plein siècle des Lumières annonce les origines du libéralisme qui vaincra au XIXe ; elle ouvre la voie à la dérégulation brutale associée à la fin des corporations tout en esquissant un autre mode de gestion du marché du travail.

Le chapitre 6 aborde justement l'ambivalence libérale à l'égard de la régulation, de l'apprentissage et de bien d'autres matières, tergiversations qui balisent toute la Révolution. Le contrat, désormais plus souvent une convention verbale qu'écrite, quelquefois un marché sous seing privé, ne devient le putatif pivot d'une régulation *soft* qu'à partir du milieu du siècle. Il n'y a aucune appétence pour un mécanisme de contrôle sur la formation ou pour un plafond sur le nombre d'apprentis qu'un patron pourrait employer. La loi de Germinal, projet bonapartiste du début du siècle, reconnaît le besoin d'un apprentissage soumis à des contrôles et à une certaine protection, mais n'ose que des gestes modestes en faveur des « faibles ». L'émergence et la prolifération des conseils des prud'hommes changent le climat de façon assez dramatique : voilà des juges, sortis eux-mêmes du monde du travail, qui vont exercer un droit de regard, parfois d'intervention assez robuste, sur la pratique de l'apprentissage. Controversés, soupçonnés par les libéraux doctrinaires de trahison, les prud'hommes assument des points de vue fort divers, mais n'expriment aucune nostalgie pour des solutions de type corporatiste. La loi de 1851, largement respectueuse des préoccupations libérales (pas d'âge minimum pour les apprentis, pas de limitation du nombre d'apprentis par maison, pas de contrat écrit obligatoire), constitue la grande mesure dite de régulation de l'apprentissage qui durera au-delà de la Grande Guerre. J'analyse ses éléments, notamment son investissement enthousiaste dans le modèle du père-de-famille comme pilier du contrat et de la relation entre maître et apprenti. J'explique l'influence de la loi et son échec cuisant et prends note d'une autre mesure, votée en 1874, à sa manière plus courageuse et avec quelques dents (la création d'un corps d'inspection).

Le chapitre 7, consacré à la « crise » de l'apprentissage, met en relief deux phénomènes : l'imbrication de deux sortes de réalité, provenant des représentations d'une part et découlant des actions et relations sociales et économiques d'autre part, et l'enchevêtrement de deux temporalités, les XIXe et XVIIIe siècles. J'essaie de définir cette crise, en quelque sorte de la déconstruire, de retracer ses origines (qui remontent à la remise en cause de l'apprentissage au XVIIIe siècle), de scruter ses diverses déclinaisons et de montrer ses effets. Que veut dire la notion de « décadence » de l'apprentissage, a-t-elle le même sens pour tout le monde, comment évolue-t-elle à travers le siècle ? Si l'apprentissage est moribond, voire mort, la responsabilité en incombe-t-elle essentiellement à l'avènement du machinisme et de la division du travail poussée, au sein d'un capitalisme implacable et décomplexé ? Certains acteurs et commentateurs mettent cette déchéance sur le compte des patrons (« spéculateurs », opportunistes, sans aucun sens civique ou moral), des parents (« cupides », myopes, opportunistes ou simplement plongés dans la misère), des ouvriers (sectaires, égocentriques, protectionnistes), des apprentis eux-mêmes (incapables de s'engager ou aveugles aux avantages d'une bonne formation, âpres aux gains immédiats, attirés par la débauche). Mais la détérioration de la formation – « la grande déperdition » de l'apprentissage – n'a-t-elle pas précédé la révolution industrielle en plein démarrage et l'érosion des valeurs culturelles ?

J'examine le versant plutôt positif de la « crise » dans le huitième chapitre : certaines des solutions proposées pour pallier la crise et ressusciter ou renouveler l'apprentissage. De nombreux observateurs, au XIXe siècle – et aujourd'hui encore –, déplorent le mépris fort répandu pour le travail manuel, tropisme d'élite de plus en plus imité par les classes moyennes et même des fractions de la classe ouvrière. Pour eux, la réhabilitation de l'apprentissage commence avec la mise en valeur du manuel, exercice à la fois de la tête et des mains, et débouche, pour certains, sur l'enseignement du travail manuel à l'école primaire ou même sur l'instauration d'un préapprentissage à l'école. En tout cas, à la suite de l'échec terrible de l'atelier – la crise elle-même en est la preuve – comme site/méthode de formation, un segment de commentateurs ne voit le salut que dans l'école. Lieu de désordre, d'immoralité, d'enseignement mauvais ou peu fait, d'un « sublimisme » subversif (pratiques supposées de résistance, de contestation de toute autorité, d'absentéisme, d'alcoolisme), l'atelier a fait son temps. Seule alternative au cul-de-sac professionnel qu'est devenu l'atelier, l'école est porteuse d'espoir. Les « écolistes » imaginent différentes formes d'enseignement professionnel, y compris dans des écoles dites d'apprentissage. Les « atelieristes » contre-attaquent vigoureusement, défendant la formation au travail (« c'est en forgeant qu'on devient forgeron ») et critiquant l'approche excessivement « théorique » et éloignée des réalités. Ils finissent par comprendre qu'ils ne parviendront pas à réhabiliter l'atelier sans incorporer un peu d'école dans leur projet. Je montre comment le débat descend dans l'arène politique, accéléré au début du XXe siècle. Faut-il envisager un enseignement professionnel (même une sorte d'apprentissage) obligatoire ? Le courant libéral résiste à la notion de contrainte ; les réformateurs de tous bords estiment illusoire toute autre voie. Je jette un coup d'œil aux discussions sur des propositions de loi concernant l'enseignement professionnel et la constitution de plusieurs lobbies favorables à l'apprentissage, qui organisent des « congrès » nationaux promouvant la renaissance de cette institution. La loi dite d'Astier de 1919 clame le commencement de l'époque moderne (actuelle) de l'apprentissage.

-4-

Passons à quelques éléments techniques et personnels concernant ce livre. Le projet est né voilà bien des années comme un travail à trois, avec deux historiennes merveilleuses, Clare H. Crowston et Claire Lemercier. Les aléas de la vie, les chambardements du covid et diverses obligations pesant sur nous tous ne nous ont pas permis d'achever à trois. J'ai bénéficié énormément de nos échanges intéressants et stimulants. Séparément ou ensemble, je sais que C. Crowston et C. Lemercier vont enrichir le dossier « apprentissage » de maintes manières, dont le traitement des filles/femmes et le genre comme problématique omniprésente, ainsi que les dimensions quantitatives, spatiales, démographiques, juridiques et « cycles-de-vie », entre autres, qui approfondissent nos perspectives tant sur le XIXe siècle que sur l'Ancien Régime.

Après une sérieuse tentative, car je suis pleinement conscient de sa signification, j'ai renoncé à l'utilisation systématique du « français inclusif ». L'impératif de déployer « apprenti.e » quasi constamment et de tout accorder avec féminin et masculin me posait des problèmes pratiques insurmontables. J'utilise la fonction masculine dans sa vocation conventionnelle universelle : ainsi, « l'apprenti », très souvent, implique en même temps l'apprentie. Toutefois quand je l'estime nécessaire ou utile (dans le sens tant performatif que moral) ou quand je veux souligner une idée ou mettre l'accent sur un argument, je recours au français inclusif, pleinement ou en partie. J'assume le risque de confusion ou d'incohérence, ici ou là. Par ailleurs, les notes, extrêmement détaillées, font fonction de bibliographie.

Je remercie chaleureusement mon ami Arnaud Orain pour sa lecture critique de plusieurs chapitres qui m'a permis de les améliorer. Je tiens à exprimer ma reconnaissance à mon amie Manuela Martini, et à son équipe, pour m'avoir accordé l'accès à leur base de données concernant les audiences des prud'hommes dans la presse ouvrière lyonnaise. Je remercie également Carmen Bronchard de son assistance prodigieuse pour la documentation de l'Épilogue et pour la correction des notes. Elle me fait penser à l'immense dette intellectuelle et amicale que j'ai contractée auprès de son grand-père, Gilles Postel-Vinay, qui parle apprentissage avec moi depuis un quart de siècle avec patience, grâce, extrême intelligence et… maîtrise.

J'ai une éditrice formidable – attentive, perspicace, cultivée, drôle. Diane Feyel est également une amie : je la remercie vivement de sa fidélité et de sa générosité. Aurélie Pawlak des Éditions Fayard a fructueusement contribué à la relecture du texte. Comme toujours, depuis que j'ai commencé à écrire directement en français en 2000, l'année de notre rencontre, je dois une reconnaissance incalculable à mon épouse et complice Marie-Christine Fabiani Kaplan. Elle a longuement discuté avec moi, m'a critiqué et conseillé, a corrigé et revu tant de versions de mon texte avec rigueur et amour. Je lui en sais infiniment gré.

Pour moi, la fin d'un livre, après tant d'années de labeur, a toujours été un moment de joie. Ce n'est pas le cas cette fois-ci. La mort de mon petit-fils Morgan Patrick Kaplan m'a profondément secoué et a plombé les derniers mois de mon travail. Je dédie ce livre à sa mémoire.

CHAPITRE 1
Le corporatisme, berceau et bourreau de l'apprentissage

L'histoire de l'apprentissage est enfouie, pour une grande partie, dans celle de la corporation et de l'idée corporatiste. Bien au-delà d'une figure de monopole fraternel officiel, la corporation est l'expression commune d'un système complexe de classification sociale, d'exercice de pouvoir politique et de production et d'échange de biens matériels et symboliques, englobant quasiment toute la France urbaine. Paradoxalement, c'est l'abolition des corporations par la Révolution française qui donne naissance à « l'idée corporatiste », vision nostalgique d'un autrefois idéalisé, mais adapté et actualisé, fondé sur un principe puissant d'entente sociale, renforcée par des pratiques de transmission tel l'apprentissage. Souvent, la corporation instrumentalise l'apprentissage. Plus tard, l'apprentissage, institutionnellement délaissé, se cherche des appuis ; les corporatistes font partie des candidats les plus exaltés. Il ne faut pas se leurrer : si la corporation et l'idée corporatiste semblent parfois occulter l'apprentissage, elles nous permettent d'appréhender une dimension primordiale de son sens, son existence quotidienne et son poids. Ce livre commence avec le corporatisme pour de bonnes raisons, mais d'emblée insistons sur le fait que l'apprentissage ne peut en aucun cas se réduire à la corporation.

L'HÉRITAGE CORPORATISTE À L'HEURE DE LA RÉVOLUTION NATIONALE[1]

La pensée corporatiste française s'épanouit à la fin des années 1920 et au début des années 1930, en réponse au double défi lancé à la démocratie libérale (parlementaire) et au capitalisme par la Révolution russe et la crise économique mondiale de 1929. Ce corporatisme-là est favorisé également par l'émergence de régimes de type ou de tendance corporatiste au Portugal, en Espagne, en Italie et en Autriche[2]. « À ne retenir que la production des premiers mois de 1935, livres, brochures, articles sur le corporatisme, suffisent à remplir un rayon de bibliothèque », relève l'économiste et juriste Gaëtan Pirou, dont certains écrits occupaient d'ailleurs le rayon en question. Un autre observateur attentif dénombre, de janvier 1934 à juin 1943, plus de 400 textes en français ayant trait au corporatisme, à l'exclusion d'une pléthore d'articles de presse. Outre leurs nombreux essais théoriques, des vétérans du corporatisme proposent des manuels sur « le corporatisme appliqué » à des professions particulières (l'architecture, les textiles, les métaux, l'agriculture, l'alimentation). Les éditeurs lancent des collections spéciales pour répondre à la demande croissante : *Anticipations corporatives* chez Dunod, la *Bibliothèque d'études sociales* chez Flammarion et la *Bibliothèque corporative* chez Attinger (en Suisse). Comme le note le jeune Maurice Bouvier-Ajam, brillant

1. Cette section s'appuie fortement sur Steven L. Kaplan, « Un laboratoire de la doctrine corporatiste sous le régime de Vichy : l'Institut d'études corporatives et sociales », *Le Mouvement social*, n° 195 (avril-juin 2002), p. 35-77, qui fournit toute la documentation pour des sources non-précisées ici.

2. Isabel Boussard, « Les corporatistes français du premier XXe siècle. Leurs doctrines. Leurs jugements », *Revue d'histoire moderne et contemporaine*, t. 40 (octobre-décembre 1993), p. 643-665 ; Jean-Marie Mayeur, « Catholicisme intransigeant, catholicisme social, démocratie chrétienne », *Annales : E.S.C*, 27e année (mars-avril 1972), p. 483-499 ; Gérard Cholvy et Yves-Marie Hilaire, *Histoire religieuse de la France contemporaine (1880-1930)*, Toulouse, Privat, 1986, p. 78-79 ; Maurice Bouvier-Ajam, *La Question du corporatisme*, Paris, Lesfauries, 1938 ; Gaëtan Pirou, *Essais sur le corporatisme*, Paris, Sirey, 1938, p. 110 ; Robert O. Paxton, *Le Temps des chemises vertes : révoltes paysannes et fascisme rural, 1929-39*, Paris, Seuil, 1996 ; Marcel Berthon, *Les Associations professionnelles et ouvrières en Auvergne au XVIIIe siècle*, Clermont-Ferrand, Paul Vallier, 1935. De nombreux commentateurs ont fait écho à l'affirmation de l'écrivain et homme d'État roumain Mihaïl Manoïlesco déclarant que « le XXe [est] le siècle du corporatisme, comme le XIXe a été le siècle du libéralisme ». M. Manoïlesco, *Le Siècle du corporatisme*, Paris, Presses universitaires de France, 1934, et Georges Chaudieu, « L'Artisanat en face de la Charte », *Production* (décembre 1941) ; G. de Michelis envisageait un ordre corporatif mondial : *La Corporation dans le monde. Économie dirigée internationale*, Paris, Denoël et Steele, 1935.

et charismatique meneur d'hommes et de femmes et passeur d'idées, « ainsi, même avant la Révolution Nationale, le corporatisme était déjà en marche vers sa réhabilitation[3] ». Au milieu de cette effervescence naît, à la fin de 1934, l'Institut d'études corporatives et sociales (IECS), fondé justement pour canaliser toute cette énergie en engendrant un champ d'étude *et* de pratique que Bouvier-Ajam, son grand animateur, appelait, imitant les Italiens, « la science corporative ».

Né dans la notabilité sarthoise en 1914, Bouvier-Ajam est déjà avant vingt ans poète publié et musicien averti, bientôt chef d'un réseau intellectuel dédié au corporatisme, ensuite, à peine sa thèse de droit terminée, directeur d'un organisme patronné par Pétain. Après un bref passage en prison à la Libération, le voilà marxiste engagé et conseiller de Maurice Thorez, secrétaire-général du Parti communiste, puis, s'éloignant de la nouvelle cause, candidat perpétuel à l'Académie française en tant qu'historien social, économique et populaire, considéré par Fernand Braudel comme un « merveilleux ami ». Mais revenons au fervent catholique qu'il est devenu depuis son mariage, aussi à vingt ans. Les implications de la modernité matérialiste, tout comme l'affrontement stérile entre les horreurs quasi symétriques de l'individualisme capitaliste et du collectivisme socialiste, l'inquiètent. Il croit profondément que la seule solution fiable est corporative : une harmonie humaine et économique dans une organisation corporative. À la veille de la guerre, l'économiste Louis Baudin, parrain universitaire et collaborateur à l'IECS (plus tard ultra-libéral), l'agace en rappelant que « l'armée des corporatistes est si disparate qu'on est fondé à penser que le mot même de corporation est pareil à une étiquette apposée sur un lot de bouteilles distribuées entre des producteurs et dans lesquelles chacun verse une boisson de son choix. Le consommateur doit y regarder de près ». Autre mentor, Gaëtan Pirou avance une définition du corporatisme utile, mais qui s'avère rapidement trop technique et trop modeste pour son ancien étudiant : un système de droit public qui suppose que tous les individus exerçant la même

3. G. Pirou, *Essais sur le corporatisme*, p. 71-72 ; M. Bouvier-Ajam, *La Question du corporatisme*, p. 22, 77 ; les chiffres de Bouvier-Ajam sur les publications de 1934 à 1943 sont cités par Jean-Pierre Le Crom, *Syndicats nous voilà ! Vichy et le Corporatisme*, Paris, Éditions de l'Atelier, 1995, p. 63. Une note dans Marc-Olivier Baruch, *Servir l'État français. L'Administration en France de 1940 à 1944*, Paris, Fayard, 1997, p. 24, m'incite à m'interroger sur les chiffres élevés de M. Bouvier-Ajam. En puisant dans le catalogue cumulatif de l'annuaire 1946 de La Librairie Française concernant les années de 1933 à 1945, M.-O. Baruch trouve 54 titres comportant les mots corporation ou corporatisme, alors qu'au cours de la période précédente, s'achevant en 1933, il n'y en avait pas un seul.

profession constituent un corps recevant de l'État des pouvoirs réglementaires d'une nature économique, sociale et même politique, leur permettant de déterminer ensemble les conditions de production et de reproduction (mettant en avant l'apprentissage).

Au risque de porter un cri de ralliement plutôt qu'une idée claire et un contenu net, avec l'avènement du Maréchal Pétain et l'institutionnalisation de l'IECS, la question de la conceptualisation préoccupe moins Bouvier-Ajam que l'action. À la différence de nombreux vichystes, il place la mission corporative, pour la mise en œuvre de laquelle il a été mandaté par le Maréchal, au cœur même de la Révolution Nationale. Grâce au levier corporatiste, il compte sortir la France de la décadence, de la démoralisation et de la désorganisation en la reconstruisant sur des fondations morales, sociales et politiques sûres. Alors même qu'il fait écho à la rhétorique type Ancien Régime du Maréchal décriant la « confusion » et le « vide » d'un univers d'individualisme effréné, source de discorde et meurtrier, Bouvier-Ajam se délecte du langage révolutionnaire de Pétain. La guerre contre le libéralisme, le communisme, le syndicalisme de classe et l'étatisme nécessite la « régénération » de la nation, pour reprendre une des métaphores jacobines qu'affectionnent le Maréchal et ses propagandistes. Aussi millénariste et excessif que le règne de la vertu prônée par Robespierre pour forger le Français nouveau en 1793-94, le corporatisme national-révolutionnaire « veut remplacer le désordre par l'ordre […] le renoncement par l'effort, la haine par la paix, la crise par la prospérité », l'égotisme impie par la fraternité chrétienne, le « facteur argent » par le « facteur humain », la lutte des classes par leur collaboration, l'idée même de classe sociale par celle d'une « société nationale » élevée au rang de patrie, les individus qui créent la société par la société créant les individus, la concurrence darwinienne par une solidarité collective, la précarité de l'emploi et du statut social par la sécurité, et le travail-en-tant-que-marchandise par le métier-en-tant-que-propriété. « Institution totale », donc remède global, la corporation comme cadre autant pratique que théorique possède également la vertu majeure d'être d'origine française. Bouvier-Ajam et ses collègues tiennent à démarquer « la tradition nationale » des fascismes européens : ce n'est pas la peine de chercher des « modèles à l'étranger », encore moins d'insinuer que le corporatisme « nous était arrivé dans les fourgons du vainqueur ». Selon Pétain, il est une idée « purement et profondément française », contrairement au libéralisme, au capitalisme et au collectivisme qu'il range parmi « les produits étrangers importés »[4].

Bouvier-Ajam, suivant René de La Tour du Pin, suprême autorité doctrinale du dernier tiers du XIXᵉ siècle, situe la genèse et l'efflorescence du corporatisme, produit organique français, dans « notre tradition », dans « l'histoire nationale ». Pour son mentor, qui parle de la « restauration du régime corporatif » tout en affirmant qu'il « convient tout spécialement aux conditions les plus scientifiques et aux proportions les plus gigantesques de l'industrie moderne », l'idée corporatiste est comme intemporelle et incorruptible, constituant la recette de base pour garantir une paix sociale fondée sur l'entente associative, l'intégration des participants, le respect de la compétence. À l'IECS, tout le monde flaire le piège de l'exercice archéologique. Imprégné de l'esprit corporatiste, Bouvier-Ajam n'en fait pas moins remarquer avec insistance qu'il « ne s'agit pas plus de revenir aux corporations d'autrefois qu'il ne pourrait être de remplacer les chemins de fer par des diligences ». Ses amis enfoncent le clou : « Il n'est que des imbéciles », lance C.-J. Gignoux, ancien ministre, puis patron des patrons et enseignant à l'IECS, « pour admettre que les corporatistes [de] 1943 envisagent de restaurer les corporations de l'Ancien Régime et l'Ancien Régime avec elles ». Afin de libérer définitivement le projet corporatiste de cette hypothèque d'archaïsme caricatural, Pierre Andreu, antidémocrate, anticapitaliste, national-révolutionnaire, et après la guerre, ardent fédéraliste européen, se réclame du prestige de La Tour du Pin lui-même, fin connaisseur de son siècle, qui « met tout de suite en garde contre le tort immense causé à l'idée corporative par ceux qui invoquent stupidement l'exemple de l'Ancien Régime », manière certaine de garantir « l'échec final des anciennes corporations ». Reprenant le même avertissement, Georges Jarlot, jésuite, corporatiste et commentateur de La Tour du Pin, rappelle comment, pour torpiller le corporatisme pendant le XIXᵉ siècle, « les libéraux dressent l'épouvantail de l'Ancien Régime ». Ripostant à une attaque qu'un fonctionnaire du ministère

4. Discours inaugural de M. Bouvier-Ajam, 21 janvier 1942, *Le Corporatisme français*, Le Mans, Office central d'organisation corporative, 1942, p. 21-24 ; M. Bouvier-Ajam (éd.), *L'État français sera corporatif. Extraits des messages et écrits du Maréchal Pétain en 1940, 1941 et 1942*, Le Mans, C.E.P., 1943 ; M. Bouvier-Ajam : *Doctrine*, p. 262-63, « Le Corporatisme d'État », *Cahiers de formation politique*, n° 21 (1943) ; P. Perrin, note sur « l'organisation professionnelle », janvier 1941, Archives nationales (désormais AN), 2 AG 611 CM 27A ; M. Bouvier-Ajam, « L'I.E.C.S. », *Production : énergie, industrie, commerce* (décembre 1941).

de la Production industrielle avait lancée contre l'Ancien Régime, Bouvier-Ajam la dénonce comme une agression contre le Maréchal et sa pensée, et cite Louis de Bonald, tout en pensant à Edmund Burke : « Ce n'est pas avec un siècle [que l'on construit le corporatisme], c'est avec tous les siècles »[5].

Ne croyant pas un instant que l'ancrage dans le passé voue le projet corporatiste au statut d'anachronisme disqualifiant, Maurice Bouvier-Ajam estime que la question est donc de parvenir à articuler le passé et le présent, à enraciner le projet dans le contexte de crise du moment, dans le présent industriel, sans répudier l'énergie primordiale et la profonde sagesse liées à « une tradition séculaire ». Son goût pour la spiritualité chrétienne et la concorde confraternelle l'attire vers le Moyen Âge, sorte d'autrefois béatifique où se fonde un corporatisme organique modelé d'après la nature et sanctifié par Dieu. S'il rejoint la perspective de La Tour du Pin selon laquelle le XVIIIe siècle et la Révolution marquent les moments décisifs de la trajectoire corporative, le directeur de l'IECS répugne à reconnaître une grave crise des corporations pendant le siècle dit des Lumières. Il prétend qu'à l'heure de Turgot, libéral et autoritaire, l'institution que ce ministre souhaitait supprimer exhalait encore de la vitalité, accueillant de nouveaux membres en dehors de la famille, se souciant attentivement de la formation des apprentis, promouvant une éthique zélée du travail incarnée par les maîtres et transmise aux jeunes, pratiquant une sociabilité horizontale qui renforçait sa cohésion, refusant de renoncer à son héritage spirituel malgré le climat de déchristianisation chronique et assurant un sentiment d'équité partagé par tous les membres de la communauté.

---

5. M. Bouvier-Ajam, *Doctrine*, p. 9-10, 29-30, 177-78 ; *Bulletin d'informations corporatives* (5 octobre 1942) ; René de La Tour du Pin, *Vers un ordre social chrétien, jalons de la route, 1882-1907*, Paris, G. Beauchesne, 1929, p. 151 ; *Bulletin d'informations corporatives* (28 juillet 1941) ; *Information corporative* (28 février 1944) ; M. Bouvier-Ajam, *La Question du corporatisme*, p. 17-18 ; C.-J. Gignoux, « Pourquoi et comment nous sommes corporatistes », *Cahiers des Travaux de l'I.E.C.S*, s.l.n.d. [*circa* 1943], p. 9. Voir Georges Blondel, un des maîtres et protecteurs de Bouvier-Ajam : « Ce n'est pas aux anciennes corporations qu'il faut revenir. » Il ajoute cependant que Turgot avait eu tort de les détruire plutôt que de les réformer. Les multiples « abus » des communautés « n'ont pas tué l'idée professionnelle », le principe logé au cœur du corporatisme. Préface à M. Bouvier-Ajam, *La Question du corporatisme*. Un autre maître, moins proche de son élève sur le plan idéologique, Gaëtan Pirou, écrit d'une plume catégorique que « le régime corporatif n'entend pas être une simple résurrection des corporations de l'Ancien Régime ». *Le Corporatisme : corporatisme et libéralisme, corporatisme et étatisme, corporatisme et syndicalisme*, Paris, Recueil Sirey, 1935, p. 20 ; Pierre Andreu, « Le vrai visage de la Tour du Pin », *Esprit*, t. 2 (1er juin 1934), p. 410-11 ; Georges Jarlot, *Sources doctrinales du corporatisme moderne*, Le Mans, C.E.P., 1944, p. 2.

Des abus, il y en avait, certes, admet le corporatiste, mais ils découlaient souvent des blessures infligées par l'État-monarque tocquevilléen (rapace et impérieux), soumettant les communautés d'arts et métiers à une pression fiscale étouffante et à une mainmise sur leur gouvernance. Pénétré par une sorte de conjuration libérale, le gouvernement, sous la bannière d'un « despotisme éclairé économiste », reléguait les communautés aux ténèbres de l'obsolescence et du discrédit, incitant leurs membres désarçonnés à abandonner insensiblement l'entreprise collective et l'intérêt général à l'esprit avili du sauve-qui-peut. S'en tenant au plan des types-idéaux, Bouvier-Ajam se trompe presque sur toute la ligne dans son traitement du monde du travail réel, vécu qu'il connaît à peine. Il ne peut faire autrement, car il refuse de se détacher des présupposés erronés, fondamentaux pour lui, concernant les relations harmonieuses des maîtres, des compagnons et des apprentis. Il ne peut faire autrement s'il veut sauver la corporation du musée et la mettre au service, tant idéologique qu'institutionnel, de la nation en désarroi et de la Révolution Nationale censée la sauver[6].

Sous l'impulsion de Pétain, Bouvier-Ajam et d'autres corporatistes, souvent ses rivaux, tant les messianiques, les nostalgiques et les romantiques que les pragmatistes, les techniciens et les modernistes, voués à se chamailler pendant toute la période Vichy et à affaiblir ainsi l'influence de l'idée corporatiste, commencent à imaginer que leur rêve pourrait devenir réalité dans le sillage de la Charte du Travail d'octobre 1941. Arrachée à la suite d'un compromis tendu – loin d'une approbation consensuelle –, elle proposait une variété de modalités, parmi lesquelles la corporation n'incarnait qu'une voie possible, secondaire aux yeux de maints vichystes qui n'y croyaient pas. Ce n'est pas ainsi, cependant, que Bouvier-Ajam et ses soutiens envisagent la Charte. Elle signalait l'aube d'une ère nouvelle, la reconquête des valeurs morales, l'occasion de réaliser certains impératifs organiques. « La Charte déclare dans son préambule qu'elle servira de base à la création des futures corporations qui restent le seul grand espoir de l'avenir français », écrit le directeur de l'IECS, en collaboration avec

6. M. Bouvier-Ajam : *Doctrine*, p. 21-22, « Le Corporatisme d'État » et « L'Édit de février 1776 », dans *Les Étapes de la législation corporative en France*, Paris, Institut d'études corporatives et sociales, 1944, p. 2-7, 10, 20, 22 ; G. Boivin, « Une réalisation précorporative », *Le Corporatisme*, janvier 1939, p. 58-61 ; M. Bouvier-Ajam : *La Question du corporatisme*, p. 19, *Doctrine*, p. 23-25, 45, 62, 63, 92, et *Histoire du travail en France des origines à la Révolution*, Paris, Librairie générale de droit et de jurisprudence, 1957, p. 658, 695-96, 701-02, 705.

son collègue Raymond Marcellin, plus tard ministre de l'Intérieur du Général De Gaulle[7].

L'APPRENTISSAGE RESURGIT ET LA CORPORATION REVIENT

Bouvier-Ajam perdra la croisade pour son genre de corporatisme, minée par son arrogance, sa gestion fort douteuse de l'Institut et la puissance de ses ennemis vichystes, tant corporatistes qu'anti-corporatistes. Exécré par les libéraux des Lumières, interdit (au risque du raccourci) par la loi Le Chapelier en 1791, dont « l'effet » pèse lourdement sur la culture politique et la culture de la représentation pendant le XIXe siècle, qui reste tout de même tétanisé par le spectre de son retour, le corporatisme subit l'ultime anathème dans le traumatisme de Vichy. Depuis cette tentative de mettre la doctrine corporatiste au service de la Révolution Nationale, elle est devenue taboue en France. Dorénavant, organicistes orphelins sondent ailleurs en quête d'un nouveau Graal, tout comme les catholiques sociaux cherchent leur troisième voie ailleurs. Depuis la Libération, comme l'analyse un spécialiste du droit du travail, « tout projet visant à organiser une certaine collaboration entre employeurs et employés expose ses auteurs au risque d'être perçus comme les petits-enfants du maréchal Pétain[8] ». Jusqu'à assez récemment, des historiens, notamment français, évitaient d'enquêter sur le monde corporatif, comme si le terrain était radioactif. Tout en se servant de ses instruments sans l'avouer explicitement, notamment dans la cogestion de l'agriculture, ou en s'appropriant certaines de ses structures, tels les centaines de centres d'apprentissage (transformés plus tard en collèges d'enseignement technique), la France a du mal à rentrer dans les catégories du « néo-corporatisme » théorisé par des politicologues qui identifient de nouvelles formes de corporatisme dans les relations entre État et société pendant la deuxième moitié du XXe siècle. Dégradé et déformé, puis réapproprié, le concept de corporatisme, réduit dans l'usage quotidien à l'épithète corporatiste, est dédié à la dénonciation des prétendus égoïsmes collectifs et divers types de blocage sectoriel,

7. M. Bouvier-Ajam, *Histoire du travail*, p. 374 ; J.-P. Le Crom, *Syndicats nous voilà*, p. 151-52 ; M. Bouvier-Ajam et Raymond Marcellin, *Les Principaux problèmes de l'orientation professionnelle*, Paris, E. Chiron, 1942, p. 121 ; M. Bouvier-Ajam, *Doctrine*, p. 252-53, 256-67.

8. Alain Supiot, « Actualité de Durkheim. Note sur le néo-corporatisme en France », *Droit et société*, n° 6 (1987), p. 177.

entorses à l'universalisme et à l'ethos républicains, sabotage de l'intérêt général (défini par l'État, selon l'injonction apparemment toujours pertinente de Le Chapelier), réquisitoire flou, mais porteur, invoqué dernièrement par le président Macron lors de son interview du 14 juillet 2020[9].

Ce dernier s'intéresse depuis son arrivée au pouvoir au renouvellement et à l'expansion de l'apprentissage, comme une manière fructueuse d'éduquer une partie de la jeunesse (l'Allemagne demeure le modèle) et un boulevard menant à l'emploi. La crise économique aiguë, provoquée par la pandémie du nouveau coronavirus, a incité le gouvernement à mobiliser davantage de moyens encore pour remuscler l'apprentissage. En préparant ce projet, ni le chef de l'État ni ses ministres, à aucun moment, n'ont évoqué le système corporatif, berceau historique de l'apprentissage. Il ne figure plus du tout sur le radar sociopolitique ou culturel, même à titre de vestige ou de folklore. Jusqu'au début du XXe siècle, cependant, la référence au passé corporatif ne cesse de s'immiscer dans toute discussion sur l'apprentissage, malgré l'exorcisme plutôt efficace accompli par Le Chapelier en 1791 annihilant tous les corps partiels ou intermédiaires existants et prohibant toute association patronale ou ouvrière future. Jusqu'à cette date, l'apprentissage et le corporatisme sont profondément imbriqués, même si la portée de celui-ci dépassait le cadre de celui-là et même si l'apprentissage pouvait avoir lieu en dehors du système régnant.

La nature même de ce chapitre nous oblige à beaucoup parler de la stéréotypisation et de la caricature des corporations, particulièrement sur les modes de l'idéalisation et de l'anathématisation. Pendant longtemps, d'ailleurs, l'histoire de cette institution a été écrite sous ces mêmes auspices ; même la version dite scientifique, jusqu'à récemment, n'a pas échappé à la déformation par la diabolisation. Depuis une trentaine d'années, dans le sillage des recherches anglo-américaines sur le monde du travail, des historiens un peu partout ont profondément renouvelé le champ. On est loin de tout connaître ou comprendre, mais on dispose d'une bien meilleure prise sur de nombreux éléments, y compris la corporation : son organisation, sa gestion, ses activités, son recrutement, son engagement dans l'économie,

9. Voir Steven L. Kaplan et Philippe Minard, « Le Corporatisme, idées et pratiques : les enjeux d'un débat incessant », dans Steven L Kaplan et Philippe Minard (dir.), *La France, malade du corporatisme ?*, Paris, Belin, 2004, p. 5-31.

ses relations avec le pouvoir, ses représentations, sa réputation, entre autres choses.

Évidemment, on ne peut pas résumer ici le fruit de ces riches enquêtes et analyses. Les corporatistes, épris de leur idéal-type, aveuglés par leur engagement, ne s'en sortent pas bien ; mais leurs critiques, aveuglés par leurs présupposés et leur téléologie libéraux, ne font pas beaucoup mieux. Les deux courants auraient du mal à se retrouver aujourd'hui face à l'immense diversité entre communautés et à l'intérieur d'elles, où l'influent paradigme parisien n'écrase pas les particularismes ; où les maîtres, loin d'être tous fils de maître, sont les seuls membres et où ils ne se valent ni sur le plan économique ni sur le plan politique ; où la gouvernance, couramment contestée, est communément oligarchique, où les dissensions internes l'emportent souvent sur l'harmonie, et où les compagnons, fréquemment très mobiles, et les maîtres trouvent des moyens de s'entendre sur le lieu de travail tout en luttant pour le contrôle du marché ; où le monopole, plutôt lâche, n'empêche pas un monde pullulant de « sans-qualité », y compris des femmes, de travailler ; où le marché pénètre dans les communautés de manière fort inégale, où l'innovation technologique n'est pas nécessairement étouffée, malgré la présence de « gênes » et de « vexations », et où la concurrence est loin d'être systématiquement obstruée (sous-traitance, chaînes d'approvisionnement parallèles de matières premières, recours à la publicité et à des salles d'exposition) ; où la corruption est parfois endémique, mais presque toujours combattue et où la fiscalité pèse sur les budgets et sur le vivre-ensemble ; où la durée de l'apprentissage est rarement exceptionnellement longue ; et où les statuts et règlements corporatifs ne peuvent que très indirectement et imprécisément renseigner sur l'expérience vécue des maîtres et de leur personnel[10].

10. Voir, à titre d'exemples : Michael Sonenscher, *The Hatters of Eighteenth-Century France*, Berkeley, University of California Press, 1987 et *Work and Wages: Natural Law, Politics and Eighteenth-Century French Trades*, Cambridge, Cambridge University Press, 1989 ; Steven L. Kaplan : *Le Meilleur Pain du monde. Les Boulangers de Paris au dix-huitième siècle*, Paris, Fayard, 1996, *Les Ventres de Paris : pouvoir et approvisionnement dans la France d'Ancien Régime*, Paris, Fayard, 1988 et *La Fin des corporations*, Paris, Fayard, 2001 ; S. L. Kaplan et Cynthia J. Koepp (dir.), *Work in France: Representations, Meaning, Organization and Practice*, Ithaca, NY, Cornell University Press, 1986 ; James Farr : *Hands of Honor: Artisans and their World in Dijon, 1550-1650*, Ithaca, NY, Cornell University Press, 1988 et *The Work of France: Labor and Culture in Early Modern Times*, Lanham, MD, Rowman and Littlefield, 2008 ; Clare H. Crowston : *Fabricating Women: The Seamstresses of Old Regime France, 1675-1791*, Durham, NC, Duke University Press, 2001 et *Credit, Fashion, Sex: Economies of Regard in Old Regime France*, Durham, NC, Duke University Press, 2013 ; Judith Coffin, *The Politics*

Indissociablement liés en France, les communautés d'arts et métiers (ou *guilds*) et l'apprentissage le sont moins dans certaines parties de l'Europe, où ils esquissent des relations d'une autre sorte. Comme chez certains politiques aujourd'hui, chez de nombreux historiens, l'apprentissage a resurgi comme un objet d'enquête. Son rapport avec les corporations a déclenché une polémique, mettant en avant l'impact de l'organisation corporative sur la croissance économique ou le « bien-être » global (efficience – le maître mot –, coûts, innovation technologique, effets de distribution, disponibilité d'information, recrutement et gestion des ressources humaines, exécution des contrats, etc.)[11]. À part son grisant économisme réducteur, ce débat pâtit d'un manque de clarté sur le fonctionnement des corporations et le sens de leur idéologie sous-jacente. En raison de l'intrication de l'apprentissage et du corporatisme, il paraît nécessaire de remonter à l'Ancien Régime pour scruter leurs connexions, et plus particulièrement examiner les pratiques et les représentations des communautés d'arts et métiers, leur statut et leur réputation. Vivement critiquées, puis plusieurs fois supprimées, les corporations évoluent de façon

---

of Women's Work: The Paris Garment Trades, 1750-1915, Princeton, NJ, Princeton University Press, 1996 ; Daryl M. Hafter, *Women at Work in Preindustrial France*, University Park, PA, Pennsylvania State University Press, 2007 ; Janine Lanza, *From Wives to Widows in Early Modern Paris: Gender, Economy and Law*, Aldershot, Ashgate, 2007 ; Sydney Watts, *Meat Matters: Butchers, Politics and Market Culture in Eighteenth-Century Paris*, Rochester, NY, University of Rochester Press, 2006 ; Leonard N. Rosenband, *Papermaking in Eighteenth-Century France: Management, Labor and Revolution at the Montgolfier Mill, 1761-1805*, Baltimore, MD, Johns Hopkins University Press, 2000 ; Mary K. Gayne, *Tangled Interests: The Cultural Politics of Wigmaking in Old Regime France*, à paraître ; Daniel Roche : *Le Peuple de Paris, essai sur la culture populaire au XVIIIe siècle*, Paris, Aubier Montaigne, 1981 et *Histoire des choses banales. Naissance de la consommation, XVIIe-XIXe siècle*, Paris, Fayard, 1997 ; Maurice Garden, *Lyon et les Lyonnais au XVIIIe siècle*, Paris, Les Belles Lettres, 1970 ; Jean-Claude Perrot, *Genèse d'une ville moderne. Caen au XVIIIe siècle*, Paris, Mouton, 1975, 2 vol. ; Philippe Minard : *Typographes des Lumières, suivi des "Anecdotes typographiques" de Nicolas Contat*, Seyssel, Champ Vallon, 1989 et *La Fortune du Colbertisme : État et industrie dans la France des lumières*, Paris, Fayard, 1998 ; Jean-Pierre Hirsch, *Les Deux Rêves du Commerce. Entreprise et institution dans la région lilloise (1780-1860)*, Paris, Éditions de l'EHESS, 1992 ; Simona Cerutti, *La Ville et les métiers. Naissance d'un langage corporatif (Turin, 17e-18e siècle)*, Paris, Éditions de l'EHESS, 1990.

11. Voir une sélection des travaux des protagonistes principaux : S. R. [Larry] Epstein : « Craft Guilds, Apprenticeship and Technological Change in Preindustrial Europe », *Journal of Economic History*, t. 58 (1998), p. 684-713, et « Craft Guilds in the Pre-modern Economy: A Discussion », *Economic History Review*, t. 61 (février 2008), p. 155-74 ; Sheilagh Ogilvie : « Rehabilitating the Guilds: A Reply, » *Economic History Review*, t. 61 (février 2008), p. 175-82, « What is, is Right? Economic Institutions in Pre-Industrial Europe », *Economic History Review*, t. 60 (2007), p. 649-84, « The Economics of Guilds », *Journal of Economic Perspectives*, t. 28 (2014), p. 169-92, et *The European Guilds: An Economic Analysis*, Princeton, Princeton University Press, 2019.

décisive au cours du siècle des Lumières. Tout comme le triomphe libéral (une première « fin de l'histoire »), l'héritage corporatif, avec beaucoup moins de moyens, pèse sur tout le XIXe siècle.

RETOUR AUX SOURCES : L'ANCIEN RÉGIME ET LA GRANDE CHAÎNE

On ne se sert pas de la locution « corporatisme » au XVIIIe siècle. Même le mot « corporation » n'est pas couramment utilisé jusqu'aux années 1760 et 1770 : c'est un néologisme en français, le genre d'importation que le maréchal Pétain aurait détesté. L'appellation canonique pour désigner les associations privilégiées du monde du travail officiellement reconnues est « communautés d'arts et métiers ». Si le mot « corporatiste » ne s'emploie pas pendant l'Ancien Régime, il existe un phénomène que nous pouvons utilement considérer comme une forme de corporatisme. Il s'agit d'une notion d'une très grande envergure, dépassant nettement les limites de son usage aux XIXe et XXe siècles, où le corporatisme se réfère principalement à l'organisation du travail, portant les stigmates profonds d'un développement économique galopant et enrichissant et une question sociale déstabilisatrice et appauvrissante. Pendant l'Ancien Régime, le corporatisme esquisse une vision organiciste d'un ordre social et politique d'ensemble, dont la tête est incarnée par le monarque et les divers éléments de la hiérarchie de ses sujets figurés par des corps. Au niveau le plus général, ces corps désignent les trois ordres, ou états, chacun un grand corps – l'Église, la noblesse et le tiers (qui n'a pas de nom, mais est simplement le troisième, résiduel et pourtant massivement majoritaire). Au-delà de cette incorporation primordiale et structurante, prolongement de la taxinomie tripartite ancrée au Moyen Âge, chaque ordre est subdivisé en maints corps subsidiaires de toutes sortes, théoriquement manifestation d'un dessin immuable, naturel et divin, mais pratiquement fruit de conquêtes et de soumissions, de conflits et de négociations, de coalitions et de trahisons, d'arrangements divers, long processus d'ajustement, le tout marqué par l'affirmation graduelle de la puissance royale unificatrice.

L'Église entretient sa ramification spécifique en échelons (haut et bas clergé), puis en branches (clergé séculier et régulier), et ainsi de suite. Distinguant et réunissant tout ce qui n'est pas roture, la noblesse s'appuie sur sa vocation essentielle comme bastion guerrier, mais même l'armée est divisée en multiples corps. S'investissant dans d'autres activités à travers le temps, la noblesse se répartit en d'autres groupes ou subdivisions qui composent des corps, formellement, comme la noblesse de robe, ou de manière plus équivoque (noblesse de cour, noblesse de cloche, noblesse agricole, noblesse industrielle, voire noblesse commerçante). Embrassant la vaste majorité de la population, le dernier grand ordre, le tiers, contient énormément de corps de divers types. Le plus connu au jour le jour, le plus pléthorique en ville, celui qui nous intéresse au premier chef, est la communauté d'arts et métiers. Si le modèle parisien domine, il y a bien d'autres communautés – « corporations » – qui naissent, se légitiment, s'organisent et se gèrent différemment. Dans le monde du travail, de nombreux groupements, officieux, mais plus ou moins reconnus, peuvent revendiquer un statut (quasi) corporatif, tels les portefaix et d'autres acteurs des ports et marchés ou halles, ou des artisans indépendants, mais exerçant les mêmes métiers, ou analogues, et se réunissant informellement dans des cabarets ou des confréries (certaines de ces dernières peuvent prétendre elles-mêmes à une place à part entière dans le système). Dans la France rurale – le gros du royaume –, les assemblées villageoises du dimanche, communautés morales, spirituelles, fiscales et politiques, constituent également des corps, sans être adoubées par les moindres lettres patentes. Il y a même de grandes équipes de récolteurs itinérants, se retrouvant tous les ans, partageant les mêmes préoccupations, qui peuvent se réclamer du monde corporatif, tout comme les paysans-maçons limousins ou les ramoneurs de Savoie, travailleurs migrants saisonniers, dont certains éléments s'institutionnalisent, en quelque sorte. Sont corps également, mêlant parfois nobles, ou futurs nobles, et roturiers, des cours de justice, hiérarchie proliférante couronnée par les cours souveraines (parlements, chambres des comptes et des aides, etc.), des compagnies d'officiers et des universités, parmi d'autres.

Tous les corps ensemble forment ce que nous appelons la grande Chaîne de condition corporative[12]. La chaîne est une puissante image de théorisation sociale et politique, déployée fréquemment au XVIIIe siècle, généralement par des traditionalistes, soucieux de la cohésion et de la tranquillité sociales, et de la stabilité politique. Chaque corps représente un maillon dans cette chaîne en un

12. S. L. Kaplan, *La Fin des corporations*, p. IX-XIV et chap. 3 ; Philippe Minard, « Le Corporatisme en France au XVIIIe siècle : métiers et institutions », dans S. L. Kaplan et P. Minard (dir.), *La France, malade du corporatisme ?*, p. 33-51. Cf. l'excellente analyse de la « pensée politique » dans la France du XVIIIe siècle : Keith M. Baker, *Inventing the French Revolution*, Cambridge, Cambridge University Press, 1990, p. 109-27.

mouvement de convergence qui s'achève entre les mains du roi, son ordonnateur, son possesseur, son maître. Comme maillon, on est pleinement assujetti et en quelque sorte affranchi : il faut obéir au monarque, mais on peut aussi lui parler. Hors de la chaîne, pas de communication avec le prince, même pas de remontrance recevable. Au XVIIIe siècle, certains regardent cette chaîne comme figurant la constitution politique et/ou sociale de la nation-dans-le-royaume. Tous les maillons ne sont pas égaux ; les corps ont des relations sur mesure, très codifiées et évidemment asymétriques avec le roi (et entre eux). Faire partie de la chaîne, dont les membres individuels ont une intensité de conscience fort variable, signifie un statut particulier, confère du prestige en doses modulées et génère un certain capital. Si la chaîne, notamment au sein de bien des corps-maillons qui recrutent très sélectivement, a un aspect exclusif, en même temps le monarque s'efforce de l'étendre, d'inclure – d'incorporer – autant de groupes (donc de personnes) que possible pour que tout le monde ait un sentiment de participation, mais aussi d'obligation. C'est en partie grâce à cette chaîne que le roi peut prétendre incarner la chose publique et l'intérêt général, parler au nom de tous ses sujets, où qu'ils soient situés.

Si le thème organiciste est commun dans l'histoire de la pensée politique, pour l'Ancien Régime on ne peut pas identifier un maître théoricien de l'analyse ou de l'application corporatistes. Le plus couramment cité comme cristallisant un modèle sociopolitique dans cet esprit est Charles Loyseau, avocat, puis magistrat pendant les guerres de Religion et la tentative d'Henri IV de s'imposer. Obsédé par l'urgence de refonder la monarchie sur une base d'ordre inébranlable, il envisage une vaste hiérarchie incorporant toute la société, mobilisée pour étayer l'autorité royale[13]. Son aîné, Jean Bodin, jurisconsulte et

13. Charles Loyseau, *Traité des ordres et simples dignitez*, Paris, Ve L'Angelier, 1610. Il y a une abondance de commentaires sur Loyseau, souvent contradictoires et de pertinence fort inégale, les uns puisant dans son analyse taxinomique une véritable objectivation de la structure sociale de la France du XVIIe siècle, les autres une expression des représentations normatives et d'une construction idéologique. Voir Roland Mousnier, *Les Hiérarchies sociales de 1450 à nos jours*, Paris, Presses universitaires de France, 1969 et « Les Concepts d'"ordres", d'"états", de "fidélité" et de "monarchie absolue" en France de la fin du XVe siècle à la fin du XVIIIe siècle », *Revue Historique*, n° 247 (1972), p. 289-312 ; dans la même veine, Yves Durand, *L'Ordre du monde. Idéal politique et valeurs sociales en France du XVIe au XVIIIe siècle*, Paris, SEDES, 2001 ; d'une perspective critique : William H. Sewell, « État, Corps, and Ordre: Some Notes on the Social Vocabulary of the French Old Regime », *Sozialgeschichte heute : Festschrift für Hans Rosenberg zum 70. Geburtstag*, éd. Hans-Ulrich Wehler, Göttingen, Vandenhoek und Ruprecht, 1974, et Howell Lloyd, « The Political Theory of Charles Loyseau », *European Studies Review*,

philosophe, contribue sans doute à cette théorisation en pensant l'État comme une association de familles, une orchestration des corps[14]. Cardin Lebret, juriste et grand commis d'État, contemporain de Loyseau, assoit, lui, sa vision d'absolutisme sur une hiérarchie sociale assez élaborée, évocatrice de la chaîne corporatiste[15].

La construction corporatiste est pensée et articulée de façon sporadique, mais stratégique, au sein du gouvernement et dans son voisinage – dans de nombreux préambules de lois et dans des remontrances de magistrats (avec parfois des échos dans des décisions de justice et des factums d'avocats) – moins sous la forme d'un discours *ex cathedra* que dans le contexte d'un débat politique majeur, d'une façon certes prescriptive, mais plus concrète qu'incantatoire. Ce corporatisme est conservateur, passablement autoritaire, répressif quand ses normes sont bafouées. Au cours du XVIIIe siècle, il est de plus en plus conscient de la fragilité de l'ordre social et sensible aux menaces symboliques et matérielles à sa pérennité représentées par les Lumières (la corrosive « philosophie moderne ») et par le capitalisme désordonné (c'est-à-dire jouissant d'une très grande liberté et s'appuyant sur un individualisme débridé). Pour se tenir, il suppose un monde où les rapports économiques (ou de marché) sont encastrés dans les relations sociales, et en grande mesure infléchis, sinon déterminés, par elles. Autrement dit, le corporatisme préconise une politique de régulation qui traverse la chaîne entière, spécialement rigoureuse dans les domaines vitaux et vulnérables, tels les subsistances (mécanismes assurant l'approvisionnement) et le travail (marchés des produits et de l'emploi). C'est une politique paternaliste scellant le contrat social entre le prince et ses sujets au service d'une paix sociale, nourrie par une prospérité toute relative, qui ne la met pas en péril. Car ce corporatisme sait que cette paix, structurellement menacée, exige une vigilance constante et aiguë. Il n'est pas édifié sur l'élaboration de l'entente qui deviendra le fondement du corporatisme version

t. 11 (1981), p. 53-76 ; et, lumineux, Robert Descimon : « Les paradoxes d'un juge seigneurial : Charles Loyseau (1564-1627) », *Cahiers du Centre de recherches historiques*, t. 27 (2001), p. 153-176, « Dignité contre vénalité. L'œuvre de Charles Loyseau (1564-1627) entre science du droit et science des saints », *Historische Anstösse : Festschrift für Wolfgang Reinhard zum 65. Geburtstag am 10. April 2002*, éd. Peter Burschel *et alii*, Berlin, Akademie, 2002, p. 326-338, et « Un langage de la dignité. La qualification des personnes dans la société parisienne à l'époque moderne », dans Fanny Cosandey (éd.), *Dire et vivre l'ordre social en France sous l'Ancien Régime*, Paris, Éditions de l'École des Hautes Études en Sciences Sociales, 2005, p. 69-123.

14. Jean Bodin, *Les Six livres de la République* (1576), Paris, Fayard, 1986.

15. Cardin Lebret, *De la Souveraineté du Roy*, Paris, J. Quesnel, 1632.

XIXᵉ-XXᵉ siècles. Face, d'une part, à des démarches incessantes, collectives ou individuelles, visant à contester certaines distinctions coutumières qui charpentent la hiérarchie et à renégocier son classement au sein du maillon ou dans le système, et, d'autre part, au combat chronique entre « les forts et les faibles » et maints autres clivages et frictions sociopolitiques, l'harmonie n'est pas à l'horizon. Sans pouvoir ni enjôler ni embrigader tous les éléments de la société, il faut essayer de les contenir, de les inciter et/ou de les contraindre à vivre ensemble pour que les maillons demeurent fermement dans la chaîne. Si le gros des gens, pour des raisons fréquemment hétéroclites, intériorisent une idéologie donnant le primat au bon ordre et reconnaissant que « tout se tient, tout est lié », comme le rappelle un magistrat, le tour est joué. En principe, la cohérence postulée de l'ensemble assure la cohésion de chaque corps et du système entier.

L'IDÉOLOGIE CORPORATISTE[16]

Une des plus fortes énonciations de cette vision corporatiste a lieu lors de la double attaque de Turgot, philosophe, militant libéral et sorte de super-ministre de l'Économie et de l'Intérieur, en février 1776, contre le système corporatif, la première, directe et décisive, visant l'abolition des communautés d'arts et métiers, la deuxième, oblique, mais perçante, ciblant l'extension de la corvée royale[17] aux nobles, abolissant ainsi une ligne capitale de distinction entre les grands corps. Selon

16. Pour cette section, voir S. L. Kaplan, *La Fin des corporations*, chap. 3.

17. Imposition relativement récente, la corvée ne touchait jusqu'ici que des paysans, obligés, selon leur localisation, de travailler un certain nombre de jours par an sans rémunération à la construction ou la réfection des routes majeures. Turgot voulait réinventer et rationaliser cet impôt en le commuant en une taxe en argent et en l'imposant tant aux nobles qu'aux paysans, générant une « confusion des états » acrimonieusement dénoncée par de nombreux commentateurs. Corporatiste et farouche antagoniste du libéralisme, le prince de Conti, par exemple, considère la corvée « comme une limite fondamentale qui sépare les dernières classes du peuple des classes supérieures [...] supprimer la corvée, la remplacer par un impôt général c'était effacer cette ligne de démarcation, c'était abolir la distinction des rangs ». Cité par Mathieu-François Pidansat de Mairobert, *L'Espion anglais, ou Correspondance secrète entre Milord All'eye and Milord All'ear, 10 vols.*, t. 3, Londres, J. Adamson, 1778-1786, p. 168. Relevant un parallèle frappant entre la suppression des corporations et des corvées, le parlement de Paris, adversaire tant du « mélange » que du « nivellement », considère que, tout comme les maîtres étaient humiliés par l'abolition des corporations qui les amalgamaient, prétendaient-ils, avec leurs « domestiques » (en l'occurrence, leurs compagnons), la noblesse était mortifiée à l'idée d'un « système qui du seigneur au vassal ne fait que deux propriétaires égaux, deux voisins jaloux, deux ennemis redoutables ». « Remontrances sur le lit de justice du 12 mars 1776, 8-9 mai 1776 », dans Jules Flammermont (éd.), *Remontrances du Parlement de Paris au dix-huitième siècle*, t. 2, Paris, Imprimerie nationale, 1898, p. 378.

le Parlement de Paris, le système corporatif est aussi profondément enraciné dans la « nature » que les droits de propriété et de liberté privilégiés par Turgot. « Depuis les premières [corporations] de toutes, qui sont les empires, jusqu'aux dernières, qui sont des familles », proclament les magistrats, « les hommes toujours réunis pour se protéger, toujours commandés par des supérieurs ou surveillés par des parents répondent du calme général par le calme de leur intérieur ». Le « principe d'incorporation » enserre la France entière dans « une chaîne » que nous avons déjà évoquée, dont les maillons mènent directement à l'autorité du trône. L'avocat général Séguier rappelle au roi qu'il est le gardien de l'univers corporatif : « Tous vos sujets, Sire, sont divisés en autant de corps différents qu'il y a états différents dans le Royaume : le Clergé, la Noblesse, les cours souveraines, les tribunaux inférieurs, les officiers attachés à ces tribunaux, les universités, les académies, les compagnies des finances, les compagnies de commerce, tout présente, et dans toutes les parties de l'État, des corps, qu'on peut regarder comme les anneaux d'une grande chaîne dont le premier est entre les mains de V[otre] M[ajesté], comme chef et souverain administrateur de tout ce qui constitue le corps de la nation. » Les communautés d'arts et métiers, comme nous l'avons vu, forment une portion de ce tout indivisible, et « la seule notion de détruire cette chaîne précieuse devait être effrayante », rajoute l'avocat général. Jean C.-P. Lenoir, brutalement disgracié par Turgot comme lieutenant-général de police de Paris, et Louis-Sébastien Mercier, chroniqueur de la vie de la capitale, se servent tous les deux de l'image de la chaîne pour critiquer le libéralisme débridé contre lequel le corporatisme s'érigeait en rempart, cette dernière fonction étant un des points forts communs avec le corporatisme des XIXe et XXe siècles[18].

Les représentants des communautés partagent le point de vue des parlementaires : le système corporatif jouerait un rôle politique, voire constitutionnel dans la monarchie, qui ne saurait s'en passer sans modifier sa propre nature. Les corporations sont « un des plus précieux ressorts du Gouvernement », affirment les maîtres chapeliers

18. J. Flammermont (éd.), *Remontrances*, t. 2, p. 309, 321 ; discours de Séguier, 12 mars 1776, *ibid.*, p. 345 ; papiers Lenoir, Bibliothèque municipale d'Orléans, ms. 1422 ; Sébastien Mercier, *Tableau de Paris*, t. 10, Amsterdam, 1782-1788, p. 322. L'avocat général Séguier compare aussi les corporations à « autant de petites républiques occupées exclusivement des intérêts généraux de tous les membres qui les composent ». Cf. l'utilisation idéalisée de cette image par le commentateur janséniste Pierre Jean Agier, qui imagine une sorte de corporatisme doux sous l'égide d'un monarque exerçant un pouvoir modéré et responsable. *Le Jurisconsulte national*, Paris, 1788, p. 152-54.

parisiens. Elles forment « des corps politiques », établies pour donner à « une multitude d'honnêtes citoyens une existence politique », maintiennent les boutonniers, autrement dit une place et un enjeu dans le schéma de classification sociale et le droit de porter des remontrances devant les autorités, tant en haut qu'en bas. L'enracinement des maîtres dans le terreau corporatif est un puissant gage de la stabilité de la société, soulignent plusieurs communautés. L'atomisation de la société, l'individualisme exacerbé, dont Turgot souhaite ardemment l'éclosion, loin de créer « le bonheur », ne peuvent que susciter tribulation, douleur et tristesse. Sa « philosophie moderne » ne peut « qu'anéantir les nœuds qui ont été formés pour unir les hommes ». Que se passe-t-il quand ces chaînons primitifs qui rassemblent les hommes disparaissent ? « Si l'on relâche tous les ressorts, si l'on anéantit la jurande[19], si l'on désunit les membres de la communauté », mettent en garde les tissutiers-rubanniers, « chaque fabricant se considérera comme un être isolé ». Détruire le système, c'est forcer des dizaines de milliers de commerçants et d'artisans « à errer » seuls sans fin dans « le vuide immense », l'enfer social. Et les tailleurs de renchérir, expliquant que le maître « isolé, ne tenant à rien, ni par le cœur, ni par l'intérêt [partagé] » ne serait plus alors « qu'un individu rongeur ». La concurrence (presque littéralement) déchaînée, expression dynamique de cet individualisme, ne peut que dresser les individus les uns contre les autres, favoriser les joueurs malhonnêtes, sacrifier la compétence garantie par l'apprentissage et le chef-d'œuvre à « une cupidité sans borne »[20].

19. « Jurande » signifiait initialement la *sanior pars* de la communauté, l'élite de gardes ou jurés qui gèrent, voire gouvernent. Par un glissement de sens, le mot devient insensiblement synonyme de la communauté entière.

20. « Mémoire des chapeliers », 28 février 1776, Bibliothèque nationale de France [BnF], Collection Joly de Fleury [Joly] 596, fol. 100 ; « Mémoire des tailleurs », *ibid.*, Joly 462, fol. 173 ; « Observations des boutonniers », *ibid.*, fol. 111 ; « Mémoire des tissutiers-rubaniers », *ibid.*, fol. 146 ; « Mémoire des tailleurs », *ibid.*, fol. 174 ; « Mémoire des fruitiers-orangers », *ibid.*, fols. 120-121 ; « Mémoire des cordonniers », *ibid.*, fol. 113 ; « Observations pour la communauté des maîtres gantiers, *ibid.*, Joly 596, fol. 114 ; « Réflexions des marchandes et maîtresses lingères de Paris sur le projet de détruire les jurandes », *ibid.*, fol. 101 ; « Observations des maîtres graveurs », *ibid.*, fol. 109 ; « Remontrances, 2-4 mars 1776 », J. Flammermont (éd.), *Remontrances*, t. 2, p. 311, 319 ; discours de Séguier, 12 mars 1776, *ibid.*, t. 3, p. 346. Voir des versions légèrement différentes des mémoires des tissutiers-rubaniers et des fruitiers-orangers, BnF, Coll. Joly 596, fols. 94, 99, 104. Sur le caractère destructeur de la concurrence débridée, voir le discours de J.-B.-J. Marié d'Aubigny, avocat du roi de la Chambre des comptes de Paris, *ibid.*, Joly 464, fols. 243ff. Voir, par ailleurs, l'accent mis sur la nécessité de faire le bonheur des individus, en dissolvant notamment « les chaînes sociales » forgées par l'inégalité, dans « Les Mannequins », dans François Métra, *Correspondance secrète, politique et littéraire*, t. 3, Londres, 1787-90 (Genève, Slatkine Reprints, 1967), p. 94-95 (29 mai 1776).

La dissolution de « l'union de tous les corps », l'apocalypse inscrite en filigrane dans l'édit de Turgot, avertissent les tissutiers-rubanniers, est « incompatible avec le principe d'une monarchie ». Aux yeux des corporations de la capitale, le gouvernement met en danger sa propre existence, ainsi que la survie de la société traditionnelle, en encourageant la mise à mort du système corporatif. « Depuis quelques années », relèvent solennellement les Six Corps de Paris, qui prétendent parler pour tout le commerce et l'artisanat légitimes, « un cri presque universel en apparence s'est élevé contre les corporations en général : on ne parle que de liberté, on ne respire que l'indépendance ; on abhorre les principes exclusifs ; on appelle à haute voix la concurrence : ce n'est pas à des marchands à examiner jusqu'à quel point ce principe peut être admis ou modifié dans une Monarchie ». Séguier s'exprime dans le même idiome : les corporations sont « analogues à la constitution de l'État ». Les abattre, c'est consacrer le triomphe des forces toxiques du libéralisme – l'égoïsme, l'égalité et « l'indépendance » des individus, c'est-à-dire l'insoumission généralisée –, ce qui signifie « un vice dans la Constitution politique ». L'impétueux Turgot fait fi, selon les parlementaires parisiens, du principe intangible que la société française est bâtie sur des distinctions qui « tiennent de la constitution de la monarchie ». Redoutant les mêmes périls, la Chambre des comptes de Paris plaide pour le corporatisme comme pilier de la couronne et de l'ordre social. Sans corporations – ces « foibles barrières » érigées pour empêcher « l'anarchie », d'après Le Marié d'Aubigny, avocat général –, « l'esprit de cupidité » mènera au règne de « l'incapacité » (l'extinction de l'apprentissage) et de « la fraude », une menace tant pour la monarchie-régulatrice que pour l'économie[21].

LA CONSTRUCTION DU CORPORATISME ORDINAIRE

Peut-on parler d'un corporatisme appliqué, ordinaire, témoignant de ce « calme de l'intérieur » évoqué par les Six Corps, un corporatisme quotidien sur le tas, loin de son articulation plus ou

---

21. « Réflexions des tissutiers-rubaniers », BnF, Coll. Joly 596, fol. 94 ; « Réflexions des Six Corps », *ibid.*, Joly 462, fols. 154, 156 ; discours de Séguier, 12 mars 1776, J. Flammermont (éd.), *Remontrances*, t. 2, p. 346, 351 ; Discours du premier président, 12 mars 1776, dans Gustave Schelle (éd.), *Œuvres de Turgot et documents le concernant*, t. 5, Paris. F. Alcan, 1923, p. 278 ; Remontrances 2-4 mars 1776, J. Flammermont (éd.), *Remontrances*, t. 2, p. 316 ; « Observations des boutonniers », BnF, Joly 462, fols. 108-09.

moins officielle dans la rhétorique survoltée de l'apologie vitale ? Sans doute, mais difficile à cerner, puis à distiller face à la masse énorme de communautés de caractère bigarré et à la diversité vertigineuse des métiers incorporés. La « demande » de corporatisme et la tonalité spécifique recherchée varient vraisemblablement avec de nombreux facteurs. D'abord, la taille de la communauté (3 000 maîtres tailleurs à Paris, 25 à Bayonne) et son sexe (les corporations féminines ne sont pas exactement semblables à celles des hommes ; et quelques-unes sont mixtes). Puis il faut prendre en compte son organisation, sa gouvernance, ses protocoles de recrutement, l'état de ses finances, sans oublier les services qu'elle rend à ses membres (la dimension confraternelle, religieuse, et solidaire : en cas de faillite, de décision de justice, d'indigence, de maladie, de mort, etc.). Troisième élément, la stratification commerciale au sein de chaque corporation : domination économique par un noyau central de « gros » entouré par une large périphérie d'artisans ou de marchands d'activité modeste ou faible ou une répartition d'exercice assez égalitaire ; ou toute autre disposition. Ensuite, la gestion de l'emploi de chaque boutique ou atelier, et la tenue du marché du travail (souple ou rigide ; tranquille ou rebelle ; ouvert/autorisé ou clandestin/parallèle). Enfin, parmi bien d'autres variables : la conjoncture économique : locale, régionale, internationale, c'est selon ; les relations entre communautés dans la ville ou le bourg ; le cycle de vie ou la trajectoire temporelle et familiale (ou dynastique) de chaque maître.

Cela dit, en mettant en avant les particularismes et les différences, il faut faire attention à ne pas occulter certaines problématiques, préoccupations et pratiques « corporatistes » que bien des maîtres partagent, au-delà du simple fait, pourtant décisif, d'être membre d'une communauté. La « conquête » de la maîtrise – parcours du combattant ou passage clandestin – participe à la construction d'une identité sociale, sans doute provisoire, chantier permanent, mais qui facilite considérablement la pratique sociale : l'établissement professionnel, le mariage, l'acquisition d'une réputation (qui conduit à l'obtention du crédit dans le commerce et dans la cité), le règlement favorable des disputes. L'accouchement n'a pas lieu dans un lit de Procuste, mais la collectivité engendre l'individu comme personnalité sociale ; grâce à elle, il atteint une certaine autonomie (les gantiers parisiens affirment, comme une quasi-loi à la fois de la nature et de la culture, que l'on n'existe qu'à travers le corps dont on est membre[22]). Objet de prestige, la maîtrise octroie un rang, qui accorde certaines prérogatives, dans la vie de la ville (une place de droit dans les processions réifiant la taxinomie conventionnelle), dans la vie civique (selon sa situation corporative et économique, accès à la participation dans la municipalité ou le tribunal commercial) ; pour tout le monde, le droit de siéger dans l'assemblée élisant des députés aux États généraux et rédigeant des doléances ; dans la vie corporative (en fonction de l'ancienneté, dans des cadres plus ou moins accueillants, le droit d'aspirer à des postes de responsabilité et d'exercer de l'autorité tant publique que communautaire) ; le droit d'engager des apprentis (vu comme un honneur aussi bien que comme une marque de capacité, et une source de main-d'œuvre bon marché) ; le droit d'être enterré par ses confrères, avec des biens rituels institutionnels, et parfois de jouir de messes dans l'église ou la chapelle du saint patron du métier ou de la communauté. À côté de ce capital sociopolitique, la maîtrise confère un certain capital économique en quelque sorte convertible, tel l'accès garanti ou prioritaire à des matières premières, à certains marchés de produits, et à plusieurs catégories de main-d'œuvre. Souvent en face d'une résistance acharnée des compagnons, parfois organisée, concernant les méthodes d'embauche et de sortie, les conditions de travail, et le salaire, les patrons doivent à leur statut de maître « l'autorité domestique » qu'ils invoquent pour dompter ces ouvriers.

À chaque niveau, un maître ressent l'idéologie corporative comme protection et obligation, privilège et contrainte. Si la corporation n'est pas tout à fait « l'institution totale » de La Tour du Pin et Bouvier-Ajam, elle est, dans son discours pleinement, dans son action spasmodiquement, communauté morale et mutualiste, association commerciale à monopole officiel, société de la défense des intérêts matériels et symboliques de l'entité, instrument de la police royale et/ou municipale, groupe de pression, corps politique, forum d'assemblées et école de socialisation politique. La maîtrise est par définition, tous les jours, d'une manière ou d'une autre, en dosage variable, vocation, distinction, allégeance, fraternité, culture partagée, vigilance assumée, et pour les uns, investissement, pour les autres, rente. L'intériorisation des valeurs normatives communes et d'une identité inscrite dans l'ordre monarchique global produit du sens, sur le lieu de travail

22. « Observations pour la communauté des maîtres gantiers », BnF, Coll. Joly 596, fol. 114.

et en dehors, au cabaret pour beaucoup, à l'église pour d'autres, sur les divers marchés pour tous. Elle fait oublier, au moins pendant de longs moments, à quel point les conflits et rivalités internes, la corruption et la manipulation déchirent en fait ces corps ; l'enrichissement, l'appauvrissement, la division du travail accrue et plus généralement la différenciation économique générés par le capitalisme les rendent de moins en moins pertinents ; et les affrontements entre communautés sapent la robustesse de leur maillon collectif.

Une place dans la société, un sens à la vie… n'est-ce pas trop beau ? De la mystification ? De la fausse conscience ? Façon althusserienne, s'agit-il de la relation imaginaire qu'ont les gens avec leurs réelles conditions de vie (manière de digérer l'écart manifeste entre une peinture qui s'avère idyllique et la réalité prosaïque chargée d'aspérités déroutantes) ? Sans doute l'idéologie corporatiste se reconnaît-elle, peu ou prou, dans toutes ces lectures. Mais pour bien des maîtres, si elle se révèle être un mode d'emploi qui ne s'applique pas dans tous les cas, ou un outil de référence générique qui demande constamment à être adapté ou révisé, elle fonctionne tout de même comme une des voix de ce que Michel de Certeau appelait « la culture ordinaire », une manière d'appréhender et négocier les situations au jour le jour[23].

Les « corporatistes » des ateliers et boutiques ne sont pas des maîtres sociologues capables de pointer toutes les contradictions entre les normes, les promesses et les attentes, d'une part, et l'expérience vécue, de l'autre. Ils sont avant tout des maîtres artisans et commerçants possédant une vision passablement cohérente – plus ou moins myope, plus ou moins clairvoyante – de leur monde, idéal et réel, alors même qu'ils le construisent. Ils vivent, en quelque sorte, le même dualisme que leurs historiens : la tension et le décalage, mais non l'incompatibilité, entre la représentation et la réalité du corporatisme et des corporations. Si l'idéologie taille des angles morts, elle porte et protège les intérêts ; quand ils divergent, elle s'efforce de les concilier ; quand ils deviennent franchement antagoniques, elle prête son répertoire discursif à tous les partis en lice, maîtres et communautés.

La corporation n'est pas également utile ou attractive pour tout le monde. Les maîtres de type entrepreneurial, par exemple, celui qui anime un gros atelier et pratique de la sous-traitance

23. M. de Certeau, « Pratiques quotidiennes », dans Geneviève Poujol et Raymond Labourie (dir.), *Les Cultures populaires. Permanence et émergences des cultures minoritaires, locales, ethniques, sociales et religieuses*, Toulouse, Privat, 1978, p. 23-29.

extracommunautaire, ou celui qui est tenté par de nouveaux procédés tel l'indiennage, se trouvent éloignés de la vie corporative. Cela dit, la logique symbolique fonctionne, même quand elle ne peut s'appuyer sur les réalités économiques. Par exemple, des maîtres drapiers, négociants internationaux ou banquiers, ne rechignent pas à endosser la robe noire de syndic du corps pour visiter tard le soir des chambres au cinquième étage à la recherche des ouvriers sans-qualité, tâche en soi peu exaltante, mais occasion d'affirmer un vrai attachement aux codes corporatifs. Exaspérés par la discorde au sein de leur communauté et/ou l'autoritarisme des administrateurs, des maîtres tel le vitrier parisien Ménétra abandonnent toute participation communautaire, mais n'hésitent pas à revenir, au bureau ou lors d'une assemblée, quand ils ont besoin d'un appui, d'une information, d'une authentification d'un contrat d'apprentissage ou d'un autre service[24].

Idéologie formellement exigeante, mais à l'usage relativement plastique, capable de faire des ajustements, le corporatisme mobilise massivement pendant la deuxième moitié du XVIIIe siècle sur la question de l'indocilité des ouvriers, grand souci autant de la police que des maîtres, objet de législation majeure (1749, 1781) et d'actions politiques et administratives stratégiques (1789-91) qui positionnent toujours les corporations comme la première ligne d'ordre et de répression. Pendant cette période, rien ne perturbe autant les maîtres que les problèmes de discipline avec leurs compagnons, sur le marché et sur le lieu du travail. Vecteur inébranlable de la domination des maîtres et de la subordination des compagnons, le corporatisme rassure et ramène un certain nombre de maîtres vers la maison mère, au lendemain des séismes de 1776 et 1789[25].

CRITIQUE DU CORPORATISME

Le corporatisme, comme idéologie et comme manière de faire, ne coule pas comme un long fleuve tranquille à travers l'Ancien Régime, réputé sa période d'épanouissement. Il a subi des critiques sévères, dès

24. *Jacques-Louis Ménétra, compagnon vitrier au 18e siècle* : *Journal de ma vie*, éd. Daniel Roche, Paris, Montalba, 1982 ; S. L. Kaplan, « The Character and Implications of Strife Among Masters Inside the Gilds of Eighteenth-Century Paris », *Journal of Social History*, t. 19 (Été 1986), p. 631-48, et « Idéologie, conflits et pratiques politiques dans les corporations parisiennes au XVIIIe siècle », *Revue d'histoire moderne et contemporaine*, t. 49 (janvier-mars 2002), p. 5-55.

25. Voir S. L. Kaplan, « La lutte pour le marché du travail à Paris au XVIIIe siècle », *Revue d'histoire moderne et contemporaine*, t. 36 (juillet-septembre 1989), p. 361-412.

la fin du XVIe siècle, mais nous ne pouvons pas mesurer leur impact sur les communautés et leurs membres, s'il y en a même eu[26]. L'attitude de la monarchie à l'égard des corporations demeure ambivalente, comme si elle ne pouvait pas leur pardonner leurs précoces velléités autonomistes dès le XIIe siècle, avant d'être « enchaînées » dans le système royal. D'une part, la couronne reconnaît la sincérité de leur soumission, l'utilité de leurs services réglementaires, et leurs contributions financières, ordinaires et extraordinaires. D'autre part, elle leur fait des reproches, parfois assez vivement, affichant à la fois une volonté politique de réforme et un rappel, sorte de chantage larvé, de leur dépendance et de leur vulnérabilité. En tout cas, l'État traite le corporatisme comme un projet défectueux sur certains points et en certains endroits, ayant besoin d'être perfectionné.

Les desiderata de réforme n'évoluent pas beaucoup : améliorer la gestion, assainir les finances, instaurer de la responsabilité administrative, élargir et fluidifier le recrutement et purger divers vices (saisis parfois dans les formules-chocs des préambules, que les libéraux reprendront volontiers au siècle des Lumières, telle la dénonciation du « monopole, yvrognerie et cabale »). D'un côté, ces critiques écornent l'image corporatiste. De l'autre, la détermination d'étendre l'incorporation pour atteindre toutes les villes, grandes et petites, et quasiment tous les métiers, qui revient avec diverses tonalités en 1581, 1597, 1673, 1691 et plusieurs fois dans les années 1760 et 1770, témoigne aux yeux de la monarchie de l'efficacité de la grande chaîne de la condition corporative du point de vue macro-politique royal et de l'administration du monde du travail sur le plan local. L'État a fait plus de mal au corporatisme par son appétit fiscal que par son agenda proprement réformiste. Ce dernier est miné, ravalé au statut de poudre aux yeux à travers une mesure qui vise à extorquer de l'argent aux corporations sous la forme de taxes, de droits, d'emprunts et/ou vente d'offices obligatoires, pour répondre à des besoins urgents (guerre) ou établir une ponction pérenne. L'introduction de la fiscalité met en question l'authenticité de la démarche politique et réduit le corporatisme à un vulgaire instrument de finance[27].

26. Quelques indices donnent à penser qu'un certain nombre de corporations – impossible de les recenser – libéralisent leur politique de recrutement et simplifient leur appareil réglementaire interne en réponse à l'assaut libéral. Voir S. L. Kaplan, *La Fin des corporations*, p. 79.

27. *Ibid.*, p. 14-18.

Reprenant certains thèmes déployés dans le discours royal, la critique libérale s'en prend vivement à l'ordre corporatif et ses communautés. La substance du réquisitoire, une polémique caricaturale, ne change guère qu'il s'agisse de la démolition méthodique dans les années 1750 de Vincent de Gournay, négociant international et grand commis « économique », père fondateur d'un cercle libéral pragmatique ; des écrits de Bigot de Sainte-Croix, président des requêtes du Parlement de Rouen, dont le pamphlet contre les corporations ne paraît qu'à l'avènement au pouvoir de Turgot ; des essais de Clicquot de Blervache, protégé de Gournay dont il a suivi à peu près le même parcours professionnel ; et enfin des diatribes de l'abbé Coyer, philosophe polyvalent, vilipendeur de la noblesse oisive et promoteur d'une réforme éducative. Préférant les barrières à l'opportunité, la stagnation à la croissance, la routine à l'innovation, le règlement au risque, le gaspillage à la frugalité, le rentier à l'entrepreneur, le corporatisme représente pour ces critiques les ténèbres dans un siècle de(s) Lumières, l'archaïsme dans une époque ouvrant sur l'avenir. Incarnant une société fermée, prônant l'exclusivité aux dépens de la vaste majorité reléguée ailleurs, et pratiquant le monopole qui protège la médiocrité, accapare les matières premières, s'empare des débouchés, et impose des prix gonflés, ce système serait « inique », « injuste », « irrationnel » « cruel », et « tyrannique »[28].

Selon cet argument, le corporatisme et la régulation étouffante sont devenus si étroitement intriqués qu'ils sont inséparables, une machine pour asphyxier la liberté, droit naturel, inviolable et prioritaire, plus puissant moteur économique imaginable. Son arène est le marché, qui doit fonctionner sans gêne, encadrement factice ou contrôle quelconque, policier ou corporatif, selon le jeu d'une concurrence sans borne, purificatrice, s'autocorrigeant et s'équilibrant elle-même, réglée uniquement par l'intérêt de chaque acteur (« où l'intérêt commande », note Clicquot, « il ne faut point de loi »). En ce qui concerne la qualité et le prix des marchandises et des services, l'État reste « indifférent » et les consommateurs « font la police ». Dans un monde libéral, débarrassé des corporations, propose Bigot, audacieux, sans crainte de choquer, « l'ouvrier doit avoir la liberté de faire mal », ce qui en dit long sur l'apprentissage structuré (superflu) et sur le rôle de la police institutionnelle (superflu). Cependant, le magistrat brode sur le thème de « la décadence », repris par Turgot et par les corporatistes

28. *Ibid.*, p. 7-12, 18-19, 24-26, 29-47.

des XIXᵉ et XXᵉ siècles, à la recherche de l'âge d'or reconnu, accordant aux corporations un rôle d'utilité publique aux premiers temps de leur existence, participant comme une espèce d'association-école à « un ouvrage de la civilisation générale », moment fructueux détruit par la mainmise de l'État sur les communautés. Anticipant à la fois Turgot et Pétain, Clicquot postule une sorte de droit populiste au travail, exigence tant sociale que naturelle, et érige les arts et métiers en « patrimoine naturel du peuple », deux idées aux antipodes de l'esprit corporatiste[29].

LA « PREMIÈRE » FIN DU CORPORATISME

À côté de la liberté du commerce des grains, Turgot voyait dans la suppression des corporations – en fait, la destruction de tout le système corporatiste, la grande chaîne gouvernant le tout, et le maillon s'occupant d'une grande partie de l'artisanat et du commerce – la clé de « la régénération du Royaume ». Le préambule de l'édit de suppression de février 1776 récapitule et développe la critique virulente des deux décennies précédentes. Parlant dans la voix du roi, qui n'épargne pas ses prédécesseurs, Turgot accepte de suivre la suggestion de Bigot selon laquelle les corporations jouissaient tout au début de quelques moments d'utilité générale, car « leurs abus [ne] se sont introduits [que] par degré ». Mais elles sont vite devenues, implicitement encouragées par une monarchie hypocrite et opportuniste, des institutions « arbitraires & intéressées », cupides et corrompues, fermées et discriminatoires, opaques et « contre le public »[30]. Pour le ministre-philosophe, le ver se trouvait dans le fruit dès le commencement : « La source du mal est dans la faculté même accordée aux

29. Simon Clicquot de Blervache, *Considérations sur le commerce*, Amsterdam, 1758, p. 22-23, 158-59. Cf. *ibid.*, p. 14-15, 18-21, 24-25, 27-28, 32-35, 46-47, 59-65, 75-99, 118-26, 152-55, 159-60, 162-63. Bigot de Sainte-Croix, *Essai sur la liberté du commerce et de l'industrie*, Paris, Lacombe, 1775 ; j'ai utilisé la version parue dans l'*Encyclopédie méthodique, Commerce* (Paris, Panckoucke, 1783), reprise sous le titre *Traité de la liberté générale du commerce et de l'industrie*, p. 768, 781, 783. Cf. *ibid.*, p. 760, 762, 765-66, 768-71, 778-83. En forçant un peu le trait, on peut rapprocher ce « droit populiste au travail » de l'idée Latourdupiniste/maréchaliste que l'on doit avoir « la propriété de son métier ».

30. Sans nommer les Statuts et Règlements, les constitutions de chaque communauté, l'auteur fait allusion à « des dispositions bisarres, tyranniques, contraires à l'humanité & aux bonnes mœurs, dont sont remplis ces espèces de codes obscurs, rédigés par l'avidité, adoptés sans examen dans des temps d'ignorance, & auxquels il n'a manqué, pour être l'objet de l'indignation publique, que d'être connus ». *Édit du Roi, portant suppression des jurandes & Communautés de Commerce, Arts & Métiers*, donné au mois de février 1776. Bibliothèque historique de la Ville de Paris [BHVP].

artisans d'un même métier, de s'assembler & se réunir en un corps », martèle-t-il, jouant la même partition qu'Adam Smith et énonçant le fondement théorique de la loi célèbre que Le Chapelier présentera quinze ans plus tard.

Le libéral, jadis intendant proche du terrain, n'a pas du tout besoin d'étudier ce qui se passe dans la vie quotidienne des communautés et des maîtres ; la doctrine ramène à la nécessaire réalité. Le genre d'association corporatiste conduit inexorablement à des pratiques pernicieuses : l'exclusivité démesurée (écartant les femmes ; tous les gens d'ailleurs, « étrangers » de loin et de près ; et fréquemment « tous autres que les fils de Maîtres ») ; « l'esprit de monopole » (entravant toute concurrence, garante d'activité productrice et d'équilibre ; « manœuvres » pour hausser les prix, notamment des denrées de nécessité) ; le despotisme gangréneux des petits chefs communautaires (usurpation du pouvoir de décision, « frais immenses » injustifiés, « exactions » lourdes, « dissipations de tout genre », saisies inutiles, « procès interminables », prolongement pervers de l'apprentissage pour « faire jouir les Maîtres gratuitement pendant plusieurs années du travail des aspirans », manipulations rendant « l'acquisition de la maîtrise d'une difficulté presque insurmontable pour tout autre que pour les enfans des Maîtres actuels », et le coût de tous ces excès abusifs accumulés représentant une sorte « d'impôt énorme onéreux aux sujets »).

Turgot ne cache pas sa conviction que la monarchie a contribué considérablement au pourrissement de ces « anciennes institutions » ; les anéantir sans démasquer la prétention exorbitante royale est pour lui impensable. Ayant tout fiscalisé, les mêmes rois qui dans le temps s'indignaient du sort du « pauvre artisan » éloigné des corporations ont fini par « avancer que le droit de travailler étoit un droit royal, que le Prince pouvoit vendre », alors que « Dieu, en donnant à l'homme des besoins […] a fait du droit de travailler, la propriété de tout homme, & cette propriété est la première, la plus sacrée & la plus imprescriptible de toutes ». Comme un devoir indispensable de « notre justice », conclut Turgot, dans un des plus puissants textes dans l'histoire de la pensée et de l'action libérales, il faut « affranchir nos sujets de toutes les atteintes portées à ce droit inaliénable de l'humanité », c'est-à-dire briser les chaînes qui ligotent tellement de Français en supprimant les corporations totalement, ce vaste maillon dans la grande chaîne qui aura peut-être du mal à surmonter le choc.

Profondément ébranlé par la tentative radicale de « régénération » entreprise par Turgot, de nombreuses communautés et plusieurs grands corps intermédiaires se mettent à réfléchir, dans l'urgence, sur le sens du corporatisme. Ce n'est pas ici le lieu de traiter la réception des édits de février 1776[31]. Contentons-nous de citer l'observation lapidaire d'un contemporain, Jean-Louis Soulavie, prêtre, géologue et écrivain :

> Tout fut libre dans Paris. La carrière de tous les métiers et de tous les arts fut ouverte. On se réveillait tailleur, serrurier et tout ce qu'on voulait. Quelques esprits étroits qui ne voient rien en grand trouvaient pourtant ce système monstrueux. Ils prétendirent que tout est classe et corporations dans la nature[32].

NAISSANCE DU NOUVEAU CORPORATISME

L'historiographie reconnaît généralement « *un* corporatisme *un* » – celui d'origine, institution-et-idéologie, mis à mort par la Révolution, achevant l'œuvre de Turgot ; puis une nostalgie corporatiste variable, portée par une forte idéalisation rétrospective placée au service d'une vision sociopolitique contre-révolutionnaire ou réformiste, fréquemment du type « troisième voie ». Excessivement linéaire, parfois impatiemment téléologique, ce regard ne prend pas en compte une rupture profonde qui débouche sur un autre corporatisme – nouveau, alternatif, parallèle ou post, c'est selon. Il commence à peine cinq mois après la législation sismique de février 1776 incarnée par Turgot, le libéral modernisateur et intransigeant qui demande un supplément d'absolutisme de plusieurs années pour achever sa transformation de la France. Conduite par plusieurs ministres successifs, dont Jacques Necker, banquier protestant et philosophe, critique sévère du libéralisme de Turgot, cette réaction au chambardement dramatique de février ne peut pas être considérée comme une « restauration », un simple retour au statu quo ante, à la manière de l'interprétation standard. Il s'agit d'une refondation catégorique du système corporatif, non pas de son rétablissement. Cette refonte radicale se déroule sur une dizaine d'années. S'il est question d'un nouveau corporatisme pour ses adhérents, ses adversaires – de l'intérieur – n'hésitent pas à le

31. Pour ce que S. L. Kaplan appelle « le carnaval » de Turgot, voir *La Fin des corporations*, chap. 3.

32. Jean-Louis Soulavie, *Mémoires historiques et politiques du règne de Louis XVI*, t. 3, Paris, Treuttel et Würz, 1801, p. 123.

voir, au mieux, comme un bricolage éclectique frisant l'incohérence, ou, au pire, comme la fin du corporatisme, malgré la (re-)construction des corporations.

La législation pour la transformation corporative lancée par l'édit du mois d'août, visant dans un premier temps la région parisienne, mais se profilant comme paradigme pour le royaume entier, est d'une énorme complexité qu'il n'y a pas lieu de traiter ici[33]. C'est une tentative de légiférer sur un plan vraiment « national », gageure pendant l'Ancien Régime, qui exige non une simple promulgation-cum-enregistrement, suivie par une exécution rapide, mais un double (occasionnellement triple) jeu de négociations, d'abord avec des parlements, souvent antagonistes du pouvoir royal ; puis avec des intendants, censés être les hommes du roi par excellence, mais pointilleux et bien ancrés dans leur territoire d'affectation ; enfin avec des états provinciaux, dans les quelques généralités où ils fonctionnent encore. (Notons en passant que la suppression turgotienne du premier corporatisme n'a pas été soumise aux et/ou approuvée par les parlements de Bordeaux, Rennes, Rouen et Lille, couvrant des pans entiers du pays, même si bien des ouvriers vivant dans ces lieux croyaient dur comme fer qu'ils étaient dorénavant « libérés », comme les Parisiens, Lyonnais et autres Français : raffinement curieux de la pratique absolutiste française.)

La législation d'août 1776, et après, ouvre de façon spectaculaire les nouvelles communautés au tout venant, à condition qu'elle ou il puisse payer le prix d'entrée, déclaré comme « très modéré » (ce qui globalement est vrai par rapport au passé), mais réprouvé car hors d'atteinte des « ouvriers pauvres ». Ce faisant, la loi détruit brutalement la notion essentielle d'une communauté morale, autonome, unifiée et singulière (dont la première caractéristique est le contrôle de son recrutement, de son histoire spécifique – aujourd'hui, son ADN –, de son profil et, partant, de sa réputation), mais pare au reproche le plus grave et le plus ancien formulé contre le corporatisme, son exclusivisme orgueilleux. Par ailleurs, plus d'apprentissage obligatoire ni de compagnonnage probatoire formel, les deux formes de « servitude » âprement fustigées ; plus de chef-d'œuvre, marque canonique d'une virtuosité de métier, escroquerie et extorsion aux yeux des critiques (en pratique, ces trois éléments de l'ancien corporatisme refont tous surface graduellement, quelque peu modifiés, dans

33. La seule analyse à l'heure actuelle est S. L. Kaplan, *La Fin des corporations*, chap. 5 à 10.

beaucoup de communautés). Si le vieux maillon est ainsi mutilé, la grande chaîne n'a rien perdu de sa pertinence, sinon de son lustre. La prodigieuse ambition taxinomique, panoptique et intégratrice de l'État royal demeure tenace.

Comme Henri III et Colbert, Necker, célèbre pour son éloge de ce dernier, souhaite incorporer autant de gens que possible dans un système universel, plus ou moins non-coercitif. La prolifération des arts et commerces hors des structures corporatives est inquiétante parce qu'elle permet à des individus de se situer à de nombreux niveaux différents, d'échapper à toute surveillance, à toute responsabilité, à tout contrôle, et de se trouver exclus des liens et des communications qui constituent la société dans ses relations avec l'État. Comme le signale l'intendant du commerce Jean-François Tolozan, membre du comité pilotant la refondation corporative, « il importe que, dans un État monarchique, tout citoyen soit classé[34] ». D'où l'intention, en fonction d'une enquête détaillée sur le terrain, d'incorporer des métiers, anciens et neufs, et des artisans et marchands, délaissés, partout dans le royaume.

Mais Necker avance dans l'esprit souple de Colbert, révélant souvent une grande capacité d'adaptation, parfois une rationalité tranchante. Ainsi, on étend l'incorporation partout où l'échelle et l'activité économique le justifient, mais on abolit les (très) petites communautés, notamment dans les bourgs où le commerce manque d'énergie et de compétition, ouvrant ces métiers à la liberté d'entreprendre, tout en obligeant ses acteurs à s'enregistrer auprès de la police locale et en leur accordant un statut quasi corporatif. La même attitude stratégique explique un changement profond, voire téméraire : le gouvernement fusionne d'office les communautés exerçant des professions qui ont une affinité (« analogie ») ou une proximité entre elles, par exemple, les métiers travaillant le bois ou le cuir, un métal précis ou des textiles voisins, pratiquant une approche artistique apparentée, ou offrant des services similaires tels la restauration ou la consommation des boissons. À Paris, cela se traduit par une réduction de 120 (peut-être 130) corporations juste avant 1776 à 50, une poignée supprimée, la plupart reconfigurées. Ces mélanges techniques (ou quelquefois juste politiques) n'attirent pas plus de sympathie que le mélange social amèrement dénoncé lors de la tentative de Turgot de mettre le monde à l'envers. Ces mariages forcés sont vécus majoritairement comme un

34. *Ibid.*, p. 152.

traumatisme et souvent comme une humiliation : perte de distinction, d'identité collective, d'indépendance, du particularisme gratifiant nourri par un récit propre, d'une spiritualité spécifique liée à un saint patron ancré dans une chapelle confraternelle. Certains métiers s'allient logiquement, par exemple ébénistes, menuisiers, tourneurs, et même charpentiers[35]. Pour énormément d'autres, faute d'une culture partagée, d'intérêts commerciaux communs, de méthodes et d'une expertise semblables, comment gouverner ensemble, faire la police sur l'autre, l'évaluer, l'aider, etc. ? Bloquant toute perspective d'une nouvelle corporation plus forte, plus riche et plus intéressante, la violence de la chirurgie reconstructive ressoude les anciens liens quelque peu relâchés depuis l'époque de l'autrefois mythique qui habite l'imaginaire des maîtres d'un même métier notoire. « Confondus » avec des rôtisseurs, des traiteurs et des cuisiniers, les pâtissiers disent ne plus se sentir chez eux et ne plus savoir qui ils sont, des propos évocateurs de l'expérience du premier choc de 1776, celui de février.

En ratissant large, le ministère propose une palette étendue d'avenues menant à la maîtrise. De nouveaux entrants paient en entier la somme établie comme étalon. On est admis à vingt-cinq ans, à moins que l'on ait été élevé par un père de cette même profession (dix-huit ans), vestige d'anciens privilèges, ou que l'on ait effectué un apprentissage certifié (vingt ans). Des ci-devant maîtres qui veulent reprendre place dans leur communauté passée s'acquittent d'un droit de « confirmation » s'élevant au cinquième du prix de base ; un maître vétéran rejoignant une « nouvelle » communauté – corporation fusionnée – verse le quart ; un ancien maître souhaitant exercer plusieurs métiers dans sa communauté rénovée débourse le tiers. Dans un dessein universaliste – ou irrédentiste –, on accueille les maudits sans-qualité, localisés dans les lieux dits privilégiés et certains faubourgs semblablement bénits (mais sans nécessairement exclure les chambrelans et autres faux ouvriers de la ville voulant se purifier) qui sont invités à se racheter une « vraie » légitimité en versant le quart du droit d'entrée. Les femmes et les hommes pratiquant des métiers dits

35. Mais les charpentiers et les ébénistes de Lyon décrient tous les deux leur « étreinte humiliante ». Aux yeux des fripiers de Rouen, qui ne sont pas une profession prestigieuse, leur fusion avec les tailleurs n'est pas un mariage, mais un viol sanctifié, une spoliation de leurs biens et de leur âme par des prédateurs en proie aux « convulsions d'yvresse ». Unions sexuellement mixtes – les 3 000 couturières parisiennes, communauté moralement solide, avec 30 découpeurs, corporation de « faible consistance » – posent de redoutables problèmes politiques, juridiques et humains. Cité par S. L. Kaplan, *ibid.*, p. 173.

libres peuvent, eux aussi, entrer dans une communauté – dans certains cas, ils y sont contraints, dans d'autres ils ont le droit d'évoluer comme avant – pour un prix spécial.

En reconnaissance de sa reprise de toutes les dettes corporatives validées – les rois même éclairés manient bien la fiction du donnant-donnant –, le monarque touche 75 % de chaque droit d'entrée, plein ou partiel, laissant le quart pour subvenir aux besoins de la corporation. Un jour, quand le passif sera liquidé – le bureau de collecte n'a pas esquissé des tables d'amortissement pour fixer cette date –, ces sommes constitueront une cagnotte royale non-hypothéquée. L'histoire corporative connaît bien le poids de la fiscalité royale, occasionnelle, mais récurrente. Mais énormément de maîtres (reçus avant 1776 en particulier) prennent très mal le fait que l'on inaugure un prétendu nouveau régime corporatiste par une démonstration ostentatoire, sinon sordide, de la voracité royale. Cette monétisation de la maîtrise, d'après eux, est encore un acte de sabotage de la tradition corporatiste. Les maîtres vétérans ont déjà payé leur entrée. Comment justifier, se demandent-ils, sauf par un acte cynique et tyrannique, ce prélèvement supplémentaire ? Ces maîtres vivent cette politique comme une sorte de vénalisation de leur titre, désormais doublement dégradé, par l'ouverture des communautés à tous les demandeurs solvables (y compris incompétents, spéculateurs, femmes, et même juifs, c'est dire), en échange d'espèces trébuchantes, et par la rallonge exigée de tous les maîtres qui ont fait des parcours (pour la plupart) canoniques, en principe preuve de leur capacité et de leur honneur, et qui ont dépensé parfois des sommes très importantes pour y arriver.

C'est à partir de l'édit d'août, suivi par de multiples lois appliquant et adaptant le modèle parisien en province, que les maîtres commencent à penser leur maîtrise autrement, à parler plutôt de leur « finance » que de leur rang corporatiste, leur capital multi-caractère, la maîtrise, se trouvant ravalé au rang d'une transaction financière, transformée, ou plutôt vulgairement réduite, au prix d'une sorte de petit office banal et facile à acquérir[36]. Le nouvel édit, étendant « l'es-

36. La menace d'extinction accélère la propension à penser la maîtrise comme une « finance » ou une propriété, exigeant une éventuelle indemnisation. Usant du vénérable langage de la vénalité d'offices, les fondeurs-graveurs sur métal de la capitale parlent en 1776 de la « finance » qu'ils ont versée pour leurs maîtrises et dans laquelle ils voient l'équivalent d'un office. De nombreux cahiers l'évoquent de cette manière, comme les chaudronniers de Bordeaux, qui décrivent « une propriété » acquise à « prix d'argent ». Un collectif d'artisans de Clermont-Ferrand fait valoir en 1790 que les maîtres ont d'authentiques droits de propriété qui ne peuvent être violés avec impunité si l'on devait respecter les fondements même de la

clavage » des « privilèges exclusifs » et des « inquisitions journalières » aux recoins du royaume jusqu'ici épargnés, équivaut à « un impôt », selon Guy-Charles Le Chapelier, député aux états provinciaux de la Bretagne, non moins vivement anticorporatiste que son fils Isaac Le Chapelier, grand libéral révolutionnaire qui enterrera le corporatisme définitivement, espère-t-il, en 1791[37].

Cette fiscalisation du nouveau corporatisme est le grand paradoxe de cette mesure décisive de transformation, car elle mine son ambition globale d'incorporation et de classification en raison de sa propre flexibilité. C'est le gouvernement lui-même qui rend possible une fronde massive qui plombe ses objectifs. Il s'agit d'une étude de cas de plusieurs phénomènes : les limites de l'absolutisme tardif ; la difficulté de mettre en place une « réforme » résolument moderne, encadrée par un modèle ancien, voire vétuste (ou le risque de pourrir la qualité organoleptique du breuvage en remplissant de vieilles bouteilles distinguées et délabrées, passées par un reconditionnement total, avec un vin nouveau hybride[38]) ; les périls d'une politique du « en même temps », comme on dit de nos jours.

RÉFRACTAIRES

Le paradigme du mois d'août permet aux maîtres vétérans de l'ancien corporatisme de refuser de payer le cinquième, le quart ou le tiers du nouveau prix d'entrée et de rester ainsi en dehors du système remanié tout en gardant leur droit d'exercer ouvertement leur profession, pourtant sous la surveillance de la communauté qu'ils ont dédaigné de rejoindre et de l'État qui leur a lancé l'invite. On adoube les réfractaires « agrégés », à la fois statut et épithète péjorative. Les agrégés sont prêts à renoncer à leur rang (techniquement, ils ne sont plus « maîtres », car hors corporation), au capital symbolique que conférait la communauté, à la sociabilité, à la protection et ainsi de suite, non

---

doctrine révolutionnaire. On retrouve ce leitmotiv pendant toute la Révolution jusqu'à l'abolition définitive des corporations. Voir *ibid.*, p. 238-39, 380, 384, 410, 414-15, 441 ; *Archives parlementaires, 1787-1860*, 1re série (1787-99), t. 1, p. 484, t. 21, p. 145.

37. S. L. Kaplan, *La Fin des corporations*, p. 154.

38. « On ne met pas non plus du vin nouveau dans de vieilles outres ; autrement, les outres se rompent, le vin se répand, et les outres sont perdues ; mais on met le vin nouveau dans des outres neuves, et le vin et les outres se conservent. » Les Catholiques sociaux du XIXe siècle ont-ils réfléchi sur ce texte dans Matthieu 9 :17 ? Le 9 :16 est une variante pertinente : « Personne ne met une pièce de drap neuf à un vieil habit ; car elle emporterait une partie de l'habit, et la déchirure serait pire. »

seulement parce qu'ils se sentent indignés, mais aussi doublement lésés dans leur bourse et dans leur conception du roi comme gardien suprême de la grande chaîne corporative.

Au-delà des droits supplémentaires, les agrégés ont d'autres motifs de révolte : les mariages forcés, sorte d'éviction de chez eux ; la nouvelle structure de gouvernance corporative (réservée à une oligarchie censitaire extrêmement étroite) ; la porte grande ouverte de chaque communauté, marqueur de perte d'autonomie et de la dilution du prestige de la maîtrise ; la réhabilitation des sans-qualité, conviés à inonder les corporations. En créant la catégorie d'agrégé, le gouvernement semble dire qu'il est disposé à faire face à la diversité des situations, même au prix d'une certaine incohérence institutionnelle (l'idée d'une adhésion idéologique paraît tout simplement chimérique). Tout en espérant que les anciens maîtres trouvent de leur propre chef des raisons de rejoindre les nouvelles communautés, le gouvernement impose une pression maximale pour les inciter à suivre cette voie. D'abord, en penchant pour l'exil à la périphérie, les agrégés ont abjuré leur existence politique, c'est-à-dire qu'ils ne peuvent plus participer à la vie administrative et collective de la communauté. Ils sont censés payer les charges et les impôts comme tous les (vrais) maîtres, obtempérer aux demandes légitimes de ces derniers, y compris quatre visites annuelles de « police » communautaire, sans participer ni aux délibérations ni aux décisions, comme jadis. Deuxièmement, les agrégés pâtissent d'une discrimination, voire une persécution économique, étroitement liée à leur manque de statut politique. Là où les communautés réorganisées se révèlent robustes, elles se dressent souvent contre les agrégés en rendant difficile leur accès aux matières premières, aux permissions ou approbations nécessaires, aux marchés des produits. Chez des cafetiers-limonadiers-vinaigriers parisiens, on traite les agrégés comme les sans-qualité (l'inspection classique se mue en chasse à de prétendus interlopes), assimilation dégradante et injuste vis-à-vis des agrégés. Ces derniers ne peuvent pas entreprendre une deuxième ou troisième profession, comme tous les maîtres, même s'ils acceptent de payer les droits requis[39].

Troisièmement, les agrégés sont privés du droit, consubstantiel à l'adhésion corporative, de prendre des apprentis. Cet ostracisme est un coup double, émasculation symbolique dans l'espace public du voisinage (perte d'influence et d'estime, face à la forte demande

39. S. L. Kaplan, *La Fin des corporations*, p. 167-175, 200-07.

sociale pour l'apprentissage) et déficit de revenu (prix de l'apprentissage, bénéfice de la main-d'œuvre à très bon marché). Cet abaissement semble avoir troublé les ex-maîtres dégradés plus que la déchéance de leurs droits civils et politiques. Certaines communautés sont dans la revanche et la *Schadenfreude* : « Il n'y a qu'aux maîtres à qui il puisse être permis d'avoir [des apprentis], et qui puissent donner à l'apprenti la faculté d'aspirer à la maîtrise, laquelle faculté ne peut être accordée à une personne qui n'est que tolérée dans une communauté et qui n'y est pas maître. » Les teinturiers de soie lyonnais se retournent contre de nombreux agrégés qui disposent d'apprentis, malgré le désir de la municipalité et de l'intendance de faire preuve de mansuétude. À Troyes, à Saint-Quentin, à Amiens et dans plusieurs villes du Poitou, entre autres, la police et les autorités corporatives prennent de vigoureuses mesures pour empêcher les agrégés d'accueillir des apprentis. À Sainte-Menehould, Sarreguemines et Boulay, la police veut serrer encore la vis aux agrégés en leur interdisant de recevoir des apprentis, mais également d'embaucher des compagnons, ce qui obligerait nombre d'entre eux à fermer boutique ou à opérer dans la clandestinité : « Ces agrégés ne peuvent pas davantage tenir des compagnons, n'étant pas maîtres et n'ayant que le droit personnel de travailler »[40]. Le cas de Bojar, agrégé menuisier à Chartres, repris par la presse, devient une quasi-cause célèbre (« l'homme de bien, quelle que soit sa condition, doit s'attendre à être persécuté »). Le « jeune homme pauvre & orphelin » que Bojar a reçu chez lui et qui travaille dans son atelier n'est rien d'autre qu'un apprenti déguisé, selon la communauté des menuisiers qui obtient la condamnation de l'ex-maître. Ce dernier fait appel : « On ne pouvoit l'empêcher de recevoir dans sa maison, à titre de domestique ou de charité. » Bojar gagne au parlement[41].

Quatrièmement – encore un sujet extrêmement sensible, étant donné que la famille et la firme se chevauchent dans le champ des arts et métiers –, le nouveau système refuse aux agrégés la prérogative historique de permettre aux veuves d'exercer la profession de leurs défunts maris tant qu'elles ne convolent pas. Une femme sait, avant même de se marier, qu'elle porte deux identités patriarcales, épouse et future veuve, et elle compte sur son mari pour s'occuper de la deuxième étape (tout comme elle lui a fourni une dot, souvent utilisée pour sa réception comme maître ou son établissement commercial).

40. *Ibid.*, p. 190-93.
41. *Gazette des Tribunaux*, t. 25, n° 5 (1788), p. 66-68.

À la manière des autres maîtres, suivant les us et coutumes de leur communauté, les agrégés s'appuient sur ce « secours, seule barrière contre la misère », et même sur le droit fraîchement introduit d'acheter une place dans la communauté valable après le remariage de la future veuve, pourvu que la femme le fasse dans la première année du veuvage, ou que le mari lui-même effectue la transaction avant sa mort. Comprenant l'enjeu majeur pour les agrégés, n'hésitant pas à menacer la solidarité et la survie de la famille, Jean-François Tolozan avertit que le ministre les pénalisera sciemment afin de les inciter à reconsidérer leur position récalcitrante. Dans la même veine, le ministère, après avoir fixé des délais très courts et stricts pour l'inscription des agrégés dans la nouvelle communauté, ne cesse de les prolonger dans l'espoir de les entraîner vers la réconciliation.

De nouveaux membres, hommes et femmes, se dirigent vers les communautés réinventées, mais rarement sous forme de raz-de-marée. De nombreuses corporations deviennent d'un rachitisme ridicule. Certaines comprennent trop peu de membres pour pouvoir élire des officiers, sans parler de parvenir à réunir un quorum dans les assemblées ; pendant des périodes plus ou moins prolongées, d'autres n'ont pas d'adhérents du tout. Dans maintes corporations, les agrégés évoluant à la périphérie sont nettement plus nombreux que les maîtres regroupés à l'intérieur : à Abbeville vers 1781, chez les maréchaux-serruriers-cloutiers, 2 maîtres et 46 agrégés, chez les boulangers, 2 et 41, les cordonniers, 23 et 63 ; à Orléans à la même époque, chez les cordonniers, 109 et 159, les maçons, 18 et 72, les épiciers-fabricants de chandelles, 100 maîtres, 8 maîtresses, 82 agrégés et 78 agrégées ; à Saint-Mihiel, 80 agrégés regardent de haut les 10 maîtres qui constituent la corporation des marchands, « s'appropri[ant] le droit de faire des assemblées, de choisir des collecteurs pour la répartition de [l'impôt dit] de l'industrie », le rapport de force sur le terrain l'emportant assez fréquemment sur les règles[42].

42. S. L. Kaplan, *La Fin des corporations*, p. 174-75, 177. La grande majorité des anciens maîtres de La Rochelle opte pour un statut d'agrégé ; les trois quarts des 19 communautés ne comptent que 3 ou 4 membres, lesquels sont prompts à exprimer leur ressentiment envers leurs (ex-)confrères qui gravitent de la marge vers le centre et jouissent de la plupart des avantages du nouveau corporatisme sans presque être pénalisés par le moindre frais – c'est du moins ainsi que leurs regards jaloux voient les choses. Le gros des agrégés paient une somme dérisoire auprès du juge de police pour obtenir l'autorisation d'exercer leur métier. Ici et là, pour permettre aux communautés de démarrer leur nouvelle vie, des officiers locaux ferment les yeux sur la distinction entre maîtres licites et agrégés et nomment syndic un de ces derniers. Laisser les agrégés organiser et gouverner, met en garde Tolozan, revient peu ou prou à répudier les fondements du nouveau système. *Ibid.*, p. 177, 204-05.

Ces tensions débouchent parfois sur des affrontements. Les couteliers de Châtellerault et les tapissiers de Poitiers refusent explicitement de régler les visites d'inspection faites par les jurés parce qu'on leur a refusé le droit de prendre des apprentis. La communauté des cordonniers de Rouen présente à l'intendant une pétition le priant de rejeter dans l'univers abject des sans-qualité tous les agrégés qui n'endosseraient pas les mêmes charges financières que les maîtres pleinement établis. Ce n'est qu'en évacuant les agrégés que les communautés renaissantes seraient capables de surmonter « la discorde » et « l'animosité » afin d'atteindre « la paix, l'union, la cordialité », selon les merciers-drapiers de Tours[43]. Dans d'autres communautés, en revanche, souvent les plus robustes, une solide continuité assure une transition sans heurt, Paris étant le cas le plus frappant, Lyon exigeant beaucoup plus d'incitation, de persuasion et d'intimidation.

Vue de loin, la « périphéralisation » des anciens maîtres – la formule est tendancieuse parce que l'État leur donnait un choix clair – peut passer pour une expulsion, une sorte de purge, nettoyant la vieille maison de débris et reliques avant remise à neuf et installation de nouveaux occupants. (Après tout, le fait même que les dizaines de milliers d'anciens maîtres soient libres d'adhérer aux nouvelles corporations ou de rester à l'extérieur laisse penser que l'État ne considère plus la notion traditionnelle de communauté comme pertinente et utile.) Mais le gouvernement ne cherche pas du tout une table rase, objectif alors inaccessible. Contraint d'aller vite, il n'a pas bien préparé cette grande réforme. En tout cas, il ne peut pas prévoir comment les agrégés interpréteront leur situation. La corporation est-elle suffisamment discréditée et institutionnellement usée aux yeux des agrégés, pour qu'ils puissent imaginer revendiquer en dehors d'elle un statut supérieur à celui des maîtres parvenus – en qualité de sages du monde du travail, de vétérans dans un univers postérieur aux corporations, mais néanmoins toujours corporatif, de façon officielle et diffuse ? Ou bien cette situation marginale, exacerbée par les handicaps et les pénalités inhérents à leur statut, se révélera-t-elle insupportable pour un nombre croissant d'agrégés[44] ?

43. *Ibid.*, p. 175-78, 182-86.

44. La Révolution donne aux agrégés installés dans leur aliénation vis-à-vis des nouvelles communautés l'occasion de s'exprimer dans un contexte favorable. Imprégné du langage de 1789, un ancien coiffeur pour dames, agrégé à la corporation des perruquiers, fulmine contre « la restocratie de cette communauté » qui opprime les subalternes comme lui. Dans une pétition incendiaire de 1790, des agrégés de plusieurs corporations orléanaises pestent

On a l'impression que le boycott considérable des corporations – en filigrane, l'ébauche d'une sorte de corporation alternative ou parallèle – prend le ministère par surprise et l'incite tout à la fois à faciliter les admissions au rabais à l'intention des maîtres vétérans et à exercer des pressions de plus en plus vives sur les agrégés, en usant de la menace ou en les défavorisant, afin de les obliger à adhérer. Si l'agrégation avait été en partie conçue pour créer un univers corporatif moins archaïque, plus souple et moins enrégimenté, au début elle sert surtout à donner un coup d'arrêt à l'entreprise tout entière en empêchant beaucoup de nouvelles communautés soit de naître tout simplement, soit de s'établir sur des bases solides. L'État ne prévoit ni les frictions ni la confusion : les tensions entre les divers groupes gravitant dans l'orbite de chaque corporation ; le ressentiment particulier des maîtres, nouveaux et confirmés, envers les passagers clandestins ; et enfin les atermoiements prolongés et l'exaspération de nombreux agrégés qui se demandent comment optimiser leurs propres intérêts.

L'ÉTAT ET LE SENS DU NOUVEAU CORPORATISME

Août n'a pas été cette résurrection de Lazare qu'auraient pu espérer certains corporatistes béatement optimistes ou revanchards. La couronne ne ressuscite pas les anciennes communautés du tombeau fraîchement creusé. Elle ne les délivre pas des graves accusations qui pesaient sur elles. Au contraire, le gouvernement est bien d'accord pour dire que le corporatisme d'hier a vécu. Il ne faut pas s'étonner si le nouveau modèle choque profondément les anciens corporatistes, ceux qui croyaient au moins une partie de ce que leurs institutions disaient d'elles-mêmes dans leurs statuts et leurs déclarations publiques. Peut-être n'est-ce pas trop dire que d'affirmer que l'État désacralise les corporations par cette réincarnation proto-bureaucratique du corporatisme. Ce faisant, il transforme la grande chaîne de la condition corporative qui, d'allégorie semi-mystique et idéalisée de la structure sociopolitique normative qu'elle était, devient tout au plus un métier sur lequel

contre leur « assujettissement » aux syndics tyranniques qui « s'engraissent toujours aux dépens de leur corporation » et plus largement contre l'esprit même du corporatisme, antisocial et contre-révolutionnaire. « Pétition de Joseph Chandessolle à l'Assemblée nationale », 6 décembre 1790, et « Représentations de MM. les coiffeurs de femmes aux députés du comité de constitution », 1790, AN, D IV 49, n° 1400 ; « Mémoire ou pétition adressé à l'Assemblée Nationale par tous les maîtres agrégés aux corporations des serruriers, taillandiers, maréchaux, etc. d'Orléans », octobre 1790, AN, AD XI 14.

fabriquer le tissu social d'un univers moderne, de plus en plus fragmentaire et axé sur le marché – lequel nécessite une forme d'encadrement et de réglementation plus rationnelle, à la fois normalisée et flexible.

Ayant écarté l'abolition comme solution au problème complexe, délicat et extrêmement important de la gestion du monde du travail et plus largement de l'organisation sociale globale, la monarchie propose un corporatisme refondé qui conserve diverses caractéristiques de son prédécesseur, mais en abandonne beaucoup d'autres, ce qui transforme radicalement sa nature. Ontologiquement, la corporation est une institution fermée ; le nouveau corporatisme mise, lui, sur une très grande ouverture, notamment dans son recrutement, filtré par l'argent, toujours discriminatoire, mais dans la limpidité et suivant des règles dépourvues de médiation clientéliste et de commissions occultes. L'ancien corporatisme était unifié par une idéologie envahissante ancrée dans un passé quasi omniprésent et mythique, tandis que le nouveau, croyant qu'il peut se passer du passé, l'âme de son prédécesseur, revendique la modernité et se tourne résolument vers l'avenir. La cohésion, s'il y en a, provient moins de valeurs culturelles partagées que de la liberté de poursuivre les intérêts particuliers et de la domination renforcée sur le marché du travail.

Le nouveau système préfère l'association volontaire à l'organisation atavique, la transparence à l'opacité, la raison au rite, les négociations aux coutumes, le pragmatisme aux injonctions du passé, l'action à l'identité, le resserrement et la consolidation à la prolifération des communautés, la standardisation à l'hétérogénéité des usages et des formes dans les corporations et l'élasticité à la rigidité dans les pratiques de transmission et de certification de la compétence professionnelle. C'est un système qui laisse la place aussi à des exceptions, souvent discrètement homologuées. Il offre la liberté hors corporation, passant quelquefois par la désincorporation, à une ribambelle de professions et de petites communautés, particulièrement dans des espaces urbains peu peuplés et plutôt somnolents. Il tolère des singularités et ajustements négociés dans les régions loin de la capitale et dans certains métiers ou communautés. Même dans les nouvelles constitutions – les statuts et règlements – pour lesquelles le gouvernement a fourni des modèles détaillés, il accorde des dérogations.

Retenant les outils qui peuvent répondre à diverses nécessités de réglementation, réduisant vigoureusement la marge d'autonomie qui risque d'avoir pour résultat à la fois la corruption et l'indépendance ou l'indocilité institutionnelles, et éliminant en grande partie tout ce qu'il y a d'exclusif, de narcissique, et d'idiosyncrasique, l'État fait savoir clairement en quoi le nouveau corporatisme diffère de l'ancien. Montrant sans équivoque qu'il ne peut se passer des corporations, l'État semble penser que les artisans et les marchands eux aussi les appellent de leurs vœux. Il leur assigne d'importantes fonctions dans un nouveau contexte et un nouvel esprit (exercice de la police, distribution des matières premières, stimulation de l'émulation, organisation de la sociabilité et des secours mutuels, et ainsi de suite). L'État considère les corporations comme des mécanismes permettant de classifier et de surveiller, de recueillir des renseignements, de mobiliser les talents, d'extraire des ressources et de réglementer de toutes sortes de façons évidentes ou subtiles. En nationalisant la fonction réglementaire, l'État espère que les corporations prises individuellement auront plus de mal à décourager la concurrence et à freiner l'innovation. Grâce à des mesures royales et à des statuts corporatifs contrôlés par l'État, Necker vise la création d'un climat de tension fructueuse entre la liberté et une notion souple, volontairement vague, de la responsabilité, définie par l'État, une espèce de laisser-faire dirigé, où finalement le privilège du monopole cédera aux forces du marché (régulé).

Le nouveau corporatisme demeure en chantier jusqu'au milieu des années 1780, pour certaines portions du royaume au-delà. Même plusieurs années après son lancement, maintes communautés et de nombreux individus tergiversent, ne souhaitant investir ni argent ni énergie ni capital politique, en attendant de voir si la refonte va durer et comment elle va évoluer. La rédaction des nouveaux statuts de chaque communauté traîne, tout comme leur validation, qui passe par plusieurs étapes avant même d'arriver aux conseils du roi, qui doivent théoriquement en examiner des milliers. Des troubles s'intensifiant sur les marchés du travail semblent avoir hâté le processus, notamment dans les grandes agglomérations. Pour ces mêmes raisons, le ralliement des agrégés s'accélère ; ils reviennent quelquefois en groupes, ce qui laisse supposer qu'ils s'organisent et tiennent des assemblées à la périphérie des communautés. Nous n'avons quasiment aucune information statistique sur la refondation corporatiste, ni sur la quantité et le type de communautés établies, ni sur le nombre et la catégorie (ou « tableau ») des membres s'y inscrivant[45].

Nous avons une petite lucarne sur les caractéristiques du recrutement d'apprentis à Paris, dans ce monde en fluctuation où, au moins

45. S. L. Kaplan, *La Fin des corporations*, p. 251-71, 275-81.

pour quelques moments, l'apprentissage est moins encadré. Dans un premier temps – qui s'avère assez variable selon le métier et selon l'endroit précis –, un brevet d'apprentissage n'est plus obligatoire pour aspirer à la maîtrise, donc entrer dans une communauté. Des indices discursifs suggèrent que la demande sociale pour l'apprentissage demeure forte ; on verra quelques années plus tard dans les cahiers de doléances que les parents veulent toujours placer leurs enfants. On aurait pu concevoir un affaissement ponctuel du recrutement, pendant un an ou deux, à l'heure des bouleversements, mais suivi d'une robuste reprise. Pourtant, les seuls renseignements dont on dispose, tirés d'un échantillon étroit de 12 études de notaires à Paris, marquent une chute brutale et plutôt soutenue, à partir de 1776, année charnière. Depuis la fin de 1763 jusqu'à la fin de 1775, le nombre total d'apprentissages par an n'est jamais tombé en dessous de 300 (moyenne = 339, médiane = 320). En 1776, le contingent descend à 70 ; il ne retrouve jamais son niveau d'avant. Entre 1777 et 1787, la moyenne annuelle s'élève à 106 (médiane = 107)[46].

Postulant un vif appétit autant chez les parents que chez les maîtres pour l'apprentissage – hypothèse raisonnable dans les circonstances –, on doit supposer un recours au sous seing privé, qui représenterait pourtant une mutation brusque d'une habitude profondément ancrée dans l'expérience et dans l'imaginaire, le notaire incarnant une sorte de garantie tant morale que juridique à l'occasion d'un rite de passage qui se devait d'être solennisé. Signe de l'arrivée précoce du XIXe siècle dans ce domaine, on aurait du mal à prendre la mesure exacte de ce phénomène. Face à la centralité historique du contrat écrit dans tous les domaines de l'activité socioéconomique, dépassant la ville pour toucher bien des affaires de la campagne et traduisant partout un intérêt pour la valeur documentaire, voire un besoin de la preuve, le recours au contrat oral, autre anticipation du XIXe siècle, où il pullule dans l'apprentissage et ailleurs, est une autre possibilité à prendre en compte, même si elle semble moins adaptée encore, malgré sa présence dans maints échanges quotidiens au XVIIIe siècle. Pour de futurs apprentis habitant loin de la ville du maître, avec ou sans représentation par un tiers, le sous seing privé est compliqué, et l'accord oral quasiment infaisable. La bureaucratisation partielle des nouvelles communautés n'a pas

46. Gilles Postel-Vinay m'a gentiment communiqué les données qu'il a recueillies dans les études notariales suivantes du Minutier central (AN) de Paris : IX, XXI, XXVII, XLIII, XLIX, LXII, LXX, LXXII, LXXVIII, CXI, CXV, CXVII.

diminué l'exigence de la traçabilité des liens du travail (en attendant l'élaboration de règles pour fixer le nombre d'apprentis par maîtres et/ou par corporation, les droits à prélever, le protocole d'enregistrement, etc.). Sans pouvoir le démontrer, il nous paraît fort probable que le nouveau corporatisme n'ait pas réduit les rangs de l'apprentissage.

En ce qui concerne le contenu des contrats dont nous disposons pour la période suivant 1776, domine globalement la continuité dans la pratique proposée, avec quelques nuances significatives. La rupture protocolaire et politique la plus frappante est l'absence totale de la participation des jurés ou gardes, marqueur historique justement de la nature « corporatiste » du brevet, le sceau de la légitimité tant individuelle que collective, rappel que l'acte n'est pas privé et que l'engagement réciproque demeure sous surveillance. La situation plus mouvante permet certaines opérations jusqu'ici interdites, comme le « transport » d'un contrat le jour même de sa signature, d'un maître (servant de prête-nom/caution ?) à un confrère (quelque part empêché)[47] ou, phénomène plus éloquent, la profusion d'aspirants chez un même maître – dont, auparavant, un seul apprenti jusqu'à la dernière année du terme constituait le quota (Charles Duquesnoy, pâtissier-traiteur, reçoit 5 apprentis en quatre ans ; Pierre Larquier, perruquier, 3 en deux ans). Les périodes d'essai négociées sont plus couramment stipulées et paraissent être plus longues, suggérant une plus grande latitude d'action de part et d'autre (le tiers des contrats en parle : durée moyenne de 3,3 mois, médiane de 3). Il y a ici sans doute davantage d'apprentis payant pour leur formation (23 sur 31 cas), et plus de prix élevés, vraisemblablement effets de la fluidité du marché (9 des 31 au-dessus de 500 livres). Il s'ensuit logiquement que le nombre de prestations prises en charge totalement par les maîtres est ici plus considérable (26 sur 31). Les apprentis s'avèrent un brin plus jeunes (âge moyen quinze, médiane quatorze). Les contrats sont peut-être un peu plus longs qu'avant : en moyenne trois ans et neuf mois (médiane trois, éventail de trente mois, une seule occurrence, à six ans, également cas unique).

La sociologie des origines est familière avec un grand éclatement de la profession des parents, principalement des pères (7 maîtres des métiers et un compagnon, 5 marchands, 7 bourgeois de Paris[48], catégorie particulièrement floue) et une proportion de provinciaux

47. Pratique largement prohibée, mais couramment utilisée par des couturières parisiennes, entre autres. Voir C. H. Crowston, *Fabricating Women.*

48. Laurence Croq y voit notamment des (ex-)domestiques enrichis, mais la revendication fréquente de ce statut mérite une enquête plus poussée. « Des "bourgeois de Paris" à la

plus importante qu'ordinairement (9 sur 31). Aucune trace, hélas, de l'entrée, désormais autorisée, de femmes dans des communautés masculines, où elles auraient en principe le droit d'accueillir des apprenti.e.s. (et aucun cas d'une apprentie entrant chez un maître, *a priori* moins plausible sauf si la présence avérée d'une épouse travaillant dans un métier proche est attestée). Dans ce petit échantillon, 3 femmes engagent des apprenties : une couturière, une ouvrière en dentelle et une lingère, cette dernière touchant la somme étonnante de 1 100 livres pour former une fille de dix-huit ans pendant quatre ans[49].

ÉLECTIONS ET DOLÉANCES

Malgré les effets persistants du double éclatement des affiliations, des allégeances et des représentations en février et en août 1776, le monde corporatif, tant la périphérie que le noyau central, éprouve une sorte de crispation identitaire collective à la veille de la convocation des États généraux de 1789. Comme presque toujours, une crise mobilise. Des maîtres de toutes origines se rendent compte qu'un évènement rarissime comme les États généraux peut s'avérer une opportunité ou un péril sérieux. Le roi lui-même somme ses sujets de s'exprimer. Après tout, même s'ils ne sont pas (encore) tous incorporés, il y a « trois millions d'artisans » dans le royaume, disait-on dans l'entourage de Necker. De la part des maîtres et des communautés, il est possible de percevoir les signes d'une certaine volonté de se voir comme un ensemble construit – sinon comme des maillons dans une chaîne – pour pouvoir peser. Il y a des incitations institutionnelles à

---

bourgeoisie parisienne (XVIIe-XVIIIe siècle) », dans Laurent Turcot et Thierry Belleguic (dir.), *Les Histoires de Paris (XVIe-XVIIIe siècle)*, Paris, Hermann, 2012.

49. AN, MC, LVIII-563/C, 7/7/77, 1/12/77, 15/12/78, 10/5/79, 7/10/79, 4/10/80, 2/4/81, 8/8/81, 24/5/82, 27/8/82, 8/9/82, 15/4/83, 7/7/83, 14/7/83, 22/8/83, 12/9/83, 14/10/83, 17/12/83, 20/2/84, 5/4/84, 30/9/84, 18/10/84, 29/4/85, 23/5/85, 7/3/86, 3/4/86, 25/4/86, 11/5/87, 17/3/88, 31/7/88. Il faudra beaucoup plus de recherches sur le plan local concernant les femmes dans le monde du nouveau corporatisme. L'ouverture est frappante ; même s'il y a de la résistance dans bien des communautés masculines, il paraît invraisemblable que des femmes, notamment celles qui travaillent déjà sans qualité ou accompagnent un mari, ne sortent pas de l'ombre pour tenter leur chance. Prenez le cas des orfèvres – en l'occurrence à Dunkerque, mais sans aucun doute ailleurs – qui refusent d'admettre des femmes. Depuis longtemps, la demoiselle Héron travaille à côté de son oncle, orfèvre-joaillier : « Elle n'avoit point de brevet d'apprentissage, cependant le sieur Héron désirant la faire recevoir Maîtresse, s'est adressé au Roi ; & malgré la résistance du Corps, il a obtenu, le 26 octobre 1784, un Arrêt du Conseil qui a dispensé la Demoiselle du brevet d'apprentissage, & a ordonné qu'elle seroit passée Maîtresse. » *Gazette des Tribunaux*, t. 20, n° 33 (1785).

penser ainsi, notamment les formes traditionnelles qui font de chaque communauté (avec certains aménagements pour atteindre des tailles critiques) une unité, pour ainsi dire, constitutionnelle, une entité électorale du « premier degré », et une assemblée pour dresser des doléances.

Pourtant, comme les maîtres l'ont vu deux fois en 1776, les (meilleures) traditions ne sont pas toujours les mieux respectées. Préoccupés par la massive réorganisation corporative, ils ont pu perdre de vue un instant que des anticorps n'ont pas cessé de circuler dans le sang éclairé, voués à l'extinction de l'infection corporative. « Il n'y a qu'une seule corporation, celle de tous les Français », proclame plutôt gentiment l'essayiste libéral et futur économiste Toussaint Guiraudet. Plus virulent et plus influent, l'abbé Emmanuel Sieyès s'en prend au corporatisme au niveau de la grande chaîne (il appelle le clergé et la noblesse, les deux premiers états, « ces terribles jurandes ») et à celui des maillons (« l'ordre social exige avec tant de rigueur de ne point laisser les simples citoyens se disposer en corporations », qui vicient « la représentation nationale » en l'imprégnant de « l'esprit de corps », de l'égoïsme, et du culte des privilèges exorbitants)[50].

Difficile de faire la part entre la critique libérale (devenue désormais autant politique qu'économique) et l'acerbe règlement de comptes dans la capitale entre les juridictions rivales de la lieutenance de police, qui s'occupe du monde du travail, et de la municipalité, requinquée tout à coup par la convocation des États généraux, dans la décision, au mépris de cinq siècles de précédent, de priver les communautés parisiennes de leur traditionnel droit de siéger en corporation pour élire des députés et dire leurs doléances. À la place de ce modèle national, la municipalité, qui a obtenu la charge d'organiser le tiers état, décide de scinder classification sociale et représentation politique et de fondre les maîtres dans la masse « de tous les autres habitants », au sein des assemblées de leurs quartiers respectifs. Coup terrible contre le corporatisme (ancien ou nouveau), encore une dose forcée de cette ciguë de la « confusion » sociopolitique que les corporations

50. T. Guiraudet, cité par Georges Bourgin (éd.), *Le Partage des biens communaux*, Paris, Imprimerie nationale, 1908, p. 103, et cité aussi par Pierre Rosanvallon, *Le Peuple introuvable : histoire de la représentation démocratique en France*, Paris, Gallimard, 1998, p. 35 ; Emmanuel Sieyès, *Qu'est-ce que le tiers état ?*, éd. Roberto Zapperi, Genève, Droz, 1970, p. 206-07. P. Rosanvallon déploie la notion de « désincorporation », à sa manière, et de façon stimulante (« Le passage d'une société de corps à une société d'individus rend la société moins représentable »). *Le Peuple introuvable*, p. 34, 39.

avaient dû boire en février 1776, cette fois-ci parfumée à la senteur de l'égalité plutôt qu'à celle de la liberté, enfin avertissement que leur statut de maître risquait d'entrer en conflit avec leur qualité de citoyen en cours de lente conquête[51].

Si les municipalités de Toulouse, de Lyon, et de Poitiers, parmi quelques autres, s'efforcent de réduire la latitude d'action des communautés, globalement, le maintien du modèle électoral canonique en province engendre un jaillissement d'anticipation et de participation. Sollicités par la municipalité, les épiciers-chandeliers de Châlons envoient des députés à l'hôtel de ville, le 5 mars 1789, afin d'y rédiger des doléances et d'y élire des délégués. Pour décrire la mission dont ils sont investis, leurs registres regorgent des formules ampoulées et toutes faites qui reviennent partout comme un mantra dans les délibérations, témoignant de l'efficacité du « Modèle de délibérations pour les corporations » qui a été largement diffusé. Alors que la communauté caennaise des serruriers, réunie le même jour, montre une puissante volonté de soutenir le roi dans tout ce qu'il exigerait « concernant le tiers état », les tailleurs de Lisieux, inspirés par un argument à la Sieyès en faveur d'un tiers état robuste et indépendant, pressent le monarque de voir ses sujets comme ses alliés politiques et pas seulement comme ses enfants mineurs. Vers la fin de 1788, les serruriers de Dijon décident par vote de s'aligner sur les autres corporations en adressant un plaidoyer, à fort contenu politique, à la couronne, la priant de doubler la représentation du tiers état, « la base fondamentale de la monarchie ». Si l'on trouve, ici et là, des signes multiples d'intense politisation, on ne sait pas grand-chose jusqu'à présent de la part que prirent effectivement les maîtres au processus électoral. De nombreuses corporations comprirent tout de suite, sans avoir besoin de se référer à des précédents (nécessairement lointains), que toute la communauté devait s'intéresser à la préparation des États

51. S. L. Kaplan, *La Fin des corporations*, p. 365-71. Cf. la lettre anonyme au journal *Révolutions de Paris* attaquant férocement les corporations en tant que sites d'une vie civique légitime : selon cet argument, les communautés, ces enclaves d'égotisme et d'étroit esprit de corps, déchirées par des divisions et des jalousies d'une espèce irrationnelle ou vénale, sont les endroits qui convenaient le moins pour discuter du bien commun. L'assemblée par quartiers supplante le modèle corporatif, au niveau moral et politique, justement parce qu'« [elle] confond tous les rangs ». C'est une vaste marmite où « l'homme de lettres est à côté du forgeron, le perruquier du magistrat ». C'est le creuset où se fondent les maillons de fer de la grande chaîne de la condition corporative. Cette confusion, insupportable aux yeux des corporatistes, est une façon de progresser peu à peu vers l'égalité – « base éternelle de l'harmonie et de la bonne intelligence entre les hommes » –, laquelle est désormais, plutôt que la hiérarchie, la condition *sine qua non* du « bon ordre et [de] la paix ». N° 4 (2 août 1789).

généraux, et pas uniquement les quelques dirigeants chargés d'administrer l'institution conformément au système de gouvernance prescrit par l'édit du mois d'août 1776[52].

On ne peut pas dire que la Révolution soit apparue tout de suite comme irrémédiablement hostile aux corporations. Si de nombreux cahiers généraux du tiers état proposent leur suppression, cette dernière est loin de constituer une demande universelle. L'apprentissage n'est pas mis en accusation ; au contraire, comme on le verra, les Français le considèrent globalement comme nécessaire et avantageux, mais l'envisagent en dehors du système corporatif. Justement, à propos du corporatisme, une nostalgie certaine pour l'ancienne version, pré-Turgot, traverse des cahiers corporatifs et parfois généraux. Le cahier de la sénéchaussée d'Anjou souhaite garder les corporations (à condition que l'entrée et les visites dites de police soient gratuites), mais voudrait revenir sur les mariages forcés du mois d'août qui s'avèrent défavorables « au bien public ». La communauté des maçons-couvreurs-plombiers d'Angers aspire à revenir au monde d'avant Turgot et Necker. Sur les 31 cahiers corporatifs de Caen, trois seulement préconisent l'abolition, 11 prônent un retour à l'ancien système corporatif, tandis que 17 se prononcent pour le maintien du nouveau corporatisme. Constatant que le nouveau corporatisme « a donné lieu à quantité d'abus », le cahier du bailliage de Beauvais déplore « la trop grande facilité » d'accueillir des aspirants sans compétence, n'ayant pratiqué aucun apprentissage, et il se lamente de la fusion des métiers « qui n'ont entre [eux] aucun rapport ». Ce cahier prétend que « toutes les corporations désirent la suppression de cet édit » (celui du mois d'août et ses suites). Estimant les réformes d'août créant le nouveau corporatisme comme un échec, le cahier général du Poitou appelle de ses vœux la fin des corporations[53].

Cela dit, la mobilisation de 1789 trahit aussi des signes d'apaisement entre le nouveau et l'ancien corporatisme. Au début de 1789, les boulangers de Troyes convoquent « l'ancienne et la nouvelle communauté » – agrégés et maîtres, nouveaux ou confirmés – afin d'élire des députés et de rédiger « le caillier », ce qui bien évidemment intéressait tout le monde au premier chef. S'alignant sur ce modèle, la corporation des cabaretiers, aubergistes et limonadiers de la même

52. S. L. Kaplan, *La Fin des corporations*, p. 371-75.

53. *Ibid.*, p. 383-385 ; *Archives parlementaires*, 1re série (1787-1799), Cahier d'Anjou, 19 mai 1789 et Cahier de Beauvais, t. 1, p. 307

ville mobilise une assemblée « tant du vieux que du nouveau corps ». Les épiciers de Lisieux et de Reims invitent aussi les agrégés à préparer le terrain avec les maîtres titulaires pour ce qui allait devenir la Révolution, de même que les vinaigriers de Rouen, qui trouvent une justification dans la nature « extraordinaire » de l'assemblée. Le syndic des merciers à Caen, saisissant peut-être que l'heure n'était pas aux divisions ni aux exclusions, invite aussi bien les maîtres en titre de la communauté rétablie (à peine une vingtaine) que tous les agrégés au nombre de 18 à venir délibérer. Ces derniers dominent aisément l'assemblée, élisant des députés de « leur classe » et revendiquant la restauration de l'ancien régime corporatif, étroitesse d'esprit qui n'aura pas étonné Sieyès. Il est probable que la demande formulée dans le cahier général du tiers état de Paris, réclamant que les agrégés soient autorisés à participer à la vie corporative, ait rallié un large soutien[54].

LES CORPORATIONS DEVIENNENT RÉVOLUTIONNAIRES

Faire l'histoire du corporatisme, c'est se battre constamment contre la facilité téléologique et lutter sans relâche en faveur du contingent, hygiène possible en partie grâce à l'exceptionnelle densité de l'expérience révolutionnaire au jour le jour et à sa trajectoire – locale, nationale, internationale, impossible à anticiper. Oui, logiquement le corporatisme, déjà fragilisé et intimement associé avec l'Ancien Régime, ne peut pas survivre. Pourtant, on a déjà appris le péril de l'enterrer trop vite. Il va faire preuve d'une étonnante capacité d'adaptation et de ténacité : qui aurait parié fin juin 1789 qu'il allait perdurer encore deux ans, deux ans de mutations profondes et vertigineuses ?

La Révolution noyaute les corporations, et bien des corporations, un des rares sites de socialisation politique très poussée pendant l'Ancien Régime, tentent de se mettre en mode, ou au moins en idiome, révolutionnaire, après une période initiale de désorientation. (Les cordonniers dispersés dans une trentaine de communautés à travers le royaume qui lancent des comités de correspondance visant à toucher bien d'autres maîtres au-delà du domaine du cuir puisent avec aisance dans la boîte à outils révolutionnaires.) Le cri de ralliement insistant du nouveau corporatisme, comme de l'ancien, est « l'ordre » : il faut construire de l'ordre sans cesse, à l'intérieur de la communauté et de sa jurande et vis-à-vis des compagnons. Déjà,

54. S. L. Kaplan, *La Fin des corporations*, p. 189-90, 376.

depuis la proclamation de l'Assemblée nationale et la prise de la Bastille, il devient difficile de déterminer de quel côté se situe l'ordre. Le marché du travail, ébranlé par une sorte de tsunami d'insubordination ouvrière, véritable mouvement social désormais révolutionnaire, semble être en proie au « désordre », caractérisation réductrice et calomnieuse, selon les acteurs. Des corporations, ici et là, comme les orfèvres de Paris, faisant face à une « coalition » de maîtres insurgés organisés en « une assemblée générale », et leurs voisins les perruquiers, osant un moment l'intégration des compagnons dans la communauté, ou les maîtres-ouvriers de la Grande Fabrique à Lyon, vilipendant les « tyranniques maîtres marchands » et s'entendant à « se régir et gouverner eux-mêmes », vivent de grands « désordres » internes, espèces de mouvements du tiers état corporatif contre la classe dirigeante aristocratique[55].

Dans le sillage de la grande peur, des troubles ruraux qui s'installent et se répandent, des révolutions municipales, des tensions autour des subsistances, et des grèves et autres « coalitions » qui se multiplient, bien des révolutionnaires convaincus commencent à se demander ouvertement comment articuler le désordre (légitime et créatif) et l'ordre (impératif pour bien gouverner). Refusant d'être classées comme des ennemis de la Révolution, capables de s'ajuster à la nouvelle situation, les corporations se mettent en avant comme un rempart contre le désordre – « le chaos », « l'anarchie », disent-ils – qui prolifère. Ce désordre, assurent les dirigeants des communautés, est aussi dangereux pour la Révolution qu'il l'a été pour l'Ancien Régime, même si les critères qui le définissent ont quelque peu changé. Les corporations nouvelle tendance cherchent à incarner l'utilité plutôt que la toxicité sociale. Elles remplissent des fonctions réglementaires quotidiennes et essentielles dont aucune nation, soit-elle pleinement régénérée, ne peut se passer. Elles assurent une bonne formation, elles socialisent la jeunesse, organisent et garantissent une production de qualité et structurent la solidarité à la base. Gageant qu'un libéralisme débridé suscitera l'angoisse et l'antagonisme chez maints révolutionnaires, parce qu'il menace la stabilité sociale, des chefs corporatifs réclament sans ambages une politique de régulation, voire d'intervention dans l'arène économique. En arrachant le commerce des grains et des farines ou le travail quotidien à leur fondement social, dans les années 1760 et 1770, le gouvernement libéral avait déclenché une

55. *Ibid.*, p. 392-99.

calamité et le front libéral risque fort de recommencer aujourd'hui, soutiennent certains des corporatistes. Si le réquisitoire contre le libéralisme témoigne d'un courant traditionnaliste marqué par le contrat social de l'Ancien Régime, en même temps, il anticipe sur le discours « sans-culotte » que de nombreux maîtres prononceront par la suite dans les sections (assemblées primaires, d'abord nommées districts électoraux), les clubs ou autres institutions locales, en défendant avec ardeur le contrat social de la Révolution[56].

ENCORE UN MOIS D'AOÛT ÉPROUVANT : LA « DEUXIÈME » FIN DU CORPORATISME

La tentative de forger une représentation du corporatisme moins sulfureuse que celle propagée par les libéraux – qui le lient à des privilèges exorbitants et abusifs, au monopole qui gangrène le bien général, au « despotisme » au niveau de chaque communauté – manque de s'effondrer très tôt, sous les chocs sismiques du mois d'août 1789, encore un mois d'août tumultueux pour le corporatisme. Avec l'accélération saisissante du processus révolutionnaire, il devient de plus en plus difficile de protéger de tout examen un système qui structurait l'organisation sociale de la France dans son ordre quotidien. Le moment fatidique commence par la nuit célèbre, quoique ambiguë, du 4 au 5 août, marquée par la solennité théâtrale de l'abolition des privilèges. Il a pour apogée la promulgation à la fin du mois de la Déclaration des droits de l'homme et du citoyen, qui, tout en définissant des droits inespérés, regorge néanmoins d'incertitudes. On pourrait faire valoir que les corporations n'auraient pas dû échapper à l'immolation de la nuit du 4 août. Pourtant, la question ne figure pas à l'ordre du jour préalablement établi de répudiations et de suppressions. Évoquées par un député plutôt obscur, les corporations sont d'abord assimilées aux communautés vouées à l'abolition, puis dans les remous politico-juridiques qui s'ensuivent, elles sont épargnées, sans doute parce que leur abrogation poserait brusquement un très grand nombre de problèmes quotidiens aigus : les dirigeants révolutionnaires craignent que la cohésion de la Révolution ne soit mise à trop rude épreuve. Les communautés ne sortent pas pour autant indemnes de l'affaire cependant, car des myriades d'acteurs – compagnons, sans-qualité, officiers municipaux et membres des corporations, notamment des agrégés,

56. *Ibid.*, p. 399-21.

corporatistes ambivalents – croient que les corporations ont bel et bien été abolies (conclusion plausible en soi et alimentée par de copieuses doses de fausses informations et de rumeurs sensationnelles).

Pour qui aurait continué à se demander si la nuit du 4 août avait bien libéré les travailleurs de tout poil (maîtres compris) du joug corporatiste, la prodigieuse Déclaration des droits de l'homme du 26 août paraît dissiper tous les doutes qui restent encore. De bien des façons, ce document fondateur célèbre la liberté qu'ont les hommes et les femmes d'agir sans aucune entrave, sous réserve bien sûr de ne nuire à personne. Il n'y a pas besoin d'extrapoler de façon vertigineuse pour en déduire que chacun est libre de travailler comme il veut, où il veut et dans le domaine de son choix. Pourtant, la Déclaration ne le dit pas expressément. Les défenseurs du corporatisme et diverses autorités locales ne se font d'ailleurs pas faute de souligner au plus vite le silence spécifique du texte sur la question du travail. Encore une fois, semble-il, le spectre effrayant d'un monde du travail brusquement déstructuré dissuade les révolutionnaires de passer aux actes concrets que beaucoup attendent et que les autres redoutent[57].

Pour les subalternes, les (auto-)marginalisés et les laissés-pour-compte du monde du travail, cependant, il paraît absolument inconcevable qu'une déclaration de droits libérant les hommes et les femmes de leurs chaînes et certifiant qu'ils possèdent certains droits naturels puisse les oublier. Ils sont nombreux à brandir le texte comme une authentique patente les habilitant à s'établir à leur compte sans la moindre autorisation des corporations. La Déclaration amplifie le courant de mutinerie et de désordre contre lequel des multitudes de maîtres se sont déjà élevés dans le sillage de la nuit du 4 au 5 août : les ouvriers partent sans préavis et sans leur certificat de congé ; ils ne font plus enregistrer leurs entrées et sorties auprès du bureau de leur communauté ; ils désertent collectivement les ateliers afin de ruiner leur maître d'un seul coup ; certains rebelles ont recours à l'intimidation et à la violence pour empêcher leurs camarades plus dociles de continuer à travailler normalement ; d'anciens compagnons, qui viennent d'ouvrir boutique, volent la clientèle de leur ex-maître[58].

57. D'un autre angle, des maîtres anxieux commencent à imaginer leur sortie du grand drame via la « conversion » de leur avoir principal, la maîtrise, de plus en plus conçue comme un titre de propriété. Or la Déclaration ne tergiverse pas du tout sur la question de la propriété. Elle sacralise la propriété privée, le capital en tant que droit individuel, argument majeur dans le futur dossier des maîtres en quête de conversion.

58. *Ibid.*, p. 422-37.

LES (ANCIENS) RÈGLEMENTS AU SERVICE DE LA RÉVOLUTION

Exigeant dans l'esprit d'août de « ne rien payer pour jouir de l'usage libre de leurs bras et de leurs talens », des compagnons menuisiers de Rennes sont appuyés par leur municipalité, posture peu commune dans les villes importantes, qui trouve que les prétentions du corporatisme sont « en opposition avec les droits de l'homme et la liberté individuelle ». Lecorny, ex-compagnon maçon, dorénavant « entrepreneur de bâtiments » dans la capitale, employant 40 ouvriers, refuse d'acheter une maîtrise, malgré le harcèlement corporatif. Il demande à Bailly, maire de Paris, de confirmer son droit inaliénable de « travailler librement ». « La Révolution ayant changé les choses de face » et déclaré « la liberté des états », 20 ou 30 artisans de Saint-Quentin ouvrent boutique, en dépit des tourments que leur infligent les corporations (« si elles existent encore, c'est ce qu'il faudroit prouver »). Si la liberté produit de grands biens, elle produit aussi de grands maux ; si elle a détruit le despotisme, elle a aussi engendré « l'insubordination et la licence, » remarque un maître fictif, qui capte bien le désarroi de ses confrères corporatistes : « autrefois mes ouvriers ne quittoient l'établi que les Dimanches et les Lundis », maintenant ils sont absents la moitié de la semaine. Même ses apprentis « se croyent fondés à quitter l'aiguille et les ciseaux, pour aller faire des motions » aux assemblées du district[59]. Voir disparaître l'autorité des maîtres tant sur le marché du travail que, plus généralement, sur le déroulement quotidien du travail en ville inquiète autant les autorités que les corporations. Le nouveau corporatisme se targue de son réalisme, à la manière de l'ultra-libéral Turgot, qui n'a jamais imaginé une liberté sans encadrement, ou un monde où entrepreneurs et ouvriers s'installent dans l'égalité. L'économie ne peut pas fonctionner si les patrons et leurs employés jouissent exactement des mêmes droits, soutiennent les perruquiers de Paris : « Il n'y a point de régime social qui ne comporte des limites et par conséquent des exclusions[60]. »

Dans l'ensemble, les membres des communautés sont assez lucides pour ne pas laisser leurs ex-subordonnés s'emparer de la Révolution. Au contraire, ils font valoir qu'ils incarnent les principes révolutionnaires de façon plus fiable que tous leurs rivaux parvenus. L'ethos

59. *Ibid.*, p. 434, 438, 446.
60. *Ibid.*, p. 436.

corporatiste (actualisé) n'est nullement incompatible avec les valeurs de la Révolution, martèlent-ils. Bien de ces maîtres donnent de la Déclaration une interprétation qui flatte leurs propres intérêts, représentés comme pleinement conformes à l'intérêt général. Les plus habiles d'entre eux, sur le plan politique, comprennent bien que le désordre même qui règne chez les ouvriers est sans doute ce qui peut plaider le plus efficacement la cause de la structure réglementaire traditionnelle, laquelle devrait désormais être moins associée à la « Constitution monarchique » de la France qu'aux réalités socio-disciplinaires, indépendamment de tout ordre politique particulier. Paradoxalement, la révolte ouvrière finirait peut-être par transformer la maîtrise de simple privilège qu'elle est (ou même – de plus en plus – de propriété méritant indemnisation) en quelque chose de beaucoup plus profondément ancré dans l'organisation sociale de la France et nécessaire à l'équilibre de la Révolution.

Concrètement, alors que les ouvriers réclament la fin de l'exclusion et de l'oppression, au nom de la liberté et de l'égalité tout à la fois, les maîtres, eux, demandent de façon pressante le maintien des anciens règlements, afin d'endiguer la marée montante du désordre. L'avenir sera réglementaire, ou il ne sera pas, disent en substance les corporatistes ; toute révolte peut nuire à la Révolution. À leurs yeux, en prétendant mettre en pratique dans leur domaine les théories de la Révolution, les ouvriers cherchent tout simplement à masquer leur véritable intention qui est de légitimer et de perpétuer leur insubordination séculaire. De la fin de 1789 à la fin de 1790, les maîtres ne cessent d'attirer l'attention sur les cabales et coalitions des ouvriers, lesquelles engendrent des associations de type corporatif, semblables aux organisations subversives clandestines de l'Ancien Régime, dont elles ne sont parfois, semble-t-il, que des extensions ou des (ré-) incarnations. Pour les ouvriers, aucun des droits révolutionnaires n'est aussi important que la liberté de s'assembler et d'agir collectivement, pratiques communes, mais vigoureusement réprimées pendant l'Ancien Régime. Les chefs révolutionnaires paraissent incapables – défaut obstinément durable – de formuler de manière décisive à quel moment une assemblée légitime devient un attroupement illicite et dangereux. S'ils continuent de diffuser des signaux ambigus, augmentant l'incertitude et engendrant la confusion, sur un point ils sont plutôt constants : concernant le monde du travail, il faut exécuter les règlements intimement associés avec le corporatisme, même lorsqu'ils semblent à contre-courant du nouvel esprit révolutionnaire, tant que l'ancien système « n'est pas expressément abrogé ». Ou comme l'observe Bailly, très impliqué dans les conflits corporatifs, « je pensais qu'il fallait étayer les vieilles parties de l'édifice jusqu'à ce qu'elles eussent été reconstruites à neuf »[61].

LES OUVRIERS EN MOUVEMENT

L'édifice tiendra assez longtemps, malgré et sans doute en raison de l'agitation ouvrière très répandue, inaugurée dès la prise de la Bastille, s'installant en quelque sorte pendant toute l'année 1790, devenue, point culminant durant la première moitié de 1791, un mouvement populaire puissant qui porte à la fois la question sociale (la dignité et l'égalité autant que le salaire et le contrôle du placement, quasiment à la manière de 1793) et la question politique (l'ouvrier a-t-il le droit de se mêler aussi bien des affaires de la cité que de celles de l'atelier ?). Des multiples exemples d'affrontements individuels jusqu'aux nombreux heurts soutenus mettant en cause des groupes organisés, les prétendus « désordres » et « coalitions » mènent l'Assemblée nationale, qui a déjà fort à faire avec d'autres angoisses concernant les pressions démocratiques venant aussi d'en bas, les menaces contre-révolutionnaires et des spasmes incessants de mécontentement rural, à voter la législation sévèrement répressive que l'on associe au nom de Le Chapelier.

Sans évacuer l'héritage « Ancien Régime », la Révolution a métamorphosé la contestation ouvrière et, plus largement, les relations entre employeurs et travailleurs. D'aucuns prétendront sans doute que les mots changent plus que les choses, mais il est toutefois difficile de minimiser l'importance du nouveau discours. Les nouvelles façons d'articuler et de circonscrire la légitimité touchent les maîtres autant que les ouvriers, même si les rapports auxquels ils se réfèrent renvoient au XVIIIe siècle, et avant. Ils s'entre-déchirent en termes bien plus chargés que les invectives de tous les jours. Les uns sont des vautours et des débauchés, les autres des paresseux et des jean-foutre ; les premiers des menteurs et des profiteurs, les seconds des vagabonds et des criminels. Si les maîtres peignent le compagnon dépravé sous les traits d'un séditieux invétéré (qui ne diffère guère du mauvais ouvrier de l'Ancien Régime), les ouvriers font du maître malfaisant

61. Jean-Sylvain Bailly, *Mémoires de Bailly*, éd. Albin de Berville et François Barrière, t. 2, Paris, Baudouin frères, 1822, p. 427 ; S. L. Kaplan, *La Fin des corporations*, p. 438-43.

la quintessence du non-révolutionnaire, le couard qui s'est terré chez lui le 14 juillet tandis que les autres risquaient leur vie pour la Révolution, l'aristocrate en devenir qui se vautre dans le plaisir et le lucre.

Au-delà des accusations venimeuses et des portraits féroces, il s'agit d'abord de prétentions « affreuses » selon les uns (de les « humilier et opprimer ») et « insupportables » chez les autres (« de [nous] faire la loy », comme à la belle époque de « l'insubordination » du XVIIIe siècle) ; puis il est question des droits : d'après les uns, la liberté (notamment, du travail et de l'assemblée), l'égalité (une place à la table de l'atelier et de la Révolution) et la propriété de leur métier ; pour les autres, la liberté (d'imposer la subordination, désormais sous le nom de l'intérêt général, bientôt du patriotisme). Pour les ouvriers, la Déclaration des droits de l'homme, malgré sa visée universelle, est d'abord une entreprise pour réhabiliter et assister les faibles, coincés dans un rapport de force défavorable depuis la nuit des temps (« l'esclavage », « la domesticité »). Dans l'exégèse des maîtres, qui se plaignent à leur tour du « despotisme » et de la « tyrannie » déployés par leurs adversaires, le comportement « rebelle » des ouvriers s'inscrit en violation des impératifs de la liberté définie dans la Déclaration. Ayant dénoncé la liberté comme la source de tous les maux avant et même en 1789, les corporations en viennent à interpréter la liberté révolutionnaire sous un jour différent, y voyant une arme pour les maîtres dans un monde susceptible de devenir très prochainement post-corporatif.

Réappropriation, puis inversion du discours et des pratiques : la « coalition » antipatronale et antirévolutionnaire occultée sous le voile de l'assemblée légitime traduit la seule forme de corporation nuisible, selon les maîtres. Détournant la liberté au service de leurs associations corporatives illicites – l'Union fraternelle des charpentiers, la Société typographique, divers compagnonnages, entre autres –, les ouvriers constituent l'unique menace corporatiste à la Révolution. En revendiquant le terrain révolutionnaire, de nombreux maîtres, au sein de leurs communautés, à la fois nostalgiques corporatistes et quasi-libéraux à la manière de Monsieur Jourdain, cherchent à rejeter derechef les ouvriers dans l'exclusion, cette fois à cause de leur transgression de l'ordre révolutionnaire. Le spectre glaçant de la gigantesque coalition de 80 000 ouvriers – grande rumeur agitant Paris et d'autres villes au printemps de 1791 – incarnerait une espèce d'avant-garde de contre-sans-culotterie, figurant l'antithèse de l'image idyllique du monde corporatiste désormais converti en topos révolutionnaire : une mobilisation d'ouvriers pleins d'abnégation et disciplinés, unis dans une étreinte virile, fraternelle et patriotique (individuellement !) avec leurs patrons – image qui rappelle curieusement celle de l'atelier idéal où évoluent le maître paternel et le garçon docile, logée dans une mémoire intemporelle, renforcée dans les statuts et les procès-verbaux des corporations et ressuscitée par des historiens ancrés dans la droite réactionnaire tout comme dans la gauche progressiste, image proche de la vision idéalisée du corporatisme contre-révolutionnaire des XIXe et XXe siècles[62].

LA « TROISIÈME » FIN DU CORPORATISME

La suppression des corporations a lieu peu avant le prétendu rassemblement apocalyptique de 80 000 ouvriers-insurgés, disparition prédite à de multiples reprises depuis le milieu du XVIIIe siècle. D'abord, la mesure audacieuse de Turgot, à la fois échec et bouleversement traumatique ; ensuite, l'annonce confiante, en quelque sorte objectivement inexorable, du mois d'août 1789, orage d'où les corporations sortent sous certains rapports plus fortes qu'elles ne sont sorties de celui d'août 1776. Le corporatisme bénéficie d'un sursis – pour quoi faire ? Les communautés, on l'a vu, luttent pour acquérir, conserver ou consolider leur contrôle du marché du travail. Mais elles s'efforcent de faire montre de leur utilité publique par d'autres actions – des contributions financières volontaires ou la participation à des cérémonies civiques –, se chargeant de diverses médiations pour le compte de l'administration. Par ailleurs, de nombreuses communautés tentent énergiquement de faire pression pour sauver l'idée et l'institution corporatistes. Le coup de grâce du mois de mars 1791 ne surprend que par le moment mal inspiré – l'insurrection ouvrière atteint son plein régime – où il est asséné. Jusqu'à la fin, l'argumentaire en faveur du corporatisme demeure la cohabitation nécessaire et symbiotique de la Révolution et de la réglementation, dont les corporations prétendent offrir le véhicule le plus fiable. Si les partisans du corporatisme, acculés, ne laissent pas oublier que la destruction officielle de la plus vaste composante urbaine du système corporatif – de la grande chaîne – n'est pas une mince affaire, ils parlent désormais moins de cette chaîne de la condition corporative, profondément discréditée, que d'une sorte de grand cercle de l'existence patriotique

62. S. L. Kaplan, *La Fin des corporations*, p. 443-55, 459-63.

dans lequel les corporations jouent un rôle clé comme relais du paradigme fraternel pour cette vaste communauté qu'est la nation, une communauté morale à l'échelle immense du même type que celle que revendiquaient naguère les corporations.

L'inertie politique de l'Assemblée par rapport à la question corporative, qu'elle évite de poser franchement depuis le début, n'est pas innocente. Inquiets tant à l'idée de la persistance des corporations qu'à celle de leur anéantissement, les députés ne parviennent pas à s'entendre sur le rôle et l'héritage corporatistes et l'avenir du monde du travail. Sous la conduite du baron d'Allarde, libéral turgotien préoccupé de questions financières, plutôt que sous celle des comités chargés du commerce et du travail, ou de la réorganisation des structures sociales de la France régénérée, l'Assemblée opte pour une abolition sans équivoque, articulée autour de faux-fuyants persistants au sujet de la réglementation. La patente, nouvel impôt sur les arts et métiers, fournirait à l'État un moyen grossier de garder la trace des artisans et commerçants à titre individuel, mais sans lui donner d'emprise réglementaire sur la pratique des divers métiers, sur les modalités de reproduction et de validation, et encore moins sur les divers marchés du travail. Historiquement tourmentées par la fiscalité étatique, les corporations doivent trouver une certaine symétrie poétique dans une mesure d'anéantissement, s'affichant comme une réforme dans l'esprit révolutionnaire, qui n'est qu'une « loi fiscale » traitant le travail (« droit sacré et inviolable ») comme une concession régalienne toujours payante. Jadis fiers de leur maîtrise, les titulaires, au moment de la dernière agonie corporatiste, l'envisagent – à la manière de pas mal d'agrégés désabusés dès le mois d'août 1776 – comme une « finance », « un privilège acheté », une sorte d'office plus ou moins chèrement payé, enfin un bien, une propriété comme une autre. Le dernier succès corporatiste, juxtaposé à la vision héroïque de l'imaginaire communautaire, paraît bien dérisoire : leurs chefs ont obtenu l'engagement officiel d'indemniser (en l'occurrence mal) tous les « maîtres dépouillés ».

En attendant, l'État met les communautés à mort, au cours d'un rite d'une violence symbolique qui n'est pas sans évoquer les saisies perpétrées jadis chez les artisans et marchands opérant dans l'illégalité – les sans-qualité et faux ouvriers honnis. Les autorités apposent les scellés aux bureaux corporatifs, confisquent les biens et préparent leur vente, lancent un audit administratif et financier. La complexité même de cette fermeture permet à certaines corporations, surtout en province, d'atermoyer ou de résister (dans l'espoir d'une possible rédemption ?). Curieusement, après avoir proclamé la mort clinique des corporations, les pouvoirs publics expriment presque aussitôt une nostalgie de leur précieuse collaboration. Ils font appel aux syndics et à d'autres, les priant de servir d'experts, de fournir des renseignements et/ou des conseils, de veiller aux œuvres de bienfaisance, d'éclaircir des problèmes réglementaires, de faciliter le paiement de la patente, etc. Au sens large, les communautés supprimées sont reléguées dans une sorte de purgatoire tout proche, une zone crépusculaire d'où elles continuent d'exercer une discrète influence sur le débat public, sur l'administration et la réglementation, ainsi que sur les pratiques des arts et métiers naguère placés sous leur tutelle[63].

Il paraît douteux que « le décret qui supprime les maîtrises… [ait] mécontenté la plus grande partie du royaume », comme le prétend un journal de droite. Bien des témoignages indiquent que de nombreux Français et Françaises, partageant la joie du journal *Jean Bart*, exultent à l'idée de pouvoir enfin exercer la profession de leur choix : « Je peux cuisiner, frotter, raser, coeffer, m'escrimer dans tous les genres, sans qu'on puisse y foutre son nez. N'est-ce pas bien agréable ? » D'Allarde nous a libérés de nos « chaînes », clame avec enthousiasme *L'Ami de la Révolution*[64]. Mais il y a chaînes et chaînes (comme il y a la forêt et les arbres), suggèrent deux commentateurs, situés aux antipodes l'un de l'autre sur la plupart des autres questions, l'archiconservateur *Ami du roi*[65] et le radical *Ami du peuple* de Marat[66], qui trouvent des points communs dans le corporatisme, apprêté à la sauce populiste-paternaliste de chacun. Il fallait absolument éradiquer les abus des

63. *Ibid.*, p. 500-31.

64. *L'Ami du roi*, CCXCV (11 mars 1791) ; *Jean Bart*, CXXXVII (mars 1791), p. 2-3 ; *L'Ami de la Révolution*, 23e philippique (fin février 1791), II, p. 242-43, 245-46.

65. *L'Ami du roi*, CCXLXXIV (18 février 1791), CCLXXV (19 février 1791), CCCXXXII (16 avril 1791), CCCXXXIII (17 avril 1791), CCCXXXIV (18 avril 1791), CCCXXXVIII (22 avril 1791) ; [numéro manquant] (17 avril 1791).

66. *L'Ami du peuple*, n° 401 (16 mars 1791), p. 3-15, 7-8 ; n° 402 (17 mars 1791), p. 2-3. Cf. des commentaires de droite et de gauche un siècle plus tard. D'abord, Hippolyte Taine, qui critique sévèrement à la fois le système corporatif corrompu et la suppression brutale des communautés. « Formation de la France contemporaine », *Revue des deux mondes*, t. 85 (1er février 1888), p. 482-83. Puis Jean Jaurès, qui commente ce qu'il regarde comme l'inflexion réactionnaire dans la pensée de Marat. *Histoire de la Révolution française, la Constituante*, t. 2, Paris, Éditions de la librairie de l'humanité, 1901, p. 259. Apparemment hostile à l'un et l'autre *Ami*, Pierre Rosanvallon a écrit plus récemment : « Le caractère négatif et destructeur d'une telle désincorporation n'est guère perçu pendant la Révolution. Aucune voix ne s'élève, par exemple, pour discuter aussi peu que ce soit la destruction des jurandes, des maîtrises et des corporations. » *Le Peuple introuvable*, p. 40.

corporations (abolir les jurandes, pas les maîtrises), mais la chaîne corporatiste est structurante plutôt qu'assujettissante. Elle forge le lien social, encadre relations et échanges, s'érige en rempart contre l'individualisme corrosif, empêche les forces du marché « [d']isoler les hommes pour les affoiblir et les asservir », organise la formation et la socialisation des jeunes et certifie la capacité des ouvriers, lutte contre la « dégénérescence morale » (produit conjoint de la perte du savoir-faire et des bonnes mœurs), encourage l'établissement d'artisans et commerçants, assure une émulation honnête et une concurrence loyale et socialement tonique, mobilise les corps intermédiaires contre le despotisme et promeut une croissance économique dans l'intérêt général. Le grand danger est de « déchaîner cette liberté plénière » – la dérégulation totale du monde du travail, comme du commerce des grains – qui désespère, désoriente et finalement enchaîne le peuple. Voilà une sorte de courte synthèse corporatiste qui brouille les lignes idéologiques, nourrit la nostalgie (déjà) embryonnaire et anticipe, à sa façon, la troisième voie corporatiste du siècle suivant.

LE MOMENT LE CHAPELIER : LA « QUATRIÈME » (ET DERNIÈRE) FIN DU CORPORATISME

Même dans le très court terme, la fin des corporations ne signifie pas la fin du corporatisme. Ce dernier se trouve dorénavant déplacé dans le camp en face, où il dispose d'un certain ancrage détourné et subreptice, depuis toujours. Le vote de la loi D'Allarde paraît accélérer l'inclination rebelle des ouvriers, qui s'organisent de plus en plus ouvertement et dont les associations correspondent, d'une ville à l'autre, et parfois d'un métier à l'autre. Le spectre de l'anarchie incite vivement l'Assemblée à remanier, pour ainsi dire, la loi d'abolition pour lui donner une forme plus radicale, dissipant toute ambiguïté concernant la survie et la pertinence des instruments réglementaires intimement associés aux corporations. Le premier objectif de la loi Le Chapelier, promulguée mi-juin 1791, est de mater le comportement séditieux en montrant sans équivoque l'autorité de l'État. Convaincu que tant que l'imaginaire corporatif s'octroie le droit d'exister comme pôle alternatif d'organisation et d'action sociales, le nouvel ordre sera menacé, et impatient d'avancer son projet encore plus ambitieux de mettre fin à la Révolution, Le Chapelier fait interdire les coalitions ouvrières, toute revendication salariale collective et toute atteinte à la liberté du travail, confirme la suppression des corporations et défend tant aux entrepreneurs qu'aux ouvriers de s'assembler et de s'associer.

Mesure pénale et mesure de police, tout autant que loi conçue pour reconfigurer le marché du travail, pour le rendre compatible avec les principes fondamentaux de la Révolution, la législation Le Chapelier s'évertue en même temps à redéfinir les grands cadres sociaux et sociopolitiques : d'un côté, on a des individus atomisés, poursuivant chacun ou chacune ses propres intérêts, faisant affaire ensemble par toutes les formes d'échanges individuels possibles sans plus d'entraves que de médiation, et de l'autre, un État mandaté par le peuple souverain et représentant l'intérêt général. Le modèle ne comprend aucun corps intermédiaire, aucune société particulière, aucune communauté chargée de négocier, parce qu'il n'y a pas d'intérêts communs ou collectifs à gérer. C'est cette vision qui distingue cette mesure des méthodes de la police ordinaire du monde du travail de l'Ancien Régime, et c'est elle qui pèsera lourdement, appuyée sur l'outillage répressif de la loi, sur la vie publique du XIXe siècle : mutilation de la capacité d'organisation collective, rabougrissement de la culture politique populaire.

Dans le très court terme, la loi Le Chapelier contribue, dans un processus trop dense pour le traiter ici, à la « fabrication » des sans-culottes et à un dernier spasme néo-corporatiste dans les sections parisiennes et dans certains clubs et sociétés ailleurs. Si le monde du travail sombre dans la tranquillité, c'est moins en raison de la répression « Le Chapelier » qu'à cause de la puissance galvanisatrice du patriotisme (lié au souci des subsistances). Le patriotisme trouve son incarnation la plus évocatrice dans les sans-culottes, dont l'identité est largement politique – le social demeure escamoté –, mais que l'on disait bien entendu recrutés dans le monde du travail. La genèse des sans-culottes est assez problématique. L'historiographie désormais classique postule une transition quasi automatique entre le monde du travail de 1791 et le cosmos embryonnaire des sans-culottes, ainsi qu'une sorte d'interchangeabilité morale et psychologique entre les principaux acteurs de part et d'autre – itinéraire qui transforme, du jour au lendemain, en un front commun deux groupes qui se chevauchent quelquefois, mais sont assez distincts culturellement, économiquement et socialement, qui dans de nombreux cas se trouvaient engagés dans un conflit souvent violent depuis au moins deux ans, et qui ne partagent pas la même position en termes de relation aux moyens de production ou les mêmes attitudes vis-à-vis de notions fondamentales telles l'égalité, la propriété et l'intervention de l'État. Le patriotisme a deux versants : aiguillon vers un engagement volontaire et affectif dans une noble cause, et moyen de chantage permanent pour empêcher le citoyen de retomber dans le corps et l'esprit de l'ouvrier. Il exige l'abnégation économique ; risquer de se fâcher avec son employeur équivaut à mettre la nation en péril.

Certains ouvriers se tournent probablement vers la section parce qu'il s'agit de la seule arène publique dans laquelle ils peuvent s'exprimer (légitimement). Attirés vers la section pour des raisons similaires, les patrons y trouvent un moyen de consolider leur force sur le marché du travail (au-delà de l'aubaine structurelle que leur fournissait la loi Le Chapelier). Depuis leur position d'influence administrative, politique et morale dans la section, les ex-maîtres peuvent manier de puissantes notions normatives telles que le patriotisme et l'intérêt public ou général pour surveiller leurs ouvriers et réglementer leur conduite, sur le lieu de travail aussi bien qu'à travers la collectivité territoriale. La section se substitue en partie à l'institution corporative (de type idéal/idéalisé) réunissant maîtres et compagnons dans une communauté morale et une union fraternelle telles qu'ils n'en avaient pas connues depuis plusieurs centaines d'années (s'ils en avaient jamais connues), mais qui ressemble à l'image que les corporations ont voulu donner d'elles-mêmes jusqu'à leur dernier jour. De cette manière, le mouvement sans-culotte fonctionne en partie comme un instrument de contrôle social post-corporatif. Son ordre du jour contribue à prévenir et discréditer les conflits sur le marché du travail et à réprimer toute affirmation d'identité ouvrière propre[67].

L'APPRENTISSAGE DANS LE CORPORATISME

L'apprentissage s'est enraciné partout dans la France plus ou moins urbanisée sous l'Ancien Régime, principalement, mais pas du tout exclusivement au sein de la galaxie corporative. Institution et pratique à la fois familière et de caractère variable, selon les us et coutumes locaux, les métiers et marchés spécifiques et le dynamisme des acteurs, il ne pose pas particulièrement de problème au jour le jour dans la vie de la cité. Cible occasionnelle des élans réformistes de l'État, l'apprentissage ne devient toutefois un enjeu marquant de la politique publique qu'à partir du tournant économique des Lumières[68] et de

67. S. L. Kaplan, *La Fin des corporations*, p. 546-99.

68. Sur le tournant économique, voir Steven L. Kaplan et Sophus Reinert (dir.), *The Economic Turn: Recasting Political Economy in Enlightenment Europe*, Londres, Anthem Press, 2019.

la montée en puissance de l'idéologie libérale. Sauf pour sa présence, inégale et généralement succincte dans les constitutions des communautés, l'apprentissage n'est pas un sujet de débat, ni même de curiosité. Un des rares textes consacrés à ce sujet est un violent réquisitoire contre ses prétendus abus, rédigé à la demande du ministère de forte teinte libérale des années 1760 par l'abbé Gabriel-François Coyer, philosophe précocement « social », auteur de réflexions sur les notions de « patrie » et de « peuple » et d'une féroce attaque contre l'oisiveté de la noblesse. Écrit à la manière faussement dépaysante des Lumières, pétri de verve ironique et d'hyperbole hargneuse, il s'agit d'un conte allégorique intitulé *Chinki : histoire cochinchinoise qui peut servir à d'autres pays*. La Cochinchine est censée figurer la Chine, c'est-à-dire la France, ce royaume de l'exotique-saugrenu et du non-sens économique. Visitant une ville du poids de Paris dans ce très grand pays, Chinki, un laboureur relativement aisé, mais chargé d'une famille étonnamment prolifique, cherche à placer en apprentissage son fils aîné, et peut-être une de ses filles. Frappant à toutes les portes et abordant tous les étals, sans bénéficier d'un réseau ou de toute autre entrée, il ne rencontre que frustration : diverses barrières, des conditions impossibles à remplir, des règles déraisonnables, des normes forgées pour perpétuer la domination de certaines élites[69].

Anthropologue du « peuple », Coyer veut souligner l'aspect du corporatisme qui touche le plus une grande masse de personnes – des dizaines de milliers de parents qui s'évertuent tous les ans, comme Chinki lui-même, innocemment et sans réelle alternative, à placer leurs enfants. Politique de rupture, profondément perturbatrice de la vie quotidienne, le libéralisme des Lumières, tant dans le domaine du travail que celui des subsistances, s'efforce de se mettre du côté des gens ordinaires. L'abbé sait pertinemment que les parents d'apprentis ne sont pas ses lecteurs, mais en les instrumentalisant, il veut convaincre ses lecteurs réels, à l'écoute du débat public, qu'il s'agit d'un projet socialement progressiste aussi bien qu'économiquement optimisant. Faute de moyens de mesurer l'opinion (populaire ou autre), on ne peut pas capter les attitudes de telle ou telle partie de la population à l'égard des institutions ou des manières de faire. Pourtant, certains indicateurs, imprécis mais convergents, à la veille de la Révolution, suggèrent que l'apprentissage, appréhendé comme

69. Gabriel-François Coyer, *Chinki : histoire cochinchinoise qui peut servir à d'autres pays*, Londres, 1768. Pour une analyse plus dévelopée de *Chinki*, voir, ci-dessous, chapitre 5.

affranchi de toute dépendance corporatiste, jouit d'une grande faveur justement auprès des parents évoqués par Coyer qu'il croit très mal informés et victimes de « préjugés » ténébreux. Le philosophe souhaite en fait démontrer que l'apprentissage est intrinsèquement superflu, fonctionnellement toxique et en tout cas ontologiquement indissociable du funeste système corporatiste.

L'abbé veut faire de l'apprentissage la grande synecdoque du corporatisme, tactiquement parce qu'il est facile (pour lui) à railler et à caricaturer, et stratégiquement, parce qu'il est simple (pour ses publics) à appréhender : son tableau n'a rien de l'aspect abscons et embrouillé du système corporatiste, tout en le mettant pourtant en relief. Élargissant le regard au-delà des limites convenues, le philosophe s'en prend à l'apprentissage, dépeint comme cheville ouvrière de la corporation, institution tyrannique et prédatrice, archaïque et décadente au cœur de l'organisation sociale et économique de l'absolutisme. Il récapitule et/ou anticipe une grande partie de l'objurgation libérale contre le corporatisme de Gournay à Turgot, avant Le Chapelier.

À travers *Chinki*, il veut montrer que l'apprentissage est partout trop long et même inutile dans beaucoup de métiers (où l'on peut apprendre l'essentiel « en dix jours » plutôt que « dix ans ») ; qu'il est dégradant aussi bien qu'onéreux (la « cruauté » des maîtres, une « servitude barbare », allusion à l'esclavage, métaphore puissante et récurrente tant dans le vocabulaire des critiques libéraux que dans celui des compagnons eux-mêmes par rapport à leurs maîtres) ; qu'il est contraire aux droits basiques de l'homme (interdiction de se marier, menant à la dissipation morale) ; qu'il est attentatoire au droit naturel au travail (« patrimoine naturel du peuple ») ; qu'il devrait céder la place au marché pour déterminer le niveau de compétence requise pour tel ou tel produit ou service ; qu'il est un instrument d'exactions honteuses et exorbitantes ; qu'il constitue une gêne socioéconomique (« misérable entrave » qui bloque l'extension du champ d'opportunité ou, avec le compagnonnage, « le plus grand obstacle aux progrès des arts et du commerce ») ; qu'il est un mécanisme d'exploitation du travail bon marché (des « vexations intéressées ») ; qu'il est injuste (« inique ») parce qu'il laisse sur le carreau tous les « pauvres ».

D'une virulence inédite, cette critique extravagante de la part du courant naissant de l'économie politique libérale n'est pas totalement sans précédent. Au sein même du gouvernement, dès la fin du XVIe siècle, et encore une fois cent ans plus tard, on trouve une mise en accusation non de l'apprentissage comme tel (réprouvé néanmoins pour sa durée prétendument démesurée et son accès restreint), mais de tout le système de recrutement à la maîtrise, parcours excessivement cher et sélectif, et quelquefois abusif. Cette récrimination vise tout particulièrement le chef-d'œuvre, étape cruciale de l'épreuve pour beaucoup de maîtres, objet de scandale permanent pour bien d'autres observateurs (et participants), qui y voient principalement du clientélisme, du trucage, de l'extorsion de fonds, des brimades, etc. Dans les textes officiels, cette condamnation demeure rhétorique et sert ironiquement à l'occasion comme levier pour extraire de l'argent des communautés. Ces remarques royales concluent sur une note rassurante, malgré le vitriol du début : nonobstant ces effets parfois pernicieux, le corporatisme est un corset structurant précieux.

Libéral intraitable, Turgot passe à l'acte en février 1776. Pas question de sanctuariser l'apprentissage en le scindant du corporatisme. Il est supprimé avec les corporations comme encore une autre vexation pénible et inutile. Si des gens continuent de demander une formation formalisée du type apprentissage, ils le feront de gré à gré, sans médiation institutionnelle, par contrat vernaculaire ou autrement, à la poursuite de leurs intérêts particuliers, régentés par les forces du marché. Dans la levée de boucliers provoquée par ce moment apocalyptique pour des milliers de communautés, la défense du corporatisme implique celle de l'apprentissage : ce dernier n'a pas de statut à part.

Refondant, en partie réinventant le corporatisme, la législation du mois d'août 1776, tout en cherchant à simplifier, rationaliser et homogénéiser les nouvelles communautés, même à les bureaucratiser en quelque sorte, veut laisser toutefois un peu de latitude aux maîtres. Sans l'imposer comme une obligation universelle, la législation paradigmatique (édits d'août 1776 et de janvier 1777) indique que dans les nouvelles constitutions – les statuts et règlements – que chaque communauté rédigera et fera homologuer, « il sera pourvu sur la forme & la durée des apprentissages *qui seront jugés nécessaires* pour exercer quelques-unes desdites professions »[70]. Rien ne suggère une quelconque résistance de la part des maîtres face à la remise en

70. *Dictionnaire portatif du commerce*, Paris, J.-F. Bastien, 1777, p. 513 ; Nicolas-Louis Poullin de Vieville (éd.), *Code de l'orfèvrerie*, Paris, Knapen et fils, 1785, p. 396, 408 ; *Encyclopédie méthodique, arts et métiers mécaniques*, t. 4, Paris, Panckoucke, 1785, p. 436. C'est nous qui soulignons. Face aux retards énormes dans l'élaboration de nouveaux statuts, le gouvernement doit reprendre les mêmes formules concernant la fixation des conditions d'apprentissage qu'en 1776-77. Voir, par exemple, l'ordonnance royale du 13 août 1783 concernant les arquebusiers, couteliers et fourbisseurs. Nicolas Toussaint Lemoyne Des Essarts, *Dictionnaire universel de police*, t. 1, Paris, Moutard, 1786, p. 401.

fonction de l'apprentissage. Les retours au bureau des arts et métiers font comprendre au ministère qu'énormément de maîtres, anciens et nouveaux, souhaitent le garder comme un mécanisme constitutif du système de recrutement et de reproduction, système qui ne se trouve plus entièrement entre les mains de chaque communauté. Le conflit amer avec les agrégés concernant leur droit d'accueillir des apprentis met en avant le rôle que joue l'apprentissage, pas seulement pour le recrutement et la formation, mais aussi dans la reconversion du capital social de l'ancien système au nouveau et la construction d'une nouvelle identité corporatiste. Il est possible que la revendication du droit des femmes entrant dans les communautés jusqu'ici masculines à prendre des apprenti.e.s ait suscité des tensions en soulignant les enjeux de l'apprentissage, mais les informations nous manquent sur cette question. Faute de repères – ou plutôt de contraintes –, certains maîtres croient que désormais il n'y a plus de limites sur le nombre d'apprentis qu'ils peuvent engager, sujet historiquement très délicat.

L'obstacle majeur à la réorganisation de l'apprentissage – et, d'ailleurs, à l'aboutissement de cette réforme massive du système corporatif – se trouve chez les maîtres, dans les communautés, qui ne se hâtent pas de satisfaire l'injonction royale de rédiger de nouvelles constitutions dans les trois mois suivant les lois-cadres concernant chaque région. En attendant, les communautés sont invitées à « suivre les anciens principes relativement aux apprentissages », piège pour le ministère, car trop de maîtres sont contents de s'en tenir « aux anciens usages » qui perpétuent des aspects « vicieux » de l'époque, notamment le traitement de l'apprentissage « moins comme un objet de bien public, que comme un moyen pour les maîtres de gagner de l'argent ». Paris avance bien plus vite que la province. Pour cette dernière, le ministère promulgue deux déclarations (1er mai et 30 août 1782) qui instituent « un nouvel ordre des choses pour les apprentissages » en attendant la soumission des constitutions communautaires. La durée-type sera de quatre ans ; un aspirant ayant fait ces quatre ans peut être reçu comme maître à vingt ans. Les enfants des maîtres peuvent, eux, entrer dès dix-huit ans, s'ils travaillent deux ans chez eux. Sans brevet, il faut attendre l'âge de vingt-cinq ans avant d'être reçu. Un brevet peut être réalisé « sous signature privée », mais il doit être enregistré au bureau corporatif, comme auparavant : même si les syndics ne participent plus à la rédaction/signature de l'acte, la corporation reste impliquée dans le suivi de l'apprentissage. Pendant les quatre visites annuelles chez les maîtres, par exemple, ils doivent « s'informer de la conduire de leurs apprentis »[71].

Une annexe intitulée « police des apprentis » est ambiguë. Les stipulations (interdiction de s'assembler ou « faire cabale », obligation d'obtenir un congé écrit avant de partir) semblent s'appliquer davantage aux compagnons, avec lesquels ils sont mêlés ici. L'État veut renforcer la discipline en socialisant et moralisant une jeunesse turbulente, la rendre moins susceptible au virus de l'insubordination ouvrière. Cependant, il y a une tension post-1776 entre une tentation rationalisante et modernisatrice d'assimiler ensemble apprentis et compagnons sous le magistère niveleur de « l'autorité domestique » que le nouveau corporatisme promet de restaurer et une tendance classique de soustraire l'apprenti en le plaçant sous l'égide du père de famille dans l'espoir d'en faire un « bon ouvrier », c'est-à-dire un travailleur capable et soumis[72].

---

71. Antoine-François Prost de Royer et Jean-François-Armand Riolz (éd.), *Dictionnaire de jurisprudence et des arrêts, ou Nouvelle édition du Dictionnaire de Brillon* [désormais *Dictionnaire Brillon*], t. 5, Lyon, Aimé de la Roche, 1786, p. 659-60, 668-69 ; Jacques Peuchet, *Dictionnaire universel de la géographie commerçante*, t. 4, Paris, Blanchon, an VIII, p. 304-06 ; *Supplément au Répertoire universel et raisonné de Jurisprudence civile, criminelle, canonique et bénéficiale*, t. 2, Paris, Visse, 1786, p. 241-42, t. 7, p. 107-16 ; Jean-Baptiste Denisart, *Collection de décisions nouvelles et de notions relatives à la jurisprudence actuelle*, t. 2, Paris, Desaint, 1777, p. 154 ; N. T. L. Des Essarts, *Dictionnaire universel de police*, t. 3, p. 151-53, t. 4, p. 245. De nombreux apprentis en train de terminer leurs quatre années se plaignent de ce qu'ils ne seront pas en mesure d'obtenir le brevet dans la forme prescrite et risquent ainsi de perdre beaucoup de temps avant d'être admis dans la communauté. En réponse à cette situation déstabilisante, un arrêt du conseil du 24 novembre 1782 suspend l'application de la mesure d'uniformisation du 1er mai 1782 pendant quatre ans, encore un marqueur de la grande souplesse du ministère dans ce domaine. BHVP, cote 35380. Traité à part, étant donné son importance politico-monétaire, enjoint de suivre les « anciens règlements » jusqu'à l'approbation de nouveaux statuts, le corps de l'orfèvrerie se laisse aller à « différens abus » dans sa gestion de l'apprentissage, notamment des « brevets irréguliers », non-certifiés, parfois impliquant des aspirants trop vieux ou trop jeunes ou sans aptitude pour la profession (« l'art »), risquant ainsi « la ruine de la haute réputation de l'orfèvrerie française ». Solution provisoire : fixation de la durée à huit ans, de l'âge de l'éligibilité (après dix ans, avant seize ans), contrat requis devant notaire, qui doit dresser de nouveaux actes pour réparer les brevets défectueux, éviction des apprentis sans un brevet conforme, enregistrement obligatoire du brevet au bureau corporatif et dans la cour des Monnaies. Nicolas-Louis Poullin de Vieville (éd.), *Code de l'orfèvrerie*, p. 443, 483-84, 519 ; arrêts du Conseil, 24 novembre 1782, 15 janvier 1783 et déclaration du roi, 25 janvier 1781, précédés par un arrêt de la cour des Monnaies (Paris), 21 février 1778, BHVP, cote 35380.

72. S. L. Kaplan, *La Fin des corporations*, p. 86, 90, 110, 133, 190, 257, 265, 267. Cf. Jean-François de Tolozan qui résume la pensée du ministère à l'égard de l'apprentissage vers la fin des années 1770 : « [...] il est essentiel que les pères puissent, par des apprentissages, s'assurer de la conduite de leurs enfants, les maîtres de celle de leurs apprentis, et que le public en général ne soit pas la victime d'une liberté poussée au-delà des justes bornes », dans *La Fin des corporations*, p. 152. Nous traitons ailleurs les relations entre compagnons et apprentis sur

La suppression – théorique, contestée – du chef-d'œuvre, rite de passage et test traditionnel de la virtuosité artisanale, déclenche des questions concernant l'apprentissage. Arguant que « la capacité » des ouvriers soulève des enjeux considérables pour la réputation et la compétitivité des produits français, certaines communautés plaident pour une refonte et revigoration de l'apprentissage et du chef-d'œuvre, fatalement liés dans l'itinéraire corporatiste, façon oblique de réimprimer avec la marque de la communauté le processus d'admission, en principe un simple paiement d'argent bureaucratisé. Les uns imaginent un chef-d'œuvre classique, mais conçu dans la transparence et sans « frais exagérés ». En cas de rejet, le postulant serait obligé de refaire une partie de son apprentissage, scénario rigoriste et très peu réaliste. Les autres souhaitent remplacer le chef-d'œuvre par un examen de deux à trois heures, devant un jury composé en partie de spécialistes dans le domaine, complété par le témoignage de deux notables sur le caractère et la moralité de l'aspirant. Un projet analogue est de faire subir un examen à l'apprenti, donnant au brevet une patine de diplôme au-delà d'un simple constat de l'achèvement du temps requis[73].

Les mariages forcés imposés par le nouveau corporatisme confortent la demande pour un apprentissage techniquement ciblé et un chef-d'œuvre actualisé. À Lille, la réunion des trois corporations des saïetteurs, des bourgeteurs et des tisserands en une seule communauté pose la question de la formation des futurs maîtres, pour qu'ils puissent faire montre d'une compétence dans chacun des secteurs. D'où la proposition, pragmatique et flexible, incarnée dans une ordonnance de la municipalité de Lille – autre instance d'intervention gouvernementale à laquelle il faudrait être attentif –, de diviser l'apprentissage en deux segments, la première année consacrée au travail sur les étoffes en laine et la deuxième à la fabrication des étoffes en fil de lin (« & autres »). Si le maître d'apprentissage n'est pas expérimenté dans les deux versants de la nouvelle profession, l'apprenti.e

le lieu de travail, souvent conflictuelles. Des maîtres parisiens ont été troublés par le départ de leurs apprentis, parfois en coordination avec les compagnons, en réponse à la suppression des corporations – pour eux, une proclamation de leur liberté. Voir, par exemple, AN, Y 14561, 14 mars 1776 et Y 13128, 18 mai 1776.

73. S. L. Kaplan, *La Fin des corporations*, p. 90, 244, 246-48, 265, 326-28, 351, 384. Les maîtres les plus remontés contre l'idée d'une intégration générale des sans-qualité s'arc-boutent sur l'apprentissage comme marqueur d'une capacité de base reconnue, supposant, parfois à tort, qu'un ouvrier hors corporation a forcément sauté cette étape de formation (ou son équivalent, l'allouage). Le bureau des arts et métiers, surveillant les manœuvres des nouvelles communautés, ne cesse de justifier l'admission des sans-qualité – à part le droit légal accordé par l'édit d'août – en raison de leur « expérience », raisonnement libéral et de bon sens.

peut faire sa deuxième année dans un autre atelier. Pour être admis.e dans cette communauté fusionnée, l'aspirant.e devra prouver sa maîtrise technique en exécutant un double chef-d'œuvre, mais allégé. Une nouvelle corporation à Lyon, composée de cinq métiers précédemment non-incorporés – les maîtres aprêteurs des étoffes de soye, moireurs, calendreurs, cillindreurs et dégraisseurs –, réclame la création d'un chef-d'œuvre spécifique pour évaluer la compétence des ouvriers afin de mettre fin aux « plaintes continuelles de la part des marchands fabriquans & qui pourroient discréditer la fabrique de Lyon chés l'étranger ». Les « mal façons » répétées qui plombent la communauté « viennent du peu de connoissance qu'ont les aspirans des drogues et manutentions nécessaires pour donner à l'aprêt toute sa perfection ». Cette prise de conscience, si le ministère l'approuve, pourrait permettre la réorganisation de la formation avec un contrôle rigoureux en fin de parcours[74].

Jusqu'à la Révolution, le statut de l'apprentissage-comme-institution demeure grevé d'incertitudes, au moins aux yeux de bien des observateurs. La rédaction des cahiers fournit l'occasion de les décanter. Un enthousiasme considérable s'exprime à Paris et en province pour un retour à l'apprentissage obligatoire dont de nombreux contemporains croient qu'il a été supprimé dans la législation d'août 1776. Favorables à l'abolition des corporations, les cahiers du tiers des sénéchaussées de La Rochelle et de l'Angoumois demandent que l'apprentissage soit sauvegardé. Celui du bailliage de Saint-Quentin préconise un apprentissage universellement fixé à trois ans dans un monde post-corporatiste. Si le cahier du tiers du bailliage d'Alençon n'est pas le seul à traiter l'apprentissage comme faisant partie d'un système globalement abusif et ne méritant pas ainsi une réhabilitation particulière, il semble que peu de monde conteste le fait qu'un apprentissage plus ou moins officiel serait productif sur le plan social (« le seul moyen », proclamait le cahier général du tiers état, « de fournir au commerce des sujets doués des connoissances qu'il exige »). Ni l'État réformiste, ni le libéral doctrinaire n'ont convaincu le public qu'un apprentissage réglementaire n'était pas une institution « naturelle et bénéfique », désormais digne d'une (re-)légitimation révolutionnaire. Pourtant, les cahiers signalent que le temps de l'imbrication nécessaire

74. Ordonnance, 16 avril 1784, dans *Suite du Recueil des principales ordonnances des Magistrats de Lille*, Lille, J.-B. Henry, 1771 [*sic*], p. 739-41 ; requête de la communauté des maîtres apprêteurs au contrôleur-général, septembre 1782, AN, F 12 768.

de l'apprentissage dans la structure de la corporation est révolu : si une minorité continue de penser que l'apprentissage a besoin de l'ossature corporatiste – la minorité agissante des maîtres, mais même ici on trouve des corporations comme les cordonniers d'Alençon qui ne voient pas l'impératif d'un apprentissage institutionnalisé ou formalisé –, la scission semble actée dans l'opinion, à en juger par les cahiers et la discussion dans la presse. Cela dit, le désencastrement demeure une pure hypothèse jusqu'à l'anéantissement définitif du corporatisme en 1791 ; ensuite, l'inquisition lechapelierienne ne remet jamais en question la légitimité de la pratique de l'apprentissage[75].

Annus horribilis pour le corporatisme, 1789 est également une année miraculeuse, car contre toute attente il survit. Secouées, beaucoup de communautés sont également déterminées, d'abord à défendre leur position qui s'avère de plus en plus « révolutionnaire », dans leur discours et leur stratégie politique. Les plus optimistes espèrent démontrer qu'elles sont indispensables pour assurer l'ordre-dans-la-Révolution et dans sa nouvelle société. Grâce à un révisionnisme-éclair, les maîtres proposent un regard frais sur leur(s) privilège(s), métamorphosé(s) en une propriété, à la fois autre (ce qui est primordial pour leur réhabilitation) et très particulière (crucial pour la vocation de régulation, assise publique de leur relooking). En même temps, les communautés s'efforcent de s'éloigner de l'Ancien Régime, terrain radioactif ; après tout, la refondation de 1776 les a déjà pas mal déracinées. Faisant flèche de tout bois, elles essaient de profiter de la représentation fort positive de l'apprentissage en arguant qu'il est au cœur du nouveau corporatisme, pilier du système, impensable en dehors – c'est-à-dire de contester la dissociation totale exigée dans maints cahiers.

Désirable et nécessaire pour la fabrication de futurs ouvriers-citoyens, l'apprentissage fonctionne au mieux, selon ses adeptes, quand il est encastré dans une communauté, dont la bonne santé dépend, elle aussi, d'un dispositif de reproduction efficace. Elle seule saura assurer une formation rigoureuse, la découverte et l'essor du talent, l'inculcation de bonnes mœurs et l'amour du travail, le sens de l'émulation, la « capacité », c'est-à-dire une vraie compétence (hors de la matrice corporatiste, « on travaille mal ») et l'intériorisation de l'éthique de la discipline, condition *sine qua non* de la maturité de l'apprenti (l'apprenti

75. S. L. Kaplan, *La Fin des corporations*, p. 380-81 ; *Archives parlementaires de 1789 à 1860*, 1re série, t. 1, 1787-99, Cahiers, p. 18, 484, 657, 726. En attendant une étude plus poussée sur les attitudes à l'égard de l'apprentissage dans les cahiers à tous les niveaux.

doreur sur bois qui agresse son patron en 1790, affirmant « qu'il n'est pas son maître, qu'il pouvoit se battre avec lui comme avec une autre personne », pâtit-il d'un mauvais apprentissage ou interprète-t-il mal la Déclaration des droits de l'homme ?). Pourtant, des commentateurs, tel Jacques François Papion, thuriféraire d'un « apprentissage obligatoire [...] comme un des premiers éléments de l'éducation publique », l'envisagent profondément renouvelé, détaché des « choses passées » quand « vous aviez des jurandes et point d'apprentissage », quand l'apprentissage n'était qu'une « servitude ». D'autres révolutionnaires soutiennent qu'il restera « une servitude » tant qu'il demeurera englouti dans « ce privilège tyrannique » qu'est le corporatisme[76].

Le Club typographe, une association de compagnons sérieusement engagés dans leur métier et dans la Révolution, défend l'apprentissage comme la garantie d'un haut niveau de savoir-faire et d'honnêteté. Les maîtres orfèvres dissidents du « tiers état » de la corporation critiquent vivement l'apprentissage classique, coûteux et inutile, une « vexation » profondément implantée dans le corporatisme. Pourtant, puisque le monde du travail ne peut pas s'en passer, ils imaginent le projet d'une nouvelle forme d'apprentissage, négocié coup par coup selon les nouvelles règles du jeu. Deux autres organisations ouvrières, l'Union fraternelle de la charpente et l'Assemblée encyclopédique consacrée au bâtiment, tiennent énergiquement à la formation, mais envisagent des solutions nettement post-corporatistes, en l'occurrence des écoles spécialisées, vraisemblablement inspirées par le modèle des écoles gratuites de dessin. Corporation ou pas, la mise en apprentissage par contrat écrit chute très sensiblement en 1789 dans la capitale, puis s'effondre en 1790. Il reste à déterminer si la province suit cette tendance, ou si, à travers le pays, des particuliers trouvent d'autres modalités, conventions formalisées ou protocoles vernaculaires, pour le placement des enfants et adolescents en atelier ou en boutique[77].

---

76. S. L. Kaplan, *La Fin des corporations*, p. 390,407-409, 411, 449, 452, 454, 463, 472, 489-90, 544 ; Jacques-François Papion, « Mémoires sur la mendicité placés en annexe de la séance du 31 janvier 1791 », *Archives parlementaires de 1787 à 1860*, 1re série, t. 22, p. 628, 641-43, 650 ; *ibid.*, séances du 6 février au 9 mars 1791, t. 23, p. 199. À contre-courant de bien des voix corporatistes – géographiquement et cognitivement, la France est un pays tentaculaire –, un collectif de communautés de Bayonne soutient que l'ancrage de l'apprentissage dans l'Ancien Régime, dans la nuit des temps, le dote d'un énorme avantage dont la Révolution devrait profiter. *Ibid.*, p. 441.

77. Tôt dans la Révolution, à Lyon, « des compagnons ouvrent des écoles d'enseignement de leur art », relève Alain Cottereau, sans citer ses sources. « La Désincorporation des métiers et leur transformation en "publics intermédiaires" : Lyon et Elbeuf, 1790-1815 », dans S. L. Kaplan et P. Minard (dir.), *La France, malade du corporatisme ?*, p. 113.

ÂME SANS CORPS : LE CORPORATISME ENTRE DANS LE XIXe SIÈCLE

Les corporatistes ont perdu leur pari sur la Révolution. Le libéralisme ne peut pas feindre une indifférence au maintien de l'ordre – mais pas de n'importe quel ordre, pas d'un ordre pollué par des outils et des idées « restricteurs » et « réglementaristes », comme disait Mirabeau père. L'abolition est un élargissement contraint et forcé, le coup frappé par la liberté, vieille malédiction des maîtres, loin d'être plus tendre dans sa forme révolutionnaire que dans celle de Turgot l'absolutiste. Il existe des clivages importants parmi les maîtres, mais les vrais croyants au corporatisme – par intérêt, par idéologie, ou les deux – se sentent carrément défenestrés, même si ce dénouement ne peut passer pour une grande surprise. Ces gens-là pâtissent pendant un certain temps d'une sorte de syndrome de stress post-traumatique, même s'il est impossible de suivre les multiples formes qu'il prend.

Plus ou moins indemnisés, ils perdent tout de même énormément, sans doute plus sur le plan symbolique et social que sur le plan strictement économique : leur statut que l'état généralisé de citoyen ne compense pas, un sens fort de l'identité, l'autorité, l'intendance administrative, la protection (vis-à-vis de l'État, des ouvriers, des confrères, des sans-qualité, des autres communautés), la sociabilité, l'accès à l'information, l'aide mutuelle, les rites de passage célébrés collectivement (tels les funérailles, les fêtes patronales). Certains cherchent très rapidement à se réorganiser d'une manière ou d'une autre. Ils comprennent parfaitement l'asymétrie de l'anathème Le Chapelier : ils ont plus d'espace que leurs ouvriers pour s'assembler sans être stigmatisés pour attroupement. Ils perdent leur pari révolutionnaire, mais ils ne cèdent pas à la tentation contre-révolutionnaire, sauf à la marge, malgré les invitations type de Louis de Bonald et de Joseph de Maistre. Les corporatistes ne constituent pas une sorte de chouannerie urbaine, même s'il faut regarder de plus près le recrutement de divers mouvements antirévolutionnaires. D'aucuns trouvent des occasions de s'exprimer dans l'action révolutionnaire ; on a déjà évoqué l'hypothèse de l'investissement des sections parisiennes comme une sorte d'ersatz corporatif, histoire d'influence, voire d'emprise, non d'idiome. D'autres mettent leur énergie dans le travail et l'entreprise, pour certains dans la continuité, pour d'autres dans de nouvelles conditions désarçonnantes, en raison de facteurs résidant tant dans les marchés des produits et du travail que dans le déroulement de la Révolution (guerre, vie chère, peur de la faim, émeutes).

La chute des corporations pèse de manière moins directe sur les compagnons et les apprentis, *outsiders-insiders*, exclus de la communauté, indispensables à l'atelier. Pour les compagnons s'ouvrent, d'une part, un boulevard enivrant, toutes sortes d'opportunités jusqu'ici refusées, même si eux aussi ont du mal à maîtriser le mode d'emploi de la liberté, et d'autre part, une bastille resurgie, une privation de leur liberté encore plus poussée que sous l'Ancien Régime, se réclamant des valeurs de la Révolution. Quant aux apprentis, si leur parcours demeure le même, nonobstant l'annulation de la finalité professionnelle, leur rapport de force avec les maîtres, moins nettement encadré, est susceptible d'évoluer. Les corporations leur assuraient certaines protections, notamment en cas de frictions avec leurs maîtres, une brèche dans laquelle s'engouffrent diverses autorités (police, juges de paix, instances révolutionnaires proches du terrain).

De phénomène quotidien, concret, palpable, familier, le corporatisme passe pendant la dernière décennie du XVIIIe siècle à une présence plutôt spectrale. Consigné au mausolée, il refuse toutefois d'entrer au musée. Du jour au lendemain, il devient héritage, mais en quelque sorte héritage agissant ; même désincarné, le corporatisme pèse davantage à travers le temps que le malaise de maîtres en transition professionnelle. Il se mue en idée-force, souvent idéalisée, toujours instrumentalisée, s'invitant dans tous les débats, y compris ceux dans lesquels il est interdit. Beaucoup de maîtres contournent le passé corporatiste, le refoulent, ou l'oublient tout doucement ; d'autres s'agitent plus ou moins discrètement pour le rétablissement de leurs communautés, tels les boulangers et les bouchers, qui parviennent à les ressusciter dans quelques grandes villes, mais ce sont rarement des initiatives provenant « d'en bas » qui aboutissent. Trois cents marchands de vin parisiens demandent vainement leur réincorporation en 1806, projet du « retour à l'Ancien Régime » rejeté par la Chambre de commerce et farouchement dénoncé par le juriste et entrepreneur libéral Vital Roux. Un peu plus tard, les « maîtres maçons » de la capitale demandent la renaissance de leur communauté au nom de la sécurité du public[78]. Il existe un important groupe de pression que nous ne

78. Matthew H. Elbow, *French Corporative Theory, 1789-1948*, New York, Octagon Books, 1966 [Columbia University Press, 1953], p. 19 ; Vital Roux, *Rapport sur les jurandes et les maîtrises ; et sur un projet de statuts et de règlemens de MM les marchands de vins de Paris ; imprimé par ordre de la Chambre de commerce du département de la Seine*, Paris, Stoupe, 1805 ; Pierre Soufflot de Merey, *Considérations sur le rétablissement des jurandes et maîtrises*, Paris, A.-J. Marchand, 1805.

connaissons point, les milliers d'ex-jurés, gardes, adjoints, etc. (proprement dit, la jurande) qui se mettent au service des autorités locales, les conseillant sur diverses questions, et constituent un véritable lobby corporatiste sur le tas.

Pourtant, le centre de gravité corporatiste se déplace des acteurs de l'ancien système vers les penseurs des systèmes futurs. Critiques sociopolitiques, moralistes, avocats et publicistes, souvent des mouvances antirévolutionnaires, mais aussi ministère de l'intérieur et plusieurs préfets sous Napoléon, s'emparent de la question corporatiste, comme d'un enjeu dans la gestion ou la réorganisation de la France. Volontiers confondu avec la règlementation, notamment du marché du travail, invoqué souvent comme la charpente requise pour soutenir une pratique d'apprentissage saine et fructueuse, ce corporatisme d'outre-tombe est surtout considéré par ses militants comme un amortisseur des chocs contre les excès du libéralisme, voire un recours contre la violence de son empire[79].

Suivant la ligne dressée par les libéraux eux-mêmes, le corporatisme connaît au début une période de grâce, une phase positive de sérénité, avant de tomber dans la décadence. Pour les corporatistes, le libéralisme révèle ses vices dès qu'il entre en application. La nostalgie corporatiste traduit moins une pulsion mélancolique pour le passé qu'une critique sévère du fonctionnement du (non-)système laisser-fairiste, de l'individualisme exacerbé, de l'isolement, de la confusion. C'est l'anomie déconcertante que dénonce le courtier de commerce rouennais Bertrand en 1816 : « Plus de lois, plus d'apprentissage, plus de maîtrises, plus d'inspection, plus de syndics, plus de jurés, plus de dimensions dans les étoffes, plus de bonne foi dans les vendeurs, plus de sécurité pour les acheteurs, plus de confiance chez l'étranger. »

C'est « l'anarchie » et « l'immoralité » que déplore l'avocat parisien Antoine Levacher-Duplessis, dont la plaidoirie pour le rétablissement

79. Pour une synthèse de la nostalgie corporatiste au début du XIXe siècle, voir Philippe Minard, « Le métier sans institution : les lois d'Allarde-Le Chapelier de 1791 et leur impact au début du XIXe siècle », dans S. L. Kaplan et P. Minard (dir.), *La France, malade du corporatisme ?*, p. 81-96. Voir également l'effort à la fois pionnier et fort sommaire de traiter la pensée corporatiste, M. H. Elbow, *French Corporative Theory*, et plus récemment Michael Sibalis, « Corporatism after the Corporations: The Debate in Restoring the Guilds Under Napoléon I and the Restoration », *French Historical Studies*, t. 15 (1988), p. 718-30 ; et Francis Démier, « L'Impossible retour au régime des corporations dans la France de la Restauration », dans Alain Plessis (dir.), *Naissance des libertés économiques*, Paris, Institut d'Histoire de l'Industrie, 1993, p. 117-42.

des corporations en 1817 est censée avoir influencé La Tour du Pin et même Pétain. Il y a de l'âge d'or dans son texte – un paternalisme d'atelier souriant ; une communauté, modelée sur la famille, dévouée à la fraternité, à l'aide mutuelle et à la promotion des « vertus sociales » ; un corps intermédiaire favorisant la monarchie limitée et une sorte de patriotisme –, mais on y retrouve également un argument ancré dans des observations contemporaines pour un retour des « rapports de subordination » dans le monde du travail ; pour un capitalisme châtié qui préfère « l'honnêteté » aux manœuvres et à « la cupidité », la stabilité aux banqueroutes en cascade, la modération largement prospère à l'égoïsme sans concession, l'échange permanent entre confrères à la solitude appauvrissante ; et pour la formation rigoureuse des jeunes à travers un apprentissage bien ordonné (pour parer à la perte de qualification qui se traduit par une épidémie de « mauvais ouvrages » et une érosion de la réputation commerciale parisienne). Également sensibles à la question de la capacité et de la réputation, les maçons, charpentiers et tailleurs de pierre du Haut-Rhin sont parmi les praticiens qui réclament une codification de l'apprentissage, débouchant sur un contrôle et une reconnaissance institutionnels de la qualification professionnelle[80].

Sauf peut-être en ce qui concerne la transmission et la certification du savoir-faire, le (néo-)corporatisme n'a pas grande prise sur un XIXe siècle fondamentalement libéral, à quelques moments révolutionnaires près. Au-delà des quelques brochures plaidant le rétablissement, notamment pendant la Restauration, époque théoriquement propice, peu de projets porteurs sont construits autour d'une vision corporatiste poussée jusqu'à la formalisation de la posture catholique sociale de l'extrême droite par La Tour du Pin à partir des années 1870.

80. Antoine Levacher-Duplessis, *Requête au Roi et mémoire sur la nécessité de rétablir les corps de marchands et les communautés des arts et métiers*, Paris, chez l'auteur, 1817 (ou AN, XI 65) ; M. H. Elbow, *French Corporative Theory*, p. 20. Cf. la réfutation vigoureuse de Michel-Frédéric Pillet-Will, banquier, *Réponse au mémoire de M. Levacher-Duplessis*, Paris, Mongie, 1818. Pierre, ancien orfèvre, donne écho au côté irénico-harmonieux : « Heureux le jour où les maîtrises seront rétablies [...] tous les membres de chaque communauté vivront en frères » partageant « un même intérêt » et « une même pensée ». « Mémoire sur le rétablissement des maîtrises » cité par P. Minard, « Le métier sans institution », dans *La France, malade du corporatisme ?*, p. 90, qui fait référence également aux entrepreneurs du bâtiment du Haut-Rhin. Dans la même veine, voir : Jean-Georges-Antoine Stoupe, un imprimeur, *Mémoire sur le rétablissement de la communauté des imprimeurs de Paris*, Paris, Stoupe, an XII, et Louis-Pierre Deseine, grand nostalgique des anciennes communautés, *Mémoire sur la nécessité du rétablissement des maîtrises et corporations comme moyens d'encourager l'industrie et le commerce*, Paris, Fain, 1815.

Précurseur des catholiques sociaux, grand commis d'État, parlementaire et économiste, Alban de Villeneuve-Bargemont propose à la fin des années 1830 la création de corporations sciemment conçues pour éviter les vices des anciennes, ciblant les ouvriers, consacrées essentiellement à l'aide mutuelle et à la qualification professionnelle à la fin de l'apprentissage. Tout en critiquant la dureté de la concurrence, le coût humain et social de l'isolement de l'ouvrier et l'abandon de l'encadrement de l'apprentissage, il prend la peine de souligner avec insistance qu'il se trouve du bon côté de la liberté, ligne Maginot socioéconomique sacro-sainte et imprenable : son plan ne contient « rien de gênant et de vexatoire », les termes d'anathème libéral des Lumières. Pour restructurer le parcours d'un aspirant, et permettre ainsi aux éventuels employeurs et consommateurs de faire le bon choix, Villeneuve-Bargemont veut « exiger[r] qu'un ouvrier, en sortant de l'apprentissage, fût examiné gratuitement » – autre distanciation implicite du vieux corporatisme parfois corrompu – « par un jury impartial, sur son instruction élémentaire et sur sa capacité industrielle ». Si le jury est satisfait, il délivrera un certificat qui devra être placé en tête du livret de l'ouvrier, manière de le récompenser et de le distinguer[81].

Celui qui étudie la richesse des nations doit également se pencher sur la misère des nations : ainsi Eugène Buret, journaliste et économiste, contemporain de Villeneuve-Bargemont, annonce-t-il sa conception « morale » de l'économie politique tout en revendiquant le libéralisme comme cadre inéluctable. Pour promouvoir la paix sociale et la solidarité, il suggère l'élaboration des associations professionnelles. Dans chaque lieu, à définir, les maîtres et les ouvriers participeront à l'élection d'un conseil qui se chargera de contrôler les contrats d'embauche, de garder les livrets en dépôt et de peser sur le taux des salaires, sans rien imposer. Au niveau du canton, les conseils enverront des représentants pour siéger dans des tribunaux (type prud'hommes) ; sur le plan national, passant par une sélection au niveau départemental, ils composeront une Chambre de l'industrie, sous la présidence du ministre du Commerce, qui testera un mécanisme de mobilité ouvrière pour éviter la surpopulation des agglomérations, poches durables de paupérisation. Buret lance ainsi une sorte

81. Alban de Villeneuve-Bargemont, *Économie politique chrétienne ou Recherches sur la nature et les causes du paupérisme en France et en Europe et sur les moyens de le soulager et de le prévenir*, t. 3, Paris, Paulin, 1834, p. 187.

de « nation industrielle au sein de la grande société nationale », selon la formule de l'économiste André Cochut[82].

À la même époque, dans une logique plus franchement corporatiste, mais fort sensible aux écueils du modèle médiéval – communautés « closes » et dotées de privilèges démesurés –, François-Félix de la Farelle, magistrat, député et économiste, imagine une version moderne, toujours associations hiérarchiques, mais inclusives, réunissant maîtres, compagnons et apprentis. Il s'oppose franchement aux excès et aux dégâts du libéralisme, voulant « régler » et « limiter » la concurrence et lutter « contre les effets [ruineux] de l'individualisme ». Il est sans doute le « penseur social » qui a regardé le plus près l'histoire du travail en France (y compris dans les pages consacrées à l'édit du mois d'août 1776, généralement ignoré, qui a créé le [premier] nouveau corporatisme). Sans échapper entièrement à la simplification ou à l'idéalisation (l'image de la réunion des maîtres dans la même communauté que les compagnons et les apprentis), il a un sens assez solide du fonctionnement corporatif et de sa relation au monde économique. Il déplore la décision de la Constituante de supprimer les corporations, car elles avaient été déjà purgées de bien de leurs défauts, et les autres étaient susceptibles de réformes. La suppression équivaut à l'abandon d'un monde énorme de travailleurs de toutes sortes souvent incapables de se débrouiller.

Pour des raisons tant techniques et commerciales que sociales et humanistes, de La Farelle prône une (ré-)organisation industrielle tout en garantissant la liberté du travail et la libre concurrence, argument à la fois rigoureusement sincère et un peu casuistique. Il y aura de l'espace en dehors de son système corporatiste, mais pas forcément un espace attractif (il pense aux agrégés de l'ère post-1776) ; facultative, l'appartenance deviendra insensiblement obligatoire, une sorte d'obligation volontaire. De La Farelle soutient « un apprentissage forcé et des épreuves de capacité » seulement là où il importe que l'ouvrier connaisse son travail et où il aspire à l'excellence et à la réussite (l'auteur se gausse d'une société où « le serrurier, l'ébéniste, le mécanicien pourront légalement être astreints à savoir lire et écrire, mais nullement à savoir faire des serrures, des meubles, des machines »).

---

82. Eugène Buret, *De la misère des classes laborieuses en Angleterre et en France, de la nature de la misère, de son existence, de ses effets, de ses causes et de l'insuffisance des remèdes qu'on lui a opposés jusqu'ici*, Paris, Paulin, 1840 (Paris, Edhis, 1979) ; A. Cochut, « Du Sort des classes laborieuses », *Revue des deux mondes*, 4e série (1842), p. 68.

De La Farelle croit que les attitudes en France ont évolué par rapport au libéralisme et au corporatisme. Il cite deux personnalités : d'abord, l'économiste libéral Michel Chevalier rendant compte d'un texte « social » en 1840 : « Nous accorderons à l'auteur qu'il faut rétablir des liens entre les hommes, qui se livrent aux mêmes travaux [...] que l'organisation ancienne fournira sous ce rapport des indications précieuses, et qu'il y aura même lieu de lui faire des emprunts : nous proclamerons avec lui qu'il serait possible de concilier l'existence des communautés industrielles avec la liberté du travail[83] » ; ensuite, le président du tribunal de commerce de Paris, Pepin-Lehalleur, qui affirme : « En songeant aux améliorations que la législation apporte dans le commerce et dans l'industrie, *nous sommes profondément* convaincus qu'il y aurait de grandes ressources d'ordre et de moralité à puiser dans l'organisation sage et modérée des *corporations.* »

De La Farelle n'est pas un nominaliste têtu. Si l'on ne veut pas entendre parler de « corporisation » – mais il est optimiste sur le mouvement de l'opinion, sorte de retour du balancier –, il est prêt à renoncer au mot « corporation » et même à la formule « réorganisation industrielle » pour parler de « législation de police industrielle » ou encore plus simplement d'un « règlement disciplinaire ». Chaque communauté aura son propre règlement, fixera le temps de l'apprentissage et le type d'examen de qualification requis pour parvenir à la maîtrise. Les compagnons se joindront aux maîtres pour choisir leurs dirigeants, qui exerceront une police, notamment pour assurer la loyauté des membres, mais sans pouvoir contrôler la production ni toucher au prix tant des marchandises que des salaires. En revanche, un bureau central des industries, du commerce et des arts et métiers, siégeant au sein du ministère du Commerce, déploiera des pouvoirs considérables pour articuler l'offre avec la demande et favoriser des équilibres, sans se substituer au marché ni ligoter les mains des patrons, la quadrature du cercle corporatif[84].

83. Michel Chevalier, cité dans *Le Journal des Débats* (30 août 1840). Un des auteurs du projet de loi pour abolir le crime de « coalition », M. Chevalier considère la loi Le Chapelier comme « l'erreur fondamentale de la Révolution ». P. Rosanvallon, *Le Peuple introuvable*, p. 98, 133.

84. François-Félix de La Farelle, *Du progrès social au profit des classes populaires non indigentes* ; [suivi d'un] *Plan d'une réorganisation disciplinaire des classes industrielles en France*, Paris, Guillaumin et Cie, 1847, notamment p. 352-54, 393-95, 407-09, 421-22, 451-62. Le « Plan » est la réponse à un concours de la Société royale d'Émulation, d'Agriculture, des Sciences et des Arts de l'Ain, qui impose de sérieuses contraintes politiques et idéologiques dans ses deux questions : « 1. La suppression des maîtrises et des jurandes, tout en détruisant un monopole fâcheux, n'a-t-elle pas offert le grand inconvénient de laisser sans organisation la classe

LE SENS DU PARI DE DE LA FARELLE

Revenons à la double appréciation perspicace de ce dernier néo-corporatiste. D'une part, il se rend parfaitement compte que le mot « corporation » suscite une réaction allergique dans ce monde attaché à, ou tenu en otage par, la liberté ; d'autre part, il parie sur une prise de conscience libératrice concernant la nécessité d'une organisation régulatrice du monde du travail, même chez des gens plutôt proches de l'esprit libéral. Le premier versant est sans aucun doute vrai : au-delà de la stigmatisation du mot/de la notion, idéologiquement de rigueur, de La Farelle comprend que depuis le début du siècle le mot a pris divers usages, que son sens est instable, qu'il exige une sorte de déconstruction chaque fois qu'il est invoqué. Le second est excessivement optimiste[85]. Le problème pour beaucoup de commentateurs est qu'ils ne parviennent pas à séparer dans leur esprit la corporation, quoi que cela implique précisément, de l'Ancien Régime honni. Ayant fait le bilan – d'après les stéréotypes habituels – des anciennes corporations semées d'entraves et de tourments, notamment pour l'apprenti, le journaliste et pédagogue Pierre-Armand Dufau se demande « qui oserait prétendre qu'il faut restaurer un semblable système ». Pourtant, il se hâte de rajouter qu'il est manifeste que « l'état des choses actuel laisse beaucoup à désirer en ce qui concerne la condition

---

ouvrière ? Ne serait-il pas à désirer que des associations légales dans les divers métiers leur donnassent une forme, un ensemble qui régulariserait pour chaque individu des moyens de secours, de travail et de direction, et, au besoin, de discipline ? Les ouvriers n'y gagneraient-ils pas en moralité, en aisance, en considération, et la société n'y trouverait-elle pas des gages d'un travail meilleur, mieux exécuté, et surtout des garanties de calme et de sécurité ? 2. Dans le cas de l'affirmative, quels seraient les moyens d'arriver à ce but sans empêcher la libre concurrence, et, en donnant au pouvoir une influence convenable sur ces masses organisées ; de manière que, puissantes sur elles-mêmes pour le bien, elles cessassent de l'être pour troubler l'ordre social ? »

85. Jacqueline Lalouette en fait brillamment la démonstration. Sur la multiplicité de sens que porte le mot « corporation », sur sa signification fluctuante, son article est entièrement convaincant. Sur l'idée que le sens de ce mot « s'est singulièrement appauvri » et, implicitement, que la charge qu'il porte s'est anémiée, il l'est moins. J. Lalouette semble reconnaître que ce chantier, qu'elle a considérablement enrichi, demeure ouvert, en remarquant que le sens du mot corporation « ne correspondait plus, *du moins plus pour tout le monde...* », à un sens précis (p. 149 ; mais voir également p. 151, 153, 154, 157, 162-63, 165, 168-69). Par ailleurs, elle souligne les erreurs majeures de William H. Sewell (*Gens de métier et révolutions : le langage du travail, de l'Ancien Régime à 1848*, Paris, Aubier, 1983), qui a tout misé sur une continuité et une stabilité du sens, remontant en arrière depuis 1848 à la Révolution, puis à l'Ancien Régime (notamment p. 149, 151-53, 155, 165). Jacqueline Lalouette, « Les insaisissables corporations du premier XIXe siècle », dans S. L. Kaplan et P. Minard (dir.), *La France, malade du corporatisme ?*, p. 147-70.

industrielle telle que l'a faite le grand affranchissement de 1789 ». Après avoir constaté un abaissement de la qualité de la transmission dans l'apprentissage, un membre d'un conseil des prud'hommes se doit d'affirmer aussitôt « qu'il n'y a pas lieu de s'en plaindre, quand on se rappelle les abus des maîtrises de l'ancien régime »[86].

Dans la même veine, Auguste Callet, un député conservateur préoccupé par la réforme de l'apprentissage dans les années 1840, impute le précieux développement commercial et industriel du pays au remplacement heureux du « régime des communautés » par « le régime d'une liberté absolue ». Ce dernier n'est cependant pas sans « périls », les problèmes ordinaires de toute grande transition, mais aussi ceux qui s'avèrent « sérieux », voire « affligeants », notamment dans « l'ordre moral » touchant « les jeunes apprentis ». Faisant du lobby pour l'élection des prud'hommes « au sein des industries, associées en corporations », le cordonnier Cousin-Vesseron s'efforce de marcher sur la crête afin d'éviter d'être accusé de vouloir « rétablir les anciennes maîtrises et jurandes » tout en soutenant la légitimité de chercher de l'inspiration dans « la chaîne des traditions », conciliable avec « les besoins nouveaux » de la société moderne. Quand Martin Nadaud, ex-maçon et député, évoque le mot « corporation » dans un débat concernant l'extension des prud'hommes en 1851, un de ses adversaires lui fait la leçon sur les bornes lexico-politiques qui s'imposent : « C'est un mot d'ancien régime, le mot de "corporation". » Deux décennies plus tard, le comité du patronage des apprentis tapissiers propose une contre-exégèse : « Corporation n'est pas un mot qui veut dire retour à des vieux usages féodaux », mais plutôt un mot qui affirme le droit de l'artisan à défendre ses intérêts[87].

Le mot corporation porte « en lui l'avenir de la société, car il contient le germe de son organisation », selon Pierre Leroux, ancien ouvrier, journaliste et philosophe, mais, avertit-il, « il ne s'agit pas […] de la Corporation antique, cette corporation qui n'était qu'une caste, et nous ne voulons plus de castes, mais l'organisation ! » De la

86. Pierre-Armand Dufau, *Lettres à une dame sur la charité*, Paris, Guillaumin et Cie, 1847, p. 222 ; *Le Moniteur des conseils de Prud'hommes*, Paris, 1846, p. 16, cité par Véronique de Chardon, « L'Apprentissage en France de 1851 à 1919 », thèse de doctorat, Université de Paris 4 (Sorbonne), 1992, p. 216.

87. A. Callet cité par Julien Hayem et Jules Périn, *Traité du contrat d'apprentissage. Commentaire de la loi du 22 février-4 mars 1851*, Paris, Marchal, Billard et Cie, 1878, p. 3n ; J. Lalouette, « Les insaisissables corporations du premier XIXe siècle », dans *La France, malade du corporatisme ?*, p. 147-49, 167 ; V. de Chardon, « L'Apprentissage en France de 1851 à 1919 », p. 59.

même manière, en 1852, *L'Almanach des Corporations nouvelles* associe les castes, la monarchie et les privilèges avec « les anciennes corporations », qui n'ont rien à voir avec les valeurs fraternelles, horizontales et égalitaires de la version nouvelle d'association corporative. L'historien Louis Blanc a présidé la Commission du Luxembourg, une institution qui travaille avec toute une série de « corporations », mais, dans un autre contexte, il fait une nette (voire virulente) distinction entre le recours à des associations et le risque de « revenir au tyrannique et odieux système des jurandes et des maîtrises ». Autre leader en 1848, personnalité littéraire et politique, Alphonse de Lamartine refuse tout commerce avec le mot corporation : « Nous ne connaissons d'autre organisation possible du travail, dans un pays libre, que la liberté », posture antisociale aux yeux de ses antagonistes. Médecin conservateur, connu pour son opposition à l'indulgence libérale en faveur de l'exploitation des enfants au travail, Louis-René Villermé illustre bien cette hantise du retour du refoulé, le spectre de l'Ancien Régime : il comprend bien les intentions louables des ouvriers qui s'associent pour l'entraide, mais, s'offusque-t-il, « qui aurait pu croire que, 50 ans seulement après une réforme si utile, si longtemps, si vivement réclamée, on en viendrait chez nous à faire publiquement, et dans des discours et dans des écrits, l'éloge d'un système renversé aux applaudissements unanimes du peuple des travailleurs, et à critiquer la liberté du travail... »[88].

Bien plus à gauche, vice-président de la Constituante en 1848, Anthime Corbon, proche de Philippe Buchez, socialiste chrétien, concepteur des chambres paritaires s'inspirant d'un certain corporatisme, est lui-même troublé par sa propre hésitation concernant un retour en grâce, discursif et même pratique, « de cette odieuse institution de la vieille société [...] la camisole de force, dont la Révolution avait délivré le travailleur, redemandée par celui qui passe pour le plus éclairé et le plus dévoué à l'œuvre générale de la Révolution ! » Ils se trompent, mais ces rêveurs de la sortie du libéralisme, qui sont parmi « les plus ardents partisans du progrès démocratique », n'ont pas entièrement tort en imaginant que « le seul remède efficace à opposer aux ravages du laisser-faire à outrance, c'était la reconstitution des corporations ». Corbon pose une question dont il connaît la réponse :

88. J. Lalouette, « Les insaisissables corporations du premier XIXe siècle », dans *La France, malade du corporatisme ?*, p. 150, 160, 164-65 ; Louis-René Villermé, *Des Associations ouvrières*, Paris, Pagnerre, 1849, p. 7, 12, 13, 76-79, 80, 82.

comment l'ouvrier parisien en est-il venu à « redemander la reconstitution de ce vieux joug ? ». C'est que le libéralisme, plus précisément « la liberté dans le travail », censé être « le meilleur excitant au progrès », peut avoir des effets pervers : « Dans certaines applications, la liberté à outrance a pour effet d'amoindrir, de démoraliser, d'avilir toute une nombreuse classe de la population »[89].

Diabolisant un peu et idéalisant beaucoup, un pamphlet anonyme contemporain avance que l'appartenance à une corporation était fort contraignante, mais globalement réconfortante, notamment pour l'apprenti : « En résumé, moins de liberté qu'en ont aujourd'hui nos jeunes ouvriers, mais plus de protection ; moins de droits, mais plus de sécurité ; moins d'espérances, mais aussi moins d'illusions. » Même l'avocat libéral François-Étienne Mollot admet que le vieux système corporatif, globalement un tissu d'« entraves », a laissé un legs positif (« empreint d'une sagesse incontestable ») pour la réglementation de l'apprentissage, particulièrement le rôle paternel que le maître devait jouer, l'enseignement sérieux qu'il s'engageait à pratiquer, et certains devoirs réciproques encourageant l'apprenti à achever son terme. D'ailleurs, pendant la deuxième moitié du siècle, certains entrepreneurs, énergiquement libéraux, se servent d'outils d'origine sciemment corporatiste, ou projettent leur utilisation pour lubrifier les relations de production dans leurs ateliers et fabriques : par exemple, une sorte de chef-d'œuvre certifiant le savoir-faire d'un apprenti en fin de parcours, pratiqué chez Christofle, un examen de compétence chez Baccarat, ou un pacte collectif de patrons s'engageant à ne pas embaucher l'apprenti d'un confrère à moins qu'il puisse justifier de « l'accomplissement » de son contrat[90].

Depuis les Lumières, aucun ressort intellectuel et politique – force prométhéenne, créatrice et corrosive – n'a autant bouleversé la France que la liberté. Le libéralisme a tout changé[91], tant dans le quotidien

89. Anthime Corbon, *Le Secret du Peuple de Paris*, Paris, Pagnerre, 1865, p. 143-47, 170-72. La haine de la concurrence s'exprime de multiples manières, dont le désir « dans les ateliers [de] limiter le nombre des apprentis aux besoins rigoureux de la corporation ». *Ibid.*, p. 172.

90. Anon., *Les Apprentis du temps jadis*, Paris, Balitout, Questroy & Cie, 1871 ; François-Étienne Mollot, *Le Contrat d'apprentissage expliqué aux maîtres et aux apprentis*, 2e éd., Paris, Louis Colas, 1847, p. 14-16 ; V. de Chardon, « L'Apprentissage en France de 1851 à 1919 », p. 116, 127, 171.

91. Pour sa genèse, dans ce contexte, voir Steven L. Kaplan, *Raisonner sur les blés. Essais sur les Lumières économiques*, Paris, Fayard, 2017. Sur la persistance du libéralisme dans la vie sociopolitique française, voir la remarque récente de Lionel Jospin, ancien premier ministre, cité dans *Le Monde*, 9 septembre 2020 : « Le socialisme reste, intrinsèquement, un combat contre le libéralisme. »

des gens que dans les cabinets de pouvoir dans les secteurs publics et privés. Longtemps irrésistible, en quelque sorte sacro-sainte, la liberté, au sein de ce libéralisme, a graduellement attiré une résistance que l'on peut classer en termes pas tout à fait anachroniques comme de droite (c'est la plus vieille, née du conservatisme et du corporatisme et peut-être d'un certain populisme de l'Ancien Régime, approfondie et aiguisée par la contre-révolution) et de gauche (une partie des martyrs de l'économie morale de l'Ancien Régime, parfois métamorphosés en sans-culottes, le populisme social et démocratique de la Révolution ; certains courants jacobino-montagnards ; plus tard un proto-socialisme, un mouvement ouvrier et un réformisme progressiste). De la perspective du milieu du XIXe siècle, le libéralisme a évolué. Plus contesté, objet d'une défiance qui n'est pas bornée aux extrêmes, il se décline en une branche (modeste) qui devient plus intransigeante et une sorte de grand centre qui se révèle un brin plus souple. Le libéralisme dominant n'est plus celui, agressif, de Le Chapelier, encore moins celui, autoritaire, de Turgot. Il exige toujours un respect rigoureux de la liberté, mais comme de La Farelle l'a bien repéré ici et là, il trahit une sorte de conscience sociale.

Cela dit, même les libéraux modérés s'alignent pour s'opposer à bien des tentatives (souvent modestes) de l'État pour réguler le travail des enfants et des femmes, pour surveiller les ateliers ou pour rendre l'école obligatoire. Le prétexte de leur opposition à des « réformes » dites morales, sociales ou humanitaires : elles enfreignent la liberté d'un père, d'une mère ou d'un patron. Ces libéraux regardent la liberté, dans le vocable de Clemenceau, comme un bloc[92]. Cible historique, portant une forte charge idéologique et symbolique, le corporatisme n'invite pas au compromis.

Ancien typographe, puis journaliste et homme politique, plutôt de gauche, Henri Leneveux est passionné par la question sociale, les grèves, le travail manuel, l'éducation et l'apprentissage. Concernant ce dernier, dont il reconnaît la nécessité urgente de réorganisation, il disqualifie tout regard vers le passé, toute impulsion pilotée par « l'esprit de corps ». L'expérience corporatiste de l'Ancien Régime – apprentissage inutilement long, limitation du nombre d'apprentis,

---

92. Voir la remarque d'Armand Audiganne, évoquant la loi de 1841 sur le travail des jeunes enfants, qui met en relief le rapport entre libéralisme et réforme dans le domaine du travail : « Voilà une de ces limitations apportées à la liberté absolue du travail dont je vous parlais [...]. » *Les Ouvriers en famille, ou entretiens sur les devoirs et les droits du travailleur*, Paris, L. Mathias, 1850, p. 28.

blocage de toute innovation, exclusion des femmes – représente « la négation presque complète du principe de la liberté ». Leneveux comprend que l'ouvrier « ne veut pas rester isolé », mais recourir à « l'esprit corporatif », c'est saper la liberté d'association dont il a envie. La « doctrine » de l'esprit corporatif est double : d'abord « celle du catholicisme – hors de nous pas de salut » – ; puis elle emprunte au jacobinisme « son idée et ses moyens d'unité absolue ». Au nom de l'intérêt ouvrier, Leneveux refuse de cautionner cet esprit nocif. Avec moins d'éclat et plus de dépendance aux stéréotypes, son contemporain, Louis Million, avocat lyonnais et notable centriste, enfonce le clou. Comment vouloir retourner à « l'inféodation » corporatiste ? Pour l'apprenti, c'est une « servitude » qui ne profite qu'à la communauté : le maître restreint son enseignement à « la routine » pour s'épargner la concurrence future ; il limite l'apprenti à une seule profession, qui lui ôte la flexibilité nécessaire pour éviter la misère face aux aléas de la conjoncture ; dans le système étroit et mécanique de reproduction corporative, ni l'ambition ni l'habileté de l'aspirant ne compte. En détruisant toutes les « entraves » du corporatisme, la Révolution n'a pas esquissé un nouveau cadre pour l'acquisition des connaissances indispensables, pour un apprentissage solide et attractif. Pour Million, la réponse n'est pas une reprise des habitudes ancestrales – atavisme corporatiste –, mais une prise de conscience qu'un « contrat *librement* consenti », appuyé (très vaguement) sur « l'usage des localités » et/ou « des dispositions législatives », règle tout[93].

LA TOUR DU PIN : LE CORPORATISME CHRÉTIEN ET CONTRE-RÉVOLUTIONNAIRE

C'est une période économiquement moins favorable au libéralisme que fustigent des corporatistes de tout genre : un capitalisme financier plus affirmé et brutal, valorisant moins la concurrence et l'ouverture des marchés ; les prodromes d'un nationalisme économique, appuyés sur le protectionnisme et le colonialisme ; l'irruption des crises économiques (1873-1879, 1882). Par ailleurs, la densité de la législation sociale concernant les conditions du travail (notamment

93. Henri Leneveux, *Le Travail manuel en France*, Paris, Baillière et Cie, 1877, p. 170-72 ; Louis Million, *Commentaire de la loi du 22 février 1851 sur le contrat d'apprentissage*, Paris, Administration des justices de paix, 1869, p. 1-3.

de 1890 à 1900) et le recours aux grèves (manifestation de la lutte des classes tellement discutée) suivant l'autorisation des organisations ouvrières soulignent les tensions cristallisées par le capitalisme musclé. C'est dans le sillage de ces développements que l'on entend parler du « régime corporatif » comme solution plus ou moins globale à des questions autant politiques et morales qu'économiques et sociales, et que démarre un débat vigoureux qui dure jusqu'à la Seconde Guerre mondiale sur diverses inflexions du corporatisme – de gauche et de droite, démocratique et autoritaire, laïque et chrétien, totalisant et sectoriel, horizontal et vertical, ouvriériste et patronal, syndicaliste et traditionnaliste, et ainsi de suite.

C'est dans ce contexte que La Tour du Pin s'affirme comme le penseur majeur du corporatisme de son époque. Issu d'une vieille famille de la noblesse dauphinoise, catholique et royaliste, René de la Tour du Pin devient militaire et rencontre, dans un camp de prisonniers de guerre en 1870, Albert de Mun, également noble et officier. Ensemble, ils y découvrent avec un vif intérêt un livre d'Émile Keller, député du Haut-Rhin et précurseur du catholicisme social, qui s'en prend au libéralisme engendré par la Révolution, créatrice du prolétariat et de la lutte des classes. Celui-ci préconise un système de corporations capable de susciter et nourrir la concorde, d'aider les gens à travers une sorte de mutuelle alimentée par le « patrimoine » corporatif et d'éviter les erreurs de l'Ancien Régime (« corporations fermées et fiscales »)[94].

Libérés, les deux militaires rencontrent Maurice Maignen, ancien ouvrier, fondateur, comme « religieux laïque », de la Congrégation des Frères de Saint-Vincent-de-Paul pour l'évangélisation des milieux populaires, qui propose en quelque sorte un terrain concret pour l'éventuelle réalisation d'une contre-société sur le modèle corporatiste, inspiré par certains des préceptes de Keller[95]. Avec Maignen et quelques autres, La Tour du Pin et de Mun fondent l'Œuvre des cercles catholiques d'ouvriers, au lendemain de la Commune, événement qui leur montre l'énorme distance séparant le libéralisme

94. Émile Keller, *L'Encyclique du 8 décembre 1864 et les principes de 1789, ou l'Église, l'État et la liberté*, Paris, Ve Poussielgue et fils, 1865, notamment p. 290, 390. Pour un regard admiratif sur La Tour du Pin, voir Georges Coquelle-Viance, *Un ordre corporatif français*, Paris, Éditions de la Fédération nationale catholique, 1938, et Antoine Murat, *La Tour du Pin en son temps*, Versailles, Via Romana, 2008.

95. Homme d'une énergie étonnante, Maurice Maignen a eu plusieurs carrières, dont certains éléments sont évoqués dans Martin Dumont, « Maurice Maignen et la Contre-Révolution : Pensée et action d'un catholique social, 1871-1890 », mémoire, département d'histoire, Université de Tours, juin 2004.

et la classe ouvrière, dont ils veulent défendre les intérêts matériels et moraux tout en la rechristianisant. Tandis que La Tour du Pin devient théoricien, de Mun se dirige vers l'action législative, tout en développant sa réflexion corporatiste. Contre-révolutionnaire zélé (« il faut arracher notre pays du joug de la révolution ») et fervent chrétien (il faut « faire reposer la société sur la loi chrétienne ») comme son ami, il est sans doute un peu plus nuancé dans son attitude à l'égard de l'Ancien-Régime-comme-modèle (« on nous accuse de vouloir rétablir l'Ancien Régime [...] mais qui donc pourrait songer à rétablir tout un ensemble de privilège [...] qui, surtout parmi les Chrétiens, pourrait souhaiter de voir renaître les abus [...] »), tout en enracinant sa vision corporatiste dans une idéalisation de « ces anciennes corporations où la protection des plus faibles par les plus forts [...] la stabilité, la sécurité » sont garanties « par les statuts des métiers »[96].

La « doctrine » de La Tour du Pin est résumée en grande partie par le titre de son écrit principal : *Vers un ordre social chrétien*. Commençons par la fin, pour lui le début, la genèse : la chrétienté. Dieu est au fondement de tout ; l'auteur célèbre et se soumet à ce dogme spécifiquement dans son expression catholique et romaine (la Réforme a déclenché de la décadence tous azimuts), et dans sa personnification dans l'Église, institution qui joue un rôle structurant bien au-delà de la religion proprement dite. Elle organise, mobilise et civilise

---

96. Albert de Mun : *La Question sociale*, Paris, Œuvre des cercles catholiques d'ouvriers, 1877, p. 14, *Ma vocation sociale*, Paris, P. Lethielleux, 1911, p. 182 et *Discours du Comte Albert de Mun*, t. 1 (« Questions sociales »), p. 172, 560, 577. A. de Mun lutte tous les jours, dit-il, contre « l'envahissement » de la Révolution, qui « étale avec impudence l'apologie de ses doctrines et jusqu'à la glorification de ses crimes », le premier desquels est de « prétendre fonder la société sur la volonté de l'homme au lieu de la fonder sur la volonté de Dieu ». Il conteste l'idée qu'épouser la contre-révolution revient à rejeter le monde de demain : « on m'a reproché », écrit-il, d'avoir choisi la contre-révolution « parce qu'elle implique, aux yeux de beaucoup, l'idée d'un retour à l'ancien régime, qui est bien loin de ma pensée [...] il faut travailler à une transformation sociale qui sera le contraire de la Révolution, parce qu'elle s'appuiera sur des principes nettement opposés ». En ce qui concerne l'héritage corporatif, de Mun refuse de « jeter le mépris sur le passé de la France », mais il reconnaît « de grandes erreurs, d'injustes abus et de longues corruptions » dans l'Ancien Régime et ses institutions organiques : « Nous les répudions comme nous admirons le reste. » Plus précisément, ajoute-t-il, « je sais que beaucoup d'abus s'étaient introduits dans les Corporations et qu'à beaucoup d'égards des réformes étaient nécessaires : mais quelle est donc l'institution humaine qui échappe aux abus, surtout quand elle traverse des siècles ? ». *Vocation*, p. 182 ; *Discours*, t. 1, p. 172-73, 577 ; *Question sociale*, p. 15. Sur de Mun, voir François Perroux, *Capitalisme et communauté de travail*, Paris, Sirey, 1937, p. 175 ; G. Pirou, *Essais sur le corporatisme*, 1re partie, p. 16-17 ; M. Bouvier-Ajam, *La Doctrine corporative*, Paris, Sirey, 1937, p. 214-218 et Philippe Levillain, *Albert de Mun, catholicisme français et catholicisme romain, du « Syllabus » au ralliement*, Rome, École française de Rome, 1983.

les croyants ; elle surveille leur conduite, dirige leur conscience, les conduit vers le salut, les secourt et les console ici-bas. Chargée de l'éducation et de la moralité, elle est consubstantielle au pouvoir, source certaine de sa légitimité et guide inébranlable à son usage. Sans l'onction chrétienne, rien de bon, rien de durable dans la vie individuelle ou collective. La chrétienté constitue l'essence même de la construction sociale : « Un État chrétien est celui dans lequel toutes les lois sont conformes à la loi naturelle et révélée. » Fille aînée de l'Église, la France est demeurée fidèle, même à travers le turbulent XVIe siècle. Mais la Révolution, d'après La Tour du Pin, a arraché la France à ses racines, à son identité, à son sens d'elle-même, car toutes ses institutions, toutes ses lois, comme toutes ses manières de faire société, étaient imprégnées par « le principe du Christianisme ».

La Révolution a détruit la religion, puis, nécessairement, la société, principalement à travers le plus délétère de ses « faux dogmes », le libéralisme[97]. « Sous le beau nom de liberté », la Révolution a ordonné et réalisé « la persécution », « l'usurpation », « la spoliation », et « la négation de la morale chrétienne ». La Déclaration des droits de l'homme n'a pas frontalement attaqué « les droits de Dieu », mais elle les a « dédaigneusement ignorés ». Supposant que « tous les hommes sont nés bons et vertueux », elle s'est trompée sur « l'essence » de l'humanité. Oubliant le Décalogue, la « loi naturelle vivant dans la conscience de tous les hommes », la Révolution a misé sur le rationalisme, c'est-à-dire sur l'idée que « la loi est athée ». Pour La Tour du Pin, il n'est pas moins erroné de concevoir « la morale comme indépendante de la religion ». Le résultat est « le désordre partout » : désorientation, rébellion, crime, libertinage, fraude. Tout en affranchissant les Français des attachements et obligations qui les réunissaient et les contenaient, la Révolution, « d'inspiration satanique », « naturalisa en bloc les Juifs », ces « étrangers dangereux ». Décision funeste aux yeux de La Tour du Pin, qui impute quasiment tout le mal de la France depuis « à la conquête juive », bouc émissaire canonique, cette « nation » de cosmopolites, parasites, usuriers et prédateurs qui « n'a moyen de réaliser [son empire] que par la corruption des esprits, qui

97. René de La Tour du Pin, « La rupture d'avec le libéralisme en religion, en économie, en politique, en est le fil conducteur du premier pas au dernier », dans *Vers un ordre social chrétien*, 3e éd., Paris, Nouvelle Librairie Nationale, 1917, p. VII. Voir une analyse de l'influence de F. Le Play sur la pensée latourdupiniste : Mate Botos, « Frédéric Le Play, inspirateur de l'union de Fribourg ? », dans *Frédéric Le Play : Parcours, audience, héritage* [online], Paris, Presses des Mines, 2007.

amène la décomposition sociale ». Ces propos effarants, même s'ils étaient courants à l'époque, laissent pantois[98].

Pour refonder la société dans le cadre du « régime corporatif », « il faut rétablir les principes de la morale évangélique à la base de toutes les institutions »[99]. Comme injonction et exhortation, comme force atemporelle et ponctuelle, le catholicisme influe sur tous les aspects de la vision corporatiste de La Tour du Pin. Sa croyance intense lui offre une conviction absolue débouchant simultanément sur une urgence impérieuse et une patience sereine. Ce qui n'empêchera pas de nombreux intellectuels d'emprunter d'importants éléments de son analyse sans souscrire à son intégrisme religieux, y compris certains catholiques sociaux (et de la même façon, de refuser son inscription appuyée du corporatisme dans la logique contre-révolutionnaire).

La deuxième composante du titre et de la doxa de La Tour du Pin est le social. Il s'agit à la fois d'une sorte de rubrique omnibus, qui signifie toutes les dimensions de la vie en société, et d'une référence spécifique à « la question sociale », grand souci de l'auteur, préoccupation croissante des commentateurs de tous bords tout au long du siècle. Le point de départ, encore une fois, est la liberté excessive et vénéneuse, produit des Lumières, dont il dit peu, et de la Révolution, qui est à l'origine de deux grands fléaux de la modernité, deux genres de matérialisme : d'une part, le capitalisme, forme économique douteuse en soi, mais enflammée, puis viciée par l'individualisme exacerbé, la concurrence débridée et la rapacité légitimée ; d'autre part, le

98. R. de La Tour du Pin, *Introduction aux Études du Centenaire de* 1789, Paris, Bureaux de l'Association Catholique, 1888 [?], p. 3, 4,7, 8, 15, 16, 17, 21 ; *Ordre social chrétien*, p. 17, 344-47, 506. La Tour du Pin aurait apprécié que les corporations en France aient tout fait pour exclure les juifs, notamment à Paris (les Six Corps) et dans l'Est. Voir S. L. Kaplan, *La Fin des corporations*.

99. Albert de Mun, également fervent catholique, appelle à « un retour à la loi chrétienne », c'est-à-dire la foi codifiée dans une espèce de charte sacro-tutélaire. *Discours*, t. 1, p. 317. Pourquoi notre corporation est-elle chrétienne, demande de Mun ? « Pour une raison très simple : c'est que jusqu'à ce qu'on nous ait montré un sentiment humain qui persuade aux hommes de se dévouer les uns aux autres, d'abdiquer leurs passions, et de régler par un accord commun des intérêts souvent opposés, nous ne croirons pas qu'il y ait autre chose que le sentiment chrétien capable d'opérer ce miracle. » *Ibid.*, p. 377. C'est également de Mun qui insiste sur la notion de « régime corporatif », défini à la base comme « une association des patrons et des ouvriers, formée des liens religieux, professionnels et économiques » et le caractérise comme « véritable solution à la question ouvrière et fondée sur la communauté des sentiments et des intérêts ; l'association qui rapproche et fait tomber les défiances, qui développe l'esprit de solidarité et préserve de la tyrannie des meneurs ou des menaces de l'embauchage, qui ouvre enfin le chemin de l'aisance et assure le lendemain ». *Ibid.*, p. 388, 403, 512, 514.

socialisme, censé être une réponse aux déprédations, à la désolation, à la désorganisation, aux afflictions et aux iniquités causées par le premier, prétendant compenser le trop libéral avec le trop égalitariste, c'est-à-dire un système dirigiste, étouffant, finalement despotique. Le corporatisme esquisse une troisième voie, permettant d'échapper aux deux écueils, dont le premier intéresse spécialement La Tour du Pin.

Pour ce dernier, l'homme est naturellement social, « essentiellement social ». Cette sociabilité spontanée s'exprime dans « le corps social », une sorte de « corporation organique » qui commence avec la famille – vieille catégorie politique et philosophique – et s'étend à d'autres corporations, comme les associations professionnelles ou le vivre-ensemble dans la commune. Le corps social est l'arène normale de l'activité de l'homme ; il y baigne dans la solidarité, répertoire de pratiques dont le sens est intuitif, mais aussi fortement renforcé par la spiritualité chrétienne. La Tour du Pin postule, ou décrit, un tout social : un « ordre social » géré par « la loi humaine et organique », une loi sociale protégeant « l'intérêt social » qui doit primer au service de la « justice sociale », garantissant à son tour la « paix sociale ». Ce social s'incarne dans diverses corporations, où la « fonction sociale » l'emporte sur la classe, où les acteurs exerçant des fonctions différentes apprennent à se respecter, à vivre ensemble, à s'entraider et à soumettre leurs disputes à la conciliation, à assurer la haute qualité de leur travail, à organiser la transmission du savoir, à encourager la vertu. Proposant des « règles » au marché et imposant le « juste prix » plus ou moins Thomiste, les corporations atténuent la concurrence capable de déchirer le tissu social, mais favorisent l'émulation qui invite chacun à montrer le meilleur de lui-même. L'ouvrier trouve non seulement la dignité, mais aussi la sécurité pour les besoins vitaux de sa famille ; le patron exerce son autorité dans un climat d'équanimité et de bonne entente. Tant que ce système organique et naturel marche, il n'y a pas de « question sociale », il ne peut pas y en avoir[100].

D'après La Tour du Pin, le libéralisme détruit ce social institutionnalisé dans des corporations. Cela passe par une attaque ontologique. Ce social ne peut exister, car la société n'est composée que d'individus,

100. R. de La Tour du Pin : *Centenaire*, p. 5, 11, 16 ; *Ordre social chrétien*, p. 16, 24, 114, 125 ; et « Individualisme », dans *Dictionnaire apologétique de la foi catholique* (1914), t. 2, p. 176, cité par M. H. Elbow, *French Corporative Theory*, p. 63. A. de Mun s'en prend à l'individualisme avec une virulence semblable (« une plaie », cause de « misères » et de « ruine », etc.). *Discours*, t. 1, p. 17, 170, 266, 296, 423, 459, 462, 467, 532, 534, 557, 558, 560.

d'atomes : c'est la science de « la rationalité » des Lumières qui le proclame. Tissés depuis des siècles, figurés par de multiples corporations, les liens sociaux sont détricotés. Ce qui tente de se faire passer pour l'émancipation des personnes ne représente en fait que leur asservissement, une supercherie philosophique mise en œuvre sous le voile hypocrite de la liberté. Jetés dehors, les individus errent dans « l'isolement » et « la confusion », un peu à la manière des maîtres parisiens au moment du coup de force de Turgot en 1776. Impitoyablement, ils sont mis en concurrence – une concurrence brutale dont l'instauration est achevée par les révolutionnaires qui cherchent à « individualiser complètement la société ». Les gens sont obligés de se battre pour survivre, selon l'éthique de Darwin, qui remplace celle de Jésus-Christ. La concurrence est « une mécanique » qui écrase ; paradoxalement, c'est une individuation qui homogénéise, car elle méconnaît « la diversité des fonctions sociales et du droit naturel propre à chacune d'elles ». Le libéralisme révolutionnaire accouche sur un lit de Procuste, produisant des individus plus ou moins standardisés, différenciés par l'argent seul, et donc susceptibles d'être affectés à des catégories factices, dites « classes », une forme d'organisation taxinomique « antisociale » et « antichrétienne ». Ces classes s'affrontent inexorablement ; « la lutte des classes » – La Tour du Pin la discerne dans les grèves – est ruineuse pour tout le monde. Greffier de l'apocalypse, maniant une plume fort peu lyrique, La Tour du Pin évoque néanmoins de manière plus universaliste, plus burkéenne, la fameuse chaîne des corporatistes d'antan : « Malheur au peuple qui en rompt un chaînon ; il est par là même rejeté de l'histoire [...] et il ne sait comment y reprendre place »[101].

On s'efforce d'y « reprendre place » en reconstruisant l'ordre, troisième terme dans ce triptyque de notions enchevêtrées. L'ordre, pour La Tour du Pin, est un phénomène à la fois temporel et conceptuel. L'ordre, c'est terminer définitivement la Révolution, c'est mettre fin à « l'anarchie », peut-être également éloigner les maçons et les juifs, et sans doute restaurer les monarques en Europe et ailleurs. En termes de « politique sociale », il faut trouver des moyens – législatifs, organisationnels, moraux – pour freiner le libéralisme, dont la « violence » ne cesse de choquer. Concrètement, il s'agit de sortir les gens du froid social et de les ramener au corps social, de les réconcilier les uns avec les

101. R. de La Tour du Pin : *Centenaire*, p. 6, 9, 11, 16, 18 et *Ordre social chrétien*, p. 24, 115, 124, 146-47, 223.

autres, leur trouver un statut et les mettre à l'abri de certains périls. Il ne faut plus que le maître dans l'atelier soit regardé comme « un ennemi », ou que l'ouvrier perçoive son lieu de travail comme « un bagne ». Autrement dit, l'ordre, à la fois pratique et idéal, consiste à les réincorporer[102].

La solution est ancrée dans l'histoire de la France où les corporations ont jadis brillé. Bien avant Pétain (mais quasiment au même moment que la cristallisation de l'obsession du système allemand pour la formation des enfants et adolescents), La Tour du Pin insiste sur l'origine « nationale » de l'idée corporatiste. Le Moyen Âge le fascine, autant pour la place centrale tenue par le sacré que pour la vitalité de ses communautés morales et confraternelles. Mais son idéalisation le rend encore plus reculé et mystérieux. La Tour du Pin a une prise plus assurée sur l'Ancien Régime, qui date quasiment d'hier, qui a été, vers la fin, le grand champ de bataille des valeurs françaises, et qui continue de déteindre sur la vie politique et culturelle, porté par l'Église et la contre-révolution. Sans craindre l'étiquette de réactionnaire, La Tour du Pin se perçoit comme un leader qui se soucie du progrès social, c'est-à-dire en dehors de la téléologie libérale.

Le modèle pour le « régime corporatif » de l'avenir se trouve dans « les institutions du passé », sans que cela implique « un retour nécessaire » au passé. La Tour du Pin ne renie en rien l'Ancien Régime, mais comme guide et paradigme, il le considère avec une certaine ambivalence, non parce que ses communautés auraient pu essuyer quelques abus – accidents d'un long parcours –, mais parce qu'elles ont été façonnées par d'autres réalités matérielles. Selon les circonstances, il parle de la « restauration du régime corporatif », de la « renaissance des anciennes corporations », ou, avec davantage de distance, de leur « reconstitution », ou d'une « formule renouvelée des anciennes corporations ». Rétablies, il faut, en somme, qu'elles soient fidèles, sans y être asservies, à la matrice (située implicitement au XVIIIe siècle, avec des racines plus lointaines), « appropriées aux besoins du temps présent », mais pas au prix de répudier le riche legs corporatiste, en tout cas robustes et audacieuses. Attachement donc au passé, avec une certaine flexibilité, mais fracture sur un point, susceptible de plusieurs exégèses : les anciennes corporations étaient « aristocratiques » ; les nouvelles se doivent d'être « démocratiques » (ouvertes à tout le

102. R. de La Tour du Pin, *Centenaire*, p. 14. De Mun conçoit la « réconciliation sociale » comme un des grands objectifs d'une « corporation chrétienne ». Dans sa prose, le social et le chrétien se confondent. *Discours*, t. 1, p. 378-79.

monde – « toute la société » – selon certains tests d'aptitude et de moralité)[103].

La Tour du Pin parle d'un « régime corporatif » (« conforme aux principes de droit naturel » et « favorable au règne de Droit Chrétien »), car il s'agit d'un système global, s'étendant à tout le territoire spatial, social, matériel et spirituel, s'occupant tout d'abord de « l'organisation protectrice du travail » (c'est-à-dire de la solidarité, au sens large : l'auteur ne peut trop mettre l'accent sur ce thème comme levier de recrutement et de légitimité populaire). Il souligne l'intérêt primordial de la sécurité économique, sociale et morale, condition *sine qua non* pour la réalisation de l'entente entre le capital et le travail. Il met en relief le bien-être des ouvriers, pour lesquels « rien n'a été fait » par la (et sans doute les) révolution(s). La Tour du Pin reprend l'idée de Keller et d'autres favorables à la création d'un « patrimoine corporatif », « réserve collective » destinée à s'agrandir pour financer l'aide sociale, « amortir les effets les plus cruels des crises industrielles » et servir à toutes autres urgences ou imprévus. Enfin, l'organisation protectrice se consacre également à la régulation du travail et au règlement des conflits, grâce aux pouvoirs accordés par l'État, sorte de dévolution des compétences, d'autant plus logique que chaque corporation sera dotée de « sa juridiction » et que, graduellement, fruit de son implantation fructueuse, « le régime corporatif [sera appelé à] se substitu[er] au régime bureaucratique »[104].

Tout en rendant hommage au foyer de la famille, « sanctuaire d'une tradition » et vecteur « de la transmission », comme point de départ pour la réalisation de l'édifice corporatif, La Tour du Pin bâtit son système sur la base des syndicats qui viennent d'être autorisés (1884). (Plus tard, la question des syndicats devient une ligne de clivage entre les Anciens et les Modernes du corporatisme.) Le

103. R. de La Tour du Pin : *Ordre social chrétien*, p. 11, 17, 32, 111, 125, 154, 189, 192, 279, et *Centenaire*, p. 14, 27.

104. R. de La Tour du Pin : *Centenaire*, p. 14, 19, 10, 23, 27 et *Ordre social chrétien*, p. 146. Sur la notion polysémique de patrimoine (de Dieu, de l'Église, de la science, des arts, des familles, des pauvres, des déshérités, des prolétaires) comme la seule manière de procurer « une véritable indépendance », voir É. Keller, *L'Encyclique du 8 décembre 1864 et les principes de 1789*, p. 121, 123, 259, 290, 334. A. de Mun, enthousiaste de ce patrimoine, le définit comme « une propriété corporative formée par des sacrifices consentis par les uns et les autres : voilà le lien moral ». *Discours*, t. 1, p. 378. Cf. *ibid.*, p. 379, 560. Le député corporatiste insiste, lui aussi, sur la vocation protectrice, dont le moteur est parfois la solidarité émanant de l'ensemble des acteurs, par moments « le dévouement de la classe élevée », partenaire mais aussi gardienne de « la classe ouvrière ». *Ibid.*, p. 125, 268, 315, 318-19, 346, 370, 372, 378, 381.

syndicat mixte, l'organisation qui mêle patrons et ouvriers, l'intéresse tout particulièrement. Dans un premier temps, le syndicat sera juste un espace d'affinités sans contraintes. Il deviendra ensuite « obligatoire », car c'est uniquement en mobilisant des institutions solides et stables que le corporatisme doit pouvoir exercer de l'influence politique. L'attitude à l'égard de l'État – la hantise de l'étatisme, parfois dit statisme – est encore un sujet qui fâche parmi les corporatistes. Pour La Tour du Pin, rien ne peut être fait contre l'État, quelle que soit sa forme ; le régime corporatif a besoin de son approbation pour avancer. Une « chambre corporative » paritaire, composée de délégués de nombreuses corporations, se chargera du dialogue avec les autorités à tous les niveaux (il existera plus tard des « conseils corporatifs » pour partager ses responsabilités), mais aussi de coordonner la discussion des salaires, des conditions du travail et de l'aide mutuelle (santé, accidents, chômage, vieillesse)[105].

Parmi les objectifs stratégiques qu'avance le penseur corporatiste se trouve la codification de l'apprentissage menant à l'obtention d'un « brevet » – il reprend le vocable de l'Ancien Régime – certifiant la compétence de l'ouvrier néophyte. Pour s'épanouir, pour faire pleinement sienne « la propriété du métier » comme une véritable garantie sociale et professionnelle, l'ouvrier doit faire preuve de ce savoir-faire qui, par ailleurs, renforce la compétitivité de l'économie nationale. Grâce à ce niveau très élevé du travail, le régime corporatif se donne les moyens d'influer sur des décisions industrielles et commerciales cruciales concernant tant la qualité que la quantité de la production, un poids collectif qui cimente l'harmonie entre patron et ouvrier. Sur le chemin « vers une organisation de justice et de solidarité », les maîtres, compagnons et apprentis prendront pour devise : « L'union

---

105. R. de La Tour du Pin : *Ordre social chrétien*, p. 17, 24, 111, 125, 143, 145-46 et *Centenaire*, p. 22. A. de Mun milite pour le syndicat mixte, façon de souligner que la corporation chrétienne n'a rien à voir avec « les associations révolutionnaires » effrontées qui prennent le nom de corporations, qui « ne sont que des associations entre les ouvriers, d'où les patrons sont absents, et par conséquent des machines de guerre au lieu d'être des instruments de paix ». La corporation, association « mixte », « est une communauté formée entre les patrons et les ouvriers [...] rapprochés d'abord par l'acceptation de ce principe de justice sociale qui impose aux uns et aux autres des devoirs réciproques ». Cela dit, on n'est pas dans l'horizontalité sociale : « Elle est fondée sur la hiérarchie des devoirs, des apprentis, des compagnons et des maîtres. » *Discours*, t. 1, p. 377-78, 408, 559. Cf. l'introduction à son *Ma vocation sociale*, p. XXXIV. De Mun suit La Tour du Pin en imaginant un engagement politique des corporations (« sur le terrain politique [elles constituent] la base d'une représentation des intérêts, sincère, loyale et véritable »). S'il est nécessaire de traiter avec l'État, il ne faut pas le laisser s'enfler excessivement, car on n'est jamais loin du « despotisme », aux antipodes périlleux de « l'anarchie » du libéralisme. A. de Mun : *Discours*, t. 1, p. 379 et *Vocation*, p. XXXIV.

fraternelle nous unit », même si l'ex-prisonnier de guerre semble préférer l'équivalent allemand : « Tous pour un, un pour tous »[106].

La référence corporatiste du dernier tiers du siècle ne se limite pas au couple La Tour du Pin-de Mun. Polytechnicien, homme politique et enquêteur de terrain, Frédéric Le Play exerce une influence considérable, à travers ses conceptions de « l'économie sociale » et de « la paix sociale », sur le corporatisme et plus généralement sur la pensée socioéconomique et le réformisme. Expert de la famille, point de départ des organo-corporatistes, l'ingénieur et conseiller impérial défend sans complexe certaines valeurs de l'Ancien Régime, malgré sa teinte libérale[107]. Le paternaliste et le technicien (mais pas le technocrate) chez Le Play intéressent Léon Harmel, industriel, catholique fervent, expérimentateur social. Celui-ci transforme sa filature du Val-des-Bois en une communauté chrétienne et quasi corporatiste, intégrant les ouvriers dans des instances de décision, y compris le règlement des disputes, et promouvant le dialogue social comme une des charpentes de la construction de l'ordre productif, tout en affirmant une politique parfois lourdement paternaliste dans la même arène sociale. Antilibéral, soucieux de l'ouvrier seul, isolé face au capital, malheureux et terriblement handicapé dans le jeu de la concurrence individualiste, Harmel est acquis aux doctrines de justice sociale de l'encyclique *Rerum novarum* (1891), et favorable à une sécurisation matérielle et morale qui rappelle à la fois le patrimoine corporatif et le corporatisme évangélique[108].

Sculpteur-ébéniste, entrepreneur, sorte d'esprit universel, Jean-Paul Mazaroz partage l'horreur de l'individualisme de Harmel, mais pas son catholicisme (il est plutôt anticlérical). Antirévolutionnaire, il reproche vivement aux gens de 1789 d'avoir détruit les corporations, l'archétype familial de toute organisation sociale, au lieu de les réformer. La corporation, qu'il veut faire revivre dans des groupements professionnels, porte et est portée par « la force productive », qui exige la « paix » et la « concorde » et pratique la « conciliation » pour assurer la « protection mutuelle ». Elle s'oppose à « la force brutale », torrent

106. R. de La Tour du Pin : *Ordre social chrétien*, p. 114 et *Centenaire*, p. 27.

107. Voir Michael Z. Brooke, *Le Play: Engineer and Social Scientist*, Londres, Transaction, 1998 ; Maguelone Nouvel, *Frédéric Le Play : une réforme sociale sous le Second Empire*, Paris, Economica, 2009.

108. Léon Harmel : *Manuel d'une corporation chrétienne*, Tours, A. Mame et fils, 1879 et *Mémoire sur Val-des-bois*, Reims, Imprimerie de l'archevêché, 1897. Voir également Joan L. Coffey, *Léon Harmel: Entrepreneur as Catholic Social Reformer*, Notre Dame, Indiana, University of Notre Dame Press, 2003.

ténébreux, constitué des guerres et des intérêts particuliers. Mazaroz défend un corporatisme très politique, attentif aux ouvriers dans des structures mixtes, capables d'assumer des fonctions étatiques, voire de gouverner[109].

Plus proche du terrain, prêchant fréquemment dans des réunions publiques (« pénétrez-vous de l'esprit corporatif »), Frank Rusell, adepte d'Albert de Mun et l'un des dirigeants du Cercle catholique d'ouvriers de Paris dans les années 1880, met en garde contre le libéralisme – « le droit d'écraser le faible », point de vue « barbare » qui s'avère être « la négation de la liberté ». Contre ce faux et perfide « progrès », il propose des corporations ouvrières et chrétiennes, mixtes, mais toujours « hiérarchiques », favorisant « l'harmonie » et « la concorde », sur un fond mutualiste familier. Citant le cas des menuisiers et des ébénistes de Nantes, patrons et ouvriers réunis, Rusell perçoit déjà les signes d'une renaissance corporative[110].

L'OPTION CORPORATISTE À L'AUBE DU XXe SIÈCLE

Dans le sillage de ces penseurs et de ces acteurs, la recherche d'une troisième voie s'intensifie au début du XXe siècle, période de vive expansion jusqu'à la Première Guerre mondiale, après le marasme économique de la fin du siècle précédent que certains historiens continuent d'appeler grande ou longue dépression. Plus ou moins marquées par la voix influente du catholicisme social, une myriade de réflexions concernant le corporatisme jaillit pendant ces années. Il existe de multiples courants, généralement concurrents, parfois complémentaires. Parmi les plus actifs se trouvent les syndicalistes, moins l'orientation « classiste » de Georges Sorel que la mise en avant des groupements professionnels par Joseph Paul-Boncour. Y figurent également les divers solidaristes, menés par l'homme politique Léon Bourgeois ou par l'économiste Charles Gide, tous deux imprégnés de la pensée du sociologue Émile Durkheim, qui gardait une impression positive des corporations de l'Ancien Régime, malgré leurs vices insupportables, et imaginait la construction de l'harmonie sociale et économique au sein d'une organisation de type corporatiste, couvrant

109. Jean-Paul Mazaroz : *La Revanche de la France par l'organisation du travail et des intérêts*, 3e éd., Paris, Dentu, 1873, p. 3, 5, 24, 35, 86, 114 et *Histoire des corporations françaises des arts et métiers*, 2e éd., Paris, Germer Baillière, 1878, p. 5, 8-12.

110. Frank Rusell, *Conférence publiée par le Cercle catholique d'ouvriers de Paris*, 14 février et 20 mars 1884, Paris, Vignancour, 1884, p. 5, 7, 9, 14-19, 26, 29, 31-35.

tout le territoire et fonctionnant aussi bien à l'échelle nationale que locale. On y trouve enfin Action française, mouvement d'extrême droite, royaliste et nationaliste, antilibéral et anticollectiviste, notamment sous l'égide de Charles Maurras, revendiquant La Tour du Pin comme « maître absolu » et envisageant, de façon sibylline, une « solidarité nationale », structurée hiérarchiquement, dans l'esprit de la « chaîne » corporative de l'Ancien Régime (la doctrine du groupe deviendra plus nettement corporatiste avec l'arrivée dans les années 1920 de Firmin Bacconnier, économiste, collaborateur de Maurice Bouvier-Ajam et adepte plus dévoué encore de La Tour du Pin[111]).

S'esquisse également une tonalité de discours corporatiste qui s'éloigne de la vision philosophique et totalisante, pour focaliser spécifiquement sur l'apprentissage, pratique sociale, jadis institutionnelle, qui s'étiole depuis des décennies, difficultés que les uns qualifient de « décadence », les autres de « crise ». Une série de commentateurs, souvent proches du terrain, réfléchit sur le rapport entre l'apprentissage, perçu comme une expression fort positive des anciennes corporations, et l'éventail des solutions corporatives de leur propre ère. Un trait commun à bien de ces textes est l'idéalisation de certains aspects du vieux système[112]. Sans nier « des abus de toute nature », Étienne Martin Saint-Léon, historien et théoricien du corporatisme, l'idéalise sur le plan esthétique : un *ethos* qui portait tous les artisans, ouvriers et patrons « vers le beau », fruit d'un « amour du métier » mêlé à une maestria technique. Charles Kula, entrepreneur de couverture-plomberie et réformateur des pratiques de l'apprentissage, est touché par une nostalgie morale, l'attraction d'un monde solidaire qui résiste à « la pulvérisation des éléments humains » par l'individualisme. La capacité d'intégration des corporations impressionne Pierre Brizon, professeur et homme politique, dreyfusard (tardif) et militant socialiste : déplorant, lui-aussi, des abus (« féodaux »), il imagine toutefois

111. Voir Firmin Bacconnier : *L'Enseignement social de René de la Tour du Pin*, Paris, Union des corporations, 1927, *Le Salut par la corporation, un nouvel ordre professionnel*, Paris, Les Œuvres françaises, 1935 et *Ce qu'il faut savoir du corporatisme*, Paris, J. Lesfauries, 1943.

112. L'idéalisation, comme la diabolisation, comporte évidemment des erreurs historiques fondamentales sur la genèse, la morphologie, et le fonctionnement des corporations, qui ne cessent de prospérer encore de nos jours. Voir, par exemple, Marcel Malmartel, *L'Apprentissage : un passé ou un avenir*, Paris, Païdeia, 1989, p. 21-22 ; Nicole Péry, dans Pierre-Yvon Trémel et Alain Griset (dir.), *Apprentissages, témoignage et urgences*, Paris, APCM, 2002, p. 72 ; Gilles Moreau, « Le travail plutôt que l'école. Les formes masculines et féminines d'adhésion à l'apprentissage en entreprise », dans Marianne Thivend (dir.), *Apprentissage et formations techniques et professionnelles de filles et de garçons, XIXe-XXe siècles*, dans *Cahiers Pierre Léon*, n° 6 (2005), p. 58.

une communauté de l'Ancien Régime solidaire des maîtres, compagnons et apprentis, un peu à la manière de l'ingénieur public, industriel et réformateur leplaysien Émile Cheysson, qui parle des apprentis « admis à la table du maître » avec des compagnons. Fasciné par la vigueur de l'apprentissage de ce riche autrefois, le *Bulletin de l'Apprentissage*, dans son premier numéro, se demande « quelles sont les pratiques anciennes [corporatistes] qui pourraient revivre [aujourd'hui] ». Architecte engagé et président d'une société de patronage pour aider les apprentis, Georges Christie puise dans le jadis corporatiste à la recherche des principes et pratiques favorisant la solidarité, la moralité et la mobilité professionnelle pour combattre l'inconduite et le manque d'adresse des jeunes ouvriers[113].

Architecte, acteur dans les patronages, collaborateur de Charles Kula dans la Société pour le développement de l'apprentissage, Alcide Vaillant regrette que « les grands bienfaits » des corporations et leurs principes de base (« les règles d'ordre et de hiérarchie ») soient occultés par des « abus ». Ces derniers entravaient le développement, mais ils n'étaient jamais aussi graves que les méfaits de la liberté absolue et de sa concurrence brutale qui ont « abaissé » l'ouvrier, « isolé » et « sans défense », et ont sapé la qualité de la production, légitimant la fraude et minant la compétitivité des marchandises françaises sur les marchés internationaux. Ayant battu les Français sur le champ de bataille, les Allemands sont en train de les « vaincre » à nouveau sur le champ industriel, grâce à leur système rigoureux d'apprentissage, inspiré par « leurs [vieilles] traditions » corporatistes, transformées aujourd'hui en groupements professionnels animés par le même « esprit de corps ». L'architecte qu'il est sait que l'on ne dispose ni du temps ni des moyens pour reconstruire « l'œuvre magnifique » des anciennes corporations, produits des siècles. Dans l'urgence, face à la crise de la formation d'ouvriers « habiles et consciencieux », Vaillant appelle de ses vœux « la restauration de l'esprit de corps », plaçant l'apprentissage entre les mains des syndicats mixtes et des « sociétés de

113. Étienne Martin Saint-Léon, *La Crise de l'apprentissage et la réforme de l'enseignement professionnel*, Lyon, Chronique sociale de France, 1908, p. 6 ; Charles Kula, texte au nom de la Société pour le développement de l'apprentissage dans les métiers du bâtiment, *Bulletin de l'apprentissage*, organe du comité permanent exécutif du Congrès national mixte de l'industrie, du commerce et du travail (mars-avril 1910) ; Pierre Brizon, *L'Apprentissage-hier-aujourd'hui-demain*, Paris, Pages libres, 1909 ; Émile Cheysson, *Le Rôle social de l'ingénieur*, Paris, Guillaumin, 1897, p. 9 ; *Bulletin de l'Apprentissage*, organe du Congrès national mixte (1909) ; Georges Christie, « Apprentissage des métiers manuels », conférence sous l'égide du comité d'entente républicaine du 17e arrdt. (Paris), novembre 1912, p. 1-9.

l'apprentissage », le tout coordonné par les Chambres de commerce, début d'une revanche sociale, économique et morale. En voulant toujours à Le Chapelier d'avoir étouffé pendant un siècle toute organisation du travail, Vaillant comprend bien que la mémoire corporative ne peut remplacer une dense expérience associative et que, au lendemain de l'autorisation de former des syndicats en 1884, face à l'intensité de la lutte sociale – jusqu'à 1 500 grèves par an lors de la décennie qui précède la Grande guerre –, la construction d'un réseau de syndicats mixtes est une gageure[114].

Également architecte, Auguste Beignet partage la conviction de son confrère : « l'union fait la force » et il faut absolument réunir patrons et ouvriers dans des groupements mixtes pour porter une renaissance corporative capable d'imposer un apprentissage obligatoire revigoré. L'atelier, et non l'école professionnelle, de nature élitiste, se présente comme le seul lieu de formation susceptible de fabriquer l'ouvrier virtuose de demain. « La décadence de l'apprentissage en France s'est fait sentir aussitôt après l'abolition des corporations », soutient Beignet, institutions défectueuses, mais qui auraient pu et auraient dû être réparées et améliorées, étant donné leur importance pour le dynamisme économique et la stabilité sociale. Comme tellement d'autres corporatistes, il vomit le ruineux libéralisme et son « égoïsme » rongeur, que l'État, lechapelierien zélé, n'a cessé d'avancer :

> Le grand malheur de la Société française depuis cent ans, c'est d'avoir été et d'être désorganisée, réduite, atomisée chaque jour davantage sous les coups de l'énorme *Marteau-Pilon qu'est l'État Centralisateur, Monopoleur et surtout Irresponsable ;* supprimant tout Organisme, tout Corps indépendant et ne laissant en présence que *l'État et l'individu*, ce qui fait que *celui-ci* est forcément *écrasé*, réduit, annihilé *par celui-là.*

Même si on ne les baptise pas corporations, conclut Beignet, la France a besoin de ces groupements professionnels pour desserrer le corset étatique et faire revivre l'apprentissage, l'excellence au travail, la perfection morale et la solidarité, « comme cela existait autrefois dans les organisations corporatives[115] ».

Paul Merlet, avocat, n'a aucun goût pour l'État non plus. D'après son regard tendancieux, l'ancien système corporatiste s'est forgé sans

114. Alcide Vaillant, *L'Apprentissage, la liberté du travail et l'esprit du corps*, Paris, Congrès national mixte, 1909, p. 3-7, 10, 28-30.

115. Auguste Beignet, *La Décadence de l'apprentissage en France*, Angers, Siraudeau, 1911, p. 1, 5, 7-12, 21, 23-30, 32-40, 77, 82, 87-98.

son aide et a porté l'apprentissage à « son apogée » : « Il est enserré, guidé, protégé par un réseau de règlements qui, tout en le soutenant, lui permettent de se développer et s'adapter à toutes les situations. » Ce réseau de règlements ne doit rien à l'État : « C'est l'œuvre de l'initiative, privée et collective à la fois, des Corporations. » Capricieux, l'État, dans un premier temps – époque Saint-Louis –, s'approprie et homologue le système corporatiste, puis – l'âge de Turgot – l'abolit, sans réfléchir aux conséquences néfastes : ouvriers abandonnés et isolés, laissés dans un état quasi anomique, l'inventaire nous est familier. Plus tard – début XIXe siècle –, l'État se rend compte que les corporations exerçaient des fonctions cruciales, désormais délaissées, dont la formation et la socialisation de la jeunesse. Contraint par son propre code libéral (et entravé par sa propre incompétence), l'État ne peut rien, sauf peut-être sous-traiter ces questions à des associations. Cependant, il est tétanisé par la peur d'un retour de la corporation par une voie détournée, même après l'autorisation des syndicats. La conclusion de Merlet est timorée. Sans donner le mode d'emploi, il affirme que « l'essentiel » est « d'organiser le monde du travail », ce qui mènera à « l'organisation du travail même » et au renouveau de l'apprentissage[116].

Un quatrième et dernier exemple de ce genre de corporatisme focalisé sur l'apprentissage se trouve chez Auguste Villemin, président de la Fédération nationale du bâtiment et des travaux publics. Celui-ci raconte que, récemment, un préfet le décrivait comme un « protagoniste de la reconstitution des corporations d'autrefois », ce qui était encore une sorte de mise en cause à la veille de la Grande Guerre. Il nie, mais pas trop ardemment, attirant l'attention sur la floraison d'art dans une ville qu'il a visitée dernièrement, site de beaux monuments, de belles tapisseries, d'objets splendides d'orfèvrerie qui sont l'envie du monde entier. « Tout cela », remarque-t-il, « c'est le résultat de l'apprentissage qui avait été combiné par nos corporations d'autrefois ». Comme ses confrères-corporatistes, l'auteur admet volontiers que « ces sociétés avaient de grands défauts », mais il insiste sur le fait « qu'elles avaient cette grande qualité de constituer un apprentissage comme il n'en fut jamais, entendez-vous bien, dans aucun pays du monde ». Pourquoi donc ne pas puiser dans cette tradition pour « reconstituer l'apprentissage » du type corporatiste, « en l'adaptant

116. Paul Merlet, *Les Lois sur l'apprentissage et leurs conséquences économiques et sociales*, Paris, Jouve, 1912, p. 267-76.

aux besoins, aux nécessités de notre démocratie ? » (les contraintes technologiques et industrielles ne posent aucun problème pour l'architecte). Pour ce faire, il propose de mobiliser les Chambres de commerce – institution de recours pour bien des projets corporatistes –, qu'il suppose apolitiques et passionnées par les questions du travail, d'inaugurer un nouvel apprentissage, puis de le surveiller en permanence à l'aide de « sociétés corporatives composées de patrons et d'ouvriers élus, par exemple, comme nous élisons nos conseillers prud'hommes ». Ces dernières forgeront également « la charte de l'apprentissage », notamment un contrat modèle, qui variera en fonction du métier concerné, réponse corporative « moderne »[117].

*

Répétons-le encore : l'apprentissage ne se réduit pas au corporatisme, tant s'en faut. Comme phénomène social, économique et pédagogique, il existe partout avant, pendant et après la longue phase d'orchestration corporatiste. Cependant, se cristallisant tant en bas qu'en haut, sur le plan institutionnel et idéologique, le corporatisme devient une force puissante et mobilisatrice dans le royaume, une manière de représenter et de classer les individus, envisagée comme consubstantielle à la constitution monarchique, l'expression d'une spécificité, sinon d'une singularité, française.

Au service d'une vision globalisante de la vie sociale, le corporatisme s'approprie, accapare en quelque sorte, l'apprentissage, se chargeant non seulement de sa forme, son organisation, son exercice et sa régulation, mais aussi de son ethos et de son sens, le concevant comme un processus de socialisation et de moralisation (faire le bon sujet) aussi bien qu'une façon de transmettre du savoir et des compétences et de former la jeunesse (faire le bon ouvrier). L'ambition, portée par Colbert, plus tard par son chantre Necker, d'étendre la chaîne corporatiste pour intégrer tout le monde échoue, mais la façon corporatiste d'aménager l'apprentissage déteint sur les pratiques de formation dans les espaces en dehors des communautés. Tous les enfants mis en apprentissage ne sont pas forcément mangés à la sauce corporatiste, mais cette dernière influe sur les pratiques en tous lieux et continue de peser sur la question de l'apprentissage et plus largement

117. Auguste Villemin, *La Question de l'apprentissage*, Paris, La Ligue française de l'enseignement, 1913, p. 39-41.

sur les débats concernant la gestion de la vie économique, sociale et politique de la France après la suppression des corporations, pendant tout le XIXe siècle et une partie du XXe.

C'est justement pour insister sur ce dernier point, la vie posthume robuste du corporatisme, que j'ai commencé ce chapitre avec Vichy. Pétain fait du corporatisme, produit 100 % français dans son esprit, une des trames de la « révolution nationale », s'incarnant dans un système de représentation sociopolitique, un appareil d'agencement économique pour optimiser la production, et une idéologie assurant la paix sociale en empruntant une troisième voie qui écarte les néfastes extrêmes du capitalisme individualiste débridé et du collectivisme socialiste étouffant. Farouchement antilibéral et antimatérialiste, il s'agit d'un corporatisme sciemment moderne, à la fois atemporel et intimement lié avec un passé choisi et exaltant, sans aucun goût pour l'archaïque, mais investi dans les valeurs traditionnelles de la communauté morale et religieuse, fraternelle et harmonieuse. Inspiré d'un âge d'or mythifié, ce corporatisme se soucie de la reproduction socio-économique et culturelle en prônant la renaissance d'un apprentissage patriotique, incubateur de talent et de fidélité. Le traumatisme de Vichy jette un profond discrédit sur le corporatisme tant sur le plan programmatique que philosophique. Le courant néo-corporatiste qui gagne une partie de l'Europe et de l'Amérique latine pendant les Trente glorieuses ne touche guère la France, la collaboration des classes exhale une odeur toxique même chez les non-communistes, les historiens français n'osent pas s'approcher de cet objet radioactif pendant des décennies, et le mot même de corporatiste, avili et défiguré, se mue en épithète dénonçant un comportement égoïste et obstructif, sans que l'on puisse attribuer cette réappropriation à une conjuration libérale.

Bien avant cette réprobation et cet ostracisme, le corporatisme est une absente présence au XIXe siècle, objet d'une exécration vivace, d'un soupçon obsessionnel ; il ne s'agit pas vraiment d'une chasse aux corporatistes comme les McCarthystes traquaient les communistes, mais d'une vigilance permanente. Le XIXe siècle est sommé de se mobiliser contre le corporatisme dans le sillage de la loi Le Chapelier qui met fin à la longue et chanceuse vie des corporations au printemps de 1791. Son auteur met en avant une version dure d'un libéralisme sans concessions, fondé sur le droit naturel prescrivant une concurrence illimitée encadrée (à peine) par un marché autorégulateur à l'abri des corps intermédiaires ou d'autres velléités interventionnistes, d'en haut ou d'en bas. Au milieu du XVIIIe siècle, un corporatisme assez musclé et sûr de lui-même a contribué à la cristallisation de la virulente critique libérale, un quasi-mouvement. D'une manière un peu analogue, le libéralisme que Le Chapelier lègue au XIXe siècle mise sur le corporatisme – plutôt latent, larvé, marrane – pour l'inciter à une rigueur implacable. Quant à l'apprentissage, Le Chapelier ne cède pas au souhait de nombreux Français de le détacher, pratique positive et apolitique, de l'organisme douteux qui l'abritait. Pour lui, ce n'est qu'une autre gêne cultivée par le régime des restricteurs-corporatistes.

Véritable miraculé, le corporatisme échappe à plusieurs reprises à la mort qui lui semblait promise : deux fois au mois d'août 1789 (la mise en scène de l'anéantissement des privilèges de la nuit du 4-5, puis la Déclaration des droits de l'homme du 26), après la belle tentative ratée en 1776, à sa manière aussi une année révolutionnaire. Conspué dans les cahiers de doléances, mais pas systématiquement, le corporatisme, dans sa nouvelle vie post-Turgot – sa métamorphose en une structure nationale, ouverte, monétisée, standardisée, royale et proto-bureaucratique –, entre dans la Révolution affaibli et émietté. Secoués par la crise sismique de 1789 – la Révolution officielle menaçant leur existence, de même que des milliers de compagnons qui ne voyaient aucune raison de continuer à vivre dans « la subordination domestique » –, bien des maîtres, parfois au sein de communautés regonflées, sont prêts à se battre pour leur vie professionnelle et collective. À l'instar de nombreux compagnons, mais quelque peu moins spontanément, ils se découvrent une vocation révolutionnaire et s'efforcent de démontrer la compatibilité des vertus corporatistes avec les valeurs de la Révolution. Ils se hissent, face à une révolution extrêmement anxieuse, profondément troublée par le désordre proliférant à la campagne, mais aussi en ville, à la fonction vitale de gardiens de l'ordre. Ils brandissent l'efficacité des « anciens règlements » pas encore expressément abrogés, qui ont toujours constitué la première ligne de police dans le monde du travail.

Pour se mettre en valeur, ils invoquent l'apprentissage, plébiscité dans les cahiers, comme un instrument clé pour l'inculcation de l'esprit révolutionnaire, la transmission des compétences et la continuité économique. Plus systématiquement en province qu'à Paris, les communautés ont fait preuve à maintes occasions de leur utilité pour les autorités locales qui, elles, font pression sur l'Assemblée nationale afin de ne pas précipiter l'éventuelle et sans doute inexorable éradication corporatiste. Cette dernière est reportée deux années durant :

les autorités chargées de la gouvernance au jour le jour s'obstinent à tergiverser sur la question corporatiste, à tolérer la survie exceptionnelle d'une institution-emblème de l'Ancien Régime. Politiquement, la suppression vient du côté financier-fiscal – non de celui qui s'occupe de la constitution ou de l'économie – de la machine législative révolutionnaire, écho involontairement narquois de la débilitante et chronique manipulation fiscale à laquelle la monarchie avait soumis les communautés. Ironiquement, les officiels qui doivent conduire la mise à mort administrative des corporations demandent parfois aide et conseil à d'anciens jurés et gardes des communautés.

La nostalgie corporatiste saisit le XIXe siècle d'emblée, sans attendre la Restauration. Elle englobe de nombreuses questions sociales (pas encore *la question sociale*), économiques et culturelles, y compris l'apprentissage, dont elle juge fatal à terme l'état d'orphelin institutionnel. Si son impact demeure limité, elle touche un auditoire socialement et professionnellement dispersé : des conservateurs, durs et pragmatiques ; des hommes d'affaires, tant marchands qu'artisans, même banquiers et négociants ; des ouvriers en quête d'une voix et d'une base ; des administrateurs cherchant des outils de régulation estimés opportuns et performants. Relativement prospère pendant le premier quart du siècle, cette nostalgie s'affaiblit durant cinquante ans avant de réémerger pendant le dernier quart, notamment dans des formes radicales du type La Tour du Pin – un mouvement-niche prêchant un corporatisme résolument moderne (mais profondément enraciné dans le passé) et militant (contre-révolutionnaire, chrétien fervent, âprement antilibéral, anticapitaliste, anti-individualiste, antiétatique). Jamais traduite en force politique, l'idéologie corporatiste rôde comme un spectre à travers le XIXe siècle instable, ébranlé par plusieurs révolutions, traversé par des guerres culturelles, à la poursuite de solutions viables. De moins en moins « bloc », le corporatisme nourrit, entre la Belle Époque et la Seconde Guerre mondiale, de nombreux courants de pensée, réformistes et transformationnistes, tant à gauche qu'à droite, des catholiques sociaux et des Durkheimiens.

Sans sympathie pour le corporatisme de l'Ancien Régime – archaïque, sectaire, borné, élitiste, oligarchique, vénal, corrompu –, bien des partisans de l'apprentissage regrettent toutefois que les révolutionnaires aient tout détruit de ce dispositif lourd et tentaculaire sans discrimination. Ils refusent l'idée d'un pourrissement général et irréversible du système. Seule une rigidité politiquement payante, mais objectivement infondée avait fait obstacle à une réforme, un *carve out*, qui aurait permis de sanctuariser les mécanismes régentant l'apprentissage. D'après cette logique, l'annihilation totale avait laissé un vide terrible, une âme sans corps, une pratique de formation sans structure, un « chaos » ou une « anarchie ». Très vite, elle avait généré des résultats calamiteux : un apprentissage à la dérive, « en crise », tableau à la fois empirique et incantatoire, matériellement juste et alambiqué. Bien avant que le machinisme et la division du travail intensifiée – la révolution industrielle – aient changé la donne dans certains domaines, l'héritage corporatiste saboté et l'absence de cadre de régulation avaient voué l'apprentissage à la détérioration, soutiennent les champions de sa renaissance.

On est loin de la logique de la grande chaîne de la condition corporative datant de l'âge de la théorie de l'institution totale. L'(auto-)représentation corporatiste, même au niveau de la communauté individuelle, constitue *une* réalité capitale pour comprendre la doctrine et la pratique, mais n'est pas un panorama de la vie vécue des maîtres et de leurs institutions, autre réalité plus ou moins parallèle. Ces deux réalités interagissent et se chevauchent, s'influencent et s'infléchissent l'une l'autre, se complètent et se contestent. Sous cet angle, le corporatisme n'est pas seulement une idée, mais à la fois idée et action, dire et faire, âme et corps. Le rôle économique de la corporation, et en son sein de maîtres industrieux, est primordial sur les deux plans. Peut-être même plus encore de nos jours, puisque l'historiographie récente démontre que la vie économique est d'une extrême complexité et variété, que la corporation n'empêche pas par principe l'innovation, au contraire ; qu'elle favorise la stagnation de certaines branches, mais promeut le dynamisme d'autres ; qu'elle tolère toutes sortes d'entorses et d'arrangements sur les techniques et l'organisation de la fabrication et de la commercialisation, qui permettent aux maîtres les plus énergiques et entreprenants d'être compétitifs sur tous les marchés. Restreindre le corporatisme à la gestion collective du monopole statutaire est réducteur et mutilant. À côté de l'activité économique, qui ne se limite pas au périmètre du monopole officiel, les maîtres et les communautés exercent des fonctions sociales, culturelles, politiques, symboliques, morales, religieuses, fiscales, civiques, de solidarité et d'entraide. L'attitude des maîtres marginalisés, dits agrégés au moment de la reconstitution des corporations, concernant leur droit d'engager des apprentis et leur prérogative de pourvoir aux besoins de leurs futures veuves est une illustration de l'éventail des motivations et préoccupations des membres de la communauté.

Prenant en compte cette multiplicité de registres et de réalités, nous ne confondons pas, par exemple, l'expérience de l'apprentissage, que nous essayons de reconstruire à l'aide de nombreuses sources de première main, et le discours corporatiste sur la mission, la nature et la méthode de la formation et de la socialisation des enfants et des jeunes. Nous avons identifié un modèle corporatif prédominant pour la conduite de l'apprentissage, tout en reconnaissant qu'il y en a d'autres, ici et là, à l'intérieur du système et en dehors. Nous ne confondons pas non plus le métier, où il y a une grande diversité de pratiques et de praticiens, nonobstant les règles et normes corporatistes, et les corporations qui agissent parfois en synergie, parfois en antagonisme avec les acteurs qui exercent des professions à l'intérieur et à l'extérieur – encore moins après 1776, quand la refondation corporative réorganise fondamentalement les relations entre les métiers dans les nouvelles communautés. Cela dit, le corporatisme n'en demeure pas moins l'une des clés pour comprendre la vie sociale et économique au quotidien, à commencer par l'apprentissage, instrument de reproduction à travers la formation et la socialisation, aussi bien qu'outil de production de biens, de services et de sens.

CHAPITRE 2
Parents

Si les enfants, avant leur engagement comme apprenti.e.s, demeurent obstinément insaisissables, nous connaissons encore moins leur famille et la dynamique entre parents et enfants. D'origine extrêmement diverse, les parents viennent de villes grandes et modestes, de bourgs, du plat pays ; ils sont parfois aisés, souvent plus ou moins pauvres, couvrant tous les états et tous les métiers : quelques nobles et notables, des rentiers, des commerçants de toutes sortes (des négociants jusqu'aux crieurs de rue), bien entendu beaucoup d'artisans (tant maîtres que compagnons), de nombreux travailleurs urbains à la journée (gagne-deniers, hommes et femmes de peine), et une profusion d'acteurs ruraux (laboureurs, fermiers, vignerons, journaliers). La morphologie et la taille des familles d'apprenti.e.s restent des mystères, tout comme leurs stratégies économiques et sociales, si elles en ont.

Organisme en continuelle adaptation, la famille est multiple, mouvante, non seulement en termes de stratification par ressources, fréquemment le facteur déterminant, mais aussi de sa propre évolution dans le temps[1]. Riches ou pauvres, il n'est pas rare que des familles perdent précocement la mère ou le père ou subissent d'autres chocs, auxquels elles réagissent différemment, en raison de leurs moyens autant émotionnels que financiers. Elles ne se « recomposent » pas de la même manière ni à la même cadence. La veuve d'un artisan,

1. Carlo A. Corsini, « Enfance et famille au XIXe siècle », dans Egle Becchi et Dominique Julia (dir.), *Histoire de l'enfance en Occident*, t. 2, *Du XVIIIe siècle à nos jours*, Paris, Seuil, 1998, p. 309 ; Dominique Julia, « L'Enfance entre absolutisme et Lumières (1650-1800) », dans *ibid.*, p. 34-35. Voir également les remarques pénétrantes de D. Julia sur l'imbrication de la tendresse et de la violence chez l'enfant. *Ibid.*, p. 42-43.

chargée d'enfants, qui n'abandonne pas les affaires de son mari, même si elle n'est pas démunie, est impatiente de se remarier, à la différence d'une bourgeoise ou d'une aristocrate dans des circonstances analogues, tout comme l'artisan veuf qui parvient mal à tenir seul ménage et boutique. Ces situations pèsent sur le rapport entre parents et enfants. Pour beaucoup de familles vivant dans la gêne permanente et la précarité chronique, l'espace de libre choix doit paraître extrêmement étroit, notamment quand il s'agit de prendre des décisions concernant les enfants. Si l'on aurait tort, par exemple, de réduire la famille « ouvrière », au sens large, à sa quête quotidienne de survie, il est indéniable que les pressions pesant sur elle sont lourdes et sans doute parfois quasi insupportables. Évidemment, les familles ne sont pas égales face à l'avenir. La grande variété des expériences familiales oblige l'historien à renoncer à toute ambition de généralisation.

Nous ne rencontrons habituellement les familles que dans un contrat ou un drame (judiciaire, professionnel, sanitaire), ou de façon anecdotique dans des textes contemporains d'observations, de commentaires ou de conseils, quelquefois dans des fictions ou des autobiographies. Les parents sont un peu plus visibles au XIXe siècle (et plus encore au XXe) que sous l'Ancien Régime. Les évoquer est une gageure, pas seulement à cause du manque cruel de sources, mais aussi en raison de la tentation, forte et quasiment involontaire, de projeter sur ces familles des présupposés, des sentiments et des pratiques anachroniques ou extrapolés[2].

LE REGARD DES PARENTS SUR LE PLACEMENT DE LEURS ENFANTS

Que pouvons-nous dire sur les représentations qu'ont les parents de leurs enfants-apprenti.e.s ? Idéalement, il faudrait que notre appréciation soit doublement différenciée, tenant compte des origines sociales et des moyens, mais aussi de l'âge, du sexe et du genre, de la condition physique, de la maturité et de l'accumulation d'expériences de l'enfant. La peine que prennent les parents à organiser l'apprentissage de leur enfant (sélection d'un maître, conduite des négociations, collaboration d'un notaire) suggère que son sort les concerne, mais elle

2. Anthime Corbon, *De l'enseignement professionnel*, Paris, Germer Baillière et Cie, 1859, p. 13. 15-23, 25, 27 (voir, entre autres choses, la construction d'un archétype anhistorique et figé).

ne nous révèle pas pourquoi : par souci de son bien-être, selon l'idée, très répandue à l'époque, que la bonne socialisation au monde et au métier a lieu en dehors du foyer familial ? Pour le caser et s'en débarrasser, faute d'espace émotionnel, matériel ou professionnel pour lui à la maison ? L'enfant a-t-il envie d'échapper à un environnement familial difficile ou contraignant, ou regrette-t-il d'avance son éloignement forcé ? Est-il ambitieux ou simplement anxieux ?

Les modèles pullulent pour les parents : ils ont observé des membres de leur propre famille étendue et de nombreux voisins règlent le destin (peu ou prou) des enfants. Pour les géniteurs, ces itinéraires, déclenchés par des adultes, étaient-ils librement choisis, ou en quelque sorte contraints ? La décision d'envoyer Jean Rossignol, futur vainqueur de la Bastille et général des armées, en apprentissage chez un maître orfèvre connu de la famille à la fin de l'école (où il est décrit comme espiègle et turbulent) à quatorze ans est-elle prise d'office par le père et la mère, employés très modestes des Messageries de Lyon, ou est-elle le fruit d'un consensus entre les parents et leur fils[3] ? Le passage de l'enfant vers l'état d'adulte est-il vécu comme socialement prédéterminé, prescrit par des conventions irrésistibles, imposé par divers facteurs socioéconomiques ; ou plutôt négocié, discuté, retenu de plein gré, en connaissance de cause ? Le placement d'un enfant est-il nécessairement, logiquement une affaire de prêt-à-porter – phénomène banal, imité, répété à l'infini – ou peut-il être conçu sur mesure ?

Évidemment, nous ne parvenons pas à rentrer dans la tête des parents. S'il existe un instant où l'on peut imaginer regarder par-dessus l'épaule de la mère ou du père, c'est au moment de la rédaction du contrat. Ce geste, mécanique pour les uns, exige pour les autres préparation et réflexion : à qui vont-ils confier l'avenir immédiat et la félicité de leur enfant ? Comment trouver la personne adéquate ? Quels sont les objectifs concrets de cet engagement ? Les parents sous-traitent-ils l'éducation de leur enfant à un tiers ? Ou voient-ils le marché (comme d'aucuns appellent le contrat) autrement, de façon

3. Victor Barrucand (éd.), *La Vie véritable du citoyen Jean Rossignol : vainqueur de la Bastille et général en chef des armées de la République dans la Vendée (1759-1802)*, Paris, Plon, Nourrit et Cie, 1896, p. 23-25. S'entendant bien avec le patron, Rossignol ne supportait pas son épouse, « vieille bigote », et rêvait depuis trois ans – sans achever son brevet – de devenir « [s]on maître ». Pas encore « bien formé dans [s]on métier », il trouve du travail en traversant l'Ouest, se bagarre pas mal, et tombe enfin chez un maître paternel à Niort, « brave homme », qui « le faisait manger à sa table », « [l]e regarda[it] comme son enfant », et lui payait 18 livres par mois. *Ibid.*, p. 26-28.

plus provisoire et contingente, moins comme une transaction que comme un rite, moins une aliénation qu'une acquisition, moins un abandon qu'un investissement ? Vivent-ils ce moment comme une simple étape, comme un accomplissement, voire une conquête, ou comme un déchirement ?

Les émotions sont un objet crucial et un levier fructueux des recherches, mais, en l'occurrence, il est extrêmement difficile de repérer leurs traces. Il est sans doute trop facile de croire que dans un monde dur et implacable où il faut deux enfants pour faire un adulte, le parcours d'un.e petit.e n'excite pas d'effervescence particulière. Comment ne pas être indifférent à l'égard d'un apprentissage quand un mariage, autre grand rite de passage, est communément pensé comme une affaire entre deux firmes-familles, un arrangement socioéconomique ? Cette perspective nous semble aussi chiche que réductrice, aussi terne que tronquée, et incapable de rendre compte d'une grande partie du réel, tant de la vie intérieure que partagée. Il n'empêche : le ressenti est dur à atteindre.

LE REGARD DES PARENTS SUR L'ENFANCE ET SUR LEURS ENFANTS ; OU L'ÉCLOSION DE « L'ÉMILE-PROBLÈME »

De même, nous avons autant de mal à saisir les représentations qu'ont les parents de l'enfance et de leurs enfants – qu'à pénétrer leurs émotions. Sans doute, beaucoup de parents, par une sorte d'osmose sociale et psychologique, par un long conditionnement, voient les enfants à travers le prisme théologique et moral hégémonique : de nature défectueuse, marquée d'emblée par la culpabilité, malhonnête[4]. Mais ils n'ont pas besoin de la doctrine chrétienne pour se rendre compte que leurs enfants sont parfois indociles, paresseux, colériques, méchants ou égocentriques. Rousseau rompt de façon spectaculaire et influente avec cette vision négative : l'enfant est innocent, c'est la société qui risque de le corrompre, l'enfance mérite donc de l'attention et du respect. Cependant, les parents avaient-ils besoin des Lumières, ou même de la fulgurance singulière de Jean-Jacques, pour reconnaître que la méchanceté ou la dépravation n'étaient pas

4. Jean-Jacques Rousseau, *Émile ou de l'éducation*, éd. Charles Wurz et Pierre Burgelin, Paris, Gallimard, 1969 ; Colin Heywood, *Growing Up in France: From the Ancien Régime to the Third Republic*, Cambridge, Cambridge University Press, 2007, p. 46 ; Roger Mercier, *L'Enfant dans la société du XVIIIe siècle (avant Émile)*, Dakar, Faculté des lettres, 1961 ; William Kessnen, « Rousseau's Children », *Daedalus*, t. 107 (1978), p. 155-66.

les caractéristiques dominantes de leurs enfants ? Sans avoir feuilleté l'*Émile*, ils savaient, empiriquement, que leurs enfants, vers treize ou quatorze ans, ou un peu plus tard, traversaient un passage turbulent, avec plus ou moins d'intensité et plus ou moins longtemps. Au siècle suivant, on appellera ce moment l'adolescence, mot peu utilisé pendant le XVIIIe siècle. (Restif de la Bretonne, ouvrier typographe devenu écrivain, inspiré par Rousseau, évoque une catégorie de jeunes garçons dite « d'adolescens », stade de vie débutant vers l'âge de dix ou onze ans, préparés pour devenir « élèves » ou « apprentis », faisant partie d'un « modèle du Règlement pour le traitement de la Jeunesse »[5].) Vers le dernier tiers du XIXe siècle, la notion est institutionnalisée, voire « inventée », dans le sillage de la scolarisation et de la protection au travail de la plupart des enfants âgés de moins de douze ans. Au commencement du XXe siècle, le psychologue et enseignant Pierre Mendousse met l'accent sur l'avènement de la sexualité – prétendument absente jusque-là – qui marquera la nouvelle personnalité de l'adolescent de façon décisive[6].

Sans bénéficier de ces théorisations successives, d'une manière ou d'une autre, depuis bien longtemps, les parents comprennent que leurs enfants passent par une « crise », pas forcément une « révolution » ou une « seconde naissance », à l'âge d'Émile, au moment de la puberté, ébranlement physique, mais aussi moral, temps d'un grand désarroi et peut-être d'une forte inquiétude. Les parents vivent cette crise, ou l'éclosion de l'adolescence, d'expression assez variable, avec plus ou moins de peine ou de sang-froid, en partie en fonction du nombre d'enfants déjà élevés, de la fragilité ou de l'agressivité de

---

5. Restif de la Bretonne, *L'Andrographie, ou Idées d'un honnête-homme sur un projet de règlement proposé à toutes les nations de l'Europe, pour opérer une réforme Générale des mœurs, et par elle, de Bonheur du genre humain*, La Haye, Gosse & Pinet, 1782, p. 4, 57. Cf. Maurice Crubellier, *L'Enfance et la jeunesse dans la société française, 1800-1950*, Paris, A. Colin, 1979, p. 130.

6. C. Heywood, *Growing Up in France*, p. 41-2, 52-3, 57, 59-60, 63 ; Agnès Thiercé, *Histoire de l'adolescence (1850-1914)*, Paris, Belin, 1999, p. 29-35, 42-43. Cf. Illana Krausman Ben-Amos, « Service and the Coming of Age of Young Men in 17th Century England », *Continuity and Change*, t. 3 (1988), p. 41-44 ; Steven R. Smith, « Religion and the Conception of Youth in 17th Century England », *History of Childhood*, t. 2 (1975) et une tonique lecture Eriksonienne des « London Apprentices as Seventeenth-Century Adolescents », *Past & Present*, n° 61 (1973), p. 157-61 ; et Anne Yarborough, « Apprentices and Adolescents in 16th-Century Bristol », *Journal of Social History*, t. 13 (1979), p. 67, 77-78. Cf. la description du surgissement de l'adolescence chez les jeunes à la veille de leur entrée en apprentissage : « On commence à se sentir des besoins de la liberté, de l'impatience de s'affirmer comme des grands, des fringales d'indépendance. » René Michaud, *J'avais vingt ans : un jeune ouvrier au début du siècle*, Paris, Éditions syndicalistes, 1967, p. 47.

l'adolescent.e, de leurs propres tempéraments et préoccupations de mère et de père. Ils ne semblent regarder cette période ni avec optimisme ni avec l'extrême prudence d'un ancien ouvrier imprimeur en 1844 qui craignait « ces années dangereuses », tant pour la famille et l'enfant que pour la société. Ils ne paraissent pas être particulièrement sensibles à l'avertissement d'un auteur de la même époque, spécialiste du placement des jeunes, soulignant que « au milieu des sourdes agitations de l'adolescence, au milieu des germes de passions qui se développent à l'entrée dans le monde », la famille peut s'égarer[7]. Ils le ressentent comme une réalité de leur quotidien, une de ces nombreuses secousses plus ou moins ordinaires, encore un rappel que la vie est ainsi faite.

Jean-Jacques puise les prémices d'une solution à « l'Émile-problème » – la crise de l'adolescence – chez les parents dont nous parlons ici : il met Émile dans une sorte d'apprentissage. Il se peut que des parents voient dans l'apprentissage une manière de traiter la crise, ou la phase, de l'adolescence. En tout cas, son apparition sonne le glas d'une première enfance et marque le début d'une segmentation de plus en plus explicite de la condition de parents[8]. On reste parents biologiques bien entendu, et parents juridiques et, tout en s'éloignant dans l'espace et dans le temps, on ne peut renoncer à une responsabilité globale par rapport au développement et au comportement des enfants. Si quelques liens d'accoutumance ou de sentiment se délitent, d'autres persistent. Mais on peut déléguer certaines fonctions parentales, dont une partie de l'éducation (pas seulement sur le

7. Adrien-César Egron, *Le Livre de l'ouvrier, ses devoirs envers la société, la famille et lui-même*, Paris, F. Mellier, 1844, p. 146 ; Édouard Charton, *Dictionnaire des professions, ou Guide pour le choix d'un état*, 3e éd., Paris, Hachette, 1880, p. 54. Voir l'émouvant récit – moins analyse que récit prenant de court l'auteur lui-même – de l'éveil d'une sexualité adolescente tardive, refoulée, puissante dans Victor Onfroy [dit de Dammartin], « Mémoires d'un apprenti », dans *Œuvres divers*, Dammartin, Lemarié fils, 1873, p. 94-99. Ex-apprenti, esprit spirituel et exigeant, effrayé par « des instincts grossiers, des appétits sensuels » (tenant de « l'animal »), « encore par rapport au sexe dans [s]on innocence virginale », V. Onfroy assistait la jeune, affriolante patronne de sa boutique : cette activité « faisait naître dans mon sein un trouble que je ne pouvais m'expliquer ; j'étais dans la perturbante transition de l'adolescence à la virilité ». Il reconnaît « une passion naissante » pour elle : « Je restais seul des heures entières près d'elle dans le comptoir pesant du sucre, tournant un cornet, et ne pensant pas du tout à ce que je faisais. » Travaillant très près d'elle, il était en combustion : « J'avais comme des spasmes, elle eut pu entendre les battements de mon cœur [...] j'avais bien le désir de l'embrasser [...] je souffrais de mon état, physiquement par mes sens et moralement par ma conscience ; j'avais honte intérieurement de mes impressions, de mes désirs. »

8. Voir Esther N. Goody, *Parenthood and Social Reproduction. Fostering and Occupational Roles in West Africa*, Cambridge, Cambridge University Press, 1982, p. 1-3, 5-8, 14-17, 19-21, 23, 44, 54, 250-51.

plan technique) et certaines obligations morales. Le maître a la charge corporative de veiller à la reproduction de la famille institutionnelle en assurant la fabrication du bon ouvrier et, partant, du bon citoyen. En même temps, il a la mission, comme parent social ou par intérim, d'agir *in loco parentis* en fonction de la distance géographique séparant la maison familiale de l'apprenti.e et l'atelier, de la personnalité du maître, passif ou plutôt directif, et de la volonté du père et/ou de la mère, ou de leur mandataire, certes stipulée dans le contrat, mais exprimée autrement et au-delà, selon la disposition de la famille. Bien des parents limitent leur rôle à un début – la mise au monde – et une fin – l'insertion d'un.e jeune plus ou moins mûr.e et/ou autonome. D'autres n'imaginent pas abdiquer leurs droits et devoirs de parents leur vie entière. D'autres encore semblent maintenir une relation platonique et quelque peu opportuniste, prête à une révision rapide selon les circonstances.

En tout état de cause, l'engagement de l'enfant comme apprenti.e ne signale pas une rupture, sauf, semble-il, dans un petit nombre de cas (parfois, c'est vrai, fracassants). Si quelques placements paraissent assez brutaux, d'autres sont en fait le fruit de négociations non seulement entre le futur maître ou la future maîtresse et les parents, mais aussi entre ces derniers et l'enfant. Contractuellement et psychologiquement, de nombreux.ses apprenti.e.s demeurent dépendant.e.s vis-à-vis de leurs parents : pour des prestations matérielles, pour un appui et pour un accompagnement difficile à décrire ou circonscrire[9].

LE CHOIX DU MÉTIER : I

Avant de se pencher sur le choix d'un maître, les parents et l'intéressé.e doivent trouver le métier idoine, peu ou prou, celui qui attire l'attention de l'enfant sans léser les intérêts de la famille. Ces derniers, qui sont eux-mêmes sujets à débat, l'emportent-ils toujours sur les inclinations de l'enfant, sur ses désirs, eux aussi pas toujours pensés concrètement ? Difficile de pénétrer dans ces discussions, ou même de savoir si elles ont lieu. Jacques Savary, auteur du célèbre *Parfait négociant*, qui a fait fortune dans le commerce de mercerie, puis dans la finance pendant la deuxième moitié du XVIIe siècle, met en garde les parents contre une approche coercitive : « L'on ne doit pas forcer

9. Cf. I. Illana Krausman Ben-Amos, « Service and the Coming of Age », p. 48-51.

l'inclination des enfants pour leur profession car [...] quand ils sont forcés par la puissance paternelle d'embrasser une condition pour laquelle ils ont de l'aversion, ils n'y réussissent jamais. » Rousseau, reprenant certains thèmes de *L'Encyclopédie*, essaie de placer l'enfant au centre de toute question concernant son sort, sans lui céder totalement l'indépendance. Il faut attiser sa curiosité, lui ouvrir l'esprit sur la multiplicité des voies possibles.

Comment l'inciter en même temps à prendre conscience de ses talents ou aptitudes et à les confronter à ses goûts ? Le père de famille pensant à l'avenir de son enfant fait-il du Rousseau sans le savoir, à l'image de Monsieur Jourdain ? S'il faut éviter de se laisser entraîner par l'idéalisation, il serait également injuste de supposer les familles incapables d'écouter leurs enfants et de discuter avec eux. Cela dit, il serait naïf de croire à une sorte d'effet de ruissellement qui répandrait les Lumières concernant l'éducation ou l'enseignement professionnel vers les familles envisageant l'apprentissage. Même la tentative de surmonter « le mépris des arts mécaniques », entreprise par Diderot, avec une certaine ambiguïté scientiste n'épargnant pas les méthodes « archaïques » du monde du travail, et plus généreusement par des penseurs-formateurs tel Jean-Jacques Bachelier (« le poëte, le philosophe, l'orateur, le ministre, le guerrier, le héros seroient tout nus & manqueroient de pain sans cet artisan, l'objet de son mépris cruel »), ne touche que les marges élitistes du monde du travail, qui ne s'en soucie pas particulièrement[10].

La famille, en fonction de ses besoins, de ses perspectives et de l'âge et des penchants de l'enfant, pouvait envisager une solution hyperlocale, c'est-à-dire en cercle fermé. Fortement endogamique, le monde du travail conçoit également le métier comme passant de père en fils (moins fluidement, de père en fille via un gendre) ou de mère en fille en dehors des cadres communautaires. Aucune image n'évoque plus puissamment l'esprit et le poids du système corporatif que la transmission héréditaire du métier (transmission, par ailleurs, souvent prétendue, jamais mécanique, fréquemment contestée). Dans une société où la stratification sociopolitique est fondée sur le sang et la naissance, il n'est pas surprenant de voir les corporations, sorte

10. Jacques Savary, *Le Parfait négociant*, édition critique, éd. Édouard Richard, Genève, Droz, 2011, p. 10 ; S. L. Kaplan, *La Fin des corporations*, Paris, Fayard, 2001 ; Antoine Léon, *La Révolution française et l'éducation technique*, Paris, Société des études Robespierristes, 1968, p. 54-55 ; Jean-Jacques Bachelier, *Projet d'un cours public des arts et métiers*, Paris, Imprimerie royale, 1789, p. 24-25, 28.

d'aristocratie urbaine alternative organisant la production, le commerce et la consommation, imiter le modèle dominant.

Avant même de prendre en compte ses intérêts économiques, le maître doit sa franchise symbolique, son existence politique, son capital social à son appartenance à une communauté, cette corporation constituant un anneau dans la grande chaîne de condition corporative – d'existence sociopolitique – qui mène à et est tenue par le roi. Comme à l'intérieur de la noblesse, où le pragmatique et le symbolique se renforcent et se sapent simultanément, la relation entre capacité (ou mérite) et naissance est floue. L'une est censée porter, faciliter, favoriser ou garantir l'autre, selon les multiples exégèses polémiques depuis des siècles. Théoriquement, la fierté du père dépend de sa faculté à produire et élever un fils en mesure de reprendre l'oriflamme, et ainsi de suite. Plus forte au début, lors de la phase de construction de l'influence familiale et sa ramification, l'attirance héréditaire, légitimée et fructifiée à travers le temps, ne perd pas son intérêt de génération en génération, à condition que l'adhésion à la communauté ne devienne pas trop onéreuse et que le commerce continue de prospérer[11].

Certaines corporations, tels les brodeurs de Paris, au moins pendant la deuxième moitié du XVIIe siècle, réservent l'accès à l'apprentissage exclusivement aux fils de maîtres ou de compagnons. Ce privilège assez rare accordé aux compagnons trouve un écho dans un arrêt du conseil de 1727, réaffirmant des mesures préalables, restreignant strictement le recrutement des apprentis, en dehors des familles des maîtres, aux fils de compagnons dans la papeterie, où des associations ouvrières clandestines fleurissent depuis longue date. Dans la plupart des communautés, partout en France, le fils du maître obtient

11. Cf. l'argument pour une séparation croissante entre le comportement de la famille et le fonctionnement des corporations, sur fond de montée d'une prétendue « société civile » et d'affirmation plus franche du « marché » comme arbitre des échanges et des intérêts, à Anvers et dans d'autres villes belges sous l'Ancien Régime. Les pratiques contractuelles l'emportent sur des relations plus informelles et irrégulières ou imprévisibles ; les privilèges du fils de maître s'étiolent ; l'apprentissage devient de plus en plus une initiation à une profession et de moins en moins une entreprise combinant formation avec socialisation morale et politique ; avec la famille, la corporation perd de sa superbe, et de son importance, ce qui a été sans doute exagéré d'emblée, selon cette ligne. Ce sont des thèses intéressantes, pour l'instant davantage énoncées que démontrées, et qui attisent un débat musclé qui a commencé avec le déboulonnage souvent péremptoire du système corporatif, dénoncé comme (au mieux) institution non pertinente et (au pire) appareil tentaculaire promouvant la recherche de la rente et l'incrustation de privilèges, inhibant l'innovation technologique et la croissance économique, et sapant l'intérêt général. Bert de Munck, « From Brotherhood Community to Civil Society? Apprenticeship between Guild, Household and the Freedom of Contract in Early Modern Antwerp », *Social History*, t. 36 (février 2010), p. 1-20, particulièrement 5-9.

un traitement préférentiel : une voie vers la maîtrise accélérée, considérablement réduite en coût et allégée en examens ou évaluations de capacité. Un document de justice, reprenant peut-être la plaidoirie d'un avocat, rédigée sur un ton sardonique, décrit le parcours doré d'un fils de maître :

> On sçait les privilèges de fils de Maître ; à Paris capitale du Royaume & qui peut servir de modèle à toutes les villes du monde, un fils de Maître est reçeu *de plano* [de plein droit], sans faire chef-d'œuvre, mais une seule expérience [examen ou pièce plutôt légers] ; tant on est persuadé & convaincu qu'un fils de Maître suce avec le lait & apprend, comme sans y penser, tout ce qu'il y a de plus singulier dans l'art de son père, qui ne luy cache aucun secret de sa profession, mais l'éléve pour lui succéder, & luy en apprend plus en un jour, qu'un apprentif étranger n'en pourroit sçavoir après un long temps d'étude & d'apprentissage.

On entend déjà au XVIIIe siècle des plaintes contre l'incompétence de certains fils de maître, qui prennent des poses dans les assemblées corporatives, mais s'avèrent incapables de diriger leurs propres ateliers. (Au XIXe siècle, où il n'existe pas d'accréditation institutionnelle du savoir-faire artisanal, des apprentis et des ouvriers dénoncent fréquemment des maîtres qui « ne savent pas travailler », mais s'érigent en entrepreneur ou financier de fabrication, tout en osant porter jugement sur la qualité d'un travail qu'ils connaissent mal[12].)

Mais la ligne officielle – sans aucune ironie – sur la supériorité technique, morale et sociale de la passation de père en fils sous l'Ancien Régime reste inébranlable : « Il est très-naturel en effet, que des enfans réussissent mieux dans un métier auquel ils ont été accoutumés dès leur enfance, & formés par la main paternelle, que dans tout autre métier qu'ils n'apprendroient qu'imparfaitement sous des maîtres étrangers, souvent peu attachés à leurs élèves. » Non seulement fait-il mieux, mais le maître peu aisé n'a pas à dépenser pour la formation (incertaine) de son fils (dans ces discussions, seul compte l'aîné). Un fils élevé auprès de son père « conserve bien plus sûrement ses mœurs » ; il est également plus susceptible de s'occuper de son père dans sa vieillesse, prime à laquelle trop peu de parents songent au moment du placement de leur rejeton. Ainsi, conclut ce

12. Jacques Savary des Bruslons et Philémon-Louis Savary (dir.), *Dictionnaire universel de commerce*, t. 2, Genève, Cramer et Philibert, 1742, p. 559 ; *Supplément et suite au Recueil des reglemens généraux et particuliers concernant les manufactures et fabriques du royaume*, Paris, Imprimerie royale, 1730, p. 416. *Notes d'arrêts du conseil souverain d'Alsace*, Colmar, Decker, 1772, p. 341.

texte, « l'union & l'intérêt des familles, le progrès des arts & le maintien des mœurs, semblent demander que l'enfant d'un *artisan* ait son même métier ». Avec un exquis sens des proportions, une déférence inattendue à l'égard du libre arbitre des enfants et sans aucune raillerie, il ajoute : « Nous croyons qu'on doit se borner à encourager des enfans à prendre le métier de leurs pères, & qu'il seroit dangereux & impolitique d'adopter les loix coactives des Égyptiens, & des peuples d'Allemagne »[13].

Même si l'énorme majorité des textes législatifs, judiciaires et administratifs réaffirment les privilèges du fils de maître, on détecte ici et là des signes d'interrogation, voire de critique. L'édit de 1581 fortifiant les structures corporatives avait dispensé les fils de maître de la moitié du temps prescrit pour le compagnonnage, injonction vouée à s'éclipser, mais « avoit déterminé qu'ils feroient *l'apprentissage* comme tous les autres éleves », encore une réforme audacieuse à la vie éphémère. Un siècle plus tard, une nouvelle tentative témoigne d'un certain malaise concernant la formation des fils privilégiés. Un mouvement au sein de la communauté des maîtres orfèvres parisiens, troublés par un déclin ostensible dans la capacité des fils de bien de leurs collègues, arrache un arrêt à la Cour des Monnaies chargée d'un contrôle de leurs affaires soumettant tous les aspirants à la maîtrise, y compris les fils, à un apprentissage de huit ans. Cette mesure provoque un tollé dans les sphères corporatives, une série d'appels, et un jugement au Conseil d'État privé cassant la mesure ramenant les fils au statut d'apprenti canonique[14].

Nonobstant les stigmatisations extravagantes des critiques libérales de l'organisation corporative, les fils reprenant la maîtrise du père constituaient une minorité des entrées dans la plupart des professions. Le canal héréditaire est le chemin le plus simple, et souvent profitable, pour la famille, notamment en l'absence de jalousie au sein de

13. Pierre-Jacques Brillon, *Dictionnaire de jurisprudence et des arrêts, ou Nouvelle édition du Dictionnaire de Brillon* [désormais *Dictionnaire Brillon*], éd. Antoine-François Prost de Royer, t. 3, Lyon, Aimé de la Roche, 1783, p. 76.

14. *Ibid.*, nouv. éd. par Antoine-François Prost de Royer et Jean-François-Armand Riolz, t. 5, Lyon, Aimé de la Roche, 1786, p. 664-65 ; l'affaire des orfèvres, BRO-138450, Bibliothèque historique de la Ville de Paris [BHVP]. Pour mémoire, quasiment partout, un fils de maître ne peut jouir des privilèges de la communauté de son père s'il n'est pas né après l'accession de ce dernier à la maîtrise. Jean-Baptiste Denisart, *Collection de décisions nouvelles et de notions relatives à la Jurisprudence actuelle*, 7e éd., t. 1, Paris, Veuve Desaint, 1771, p. 142. Voir le cas inhabituel d'un maître perruquier qui met son fils en apprentissage chez un confrère par brevet rédigé par un notaire. Archives départementales (désormais AD), Indre-et-Loire, E 456, 25 août 1765 et 2 janvier 1766.

la fratrie. Mais l'enfant né avec une cuillère en argent dans la bouche n'est pas forcément ravi, soit parce que l'état par succession ne le comble pas, soit parce qu'il s'entend mal avec son père. Prenons le cas de Jacques-Louis Ménétra, un des rares artisans de l'Ancien Régime qui nous a laissé un écrit autobiographique. Maître vitrier autoritaire, ivrogne et brutal, son père ne lui avait jamais donné l'occasion de choisir. En accompagnant, regardant et imitant son père, et ses collègues et parents, il a appris le métier de façon informelle. Talentueux, résilient et doté d'un appétit immodéré pour la violence, le sexe (« gibier féminin ») et la bonne chère, ressemblant à son père plus qu'il n'aime l'admettre, le fils a connu son vrai apprentissage et sa socialisation dans le métier pendant son Tour de France, et particulièrement à l'occasion de son intégration dans les Compagnons du devoir, association clandestine d'aide mutuelle, d'instruction professionnelle et de placement[15].

Toujours est-il que, malgré la facilité et l'économie importante d'une succession héréditaire, les enfants ne souhaitaient pas toujours suivre la voie paternelle. Nicolas Louis Rivière, maître perruquier près de l'église Saint-Eustache à Paris, veuf, comptait sur son fils unique Antoine Louis, vingt et un ans, pour reprendre l'affaire familiale. Devant un conseil de famille, « le père tuteur expose que son fils ne se sentant point de disposition à l'état de perruquier auquel il l'avoit destiné, il luy demande qu'il mette en apprentissage chez un marchand epicier qu'il est de l'intention de correspondre aux vüs de son fils pour luy procurer un état qui luy convienne ». Prenant très au sérieux « l'inclination » d'un jeune homme vers tel ou tel métier, un traité de commerce de 1742 soutient « qu'il ne faut pas entiérement se rapporter à un enfant sur le choix de son état ; mais si on le croit propre à une chose qu'il désire & qui lui convient, on le doit laisser aller à son penchant ».Tout en prônant le choix d'un métier « solide, qui s'occupe des choses nécessaires à la vie, non sujettes aux modes et aux changemens » (boulanger, cordonnier, menuisier plutôt que passementier, brodeur ou parfumeur), l'abbé Fleury, célèbre confesseur de Louis XV, voix assez sévère, admet qu'il faut prendre en compte

15. S. L. Kaplan : *La Fin des corporations* et *Le Meilleur pain du monde. Les Boulangers de Paris au dix-huitième siècle*, Paris, Fayard, 1996 ; *Jacques-Louis Ménétra, compagnon vitrier au 18e siècle : Journal de ma vie*, éd. Daniel Roche, Paris, Montalba, 1982, p. 30-50. Adoubé « compagnon » parce que cette phase, ou plutôt cet aspect, de sa vie s'avérait le plus tumultueux et captivant, le jeune Ménétra a toutefois bénéficié d'une maîtrise « de fils » très précocement. *Ibid.*, p. 37.

« à quel métier sera porté » l'enfant. Les administrateurs de la fondation Delecey de Langres, qui mettaient des orphelins en apprentissage ne doutaient, quant à eux, pas un instant que le « goût » du jeune pour la profession allait façonner sa conduite[16].

Écouter l'enfant paraît un bon moyen d'assurer son investissement dans le travail, car il s'approprie ainsi son propre sort. Pourtant, quand il se révèle instable et velléitaire, il met sa famille en difficulté tout en minant son désir d'autonomie (partielle). Moïse Melot, guidé par un oncle paternel à Chauvigny dans le Poitou, s'engage comme apprenti boulanger l'été 1689. À peine accoutumé au fournil, avant la fin de l'année, Moïse, « ayant changé de vollonté pour le mestier de boullanger [...] a prié et requis led. Jean Melot son oncle de luy faire apprendre le mestier de cordonnier ». Inquiète, sa mère écrit à son beau-frère : « Mon filz sçat l'éstat ou je suis et la paine que mon mary [deuxième époux, beau-père de l'apprenti volage] me fait ainsi je vous le recommande serves luy de pere et surtout quil prie bien dieu de luy faire la grace de bien apprendre son metier d'autant que je ne puis plus que luy faire. » Plusieurs semaines après la rédaction de cette lettre angoissée, le fils intègre la boutique d'un cordonnier fin novembre 1689. Mais il fera encore souffrir sa mère, car en mai 1691 le contrat instaurant ce deuxième apprentissage est annulé, Moïse étant « incommodé » par cette nouvelle profession. La famille Melot était dotée de ressources humaines et matérielles, et ainsi de la capacité de donner à cet enfant beaucoup plus de latitude que les jeunes ne pouvaient habituellement se le permettre[17].

C'est avec l'avènement des Lumières seulement que le problème de la compétence des enfants devient un sujet public. Avec le début de l'industrialisation accélérée et l'intensification de la concurrence commerciale internationale, cette question, et plus largement celles de l'enseignement professionnel et de la (re-)production des ouvriers habiles, s'imposent comme des enjeux politiques. Pendant la majeure partie de l'Ancien Régime, le choix du métier demeure une affaire

16. Archives nationales (désormais AN), Y 4957/B, 15 octobre 1771 ; [Couchot ?], *Le Praticien des juges et consuls, ou Traité de commerce de terre et de mer*, Paris, Saugrain, 1742, p. 5 ; Claude Fleury, *Opuscules de M. l'abbé Fleury*, t. 1, Nîmes, P. Beaume, 1780, p. 310, 365 ; André Garnier, « La Fondation Charmolue et autres fondations charitables pour la mise en apprentissage des orphelins », *Bulletin de la Société historique et archéologique de Langres*, n° 159 (1er juillet 1955), p. 222.

17. Documents cités par Nicole Pellegrin, « Contrats d'apprentissage en Haut-Poitou au XVIIIe siècle. Note de recherche », *Bulletin de la Société des Antiquaires de l'Ouest*, 4e trimestre (1987), p. 308.

strictement privée et locale : on suppose que les parents sont suffisamment raisonnables et circonspects pour retenir un métier dans lequel leur enfant a une bonne chance de s'épanouir. Les parents s'informent comme ils le peuvent sur leurs options, sur la marge de manœuvre dont ils disposent face aux contraintes économiques et institutionnelles : il n'y a pas d'orientation proposée, il n'y a pas de service de renseignements officiel (même s'il y a plein de canaux informels, de réseaux familiaux ou corporatifs ou de voisinage, et des recours caritatifs). En l'an VIII (1799-1800), Pierre-Henri Valenciennes, artisan-artiste, sonne un tocsin qui ne se tait pas, même s'il ne se déploie pas sans interruption, et qui est sans doute une des retombées des séismes idéologiques révolutionnaires. Marqués par la nouvelle culture politique et sociale, certains parents veulent que leurs enfants puissent forger et vivre une meilleure vie que la leur. Impossible de chiffrer leur nombre, mais davantage de gens s'autorisent des ambitions au-delà de ce qui était coutumier auparavant. Pour Valenciennes, cette attitude se traduit par une hubris parentale : concrètement, ils décident de « faire embrasser cette profession [de peintre, en l'occurrence] à leurs enfans, sans avoir préalablement fait de mûres réflexions sur l'éducation convenable à cet art » et sur la capacité des enfants à maîtriser ces fondamentaux de la profession. Ayant surestimé les talents et la volonté de leurs enfants, les parents sont surpris au bout du chemin[18].

Des parents attentifs et clairvoyants peuvent savoir que le choix du métier en soi ne détermine pas nécessairement, pas étroitement, encore moins définitivement, l'avenir professionnel de leurs enfants. Bien avant l'avènement de l'hyperspécialisation, culturellement déroutante, qui a marqué l'industrialisation galopante au XIXe siècle, une division du travail (pas encore très poussée), un brouillage des frontières professionnelles, un certain mélange des genres existaient dans bon nombre de métiers au XVIIIe siècle, malgré les lignes corporatistes, souvent plus souples qu'on ne le croit. Cette fluidité, parfois apparente, généralement larvée, a pu être perçue par quelques parents, directement, empiriquement, ou par ouï-dire. Un apprenti formé dans la serrurerie, par exemple, a des possibilités de travail dans plusieurs métiers artistiques et, plus communément, dans le domaine tentaculaire du bâtiment, qui fait appel à de multiples compétences. Il est même concevable de voir un apprenti chapelier connaissant les

18. Pierre-Henri Valenciennes, *Perspective pratique à l'usage des artistes*, Paris, Desenne, an VIII, p. 588, 593-94.

méthodes de teinture basculer vers le travail dans les textiles (mais pas dans la teinturerie, où les communautés ressemblent parfois à des bastilles). Quand la demande de marchandises est forte et l'offre de travail peu abondante, les communautés ferment les yeux ; même quand elles sont en alerte, des entrepreneurs dynamiques traversent régulièrement les démarcations professionnelles et corporatives. Des « débauchages » de compagnons ont lieu en partie non pas à l'intérieur communautaire (un maître trahissant son confrère immédiat), mais entre des maîtres situés dans d'autres corporations et/ou professions. Ces pratiques – transgressions imposées ou tolérées – ouvrent l'espace professionnel et le rendent accessible à des apprentis assidus et curieux. Par ailleurs, des maîtres dans certains métiers paraissent sciemment transmettre un socle de connaissances permettant aux apprentis – futurs compagnons – de poursuivre des spécialités pas encore pleinement émiettées[19].

PARCOURS POSSIBLES

Quelle trajectoire la famille envisage-t-elle pour l'enfant, une fois qu'elle s'est fixée sur un métier ? Quelle ambition l'agite ? Cette réflexion sur l'avenir est-elle l'apanage des adultes, ou le candidat à l'apprentissage participe-t-il à cette projection ? Pour les uns, le/la caser pourrait déjà marquer un certain succès, ou du moins un soulagement. D'autres sans doute analysent et agissent un peu comme Chinki, protagoniste de la parabole satirique éponyme portant la cause libérale du philosophe et lobbyiste, l'abbé Coyer. Avant de révéler sa vocation de porte-parole, le personnage de Chinki, laboureur industrieux, père de famille raisonnable, s'il était un brin moins extravagant (il a 24 enfants), pourrait figurer un père de famille s'efforçant d'assurer l'avenir de sa progéniture. Comme beaucoup de parents partout en France, il croit – dans un premier temps – que la mise en apprentissage de son fils aîné et de la plus âgée de ses filles va tout bonnement augmenter leurs chances de gagner leur vie. Avant de se heurter à des barrières cyclopéennes, caricaturées à des fins de propagande, Chinki, comme bien des pères et des mères, est attiré par le noyau corporatif, pas seulement ou pas forcément en raison de la brillante et souvent coûteuse perspective d'accéder à la maîtrise, pourtant

19. Clare H. Crowston, Steven L. Kaplan et Claire Lemercier, « Les Apprentissages parisiens aux XVIIIe et XIXe siècles », *Annales, Histoire, Sciences Sociales*, 73e année (2018), p. 869-70.

marque prestigieuse et situation de levier socioéconomique peut-être grisante, mais parce qu'il s'ouvre sur une voie professionnelle solide, licite, sûre, même quand l'objectif n'est pas l'apothéose corporative. Chinki se trouve sur la même longueur d'ondes que la Dame Paire, qui accompagne son fils pour sa mise en apprentissage chez un maître perruquier à Lyon en 1776. Elle imagine aisément que son fils va « travailler en qualité de garçon après »[20].

L'apprentissage, d'emblée, débouche sur plusieurs possibilités. Être compagnon à vie n'est pas perçu comme un échec. Sur une échelle bien plus modeste, le compagnon, officiellement reconnu, comme le maître, a certains privilèges, des avantages significatifs sur le marché du travail, des préséances, des relations tissées à travers le temps et l'espace grâce à une sociabilité particulière et parfois sectaire. Habituellement inexpérimentés ou même bien informés, les parents veulent réduire les risques pour leurs enfants. Travailler en ville un jour, dans la plupart des cas, signifie occuper une place reconnue et visible homologuée par une communauté ; ou pratiquer un métier dans la pénombre, dans les interstices, au mieux dans la tolérance, une légitimité contestée avec acharnement, au pire dans le flottement structurel, l'instabilité pesante, une contingence pour certains insupportable. Un compagnon certifié sait qu'il cherchera du travail et exercera son métier dans une sérénité relative car il a une qualité – moins glorieuse certes que celle du maître, mais nonobstant solide – et des protections consenties par le système corporatif et la loi. Ce compagnon jouit d'une certaine sécurité précisément à cause de son autonomie un peu hétéronome.

L'ouvrier qui se passe d'un apprentissage formel est sans-qualité, et pâtit par là d'une existence publique aléatoire ; s'il a certains abris sociogéographiques, ceux-ci ne comportent quasiment aucune protection sérieuse – ni rempart juridique ni bouclier collectif – et il travaillera en butte à des menaces et des gênes, à des inquisitions et des sanctions. Un compagnon breveté dispose d'une sorte de police d'assurance contre la police de la communauté, de la ville et de l'État, contre des incertitudes encore plus anxiogènes et moins prévisibles que celles du marché, voire encore plus arbitraires et insaisissables. Cela dit, avec un peu d'expérience, un ouvrier sans brevet peut très bien trouver son bonheur dans la zone crépusculaire, dans l'univers

---

20. Gabriel-François Coyer, *Chinki, histoire cochinchinoise qui peut servir à d'autres pays*, Londres, 1768 ; Archives municipales (désormais AM) de Lyon, HH 177, 1er septembre 1776. Cf. S. L. Kaplan, *La Fin des corporations*.

plus fluide des faux ouvriers, sans-qualité mais loin d'être sans compétence, dans ces espaces, souvent, d'innovation et d'invention, fréquentés par une clientèle importante et avertie. Sans doute ces territoires sont-ils moins inquiétants et plus attractifs quand on a vingt-cinq ou trente ans que quand on est jeune adolescent. En tout cas, en pensant à l'avenir de leurs enfants, il est vraisemblable que bien des parents aient pris en compte l'intérêt de l'apprentissage du point de vue de la multiplicité des parcours possibles[21].

RELATIONS ET RÉSEAUX : COMMENT TROUVER « LE BON MAÎTRE » ?

Si le choix du métier est crucial, moralistes, juristes et hommes d'affaires ne cessent d'alerter les parents sur le fait que la sélection du bon maître n'est pas moins primordiale. « Il est d'une extrême conséquence de ne l'engager [l'apprentissage] qu'avec des Maîtres qui ayent de la probité, & qui sachent prudemment conduire leurs affaires [...]. » Les uns recommandent vivement de chercher « quelque Maître craignant Dieu », tandis que les autres redoutent le pouvoir de séduction des maîtres « corrompus » et/ou « ignorans ». La famille est l'épicentre du processus de placement. Souvent, en fonction de sa taille, son implantation et son capital collectif, elle a des intérêts à défendre et promouvoir, des ressources matérielles et morales à mobiliser, et des réseaux parfois tentaculaires fournissant des informations précieuses et ouvrant de nombreuses opportunités. Même des familles relativement modestes peuvent fonctionner comme autant de firmes œuvrant dans plusieurs marchés parallèles d'hommes et de choses. À court et à long terme, des engagements tel le placement d'un enfant pouvaient engendrer des alliances, des potlatchs sobres ou autres échanges fructueux[22].

---

21. Voir C. H. Crowston, S. L. Kaplan et C. Lemercier, « Les Apprentissages parisiens aux XVIIIe et XIXe siècles », p. 855-56.

22. [Couchot ?], *Le Praticien des juges et consuls, ou traité de terre et de mer*, p. 5-6 ; C. Fleury, *Opuscules de M. l'abbé Fleury*, t. 1, p. 310. Patrick Wallis insiste sur les soins que prennent les familles anglaises dans le choix du maître. « Apprentissage in England », dans Maarten Prak et Patrick Wallis (dir.), *Apprenticeship in Early Modern Europe*, Cambridge, Cambridge University Press, 2020, p. 274. En Finlande rurale, où l'échelle des relations favorise la dissémination de l'information, les maîtres exceptionnels semblent bien connus du public susceptible de mettre ses enfants en apprentissage. Merja Uotila, « Rural Artisans' Apprenticeship Practices in Early Modern Finland (1700-1850) », dans *ibid.*, p. 180-81. Le cas finlandais rappelle un peu la distinction d'Esther Goody entre l'apprentissage « moderne », qui engage l'enfant avec des « étrangers » en dehors du cercle traditionnel, et l'apprentissage personnel qui caractérise l'intimité des échanges plus ou moins limités aux relations de parenté. *Parenthood and Social Reproduction*, p. 196.

Plus concrètement, comment les familles des apprentis trouvent-elles le bon maître pour leurs enfants, principalement à Paris et dans ses environs ? Rappelons que la majorité des familles est mêlée au monde des arts et métiers. Les pères pratiquent une vaste gamme de ces professions qui les mettent en contact avec énormément de commerçants et de fabricants de tous genres. Relativement peu de familles sont réellement éloignées du milieu où elles vont placer leur progéniture. Il est probable que beaucoup de liens se nouent grâce aux connaissances personnelles ou aux recommandations. Ainsi, Claude Pajot, compagnon chapelier, confie sa fille Jeanne, âgée de quinze ans, à une maîtresse couturière dont l'époux est également compagnon chapelier, vraisemblablement ami du père. Bien des liaisons ont un aspect de transmission héréditaire du métier. Rocheux, apprenti menuisier de quinze ans, est fils d'un menuisier en province. Le défunt père d'un autre apprenti menuisier, Nicolas Desvieu, seize ans, fut menuisier à Corbeil. Également décédé, le père de Claude Chevalier, quatorze ans, apprenti sellier, fut sellier sans-qualité dans la capitale. Âgé de vingt-deux ans, Jean Telat, apprenti tonnelier, est fils d'un défunt tonnelier à Chablis. Jean Delecture, marchand épicier, place son beau-fils Michel Gousmel, dix-sept ans, chez un de ses confrères, un effronté, qui n'hésite pas à demander 600 livres, prix assez fort. Suivant toujours cette notion de parenté technique, sinon familiale, dans le Haut-Poitou, en 1773, un architecte-entrepreneur met son fils en apprentissage chez un serrurier qui travaille dans le bâtiment, tandis qu'un meunier place son fils chez un charpentier en moulins en 1785, garantie pour de futures réparations[23].

Dans d'autres cas, un strict lien de parenté renforce (ou précède) le rapport par profession. Guillaume Pezat, quatorze ans, fils d'un tailleur d'habits sans-qualité, entre en apprentissage, sans bourse délier, chez son oncle, un maître tailleur. Présenté par son oncle, maître rubannier, Antoine Labbé, quinze ans, est engagé par un autre oncle, lui aussi maître rubannier. Robert Vallant, maître vitrier, fait entrer son neveu, Jean-Baptiste Lebrun, vingt ans, chez un de ses confrères.

23. AN, MC : V-460, 7 mai 1751 ; CI-449, 25 novembre 1751 ; CI-444, 14 janvier 1751 ; XCII-574, 16 décembre 1751 ; LXXXV, 23 mai 1751 ; X-495, 24 mars 1751 ; C. H. Crowston, S. L. Kaplan et C. Lemercier, « Les Apprentissages parisiens aux XVIIIe et XIXe siècles », p. 857, 859-60 ; N. Pellegrin, « Contrats d'apprentissage en Haut-Poitou », p. 275. Cf. le rôle majeur de la structure de parenté à Turin au XVIIIe dans le fonctionnement de l'apprentissage, système dans lequel l'apprenti devient insensiblement « neveu ». Voir Sandra Carvallo, « Métiers apparentés : barbiers-chirurgiens et artisans du corps à Turin (XVIIe-XVIIIe siècle) », *Histoire urbaine*, n° 15 (avril 2006), p. 40.

Jean-Joseph Saint-Germain, maître fondeur, met son fils de neuf ans en apprentissage chez son père, maître menuisier. Ils habitent la même rue, peut-être la même maison. Charles Jonanain, déjà âgé de dix-neuf ans, fils d'un maître horloger, est pris par son oncle paternel, également maître horloger. Pourquoi un maître prend-il la peine (et paie-t-il le prix) de placer son fils dans un apprentissage formel dont il n'a pas besoin pour monter dans sa profession ? Peut-être des ennuis dans les affaires, des problèmes avec le comportement de l'adolescent tant à la maison qu'à la boutique, le désir de faire profiter l'enfant des compétences spécialisées d'un confrère, ou la simple conviction que l'expérience chez un autre permettrait à l'enfant ou au jeune de mieux vivre le processus souvent tendu de maturation[24].

Quand ce n'est ni la parenté ni le métier, c'est le voisinage qui fait l'affaire. La proximité réduit les coûts de transactions pour tout le monde, simplifiant la recherche de partenaires valables et bénéficiant d'une confiance réciproque déjà fondée. Elle rassure la famille et facilite sa vie, car l'enfant ne sera qu'à deux pas. Avantage analogue pour le maître qui aura moins de mal à toucher l'argent et les prestations promises, et à mobiliser l'appui des parents pour discipliner l'enfant. Mais ce peut également être un inconvénient : l'enfant ne sera pas complètement intégré dans sa deuxième famille, là où il est impératif qu'il évolue vers l'autonomie. Malgré tout, la proximité attire. Quatorze enfants au sein d'un échantillon d'une étude de 1993 entrent chez des maîtres habitant la même rue qu'eux, et une dizaine d'autres sont accueillis dans la même paroisse. (Dans l'échantillon des couturières de cette même étude, la moitié des apprenties s'installe dans la paroisse où vivent leurs familles.) Fils d'un domestique, Louis Chaufer, quatorze ans, sert un maître doreur installé dans la même rue que lui. Claude Pichon, maître fondeur demeurant rue du Grand-Hurleur, prend un enfant de treize ans vivant juste à côté. Louis Arnoul, quatorze ans, fils d'un compagnon tanneur de la rue de Lourcine, s'engage chez un marchand fabricant d'étoffe du même lieu privilégié[25].

La contiguïté ne modère pas nécessairement le prix de l'apprentissage. Voisin rue des Petits-Champs, Antoine Blanchard, quatorze ans, doit remettre à son maître 400 livres, un prix fort dans le domaine de

24. AN, MC : XXXV-666, 19 avril 1751 ; XXXVIII-391, 3 octobre 1751 ; XXXVIII-389, 4 juillet 1751 ; XXXIV-584, 29 octobre 1751 ; CI-445, 5 février 1751.

25. AN, MC : XXXVIII-389, 10 août 1751 ; X-495, 19 février et 30 mars 1751.

la papeterie. Philippe Dubost paie 250 livres, également un prix cher, pour entrer chez son voisin de la rue Saint-Nicolas, un maître menuisier. Nicolas Barbe, maître mercier, demeurant rue Saint-Honoré, quartier déjà chic à l'époque, exige 1 000 livres de son apprenti, résidant à côté. Mais c'est peut-être en partie parce que le garçon a plus de vingt-cinq ans et se vante d'être bourgeois de Paris. En revanche, Philippe Lemoine, marchand épicier avec un statut et un fonds de commerce comparables à ceux de Barbe, accueille gratis Louis Berrier, âgé de vingt-cinq ans et habitant la même rue. Étienne Bertin, seize ans, demeurant rue de Cléry, s'oblige à un maître menuisier de la même rue, sans bourse délier, peut-être grâce à l'entremise de son frère, compagnon menuisier bien connu dans cette ruche d'ébénisterie et autres métiers du bois[26].

Lorsqu'elles n'obtiennent pas une priorité d'accès grâce à des liens familiaux, de métier ou de voisinage, des familles entrent parfois en concurrence, qui peut s'avérer âpre, pour arracher l'accord d'un maître réputé et convoité pour son savoir, sa rigueur, son charisme, son prix ou autres qualités. Certains maîtres d'apprentissage se plaignent d'être trop vivement courtisés, voire harcelés par des familles ou leurs agents à la recherche d'un atelier. Domestique dans la maison du comte de Clarmont, Charles Eyduc talonna Michel Driancourt, maître boulanger, espérant le persuader d'enseigner son métier à son frère. Eyduc l'entraîna de cabaret en cabaret à la Basse Courtille et dans le Marais pour essayer de gagner cette faveur.

L'imagination et l'envie s'associent pour créer le « pré »-contrat d'apprentissage. Cherchant un maître pour son fils, Michel Guilbert, bourgeois de Paris, identifie un artisan horloger parisien très prisé, Jean-Baptiste Merlin. S'occupant déjà d'un apprenti – son contingent annuel –, l'horloger accepte de signer devant un notaire (différent de celui qui est habituellement sollicité par les membres de la communauté) un contrat par lequel il s'engage à recevoir le fils Guilbert par brevet formel un an plus tard. En attendant, il veut bien commencer à lui montrer le métier, le loger et le nourrir, en échange d'un premier paiement immédiat de 300 livres. Parmi les maîtres très sollicités se trouvaient sans doute des spécialistes, des artisans qui avaient fait de la formation une sorte de business, auxiliaire mais important, malgré les limites assez strictes imposées par les communautés sur le nombre

26. AN, MC : XC-368, 5 juin 1751 ; XXXVIII-387, 10 février 1751 ; XXXIX-408, 6 avril 1751 ; LXIV-340, 28 mars 1751 ; CI-445, 3 mars 1751.

d'apprentis que chaque maître avait le droit d'engager. Il est même possible que, face au *numerus clausus* corporatif, des ateliers consacrés particulièrement à la formation se soient installés en dehors de l'espace corporatif[27].

Une famille indigente, marginalisée ou autrement désemparée, ou simplement opportuniste et délurée, prête à suivre des voies non-conventionnelles, mais pas pour autant inhabituelles, pouvait être tentée de chercher ailleurs une solution pour son enfant. Elle dénichait alors des acteurs rebelles ou de véritables systèmes parallèles ou alternatifs d'apprentissage, opérations toutes illicites, quoique fréquemment tolérées, fonctionnellement similaires au procédé parfaitement légal de l'allouage qui assurait généralement une formation sous l'égide corporatif, mais privait en principe l'adolescent.e de toute possibilité de briguer la maîtrise sans obtenir une rare dérogation ou refaire l'apprentissage consacré.

Contre toutes les règles de l'imaginaire relationnel et taxinomique, on pouvait aussi trouver l'apprenti non pas d'un maître, mais d'un compagnon (entorse bien moins grande au XIXe siècle quand la nomenclature devient parfois brouillée). À Paris, début XVIIIe siècle, Blaise Olivier signe un brevet d'apprentissage avec Nicolas Druout, compagnon potier de terre, qui n'avait pas le droit de le recevoir. Des compagnons cordonniers, en chambre et en ville, aux interstices du monde corporatif, et des menuisiers, se retirant dans les lieux dits privilégiés, ou des maisons religieuses et collèges, embauchent des apprentis. Le cas d'un compagnon chapelier à Lyon, qui poursuit son apprenti pour faute de paiement d'un versement dû pour son brevet, est un brin particulier, dans la mesure où il évolue dans le monde post-1776, après la refondation des communautés, rupture qui a engendré de la confusion sur les pratiques d'apprentissage, d'une part,

27. AN, Y 15061, 4 juillet 1760 ; Marie-Agnès Dequidt, *Horlogers des Lumières. Temps et société au XVIIIe siècle*, Paris, CTHS, 2014, p. 157-58. On décèle des « vendeurs du savoir » moins facilement en France qu'au Pays-Bas. On y trouve, par exemple en Hollande, que 20 % des maîtres forment plus de la moitié de tous les apprentis. À Anvers et dans les environs, une spécialisation analogue se dessine, des « ateliers de formation » qui attirent des compagnons cherchant à se perfectionner aussi bien que des apprentis classiques. À Londres, la formation était très concentrée : seule une minorité de maîtres avait le chiffre d'affaires, la capacité, la réputation et l'intérêt pour entraîner de nombreux apprentis. La grande majorité de maîtres incorporés n'ont jamais pris un apprenti. Ruben Schalk, « Apprenticeships with and without Guilds: The Northern Netherlands », dans M. Prak et P. Wallis (dir.), *Apprenticeship in Early Modern Europe*, p. 208 ; Bert de Munck, Raoul De Kerf et Annelies De Bie, « Apprenticeship in the Southern Netherlands, c. 1400-c.1800 », dans *ibid.*, p. 229, 242, 244 ; Patrick Wallis, « Apprenticeship in England », dans *ibid.*, p. 263-64.

et même sur les droits des maîtres, répartis en plusieurs catégories, de l'autre. (Certains apprentis, sans avoir achevé leur temps dans le vieux système, se sont métamorphosés en maîtres dans le nouveau, habilités en principe à prendre, eux, des apprentis, mais sont-ils vraiment capables d'attirer des parents[28] ?)

Sans doute parce qu'il leur avait dit qu'il était doté d'une légitimité irrécusable, travaillant dans l'enclos des Quinze-Vingts, lieu jouissant en principe d'une immunité contre l'intervention corporative, plusieurs familles payaient Mathieu Cayel dit Beaumont, garçon perruquier faisant semblant d'être un maître (« dans l'intention de louer un privilège »), pour accueillir leurs fils comme apprentis en titre. Démasqué par la communauté comme un « faux ouvrier » – « garçon chambrelan » –, il est incarcéré et ses « apprentis » renvoyés chez eux. Il y a sans doute davantage de faux acteurs dans les métiers des cheveux qu'ailleurs à cause du statut ambigu de plusieurs catégories de maîtres, de la volonté de certains maîtres de segmenter et multiplier leurs services, et de la promiscuité de maîtres et non-maîtres de toutes sortes dans le travail. D'où le cas, en 1781, de Reymond, « coeffeur » et perruquier à Lyon, sans doute un surnuméraire ou agrégé de la corporation, qui prend une femme comme « apprentie » pour « des leçons de coiffure ». Imposture, car il n'a pas le droit de pratiquer l'apprentissage. Ce qui n'empêche pas non plus Robert Dupeyrolles, ancien garde de la communauté parisienne des perruquiers, de défier sa corporation avant 1776, alors qu'elle est officiellement masculine, en recevant en tant qu'apprentie payante Jeanne Louchard, âgée de seize ans. Un homme embauche une fille comme apprentie… De même, une femme, Marie Aubry, également en contravention, engage un garçon comme apprenti tissutier-rubannier. Son prétexte : le besoin vital de faire vivre l'atelier, car elle est « femme délaissée et abandonnée » par Nicolas Desportes, maître tissutier-rubannier – discours certainement différent de celui qu'elle a tenu aux parents du jeune homme[29].

Marie Aubry est loin d'être la seule femme à prendre des apprentis. Quasiment toutes les communautés, partout en France, interdisaient strictement aux veuves, autorisées à reprendre l'affaire de leurs maris

28. *Statuts, anciens et nouveaux, régistrés en parlement, arrests, sentences, & reglemens des maistres potiers de terre,* Paris, Prault, 1952, p. 62-63 ; *Dictionnaire portatif du commerce,* Paris, J.-F. Bastien, 1777, p. 219, 351. 381 ; AM Lyon, HH 267, 21 octobre 1779.

29. AN, Y 11578, 12 septembre 1761 ; AM Lyon, HH 267, 6 décembre 1781 ; Y 11015A, 20 juin 1774 ; Y 9378, 7 septembre 1731.

pendant leur viduité, d'engager de nouveaux apprentis (elles étaient même parfois enjointes de renvoyer l'apprenti embauché précédemment, faute de la présence d'un compagnon expérimenté dans l'atelier pour se charger de son instruction.) « Pour leur soulagement », les libraires-imprimeurs de Paris toléraient occasionnellement la prise d'apprenti par des veuves. Charlotte Gagneat, veuve d'un maître sellier, prend discrètement deux apprentis jusqu'au moment où un collègue jaloux exige que la communauté réprime cet abus (toléré). La dame Guignard, veuve d'un maître tanneur à Chauvigny, prend un apprenti en 1683, promettant de « luy faire montrer et enseigner à son pouvoir par ses compagnons led. Métier de tanneur ». Un siècle plus tard, trois veuves boulangères à Poitiers reçoivent par contrat des apprentis dans leur fournil, phénomène considéré comme choquant par la police parisienne car, en fournil, les hommes étaient à peine vêtus. Une quatrième femme poitevine est autorisée à faire le brevet d'un garçon parce qu'elle « s'apprêt[ait] à se séparer d'un mari », absent à l'armée, exception assez commune[30].

Début XVIIIe siècle, des compagnons serruriers, formés eux-mêmes « dans les fauxbourgs » – pas seulement dans le lieu privilégié par excellence, le faubourg Saint-Antoine, foyer de transgressions plus ou

30. *Code de la librairie et de l'imprimerie*, Paris, 1744, p. 213-14 ; Louis Mannory (avocat au Parlement), *Plaidoyers et mémoires*, t. 10, Paris, Claude Herisant, 1764, p. 78 ; N. Pellegrin, « Contrats d'apprentissage en Haut-Poitou », p. 267. Sur la volonté de la grande majorité des communautés d'accorder à une veuve le droit de reprendre le métier, sous certaines conditions, dont l'interdiction de prendre des apprentis, voir : *Statuts, ordonnances et reglemens pour la communauté des maîtres jardiniers de la Ville de Paris*, Paris, Grangé, 1765, p. 13-14 ; Nicolas Delamare, *Traité de la police*, t. 2, Paris, P. Cot, 1710, p. 1337 (charcutiers) ; Nicolas Toussaint Lemoyne Des Essarts, *Dictionnaire universel de police*, t. 3, Paris, Moutard, 1787, p. 598 (éventaillistes) et t. VII, p. 580 (parfumeurs) ; *Statuts, ordonnances et reglemens de la communauté des maistres tourneurs*, 7 février 1739, Paris, Valade, 1773, p. 8 ; *Dictionnaire portatif du commerce*, p. 18, 162, 175, 181 (brodeurs), 245, 366 (miroitiers), 382 (pâtissiers), 463 (tailleurs-graveurs sur métaux). Chez les drapiers à Carcassonne, pour continuer le travail de son défunt mari, la veuve doit « présenter un sujet qui sera examiné par les gardes-jurés » qui décideront s'ils la jugent « capable ». *Supplément et suite au Recueil des reglemens généraux et particuliers concernant les manufactures et fabriques du royaume*, n° 2, Paris, 1730, p. 606. Un commentateur met en garde les familles ayant un garçon en apprentissage, car quelquefois « il n'y avoit personne [dans l'atelier de la veuve, supposée incompétente pour la transmission] qui pût l'instruire ». P. Bornier, *Conférences des ordonnances de Louis XIV*, t. 2, Paris, 1744, p. 442. Les horlogers de Paris rappellent que les veuves peuvent continuer le métier, dans tous ses aspects, « pour vu qu'icelles aient en leur maison hommes sûrs & experts audit métier, dont elles répondent quand au besoin sera ». *Encyclopédie méthodique. Arts et métiers mécaniques*, t. 3, Paris, Panckoucke, 1784, p. 441. Hier, comme encore aujourd'hui, il y a une grande variabilité de compétence technique parmi les femmes d'artisans. Certaines demeurent exclusivement responsables de la boutique et des aspects commerciaux de l'affaire ; d'autres, au cours du temps, deviennent elles-mêmes de vraies spécialistes dans le métier, côté fabrication.

moins admises –, y engageaient leurs propres apprentis, en somme une affaire de « faux ouvriers », de part et d'autre[31]. En l'occurrence, les familles semblaient agir en connaissance de cause, choisissant cette voie souterraine ou alternative pour la formation. Cependant, d'autres familles, plus tard, paraissent avoir été trompées en confiant leurs fils à deux autres serruriers « se disant maître ». Chacun avait eu le culot de faire signer un brevet dans les règles de l'art, cérémonie presque canonique, devant un notaire complaisant, qui avait noté le paiement respectivement de 35 et 60 livres pour le prix de l'apprentissage, sans la présence de deux ou trois jurés de la communauté, habituels participants et garants moraux et professionnels du contrat. Sur plaintes des familles, en janvier et juillet 1721, le procureur du roi du Châtelet, chargé de régler les affaires des arts et métiers, condamne la supercherie, casse les faux brevets, ordonne le remboursement des frais essuyés, et dans au moins un des deux cas, inflige une amende de 10 livres, somme étonnamment légère, « pour avoir pris une fausse qualité », comme si cette contravention était banale – ou courante. Les familles et les enfants doivent quant à eux recommencer leur quête d'un maître légitime[32].

Le recours à de faux maîtres – ou à la formation alternative par compagnons ne cachant pas leur qualité, c'est selon – paraît fonctionner chez les boulangers de Limoges. À Lyon, Gilles Mathis, se présentant comme maître dans les métiers de bouche, accueille un apprenti en échange de 200 livres payées en espèces directement, contre l'usage. Peu après, quand il met brusquement le garçon à la porte, ses parents sont saisis de doutes et apprennent, après enquête, que Mathis n'a aucune légitimité : « N'étant point traiteur ny pâtissier, il n'a pu prendre aprenty. » Une fausse communauté parisienne – les bateliers, ou « maîtres passeurs d'eau de Paris », ne sont pas incorporés – fait de vrais apprentis, avec des brevets de deux ans. Dénonçant de faux ouvriers, compagnons de la ville ou pas, qui usurpent la fonction de

31. Dans le monde du travail, un lieu « privilégié » indique un espace, de taille fort variable, depuis un « enclos » de moins d'un hectare jusqu'à un immense faubourg, doté, généralement par le roi, de certaines immunités, franchises et libertés. Dans notre contexte, le faubourg Saint-Antoine devient une ruche d'activités de toutes sortes – une sorte de laboratoire de laisser-faire – parce que l'artisan peut s'y établir sans passer par la voie corporatiste et les communautés ne peuvent pas y exercer de police. Voir Steven L. Kaplan, « Les Corporations, les faux ouvriers, et le faubourg St.-Antoine », *Annales : E.S.C.*, 43ᵉ année (mars-avril 1988), p. 253-78.

32. *Statuts, ordonnances & privilèges des maîtres serruriers de la Ville, fauxbourgs et banlieue de Paris*, Paris, Ballard, 1707, p. 15-16 ; AN, Y9375B, 10 janvier et 8 juillet 1721.

maître dans le faubourg Saint-Antoine, les chefs de la communauté des chaudronniers s'adressent aux parents des faux-apprentis, avec autant de compassion que de colère : « [...] qu'aucuns d'eux ont la témérité de prendre de l'argent desdits parens ; que la plupart ne sont point informés s'ils sont Maîtres ou non, ou ne sçavent point s'il est nécessaire de passer un Brevet pardevant les Jurés ; en sorte que ces jeunes gens se trouvent être Citoyens de cette Ville & avoir passé leur jeunesse sans avoir aucune qualité, attendu qu'il n'y a que les Maîtres & non autres qui ayent le droit de donner qualité d'Apprentis de Ville à leurs Apprentis. » Chez les maçons parisiens, la situation est assez arbitraire et passablement chaotique – « il n'y a point d'apprenti en règle et par brevet » –, car personne ne se soumet aux statuts de la communauté qui requièrent six ans d'apprentissage par contrat écrit. Tout est informel et se passe sur le tas : « Les Maîtres s'attachent seulement à prendre parmi les manœuvres qu'ils payent, les plus capables ; ils les gardent à titre d'apprentis, pendant trois ans » – le futur homme politique Martin Nadaud, venu du Limousin comme aspirant maçon un siècle plus tard, aurait été sans doute choqué par cet apparent désordre[33].

Parce que nous nous évertuons à considérer ici le placement du point de vue des parents, nous avons mis l'accent sur la recherche du maître idoine par la famille à la veille de la mise en apprentissage. Cependant, il ne faut pas oublier que, dans certaines circonstances, les maîtres rivalisent entre eux pour trouver l'apprenti approprié, peut-être celui qui a le plus beau potentiel, ou qui apporte le prix le plus intéressant. Cette concurrence a lieu le plus souvent au sein de la même communauté, parfois entre maîtres dotés de statuts différents (un « privilégié » et un maître pleinement incorporé, ou un maître « moderne » face à un maître « ancien », par exemple), mais aussi entre maîtres de métiers voisins, susceptibles d'attirer le même profil d'apprenti. Cette compétition incite certains maîtres, comme ceux évoqués par Benjamin Franklin, extrapolant à partir de l'expérience de ses collègues américains, à proposer des contrats plus alléchants (à bas coût ou gratuits, avec salaire, accompagnés d'une meilleure

33. *Statuts et règlemens des maîtres boulangers de Limoges* (1753), AD Haute-Vienne, C 489, art. 16 ; AM Lyon, HH 244, 19 décembre 1752 ; *Encyclopédie méthodique. Jurisprudence*, t. 1, Paris, Panckoucke, 1785, p. 791 ; *Recueil des statuts, lettres patentes, édits, déclarations du Roy... au profit de la communauté des maîtres et marchands chaudronniers de Paris*, éd. Toussaint-Joseph Charlot, Paris, Veuve Lamesle, 1750, p. 73-74, 76 ; *Dictionnaire portatif du commerce*, p. 305-06.

nourriture). Des patrons se servent des petites annonces pour séduire des candidats, dans le *Journal de Turin et des provinces*[34] par exemple.

La rivalité entre maîtres s'envenime aisément, engendrant des cas de pré-débauche : une sorte de subornation avant la lettre, le « vol » d'un apprenti avant même sa signature sur un contrat ou le début de son déroulement. Prenons le cas de George Seellmann, maître perruquier à Lyon, qui dénonce une double trahison de la part d'un collègue, « perte » de son apprenti » et entorse aux règles. Un jeune homme appelé Chatagnier lui a demandé une place comme apprenti ; ils se sont mis d'accord sur les termes, y compris une brève période d'essai. Au bout de quinze jours, Chatagnier explique qu'il faut impérativement qu'il interrompe l'apprentissage pour vaquer à des affaires pressantes dans son « pais ». Le maître, ayant du flair et de la bouteille, déclare qu'il « ne fut pas surpris » en apprenant que le jeune était entré dans la boutique d'un voisin proche, Simon, perruquier « privilégié » qui, selon les statuts de la corporation, n'avait pas le droit d'engager un apprenti. Furieux de cet empiètement, dépossédé d'un jeune talent et de ses 120 livres, prix de l'apprentissage (le contrat n'ayant pas encore été formalisé), Seellmann demande au bureau d'intervenir et se fait rabrouer vertement par des sindics qui le traitent de « faquin » et autres invectives et semblent sympathiser avec Simon. Seellmann contacte un ancien juré, « zélé pour l'exécution des règles » et moins bien disposé envers les perruquiers privilégiés, qui organise une visite officielle chez Simon, dont la femme prétend que Chatagnier est ouvrier, pas apprenti, mais elle ne peut produire son congé, document témoignant de la validité de sa situation. Seellmann demande à la justice l'expulsion du faux-apprenti et des sanctions contre Simon ; sans rendre de verdict, le tribunal rappelle une norme couramment bafouée : que seul un véritable maître peut « faire un apprenti »[35].

Enfin, il y a le cas du maître fraudeur et scélérat, le Tartuffe de l'apprentissage. On trouve sans doute dans bien des villes quelqu'un lui ressemblant. En l'occurrence, on le perçoit comme une hypothèse vraisemblable et glaçante, dans un récit édifiant, une mise en garde à tous les parents cherchant à placer leur progéniture, particulièrement à ceux qui sont sensibles à la notoriété locale et à un discours à la fois

34. *Code de la librairie et de l'imprimerie*, p. 183 ; *Code de l'humanité, ou la législation universelle, nationale, civile et politique*, éd. De Felice, t. 9, Yverdon, 1778, p. 35 ; *Vie de Benjamin Franklin écrite par lui-même*, trans. J. Castéra, t. 2, Paris, Besson, an VI, p. 170 ; *Journal de Turin et des provinces* (2, 16 février 1780), p. 39, 55.

35. AM Lyon, HH 177, 12 juillet 1760.

vaniteux et rusé. Un marchand épicier, « par l'apparence de sa piété et des mœurs », Antoine-François Desrues, projette « une réputation » qui incite un bourgeois de Paris à lui demander de se charger de la formation de son fils. Le maître accepte, en échange de 1 000 livres, en espèces trébuchantes, payées illico, rare signe de confiance dans ce genre de transaction. Peu de temps après le début de cette initiation, Desrues passe « de tems en tems se plaindre au père, que son fils étoit un vagabond, un vaurien, employant trois heures à faire une commission où il n'en falloit qu'une ». Desrues avertit qu'il « seroit forcé de le renvoyer » si cela continue. Chaque fois que le père voit son fils, il le gronde fermement, nonobstant les protestations d'innocence de l'enfant qui jure « qu'il ne s'amusoit jamais et qu'il ne savoit pas comment il avoit pû mécontenter son maître. » À peine deux mois plus tard, arrive en catastrophe l'épicier dénonçant le fils comme « un grand coquin » s'étant évadé la veille avec 600 livres appartenant à son maître, crime grave à plus d'un titre car commis par un subalterne (« domestique ») contre son supérieur. Croyant toujours Desrues « honnête homme », le père est plongé dans la consternation. Son premier mouvement est de tout faire pour éviter de ruiner la vie de son fils. Il demande à l'épicier le silence ; ce dernier renonce à porter plainte auprès du commissaire de police moyennant un remboursement sur le champ des 600 livres *cash*, qu'il obtient. « Ce qu'il y a de remarquable dans cette anecdote, glose le narrateur, [c']est que le jeune homme n'a point paru depuis, & n'a donné aucune de ses nouvelles à ses parents. » Plus tard, quand Desrues est inculpé pour divers crimes, « le père a les soupons les plus violens que ce monstre aura peut être empoisonné son fils »[36].

INTERMÉDIAIRES : AVANTAGES ET INCONVÉNIENTS

Des intermédiaires, individuels et institutionnels, jouent un rôle important dans le placement en apprentissage d'enfants. Présent avant 1789, l'entremetteur individuel en apprentissage devient plus courant au XIXe siècle. Un peu comme la marieuse, il s'agit le plus souvent d'une personne très bien ancrée dans la vie locale, le voisinage, parfois un commerçant ou courtier itinérant qui nourrit des liens en constituant des réseaux et rapporte des informations, quelquefois même un clerc de notaire cherchant à se faire une spécialité. Un ancien imprimeur

36. *Vie privée et criminelle d'Antoine-François Desrues*, Paris, Cailleau, 1777, p. 10, 93-95.

semble avoir dirigé des candidats intéressants vers des maîtres parisiens, par exemple un garçon majeur, âge inconnu, qui s'engage pendant quatre ans sans bourse délier « attendu que led. Charles Nicolas avait grand commencement dans l'imprimerie pour y avoir déjà travaillé en Allemagne ». L'intermédiaire de ce type est rémunéré, ordinairement par les parents, exceptionnellement par le maître qui cible un « prospect » attractif. Le risque de recourir à l'entremetteur agissant seul, c'est qu'il arrange tout, sans forcément obtenir l'aval de toutes les parties. D'où le courroux et le trouble d'une mère, vers la fin du XIXe siècle, dont la fille est mise en apprentissage sans sa participation[37].

Inconvénient subsidiaire : pour expédier l'opération, l'intermédiaire a tendance à lisser les choses. Si sa démarche est précipitée et peu soignée, s'il génère un contrat « lit de Procuste » sans solliciter les parents, ces derniers perdent l'opportunité d'insérer certaines protections ou avantages pour leur enfant auxquels ils tiennent. Plusieurs familles – ici tous les exemples sont parisiens sauf un – se battent pour décrocher la garantie écrite que le maître accordera du temps à l'apprenti.e pour l'instruction religieuse. Les parents de Jollivet, treize ans, entré chez un maître perruquier (quatre ans au prix de 260 livres) reçoivent l'assurance que son patron fera en sorte de « lui faire donner des instructions chrétiennes nécessaires pour le faire participer au Sacrement de l'Eucharistie ». D'autres familles, dont les enfants s'installent dans les ateliers de cordonniers, de tabletiers et d'éventaillistes, cherchent plus concrètement la promesse de temps libre pour des leçons de catéchisme visant une première communion pour des garçons de quatorze, quinze et dix-sept ans – fêtes, dimanches et même jours ouvrables « si nécessaire ». Une demande plus vague ouvre la voie à une éducation non-confessionnelle : le jeune Sadoue, quinze ans, obtient d'un maître cordonnier l'engagement de « luy laisser le temps pour assister aux instructions publiques »[38].

Les parents de Sauvé, quatorze ans, entrant chez un maître perruquier (quatre ans, 200 livres), arrachent l'accord du maître d'organiser un transfert (dit « transport ») de leur fils à un autre patron s'il

37. AN, MC : XVIII-222, 16 septembre 1723 ; Laurence Montazel, « La Résolution judiciaire des conflits en matière de contrat d'apprentissage aux XIXe et XXe siècles », dans Serge Dauchy, Bruno Dubois, Farid Lekéal et Véronique Demars-Sion (dir.), *Histoire, justice et travail*, Actes du Colloque international de Lille, décembre 2003, Lille, Centre d'histoire judiciaire, 2005, p. 286.

38. AN, MC : XVIII-585, 16 mars 1751 ; XCIII-63, 18 décembre 1761 ; X-493, 7 septembre 1750 ; X-553, 15 mars 1763 ; X-523, 21 décembre 1756.

le maltraite, clause qui risque d'être fort difficile à mettre en œuvre. Quant à des conditions de travail qui frisent le mauvais traitement, une famille poitevine insiste sur une convention qui oblige Garsault, marchand coutelier de Poitiers, à tout montrer de son art à son nouvel apprenti « sans néantmoins luy faire habituellement tourner la roue », sauf « en cas de nécessité et pour peu de temps ». Un loueur de coches obtient pour son fils, quatorze ans (quatre ans au prix élevé de 500 livres), le droit d'avoir du vin tous les jours, quantité non-spécifiée. Dans un contrat non-payant, la famille de Rollet, treize ans, persuade le maître perruquier de fournir les outils de base (une paire de ciseaux, deux peignes et six rasoirs)[39].

Si un salaire est promis à l'apprenti, ce sont presque toujours les parents qui l'imposent, notamment quand il n'est pas cantonné à la dernière année, incitation de valeur très inégale à ne pas partir prématurément. Veuve sans profession, la mère d'un garçon de quinze ans arrache un salaire à partir de la seconde année dans un contrat (non-payant) de cinq ans chez un sculpteur, tandis qu'un confrère n'accorde un salaire qu'en dernière année à un autre apprenti. Rollet, apprenti pour quatre ans chez Montigu, maître vitrier, est rémunéré pendant ses deux dernières années. Duquesne, bourgeois de Paris, remporte pour son fils, quatorze ans, un salaire pendant chaque année de son terme de cinq ans chez Poulain, marbrier, tout comme Larue, âgé de quinze ans, apprenti chez un maître tabletier et un garçon de dix-huit ans travaillant sous l'auspice d'un maître plombier. Parfois, la famille soumet le contrat à un examen poussé pour s'assurer de sa légitimité. Représentant son neveu, un garçon normand de quinze ans qui intègre l'atelier d'un maître éventailliste pour un apprentissage de cinq ans, un prêtre, basé à Rome, fin exégète, fait remarquer que les statuts et règlements de la communauté règlent le temps à quatre ans. Le maître concède le point, expliquant que l'apprenti entreprendra la cinquième année comme « compagnon », mais « sans pouvoir prétendre [à] aucun salaire », condition qui contrevient à la définition même du statut de compagnon[40].

De nombreuses institutions – hôpitaux, maisons religieuses et associations paroissiales en particulier – s'occupent de la mise en apprentissage des enfants, souvent orphelins, mais aussi des enfants sans ressources,

39. AN, MC : CXV-662, 11 janvier 1751 ; N. Pellegrin, « Contrats d'apprentissage en Haut-Poitou », p. 273 ; AN, MC : XXXVIII-222, 16 août 1723 ; CX-265, 14 juillet 1709.

40. AN, MC : XXXVIII-222, 14 septembre 1723 ; XXXVIII-339, 5 juillet 1744 ; XXXVIII-360, 12 et 14 juillet 1747 ; XXXVIII-221, 7 février 1723 ; XXXVIII-222, 19 août 1723 ; X-463, 12 septembre 1743 ; X-557, 10 octobre 1763 ; X-547, 29 octobre 1761.

pour la plupart à l'extérieur, ou organisent des formations internes. Elles constituent l'équivalent Ancien Régime des patronages qui prolifèrent au XIXe siècle. Ces derniers doivent traiter avec les parents (quand ils existent ou répondent). Aux XVIIe et XVIIIe siècles, ces institutions caritatives sont moins les intermédiaires entre parents et éventuels maîtres que des acteurs qui prennent en charge eux-mêmes le placement en apprentissage formel ou alternatif, ou dans un travail immédiatement rémunérateur qui exige très peu de formation. À Saint-Omer ou Arras, par exemple, des religieuses mettent des centaines de filles à la fabrication des dentelles : difficile de distinguer là l'apprentissage de la production. L'hôpital parisien de la Trinité, véritable pépinière d'apprentissage, est censé avoir élaboré des règles visant à empêcher l'ingérence des parents dans les affaires de leur progéniture, un aspect de son projet global, physique et moral pour « fixer l'instabilité » des enfants. Quelle ambition ! Au-delà du placement des jeunes chez des maîtres partout dans la ville, les administrateurs créent un véritable prototype de CFA (Centre de formation d'apprentis, XXe siècle) : des ateliers affectés à de multiples métiers, des enseignants-artisans sérieux, un encadrement et une surveillance, un bureau d'information et des écoles d'instruction ordinaire. À la veille de la Révolution, le système de la Trinité et de ses institutions sœurs (Saint-Esprit, Cent-Filles et Orphelins militaires) est critiqué en raison de ses fonctions de patronage, tant pour la complexité de ses pratiques que pour ses coûts : trouver de bons maîtres, suivre le développement et les difficultés de chaque enfant par des inspections des ateliers à l'extérieur, la convocation mensuelle des enfants et le contrôle de la compétence de chaque apprenti.e à la fin[41], tout cela s'avère difficile et onéreux.

Les enfants recueillis par l'hôpital de la Charité à Lyon, selon des critères précis, sont mis en apprentissage chez des maîtres en ville, notamment dans la soie ou, comme à la Trinité, mais plus modestement,

41. A. Léon, *La Révolution française et l'éducation technique*, p. 74-75 ; Michel Felibien, *Histoire de la ville de Paris*, éd. D. Guy-Alexis Lobineau, t. 2, Paris, Desprezet Desessartz, 1725, p. 1019 ; Marcel Fosseyeux, *Les Maisons d'apprentissage à Paris sous l'Ancien Régime*, Paris, Société de l'histoire de Paris, 1913, p. 7 ; Isabelle Robin-Romero, *Les Orphelins de Paris. Enfants et artisanat aux XVIe-XVIIIe siècles*, Paris, Presses de l'Université Paris-Sorbonne, 2007, p. 198-217. Le meilleur guide récent des formations professionnelles à Paris sous l'Ancien Régime, concernant ce paragraphe et le prochain, est Clare H. Crowston : « L'Apprentissage hors des corporations. Les formations professionnelles à Paris sous l'Ancien Régine », *Annales, Histoire, Sciences sociales*, 60e année (2005), p. 409-441, et « An Industrious Revolution in Late Seventeenth-Century Paris: New Vocational Training for Adolescent Girls and the Creation of Female Labor Markets », dans Mary Jo Manes, Brigitte Soland et Christina Benninghaus (dir.), *Secret Gardens, Satanic Mills: Placing Girls in European History, 1750-1960*, Bloomington, Indiana University Press, 2004, p. 69-82.

installés dans des ateliers à l'intérieur. La Charité se révèle protectrice, en cas de chômage, et demeure constamment paternaliste, les recteurs visitant les ateliers extérieurs tous les trois mois et faisant revenir les enfants une fois par mois pour y communier et être interrogés sur les conditions de leur apprentissage. La Pitié à Paris prétend vérifier les qualités morales des maîtres avant de leur confier les apprenti.e.s et envoie des inspecteurs enquêter épisodiquement dans les ateliers (mais avec très peu de moniteurs, l'efficacité du contrôle n'est pas assurée). Malgré une échelle bien plus modeste, l'hôpital Saint-Laurent, de Langres, ne procède pas très différemment au XVIIe siècle. La Fondation Gaillard, située également à Langres, visite les maîtres chez lesquels elle place ses enfants, retire l'apprenti.e si l'on découvre des problèmes (concernant généralement le comportement de ce dernier ou de son patron) et obtient un remboursement de la somme versée pour l'apprentissage et le transfert de l'enfant chez un autre maître. Dans le faubourg Saint-Antoine de la capitale, les dames de la paroisse de Sainte-Marguerite mettent en apprentissage les enfants des veuves et de « pauvres gens », tout comme la paroisse de Saint-Jean-la-grève. Le bureau de charité de la paroisse Saint-Sulpice à Paris finance quant à lui « un pain des apprentifs et apprenties » et arrange des placements[42].

DU CONTRAT À L'ESSAI

Le passage à l'acte est déclenché par le contrat, transaction d'importance capitale et de significations multiples que nous examinons ailleurs. Particulièrement quand il est écrit, il marque très concrètement et solennellement la prise de décision des parents pour le bien de leur enfant et de la famille, ou le point culminant de véritables négociations familiales. Le contrat sonne la fin d'une certaine phase de sociabilité,

42. Jean-Pierre Gutton, « Insertion sociale des enfants recueillis par la Charité de Lyon au XVIIIe siècle. Un bilan provisoire », dans Jean-Pierre Bardet, Jean-Noël Luc, Isabelle Romero et Catherine Rollet (dir.), *Lorsque l'enfant grandit : entre dépendance et autonomie*, Paris, Presses universitaires de Paris-Sorbonne, 2003, p. 431-32 ; M. Fosseyeux, *Les Maisons d'apprentissage à Paris*, p. 20 ; *Encyclopédie méthodique. Jurisprudence, police et municipalités*, t. 10, Paris, Panckoucke, 1791, p. 259 ; A. Garnier, « La Fondation Charmolue », n° 159 (1955), p. 221 et n° 166 (1957), p. 45, 50-51 ; Alain Thillay, « La Charité Sainte-Marguerite et le secours des pauvres à Paris au cours de la première moitié du XVIIIe siècle », *Histoire urbaine*, n° 32 (2011), p. 118-22 ; « Ordre d'administration établi en 1777, pour le soulagement des pauvres de la paroisse de Saint-Sulpice (Lettre XXI). Compte des dépenses depuis le 1er octobre 1779 jusqu'au 1er octobre 1780 », *Journal de littérature, des sciences et des arts, annexé à l'établissement patriotique des orphelins militaires*, t. 6 (1780), p. 382-85 ; *Dictionnaire raisonné des domaines et droits domaniaux*, t. 1, Rouen, J.-J. Le Boulenger, 1762, p. 178.

subie ou voulue, au sein de la famille, et de développement personnel de l'enfant. Il est peut-être un dernier geste d'union ; il est sûrement le premier acte de séparation. Peu de choses sont plus définitives qu'un contrat écrit. Pour toute la famille prise dans son ensemble, le contrat pourrait inspirer un sentiment mêlé d'excitation et d'anxiété, le début d'une aventure consensuelle ; l'enfant est-il susceptible d'envisager sa « liberté » avec engouement, ou, déjà ébranlé par le processus, ressent-il plutôt un mouvement de colère ou d'aliénation, une sensation d'expulsion, de transfert marchand ? En tout cas, tant du côté du maître que de l'enfant (et à travers lui, la famille), le contrat initie inexorablement une période d'observation, d'acclimatation, d'ajustement, d'adaptation. Si la signature du contrat (ou son absence relevée) signale l'ultime dessaisissement symbolique, du point de vue des parents, il comporte parfois des clauses dérogatoires, ou reconnaît implicitement aux us et coutumes une mise en œuvre qui amortit la brutalité du déplacement, le retarde, ou le rend sujet à des conditions.

Élément clairement énoncé ou informel, qui estompe le sens terrifiant de la fatalité du contrat, la période d'essai, dispositif revendiqué par les uns ou les autres, ou les deux, traduit moins une méfiance franche (le remords de l'acheteur de notre époque) qu'une pointe d'inquiétude, parfaitement normale dans cette situation de rencontre dans l'incertitude (qui caractérise la plupart des cas). La solution, ou la précaution, retenue est de permettre un temps d'attente, d'examen et d'épreuve réciproques, après lequel le contrat est considéré définitif. On retrouve cette pratique en Angleterre (un mois), en Finlande rurale (deux mois), à Venise, et certainement dans d'autres lieux en Europe au cours du XVIIIe siècle, de même qu'au Libéria et dans d'autres sociétés africaines au XXe. En France, cet intervalle est stipulé dans le contrat ou laissé à la discrétion des intéressés, selon leurs propres besoins ou la convention dominante dans la région ou le métier. Pendant l'Ancien Régime, la période d'essai ne paraît pas avoir été systématiquement pratiquée ; il y a peut-être une tolérance généralisée d'une semaine ou deux. À Langon, ville située à 50 kilomètres au sud-est de Bordeaux, et dans sa région, le tiers des contrats donnent lieu à une sorte de « pré-apprentissage » : ces brevets sont signés plusieurs jours ou mois après l'entrée de l'adolescent dans l'atelier, créant *de facto* une période d'essai[43].

43. P. Wallis, « Apprenticeship in England », dans *Apprenticeship in Early Modern Europe*, p. 272 ; M. Uotila, « Rural Artisans' Apprenticeship Practices in Early Modern

Le chiffre semble bien moindre pour Paris. Si le contrat contient quelquefois une clause précisant l'étendue de l'essai, elle est communément bricolée en faisant traîner la rédaction du brevet, permettant au notaire d'antidater le début si les parties souhaitent continuer, ceci en contravention des règlements de la plupart des communautés qui craignent la fraude quand les maîtres gardent chez eux des « travailleurs » sans statut reconnu (et sujets habituellement à l'enregistrement). Dans bien des contrats parisiens, les deux parties se donnent une grande latitude. La durée est assez longue, sans être clairement liée à la complexité du métier ou à l'âge du néophyte. Chez les éventaillistes, où la durée de l'apprentissage est généralement de quatre ans, moins fréquemment cinq ans, on décèle deux périodes d'essai de deux ans (un des apprentis a vingt-deux ans, sachant *a priori* à cet âge ce qu'il veut), une de vingt et un mois (également vingt-deux ans), une autre de dix-huit mois (pas d'âge indiqué), enfin deux termes de onze et de trois mois (pour des apprentis âgés de dix-sept et seize ans). Pour un terme de quatre ans, chez les cordonniers, on découvre des essais de quatorze mois (vingt ans) ; treize mois (dix-huit ans) ; six mois (quinze ans) ; six semaines (quinze ans). Un tissutier-rubannier de treize ans s'enrôlant pour cinq ans réfléchit, peut-être en collaboration avec sa famille, cinq mois avant engagement ferme. Une fille travaillant sous la tutelle d'une marchande lingère prend sept mois et demi. Deux apprentis pâtissiers travaillant pour deux maîtres différents s'octroient respectivement cinq mois et demi et trois mois et demi. Maître Thomas, tapissier-miroitier, explique à la police que le père de Fuy, son apprenti, hésite encore à signer le contrat après six mois de travail dans sa boutique. Plus communément, on relève sept semaines chez un maître parfumeur, six semaines dans la boutique d'un perruquier et une seule semaine pour un garçon de treize ans faisant pareillement son apprentissage chez un autre perruquier[44].

Finland (1700-1850) », dans *ibid.*, p. 171, 183 ; Giovanni Colavizza, Riccardo Cella et Anna Bellavitis, « Apprenticeship in Early Modern Venice », dans *ibid.*, p. 107 ; Jean Lave, *Apprenticeship in Critical Ethnographic Practice*, Chicago, University of Chicago Press, 2011, p. 44-47 ; Anne-Marie Cocula, « Contrats d'apprentissage à Langon et autour de Langon dans la seconde moitié du XVIIIe siècle », *Les Cahiers du Bazadais*, t. 11, n°s 20-21 (mai 1971), p. 120n.

44. AN, MC : X-516, 27 juillet, 24 et 28 août et 21 septembre 1755 ; X-522, 1er juillet 1755 ; X-545, 17 mai 1761 ; XXXVIII-223, 4 octobre 1723 ; X-545, 17 mai 1761 ; X-522, 29 septembre 1756 ; X-543, 15 décembre 1760 ; LVIII-563/C : 15 avril 1774 ; 18 octobre 1784 ; 11 mai 1784 ; 2 avril 1781 ; 8 août 1781 ; 17 décembre 1783 ; 7 octobre 1779 ; AN, Y 13130A, 11 mars 1778.

Après l'essai, si l'enfant demeure, voire s'engage très positivement dans sa conquête de savoir-faire et sa socialisation, les parents se contentent-ils de laisser faire le nouveau couple maître-apprenti, ou restent-ils, se sentent-ils concernés, même impliqués tout le long de l'apprentissage ? Les sources n'offrent pas une visibilité suffisante pour répondre à cette question fondamentale. Sans doute l'attitude des parents dépend-elle de la confiance qu'ils placent dans le maître et dans leur fille ou leur fils ; de leurs relations antérieures avec l'enfant ; de leur situation économique et sociale ; du fonctionnement actuel de la famille (en particulier des besoins des autres enfants) ; de leur capacité de s'informer sur le parcours de leur enfant et le déroulement de l'apprentissage – leur distance géographique, primordiale, ne constituant qu'un des facteurs en jeu. Nous savons bien que certains apprenti.e.s ont des ennuis de toutes sortes, relevant de l'atelier ou de l'adolescence en soi, mais nous ne savons pas dans quelle mesure ils et elles tenaient leurs parents au courant.

Les affaires les plus troublantes concernant le sort de l'apprenti.e tombent dans la rubrique générale de la « maltraitance »[45]. Cette dernière comprend un large éventail d'actions (ou d'inactions) du maître, des abus et privations (formation technique, repos, nourriture, instruction religieuse, etc.) jusqu'aux actes de violence symbolique, psychologique et physique. Aux yeux de diverses autorités, les maîtres exerçaient un empire tout à fait légitime sur leurs apprentis – un empire toutefois doté de bornes, floues, mais réelles. Il est révélateur que des livres de stylistique et de diplomatique juridiques contiennent des modèles pour les huissiers destinés à « l'assignation à la requête d'un Apprenti à son Maître, de remettre son Brevet entre les mains des Jurés, pour lui être pourvu d'un autre Maître » en raison des « abus » des maîtres coupables de « maltraiter [leurs apprentis] ou leur refuser la nourriture nécessaire ». Selon un dictionnaire de jurisprudence, l'apprenti victime de mauvais traitements est autorisé d'office à se retirer et à demander qu'on lui permette de choisir un autre maître, opération qui s'avère plus compliquée dans le monde corporatif que l'article ne l'admet. Les doreurs de Paris déplorent tous les « mauvais traitemens », et pas seulement la brutalisation physique qui tétanise le plus. Cependant, certains textes précisent simplement les limites de ces pratiques sans les condamner en bloc. Dans un cas concernant un apprenti gantier en 1657, le Parlement d'Aix cite « trois lois romaines

45. Sur cette question, voir ci-dessous, chapitre 4.

qui décident que le maître peut bien user de corrections, mais qu'il ne peut pas châtier sévèrement ». En l'occurrence, le maître est tancé pour « avoir excédé les justes bornes de la correction »[46].

On a trace de quelques familles qui suivent de près le trajet de leurs enfants-apprentis. La brutalité d'un maître cordonnier d'Aix mobilise les parents de l'apprenti Guillaume, « traité à coups de nerf de bœuf ». À Lyon, des familles paraissent obtenir assez aisément « un transport » de leur enfant-apprenti, l'arrachant des mains du maître accusé de « mauvais traitements » ou « d'excès » et le plaçant chez un maître identifié comme plus doux[47]. Il est vraisemblable que « le peu de progrès » fait par son fils, apprenti éventailliste, incite son père, un officier de police au Châtelet, à demander son transport chez un nouveau maître, conscient que l'enfant est « insuffisamment instruit dans la profession ». Le père de Louis Clemenceau, apprenti perruquier, apprend assez vite que son fils n'est pas satisfait chez son maître apparemment très dur, l'encourage d'abord à persévérer, avant de le retirer de la boutique après six mois, en payant une pénalité importante de 105 livres de dommages et intérêts pour ce départ prématuré[48].

Une histoire de friction entre apprenti et perruquier bien plus grave a lieu à Lyon. La mère de Pierre Paire, journalière à Lyon, séparée de biens de son mari, absent depuis longtemps, se bat pour son fils dont elle surveille le parcours en boutique. Mis en apprentissage chez un maître perruquier, il y a passé dix mois sans problème, avant de se voir « transporté » chez un autre patron à l'occasion de la vente de la boutique. Son nouveau maître le traite mal, refusant de le former et de le nourrir, lui demandant de chercher de l'eau et « de faire service de domestique ». Sa mère encourage le jeune Pierre, déboussolé, à remontrer à son maître sur la base de ses droits contractuels, en insistant sur

46. *Dictionnaire Brillon*, t. 5, p. 671-673 ; Daniel Jousse, *Nouveau commentaire sur l'ordonnance de mars 1673*, Orléans [?], 1756, p. 5 ; *Nouvelle instruction, ou style général de huissiers et sergens*, Paris, Libraires associés, 1752, p. 117-18 [mêmes pages dans l'édition de 1776 chez le même éditeur] ; Guy du Rousseau de la Combe, *Stile et regles de procedure des differens tribunaux du royaume* [*sic*], Paris, Theodore le Gras, 1749, p. 38-39 ; *Statuts, ordonnances & reglemens de la communauté & du corps des maîtres et marchands ciseleurs, doreurs, argentiers*, Paris, Valade, 1774, p. 216 (délibération du 17 janvier 1741), p. 216. Voir la posture de la loi anglaise à l'égard du droit de « corriger » des maîtres par rapport à la « mauvaise conduite » des apprentis : *Commentaires sur les loix angloises de M. Blackstone*, trans. M.D.G***, t. 2, Bruxelles, J.-L. de Boubers, 1774, p. 138. Sur la sauvagerie de certains mauvais traitements frappant les apprentis de Londres, voir S. R. Smith, « The London Apprentices as Seventeenth-Century Adolescents », p. 152-53.

47. Sur le transport, voir ci-dessous, chapitre 4.

48. 11 juin 1726, FF 76, fols. 218-30, Archives communales/municipales d'Aix-en-Provence ; AN, MC : X-557, 11 octobre 1763 ; AN, Y 9378, 11 avril 1731.

les clauses du brevet par lequel le maître promettait d'« enseigner et de montrer » le métier pour « lui procurer un état ». Paire rappelle au maître, autoritaire, qu'il est censé lui obéir seulement sur les questions « relativement à la profession du perruquier ». Sa mère décide de son côté de dénoncer formellement « la maltraitance » commise par le maître quand, un jour, il frappe son fils et le met « dehors de chez luy à coups de pied ». Enfin, le maître a le toupet de demander une indemnité à la mère pour le départ, inopiné mais contraint, de son fils[49].

Armand Waustrud, apprenti orfèvre, se plaint d'être maltraité par son maître et son épouse, qui l'ont pris pour six ans au prix de 600 livres. Malgré leur grand éloignement de la capitale, ses parents lancent une action auprès de la Chambre du procureur du roi, qui reçoit favorablement leur demande de contraindre le maître et sa femme à ne plus injurier ni maltraiter le jeune, et à ne plus lui faire faire des tâches sans rapport avec le métier auquel il veut accéder. Agissant au nom de la famille, alertée par leur fils, un valet de chambre à Versailles, tuteur du jeune homme, apprenti doreur, obtient un jugement, dans ce même tribunal, obligeant le maître, qui avait « prêté » son apprenti à un confrère qui ne faisait pas le type du travail pour lequel l'enfant et ses parents avaient choisi son atelier, à rendre les 200 livres payés pour la formation et à accepter le « transport » de l'adolescent vers un autre maître de la communauté voulant bien se charger de l'enseignement qu'il attendait. Ces recours en justice ne sont pas un indicateur fiable du souci des parents vis-à-vis du bien-être de leur enfant et de leur suivi de sa vie en atelier. Très peu de familles vont en justice devant le procureur du roi ; parmi les plaintes intentées, fort peu relèvent des mauvais traitements ou d'un déficit d'enseignement. Les parents qui demandent un transport – un changement de maître – font montre de leur préoccupation pour la situation de leur enfant, tout comme ceux qui réclament le retour en boutique d'un apprenti injustement mis à la porte par son maître[50].

49. AM Lyon, HH 177, 1er septembre 1776 et janvier 1778.

50. AN, Y 9385, 21 mai et 27 juillet 1751. On pratique au XIXe siècle une sorte de transport, parfois estimé licite, quelquefois abusif. Les parents d'une apprentie dans les étoffes obtiennent des prud'hommes lyonnais une résiliation du contrat avec le but de remettre la fille immédiatement dans un atelier moins turbulent. Quand un atelier à trois métiers est vendu, aussi à Lyon, les parents d'un apprenti acceptent la proposition du nouveau maître de transporter son contrat chez lui. Cependant, les prud'hommes de cette même ville repoussent une manœuvre transférant arbitrairement un apprenti à un autre lieu de travail, mettant en garde les maîtres contre l'idée de « vendre [les apprenti.e.s] comme leurs ustensiles ». *L'Écho de la Fabrique* (15 mars 1845, 15 octobre 1844 et 30 juin 1844).

LA FIN DES CORPORATIONS N'EST PAS LA FIN DE L'APPRENTISSAGE

Il existe des continuités frappantes entre les XVIIIe et XIXe siècles dans les rapports de la famille avec l'apprentissage, mais il y a en même temps des déviations, sinon des fractures. Personne n'ignore qu'on vit dans un nouveau monde, postrévolutionnaire ou postcorporatiste, c'est selon, inédit ou inconnu pour les uns, ou plus simplement différent du passé sur certains points importants, pour les autres. On fait toujours l'apprentissage, mais il n'est pas précisément revêtu du même sens qu'auparavant. Ce n'est plus forcément une habitude sociale largement – parfois quasi mécaniquement – partagée. Il ne semble plus faire partie intégrante du système qui régente les relations du quotidien. Les parents semblent bien comprendre que l'apprentissage ne confère plus de statut et qu'il n'y a plus de structure structurante comparable au système corporatif qui façonnait le monde du travail sur le plan tant institutionnel que social. Si l'entrée en apprentissage présente désormais bien moins de barrières, ce vaste champ de laisser-faire, laisser-passer n'offre pas non plus un mode d'emploi, théorique et pratique, une prise directe et commode à la manière des vieilles communautés.

Souvent difficiles à identifier, puis à déchiffrer, les règles ne sont plus codifiées, ni au niveau de la profession, ni au niveau de l'État. Elles existent, mais elles sont variables ; sans doute plus souples, elles sont moins utiles, moins contraignantes, mais aussi moins accueillantes. En voulant abolir les corporations en 1776, Turgot avait rappelé, comme pour assurer à tout le monde qu'il n'était pas fou, que le désordre ne règnerait pas, car il y aurait toujours des entrepreneurs et des ouvriers vivant dans un rapport de domination-subordination (et une police naturellement disposée en faveur des premiers). Le Chapelier, parlant cette même langue en 1791, au lendemain de la suppression effective des corporations (c'est-à-dire de la libération de l'économie, et notamment du monde du travail), signalait que, dans cet univers atomisé, privé de corps intermédiaires et de groupements d'intérêt, il n'y avait plus dorénavant que des individus, qui devaient s'arranger de gré à gré, malgré les frappantes disparités des parties en pouvoir et en moyens. Faute d'être capable de mesurer l'opinion des familles appelées ordinairement à recourir à l'apprentissage dans leur cycle de vie, on ne peut que spéculer sur l'impact de ce moment sur leur appréciation de la Révolution. Ont-elles bien saisi la tension, voire la contradiction entre l'idéal grisant de l'égalité et l'inégalité de fait criante, d'une part, et entre le principe de l'égalité et celui de la liberté, d'autre part ? Des commentateurs qui doivent faire face au cours du XIXe siècle à la détérioration incessante de l'apprentissage comme pratique économique et sociale sont frappés par le fait que, depuis 1791, il n'est plus « obligatoire », et ils y voient l'explication quasi génétique de son long délabrement[51].

Quoi qu'il en soit, la famille du XIXe siècle doit affronter la problématique de l'apprentissage, car cette institution-là a survécu, même si elle s'est désincorporée, « privatisée » en quelque sorte, rabougrie. Justement parce que la question est plus ambiguë, plus polysémique ou radicalement moins encadrée, elle appelle davantage de commentaires et de conseils. Ces recommandations, souvent teintées de reproches tempérés par un ton d'exhortation, traduisent un regard de soupçon : ces parents ne sont pas à la hauteur, notamment quand leurs origines sociales sont modestes, ou fort modestes. Dans son *Dictionnaire des professions, ou guide pour le choix d'un état*, édité pour la première fois en 1844, Édouard Charton, journaliste et homme politique, invite les parents à se renseigner par tous les moyens possibles, puis à réfléchir sur les méthodes aussi bien que les fins : comment identifier le métier idoine, comment s'approcher du maître une fois repéré, comment analyser la situation actuelle en termes d'implications pour la famille ? Profondément tourné vers l'avenir de la bourgeoisie, l'auteur ne montre pour autant aucune condescendance à l'égard des « classes travailleuses », tout en mettant en avant la *sanior pars*, futurs contremaîtres et « ouvriers d'élite ». Pour toutes les classes sociales, l'information est la condition *sine qua non* pour l'organisation d'un apprentissage prometteur, thème qui devient le refrain de tous les observateurs[52].

DÉMUNIS : SANS INFORMATION NI OUTILS NI REPÈRES

Dans la quête du placement de leurs enfants, les parents pâtissent d'une sorte de triple peine : leur manque flagrant d'informations, l'apparente absence de l'idée même qu'il faut en chercher, et la difficulté objective d'en trouver. Témoignant à l'occasion de l'Exposition

51. Par exemple, Octave Gréard, *Éducation et instruction*, Paris, Hachette, 1889, p. 179.

52. É. Charton, *Dictionnaire des professions*, p. avertissement, 38, *passim*. Cf. ce commentateur anonyme qui reproche aux parents leur manque d'attention soutenue au processus du placement. Anon., *Les Apprentis du temps jadis*, Paris, Balitout, Questroy et Cie, 1871.

universelle de 1867, les ouvriers bijoutiers s'en prennent aux pères et aux mères qui mettent leurs enfants en apprentissage « sans aucune connaissance de l'état qu'on leur fait apprendre ». Souvent, ces apprentis ne réussissent pas « faute de disposition », un échec que de bonnes indications préalables auraient pu éviter. Sans s'inquiéter d'un éventuel conflit d'intérêts, les bijoutiers suggèrent que les patrons – au moins certains – pourraient constituer une source appréciable d'information, avant comme pendant l'apprentissage. « Quant aux parents sérieux qui ont à cœur l'avenir de leurs enfants », concèdent leurs collègues, les ouvriers horlogers, « ils ont une peine infinie à se procurer des renseignements, à trouver une maison convenable pour les y placer ». Ils suggèrent que la création d'un « bureau de renseignements » pour chaque métier rendrait aux parents un service majeur. Les patrons de l'industrie des fleurs et des plumes proposent de lancer « une sorte de bureau de placement gratuit » pour aider les parents désarçonnés, pour « faciliter beaucoup les relations entre parents et industriels » et en même temps pour « attirer à la Fleur un personnel nombreux et choisi ». À travers une association ouvrière, les bronziers pourraient accompagner les parents, « toujours ignorants des habitudes des maisons où ils placent leurs enfants », de façon soutenue : « Nous devons voir si le travail est bien enseigné, et si le maître abuse de ses services [et] nous tendrons à établir entre les familles des apprentis et les patrons un intermédiaire vigilant et dévoué ; un arbitre, au besoin, qui réglera la forme des contrats et en assurera la stricte exécution »[53].

Face au « devoir » de placer l'enfant qui incombe aux parents, « le plus important, le plus difficile à remplir », les ouvriers imprimeurs en taille douce, eux aussi, les voient entièrement démunis et sous grande pression. Reprenant une idée d'Anthime Corbon, ouvrier imprimeur avant de devenir homme politique influent et auteur d'un livre sur la formation professionnelle, ils proposent d'introduire une dose d'enseignement professionnel à l'école primaire, permettant aux élèves de « manifester leurs tendances » et aux parents d'acquérir « des lumières

---

53. *Exposition universelle de 1867*, t. 2, p. 7, 18 et t. 3, p. 15 ; *Rapports des délégations ouvrières* [à l'Exposition universelle de 1867], éd. Arnould Desvernay, Paris, A. Morel, 1868, p. 4-5 ; La « Fleur » citée dans *Bulletin de la Société de protection des apprentis* (1884), p. 449 ; les bronziers cités par Joseph Barberet, *Le Travail en France. Monographies professionnelles*, 6 vol., 1886-1890, t. 2, Paris, Berger-Levrault et Cie, 1887, p. 164 ; rapporteur des délégués des ouvriers en instruments de haute précision à l'Exposition universelle de 1867, cité par *ibid.*, t. 1, p. 173.

précieuses » pour éclairer leur choix. Au même moment, les tailleurs de cristaux pointent l'ignorance à tous les niveaux, à tous les instants, comme l'ennemi principal de la classe ouvrière. Eux-mêmes très souvent peu instruits, les parents mettent fréquemment leurs enfants en apprentissage trop tôt dans l'espoir (comme le maître) de tirer rapidement un profit, les privant de l'école, les casant « à l'aveugle », sans se rendre compte qu'ils reproduisent le même cycle d'ignorance quasi structurelle[54].

Les parents sont victimes d'un environnement sociopolitique et culturel qui ne les aide nullement. Mais aux yeux de certains critiques, la responsabilité en incombe en premier lieu aux parents eux-mêmes. Directeur d'une école communale de dessin à Paris, Lequien déplore l'insouciance des parents : « l'indifférence des familles, le peu de discernement qu'elles mettent dans le choix du métier qu'elles donnent à leurs enfants ». Les délégués chapeliers à l'Exposition universelle de 1878 formulent de manière presque poétique la critique du manque de sérieux des parents : il faut qu'ils ne cessent pas de manifester de « l'inquiétude » à l'égard de leurs enfants-en-apprentissage. Sans absoudre les parents pour leur nonchalance et leur esprit étriqué (il suffit que l'enfant soit logé et nourri et idéalement un peu rémunéré), Maurice Maignen, directeur de l'œuvre des patronages de Saint-Vincent-de-Paul, leur accorde des circonstances atténuantes, car même les spécialistes dans l'orientation, comme lui, placent les enfants, à la demande des parents, « en aveugles », faute de « statistiques » sur la répartition des apprentis dans les différents métiers, le type d'engagement, la nature du contrat, etc. Maignen brode sur un thème esquissé vingt ans plus tôt par le journaliste et réformateur belge Édouard Ducpétiaux, qui s'inquiétait des mauvais choix des familles concernant l'apprentissage, fruit conjoint d'un double déficit d'information et de discernement : les parents « agissent le plus souvent en aveugles ou d'après des notions erronées ; ils ignorent l'état des besoins, les chances défavorables ; de là l'encombrement de certains métiers en décadence, le délaissement d'autres métiers qui pourraient être mis en voie de progrès »[55].

54. Les bronziers cités par J. Barberet, *Le Travail en France*, t. 2, p. 164 ; rapporteur des délégués des ouvriers en instruments de haute précision à l'Exposition universelle de 1867, cité par *ibid.*, t. 2, p. 173.

55. *Enquête sur l'enseignement professionnel, ou Recueil des dépositions devant la commission de l'enseignement professionnel*, t. 1, Paris, Imprimerie impériale, 1864, p. 175, 209, 237 ; J. Barberet, *Le Travail en France*, t. 3, p. 144 ; Édouard Ducpétiaux, *De la condition physique*

Henri Leneveux, ancien ouvrier, autodidacte, réformateur saint-simonien, se lamente, lui aussi, de la cécité des parents et de leur biais cognitif privilégiant les informations qui confirment leurs idées reçues. Agissant trop souvent « à la légère et en aveugle », ils se fient à des informations fondées sur quelques métiers ancrés localement seulement et « entachées d'erreurs ». Obtenus par le biais du cercle restreint de leurs voisins et amis, souvent fruits des « commérages » ou de « préjugés absurdes ou grotesques », ces renseignements mettent naïvement en avant « un salaire élevé, un court apprentissage, et des conditions de travail aussi douces que possible ». Leneveux laisse entendre que c'est tout autant la mauvaise information que la misère elle-même qui pousse la famille ouvrière, découragée par sa vision étriquée du paysage professionnel et impatiente d'obtenir un rendement, à arracher l'enfant à l'école, à l'enlever à la remuante activité de ses jeux pour qu'il « gagne son pain quotidien » en usine, « le plus atroce de tous les infanticides »[56].

Contemporain de Leneveux, Jules Simon, intellectuel public et grande figure politique, s'étonne des mauvais choix que font bien des parents pour l'apprentissage de leurs enfants. Mais il reconnaît que, lors même qu'ils sont plus ou moins correctement informés, ils se retrouvent face à des situations déraisonnables ou bizarres, par exemple, la disparité entre les pratiques, notamment les salaires, et la reconnaissance, dans deux métiers lyonnais, tisseuses et dévideuses, toutes les deux obligées de faire quatre ans d'apprentissage. Pour la clarté et le bon sens, mais aussi « pour guider les pères » dans leur choix, « il serait bien temps d'établir une juste proportion entre les avantages du métier et les sacrifices exigés à l'apprenti »[57].

S'inquiétant, dans le sillage de Jean-Jacques Bachelier vers la fin du XVIIIe siècle, du « mépris des arts mécaniques », certains commentateurs croient nécessaire de les réhabiliter vigoureusement pour encourager les éléments de la classe ouvrière qui souffrent

---

et morale des jeunes ouvriers et des moyens de l'améliorer, t. 2, Bruxelles, Meline, Cans et Compagnie, 1843, p. 201. « Orientation », mot clé au XXe siècle dans le triangle préapprentissage constitué par l'enfant, les parents et l'école, devient un sujet pressant de réflexion dans la psychologie appliquée de la fin du XIXe et du début du XXe siècle. Voir Jérôme Martin, « L'Orientation professionnelle et la définition des âges (fin XIXe siècle-années 1930) », dans J.-P. Bardet *et alii* (dir.), *Lorsque l'enfant grandit*, p. 220-21.

56. Henri Leneveux, *Almanach-manuel d'apprentissage. Guide pour le choix d'un état industriel*, Paris, Librairie Passard, 1856, p. 4-8.

57. Jules Simon, *L'Ouvrier de huit ans*, 2e éd., Paris, Librairie internationale, 1867, p. 258-60.

d'une stigmatisation profondément démoralisante et pour rassurer des parents pressentant qu'un meilleur avenir passe par un refus du travail manuel – deux attitudes proches menaçant à la fois le développement économique et la paix sociale. Une des raisons vraisemblables de l'apparente indifférence de bien des parents au placement et surtout au déroulement de l'apprentissage est le fait d'avoir intériorisé une représentation extrêmement négative du travail manuel, ce cul-de-sac débouchant nécessairement sur une sorte d'asservissement à vie. Auteur d'un *Almanach-manuel d'apprentissage. Guide pour le choix d'un état industriel*, Henri Leneveux s'indigne de l'idée que « les biceps dédaignent le cerveau ». Au contraire, ils sont inextricablement liés : les arts mécaniques exigent l'intelligence réunie de la tête et de la main. Là où Diderot suggérait l'antériorité nécessaire, sinon la supériorité intrinsèque, du théorique par rapport à la pratique, Leneveux voit une symbiose techniquement dynamique et moralement symétrique. Comme Denis Poulot, ouvrier, contremaître, puis entrepreneur, Leneveux déplore la fuite irréfléchie des métiers manuels vers un travail imaginé plus valorisant, sorte de chimère socio-psychologique. « N'écoutez pas, parents, cette voix ambitieuse qui vous dit de faire de votre fils, parce qu'il a eu quelques succès à l'école, un bureaucrate ou même un commis ; faites-le passer par la rude voie du travail manuel, et croyez qu'il vous en saura bon gré un jour »[58].

Écrivant sur l'enseignement et l'apprentissage au lendemain de la Commune, Gustave Salicis, polytechnicien et haut fonctionnaire, reprend certains de ces thèmes, notamment l'incapacité du futur ouvrier (ou patron) de puiser l'estime de soi et l'élan moral dont il a besoin pour démarrer un apprentissage dans de bonnes conditions, soit à l'école qui fait peu pour préparer l'enfant à un métier manuel, soit dans l'image du travail manuel portée par la culture publique. Les apprentis, « cette immense partie abandonnée de la nation », tombent vite dans une anomie mutilante. À l'école, ils apprendront à réciter la succession des monarques « des trois races royales », mais « aucun n'aura la moindre idée de la généalogie du travail, ni même de ses

58. J.-J. Bachelier, *Projet d'un cours public des arts et métiers*, p. 24-25 ; H. Leneveux, *Almanach-manuel d'apprentissage*, p. 3-7, 162-66 ; Denis Poulot, *Question sociale. Le Sublime ou le travailleur comme il est en 1870 et ce qu'il peut être*, Paris, Librairie internationale A. Lacroix, Verboeckhoven et Cie, 1870. Cf. le point de vue similaire du président de la Société d'économie sociale commentant la conférence de Legentil, *De la condition des apprentis*, janvier 1874, p. 38. Sur la persistance du dédain généralisé pour le travail manuel à travers le XXe siècle et l'idée que « seuls les mauvais élèves se retrouvaient en apprentissage », Hervé Sérieyx, dans *Apprentissage : témoignages et urgences*, éd. P.-Y. Trémel et Alain Griset, Paris, APCMA, 2002, p. 82.

origines » ; l'enseignement littéraire qu'ils auront reçu pourra leur avoir laissé une idée confuse de quelques fleurs de rhétorique, « mais pas un ne saura ce qu'est la fleur du cotonnier ». Sans « ennoblir » le travail manuel – erreur stratégique, d'après Salicis –, comment espérer inculquer le « goût » du travail, encore moins l'exigence du travail bien fait ? Ayant intériorisé leur propre déclassement, les parents ouvriers ne sont pas en mesure de conduire leurs enfants vers des métiers stimulants et gratifiants. « Ce monde n'est qu'un grand atelier où nous sommes tous ouvriers », remarque Jules Simon, défendant le travail manuel, mais ne prétendant pas que toute peine mène à un plaisir compensatoire[59].

LES PREMIERS CONSEILS

Les métiers ne se valent pas, reprend Édouard Charton : il faut les étudier, examiner « l'aptitude », les « inclinations », « la bonne volonté », et « le caractère » de l'enfant, ensuite tenter de trouver la bonne adéquation entre ces qualités et les impératifs et les attraits d'une profession. Le choix de l'atelier, première étape décisive, « doit offrir aux parents, outre des garanties de moralité et de travail sérieux, la certitude d'y voir donner à leur enfant les notions les plus élevées de la profession à laquelle ils le destinent ». Promoteur d'un maximum de scolarité pour le futur apprenti avant l'entrée en atelier, ce qui ne convient pas nécessairement à des familles modestes – sans « le cours supérieur », son « instruction est incomplète » –, l'écrivain met en garde vigoureusement contre une entrée en apprentissage « trop tôt », rendant l'enfant plus vulnérable. Tout en dialoguant avec l'enfant, suggère Armand Audiganne, journaliste, commis de l'État et catholique social, il faut le ménager, car il est terriblement anxieux, crispé à la veille d'un départ de la maison : ni précipitation, ni contrainte. Les parents doivent « consulter les goûts » de l'enfant pour « bien choisir ensuite le patron ». L'enfant peut se tromper, non seulement avant d'entrer en boutique, mais surtout après, quand il se trouve surpris

59. Gustave Salicis, *Enseignement primaire et apprentissage*, Paris, Sandoz et Fishbacher, 1875, p. 34-39, 45-46, 49-53, 62, 64-68 ; J. Simon, « L'Apprentissage des jeunes ouvriers dans la petite industrie », *Revue des deux mondes* (février 1865), p. 725-26. Voir les observations toujours percutantes de Claude Grignon sur « le faible rendement symbolique des métiers ouvriers ». Dans cette optique, valoriser le travail manuel au XIXe siècle, démarche (déjà ?) un brin passéiste, renforce des valeurs conservatrices. Claude Grignon, *L'Ordre des choses : les fonctions sociales de l'enseignement technique*, Paris, Éditions de Minuit, 1971, p. 119.

et découragé par la dureté ou l'étrangeté de ce qu'on lui demande de faire. Armand Audiganne semble sommer implicitement le patron et les parents de collaborer, de montrer de la patience, de prendre en compte le coût des transactions émotionnelles, le temps requis pour s'habituer aux cadences et à la discipline du travail[60].

Pour éviter des « écueils » courants de l'apprentissage, Édouard Charton recommande au père de s'appuyer sur ses « relations » qui « auront une grande influence », et avant tout sur le contrat écrit, qu'il conseille vivement (il critique la loi de 1851 consacrée à l'apprentissage, globalement excellente, mais qui ne l'a pas rendu obligatoire). Les pièges se manifestent après le commencement d'un apprentissage : les parents ne devraient pas croire un instant que le gros de leur labeur est terminé. Il faut surveiller le patron, capable de donner « une mauvaise direction » à l'expérience. « L'enfant est entré dans l'atelier pour apprendre un état », observe Charton, mais « souvent on lui fait faire des courses presque toute la journée ». Ou les ouvriers, potentiellement les meilleurs « maîtres » que l'apprenti peut espérer, le rudoient excessivement. Un bon contrat, astucieusement rédigé, préviendra ces entorses, conclut le vrai croyant. « Très souvent, le patron absorbé par ses affaires ne s'occupe pas suffisamment de l'éducation de son apprenti, quelquefois même il l'exploite », avertit le *Bulletin de la Société de protection des apprentis* : « C'est pourquoi il est du devoir des parents de ne pas perdre leurs enfants de vue. » Armand Audiganne prône, lui aussi, le contrat écrit comme une sorte de garantie salvatrice : « Les paroles s'envolent, les écrits restent », rapporte-t-il, attribuant la remarque au sage père d'un artisan judicieux. Concédant que « les contrats d'apprentissage sont rares aujourd'hui », F. de Donville, journaliste, auteur de deux guides pour aider les jeunes à sélectionner une profession, écrivant vers la fin du XIXe siècle, estime qu'il serait « à désirer que l'usage de dresser ces contrats se répandît de nouveau », car ils servent les intérêts des deux parties : « On obtiendrait peut-être ainsi un enseignement plus sérieux, plus consciencieux de la part des patrons et plus d'assiduité, plus de persévérance du côté des apprentis »[61].

60. É. Charton, *Dictionnaire des professions*, p. 35-38, 92, 95 ; Armand Audiganne, *Les Ouvriers en famille*, 7e éd., Paris, Capelle, 1866, p. 34-35.

61. É. Charton, *Dictionnaire des professions*, p. 36-37 ; *Bulletin de la Société de protection des apprentis* (1891), p. 256 ; A. Audiganne, *Les Ouvriers en famille*, p. 36 ; F. de Donville, *Guide pour le choix d'une profession à l'usage des jeunes filles et des dames*, Paris, Garnier frères, 1894, p. 229.

Dans son *Petit Guide pratique*, Alexis Robert, ancien secrétaire du conseil des prud'hommes (métaux) de Paris, n'a de cesse d'insister sur l'importance de la préparation de la famille à la veille de la mise en apprentissage. « Mettre un enfant en apprentissage, c'est le mettre aux prises avec son avenir », martèle-t-il ; pour qu'il réussisse, il faut tout faire pour créer les bonnes conditions. Les parents doivent se convaincre de la pertinence et de la solidité du choix du métier, enquêter sur le futur maître et négocier le passage de l'enfant, toujours mis en péril par ses propres instincts d'adolescent, vers son entrée « dans la vie d'homme ». Tout en le traitant « comme un homme », il faut le rassurer, le cadrer, l'accompagner. « Malheureux le père », déclare l'auteur, « qui ne peut guider et sauver son fils de l'entraînement, de la paresse ! » Loin d'être acteur passif de sa propre mise en jeu, le futur apprenti lui-même doit se hisser à la hauteur : « Malheureux l'enfant dont le caprice est la règle. » Enfin, Robert laisse entendre que la meilleure façon pour les parents d'enquêter sur le futur maître est d'aller le voir. C'est ce qu'a fait tout au début du processus de placement le père de Guillaume Perot, apprenti lapidaire. Très rapidement après l'entrée en boutique, l'affaire a changé de mains. Le père se lamente de « ne pas connaître le Sieur Brandon [le nouveau maître], [de] n'avoir jamais eu avec lui aucune relation, [de ce] que lorsqu'il a mis son fils en apprentissage, c'est avec un nommé Cohen qu'il a traité », ce dernier s'étant depuis éloigné de son association avec Brandon. Le père fulmine contre le nouveau maître qui aurait « empêché le jeune apprenti de recevoir les cours professionnels auxquels il avait droit ». Il semble dire qu'avec Cohen, auquel il a serré la main en signe d'accord et de confiance, cela ne se serait pas passé de cette façon[62].

Les donneurs de conseils (et de leçons) ne visent que rarement les filles et les femmes ; même dans un livre intitulé *Guide pour le choix d'une profession à l'usage des jeunes filles et des dames*, au lieu de développer un argument en faveur du placement féminin, en fonction de leurs talents, sinon de leurs droits, l'auteur dresse sans élan et avec fort peu de glose socioculturelle un tableau des perspectives. Sobre

62. Alexis Robert, *Petit guide pratique des patrons, ouvriers et apprentis devant les Conseils de Prud'hommes*, Paris, Pillet aîné, 1860, p. 21-22 ; AP, Prud'hommes : D1U10 18, 10 décembre 1877 et 2 février 1874. Encore plus choquant pour des parents qui ont soigneusement préparé l'apprentissage de leur enfant est le changement imprévu de métier. Engagé pendant quatre ans, suivant une convention verbale, le jeune Chapelon comptait sur Pierre Roulinas, tailleur de diamants, pour lui apprendre le métier de bruteur [nettoyeur de diamants bruts], le choix précis de sa famille. « Le Sieur Chapelon déclare avoir placé son fils chez Roulinas pour y être bruteur, qu'on l'a changé de travail [...] » AP, D1U10 18, 2 février 1874.

et quasi encyclopédique dans sa démarche, Édouard Charton n'est pas très enthousiaste à l'idée de les placer en dehors de la maison. La « nécessité » pourrait les contraindre à chercher à gagner de l'argent ailleurs, mais il avertit que mettre une fille en apprentissage est la mettre « en risque ». Toutefois, une fois qu'elle s'est engagée dans cette voie, par exemple chez une couturière, les parents doivent veiller à ce qu'elle apprenne « à tracer et à couper l'étoffe », sans être reléguée à des travaux de routine ou de domesticité. En ce qui concerne les jeunes filles, Alexis Robert rejoint Charton : « Quant à vous, mères, qui voulez mettre votre fille en apprentissage, examinez bien si c'est nécessairement son intérêt ou si la misère vous y contraint absolument. » L'homme forge son état, la femme le reçoit, soutient-il, citant allègrement Rousseau, suintant la misogynie de son époque[63].

ÉPREUVE ÉMOTIONNELLE

La mise en apprentissage d'un enfant n'est pas seulement un acte réfléchi et rationnel exigeant une préparation assez méticuleuse. Elle est aussi, pour les parents et l'enfant, une épreuve émotionnelle. Anthime Corbon, qui connaît l'atelier de première main, est moins frappé par la précipitation ou la myopie que par le désarroi de la famille au moment de la mise en apprentissage de l'enfant. Le père pense un instant à son propre métier, mais l'estime aujourd'hui trop « encombré de bras ». L'enfant « ignore complètement quelle peut être sa vocation ». Lorsque la famille agite la question, il avoue ne rien avoir essayé et ne connaît de métier que par « des ouï-dire de camarades ». Un enseignement professionnel « préparatoire » aurait pu fournir des « conseils » à la famille concernant les aptitudes du futur apprenti, mais très peu d'enfants ont accès à une école qui dispense ces cours. Que reste-t-il à la famille pour trouver une solution ? demande Corbon : « Le hasard décide à peu près exclusivement. » (« Voilà donc l'enfant entré au hasard dans un atelier » constate, quarante ans plus tard, Julien Fouqué, juriste spécialisé dans la question de l'apprentissage[64].)

Le père finit par signer un contrat par lequel il confie son fils à « un fabricant » pendant quatre ans – durée considérable, souligne

63. F. de Donville, *Guide pour le choix d'une profession à l'usage des jeunes filles et des dames* ; É. Charton, *Dictionnaire des professions*, p. 194, 218-21 ; A. Robert, *Petit guide pratique des patrons, ouvriers et apprentis devant les Conseils de Prud'hommes*, p. 22.

64. Julien Fouqué, « La Crise de l'apprentissage », *Bulletin de la Société de protection des apprentis* (1900), p. 293.

Corbon – sous condition que ce dernier lui enseigne sa profession. L'enfant n'est ni logé, ni nourri : on ne retrouve pas l'avantage de la prise en charge, type Ancien Régime, susceptible d'adoucir l'abrupte transition ; la figure du père de famille si présente dans la récente loi sur l'apprentissage de 1851 ne fait aucun effet sur Corbon. L'entrée en atelier est marquée par le malaise persistant de l'apprenti, car l'accueil est froid. Sa « déception » devient vite déprime quand il se voit surchargé de corvées quotidiennes plus ou moins éreintantes, et dépourvu même d'un début d'instruction dans le métier. Le garçon ne parle pas de son trouble, mais ses parents le ressentent bien, sans savoir comment l'interpréter, sauf comme signe d'un défaut de leur rejeton. Petit à petit, ce dernier comprend la nécessité de faire semblant, tant vis-à-vis de son patron et des ouvriers que de ses parents. Il sourit, parle l'argot du métier, trinque avec ses aînés, mais son savoir professionnel « n'est guère au-dessus de zéro », même après plusieurs années d'apprentissage[65].

Un observateur qui relate l'histoire de l'apprenti bijoutier Guillaume dévoile les ruses cruelles des « exploiteurs » vis-à-vis des parents naïfs et/ou intimidés. Quand la mère vient voir l'apprenti, « au lieu de la faire entrer à l'atelier, on lui dit que son garçon [est] en course » ; comme elle ne peut ni attendre ni revenir, « elle [repart] sans l'embrasser ». Autre tactique quand les parents viennent voir leur enfant : « On le leur montre, mais plus souvent il reste invisible pour eux. » On couvre l'apprenti.e de compliments, on fait semblant que tout va bien. L'enfant, tétanisé, n'ose pas « risquer une plainte ou laisser échapper un soupir ». Si l'apprenti.e trouve le courage de formuler ses doléances, le maître explose :

> Reprenez-le, reprenez-le ; nous n'en manquons pas d'enfants, on vient nous en offrir tous les jours. Il y a assez longtemps que celui-ci mange mon pain, et qu'il brise mes outils ; vous croyez que l'on a tout bénéfice, vous ! et la marchandise qu'il me perd ! et le temps que je passe après lui ! et l'entretien, cela ne vous coûte rien !

Sketch peut-être rodé pour le maître, mais pour les parents – sont-ils emblématiques ou caricaturés ? – c'est une mercuriale, un camouflet : « Les pauvres gens sont loin de pouvoir soupçonner ce manège infernal ; ils ferment la bouche, ils n'osent plus lever les yeux. » Ils se retirent humblement, « en recommandant la sagesse à leur enfant »[66].

---

65. A. Corbon, *De l'enseignement professionnel*, p. 13. 15-23, 25, 27.

66. Jérôme-Pierre Gilland, *Les Conteurs ouvriers, dédiés aux enfants des classes laborieuses*, Paris, chez l'auteur, 1849, p. 259-60. Cf. des maîtres qui embauchent des apprentis à la

Corbon reproche aux parents de se laisser « facilement duper » (de même que leurs enfants), et, sans placer toute la responsabilité sur leurs épaules, il laisse entendre que le père et la mère auraient pu « montrer beaucoup plus de zèle pour s'assurer que les conditions stipulées au contrat ne sont pas tenues pour lettre morte ». Il suggère que ce « tableau lamentable » est plutôt typique. Un demi-siècle plus tard, la Société de protection des apprentis l'énonce plus brutalement : « On ne peut admettre que le droit des parents sur l'enfant puisse aller jusqu'à le condamner par ignorance ou fausse conception à n'être qu'un manœuvre toute sa vie »[67].

Étant donné la convergence forte et dense des représentations et des critiques du comportement des parents vis-à-vis de l'apprentissage, il est probable qu'elles cernent une part de la réalité. Selon toute vraisemblance, Corbon et les autres ont fréquemment raison (et souvent tort). Faute de sources, il est extrêmement difficile de confirmer et trop aisé de contester ces appréciations en fonction à la fois de préventions sociales et de la vitesse de cristallisation et de diffusion des stéréotypes. On ne peut pas affirmer mécaniquement que les apprentis qui « réussissent » (notion labile et réductrice : pour le XVIIIe siècle, par exemple, accès à la maîtrise et pour le XIXe « l'établissement », d'une manière ou d'une autre) constituent la preuve de la bonne méthode et de la bonne conduite des parents : trop de variables interviennent entre le choix du maître (on devrait dire du *premier maître,* car de nombreux apprentis changent de maître une ou plusieurs fois, et les parents ne sont pas en mesure de s'en occuper à chaque coup). Comme presque toujours dans les archives, on trouve essentiellement des histoires de mauvaises exégèses, mauvaises évaluations et mauvais calculs. Les conciliations et les jugements prud'homaux nous montrent tout de même que les parents – quelquefois vénaux, myopes, égoïstes, manipulateurs, manipulés – ne se sont pas systématiquement trompés, n'ont pas lâché prise dès que possible, n'ont pas

pelle, sans se soucier de leurs aptitudes ou handicaps, parce que leurs parents paient un bon prix et que les maîtres peuvent renvoyer rapidement. *L'Écho de la Fabrique* (29 février et 31 mars 1844).

67. A. Corbon, *De l'enseignement professionnel,* p. 15-23, 27 ; *Bulletin de la Société de protection des apprentis* (1905), p. 143. Après avoir longtemps sanctuarisé la famille, sous le parapluie libéral, contre l'intervention publique (la liberté étant inviolable, notamment dans le foyer du ménage), la société française du XIXe siècle donne les signes d'une sorte de recentrage. Voir, par exemple, la loi du 24 juillet 1889 qui vise à « réprimer les abus de la puissance paternelle ». *Ibid.,* 1891, p. 256.

habituellement négligé les sentiments, les analyses et les intérêts spécifiques de leurs enfants[68].

APPRENTISSAGE-BUSINESS, XIXe SIÈCLE

Il est manifeste que certains patrons, malgré la fin du cadre d'ascension corporative, organisent, comme pendant l'Ancien Régime, une sorte d'apprentissage-business. Il est particulièrement profitable d'engager des apprentis quand il n'y a pas de limites de nombre, quand on peut obtenir un prix pour la prétendue formation, quand on a la possibilité de provoquer le départ précoce d'un.e apprenti.e dans l'espoir de pouvoir récupérer une indemnité sans avoir à restituer le prix de l'apprentissage ; ou tout simplement pour pouvoir exploiter le travail très bon marché des enfants, les utilisant comme « des petites mains » sans se soucier de leur formation. À la suite de la plainte du tuteur de l'apprenti Sezille, fils d'un cultivateur, qui sort de trois ans d'apprentissage sans les moindres bases d'une profession, les prud'hommes blâment son maître, Dijard, bijoutier, qui « n'exerce pas une profession, mais une sorte de travail qui ne lui permet pas de faire des apprentis ». La sévère tonalité prud'homale rappelle le discours d'un juré corporatif s'en prenant à un douteux artisan sans-qualité. Pourtant, le bijoutier n'est condamné qu'à rendre les effets et les hardes de Sezille et à lui fournir un « certificat de libération » de son apprentissage : pas de pénalité financière, pas de menace pénale. S'attribuant le titre de poêlier, Leblond prend deux frères comme apprentis pour trois et quatre ans respectivement. Ils s'en vont au bout de six mois, car ils n'apprennent rien, sauf à s'apercevoir de la fraude de Leblond, qui, selon les prud'hommes, « n'a pas la qualification de poêlier-fumiste et tôlier, mais ne sait que revendre des marchandises ». Ses apprentis sont destinés « à devenir des hommes de peine ».

Une compétence suspecte mêlée d'une effronterie sans vergogne conduit parfois à des « spéculations » sournoises. Anna Destigny est censée apprendre la fabrication des fleurs artificielles pendant deux ans. Face au malaise de sa fille, le père enquête et se persuade que

---

68. Exploités très partiellement, les jugements des prud'hommes de la capitale me donnent l'impression – évidemment, il nous faut une enquête quantitative sur ce sujet – de favoriser massivement la partie des maîtres, ôtant ainsi la possibilité pour les parents de corriger le tir en cours de route, sauf à se voir condamnés à verser une indemnité plus ou moins importante pour sanctionner le maniement du seul levier dont ils disposent : la rupture du contrat par le départ prématuré de leur enfant.

l'atelier marche très mal. Anna pâtit de ce que son maître se trouve « dans l'impossibilité de montrer ce qu'il n'a jamais appris ». Les prud'hommes balaient l'opinion paternelle. Quant à Desmeville, dit « maître » tailleur d'habits, peut-être sait-il travailler, mais il ne sait pas dire la vérité, plus précisément, formuler une promesse honnête, d'après le frère et l'oncle de l'apprenti François Brion, ses tuteurs, constatant que ce dernier, vers la fin de son temps, ne sait rien faire. Prenant un prix mensuel très élevé (75 francs) et misant sur une prime de fin d'apprentissage de 500 francs promise dans le contrat verbal, le maître avait juré qu'il ferait du jeune, qui n'a jamais tenu une aiguille, « un tailleur et un tailleur coupeur » en vingt-quatre mois. Les prud'hommes appuient la partie de Brion qui n'aura pas à payer les 500 francs, mais doit toujours trouver une voie professionnelle pour le jeune[69].

Autre genre de manipulation : extorquer un prix fort et contraindre le paiement immédiat, sans exclure le vol d'une partie de l'argent restant. Fabricante-lingère-modiste, la dame Arquié embauche Henriette Goyard pour 50 francs par mois, prix combiné de l'apprentissage et de la pension. Puis elle fait pression sur la mère de la fille, « [abuse] de son inexpérience pour obtenir qu'elle [aille] au mont-de-piété engager ses propres effets », y compris sa montre en or, deux boucles d'oreille et plusieurs bagues. Même si elle avait lu tous les manuels et pesé toutes les recommandations, la mère d'Henriette n'aurait vraisemblablement pas eu les outils requis pour affronter ce genre d'épreuve dickensienne en organisant l'apprentissage de sa fille[70].

LE CHOIX DU MÉTIER : II

Henri Leneveux parle pour quasiment tous les commentateurs en soutenant que « de tous les devoirs de la vie de famille, il n'en est peut-être pas de plus difficile à remplir, ni qui exige plus d'attention et de prudence, que celui de bien choisir une profession pour ses enfants ». Le juriste Julien Fouqué surenchérit en imputant à Pascal le précepte solennel selon lequel le choix du métier est « la chose la plus importante de toute la vie ». L'enjeu est énorme pour les enfants : « leur bien-être, leur dignité, leur indépendance », c'est-à-dire leur

69. Archives de Paris (désormais AP), Prud'hommes : D1U10 379, 16 février 1855 ; D1U10 292, 21 juillet 1864.

70. AP, Prud'hommes : D1U10 16, 26 août 1867 ; D1U10 14, 13 avril 1860 ; D1U10 403, 18 mai 1876.

avenir. Mais Leneveux les exclut dans l'acte de décision. Souvent critique impitoyable de la conduite des parents, il leur dit ici en substance : venant d'une famille comme la vôtre, je reconnais qu'il y a des pratiques consacrées par le temps qui ne peuvent pas être actualisées. L'enfant « ne peut guère influer sur cette décision » dans laquelle il est « fortement intéressé ». Car le choix du métier, c'est le « dernier acte de l'autorité absolue du père et de la mère ».

Édouard Charton, tout sauf ouvrier, est d'accord que « le choix d'une profession est presque toujours, pour les parents comme pour les jeunes gens, un problème grave, difficile, douloureux ». Il avance que les « relations spéciales » du père avec le monde du travail et des « circonstances fortuites » peuvent s'avérer plus déterminantes que les talents et les propensions de l'enfant, mais il faut en tout cas discuter avec ce dernier. Néanmoins, les parents de Leneveux, exerçant leurs droits primitifs, ne peuvent ignorer l'importance, soulignée par Charton et les autres observateurs, des qualités intellectuelles, morales, physiques et sanitaires des enfants, et même de l'aptitude et du goût, car au-delà de la volonté parentale, il ne faut pas que l'enfant soit rebuté par son travail. Leneveux fait l'inventaire des infirmités et des fragilités qui pèsent contre certaines professions (mauvais yeux, pas d'horlogerie ; problèmes respiratoires, pas de boulangerie), et les atouts qui favorisent d'autres avenues (la dextérité pour la menuiserie, la force pour la boucherie). Il montre enfin comment l'instruction précédente (comme dans le dessin) peut s'avérer décisive pour entrer dans un métier exigeant[71].

Par les itinéraires qu'il relate, Armand Audiganne se trouve aux antipodes de Leneveux. Il raconte, par exemple, l'histoire d'un père qui « tenait beaucoup à laisser l'inclination [de son fils] se révéler librement ». Pour stimuler sa réflexion « aux avantages et aux inconvénients de tel ou tel état », sans doute pour l'aiguiller un peu, le père pose des questions à l'enfant. Il a naturellement une préférence pour son propre métier de charpentier, sorte de voie royale pour l'éducation et l'ascension du fils, mais, explique le jeune, « ce travail ne me plaisait guère [...] je m'étais prononcé pour l'état de serrurier ». Sans doute déçu, le père ne s'obstine pas pour autant. Fraîchement sorti de l'école, où il a appris à lire et écrire, le gamin n'a que onze ans. Avant

71. H. Leneveux, *Almanach-manuel d'apprentissage*, p. 3, 4, 9, 12-13, 16-19, 21-22, 24 ; J. Fouqué, « La Crise de l'apprentissage », p. 293 ; É. Charton, *Dictionnaire des professions*, p. x, xi, xiii, 65, 389.

de s'engager dans un apprentissage, son père souhaite qu'il apprenne ce qu'est un travail manuel. En l'envoyant dans une usine pendant un an, il prend un risque que Leneveux aurait déconseillé – celui de se sentir transformé et de refuser de partir. En attendant son apprentissage, le petit est ravi de découvrir une certaine autonomie et la fierté de toucher un petit salaire : « Je me trouvais rehaussé devant mes propres yeux, je me croyais presque un homme »[72].

L'idée que l'adolescent.e peut ou doit jouir de la liberté de décider de son destin-métier n'est pas très répandue. Même pour l'enfant discipliné et sérieux : s'il était si sage, il se rendrait compte du péril de ne pas s'appuyer sur les adultes qui savent mieux que lui. Revenant sur les années 1870 quarante ans plus tard, Léon Jamin, menuisier, puis professeur de menuiserie et dessin (« trait ») pour un compagnonnage sur le Tour de France, enfin anarchiste et journaliste, défend la posture idéaliste prêtant à l'enfant une capacité d'agir de sa propre initiative, manière de l'autonomiser et de le responsabiliser. Quand il est tout jeune, Petit-Pierre, le protagoniste de son texte largement autobiographique, fabrique des jouets, sculpte le bois et pratique d'autres gestes manuels lui permettant de savoir à sept ou huit ans ce qu'il veut faire dans la vie, occasion pour l'auteur d'exhorter tous les parents à laisser leurs gamins développer leurs affinités et choisir leur voie. Inspiré manifestement par sa lecture de Petit-Pierre et décidé à entreprendre un apprentissage en serrurerie, un garçon de douze ans s'écrie :

> – Dis donc papa, si j'ai bien compris, Petit-Pierre, quand il était à mon âge, voulait, lui aussi, être mis en apprentissage suivant ses goûts ?
> – Évidemment oui ! C'est du reste le devoir des parents de ne pas contraindre leurs enfants à apprendre tel ou tel métier, si les aptitudes n'y répondaient pas !
> – Mais alors, comment se fait-il, continua l'enfant, qu'il avait des idées de Bonté, de Justice et d'Humanité si grandes ?
> – C'est bien simple, mon enfant, lui répond son père, Petit-Pierre avait, sans doute, été comme toi éduqué dans des sentiments généreux et altruistes, comme ton père peut en professer, mais qu'il n'est pas toujours bon de faire connaître dans la société actuelle !
> – C'est donc pour ça que l'on me dit : Ton père a des idées trop avancées ?
> – Oui, mon cher enfant[73] […].

72. A. Audiganne, *Les Ouvriers en famille*, p. 24-28.

73. Léon Jamin, *Petit-Pierre, Histoire et souvenirs d'un apprenti*, Paris, Nicolas frères, 1912, p. 306.

Suivre son père n'est pas toujours un acte de volonté dénué de toute contrainte. Mais l'hypothèse du fils suivant le père demeure très attractive au XIXe siècle, quoique de nombreux ouvriers déclarent, dans des enquêtes sur le travail de la fin de ce siècle et du début du suivant, qu'ils ne veulent pas que leurs fils les imitent, mélange d'aliénation et d'évaluation réaliste des perspectives. Par ailleurs, la tendance héréditaire dans la formation ne semble pas très différente dans les manufactures et dans l'artisanat, si l'on en juge par le cas de Nantes. Vers 1800, la succession des tisseurs de père en fils est la coutume. En 1832, le règlement de la manufacture Vallet stipule que les fileurs sont responsables du recrutement de leurs rattacheurs, habituellement leurs propres enfants. En 1848, les fileurs déclarent que, dans leur profession, « il n'y a point à proprement parler d'apprentis ; ce sont les enfants des fileurs qu'ils emmènent au travail dès l'âge le plus tendre : ils les mettent au métier dès qu'ils ont la force de le conduire, ce qu'ils apprennent pour ainsi dire d'instinct ». La méthode de transmission est similaire chez les portefaix, les cordiers, les forgerons et les tailleurs de pierre. Pendant la deuxième moitié du siècle, les compagnies de chemin de fer engagent des apprentis exclusivement parmi les fils d'ouvriers et d'employés des établissements, rarement « du dehors ». Gillet-Pierron, une des grandes entreprises de teinturerie lyonnaises, recrute ses apprentis « principalement parmi les fils de ses ouvriers, de sorte qu'ils sont toujours sous les yeux de leurs maîtres et de leurs parents ». Même type d'« endo-embauchage » à la Compagnie des services maritimes des messageries impériales à la Ciotat : « Sauf de très-rares exceptions, c'est parmi les enfants de ses ouvriers que se recrutent les apprentis »[74].

« Le fils entre-t-il sans réflexion dans la carrière de son père ? » se demande Jules Simon, suggérant implicitement que le poids de l'inertie demeure écrasant, épargnant les uns, accablant les autres. Un texte moralisateur visant des enfants affirme que « vous ne pouvez donc mieux faire encore que de marcher sur [l]es traces [de votre père] »,

74. Samuel Guicheteau, « La révolution des ouvriers nantais : le façonnement d'une identité sociale et culturelle, des années 1760 aux années 1830 », thèse de doctorat, Université de Rennes 2, 2006, p. 61, 569-70 ; *Bulletin de la Société de protection des apprentis* (1867), p. 325, 337, 347 ; Ernest Nusse et Jules Périn, *Commentaire de la loi du 19 mai 1874 sur le travail des enfants et des filles mineures employés dans l'industrie*, Paris, Marchal, Billard et Cie, 1878, p. CDXXIV, CDXXVII, CDXXXVII (notamment les souffleurs de verre, corporation « assez exclusive dont chaque membre entend réserver pour ses enfants les secrets de l'art ») ; Émile Levasseur, *Question ouvrière et industrielle*, Paris, A. Rousseau, 1907, p. 865 ; Bernard Charlot et Madeleine Figeac, *Histoire de la formation des ouvriers*, Paris, Éditions Minerve, 1985, p. 38.

car votre apprentissage sera « facile » et vous profiterez des « avantages » de sa réputation. « Il y a quelquefois des enfants orgueilleux qui se croient faits pour une condition plus élevée que celle de leurs parents », avertit l'auteur : « Celui qui rougit de son père, mes enfants, est un petit monstre aux yeux des gens de bien, et il portera tôt ou tard la peine de son ingratitude, car Dieu punit les enfants ingrats. » Édouard Charton emboîte le pas : « Heureux le jeune homme qui, sans indécision, sans lutte, est conduit naturellement, presque sans y songer, à continuer la profession de son père. » Quelle chance : il a déjà tout vu, il sait faire, il est « initié insensiblement aux devoirs de son état » comme il l'est au savoir-faire, il est « guidé dans son noviciat par l'expérience paternelle [et] il succède à des relations toutes formées ». Cette exaltation d'une pratique de l'Ancien Régime vilipendée par Gournay, Turgot et compagnie ne semble pas choquer la conscience libérale[75].

À l'aurore du xxe siècle

Aux yeux de G. Hug, un instituteur suisse travaillant avec des apprentis, dans un texte (« Le Choix d'une profession ») repris dans une importante étude très répandue dans l'Hexagone sur l'enseignement technique ou professionnel, la problématique au début du xxe siècle n'a pas vraiment évolué. « Que faut-il faire de notre garçon » reste la question lancinante (et misogyne) pour beaucoup de familles en France et ailleurs. Le discours négatif, honteux sur le travail manuel continue de mobiliser beaucoup de parents, tant des classes ouvrières et des fractions inférieures des classes moyennes que de la bourgeoisie. Ces familles regardent vers les bureaux, l'administration publique, et pour une frange vers les professions dites libérales. Distillant les sentiments paternels/parentaux, Hug cite une rengaine familière : « Il faut que mon fils ait meilleur temps que moi, se dit son père qui toute sa vie a peiné. » Mais l'auteur met en garde contre le miroir aux alouettes de l'ascension sociale. Peu d'adolescents pourront se passer de l'apprentissage pour obtenir « une position assurée » et « sans travail manuel ». Renouant avec la constatation déjà commune à l'époque de Napoléon III (« les bons ouvriers font défaut »),

75. J. Simon, « L'Apprentissage des jeunes ouvriers », p. 735 ; *Nouveau choix de lectures des enfants, ou Cours de morale à l'usage des écoles primaires par plusieurs instituteurs*, Caen, Chénel, 1859, p. 260-61 ; É. Charton, *Dictionnaire des professions*, p. ix-x.

il défend un apprentissage actualisé, voire modernisé, mais toujours ancré sur des valeurs solides du passé.

Comme Leneveux, Hug relève une série d'étapes (ou de sas) de sélection. D'abord, le physique et la santé : le poumon susceptible (comme dirait Toinette), le dos fragile, l'œil atteint. Ensuite, l'intelligence et la moralité : il faut que l'adolescent soit capable d'apprendre, un peu curieux, ait une habileté conjointe de la tête et des mains ; puis que cette personne soit honnête. Hug est avant tout réaliste, avec un arrière-fond d'optimisme restreint mais sincère : si le garçon (il parle beaucoup moins des filles) a des défauts, « on s'adapte », rien n'est joué d'avance. Tous les métiers ne sont pas également accessibles à tout le monde. Bien sûr, il faut qu'il y ait « des chances de succès » dans un métier, mais il est nécessaire d'y aller avec une certaine détermination, et il ne faut jamais y aller faute de mieux.

Enfin, si le bon choix de métier règle le problème majeur, l'auteur rappelle que tous les maîtres ne se valent pas. Les parents doivent avoir le courage de résister au patron beau parleur qui propose de faire payer moins cher pour la formation (ou, au contraire, de rémunérer un peu l'apprenti) et fixe la durée la plus courte. Souvent, il s'agit d'un maître « spéculateur » – mot « social » jetant l'opprobre sur un éventail d'actes commerciaux répréhensibles depuis des siècles – qui prend beaucoup d'apprentis pour « le profit », transmettant fort peu de savoir-faire, inculquant le geste simple, mille fois répété, capable de rapporter un maximum pour le patron. Regrettant le peu d'attention accordée au maître, éclipsé par l'extrême souci réservé au couple famille-apprenti, Georges Alfassa, ingénieur et sociologue, une des grandes voix dans le débat sur la possibilité de sauver l'apprentissage au début du XXe siècle, souligne le poids décisif du maître dans toute équation : « Il importe en effet de bien se pénétrer de cette idée que celui qui prend un apprenti a une sorte de sacerdoce, de mission sociale à remplir et qu'il accepte une responsabilité à l'égard de l'enfant. C'est cette responsabilité qu'il importe de consacrer »[76].

Au XXe siècle, les participants au débat concernant les parents et l'apprentissage mettent toujours l'accent sur l'urgence de l'information,

76. G. Hug, « Le Choix d'une profession : Directions données aux parents et aux autorités scolaires et tutélaires », publiées sous les auspices de la Commission centrale d'examens de l'Union suisse des Arts et Métiers, Berne, 1901, dans Placide Astier et Isidore Cuminal, *L'Enseignement technique, industriel et commercial en France et à l'étranger*, Paris, G. Roustan, 1909, p. 462-68 ; Georges Alfassa, « La Crise de l'apprentissage », dans *Bulletin de la Société de protection des apprentis* (2 février 1906), p. 269.

symbolisée par un mot devenu fétiche : l'orientation. Un militant de l'Œuvre des cercles catholiques d'ouvriers de Lyon se lamente de l'incapacité des parents de guider, soutenir et diriger leurs enfants dans leur engagement professionnel. Convaincu que « la presque totalité des [parents] sont ignorants, en général, des différents métiers qui s'offrent à l'activité des jeunes gens », le Comité de patronage des apprentis du XIIIe arrondissement de la capitale propose la rédaction, par chaque branche, de manuels présentant les métiers de l'alimentation, des travaux publics, du papier, du bronze, du bois, du fer, et de la mécanique[77].

La discussion devient plus compliquée, parce qu'elle suppose dorénavant que la scolarisation des enfants soit systématique : le moment clé devient la transition entre l'école, d'où sort l'enfant, et l'apprentissage, vers lequel il se dirige. Passant en revue diverses manières, privées et publiques, d'aider les parents dans le choix d'un métier et de nourrir les aptitudes et les goûts de l'enfant, Édouard Petit, sociologue et inspecteur général de l'Instruction publique, relève en 1910 que dans neuf cas sur dix, au moins dans la région parisienne, le métier auquel l'apprenti.e est destiné.e est « indiqué, procuré, et accepté à l'aveuglette ». Le remède : la pratique du « préapprentissage », sorte « d'aiguillage » proposant une direction claire et réfléchie à l'avenir des filles et des garçons. Parmi les tentatives d'orientation par l'école sous la forme du préapprentissage se trouvent les projets de l'entrepreneur parisien Charles Kula de créer, à partir de 1905, des ateliers-écoles ou des cours de préapprentissage. En 1919 encore, Kula déplore l'insuffisance des moyens mis au service de l'information et de l'acculturation des parents[78].

Organisé juste après la Grande Guerre par l'association responsable du mensuel *La Formation professionnelle* et d'autres organisations, le Deuxième Congrès de l'Apprentissage à Lyon prend l'orientation comme l'un de ses grands thèmes, « remède [...] à la crise quantitative et qualitative de l'apprentissage ». Sa « propagande » vise d'abord les parents : les persuader que le travail manuel est « aussi noble » que

77. A. de la Croix-Laval, *Rapport sur la crise de l'apprentissage*, Lyon, Œuvre des cercles catholiques d'ouvriers de Lyon, 1913, p. 49 ; *Bulletin du Comité de patronage des apprentis du XIIIe arrondissement* (octobre 1916).

78. Édouard Petit, *De l'école à la cité. Études sur l'éducation populaire*, Paris, F. Alcan, 1910, p. 71-73 ; J. Martin, « L'Orientation professionnelle et la définition des âges », dans *Lorsque l'enfant grandit*, p. 217-19 ; Charles Kula, « Avant apprentissage », *Revue pédagogique*, t. 74 (février 1919), p. 121.

le travail dit intellectuel et les amener à répudier « l'égoïsme condamnable » qui conduit trop de familles à céder à la « sordide tentation » de profiter du petit salaire immédiat de l'enfant au lieu d'assurer sa bonne formation et un métier-« capital » qui lui servira à vie. Après avoir sermonné les parents, le Congrès essaie de « parler » directement aux enfants pour qu'ils comprennent leurs (vrais) intérêts », et apprennent comment sélectionner un métier engageant et porteur. Implicitement, l'ambition du Congrès semble être également de s'assurer que parents et enfants se parlent[79].

LE CHOIX DU MÉTIER : QUELQUES RÉCITS AUTOBIOGRAPHIQUES

Le procédé le plus commun est l'intervention paternelle ou parentale pour imposer métier et maître. Habitant de Dammartin (Seine-et-Marne), le père de Victor Offroy, gamin studieux, avec « un peu de latin », veut « faire de [lui] un médecin ». Il lance le processus en le plaçant en apprentissage chez un pharmacien à Paris, sans suivre le déroulement. Le petit n'aime ni la ville ni le maître, qui le traite de domestique : « Je ne faisais donc que balayer la boutique, nettoyer les boiseries, les vitres, récurer les mortiers, les balances, allumer le feu des alambics, etc. Cette besogne me dégouta du métier. » Rêveur et pensif, il ne fait pas mieux lors de la deuxième tentative d'apprentissage organisée par sa famille, l'épicerie, où il devient encore « la bête de somme ». Comme beaucoup d'autres parents-d'apprenti.e.s, son père ne connaît pas bien les pratiques de l'apprentissage et ne s'est pas efforcé d'enquêter sur les maîtres avant ni de surveiller son fils sous leur tutelle après. Peut-être connaît-il mal également son fils, futur écrivain et notable culturel local[80].

Il n'y a ni surprise ni méprise dans le cas de Sébastien Commissaire, futur militaire, activiste républicain et socialiste, député et prisonnier politique. Dès sa prime enfance, il sait qu'il va faire comme son père : c'est ce qui est socialement quasi inexorable quand on vit dans une situation de grand dénuement et d'insécurité. Fils d'un tisserand et teinturier, vivant dans la misère mais s'intéressant à l'instruction, courageux mais inconstant, Sébastien Commissaire

79. Foire de Lyon : « Congrès de l'Apprentissage ». Première section, rapport de Fontègne, service régional d'orientation pour l'Alsace et La Lorraine (« Orientation professionnelle et recrutement des apprentis »), p. 1-12.

80. Victor Offroy [dit de Dammartin], « Mémoires d'un apprenti », dans *Œuvres diverses*, Dammartin, Lemarié fils, 1873, p. 85-89.

fréquente l'école des Frères de la doctrine chrétienne, travaille au piquage des cardes dès sept ans, et entreprend un apprentissage comme tisseur, dans une profession qu'il connaît déjà un peu grâce à son père, à quatorze ans, juste après sa première communion et juste avant le départ de son père avec une autre femme. Dévoué à sa mère et totalement investi dans son gagne-pain (mise à part sa passion pour la lecture), Commissaire change d'atelier dans l'espoir de « [s]e perfectionner dans [s]on métier » en apprenant comment tisser d'autres genres d'étoffes[81].

Une voie très proche de placement dépend encore des parents, mais en coordination avec leurs réseaux familiaux, sociaux et commerciaux. Le père d'Agricol Perdiguier, futur compagnon illustre et écrivain, « obstiné », l'a forcé à entreprendre un apprentissage dans la menuiserie. Malheureux dans son premier atelier, où il étouffe sans progresser dans le métier, il entre chez un ami de son père, expérience rude, travail en toute saison de 5 heures jusqu'à 20 heures, voire plus tard, parfois même toute la nuit, complété par une corvée supplémentaire : « mettre de l'ordre dans l'atelier » le dimanche matin. Confiant dans la relation, sa famille ne se soucie pas de sa situation sous la houlette de ce maître « égoïste qui spécule [exploite son personnel] », ne lui « avait jamais appris à tracer, à assembler ; il n'avai[t] reçu de lui aucune leçon théorique ou pratique ». Contraint de suivre le métier et le maître retenus par son père qui s'était appuyé sur une amitié s'avérant infidèle, Perdiguier doit dérober avec ses

81. *Sébastien Commissaire, ouvrier canut et martyr républicain, d'après ses mémoires*, Lyon, Éditions Claude D'Arve, 1989 [d'après celle de 1888], p. 17, 20, 27, 29, 31-32, 38, 47-49, 51. Autant que la volonté parentale ou individuelle, ou la convention sociale, la misère pousse des jeunes à chercher un apprentissage (ou les empêche de le faire). Tout en constatant qu'il n'y a pas un seul modèle pour la formation des tisserands dans la région rouennaise au milieu du XIXe siècle, Charles Noiret montre que l'on entre dans cette profession par détresse, jamais par vocation. Charles Noiret, *Mémoires d'un ouvrier rouennais*, Rouen, François, 1836, p. 15-18 ; Georges Guerif, « Charles Noiret et l'enquête de 1848 sur la profession de tisserand », *Revue d'histoire économique et sociale*, t. 49 (1971), p. 102-06. Un peu plus tard, Norbert Truquin, à l'âge de sept ans, au lendemain du décès de son père, entre dans ce qu'il appelle un apprentissage chez un peigneur de laine : journée excessivement dure, abrutissante, qui commence à 3 heures, finit tard, et est souvent marquée par une choquante brutalité physique infligée par le maître. Pierre Pierrard, *Enfants et jeunes ouvriers en France (XIX-XXe siècle)*, Paris, Les Éditions ouvrières, 1987, p. 93-94 ; Mark Traugot (éd.), *The French Worker: Autobiographies from the Early Industrial Era*, Berkeley, University of California Press, 1993, p. 250-68 ; Michelle Perrot, « A Nineteenth-Century Work Experience as Related in a Worker's Autobiography: Norbert Truquin », dans Steven L. Kaplan et Cynthia J. Koepp (dir.), *Work in France: Representations, Meaning, Organization and Practice*, Ithaca, N.Y., Cornell University Press, 1986, p. 297-316.

yeux le savoir qu'il était censé obtenir abondamment et humainement comme apprenti[82].

Pauvre cultivateur limousin, obligé de travailler comme maçon à Paris pour subvenir aux besoins vitaux de sa famille, le père de Martin Nadaud, homme illettré mais charismatique, organise les migrations saisonnières de son pays et sert de mentor à bien des jeunes. Tout en insistant sur son instruction, il recrute son fils comme maçon, le forme et le place grâce à son réseau, comprenant l'oncle de Martin et de nombreux compagnons. Insuffisamment robuste, il « souffre cruellement » en montant des échelles des dizaines de fois par jour, jusqu'au cinquième étage, une auge de plâtre sur la tête, « au soir les jambes vous rentrant dans le corps ». « Joyeux de voir combien [s]on père était aimé et respecté par les jeunes émigrants », qui ne lui épargnent pas le bizutage, mais l'aident parfois à monter son fardeau et le défendent contre certains agités, il fait son apprentissage à quatorze ans sur le tas. Ce métier lui correspond tant sur un plan intime que social, mais il ne compte pas le faire toute sa vie, ambition que son père ne décourage pas[83].

D'autres garçons sont placés par le jeu des réseaux familiaux. Orphelin, vivant une relation tendue avec sa mère (« enfant malheureux », dira-t-il), extrêmement pauvre, Jacques-Étienne Bédé travaille plusieurs années de manière informelle avec un tonnelier local au début du XIXe siècle, avant de se rendre chez son oncle, tourneur peu aisé à Orléans, pour entamer un véritable apprentissage. Il se sent bien chez son oncle, où il passe trois ans, mais, conclut-il, concernant son apprentissage, « ce qui me désolait, c'est que je ne savais pas travailler ». En tant que chef d'une association (illicite) de compagnons combattant la sous-traitance et promouvant une sorte de mutualisme, Bédé se montre très sensible à la question de la compétence des ouvriers. Plus tard dans le siècle, un oncle s'avérera déterminant pour Eugène Varlin, futur militant socialiste, syndicaliste et communard. Issu d'un milieu rural, Varlin commence un apprentissage par l'entremise de cet oncle chez un relieur parisien, techniquement capable, mais « aussi prodigue en remontrances qu'il est avare en nourriture ». Varlin passe à l'atelier de l'oncle, homme « exigeant et dur », relieur exceptionnel qui lui apprend bien le métier, mais qui le tance car il passe trop de temps à

---

82. Agricol Perdiguier, *Mémoires d'un compagnon*, Paris, La Découverte, 2002, p. 54, 95-98.

83. *Mémoires de Léonard, ancien garçon maçon*, éd. M. Agulhon, Paris, Lucien Souny, 1998, p. 10, 18, 44-48, 63, 70-74.

lire les livres qui tombent entre ses mains et qui rompt brutalement avec son neveu, quand ce dernier refuse sa fille et sa succession[84].

Face aux us et coutumes, mais aussi aux contraintes socioéconomiques, tant au XIXe qu'au XVIIIe siècle, le cas où l'enfant décide son avenir professionnel entièrement de son propre chef n'est pas très courant. Futur pionnier de l'anarchisme, Jean Grave semble avoir imposé son choix de devenir mécanicien : son père ne résiste pas ouvertement, sans doute en partie parce que, après avoir échoué dans la meunerie en Auvergne, il n'est pas encore solidement établi à Paris, où il va devenir homme de peine, parmi d'autres métiers. Son fils échoue à son tour : son maître est plus brute que formateur. Après avoir pris des coups, avec deux autres apprentis (« co-esclaves »), il manque de le frapper avec un gros marteau : « Tremblant de colère, je lui dis que j'étais chez lui pour apprendre mon métier, non pour être battu et que je ne me laisserais pas faire. » Il s'en va au bout de plusieurs mois, et ne sait pas comment rebondir. Par hasard, il se trouve chez un cordonnier – profession « honorable, mais peu estimée » – où il recommence un apprentissage qu'il ne terminera pas officiellement, car il change souvent de boutique, faute de trouver un patron sérieux ou disposé à enseigner le métier[85].

À l'aube du XXe siècle, le jeune Gustave Lucas assied son autonomie relative sans problème. Initié à l'école, où il ne brille pas, aux travaux de menuiserie et de mécanique, il sait d'emblée qu'il veut pratiquer un travail manuel. Optant pour la serrurerie, il trouve un maître pas vraiment sympathique : autoritaire (« il n'y a que ma méthode ») ; avare (donc pas de pourboire s'il ne vient pas le dimanche matin nettoyer les machines) ; souvent absent, installé au café, gros buveur (« un nez énorme [...] violet comme une aubergine ») ; mais « ouvrier hors ligne, le meilleur que j'aie jamais connu » (auteur des plus belles pièces d'art des églises de Poitiers, grilles de chœur et clôtures exigeant des centaines de soudures, « opération extrêmement délicate [...] pour le serrurier, la minute de vérité »). Loin d'être indifférent à ses apprentis, c'est encore un maître qui ne pratique pas un enseignement structuré : « Il ne vous expliquait jamais rien. » Il montre, il faut

84. *Un ouvrier en 1820. Manuscrit inédit de Jacques Étienne Bédé*, éd. Remi Gossez, Paris, Presses universitaires de Paris, 1984, p. 76-80 ; Michel Cordillot, *Eugène Varlin, internationaliste et communard*, Paris, Spartacus, 2016, p. 16-17, 20-22.

85. Jean Grave, *Mémoires d'un anarchiste (1854-1920)*, Paris, Éditions du Sextant, 2007, p. 38-40, 42-43, 47-48, 57. Cf. J. Grave, *Quarante ans de propagande anarchiste*, Paris, Flammarion, 1973, p. 14-20.

regarder attentivement, apprendre avec les yeux. Les parents ont une très grande confiance en leur fils, mais ce dernier, tout en se délectant de la liberté que la modernité lui permet, avoue un besoin très fort de leur appui en racontant sa première journée d'apprentissage :

> Oh, je n'en menais pas large. Mon père, heureusement, m'accompagnait. C'était l'usage. Aujourd'hui, quand un jeune cherche de l'embauche, il se met directement en contact avec l'employeur, les parents ne s'en mêlent pas. Mais en ce temps-là, le père, ou à défaut du père, la mère, prenaient la peine de sacrifier une heure de leur temps pour venir en personne présenter l'apprenti à son premier patron[86].

LA FAMILLE ET LES PATRONAGES

Si maints commentateurs prodiguent des conseils aux parents, les prenant au sérieux, mais en parlant quelque peu abstraitement, d'autres doutent de leur capacité à réussir, seuls, le placement de leurs enfants, qui suppose une certaine attention à leur éducation avant et une surveillance de leurs parcours après. Ce point de vue, soucieux et didactique, ou crispé et scandalisé, découle de diverses motivations : vocation religieuse, réflexe paternaliste, désir de contrôle social, goût de la moralisation, mission réformatrice. Ces voix s'incarnent souvent dans des patronages, organisations fréquemment confessionnelles, d'inspiration, de programme et d'encadrement, quelquefois laïques, mais structurellement quasi homologues. Ces patronages, d'une ambition parfois totalisante, se substituent en quelque sorte aux parents en orchestrant la recherche de maîtres jugés honnêtes (la Société de protection des apprentis publie annuellement une liste « des industriels et patrons chez lesquels le contrat d'apprentissage est exécuté loyalement et efficacement pour les jeunes apprentis et qui veillent avec sollicitude au bien-être de leurs jeunes ouvriers »), l'affectation de l'enfant au métier idoine, la rédaction du contrat et la « garantie » de son exécution, le suivi de l'atelier, la tentative d'améliorer les conditions de travail, la soi-disant sauvegarde des « mœurs » des apprenti.e.s sur le lieu de travail et à l'extérieur, des cours du soir et du dimanche, religieux et/ou professionnels, parfois des subventions tant pour assister la famille (sorte de compensation pour les gages perdus de l'enfant-devenu-appenti.e) que pour permettre aux apprenti.e.s l'accès à

86. Adélaïde Blasquez, *Gaston Lucas, serrurier. Chronique d'un anti-héros*, Paris, Plon, 1976, p. 36-42, 47-48.

certaines activités[87]. Ces patronages rappellent les diverses structures caritatives, y compris de certains hôpitaux, de l'Ancien Régime dans leurs rôles d'intermédiaires, proposant à la fois orientation, placement et suivi des apprenti.e.s, sans les parents ou avec.

Les patronages du XIXe siècle sont à la fois très semblables, dans leur morphologie et dans leurs activités de base (les institutions protestantes et juives imitant celles, prédominantes, des catholiques) et assez différentes, dans leurs visions idéologiques et dans les spécificités de leurs objectifs[88]. Cependant, bien des patronages de tous bords par-

87. *Bulletin de la Société de protection des apprentis et des enfants employés dans les manufactures* (1891), p. 47-49. Voir la liste de centaines de patronages à travers l'Hexagone, des « institutions charitables fondées dans le but d'instruire, de moraliser, d'aider les apprentis (garçons et filles) », dans *ibid.*, p. 28-35. Ces patronages sont complétés par de nombreuses « institutions manufacturières » remplissant des fonctions semblables au service des apprentis. *Ibid.*, p. 35-48. Comparez le pessimisme d'un observateur proche des patronages en 1858 : sur 22 000 apprentis à Paris, 3 000 ou 4 000 « seulement sont patronnés [...] quant aux autres, personne ne les entoure, ne les dirige, ne les protège ». Paul de Caux, « Patronage des apprentis et jeunes ouvriers. Rapport à l'Assemblée générale des conférences de Saint-Vincent de Paul de Paris », *Annales de la charité, journal de la Société d'économie charitable*, 14e année (1858), p. 481. Intervenant dans nombre de ces domaines, notamment la surveillance des apprentis dans l'atelier, type d'intrusion détesté par les libéraux, le patronage des prud'hommes de Nîmes mérite une enquête. Voir Gustave Berger, « Monographie de l'apprentissage français à l'exposition de l'économie sociale » (extrait du *Bulletin de la Société de protection des apprentis et des enfants employés dans les manufactures* [octobre-décembre 1889], p. 480), Paris, Chaix, 1890, p. 16.

88. Sur l'origine, l'organisation et les opérations des patronages, voir, parmi d'autres : Véronique de Chardon, « L'Apprentissage en France de 1851 à 1915 », thèse de doctorat, Université de Paris 4 (Sorbonne), 1992, p. 136-39, 155, 166-70 ; Pierre-Armand Dufau, *Lettres à une dame sur la charité*, Paris, Guillaumin, 1847, p. 4-6, 8 ; A.-C. Egron, *Le Livre de l'ouvrier*, p. 143-44, 147-49 (vue optimiste de l'impact extrêmement positif des patronages sur les patrons/maîtres) ; É. Ducpétiaux, *De la condition physique et morale des jeunes ouvriers*, t. 2, p. 199-201, 518 ; Nestor Aronssohn, Rapport, assemblée annuelle, avril 1840, *Société pour le placement en apprentissage de jeunes orphelins*, Paris, Appert, 1841 ; Charles Dupin, *Du travail des enfants qu'emploient les ateliers, les usines et les manufactures*, 2e partie, Paris, Bachelier, 1847, p. 106-08, 110 ; A. Audiganne, *Les Ouvriers en famille*, p. 161-62 ; Vicomte de Melun, « Œuvres des apprenties et des jeunes ouvrières », *Revue d'économie chrétienne, Annales de la charité* (mars 1863), p. 532-53 ; P. de Caux, « Patronage des apprentis et jeunes ouvriers », p. 475-79, 483-85 ; Thunot, président d'un des conseils des prud'hommes parisiens, *Enquête sur l'enseignement professionnel*, p. 236-39 ; « Un ancien industriel » [C. Kula ?], *L'Apprentissage et l'enseignement technique*, Paris, E. Maillet, 1869, p. 26-31 ; Julien Hayem et Jules Périn, *Traité du contrat d'apprentissage. Commentaire de la loi de 22 février-4 mars 1851*, Paris, Marchal, Billard et Cie, 1878, p. 34-36 ; *Société de l'orphelinat de la Seine pour l'assistance et l'apprentissage des orphelins et des enfants abandonnés*, Paris : 1879, 1882, 1885 ; *Société de prévoyance et de secours mutuels des amis d'apprentissage*, Paris, J. Rigal, 1880 ; Henri Martin dans *Société de l'orphelinat de la Seine*, Paris, 1882 ; *Association pour le placement en apprentissage et le patronage des orphelins des deux sexes*, Chartres, E. Garnier, 1882, p. 17-25 (J. Simon) ; *Société de patronage des apprentis et ouvriers israélites de Paris*, Paris, Alcan-Lévy, 1884 ; *Bulletin de l'apprentissage*, organe du Comité permanent exécutif du Congrès national mixte de l'industrie, du commerce, et du travail (avril-mai 1910) ; Jean-Pierre Guinot, *Formation professionnelle et travailleurs qualifiés depuis 1789*, Paris, Domat-Montchrestien, 1946, p. 72, 128 ;

tagent une certaine méfiance à l'égard des parents. Avec un brin de mélancolie, Maurice Maignen, directeur de l'œuvre de patronage de Saint-Vincent-de-Paul, raconte :

> Les parents nous amènent leurs enfants et nous disent : « Placez nos enfants le mieux possible. » Pourvu qu'ils soient logés et nourris. Ils ne s'inquiètent ni des aptitudes de leurs enfants, ni du choix pour ceux-ci de telle ou telle profession ; ils nous laissent le soin de choisir [...].

Les parents comptent en fait sur l'œuvre pour « caser » l'enfant « comme il faut », mais après le placement, Maignen ne paraît pas les voir souvent. Ils ont beaucoup à faire dans la vie ; il ne les critique pas, tout en regrettant leur éloignement[89].

Au mieux, la famille a peut-être de bonnes intentions, mais elle reste inerte, faute de formation et d'information, incapable de donner à l'enfant un « état » en raison de sa misère, de sa myopie et de sa naïveté, incapable même de lui donner un repas chaud ou de l'envoyer à l'école régulièrement, incapable de « protéger l'enfant » contre la vie, pleine de périls, et le dévergondage du temps libre (le dimanche, le soir quand les parents travaillent tard ou tardent à rentrer, les jeudis

---

Jeanne Gaillard, *Paris, la ville (1852-1870)*, Paris, H. Champion, 1976, p. 302-303 ; Lee Shai Weissbach : *Child Labor Reform in Nineteenth-Century France. Assuring the Future Harvest*, Baton Rouge, Louisiana University Press, 1989, p. 114, « Entrepreneurial Traditionalism in Ninetenth-Century France: A Study of the Patronage industriel des enfants de l'ébenisterie », *Business History Review*, t. 57 (Hiver 1983), p. 548-65, « Œuvre industrielle, œuvre morale: the Sociétés de patronage of Nineteenth-Century France », *French Historical Studies*, t. 15 (Printemps 1987), p. 99-120, et « The Jewish Elite and the Children of the Poor: Jewish Apprenticeship Programs in Nineteenth-Century France », *American Jewish History Review*, t. 12 (1987), p. 125-29, 140-41 ; Bernard Gallinato, « L'École de la paix sociale et les relations de travail (1881-1890) », *Cahiers de l'Institut régional du travail (IRT)*, n° 9 (avril 2001), p. 81-83. S'il n'y a pas de signes de liens de coappartenance dans les conseils d'administration des patronages, on décèle parfois des aspects consanguins, par exemple, en trouvant une même personne adhérant à l'Association pour le placement en apprentissage des enfants des deux sexes, le Patronage laïque du Ier arrondissement de Paris, et la Société protestante du travail. Pour clarifier cette situation, il nous faut une grande enquête prosopographique des patronages. Cf. la prolifération de « pensionnats d'apprentis » à Paris, tenus fréquemment par des particuliers, liés communément au recrutement pour des métiers spécifiques (Wolff, rue Rochechouart, se limite à la fabrication des pianos ; Savard, rue Saint-Gilles, se consacre aux bijoux, Hamelin, rue de la Glacière-Saint-Marcel, s'intéresse au dévidage de la soie, etc.), qui travaillent quelquefois en complicité avec les patronages, parfois en concurrence tacite. Les pensionnats, qui paraissent être majoritairement laïques, s'occupent à la fois de l'instruction professionnelle et de « l'instruction générale et la moralisation des apprentis », qui peuvent y rester quatre ou cinq ans. O. Gréard, *Éducation et instruction*, p. 102-03. Dans le dernier tiers du XIXe siècle, des groupements d'ouvriers – souvent les chambres syndicales – proposent diverses solutions pour aider les parents cherchant à placer leurs enfants. Voir, par exemple, J. Barberet, *Le Travail en France*, t. 3, p. 144.

89. *Enquête sur l'enseignement professionnel*, t. 1, p. 170-72, 175-76.

pour les écoliers, journée de repos du maître). Au pire, la famille constitue un lieu toxique et/ou dangereux, où fleurissent « bêtise et ignorance », des « désordres honteux », où « un malheureux de moins de 15 ans » peut se trouver « entre un père abruti par l'ivrognerie et une mère déshonorée », où les grands-parents n'offrent « qu'une direction molle et aveugle », où même la mère voulant être consciencieuse ne peut pas grand-chose parce qu'elle est « faible » et manquant de « sagesse »[90].

Plutôt paternaliste, plutôt libérale, plutôt bourgeoise, la Société de protection des apprentis et des enfants des manufactures se targue néanmoins de n'être ni monolithique ni sectaire. Elle rend des services précieux aux enfants et à leurs familles : elle rencontre les parents pour sonder leurs désirs et tenir compte de leurs moyens ; elle trouve des maîtres qui correspondent à ces besoins, après avoir vérifié leur réputation ; elle contrôle le contrat qui est parfois rédigé directement sous son regard ; elle organise et veille sur la période d'essai ; elle fournit une literie aux enfants nécessiteux ; quelquefois, elle aide directement les familles besogneuses. Pourtant, des dizaines de pages dans son *Bulletin* annuel (1867-1912) constituent une terrible instruction à charge contre les parents – engourdis, dépassés, inaptes, voire pervers. Tous ces exemples dessinent un portrait évidemment outré, cristallisé et stéréotypisé au cours du XIXe siècle, pimenté de sédiments antérieurs, fruit d'une représentation si forcée des parents idéaux que les parents réels paraissent non seulement ordinairement imparfaits, mais sont également perçus comme profondément défectueux.

Face à cette défaillance et cette incompétence, selon cet argument, il faut traiter tous les enfants comme s'ils étaient orphelins ; ou plutôt, sous l'égide des patronages, tous « adoptifs ». En pratique, il faut supposer que l'apprenti.e n'a aucun autre appui moral, aucune autre ressource matérielle que ce qui est fourni par le patronage ; si jamais la famille parvenait à enrichir la vie de l'enfant, par une dose d'affect, ou autrement, cette contribution serait considérée comme une sorte de prime imprévue, dont le coût indécelable pourrait s'avérer exorbitant.

90. Témoignage de Le Loup de la Société industrielle de Nantes, *Enquête sur l'enseignement professionnel*, t. 1, p. 327 ; Alexandre-Félix Legentil, *De la condition des apprentis, et des œuvres principales qui tendent à l'améliorer*, Paris, P. Dupont. 1874, p. 19-21, 23, 26 ; Émile Cacheux, *État actuel du patronage et de l'enseignement des apprentis*, Paris, Imprimerie nationale, 1889, p. 66-70 ; A.-F. Legentil, *Société de Saint-Vincent-de-Paul. Œuvre du patronage des apprentis et des jeunes ouvriers. Histoire d'une maison de patronage*, Paris, J. Mersch, 1881, p. 13, 19-20 ; A.-C. Egron, *Le Livre de l'ouvrier*, p. 146.

Aucune raison de craindre que le patronage puisse diminuer « la vie de famille », car il s'agit là largement d'un fantasme, ou d'une réminiscence enfouie et fragile. En somme, d'une manière mesurée ou de façon radicale, le patronage doit remplacer la famille, sinon l'écarter. Il y a chez les parents comme une absence – « d'autorité paternelle », de présence maternelle.

Théoriquement, l'apprentissage est un effort moins pour remplir ce prétendu vide que pour en sortir. D'où l'allure thérapeutique des propos du pasteur Meyer, président des Œuvres des apprentis de l'Église de la confession d'Augsbourg, qui affirme l'engagement *in loco parentis* des patronages à l'égard de l'enfant : « Une fois donc que nous nous sommes occupés d'un enfant, nous ne le quittons plus. » L'œuvre protestante rédige un contrat extrêmement favorable à l'enfant (insistant sur un logement « sain », un couchage « seul », une nourriture « suffisante et convenable », la possibilité d'assister à « une école du soir », la prohibition de tout travail ou service « étranger à cette profession »). Guidé par ses membres, eux-mêmes souvent des hommes d'affaires proches du monde du travail, connaissant les meilleurs ateliers et ceux à éviter, ce patronage recrute les maîtres les plus sûrs, et il les suit, avec leurs « élèves », en envoyant un inspecteur bénévole une fois par mois qui rédige « une note » sur « la conduite, le travail professionnel, l'exactitude aux réunions spéciales instituées pour les apprentis », dont on ne sait pas si elle est envoyée à la famille. Enfin, l'œuvre garde le contact avec l'apprenti jusqu'à son intégration comme ouvrier ; et même après, en le recrutant pour adhérer à des sociétés d'anciens apprentis, toujours dans le giron confessionnel.

Un peu moins ambitieuse, disposant sans doute de moins de moyens, l'œuvre catholique de Maurice Maignen fait néanmoins un effort comparable. Ce dernier reçoit les parents et interroge les enfants. Tout en se plaignant amèrement du manque manifeste d'informations sur les métiers (« ne serait-il pas possible d'avoir des statistiques qui nous aideraient à diriger les enfants ? »), le directeur a su former « une clientèle de bons maîtres » (jusqu'à 600 répertoriés) ; il conduit chaque semaine entre sept et dix enfants chez le patron idoine :

> Là, je m'assure si les renseignements qu'on m'a donnés sur le patron lui-même sont vrais, et dans quelles conditions l'apprenti se trouvera chez son nouveau maître. Je demande s'il n'y a pas de jeunes filles dans l'atelier ; comment l'apprenti sera logé, nourri ; s'il ne sera pas couché trop

près des filles du patron, des ouvrières ou des bonnes. Je règle le temps de l'apprentissage[91] [...].

Si le patronage « s'empare de l'atelier », comme le prétend Pierre-Armand Dufau, il s'empare également de la famille. Ou, face au double échec imputé à la famille déficiente et au maître (souvent vorace, brutal, exploiteur), qui n'est pas à son aise dans les chaussures du père, le patronage doit se substituer aux deux, puis, avec une ironie qui risque d'échapper aux protagonistes, les rapprocher dans un contrat qu'il rédige et qu'il leur fait signer. Impressionnants par leur énergie et leur dévouement, par leur bonne volonté et leurs carnets d'adresses et de chèques, souvent efficaces ici et là, notamment dans quelques agglomérations métropolitaines, les patronages semblent pourtant avoir un impact global fort modeste sur la formation des apprentis, même à Paris[92].

Demeurons toutefois attentifs à l'hétérogénéité des patronages, malgré de multiples points communs. Par exemple, la Société de la protection des apprentis et des enfants employés dans les manufactures, association laïque et socio-libérale, teintée d'une dose d'ordolibéralisme avant la lettre, fondée en 1866 par une kyrielle de savants, d'hommes politiques, de hauts fonctionnaires et quelques industriels, s'engage d'emblée à favoriser « par tous les moyens » l'amélioration des conditions des enfants et des adolescents en respectant « l'autorité du père de famille ». Au XXe siècle, la critique des parents s'émousse de façon significative, comme en témoigne le *Bulletin du comité de patronage des apprentis du XIIIe arrondissement*[93].

91. É. Cacheux, *État actuel du patronage*, p. 66, 91 ; A.-F. Legentil, *De la condition des apprentis*, p. 19, 21 ; Pasteur Meyer dans *Enquête sur l'enseignement professionnel*, t. 1, p. 131-33 ; Maurice Maignen dans *ibid.*, t. 1, p. 171-72, 175-76.

92. P.-A. Dufau, *Lettres à une dame sur la charité*, p. 105, 110-14 ; Charles Léon Hiélard, *De l'apprentissage dans les fleurs artificielles et plumes de parure*, Paris, A. Chaix, 1868, p. 18-19. On voit des traces de l'hystérie contre les familles un peu partout. Par exemple, celle d'un observateur proche du patronage de Saint-Vincent de Paul : « Surtout au sein du peuple, la famille n'existe plus. À douze ans, les enfants, par milliers, appartiennent à la rue, à la place publique, à la borne, au ruisseau, à la taverne. » P. de Caux, « Patronage des apprentis et jeunes ouvriers », p. 482. Par ailleurs, le contrat que fait signer l'Œuvre des apprentis, patronage parisien fondé par les frères des écoles chrétiennes, en collaboration avec le comte de Melun, impose deux clauses obligatoires, au-delà des prestations et obligations ordinaires : au moins deux heures d'école tous les jours et passage en conciliation en cas de différend, pas forcément en présence des parents. Pourtant, les comités de placement reçoivent les parents désirant mettre leurs enfants en apprentissage, en principe pour discuter non seulement les détails administratifs, mais aussi les différents scénarios possibles. J.-P. Guinot, *Formation professionnelle*, p. 105.

93. *Bulletin de la Société de protection des apprentis et des enfants employés dans les manufactures*, n°s 1 et 2 (extrait, Paris, A. Chaix, 1869), p. 16 ; V. de Chardon, « L'Apprentissage en France de 1851 à 1919 », p. 142-46 ; *Bulletin du Comité de patronage des apprentis du XIIIe arrondissement* (juin 1927), p. 11.

LA CUPIDITÉ DE LA FAMILLE

Émanant en partie du discours des patronages, la critique des parents accusés d'être cupides devient un leitmotiv du débat sur l'apprentissage. Pour les moralistes, il s'agit d'un marqueur de la déliquescence de la famille et de la corruption de l'enfant et de l'adolescent par voie paternelle et maternelle : on n'a pas besoin de facteurs exogènes pour expliquer cette abjection, qui est morale avant d'être sociale, comme si l'immoralité générait la misère plutôt que l'inverse. Pareillement, pour les réformateurs socioculturels et technocratiques, l'avidité des parents est une des grandes causes de la décadence de l'apprentissage, comme si la cupidité générait la division du travail (et la profusion de travail pour les « petites mains ») plutôt que l'inverse. Lequien, spécialiste de l'enseignement professionnel à Paris, parlait pour beaucoup d'observateurs en déplorant la manière dont « cette tâche si paternelle, si honorable de donner un état à l'enfant, un bon ouvrier à l'industrie, un homme à la société, cette mission si sainte est faussée par l'intérêt[94] ».

Il ne s'agit point de « l'intérêt » exaltant des Lumières, dont la poursuite résolue, par chaque acteur individuel, contribuerait à la construction du bien général, mais d'une forme d'intérêt dégradé, étriqué, intéressé, qui ne sert qu'à assouvir l'appétit effréné des uns et des autres. Il est question de ce que d'aucuns appellent plus crûment la cupidité. Autour d'elle se forge l'alliance objective des parents et des patrons (ou maîtres), tous les deux « impatients » de profiter à tout moment des circonstances. Pour les uns et les autres, « rapaces », l'enfant devient « objet de spéculation », enjeu « de fraudes et de violences criantes », instrument d'« exploitation ». Inspecteur général de l'instruction publique au début des années 1870, Octave Gréard dépeint une complicité entre le père et le patron, ce dernier versant parfois une prime au premier, arrangements faits « au détriment de l'apprenti ». « Il faut bien se persuader que les pauvres enfants sont exploités par leur famille aussi souvent que par leurs patrons », remarque Thunot, un des chefs prud'homaux parisiens, « cela est triste à dire, mais cela est vrai »[95].

94. Lequien, dans *Enquête sur l'enseignement professionnel*, t. 1, p. 209.

95. Le député A. Callot, commentant les projets de loi qui vont déboucher sur la célèbre législation de 1851 sur l'apprentissage, cité par J. Hayem et J. Périn, *Traité du contrat d'apprentissage*, p. 4n, 64 ; É. Ducpétiaux, *De la condition physique et morale des jeunes ouvriers*,

D'autres observateurs racontent que l'enfant « est vendu par ses parents » pour des « gains précoces », des « gains immédiats, des « gains rapides », « quelques centimes » ou « un salaire prématuré ». Les parents ne veulent pas ou ne peuvent pas attendre que l'enfant atteigne l'âge où il est susceptible de rapporter un peu d'argent à la maison. C'est ce que l'ex-imprimeur Adrien-César Egron appelle « l'exigeante misère des parents ». Si certains ouvriers, et des patrons, n'hésitent pas à tenir « la misère » pour responsable de la dégradation de l'apprentissage, son détournement ou son abandon, des voix dissonantes, principalement conservatrices et moralisatrices, dénoncent moins « la gêne » ou « la détresse », que « l'imprévoyance des parents », comme s'ils avaient été en capacité de mieux préparer leur affrontement permanent avec l'indigence (« les besoins pressants »), ou suggèrent que les petites sommes rapportées par l'enfant-ouvrier sont plutôt destinées à acheter la boisson que le pain[96].

Sans vouloir justifier cette rapacité familiale, quelques observateurs lui trouvent des circonstances atténuantes, notamment structurelles : l'éclosion de la forte industrialisation incarnée par la machine (« nouveau Minotaure ») ; la décomposition de la famille (lancée « par les

---

t. 1, p. 36 ; Octave Gréard, *Des écoles d'apprentis. Mémoire adressé au Préfet de la Seine par l'inspecteur général de l'instruction publique*, Paris, Charles de Mourgues frères, 1872, p. 8 ; Thunot dans *Enquête sur l'enseignement professionnel*, t. 1, p. 237.

96. A.-F. Legentil, *De la condition des apprentis*, p. 11 ; J.-H. Cagninacci, *L'Instruction professionnelle de l'ouvrier*, Paris, A. Rousseau, 1910, p. 48, 57 ; Julien Hayem, *L'Apprentissage : Rapport au Congrès du Parti républicain-démocratique*, Paris, 1911, p. 9, 11, 12 ; Eugène Dolfuss-Francoy, *Essai historique sur les conditions*, Lyon, 1900, p. 53 ; A.-C. Egron, *Le Livre de l'ouvrier*, p. 146 ; Georges Picot, « Allocution », Académie des Sciences morales et politiques, 1908, p. 52 ; Ministère du commerce et de l'industrie, Direction du Travail, *Rapport sur l'apprentissage dans l'imprimerie, 1899-1901*, Paris, Imprimerie nationale, 1902, p. XCII-XCVI ; Rapports de Maffre et de Quilliard, Congrès national de l'Apprentissage (Association pour l'enseignement technique), Roubaix, 1911, p. 2 ; *Travail : revue d'études économiques, sociales et d'apprentissage*, n° 52 (5 juillet 1923), p. 97 ; Ferguson (Société industrielle d'Amiens et Œuvres d'Amiens), dans *Enquête sur l'enseignement professionnel*, t. 1, p. 202 ; les ouvriers bronziers sur « l'avidité », cités par J. Barberet, *Le Travail en France*, t. 2, p. 163. Sur les reproches aux parents, voir également L. S. Weissbach : « Entrepreneurial Traditionalism », p. 561, « The Jewish Elite », p. 136 et « Œuvre industrielle, œuvre morale », p. 108-11 ; J. Gaillard, *Paris, la ville*, p. 300 ; Georges Duveau, *La Vie ouvrière en France sous le Second Empire*, Paris, Gallimard, 1946, p. 436 ; Frédéric Morvan Becker, « L'École gratuite de dessin de Rouen, ou la formation des techniciens au XVIIIe siècle », thèse de doctorat, Université de Paris 8, 2010, p. 188. Sur le vif appétit de certains parents de placer leurs jeunes enfants dans des fabriques et des usines, voir Serge Chassagne, « Le travail des enfants aux XVIIIe et XIXe siècles », dans E. Becchi et D. Julia (dir.), *Histoire de l'enfance*, t. 2, p. 256-57, 263. Lenard Berlanstein conteste vigoureusement la thèse de la cupidité/misère (« need and greed »), « Growing up as Workers in Nineteenth-Century Paris: The Case of the Orphans of the Prince impérial », *French Historical Studies*, t. 11 (1980), p. 576.

terroristes [de 1789/93] qui avaient brisé le cadre patriarcal d'autrefois ») ; et/ou la déchristianisation. Pour les enfants pourtant, cette cupidité est mutilante, même si parfois ils sont eux-mêmes prêts à se sacrifier pour la famille (« des enfants » expliquent à leur interlocuteur dans un petit conte moral des années 1850 que « nous sommes bien pauvres, notre famille a besoin que nous gagnions très-promptement quelque chose et nous ne pouvons faire un long apprentissage »). Soit cet enfant, arraché de l'école et envoyé dans les manufactures ou des ateliers robustes, vient grossir les rangs des « pauvres petites mécaniques humaines », travaillant répétitivement, sans maîtriser un métier, pendant de longues heures, pour quelques sous ; soit l'enfant entre en apprentissage sous la pression de l'avidité familiale, avec comme résultat « que plus tôt l'apprenti gagne, et plus il gagne, moins il apprend ». « Séduite par l'avantage immédiat », la famille sacrifie l'avenir de son enfant. À la poursuite d'un petit salaire, il risque d'apprendre un ou deux gestes qu'il répète, il n'a pas une vue globale du métier, il ne saura pas être un ouvrier complet : « Lorsque son temps est terminé, il se trouve forcé de faire en quelque sorte un nouvel apprentissage [...] il se dégoûte, et finit par rester dans sa profession un ouvrier tout à fait inférieur. » L'enfant de peine, privé d'une vraie formation professionnelle, est voué à devenir simplement un homme de peine à vie[97].

Il est bien entendu extrêmement difficile de passer de représentations idéologiquement très chargées à l'examen d'une prétendue famille ordinaire dans sa supposée vie quotidienne, car nos sources sont très peu loquaces et en tout cas insuffisamment nombreuses. D'une part, tout en constatant le poids discursif de ces images fortes (et tendancieuses) qui ont marqué d'une manière ou d'une autre de nombreux contemporains très composites, on est incapable de mesurer avec la moindre précision leur impact sur ce qu'on appelle facilement « l'opinion ». D'autre part, on ne retire pas des archives prud'homales l'impression de parents généralement avides qui visent avant tout un rendement immédiat par rapport à une formation solide. Une évaluation forcément impressionniste suggère que la patience l'emporte sur l'impatience. Le fait que David, apprenti fabricant de chapeaux

97. Alcide Vaillant, *L'Apprentissage, la liberté du travail et l'esprit du corps*, Paris, Congrès national mixte, 1909, p. 4 ; A. de la Croix-Laval, *Rapport sur la crise de l'apprentissage*, p. 45 ; *Nouveaux choix de lectures des enfants, ou cours de morale à l'usage des écoles primaires par plusieurs instituteurs*, Caen, Chenel, 1859, p. 262 ; Lequien, dans *Enquête sur l'enseignement professionnel*, t. 1, p. 210 ; O. Gréard, *Éducation et instruction*, p. 330.

au Mans, ait un contrat lui garantissant le droit de garder la moitié de ce qu'il gagne dans son travail ne veut pas dire que ses parents se soucient moins de sa formation que de son salaire. La menace de sa mère de le retirer puisque le patron « n'[a] pas d'ouvrage à lui donner » traduit vraisemblablement moins sa cupidité que sa conviction que son fils n'apprend pas quand il n'a rien à faire dans l'atelier[98].

D'autres parents s'intéressent vivement à la question de la rémunération à partir du moment où leur enfant semble avoir acquis suffisamment de savoir-faire pour inquiéter son maître. Après trois ans chez Lepié, maître relieur à Nantes, François Gervais, appuyé par sa famille, demande son congé en raison de mauvais traitements. À la suite d'une conciliation prud'hommale, qui ne mentionne pas qu'il « avait été brutalisé », il accepte de revenir en échange d'un salaire dont la moitié lui est versée chaque semaine et l'autre, sous forme de prime, remise à la fin de son temps, gage de sa fidélité. Appât du gain ? Sans aucun doute. Mais aussi marchandage classique qui ne porte pas atteinte à la solidité de l'expérience d'apprentissage. Vilardière, maître tanneur nantais, retire son fils de son apprentissage, avec quinze mois restant, chez Taillais, maître corroyeur, parce que ce dernier traite son fils « d'espion » et tarde à transmettre le métier – profession que le père connaît bien. Ce dernier veut bien que son fils réintègre l'atelier en échange d'un modeste salaire hebdomadaire, mais en conciliation, il laisse tomber la demande de rémunération en échange de l'engagement du maître « à montrer tout ce qui concerne l'état de corroyeur tel qu'un homme d'honneur doit faire et que le plutôt possible il le mettra au couteau ». En fin de compte, le père a l'air de se préoccuper nettement plus de la formation que de la gratification instantanée[99].

D'autres cas sont plus ambigus. Par exemple, l'oncle de Pierre Allier, dix ans, qui aspire à devenir mouleur, le confie à un fondeur, Boquin, qui, après deux semaines d'essai, suggère à l'oncle de passer un contrat d'apprentissage. L'oncle semble indifférent à l'idée de formaliser la relation. Boquin considère donc l'enfant comme simple « manouvrier ». Est-ce un moyen pour la famille d'économiser sur le prix éventuel de l'apprentissage et de toucher un salaire, bien que très modique, dès le début, et pour le fondeur de disposer d'un jeune corvéable à merci pendant une longue période ? Ce que cherchent les

98. Prud'hommes : AD Sarthe, 778 W 1, 11 juillet 1866.
99. Prud'hommes : AD Loire-Atlantique, 5 U 1 42, 26 janvier et 15 juillet 1846.

uns et les autres n'est pas clair[100]. Cependant, il paraît patent que le profil, les motivations et le comportement des parents de l'apprenti.e varient énormément. Les représentations de la cupidité de la famille constituent une part de l'histoire de cette institution et de cette expérience de socialisation, mais seulement une part : il y a une réalité vécue qui échappe largement à ce champ descriptif, taxinomique et idéologique, et à l'imaginaire qu'il nourrit.

Mais si la cupidité est censée être un marqueur de l'irruption des relations de marché dans le domaine du travail des enfants et des adolescents, il faut noter deux nuances importantes : l'universalité ou même la prévalence de la caractéristique de la cupidité, abondamment invoquée dans le discours sur l'apprentissage pendant le (long) XIXe siècle, est loin d'être démontrée ; et par ailleurs, si elle pèse dans des décisions familiales, elle influe bien plus directement sur ceux qui entrent immédiatement sur le marché du travail sans aucun apprentissage que sur des apprentis reconnus qui sont loin d'être massivement transformés en salariés. Cela dit, si le récit téléologique d'un économisme rampant ne l'emporte pas, l'apprentissage au XIXe siècle, face à une économie en pleine mutation, est pluriel, il s'adapte, parfois même il se transforme. Il n'est pas du tout surprenant que J. Wilmotte, ouvrier horloger et prud'homme, nous rappelle en 1867 « qu'il arrive trop fréquemment que l'apprenti non payé entre dans un autre atelier avec une paye, ou que l'apprenti payé, au moment où son travail est fructueux et profitable, entre dans un autre atelier comme compagnon[101] ». N'attendant pas la débauche d'un maître du dehors, en quelque sorte il se débauche. Supposé par nature hétéronome, prend-il le relais de la cupidité, l'endossant comme idée-force plutôt que comme tare morale ? Peut-être.

Stigmatiser « l'intérêt » invoqué par les parents revient à nier aux parents le droit de poursuivre leurs intérêts comme ils l'entendent, à les disqualifier comme aberrants ou déformés ou simplement nocifs, à leur refuser les mêmes libertés que beaucoup d'observateurs défendent farouchement ailleurs, à renvoyer finalement à des modèles de stratification et de subordination anciennes, autrement dit de domination de type variable dissimulés sous un vernis de moralisme. La Chambre de commerce de la capitale ne reprocherait pas à un artisan ou un

100. Prud'hommes : AD Loire-Atlantique, 5 U 1 45, 9 mars 1858.

101. Wilmotte, dans Eugène Tartaret (éd.), *Commission ouvrière de 1867, Recueil des procès-verbaux des assemblées générales des délégués*, Paris, Imprimerie Augros (avec le concours de la Commission d'encouragement aux études des ouvriers délégués), 1868, p. 93.

marchand une décision prise pour procurer des bénéfices immédiats, mais elle méprise « des pères imprévoyants et d'un esprit sordide [qui] cherchent à faire abandonner l'apprentissage à leur enfant, pensant qu'il en sait assez pour rapporter profit à la famille par un gain journalier ». Pourquoi est-ce déplorable ? Grâce à quelle boule de cristal la Chambre peut-elle affirmer que le père « sacrifie ainsi l'avenir au présent[102] » ? Expression d'une vénalité illégitime chez les pauvres aux yeux des critiques, la prétendue cupidité des parents est, pour eux, l'affirmation d'une certaine autonomie. Par leur nature même, les parents cupides ne peuvent pas être des gardiens fiables et efficaces de leurs enfants. Ils perdent ainsi leur immunité familiale : les portes sont dorénavant ouvertes, et d'autres ont désormais le droit de les surveiller, les évaluer, éventuellement les suppléer. Dans la même veine, des critiques des parents encensent le paternalisme, sauf chez les pères, que l'avidité, à côté d'autres vices, rend inaptes à exercer l'autorité paternelle, fondamentale et structurante. On enlève le rôle paternel au père déchu et invite une kyrielle d'acteurs socialement et moralement supérieurs – patronages, patrons, magistrats, administrateurs publics – à disposer de certains segments de cette fonction. Pour certaines familles, cette ingérence est inadmissible ; pour d'autres, elle est humiliante, mais peut s'avérer opportune et avantageuse.

En tout cas, cette représentation résolument négative laisse dans l'ombre toute une palette d'émotions ordinaires qui secouent bien des parents, notamment au moment de cette première rupture qu'est l'apprentissage. Des morceaux autobiographiques, des rapports des patronages, des articles de presse, des témoignages juridiques nous dévoilent des parents angoissés, déroutés ou dépassés, mais sensibles, très attachés à ces futur.e.s apprenti.e.s. On les retrouve devant les prud'hommes sans but manipulateur, s'indignant contre les mauvais traitements, le manque de formation ou la nourriture insuffisante ; plus rarement, ils plaident avec passion devant les juges de paix pour le bien-être de leurs enfants, trahis par leurs maîtresses ou leurs maîtres. On devine l'empreinte des parents dans certains contrats. Devant un notaire à Libourne en 1814, par exemple, Pierre et Marie Bernard mettent leur fils François en apprentissage pendant deux ans pour apprendre « l'état de tonnellier ou charpentier de barrique » chez André Cordier. Ce dernier le logera, le nourrira, le blanchira

102. *Statistique de l'industrie à Paris, résultant de l'enquête faite par la Chambre de commerce pour les années 1847-1848*, Paris, Guillaumin et Cie, 1851, p. 59.

et le « perfectionnera » dans toutes les parties de la profession « afin de le mettre à même de faire une barrique neuve bien étanche ». En échange, le maître demande 200 livres ; l'apprenti paie immédiatement la moitié (« de son argent ») et promet de verser le solde un an plus tard. Les parents, pas très jeunes et peu aisés, n'hésitent pas à fournir « la garantie » exigée par Cordier en hypothéquant la maison et le jardin où ils habitent. Alors que le fils, presque majeur, ayant travaillé ailleurs, est toujours susceptible de quitter son patron « par caprice » ou pour profiter d'une meilleure opportunité, le geste de ses parents, qui prennent un vrai risque, traduit un réel attachement pour leur fils[103].

LE PARADIGME DU PÈRE-DE-FAMILLE

L'empirique ne l'emporte pas nécessairement sur le théorique, en tout cas pas avant l'entrée dans l'atelier. Si la famille pose des questions à de nombreux commentateurs se penchant sur l'apprentissage, ces derniers ne jettent pas le bébé avec l'eau du bain : le père lambda n'inspire pas confiance, mais la notion de père n'est pas pour autant démonétisée. L'idéal du (bon) père de famille prospère pendant tout le XIXe siècle, dans la mesure où il renvoie non au comportement quotidien des pères, mais à une idée que l'on se fait de la perfection paternelle. Cette vision sublimée est enracinée dans la pensée antique, la théologie et la liturgie chrétiennes, et la philosophie morale, politique et de droit naturel depuis le Moyen Âge. Bien au-delà de l'apprentissage, la norme du père de famille touche beaucoup d'aspects de la vie, publique et privée : source de droits mais aussi de devoirs, elle façonne le code moral et juridique tout en influençant la conception et l'exercice du pouvoir et de l'autorité à tous les niveaux. Produit d'une généalogie vénérable, l'idéal du père de famille du XIXe siècle est fortement marqué par l'héritage du siècle des Lumières ; en ce qui concerne l'apprentissage, il est souvent perçu à travers le prisme corporatif, où famille et père sont autant métaphores que principes d'organisation, d'ordre, de production et de reproduction, et de sanctions[104].

103. AD Gironde, 8J 444, 8 mai 1814 (nous remercions le Pr J. Horn pour avoir aimablement communiqué cette référence).

104. Pour une évocation générale et perspicace du paternalisme industriel au XIXe siècle, voir Marion Fontaine, François Jarrige et Nicolas Patin (dir.), *Le Travail en Europe occidentale, 1830-1939*, Paris, Atlande, 2020, p. 243-47. Vers la fin du XIXe siècle, la notion de

« Le père de famille ! », observe Diderot, « quel sujet dans un siècle tel que le nôtre, où il ne paroît pas qu'on ait la moindre idée de ce que c'est qu'un père de famille ». N'en déplaise à l'encyclopédiste, si on ne le rencontre pas souvent dans la maison ou dans le salon, on le trouve couramment dans le débat public, en particulier dans des textes philosophiques, politiques, moraux, juridiques et historiques. Le double modèle est Dieu et le roi qui tient de lui. Comparer un père au premier aurait été très mal vu pour sa présomption, mais le second est constamment évoqué comme constituant une analogie positive. De même que le monarque favorise les intérêts de « ses enfans », « le père de famille travaille pour les siens ». Ainsi, un père de famille attentif à son bien et à ses enfants « est l'image la plus naturelle d'un Prince attentif à ses sujets ». Répondant à la demande du « peuple » pour un accès plus facile et moins cher aux communautés d'arts et métiers, Henri III se décrit comme « bon père de famille ». Maints commentateurs traitent le roi « en bon père de famille » ou en « vrai père de famille ». Un prince efficace doit « corriger comme un bon père », mais il « n'abuseroit que rarement de ses enfans ». Fénelon rappelle quant à lui qu'un prince ne peut pas être un père de famille « estimable » si son

---

paternalisme semble inexorablement ancrée dans l'entreprise : tentative de répondre à la question ouvrière en jouant à la fois sur l'économique et le social. Les partisans de l'apprentissage moralisé des années 1850 auraient reconnu l'effort de l'économiste et écrivain Louis Reybaud de théoriser le paternalisme patronal comme agissant sur le bien-être de l'ouvrier aussi bien hors de la fabrique qu'à l'intérieur (le moral pesant autant que le matériel ; ou comme le conçoit Louis Harmel, patron et catholique social devenu démocrate social, le patron doit se soucier de l'âme de l'ouvrier avec le même soin qu'il attache à son corps). Dans une veine semblable, F. Le Play met l'accent sur le paternalisme intervenant également dans l'espace familial-social et dans l'arène de l'argent et des marchandises. Réfléchissant sur le paternalisme au-delà de la légitimation de la domination et du dressage de la classe ouvrière, l'historien contemporain Alain Leménorel étudie le lien entre paternalisme – « l'assimilation du patron au père et de l'entreprise à la famille – et culture de l'entreprise, soutenant que les deux font partie d'un « même jeu de gouvernement » dont la finalité reste « l'intériorisation par des salariés des valeurs de l'entreprise et des classes dominantes pour assurer l'efficacité de l'ordre productif sous couvert de consensus social ». De tous temps, avance-t-il, « les industriels ont rêvé autant d'efficacité sociale et politique que d'efficacité économique », vision que peuvent partager, sur une échelle généralement plus modeste, bien des maîtres dans leurs relations avec leurs apprenti.e.s. Alain Leménorel, « Du paternalisme à la culture d'entreprise », dans *Le travail à l'époque contemporaine* (Actes du 127e Congrès national des sociétés historiques et scientifiques, « Le travail et les hommes », Nancy, 2002), Paris, Éditions du CTHS, 2005, p. 173-186. (*Actes du Congrès national des sociétés savantes*, 127.) Sur cette question, sens large, dans un tout autre contexte, voir Anne Verjus, « Du patriarchalisme au paternalisme : les modèles familiaux de l'autorité politique dans les Républiques de France et d'Amérique », dans Pierre Serna (dir.), *Républiques sœurs : le Directoire et la Révolution atlantique*, Rennes, Presses universitaires de Rennes, 2009, p. 35-52.

gouvernement fait du mal « à ses enfans ». « Monarque absolu dans sa propre maison », le père gère son « petit état comme un prince gouverne un grand »[105].

Pour que Louis XVI soit reçu comme « bon père », il doit renoncer à ses droits d'avènement qui pèsent sur son peuple : l'idée de bonne gestion est une des caractéristiques majeures du bon père de famille au quotidien. « Prudence », « vigilance » et « économie » sont les traits les plus valorisés, suivis par « la diligence », « l'honnêteté », « la sagesse », le discernement, la modération, la solidité, un certain dynamisme (pour assurer « le bonheur » des siens : « Je suis bon père », dit un protagoniste de J.-F. Marmontel, « je ne veux que votre bonheur ») et la responsabilité (« le seigneur doit jouir en bon père de famille sans rien dégrader »). Comme un prince nourricier, un bon père fait tout pour mettre de la nourriture sur la table tous les jours, notamment quand cette tâche est particulièrement rude, en temps de cherté ou de disette. Le preneur dans un bail de cheptel s'oblige « d'apporter à la garde et au gouvernement du bétail qui lui est confié le soin d'un bon père de famille ». Ce paternalisme, aussi bourgeois et jansénisant que royal d'esprit, n'exclut pas les sentiments. Le bon père montre « une véritable affection pour sa famille », et pas seulement à travers son testament. De l'émotion semble émaner du « souci » qu'un père est censé se faire pour sa famille. « Les maîtres ont sur leurs apprentis une autorité à-peu-près

105. Diderot, *Le Fils naturel, ou les épreuves de la vertu*, Amsterdam, 1757, p. 263 (voir aussi son *Père de famille*, Amsterdam, 1758, que ses ennemis dénoncent comme un plagiat de Carlo Goldoni, auteur d'un *Père de famille*, également de 1758, qui met en relief d'une manière drôle et légère les devoirs d'un père de famille) ; Voltaire, *L'Anti-Machiavel*, Amsterdam, J. La Caze, 1741, ch. 10, p. 3 ; *Recueil des pièces, tant en vers qu'en prose, qui ont paru à l'inauguration de la statue de S.A.R. Mgr le duc Charles de Lorraine*, Bruxelles, J.-L. de Boubers, 1775, p. 20 ; édit de Henri III portant établissement des maîtrises, décembre 1581, dans *Recueil d'ordonnances, arrêts et reglemens concernant le commerce des Six corps des marchands de Paris*, Paris, Le Prieur, 1764, p. 3 ; *La Pure vérité. Réponse d'un procureur d'élection de province à un procureur de la cour des aides*, Paris, 1764, p. 24-25 ; Denis Laurian Turmeau de la Morandière, *Police sur les mendiants, les vagabonds, les joueurs de profession*, Paris, Desain, 1764, p. 188 ; Louis-Antoine Muratori, *Traité sur le bonheur public*, t. 2, Lyon, Veuve Reguilliat, 1772, p. 298, 346 ; *Pensées sur differens sujets*, Langres, J. Bonnin, 1773, p. 153 ; *Procès-verbal de conférences tenues par ordre du Roi*, Paris, 1757, p. 229 ; François de Fénelon, *Directions pour la conscience d'un roi*, Paris, Frères Estienne, 1775, p. 64 ; Jean-Baptiste Perrin, *Essai sur les origines des langues*, Londres, P. Vaillat, 1767, p. 150 ; Joseph de la Porte, *L'Esprit de l'Encyclopédie*, Genève, Vincent, 1768, p. 88 ; Étienne La Jonchère, *Système d'un nouveau gouvernement en France*, Amsterdam, F. Le Bon, 1720 ; *Le Mercure* (décembre 1721), p. 101 ; Antoine Chamberland, *Le Philosophe malgré lui*, Amsterdam, 1760 ; Marquis d'Andrezel, *Essai politique*, Amsterdam, 1757, p. 175. Cf. J.-J. Rousseau, qui conteste la validité et la pertinence d'une analogie entre un gouvernement et un « bon père de famille ». *Discours sur l'économie politique*, Amsterdam, 1764, p. 9-10.

égale à celle des pères », soutient un *Dictionnaire de jurisprudence*, « & par là même ils doivent en avoir la tendresse »[106].

Le paradigme paternalisant joue sur une trinité de relations entre maître, apprenti et famille qui se chevauchent. L'idéal du père de famille est d'abord censé rassurer la famille réelle qui place son enfant : tout va bien se passer en raison de la continuité de l'influence familiale/paternelle, les parents de l'apprenti investissant de leur légitimité la famille d'accueil, qu'ils ont choisie, d'une manière ou d'une autre. La cession de cette onction est mise en scène dans la signature du contrat, où habituellement les parents (ou l'un d'eux) ou leur délégué autorisé (re-)présentent l'apprenti face au maître-père par procuration, transfert psychologique, juridique, logistique et symbolique, convention souvent médiatisée, en quelque sorte rendue ainsi publique, par quelques jurés ou gardes quand le contexte est corporatif[107]. Tout en donnant des garanties importantes, morales et

106. Forty, *L'Avènement de Louis XVI au trône, ou la France consolée*, Paris, Cailleau, 1774, p. 6 ; Samuel Pufendorf, *Les Devoirs de l'homme et du citoyen*, trad. par Jean Barbeyrac, t. 2, Amsterdam, 1756, p. 34-38 ; Antoine Pecquet, *Pensées diverses sur l'homme*, Paris, Noyon et fils, 1738, p. 296 ; Gabriel de Mably, *Des principes des négociations pour servir d'introduction au « Droit public de l'Europe fondé sur les traités »*, La Haye, 1757, p. 103 ; Jacob-Nicolas Moreau : *Les Devoirs du prince réduits à un seul principe*, Versailles, Imprimerie du roi, 1775, p. 73 et *Examen des effets que doivent produire dans le commerce de France, l'usage et la fabrication des toiles peintes*, Paris, Veuve Delaguette, 1759, p. 113 ; Charles-François Tiphaigne de la Roche, *Giphanie*, Paris, N.-F. Moreau, 1760, p. 57 ; Henri-François D'Aguesseau, *Œuvres de Mr le Chancelier d'Aguesseau*, t. 3, Paris, Libraires associés, 1759, p. 48 ; C.-A. L'Escalopier de Nourer, *Le Ministère des négociateurs*, Amsterdam, 1763, p. 144 ; Robert J. Pothier, *Traité du contrat de louage*, Paris, Debure, 1764, p. 178-79 ; Claude-Marie Guyon, *L'Oracle des nouveaux philosophes*, Paris, 1759, p. 160 ; René-Josué Valin, *Nouveau commentaire sur l'ordonnance de la marine du mois d'août 1681*, t. 1, La Rochelle, 1760, p. 435 ; Louis de Beausobre, *Le Pyrrhonisme raisonnable*, Berlin, 1755, p. 271 ; François de Caillières, *De la manière de négocier avec les souverains*, t. 1, Londres, 1750, p. 309 ; Jean-François Marmontel, *Contes moraux*, t. 1, Paris, J. Merlin, 1765, p. 132 ; Jacques Accarias de Sérionne, *La Vraie richesse de l'État*, t. 2, Vienne, 1774, p. 303 ; Jean. L. Bourgneuf, *Mémoire sur les privilèges et fonctions des trésoriers généraux de France*, Orléans, F. Rouzeau, 1745, p. 190 ; Jean Henriquez, *Code des seigneurs hauts-justiciers et féodaux*, Senlis, Des Rocquier, 1771, p. 93 ; *Recueil des principales loix relatives au commerce des grains*, Paris, 1769, p. 39 ; Robert J. Pothier, *Traité des cheptels, selon les règles*, Paris, Debure, 1765, p. 47 ; François Richer, *Traité de la mort civile*, Paris, Durand, 1755, p. 9-10 ; Louis d'Héricourt du Vatier, *Œuvres posthumes de maître Louis d'Héricourt du Vatier*, Paris, Desaint et Saillant, 1759, p. 580 ; Louis Racine, *Mémoires sur la vie de Jean Racine*, Paris, 1747, p. 369 ; *Dictionnaire Brillon*, t. 6, p. 670-71. Sur le père « tendre » et « protecteur », qui agit même sur un plan juridique, voir *Recueil contenant l'edit de création sur l'établissement de la jurisdiction consulaire de la ville de Clermont en Auvergne*, Paris, Laurent d'Houry, 1722, p. v. Cf. la tentative de Jean-Jacques Burlamaqui de théoriser le transfert du pouvoir paternel en dehors de la maison familiale : *Principes du droit de la nature et des gens*, t. 5, Yverdon, 1767, p. 164-65.

107. Évidemment, le mécanisme du père-de-famille doit fonctionner autrement quand l'apprenti.e est majeur.e et se présente sans patronage. Abordant la question pour le XVIIIe siècle, j'ai trouvé que des apprentis boulangers mineurs ont très souvent passé contrat

financières, la famille en reçoit, suffisantes peut-être pour apaiser ses appréhensions.

L'engagement réciproque entre adultes doit faciliter l'insertion de l'enfant dans son nouveau foyer familial/paternel. Sa situation est plus compliquée et stressante que celle des grandes personnes. Il n'agit pas de son propre chef ; même s'il a pleinement participé aux décisions cruciales concernant son sort, il n'est nullement souverain. Il vit une grande rupture, même si les adultes promettent qu'en quittant une famille pour une autre, il va retrouver ses repères, et que cette intégration va vite faire oublier le déchirement. Même s'il a été parfois malmené chez lui, il se savait aussi protégé ; désormais, il est exposé et il doit prendre des risques sans toujours pouvoir peser les enjeux. À la maison, il était naturellement subordonné : s'il n'aimait pas les conditions particulières de son assujettissement au sein de la famille, en regardant autour de lui, il aurait eu du mal à contester son bien-fondé sociopratique. Mais dans le nouvel et étrange écosystème de l'atelier, la nature de sa subordination change, et son vague espoir consistant à penser que quitter le nid familial le mettrait sur la route d'une certaine liberté se dissipe rapidement. « Désormais je vais être et ton Père et ton Maître », fait dire l'auteur d'une brochure consacrée aux « misères des apprentis », dans une série du type Bibliothèque bleue, au patron se présentant à l'enfant, qui sent quelque part que cela marque le début de « [s]es peines, [s]es tourmens, [s]es douleurs, [s]on martyr & [s]es chaînes ». Sans doute n'est-il pas évident pour l'apprenti de déchiffrer ce mélange ou couplage. Dans la pratique, un père plus autoritaire ou un maître plus raisonnable (« tendre ») ? En termes anachroniques, un jeu de bon flic/mauvais flic ? Le bon père de famille, surmoi opaque, l'emporte-t-il quand il y a une profonde tension entre deux tendances imparfaitement fusionnées[108] ?

---

de leur propre chef : dans mon échantillon, 180 sur 203 (âge moyen 20,27 ; médiane = 19). *The Bakers of Paris and the Bread Question, 1700-1775*, Ithaca, N.Y., Cornell University Press, 1996, p. 197. Pratique connue ou excentricité notariale ? Je renouvelle ici le souhait exprimé en 1993 : « Il nous faudrait une étude de fond sur le rôle du notaire dans la vie des communautés. Il n'était pas toujours un acteur passif appliquant machinalement des formules conventionnelles. Mieux connaître le notaire, c'est mieux cerner le jeu entre contrat et pratique – un des grands problèmes dans l'étude de l'apprentissage. » « L'Apprentissage au XVIIIe siècle : le cas de Paris », *Revue d'histoire moderne et contemporaine*, t. 40 (juillet-septembre 1993), p. 437.

108. *La Misère des apprentifs papetiers-colleurs-relieurs & doreurs de livres*, dans *Les Misères de ce monde, ou complaintes facétieuses sur les apprentissages et différens arts & métiers de la Ville et fauxbourgs de Paris*, Paris, Cailleau, 1783, p. 131-33.

Tout comme ce même maître laisse entendre aux parents qui sont venus le chercher qu'il fera volontiers le bon père de famille « pourvu qu'en bon enfant [l'apprenti] fasse son devoir » – c'est donnant, donnant, bon père si bon enfant, double processus de responsabilisation au sein d'une relation hautement asymétrique –, il explique à l'apprenti ce que cela signifie :

Tu peux être assuré par tes actions,
Tu recevras ici prix ou punittions.
Voici ce que je veux : d'abord obéissance,
Respect pour la bourgeoise & point de pétulance,
Point de paresse ; enfin, être laborieux.

Par sa redondance même, le maître éclipse de loin le père, car il allonge sa liste : il exige que l'apprenti soit « docile, affable, honnête, point contentieux, soumis aux compagnons ». Il évoque en passant la question de « l'instruction », mais il ne s'empresse pas de se fondre dans le moule du père. Pourtant, juridiquement, il n'a pas le choix, moralement non plus. Et en vérité le levier paternalisant est son instrument d'autorité le plus performant, le moins coûteux. Le pouvoir de corriger provient de l'emprunt du mandat de père-de-famille que les us et coutumes et le contrat lui permettent de faire. C'est en agissant comme un père qu'il peut faire pression sur l'apprenti pour qu'il travaille davantage et plus dur, sans l'accabler ; comme le suggèrent les *Misères,* le faire suer, mais pas saigner. En un mot, assurer la mission de le dompter, de tirer parti de son énergie et de son adresse, de le former au rythme utile, mais de tout faire avec du sang-froid, voire de la retenue. Comme le rapporte le *Dictionnaire de Brillon,* le maître peut « maltraiter » l'apprenti, mais sans « excès »[109].

Le même devoir paternel oblige le maître à endosser la responsabilité du comportement de l'enfant, non seulement pour ce qu'il fait (ou ne fait pas), mais aussi pour ses actions en dehors de l'atelier. Comme s'il était son père, le maître doit répondre de la participation de l'apprenti à une émeute, un charivari ou autres attroupements, ou d'un vol ou autre acte criminel. Il est responsable « pour les effets civils de délits » de ses « subordonnés », injonction recouvrant un espace assez large : il doit « s'imputer la faute d'avoir employé des gens de mauvais mœurs » (dans cette hypothèse, même la séduction d'une fille entreprise par un apprenti serait à la charge du maître-père). Le maître exerce comme

109. *Ibid.*, p. 133-35 ; *Dictionnaire Brillon*, t. 5, p. 671.

père autonome jusqu'à un certain point : selon bien des contrats et des statuts de plusieurs communautés, le maître doit alerter le vrai père si la conduite de l'apprenti, dans l'atelier ou en ville, le met en péril[110].

Si le maître n'arrive pas à manifester de « la tendresse », formule citée dans des textes juridiques, il doit traiter son apprenti « doucement et humainement », selon la prescription d'énormément de contrats parisiens, « comme son propre fils », suivant les statuts des tapissiers parisiens au XVIIe siècle, ou « en bon père de famille », « comme s'il estoit son propre fils », d'après certains brevets en province[111]. Formules notariales conventionnelles pour bien des maîtres, pour d'autres il s'agit d'un devoir valorisant qui démarque leur statut

---

110. Sentence de police, Châtelet, 13 mai 1735, dans M*** [avocat], *Recueil de reglemens et recherches concernant les municipalités*, t. 3, Paris, Prévot, 1785, p. 354 ; Jean-François Fournel, *Traité de la séduction considérée dans l'ordre judiciaire*, Paris, Demonville, 1781, p. 78-79.

111. Nicole Pellegrin : « Contrats d'apprentissage en Haut-Poitou », p. 291 et « L'Apprentissage ou l'écriture de l'oralité. Quelques remarques introductives », *Revue d'histoire moderne et contemporaine*, t. 40 (juillet-septembre 1993), p. 359-60 ; A.-M. Cocula, « Contrats d'apprentissage à Langon », p. 119 ; A. Garnier, « La Fondation Charmolue », t. 13, n° 166 (1957), p. 49 ; Alfred Franklin, *Dictionnaire historique des arts, métiers et professions depuis le XIIIe siècle*, Paris, Welter, 1906, p. 227-28. Voir les réflexions fort stimulantes sur les différences majeures entre le (bon) père de famille qui est le père réel de l'apprenti.e et la figure du (bon) père de famille qui est le maître. Steven R. Smith, « The Ideal and Reality: Apprentice-Master Relations in Seventeenth-Century London », *History of Education Quarterly*, t. 21 (Hiver 1981), p. 451. L'image du maître-père était centrale pour la tentative de réhabiliter les corporations et d'y trouver une troisième voie chrétienne pour régler la question sociale. Les figures prééminentes au XIXe siècle étaient René de la Tour du Pin et Albert de Mun, mais c'est Hippolyte Blanc qui pousse l'idéalisation, dans un cadre semi-scientifique, à son expression la plus enthousiaste, *Les Corporations de métiers : leur histoire, leur esprit, leur avenir*, Paris, Letouzey et Ané, 1883, p. 183-84. La pensée corporatiste attire pendant le XXe siècle un mélange de chercheurs (notamment sociologues) et de réformateurs qui n'étaient pas tous de la droite intellectuelle dure, mais elle trouve sa manifestation la plus développée dans les travaux scientifiques, politiques et pédagogiques de Maurice Bouvier-Ajam. Voir Steven L. Kaplan « Un laboratoire de la doctrine corporative sous le régime de Vichy : l'Institut d'études corporatives et sociales », *Le Mouvement social*, n° 195 (avril-juin 2001), p. 35-77 aussi bien que le chapitre 1 (Corporatisme) ci-dessus. Tout comme Bouvier-Ajam, fervent Pétainiste, devient militant communiste après la guerre, certaines idées et formules de l'héritage corporatiste ne restent pas l'apanage de la droite nostalgique. Pour construire sa version des sans-culottes, Albert Soboul, militant communiste, joue beaucoup sur le rôle du maître-sans-culotte comme père d'une famille comprenant apprentis et compagnons qui ont partagé sa table et sa vision politique et sociale de la Révolution française. Voir sa célèbre thèse, *Les Sans-culottes en l'an II*, Paris, R. Clavreuil, 1958 et la critique de sa construction socio-idéologique : S. L. Kaplan, *La Fin des corporations* et « Entre la fin des corporations et l'avènement des sans-culottes : une lecture de la loi le Chapelier », dans *Albert Soboul et les Sans-Culottes*, éd. Armand Cosson, Nîmes, Société d'Histoire Moderne et Contemporaine de Nîmes et du Gard, 2004. Voir une version courte de la ligne soboulienne spécifiquement en relation avec l'apprentissage : Albert Soboul, « Problèmes de l'apprentissage (seconde moitié du XVIIIe siècle). Réalités sociales et nécessités économiques », dans VIIIe Colloque d'histoire sur l'artisanat et l'apprentissage, Faculté des lettres et des sciences humaines, Aix-en-Provence, et Chambres de France, Éditions Ophrys, 1965, p. 8-10, 20.

social tout en facilitant leur gestion du travail. Pour la corporation, cet engagement moral de ses membres joue un rôle capital dans son système idéologique et dans sa représentation d'elle-même. Ce maître-père, aimable et sage, n'a rien à voir avec le commerçant âpre, le disciplinaire impitoyable ou le (petit) bourgeois narcissique. École, famille, interlude utopique, l'apprentissage, d'après un récit corporatif largement partagé, sert l'intérêt public au sens le plus large. Il va sans dire que seuls les jeunes les plus turbulents et incorrigibles se révolteraient contre une tutelle si bienveillante.

En donnant à l'apprenti « pain, pot, lit et maison », comme le proposent les statuts de la communauté des tailleurs d'habits de la capitale en 1660, le maître se représente implicitement en père de famille. Bien sûr, cette formule exprime des engagements difficiles à faire remplir ou contrôler. Le lit promis peut s'avérer minable, trahissant du mépris pour l'apprenti, comme l'ont constaté des générations de novices boulangers, une vieille paillasse que l'on met où l'on peut ou, comme l'ont découvert des relieurs, « une couchette chargée d'insectes sous un soupente », ou comme l'ont relevé des chaudronniers, « un méchant matelas dans un cachot obscur ». Difficile de voir ces arrangements comme le signe d'un père même de substitution (quoique tout dépende du logement dont bénéficiait l'enfant ou l'adolescent chez lui). De même, « le pain », « l'ordinaire de la maison », « son pot et feu [du maître] » ou « la nourriture » ne signifiaient pas forcément que l'apprenti, élevé brusquement au rang de commensal, puisse « partage[r] la table familiale », comme de nombreux commentateurs contemporains, mais surtout rétrospectifs, inspirés par la nostalgie d'un corporatisme idéalisé, l'ont fait croire. La nourriture est une question très sensible dans les ateliers depuis l'époque de Colbert jusqu'aux Trente Glorieuses. Dans les *Misères*, c'est « un dîner dégoûtant », « du reste des enfans et des chats », du bœuf réchauffé « plein de vers et de moisissures » ou « un morceau de pain bis qui commence à moisir » – des « repas » en aucun cas pris à la table du maître[112].

112. Jean de Viguerie, *L'Institution des enfants. L'éducation en France, XVIe-XVIIIe siècle*, Paris, Calmann-Lévy, 1978, p. 303 ; Steven L. Kaplan : *Le Meilleur pain du monde* et « L'Apprentissage au XVIIIe siècle : le cas de Paris » ; *Les Misères de ce monde, ou complaintes facétieuses sur les apprentissages*, p. 41, 59, 81, 83, 138 ; A.-M. Cocula, « Contrats d'apprentissage à Langon », p. 119. Cf. la dénonciation par des apprentis de New York et de Boston de la mauvaise nourriture que les maîtres réservent pour eux pendant les XVIIIe et XXe siècles. W. J. Rorabaugh, *The Craft Apprentice: From Franklin to the Machine Age in America*, New York, Oxford University Press, 1986, p. 42, 52.

Distillée ou imaginée, cette expérience ne correspond pas, par exemple, au contrat dans lequel un maître sellier poitevin en plein XVIIIe siècle promet de nourrir son apprenti « du même pain, vin, viande et pitance dont il fera usage pour lui-même », à la manière d'un bon père de famille. En 1819 à Tours, la famille d'un apprenti menuisier s'engage à loger et nourrir leur fils, mais tient à un geste paternel inséré dans le contrat (écrit) par lequel le maître « prend l'obligation de lui tremper tous les jours une petite soupe [à midi, ou en collation de l'après-midi] telle que nous la faisons à la maison, toutes les fois que nous en ferions pour nous-mêmes ». Quatre décennies plus tard, des prud'hommes parisiens sanctionnent un maître pour avoir trahi son devoir tant moral que matériel. Au lieu de nourrir son apprenti chez lui, il lui donne de l'argent pour prendre ses repas en ville. Il manque ainsi à son obligation de « bon père de famille », car l'adolescent peut utiliser cet argent à mauvais escient. Une relation plus ou moins intime devient marchande. Néanmoins, le paradigme paternaliste ne disparaît pas des contrats tant verbaux qu'écrits. Morel, gantier à Paris, s'engage en mars 1860 « à diriger en bon père de famille le travail et la conduite du mineur Girard », son apprenti. Quelques années plus tard, une maîtresse fabricante de fleurs artificielles promet de traiter son apprentie, âgée de onze ans, « en bonne mère de famille »[113].

Soyons clair : l'analyse du sens et de la persistance du concept de père-de-famille n'est pas une réhabilitation quelconque du *familism*, type « *ganze Haus* », ni de l'argument que l'apprentissage est

113. N. Pellegrin, « Contrats d'apprentissage en Haut-Poitou », p. 293 ; Prud'hommes, AD Indre-et-Loire, 5 U 12, 1er novembre 1819 ; L. Montazel, « La Résolution judiciaire des conflits en matière de contrat d'apprentissage », p. 283 ; AP, Prud'hommes : D1U10 388, 6 septembre 1860 et D1U10 397, 5 août 1869. Le concept de « mère de famille » n'est pas courant dans le discours sur le monde du travail pendant l'Ancien Régime, mais on pourrait sans doute réunir un certain nombre d'exemples tel l'hôpital de la Trinité comme « une mère charitable » qui « conserve toujours sur eux [des apprentis mis en atelier grâce à l'institution] tous les droits de tutrice & de mère ». Cité par J.-B. Denisart, *Collection de décisions*, t. 1, p. 169. Un rapport pour la Chambre de commerce de Lyon en juin 1867 admet que « l'apprentie peut ne pas trouver dans sa patronne une mère de famille ». Cité par S. Chassagne, « Le Travail des enfants », dans *Histoire de l'enfance*, t. 2, p. 275. La version féminine semble plus commune en Italie, notamment dans les contrats : « come un buon padre di famiglia/madre di famiglia ». Béatrice Zucca Micheletto, « A Large "Umbrella": Patterns of Apprenticeship in Eighteenth-Century Turin », dans M. Prak et P. Wallis (dir.), *Apprenticeship in Early Modern Europe*, p. 88. Cf. le parricide rapporté par *Le Monde* (21 août 2014) qui a mis fin à la présence du « bon père de famille » dans le droit français, geste occasionné par le vote de la loi pour l'égalité réelle entre les hommes et les femmes. Significativement, le mot « raisonnablement » remplace l'image du père de famille, choix incarnant le sens profond et genré de la métaphore paternelle.

l'incarnation par excellence d'un patriarcalisme qui prime sur les relations marchandes d'un capitalisme en plein essor. Prendre au sérieux des représentations, et supposer une relation réciproque entre deux réalités intriquées, le dire et le faire, n'est pas un plaidoyer pour les Anciens contre les Modernes, mais pour une prise en compte d'un large éventail de variables sociales, culturelles et psychologiques, et contre un économisme réducteur. L'idée et l'idéal du père-de-famille ont de multiples usages et exégèses. Pour les uns, c'est un rempart protégeant l'apprenti.e contre la brutalité du marché, pour les autres, un dispositif pour faciliter l'exploitation marchande de l'apprenti.e ; pour les uns, il s'agit de permettre à l'apprenti.e de s'épanouir, pour les autres, de l'asservir avec discrétion et efficacité ; pour les uns, il permet de mieux socialiser l'adolescent.e au cours de sa mue en jeune adulte, pour les autres, d'accélérer sa transformation en ouvrier.ère salarié.e rapportant de l'argent.

Autrement dit, le « paradigme » n'est pas un lit de Procuste, mais un mode d'emploi souple qui répond différemment aux besoins hétérogènes, parfois contradictoires, des parents, du maître et de l'apprenti.e. Il n'annonce pas un système idéologique unique – et la corporation n'est ni sa matrice ni son détenteur principal –, mais il se prête à de multiples appropriations idéologiques, autant antagoniques que complémentaires. Il fonctionne chez les parents, puis sur le lieu du travail comme levier ou lubrifiant ou régulateur des relations entre maître et apprenti.e. Il ne détermine pas ces relations, mais les influence, parfois à l'insu de l'un ou des deux protagonistes. Intériorisé ou instrumentalisé, le discours sur la figure père-de-famille sert et dessert les intérêts en jeu, et il est utilisé par d'autres acteurs tels la corporation, la police ou le magistrat, ou encore sublimé à diverses fins didactiques ou manipulatrices par des moralistes, des réformateurs ou des hommes politiques. Enfin, il ne s'incarne pas dans une pratique paternaliste élaborée ou codifiée, encore moins objectivement efficace. Mais prétendre que son rôle est purement symbolique (ou mystifiant) parce qu'il n'est pas mesurable serait téméraire ; prétendre qu'il n'est *que* symbolique pour dénigrer sa portée serait pire encore. De toutes les façons, il nous paraît gratuit d'opposer des relations médiatisées par des représentations paternelles (donc archaïques) à celles dites « *business-like* » (modernes), comme si la famille devenait anachronique sous l'emprise téléologique d'un capitalisme mûrissant et comme si le maître-père et l'apprenti.e-en-famille n'étaient pas capables de faire des affaires comme des étrangers plus ou moins rapaces[114].

LE BON PÈRE DE FAMILLE OCCUPE LE XIXe SIÈCLE

Dans le sillage de la Révolution française, qui a ébranlé certaines conceptions de la famille, deux textes font en quelque sorte la passerelle sur le paradigme du père de famille entre le XVIIIe et le XIXe siècle. Le premier rethéorise la famille comme le point de départ – « l'élément des sociétés » –, la métaphore totale, l'unique clé taxinomique et l'idée-force de toute organisation sociale. Comme le roi, le père, suivi par le maître d'apprentissage, est un « chef » dont l'amour seul peut tempérer la puissance. L'apprenti, quant à lui, est un membre à part entière de sa famille d'accueil, et la pratique robuste de l'apprentissage constitue « un ciment nouveau » pour « l'édifice social ». Comme le père, le maître « a droit au respect, à la soumission de ses enfants » et ces derniers, y compris l'apprenti, peuvent compter

114. Voir la vigoureuse critique du modèle du *ganze Haus* dans Reinhold Reith, « Apprentices in the German and Austrian Crafts in Early Modern Times: Apprentices as Wage Earners? », dans Bert De Munck, Steven L. Kaplan et Hugo Soly (dir.), *Learning on the Shop Floor: Historical Perspectives on Apprenticeship*, New York, Berghahn Book, 2007, p. 158-78. Pour une appréciation critique, voir S. L. Kaplan, « Afterthoughts », dans *ibid.*, p. 203-18. Le point de vue de R. Reith est plus développé dans *Lohn und Leitung. Lohnformen im Gewerbe 1450-1900*, Stuttgart, Steiner, 1999 ; et plus récemment, avec Georg Stöger, « Actors and Practices of German Apprenticeship, Fifteenth-Nineteenth Centuries », dans M. Prak et P. Wallis (dir.), *Apprenticeship in Early Modern Europe*, p. 138-62. L'expression moderne la plus forte de la thèse du *ganze Haus* se trouve dans Otto Brunner, « Das "ganze Haus" und die alteuropäische Okonomik », *Neue Wege des Verfassungs-und Sozialgeschichte*, Gottingen, Vandenhoek et Ruprecht, 1968, p. 103-27. Avec un regard plutôt bourdieusien, David Sabean évoque le modèle patriarcal d'une manière plus théorique et montre les limites de la démonstration de Brunner. *Property, Production and Family in Neckarhausen, 1700-1870*, Cambridge, Cambridge University Press, 1990. Forgeant un argument qu'il souhaite généralement applicable, mais qui doit infiniment mieux marcher à Anvers qu'en France, Bert de Munck enfonce le *ganze Haus* déjà bien démoli, enterre les vestiges du paternalisme résolument anti-moderne, essaie de les disqualifier tous les deux en couplant famille et corporations (ces dernières représentées comme « des familles de substitution »), et dote les apprenti.e.s d'un esprit proto-MBA. « From Brotherhood Community to Civil Society? », notamment p. 3-4, 20. Sans élaborer davantage, Serge Chassagne note l'émergence vers la fin du XVIIIe siècle d'un type d'entrepreneur, « nouvelle figure manufacturière du père-patron », qui revendique sur les enfants, apprentis ou pas, « une autorité paternelle pour maintenir le bon ordre et la subordination [citation contemporaine] ». S. Chassagne, « Le Travail des enfants », dans *Histoire de l'enfance*, t. 2, p. 253. Cf. l'évocation intéressante d'une relation « proto-parentale » des maîtres à l'égard de leurs apprentis au Sénégal. Roy M. Dilley, « Secrets and Skills: Apprenticeship among Tukolor Weavers », dans Michael W. Coy (dir.), *Apprenticeship: From Theory to Method and Back Again*, Albany, State University of New York Press, 1989, p. 188-90.

sur sa « tendresse ». Le Code civil viendra entériner l'autorité du maître comme celle du père ; les allusions à la figure de ce dernier y pullulent[115].

Repensant le paternalisme dans un cadre « domestique », le second texte s'embrouille dans une double tension entre l'état de nature et la société civile et entre « les trois âges » du pouvoir paternel qui se chevauchent. Défendant une sorte de réalisme anthropologique, il relève la tendance des pères à abuser de leur pouvoir, correctif néo-jacobin à l'optimisme lénifiant d'un Fénelon. Héritier de son prédécesseur de l'état de nature qui voit ses enfants « comme une propriété dont [il peut] disposer arbitrairement », le père, devançant l'attitude du maître du XIXe siècle à l'égard de son apprenti.e, « spécule sur l'enfant ». S'il existera toujours des pères « dignes de ce nom et dont la tendresse pour leurs enfans sera vraiment désintéressée », comment nier que « l'homme restera constitué tel qu'il est, irascible [...] sur-tout avide de pouvoir, & toujours prêt à en abuser » ? Il n'est pas évident que « l'affection paternelle » la plus sincère puisse tenir en échec les pulsions d'« égoïsme et de tyrannie ». Si le père ne conserve de son pouvoir naturel que « ce que la loi veut bien lui laisser » et si l'État reconnaît son devoir de « protéger l'enfant » à certains moments, l'auteur anticipe un des grands antagonismes du XIXe entre les libéraux, qui veulent restreindre au strict minimum l'intrusion de l'État dans le foyer familial, et les réformateurs/moralistes, qui tremblent pour le sort des enfants laissés pour compte. Logiquement, comme le père, le maître « maltraite » fréquemment son apprenti.e, membre à part entière de sa famille pendant son séjour dans l'atelier. L'autorité du père « comme maître ou bourgeois [...] ne peut jamais être que relative au travail qui leur est propre, et pour les objets de ce travail seulement ». Cependant, en pratique, cette distinction, cette frontière est extrêmement difficile à respecter, notamment pour « les jeunes apprentifs ». Voilà un regard qui jette de l'ombre sur le paradigme du père de famille comme mécanisme d'homéostasie[116].

115. Toussaint Guiraudet, *De la Famille considérée comme l'élément des sociétés*, Paris, Desenne, 1797, p. 3, 8-9, 12, 24, 26-28, 161-62, 194-95.

116. [Le Citoyen] Petitain, *De la puissance paternelle*, dans Pierre-Louis Roederer (éd.), *Mémoires d'économie publique, de morale & de politique*, Paris, *Journal de Paris*, 1799-1800, t. 2, p. 196-200, 205, 214-20, 231-32. Cf. les réflexions toniques d'André Gueslin, « Le Paternalisme revisité en Europe occidentale (seconde moitié du XIXe, début XXe siècle) », *Genèse* (7 mars 1992), p. 202-03, 206-09.

Écrivant plusieurs décennies plus tard, en l'absence de toute tentative de régulation législative de l'apprentissage, l'économiste Gustave Du Puynode s'inquiète du paradigme, alibi pour la passivité politique, visant plutôt en amont qu'en aval. « Le droit du père de famille dès qu'il est illimité est une épouvantable tyrannie », remarque-t-il : c'est lui autant que le maître qui exploite les jeunes. L'avocat François-Étienne Mollot croit qu'un contrat peut protéger tous les intérêts en jeu, mais reconnaît le poids du pouvoir paternel, heuristique et pratique. « Par une délégation tacite et nécessaire », le maître obtient « une partie du pouvoir du père sur la personne » de l'apprenti, y compris le droit d'être respecté et obéi, de réclamer de l'enfant « tout le travail dont il est capable », et de lui faire représentations et reproches (il ne parle pas ici de corrections). Éloigné de son propre père (par « distance », « indigence » ou « indifférence »), souvent désorienté, l'apprenti doit se fier, selon Mollot, au maître-père, son seul « guide », celui qui « doit être pour lui un second père ».

Contemporain, auteur d'un manuel pour ouvriers et apprentis, Louis Bellet va encore plus loin dans son adhésion au paradigme : « Quand [l'apprenti] a trouvé, dans ce maître un autre père, et une autre famille dans la famille de ce maître, quelle vive reconnaissance ne doit-il pas conserver dans son cœur ! » Exactement au même moment, les prud'hommes, décrits comme un « tribunal de famille », se servent du paradigme pour régler des problèmes surgis entre maître et apprentis à Nantes. Le père de Hiney, apprenti ferblantier, le retire parce que son maître se sert de lui excessivement pour des courses et autres activités sans rapport avec le métier. Sur invitation des prud'hommes, le maître « s'engage à ne plus envoyer son fils à la campagne et à agir envers lui comme par le passé [...] en bon père de famille ». Pour assurer le retour d'un apprenti parti prématurément, apparemment en raison de mauvais traitements, un autre maître « s'engage à agir en bon père de famille »[117].

Face à cette épaisse tradition de discours paternalisant, et au quiétisme social que l'esprit libéral impose, hors intermèdes révolutionnaires,

117. Gustave Du Puynode, *Des lois du travail et des classes ouvrières*, Paris, Joubert, 1845, p. 117 ; François-Étienne Mollot, *Le Contrat d'apprentissage expliqué aux maîtres et aux apprentis*, Paris, J.-B. Gros, 1845, p. 3-6, 8, 45 ; Louis Bellet, *Code-manuel des ouvriers, des contre-maîtres et des apprentis, leurs devoirs, leurs droits et leurs intérêts*, Paris, Martinon, 1847, p. 45 ; Monique Kieffer, « Aux origines de la législation du travail en France. La légalisation des syndicats et la démocratisation des conseils de prud'hommes », thèse de doctorat, Université de Paris 8, 1986, p. 310 ; Prud'hommes, AD Loire-et-Atlantique, 5 U 1 42, 10 octobre 1842 et 14 avril 1846.

il n'est pas surprenant de voir la place primordiale, voire constitutive, accordée au paradigme père-de-famille dans la seule grande loi consacrée à l'apprentissage au XIXe siècle, clé de voûte bancale d'une architecture politique peu ambitieuse. Nous analyserons la loi de 1851 dans le chapitre 6 (Régulation). Ici nous ne nous intéressons qu'au rôle du paradigme paternalisant dans cette construction législative. Déplorant la longue négligence dont l'apprentissage avait été victime, en 1850, J.-B. Dumas, chimiste et ministre de l'Agriculture et du Commerce, envisage une mesure qui assimile les devoirs du patron à l'égard de l'apprenti à « ceux d'un bon père de famille ». Passant des mains du comité du travail à la commission d'assistance, le projet est repris par Auguste Callet, décrit soit comme un républicain modéré, soit comme un monarchiste, désormais son rapporteur jusqu'à son aboutissement. Constatant « l'indigne trafic » qu'est devenu l'apprentissage, il plaide pour une protection renforcée des apprentis, notamment sur le plan moral, dans l'esprit « du bon père de famille ». Journaliste catholique, mais imprégné du libéralisme ambiant, Callet sait que « les relations du maître et de l'apprenti ont quelque chose d'intime que le législateur doit respecter » et que « sans une absolue nécessité », l'État ne devrait pas faire intrusion sur le lieu du travail parce que « l'atelier touche de près au foyer domestique ». Mais quoi de plus doux et nécessaire que de demander au maître, justement en raison de cette intimité, aussi stratégique que naturelle, de prendre la double responsabilité de « l'éducation morale » aussi bien que de « l'éducation professionnelle » de l'apprenti bien intentionné, mais en risque, car seule « la maison du maître [peut] remplace[r] pour lui celle du père de famille », qui incarne les mêmes valeurs qu'il représentait au XVIIIe siècle[118].

La loi, très technique et détaillée, mais sans aucun appareil de mise en application, est focalisée sur le contrat d'apprentissage. Son pivot

118. Pierre Quef, *Histoire de l'apprentissage : aspects de la formation technique et commerciale*, Paris, Librairie de droit et de jurisprudence, 1964, p. 146-48 ; J. Hayem et J. Périn, *Traité du contrat d'apprentissage*, p. 2n ; Paul Merlet, *Les Lois sur l'apprentissage et leurs conséquences économiques et sociales*, Paris, Jouve, 1912, p. 26-32 ; J.-H. Cagninacci, *L'Instruction professionnelle de l'ouvrier*, p. 10-16 ; V. de Chardon, « L'Apprentissage en France de 1851 à 1919 », p. 35-38 (qui reproche à la loi d'être en décalage flagrant avec « les réalités d'un monde du travail en mutation ») ; Olivier Tholozan, « Le Débat parlementaire de 1851 sur le contrat d'apprentissage », dans Francis Hodern (dir.), *Construction d'une histoire du droit du travail*, Cahiers de l'IRT (Aix-en-Provence), n° 9 (avril 2001), p. 214, 218-19 (analyse tonique qui s'en prend au discours de Callet justifiant, l'article 8 de la loi de 1851, « l'un des morceaux de bravoure d'un paternalisme irréaliste, alors fort en vogue, encore empreint d'une mentalité inavouée d'ancien régime »). Cf. une autre critique acerbe de l'école réaliste, regard excessivement rapide : P. Pierrard, *Enfants et jeunes ouvriers*, p. 73.

est moral et se trouve au début de la section III intitulée « Devoirs des maîtres et des apprentis ». Il s'agit de l'article 8, qui met en relief le principe moteur de Callet : « Le maître doit se conduire envers l'apprenti en bon père de famille, surveiller sa conduite et ses mœurs, soit dans la maison, soit au dehors, et avertir ses parents ou leurs représentants des fautes graves qu'il pourrait commettre ou des penchants vicieux qu'il pourrait manifester. » Le maître-père plane sur le texte entier et sur bien de ses exégèses. En raison de l'absence d'un système de contrôle, la dimension paternelle devient d'autant plus significative, déteignant sur toutes les injonctions concernant le profil et le comportement des deux protagonistes. La famille (biologique) s'éclipse. On se trouve dans une logique lechapelieresque de gré à gré fortement asymétrique, comme l'aiment les libéraux. Le maître aurait peu de raison de jouer le jeu s'il n'endossait pas l'habit du second père ; les apprentis auraient peu d'incitation à se soumettre (« fidélité, obéissance, respect ») sauf vis-à-vis d'une impressionnante figure paternelle. Il s'agit d'un *in loco parentis* quelque peu dégradé : la convention historique du maître-père logeur et nourricier n'a plus ou peu de prise ; il n'existe plus de limites sur le nombre d'apprentis chez chaque maître visant à assurer un enseignement valable ; il y a silence sur la correction corporelle (la loi cite « l'inconduite » éventuelle de l'apprenti, mais pas la maltraitance du maître) ; l'interdiction faite au maître célibataire ou veuf d'héberger une apprentie mineure qu'il peut toutefois employer (raillée comme « la morale de nuit », en l'occurrence plutôt le tabou de l'inceste puisque « père-de-famille » il y en a) relève d'une certaine tartufferie visant à conforter la bonne conscience bourgeoise et pieuse. Pourtant, l'idéal, ou la fiction, du bon père de famille propose un cadre contractuel représenté comme harmonieux, y compris dans la chorégraphie de la résiliation, qui atténue quelque peu la violence roborative du gré à gré marchand que les libéraux opposent à la nostalgie pour l'âge d'or corporatif[119].

À travers le paradigme père-de-famille se dessinent de fortes continuités discursives entre le XVIIIe et le XIXe siècles. Sous l'Ancien

119. Jean-Gaspard Jutet, *Manuel indispensable de l'ouvrier, du domestique, du maître et de l'apprenti*, Paris, 1854, p. 21, 23-25 ; Louis Million, *Le Contrat d'apprentissage. Commentaire de la loi du 22 février 1851*, Paris, Hennuyer, 1881, p. 7, 11, 22, 27, 29-33 ; J. Hayem et J. Périn, *Traité du contrat d'apprentissage*, p. 102 ; Jean de Lacoste Lareymondie, *Le Contrat d'apprentissage. Étude de la législation française*, Niort, G. Glouzot, 1906, p. 65-66, 68, 70-71 ; V. de Chardon, « L'Apprentissage en France de 1851 à 1919 », p. 60. Voir le texte de la loi de 1851 dans E. Tartaret (éd.), *Recueil des procès-verbaux des assemblées générales des délégués*, p. 85-88.

Régime, malgré la grande diversité des situations, l'apprentissage est très largement sujet à une régulation manifeste et dense. Elle provient d'en haut – législation royale, règlements parlementaires – et d'en bas – la police/justice locales, et surtout les corporations. Celles de Paris donnent le ton, constituant une sorte de modèle qui façonne les attitudes et les actions de toutes les autres communautés d'arts et métiers, mais imprégnant également tout le reste du monde du travail, où l'on rejette le joug corporatif, mais pas forcément ses modes d'organisation et de contrôle, ni même ses conceptions axiologiques. La régulation de l'apprentissage s'inspire en partie du paradigme du père-de-famille, mais elle n'en dépend pas. Agissant, en prime, comme une sorte de faubourg privilégié, l'esprit paternalisant constitue une sphère supplémentaire, un espace bien délimité, mais quasi autonome, de liberté de relations relative où les acteurs – les parents, l'apprenti.e et le maître – forgent des liens, apprennent à se servir d'une grammaire commune pour communiquer et négocier et développent des astuces pour vivre ensemble à l'intérieur du cadre de régulation. Le père-de-famille offre une boîte à outils pour bricoler des solutions à toutes sortes de problèmes ou de tensions sans recourir, dans un premier temps, aux arbitrages institutionnels. C'est un espace où l'on entre et d'où l'on sort librement ; s'il est quasi structurant, il n'est nullement astreignant.

La Révolution aurait dû enterrer le père de famille, comme elle a commis l'ultime parricide contre le père de la nation. C'est ce que voulait ardemment Isaac Le Chapelier (hissé sur les épaules de Turgot), le plus radical de tous les révolutionnaires dit modérés, dont le meilleur des mondes se fondait sur un individualisme effréné (« l'intérêt de chaque individu » fétichisé), un ordre du marché autorégulateur, un système transactionnel n'ayant besoin que d'un État minimum. Supprimant le recours à toute association, comme les corporations, il espérait de ce fait asphyxier l'imaginaire qui les nourrissait (« l'esprit de corporation »). Il réussit la mise à mort institutionnelle, mais l'exorcisme idéologique et discursif n'a fonctionné que partiellement.

L'héritage libéral vaccinant fortement contre toute propension régulationniste, le XIXe siècle avait besoin d'une partie de cet imaginaire pour gérer la question de l'apprentissage, théoriquement scindé de tout ancrage corporatif, dorénavant affaire strictement privée (à juxtaposer à sa dimension semi-publique au XVIIIe siècle), un pur arrangement économique (par rapport au statut d'institution sociale qu'il avait sous l'Ancien Régime, quand l'économique était encastré dans le social, qui primait). La partie pertinente de l'imaginaire était le paradigme du père-de-famille, considéré comme libéral-compatible : la loi de 1851 elle-même rappelle que le libéralisme protège le père (et le maître-père) contre l'intrusion de l'État, mais elle somme le (vrai) père de famille de sortir de son foyer pour aller conférer son autorité (paternelle) au maître, investissant ce couple de la responsabilité redoutable de « réguler » en quelque sorte ce dont l'État ne voulait pas s'occuper. Ce libéralisme, dissimulé derrière une volonté moralisatrice sincère, demandait au paradigme père-de-famille non de réconcilier les intérêts – ambition vaine et superflue –, mais de leur donner une forme convenable et d'adoucir les rapports, profondément déséquilibrés, de ceux qui les portent.

Au XVIIIe siècle, installé à côté d'un appareil de contrôle très élaboré, le paradigme esquisse un espace annexe, subsidiaire, assez ouvert, sans obligation impérieuse. Les acteurs, autrement « policés » et normalisés, peuvent s'imprégner de l'imaginaire, paternalisant ou non, mais ce n'est pas une étape décisive dans le bon fonctionnement de l'apprentissage. Mobilisé par la loi de 1851 pour combler un vide réglementaire béant, pleinement instrumentalisé, le paradigme du père-de-famille devient vital pour le bon fonctionnement de l'apprentissage. L'exhortation se métamorphose en injonction ; la fausse conscience se mue en bonne conscience ; l'approche moralisatrice empêche l'apprentissage de devenir une question sociale. Sans prendre la mesure de sa capacité de charge, qui s'avère modeste, la loi instaure le paradigme comme le pilier de son dispositif sociopsychologique. Comparé à son homologue Ancien Régime, il fonctionne dans un espace plutôt fermé, laissant peu de choix ; il fait jouer des acteurs affectés d'office et indispensablement à des rôles invariables dans une mission moralement contraignante. C'est un père de famille moins souriant, plus soucieux et moins souple que dans la version XVIIIe siècle.

La critique de la loi de 1851 est sévère et durable, persistant jusqu'après la Grande Guerre, car la mesure demeure la seule référence réglementaire pour l'apprentissage. Un des commentateurs, Louis Million, reproche vivement à la loi qu'elle « ne dit nulle part ce qu'il faut entendre par un bon père de famille ». Il suppose qu'il s'agit au départ « d'un homme prudent et soigneux », suivant un des tropes majeurs du paradigme Ancien Régime, mais il remarque que cette définition manquée est sans commune mesure avec les attentes suscitées par la figure paternelle. Plus impitoyables, les juristes Julien Hayem et Jules Périn brocardent la construction paternalisante et son interprétation parfois excessivement complaisante : imaginer le maître comme « un second père » relève davantage du « poète » que du « jurisconsulte ».

Cependant, le paradigme père-de-famille ne perd pas sa prise discursive. Thunot, un des présidents des conseils de prud'hommes parisiens, constate en 1864 que le père de famille demeure le socle du contrat d'apprentissage écrit, même si « tout cela s'exécute médiocrement ». Peu après, le conseil des prud'hommes des métaux dans la capitale prodigue des « avis paternels » aux parties en litige, et déplore qu'ils soient rarement pris en compte. Quelques années plus tard, dans une affaire opposant Jurin, coutelier, à Dorotte, un apprenti blessé dans un accident du travail, les prud'hommes reprennent l'antienne complaisante : « Le Patron conduit paternellement les apprentis. » Presque au même moment, face à des rapports de « faits immoraux » et de formations laxistes, une circulaire du préfet de police dans la capitale rappelle aux patrons « qu'ils sont, dans l'atelier, des chefs de famille ». Observant quelques années plus tard une double déchéance de l'apprentissage, morale et professionnelle, Alfred Deseilligny, grand patron, puis député et ministre, se lamente de ce que « les apprentis confiés aux patrons ne sont pas toujours paternellement surveillés comme il faudrait ». « Tant que l'apprenti est à l'atelier, c'est le devoir du patron de remplacer le père de famille », note Émile Cacheux, ingénieur et sociologue, vers la fin des années 1880, « mais nous avons vu que, soit pour une cause ou pour une autre, le patron ne remplit pas les intentions de la loi » – il fait allusion, bien entendu, à la loi de 1851. Plus optimiste, un contemporain, rapporteur à la section de l'économie sociale de l'Exposition universelle internationale de 1889 à Paris, soutient que pas mal de patrons, notamment dans l'alimentation et le bâtiment, s'inspirent toujours de « l'ancien esprit familial », prennent leurs repas avec les ouvriers et souvent « s'arrangent pour les loger sous le même toit que leur propre famille »[120].

120. L. Million, *Le Contrat d'apprentissage*, p. 29-33 ; J. Hayem et J. Périn, *Traité du contrat d'apprentissage*, p. 160 ; Thunot, dans *Enquête sur l'enseignement professionnel*, t. 1, p. 237 ; AP, Prud'hommes : D1U10 16, 27 mai 1867 et D1U10 18, 13 février 1874 ; Alfred Pierrot Deseilligny, *De l'Influence de l'éducation sur la moralité et le bien-être des classes laborieuses*, Paris, Hachette, 1868, p. 217 ; É. Cacheux, *État actuel du patronage*, p. 15, 45, 66 ; Goffinin, dans *Rapports du jury international* (Exposition universelle internationale de 1889 : Économie sociale, section III), Paris, Imprimerie nationale, 1891, p. 18 ; Isabelle Bertaux-Wiame, *Transformations et permanences de l'artisanat boulanger en France*, t. 2, *L'Apprentissage en boulangerie dans les années 1920 et 1930*, tapuscrit, 1978, p. 39. Cf. J. de Lacoste Lareymondie, *Le Contrat d'apprentissage*, p. 84 et Julien Hayem, *Étude sur l'apprentissage dans l'antiquité et dans les temps modernes au triple point de vue historique, législatif et judiciaire*, extrait du

Le paradigme demeure attractif pour certains au début du XXe siècle. Une « brochure de propagande sociale » de 1905 maintient que le modèle du « bon père de famille » continue de fixer les normes du comportement des maîtres. « Le maître doit se conduire envers l'apprenti en bon père de famille », commente le président de la société de patronage des apprentis du XVIIe arrondissement à Paris quelques années plus tard. Il y a un fort écho de l'article 8 de la loi de 1851 dans bien des contrats d'apprentissage encore en usage dans les années 1960[121]. Vanté par les uns comme une référence de bon sens (pas un engagement idéologique), comme parlant l'idiome du peuple, comme un rempart contre la corruption morale que les politiques négligent, comme un (petit) bouclier contre des abus en l'absence d'une protection socioéconomique solide, et comme un rappel que le rugueux capitalisme individualiste ne peut pas priver le monde du travail de toute humanité, le paradigme du père-de-famille est fustigé, souvent à juste titre, comme une mystification, un anachronisme ou archaïsme pernicieux, un langage de condescendance, un déni de la réalité (mécanisation, division du travail poussée, économies d'échelle, usines, âpre concurrence internationale) et un symptôme de la « crise de l'apprentissage » qui sape sa vitalité et son utilité. Il continue pourtant de rassurer bien des parents, et même d'intéresser des maîtres/patrons cherchant à faciliter l'intégration des jeunes dans l'atelier.

Nous croyons qu'il est important de prendre au sérieux ce que disent les gens, quels qu'ils soient, mais nous ne pensons pas qu'ils pénètrent ce faisant tous les registres de la réalité – dans son épaisseur et ses contradictions – dans laquelle ils vivent. Ce que nous appelons le paradigme « père-de-famille » n'est pas le sésame du fonctionnement du système d'apprentissage, encore moins son fondement. Il nous permet néanmoins d'accéder à des manières de penser l'apprentissage qui influencent, de façon très variable, les relations entre les acteurs, leurs rapports de force, leurs aspirations et certaines de leurs actions. Il nous montre comment les protagonistes se regardent, se représentent, se positionnent, se jaugent. Produit des dominants, qui

---

Dictionnaire de l'industrie et les arts industriels, Paris, Typographie de C. Maréchal, 1879, p. 2. Voir également dans la belle étude d'I. Bertaux-Wiame (p. 39) sa dénonciation « du mythe du père comme "bon père de famille" » et surtout son analyse des conséquences funestes quand « la législation du travail exclut de son champ les apprentis des métiers artisanaux, et les renvoie dans le champ des rapports familiaux ».

121. G. Lemarchand, *L'Apprentissage et les écoles professionnelles*, Paris, Pradier, 1905, p. 32 ; Georges Christie, *Apprentissage et métiers manuels*, Paris, 1912, p. 10 ; I. Bertaux-Wiame, *L'Apprentissage en boulangerie*, p. 39.

discutent eux-mêmes son sens et sa portée, le paradigme est récupéré par les dominés, sans plus de consensus. Il éclaire les divers discours de tous les acteurs, dont nous estimons qu'ils marquent leurs logiques pratiques. N'est pas ici en jeu la réhabilitation idéaliste de tel ou tel *weltanschauung*, mais une histoire socioculturelle de l'apprentissage, qui n'oppose pas le culturel à l'économique, mais qui lit l'économique comme relevant à la fois du matériel et du symbolique. C'est dans l'atelier que s'expriment les tensions et les convergences entre le matériel et le symbolique, entre l'apprenti.e et le maître.

À L'ESSAI

L'empirique prend sa revanche sur le théorique quand l'apprenti.e passe du baume de l'imaginaire aux aspérités du lieu du travail. A-t-il/elle bien choisi ? Sans doute tout le monde ne partage-t-il pas les mêmes priorités dans les critères, par exemple, pénibilité ou autres conditions de travail, salaire, taille de l'atelier, distance de la maison, possibilité de l'instruction, temps libre (dimanche, fêtes), etc. Tailleur de pierre, Hippolyte Bodin de Tours n'a pas apprécié la décision de son fils de s'engager chez un fabricant de limes, choix d'apprentissage appuyé par sa grand-mère paternelle. Retirant son fils un an après son entrée, le père réitère sa conviction que « c'est un mauvais métier et que son fils ne gagnerait jamais sa vie ». Il est vrai que la mauvaise information – pas forcément la mauvaise foi – mine certains apprentissages. Marie Verger de Nantes place son fils, seize ans, chez Fourcade, maître menuisier, pour dix-huit mois selon un contrat verbal. Au bout d'un mois, la mère prétend qu'elle vient de se rendre compte d'une méprise catégorielle. Elle avait souhaité placer son fils « pour le meuble et non pour la batisse ». Voilà un solide argument en faveur d'une période d'essai, pratique assez répandue au XIXe siècle. En voilà un autre, celui-ci parisien : la petite Lucie David, apprentie, et sa patronne Isabelle Bourgeois, fleuriste, découvrent toutes les deux en cours de route qu'elles souffrent « d'une incompatibilité de caractère ». Même enseignement dans le cas de la fille d'Armand Genbrier, maître tailleur d'habits, qui intègre l'atelier de Victor Houdin, fabricant de fleurs à Nantes, pour un apprentissage de trente mois. Le père retire sa fille très rapidement : « L'état ne lui convient pas »[122].

---

122. Prud'hommes : AD Indre-et-Loire, 5U 18, 10 octobre 1880 ; AP, D1U10 397, 23 septembre 1869 ; AD Loire-Atlantique, 5U 1 45, 17 août 1859 et 5U 1 43,

Le maître a l'habitude de prendre un risque en embauchant (encore) un apprenti ; la mère et le père éprouvent plutôt une sorte de trouble, plus ou moins intense, au moment de confier leur fille ou leur fils à une autre famille. Pour eux, il s'agit peut-être d'une première expérience de ce genre ; en tout cas, il est question de *leur* enfant, donc d'un cas très particulier. Pour rassurer les parents qui vivent la mise en apprentissage avec une réelle anxiété, pour donner simultanément l'occasion au maître de mesurer le bon sens de sa décision encore provisoire, et plus généralement pour réduire, de part et d'autre, les coûts de transaction (par exemple, le conflit que suscite habituellement le retrait d'un enfant par sa famille ou sa brusque éviction), l'on pratique au XIXe siècle la période d'essai déjà évoquée pour le XVIIIe. Cette période permet aux parents et à l'enfant, et dans une autre optique, psychologique et professionnelle, au maître de rectifier une erreur, s'ils s'en aperçoivent relativement rapidement.

Jusqu'à l'inscription d'une durée obligatoire de deux mois dans la célèbre loi de 1851 censée donner un nouveau cadre à l'apprentissage, la convention était quelque peu variable, mais quasi universelle, d'après le juriste François-Étienne Mollot, souvent un mois dans la capitale, à défaut de stipulation contraire, moins plutôt que plus ailleurs. Certains patronages pratiquent deux semaines d'essai avant la signature du contrat. Une enquête de la Chambre de commerce de Paris en 1848 indique que les périodes d'essai sont très communes dans des formations courtes où la rotation est assez élevée. Mollot met en garde contre la fraude des apprentis-essayistes qui entrent dans un atelier pour un mois ou deux, logés et nourris, puis partent pour intégrer une autre boutique avec les mêmes avantages d'entretien, et passent après chez d'autres patrons, changeant quelquefois d'état pour déguiser la supercherie. Bertrand, député de l'Yonne, militait pour une période plus longue dans le débat avant la mesure de 1851 : « L'enfant se conduit toujours bien pendant le premier mois ; dans le deuxième, la moitié commence à être mécontente et pourtant ne

8 novembre 1848. Plusieurs hiérarchies de profession se font concurrence, façonnées avant tout par des différences d'habitus (classe, éducation, etc.). Même à l'intérieur d'un monde du travail, il n'y a pas de consensus sur un classement du prestige et de l'attrait des métiers. Les rivalités entre divers partisans ont fait beaucoup de mal à la communauté ouvrière. Voir la critique sévère de Henri Leneveux contre les prétentions à la supériorité et les dénonciations réciproques des participants dans les compagnonnages. Henri Leneveux, *Le Travail manuel en France*, Paris, Baillière et Cie, ca. 1881, p. 165-66. Sur la marginalisation des apprentis comme un groupe par rapport à d'autres ouvriers, voir S. Guicheteau, « La révolution des ouvriers nantais », p. 569.

se plaint pas ; ce n'est que dans le troisième mois qu'on peut traiter avec certitude. » « Ce noviciat de deux mois a pour objet de laisser au patron et à l'apprenti le temps de se connaître mutuellement et de juger s'ils se conviennent », écrit Audiganne après la promulgation de la loi. « Le premier peut apprécier l'aptitude de son élève ; le second sonder ses propres goûts, et revenir, s'il y a lieu, sur une détermination irréfléchie. » Traduit en termes vernaculaires, un contrat liant un tisseur tourangeau avec un apprenti en mars 1853 précise : « Si d'ici trois mois [...] le maître et l'apprenti ne sympathisent pas ensemble, le présent traité serait résilié de plein droit. » Malgré la loi, les ouvriers horlogers en 1867 prétendent que la prise à l'essai ne dure en fait très souvent que quinze jours : « Comment juger des aptitudes réelles d'un enfant en si peu de temps ? » Ainsi, s'apercevant plus tard de « l'incapacité de l'élève (sept apprentis sur dix sont incapables) », le maître cherche à « l'employer d'une autre manière », c'est-à-dire dans diverses corvées, pour « rentrer dans son capital » – les dépenses pour le logement, la nourriture, l'entretien. Les ouvriers visent ici l'horlogerie, mais il est évident que leur discussion se prête volontairement à la généralisation[123].

Comme au XVIIIe siècle, certains acteurs pratiquent l'essai, visant principalement à détecter « une incompatibilité d'humeur » plutôt qu'à juger de la dextérité de l'apprenti.e, avant d'avoir signé un contrat. Un ouvrier papetier de fantaisie est rigoriste : la loi doit punir « ceux qui manquent à leurs engagements envers les patrons d'apprentissage ». Au bout de deux mois, « il y a un engagement moral pour les parents de l'apprenti », qui doit être contraint de reprendre le travail s'il fuit. Un de ses collègues est au contraire plus compréhensif : « Il est imprudent de forcer l'enfant qui a passé deux mois chez un mauvais maître à y retourner, que lui-même a lutté neuf mois contre les exigences d'un patron et qu'il est bien déterminé à ne pas laisser pendant cinq ans son enfant dans une maison où il est très-mal. » Traitant la période d'essai comme aisément extensible, la sœur d'un apprenti tapissier, représentant la famille, maintient que son frère est

123. F.-É. Mollot, *Le Contrat d'apprentissage, expliqué aux maîtres et aux apprentis*, Paris, L. Colas, 1847, p. 15 ; M. Maignen dans *Enquête sur l'enseignement professionnel*, t. 1, p. 171 ; *Statistique de l'industrie à Paris, résultant de l'enquête faite par la Chambre de commerce pour les années 1847-1848*, p. 58 ; Bertrand cité par J. Hayem et J. Périn, *Traité du contrat d'apprentissage*, p. 165 ; A. Audiganne, *Les Ouvriers en famille*, p. 44 ; AD Indre-et-Loire, 5 U 17, 14 mars 1853 ; *Rapports des délégations ouvrières* [à l'Exposition universelle de 1867], p. 4-5. En 2020, le code du Travail fixe la limite d'une période d'essai à deux mois pour diverses catégories d'ouvriers. *Les Nouvelles de la Boulangerie-Pâtisserie* (1er juin 2020), p. 22.

entré chez maître Mantel de Tours strictement « à l'essai », car aucun contrat, ni écrit ni verbal, n'avait été dressé. Réponse sèche du bureau des prud'hommes : « On ne reste pas 15 mois à l'essai dans un atelier. » Cependant, quand il est clair que le maître « ne sympathise pas avec son apprenti », comme c'est le cas d'un fabricant à Lyon, les prud'hommes accordent volontiers la résiliation[124].

On trouve trace de la pratique dite « à l'essai » dans des contrats, écrits et oraux : un maître marbrier à Tours pour trois apprentis entrant en même temps ; un menuisier dans la même ville pour un enfant s'engageant pour deux ans ; un fabricant de poterie tourangeau avec une période d'essai de six mois, stipulation insérée rétroactivement dans le document. Coreton, maître bourrelier au Mans, demande le retour chez lui d'un apprenti parti chez un concurrent après trois semaines en novembre 1867. Les prud'hommes refusent sa requête, citant la période d'essai autorisée. Marie Guyard, excessivement optimiste, avait versé 100 francs pour un an d'apprentissage chez dame Corsin, marchande fleuriste au moment de son entrée. Au bout de plusieurs semaines, elle s'en va, demandant le remboursement de son paiement, car « la maîtresse n'était pas toujours présente pour lui montrer [le métier] ». Après deux tentatives de conciliation, les prud'hommes obtiennent que la dame Corsin rembourse 89 francs. Pour éviter de futurs malentendus, certains contrats renoncent expressément à l'essai, citant l'article stipulant cette possibilité dans la loi de 1851. Un observateur, puisant dans les statistiques sur les apprentissages organisés par la Société de protection des apprentis en 1899, est frappé par le fait que presque la moitié (42) abandonnent leur atelier avant la fin de leur période d'essai[125].

DES PARENTS ENGAGÉS : LE SUIVI DE L'APPRENTISSAGE

Selon le conseil visant les parents, il ne suffit pas de se renseigner très sérieusement ni de manifester du jugement pour faire le

124. J. de Lacoste Lareymondie, *Le Contrat d'apprentissage*, p. 98 ; *Enquête sur l'enseignement professionnel*, t. 1, p. 53 ; « Quatrième assemblée générale des délégués ouvriers à l'Exposition universelle de 1867 », *Recueil des assemblées générales des délégués*, éd. Eugène, p. 60 ; Prud'hommes, AD Indre-et-Loire, 5 U 17, 13 mai 1841 ; *La Tribune prolétaire* (30 novembre 1834).

125. Prud'hommes : AD Indre-et-Loire, 5 U 12, 15 avril et 12 juin 1822, et 5 U 17, 6 mai 1854 et 19 juin 1859 ; AD Sarthe, 778 W 2, 13 novembre 1867 et 5 août 1868 ; AD Indre-et-Loire, 5 U 17, 10 mars 1854 et 26 juillet 1858 ; J.-H. Cagninacci, *L'Instruction professionnelle de l'ouvrier*, p. 19.

bon choix du métier et du maître. Il faut que la famille ne cesse de suivre le déroulement de l'apprentissage, de rester en contact avec son enfant, de jeter un regard sur son progrès technique et moral, comme ouvrier et comme adolescent murissant, et de communiquer plus ou moins régulièrement avec le maître. Une analyse très pénétrante des ouvriers horlogers en 1867 met en cause sévèrement les parents qui « ne s'occupent pas ou se préoccupent peu de la capacité, de la moralité du maître ; ils ne demandent qu'une chose : l'enfant sera-t-il nourri, couché, entretenu ? son absence sera-t-elle une diminution de charges pour la maison ? Tout est là » . Ce tableau dur et sombre est-il le reflet de leur propre expérience à la maison ? En tout cas, ils constatent : « Le respect des contrats, la discipline, l'obéissance n'existant pas chez la généralité des apprentis, les enfants, mal élevés par des parents qui leur laissent toute liberté et leur donnent souvent de mauvais exemples, sont on ne peut plus mal disposés à cet acte important : l'apprentissage. » Pas un Émile dans le lot : quand le maître s'avère honnête homme désirant « réformer les vices de ses apprentis », ils le discréditent en disant que c'est « une mauvaise maison » qu'ils s'efforcent de quitter. Si les parents, eux, n'appuient pas le patron, ce dernier, pour ne pas perdre ses avances, « en vient à pactiser avec les vices de ses apprentis » ; il se renie en quelque sorte, relâchant sa surveillance des adolescents sous sa charge pour les garder plus longtemps. Souvent, l'atelier, comme l'enfant, n'apparaît plus sur le radar des parents, passés à autre chose[126].

Rhétorique hyperbolique, nourrie de généralisation injustifiée, la mise en accusation dix ans plus tard par deux commentateurs réputés est révélatrice d'une représentation assez répandue des parents-démissionnaires :

> Ainsi, l'apprentissage autorise les parents à déléguer au maître une partie des charges auxquelles donne naissance leur qualité indélébile et imprescriptible de père et de mère. Toutefois, les parents ne déposent que provisoirement le fardeau des obligations qui pèsent d'habitude sur leurs seules épaules [...] lorsque l'enfant est en apprentissage, les parents auraient tort de croire qu'ils n'ont plus aucun devoir à remplir envers leurs enfants ; ce serait là une grave et coupable erreur. Malheureusement nous la voyons se produire trop fréquemment dans la pratique ! Que d'enfants, parce qu'ils sont placés en apprentissage, sont abandonnés et presque délaissés par leurs parents ! C'est à peine une fois par

126. *Rapports des délégation ouvrières* [à l'Exposition universelle de 1867], p. 4-5.

> mois ou par trimestre, ou par semestre ou par année que les enfants ou les maîtres sont visités par les parents [...] Il arrive même que lorsque les enfants sont placés chez les maîtres, dans la même localité et que les enfants rentrent tous les soirs chez leurs parents, ces derniers ne prennent jamais la peine de s'informer de la conduite ou des progrès de leurs enfants. Cet oubli des devoirs qu'incombe la paternité mérite d'être signalé et flétri[127] [...].

Par manque de temps ou de disposition personnelle, ou faute d'usage établi dans le métier, le maître d'un atelier classique est peu enclin à tenir assidûment au courant les parents du comportement et de la trajectoire de leur enfant, malgré les promesses du contrat ou les injonctions de la loi de 1851, exigeant que les maîtres informent les parents des écarts sérieux de la conduite de leur progéniture. Tandis qu'un haut fonctionnaire du monde de l'éducation reproche aux parents leur manque d'énergie dans le suivi de leurs enfants en atelier, une enquête parisienne au milieu du siècle relève l'empressement des fabricants à « s'affranchir des persécutions qu'ils peuvent craindre du père ou de la mère ». Une minorité très réfractaire pousse les précautions bien loin : « Pour n'avoir rien à redouter des familles, ils vont recruter des apprentis parmi les enfants de la campagne, en les prenant dans les cantons où l'on est habitué aux travaux industriels et en les choisissant parmi les plus pauvres. » En revanche, Edmond Chaix, entrepreneur d'une énorme société d'imprimerie et de librairie, philanthrope et membre de la Société de protection des apprentis, envoie chaque mois aux parents de ses apprentis un livret, qu'ils doivent signer, consignant des informations sur la conduite de leurs enfants, dans l'espoir de les responsabiliser et de les inciter à rester impliqués dans le parcours de l'apprenti.e[128].

Bien des familles continuent de se soucier du sort de leurs enfants après leur installation en apprentissage et de se manifester quand elles le jugent nécessaire. Le jeune Tissié rêve d'être poëlier et se plaît en apprentissage à Tours chez son oncle, jusqu'à ce qu'une grave maladie des yeux l'oblige à arrêter. Sa mère finit par lui trouver une place chez Charles Fossier, un fabricant passementier. Sensible aux vœux de son fils, elle ne cesse de chercher un poëlier prêt à le prendre, malgré son handicap, et elle en déniche un deux mois seulement après le début

---

127. J. Hayem et J. Périn, *Traité du contrat d'apprentissage*, p. 156-57.

128. O. Gréard, *Des écoles d'apprentis*, p. 8 ; *Statistique de l'industrie à Paris, résultant de l'enquête faite par la Chambre de commerce pour les années 1847-1848*, p. 59 ; V. de Chardon, « L'Apprentissage en France de 1851 à 1919 », p. 115-16.

du nouvel apprentissage chez Fossier, qui accepte de le laisser partir en échange d'une indemnité de 20 francs. Après tout juste neuf mois d'apprentissage chez un maréchal au Mans, le jeune Moulin s'ennuie et demande à sa mère de trouver un moyen de le sortir de là. Astucieuse, et invraisemblablement persuasive, car son argument est un peu léger, elle réussit. Comme le rapportent les prud'hommes en conciliation : « [...] moralement le jeune homme est engagé, mais étant mineur, et la mère affirmant qu'elle n'a pas consenti à l'apprentissage, le jeune Moulin a pu quitter M. Roulier qui n'a aucun droit à exercer. » À Tours, au service de ses propres intérêts, la mère de Jean Brant prend le risque de casser son apprentissage chez un sabotier : elle veut pouvoir le retirer une demi-journée par semaine quand elle a besoin de lui pour « des cas urgents »[129].

En considérant à présent les disputes concernant les mauvais traitements, l'imposition des corvées et l'indifférence du maître à l'égard de son devoir de formateur, on peut voir qu'il n'y a pas seulement des mères poules qui surveillent et accompagnent leurs enfants en apprentissage. De nombreuses familles portent aux prud'hommes des affaires de mauvais traitements qui soulèvent de nombreuses questions que nous traiterons ailleurs : la violence quotidienne, quasi structurelle de l'atelier ; la délégation d'autorité paternelle aux maîtres, notamment à propos de la punition corporelle ; les relations entre apprentis et ouvriers ; et les droits des apprentis vis-à-vis du maître prétendument tout puissant. Léon Bonnière, ébéniste à Tours, a minoré l'importance des coups donnés au jeune apprenti L'Homo, seize ans, « toujours récalcitrant et indocile » – il n'était que « légèrement » maltraité. Indigné, le père L'Homo, reconnaissant justement que le maître exerçait *in loco parentis*, exige la résiliation du contrat (dix mois à courir sur trente-six), car le maître a abusé de cette autorité dévolue : « Il n'a nullement autorisé le deff. le Sr Bonnière à maltraiter ni faire maltraiter son fils par les ouvriers. » Furieux de voir son fils « frappé d'une manière brutale » par un ouvrier, Poirier retire son fils de son apprentissage chez un fumiste à Nantes. Deux pères au Mans dénoncent deux maîtres cordiers pour avoir toléré les violences de leurs ouvriers contre les apprentis. Jacques Brault, cultivateur dans la région nantaise, ayant déjà retiré deux fois son fils, apprenti boulanger, du fournil du maître Bouyer, n'allait pas

129. Prud'hommes : AD Indre-et-Loire, 5 U 12, 17 novembre 1821 et 9 janvier 1822 ; AD Sarthe, 778 W 2, 6 juin 1869.

l'obliger à revenir après encore une raclée, ni indemniser le maître de la somme immense de 251 francs pour nourriture, « son fils ayant plus que gagné celle que lui a donné son maître par le travail qu'il lui a fait faire ». À Nantes et à Tours, deux pères exigent « des promesses de ne plus frapper pour laisser continuer [leur] fils », respectivement chez un maître chapelier et un poëlier. Un père, ouvrier tourneur, s'est rudement opposé à la dame Loyon, maîtresse lingère à Nantes, pour avoir « injurié en termes excessivement blessants » sa fille-apprentie de quinze ans[130].

Les mères ne sont pas plus présentes que les pères, mais montrent parfois davantage de fougue, soit par tactique de négociations dans les tentatives de conciliation, soit par caractère. La mère d'Aimable Guerin, apprenti menuisier à Tours, qui ne veut pas terminer son temps chez un patron violent, l'appuie vigoureusement : « Si son fils a quitté son maître d'apprentissage, c'est que son maître l'a maltraité, que les maîtres n'ont pas le droit de maltraiter leurs apprentis. » La veuve Chatelier de Nantes s'en prend au maître de son fils Augustin, apprenti cordonnier, pour avoir « maltraité son fils » en « actes » et en « paroles », ce qui est « contre la loi ». La riposte du maître a rendu la mère encore plus furieuse : il prétend avoir « donné quelques calottes » avec « le conseil » de la mère, élément de leur marché oral d'apprentissage. Quand elle a appris que son fils avait été abusé moralement et physiquement par son maître d'apprentissage, un serrurier de Nantes, la dame Chenoreau l'a quant à elle encouragé à s'en aller, même sans congé et malgré un marché écrit pour deux ans, à fuir « une pareille société » et à chercher du travail ailleurs. Expérience analogue à Tours chez un maître doreur facilement « faché de sa vivacité », mais la résiliation de l'apprentissage demandée par la mère lui pose problème : après plus de deux

130. Prud'hommes : 13 décembre 1827, 5 U 14, AD Indre-et-Loire ; 7 décembre 1859, 5 U 1 45, AD Loire-Atlantique ; 13 octobre 1869, 778 W 2, et 7 octobre 1764, 778 W 1, AD Sarthe ; 9 avril 1862 et 17 avril 1861, 5 U 1 45, AD Loire-Atlantique ; 29 mai 1827, 5 U 18, AD Indre-et-Loire ; 15 janvier 1862, 5 U 1 45, AD Loire-Atlantique. Pour d'autres cas traduisant les mêmes soucis des parents, voir : AD Indre-et-Loire, 5 U 12 : 8 décembre 1818, 9 septembre 1819, 25 septembre 1820, 8 juin 1821, 17 janvier 1822, 7 août 1822, 26 septembre 1822 ; 5 U 14 : 16 juin 1820, 11 janvier 1827, 17 mai 1827, 10 décembre 1827 ; 5 U 17, 13 mai 1841 ; 5 U 18, 25 mars 1885. AD Loire-Atlantique, 5 U 1 42 : 24 juillet 1844, 23 octobre 1844, 14 juillet 1845, 15 juillet 1847 ; 5 U 1 43 : 30 juin 1848 et 21 novembre 1850 ; 5 U 1 45 : 11 août 1847, 11 février 1858, 11 août 1858, 23 mars 1859, 13 juillet 1859, 30 mai 1860, 9 février 1862. AD Sarthe, 778 W 1 : 16 septembre 1863, 7 juin 1865, 13 décembre 1865 ; 778 W 2 : 29 mai 1867, 18 septembre 1867, 29 janvier 1868.

ans de formation, « il n'est pas suffisamment instruit dans l'état de doreur [et] il faut qu'il retourne en apprentissage » ailleurs. Abandonné par son apprenti Guerant, Guiche, maître menuisier à Tours, avoue que « quelquefois dans des moments de vivacité, il a pu lui faire supporter quelques corrections ». Le patron propose de s'abstenir désormais « de faire supporter à son apprenti aucun mauvais traitement », et la mère est elle aussi prête à accepter la réintégration de son fils, mais ce dernier « a montré une opposition formelle à retourner chez le Sr Guiche »[131].

Catégorie annexe des mauvais traitements, des parents veillent à l'état de la nourriture proposée, notamment en fonction des marchés signés avec le maître d'apprentissage. Heureux d'avoir placé son fils comme apprenti cuisinier chez un pâtissier-traiteur connu de Tours – le métier de bouche comme garantie contre la faim en tout temps –, Frefeu, voiturier, déchante en apprenant que son fils souffre « d'un manque de nourriture » aussi bien que des coups de son patron. À Nantes, la mère d'une apprentie lingère retire sa fille parce qu'elle « s'est plainte qu'elle ne mangeait pas son content [*sic*] ». Ouvrier dans une scierie de Nantes, Blain proteste que le maître d'apprentissage de son fils, un vannier, n'a pas tenu les engagements du contrat depuis le début, notamment la promesse de lui donner « la même nourriture qu'à lui-même », préoccupation matérielle et symbolique majeure d'ouvriers depuis des lustres. Quand le père d'un apprenti ferblantier de Nantes se plaint également que son fils « n'[est] pas nourri d'une manière convenable », le maître répond qu'il mange exactement la même nourriture que toute sa famille. La mère d'un apprenti menuisier à Tours, sans contrat écrit, prétend que le maître s'était engagé à nourrir et coucher son fils. Le maître rétorque qu'il n'avait accepté de coucher l'enfant que sur les matelas et draps fournis par la mère ; il refuse de nourrir l'adolescent, sauf à lui offrir une petite soupe, dit « lui tremper la soupe », collation qui n'inclut ordinairement pas le pain[132].

---

131. Prud'hommes : 28 juin 1827, 5 U 14, AD Indre-et-Loire ; 12 novembre 1849, 5 U 1 43, AD Loire-Atlantique ; 20 mars 1843, 5 U 1 42, *ibid.* ; 27 juin 1822 et 22 septembre 1818, 5 U 12, AD Indre-et-Loire.

132. Prud'hommes : 24 décembre 1863, 5 U 17, AD Indre-et-Loire ; 3 juin 1858, 1er septembre 1858 et 9 février 1859, 5 U 1 45, AD Loire-Atlantique ; 3 août 1820, 5 U 12, AD Indre-et-Loire. Pour un contrat d'apprentissage incluant l'obligation de faire tremper la soupe, pratique à la fois stratifiante et égalitaire, voir Coucher et Dansault, 1er novembre 1819, 5 U 12, *ibid.*

Les parents se révèlent fort sensibles à une autre forme d'abus de leurs enfants : l'assujettissement à des travaux domestiques, de commissions ou de peine, des « corvées » qui n'ont aucun rapport avec le métier censé être inculqué. Les archives des prud'hommes laissent entendre qu'il s'agit autant de parents qui surveillent de leur propre initiative ce qui se passe dans l'atelier que de plaintes formulées par les enfants auprès d'eux. Quelques mois après avoir accueilli en apprentissage Auguste, fils d'Urbain Pohu, marchand de vins, un horloger du Mans prend un second apprenti. Depuis, il relègue Auguste « à la cuisine où il servait plutôt de domestique, aussi au bout de deux ans, il ne sait rien ». À Nantes, la dame Vinouze, en confiant son fils Julien pour trois ans d'apprentissage à la veuve Esmoult, remarque « qu'elle ne l'avait pas placé pour lui servir de domestique mais bien comme apprenti chaudronnier ». À Nantes toujours, engagé par un maître tourneur comme apprenti, le petit Louran, âgé de quatorze ans, est mis à « tourner la roue ». À l'approche de la fin de son temps, le père demande pathétiquement « qu'il luy montre au moins son état d'une manière convenable ». Treize ans plus tard, au Mans, cas similaire : en colère, le père d'un apprenti se plaint que le maître mécanicien « veut lui faire tourner la roue, ouvrage au-dessus de ses forces, il en a été malade ; c'est l'ouvrage d'un homme de peine et non d'un apprenti ». Rizray, menuisier du Mans, refuse de ramener sa fille mineure chez Louise Adam, couturière en robe, car elle « n'a jusqu'ici rien appris », submergée par des « courses nombreuses » qui l'ont « fatiguée, au point de la rendre malade à plusieurs reprises ». Le père de Faché, apprenti tonnelier à Tours, refuse de payer le prix convenu pour l'apprentissage, car « le Sr Ferrand ne montre point l'état à son fils comme il le doit et l'emploie toujours à mettre du vin en bouteille plutôt que le mettre à travailler aux futailles ». Sidéré, un ouvrier sur les quais de Nantes veut savoir pourquoi le maître d'apprentissage de son fils, imprimeur, « au lieu de lui monter son état l'a mis à soigner son cheval ». Le père d'un apprenti chaudronnier au Mans, prenant au sérieux les doléances répétées de son fils « qu'il ne sait presque rien faire » pour avoir été affecté à faire des corvées « jour après jour », demande la résiliation. Les parents portent en justice énormément de cas de ce genre contre les maîtres d'apprentissage[133].

133. Prud'hommes : 21 février 1866, 778 W 1, AD Sarthe ; 13 février 1862 et 13 juillet 1859, 5 U 1 45, AD Loire-Atlantique ; 24 avril 1872, 778 W 3, AD Sarthe ; 15 janvier 1882, 778 W 8, *ibid.* ; 23 novembre 1820, 5 U 12, AD Indre-et-Loire ; 16 octobre 1848, 5 U 1 43, AD Loire-Atlantique ; 4 avril 1866, 778 W 1, AD Sarthe. Parmi l'abondance des

Au fond, bien des parents sont moins scandalisés par l'exploitation domestique ou logistique de l'enfant en elle-même, que par le manque d'enseignement, le premier devoir du maître d'apprentissage. La famille de demoiselle Lasmand, fille mineure, l'enlève de l'atelier de demoiselle Marsilly, giletière à Tours, parce que cette dernière « n'apportait pas toute son aptitude à former leur fille ». Au Mans, une mère veut rompre l'apprentissage de son fils parce que son maître, un fabricant de fauteuils, « ne lui apprend pas à travailler, qu'il lui fait faire beaucoup de courses, qu'il le fait vernir et point travailler le bois ». Deux mères au Mans se plaignent des effets calamiteux de la division du travail assez poussée qui empêche leurs fils de maîtriser le métier dans sa plénitude : un apprenti ébéniste qui fait du travail grossier et partiel au lieu « d'apprendre à faire des meubles » et un apprenti relieur, dont la formation est sous-traitée à un ouvrier brutal et hautain, qui « lui fait faire toujours la même chose, sans lui faire apprendre les autres parties ».

Souvent, les parents vivent mal, comme une sorte de dérapage frauduleux, quand un maître délègue la responsabilité de la transmission à un ouvrier, indifférent, peu compétent ou méchant[134]. Des premiers six mois de l'apprentissage de son fils chez Paulan, maître menuisier à Nantes, la dame Guedin « a été assez satisfaite ». Puis, la catastrophe : le maître passe la main à son ouvrier : « Son fils n'a plus les mêmes soins, soit pour le repas qu'il lui donnait, soit sur le rapport de son éducation professionnelle. » Coureau, ouvrier maçon à Nantes, retire sa fille, engagée comme apprentie pendant deux ans, de chez une marchande lingère, car cette dernière ne s'occupe plus de sa formation, « ayant pris la tête d'un atelier ailleurs ». La veuve Martin retire son fils, apprenti cordonnier, de l'atelier du Sieur Blain, avec lequel elle a passé le « marché d'apprentissage », car le maître « n'y est plus, il n'y a personne pour montrer à son fils ». Sans convaincre la mère, la femme Blain répond « que depuis que son mari s'est absenté, elle a toujours un maître ouvrier qui a fait aller

affaires dans ce même sens : 20 juillet 1820 et 29 mai 1821, 5 U 12, AD Indre-et-Loire ; 16 décembre 1857 et 13 mars 1862, 5 U 1 45, AD Loire-Atlantique ; 10 août 1842, 5 U 1 42, *ibid.* ; 22 décembre 1847, 5 U 1 43, *ibid.* ; 23 janvier 1821 et 12 janvier 1822, 5 U 12, AD Indre-et-Loire.

134. On trouve au XIXe siècle des montages contractuels de sous-traitance d'apprentissage. Par exemple, Gillet, fabricant en soierie de Tours, qui propose à Renault Baillet, ancien ouvrier fabricant en bonneterie, de « se charger de l'apprentissage » de Charles Veslin, treize ans. Gillet fournit trois métiers, Baillet donne de l'ouvrage à l'apprenti et touche un cachet pour le former. AD Indre-et-Loire, 5 U 14, 4 janvier 1827.

[*sic*] sa boutique et a montré à l'apprentif qu'il est en état de travailler ». Furieux contre la mère qui ôte son fils de son apprentissage chez lui « puisqu'il ne lui montre pas [l'état], il est toujours dehors », un cordonnier du Mans, froissé et misogyne, informe les prud'hommes – le style des mères gêne – « qu'il ne veut pas avoir affaire à la mère, c'est avec le père qu'il veut traiter ». Par ailleurs, on voit émerger des spécialistes de la formation. Par exemple, Chambellan & Diet associés, manufacturiers de draperie à Amboise, sous-traitent jusqu'à six apprentis en même temps pour être instruits par Louis Liancour, ouvrier en tapis[135].

D'autres causes sensibilisent les parents ou provoquent leur intervention. Ils dénoncent des conditions de travail abusives et/ou illégales : quatorze heures par jour au lieu de douze heures (dans les années 1860), journée commençant à 5 heures au lieu de 6 heures, une fille de treize ans retenue par sa maîtresse lingère jusqu'à 22 heures, travail obligatoire le dimanche matin pour « nettoyer la boutique » (« convention » contestée par des parents quand elle n'est pas explicitement mentionnée dans le marché). Ayant retiré son fils de l'atelier d'un pâtissier à Nantes, sa mère refuse de le ramener tant que le patron ne lui aura pas donné « une paillasse sous son matelas » et une nourriture correcte. Des parents se querellent avec des patrons qui n'accordent pas le temps quotidien promis dans le marché pour « l'école » (dans un cas des leçons de dessin) ou exigent à la fin une rallonge de l'apprentissage pour compenser le « temps perdu ». Les mères d'une apprentie raccommodeuse de bas et d'un apprenti menuisier protestent contre le refus des maîtres respectifs « d'apprendre à lire et écrire », comme convenu dans les contrats. Deux pères à Tours (1818) et à Nantes (1843) menacent d'ôter leurs fils-apprentis si leurs maîtres ne les « laissent faire [leur] religion » et « remplir leurs [devoirs de chrétien] d'aller à la messe ». Un autre, qui a placé son fils en apprentissage pour une durée de huit ans et

135. Prud'hommes : 7 août 1877, 5 U 18, AD Indre-et-Loire ; 31 janvier 1872, 778 W 3, AD Sarthe ; 7 mars 1866, 778 W 1, *ibid.* ; 19 juillet 1867, 778 W, *ibid.* ; 20 avril 1859 et 18 avril 1860, 5 U 1 45, AD Loire-Atlantique ; 3 juillet 1821, 5 U 12, AD Indre-et-Loire ; 17 septembre 1873, 778 W 3, AD Sarthe ; 20 mars 1820, 5 U 12, AD Indre-et-Loire. Pour d'autres exemples de cette attitude parentale, voir AD Sarthe, 778 W 1 : 3 juin 1863, 17 et 24 février 1864, 16 novembre 1865, 8 janvier 1866, 7 mars 1866, 8 août 1866, 28 août 1867 et 778 W 2 : 11 septembre 1867, 30 octobre 1867, 23 septembre 1868, 5 septembre 1869 ; 778 W 3, 16 août 1872 ; 778 W 8, 25 janvier 1882. AD Loire-Atlantique : 5 U 1 43, 15 octobre 1847 et 17 novembre 1849 ; 5 U 1 45, 23 juin 1858 et 1er mai 1862. AD Indre-et-Loire, 5 U 12, 4 septembre 1819 et 20 mars 1820 ; 5 U 14, 1er septembre 1825 et 1er juin 1827 ; 5 U 17, 19 octobre 1843.

demi, rappelle solennellement l'engagement du maître teinturier d'apprendre au petit « à lire et écrire son catéchisme et lui faire sa première communion ».

La surveillance de la moralité ne se réduit pas au religieux. Un père au Mans met fin à l'apprentissage de sa fille chez une lingère car elle « l'oblige à porter du linge chez des femmes entretenues ». Un père sarthois pousse des hauts cris contre deux sœurs lingères, conjointement maîtresses d'apprentissage, « de ce que sa fille entend chez ces demoiselles des propos inconvenants d'une autre apprentie ». Ayant confié sa fille à deux sœurs maîtresses couturières à Nantes, un père décide de résilier le contrat en raison « des actes malhonnêtes » non précisés des sœurs. Enfin, à Tours, un père affirme un principe de réciprocité éthique qui n'est pas encore entré dans les codes des relations maître-apprenti, mais auquel se seraient ralliés bien des parents : « Ne voulant plus que son fils retournât dans l'atelier de Neveu [maître tailleur], attendu qu'on n'avait pas envers lui les égards dûs aux apprentis »[136].

*

Déjà, le grand protagoniste de l'histoire que nous traitons ici, l'apprenti.e, n'est pas aisé.e à atteindre ; ses parents se laissent aussi difficilement approcher. Pourtant, ils jouent un rôle majeur, tant par leur absence que par leur présence, par leur engagement que par leur incurie. Ils parlent peu d'eux-mêmes, encore moins de leurs enfants. S'ils laissent des traces, c'est presque toujours parce qu'ils se trouvent dans l'affrontement ou dans l'échec, occultant évidemment les expériences plutôt positives qui sont vraisemblablement les plus nombreuses. Majorité silencieuse, ces parents-là semblent supplier l'historien de

136. Prud'hommes : 19 décembre 1866, 778 W 2, AD Sarthe ; 15 avril 1822, 5 U 12, AD Indre-et-Loire ; 15 septembre 1862, 5 U 1 45, AD Loire-Atlantique ; 8 avril 1868, 778 W 2, AD Sarthe ; 6 décembre, 11 septembre 1844, 5 U 1 42, et 21 novembre 1857, 5 U 1 45, AD Loire-Atlantique ; 4 juin, 15 avril 1822, 28 mars 1821, 5 U 12, AD Indre-et-Loire ; 23 août 1843, 5 U 1 42, AD Loire-Atlantique ; 18 août 1818, 27 juin 1822, 5 U 12, AD Indre-et-Loire ; 29 janvier 1868, 778 W 2, AD Sarthe ; 22 juillet 1863, 778 W 1, AD Sarthe ; 4 mars 1859, 5 U 1 45, AD Loire-Atlantique ; 17 juillet 1845, 5 U 17, AD Indre-et-Loire. Les maîtresses étaient-elles plus enclines à s'occuper de l'éducation religieuse que les maîtres ? Voir le cas, au XVIIIe siècle, d'une couturière qui achète à Notre-Dame « quelques livres de dévotion pour ses apprenties ». Abbé de Montis, *La Vie de Madame Helyot*, Paris, P.-F. Gueffier, 1786, p. 6. Certaines corporations anglaises requièrent des maîtres qu'ils envoient leurs apprentis à l'église le dimanche. Jonathan F. Scotti, *Essays on Apprenticeship and Vocational Education*, Ann Arbor (Michigan), Ann Arbor Press, 1914, p. 51n.

ne pas les négliger. Ne voulant pas se contenter de représentations réductrices, intéressées, moralisatrices ou simplement méchantes, de stéréotypes stigmatisants ou de très rares encensements idéalisants, l'historien peut être tenté, par un mélange de scepticisme professionnel, de goût pour le fair-play rétrospectif et de sensibilité particulière, morale ou politique, pour ce vaste monde du *laboring poor*, démuni, vulnérable et quasi invisible, de compenser, d'ajuster, de projeter, de psychologiser, en quelque sorte d'égaliser. Pour chaque famille dickensienne, il faut concevoir des centaines de famille aimantes, attentives, protectrices, luttant pour le bien, mues par des normes supposées sempiternelles et universelles, qui peuvent s'avérer anachroniques ou ethnocentriques, une opération de sauvetage et/ou de réparation historiographique qui risque de frôler l'imposture, nonobstant une inépuisable bonne volonté. En tout cas, il faut parler des parents en dépit de multiples écueils, essayer de reconstituer autant que possible leur milieu extrêmement bariolé, en se méfiant de formules toutes faites, en lisant et relisant les sources sous de multiples angles, sous le contrôle d'un regard inlassablement critique et obstinément ouvert.

Au prix d'une analyse aussi courte que superficielle, on pourrait dire que ce qui distingue les parents de l'Ancien Régime de ceux du XIXe siècle est la double grande révolution : sociopolitique (1789/93) et économique (la révolution dite industrielle). Regardons de plus près. Les parents de l'Ancien Régime vivent dans un monde où l'apprentissage, rite de passage largement apprécié en bas comme en haut, fait partie du cycle de vie considéré comme normal. On le choisit comme par tropisme social, obligatoire dans un certain sens mais tout de même volontaire. Chaque situation particulière pèse sur la prise de décision. Les parents ruraux, comme ceux qui sont impliqués dans l'univers de la grande contre-culture du travail (dit sans-qualité), ou ceux qui sont relativement aisés ou branchés sur des réseaux robustes, et ainsi de suite, n'auront pas tous les mêmes incitations et les mêmes inclinations que les parents des milieux artisanaux dominants. Cela dit, l'apprentissage n'est un mystère total pour personne. Il se pratique partout, pas exclusivement, mais principalement au sein des milliers de corporations. Tous les parents s'orientent, délibérément ou inconsciemment, par rapport à cette imposante communauté corporatiste qui donne le la, même pour ceux qui restent en dehors. Le cursus de l'apprenti « alternatif », arrimé dans l'univers sans-qualité et assimilé, est remarquablement similaire au parcours corporatiste. La structure structurante de l'apprentissage-en-corporation est puissante, largement accessible (si l'on ratisse large, même pour les gens socialement plus humbles que Chinki), et visible. Par la famille, le voisinage, les réseaux, les notables locaux (magistrats de police, édiles municipaux ou notaires), on connaît les fondamentaux – pas les nuances, fréquemment déterminantes – du mode d'emploi. Le modèle corporatiste n'est pas absolument figé ; au contraire, il existe une panoplie d'inflexions professionnelles, territoriales, coutumières. Si les parents ne vivent pas trop loin du lieu choisi pour l'apprentissage, ils sont, grosso modo, en mesure de saisir la configuration des choses, de l'interroger, voire de la contester. Avec une certaine amplitude de fluctuations, le corporatisme fournit ce confort, cet étalon rassurant, cette entrée collective largement familière. Autrement dit, la mère et le père – s'ils décident que l'apprentissage est la bonne route pour leur enfant – connaissent les règles du jeu, ou au moins les maîtrisent suffisamment bien pour avancer.

C'est chose moins facile pour les parents du XIXe siècle. Il n'y a plus de cadre, local ou national, chargé de la reproduction des compétences et de la socialisation de l'enfant ou de l'adolescent.e, plus de cycle de vie codifié et célébré, plus de notion de communauté institutionnelle, morale ou métaphorique. La mère et/ou le père s'aperçoit/çoivent qu'elle/il/ils ne peut/peuvent pas compter sur le capital social partagé, sur la pratique commune, sur un véritable « système » d'ordonnancement, car la notion évoque l'époque maudite de l'Ancien Régime, qui n'est plus pensable. Sans charpente organisatrice, sans mécanismes d'information fiables et accueillants, sans appareils publics d'orientation, dans une société radicalement atomisée, où l'État cède sa place d'orchestration et d'arbitrage à l'individualisme et à la concurrence, les parents doivent peiner beaucoup plus que leurs homologues de l'ère corporatiste. Dans un environnement peu régulé, chacun fait à peu près ce qu'il veut ou ce qu'il peut. La loi de Germinal donne un minimum de protection à l'apprenti.e, en attendant la très attendue et très décevante législation de 1851, et dans l'intervalle et après, les conseils de prud'hommes, embryonnaires, puis établis, constituent un recours accessible, mais ils ne s'avèrent pas spécialement sympathiques à l'égard des parents.

L'apprentissage ne joue pas de rôle socioculturel, voire politique comme autrefois. L'apprenti.e n'a plus un statut reconnu. La notion d'apprentissage désigne à la fois une pratique plus étroitement conçue et un phénomène plus nébuleux, plus labile, souvent davantage « sur mesure » que « prêt à porter ». L'apprentissage du XIXe est une manière de faire plus éclatée, moins prévisible, moins lisible pour les parents. Cette confusion taxinomique, idéologique et organisationnelle est aggravée au cours du siècle par des mutations économiques (industrielles, technologiques, commerciales) qui bouleversent, de façon variable mais conséquente, des attitudes, des attentes et des relations. Ni brusques pour la plupart, ni universels (l'atelier classique se défend raisonnablement bien dans de multiples secteurs), les changements dans la manière de produire (mécanisation, division du travail poussé) induisent des changements dans la manière de reproduire (recrutement d'enfants/adolescent.e.s comme apprenti.e.s ou autrement, mise en question des fondements canoniques de la formation). La compétition entre entreprises (et entre pays) est plus intense qu'auparavant. La croissance et la concurrence priment sur d'autres valeurs qui façonnent traditionnellement la pratique de l'apprentissage. Arrogante, mais tombant parfois juste, la police parisienne identifie un apprenti par « sa mine » au siècle des Lumières, prétention dont sont incapables les autorités au siècle suivant.

La fin des illusions et d'une certaine mystification ? Sans doute, pour bien des parents, et certains observateurs plus ou moins sociologues. L'élargissement des opportunités, y compris en passant par des raccourcis et des approximations, change la donne pour de nombreuses familles, accompagné par la généralisation du salaire (bien présent, mais rarement déterminant sous l'Ancien Régime), qui impulse une remise à plat de leurs stratégies familiales. Comment concilier l'oriflamme du père-de-famille brandi par la grande loi de 1851 avec les prodromes de la concentration plus ou moins massive de la production industrielle ? Le discours vivement favorable, dans l'urgence, à la revigoration de l'apprentissage à bout de souffle, tenu par des personnalités – politiques, philosophiques, littéraires – a dû paraître parfaitement ringard aux yeux de certains parents particulièrement alertes et/ou désabusés. Enfin, il n'est pas extravagant d'imaginer que des bribes du débat public quelquefois violent sur l'avenir de l'apprentissage – sur la valeur même de l'apprentissage, sur sa détérioration – ont pu leur parvenir par la voie (con)descendante du fameux ruissellement. Pourquoi supposer que le grand public, malgré son éloignement des controverses, parlementaires et autres, resterait indifférent à la mise en doute de cette non-institution qu'est l'apprentissage quand il faut envisager l'avenir des enfants ?

Pendant les deux périodes, les parents s'interrogent de manière similaire sur l'apprentissage : à quelle(s) fin(s) ? La réponse est sans doute plus directe, simple, pour le XIXe siècle : pour obtenir une formation débouchant sur un métier capable de faire vivre le/la futur.e ouvrier.e et – au moins dans le cas du garçon – sa famille. Pour la masse des familles, en tout cas dans un premier temps, pas d'horizon au-delà : qui oserait penser à l'ascension à l'état de contremaître, grâce au talent, à l'autorité et sans doute à des appuis ; ou à celui de petit patron, si l'on amasse ou hérite les capitaux requis pour l'établissement ? Sous l'Ancien Régime, une famille choisissant la voie corporatiste standard n'envisage pas forcément que l'apprenti.e grimpera aux cimes, à la maîtrise. Cela n'est pas le marqueur du succès sur le radar commun. Devenir compagnon certifié, capable de gagner son pain (et du crédit chez le boulanger), d'arracher une place dans les bonnes boutiques, grâce au bouche-à-oreille, c'est ça la réussite, preuve de la valeur du brevet. Sans cet instrument de validation, l'ascension socioéconomique formellement reconnue dans le système est presque impossible – la galaxie des sans-qualité demeurant à tout moment un pôle alternatif.

L'impératif familial ou dynastique incite ou oblige l'enfant à suivre son père. Le système corporatiste, favorisant le fils de maître dans son parcours, le dispense d'apprentissage formel et le propulse vers l'adoubement (jusqu'à la refondation en 1776). Au XIXe siècle, la famille ouvrière bien implantée parvient assez fréquemment à contrôler le recrutement des apprentis, tant dans l'atelier que dans l'usine. Mais en général, le choix du métier n'est pas prédéterminé. Les parents cherchent un métier prometteur, à la portée de l'enfant, capable idéalement de susciter sa curiosité, de lui plaire. On sait que bien des parents ne consultent pas l'enfant, parfois au regret rétrospectif de tout le monde. Même jusqu'à la Seconde Guerre mondiale, des familles pauvres cherchent un métier pour l'enfant à partir de treize/quatorze ans – souvent dans « la bouche » où les places sont nombreuses et la nourriture ample – pour se décharger des frais d'entretien, sans sonder ses secrets désirs. Le problème majeur de Colbert jusqu'au XXe siècle demeure le manque d'informations et d'orientation.

Les critiques libéraux de l'apprentissage s'en prennent à sa prétendue inaccessibilité, la supposée longueur excessive de la formation (assimilée à « l'esclavage »), à l'exploitation financière qu'il organise, au détournement du travail. Mais se contentant d'ouï-dire et de poncifs, ils ne rentrent pas dans les ateliers. Au XIXe, un certain nombre de commentateurs assurent savoir ce qui se passe sur le lieu de travail, ce que doit souvent éprouver l'enfant-comme-apprenti écarté de l'enseignement professionnel en faveur des travaux de peine ou de pure domesticité et soumis parfois à la brutalisation. Selon des critiques, des parents concernés devraient être au courant et faire en sorte que leurs enfants ne soient pas exposés à ces abus notoires. S'informer avant, puis suivre de près ensuite : voilà les deux registres de reproche. Le suivi – dit souvent « la surveillance », même de la part des familles – est un sujet de préoccupation pour les parents aussi bien pendant l'Ancien Régime qu'après. Sont-ils trop naïfs, trop insouciants, trop éloignés tant psychologiquement que géographiquement, trop passifs ? Il est très difficile de connaître l'intensité et la longévité de l'engagement des parents – ceux qui ne considèrent pas que le passage de l'étendard paternel (ou familial) au maître signifie la fin de leur implication active. Nous trouvons des mères, des pères et des mandataires des familles chez la police, devant la justice dans ses multiples expressions, au XVIIIe, puis au XIXe siècle, des parents concernés et combatifs, mais on n'a aucun moyen de déterminer quel pourcentage ils représentent parmi tous les apprentissages.

Les parents au XVIIIe siècle sont rarement l'objet de reproches pour leur comportement ; ceux du XIXe sont souvent pris à partie, quelquefois violemment pour lèse-parentalité : apathie au moment du placement, abandon de leurs enfants en cours de route, manigances concoctées avec le maître au détriment de l'apprenti et à l'avantage financier des parents (dont la « cupidité » fait jeu égal avec la « spéculation » du maître, la famille troquant l'éventuelle « possession du métier » contre quelques francs de plus par semaine dans l'immédiat). La prétention des moralistes qui s'arrogent le droit de juger les parents sans connaître les circonstances précises de telle ou telle famille laisse pantois.

Le choix du maître est un souci partagé par la famille des deux époques. Beaucoup de parents pendant l'Ancien Régime se tournent vers un maître titulaire du système, car son statut semble garantir son habileté et sa solidité, pari parfois téméraire. Des pères et mères curieux peuvent obtenir une idée tant de sa personnalité que de sa compétence en posant des questions aux compagnons œuvrant ou ayant travaillé dans sa boutique, aux clercs dans le bureau corporatif, aux habitués du cabaret à côté. De nombreux parents sont eux-mêmes artisans, sachant comment aborder d'autres acteurs du milieu. Certaines familles, pour des raisons financières, ou en fonction de leurs réseaux, s'adressent à des « maîtres » non-officiels qui prolifèrent dans la galaxie des sans-qualité, soit dans des lieux dits privilégiés, hors d'atteinte des communautés, ou dans les interstices de la ville et les recoins des faubourgs, parfois juste à la porte des banlieues. L'espace du travail au XIXe siècle n'est ni stratifié, ni « castifié », sauf par l'argent et l'influence. Les parents n'ont affaire qu'à des gens « sans qualité ». Ils manquent d'informations et de repères, déficits institutionnels. Mais sur un plan très local, ils peuvent disposer des mêmes outils que leurs homologues de l'Ancien Régime, pourvu qu'ils soient déterminés et débrouillards. Même bien renseignées, au XVIIIe comme au XIXe (et au XVIIe comme au XXe), les familles n'échappent pas aux risques inhérents à la transaction et à la relation. Faute de guides, au XIXe, elles se tournent davantage vers des intermédiaires, des spécialistes du placement et proches du monde du travail aussi bien que moult patronages de toutes les couleurs qui secondent des familles en difficultés ou estimées « déficientes ». La menace d'une mauvaise entente, d'une « incompatibilité d'humeur », est réelle et omniprésente. Pour parer à ce péril, et faciliter une bonne affinité, on pratique pendant les deux époques une période d'essai, parfois étonnamment prolongée, preuve d'anxiété, de circonspection et/ou de manipulation.

Dans le contrat, les parents de l'Ancien Régime trouvent un véritable modèle pour un apprentissage plus ou moins équilibré, d'après les us et coutumes régnants. Ils peuvent l'enrichir ou le nuancer à leur goût, s'ils ont des idées concrètes et un peu d'audace, mais cet interventionnisme paraît rare. Le contrat est presque toujours un traité écrit, document rédigé par un notaire, quoiqu'on décèle des conventions, très minoritaires, sous seing privé ou même verbales. Au XIXe siècle, où le contrat est de moins en moins écrit, nonobstant une cascade d'appels dans ce sens, il est moins le scénario d'une relation chorégraphiée d'avance – malgré des tentatives de retourner au contrat-manuel de conduite de l'Ancien Régime, quelque peu idéalisé – qu'une sorte de catalyseur. La souplesse prime sur la rigueur dans la convention verbale. Moins de protection ou de garanties, plus d'espace pour l'accommodation progressive ou pour le conflit. Faute de régulation, articulée, puis appliquée, comme la limite du nombre d'apprentis par maître ou la police exercée régulièrement sur l'enregistrement des brevets ou en réaction à des dénonciations des abus commis sur le lieu de travail, il est plus difficile au XIXe siècle de prévenir des dérapages, qui se muent, pour certains acteurs, en autant d'opportunités.

Pour mieux asseoir le rapport entre les parents et le maître, la loi de 1851 auréole le contrat, notamment dans sa forme écrite, comme l'axe central de sa politique de régulation, sans le rendre obligatoire, surmoi libéral oblige. Au sein du contrat, la loi fait du paradigme père-de-famille le pivot, moral et exemplaire, mais à ambition pragmatique, de la relation maître-apprenti.e. C'est une prosopopée législative personnifiant un idéal-type, la synthèse des deux pères, le couple éclipsant un instant l'enfant/adolescent.e, qui esquisse l'éthos de l'apprentissage comme association de concorde et de responsabilité. L'invocation paternaliste est le rappel sans équivoque d'un discours normatif et sublimé, ancré dans le monde des arts et métiers de l'Ancien Régime, en dépit de l'allergie officielle à toute référence aux pratiques ou à l'idéologie corporatistes. Si la loi de 1851 privilégie implicitement l'atelier canonique, elle reste ouverte aux entrepreneurs et aux industriels soucieux d'asseoir leur formation et leur recrutement – leur reproduction – sur des bases solides et capables de s'approprier dans la loi des éléments pertinents. Jadis discours de renforcement dans l'application des valeurs corporatistes à l'exercice de l'apprentissage, le paradigme père-de-famille est conçu au XIXe siècle comme un mécanisme de régulation incitant une entente entre le second père et le père géniteur pour assurer à la fois la soumission et l'épanouissement de l'apprenti.e. J'ai relevé toutes les raisons qui invitent à regarder le père-de-famille, trope et réification, avec un scepticisme prudent et attentif. Qui y croyait ? Qui y a détecté fausse conscience pathétique et qui, au contraire, a misé sur l'utilité du déploiement de cette fiction, cet imaginaire structuré poussiéreux ? Qui y a entrevu un bouclier social et psychologique et qui y a déploré encore une manipulation hautaine à l'égard des parents, accablés tant pour leur crédulité que pour leur cupidité ?

CHAPITRE 3
Entrée en apprentissage

L'apprentissage a lieu partout dans le royaume, qui atteint une population de presque 25 millions d'habitants vers 1750-60. Même en prenant en compte la nature massivement rurale et agricole du pays, le nombre total d'apprenti.e.s est sans doute fort important, quoiqu'extrêmement difficile à estimer. Paris, avec une population d'environ 600 000, abrite entre 115 et 120 (voire 130) communautés d'arts et métiers, animées par 30 000 à 40 000 maîtres et maîtresses qui accueillent chaque année 2 000 apprenti.e.s, peu ou prou, nouvellement recruté.e.s, ce qui donne un univers de 10 000 apprenti.e.s, officiellement inscrit.e.s à un moment donné, soit un.e apprenti.e pour 3 à 4 maîtres.se.s. Bien entendu, à Paris comme ailleurs, des milliers d'autres enfants et adolescents se forment dans d'autres cadres, hors corporation, de manière informelle ou quasi institutionnelle. La fin des corporations – le tocsin sonne plusieurs fois au XVIIIe siècle – ne signale pas la fin de l'apprentissage. Ce dernier continue pendant le XIXe siècle, longtemps imaginé à travers un prisme qui déforme et conforte en même temps le modèle corporatif, nonobstant de fortes incitations idéologiques à l'abandonner. L'apprentissage prospère ici et là, en fonction des besoins industriels, du dynamisme municipal (et parfois départemental) et de l'activisme de divers groupes investis dans son encouragement. Une enquête menée par la Chambre de commerce de la capitale au milieu du XIXe siècle estime le nombre d'apprenti.e.s à 19 000 à Paris, probablement un pour 17 ouvriers. Ces apprenti.e.s, d'origine, de vocation, et d'horizon fort hétéroclites, souvent mélé.e.s avec d'autres adolescents qui travaillent sans statut particulier, sont l'objet de robustes controverses (combien d'apprenti.e.s y a-t-il réellement ? leur nombre est-il en chute libre, ou stagne-t-il simplement, quel est le rôle de l'apprentissage dans un état – et une société – en pleine mutation et modernisation ?) qui contribuent à une forte politisation de la question[1].

ÂGE

La question de l'âge de l'apprenti.e interpelle tous les intéressés, généralement pour des raisons différentes. Partant d'une idée sombre de la nature humaine, marquée par le péché originel et l'impératif de l'expiation permanente par le travail, le discours chrétien, qui ne s'éteint pas avec l'avènement des Lumières, préconise un démarrage rapide dans la vie active : « C'est dans l'âge le plus tendre qu'il faut inspirer aux hommes le goût du travail. » Dans une optique moins idéologique que pragmatique, souhaitant prévenir toutes les situations potentiellement perturbatrices ou douteuses, voire scandaleuses, les communautés, conçues au début comme des associations morales, fondées sur des valeurs religieuses, veulent s'assurer que l'apprentissage est une opération légitime de formation plutôt qu'une entreprise d'opportunisme ou d'exploitation. Trop jeune – au-dessous de douze ans est le seuil communément admis –, l'enfant n'est guère capable de supporter une occupation sérieuse, d'apprendre attentivement ou de se charger des travaux pénibles. Trop âgé – on hésite entre seize et dix-huit ans comme démarcation –, il est à craindre qu'il n'ait plus l'aptitude à se soumettre requise. Les orfèvres de la capitale considèrent qu'un enfant de moins de dix ans ne peut pas profiter de l'instruction et qu'au-dessus de seize ans, il lui manque « la docilité nécessaire » et il risque de « se dégoûter » d'un métier qu'il n'aura pas encore maîtrisé quand il est déjà « un homme fait ». Fin XVIe, cette communauté se plaignait de l'inscription abusive « sous le nom d'apprentifs » de nombreux jeunes âgés de vingt-cinq à trente ans, « même mariez », qui tentaient de racheter de leurs maîtres le temps de leur formation, dans le but de travailler comme compagnon ou de s'établir sans qualité, ou de rester chez leurs maîtres, « mais travaillant pour leur propre compte »[2].

1. Clare H. Crowston, *working paper* intitulé « Disruption of Apprenticeship, Early Exits and the Legal Culture of Working People », p. 6-8.

2. *Code de l'humanité, ou la législation universelle, naturelle, civile et politique*, t. 9, Yverdon, Félice, 1778, p. 35 ; *Statuts et privilèges du corps des marchands orfèvres*, éd. P. Le Roy, Paris, Chenault, 1759, p. 48-49 ; Nicolas-Louis Poullin de Vieville (éd.), *Code de l'orfèvrerie*,

Même phénomène usurpatoire de « vieux apprentis » chez les chaudronniers, se penchant sur des métaux bien moins précieux. Mus par « un vil intérêt », certains maîtres protègent ces personnes « à toutes sortes d'âges », parfois chargées d'enfants, les envoient en colportage, leur permettent de gagner à la fois leur vie et « une qualité », les conduisant même vers la maîtrise sans un solide savoir professionnel, et « ce au préjudice des Apprentifs de Ville obligés de jeunesse, la Maîtrise étant une récompense attachée à un jeune homme qui a passé sa jeunesse à servir les Maîtres ». Resserrant la discipline corporative, ces chaudronniers refusent à l'avenir un brevet à des apprentis âgés de plus de dix-huit ans et exigent la preuve par un extrait baptistaire « en bonne forme ». Les boulangers veulent bien laisser s'enregistrer un apprenti qui a moins de douze ans, mais le temps passé avant d'atteindre les douze ans ne comptera pas pour l'accomplissement de son temps de brevet. Bien des corporations au XVIIIe siècle stipulent les minima et maxima loisibles, tels les charpentiers, de quinze à vingt ans, ou les ébénistes, de treize à dix-huit, ou encore les boulangers, dorénavant de quatorze à vingt, sans exception. Au lendemain de la refondation des corporations en 1776, après l'échec de la tentative de les supprimer, les règlements généraux fixent l'âge de la maîtrise, mais se taisent sur celui de l'apprentissage, ce qui suppose, selon un dictionnaire de jurisprudence d'esprit libéral écrit en 1783 par un ancien lieutenant de police de Lyon, « qu'on peut le commencer aussi-tôt que, le maître d'une part, & la famille de l'autre, pensent que l'enfant peut travailler et s'instruire ». « Disposition sage, digne des lumières de l'administration actuelle », rajoute-t-il[3].

Paris, Knapen et fils, 1785, p. 10-17, 275. Au XVIIIe siècle, l'État montre à plusieurs reprises de la mansuétude pour le départ tardif en apprentissage. Voir, par exemple, l'arrêt du conseil du 5 novembre 1737, dans *Recueil des principaux édits, déclarations, ordonnances, arrêts, sentences et règlements concernant la Justice, Police et Finance*, t. 9, Paris, Claude Girard, 1759, p. 152-54.

3. *Recueil des statuts, lettres patentes, édits, déclarations du roy au profit de la communauté des maîtres et marchands chaudronniers de Paris*, éd. Toussaint-Joseph Charlot, Paris, Veuve Lamesle, 1750, p. 75, 77 ; Nicolas Toussaint Lemoyne Des Essarts, *Dictionnaire universel de police*, t. 2, Paris, Moutard, 1786-1790, p. 282 ; *Statuts, privilèges, ordonnances et règlements de la communauté des maîtres boulangers de Paris*, Paris, 1766, p. 45 ; abbé Migne, *Nouvelle encyclopédie théologique*, t. 1, Paris, J.-P. Migne, 1854, p. 42 ; Alfred Franklin, *Dictionnaire historique des arts, métiers et professions depuis le XIIIe siècle*, Paris, Welter, 1906, p. 23, 26 ; François Olivier-Martin, *L'Organisation corporative de la France d'Ancien Régime*, Paris, Librairie du Recueil Sirey, 1938, p. 129 ; Louis Radiguer, *Maîtres imprimeurs et ouvriers typographes (1470-1903)*, Paris, Société nouvelle de librairie et d'édition, 1903, p. 259 ; Antoine-François Prost de Royer (éd.), *Dictionnaire de jurisprudence et des arrêts*, t. 3, Lyon, Aimé de la Roche, 1783, p. 463-64.

Pour des motifs économiques, souvent une pauvreté mutilante, une famille peut chercher un apprentissage au démarrage précoce ; une autre, ne pâtissant pas de la précarité vitale, est susceptible de vouloir retenir l'enfant plus longtemps pour lui permettre de bénéficier d'un minimum d'école ou d'atteindre un maximum de développement physique, psychologique et moral. S'il a déjà accueilli un enfant, le maître l'évaluera selon des critères éprouvés ; sinon, il l'appréciera en fonction de l'expérience de la période d'essai, d'une recommandation ou même d'un simple pressentiment. Le maître sait mieux que personne que les enfants varient énormément entre eux et que l'âge biologique en soi n'est pas forcément un indicateur pertinent ou fiable. Au XIXe siècle, en l'absence de structures de régulation de l'apprentissage (corporatives, étatiques ou municipales), en raison de l'exclusion des apprenti.e.s de la première grande loi sur le travail des enfants (1841) et dans l'attente de la législation imposant une scolarité obligatoire (1882), tout semble possible, notamment quand les parents sont démunis et les patrons peu scrupuleux. La généralisation d'un salaire pour les apprentis favorise une entrée précoce en atelier. La régression post-1791 vers un âge d'apprentissage bien plus tendre est frappante. Elle est normalisée, en quelque sorte, par association avec la première communion (plus tard remplacée par le moment d'obtention du certificat d'études), couramment programmée vers douze ans, mais il n'est pas aisé du tout de démêler pourquoi ce rite de passage, marquant la première participation au sacrement de l'Eucharistie, s'affirme avec une telle célérité comme le signe annonciateur de l'entrée dans l'âge du travail, voire dans la vie d'homme tout court. Si l'on paraît entrer en apprentissage plus jeune au XIXe siècle qu'avant, il nous manque pour l'instant une bonne prise statistique sur l'évolution de l'âge d'engagement.

L'enquête si dense menée par la Chambre de commerce parisienne en 1848 est très peu volubile sur l'âge des apprentis : elle les situe – plus de 19 000 – par définition entre douze et seize ans, sans les désagréger, tout en indiquant l'existence, ici et là, de quelques « adultes » s'engageant comme apprentis (et un nombre plus conséquent de jeunes « ayant atteint leur majorité » sans entrer pour le moment dans la rubrique « adulte »), et la présence occasionnelle d'enfants âgés de six à douze ans, travaillant dans certains ateliers sans le statut d'apprenti. L'enquête fait référence à des métiers « de force » telle la profession de cambreur de tiges de bottes où l'apprentissage commence tard et a une courte durée : un certain nombre de jeunes, âgés de plus de dix-huit ans, échappent donc au recensement des apprentis. Dans l'imprimerie, par exemple – côté compositeurs, car « les imprimeurs à la presse ne souffrent pas que les patrons fassent des apprentis » – on note que « 125 jeunes gens de 12 à 16 ans sont considérés comme apprentis ». Plus troublante est la mention chez les pâtissiers que les 641 garçons sont « âgés de 6 à 16 ans », à côté de 22 jeunes filles réparties sur la même échelle d'âge. Une historienne de Paris relève une diminution significative d'apprentis de moins de douze ans pendant le Second Empire, sans pouvoir l'expliquer véritablement[4].

Dans des contrats parisiens (n = 316) au XVIIIe siècle, étudiés en 1993[5], dont les grandes lignes sont confirmées par une ambitieuse enquête examinant les contrats pour les années 1751 et 1761, l'âge moyen du/de la plus jeune apprenti.e représentant chaque métier – ce monde est masculin à une écrasante majorité : il n'y a qu'une poignée de communautés féminines et jusqu'en 1776 encore moins de corporations mixtes – est de 12,95 ; le plus vieux de 20,96. L'âge moyen de tous les apprentis (n = 293) s'élève à 15,91[6]. Les maîtres semblent répugner davantage à prendre des enfants trop jeunes qu'à employer des postulants trop mûrs. Ils veulent pouvoir s'en servir utilement tout de suite ; ils ont souvent besoin de jeunes possédant de la force physique et une certaine maturité émotionnelle pour pouvoir faire face à des situations de stress. Ils sont persuadés qu'ils parviendront à motiver et façonner même les plus vieux. Une autre sorte de maturité et un capital de confiance en soi sont recherchés dans les

---

4. Michelle Perrot, « La Jeunesse ouvrière : de l'atelier à l'usine », dans Giovanni Lévi et Jean-Claude Schmitt (dir.), *Histoire des jeunes en Occident. L'époque contemporaine*, t. 2, Paris, Seuil, 1996, p. 94-95 ; *Statistique de l'industrie à Paris résultant de l'enquête faite par la Chambre de commerce pour les années 1847-1848*, Paris, Guillemin et Cie, 1851, p. 56 (chapitre VII), p. 61, 891 ; Jeanne Gaillard, *Paris, la ville, 1852-1870*, éd. Florence Bourillon et Jean-Luc Pinol, Paris, L'Harmattan, 1997, p. 296. Dans cette dernière étude et celle de M. Perrot, il n'est pas toujours aisé de distinguer le contingent des apprenti.e.s de la main-d'œuvre très jeune.

5. Steven L. Kaplan, « L'Apprentissage au XVIIIe siècle : le cas de Paris », *Revue d'histoire moderne et contemporaine*, t. 40 (juillet-septembre 1993), p. 436-79.

6. Aucune ombre d'*Émile* ne semble planer sur la décision de placement en apprentissage de la vaste majorité des parents. Ils n'ont pas les moyens d'assurer « l'éducation négative » que Rousseau imagine pour l'enfant jusqu'à l'âge de douze ans, ou de retarder l'éclosion de l'adolescence pour laisser les enfants demeurer enfants plus longtemps. Pourtant, l'âge moyen relativement tardif de l'apprenti.e parisien.ne pendant le XVIIIe siècle suggère que les parents essaient de donner du temps aux jeunes, même si bon nombre sont probablement mis au travail, d'une manière ou d'une autre, chez eux. Voir *Émile ou de l'éducation*, éd. François et Pierre Richard, Paris, Garnier Frères, 1964 ; Colin Heywood, *Growing Up in France : From the Ancien Régime to the Third Republic*, Cambridge, Cambridge University Press, 2007, p. 39-40.

métiers à dominante marchande, par exemple chez les merciers et les épiciers, où la vente et les relations avec les clients priment sur tout le reste et où la connaissance générale et l'assurance dans la comptabilité pèsent lourdement.

Dans certaines professions, l'âge moyen est assez élevé : tonneliers (23,5 ans) ; pain d'épiciers (21) ; merciers, épiciers, cardeurs (19) ; bouchers, fabricants d'étoffes, miroitiers et graveurs (18). Une dizaine d'apprenti.e.s ont plus de vingt-cinq ans, un graveur de vingt-neuf ans étant le doyen. Le cas des boulangers est frappant, mais quelque peu énigmatique. Sur un échantillon séparé de 203 apprentis boulangers dont seuls 33 indiquent leur âge, l'âge moyen s'élève à 20,27 (médiane 19), plus vieux que de multiples témoignages contemporains ne nous le laissaient croire. Le plus jeune a quatorze ans, le senior un âge étonnamment mûr de trente-trois ans. Un très modeste échantillon pour les années 1640 suggère que les aspirants se présentaient bien plus jeunes à cette époque. (16,35 pour une vingtaine de cas)[7]. Puis, il y a des « vieux » qui paraissent *sui generis*, tel Pierre Gauché, fils d'un défunt filassier, âgé de vingt-cinq ans passés. Déjà compagnon tonnelier – par voie non stipulée – depuis plusieurs années, il s'engage tout de même comme apprenti pour une période de cinq ans, régression volontaire, mais route incontestable pour briguer l'accès à la maîtrise[8]. Pour comprendre l'itinéraire d'autres « vieux » apprentis de ce type, il faudrait savoir ce qu'ils ont fait de leur enfance/adolescence avant de s'engager dans une nouvelle voie.

Regardons les résultats pour quatre autres métiers parisiens, dont un classé « populaire » à l'époque, un deuxième servant diverses populations, et deux autres tendant vers le luxe. Les âges sont assez dispersés dans un échantillon de 175 cordonniers donnant des informations précises sur 119 contrats : âge moyen de 17,9 ans (médiane = 16), nettement plus vieux que l'univers général que l'on vient d'évoquer. De nombreux accords concernant des enfants dits « majeurs », dont l'âge n'est pas précisé, gonflent les rangs des plus mûrs. Les « vieux » dotés d'un âge exact ne sont pas nombreux ; trois à vingt-sept ans, deux à vingt-huit, un à vingt-neuf, deux à trente et un à trente et un. Il y a fort peu de très jeunes démarrant dans cette profession : un apprenti à dix ans, trois à douze ans, cinq à treize ans. L'âge moyen

7. Steven L. Kaplan, *Le Meilleur Pain du monde. Les Boulangers de Paris au XVIIIe siècle*, Paris, Fayard, 1996, p. 217-19.

8. Archives nationales, Minutier central (désormais : AN, MC) : XLIX-689, 22 juin 1751.

des perruquiers est bien plus jeune : quinze ans (médiane = 15). Est-ce en partie parce qu'il est moins gênant d'introduire un jeune enfant dans le boudoir d'une cliente qu'un garçon plus mature ? Deux apprentis perruquiers ont douze ans et huit treize ans. Il n'y en a que trois qui ont vingt ans ou plus. Dans 75 cas connus (n = 80), l'âge moyen d'entrée chez les doreurs s'approche de la tendance générale : 15,68 (médiane = 15). Comme si les patrons ciblaient leur recrutement, les très jeunes, autant que les manifestement mûrs, ne sont pas légion : seuls six apprentis âgés de vingt ans ou plus, d'une part, et un apprenti de onze ans, trois de douze et trois de treize, de l'autre. Les éventaillistes sont un peu plus vieux, malgré le vœu exprimé par les experts pour une formation précoce : sur 83 cas dans un échantillon de 100, l'âge moyen dépasse le niveau général : seize ans onze mois (médiane = 15). Trois contrats traitent d'apprentis ayant dépassé trente ans, trois fois plus âgés que les plus jeunes. Ces apprentis-adultes mènent une existence plus indépendante, deux vivant en dehors de l'atelier et se nourrissant à leurs propres frais. Seize débutants ont douze ans ou moins, dont un a neuf ans, un autre dix, un troisième onze. Sans constituer une catégorie homogène, certains de ces acteurs ont des traits communs : par exemple, six sont présentés par leurs mères, veuves d'artisans corporatifs parisiens. Parmi eux, se trouve une apprentie, fille de la veuve d'un maître boulanger, qui s'engage chez un maître éventailliste (qui ordinairement n'a pas le droit d'accueillir une fille, à moins que son épouse ne se joigne explicitement au contrat).

Dans la Fabrique à Lyon, tandis qu'une portion importante des apprentis nés dans la ville commence à quatorze ans, presque un quart de ceux venant de l'extérieur s'engage entre dix-neuf et vingt-cinq ans, ayant sans doute passé quelques années à travailler comme serviteurs ou ouvriers dans les ménages ruraux pour accumuler de quoi payer leur apprentissage. À Nantes, les apprentis deviennent légèrement plus jeunes à travers le siècle : 11 % ont moins de quinze ans et 30 % plus de vingt ans entre 1700-1725, tandis que 21 % et 14 % se situent respectivement dans ces catégories entre 1765-1789. Pour 125 cas dans la première période, l'âge moyen d'entrée en apprentissage est de 17,6 (médiane = 18) ; pour 185 cas pendant la deuxième phase, l'apprenti.e commence en moyenne à 16,5 ans (médiane = 17). Parmi les précoces à Nantes se trouvent quatre orfèvres et trois perruquiers à dix et onze ans (dans plusieurs cas chez leur propre père), et deux vanniers à douze ans ; le plus vieux est un apprenti tonnelier débutant à trente-huit ans, aberration qui doit cacher une histoire intéressante. À Troyes, l'éventail des âges va de huit à vingt-six ans ; la moitié des apprentis a moins de seize ans. À Langres, la répartition est plus resserrée, avec un âge moyen entre quatorze et quinze ans. Globalement, les chiffres relevés en province ne sont pas éloignés de ceux de la capitale. Il est difficile de généraliser sur les implications de l'âge effectif de l'apprentissage, car il y a une dispersion importante autour de la tendance centrale et parce que les circonstances concrètes varient considérablement d'une expérience à une autre (la puberté accomplie avant douze ans ou à peine ébauchée à seize ans ; la pensée abstraite bien développée à treize ans ou très embryonnaire à dix-sept ans ; les spécificités du sexe et du genre gommées ; l'impact de la vie familiale ou de l'éducation formelle occulté ; et ainsi de suite)[9].

À l'exception des éventaillistes (12), où l'on est convaincu qu'il faut inculquer très tôt des gestes basiques de dextérité digitale et de dessin, les métiers de diverses sortes où l'on remarque les plus jeunes ne présentent pas de traits bien spécifiques ou révélateurs : perruquiers (13,6) ; brossiers, cloutiers, charrons, papetiers, sculpteurs, selliers (14). Les apprenti.e.s plus jeunes ne sont pas légion : un menuisier de neuf ans, un perruquier de dix ans, un tailleur d'habits de onze ans. Un apprenti fabricant de bas au métier de dix ans est placé pendant dix ans par des parents voulant le mettre à l'abri aussi longtemps que possible[10]. À Lyon, il se peut que quelques boutonniers, passementiers ou balanciers commencent à douze ans, plus rarement des épingliers à dix. À Nantes, Marie Coignard, âgée de douze ans, s'engage à apprendre le métier de dentellière jusqu'à son vingt-cinquième anniversaire. Les très jeunes sont habituellement placés par des parents liés d'une manière ou d'une autre au maître (via des échanges commerciaux, filiations de parenté, jeux de réseaux ou rapports de voisinage, par exemple) ou par des tuteurs soucieux d'assurer vite l'avenir de leurs charges. L'éventail d'âge à l'intérieur d'une profession est souvent saisissant : chez les menuisiers de neuf à vingt-six ans ; les tapissiers de onze à vingt-cinq ans ; les peintres de onze à vingt et un ; les cordonniers de douze à

9. Chrystèle Santailler, « Les Contrats d'apprentissage à Lyon au 18ᵉ siècle », maîtrise, Université de Lyon 2, 1988, déposée aux Archives municipales (désormais AM) de Lyon ; Jean-Yves Kerbois, « Les Apprentis nantais au XVIIIᵉ siècle », maîtrise, Université de Nantes, 1975, p. 80-83 ; André Garnier, « La Fondation Charmolue et autres fondations charitables pour la mise en apprentissage des orphelins et des enfants pauvres. Le Contrat d'apprentissage », *Bulletin de la Société historique et archéologique de Langres*, t. 13, nº 166 (1957), p. 42.

10. AN, MC, XXXVIII-207, 13 octobre 1720.

vingt-deux ; les fondeurs de douze à vingt et un ; les bourreliers de treize à vingt-quatre. Placées plus jeunes en moyenne que les autres (14,6) par des familles peut-être plus pressées, la centaine d'apprenties couturières dans cet échantillon varie en âge entre dix et vingt-huit ans. Manifestement, des facteurs difficiles à objectiver – relations personnelles, singularités des acteurs, contextes conjoncturels, particularités commerciales, etc. – pèsent sur les décisions prises de part et d'autre[11].

Par ailleurs, 80 % des apprenti.e.s – n = 216, tous métiers confondus – savent signer. Chez les seuls boulangers, 80 % de 203 sont capables de mettre leur nom sur le contrat. Selon une étude sur l'apprentissage à Lyon au XVIIIe siècle (n = 1 400), 73 % des apprentis nés à Lyon peuvent signer, à côté de 46 % des autres, venus pour une grande partie des pays agricoles ; seules 20 % des filles, toutes origines géographiques confondues, font preuve de cette faculté. Prise comme indicateur d'une certaine alphabétisation, cette capacité d'écrire, parfois associée à une compétence relative dans la lecture, dote l'apprenti d'un véritable levier dans les rapports de force de tous les jours. Elle renforce le poids de l'apprenti vis-à-vis du maître et de la corporation, car elle lui permet de mieux résister aux abus et d'affirmer ses droits. En tant que futur artisan et commerçant, être lettré l'aidera dans les échanges tant avec les fournisseurs qu'avec les clients[12].

Les commentateurs du XIXe siècle révèlent une double sensibilité peu développée au XVIIIe. D'abord, une représentation de l'apprenti-enfant, hautement vulnérable, plus ou moins brutalisé dès son plus jeune âge par des patrons « spéculateurs » ou simplement cruels ;

11. À Langon, dans la région bordelaise, l'éventail au XVIIIe siècle est de quinze à vingt ans. L'âge moyen des apprentis du Québec au XVIIIe siècle s'élève à seize ans huit mois (presque les deux tiers se trouvent entre quatorze et dix-huit ans et 35 % signent). Il est de quatorze ans à Venise aux XVI-XVIIe siècles. À Madrid : 14,8 dans la deuxième partie du XVIe siècle ; 15 pendant le XVIIe ; et 15,2 au XVIIIe. Dans des territoires allemands, où l'on travaille assez communément comme ouvrier *avant* de devenir apprenti, l'âge est souvent plus élevé au XVIIIe siècle (entre dix-huit et dix-neuf ans pour les charpentiers de Hambourg). Anne-Marie Cocula, « Contrats d'apprentissage à Langon et autour de Langon dans la seconde moitié du XVIIIe siècle », *Les Cahiers du Bazadais*, t. 11, n°s 20-21 (mai 1971), p. 115 ; Jean-Pierre Hardy et David-Thiery Ruddel, *Les Apprentis artisans à Québec, 1660-1815*, Montréal, Presses universitaires du Québec, 1977, p. 32, 34, 38 ; Giovanni Colavizza, Riccardo Cella et Anna Bellavitis, « Apprenticeship in Early Modern Venice », dans Maarten Prak et Patrick Wallis (dir.), *Apprenticeship in Early Modern Europe*, Cambridge, Cambridge University Press, 2020, p. 117 ; Victoria López Barahona et José Antolin Nieto Sánchez, « Artisanal Apprenticeship in Early Modern Madrid », dans *ibid.*, p. 55 ; Georg Stöger et Reinhold Reith, « Actors and Practices of German Apprenticeship, Fifteenth-Nineteenth Centuries », dans *ibid.*, p. 147-48.

12. Rappelons les conditions intellectuelles théoriquement *sine qua non* dans certaines professions, par exemple, les apprentis apothicaires censés utiliser le latin, les imprimeurs débutants supposés être « congrus de langue latine et sachant lire le grec ».

puis une image de l'apprenti plus mûr, souvent en rupture d'atelier, de moins en moins apprenti effectif, cliché littéraire à la marge du monde du travail, qui menace l'ordre social par un comportement moralement et même politiquement subversif. Au-delà de la rébellion, en Angleterre, les sermons mettent en garde contre l'appétit sexuel embryonnaire de cet apprenti dévoyé, susceptible d'être tenté d'abord par la femme ou les filles du patron, puis rêvant de prostituées, se corrompant par la masturbation. En France, cette peur de la sexualité déchaînée des adolescents (ou jeunes adultes) en apprentissage semble moins manifeste, au moins pendant l'Ancien Régime. (Si la syphilis frappe le compagnon boulanger, destiné à fréquenter les « marchandes d'amour », faute de temps pour construire des relations dites normales, l'apprenti, plus encadré, semble davantage à l'abri de tous ces risques.) Mais on parle indirectement de la pulsion sexuelle dans le débat sur l'éventualité du mariage des apprentis, généralement jugé incompatible avec la subordination et la disponibilité incessante exigées d'eux.

Certains exégètes prétendent que c'est le maître qui décide individuellement s'il veut se charger d'un apprenti marié, mais habituellement, les communautés et/ou leurs autorités de tutelle interdisent ce mariage (prohibition dénoncée comme « contraire aux bonnes mœurs & nuisible au progrès des arts » par des critiques des corporations au XVIIIe siècle). « Nous avons déclaré & déclarons nuls tous les Brevets d'Apprentissage qui se trouveront faits par des personnes mariées, ou qui auront contracté & célébré mariage pendant le temps de leur apprentissage », prononce une sentence du Prévôt de Paris en 1663, « [et] les déclarons incapables d'aspirer ni parvenir à la maîtrise ». Les libraires parisiens abondent dans ce sens, suivis par les merciers, qui font exception pour des apprentis épousant des filles de maîtres. Mais la jurisprudence dans ce domaine n'est pas homogène : dans un dossier, le parlement de Paris refuse d'homologuer l'annulation du brevet d'un apprenti mercier qui s'est marié au cours de son temps, tandis que dans un autre, cette même cour ordonne que l'interdiction du mariage de l'apprenti inscrit dans la constitution corporative « s[oit] gardée et exécutée ». Certaines communautés – les passementiers, les taillandiers-ferblantiers – attisent la flamme en promettant aux apprentis qui épousent une fille de maître de les dispenser de faire une période de compagnonnage ou de réaliser un chef-d'œuvre pour parvenir à la maîtrise dont le coût sera considérablement diminué. Les boursiers, les tapissiers, les rôtisseurs et les pâtissiers de la capitale envisagent tous la possibilité de recevoir un apprenti « étant mariez », à condition qu'il déclare ouvertement son état, ou désirant se marier, s'il obtient « l'agrément de son maître ». Cependant, jusqu'à la fin du XIXe siècle, selon un guide pour les apprentis, il demeure de coutume de résilier un contrat si « l'apprenti [venait] à contracter mariage »[13].

Le statut d'apprenti est fondé principalement, mais non exclusivement, sur l'âge. Il faut également un corps et un esprit jugés sains. Au bout de la période d'essai, Norbert Morand, dix-sept ans, apprenti boulanger à Paris, fils d'un huissier de Versailles, est renvoyé pour manque de robustesse : affecté au blutage, il ne parvient pas à manipuler les sacs de froment et de farine, montant jusqu'à 325 livres. Apprenti d'un ouvrier en bas de soie à Lyon, Bretonnier est mis à pied pour manque d'une bonne vue, qui l'empêche de travailler avec précision en maintenant la cadence requise. Sur l'âme et le caractère, la plupart des communautés suivent la voie des vitriers-peintres sur verre de la capitale : « Que nul ne sera reçu Apprenti Vitrier-Peintre sur Verre dans la Ville de Paris, qu'il ne soit de bonne vie & mœurs, conversation & Religion Catholique, Apostolique & Romaine, ni qui soit taché d'aucune infamie, ni repris de justice. » Juste avant et après la révocation de l'édit de Nantes, plusieurs sentences de police du Châtelet et un arrêt du parlement de Paris interdisent d'embaucher des apprentis de « la religion prétendue réformée ». Au moins un texte, dans le sillage de la refonte du système corporatif en 1776 suggère que désormais la tolérance est recommandée tant pour la réception des maîtres que des apprentis, la religion n'étant plus mise en avant comme critère de sélection[14].

---

13. Anne Yarbrough, « Apprentice as Adolescents in Sixteenth-Century Bristol », *Journal of Social History*, t. 13 (1979), p. 70-71 ; *Code de la librairie et de l'imprimerie de Paris*, Paris, 1744, p. 140-41 ; Antoine- François Prost de Royer et Jean-François-Armand Riolz (éd.), *Dictionnaire de jurisprudence et des arrêts, ou Nouvelle édition du Dictionnaire de Brillon* [désormais *Dictionnaire Brillon*], t. 5, Lyon, Aimé et de Roche, 1786, p. 664 ; P. Bornier, *Conférences des ordonnances de Louis XIV*, t. 2, Paris, Les Libraires associés, 1744, p. 440-42 ; *Dictionnaire portatif du commerce*, Paris, J.-F. Bastien, 1777, p. 377, 444, 456 ; *Statuts, reglemens, arrests et sentences des maîtres taillandiers-ferblantiers*, Paris, Gonichon, 1754, p. 9 ; *Nouveau recueil des statuts et règlements du corps et communauté des maîtres et marchands tapissiers*, Paris, Gissey, 1756, p. 144 ; *Statuts de la communauté des maîtres et marchands boursiers*, Paris, Valade, 1774, p. 8-9 ; *Encyclopédie méthodique. Arts et métiers mécaniques*, t. 2, Paris, Panckoucke, 1788, p. 84 ; *Statuts, ordonnances et règlements de la communauté des maîtres rôtisseurs*, Paris, Veuve Delatour, 1747, p. 7 ; F. de Donville, *Guide pour le choix d'une profession à l'usage des jeunes filles et des dames*, Paris, Garnier frères, 1894, p. 231.

14. AN, Y 10264, 7 mars 1765 ; AM Lyon, HH 229, 14 avril 1728 ; *Statuts, ordonnances, privilèges et règlemens de la communauté des maîtres vitriers-peintres sur verre de la ville de Paris*, Paris, J.-F. Grose, 1743, p. 5 ; *Code de la librairie et de l'imprimerie*, p. 131 ; *Statuts, ordonnances, lettres et arrêts des maîtres peaussiers, teinturiers en cuir et caleçonniers de Paris*, Paris, 1743, p. 9-10 ; *Dictionnaire Brillon*, t. 5, p. 663-64.

DURÉE

Déjà discutée dans la législation à la fin du XVIe siècle, la longueur de la formation devient un des leitmotivs du discours des Lumières libérales deux siècles plus tard. L'enjeu polémique – le sort des structures fondamentales de l'Ancien Régime social et économique – entraîne ces critiques à l'hyperbole théâtrale : ainsi, l'apprentissage, parfois associé à la période de mise à l'épreuve dite compagnonnage, est dénoncé comme une pratique, factice sinon frauduleuse, d'exploitation plutôt que de formation : autrement dit, une sorte « d'esclavage », image d'opprobre récurrente. Au sein du monde du travail, il y a débat, en termes plus châtiés, sur la durée de la préparation professionnelle idoine. Deux points de quasi-consensus émergent, à la fois en tension et complémentaires. Le premier : après le temps minimum pour transmettre les compétences basiques – deux ans dans « les métiers grossiers » –, il faut laisser le temps au maître – en l'occurrence la troisième année – pour se « dédommager du temps qu'il a perdu pour instruire son élève et réformer ses ouvrages » (aujourd'hui on dirait « récupérer par le travail les coûts de formation »). Le second : malgré la tentation proto-tayloriste de standardiser, « prescrire un temps uniforme à tous » serait un « abus », évocateur des rigidités corporatives qui sont sur la sellette, suivant l'*Encyclopédie méthodique, commerce*, de propension libérale : « Mais combien de temps faut-il mettre à s'instruire ? Il est évident que cette question ne peut se résoudre que par la facilité qu'a l'*apprentif* à se former, & par celle qu'a le maître à l'endoctriner. » Comme le remarque un autre commentateur, l'apprentissage est forcément « un tems variable » en fonction du « plus ou moins de difficulté du commerce ». Mais comment expliquer qu'il faut huit ans pour former un orfèvre à Paris et seulement quatre en Alsace ? Le tohu-bohu de la vie parisienne, l'afflux des clients locaux et étrangers, le stress usant d'une ville immense et cosmopolite ? Sensible à ses propres intérêts, chaque métier a tendance à les confondre avec une idée grandiloquente de sa mission publique et de ses impératifs. Pour justifier un apprentissage de six ans, les grainiers de la capitale mettent en avant le besoin « d'une connaissance parfaite de la marchandise » qui « entre dans le corps humain » et peut être « employé en semences » pour nourrir le monde. Plus retors que naïf, le *Dictionnaire Brillon* met en garde contre l'invitation libérale à ne pas fixer un temps, crainte non pas de voir le maître « abuser » de sa position dominante, mais de permettre à l'apprenti, en proie « à la cupidité & à la présomption », de se persuader « qu'il n'a plus besoin de leçons », décision le conduisant à « une perte certaine »[15].

Toujours dans notre premier échantillon, les contrats prévoient une durée moyenne d'apprentissage de quatre années et dix mois. Ce chiffre « réel » n'est pas loin des résultats recueillis dans les textes de l'époque, appuyés sans doute sur les règlements corporatifs. Pour 107 communautés, le *Tableau universel et raisonné de la ville de Paris* indique une moyenne de quatre ans, sept mois et trois semaines. D'après *L'Almanach des corps des marchands et des communautés et métiers de la ville et fauxbourgs de Paris*, la moyenne pour 92 corporations s'élève à quatre ans, six mois et trois semaines. Pour 67 communautés, le *Dictionnaire raisonné universel des arts et métiers* donne quatre ans et un peu plus de onze mois. Enfin, à suivre le *Dictionnaire portatif du commerce*, recensant une cinquantaine de corporations, le temps moyen s'élève à quatre ans et presque huit mois. À Nantes, la durée est manifestement plus courte que dans la capitale. Dans le premier quart du XVIIIe siècle (n = 248), le temps moyen est vingt-huit mois (médiane = 24) ; entre 1765 et 1789 (n = 230), le temps moyen décline un peu à 25,3 (avec une médiane pourtant robuste = 30). La variation géographique dans les mêmes professions paraît nettement dans des textes normatifs : chez les drapiers, on fait trois ans à Reims et à Carcassonne, quatre ans à Sedan, cinq à Vire ; les fabricants d'étoffes d'or, d'argent et soie demandent des apprentissages de cinq ans à Lyon, Tours et Paris, mais trois ans à Nîmes ; les teinturiers en drap engagent des apprentis pour quatre ans un peu partout, sauf à Carcassonne où l'étalon est de deux ans. Au sein de la même profession, il y a quelquefois des variations à travers le temps : par exemple, les potiers de terre de la capitale exigent six ans au XVe siècle, quatre ans au XVIIe siècle et entre trois et quatre au XVIIIe siècle[16].

15. René-Josué Valin, *Nouveau commentaire sur l'ordonnance de la marine du mois d'août 1681*, t. 1, La Rochelle, J. Legier, 1760, p. 561 ; Bernard Elbaum, « Why Apprenticeships Persists in Britain, but not in the U.S. », *Journal of Economic History*, t. 49 (juin 1989), p. 345 ; *Le Praticien des juges et consuls, ou traité de commerce de terre et de mer*, Paris, Saugrain, 1742, p. 5, 10 ; *Encyclopédie méthodique. Commerce*, t. 1, Paris, Panckoucke, 1783, p. 124 ; Daniel Jousse, *Nouveau commentaire sur l'ordonnance du commerce de mars 1673*, Orléans, 1756, p. 5 ; Pouillon de Viéville, *Code de l'orfèvrerie*, p. 147, 274, 354, 443, 489 ; *Statuts de la communauté des maîtres et marchands grainiers de Paris*, Paris, G. Lamesle, 1750, p. 35 ; *Dictionnaire Brillon*, t. 5, p. 661.

16. J.-Y. Kerbois, « Les Apprentis nantais au XVIIIe siècle », p. 91 ; [Jèze], *Tableau universel et raisonné de la Ville de Paris*, Paris, J.-P. Costard [1760] ; *Almanach des corps des marchands et des communautés des arts et des métiers de la Ville et fauxbourgs de Paris*, N. B. Duchesne, 1758 ;

Dans la pratique, la durée varie malgré l'uniformité prescrite par les statuts des communautés : chez les bonnetiers, de trois à cinq ans (médiane = 5) ; les charrons, de quatre à six (4) ; les merciers, de trois à six (3) ; les pâtissiers, de trois à cinq (5) ; les rubanniers, de quatre à six (4) ; les savetiers, de quatre à six (3) ; les tailleurs, de trois à six (3) ; les vitriers, de quatre à six (4). Dans notre échantillon des cordonniers parisiens, 169 s'engagent pour quatre ans, plébiscitant le temps requis dans les statuts corporatifs. Seules quatre anomalies : deux apprentis pour trois ans, l'un versant 300 livres pour sa formation, l'autre, âgé de onze ans, n'indemnisant pas le maître pour une durée relativement courte, en soi et par rapport à son âge. Chez les doreurs, il y a peu de dispersion. Tous, sauf un, font cinq ans d'apprentissage ; un garçon de seize ans, un des rares à payer sa formation (150 livres), signe pour six ans, en l'occurrence, aucune remise sur la durée en fonction du prix payé. La durée moyenne des perruquiers s'élève à 3,56 ans (médiane = 3) ; deux font deux ans, tandis que cinq font cinq ans ou plus. Sur 97 contrats d'apprentis éventaillistes, la durée moyenne est de 4,4 ans ; 69 font quatre ans, la médiane et la période statutaire ; 27 promettent plus de quatre ans, un seul moins. Certaines communautés, soucieuses de résister à la croissante tendance laxiste, appuyées par l'autorité municipale, ne tolèrent pas de déviations. Le consulat lyonnais casse un contrat d'apprentissage stipulant deux ans pour un futur chandelier quand les statuts corporatifs en exigent quatre[17].

À Tours, au cours du XVIIIe siècle, on trouve des perruquiers s'engageant pour deux ans, deux ans et six mois, trois, quatre et cinq ans, sans révéler d'associations entre la durée et d'autres facteurs, tel l'âge ou le prix demandé. Dans le Poitou, des maîtres fixent (ou négocient) des temps d'apprentissage au mépris des prescriptions statuaires.

Philippe Macquer et Pierre Jaubert, *Dictionnaire raisonné universel des arts et métiers*, Paris et Lyon [Libraires associés et A. Leroy], 1793 ; *Dictionnaire portatif du commerce*. Déployant seulement 24 cas, *L'Encyclopédie méthodique* arrive à une moyenne d'un peu plus de cinq ans. *L'Encyclopédie méthodique. Arts et métiers mécaniques*, t. 1, Paris, Panckoucke, 1782-91, p. 108, 182, 242, 299, 589, 632, 734, 741, 782 ; t. 2, p. 48, 62, 75, 84, 296, 325, 471 ; t. 3, p. 20, 100, t. 4, p. 140, 334, 736 ; t. 6, p. 155, 609 ; t. 8, p. 33, 603 ; t. 10, p. 228, 497 ; *Des Reglemens généraux et particuliers concernant les manufactures et fabriques du royaume*, Paris, Imprimerie royale, 1730 : t. 1, p. 360, 389 ; t. 2, p. 14, 45, 110, 170, 464, 497, 547 ; t. 3, p. 226, 230 ; *Statuts anciens et nouveaux, registrés* [*sic*] en *Parlement, arrests, sentences et reglemens concernant la communauté des maîtres potiers de terre de la ville de Paris*, Paris, Prault, 1752, p. 6, 24. *L'Almanach* se trompe à plusieurs reprises. Par exemple, il précise cinq ans d'apprentissage pour les rôtisseurs. Cependant, les Statuts de la communauté de juin 1744 en stipulent quatre, durée suivie dans les contrats. René de Lespinasse (éd.), *Les Métiers et corporations de la Ville de Paris*, t. 1, Paris, Imprimerie nationale, 1886, p. 309.

17. AM Lyon, HH 214, 20 mai 1671 (Perrin-Buisson).

À Nantes, où la constitution de la communauté des boulangers fixe l'apprentissage à quatre ans, on repère des contrats pour dix mois, quatorze mois, quinze mois (2), dix-huit mois (10), deux ans (12), trente mois (5), trois ans... même quatre ans. Dans un échantillon parisien de 183 couturières, 61 % feront trois ans de service, durée requise par les statuts. Mais presque le tiers s'engage pour quatre ans et à peu près 7 % pour cinq ans. La plupart des apprenties (ou apprentisses) « prolongées » sont très jeunes, douze ans ou moins. On ne peut déceler pareilles corrélations entre durée et âge dans notre échantillon mixte. À Langres, il n'y a corrélation ni entre durée et âge, ni entre durée et prix de l'apprentissage. Le temps d'engagement moyen dans ce bourg est entre deux et trois ans, tandis qu'à Troyes il se situe entre trois et quatre ans. Dans cette dernière ville, on rencontre des boulangers et des chapeliers faisant neuf ans d'apprentissage. À Langon, les contrats prescrivent entre deux et quatre ans ; ici aussi, pas de rapport ni entre durée et âge, ni entre durée et prix d'apprentissage. En Haute-Savoie, où l'horlogerie jouit d'une place tentaculaire, l'éventail est entre six et neuf ans[18].

La durée est-elle plutôt fonction de la difficulté du métier ? En général, les apprentissages les plus longs semblent se trouver dans les métiers où l'adresse et l'expérience comptent énormément : huit ans chez les orfèvres et les horlogers, et six ans chez les graveurs, les menuisiers-ébénistes, les selliers, les luthiers, les mégissiers et les

18. De nombreux enregistrements de contrats chez les perruquiers à Tours dans Archives départementales (désormais AD) Indre-et-Loire, E 456 ; Nicole Pellegrin, « Contrats d'apprentissage en Haut-Poitou au XVIIIe siècle », *Bulletin de la Société des Antiquaires de l'Ouest*, 4e trimestre (1987), p. 284 ; A. Garnier, « La Fondation Charmolue et autres fondations charitables pour la mise en apprentissage des orphelins », n° 166, p. 41-42 ; A.-M. Cocula, « Contrats d'apprentissage à Langon », p. 114-15 ; Simone Dujourdy, « Soixante ans d'apprentissage au XVIIIe siècle dans les cantons de Cluses et de Sallanches en Haute-Savoie », *Revue savoisienne*, n° 127 (1987), p. 60. Chez les imprimeurs pendant la deuxième moitié du XVIIe siècle, la durée oscille entre quatre et six ans (en moyenne : quatre ans dix mois pour 189 cas), avec une poignée de contrats à sept et huit ans. L. Radiguer, *Maîtres imprimeurs*, p. 27-8. Pierre Quef répète le stéréotype erroné : une durée-standard générique de huit ans. *Histoire de l'apprentissage : aspects de la formation technique et commerciale*, Paris, Librairie générale de droit et de jurisprudence, 1964, p. 120. Au Québec, la durée moyenne durant le XVIIIe siècle s'élève à trois ans trois mois (78 % de tous les contrats durent entre deux et quatre ans). J.-P. Hardy et B.-T. Ruddel, *Les Apprentis artisans à Québec*, p. 44, 46. Dans des pays allemands, l'apprentissage dure au XVe siècle entre deux et trois ans, mais la durée augmente au XVIIIe à une « norme » de trois à quatre ans. Les corporations montrent de la souplesse, laissant de l'espace pour permettre aux individus de négocier des solutions commodes. Face à la concurrence industrielle, le temps de l'apprentissage retombe au cours du XIXe, pour arriver à trois ans au XXe. G. Stöger et R. Reith, « Actors and Practices of German Apprenticeship », dans *Apprenticeship in Early Modern Europe*, p. 145-46.

tabletiers ; sans doute cet argument est-il moins incontestable pour les gainiers, les couvreurs, les maçons, les brasseurs et les fruitiers. Mais en tout cas il n'explique pas les neuf ans obtenus par une maîtresse bouquetière, dont le métier, exigeant normalement quatre ans d'apprentissage, n'est pas spécialement subtil. Ici jouent le bas âge, l'anxiété des parents quant à la formation morale de leur fille, et la conviction de la maîtresse que son intérêt sera bien servi. Les fourbisseurs augmentent la durée officielle de cinq à dix ans en 1710 dans l'espoir de restreindre l'entrée dans un commerce jugé trop plein. Cependant, ils ne parviennent pas à maintenir la barrière[19].

À l'époque de Saint Louis, un apprenti pouvait racheter un an ou deux dans certaines professions ; dans d'autres, il pouvait abréger son temps en démontrant sa capacité à gagner de l'argent pour son maître. Les communautés se plaignaient amèrement d'un « traffic honteux » qui permettait aux familles aisées d'obtenir des réductions en versant de fortes sommes. Dans un édit de décembre 1581, le roi rappelle solennellement l'interdiction de ces pratiques : « … sans que les maîtres, sous lesquelz ilz feront leur dit [apprentissage] les en puissent dispenser ou dyminuer ledit temps en faveur des pris extraordinaires et excessifs. » Chez les libraires-imprimeurs au XVIIe siècle, un maître convaincu d'avoir touché de l'argent pour « rédîmer » l'apprentissage subissait une grosse amende de mille livres ; et son apprenti était forcé de faire le double du temps qui lui aurait été rétrocédé.

Moins commune au XVIIIe siècle, la remise demeure pourtant un outil tactique tentant. Les maîtres à danser autorisent ouvertement dans leurs statuts la « grâce » d'une année sur quatre pour les apprentis méritants. Sans l'aval corporatif, les serruriers font le même geste « en prétextant que [l'apprenti sérieux] savait suffisamment travailler du métier ». Certains font même une remise spéculative au début de l'apprentissage dans l'espoir de susciter chez l'enfant une ardeur à rendre « des bons services ». Pour faciliter le remboursement de la dette corporative, dans le dernier quart du XVIIe siècle, les brasseurs parisiens, en échange de paiements conséquents, autorisent les jurés à recevoir à la maîtrise « des apprentis avant que d'avoir achevé le temps de leur apprentissage ». De multiples communautés, à l'instar des tapissiers, des horlogers et des patenôtriers de la capitale, et suivant l'injonction

19. La durée elle-même, dans certains métiers, tel l'orfèvrerie, passe aux yeux des autorités pour un gage de compétence. Voir, par exemple, le consulat lyonnais, AM Lyon, HH 214, 26 janvier 1668.

royale de l'édit de 1581, interdisent aux apprentis de « racheter [leur] temps pour quelque cause que ce soit ». Au début du XVIIe siècle, la police parisienne fait annuler d'abondants brevets d'imprimeurs et sanctionnent maîtres et surtout apprentis pour avoir négocié des remises du temps contracté, couramment un an sur quatre. En 1723, les châtiments (théoriques) au sein de cette corporation sont mieux équilibrés : une énorme amende de 1 000 livres contre le maître et un doublement du temps abrégé pour l'apprenti. La méthode consacrée pour « rédimer » l'apprentissage de ses obligations contractuelles sous l'apparence de la légalité est la signature des « contre-lettres » secrètes au moment de l'accord contractuel. Citant des cas « d'abrègement » de huit à cinq ans, les orfèvres parisiens dénoncent ce festival de « brevets illusoires », suivis par les vinaigriers, les chapeliers et les boursiers, qui interdisent expressément ces « pactions » qui minent le système de reproduction « ordonné ». (Au nom de « l'équité » et « de « la raison », certaines communautés laissent un espace pour l'augmentation « du temps de l'épreuve » en échange d'une *diminution* de « la rétribution pécuniaire », c'est-à-dire le prix de l'apprentissage, tout en considérant une augmentation de ce prix une transgression intolérable[20].)

Les codificateurs de la police, au nom de « l'intérêt public » et du « bon ordre », invitent les autorités locales à veiller à ce que nul apprenti ne soit autorisé à « racheter son temps ». La police parisienne met en garde tout particulièrement les boulangers, dont la compétence influe sur le bien-être des consommateurs, contre la diminution du temps de

20. A. Franklin, *Dictionnaire historique*, p. 26-7 ; H. Blanc, *Les Corporations de métiers : leur histoire, leur esprit, leur avenir*, Paris, Letouzey et Ané, 1898, p. 133 ; R. de Lespinasse, *Les Métiers et corporations*, t. 1, p. 89, 308 ; Nicolas Delamare [avec Le Cler du Brillet], *Traité de la police*, t. 4, Amsterdam, 1729, p. 830 ; *Nouveau recueil des statuts et règlements du corps et communauté des maîtres et marchands tapissiers de la ville de Paris*, Paris, P. Gissey, 1756, p. 96, 143 (juillet 1627 ; février 1719) ; *Dictionnaire portatif du commerce*, p. 251 ; P. Bornier, *Conférences des ordonnances de Louis XIV*, t. 2, p. 377, 439 ; Claude Raillard (éd.), *Extraits des principaux articles des statuts des maîtres horlogers de la ville de Paris*, Paris, 1752, p. 92 ; *Articles, statuts, ordonnances et reglemens* [de plusieurs communautés parisiennes dont les patenôtriers, verriers, couvreurs], Paris, P. G. Simon, 1742, p. 36 ; Jacques Savary des Bruslons et Philemon-Louis Savary (dir.), *Dictionnaire universel de commerce*, t. 1, Genève, Cramer et Philibert, 1742, p. 197 ; *Code de la librairie et de l'imprimerie de Paris*, p. 135 ; *Statuts et privilèges du corps des marchands orfèvres*, p. 52 ; *Recueil des statuts, déclarations, arrests du conseil et des parlements* [concernant] *la communauté des maîtres vinaigriers*, Paris, Gissey, 1744, p. 9 ; *Recueil des statuts, ordonnances et reglemens de la communauté des maîtres et marchands chapeliers*, Paris, Valade, 1775, p. 3 ; *Statuts et reglemens de la communauté des maîtres et marchands boursiers*, p. 6 ; édit du mois de décembre 1581, *Recueil des édits, arrests et reglemens concernant les arts et métiers de Paris et autres villes du royaume*, Paris, Saugrain, 1701, p. 8 ; *Dictionnaire Brillon*, t. 5, p. 668. Cf. le cas d'un maître serrurier qui a manipulé la durée du contrat apparemment sans l'approbation de l'apprenti. Archives de la ville de Marseille, FF 415, 13 septembre 1741.

l'apprentissage en échange de concessions financières. Une ordonnance de la police municipale de Lille s'en prend aux maîtres de « plusieurs corps d'arts et métiers [qui] s'ingeroient de recevoir les Aspirants à la maîtrise avant le temps prescrit par leurs Statuts, pour leur apprentissage » moyennant le paiement de diverses sommes. En même temps, cette juridiction reconnaît que certains cas méritent des dérogations, des « exemptions » qui doivent être à la fois justifiées et peuvent être monnayées, sous l'égide de la police lilloise[21]. Nous ne saurions évaluer le nombre de brevets qui parviennent à leur terme, normal ou abrégé par consentement mutuel. On trouve dans les lieux privilégiés, surtout au faubourg Saint-Antoine, de nombreux compagnons qui n'ont pas obtenu le brevet, des ouvriers qui ont commencé un apprentissage en province et d'autres qui ont sauté complètement cette étape[22].

« La loi ne limitant pas le temps de l'apprentissage », observe François-Étienne Mollot, un des experts chevronnés sur la pratique de l'engagement au XIXe siècle, cette durée est débattue et fixée « de gré à gré » – l'idiome de Le Chapelier remplace définitivement celui d'Étienne Boileau – « selon la nature et la difficulté de la profession, l'âge de l'apprenti, la somme qu'il paye au maître en argent, le salaire quotidien qu'il peut en recevoir après un certain temps d'apprentissage, et les diverses autres considérations qui influent sur tous les traités ». D'après ce juriste, « le temps le plus ordinaire de

---

21. N. T. L. Des Essarts, *Dictionnaire universel de police*, t. 1, p. 398 ; Nicolas Delamare, *Traité de la police*, t. 2, Paris, P. Cot, 1710, p. 841 ; *Suite du Recueil des principales ordonnances des magistrats de la ville de Lille*, Lille, J. B. Henry, 1771, p. 297-98. Dans les pays néerlandais du nord, de nombreux apprentis – par exemple, des tonneliers d'Amsterdam – paient des primes pour accélérer leur formation. Ruben Schalk, « Apprenticeship with and without Guilds: The Northern Netherlands », dans M. Prak et P. Wallis (dir.), *Apprenticeship in Early Modern Europe*, p. 196-97. Dans des régions germanophones, l'apprenti.e paie ouvertement plus cher pour obtenir une durée plus courte. G. Stöger et R. Reith, « Actors and Practices of German Apprenticeship », dans *ibid.*, p. 145. Ce n'est pas du tout rare que l'on rachète du temps au Québec à la fin du XVIIIe siècle, souvent pour pouvoir répondre à une offre dans un autre atelier, pratique facilitée par l'absence d'implication corporative. J.-P. Hardy et D.-T. Ruddel, *Les Apprentis artisans à Québec*, p. 174.

22. Henri Hauser, *Ouvriers du temps passé (XVe-XVIe siècles)*, Paris, Félix Alcan, 1899, p. 13 ; P. Macquer et P. Jaubert, *Dictionnaire raisonné universel des arts et métiers*, t. 3, p. 118 ; Henry-René D'Allemagne, *Les anciens maîtres serruriers et leurs meilleurs travaux*, Paris, Librairie Gründ, 1943, p. 51. Jean-Pierre Guinot affirme qu'au XVIIIe siècle « les contrats d'apprentissage étaient très souvent résiliés au bout d'une année » moyennant une somme d'argent. Pourtant, il ne cite pas un seul cas. Nous n'avons pas rencontré ce phénomène. Jean-Pierre Guinot, *Formation professionnelle et travailleurs qualifiés depuis 1789*, Paris, Domat-Montchrestien, 1946, p. 33. Sans pouvoir solidement documenter son intuition, Michael Sonenscher croit que les grandes villes abritent « des milliers de jeunes » qui n'ont jamais achevé leur apprentissage. *Work and Wages: Natural Law, Politics and the Eighteenth-Century French Trades*, Cambridge, Cambridge University Press, 1989, p. 109-10.

l'apprentissage » est de trois à quatre ans, si l'apprenti paie sa formation, et de cinq à six ans s'il ne verse aucune somme. Ce n'est pas Mollot qui est responsable de la diffusion du cliché que les apprentissages au XIXe siècle sont bien plus courts que pendant le siècle précédent. Témoignant un peu plus tard, Bardin, un professeur de dessin industriel, estime l'éventail commun de deux à cinq ans, en fonction des mêmes variables, plus les prestations promises par le maître. Puis, il y a des cas limites, à la fois aberrants et révélateurs d'une conception du possible et du loisible qui persiste. Par contrat verbal au début de la IIIe République, Deilles, fabricant de plumassiers, accueille la fille, âgée de douze ans, d'une mère, veuve et sans profession régulière, pendant neuf ans et la fille d'un employé du chemin de fer, âgée de onze ans, pendant dix ans, l'une et l'autre destinées à retrouver leur liberté à vingt et un ans, avec la vague promesse d'un trousseau et d'une prime en espèces. Autre cas frappant, où le facteur religieux, fort important dans l'univers des patronages, quasi omniprésents, pèse : l'abbé Collet, chef « d'une communauté religioso-industrielle » de Lyon, prend comme apprenti un gamin de sept ans qu'il gardera jusqu'à son vingt et unième anniversaire, donc quatorze ans.

Quoique le temps soit de loin l'étalon le plus utilisé pour fixer une période d'apprentissage, il n'est pas la seule mesure possible. Dans la Sarthe, un apprenti tisserand s'engage assez couramment le temps de faire un certain nombre d'aunes ou de « pièces » spécifiques. Quand il y a soupçon d'un abus par le maître au moment où la durée est fixée, les prud'hommes se réfèrent aux « usages locaux ». D'où la décision des prud'hommes des tissus de la Seine de réduire une convention verbale liant une apprentie à une ouvrière feuillagiste de six à trois ans en raison des us et coutumes de la région ou celle, analogue, des prud'hommes du Mans concernant un conflit entre un maître tonnelier et son apprenti. Ces juges déplorent la prévalence des contrats verbaux qui invitent des contestations sur la durée, entre autres matières[23].

23. François-Étienne Mollot, *Le Contrat d'apprentissage expliqué aux maîtres et aux apprentis*, Paris, Louis Colas, 1847, p. 29 ; Bardin cité dans *Enquête sur l'enseignement professionnel, ou Recueil des dépositions devant la commission de l'enseignement professionnel*, t. 1, Paris, Imprimerie impériale, 1864, p. 112 ; Prud'hommes de Paris (industrie des tissus), 2 mars 1876 (Hérodet et Kléber), Archives de Paris (désormais AP), D 1 U10 493 ; *La Tribune lyonnaise* (avril 1845) ; Prud'hommes de Mamers, AD Sarthe, 110 AC 362, 18 avril 1826 et 25 avril 1835 ; *Journal des Prud'hommes* (1853), p. 217, cité par Véronique de Chardon, « L'Apprentissage en France de 1851 à 1919 », thèse de doctorat, Université de Paris 4 (Sorbonne), 1992, p. 216 ; Prud'hommes, AD Sarthe, 778 W 4, 20 février 1876 et 778 W 1, 3 février 1864.

Il existe des précédents et usages qui semblent constituer de quasi-paradigmes ; puis, il y a des exceptions. On trouve des stages de durée très courte appelés et classés « apprentissages », pour raisons de commodité, d'allure ou d'habitude. La dame Dufresne s'est ainsi engagée comme « apprentie » pendant un mois chez un ouvrier en soie :

> [Elle] expose [aux prud'hommes] qu'étrangere, arrivant de Chinon à Tours, elle ne connaît pas les usages, qu'ayant voulu apprendre à tirer les samples [*sic*] pour les ouvriers en soie, elle a été adressé[e] à Mr Joseph Bienaimé père, ouvrier en cette partie, qui lui a demandé 12 francs qu'elle lui a donné[s] [de l'argent avancé « par une personne charitable »] avec promesse de lui apprendre son état [pendant un mois, après lequel] elle serait en état de travailler, de gagner de l'argent et lui a promis de l'ouvrage après le mois de son apprentissage fini.

Assez vite, Mme Dufresne se sent victime d'une double « duperie ». D'une part, s'étant initiée aux us et coutumes du coin, elle constate que « jamais on ne prenait aucune somme à qui que ce fut pour lui apprendre à tirer le sample [plutôt semple, disposition de ficelles permettant de produire sur le tissu un dessin] », et, d'autre part, au lieu de « tenir la promesse », Bienaimé a embauché une autre tireuse, la laissant « sans ouvrage » et sans le sou[24]. Pendant l'Ancien Régime, la pratique du très court, vrai-faux apprentissage, s'est installée, sorte de voie rapide d'introduction ou cours de rattrapage (ce qu'on retrouve à Paris en 1848 dans plusieurs secteurs). Ainsi, Paul et Magdelaine Aglancy de Lyon, lui ouvrier en soie, promettent de montrer à la dame Farge comment « coefer les dames » en trois mois, activité à la marge permettant à la famille de compléter son revenu de base. Dans le même style et la même ville, la dame Sollenard, « coeffeuse », prend la dame Galland comme apprentie éphémère, pour 72 livres, pendant plusieurs mois, mais ne lui fait pas confiance et la laisse s'occuper de « vieilles perruques »[25].

Une investigation quantitative contemporaine nous donne des perspectives collectives sur le XIXe siècle. Parmi les 18 166 apprentis dans l'enquête de la Chambre de commerce parisien pour 1847-48[26], le temps moyen d'engagement s'élève à trois ans et quatre mois,

24. Prud'hommes, AD Indre-et-Loire, 5 U 12, 10 octobre 1818. Ce qui paraît être un apprentissage désinvolte peut se révéler un engagement raccourci brutalement par une des deux parties. Voir, par exemple, l'histoire d'un maître boulanger et de son apprenti pour soi-disant un mois. AD Loire-Atlantique, 5 U 1, 17 mai 1846, article 42.

25. AM Lyon, HH 177, 2 décembre 1771 et 27 janvier 1777.

26. Sur le nombre total de 19 114 apprentis, ont été écartés du recensement officiel 948 comme enfants ou parents de patrons « sans conditions de contrat appréciables ».

nettement moins que le chiffre caractérisant le XVIIIe siècle, mais une durée toujours conséquente, voire contraignante. La fin des corporations n'a pas débouché sur un monde utopico-libéral où l'on apprend avec célérité et facilité d'une manière éclatée, plutôt singulière selon des circonstances particulières ; l'émiettement des métiers par l'hyperspécialisation n'a pas encore fatalement déclassé l'apprentissage, au moins à Paris, où la durée demeure plus longue qu'en province[27]. Voilà l'éventail de la durée la plus commune dans certains des groupes d'industrie traités dans l'enquête : Alimentation (deux à quatre ans) ; Fils et Tissus (deux à quatre) ; Imprimerie, Gravure, Papeterie (deux à cinq) ; Articles de Paris (trois à cinq) ; Métaux précieux, Orfèvrerie, Bijouterie (trois à cinq) ; Bâtiment (trois à cinq) ; Ameublement (trois à quatre) ; Travaux des Métaux, Mécanique, Quincaillerie (un à quatre) ; Vêtement (deux à trois). Il y a un nombre surprenant d'apprentissages très courts (moins d'un an, moins de six mois). Que peuvent apprendre 23 jeunes en six mois dans le Vêtement ? Ou 10 enfants dans les Fils et Tissus et 6 autres dans les Articles de Paris pendant la moitié d'une année ? Si le patron a besoin de travailleurs supplémentaires, quel est l'intérêt de les prendre comme apprentis pour une très courte période ? S'agit-il d'un stage de remise à niveau, qui permet en principe à l'apprenti de compléter son savoir et au patron d'éviter de rémunérer ce travail-là ? Moins frappant, mais toujours un peu énigmatique : les 247 apprenti.e.s (on ne connaît ni l'âge ni le genre, mais 230 travaillent dans le vêtement où les jeunes filles sont très nombreuses) « qui sont engagé.e.s jusqu'à leur majorité à 21 ans ». Est-il question d'enfants qui ont besoin, d'après leurs parents et en accord avec le maître, d'une phase prolongée d'initiation et de socialisation structurées ?

L'enquête, moins fouillée, conduite par la même Chambre de commerce pour 1860, annonce 19 742 apprentis « des deux sexes », théoriquement tous des enfants au-dessous de seize ans : 14 161 garçons et 5 581 filles. Le temps moyen des garçons s'élève à trois ans et six mois ; moins longue, la durée moyenne des filles est de deux

27. Peignant un tableau assez sombre, peut-être tentée de folkloriser l'apprentissage avant son temps, Véronique de Chardon affirme que la durée de l'apprentissage s'effondre au cours du XIXe siècle ; V. de Chardon, « L'Apprentissage en France de 1851 à 1919 », p. 63-65. Il faudrait une enquête approfondie pour voir si la durée en province est nettement moins longue qu'à Paris. Cela dit, quand on tombe sur des cas tels les cordiers du Mans engageant des apprentis pendant quatre ans, on peut en douter. Voir, par exemple, Prud'hommes, AD Sarthe, 778 W 2, 30 janvier 1867.

ans et sept mois. Pour tout le groupe (moins 885 apprenti.e.s dont l'engagement demeure « sans durée déterminée »), l'apprentissage est censé les occuper pendant trois ans et deux mois en moyenne, un brin moins que le résultat pour 1848. L'apprentissage stagne dans la capitale, géographiquement élargie considérablement depuis 1848, car le nombre d'engagements n'a pas beaucoup augmenté en douze ans, mais la durée ne s'est pas du tout effondrée. Par ailleurs, 77 % de tous les apprentissages sont le fruit de conventions verbales (dans le langage de cette enquête, « sans contrats »), dont 74 % des garçons et 85 % des filles. 15 % de ces dernières s'engagent par contrats écrits, tandis que 26 % des garçons signent des contrats. (En 1848, 20 % de tous les apprenti.e.s sont lié.e.s par des contrats écrits.) Il paraît invraisemblable qu'aucun apprenti en 1860 ne s'installe en garni ou « dans [ses] meubles » ou dans des pensions tenues par des organisations caritatives (dites habituellement « patronages »), mais à en croire l'enquête, 63 % des garçons logent chez leurs patrons, les autres chez leurs parents, alors que les filles sont réparties quasi également entre leurs familles et leurs maîtres[28].

Certains projets d'initiation au métier rallongent la durée totale de l'engagement. Il s'agit d'une application, plutôt bricolée sur mesure, de l'idée vigoureusement débattue au XIXe siècle, mais déjà soulevée vers la fin du siècle des Lumières, d'une phase préparatoire avant l'apprentissage proprement dit, pour la constitution et la consolidation des connaissances basiques et préliminaires. Ce préapprentissage, souvent associé par des théoriciens à une synergie entre école et atelier, dans les quelques cas – toujours exceptionnels – qui nous sont parvenus, a lieu chez le maître. À Lyon, à l'aube des années 1780, Jean-Baptiste Breton, apprenti fabricant en étoffes de soie, a travaillé pour son futur maître – et apparemment d'autres patrons – avant de s'engager formellement. Travailler comme ouvrier sans-qualité avant d'opter pour une trajectoire conventionnelle n'est pas inhabituel à Paris au XIXe siècle. Entrant chez Pele, bijoutier, un jeune homme obtient la réduction du temps standard de l'apprentissage parce qu'il a travaillé dans l'industrie pendant plus d'un an auparavant. Dans une situation analogue, Mathilde Bret croit se passionner pour les fleurs. Pour tester ses propres penchants, elle travaille « dans les fleurs » pendant neuf

28. *Statistique de l'industrie à Paris, résultant de l'enquête faite par la Chambre de commerce pour l'année 1860*, Paris, Chambre de commerce, 1864, p. XXXIII-XXXIV. L'enquête indique que la durée moyenne pour tous/toutes les apprenti.e.s s'établit à deux ans trois mois, un chiffre qui ne correspond point aux données brutes énumérées.

mois, avant de trancher en faveur d'un apprentissage, où les surprises ne pourraient provenir que de son contact avec le/la maître.sse, pas avec l'ouvrage[29].

LE PRIX DE L'APPRENTISSAGE

Sur nos 316 contrats, 41 % (n = 130) paient l'apprentissage et 59 % (n = 186) ne dépensent rien pour cette formation et l'entretien qu'elle exige. (Dans un échantillon de 635 apprenti.e.s tiré.e.s de l'année 1761, deux tiers ne paient pas leur formation[30].) Il n'y a pas d'explication facile ou systématique pour ce partage. On disait jadis que l'argent tenait lieu de temps : plus le montant versé par l'enfant est important, plus la durée du service est restreinte. Mais il n'y a point de corrélation stricte entre le prix et le temps dans ces contrats. La commercialisation du brevet signifie-t-elle une dégradation de l'institution de l'apprentissage ? Peut-on supposer, comme Daniel Defoe en ce qui concerne l'Angleterre, que le maître met un prix (de plus en plus fort, d'ailleurs) parce qu'il ne s'attend plus à un service empressé et loyal de la part de l'enfant ? La finance remplace-t-elle l'espoir d'une authentique réciprocité ? Même si la relation entre maître et apprenti risquait d'être plus intime autrefois (ou est-ce encore le mythe d'un âge d'or ?), on ne peut affirmer que le contrat était moins régulièrement payé. L'argent véhiculait toujours la distinction, ou dans les termes de service ou dans les prestations promises ou dans le prestige attaché à la boutique. Au XVIIIe siècle encore, d'aucuns avancent que seul l'argent pouvait assurer l'enfant « de bons maîtres ». En tout cas, les dictionnaires de l'époque, tout comme les guides notariaux, laissent entendre que la notion même de l'apprentissage implique ordinairement le paiement au maître d'une « certaine somme » ou de « quelque argent »[31].

---

29. AM Lyon : HH 267, 30 novembre 1781 ; AP : D1U10, 16 1865 et D1U10 388, 26 janvier 1860.

30. C. H. Crowston, « Disruption of Apprenticeship », p. 6.

31. A. Franklin, *Dictionnaire historique*, p. 25 ; Daniel Defoe, *The Complete English Tradesman*, t. 1, Londres, 1745, p. 12-13, cité par Ian M. G. Quimby, *Apprenticeship in Colonial Philadelphia*, New York, Garland, 1985, p. 9 ; Olive Jocelyn Dunlop, *English Apprenticeship and Child Labour: A History*, New York, Macmillan, 1912, p. 195, 209 ; A.-J. Roubo, maître menuisier et auteur, cité par Hans-Ulrich Thamer, « "L'Art du menuisier": Work Practices of French Joiners and Cabinet-Makers in the Eighteenth Century », *Mélanges de l'École Française de Rome*, n° 99 (1987), p. 1031 ; Clerc, « Moyens de provoquer le paiement des droits de Réunion et de Réception en l'exécution des articles 5, 6 et 7 de l'édit de janvier 1777 », AN, F 12 750 ; Claude-Joseph Ferrière : *La Science parfaite des notaires*, Paris, Charles Osmont, 1728, p. 40, et *Dictionnaire de droit et de pratique*, t. 1, Paris, Joseph Saugrain, 1758, p. 214 ; Pierre

Écrivant au lendemain de la refondation du système corporatif, Clerc, ancien secrétaire de la municipalité de Lyon, prétend que le gros des enfants et jeunes adultes, « outre le bénéfice gratuit de leur travail pour les maîtres [...] ne sont jamais reçus en apprentissage dans la plupart des commerces et professions qu'à forfait ; et moyennant les indemnités sous caution que les maîtres exigent ». Il prévoit, par ailleurs, une hausse des tarifs demandés par les maîtres en raison de la contraction importante du nombre de corporations (les fusions entre de nombreuses communautés rétablies les dotant « d'un privilège » élargi) et la persistance d'une forte demande sociale pour l'apprentissage. Clerc raconte l'histoire d'un maître fabricant de chandelles qui touche 300 livres pour former un apprenti nonobstant l'inconstance de ce métier : « À combien plus forte somme sera porté l'apprentissage d'une profession ou d'un commerce essentiel et important ? » demande-t-il[32].

Dans notre échantillon, il n'y a pas de rapport évident entre le prix et les prestations promises. Mais cette corrélation s'impose dans l'univers des couturières où 116 apprenties sur 142 paient leur expérience. Des 26 non-payantes, 19 n'obtiennent que l'engagement de la maîtresse à enseigner le métier. Autrement dit, dans les 70 contrats ne proposant que l'enseignement, le prix moyen ne monte qu'à 25 livres. Mais 65 apprenties versent en moyenne 239 livres pour une certaine quantité de prestations (loger, nourrir, chauffer, etc. – la panoplie standard dans la plupart des métiers). Parmi ces 65, il y a peu de différence dans le prix entre les apprenties engagées pour trois, quatre ou cinq ans. Si cette association entre prix et prestations paraît forte chez les couturières, elle est faible chez les boulangers, les tourneurs, les éventaillistes et les cordonniers (parmi ces derniers, on voit bien des cas de prestations pléthoriques sans un cachet pour l'apprentissage en contrepartie, mais également quelques instances où l'on verse un prix, en l'occurrence 200 livres trois fois, 100 cinq fois, sans recevoir la moindre prestation pendant toute la durée du contrat). Les lingères vont globalement dans le même sens. Sur 21 contrats, tous préconisant les mêmes avantages, 6 sont gratuits et 15 réclament un prix variant de 200 à 900 livres[33].

Richelet, *Dictionnaire François contenant généralement tous les mots*, Amsterdam, J. Elzevir, 1706, p. 63.

32. Clerc, « Moyens de provoquer le paiement des droits de Réunion et de Réception en l'exécution des articles 5, 6 et 7 de l'édit de janvier 1777 », AN, F 12 750.

33. AN, MC : X-541, 14, 17 juin 1760 ; X-550, 7 juin 1762 ; X-551, 24 août 1762 ; X-553, 10 janvier 1763 ; X-554, 25, 30 mai 1763 ; X-553, 10, 24 janvier 1763 ; X-557,

Pour bien saisir la signification du prix, il faudrait sans doute prendre en considération d'autres logiques de rentabilité que celle de l'argent annoncé dans le contrat. Il se peut que jouent des formes cachées de rémunération ou d'échange entre les parties, ou des notions supraéconomiques de rentabilité au service des intérêts particuliers et/ou collectifs, y compris le revenu social et psychique provenant des relations de réciprocité au sein d'un réseau. Cependant, il est nécessaire également de prendre en compte les spécificités de chaque métier : échelle de production, relation à la demande et positionnement dans le marché des produits, technologie, capacité d'affecter rapidement un apprenti à un rôle productif, etc.

Les chiffres indiquent certaines tendances, mais leur grande variation interdit toute généralisation. Est-ce dans les petits métiers que l'on s'engage sans bourse délier ? Il est vrai qu'aucun des 6 futurs savetiers et des 31 futurs rôtisseurs ne paient leur apprentissage. Mais dans la cordonnerie, à peine plus cotée, 11 sur 16 versent une somme allant de 25 à 250 livres (moyenne et médiane = 136 livres). Un échantillon bien plus important de cordonniers révèle que 44 % des apprentissages sont payants, en moyenne 178 livres (médiane = 175), avec un éventail allant de 24 à 572 livres, et dans des métiers franchement plus estimés, souvent peu de monde achète son brevet : 5 sur 21 menuisiers, 6 sur 20 pâtissiers, 2 sur 11 vitriers, 4 sur 21 sculpteurs, aucun des 7 rubanniers. Chez les bourreliers et les boursiers, deux commerces plutôt modestes de réputation, quasiment tout le monde paie (respectivement 9 sur 12 et 4 sur 4).

Les riches métiers de mercier (8 sur 11), tapissier (5 sur 8), et bonnetier (2 sur 2) sont payants. Dans d'autres métiers réputés forts, aucune tendance ne prévaut : 8 doreurs sur 20 paient (mais dans un échantillon bien plus ample, déjà cité, seulement 15 % des doreurs s'acquittent d'un prix d'apprentissage, en moyenne et médiane 175 livres), 6 épiciers sur 11, 7 fondeurs sur 11, 3 graveurs sur 7, 4 tabletiers sur 7, et la moitié des peintres (5 sur 10). Profession hautement estimée, l'éventaillerie voit un solide quart de ses apprentis verser des sommes importantes pour leur formation (moyenne = 221, médiane = 200, avec des indemnités atteignant 350, 400 et 500 livres). Sur 16 cas de moins de douze ans, 9 sont accueillis sans obligation de payer, tandis que 7 remettent des cachets

27 décembre 1763 ; XVI-685 ; et Clare H. Crowston, *Fabricating Women: The Seamstresses of Old Regime France, 1675-1791*, Durham, NC, Duke University Press, 2001.

allant de 55 à 500 livres (moyenne = 208). Trois des 7 font quatre ans, la durée-standard, 3 s'engagent pour cinq ans et le dernier pour sept. Trois de ces 7, tous payants, reçoivent la gamme classique des prestations fournies par les maîtres, mais 4, sans explication, ne bénéficient que de services et avantages quelque peu réduits (par exemple, la famille pourvoyant à une partie de la nourriture). Trois apprentis-adultes, âgés de trente ans ou plus, sont reçus sans prix ; deux ne touchent aucune prestation, mais le troisième profite de la palette entière de services habituels, peut-être en raison de relations de famille ou de réseaux.

Exerçant un autre métier bien réputé commercialement, les perruquiers paient très majoritairement l'apprentissage : 75 % déboursent en moyenne 254 livres (médiane = 215). Ici aussi, l'association entre argent et temps n'est pas facile à établir : si 3 contrats à cinq ans sont établis sans bourse délier, un autre de six ans exige 300 livres, et deux des plus courts contrats, deux ans, rapportent 200 livres chacun aux maîtres d'apprentissage. Les maîtres dans les métiers les plus prestigieux demandent le prix le plus fort : en moyenne 542 livres chez les épiciers, 763 chez les merciers, 700 chez les horlogers, 520 chez les tapissiers. Un apprenti fils de marchand bordelais payant 1 200 livres à un mercier, le fils d'un conseiller du roi et receveur au grenier à sel à La Rochelle versant 800 livres à un autre renvoient à la clientèle attendue ; plus surprenante est la veuve d'un jardinier à Vaujours dans la banlieue nord de la capitale qui a de quoi financer l'apprentissage de son fils à un mercier pour 850 livres[34].

En contrepoint de ces marchands musclés qui commencent à fabriquer aussi chez eux, comment situer les 700 livres payées à plusieurs reprises aux fripiers, dont le commerce est assez médiocre ? À moins qu'il ne joue le rôle du Bazar de l'Hôtel de Ville avant la lettre, il n'est pas facile de comprendre le prix de 1 000 livres qu'un maître quincailler obtient pour la formation pendant trois ans d'un garçon de quinze ans, fils d'un laboureur[35]. Et parmi les prix les plus bas, on repère des métiers très solides (serruriers : 150 livres ; menuisiers : 114 ; sculpteurs : 128 ; pâtissiers : 160) à côté des métiers modestes ou faibles (bouchonniers : 100 ; vitriers : 125 ; cordonniers : 136 ; brossiers : 150).

34. Hors échantillon, AN, MC : X-546, 29 juillet 1761 ; XXXVIII-221, 7 avril 1723 ; X-550, 17 mai 1762.

35. Hors échantillon, AN, MC : X-516, 23 juillet 1755.

L'éventail à l'intérieur de nombreux métiers est très frappant, soulignant encore le primat des relations et des réseaux particuliers sur la notion d'un prix standard du marché : chez les épiciers de 400 à 700 livres (à Mantes, un petit bourg à 50 kilomètres de l'ouest de Paris, on rencontre deux épiciers à 200 et à 450)[36] ; les merciers de 200 à 1 200 ; les fabricants d'étoffes de 200 à 500 ; les tapissiers de 300 à 800 ; les tabletiers de 100 à 720 ; les menuisiers de 52 à 250. À Versailles, site de la cour et d'un marché de produits de luxe ou de confort aussi actif que celui de Paris, dans un petit échantillon de 32 contrats, généralement pour trois ans, 23 sont payants (72 %), et à un niveau assez élevé (prix moyen = 229 livres), dont un ébéniste à 600 livres et une ouvrière en linge, soi-disant aux antipodes sur le plan socioéconomique, au même prix, à côté d'une ouvrière en dentelle (200), 3 couturières (150) et un cordonnier (200). À Langon, 48 kilomètres au sud-est de Bordeaux, 78 % des contrats sont payants (n = 303). Si le coût de l'apprentissage est habituellement compté en argent, en province, il peut être payé en nature. Du temps de Colbert, un apprenti ouvrier en soie fournit à son maître cinq « voyages de charbon » et un autre verse « cinq années de vin clairet », forme de rémunération encore pratiquée au milieu du XVIIIe siècle. À la même époque, Briquenaud, maître ouvrier en draps de soie à Lyon, prend un jeune homme comme apprenti pendant deux ans et demi, par sous seing privé, « dûment contrôlé », en échange d'une pièce de vin claret. À la campagne, où la monnaie d'échange est souvent agricole, un apprenti cordonnier, habitant Frontenay-en-Saintonge, fournit à son maître des bœufs pour un certain nombre de journées de transport, sa main-d'œuvre pour plusieurs journées de labourage, et une quantité de grains[37].

---

36. AD Yvelines, C 1511 (en 1740, année de disette aiguë et de désarroi économique). Cf. une couturière qui place sa fille au même moment pour 18 livres. *Ibid.*, C 1510. Si le fils d'un jardinier à Mantes aspire à la cordonnerie (130 livres), à Houdan (43 kilomètres à l'ouest de Versailles), le fils d'un journalier paie 80 livres pour suivre cette même voie. *Ibid.*, C 1134.

37. AD Yvelines, C 3007 ; A.-M. Cocula, « Contrats d'apprentissage à Langon », p. 113 ; AM Lyon : 10 juin 1670, HH 214 ; 19 juillet 1673, HH 215 ; 11 février 1749, HH 241 ; 26 juin 1728, HH 229 ; Raymond Rousseau, « Contrats d'apprentissage sous l'Ancien Régime », *Société d'études folkloriques du Centre-Ouest*, t. 11 (septembre-octobre 1977), p. 358. Cf. S. Dujourdy, « Soixante ans d'apprentissage au XVIIIe siècle dans les cantons de Cluses et de Sallanches en Haute-Savoie », p. 61 (où un apprenti cloutier paie son apprentissage en partie en milliers de clous fabriqués dans l'atelier). Sur le paiement de sommes importantes en province, voir Maurice Garden, *Lyon et les Lyonnais au XVIIIe siècle*, Paris, Les Belles Lettres, 1970, p. 330, et Michel Naudin, *Structures et doléances du Tiers État de Moulins en 1789*, Paris, Comité des travaux historiques et scientifiques, 1987, p. 118, 422.

Le prix de l'apprentissage est-il une façon de fermer l'accès au métier[38] ? La contrainte d'acheter son admission exclut sûrement beaucoup de monde. Mais rappelons que presque 6 apprentissages sur 10 sont gratuits. Et si le prix de l'apprentissage devait en principe être intégralement soldé avant l'entrée de l'enfant dans la boutique, en fait moins d'un tiers remet la somme entière. La latitude d'échelonner pendant des mois, voire des années permet à maintes familles de moyens fort modestes de conclure l'affaire. Un vigneron de la région parisienne n'aurait jamais pu placer son fils de dix-sept ans chez un tapissier pendant six ans s'il n'avait pas eu la possibilité de payer en six tranches annuelles de 100 livres chacune, prix fort dans cette profession[39]. Cette pratique ne se limite point, d'ailleurs, à des métiers fragiles. L'étalement des versements constitue également un moyen de pression sur les maîtres, une expression de défiance de la part des parents et un levier dans un rapport de force quelque peu mouvant entre la famille et le patron. Les familles pauvres auraient été profondément soulagées si elles avaient trouvé communément des exemples comme celui du Citoyen Mauclaire, traiteur, rue de Chartres à Paris, peut-être sans-culotte moralement régénéré par la Révolution, qui a publié cette annonce début 1793 : « Un traiteur-Restaurateur désireroit trouver un Jeune Homme de 15 à 16 ans & une fille de quelques années de plus, pour leur montrer parfaitement la cuisine : on n'exigera rien pour leur

38. « … on se préoccupait surtout de rendre l'apprentissage long et cher afin de favoriser les membres de la famille et surtout les fils de maître. » A. Franklin, *Dictionnaire historique*, p. 25. Cf. M. Garden, *Lyon et les Lyonnais*, p. 331. Au Québec, l'apprentissage était rarement payant – 8,6 % d'un important échantillon. J.-P. Hardy et D.-T. Ruddel, *Les Apprentis artisans à Québec*, p. 50. En Angleterre, la pratique de payer l'apprentissage s'affirme très tardivement, à la fois réflexe de renfermement corporatif et du déclin de l'éthique. O. J. Dunlop, *English Apprenticeship*, p. 201-203. Les auteurs d'une étude sur les régions germanophones parlent à la fois d'un *Lehrgeld* à négocier cas par cas, avec des variations importantes tant à l'intérieur qu'entre professions, le prix servant de « garde-barrière », et en même temps « de la pratique largement répandue d'apprendre [un métier] sans bourse délier ». G. Stöger et R. Reith, « Actors and Practices of German Apprenticeship », dans *Apprenticeship in Early Modern Europe*, p. 143, 149. À Venise, le paiement au maître débouche sur une formation plus intensive, faisant partie d'un « système à deux voies » mettant l'accent sur la transmission et l'entrée rapide dans la vie professionnelle. G. Colavizza, R. Cella et A. Bellavitis, « Apprenticeship in Early Modern Venice », dans *Apprenticeship in Early Modern Europe*, p. 123-24, 128. Benjamin Franklin compare les sombres perspectives de l'apprentissage en France et en Europe (pays surpeuplés, fatigués, sombres d'esprit) où la famille doit payer le maître à une Amérique ouverte, pleine de vitalité, ne fuyant pas le risque, où le maître paie la famille pour recruter leur enfant. *Vie de Benjamin Franklin écrite par lui-même*, trad. J. Castéra, t. 2, Paris, F. Buisson, an VI, p. 168-70.

39. AN, MC : XXXVIII-220, 19 avril 1723.

apprentissage, & ils seront nourris, couchés & traités avec la plus grande douceur »[40].

Il est plus difficile de mesurer l'importance de l'apprentissage payant au XIXe siècle en raison de la prolifération des contrats verbaux et de la dispersion des traces de conventions de toutes sortes. En l'absence d'un tissu corporatif et de son idéologie communautaire et moralisante, l'idée de marchander la transmission du savoir est sans doute plus aisément acceptable. Moins ritualisé, moins solennel au XIXe siècle qu'autrefois, l'apprentissage est probablement aussi moins généralement valorisé sur le plan institutionnel et symbolique. Il paraît moins utilisé qu'avant la Révolution française, même si l'atelier petit et moyen résiste aux grands chamboulements de la mécanisation et de l'intensification de la division du travail et si l'usine manie l'apprentissage à des fins tant classiques qu'iconoclastes. Les pratiques traditionnelles de l'apprentissage sont sans doute infléchies quelque peu par l'extension massive et croissante de l'attribution d'un salaire, usage non incompatible avec une formation payante, mais qui mine à terme la logique de la relation maître-élève. D'éminents juristes, de François-Étienne Mollot au début du XIXe jusqu'à Paul Pic à la fin, considèrent que le contrat payant est très répandu, mais variable en forme, en temps de service et/ou en numéraire, le montant dépendant largement de la disponibilité et de la réputation du futur maître. Suggérant que l'apprentissage rétribué est la norme coutumière, B.-Louis Bellet, dans son *Code-manuel des ouvriers, des contre-maîtres et des apprentis* (1847), rajoute d'autres facteurs qui influent sur le prix, comme l'étendue et le caractère des prestations (logement, nourriture, entretien) et la densité de l'enseignement. Dans les années 1860, un spécialiste de l'enseignement technique considère l'apprentissage payant comme un phénomène courant[41].

---

40. 69 % des couturières dans notre échantillon, 60 % dans l'étude paient en plusieurs temps (voir le cas d'un apprenti épicier, fils d'un avocat au parlement, bien placé pour gérer un litige, qui ne verse que 300 livres, la moitié de la somme promise au maître, qui s'en plaint à la police. AN, Y 9581B, 4 septembre 1778) ; N. Pellegrin, « Contrats d'apprentissage en Haut-Poitou », p. 289 ; *Affiches, annonces, avis divers. Journal général de France*, 9 janvier 1793, p. 110. Cf. la demande d'une jeune fille qui veut devenir couturière, métier historiquement payant : « Une jeune orpheline âgée de 16 ans, réduite, par les revers de fortune de sa famille, à l'impossibilité de payer ni pension, ni apprentissage, désireroit être PLACEE, pour son tems, chez une Couturière accréditée, dont les mœurs fussent irréprochables. » *Ibid.*, 14 septembre 1793, p. 382.

41. F.-É. Mollot, *Le Contrat d'apprentissage*, p. 30 ; Paul Pic, *Traité élémentaire de législation industrielle. Les lois ouvrières*, Paris, D. Rousseau, 1903, p. 904 ; B.-Louis Bellet, *Code-manuel des ouvriers, des contre-maîtres et des apprentis, leurs devoirs, leurs droits et leurs intérêts*, Paris, Martinon, 1847, p. 44, 61 ; témoignage de Gaumont dans *Enquête sur l'enseignement professionnel*, t. 1, p. 143.

Dans son enquête sur la période 1847-48, la Chambre de commerce de Paris s'efforce de démystifier l'apprentissage : il n'est pas partout, il n'est pas pour tout le monde, il n'y a que 19 000 cas à Paris, dont seulement 20 % par contrat écrit, le graal de l'authenticité d'engagement. Au fond, il y a deux grands types d'apprentissage, suggère le commentaire, tendancieux mais sans extravagance, perçu de l'angle de l'intérêt du patron, mais sans perdre de vue les spécificités de la vie réelle d'apprenti. Le premier initie à « une profession facile » où l'enfant doit « rendre des services immédiats », où « il est comme un jeune ouvrier, seulement il ne reçoit pas un salaire direct, son travail étant payé par un entretien plus ou moins complet de la part du patron » – exégèse fort optimiste, voilant en partie l'objectif primordial de l'exploitation – « et par l'avantage d'être mis à même de suivre les procédés de l'état auquel il se destine et de s'instruire par l'exemple », transmission du savoir passive, non-structurée voire désordonnée. Le second, genre canonique, scrupuleux, porteur, concerne l'enfant « placé pour apprendre une profession difficile », exigeant une éducation « d'un temps assez long », onéreux pour le patron, qui ne peut pas utilement le gruger, « devant être compensé, soit par un paiement de prix de pension, soit, plus tard, par un travail plus productif », s'il parvient à retenir l'apprenti jusqu'à la fin du contrat. Commentant son enquête, la Chambre note que « les plus sérieux des contrats sont ceux où une certaine somme est payée par la famille de l'apprenti ; les obligations du patron en deviennent plus impérieuses ; mais malheureusement ce cas est très-exceptionnel ».

Le résumé de cette capture de 1847-48, entre photographie et mise en scène, indique seulement 249 cas d'apprentissage payants : 4 avec toutes les prestations ordinaires (nourrir, loger, blanchir, habiller et entretenir, et de surcroît une gratification, récompense pour du travail correctement fait, geste vers un salaire) ; 27 (gamme réduite : nourrir, loger, blanchir), 149 (juste nourrir, loger), 2 (seulement nourrir), 1 (loger, entretenir, blanchir), et 59 sans aucun bien ou service fourni par le maître. À l'échelle des grandes catégories d'industrie, on décèle dans l'Alimentation 24 cas payants (nourrir, loger), quasiment tous chez les seuls pâtissiers ; Fils et Tissus (27 avec plus ou moins de prestations, 3 sans allocations aucunes) ; Articles de Paris (5 et 4) ; Métaux précieux, Orfèvrerie, Bijoux (120 et 8) ; Imprimerie, Gravure, Papeterie (aucun contrat rémunéré) ; Bâtiment (2 et 1) ; Ameublement (13 et 5, dont un tourneur en bois payant 200 francs et bénéficiant de logement et de nourriture) ; Vêtement (38 reçoivent tout l'arsenal, 61 quelques prestations, 19 rien). Parmi ces derniers, deux tapissiers remettant de grosses sommes de 600 francs chacun contre nourriture et logement, et un troisième versant 150 francs sans aucune fourniture, des situations à comparer avec celles des couturières : 15 payant entre 100 et 450 francs (nourrir, loger), 4 contribuant entre 180 et 200 (loger, blanchir), et 2 versant des cachets sans contrepartie en biens et services (l'enseignement étant bien entendu exclu de tous ces calculs). Enfin, suivant les enquêtes de la fin du siècle, fort peu d'apprentis paient leur formation[42]. Le dossier du prix, notamment dans la capitale, reste ouvert. Une rapide traversée des archives des prud'hommes révèle bien des contrats (tous verbaux) imposant un prix d'apprentissage, parfois un prix fort. En 1860, une apprentie ouvrière en dentelle paie 15 francs par mois pendant vingt-quatre mois, tandis qu'un maître gantier exige 1 000 francs pour former le fils d'un maître sellier, manifestement prospère, durant vingt et un mois. En 1865, un bijoutier requiert 6 francs par semaine d'une fille mineure engagée pour quatre ans, alors qu'un lampiste, métier bien plus modeste, demande 7 francs par mois pour ce même laps de temps. En 1876, une maîtresse modiste perçoit 20 francs par mois pour une formation censée durer dix-huit mois. Le genre, de part ou d'autre, ne semble pas infléchir le prix.

L'entrée en apprentissage demeure une transition incertaine, parfois angoissante, même après une période d'essai plus ou moins décontractée. La Veuve Jousse place son fils en apprentissage avec un menuisier à Tours en 1821 pour dix-huit mois au prix de 600 francs, prix élevé pour l'époque, payable, comme au XVIIIe siècle, en plusieurs fois. Au bout d'une semaine en boutique, l'enfant paraît perdu et sa mère s'efforce de le retirer de l'engagement en avouant « qu'elle n'a pas le moyen de payer une aussi forte somme ». Après une conciliation par les prud'hommes, le maître accepte 200 francs d'indemnité – pénalité énorme – pour clore le dossier. À Tours encore, un enfant « protégé » par une femme aisée commence une formation de trente mois comme chandelier-épicier pour un montant assez lourd de 700 francs (mais

---

42. *Statistique de l'industrie à Paris résultant de l'enquête faite par la Chambre de commerce pour les années 1847-1848*, p. 57-59 ; V. de Chardon, « L'Apprentissage en France de 1851 à 1919 », p. 242. D'après J.-H. Cagninacci (*L'Instruction professionnelle de l'ouvrier*, Paris, A. Rousseau, 1910, p. 34), sur 6 000 apprentis engagés par contrats écrits vers le milieu du siècle, seuls 15 % semblent avoir rémunéré leurs patrons. Mais il n'indique pas clairement ses sources.

nourri, logé, blanchi). Quand cette protectrice comprend que l'enfant est malheureux, elle « préfère faire un sacrifice que de le laisser retourner » chez son maître, payant un total de 550 francs pour lui rendre sa liberté. Un demi-siècle plus tard, au Mans, une famille revient sur son engagement de financer un apprentissage à hauteur de 300 francs en horlogerie, métier extrêmement délicat, prétextant le prix excessif. On se demande comment la Veuve Moriet de Tours aurait pu accepter de payer un fabricant de bas 540 francs pour former son fils. À part le caractère réfractaire de ce dernier (il préfère « jouer » plutôt que travailler et tend à « détériorer » la matière première), sa mère avoue assez rapidement qu'elle est « hors d'état de payer ». Mais disputer les conditions de la convention ne revient pas toujours à dénoncer un prix exorbitant. Un apprenti tapissier également dans la Sarthe ne se plaint pas du prix de 85 francs pour une année d'apprentissage, mais cherche à renégocier la dette quand il décide d'abandonner la profession après seulement deux mois. Aux prud'hommes, il s'en sort avec une indemnité modérée de 15 francs. Un boucher à Nantes en 1850 demande 50 francs pour une formation de dix-huit mois : le prix est jugé raisonnable, ce qui n'empêche pas la famille de refuser de payer la dernière échéance quand l'apprenti est brusquement congédié par le maître, récit contesté par ce dernier[43].

Des maîtres trouvent des techniques pour arracher des espèces trébuchantes ou faire sur l'apprenti pour le paiement de son apprentissage des pressions moins formelles que le recours aux prud'hommes. Un maître cordier manceau dans les années 1860 suit une voie de plus en plus empruntée, déduisant le prix de l'apprentissage – en l'occurrence 50 francs – du salaire de l'apprenti de quinzaine en quinzaine. Fourneaux, maître filassier au Mans, refuse d'accorder à son apprenti à la fin de son temps un certificat de congé lui permettant de trouver du travail, jusqu'à ce qu'il verse les 68 francs restant sur le prix de 100 francs fixé dans le contrat verbal d'apprentissage. De manière analogue, Pierre Turquin, tisseur ferrandinier (ouvrier en soie) à Tours, prélève sur chaque ouvrage confectionné par son apprenti la moitié du prix de la pièce, somme déposée sur un compte consacré au remboursement de 500 francs, prix de la formation. Prescrite dans un contrat écrit, une clause permet à Turquin de réclamer au futur

43. Prud'hommes : AD Indre-et-Loire, 5 U 12, 12 juillet 1821, 17 février 1820 ; AD Sarthe, 778 W 3, 3 juillet 1872 ; AD Indre-et-Loire, 5 U 14, 8 novembre 1827 ; AD Sarthe, 778 W 1, 7 février 1866 ; AD Loire-Atlantique, 5 U1 43, 4 décembre 1850.

maître, quand l'apprenti se fait embaucher à la fin de son temps, le montant restant sur le prix de l'apprentissage. Une fleuriste ne peut se faire indemniser qu'en obtenant un jugement aux prud'hommes quand son apprentie abandonne la formation pour se marier : la mère prétend que ce genre de rupture « naturelle » éteint l'engagement de payer un apprentissage désormais périmé[44].

LE CONTRAT

L'apprentissage se fonde sur une notion de réciprocité asymétrique concrétisée par un contrat signé ordinairement devant notaire, avec des exceptions, pour l'Ancien Régime, un contrat en forme écrite ou verbale, officialisé ou non, pour le XIXe siècle[45]. En échange de son éducation, l'apprenti donne son travail pendant une durée précise. Mais la mise en équivalence est strictement limitée au plan rituel et juridique. Les parties contractantes ont des devoirs mutuels, mais nullement égaux, et des moyens de recours l'une contre l'autre nettement disproportionnés. En ce qui concerne l'Ancien Régime, le caractère de cette relation n'est point purement privé et son enjeu n'est point simplement « local ». Car le contrat ne regarde pas exclusivement le maître et l'enfant/adolescent.e, avec ses présentateurs-cautions. Interviennent, expressément ou tacitement, trois autres parties : la communauté, le gouvernement (à plusieurs niveaux), les éventuels clients.

Tout comme la boutique théoriquement ouverte au monde, donnant sur la rue, le contrat entre maître et apprenti au XVIIIe siècle a une dimension corporative et publique. La communauté, dont les représentants sont normalement eux-mêmes signataires du contrat, exige le respect de ses règles qui priment sur toutes les conventions particulières, car elle seule donne légitimité au brevet en l'enregistrant. Elle exerce un droit de regard permanent sur le couple

44. Prud'hommes : AD Sarthe, 778 W 1, 16 décembre 1865, 16 mai 1866 et 11 octobre 1865 ; AD Indre-et-Loire, 5 U 17, 14 mars 1853 ; AD Sarthe, 778 W 2, 12 juin 1867. Comme dans bien d'autres cas, un patron filassier manceau engage comme « apprenti » un jeune homme qui avait travaillé pendant des mois chez un autre maître « comme ouvrier ». AD Sarthe, 778 W 2, 2 janvier 1867.

45. Nicole Pellegrin souligne que dans le Poitou, il n'y a pas de protocole établi pour le passage du contrat d'apprentissage devant notaire. Elle relève de nombreux contrats verbaux et d'autres, écrits, mais sous seing privé, scellés parfois au cabaret devant témoins. Elle note aussi des différences entre pratiques rurales et urbaines. Enfin, elle problématise la distinction entre l'écrit et le verbal dans une société profondément « orale » dans sa façon de concevoir et de faire. « L'Apprentissage, ou l'écriture de l'oralité. Quelques remarques introductives », *Revue d'histoire moderne et contemporaine*, t. 40 (juillet-septembre 1993), p. 359-62.

maître-apprenti. Si la communauté s'intéresse à l'apprenti, c'est parce qu'il pèse sur l'équilibre interne : les jurés n'approuvent le contrat qu'à condition qu'il ne lèse pas les intérêts de tous les autres maîtres. Le gouvernement, local et/ou central, garantit le contrat qu'il considère quasiment comme un acte de police et une expression rassurante de l'ordre hiérarchique. Le contrat est un des points d'origine du marché du travail, un des lieux les plus sensibles et les plus surveillés de la société urbaine de l'Ancien Régime. À travers « la grande chaîne de la condition corporative », les parties contractent implicitement avec le roi, qui tient tous les anneaux de la chaîne entre ses mains. Enfin, le maître et l'apprenti contractent en même temps avec le public qu'ils jurent de servir fidèlement[46].

La conception du contrat au XIXe est plus étroite, plus individualiste, fondée sur un marché de gré à gré, sans l'intervention d'une quelconque forme de tutelle ou de contrôle[47]. L'idée en est conditionnée par l'éthos libéral dominant, influencée par la loi de 1851 réglementant l'apprentissage, mais peu contrainte par elle. Hostile au contractualisme corporatif, la vision du XIXe est pourtant marquée par certains aspects de son style et de son contenu et par une version peut-être plus aiguë de son discours paternaliste (ou « père-de-famille-iste »), plus formaliste dans son juridisme, mais plus souple dans la pratique, comme en témoigne la très large place des contrats verbaux, critiqués avec véhémence par certains commentateurs qui les considèrent comme des sous-contrats qui sapent la culture contractualiste et l'institution même de l'apprentissage. Habituellement fort sobres, les prud'hommes ne désespèrent jamais de faire sortir d'une convention verbale la vraie vérité. Mais ils appuient très majoritairement en 1845 l'appel du conseil des prud'hommes des industries des métaux de la capitale pour un contrat écrit facile à réaliser et universel, accompagné « de la plus grande publicité » pour

46. La plupart des communautés parisiennes envoient des jurés ou gardes (entre deux et six) pour participer formellement à la lecture et à la signature du contrat. Mais maintes corporations ne sont pas présentes, pour des raisons qui demeurent obscures : au sommet, par exemple, les merciers et les épiciers (parmi d'autres membres des Six Corps, l'élite institutionnelle corporative) ; juste en dessous, les imprimeurs-libraires et les perruquiers ; au milieu, les tapissiers et les quincailliers ; vers la base, les paveurs, les cloutiers, les couturières. Sur la grande chaîne, voir S. L. Kaplan, *La Fin des corporations*, Paris, Fayard, 2001.

47. Le contrat, au XIXe siècle, est couramment appelé « marché », un peu moins communément « traité ». Voir, par exemple, AD Loire-Atlantique, 5 U 1 43, 4 septembre 1850. Pour marquer la résiliation consensuelle d'un marché, les parties « déchirent » le document ; quand ce sont les prud'hommes qui l'annulent, c'est le secrétaire du bureau qui le « déchire ». Voir AD Sarthe, 778 W 2, 7 juillet 1869 et 778 W 3, 3 juillet 1872 et 27 août 1873.

le modèle de contrat que le juriste François-Étienne Mollot a formulé à cette fin[48].

Vers la fin du siècle, dans l'imprimerie, consistant en 3 500 entreprises employant 56 000 ouvriers, seule une infime minorité d'apprentis passe un contrat écrit, le gros s'engageant verbalement. Des chefs d'atelier à Lyon reçoivent des apprenti.e.s sans aucune convention, écrite ou orale. Si un différend les oppose, chaque partie est handicapée dans sa démarche pour obtenir gain de cause, faute de documentation. Lorsque les conventions d'apprentissage ne sont pas écrites, elles doivent être prouvées par témoins. Quand des témoins sont introuvables, les prud'hommes doivent compter sur l'expérience, les usages locaux et leur interrogation des parties dans l'espoir d'éclairer les aspects concrets de la relation maître-apprenti.e. Valin nie qu'un traité d'apprentissage existe liant son fils à Morin, fabricant lyonnais. Sous pression, le père admet que son épouse aurait pu avoir consenti un accord. Si la mère de l'apprenti a fait ces conventions verbales, c'est l'intérêt et le devoir de son mari d'être au courant, estiment les prud'hommes, qui le tiennent responsable. Après deux ans et demi – mais pourquoi lui a-t-il fallu si longtemps pour faire ce constat ? –, Mme Lambret veut retirer son fils de son apprentissage chez Beauvais, imprimeur au Mans, qui « ne fait faire à son fils que des commissions ». Le maître répond tranquillement « que son fils n'est chez lui qu'à titre de commissionnaire », contestant ainsi l'existence d'un contrat d'apprentissage. Un apprenti à Lyon prétend qu'il n'est pas lié à son maître, faute d'un traité écrit. Les prud'hommes affirment que le fait qu'il est resté plus d'un an chez son patron est la preuve de l'existence d'une convention qui a une force obligatoire[49].

Des disputes semblables, extrêmement difficiles à trancher parce que la convention liant les parties est purement verbale, émaillent l'agenda prud'homal de Paris, prenant parfois l'allure d'un véritable sketch. Gautier fils est-il apprenti lampiste, comme l'affirme son maître avec

48. Délibérations du conseil des prud'hommes des métaux, 6 août 1845, AP, D1U10 4, fols. 20-21.

49. Ministère du commerce et de l'industrie, Direction du travail, Office du travail, *L'Apprentissage industriel. Rapport sur l'apprentissage dans l'imprimerie, 1899-1901*, Paris, Imprimerie nationale, 1902, p. LXV, 236-37 (Dijon, Annecy, Rouen) ; divers incidents relatés dans *L'Écho de la Fabrique* (15 septembre, 15 mars 1844, 1er et 7 avril, 1er août 1845) ; AD Sarthe, 778 W 1, 14 décembre 1864 ; *L'Indicateur* (5 avril 1835). Notons que les partisans les plus vigoureux d'une renaissance, voire d'une refonte de l'apprentissage au XIXe siècle mettent le contrat écrit (et généralement obligatoire) au centre de leur projet. Je discute cette question ailleurs dans ce livre.

insistance, ou a-t-il été placé par son père comme « simple homme de peine » (d'après les prud'hommes, stratagème – « moyen détourné » – pour sortir prématurément du contrat) ? Bien qu'elle soit « constamment occupée à l'état de fleuriste » pendant quatre mois, sa famille enlève Lucie, prétendant qu'elle « n'a point été placée comme apprentie chez Poinsot [fleuriste], mais bien comme domestique », inversion de l'habituel rapport de force discursif. Si la petite Dumoulin est entrée chez un bijoutier comme apprentie, elle lui doit en principe quatre ans ; mais si, comme le prétend son père, elle travaille comme ouvrière – salariée, elle touche 6 francs par semaine –, il a le droit de la soustraire quand bon lui semble. Autre cas de figure, le péché (ou plutôt le mensonge) originel : un peintre déclare « qu'il n'est convenu de rien avec [un graveur], sinon de faire un contrat pour l'apprentissage de son fils ; mais qu'il n'avait jamais pu rencontrer ce dernier pour arrêter les conventions ». La controverse la plus commune dans ces engagements oraux porte sur le temps promis, facteur clé pour les deux parties, les apprenti.e.s tendant à le minorer, les patrons à le majorer. Meillet, ferronnier, a pris Petro comme apprenti pour trois ans ; non, la moitié, proteste son père. Le père d'un apprenti mécanicien est d'accord sur la durée de trois ans, désormais terminée, à ses yeux ; non, conteste le patron, il reste six mois à faire. Même débat entre un horloger et le père de son apprenti, mais, cette fois-ci, c'est le maître qui veut réduire de six mois l'apprentissage[50].

Dans le monde corporatiste, il n'y a, à proprement parler, qu'une catégorie d'apprentis (excluant l'allouage et des formations chez les artisans dits « sans-qualité »), malgré les origines fréquemment très disparates de ces futurs ouvriers. Le cadre est censé être le même partout, par-delà les usages et les styles particuliers à chaque communauté et à chaque métier ; la trajectoire et le protocole sont plus ou moins standardisés, au moins au commencement de l'apprentissage. Le processus varie avec le lieu, la communauté ou le métier, et les traditions locales, mais en général le/la futur.e apprenti.e n'est pas soumis.e à un examen ou un contrôle de ses qualités avant la signature. Parfois on lui demande une preuve de catholicité ou la recommandation d'un prêtre. Le maître est chargé implicitement d'une vérification de sa capacité physique et intellectuelle, ordinairement fort sommaire, car

50. AP, Prud'hommes : D1U10 16, 13 novembre 1865 ; D1U10 403, 27 juillet 1876 ; D1U10 16, 18 septembre 1865 et 7 janvier 1867 et 24 avril 1865 ; D1U10 14, 30 avril 1860 ; D1U10 16, 1er octobre 1866 et 23 janvier 1865.

les parents ou présentateurs-tuteurs servent de garants et il y a souvent une période d'essai pour évacuer les éventuels remords de l'acheteur, comme l'on dit de nos jours. On ne demande pas grand-chose au maître. Quelques communautés imposent un âge minimum, mais ce n'est pas courant ; à Lyon, on exige que le maître tienne une boutique « ouverte », un atelier qui marche ; piégé par des problèmes conjoncturels l'empêchant de fonctionner régulièrement, un maître ne peut recevoir un apprenti[51]. Au XIXe siècle, un patron avec un casier judiciaire ne peut pas être maître d'apprentissage, sauf dérogation préfectorale ; sous l'Ancien Régime, en principe un maître n'obtient pas la maîtrise s'il a perpétré des actes criminels ; dans certaines communautés, un maître convaincu d'avoir commis de tels actes risque même l'expulsion. Quant à la question de sa compétence professionnelle, de sa capacité de transmettre ou de son tempérament (disons) moral, pas un mot : *caveat emptor*.

Une rare et surprenante barrière (théorique) à l'entrée en apprentissage est soulevée dans un texte normatif visant les notaires à propos des « tailleurs », sans précision sur le lieu ni indication sur l'application réelle : « Les tailleurs ne prennent point d'apprentis s'ils ne sont pas de *main-neuve* ; c'est-à-dire, qui n'ont rien appris du métier : c'est pourquoi on met, *l'avoir mis en apprentissage & service, comme apprenti de main-neuve*. » Ce texte, qui ne semble pas avoir habité beaucoup de contrats, pourrait signifier que l'apprenti acceptable n'a pas fait un début d'apprentissage ailleurs. Seulement, nous savons que les apprentis ont souvent plusieurs maîtres au cours de leur itinéraire ou ont travaillé avant le démarrage de leur apprentissage, tant sous l'Ancien Régime que pendant le XIXe siècle[52].

Les méthodes d'initiation au XIXe siècle sont sans doute globalement analogues, mais les observateurs relèvent des apprentis à profils différents. Ils soulignent ce que l'on n'a pas pris la peine d'articuler ouvertement pendant l'Ancien Régime, notamment que l'on n'entre pas tous égaux dans l'apprentissage : il y a ceux qui sont allés à l'école, d'autres qui ont déjà travaillé pour un patron en atelier ou ailleurs ; il y a des enfants assez jeunes, des adolescents, puis de jeunes adultes, qui ne peuvent pas être amalgamés. Physiquement et intellectuellement, ils ne sont pas tous capables des mêmes travaux. Ils n'ont pas

51. Par exemple, AM Lyon, HH 241, 7 février 1748.

52. C.-J. de Ferrière, *La Science parfaite des notaires*, t. 2, 1728, p. 111. Je n'ai jamais vu cette clause dans un contrat ; j'en ai pourtant manié des centaines et des centaines.

acquis les mêmes habitudes, au plat pays et dans les grandes villes. Ils ne sont pas également accoutumés à la subordination. Ils ne sont pas tous susceptibles de la même « contagion du vice ». Par ailleurs, il existe quelques indications au XIXe siècle d'une spécialisation contractuelle qui ne semble pas avoir existé pendant l'Ancien Régime. Des parents placent un adolescent en deuxième apprentissage « pour perfectionnement », le baptisant simplement apprenti (Eugène Hardy chez un ferblantier pour un an à Nantes), ou « ouvrier en perfectionnement » (Pierre Montreux en menuiserie, nantais aussi)[53].

Il est parfois difficile de savoir qui est (légitimement ou conventionnellement) apprenti. Les « petits employés » – le rêve des parents ambitieux, car le bureau est plus gratifiant (propre, lumineux, respectable) que l'atelier ou la manufacture – font partie d'une classe théoriquement à part, mais certains sont catalogués apprentis. Les enfants d'usine, nonobstant une formation au mieux fragmentée, partielle et courte dans chaque aspect de la manufacture, peuvent aussi être considérés comme apprentis, même s'ils commencent plus jeunes et travaillent autant en dépit de la loi. Les « vrais » apprentis reçoivent des leçons, mais de sérieux et d'exigence fort différents, en fonction des projets et des méthodes des patrons. Si, à l'encontre des enfants en usine, ils sont « libres de regarder autour d'eux, s'instruire par la seule contemplation d'un travail difficile », ils ne peuvent pas être sûrs de s'approprier correctement tout le métier. Chaque boutique n'est pas aussi carrée que la fabrique des bijoux Savard à Paris. L'apprenti s'y engage à treize ans pour quatre ans de formation. Il travaille tous les jours et sort le dimanche, à moins qu'il ne soit sanctionné pour une faute (c'est la seule punition autorisée par la maison). Lorsque c'est possible, Savard lui-même organise un cours complémentaire tous les soirs. Les deux apprentis qui se sont le plus distingués à l'ouvrage partagent le dîner du patron à la fin du mois. Cette approche hyperréglée n'est pas le modèle régnant, comme le remarque Jules Simon, philosophe et homme politique, sidéré par la diversité vertigineuse des conditions d'apprentissage dans les textiles à Lyon, Rouen et ailleurs : « Il y a tant de variété dans la manière dont les enfants sont traités, dans les services qu'ils rendent par leur travail, dans la durée et le prix de l'engagement, qu'il est impossible d'arriver à se former une idée un peu générale. » Comme on vient de le voir, devant les prud'hommes,

53. AD Loire-Atlantique, 5 U 1 45, 3 décembre 1857, 4 septembre 1857, et 5 U 1 43, 21 août 1844.

il n'est de fait pas toujours évident de démêler qui est apprenti.e : au Mans, le garçon réclamant un salaire en mars 1868 se dit apprenti, mais il est sans doute ouvrier chapelier. Un demi-siècle auparavant, à Tours, Antoine Caret, maître passementier, réclame le paiement de l'apprentissage de la petite Dubois. Sa mère s'y oppose : « Ce n'est pas l'usage que l'on paye l'apprentissage dans la partie où travaillait sa fille et elle croyait que sa fille était comme ouvrière. » Le bureau prud'homal donne raison aux Dubois, mère et ouvrière, mais tance cette dernière pour être sortie sans prévenir et sans faire une pièce de congé : paradoxalement, l'ouvrière a plus de mal à partir que l'apprentie[54].

Un maître au XIXe siècle reste un maître, pas plus difficile à identifier qu'avant. Le vocable aurait dû changer dans le sillage de la Révolution (tant 1789 que 1793-94), qui a purgé ou jeté l'anathème sur tellement de mots et de titres jugés stigmatisants et mortifiants pour tant de gens dans la mise en scène de la domination et du privilège. En brandissant le mot hautement chargé de « corporation » après 1791, on s'installe dans une posture politique ; ce terme est incapable de porter la continuité ; il ne peut pas être dépolitisé. L'appellation « maître » aurait dû avoir le même destin. Un commentateur au XIXe siècle note que le mot « maître », qui fait partie du vocabulaire quotidien depuis des lustres, n'est plus en accord avec l'expérience et l'expression sociopolitiques des Français. Signifiant « une idée de supériorité », dorénavant contestée et définitivement rejetée par « l'immense majorité des ouvriers » qui se croient « les égaux des maîtres », le mot rappelle aussi la domination dite domestique dans le marché du travail et la maison, et doit avoir une connotation plus infamante encore dans les colonies à esclavage. Mais paradoxalement, le vocable semble jouir, dans certains secteurs, d'une sorte de neutralité, un aspect apaisé d'inéluctabilité, dans le sens où Turgot rassurait les élites, secouées par la liberté débridée, hésitantes à se soumettre aux arbitrages de la concurrence déchaînée et des marchés autocorrecteurs, en soulignant que, malgré tout, dans le nouveau monde comme dans l'ancien, il y aurait toujours des maîtres et des ouvriers. Au XIXe siècle, maîtres et patrons

54. Pierre-Armand Dufau, *Lettres à une dame sur la charité*, Paris, Guillaumin, 1847, p. 94-95 ; César Fichet, *Mémoire sur l'apprentissage et sur l'éducation industrielle*, Paris, Galban, 1847, p. 32 ; Jean-C.-L. de Sismondi cité par Alban de Villeneuve-Bargemont, *Économie politique chrétienne, ou Recherches sur la nature et les causes du paupérisme en France*, Paris, Paulin, 1834, p. 181 ; Alexandre-Félix Legentil, *De la condition des apprentis à Paris et les œuvres principales qui tendent à l'améliorer*, Paris, P. Dupont, 1874, p. 1-10 ; J. Gaillard, *Paris, la ville, 1852-1870*, p. 299 ; J. Simon, *L'Ouvrier de huit ans*, Paris, Hachette, 1867, p. 255-57 ; AD Sarthe, 778 W 2, 4 mars 1868 ; AD Indre-et-Loire, 5 U 12, 8 juin 1819.

sont globalement synonymes. En ce qui concerne l'apprentissage, le terme « maître » s'impose pour désigner celui (ou celle) qui dirige la formation des jeunes, *a fortiori* qui maîtrise un métier par sa compétence technique. Il suppose une supériorité qui paraît normale, et qui est naturalisée. « Maître » est présent dans de nombreux contrats et s'invite dans la nomenclature des instances juridiques et des actions en justice. Dans les années 1860, Marchal est signalé comme maître cordonnier, Deshayes comme maîtresse lingère et Dermeville comme maître tailleur d'habits ; et en 1876, Dupuis et Promentier comme maîtresses couturières[55].

PROMESSES DU MAÎTRE

L'enfant est « mis et obligé » en apprentissage pour un certain nombre d'années « entières et consécutives », et le maître accepte de « prendre et retenir » son « aprenty » (beaucoup plus rarement son « élève ») pendant cette durée. Dans presque tous les contrats, le premier engagement concret du maître concerne le partage du savoir. Il « promet [de] montrer et enseigner sa profession [moins communément son "art"] et tout ce dont il se mesle et entièrement en icelle sans luy en rien cacher ». L'assurance d'une transparence généreuse vise à apaiser une vieille crainte que le maître ne révélera pas les secrets les plus importants pour conforter le monopole dont il est en principe détenteur, ou pour soumettre l'apprenti à une sorte de chantage permanent. Premier devoir du maître, cette mission formatrice est néanmoins presque toujours dépeinte de manière fort laconique et aphoristique. Le modèle du XIXe siècle suit de près celui du XVIIIe (le maître doit transmettre son savoir professionnel « progressivement et complètement »). Nous y reviendrons.

Ensuite sont indiquées les prestations matérielles dont le maître doit s'acquitter. Malgré une assez grande variabilité, surtout par métier, mais aussi par maître individuel, on peut évoquer un scénario standard : loger, nourrir, coucher, éclairer ; ou « alimens corporels,

55. Le vocable de « maître » persiste dans le monde postcorporatif pour désigner un ancien apprenti passé patron, ou entrepreneur indépendant. *Dictionnaire de l'Académie françoise*, 5e édition, t. 2, Paris, J. J. Smits, 1798, p. 57 ; Jacqueline Lalouette, « Les insaisissables corporations du premier XIXe siècle : enquêtes sur les usages d'un mot », dans Steven L. Kaplan et Philippe Minard (dir.), *La France, malade du corporatisme ? XVIIIe-XXe siècles*, Paris, Belin, 2004, p. 170 ; AP, Prud'hommes : D1U10 292, 31 mars 1864 et 21 juillet 1864 ; D1U10 397, 18 mars 1869 et 8 juillet 1869 ; D1U10 403, 2 mars 1876 et 18 mai 1876.

feu, lit, hôtel, luminaire et entretien », souvent chauffer et blanchir (« de gros et menu linge »), quelquefois entretenir « d'habits et vestements suivant son état »[56]. Incontournables pendant l'Ancien Régime, ces catégories continuent de marquer de nombreux contrats au XIXe[57]. Même si elles sont toutes importantes dans la vie de l'apprenti.e et dans le budget de sa famille, elles ne se valent pas, ni matériellement, ni symboliquement. Les services et fournitures primordiaux, vitaux sont le logement et la nourriture. Ce sont à la fois les éléments les plus intimes, les plus sensibles, les plus emblématiques du transfert (provisoire) de la confiance, du pouvoir paternel (et maternel), et de la surveillance et responsabilité morales et physiques, de la famille de naissance à la famille de formation.

La moitié des apprentis peintres et 75 % des sculpteurs dans notre échantillon résident chez leurs parents, en partie parce qu'ils sont souvent assez jeunes, peut-être parce que les maîtres conçoivent l'apprentissage comme une école à des fins techniques précises plutôt que comme une diffuse expérience d'acculturation. Soixante et onze sur 150 apprenties couturières continuent de vivre chez elles ; certaines s'installent dans des « maisons garnyes », plusieurs partageant parfois le même espace, s'exposant au risque d'être malmenées. D'autres apprentis ici et là ne vivent pas chez le maître : des cordonniers, des savetiers, des fabricants d'étoffe, des bouchonniers. Il y a tolérance pour des exceptions, même quand les statuts de dizaines de communautés parisiennes et de centaines en province – des limonadiers, des charcutiers, des bouchers, des patenôtriers, des verriers, des couvreurs, des émailleurs, et des fabricants en drap d'or, d'argent et autres étoffes – exigent que les apprentis « demeurent dans les maisons » des maîtres. Privilégiant et promouvant le noyau familial dans l'idée communautaire, les horlogers et les doreurs de Paris, parmi d'autres,

---

56. À part les contrats (par exemple, AN, MC : XXXVIII-202, 20 mai 1720 et XXXVIII-209, 7 janvier 1721), voir *Statuts de la communauté des maîtres et marchands grainiers de Paris*, p. 111 (formule du 27 février 1668). Faute d'éléments précis, il est très difficile d'arriver à une estimation fiable du coût des prestations ordinaires. On a quelques indications données par un maître, ici ou là, impossibles à corroborer. Selon un maître perruquier lyonnais, il faut compter 15 sous par jour pour loger, nourrir et blanchir. J. Augier, 26 octobre 1776, AM Lyon, HH 177. D'après Bultré, maître cordonnier à Paris, on dépense 90 livres par an, dont 60 pour couvrir logement et nourriture, et 30 pour la catégorie fourre-tout « d'entretien ». Son confrère Marand, calculant sur un temps global d'apprentissage de quatre ans, impute 300 livres pour nourriture et « peines et soins » du maître et 272 pour « l'entretien » (comprenant les frais non spécifiés du brevet). AN, MC : X-495, 23 mars 1751 et X-529, 29 mars 1758.

57. Voir Armand Audiganne, *Les Ouvriers en famille*, 7e éd., Paris, Capelle, 1866, p. 39-42.

déclarent que « les apprentis seront tenus, pendant tout le temps de leur Apprentissage, de demeurer chez leur Maître, de Coucher sous le même toit, & d'être à leur Table & à leur Feu » – formule alambiquée, comme s'il s'agissait d'un choix de l'apprenti plutôt que d'une obligation incombant au maître. Même inversion protocolaire chez les papetiers à travers le royaume – l'apprenti « sera tenu de demeurer chez son maître » pendant quatre ans –, comme si le problème éventuel était moins la volonté du maître de loger l'apprenti que l'appétit de ce dernier d'y rester jusqu'à la fin de son terme. En tout cas, 81 % des contrats dans le Poitou, et à peu près autant dans plusieurs échantillons parisiens, stipulent le logement de l'apprenti.e chez le maître ou la maîtresse. Dans un échantillon de 203 contrats dans la boulangerie parisienne, 201 offrent l'hébergement. Il est certain, au moins pendant l'Ancien Régime, que la grande majorité des maîtres désirent avoir continuellement leurs apprentis à leur disposition et sous leur tutelle. Ils veulent bien laisser d'autres charges à la famille de l'apprenti, mais non pas celle du logement qui leur permet de mieux asseoir leur empire[58].

N'étant plus soumis aux contraintes corporatives, privés du cadre corporatif, mais habités par certains des idéaux corporatifs, les acteurs du XIXe siècle font preuve d'une attitude ambivalente à l'égard de la place du logement dans la pratique de l'apprentissage. Si les parents, tout particulièrement les plus démunis, demeurent aussi attachés au

58. R. de Lespinasse, *Les Métiers et corporations*, t. 1, p. 608 ; *Statuts et règlements des maîtres patenôtriers, des maîtres verriers, des maîtres couvreurs, des maîtres émailleurs, etc.*, dans *Articles, statuts, ordonnances et reglemens des diverses communautés de la ville de Paris*, Paris, P.-G. Simon, 1742 ; N. Delamare : *Traité de la police*, t. 2, p. 1226, 1337, t. 3, Amsterdam, 1729, p. 128 ; *Dictionnaire portatif du commerce*, p. 191, 251 ; AN, Y 13237A, 17 mars 1750 ; C. Raillard (éd.), *Extraits des principaux articles des statuts des maîtres horlogers*, p. 98 ; *Statuts, ordonnances et reglemens de la communauté et du corps des maîtres et marchands ciseleurs, doreurs et argenteurs de Paris*, Paris, 1774, p. 216 ; arrêt du conseil, 27 janvier 1739, *Code de Louis XV, ou Recueil des principaux règlements et ordonnances*, t. 1, Grenoble, Veuve Girard, 1778, p. 444 ; N. Pellegrin, « Contrats d'apprentissage en Haut-Poitou », p. 271 ; S. L. Kaplan, *Le Meilleur Pain du monde*, p. 215-16. Voir la discussion tonique du logement (de moins en moins pratiqué aux XVII et XVIIIe siècles) comme un enjeu assez complexe dans l'évolution de l'apprentissage, et ses rapports avec les corporations (qui s'éloignent de l'obligation de loger), avec le marché du travail, et avec le contrôle des qualifications et des compétences (la bataille contre les « faux-maîtres » et les apprentissages fictifs) et avec le développement capitaliste. Bert de Munck, « From Brotherhood Community to Civil Society? Apprenticeship Between Guild, Household and the Freedom of Contract in Early Modern Antwerp », *Social History*, t. 36 (février 2010), p. 9-14. Les maîtres en Angleterre proposent une palette fort variée de prestations au XVIe siècle. Mais ils réduisent leurs services de façon frappante au cours du XVIIIe siècle, action interprétée comme signe de la décadence du système corporatif. Voir O. J. Dunlop, *English Apprenticeship*, p. 55-59, 179, 195.

logement que leurs homologues de l'Ancien Régime, les entrepreneurs robustes en perçoivent beaucoup moins l'intérêt, en raison des changements dans les modes et (donc) les relations sociales de production, et les plus modestes manquent souvent des moyens de proposer un logement. Laissant de côté la question de la détérioration économique, morale et institutionnelle de l'apprentissage, nous constatons que la notion même de l'apprentissage se rétrécit insensiblement. Il est conçu étroitement, de plus en plus comme un programme d'enseignement technique et/ou professionnel et de moins en moins comme un projet expansif de socialisation où l'on fabrique autant l'homme et la femme, le/la citoyen.ne que le/la bon.ne ouvrier.ère. Loger l'apprenti.e n'est plus impératif, ni symboliquement ni matériellement ; ici ou là, cela serait peut-être utile, ou gratuit, un fardeau pour le maître (prenant en compte notamment l'obligation, tacite ou explicite, de surveillance morale) ou une opportunité de rehausser son image publique et son autorité dans l'atelier, un levier de marchandage dans une négociation ou une affaire privée concernant exclusivement l'apprenti.e et sa famille. Une tendance croissante à faire payer lit et nourriture paraît sonner le glas des arrangements classiques, même si cette imposition n'est pas totalement absente au XVIIIe siècle. À travers le XIXe, les moralistes et les patronages, ouvertement religieux ou officiellement non confessionnels, encouragent le logement par le maître, mais dans une ambiance paternaliste et idéalement après vérification de ses qualités morales. Certains grands patrons, épousant le paternalisme comme un véritable plan industriel, établissent des dortoirs et organisent la vie des apprentis toute la journée et même le dimanche[59].

L'enquête de la Chambre de commerce de la capitale pour 1860 indique que 59 % des apprenti.e.s sont logés par leurs patron.nes, une proportion qui pourrait sembler exagérée (elle présente le résiduel, 41 %, comme logeant dans leurs familles, sans prendre en compte de nombreux jeunes qui résident « dans leurs meubles », dans des auberges ou des garnis). Un regard non-systématique sondant

59. *L'Écho de la Fabrique* (31 mai 1844) ; un cas à Chambéry au XIXe siècle (où l'apprenti paie son lit et sa nourriture quand il s'engage pour huit mois, mais les obtient sans bourse délier quand le contrat dure seize mois), cité par V. de Chardon, « L'Apprentissage en France de 1851 à 1919 », p. 66 ; sur le pensionnat d'apprentis établi par l'usine Christofle, *ibid.*, p. 116. En partie en raison de l'importance de la population d'apprentis-migrants, les artisans à Vienne maintiennent la pratique du logement pendant le XIXe siècle. Anne-Marie Steidl, « Between Home and Workshop: Regional and Social Mobility of Apprentices in 18th-19th centuries Vienna », *MEFRIM*, t. 128, n° 1 (2016), p. 171.

quelques années des archives prud'homales de Paris (privilégiant le dernier tiers du XIXe siècle, celui de l'éclosion de la modernité) dévoile un nombre surprenant, et peut-être significatif, de contrats verbaux, largement ventilés sur le plan professionnel, proposant le couple structurant « logé.e-nourri.e »[60]. Dans un tout autre sens, portant une valeur purement anecdotique, plusieurs contrats trouvés fortuitement chez les prud'hommes de Tours dans les années 1850 esquissent le monde de l'apprentissage post-logement. Six maîtres, de disciplines disparates, ne veulent ou ne peuvent pas loger, ou estiment qu'en ne logeant pas, ils n'entament pas leur autorité de « père-de-famille ». Ils affichent ainsi une indifférence aux perceptions et aux appréhensions de l'apprenti.e (en l'occurrence, cinq garçons et une fille, les plus jeunes âgés de treize et douze ans) qui doit négocier psychologiquement tous les jours ce dédoublement paternel. Ils se contentent de la promesse de chaque famille « d'envoyer l'apprenti.e tous les jours à la fabrique » ou « d'assurer que l'enfant se rend à l'atelier à l'heure ». Rajoutons que dès l'aube du XXe siècle, sauf dans les métiers de l'alimentation, le phénomène de l'apprenti.e logé.e est exceptionnel ; chez les imprimeurs, par exemple, interrogés sur le plan national en 1900, l'offre de loger-nourrir est rarissime[61].

Sur les conditions de logement, on ne dispose pas de beaucoup de données. Des autobiographies ouvrières évoquent l'exiguïté de l'espace, la saleté générale, les improvisations sanitaires, le manque d'aération, la promiscuité. Pendant l'Ancien Régime, et vraisemblablement bien

60. AP, Prud'hommes : D1U10 16 : 7 octobre 1876 (Lecat-Othon), 9 janvier 1865 (Lafleur-Leprieur), 23 janvier 1865 (Fouquet-Pasquet), 7 août 1865 (Jackman-Carbonnier et Merle-Gontard), 2 octobre 1865 (Creman-Deroubaix), 21 novembre 1866 (Jancu-Semat), 3 septembre 1865 (Duval-Hardy), 6 août 1866 (Deschampas-Grosyeux), 7 mai 1866 (Dourlan-Ainé), 9 juillet 1866 (Cohadon-Juin) ; D1U10 392 : 21 janvier 1864 (Gagnez-Cheela) ; D1U10 397 : 18 mars 1869 (Deschamps-Vernet), 8 juillet 1869 (Marchal-Goujon), 22 juillet 1869 (Lepelletier-Joncière), 5 août 1869 (Alignant-Perniot) ; D1U10 403 : 2 mars 1876 (Desilles-Hérodet).

61. *Statistique de l'industrie à Paris, résultant de l'enquête faite par la Chambre de commerce pour l'année 1860*, p. XXXIV ; J. Simon, « L'Apprentissage des jeunes ouvriers dans la petite industrie », *Revue des deux mondes* (février 1865), p. 732 ; AD Indre-et-Loire, 5 U 17 : 14 mars 1853, 1er et 10 mars, 6 mai 1854, 26 juillet 1858, 19 juin 1859 ; V. de Chardon, « L'Apprentissage en France de 1851 à 1919 », p. 241 ; *Rapport sur l'apprentissage dans l'imprimerie, 1899-1901*, p. LXV-LXVI. Citant les recherches de Colin Heywood dans huit villes industrielles au milieu du XIXe siècle montrant que le pourcentage des enfants de quinze à dix-neuf ans demeurant avec leurs parents est de plus de 74 % pour les garçons et de 92 % pour les filles, Michelle Perrot nuance fortement la représentation « d'une adolescence vagabonde ». Sans aller plus loin, elle évoque aussi « l'idée d'une nécessaire distance avec la famille pour l'apprentissage d'un métier autant que de la vie ». M. Perrot, « Jeunesse ouvrière », dans *Histoire des jeunes en Occident*, p. 106-07.

plus longtemps, les apprentis boulangers couchent dans le fournil, le plus souvent « au-dessus du four ». Typiquement, ils étalent des sacs remplis de plumes, lits faciles à faire et défaire, car, « chauve-souris » vivant dans « l'esclavage nocturne », ils dorment rarement toute une nuit, mais par segments entre deux rafraîchissements du levain. Dans de nombreux contrats, la famille promet de fournir un lit ou « lit et couchage », mais on ne sait pas exactement ce que cela signifie. Quelques conventions permettent à l'apprenti.e de dormir chez sa famille le dimanche soir, un privilège très convoité, sans doute autant pour le confort (relatif) que le soutien émotionnel. Le vitrier Jacques-Louis Ménétra, encore apprenti, prétend que les lits les plus doux sont ceux des veuves, mais son modèle n'est pas accessible au gros des apprentis. Au milieu du XIXe siècle, selon un ouvrier serrurier, un patron bijoutier, riche et ladre, fait coucher la dizaine d'apprentis sous sa houlette tous dans l'atelier même. Chacun dispose d'une sangle au pied de son établi qu'il déploie le soir et qu'il faut ranger le matin[62].

LE MANGER

Dans le folklore du monde du travail, le toit est fréquemment jumelé avec la table. C'est la double mesure de l'intégration de l'apprenti.e dans sa nouvelle famille de substitution. L'hébergement peut s'avérer faussement intime, notamment si « le couchage » a lieu dans l'atelier ou à une certaine distance de la famille du maître. La table – métaphore d'un putatif manger-ensemble – est censée davantage incarner et concrétiser l'accueil. Être admis à la table du maître et de sa famille, c'est obtenir un droit de commensalité (disons) conditionnelle, une sorte de reconnaissance sociale et morale, voire politique : jamais membre (officiel) de la communauté (au moins depuis le Moyen Âge), l'apprenti.e est désormais membre (honoraire) de la famille du maître, d'un des corps constituant la corporation. Sorte de communion profane, le repas partagé socialise, tisse le lien social intime à l'échelle du ménage et de l'atelier ; en incorporant la nourriture du maître dans son corps, l'apprenti.e est incorporé.e dans l'univers du métier, ses us et coutumes et sa renommée, et dans l'entourage plus ou moins intime de son patron.

62. S. L. Kaplan, *Le Meilleur Pain du monde*, p. 248 ; Jacques-Louis Ménétra, *Journal de ma* vie, éd. Daniel Roche, Paris, Montalba, 1982 ; Jérôme-Pierre Gilland, *Les Conteurs ouvriers, dédiés aux enfants des classes laborieuses*, Paris, chez l'auteur, 1849, p. 228-29.

À la base de cet idéal-type et de sa mythologie, idéologues, moralistes et historiens nous dépeignent, au moins depuis le XIXe siècle, un micro-monde tranquille et tonique, robuste et généreux, à l'échelle de la famille artisanale où le maître règne en (figure de) père, et où les enfants adoptifs, apprentis et compagnons, bénéficient de sa protection et subissent, de façon décisive, son influence. C'est la représentation fantasmée, la vision lissée, patriarcale et paternaliste de la corporation comme communauté morale de production, de camaraderie et de reproduction, du « *ganze Haus* » bienveillant et roboratif, structurant et souriant, de l'univers idéalisé de la famille sans-culotte, cohérente et irénique[63].

En réalité, les rapports de police du XVIIIe siècle suggèrent fortement que la table du maître est rarement le lieu de restauration des apprentis (ou des compagnons), encore moins d'orientation culturelle et d'échanges. Dans bien des ateliers, les apprentis doivent servir les compagnons, qui mangent ensemble, mais à l'écart du maître et de sa famille, avant de casser la croûte eux-mêmes. Une poignée de contrats précisent que le maître, bon prince, fera manger l'apprenti à sa table, ou que le maître partagera à l'occasion une soupe ou une collation avec l'apprenti. La nourriture est certainement plus un enjeu de bien-être vital qu'un vecteur d'intégration familiale ou morale. Les parents veulent s'assurer que leur enfant sera correctement nourri, pour qu'il garde la santé tout en apprenant une profession. Les contrats sont rarement volubiles sur le chapitre de la nourriture, soin souvent pris

63. Sur le *ganze Haus*, voir Reinhold Reith, « Apprentices in the German and Austrian Crafts in Early Modern Times: Apprentices as Wage Earners? », dans Bert De Munck, Steven L. Kaplan et Hugo Soly (dir.), *Learning on the Shop Floor: Historical Perspectives on Apprenticeship*, New York, Berghahn, 2007, p. 180-81, en dialogue avec Odilo Haberleitner, *Handwerk in Steiermark und Kärnten vom. Mittelalter bis 1850*, Graz, HLK, 1962 ; Otto Brunner, « Das "Ganze Haus" und die alteuropäische Okonomik », *Neue Wege der Verfassungs-und Sozialgeschichte*, Gottingen, Vandenhoeck et Ruprecht, 1968, p. 103-27 ; Valentin Groebner, « Ausser Haus. Otto Brunner und die alteuropäische Okonomik », *Geschichte in Wissenschaft und Unterricht*, t. 46 (1995), p. 69-80 ; Hans Derks, « Uber die Faszination des 'Ganzen Hauses' », *Geschichte und Gesellschaft*, t. 22 (1996), p. 221-42 ; Bernhard Weidner, *Otto Brunner und das "ganze Haus". Zum Umgang mit einem Deutungsmodell mittelalterlicher Gesellschaftsordnung*, Erlangen, 2008. Sur la représentation figée et quasi idyllique d'un maître exerçant une douce domination idéologique et pratique sur des apprentis et des compagnons soumis dans la félicité patriotique et civique, voir Albert Soboul, « Problèmes du travail au XVIIIe siècle. L'apprentissage : Réalités sociales et nécessités économiques », *Studi Storici*, t. 5, n° 3 (juillet-septembre 1964), p. 449-66 et surtout sa célèbre thèse : *Les Sans-culottes parisiens en l'an II*, Paris, Clavreuil, 1958 ; S. L. Kaplan, *La Fin des corporations*, p. 572-99. Cf. Richard M. Andrews, « Social Structures, Political Elites, and Ideology in Revolutionary Paris, 1792-94 : A Critical Evaluation of Albert Soboul's *Les Sans-culottes parisiens en l'an II* », *Journal of Social History*, t. 19 (Automne 1985), p. 71-112.

en charge par le maître, mais en termes fumeux ou ambigus. Il n'est pas inhabituel que le maître demande à la famille de s'occuper de tout ou d'une partie de l'alimentation ; les maîtres « nourriciers » spécifient parfois qu'ils ne font manger que « les jours de travail »[64]. Quand cette responsabilité est répartie, la famille procure typiquement du pain, noyau dur de tous les repas, base de glucides complexes enrichie par des protéines végétales, dépense inélastique et incontournable. Si le maître n'est pas totalement non-nourricier, indifférent tant aux éléments qu'aux rites de la consommation, il peut compléter la contribution parentale en fournissant ce qu'on appelle dans les contrats « la bonne chère », parfois « les bonnes choses », rarement « la bonne chair ». Il s'agit d'un supplément qui ajoute du goût, du plaisir, peut-être des mets nutritifs : un peu de viande, des légumes frais, une soupe épaisse. Faire bonne chère à quelqu'un est lui faire bon accueil ; dans sa forme matérielle, c'est une variable d'ajustement calculée en fonction de l'appréciation du patron de la qualité du travail et du comportement de l'apprenti et plus largement des circonstances commerciales. Le manger porte une charge emblématique et émotionnelle qui pèse sur la relation entre le maître et l'apprenti.e ; sans un régime alimentaire raisonnable, l'apprenti.e n'aura ni l'énergie, ni le moral nécessaires pour fonctionner efficacement.

Certaines communautés, tels les doreurs parisiens, inscrivent dans leurs statuts « l'obligation » du maître de bien nourrir l'apprenti. Le maître est certainement plus sensible à ses propres engagements contractuels. Au XVIIIe siècle, la plupart promettent de pourvoir la nourriture sans aucune précision. En avril 1728, un apprenti teinturier en soie à Lyon obtient le transfert de son brevet à un autre maître, car le premier mégote sur les portions et la qualité des aliments. Dix-huit mois après le début du contrat, une mère proteste que le maître de son fils, apprenti sculpteur, ne lui donne pas suffisamment à manger. Impossibles à mesurer, les plaintes de cette nature ne semblent pas pulluler. Il est dans l'intérêt des deux parties que le maître honore la prestation selon l'usage local[65].

Un certain nombre de contrats parisiens fractionnent les responsabilités, le maître réservant sa contribution pour la fin de l'apprentissage

64. Voir, par exemple, AN, MC, X-462, 11 mars 1743.

65. Délibérations, 17 janvier 1741, *Statuts, ordonnances et reglemens de la communauté et du corps des maîtres et marchands ciseleurs, doreurs et argenteurs de Paris*, Paris, Veuve Delormel et fils, 1757, p. 129 ; AM Lyon, HH 229, 28 avril 1728 ; AN, MC : XXXVIII-223, 1er décembre 1723.

pour inciter l'apprenti.e à l'achever. La mère d'un apprenti sculpteur prend sur elle toute la nourriture pendant les dix-huit premiers mois sur une durée de cinq ans, comme si le novice était mis à l'épreuve. Les parents d'un enfant de treize ans, aussi apprenti sculpteur, donnent à manger à leur fils pendant la première moitié du contrat. Dans le même métier, un autre maître s'occupe de tout, sauf du pain, pendant les deux premières années, et un troisième fait pareil pendant trois ans. Un patron cordonnier ne nourrit que pendant la cinquième et ultime année, comme une sorte de prime de fidélité, tandis que son confrère laisse tout à la mère. Deux autres abandonnent le pain aux familles pour des termes de quatre ans, mais donnent leur parole de « nourrir en bonnes choses » pendant toute cette période. Touchant 500 livres pour une formation de quatre ans, un maître sellier rajoute aux vivres qu'il pourvoit tous les jours « un demy septier de bon vin ». Un maître charron s'engage contractuellement à accorder une chopine de vin à son apprenti tous les jours, mais on ne sait pas s'ils trinquent ensemble. Chez les éventaillistes, la mère d'un apprenti de dix-sept ans se charge de 8 livres de pain par semaine, et paie 3 livres par mois au maître pour procurer « de bonne chère » pour son fils ; une autre mère livre le pain plusieurs fois par semaine, mais le maître assure « la bonne chère » ; un troisième maître est responsable pour la bonne chère pendant les trois dernières années, le père assumant le pain ; dans deux autres cas, les maîtres donnent toute la nourriture respectivement pour les deux et les trois dernières années d'apprentissage[66].

Au XIXe siècle, le juriste François-Étienne Mollot énonce la théorie épousée par divers réformateurs et moralistes : le maître devrait nourrir l'apprenti à *sa* table, lui donner en tout de quoi le satisfaire, puis « le coucher sainement et seul » – autrement dit, la représentation idéalisée « *ganze Haus*-sans culotte-paternaliste » évoquée plus haut. Cette vision stéréotypée surgit dans la réalité de temps en temps, quoique rarement dans les conditions précises du cliché. Ainsi, Paul Morel, gantier parisien, propose, en termes alambiqués, de nourrir son nouvel apprenti, Gaston Girard, « confortablement à sa table ». Mais il lui prend en échange la somme vertigineuse de 1 000 francs pour un apprentissage de vingt et un mois. Un journal lyonnais proche des prud'hommes souligne, apparemment sans

66. AN, MC : XXXVIII-246, 3 janvier 1730 ; XXXVIII-339, 12 juillet 1744 ; XXXVIII-383, 1er juin 1750 ; X-546, 9 juillet, 18 août 1761 ; X-553, 14 mars 1763 ; X-552, 25 octobre 1762 ; X-554, 5 avril 1763 ; XXXVIII-222, 16 août 1723 ; X-516, 24 mai, 24 août 1755 ; X-546, 9 juillet 1761 ; X-543, 23 décembre 1760 ; X-550, 6 juin 1762 et 6 mai 1762.

ironie, « qu'un apprenti n'est point reçu à réclamer la résiliation de ses engagements pour cause de mauvaise nourriture, quand il partage l'ordinaire de son maître ». Cependant, il n'indique pas si le maître partage couramment son ordinaire avec son/ses apprenti(s). Souvent la prestation de nourriture est à géométrie variable, le maître, par exemple, réduisant la portion ou changeant la substance quand il n'est pas content de la conduite de l'apprenti.e, ce qui pousse de nombreux jeunes à partir, parfois le but recherché par le maître manipulateur. C'est l'objectif d'un maître menuisier à Tours, qui souhaite toucher une indemnité grâce à la sortie prématurée d'un apprenti dégoûté par de « mauvais traitements », particulièrement la suppression de « la petite soupe » quotidienne. À Lyon, un passementier se débarrasse d'une apprentie peu motivée en réduisant à la portion congrue ses repas. Entré chez un bijoutier parisien singulièrement malveillant au milieu du XIXe siècle, Guillaume raconte que les apprentis travaillent de 5 heures à 22 heures tous les jours, avec trois repas fixés pour 9 heures, 15 heures et 22 heures : « Chacun de ses repas ne devait durer qu'un quart d'heure ; ce temps écoulé, n'eût-on mangé que la moitié de sa suffisance, il fallait *serrer* son pain pour le repas suivant »[67].

En ce qui concerne la nourriture, et d'autres prestations, les contrats du XIXe siècle, notamment dans les villes de Nantes, de Tours et du Mans, sont d'une variabilité encore plus frappante, même sans prendre en compte – tâche historiographique ardue – la cacophonie des conventions verbales. Par exemple, d'un côté, Jean Durand Dequelle et fils, fabricants en poterie, ne proposent ni logement ni nourriture à un apprenti qui sera pourtant salarié pendant trois ans ; de l'autre, Aimée Chollot, couturière, assistée par son mari, Papillon, cordonnier, accueille une fille de treize ans pour un apprentissage payant (60 francs) d'un an, ne la loge pas, mais la « nourrit à leur table ». Évidemment, on ne sait pas combien de personnes elle reçoit à sa table (a-t-elle des enfants ? Son mari fait-il manger compagnons ou apprentis cordonniers à cette même table ?), combien de fois par jour elle les convoque et ce qu'elle donne à manger. Il y a des formules d'apparente générosité qui se révèlent tortueuses. Par sous seing privé, un menuisier prend pour deux ans un apprenti de

67. F.-É. Mollot, *Le Contrat d'apprentissage*, p. 53 ; AP, Prud'hommes, D1U10 388, 6 septembre 1860 ; *L'Écho de la Fabrique* (6 octobre 1833) ; AD Indre-et-Loire, 5 U 12, 1er novembre 1819, 31 novembre 1820 ; *L'Écho de la Fabrique* (1er mai 1845) ; J.-P. Gilland, *Les Conteurs ouvriers*, p. 228.

quatorze ans auquel il promet 12 sous le dimanche pour « lui inspirer de l'ambition » et vis-à-vis duquel il prend « une obligation de lui tremper tous les jours une petite soupe telle que nous la faisons à la maison », mais il rajoute : « toutes les fois que nous en ferions pour nous même », ce qui met en doute la périodicité quotidienne assurée dans la première formule. Qui plus est, d'après le contrat, le père et la mère logent *et* nourrissent le garçon : la soupe devient une sorte de conteneur, un peu décoré, un peu pimenté peut-être, pour le contenu, essentiellement fourni par les parents-nourriciers principaux. Même architecture dans une convention verbale entre un autre menuisier et un garçon de quinze ans accompagné par sa mère : cette dernière prétend avec véhémence que le maître s'est engagé à nourrir l'enfant (qu'il loge avec des draps pourvus par la mère), mais le premier riposte qu'il ne parlait que de « lui tremper la soupe », la famille étant chargée implicitement d'étoffer le bol avec quelques solides nutritifs. La mère dit aux prud'hommes tourangeaux que « sa pauvreté » ne lui permet pas de fournir autre chose que du pain, et son fils doit ainsi partir travailler ailleurs « pour pouvoir manger »[68].

Sans doute le reproche le plus répandu à propos de la nourriture pourvue par le maître est-il son insuffisance. D'abord en province. La demoiselle Cantelier fait payer une fille pour un an d'apprentissage un prix très élevé de 400 francs (coucher et nourrir compris), mais sa mère la retire pour une seule raison : « Elle s'était plainte qu'elle ne mangeait pas son content [*sic*]. » Le fils d'un voiturier dénonce son maître, Mallet, pâtissier-traiteur, pour l'avoir roué de coups et « privé de nourriture ». Les prud'hommes rejettent la deuxième accusation, peut-être parce qu'elle semble incompatible avec la profession, métier de bombance. Comme presque toujours, la qualité pèse autant que la quantité. Un apprenti vannier quitte son maître à la veille de son terme, apparemment pour travailler à la scierie où son père est employé : après vingt-six mois, il allègue soudain que la nourriture est mauvaise. Son maître réfute : il lui sert « la même nourriture qu'à lui-même ». Chevalier, ferblantier, détecte la même supercherie quand son apprenti de dix-huit mois, impatient de partir, fulmine tout à coup contre une nourriture pas « convenable » : c'est exactement ce qu'il mange tous les jours, rétorque le maître.

68. AD Indre-et-Loire, 5 U 17, 19 juin 1859 et 26 juillet 1858 ; *ibid.*, 5 U 12, 3 août 1820 et 1er novembre 1819.

L'histoire du jeune Daget, mis en apprentissage dans un métier du bois, est un peu saugrenue. Tout va bien pendant les deux premières années, quand son père se charge de sa nourriture : « Depuis qu'il est nouri chez son maître il a été toujours rebuté [...] il ne travaille pas aussi bien et aussi assidument qu'auparavant [*sic*]. » Le jeune David, apprenti ferblantier à Tours, exprime une exigence alimentaire qui n'est ni qualitative ni quantitative, en s'évertuant à expliquer son départ inopiné : « S'il a quitté l'atelier du Sieur Bedonet [son maître], c'est parce que les repas n'y sont pas reglés à heures convenables et que ce genre de vie ne peut s'accorder avec son état de jeunesse et sa santé »[69].

L'expérience parisienne est très similaire. Comme toujours, il n'est pas aisé de déterminer quand la critique est bien ancrée dans le déroulement de l'apprentissage et quand elle est utilisée pour justifier une rupture du contrat. La posture de Puteaux, apprenti monteur en bronze se plaignant « soudain » d'être « mal nourri », relève peut-être de la rubrique opportuniste. Sans doute dans la même veine, la dame Lafond s'efforce de libérer son fils Théodore du prétendu joug de son maître, un bijoutier appelé Banquier. Elle joue la triade doloriste : « mal nourri », l'apprenti est également « maltraité » et « insuffisamment instruit ». Les griefs de la dame Pretôt – son fils « n'est pas assez bien nourri » et il a subi des « voies de fait » –, aux yeux des prud'hommes, « ne constituent pas un maltraitement aussi grave que le déclare la Veuve Pretôt ». Dans d'autres cas, les témoignages traduisent une réelle indignation, le sentiment d'avoir été trahi ou berné par le maître qui ne tient pas parole et se révèle insensible, sinon cruel. À moins de quinze ans, Alfred Bariolle s'engage pour quatre ans auprès de Bourrie, « maître » cordonnier, qui avait fait initialement une impression très positive sur la famille. Trente mois plus tard, il s'en va, selon sa mère, malade à cause de « l'insuffisance et la mauvaise qualité de la nourriture ». Bourrie se défend, en donnant l'exemple d'un menu typique : du pain, de la soupe et un verre de vin. La petite Victoire Hérodet entre chez un fabricant plumassier à l'âge de douze ans. Tout va bien dans la fabrique à Thiais, au sud de

---

69. AD Loire-Atlantique, 5 U 1 45, 3 juin 1858 ; AD Indre-et-Loire, 5 U 17, 24 décembre 1863 ; AD Loire-Atlantique, 5 U 1 45, 1er septembre 1858 et 9 février 1859 ; AD Indre-et-Loire, 5 U 12, 17 juin 1819, 8 décembre 1818. Selon un journal lyonnais qui suit les prud'hommes, ces derniers prononceraient la résiliation si, sur enquête, il est prouvé que « la nourriture que donne un maître à son apprenti est mauvaise et insuffisante ». *L'Écho de la Fabrique* (20 octobre 1833).

Paris, où elle vit et travaille, jusqu'à ce que la directrice soit brusquement remplacée. Sans explication, sa successeur réduit « par moitié » la quantité de nourriture et l'apprentie manque « le nécessaire » pour obtenir la force requise par le travail[70].

AUTRES PRESTATIONS DU MAÎTRE

Sur les autres fournitures et services canoniques, très peu de traités donnent des détails ; au risque et péril des apprenti.e.s, on suppose qu'ils vont de soi : chauffer et éclairer, par exemple. Blanchir semble relever de la même évidence, mais il y a des contrats d'une exigence particulière : un apprenti boutonnier poitevin obtient de « faire blanchir son linge affin qu'il puisse en changer tous les dimanches ». À Chauvigny, dans la même province, des apprentis paient parfois un supplément, dit « des épingles », pour faire « recoudre et blanchir les hardes et linges ». La rubrique « entretien », vague et vaste, axe transversal, touchant tant au professionnel qu'au privé, au matériel qu'à la morale, sujet à maintes controverses, est généralement laissée aux parents, leur donnant la responsabilité de la définir, délimiter et traduire en faits. D'habitude, les patrons fournissent les outils, mais ce n'est pas le cas pour un apprenti cordonnier parisien de treize ans qui doit payer son maître 24 livres pour des instruments de base. Plus d'un siècle plus tard, au Mans, un maître horloger « avance » 300 francs, somme conséquente, pour des outils « qu'il est d'usage que l'apprenti fournisse ». Un autre cordonnier de Paris promet de doter son apprenti de deux paires de souliers par an, tandis que des traiteurs demandent aux parents de fournir autant de tabliers nécessaires pour que l'apprenti puisse aller en service en ville « vêtu proprement ». Soigner les apprentis malades relève de la compétence primordiale de la famille biologique, quoique bien des maîtres se chargent des soins chez eux, pourvu que les parents les remboursent (frais du chirurgien, de la viande prescrite en bouillon, parfois le coût d'un remplacement quand la place abandonnée est vitale pour la production comme dans la boulangerie), et accordent une période de grâce de huit jours (plus rarement quinze) pour la convalescence de l'apprenti.e, avant d'envisager un renvoi provisoire chez lui ou une pénalisation requérant une

70. AP, Prud'hommes : D1U10 14, 7 septembre 1860 ; D1U10 16, 16 octobre 1865 et 11 décembre 1865 ; D1U10 388, 22 mars 1860 ; D1U10 397, 7 octobre 1869 ; D1U10 403, 2 mars 1876.

compensation pour temps perdu à la fin du contrat, si l'apprenti.e reprend normalement[71].

Au-delà des prestations courantes, certains maîtres parisiens concèdent d'autres libertés ou avantages. À l'âge de quinze ans, André Vernet, fils d'un défunt maître fripier, mène déjà une carrière partielle comme clerc de la communauté des dames lingères et bedaud de la paroisse de Saint-Eustache quand il entre comme apprenti pendant six ans chez Lasquez, maître gainier. Par leur contrat, ce dernier « sera tenu de le laisser vacquer aux différentes fonctions [...] [et] laissera sortir ledit apprenti toutes les veilles de fêtes et des dimanche aux soir [...] sans que ledit sieur Lasquez puisse demander aucun dommages et intérêts ». L'éducation religieuse compte pour de nombreuses familles. Si le devoir religieux semble avoir été invoqué beaucoup plus souvent au XVIIe qu'au XVIIIe siècle, pendant cette dernière période on trouve bien des traces chrétiennes dans les contrats. Gorimand, maître doreur, s'engage à donner à Claude Buteux, fils d'un défunt laboureur, « la liberté d'aller aux instructions pour parvenir à faire sa première communion ». Un maître cordonnier laisse son apprenti, quinze ans, sortir tous les jours pour préparer sa première communion. Un apprenti doreur va une fois par semaine pour instruction « pour se mettre en état de faire sa première communion » à l'âge de dix-neuf ans. Des apprentis perruquiers, éventaillistes et tabletiers se rendent une fois par semaine – de préférence le dimanche et fêtes – pour leurs leçons religieuses. Le maître d'un autre perruquier en herbe « s'engage de lui faire donner de l'instruction chrétienne nécessaire pour le faire participer au Sacrement de l'Eucharistie ». Bien moins courant est le souci de l'instruction générale que l'enfant n'a pas pu obtenir à l'école. Le maître d'un apprenti ébéniste promet « de luy laisser le tems pour assister aux instructions publiques ». Un siècle plus tard, Pierre Turquin, tisseur ferandinier tourangeau – spécialiste en soie –, donne à son apprenti deux heures par jour, sur le temps de travail, pour « les consacrer à s'instruire, soit pour la lecture et l'écriture, soit pour le dessin », rare expression d'un paternalisme concret et généreux. Deux ouvrières en linge au XVIIIe siècle – ni l'une ni l'autre une maîtresse corporative – acceptent collectivement en apprentissage pour sept ans une fille âgée de sept ans à laquelle elles promettent

71. N. Pellegrin, « Contrats d'apprentissage en Haut-Poitou », p. 295, 301-02 ; AN, MC : X-522, 15 septembre 1756 ; AD Sarthe, 778 W 3, 4 juin 1871 ; A.-M. Cocula, « Contrats d'apprentissage à Langon ».

« d'enseigner tant à lire et écrire qu'à travailler en linge ». Enfin, sorte de prestation négative, plusieurs contrats stipulent que l'apprenti sera libre tous les dimanches « d'aller ou bon luy semblera », une liberté que les moralistes du XIXe siècle regarderont comme une invitation à la licence[72].

Encadrant toutes les prestations promises par les maîtres, il y a un engagement moral souscrit par une majorité (par exemple, dans toutes les conventions parisiennes des cordonniers, des doreurs, des vitriers, des rubanniers, des sculpteurs, des peintres). Ils jurent de traiter leurs apprenti.e.s « humainement » et/ou « doucement » (ou « avec douceur et humanité »), moins couramment « honnêtement », et quelquefois même avec « tendresse », ou, plus singulièrement, « avec amitiés ». Sans doute n'est-ce qu'une formule notariale pour bien des maîtres. Mais, pour la corporation, cet engagement moral joue un rôle capital dans son système idéologique et dans sa représentation formelle d'elle-même. Elle dépeint le maître comme un père et l'apprenti comme un fils adoptif. Ce père éduque et protège, il inculque des valeurs chrétiennes, il corrige avec grande modération (parfois : il ne maltraite pas « excessivement »), il mérite pleinement le dévouement que l'apprenti en tout cas est obligé de lui accorder. Ce maître-père, aimable et sage, n'a rien à voir avec le commerçant âpre, le disciplinaire impitoyable ou le bourgeois narcissique. École, famille, interlude utopique, l'apprentissage, d'après la corporation, sert l'intérêt public au sens le plus large. Il va sans dire que seuls les jeunes les plus turbulents et incorrigibles se révolteraient contre une tutelle si bienveillante. Toujours est-il qu'il existe une version moins sereine du discours corporatif sur le processus de reproduction. Menacées d'extinction en 1776, les communautés, dans ce moment de panique, insistent davantage sur la récalcitrance inexorable de la jeunesse, et le besoin de la dompter pour son bien et le bien de la société[73].

72. AN, MC : X-493, 7 septembre 1750 ; X-529, 3 mars 1758 ; XCIII-63, 18 décembre 1761 ; X-516, 24 mai 1755 ; X-554, 15 mars 1763 ; X-523, 21 décembre 1756 ; AD Indre-et-Loire, 5 U 17, 14 mars 1853 ; S. L. Kaplan, « L'Apprentissage au XVIIIe siècle : le cas de Paris ». Jean de Viguerie nous paraît excessivement optimiste sur le nombre de contrats d'apprentissage (Ancien Régime) permettant aux apprentis d'aller à l'école pour apprendre à lire et à écrire. *L'Institution des enfants. L'éducation en France, XVIe-XVIIIe siècle*, Paris, Calmann-Lévy, 1978, p. 303-04.

73. Steven L. Kaplan, « Social Classification and Representation in the Corporate World of Eighteenth-Century Paris : Turgot's "Carnival" », dans S. L. Kaplan et Cynthia J. Koepp (dir.), *Work in France: Representations, Meaning, Organization and Practice*, Ithaca, NY, Cornell University Press, 1986, p. 176-228 ; *Dictionnaire Brillon*, t. 5, p. 671 ; AN, MC, CXVII-818, 10 juillet 1761 ; XXXVIII-219, 26 janvier 1723 ; XXXVIII-223, 2 octobre 1723,

ENSEIGNEMENT

L'apprentissage a de multiples fonctions, mais sa substantifique moelle est la formation. Pierre angulaire pratique et symbolique de l'apprentissage, l'instruction professionnelle distingue le traité de l'apprentissage d'un simple contrat de domesticité au XVIIIe siècle ou de louage industriel au XIXe. S'inscrivant dans une longue et valorisante tradition, des patrons d'aujourd'hui parlent fièrement de la « transmission ». Pendant l'Ancien Régime, et même jusqu'à la Grande Guerre, les contrats, verbaux et écrits, déploient d'ordinaire les mots « enseigner » et « montrer ». Le maître s'engage à révéler toutes les dimensions du métier (ses « secrets » ou ses « mystères), à « ne rien cacher ». Au XIXe siècle, si la promesse est généralement d'une formation « complète », même après l'éclosion d'une division du travail très poussée, on met l'accent sur son caractère « progressif » : il faut du temps pour apprendre. Le juriste de cette époque est moins épris de la vision type « open source » ébauchée par les Lumières. Plusieurs experts contestent l'idée que le maître puisse être « tenu d'enseigner à son apprenti des procédés nouveaux ou particuliers à lui, différents de ceux employés dans la pratique ordinaire du métier ». Même si les parents « ont placé leur enfant chez tel maître, de préférence à tel autre » en raison de ces procédés particuliers, s'ils n'ont pas établi une convention formelle sur ce point, le maître n'est obligé d'apprendre que les méthodes coutumières. Le maître « a tout intérêt » à ce que l'apprenti.e acquière les connaissances qui lui permettront de « rendre des services » dès que possible, mais pour ce faire « il n'est pas tenu de lui confier des matières dont la perte due à l'inhabileté de l'apprenti pourrait lui être préjudiciable ». Son obligation est plus étroite, selon la doxa de la deuxième moitié du XIXe siècle : « Il suffit qu'à la fin de l'apprentissage l'apprenti soit capable de se placer comme ouvrier et de gagner un salaire proportionné à la durée de son apprentissage »,

---

Sur la « magistrature paternelle », voir, par exemple, les statuts des tapissiers au XVIIe siècle enjoignant au maître de traiter son apprenti « comme son propre fils », ou ceux des pâtissiers rappelant au maître qu'il a charge d'âmes aussi bien que de corps. A. Franklin, *Dictionnaire historique*, p. 227-28. Hippolyte Blanc pousse l'idéalisation paterno-familiale à son expression la plus enflammée : *Les Corporations de métiers : leur histoire, leur esprit, leur avenir*, Paris, Letouzen et Ané, 1898, p. 183-84. On traite de la doctrine « père-de-famille », sans doute encore plus prégnante au XIXe qu'au XVIIIe siècle, ailleurs dans ce livre, notamment dans le chapitre 2.

formule volontairement alambiquée, question laissée à l'appréciation des prud'hommes en cas de controverse[74].

La plupart des contrats, des centaines d'années durant, évoquent l'enseignement en termes très généraux, voire nébuleux, insistant davantage sur la bonne foi que sur le programme concret. De ces conventions et des propos occasionnels des maîtres, on peut extrapoler un certain nombre de présupposés concernant les approches du fonctionnement de l'apprentissage qui paraissent largement partagées. Si le maître transmet, il faut que l'apprenti acquière activement, qu'il cherche à apprendre : la responsabilité est conjointe, même si les parents considèrent que l'adulte dans l'affaire doit prendre l'initiative. S'il n'y a pas de doctrine pédagogique, dans la plupart des ateliers (et des métiers), Paracelse l'emporte sur Aristote : l'acte de faire est bien plus crucial que la capitalisation de connaissances, l'expérience prime sur la réflexion théorique. On ne cesse d'insister sur le besoin urgent d'être attentif, d'imiter, de répéter sans fin. Le maître semble concevoir le travail comme exigeant l'engagement combiné d'un corps sain, robuste (pour certains métiers) et d'une tête alerte. Il s'évertue à s'informer sur l'état du futur apprenti avant la solennisation du contrat et n'hésite pas à demander sa résiliation si l'enfant/adolescent révèle des défauts physiques (problèmes de vue, de respiration ou d'endurance) ou mentaux (« débilité »). Si l'enseignement est parfois explicite, sinon formel, l'attente du maître est que l'apprenti déterminé apprenne encore davantage tacitement, en regardant, en flairant, en ajustant de son propre chef, en se perfectionnant insensiblement. Cependant, la latitude de l'apprenti est limitée, notamment dans sa familiarisation avec les matières sur lesquelles il travaille. Ces dernières sont fréquemment fort chères : aucun maître ne tolère le gâchis. D'où l'accent placé sur le rôle des yeux et des autres sens : l'apprenti doit pouvoir en quelque sorte jouer à l'essai et à l'erreur dans sa tête, avec son imagination, avant de risquer un mauvais emploi des matières premières[75].

---

74. F.-É. Mollot, *Le Contrat d'apprentissage*, p. 26-28 ; Louis André et Léon Guibourg, *Le Code ouvrier, exposé pratique de la législation et de la jurisprudence réglant le travail et les intérêts des ouvriers et apprentis*, Paris, Librairie Marescq Ainé, 1898 ; A. Nouvion-Jacquet et Charles Cordier, *Le Patron et l'ouvrier devant le conseil de Prud'hommes*, Reims, Imprimerie de l'*Indépendant rémois*, 1897, p. 16-17, 24. Cf. la riche discussion de la représentation du maître d'abord comme « expert » maniant un double savoir de technicité et « d'être-dans-le-monde ». Kai Kresse et Trevor H. J. Marchand, « Knowledge in Practice », *Africa*, t. 79 (février 2009), p. 7.

75. Voir Patricia H. Smith, *The Body of the Artisan: Art and Experience in the Scientific Revolution*, Chicago, University of Chicago Press, 2004, p. 7,17, 85-89, 95-103, 105-06, 114, 165-66, 214, 220 ; Harry M. Collins, *Tacit and Explicit Knowledge*, Chicago, University of

Quelques maîtres, notamment de l'Ancien Régime (mais des cas de conciliation prud'homale révèlent des phénomènes similaires dans des contrats du XIXe siècle, peut-être davantage dans les versions verbales qu'écrites), entrent dans un certain détail pour rassurer la famille en mettant en relief leur savoir-faire et leur sérieux, pour esquisser une voie précise dans un métier plutôt tentaculaire ou plus simplement pour réduire un tant soit peu les grandes incertitudes de ce rite d'initiation. Ainsi, dans les années 1670 à Marseille, grâce aux connaissances techniques apportées par des artisans arméniens sur l'utilisation de la teinture « rouge turc » dans l'impression des toiles dites « indiennes de Marseille », un entrepreneur forme des apprentis à ce procédé qu'il décrit amplement dans le contrat en soulignant sa nouveauté et son exotisme. Rationnant son expertise, en 1763 un maître éventailliste promet à son apprenti de « luy montrer à dessiner, à découper, à raison de 3 leçons par semaine ». Vers le même moment, un maître perruquier s'engage à enseigner « l'art de raser, accomoder [*sic*], friser et peigner cheveux et perruques ». Quinze ans plus tôt, un maître tissutier-rubannier promet à son apprenti de « lui montrer le dessein et le translatage » (exécution d'étapes pour former et fixer le dessin qui donne un « caractère spécifique » à l'étoffe)[76].

De part et d'autre, cet enseignement est conçu comme une affaire à deux, malgré l'asymétrie dans la relation entre maître et apprenti. Ce dernier doit être prêt à apprendre. Si les clauses disciplinaires (concernant tout particulièrement la subordination respectueuse requise)

Chicago Press, 2010 ; Raymond Tallis, *The Hand: A Philosophical Inquiry into Human Being*, Édimbourg, Edinburgh University Press, 2003.

76. Contrats de novembre 1677 cités par Olivier Raveux, « The Orient and the Dawn of Western Industrialization: Armenian Calico Printers from Constantinople in Marseilles (1669-1686) », dans Maxine Berg, *et alii* (dir.), *Goods from the East, 1600*-1800, Londres, Palgrave Macmillan, 2015, p. 86, 90 ; contrat de Sabatier-Guillaume (orfèvrerie, 1er déc. 1770), A. Garnier, « La Fondation Charmolue », n° 166, p. 49 ; Julien Hayem et Jules Périn, *Traité du contrat d'apprentissage. Commentaire de la loi du 22 février-4 mars 1851*, Paris, Marchal, Billard et Cie, 1878, p. 260 ; N. Pellegrin, « Contrats d'apprentissage en Haut-Poitou », p. 297-98 (le maréchal-ferrant qui omet d'enseigner « le traitement des bestiaux », à l'époque où la forge est également officine vétérinaire) ; bureau des prud'hommes, AD Indre-et-Loire, 5U 17, 26 juillet 1858 (couturière) ; statuts et règlements des tapissiers parisiens, juillet 1627 (« que nul ne prendra Apprentifz [*sic*] s'ils ne le veulent bien instruire & tenir comme enfant de Prud'homme »), dans *Nouveau recueil des statuts et règlements du corps et communauté des maîtres et marchands tapissiers de Paris*, p. 96 ; AN, MC, X-553, 7 février 1763 ; XXVIII-376, 7 octobre 1761 ; XXXVIII-339, 8 août 1844. Sans doute pour mettre en valeur le contexte académique dans lequel ils enseignent, des sculpteurs (St.-Luc) appellent leurs apprentis « élèves » : AN, MC, XXXVIII-361, 19 octobre 1747 ; XXXVIII-246, 5 janvier 1730.

priment, bien des contrats rappellent que l'enfant ou l'adolescent (moins fréquemment le jeune adulte) a le devoir impérieux de s'investir dans sa propre éducation, de commencer à former dès le début, étape par étape, son propre capital de connaissances. Le « plus zélé » des apprentis « inspirera » son maître à faire un effort supplémentaire en sa faveur et apprendra mieux et plus en fonction de « [s]es aptitudes et [s]es dispositions ». Ce n'est jamais la prérogative de l'apprenti de signaler son sentiment d'avoir assez appris, notamment en quittant son maître avant la fin de la période contractuelle qui indique quand la formation est formellement achevée (mais rarement complète) ; et le maître n'a pas le droit d'écourter la formation en « revendant » du temps à l'apprenti. Présent dans énormément de contrats depuis la nuit des temps, assise majeure de la loi de février 1851 régentant l'apprentissage, le paradigme père-de-famille conditionne le rapport enseignant-élève, tant du côté de la soumission que de celui de la réciprocité. (« Que comprend exactement l'obligation d'agir en bon père de famille ? » demande un professeur d'économie sociale pendant la Belle Époque.)

Mais le facteur déterminant sur le plan du comportement de chacun des acteurs est l'intérêt. D'une part, ils sont des collaborateurs objectifs. Tout en remplissant une mission sociale, utile et prestigieuse, au moins jusqu'à 1791, le maître veut surtout disposer d'une main-d'œuvre bon marché, mais efficace ; et l'apprenti.e souhaite acquérir les bases d'une profession menant vers son autonomie socio-économique. L'apprenti aspire à ce qu'un anthropologue appelle « la convertibilité » – la capacité d'obtenir régulièrement un gagne-pain, souvent plus utile qu'un paramètre assez fumeux et contestable, comme la compétence, sans une mesure plus ou moins objective. L'atelier est le site d'une certaine symbiose, voire d'une synergie. De l'autre, le maître et l'apprenti.e vivent dans une incontestable tension structurelle. Sur bien des points, leurs intérêts et leurs émotions s'entrechoquent. La crainte de ne pas pleinement récupérer son investissement dans la formation (temps précieux et frais d'entretien perdus, matières premières gaspillées, outils abîmés) crispe le maître depuis le commencement, et en tout cas il risque de se sentir en voie d'être supplanté, notamment si son apprenti.e est jeune et énergique, s'approprie ses méthodes, cultive ses clients. L'apprenti.e a du mal à éviter l'appréhension du maître insuffisamment engagé dans la transmission (indifférence pédagogique ou rétention délibérée de savoir), enclin à se servir de lui ou d'elle pour des tâches éloignées du métier

(« exploitation »), et excessivement autoritaire dans sa gouvernance de l'atelier et du foyer (« joug avilissant »)[77].

Dès le début du XVIIe siècle, jusqu'au commencement du XXe, il existe une tendance forte visant à accorder des privilèges (au sens large) aux fabricants et marchands qui ont depuis toujours enrichi l'industrie au nord de la France. En même temps, un courant s'affirme au XVIIIe siècle, béni par l'encyclopédisme et l'économie politique, consacré à une rationalisation des prérogatives exercées dans le monde du travail. Un cas très frappant, sorti quasiment des temps immémoriaux, provoque une controverse, un différend qui s'envenime ensuite, car il s'agit de fabricants de textiles très fins (gazes) qui sont formés informellement, chez eux, avec une vraie rigueur, mais sans l'onction corporative. Par dérogation, les compagnons picards, non-apprentis, sont inscrits dans le registre corporatif comme compagnons. Ces « étrangers », travaillant de père en fils depuis des lustres, pour une partie de l'année, maintiennent qu'ils sont les seuls capables de produire ces gazes ardemment demandées et se permettent d'affirmer que la corporation a davantage besoin d'eux que les Picards n'ont besoin de ces permissions. Par ailleurs, les Picards refusent de se laisser intégrer et le système corporatif n'obtient pas un droit de placer ses jeunes chez eux justement pour se passer d'eux à terme[78].

Par sa nature même, amplifiée par son vernis paternaliste, exacerbée par l'attente des parents, le contrat personnalise la relation pédagogique, nonobstant une éventuelle clause explicite, une décision de justice (prud'homale ou autre) ou une coutume locale notoire qui autorise

---

77. B.-L. Bellet, *Code-manuel*, p. 44 ; Paul Beauregard, préface à A. Nouvion-Jacquet et C. Cordier, *Le Patron et l'ouvrier devant le conseil de Prud'hommes*, p. XII ; Esther N. Goody, « Learning, Apprenticeship and the Division of Labor », dans Michael W. Coy (dir.), *Apprenticeship: From Theory to Method and Back Again*, Albany, State University of New York Press, 1989, p. 247-48, 250 ; Jacques Vallerant, « Savoir-faire et identité sociale dans l'espace urbain », *Ethnologie française*, t. 12 (1982), p. 223-26 ; W. J. Rorabaugh, *The Craft Apprentice: From Franklin to the Machine Age*, New York, Oxford University Press, 1986, p. 33-36. J.-J. Perret suggère tacitement pourquoi il est impossible de donner un vrai programme d'enseignement dans un contrat : *L'Artisan barbier et la manière de se raser soi-même*, Berne, Nouvelle société topographique, 1791, p. 82-83. Dans le nord des Pays-Bas, au XIXe siècle, la formation est courte et intermittente, et l'apprenti connaît communément plusieurs maîtres car il est mobile. R. Schalk, « Apprenticeship with and without Guilds: The Northern Netherlands », dans *Apprenticeship in Early Modern Europe*, p. 208-09, 214. Cette instabilité d'apprentissage devient plus courante à Paris au cours du XIXe siècle, mais elle est moins répandue en province. Voir Lenard R. Berlanstein, « Growing up as Workers in Nineteenth-Century Paris: The Case of the Orphans of the Prince imperial », *French Historical Studies*, t. 11, 4 (1980), p. 569.

78. *Statuts du corps des marchands fabriquants de draps d'or, d'argent et de soie*, Paris, Valade, 1773, p. 275-81

un contremaître ou un ouvrier à décharger le maître de cette tâche primordiale, historiquement consubstantielle à l'état de maître. Tout le monde dit que le maître doit diriger la formation lui-même, pratique normale (aussi bien que normative) pendant l'Ancien Régime ; et quasiment tout le monde au XIXe siècle dit qu'il peut déléguer ce rôle, si cela l'arrange. Dans un contrat du 8 août 1763, un maître sculpteur déclare que son alloué – proche du statut de l'apprenti – « luy sera montré, enseigné par led. Sr Alliret [le sculpteur] ou par autres personnes qu'il aura chargé de le former dans quelques parties dud. art ». Cependant, la pratique habituellement exigée par les corporations est conforme à l'obligation que les doreurs parisiens imposent à leurs membres « de lui montrer [à l'apprenti] & enseigner par lui-même le métier de Doreur ». Pour d'innombrables communautés, le maître a un devoir moral, communautaire et solennel de transmettre, antérieur à l'obligation matérialisée par le contrat. Les maîtres « seront tenus [d']enseigner ledit mestier ausdits Apprentifs [et] les faire enregistrer au Greffe de la Ville », selon les statuts (1666) des sayteurs, haute lisseurs, houpiers, foulons et autres ouvriers faisant partie de la Manufacture d'Amiens, « & ensuite faire serment de bien & diligemment enseigner lesdits Apprentifs l'espace de trois ans consécutifs »[79].

Se référant à la loi de février 1851, socle réglementaire de l'apprentissage au XIXe siècle, des « codes » proposant des recommandations aux apprentis notent que le patron (dit encore maître) doit initier l'apprenti « par lui-même autant que possible », mais affirment que « rien ne s'oppose à ce qu'il en confie l'instruction à un contre-maître ou à un ouvrier habile ». « Le maître est-il tenu d'instruire lui-même l'apprenti ? », demandent A. Gouvion-Jacquet et Charles Cordier, respectivement président et secrétaire du conseil des prud'hommes de Reims vers la fin du siècle : puisque la loi est « muette » sur ce point, que rien n'empêche le maître d'avoir plusieurs apprentis en même temps, et que la nature de ses affaires peut l'amener à être absent pour de longues périodes, « il est donc généralement admis que celui-ci pourra se faire remplacer par un contre-maître ou même un ouvrier ». Certains contrats articulent l'idéal et le contingent, les mettant sur le

79. Contrat d'allouage entre François Mouchy, fils d'un avocat au parlement, et le Sr Alliret, 8 août 1763 ; délibération des maîtres doreurs, 17 janvier 1741, dans *Statuts, ordonnances et reglemens de la communauté et du corps des maîtres et marchands ciseleurs, doreurs, argenteurs*, Paris, Valade, 1774, p. 216 ; *Statuts des sayteurs, haute-lisseurs, houpiers, foulons et autres ouvriers faisant partie de la Manufacture d'Amiens*, 23 août 1666, dans *Recueil des reglemens généraux et particuliers concernant les manufactures et fabriques du royaume*, p. 249, art. 142.

même plan, comme deux maîtres de Tours en 1859, « fabriquants en poterie », père et fils, qui promettent qu'ils s'efforceront de « montrer eux-mêmes ou par un de leurs ouvriers la profession de potier dans toute son étendue ». Dans son *Code-manuel des ouvriers, des contre-maîtres et des apprentis*, B.-Louis Bellet conseille aux apprentis d'être « complaisants, prompts à servir les ouvriers ; par ce moyen, ils en obtiendront quelques gratifications légères, et surtout ils seront plus promptement initiés aux connaissances de l'état qu'ils veulent embrasser ». Il emprunte ce texte à un ancien apprenti imprimeur, Adrien-César Egron, qui avertit qu'il y a « des ouvriers jaloux qui voudraient garder pour eux les secrets de leur profession, qui n'apprennent qu'à regret et en rechignant ce qu'ils savent à ceux qu'ils redoutent d'avoir trop tôt pour confrères », mise en garde reprise par l'ingénieur Émile Cacheux et d'autres observateurs vers la fin du siècle. Grand exégète du contrat d'apprentissage, François-Étienne Mollot concède que le maître a l'option de déléguer l'enseignement, mais considère cela comme une bien mauvaise idée. « Le meilleur enseignement est la vie commune entre le maître et l'apprenti », martèle-t-il : « Abandonné à [des ouvriers], l'apprenti n'est pas toujours à portée de trouver près d'eux la même instruction ni la même surveillance et les mêmes soins. » Dans leur *Code ouvrier*, Louis André et Léon Guibourg déchargent le maître du devoir d'enseigner personnellement, une telle obligation étant « irréalisable », notamment dans de grands ateliers ou des usines « embrassant diverses branches industrielles ». Même avant l'avènement du machinisme, il n'est pas rare de trouver des contrats faits par un apprenti directement avec un « ouvrier »[80].

80. A. Nouvion-Jacquet et C. Cordier, *Le Patron et l'ouvrier devant le conseil de Prud'hommes*, p. 16-17 ; B.-L. Bellet, *Code-manuel*, p. 45, 61 ; Charles Constant, *Petit code manuel de l'apprenti et du patron*, Paris, A. Cherié, 1885, p. 1-15 ; A.-F. Legentil, *De la condition des apprentis*, p. 16 ; Prud'hommes, AD Indre-et-Loire, 5U 17, 19 juin 1859 ; Adrien-César Egron, *Le Livre de l'ouvrier, ses devoirs envers la société, la famille et lui-même*, Paris, F. Mellier, 1844, p. 152-53 ; Émile Cacheux, *État actuel du patronage et de l'enseignement des apprentis*, Paris, Imprimerie nationale, 1889, p. 35 ; F.-É. Mollot, *Le Contrat d'apprentissage*, p. 27-28 ; L. André et L. Guibourg, *Le Code ouvrier*, p. 60 ; Yves Lequin, « L'Apprentissage en France au XIXe siècle : rupture ou continuité », *Formation Emploi*, nos 27-28 (juillet-décembre 1989), p. 93 ; Prud'hommes, AD Loire-Atlantique, 5U1 art. 42, 18 juin 1845. La loi de février 1851 stipule qu'à côté du « fabriquant » ou du « chef d'atelier », un simple ouvrier peut s'engager « pour enseigner la pratique de sa profession dans un contrat d'apprentissage ». A. Nouvion-Jacquet et C. Cordier, *Le Patron et l'ouvrier devant le conseil de Prud'hommes*, p. 5. Cf. J.-H. Hardy et D.-T. Ruddel, *Les Apprentis artisans à Québec*, p. 180-81 ; Béatrice Zucca Micheletto, « A Large "Umbrella": Patterns of Apprenticeship in Eighteenth-Century Turin », dans M. Prak et P. Wallis (dir.), *Apprenticeship in Early Modern Europe*, p. 94.

À la veille de la Grande Guerre, l'Œuvre des cercles catholiques d'ouvriers de Lyon s'inquiète du manque de connaissances et de « vertus » tant professionnelles que morales de certains ouvriers auxquels des maîtres sous-traitent la formation. Mais d'autres observateurs se soucient également du manque de compétence du maître lui-même. « Combien de maîtres ignorants de leur propre métier », demande un juriste au début du XXe siècle, « ne dirigent leurs ateliers que grâce à d'habiles sous-ordres ? » D'autres remarquent le cas d'artisans chevronnés sortis de leur chrysalide professionnelle pour devenir entrepreneurs ou directeurs d'usine qui, de plus en plus éloignés de l'établi ou du travail quotidien, ne sont plus en mesure d'instruire avec rigueur. Rarement, les parents eux-mêmes remettent en question la légitimité d'un maître, faute de capacité à transmettre. La Veuve Finlay ne se contente pas de protester que sa fille est « mal enseignée » : pire, elle ne reçoit pas la formation promise par Marie Tiercelin, modiste, qui devait lui montrer le métier de brodeuse en or. Mais jusqu'ici elle ne travaille que sur la confection d'éventails. Les parties parviennent à concilier ces premières « difficultés » : Tiercelin jure que désormais, elles ne feront que la broderie en or. Mais rapidement la Veuve Finlay conclut que le problème est plus grave et fondamental : la jeune maîtresse ne maîtrise pas son métier, ou plutôt la palette d'activités englobées sous son titre-état de modiste. Attentive, ou teigneuse, c'est selon, la mère de l'apprentie remarque que Tiercelin n'avait pas encore vingt ans quand sa fille est entrée en apprentissage avec elle, et que la grande loi de 1851 régentant l'apprentissage interdit aux maîtres.ses de moins de vingt ans de prendre comme apprenti.e.s des mineur.e.s. Les prud'hommes parisiens ordonnent la résiliation du contrat en janvier 1860. Les prud'hommes en province au XIXe siècle traitent assez fréquemment des plaintes d'apprentis contre des maîtres qui ne s'intéressent pas à leur formation, mais parfois aussi des réclamations accusant un maître qui n'est pas techniquement « capable de montrer ce à quoi il s'est engagé »[81].

Sur une échelle plus modeste, cette question de compétence professionnelle a déjà été soulevée pendant l'Ancien Régime. Par exemple, quand des compagnons serruriers dénoncent l'impéritie d'un maître,

81. Jean de Lacoste Lareymondie, *Le Contrat d'apprentissage. Étude de la législation française*, Niort, G. Clouzot, 1906, p. 40, 68 ; J.-H. Cagninacci, *L'Instruction professionnelle de l'ouvrier*, p. 60 ; A. de la Croix-Laval, *Rapport sur la crise de l'apprentissage*, Lyon, Œuvre des cercles catholiques d'ouvriers de Lyon, 1913, p. 44, 48 ; AP, Prud'hommes, D1U10 388, 19 janvier 1860.

entrepreneur faisant travailler des dizaines d'ouvriers dans plusieurs grands chantiers de construction d'immeubles, ou que le brigadier d'un grand fournil se plaint de ce que son maître, devenu une sorte de courtier commercial, absent la plupart du temps pour gérer ses achats importants de blés et de farines, ne sait plus juger de la maturité d'un levain de tout point. Plusieurs corporations se préoccupent moins des maîtres fragilisés par la réussite, que de ceux qui n'ont jamais su exercer pleinement leur artisanat faute d'une éducation de base, notamment des fils de maître ou des acteurs parvenant à la maîtrise par voie spéciale. Ainsi, un vinaigrier doit avoir sept ans d'expérience au travail avant d'accueillir un apprenti, un taillandier ou un paumier trois[82].

Il y a sûrement beaucoup d'excellents patrons-pédagogues ; justement parce que les choses se passent bien chez eux, ils laissent peu de traces dans les archives. Mais, comme le constate l'écrivain Jules Simon, il y a bien des maisons « où on n'apprend rien ». Si l'enseignement est « négligé », selon un des grands juristes-codificateurs du XVIIIe siècle, l'apprenti doit pouvoir changer de maître, mais pour ce faire, il faut qu'il démontre « la légitimité des allégations » devant le juge de police, opération pas toujours facile. Faute de « motifs suffisans », un tribunal du district de Châtillon-sur-Seine en avril 1791 rejette la demande de résiliation du contrat d'un apprenti, que le père a enlevé de l'atelier d'un maître imprimeur parce que ce dernier « n'a point de prote intelligent & par conséquent son fils ne peut s'instruire ». L'apprenti a une meilleure chance s'il plaide son cas au sein de la communauté, auprès des gardes ou jurés, qui peuvent, selon leur analyse des intérêts et des responsabilités en jeu, l'affecter d'office, par voie de « transport », à un autre maître. La plainte contre l'absence chronique d'un maître ponctue autant le XVIIIe que le XIXe siècle, mais même quand il est présent et pas forcément de mauvaise volonté, la transmission ne se fait pas automatiquement. Un peu partout, et de tout temps, le maître, même s'il est compétent, ne sait pas ou ne veut pas toujours partager son savoir-faire. D'où le refrain terrible que l'apprenti n'apprend qu'en « volant avec ses yeux », en « dérobant quelque savoir professionnel », en « regardant par-dessus l'épaule des compagnons », en « observant en cachette ». D'autres jeunes apprennent « en faisant », plus ou moins par imitation et intuition. Cela semble être la méthode – plutôt la façon de faire – d'un cordonnier qui ordonne à son apprenti, ayant payé

82. *Dictionnaire portatif du commerce*, p. 252, 388, 394, 456, 484.

100 livres pour une durée de quatre ans d'instruction, « d'aller travailler depuis le matin au soir comme tous les autres compagnons ». Se fiant à la méthodologie lockéenne, Rousseau préconise l'accès au savoir par la voie des sens – dessin, géométrie, l'usage de la règle et du compas, l'observation : la raison n'intervient qu'après. Il ne faut pas abîmer « une âme grande et sensible » en l'assujétissant prématurément à la raison[83].

Au cours du XIXᵉ siècle, un très grand nombre de plaintes parviennent aux prud'hommes de la part d'apprenti.e.s ou de leurs parents dénonçant une formation défectueuse en soi et/ou en contravention des promesses contractuelles. Les formules des doléances sont quasi interchangeables : un apprenti dénonce son maître pour avoir « négligé l'instruction professionnelle » ; un père fulmine contre une lingère nantaise qui « n'a pas démontré la profession telle qu'elle s'y était engagée » ; un autre à Tours s'en prend à un plâtrier qui « néglige de montrer son état comme il s'y est obligé » ; une famille au Mans « se plaint de ce qu'il [le patron] n'instruit point son fils dans son état de menuisier » ; le chef de la gendarmerie du Mans de ce que sa fille, apprentie lingère, « ne connait absolument rien dans cette partie » ; et d'autres reprennent un enfant de l'atelier ou exigent des indemnités parce que « le maître ne lui montre rien », leur fille « n'a rien appris », leur fils « ne sait rien ». Le maître d'un apprenti menuisier au Mans, en plus de ne pas « montrer bien » le métier, selon sa mère, qui met la barre haut, ne lui donne pas régulièrement « de l'ouvrage » à faire, le laissant ainsi sans activité professionnelle. La mère d'un apprenti perruquier, également au Mans, en veut à son maître qui « le maltraite en parole [et] ne lui apprend pas son état, il le laisse sans rien faire une partie de la journée », prétextant que « les cheveux sont trop chers pour lui en

83. J. Simon, *L'Ouvrier de huit ans*, p. 254 ; *Dictionnaire Brillon*, t. 5, p. 673 ; « transport », 24 avril 1755, de l'apprenti Dupré chez un maître sellier moins capricieux, AM Lyon, HH 247 ; *Journal des Tribunaux et journal du tribunal de Cassation réunis par une société d'hommes de loi*, Paris, Bureau du *Journal des Tribunaux*, 1792, p. 288-89 ; É. Cacheux, *État actuel du patronage*, p. 33, 36 ; AM Lyon, HH 247, 14 août 1756 ; témoignage de Thunot, *Enquête sur l'enseignement professionnel*, t. 1, p. 237 ; E. N. Goody, « Learning, Apprenticeship and the Division of Labor », dans *Apprenticeship from Theory*, p. 253-54 ; M. Perrot, « Jeunesse ouvrière », dans *Histoire des jeunes en Occident*, p. 109 ; Jean Grave, *Mémoires d'un anarchiste (1854-1920)*, Paris, Éditions du Sextant, 2007, p. 37-39 ; R. Schalk, « Apprenticeship with and without Guilds: The Northern Netherlands », dans *Apprenticeship in Early Modern Europe*, p. 195 ; AN, MC, X-554, 30 mai 1763 ; Marcel Grandière, *L'Idéal pédagogique en France au dix-huitième siècle*, Oxford, The Voltaire Foundation, 1998, p. 131-51, 159-62. Cf. Linda Deafenbough, « Hand Weaving: Surviving Amid the Paradoxes », dans M. W. Coy (dir.), *Apprenticeship from Theory*, p. 166-67, 171-72, 174 ; et B. Elbaum, « Why Apprenticeship Persisted in Britain », p. 344.

confier ». Frustrés, se sentant floués, les plaignants peuvent demander la résiliation du contrat, requête souvent rejetée par les prud'hommes, faute « d'allégations suffisamment graves ». Pour inciter la famille à ramener l'enfant dans l'atelier, les prud'hommes s'engagent parfois à rester impliqués dans l'apprentissage, proposition difficile à repousser. D'abord sceptique vis-à-vis de la promesse de la maîtresse tourangelle de ne plus envoyer l'apprentie en courses, la mère d'une apprentie giletière finit par accepter une conciliation quand les prud'hommes proposent de « placer leur fille sous la surveillance d'un des membres du Conseil qui veillerait à ce que l'apprentissage soit complet »[84].

Les jugements des prud'hommes parisiens reflètent les mêmes soucis des acteurs et le même manque de sympathie des juges pour la dénonciation d'une instruction déficiente. Un apprenti serrurier est « mal enseigné » ; également « mal instruit », un apprenti bronzier est écarté de l'atelier et consigné aux courses en ville ; affecté aux « fardeaux », un apprenti tapissier « ne connaît rien du métier » après deux années, tandis qu'un apprenti cordonnier « n'y a rien appris » ; on « n'apprend rien » à un apprenti fondeur qui ne fait que des courses et « autres travaux domestiques », et une apprentie modiste ne sait « rien de l'État qu'on s'est engagé à lui apprendre ». Marginalisée, une apprentie polisseuse est vouée à « ne rien faire », ce qui l'empêchera, d'après son père, de « gagner sa vie ». Censé former un jeune tourneur en cuivre, un fabricant d'appareils à l'eau gazeuse « l'a employé à préparer l'eau de seltz [...] et comme domestique à conduire la voiture ». Les prud'hommes prétendent qu'un apprenti tailleur est suffisamment avancé pour le temps écoulé – un an –, mais il objecte, lui, « qu'il ne sait rien puisqu'il ne sait tailler une pièce ». Selon le père de Coudeau, apprenti fondeur, « son fils n'apprend rien, et on en fait un homme de peine », accusation balayée par les prud'hommes, qui se lamentent de « l'insoumission » chronique du jeune. Lassé, un apprenti sertisseur s'en sort un brin mieux que d'autres : il acquiert certaines connaissances ici et là, mais « on ne lui montre pas suffisamment sa profession ». Un apprenti ciseleur en bronze progresse, mais

---

84. Prud'hommes : *La Tribune lyonnaise* (mai 1849) ; AD Loire-Atlantique, 5U 1 45, 2 mai 1862 ; AD Indre-et-Loire, 5U 14, 1er juin 1827 ; AD Sarthe, 778 W 1, 3 juin 1863 et 17, 24 février 1864 et 8 août 1866 ; AD Sarthe, 778 W 2, 28 août, 11 septembre 1867 ; AD Sarthe, 778 W 8, 25 janvier 1882 ; AD Indre-et-Loire, 5U 14, 1er septembre 1825 ; AD Sarthe, 778 W 3, 16 août 1872 ; AD Indre-et-Loire, 5U 18, 7 août 1877. Un apprenti lyonnais ne nie pas qu'on lui propose un enseignement, mais délégué par son maître à un jeune contremaître. L'apprenti avoue qu'il « ne saurait obéir à des gens plus jeunes que lui ». *L'Indicateur* (5 avril 1835).

pas dans le métier pour lequel ses parents ont contracté : son maître lui apprend le ciselage sur zinc, qui pour eux « n'est pas une profession de conséquence »[85].

Joséphine Chailler, fille majeure, est instruite par son maître, Étienne Thirst, fabricant passementier dans la bonne profession, mais non avec la rigueur et l'amplitude auxquelles elle s'attendait, ce qui l'incite à le quitter après dix mois (contre une durée formelle de deux ans). Thirst avait promis « d'enseigner les cinq parties » du métier, mais il n'en a abordé que trois (la torsade, le blanc et le mûle). Silencieux sur le cinquième volet, il maintient qu'il n'a pas pu s'être engagé à lui montrer comment « rouler à la main » parce que « dans son atelier on ne roulait qu'à la mécanique ». Il maintient qu'il a fait ce qu'un « bon patron » devait faire : lui permettre de gagner deux francs par jour, c'est-à-dire gagner correctement sa vie. Léontine Cheula, apprentie fleuriste, affronte un problème analogue de dissonance entre promesse et réalité. Pratiquant une espèce d'hyperspécialisation, à la suite de la division extrême du travail, même chez les artisans plus ou moins traditionnels, Gangez, son patron, à l'encontre du contrat verbal, « ne lui apprend qu'à fabriquer une seule fleur » – le coquelicot. Ayant fait vingt mois sur quarante-huit, supposant que le métier se fait toujours comme autrefois, elle est certaine qu'elle « n'apprendra jamais l'état de fleuriste » et « sera hors d'état de gagner sa vie ». Troublée moralement et intellectuellement de n'avoir affaire « qu'à une seule partie de l'état », elle avoue aussi s'ennuyer « à faire constamment la même chose », grief qui résonne chez l'ouvrier à travers tout le XIXe siècle. L'enseignement professionnel n'est pas le seul champ de doléances. Plusieurs familles dénoncent les maîtres de leurs enfants (un plumassier et un bijoutier) qui n'ont pas tenu leurs promesses contractuelles de faire faire aux enfants « une bonne instruction primaire » et une préparation pour la première communion.

Enfin, il y a des plaintes provenant de maîtres sérieux, voire généreux, qui se sentent, à leur tour, trahis. La mère de Charles Lechêne « n'a que des louanges » pour le maître de son fils, un graveur sur métaux nommé Salle. Veuve, elle le dégage au milieu de son apprentissage, car elle a besoin de lui pour la seconder dans son fonds de

85. AP, Prud'hommes : D1U10 14, 28 décembre 1854 (deux cas, Gillot et Lemoitre) ; D1U10 397, 16 septembre et 23 décembre 1869 ; D1U10 16, 15 avril 1867 ; D1U10 397, 3 juin 1869 ; D1U10 18, 2 février 1874 et 24 août 1874 (deux cas, un tailleur de diamants et une polisseuse) ; D1U10 16, 25 juillet 1867 ; D1U10 18, 30 août 1874 et 24 décembre 1877.

commerce. Salle est blessé : « Il a bien enseigné et enseigne dans l'exercice de la profession bien au-delà des conventions verbales. » Il craint maintenant que le jeune puisse « céder le secret d'un procédé de gravure » qu'il a inventé, ce qui pourrait lui occasionner « un préjudice considérable ». Vus dans le contexte de la vie concrète d'un artisan-entrepreneur, « les secrets du métier », loin de signifier en l'occurrence le traditionalisme intransigeant des corporatistes exécrés dans la veine « encyclopédique », relèvent de l'appétit d'innover et de transmettre dans de bonnes conditions[86].

L'absentéisme du maître est aussi au cœur des reproches : « le patron n'est jamais à son atelier », affirme le père d'un apprenti serrurier dans la Sarthe ; le père d'un autre apprenti serrurier veut bien accepter que l'enseignement soit délégué, mais en l'occurrence le maître, chroniquement absent, n'a pas d'ouvrier pour former son fils ; une mère retire son fils de la boutique d'un cordonnier « puisqu'il est toujours dehors », tout comme le père d'un apprenti tonnelier. Chroniquement éloigné pour ses affaires, un maître cordonnier à Tours se décharge sur son épouse, accablée de plaintes de deux familles d'apprentis qui manquent d'instruction. Elle se défend en disant qu'elle a embauché « un maître-ouvrier » justement pour diriger l'apprentissage. À croire le père d'un apprenti fabricant de velours à Lyon, exigeant la résiliation du contrat, son maître vit depuis des mois dans une librairie, « ce qui l'empêche de lui enseigner l'état [à son fils] ». Outré, le maître se voit comme un homme capable de gérer plusieurs choses en même temps, notamment en déléguant : « [Il a] un contremaître sur place chargé de surveiller son atelier et de donner chaque jour ses soins à son élève »[87].

La pratique de sous-traiter l'enseignement est assez répandue au XIXe siècle. Deux manufacturiers de draperie associés à Amboise externalisent la formation de leurs apprentis à un ouvrier en tapisserie, qui en forme jusqu'à six en même temps. Ce dernier est

86. AP, Prud'hommes : D1U10 379, 23 mars 1855 ; D1U10 392, 21 janvier 1864 ; D1U10 16, 7 octobre 1867 ; D1U10 403, 2 mars 1876 ; D1U10 18, 24 août 1874 ; D1U10 16, 9 juillet 1866. Sur les secrets de la pratique artisanale, voir Pamela H. Smith, *From Lived Experience to the Written Word: Reconstructing Practical knowledge in the Early Modern World*, Chicago, University of Chicago Press, 2022, p. 117-20, 123-24 ; et l'article peu convaincant d'Anne-Françoise Garçon, « Les Dessous des métiers : secrets, rites et sous-traitances dans la France du XVIIIe siècle », *Early Science and Medecine*, t. 10 (2005), p. 378-91.

87. Prud'hommes : AD Sarthe, 778 W 1, 7 mars, 8 août 1866 ; AD Sarthe, 778 W 3, 17 septembre 1873 ; AD Loire-Atlantique, 5U 1 45, 23 juin 1858 ; AD Indre-et-Loire, 5U 12, 3 juillet 1821 ; *L'Écho de la Fabrique* (16 août 1845).

limogé pour avoir contesté l'autorité de la contremaîtresse affectée à sa supervision : « Il refusait de l'écouter parce qu'elle voulait raisonner sur son ouvrage auquel elle ne connaît rien, que dans son engagement il n'y est pas dit qu'il serait conduit par une femme » – rebuffade misogyne courante. Apprenti serrurier à Nantes, Charles Dulong veut bien que le contremaître s'occupe de son instruction, mais s'estime totalement délaissé quand ce spécialiste part, remplacé par un ouvrier frivole. Citant leur contrat, de nombreux parents refusent tout autre formateur que « le maître lui-même » : quand il s'éloigne, la pédagogie se détériore ou disparaît et l'ambiance morale se dégrade (les ouvriers chargés de gérer « font la noce », l'enfant est mal nourri aussi bien que mal instruit)[88].

La sous-traitance mène parfois au rabougrissement du programme de formation. Confié à un ouvrier qui, par ailleurs, « le traitait brutalement et le frappait », un apprenti relieur sarthois, selon sa mère, « ne sait presque rien, on lui fait faire toujours la même chose, sans lui faire apprendre les autres parties ». Cependant, la division du travail et la spécialisation précoce traduisent souvent moins l'insouciance d'un maître abandonnant l'enseignement à un compagnon que sa stratégie commerciale bien réfléchie. La mère d'un apprenti fabricant de fauteuils se plaint que le patron « ne lui apprend pas à travailler, qu'il lui fait faire beaucoup de courses, qu'il le fait vernir et point travailler le bois ». Un apprenti menuisier à Tours saisit les prud'hommes plusieurs fois pour protester que son maître « ne lui a pas montré son état, qu'il ne fait que blanchir des planches ». Mécontente de ce que son fils, apprenti ébéniste, ne fait que de simples garde-robes, une mère au Mans obtient l'appui des prud'hommes pour contraindre le maître à honorer le contrat et à apprendre à l'enfant à « faire des meubles ». Certains apprentis savent exactement ce qu'ils veulent apprendre, et s'évertuent à l'obtenir avec l'aide des prud'hommes : pour un apprenti cordier au Mans, c'est « comment peigner le chanvre » ; pour un apprenti peintre en bâtiment à Tours, c'est « travailler les faux bois, le décor et l'ornementation ». Un double mystère traverse ces conciliations et jugements prud'homaux : pourquoi beaucoup de parents attendent-ils fréquemment très longtemps – un an, deux ans ou

88. Prud'hommes : AD Indre-et-Loire, 5U 12, 20 mars 1820 ; AD Loire-Atlantique, 5U 1 43, 15 octobre 1847 ; AD Sarthe, 778 W 2, 30 octobre 1867 ; AD Loire-Atlantique, 5U 1 45, 20 avril 1859, 18 avril 1860.

davantage – avant de dénoncer les « fautes » ou « défauts », visibles quasiment depuis le début, et pourquoi de nombreux maîtres se battent-ils pour garder des apprentis plutôt mutins qui ne désirent plus travailler chez eux[89] ?

L'impératif moral, qui traverse toute l'histoire de l'apprentissage, n'est jamais occulté par la dimension technique et pratique de l'enseignement. Il s'agit non seulement de se donner bonne conscience dans une optique résolument chrétienne (d'ailleurs, les républicains laïques éprouvent les mêmes sentiments), mais aussi et principalement de bien organiser les relations de production (optimisation économique) et les relations sociales (voire politiques) : inciter le menu peuple – classes laborieuses en risque permanent de se métamorphoser en classes dangereuses – à intérioriser « l'obligation de se comporter conformément aux intérêts des classes dominantes ». Moraliser l'apprenti, c'est d'abord l'abriter des mauvaises influences, tant de la rue que de l'atelier, l'encourager à aller vers la religion, « le frein le plus salutaire contre des égarements » (l'offre religieuse est plus dense et plus interventionniste au XIXe siècle, grâce à la prolifération de patronages et diverses œuvres), à saisir les liens intimes entre propreté, vertu et soumission, et c'est surtout faire de lui un « bon ouvrier » aussi docile qu'habile, mû par « l'amour du travail et l'amour de ses devoirs ». Le cadre général pour la socialisation morale, tant au XIXe que pendant l'Ancien Régime, demeure le paradigme-métaphore du « père-de-famille » : le « deuxième père » de l'apprenti est censé incarner les valeurs qu'il souhaite communiquer à son apprenti, modèle normatif manifestement écorné tous les jours dans la vie de l'atelier. « Il ne faut pas s'y tromper, l'éducation de l'apprenti n'est pas purement matérielle, elle est morale avant tout », affirme le juriste François-Étienne Mollot en 1847, ses propos s'appliquant aisément au siècle précédent : « L'obligation du maître ne se borne point à exercer l'œil et les bras de l'apprenti [...] elle consiste essentiellement à former son caractère et son cœur. » Mollot envisage un contrat d'apprentissage à double vocation, entérinant « deux intérêts, également légitimes : un intérêt de conscience, qui porte [le maître] à faire de l'apprenti un ouvrier du mérite et de la moralité duquel il puisse s'honorer ; un intérêt

89. Prud'hommes : AD Sarthe, 778 W 2, 19 juillet 1867 ; AD Sarthe, 778 W 3, 31 janvier 1872 ; AD Indre-et-Loire, 5U 12, 4 septembre 1819 ; AD Sarthe, 778 W 1, 16 décembre 1865, 7 mars 1866 ; AD Indre-et-Loire, 5U 17, 19 octobre 1843.

d'argent, qui consiste à retirer du temps et des travaux de l'apprenti [...] » (le ton est donné dans le contrat-type du XVIIIe siècle à travers l'injonction à l'apprenti.e de « faire son profit [celui du maître] et d'éviter sa perte »). Sous l'Ancien Régime, cette mission morale n'est pas seulement une affaire individuelle que porte le maître. La corporation est, par définition historique, « une communauté morale ». Pour promouvoir l'idéal de l'harmonie et de la (con-)fraternité, rarement atteint au XVIIIe siècle, les maîtres de chaque communauté doivent collectivement inculquer aux apprentis les bonnes mœurs et les règles de conduite[90].

DE L'ANTHROPOLOGIE À L'ATELIER

Sans doute parce que la transmission du savoir est ce qu'il y a d'essentiel, nous avons tendance à considérer son sens comme allant de soi. Cependant, à regarder de près, nous connaissons mal ce processus et cette expérience. Même en supposant de la part du maître de la bonne foi, une double compétence de savoir et de savoir communiquer, et une rationalité censée être transparente et programmée en termes d'optimisation matérielle, et de la part de l'apprenti.e un vrai désir et une capacité concomitante d'acquérir les éléments d'un savoir-faire professionnel, la vérité est que nous ne saisissons pas bien ce que veulent dire, *in situ*, apprendre, enseigner et transmettre, parmi d'autres procédés clés. Nous parlons beaucoup de savoir et/ou savoir-faire, mais nous ne pouvons pas le réduire à un stock spécifique

90. C. Grignon, *L'Ordre des choses : les fonctions sociales de l'enseignement technique*, Paris, Éditions de Minuit, 1971, p. 156-57 ; Joseph-Marie de Geranto, *Les Visites du pauvre*, Paris, Louis Colas, 1820, p. 71 ; B.-L. Bellet, *Code-manuel*, p. 46-47 ; F.-É. Mollot, *Contrat d'apprentissage*, p. 4, 45-46 ; par exemple, contrat pour un apprentissage avec un maître doreur, AN, MC, X-601, 13 février 1768. Les maîtres cordonniers parisiens exigent de leurs futurs apprentis « de bonnes mœurs ». AN, MC, X-527, 12 décembre 1757 ; X-545, 6 mai 1761 ; X-546, 31 août 1761 ; X-554, 30 mai 1763. Cf. les projets de moralisation de l'apprentissage : Paul Moutier [serrurier-constructeur], *Cours d'apprentissage*, Paris, Chaix, 1888, p. 29-31 ; Léon Hiéland, *De l'apprentissage dans l'industrie parisienne*, Paris, Chaix, 1870. Marie-Noëlle Chamoux, « La Transmission des savoir-faire. Un objet pour l'ethnologie des techniques ? », *Techniques et culture* », nos 54-55 (2010). Elle réfléchit sur la possibilité de concilier le savoir-faire personnel (expérience, habileté) et le savoir-faire « incorporé », qui n'est pas transmissible par l'enseignement, mais seulement par l'apprentissage. Elle joue aussi sur la tension et la complémentarité entre l'individuel et le collectif. Cf. la distinction esquissée par Yves Barel entre les « savoir-faire incorporés et les savoir-faire algorithmisés ». Sur la corporation comme communauté morale, voir S. L. Kaplan, *La Fin des corporations*. Voir Y. Barel, « La ville avant planification urbaine », dans *Prendre la ville. Esquisse d'une histoire de l'urbanisme d'État*, Paris, Anthropos, 1977 et M.-N. Chamoux, « Les savoir-faire techniques et leur appropriation : le cas des Nahuas du Mexique », *L'Homme* (1981), p. 74-77.

de connaissances, ni confondre la méthodologie et ses finalités. Nous nous rendons compte que le savoir et le savoir-faire (ou l'habileté ou le *skill*) ne sont pas identiques ni interchangeables. Nous sentons que « apprendre » mobilise tant le corps que la tête, tout particulièrement en ce qui concerne les professions manuelles, sans pouvoir les pondérer ou même les articuler rigoureusement. Nous percevons qu'il y a, notamment depuis l'Ancien Régime et au moins jusqu'à la fin du XIXe siècle, une dimension morale dans la conception et la mise en œuvre de l'apprentissage, mais elle n'est ni stable ni universelle, ni même aisée à définir. De fait, nous ne connaissons pas les stratégies et les démarches du maître, qui sont prodigieusement variables, qui dépendent de son *habitus*, de son héritage professionnel et mental, de son tempérament, de sa dextérité, de sa situation financière, des usages locaux et plus encore du type de matière sur laquelle il travaille. Même si nous prétendons discerner ce que le maître fait – l'effronterie du professeur qui, lui aussi, transmet un savoir ? –, nous ne saurions nous mettre dans la tête d'un.e apprenti.e, constater comment il/elle appréhende, comment il/elle traite psychiquement et cognitivement ce qu'on lui montre.

Les sources, fort dispersées et inégales, nous autorisent à nous approcher de l'apprentissage vécu, quelquefois de façon concrète, mais plus souvent de manière oblique, (auto-)biographique, déductive ou métaphorique ; elles ne nous permettent pas d'atteindre le degré de confiance ou d'exhaustivité (ou de densité) relative souhaitables. Ici on se heurte à la part de l'insaisissable. Cette barrière nous incite à nous tourner vers la méthode heuristique en nous appuyant sur des recherches essentiellement anthropologiques dans l'espoir de mieux comprendre certains éléments et étapes de l'apprentissage. Nous ne comptons évidemment pas, par un jeu d'extrapolation, plaquer sur l'expérience de nos apprenti.e.s français.es de la période XVIIe-XXe siècles des aperçus tirés des récits ethnologiques et des réflexions théoriques. Ces derniers peuvent nous proposer moins des solutions que des éclaircissements, des suggestions, des analogies, enrichis modestement par mon bref moment comme apprenti boulanger et ma longue carrière comme proche observateur des conduites et des relations dans des fournils et des laboratoires de la boulangerie-pâtisserie et de la meunerie.

La perspective ambitieuse de Gary Becker, dans sa conception du capital humain, prenant en compte tout ce qui relève des savoirs, des compétences et des expériences accumulées, tant sur le plan économique et technologique que physique, émotionnel et moral, est un point de départ stimulant. Les aptitudes et les attitudes rendent les gens plus ou moins productifs : malgré leurs œillères respectives, c'est le pari du/de la maître.sse et de l'apprenti.e au début de leur itinéraire commun[91]. De nombreux anthropologues semblent aussi intéressés que l'économiste au sujet de l'efficacité des savoirs, mais ils n'entendent pas forcément l'efficacité en termes de rendement productif et ils se soucient davantage de la signification de la notion de savoir et de sa relation aux facultés appelées compétences [*skills*][92]. Des compétences « capturées » et réunies constituent-elles un savoir ? Le savoir a-t-il vocation à déboucher fructueusement sur l'action, ou peut-il l'entraver ? Le substrat d'un savoir est-il nécessairement conceptuel ou théorique (comme le prétendent énergiquement des encyclopédistes au XVIIIe siècle ?) Ou est-ce surévaluer ce qu'on appelle la connaissance propositionnelle ? On présente cette dernière comme fondamentalement d'ordre linguistique (ou discursif), mais aussi à visée théorique. La connaissance propositionnelle consiste en « sachant que », par opposition à la connaissance reposant sur le « sachant comment ». Les implications pour l'apprentissage sont majeures : le « sachant comment » est le chemin du savoir tacite et/ou informel. Cette approche privilégie non seulement le non-dit, mais aussi le vécu par rapport à l'énoncé, au théorique ou au doctrinal (connaissance idéationnelle)[93].

91. Gary S. Becker, *Human Capital. A Theoretical and Empirical Analysis*, New York, Columbia University Press, 1964 ; Léa Rochford, « Contrepoint – Gary Becker et la notion de capital humain », *Informations sociales*, n° 192, 1 (2016), p. 65-65. Un des historiens les plus actifs dans le renouveau de l'étude de l'apprentissage, Bert de Munck, évoque la question de connaissance/savoir/savoir-faire au-delà de la catégorie de capital humain. Il est pourtant très difficile de suivre un raisonnement ambitieux mais souvent sibyllin qui s'efforce de relier *craft*, dieu, épistémologie artisanale moderniste, et les perspectives lumineuses foucauldiennes (supplantant les prismes marxisants sclérosants). « Artisans as Knowledge Workers: Craft and Creativity in a Long Term Perspective », *Geoforum*, t. 99 (2019), p. 227-37.

92. Sur la notion et la pratique de *skill*, voir Tim Ingold, « Walking the Plank: Meditations on a Process of Skill », dans John R. Dakers (dir.), *Defining Technological Literacy: Towards an Epistemological Framework*, New York, Palgrave Macmillan, p. 57-73. Cf. François Sigaut, « Technology », dans Tim Ingold (dir.), *Companion Encyclopedia of Anthropology: Humanity, Culture and Social Life*, Londres, Routledge, 1994.

93. Les références de cette note portent sur ce paragraphe et ceux qui suivent : Mark Harris, « Ways of Knowing », dans Mark Harris (dir.), *Ways of Knowing: Anthropological Approaches to Crafting Experience and Knowledge*, New York, Berghahn Books, 2007, p. 1-24; Nigel Rapport et Mark Harris, « A Discussion Concerning Ways of Knowing », dans *ibid.*, p. 306-30 ; Trevor H. J. Marchand, « Crafting Knowledge: The Role of "Parsing and Production" in the Communication of Skill-based Knowledge among Masons », dans *ibid.*, p. 181-202 ; Gilbert Ryle, « Knowing How and Knowing That: The Presidential Address », *Proceedings of the Aristotelian Society*, t. 46 (1945), p. 1-16 ; Denis Chevallier et Isac Chiva, « L'Introuvable objet de la transmission », dans Denis Chevallier (dir.), *Savoir faire et pouvoir transmettre : Transmission*

Formulé en ces termes, ce débat esquive une des grandes questions qui taraudent les XVIIIe-XIXe siècles français : le vécu, l'habitude, la tradition, l'implicite ne figent-ils pas le savoir, ne le réduisent-ils pas à la routine stérile, n'occultent-ils pas la nécessité d'instaurer un fondement scientifique et théorique, corrosif des superstitions et des secrets-du-métier sclérosants et trompeurs, levier de la modernisation (la chimie pour les boulangers et les teinturiers, la physique pour la verrerie, la taillanderie et la chaudronnerie) ? Traitée sournoisement par des savants des Lumières qui font semblant de réhabiliter le travail manuel tout en discréditant la culture populaire du travail (tours de main, règles empiriques), cette problématique est reprise dans la grande bataille entre l'école et l'atelier, entre les agrégés et les contremaîtres, entre les ministères de l'Instruction publique (ou de l'Éducation nationale) et celui du Commerce et de l'Industrie dans le dernier tiers du XIXe et au XXe siècle encore[94].

Sans être obligatoirement grevé ou enrichi d'un héritage intellectuel, le « sachant comment » induit le performatif. Il est de nature très proche de la connaissance incarnée, qui est associée intimement à l'apprentissage, par exemple, en Afrique, en ce qui concerne l'acquisition des compétences et la manifestation ou la démonstration physique du savoir. La connaissance incarnée est plus disponible à l'appropriation que d'autres savoirs. Comment imaginer le geste technique sans mettre en avant le corps ? L'introduction à la matière première et le dialogue incessant qui s'ensuit entre elle et l'apprenti.e mettent en branle la fabrication de la connaissance incarnée. Le corps

---

et apprentissage des savoir-faire et des techniques, Paris, Éditions de la Maison des sciences de l'homme, 1991, p. 4-8 ; Hélène Stork, « Le Maternahe hindou : Apprentissage et Tradition », dans René Bureau et Denyse de Saivre (dir.), *Apprentissage et cultures : les manières d'apprendre* (Colloque de Cérisy, 1986), Paris, Karthala, 1988, p. 279-80 ; Emma Cohen, « Anthropology of Knowledge », *Journal of the Royal Anthropological Institute*, t. 16 (2010), p. 193-202 ; M. Bloch, *How We Think They Think. Anthropological Approaches to Cognition, Memory, Literacy*, Boulder, CO, Westview, 1998 ; Michael Polanyi, *The Tacit Dimension* [1966], Chicago, University of Chicago Press, 2009 ; Arthur S. Reber, *Implicit Learning and Tacit Knowledge*, Oxford, Oxford University Press, 1996 ; F. Barth, « An Anthropology od Knowledge », *Current Anthropology*, t. 43 (février 2002), p. 1-18. Cf. le recueil très tonique de S. R. Epstein et Maarten Prak (dir.), *Guilds, Innovation and the European Economy, 1400-1800*, Cambridge, Cambridge University Press, 2008 ; K. Anders Ericsson, *The Road to Excellence: The Acquisition of Expert Performance in the Arts and Sciences, Sports, and Games*, New York, Lawrence Erlbaum Associates, Inc, 1996.

94. S. L. Kaplan, *Le Meilleur Pain du monde*, p. 75-82. Pour un point de vue assez différent sur les Lumières, voir Joel Mokyr, *A Culture of Growth: The Origins of the Modern Economy*, Princeton, Princeton University Press, 2016. Sur les secrets du métier, voir Pamela O. Long, *Openness, Secrecy, Authorship: Technical Arts and the Culture of Knowledge from Antiquity to the Renaissance*, Baltimore, MD, The Johns Hopkins University Press, 2001.

de l'apprenti.e réclame une certaine priorité dans le processus de l'acquisition. Le corps est pensé ici comme le site du savoir technique, social et culturel à la fois. Cette conception large rend difficile la séparation du corps et de la tête (et plus difficile encore leur opposition) : l'idéation n'est pas moins corporelle que la performance[95].

Communément, on perçoit l'apprentissage comme une entreprise « sociale ». Informel ou formel, tacite ou explicite, l'acte d'apprendre est dépeint comme le produit et le producteur de relations sociales, tout comme l'engagement lui-même, réciproque et quelquefois mis en scène, est de caractère social. À notre époque, où toute construction, toute réalisation est étiquetée « sociale », nous devons nous méfier du caractère incantatoire de son usage ici, le tout social manquant de précision et de clarté. Cela dit, je crois la contextualisation sociale juste et utile, un rappel que l'apprentissage est rarement une affaire à l'écart, isolée (même quand il a lieu « en chambre », même quand il est effectué de gré à gré, comme dans le monde individualiste et libéral-marchand du XIXe siècle français). Il peut relever de coutumes ancrées dans le passé ou d'une conception des droits et des devoirs gouvernés par des lois tant positives que naturelles ; il s'agit toujours d'actions et d'échanges sociaux. La dimension sociale autorise l'apprenti.e à formuler des attentes, voire des demandes, au-delà du contrat, écrit ou verbal, produit lui aussi d'un certain type de savoir. Ce chemin de raisonnement permet à des observateurs d'arguer que c'est surtout l'enracinement social qui donne du sens au savoir-faire de l'apprenti.e. Paradoxalement, dans cette optique, apprendre seul – le sens profond et pragmatique de l'apprentissage pour quelques exégètes – demeure un acte social[96].

95. Anna O. Portisch, « Techniques as a Window onto Learning », *Journal of Material Culture*, t. 14 (2009), p. 471-93 ; T. H. J. Marchand, « Crafting Knowledge », dans M. Harris (dir.), *Ways of Knowing*, p. 182-95, et « Negotiating Licenses and Limits: Expertise and Innovation in Djenné's Building Trades », *Africa*, t. 79 (2009), p. 73-78 ; K. Kresse et T. H. J. Marchand, « Knowledge in Practice », p. 1-3 ; T. H. J. Marchand, *Minaret Building and Apprenticeship in Yemen*, Richmond (Royaume-Uni), Curzon Press, 2001 ; André Leroi-Gourhan, *L'Homme et la matière*, Paris, Albin Michel, [1943] 2004, p. 19 ; Martine Mille et Joëlle Petit « L'Art et la manière. Bilan et perspectives sur le geste technique », dans Didier Bouillon, André Guillerme, Martine Mille et Gersende Piernas (dir.), *Gestes techniques, techniques du geste*, Villeneuve-d'Ascq, Presses universitaires du Septentrion, 2017, p. 372-74, 436 ; Joëlle Petit, « Le geste technique : Bilan et perspectives pour les métiers de la pierre », dans *ibid.*, p. 126-27 ; Anne-Françoise Garçon, « Les techniques et l'imaginaire. Une question incontournable pour l'historien », *Hypothèses*, t. 9 (2006), p. 221-228 ; T. Csordas, *Embodiment and Experience. The Existential Ground of Self*, Cambridge, Cambridge University Press, 1994.

96. Jean Lave, *Apprenticeship in Critical Ethnographic Practice*, Chicago, University of Chicago Press, 2011, p. 48-50 ; Patricia M. Greenfield et Jean Lave, « Cognitive Aspects of

La connaissance incarnée est parfois incorporée (sens institutionnel) ou ritualisée avec une forte portée et des valeurs formatives sociales, comme au Kenya, où les ancêtres sont convoqués et où l'apprenti a accès aux secrets du métier grâce à son inscription sociale. Dans certaines cultures, la transmission – elle-même fréquemment confondue avec le savoir (dans ses divers avatars), dont la composante « enseignement » proprement dit n'est pas mise en relief – n'est pas seulement soumise à des rites et à des appréciations des ancêtres, mais encore plus profondément submergée dans des traditions, des usages et des particularismes – le *lore* – qui doivent être pris en compte et intégrés, sinon incarnés, par des apprenti.e.s. Frisant la connaissance propositionnelle, l'acquisition du capital *lore* est, soit le préalable à la conquête du métier, soit sa conséquence. Vecteur d'ethnocentrisme constructif, mais aussi lubrifiant culturel et psychologique de l'initiation, le *lore* conforte la spécificité (tribale ? communautaire ? professionnelle, au sens moderne ?) de chaque métier, et donc de ses praticiens. Un capital en formation continue, le *lore*, tout en nourrissant la transmission, s'avère labile, comme le savoir de l'atelier, en devenir permanent[97].

Le Japon implique les acteurs du passé et du présent intégrés par une socialisation où priment moins les compétences que les vertus morales, telles la sincérité, la fidélité et la forte motivation. En France, au XXe siècle, la socialisation a une double face, génératrice à la fois d'appartenance et d'éloignement (ou de séparation), de convivialité et d'aspérités. La socialisation, comme la transmission, peut découler d'une forme d'organisation, autre conditionnement social. L'organisation exogène provient des structures au-delà de l'atelier (ou de l'usine), tandis que son expression endogène ressort précisément de

Informal Education », dans Daniel A. Wagner et Harold W. Stevenson (dir.), *Cultural Perspectives on Child Development*, Francisco, W.H. Freeman, 1982, p. 181-207 ; D. Chevallier et I. Chiva, « L'Introuvable objet de la transmission », dans *Savoir faire et pouvoir transmettre* ; François Sigaut : « Learning, Teaching and Apprenticeship », *New Literary History*, t. 24 (Hiver 1993), p. 106-113 et « L'apprentissage vu par les ethnologues : un stéréotype », dans D. Chevallier (dir.), *Savoir faire et pouvoir transmettre*, p. 37-42 ; T. H. J. Marchand, « Crafting Knowledge », dans *Ways of Knowing*, p. 182-95 ; Michael W. Coy, « Being What We Pretend to Be », dans M. W. Coy (dir.), *Apprenticeship from Theory* ; David Lancy, « "First Must Master Pain": the Nature and Purpose of Apprenticeship », *Anthropology of Work*, t. 33 (2012), p. 113-21. Cf. Peter Berger et Thomas Luckmann, *The Social Construction of Reality: A Treatise in the Sociology of Knowledge*, Hammondsworth, Penguin, 1971.

97. M. W. Coy, « Being What We Pretend to Be », dans *Apprenticeship from Theory*, p. 121 ; Roy M. Dilley, « Secrets and Skills: Apprenticeship among Tukolor Weavers », dans *ibid.*, p. 182-83 ; T. H. J. Marchand : « Crafting Knowledge », dans *Ways of Knowing*, p. 182-95, et « Negotiating Licenses and Limits », p. 73-78 ; K. Kresse et T. H. J. Marchand, « Knowledge in Practice », p. 1-3.

l'orchestration des relations sur le lieu de travail. On remarque souvent que l'expérience de l'apprentissage est « située », concerne un « travail situé », conduit à un développement personnel également « situé », c'est-à-dire inséré, voire enserré, dans un jeu social plus ou moins complexe. L'apprenti.e affronte des contraintes, ou des défis, propres aux situations spécifiques, par exemple, au sein d'une tension entre le maître et un ouvrier auquel il délègue l'enseignement au jour le jour ; ou dans l'obligation d'apprendre comment naviguer dans des conditions commerciales strictes, exigeantes, fonctionnant à un rythme qui ne respecte nullement les besoins de la transmission. L'apprentissage se mue en performance imposée quand le travail est situé dans une logique marchande soutenue[98].

La connaissance incarnée, comme la gestion de l'apprentissage, soulève la question du moi, problématique tant sociale que psychologique. Le moi s'exprime-t-il spécialement dans une des figures de connaissance ? Occupe-t-il une place étroite, parfois discrète, dans tous les types de savoir qui peuvent jouer dans l'apprentissage ? Ou l'architecture même de l'apprentissage dans l'atelier, modeste ou vaste, ne requiert-elle pas le refoulement du moi ou sa mise sur la touche comme entrave potentielle à la socialisation et à l'acquisition des compétences suivant les règlements « maison » ? On invite l'apprenti.e, dans plusieurs sociétés, à se faire petit, à se mettre au service d'un supérieur, voire à s'oublier en apprenant. On demande une sorte d'abaissement de soi justement pour éviter frictions, mésententes, rivalités. Mais est-il plausible d'envisager une autonomie éventuelle sans avoir cultivé son moi, sans avoir charpenté un moi conscient, plus ou moins accompli, voire agissant ? Le/la jeune apprenti.e est supposé.e insuffisamment mature pour s'intéresser à son moi comme expression d'une individualité [*selfhood*] acceptable, voire utile, et risque de sombrer dans un égocentrisme toxique, double trahison tant par rapport à son maître qu'au monde social dont il fait partie. On incite l'apprenti à se voir comme membre d'une communauté, réelle ou virtuelle, du

98. Wendy Smits, « The Quality of Apprenticeship Training: Conflicting Interests of Firms and Apprentices », thèse de doctorat, Université de Maastricht, 2005, p. 53, 84-86, 103, 143-44, 165-66 ; Prisca Kergoat, « De l'indocilité au travail d'une fraction des jeunesses populaires. Les apprentis et la culture ouvrière », *Sociologie du travail,* t. 48 (octobre-décembre 2006), p. 458 ; John Singleton, « Japanese Folkcraft Pottery Apprenticeship: Cultural Patterns of an Educational Institution », dans M. W. Coy (dir.), *Apprenticeship from Theory* ; Étienne Wenger, *Communities of Practice: Learning, Meaning and Identity,* Cambridge, Cambridge University Press, 1998 p. 12-13 ; T. H. J. Marchand, « Crafting Knowledge », dans *Ways of Knowing,* p. 182-95.

présent ou du passé, grande ou petite, communauté morale, sociale, technique, et/ou commerciale (plus rarement religieuse) : appartenance à une corporation ou une confrérie et en certaines circonstances exceptionnelles à un compagnonnage à la manière de l'Ancien Régime et à d'autres formes de mutualisme ou d'association tolérées au XIXe siècle français (pour l'apprenti de cette époque, une communauté ambivalente, sinon illusoire, qui incorpore en quelque sorte à l'extérieur, car il n'est pas admissible comme membre) ; à une communauté rituelle, incorporant des morts aussi bien que des vivants ; à une société secrète ; à un culte d'expertise ; plus tard, à un syndicat. Au Japon, « le moi est englouti dans l'art ou le métier », fusion ambitieuse supposant un maître actif, renforcé par le *lore* et de puissantes normes sociales[99].

L'apprentissage est généralement associé à la cristallisation d'une identité (ou même de plusieurs, plus ou moins intriquées), impliquant et dépassant le moi. Cette notion est rarement définie, mais elle laisse entendre que si l'identité professionnelle, inaugurale, est particulièrement forte, notamment quand elle est façonnée durant un apprentissage, elle garde de la place pour son enrichissement en contact avec le monde social et pour le développement, au cours d'une vie, d'autres identités, complémentaires ou supplémentaires, plus ou moins en harmonie avec celle du début. Apprendre à être tailleur, remarque un chercheur, ne se restreint pas à une habileté précise nécessaire pour confectionner des vêtements. D'autres choses se passent, d'autres choses se font. C'est là que l'on puise ou forge une identité, face à la manière de se conduire du maître, à l'écosystème de la transmission, à la nature de la matière (« noble » dans toute sa diversité possible) et au poids de son *lore* portant des croyances et des valeurs qui nourrissent l'identité et le sens de la vie. L'apprenti.e est aussi le produit de sa famille, de son sexe biologique, de son genre, et de son environnement passé et présent. Si l'apprentissage comme tailleur ne se limite pas à une simple aptitude à couper, coudre et fabriquer des habits, l'expérience d'une apprentie « tailleur » – en l'occurrence, couturière, autre catégorie, autre univers – ne se résume pas à la version féminine de ce même travail. L'épreuve n'est pas la même. L'apprenti.e se découvre,

99. M. W. Coy, « Being What We Pretend to Be », dans *Apprenticeship from Theory* ; J. Singleton : « Japanese Folkcraft Pottery Apprenticeship », dans *ibid.*, p. 18, 25-26, 28-29 et « Situated Learning in Japan: Our Educational Analysis », dans John Singleton (dir.), *Learning in Likely Places: Varieties of Apprenticeship in Japan*, Cambridge, Cambridge University Press, 1998.

ou plutôt se redécouvre, dans le travail, avec ses moments difficiles, mornes, frustrants, éclairants, exaltants. L'apprenti.e ne se réduit pas à son métier, il/elle n'est pas son outil, il/elle n'est pas son produit, mais en même temps, il/elle est tout cela, plus la somme de ses perceptions de ce qu'il/elle fait, de son regard (évolutif) sur lui/elle-même, de son début, sinon d'auto-analyse, du moins d'auto-représentation[100].

Ensemble, ces impressions, ces prises de conscience embryonnaires, constituent une identité en chantier. C'est une sorte de retour du moi, sous d'autres auspices ; c'est un autre registre du sens – souvent fuyant – dont le (bon) apprentissage est censé être porteur. En quête de sens depuis son enfance, Franck Debieu, un des grands boulangers de la France d'aujourd'hui, illustre, à sa manière particulière, le travail sur soi-même qui est identitaire et thérapeutique, et qui démarre dès l'engagement en apprentissage. Il dit qu'il se construit tous les jours depuis le commencement – comme homme (style *Émile*) et comme artisan, désormais virtuose – en « construisant » et lissant la pâte qu'il pétrit de plus en plus à la main dans sa maie, geste éminemment charnel et parfois chargé d'interrogations. Action sur la matière, le geste est aussi pour lui action sur soi-même. Dans cette perspective, on peut imaginer la connaissance [« *knowing* »] comme une performance des identités (et, par extension, « *knowledge as enacted* »). L'identité de Debieu ne se situe pas dans le pétrin, mais, comme sa pâte, chose vivante et changeante, elle se révèle à lui tous les jours. C'est dans cet esprit que son apprentissage dure toute sa vie[101].

Logique poussée jusqu'au bout, l'argument pour l'apprentissage situé [« *situated learning* »] disqualifie tout ce qui subsiste d'un regard structuraliste (par exemple, d'une théorie qui se nourrit du monde corporatif, des institutions, en l'occurrence des communautés d'arts et métiers, engendrant des normes et des règles). L'apprentissage situé donne le primat à l'intention individuelle et à l'*agency* (fonctionnant dans une sorte d'autarcie sociale et morale), implicitement les déshistoricisant. Cette conception de l'apprentissage dans une dynamique d'existence quotidienne est le défi de transmettre sur le

100. F. Sigaut, « Learning, Teaching and Apprenticeship », p. 106-113 ; J. Lave, *Apprenticeship in Critical Ethnographic Practice*, p. 54 ; É. Wenger, *Communities of Practice: Learning, Meaning and Identity*, p. 12-13 ; R. M. Dilley, « Secrets and Skills: Apprenticeship among Tukolor Weavers », dans *Apprenticeship from Theory*, p. 182-83.

101. M. Mille et J. Petit, « L'Art et la manière. Bilan et perspectives sur le geste technique », dans *Gestes techniques, techniques du geste*, p. 372-74, 436 ; Marie-Pierre Julien et Céline Rosselin, *La Culture matérielle*, Paris, La Découverte, 2003. Cf. Steven L. Kaplan, *Pour le pain*, Paris, Fayard, 2020.

champ-et-dans un champ social précis. Il s'agit d'une variation sur une thématique de la pratique bourdieusienne, mettant l'accent sur l'interaction dans le processus de transmission, sur une conscience du besoin de la coordination de la part du maître et sur une certaine improvisation permanente pour concilier les injonctions de l'enseignement et de la production. Cette approche prend en compte l'environnement humain et matériel, les rôles des divers acteurs selon la taille et l'organisation de l'atelier et son outillage, sa façon de faire. L'apprenti.e apprend gestes et techniques, il/elle participe d'une opération sociale, il/elle essuie contraintes et échecs aussi bien que petites épiphanies et modestes triomphes. Imaginer l'apprentissage comme une affaire intérieure, mentale, ultra-personnelle est, selon ce raisonnement, une appréhension erronée. Malgré la théorisation assez épaisse de cette démarche, elle rappelle sur certains points pratiques la méthode dite « *learning by living* », qui se targue de n'être perceptible qu'empiriquement. Ici, on rejoint le savoir informel, à la fois discursif et incarné, on chorégraphie l'articulation du faire et du dire, où le bon maître est souple et opportuniste dans sa direction, laissant à l'apprenti.e une assez grande latitude pour l'avancement par la méthode des essais et des erreurs, récompensant les bons choix et bonnes réalisations, déployant un filet de sécurité pour tout le reste[102].

Une conception moins restreignante n'oppose pas une connaissance explicite (propositionnelle, dite quelquefois « intelligence discursive ») – le dire – à une connaissance tacite ou pratique (dite « intelligence pratique ») – le faire. La connaissance propositionnelle s'alimente principalement des livres, des théories et des faits, mais son dire vise le faire de la transmission non-articulée de personne à personne. Elle tient ainsi

---

102. Colin Heywood, *Childhood in Ninetennth-Century France: Work, Health and Education among the 'classes populaires'*, Cambridge, Cambridge University Press, 1988, p. 73-82 ; Pierre R. Dasen, « Cultures et développement cognitif : la recherche et ses applications », dans R. Bureau et D. de Saivre (dir.), *Apprentissage et cultures : les manières d'apprendre*, p. 133-35 ; T. H. J. Marchand, « Crafting Knowledge », dans *Ways of Knowing*, p. 182-95 ; É. Wenger, *Communities of Practice: Learning, Meaning and Identity* ; P. Kergoat, « De l'indocilité au travail », p. 558 ; Blandine Bril : « Pour une approche fonctionnelle du geste technique et son apprentissage », dans D. Bouillon *et alii* (dir.), *Gestes techniques, techniques du geste*, p. 56, 60-63 et « Les gestes de percussion : analyse d'un mouvement technique », dans D. Chevallier (dir.), *Savoir faire et pouvoir transmettre*, p. 61-80. Quelque peu cavalière concernant ce qui est appris « dans l'atelier » (dans l'esprit du dédain encyclopédiste pour la culture populaire du travail, manière de faire ténébreuse, routinière et irréfléchie ?), Paola Bertucci propose une analyse tonique de « l'intelligence sensorielle » et souligne fructueusement la dimension politique du débat sur la formation de « l'artiste » et son statut. *Artisanal Enlightenment: Science and the Mechanical Arts in Old Regime France*, New Haven, Yale University Press, 1917, p. 145, 158-60, *passim*.

de l'oralité, qui est un instrument d'un régime de la pratique, comme méthode de communication et d'échange. En apprenant des gestes techniques, le maniement des outils, l'élaboration des procédés spécifiques, l'apprenti.e se procure une « carte mentale » qui l'intègre dans un groupe plus large d'artisans et de futurs passeurs. De là, on peut faire entrer le rôle de la mémoire qui porte directement sur la chaîne opératoire, mais fonctionne également, grâce à la répétition manuelle, comme une « mémoire inconsciente », analogue à la « mémoire musculaire »[103].

Un régime dit pratique privilégie l'« apprendre en écoutant », mais on écoute souvent avec le regard. Cela revient à un apprentissage par l'observation. Théoriquement, mais aussi empiriquement, cet apprentissage s'appuie sur les cinq sens (sensations et perceptions) qui sont à l'origine de toute connaissance, toute idée, toute réflexion, ces dernières n'étant que l'association ou la modification de sensations enregistrées. Sensations et connaissances sont coextensives dans cette doctrine appelée le sensationnisme ou le sensualisme. Pas tout à fait une table rase, l'apprenti.e joue hypothétiquement la statue de Condillac : il s'éveille en découvrant des sensations ; ensuite, par une sorte de bricolage psychologique, il parvient à manier mémoire et comparaison, puis jugement, tous les fruits de l'association des sensations[104].

Comme on l'a appris dans les écoles de dessin au XVIIIe siècle déjà, la main est serviteur de l'œil, même si, à terme, pour l'apprenti comme pour l'homme, toutes les sensations ont le même statut. Observation, imitation, répétition est une formule récurrente dans les apprentissages. Au Japon, dans la poterie et bien d'autres métiers, l'apprentissage n'offre

---

103. Nicole Rodda, « "Vivre le geste" : pratiques pour comprendre une expertise technique. L'exemple de l'apprentissage des techniques de fabrication des pâtes étirées en Asie centrale », dans D. Bouillon *et alii* (dir.), *Gestes techniques, techniques du geste*, p. 301-02, 309-10, 315 ; M. Mille et J. Petit « L'Art et la manière. Bilan et perspectives sur le geste technique », dans *ibid.*, p. 372-74, 436 ; M.-P. Julien et C. Rosselin, *La Culture matérielle* ; Roger Cornu, « Voir et savoir », dans D. Chevallier (dir.), *Savoir faire et pouvoir transmettre*, p. 83, 85, 97-100.

104. Joseph Bosc, *Essai sur les moyens d'améliorer l'agriculture, les arts et le commerce en France*, Paris, C. F. Patris, an VIII, p. 17, 39 ; Jean-Claude Tabary, « Les Stratégies individuelles dans l'apprentissage », dans R. Bureau et D. de Saivre (dir.), *Apprentissage et cultures : les manières d'apprendre*, p. 47-73. Sur le sensualisme/sensationnalisme, voir Hans Aarsleff, *From Locke to Saussure: Essays on the Study of Language and Intellectual History*, Minneapolis, MN, University of Minnesota Press, 1982 ; Isabel F. Knight, *The Geometric Spirit: The Abbé de Condillac and the French Enlightenment*, New Haven, CT, Yale University Press, 1968 ; Arnaud Orain, « Choix individuels, morale et théorie de la valeur dans l'œuvre de l'abbé de Condillac (1714-1780) », thèse de doctorat, Université de Paris I, 2004 ; Lorne Falkenstein, « Étienne Bonnot de Condillac », *The Stanford Encyclopedia of Philosophy* (Édition Automne 2010, online) ; David Howes, *Sensual Relations. Engaging the Senses in Cultural and Social Theory*, Ann Arbor, MI, University of Michigan Press, 2003.

pas d'instruction didactique : on apprend par « l'observation discrète ». Comme au Kenya, et ailleurs en Afrique, en France et un peu partout en Europe, assis à l'établi, à côté ou en face du maître, on l'observe dans le double sens du mot : on considère avec application, on constate, on examine, mais en même temps, on se conforme à ce qui est prescrit par une norme, une coutume, une obligation. Au Japon, par exemple, on allie l'observation à la fidélité, morale et gestuelle, et ce savoir discursif et pratique voyage à travers le monde.

Illustrons ce propos avec l'histoire d'une jeune fille japonaise que j'ai aidée à entrer en apprentissage chez un boulanger parisien de mes amis. Je me rends un jour au fournil pour voir comment cela se passe. Je l'aperçois en train de scarifier des pâtons sur le tapis d'enfournement. Elle incise des coups de lame élégants avec sa main gauche. L'ayant vue travailler au fournil d'essai d'un moulin où j'étais consultant, je savais qu'elle était droitière. Je l'interroge : « Pourquoi avez-vous abandonné votre main forte ? » « Je fais comme mon maître, il est gaucher », me répond-elle. (Il s'agit ici d'une éthique et d'une manière japonaises d'apprendre, à ne pas assimiler à un stéréotype pernicieux et fallacieux prétendant caractériser une culture où on ne saurait que copier.)

On retrouve la pratique d'apprentissage par observation, encouragée ou dérobée, partout dans le monde, et bien entendu en France. « On vole » les secrets du maître « avec ses yeux », on « vole le savoir », on « pique » ou « chipe » ou « chope » des secrets d'un maître excessivement laconique ou possessif. On suppose que la rétention du savoir par le maître relève d'une sorte de jeu traditionnel, très sérieux, mais voué à être contesté. Des lamineurs et des forgerons chevronnés dans l'est de la France – donc, pas seulement des maîtres dans le sens de patrons – et des ouvriers dans maintes autres professions ne disent rien à l'apprenti : il ou elle doit « regarder et faire », voire « se débrouiller ». En France, s'il y a une longue tradition artisanale de rétention du savoir, personne n'interdit à l'apprenti.e de s'en emparer plus ou moins furtivement avec ses yeux. Appréhendé sous un autre angle, il existe également une pratique de transmission et d'enseignement qui commence avec les yeux : le musée, institution qui s'épanouit au XVIIIe siècle, notamment dans la sphère des arts et métiers. Sur une échelle fort modeste, Louis Philipon de La Madelaine, philosophe et écrivain foisonnant, avance un projet de « musée populaire » qui rassemblera, sous l'égide municipale, les livres « les plus nécessaires au peuple », des descriptions illustrées des arts et métiers, quelques collections de dessins faciles à regarder, des traités de géométrie et de mécanique et le recueil des machines présenté à l'Académie des sciences[105].

La sociologie du travail, depuis Pierre Naville et Georges Friedman, en passant par Harry Braverman et ses critiques[106], nous invite à regarder le processus d'apprentissage par rapport aux grandes mutations technologiques et sociales, tout en renforçant la spécificité de l'expérience « sur le tas » et le caractère profondément social de tout apprentissage. Cette approche s'efforce d'articuler le rapport entre savoir et savoir-faire et de préciser la manière par laquelle la formalisation des méthodes de travail (notamment aux XIXe et XXe siècles français) influe sur le fonctionnement de l'apprentissage. Elle soulève des questions sur « l'inéluctable » déqualification [*deskilling*] tendancielle déclenchée par le processus de mécanisation, mais aussi sur la capacité des connaissances tacites de garantir une certaine autonomie ouvrière. Le tour de main se révèle un instrument plus ambigu. Il ne devient « technique » que le jour où il cesse d'être un secret individuel et assume pleinement sa vocation sociale. Il est pourtant moins

105. F. Sigaut, « L'apprentissage vu par les ethnologues », dans *Savoir faire et pouvoir transmettre*, p. 42 ; J. Singleton, « Japanese Folkcraft Pottery Apprenticeship », dans *Apprenticeship from Theory*, p. 18, 25, 28 ; D. Chevallier et I. Chiva, « L'Introuvable objet de la transmission », dans *Savoir faire et pouvoir transmettre*, p. 4-8 ; Marcel Debolo, *L'Apprentissage à l'atelier*, Paris, A. Rousseau, 1906, p. 150 ; J. Lave, *Apprenticeship in Critical Ethnographic Practice*, p. 50 ; Françoise Zonabend citée par Colin Heywood, « On Learning Gender Roles during Childhood in Nineteenth-Century France », *French Historical Studies*, t. 5 (1991), p. 462 ; R. Cornu, « Voir et savoir », dans *Savoir faire et pouvoir transmettre*, p. 83, 85, 97-100 ; Geneviève Delbos et Paul Jorion, *La Transmission des savoirs*, Paris, Éditions de la Maison des sciences de l'homme, 1990 ; David F. Lancy, « Learning "From Nobody": The Limited Role of Teaching in Folk Models of Children's Development », *Childhood in the Past*, t. 3 (2010), p. 79-106 ; Louis Philipon de La Madelaine, *Vues patriotiques sur l'éducation du peuple, tant des villes que de la campagne, avec beaucoup de notes intéressantes*, Lyon, Bryset-Pontus, 1783, p. 270. Cf. Hélène Wallaert, « Learning How to Make the Right Pots: Apprenticeship Strategies and Material Culture, a Case Study in Handmade Pottery from Cameroon », *Journal of Anthropological Research*, t. 57 (2001), p. 471-493 ; Margaret Peil, « The Apprenticeship System in Accra », *Africa*, t. 40 (1970), p. 137-150 ; S. S. Obidi, « Skill Acquisition through Indigenous Apprenticeship: A Case Study of the Yoruba Blacksmith in Nigeria », *Comparative Education*, t. 31 (novembre 1995), p. 369-383.

106. Georges Friedman, *Où va le travail humain ?*, Paris, Gallimard, 1951 et *Le Travail en miettes*, Paris, Gallimard, 1956 ; Pierre Naville : *Essai sur la qualification du travail*, Paris, Marcel Rivière, 1956 et *Le Nouveau Léviathan I : De l'aliénation à la jouissance. Genèse de la sociologie du travail chez Marx et Engels*, Paris, Anthropos, 1957 ; Harry Braverman, *Labor and Monopoly Capital: The Degradation of Work in the Twentieth Century*, New York, The Monthly Review Press, 1974 ; Craig R. Littler et Graeme Salaman, « Bravermania and Beyond: Recent Theories of the Labor Process », *Sociology*, t. 2 (1982), p. 251-269 ; Peter Meiksins, « Labor and Monopoly Capital for the 1990s: A Review and Critique of the Labor Process Debate », *Monthly Review*, t. 46 (1994), p. 45-59 ; Michael Burawoy, « A Classic of its Time ? », *Contemporary Sociology*, t. 3 (1996), p. 296-299 ; Stephen Wood (dir.), *The Degradation of Work? Skill, Deskilling and the Labour Process*, Londres, Hutchinson, 1982.

convaincant de représenter le tour de main comme une pratique « presque d'instinct », une « seconde nature » : son « imprégnation » passe par l'acquisition tacite dite « coutumière », une conception difficile à situer rigoureusement dans le déroulement de l'apprentissage. Les étapes successives de ce dernier ne demeurent pas toujours distinctes : une fois que la compétence est acquise, il est difficile de se rappeler les phases de l'acquisition et de départager le tacite et l'explicite. La sociologie du travail propose plusieurs découpages ou temporalités de l'apprentissage, tout en avertissant que le jeu du temps varie selon le type et le degré de l'organisation de la marche de l'apprentissage. Ce constat a des implications pour l'acquisition des connaissances et la transformation de ce savoir en compétence [*skill*], mais semble en fin de compte décentrer « l'apprentissage proprement dit » en faveur de la première étape (« accoutumances », vaste champ un peu vaporeux) et de la dernière (l'exercice de la pratique : la maîtrise des « ficelles du métier »). Cette lecture passe aussi par une critique de l'opposition plus ou moins stricte entre transmission formelle et informelle, les « trucs de métier » relevant tant de l'une que de l'autre. Une façon de mieux cerner des catégories et des frontières fait appel à « la langue de métier » qui véhicule la codification des prescriptions. Le geste est « structuré » par la parole ; le jargon sert autant pour donner corps aux « procédés » de travail que pour diffuser de l'information[107].

Bien qu'elle me soit parvenue juste à la veille de la publication de ce livre, je ne peux pas ne pas évoquer la remarquable étude de Pamela H. Smith, qui touche à bien des thèmes discutés ici[108]. Elle rejette toute opposition entre l'esprit et le corps – pleinement entrelacés – dans le

107. Marcelle Stroobants, *Savoir-faire et compétences au travail. Une sociologie de la fabrication des aptitudes*, Bruxelles, Éditions de l'Université de Bruxelles, 1993, p. 24, 37-38, 93, 137-39, 296, 309-10 ; Gilbert Simondon, *Du mode d'existence des objets techniques*, Paris, Aubier, [1958]1989 ; Alain Touraine, *L'Évolution du travail ouvrier aux usines Renault*, Paris, CNRS, 1955 ; Gilbert de Terssac (dir.), *La Division du travail* (Colloque de Dourdan), Paris, Éditions de Galilée, 1978 ; G. de Terssac et J. Christol, « Division du travail et savoir ouvrier », *Culture technique*, t. 8 (1982), p. 141-45 ; Roger Cornu, *Éducation, savoir et production*, Bruxelles, Éditions de l'Université de Bruxelles, 2001 ; Bernard Zarca, « L'Itinéraire d'un compagnon charpentier : L'Ami du trait », *Actes de la Recherche en Sciences Sociales*, t. 29 (1979), p. 27-43 ; Bryn Jones et Stephen Wood, « Qualifications tacites, division du travail et nouvelles technologies », *Sociologie du travail*, t. 26 (1984), p. 407-21 ; Jean-Daniel Reynaud, « Qualification et marché du travail », *Sociologie du travail*, t. 29 (1987), p. 86-109. Sur la notion de stades ou étapes dans l'apprentissage, voir les cas américains et japonais : Bennie Graves, « Informal Aspects of Apprenticeship in Selected American Occupations » et J. Singleton, « Japanese Folkcraft Pottery Apprenticeship », dans *Apprenticeship from Theory*, p. 54, 57, 118-21.

108. Pamela H. Smith, *From Lived Experience to the Written Word: Reconstructing Practical Knowledge in the Early Modern World*, Chicago, University of Chicago Press, 2022.

processus d'acquisition ou de transmission du savoir, dans le domaine artisanal en particulier. Provenant de l'expérience, de caractère à la fois conceptuel et pratique, cette connaissance est incarnée dès le début, car elle fait appel à tous nos sens dans leur rencontre avec des matières. On écoute, on observe, on lit le monde à travers non seulement la vue et l'ouïe, mais également le toucher, l'odeur et le goût : les cinq sens sont tous des organes d'exploration et de cognition. L'apprenti.e vole avec ses yeux, mais « surprend » [*overhears*] aussi la conversation des autres, tout comme il « sonde » ou « tâte » des matières. Apprendre en faisant donne le primat à la pratique, et constitue l'apprentissage dit « situé ». Penser en faisant rentre-t-il dans la même catégorie, rendant hommage à la solidarité de l'esprit et du corps ? La connaissance corporelle ou incarnée est généralement tacite, tout comme la mémoire musculaire est une connaissance tacite somatique. Mais, à force de répétition, certaines formes de connaissance incarnée, telle la gestuelle ou la « processuelle », semblent susceptibles d'acquérir un autre statut, dans le *lore* ou dans l'écrit. Chaque acteur et chaque commentateur doivent, à leur manière, articuler le corps/l'action avec l'esprit/la pensée, tout comme il faut situer le corps humain (corps et esprit) vis-à-vis de l'environnement naturel.

Pamela H. Smith propose la notion d'un « imaginaire matériel » ou « des matières », à la fois panoplie de moyens de connaître des matières premières et stock de connaissances les concernant. Les matières incitent et aident à penser. L'artisan et *a fortiori* l'apprenti.e s'efforcent de comprendre le comportement (voire les besoins et les désirs) des matières dont la tenue est souvent singulière [*idiosyncratic*]. (J'ai appris tôt, par exemple, que la pâte est chose vivante, qu'elle parle de diverses manières, qu'elle a des exigences de confort.) Dans son parcours vers une certaine dextérité, l'apprenti.e incarne ses connaissances à travers des pratiques corporelles, qui sont guidées par l'imitation et, en quelque sorte, incorporées par répétition. L'action impulsée par l'intuition ou pilotée par l'improvisation émerge de la même manière. Il ne s'agit pas, insiste l'auteure, de l'intériorisation des règles, mais du processus plus fin d'une écoute profonde qui met en accord perception, mouvement et ainsi de suite. Je me demande, cependant, si elle ne sous-estime pas la tentation de tirer de cette harmonisation des règles de base[109].

109. Pour ce paragraphe et le précédent : *ibid.*, p. 2, 10, 14, 16, 119-21, 124-30, 132-33, 137-38, 209-10, 231-34, 239, 242, 248-50. Sur certaines questions, António Damásio pourrait peut-être fournir une base neuronale de la cognition et du comportement. Entre autres,

L'APPRENTISSAGE PARALLÈLE : L'ANCIEN RÉGIME

Se développe au cours de l'Ancien Régime une sorte d'apprentissage parallèle au sein de la communauté d'arts et métiers et en dehors, une pratique susceptible à la fois de renforcer et de miner l'édifice corporatif. Dans le contrat d'engagement, ce genre de pseudo-apprenti (apprenti dégradé ou alternatif, c'est selon) s'appelle alloué.e, titre qui recouvre plusieurs situations différentes et qui prête à une certaine confusion. À la fin du XVIIe siècle, selon Furetière, « alloué se dit chez les artisans, des compagnons qui ont fait le tems de leur apprentissage & qui s'engagent encore pour quelque temps à servir les maîtres ». D'après ce dictionnaire, la seule distinction entre l'alloué et le compagnon, tous les deux brevetés, est que celui-ci travaille à la journée et celui-là promet « de servir pendant quelque temps ». Pourtant, on trouve assez communément à cette époque des compagnons engagés au mois ou pour des périodes bien plus longues, et des soi-disant alloués pleinement exposés aux aléas de la conjoncture courte travaillant au jour le jour. Si le *Dictionnaire de Trévoux* reprend cette définition mot à mot en 1721, un peu plus tard Jacques Savary des Bruslons reconnaît une des ambiguïtés fondamentales. Si, d'une part, l'alloué « est un garçon qui au sortir du tems de son apprentissage, s'engage chez un Maitre du métier dont il est apprentif », d'autre part il peut être « aussi un garçon qui s'engage pour un terme chez un Maitre, sans avoir fait d'apprentissage ». Il peut y apprendre la profession, mais crucialement « cela ne lui donne pas droit de parvenir à la maîtrise ».

Grand spécialiste des contrats, Claude-Joseph de Ferriere souligne que l'alloué peut « apprendre à gagner sa vie seulement, sans acquérir la franchise, ni pouvoir aspirer à devenir maître ». Au début des années 1770, le juriste Denisart met l'accent sur l'exclusion de l'alloué de la trajectoire et de la finalité corporatives, encore fort prisées : « Les conventions relatives aux *alloués* sont très-fréquentes à Paris », mais puisqu'elles « ne peuvent pas procurer un état aux jeunes gens, qu'elles exposent à travailler toute leur vie à la journée, elles sont regardées défavorablement [...] ». On rencontre couramment dans les contrats d'allouage la phrase « ne pourra ledit alloué parvenir à la maîtrise » ; ou encore plus brutalement, « ledit Corbie fils ne pourra

---

voir *Spinoza avait raison: joie et tristesse, le cerveau des émotions*, Paris, Odile Jacob et *L'Erreur de Descartes : la raison des émotions*, Paris, Odile Jacob, 1995.

jamais parvenir à la maîtrise d'imprimeur à Paris ». Dans le sillage de la tentative avortée de Turgot d'abolir le système corporatif en 1776, Hériché, compagnon imprimeur, croyant que l'exclusion de l'alloué de l'ascension ne portait que sur les imprimeurs, dresse une plaidoirie passionnée contre un système inhumain qui exclut les alloués du droit naturel de monter dans la société par le travail. Mais, en privilégiant encore un autre sens attaché à l'étiquette et à la pratique de l'allouage, comment déplorer la démarche d'une jeune personne qui « s'est volontairement mis[e] en qualité d'alloué [...] pour se perfectionner dans ledit métier » ? Restreignant l'allouage aux seuls fils de maître, les fourbisseurs parisiens du XVIIe siècle semblent concevoir ce statut comme une formation de perfectionnement spécifique[110].

Dès la première partie du XVIIe siècle, l'allouage est sujet à des tensions et des contradictions, au moins dans les communautés parisiennes. Chez les orfèvres, il est accusé d'être une fraude, une tentative de fabriquer des maîtres incomplets et illégitimes, dont la formation est réduite des huit ans réglementaires à « six, cinq, quatre, trois, deux,

110. Antoine Furetière, *Dictionnaire universel*, t. 1, La Haye, A et R. Leers, 1690, p. 37 ; *Dictionnaire universel français et latin* (dit de Trévoux), t. 1, Paris, Delaulne, 1721, p. 297 ; J. Savary des Bruslons et P.-L. Savary (dir.), *Dictionnaire universel de commerce*, t. 1, p. 82 ; C.-J. de Ferrière, *La Science parfaite des notaires*, t. 2, 1728, p. 111, 118-19 ; J.-B. Denisart, *Collection de décisions nouvelles et de notions relatives à la Jurisprudence actuelle*, Paris, Veuve Desaint, 1771, t. 1, p. 94 ; AN, MC : XXXIV-581, 23 novembre 1750 ; C, 603, 12 janvier 1751 ; XLIX-689, 18 mars 1751 ; XXXIV-584, 1er octobre 1751 ; « Mémoire à un maître des requêtes », 8 mai 1779, BnF, ms. fr. 21832, fol. 187 ; Thomas Corbeille [M.D.C. de l'Académie françoise], *Dictionnaire des arts et des sciences*, t. 1, Paris, Rollin père, 1732, p. 27 ; *Articles, statuts, ordonnances et règlemens de la communauté des maîtres et marchands fourbisseurs de Paris*, Paris, Lamesle, 1740, p. 38. Des recherches récentes nous montrent que rien n'est entièrement impossible dans un monde où l'argent, étayé par le clientélisme – et vice versa –, peut lubrifier et accélérer le changement. On a décelé quelques alloués, dans la promotion notariale de 1761, qui atteignent la maîtrise, adoubement exceptionnel, nonobstant les interdictions formelles. Voir Clare H. Crowston et Claire Lemercier, « Surviving the End of the Guilds: Apprenticeship in Eighteenth-and Nineteenth-Century France », dans M. Prak et P. Wallis (dir.), *Apprenticeship in Early Modern Europe*, p. 303-304. Est-il possible d'assimiler à l'allouage la pratique lyonnaise « d'affermage », en l'occurrence un contrat de trois ans engagé par un maître fabricant en étoffe de soie en faveur d'un fils de maître de cette même partie ? Voir AM Lyon, HH 254, 5 mai 1761. Étienne Martin Saint-Léon fait allusion aux alloués comme ceux « n'ayant pas fait enregistrer leur brevet d'apprentissage ». Mais il ignore que l'alloué est de plus en plus souvent un adolescent (ou un ouvrier) qui n'a pas fait un apprentissage reconnu. Étienne Martin Saint-Léon, *Histoire des corporations de métiers depuis leurs origines jusqu'à leur suppression en 1791*, Paris, Félix Alcan, 1922, p. 245. Henry-René D'Allemagne s'approche davantage de la réalité en remarquant que l'alloué « se met chez un maître pour apprendre seulement à gagner sa vie, mais il ne pouvait jamais sortir de sa condition et restait toujours un manœuvre ». *Les Anciens maîtres serruriers et leurs meilleurs travaux*, t. 1, p. 48. Pierre Quef a raison de noter que les alloués ne font aucun apprentissage, mais son affirmation que ce sont le plus souvent des paysans fuyant la famine au plat pays et/ou une catégorie de « travailleurs clandestins » en marge du monde du travail reconnu nous semble sans aucun fondement. *Histoire de l'apprentissage*, p. 81-83, 88.

voire un an ». Même si certains de ces maîtres-fauteurs de désordre ne comptaient pas « leur faire acquérir la franchise par ce moyen », leur « nouveauté » engendrait « de faux Ouvriers » qui perturbaient la communauté, d'où l'interdiction de la pratique de faire alloués (également dit « serviteurs ») par une sentence du prévôt de Paris du 3 décembre 1633. Il n'empêche que cent ans plus tard, pour donner un contrat-modèle de l'allouage, Ferriere choisit le cas d'un « marchand orphèvre », suggérant que l'alloué jouissait d'un statut reconnu dans cet univers plutôt élitiste. De façon similaire, dans une ambivalence confondante, les tapissiers, moins sélectifs, interdisent l'allouage en 1719 et au bout de plusieurs décennies le décrivent comme une pratique consacrée (« on appelle alloué un garçon que prend un Maître pour lui montrer sa Profession, en vertu d'une convention faite avec ses Parens »). Les maîtres pâtissiers le proscrivent absolument dans plusieurs règlements en plein XVIIIe siècle, puis subitement l'admettent, pourvu qu'il y ait un quasi-enregistrement formel de leur (non)-brevet et le paiement des droits non-spécifiés.

Pareille tension entre droit et fait chez les maîtres perruquiers. Un édit du 6 février 1725 défend le recours à l'allouage partout dans le royaume, mesure agréée par les communautés de Rouen et de Paris. Pourtant, cette dernière, après avoir déjà interdit l'engagement d'alloués dans ses statuts de 1718, tolère l'usage jusqu'à la Révolution. La prohibition de l'allouage dans les statuts des perruquiers de Tours n'empêche pas maints confrères de le pratiquer pendant la première moitié du siècle, menant à un dénouement acrimonieux et tout sauf définitif à la fin des années 1740. Renouvelant l'interdiction de façon impérieuse, une délibération de la communauté dénonce cette coutume comme une source de « troubles » minant l'autorité corporative et une manière de saboter le système de reproduction canonique en ruinant l'apprentissage : « Plusieurs maistres de cette communauté prennent des alloués qui sont même des domestiques auxquels ils montrent à raser et à accommoder la perruque, ce qui fait un tort aux maistres de la communauté et empeche qu'il ne se fasse des apprentis. » À Nantes, un registre de perruquiers des années fin 1770-début 1780 énumère un peu moins d'une centaine d'alloués, certains signalés comme esclaves, d'autres « domestiques » d'une sorte ou d'une autre. Leur instruction est étroitement restreinte : ils peuvent « apprendre à raser et peigner seulement »[111].

---

111. *Statuts et privilèges du corps des marchands orfèvres*, p. 50 ; C.-J. de Ferrière, *La Science parfaite des notaires*, t. 2, p. 118 ; *Nouveau recueil des statuts et règlements du corps*

L'allouage au féminin

Nul domaine ne mérite plus d'attention que l'histoire du travail des filles et des femmes, objet d'avancées remarquables depuis peu, après des siècles d'indifférence, voire de mépris. Une étude récente traite une centaine de filles/femmes mises en allouage dans une trentaine de métiers différents, dont la moitié est formée par des hommes. Ces derniers, en majorité, sont des maîtres corporatifs, transgressant ainsi les règles de leurs communautés, qui ne traitent – théoriquement – qu'avec des hommes à tous les niveaux, depuis l'apprentissage en passant par le compagnonnage pour arriver (parfois) à la maîtrise. La durée de l'allouage s'étend sur 3,75 ans en moyenne (médiane = 4). Une majorité des filles (47 des 56 cas sur lesquels nous sommes renseignés) loge chez leur maître ou maîtresse, ouvrant la voie à une socialisation familiale dépassant les seules relations dictées par des besoins de transmission et de travail. Si 15 allouées ne paient rien pour leur formation, 26 autres donnent au maître ou à la maîtresse entre 30 et 500 livres, traduisant évidemment leur intérêt et celui de leurs parents (ou leurs représentants) pour le monde corporatif, tant son capital technique que social, ses protocoles, ses conventions.

Beaucoup de ces allouées sont formées pour des métiers dans lesquels leurs propres maîtres ne sauraient les embaucher, car leurs statuts corporatifs le prohibent. Par ailleurs, certaines des 47 femmes qui accueillent des allouées exercent elles-mêmes leurs professions illicitement. Ces filles-allouées s'engagent ainsi dans de multiples professions « interdites », malgré les statuts et règlements des communautés souvent homologués par un parlement, approuvés par arrêts

et communauté des maîtres-marchands tapissiers, Paris, P. Gissey, 1756, p. LXX, 143 ; arrêt du conseil, 19 juin 1747, *Privilèges accordez aux maîtres pâtissiers de la ville de Paris*, Paris, Gonichon, 1747, p. 106, 109 ; *Privilèges acordez aux maître pâtissiers-oublayeurs de la ville de Paris*, Paris, Veuve Delormel et fils, 1757, p. 58, 139, 142 ; *Dictionnaire portatif du commerce*, p. 380 ; *Encyclopédie méthodique. Arts et métiers mécaniques*, t. 2, Paris, Panckoucke, 1784, p. 75 ; édit du 6 février 1725, *Recueil des édits, declarations, lettres patentes, arrests & reglemens registrés* [*sic*] *en la cour du Parlement de Normandie, 1718-26*, Rouen, Lallemant, 1755, p. 753 ; *Nouveau recueil des édits, declarations, lettres patentes, arrests & reglemens enregistrés au cour du Parlement de Normandie, 1717-26*, Rouen, Besongne, 1742, p. 753 ; Statuts et règlemens, septembre 1718 dans *Statuts et règlemens pour la communauté des barbiers, perruquiers, etc. de la ville de Paris*, Paris, Valleyre, 1746, p. 17 ; *Délibération de la communauté des maistres perruquiers*, 16 février 1749, et Douteau contre la communauté, AD Indre-et-Loire, E 455. L'information sur Nantes est aimablement fournie par C. H. Crowston. On retrouve de nombreux contrats de perruquiers parisiens prenant alloués, par exemple : AN, MC, LVIII-563/C, 28 juillet et 14 octobre 1711 ; LXIV-341, 24 juillet 1751.

du conseil, ou revêtus par lettres patentes. Elles le font avec l'accord tacite des personnes chargées d'exécuter règles et lois (maîtres et maîtresses des corporations ; quelquefois leurs jurés ou gardes ou sindics ; notaires ; et même le procureur du roi de la chambre des métiers de la cour prévôtale de Paris, dans certaines instances, quand il traite des disputes entre des parties d'un contrat illégal d'allouage comme si elles étaient toutes des acteurs légitimes). Dès leur allouage – et après, quand elles travaillent ordinairement comme « fausses ouvrières » ou gens « sans-qualité » –, ces filles/femmes contestent une réalité définie par les lois et les règles et forgent de leur propre initiative quotidienne une réalité parallèle fondée par et sur la pratique. Elles ne prennent pas la Bastille ; elles la contournent ou l'évitent, avec l'aval de ses gouverneurs, car on a besoin de leur énergie et de leur entreprise[112].

Pour la trentaine de jeunes filles qui surgissent dans une petite enquête que j'ai menée en 2020, l'âge moyen s'établit à 12,85 ans (médiane = 13), avec un éventail de huit à vingt ans. Des allouées sont parfois exceptionnellement jeunes. Jeanne Demoussoux n'a que sept ans quand elle entame un allouage de neuf ans, au prix de 700 livres, chez Claude-Marie Chedeville, fille majeure, ouvrière en dentelle et en linge. Pour la maîtresse, de situation très modeste, il s'agit à la fois d'une aubaine et d'une lourde charge. Angélique Antoine, ouvrière en dentelles en tapisserie, accueille une allouée de dix ans pour un terme de six ans au coût de 300 livres. Dans un petit échantillon d'éventaillistes, 21 des 26 alloués sont des filles ; on retrouve même, dans un échantillon d'une centaine d'apprentis éventaillistes, 4 filles, engagées subrepticement ou avec une rarissime dérogation. Par ailleurs, la durée des contrats de tout le groupe des filles rejoint exactement celle des hommes : 3,6 ans en moyenne (médiane = 4), avec une amplitude de un à huit ans. Plus inattendu, faute de la présence d'une femme dans la maison comme garante de l'état moral des allouées, est le cas de deux sœurs, âgées de huit et dix ans, entrant pendant quatre ans (au prix de 400 livres) chez un maître éventailliste (la mère, veuve d'un marchand de vin, se charge de payer un maître d'école pour leur faire des cours tous les jours de 17 heures à 19 heures, intervalle

112. Ce paragraphe et le précédent s'inspirent de Clare H. Crowston, « Female Apprenticeship: Powerful Laws and Practical Legality in Eighteenth-Century France », working paper. Elle suggère astucieusement que le paradigme d'allouage, entendu comme une zone d'ombre occupée principalement par des hommes travaillant autrement, tire en quelque sorte son origine du monde du travail féminin, où tout le monde travaille dans une zone d'ombre composée de diverses nuances de gris. Communication personnelle.

sanctuarisé dans le contrat). Puisque l'entrée de très jeunes filles en service paraît conçue autant pour favoriser leur socialisation que leur acquisition de compétences professionnelles, il est surprenant de voir une fille de dix ans s'engager comme allouée d'une brodeuse en linge pour deux ans seulement[113].

Par ailleurs, comme leurs homologues masculins, des femmes, artisans ou marchandes, dites « sans-qualité » prennent des allouées. Dame Quin, épouse d'un maître éventailliste, enrôle, en son nom propre, comme allouée pendant quatre ans la petite Riou, âgée de douze ans, fille d'un sellier, pour l'initier à la peinture en miniature. La veuve Gonberet, épinglière, recrute comme allouée pendant trois ans la fille d'un cordonnier, âgée de treize ans. La veuve Denos, « éventailliste revendiquée », métier qu'elle exerce dans l'accueillant et peu corporatif faubourg Saint-Antoine, reçoit Jeanne Lieger, dix ans, pour un allouage durant huit ans. Marie-Thérèse Flanart, ouvrière en linge, prend Louise Guilbert, vingt ans, pendant un an comme allouée. Guedet, dix ans, présentée par sa mère, veuve d'un compagnon peintre, se place comme allouée pendant deux ans chez la femme Roland, brodeuse en linge, épouse d'un maître rubannier[114]. D'autres femmes – couturières, ravaudeuses, peintres en papier et bois d'éventails, brunisseuses, marchandes de modes, parmi d'autres, toutes sans-qualité, comme les dizaines de « maîtresses » d'allouage que nous avons évoquées plus haut – s'attachent des filles, contractuellement, comme allouées, au cours du XVIIIe siècle. Comme l'apprentissage lui-même, l'allouage comme catégorie et comme pratique jouit d'une grande souplesse et d'un caractère caméléon, nonobstant les règles formelles. Le rôle d'alloué.e porte de multiples sens, dépendants souvent de la situation précise, tout comme le rôle d'apprenti.e[115].

Quotidien de l'alloué.e

Comme dans l'apprentissage, le maître et l'alloué.e s'accordent souvent sur une période d'essai, parfois inscrite dans le contrat, pour s'assurer qu'une bonne entente est vraisemblable : le maître jauge la

113. AN, MC : LVIII-563/C, 30 décembre 1735 et 21 mars 1772 ; XXXVIII-366, 9 et 14 avril 1748.

114. AN, MC : CXIII-324, 1er septembre 1730 ; XXXVIII-360, 31 juillet 1747 ; XXVIII-209, 26 mai 1728 ; XXXVIII-223, 22 novembre 1723 ; XXXVIII-367, 4 juin 1748.

115. Par exemple, *ibid.* : XXXVIII-220, 22 mars 1723 et 17 avril 1723 ; XXXVIII-383, 18 juin 1750 ; X, 528, 22 février 1758 ; XLVI-383, 24 février 1761.

santé et/ou force physique, l'adresse manuelle et la maturité émotionnelle de l'alloué.e et ce/cette dernier.ère, appuyé.e sur sa famille ou garant.e, évalue la qualité de l'accueil, l'attitude du maître, de son épouse et du personnel domestique et professionnel. Impatientes d'obtenir un enregistrement prompt des brevets d'apprentissage pour empêcher la fraude, les communautés ne tolèrent généralement pas un temps de familiarisation de plus de quelques semaines. Même si certaines corporations parisiennes, par exemple les maîtres huchers-menuisiers et les horlogers, mettent le brevet de l'allouage sur le même plan que celui de l'apprentissage exigeant une inscription sur les registres du bureau dans les huit jours, elles admettent une grande souplesse en ce qui concerne les alloués : des périodes d'essai de trois, quatre, et six mois ne sont pas rares. Baudet, une fille dont l'âge n'est pas relevé, entre chez David, maître éventailliste, où elle passe dix-huit mois avant le déclenchement formel du contrat (quatre ans)[116].

Le quotidien d'un.e alloué.e ressemble à celui d'un.e apprentie.e. Malgré la concordance des contrats, le maître ou la maîtresse se sent plus libre d'affecter la jeune personne et le jeune homme à des tâches subalternes, plus ou moins domestiques, pas forcément liées à la transmission du métier[117]. On a fort peu de traces des interactions tendues entre patron.nes et alloué.e.s : le plus souvent, indication du renvoi de l'alloué.e pour « mauvaise conduite » sans plus d'explication que pour la plainte symétrique en sens inverse pour « mauvais traitements »[118]. Puisque les contemporains confondaient facilement apprentis et alloués, il n'est pas très plausible de postuler que l'on a pris plus au sérieux l'indiscipline d'un.e apprenti.e que l'indocilité d'un.e alloué.e. Toujours est-il que des plaintes telles que celle formulée par l'épouse de Pierre Delamesse, maître imprimeur, sont peu communes (à moins que d'autres soient embrouillées de la même manière) : celle-ci dénonce l'alloué Moreau, qu'elle appelle « son aprenty », qui depuis son entrée voilà trois ans « ne cesse de l'insulter, elle et son mary [...] d'horribles blasphèmes » et de prévenir « qu'il n'a pas d'ordre

116. *Statuts, articles ordonnances et privileges des maîtres huchers-menuisiers de Paris*, Paris, B. Laisnel, 1720, p. 78, 82. AN, MC : XXXVIII-367, 6 juin 1748 ; X-492, 4 mai 1750 ; XXXVIII-384, 31 juillet 1750.

117. Exception : une maîtresse couturière promet de faire travailler son allouée « à choses du métier de couturière, et de faire les commissions concernantes seulement led. Métier ». AN, MC : XLIV-398, 23 septembre 1751.

118. BnF ms. Fr. 21836, fols. 16 (26 mars 1737) et 51 (21 juin 1751).

de recevoir de personne, qu'il ne doit comte de sa conduitte à qui que ce soit […] qu'il ne fera que ce qui luy plaira ». « Naturellement furieux », le jour même de la plainte, il a menacé de tuer « un autre aprenty » [alloué ?] avec un couteau qu'il brandissait. Il semble que cette affaire, loin d'être anodine, ait été résolue au sein de la communauté. La Chambre syndicale a organisé un « transport » permettant à Moreau de terminer son brevet chez un maître plus courageux[119].

Le discours paternaliste qui marque l'apprentissage déteint sur l'allouage, même si l'obligation morale du maître d'être un « père de famille » est bien moins souvent articulée. Parfois, il paraît nécessaire de pousser le maître à assumer cette posture, comme dans le contrat où le père d'un alloué de quatorze ans s'engage à laisser au maître sculpteur qui le reçoit « toute l'autorité sur led. alloué pour le conduire plus surement dans son travail et luy faire le plus grand progrès ». (Payant 550 livres pour trois ans de formation, le père, avocat au Parlement, se sent sans doute pleinement autorisé à exprimer cette exhortation[120].) L'alloué.e travaille, comme l'apprenti.e, habituellement de 7 heures à 20 heures en hiver, et de 6 heures à 21 heures en été, avec des périodes fixes pour des pauses collation et repas. Contrairement à ce qui se passe couramment chez les apprentis au XIXe siècle – terrain d'abus vivement contesté –, bien des contrats d'allouage précisent que le/la jeune ne sera sollicité.e pour aucun type de travail dimanche ou fêtes « quelque prétexte que ce soit. »[121]

Loin d'être la règle, le paiement d'un salaire se pratique pourtant dans de nombreux cas et dans une large palette de métiers. Randotin, maître marbrier, paie son alloué, quinze ans, 10 sous par jour pendant dix-huit mois, puis 15 sous jusqu'à la fin de son allouage de trois ans. Bien moins généreux, Claude Lepautet, maître tonnelier, paie son alloué Pierre Levasseur, fils d'un laboureur de Picardie, 30 livres par an, moins de 2 sous par jour. Plus communément, un maître propose une rémunération à la fin de la dernière année, incitation à ne pas abandonner le bercail : un maître peignier-tabletier et un maître perruquier donnent 36 livres, un maître charron 30 et un maître rubannier 40, toujours en fin de parcours. J.-J. Lemaitre, maître rubannier, promet de payer son alloué, un garçon majeur,

119. BnF, ms. Fr. 21836, fol. 33 (13 mai 1740).

120. AN, MC : X-554, 8 avril 1763.

121. Voir, par exemple, le contrat de Catherine Hutinet, onze ans, chez un maître éventailliste, AN, MC, X-527, 11 octobre 1757.

fils d'un défunt maître rubannier, la très modique somme de 15 sous chaque dimanche « pour ses services », sorte de pourboire de motivation[122].

À l'atelier, l'alloué subit le même type de bizutage que l'apprenti, avec lequel il est aisément confondu. Voyant l'alloué comme son concurrent, immédiat ou éventuel, le compagnon ne l'accueille pas toujours chaleureusement, malgré l'injonction du maître. Si ce dernier sait déployer autant la diplomatie que l'autorité, il parvient à réduire les frictions, particulièrement dans les ateliers comme chez les imprimeurs où les deux catégories de travailleurs se côtoient régulièrement. Dans plusieurs métiers, tels les chapeliers, où les compagnons sont historiquement turbulents, ces derniers se sont constitués en lobby influent pour bloquer l'embauche des alloués. Le maître qui brave cette interdiction encourt non seulement des sanctions corporatives, mais également une « damnation » des compagnons, souvent assez bien organisés[123]. Dans les métiers lourdement infiltrés par l'allouage, les maîtres se plaignent amèrement des pratiques déloyales de collègues qui débauchent des alloués qui ne sont pas « libres »[124].

Chez les imprimeurs

L'alloué est mieux connu chez les imprimeurs que nulle part ailleurs. Ni apprenti ni compagnon, il remplace les deux dans le nouveau schème que cette communauté s'est forgé. Il paraît surgir, de manière intermittente, dans la région parisienne pendant la deuxième moitié du XVIIe siècle, comme une sorte de faux-compagnon (par analogie avec le célèbre « faux ouvrier », l'artisan « sans-qualité » qui travaille sans statut ni permission sauf dans certains lieux dits privilégiés), un ouvrier avec une certaine formation d'imprimeur, souvent venant de province, voire de l'étranger, qui se fait embaucher à des prix plus bas que le salaire qu'exige le compagnon, ou qui s'offre à des moments où la main-d'œuvre qualifiée et reconnue

122. AN, MC : LVIII-563/C, 19 mai 1704 ; XXXVIII-360, 20 juillet 1747 ; XXXVIII-222, 25 juillet et 22 août 1723 ; LXIV-341, 24 juillet 1751 ; XXXVIII-208, 4 novembre 1720 ; XXXVIII-383, 19 et 26 mai 1750 ; XXXVIII-361, 24 septembre 1747 ; XXX-320, 4 janvier 1751.

123. Sentence de police, 29 janvier 1700, *Articles, statuts, ordonnances & reglemens des maitres de la communauté des chapeliers de Paris*, éd. René Harenger [avocat au Parlement], Paris, Veuve Lottin, 1755.

124. Par exemple, *Code de la librairie et de l'Imprimerie*, p. 151-59.

s'avère clairsemée. L'institutionnalisation de l'allouage est officiellement lancée en 1724 au croisement d'un double phénomène. D'une part, le constat que le nombre de maîtres s'est accru excessivement, menaçant l'équilibre économique des membres de la communauté : « Une longue expérience leur avoit appris que les libraires & imprimeurs ne sçauroient se soutenir dans leur Profession, & la faire avec honneur, qu'autant que le nombre n'en seroit pas trop multiplié. » Pour régler ce problème, la communauté, s'appuyant sur une législation royale, impose une série de moratoires de six, puis de dix ans, prolongés pendant des décennies, sur l'engagement d'apprentis, déshypothéquant ainsi l'avenir de la corporation. Ces apprentis « furent remplacés dans l'imprimerie par des Alloués », selon le Code de la profession. D'autre part, l'ajustement/transition préconisé est rendu à la fois difficile et urgent par le comportement inacceptable des compagnons qui s'efforcent de profiter de la situation en tentant de saisir le contrôle du marché du travail, pour obtenir des salaires plus élevés, exclure des ouvriers « étrangers » et sanctionner des maîtres réfractaires.

Pour rétablir l'ordre, le gouvernement met en avant la nécessité « de multiplier le nombre des Compagnons imprimeurs ». À cette fin, il enjoint à tous les libraires exerçant l'imprimerie dans Paris « de prendre d'ici à six mois, chacun un Alloué au moins, pour le former et en faire un Ouvrier ; ceux qui ont plus de quatre Presses seront tenus d'en prendre deux, le tout à peine de cinq cent livres d'amende ». Il est « loisible à chacun d'en prendre un plus grand nombre » et il est strictement interdit aux « Compagnons de Paris & autres d'empêcher, troubler, ni molester lesdits Alloués » sous peine de « punition exemplaire ». La surveillance est théoriquement rigoureuse : les maîtres doivent déclarer à la Chambre syndicale tout changement de personnel chaque semaine (embauche, départ, etc.) ; un alloué, ordinairement engagé pour une période de quatre ans par contrat écrit, ne peut pas partir sans un congé formel rédigé par le maître ; et le « brevet » de l'alloué – mimant exactement la pratique de l'apprentissage – doit être enregistré à la Chambre, onction et normalisation canoniques de ces (relativement) nouveaux acteurs corporatifs. Implicitement, il semble que l'alloué « achevé » puisse continuer à travailler comme compagnon pourvu qu'il ait « la docilité, l'expérience & la capacité requises » En principe, il s'agit d'une violation des normes corporatives, mais il est clair que ces dernières évoluent, notamment dans les communautés où un esprit entrepreneurial incite à la rationalisation et au renouvellement des méthodes de travail[125].

Censés leur enseigner le métier, certains maîtres tendent plutôt à se servir des alloués pour des tâches rudes et relativement simples, les embauchant plus ou moins ouvertement sans brevet, à la place des compagnons, moins dociles et nettement plus chers. Ces derniers les détestent parce qu'ils « avilissent » le métier (recrutés, prétendent ces compagnons-élitistes, « de la lie du peuple », ils déshonorent l'art en travaillant mal et en acceptant de jouer le rôle de « bas valets ») et surtout parce qu'ils mettent en péril la capacité des compagnons à contrôler leur marché de travail. Après avoir longtemps exigé la réduction du nombre d'apprentis, autres concurrents déloyaux, ironiquement les compagnons plaident désormais pour leur augmentation, puisque leur menace se révèle moins difficile à gérer. Une pratique analogue s'installe dans la communauté des relieurs, elle aussi bénéficiaire de moratoires prolongés reportant l'engagement des apprentis, remplacés en quelque sorte par des « allouettes »[126].

Produite par la Chambre syndicale (siège des dirigeants de la communauté des imprimeurs), une liste prend note, de façon fort inégale, de 422 alloués imprimeurs enregistrés entre 1723 et 1761. Entre le début et 1731, pour 69 alloués présentant les informations, l'âge moyen s'élève à 18,4 ans (médiane = 18), avec un éventail très large, de douze à vingt-neuf ans. Puis, pour 81 cas de 1750 à 1761, l'âge moyen pointe à 18,6 ans (médiane = 18), dispersé entre onze et trente-trois ans. Collectivement, ces alloués ne sont pas beaucoup plus vieux que les apprentis représentatifs. Physiquement aptes au travail, parfois éprouvant, de l'atelier, ils ont tous un minimum d'éducation,

---

125. *Code de la librairie et de l'imprimerie de Paris*, p. 137, 147-49 ; *Encyclopédie méthodique. Arts et métiers mécaniques*, t. 3, p. 592 ; *Dictionnaire portatif du commerce*, p. 287. Jetant un œil rétrospectif sur le métier, les imprimeurs du début du XXe siècle n'ont pas tout à fait compris la tension entre apprenti et alloué, tout en étant intrigués par le statut ambigu de ce dernier : Ministère du Commerce, de l'industrie, Direction du travail, *Rapport sur l'apprentissage dans l'imprimerie, 1899-1901*, p. XXVII. Le transfert de brevet (« transport ») d'un alloué par son maître à un collègue était en principe simple à réaliser, mais nous trouvons assez peu de cas chez les notaires. Voir, par exemple, un transport effectué le 19 septembre 1730, BnF, ms. fr. 21836.

126. R. de Lespinasse, *Les Métiers et corporations*, t. 1, p. 394n et t. 3, p. 174 ; Mémoire anonyme (sans doute de la voix et peut-être de la main d'un compagnon), août 1755, BnF, ms. fr. 22064, fols. 182, 184-88, 191 ; L. Radiguer, *Maîtres imprimeurs*, p. 38-41 ; Paul Chauvet, *Les Ouvriers du livre en France des origines à la Révolution de 1789*, Paris, Presses universitaires de France, 1959, p. 276-77 ; Ernest Roquet [Thoinan], *Les relieurs français, 1500-1800*, Paris, Huard et Guillemin, 1893, p. 79 ; Philippe Minard, *Typographie des Lumières*, Seyssel, Champ Vallon, 1989, p. 84-106.

car ils sont censés savoir lire et écrire pour exercer certaines de leurs fonctions. La durée officielle (« obligatoire ») de leur engagement est de quatre ans : sur toute la période (n = 294), le temps moyen est de 3,97 ans (médiane = 4), avec des écarts de un à six ans. Globalement, les (très) jeunes et les (assez) mûrs n'ont pas de durées différentes.

Il n'est pas évident d'appréhender dans quelle mesure les alloués ont bouleversé – ou intériorisé – les codes d'un milieu où la conduite et les relations sont assez normalisées, sinon réglementées. Les jeunes alloués risquent d'être bien chahutés, les vieux exclus de certaines activités. Très majoritairement parisiens, les alloués sont, dans l'ensemble, d'une origine sociale modeste, le manque de données nous empêchant d'être plus précis : fils de compagnons imprimeurs, de compagnons d'autres métiers (dans les vêtements ou la construction, par exemple), de gagne-deniers, de cochers, et plus rarement de laboureurs. Un certain nombre de maîtres semble spécialisé dans l'accueil et vraisemblablement la formation d'alloués : entre 1723 et 1731, deux maîtres ont pris 9 alloués chacun, un autre 8, un troisième 7 et trois autres 6 chacun. Difficile de dire s'il s'agit de vrais centres de formation, ou plutôt d'ateliers particulièrement dynamiques, ayant besoin de beaucoup de main-d'œuvre[127].

La formation dans une manufacture

Un autre espace professionnel encore plus spécialisé dans lequel le terme malléable d'« alloué » prospère, tout en se dotant d'un sens pratique très particulier, voire local, est une usine, en l'occurrence la fabrique des toiles imprimées, dites indiennes, créée par Christophe-Philippe Oberkampf en 1760 à Jouy-en-Josas, dans le plat pays de la région parisienne. Jeune émigré allemand, descendant d'une lignée de teinturiers, il a travaillé brièvement en marge du monde corporatif à Paris avant de fonder sa propre fabrique. Au sein d'un effectif qui atteindra 900 ouvriers en 1774, le patron forme 77 travailleurs d'élite, futurs graveurs (6 : dessinateurs et fabricants de plaques) et imprimeurs (71 : piliers-catalyseurs de la production), auxquels il donne la dénomination d'alloué. Pourquoi ? Évidemment, il veut les distinguer des simples manœuvres, les enraciner tant qu'il peut dans le terroir de son entreprise, et sans doute se rapprocher du modèle d'apprentissage, prestigieux et focalisé sur une formation

127. BnF, ms. Fr 21836.

valorisante, sans se tenir aux conditions habituellement associées à ce statut.

Dans sa structure, le contrat d'Oberkampf diffère fort peu du contrat classique d'allouage (ou d'apprentissage). Prenons le cas de Louis Sauvigny, quatorze ans, enrôlé pour huit ans, fils d'un vigneron à Jouy, suffisamment proche de l'usine pour que le père puisse loger, nourrir et entretenir son enfant du nécessaire. Si paternalisme il y a, il sera exercé à distance et à une échelle de non-intimité, dans l'absence d'un toit et d'une table communs. Oberkampf, « directeur et intéressé de la manufacture des toiles peintes », promet « d'enseigner l'imprimerie desdites toiles peintes » ; le garçon s'oblige à « apprendre du mieux qui lui sera possible », obéir à son patron, et, selon la formule consacrée, faire son profit, éviter son dommage, etc. La clause interdisant un départ précoce et enjoignant le garant de ramener l'alloué en fuite a sans doute davantage d'acuité aux yeux de ce patron que chez d'autres, car Oberkampf fait travailler ses employés avec des techniques particulières et secrètes qu'il a inventées ou adaptées, et il veut tout faire pour réduire le risque de les voir disséminées.

Dans cette perspective – c'est assez rare dans les contrats d'allouage –, il met en place un système de rétention des salaires, rémunérations par ailleurs assez généreuses. Le patron paie Louis 10 sous par jour pendant sa première année, puis 12, 14, 17, 20, 22, 25 et enfin 28 sous dans sa huitième année. Une politique d'épargne forcée incitera le jeune à achever son terme : si tout marche comme l'espère Oberkampf, il sera tellement intégré qu'il n'aura plus jamais envie de partir. Prélevant une somme chaque mois, qui va en augmentant chaque année, Oberkampf remettra à Louis Sauvigny, alors âgé de vingt-deux ans, 237 livres, jolie cagnotte, s'il reste fidèle jusqu'à la fin, et lui proposera de rester, sauf accident. Si le jeune homme fuit prématurément, son sacrifice ne se cantonne pas à la perte de l'argent retenu, car son père est contractuellement obligé de payer 150 livres de dédommagement en supplément. Louis ne sait pas signer, comme une petite moitié des alloués oberkampfiens. Particularité de ces contrats, qui les distingue des conventions écrites des alloués en général : Oberkampf veut s'assurer de la bienveillance de la société civile, si l'on peut dire, et montrer son ouverture d'esprit en convoquant des témoins de Jouy et des alentours à la signature du contrat. Louis est ainsi accompagné par un perruquier et un « bourgeois » du coin[128].

---

128. AD Yvelines, 3 E 15/12, brevet d'alloué, 21 janvier 1768.

Le recrutement a lieu en trois fois seulement (19 en 1768, 40 en 1772, et 19 en 1774) ; par la suite, Oberkampf semble parvenir à garder suffisamment de spécialistes pour qu'ils puissent se charger de la reproduction des compétences avec une embauche moins ritualisée, et peut-être à la fois moins sélective et moins chère. Les contrats sont fréquemment formalisés plusieurs semaines, voire quelques mois après l'entrée en fabrique, engendrant une période d'essai, fructueuse de part et d'autre. L'âge moyen s'élève à 14,74 (médiane = 14), avec une dispersion entre douze (deux cas) et vingt et un (un seul) ; les graveurs sont en moyenne un an plus jeunes que l'univers général.

Le recrutement est obstinément local : 34 alloués habitent Jouy même, 14 sont de Buc et 12 de Bièvres, juste à côté. Les autres viennent de six bourgs pas très loin de la fabrique. Les familles sont extrêmement rurales. 39 des pères d'alloué sont des journaliers, 3 vignerons, 3 jardiniers, 2 manœuvres, 2 batteurs en grange, un bourgeois, un marchand épicier, un cabaretier ; les autres sont de professions inconnues. Tous les contrats, peu ou prou, ressemblent à celui de Louis Sauvigny. Les salaires sont plus élevés en 1772, et plus encore en 1774, comme la retenue qui y est indexée. La partie retranchée par le patron est considérablement plus importante chez les jeunes plus mûrs – 3 livres par mois pour un jeune homme de vingt ans sur un contrat de quatre ans, 3 livres 12 sous pour un alloué de vingt ans avec un terme de six ans –, car le patron considère que le risque de leur départ irrégulier est bien plus grand[129].

Confronter alloué.e.s et apprenti.e.s : frontières brouillées

An XVIIIe siècle, dans les ateliers comme dans les familles, l'apprentissage et l'allouage cohabitent souvent tranquillement, se trouvent en tension parfois, vivent quelquefois dans une sorte de parasitage réciproque. En tout cas, on les confond communément. Pour les uns, la confusion est sans doute stratégique : pour avancer leurs intérêts, brouiller une distinction quelque part gênante. Cependant, pour bien d'autres, elle est plutôt non-intentionnelle, voire innocente, traduisant

129. AD Yvelines, 3E 15/12 ; Florence de Langlais, « Étude des brevets d'alloués de la Manufacture des toiles de Jouy, 1768-74 », mémoire dans le cours « Sources d'histoire moderne », licence d'histoire, Université de Versailles-St-Quentin, 2003-04. Pour le contexte du projet d'Oberkampf, voir Alain Dewerpe et Yves Gaulupeau, *La Fabrique des prolétaires : les ouvriers de la manufacture d'Oberkampf à Jouy-en-Josas, 1760-1815*, Paris, Presses de l'École normale supérieure (Ulm), 1990, p. 63-65, qui prennent l'allouage comme une autre façon de parler de l'apprentissage.

une appréciation pragmatique, de court terme, assez répandue. Quand il s'agit de viser la maîtrise, l'abîme entre les deux régimes est net. Cependant, comme mode de formation, modalité d'accès au savoir, la différence ne paraît pas nécessairement profonde. D'une part, il ne semble pas évident de juger la qualité de l'instruction par des finalités professionnelles qui ne sont pas immédiatement pertinentes. D'autre part, cette confusion exprime peut-être le pari que le monde en dehors de la corporation, loin de vouer les gens à la clandestinité mélancolique ou à une sorte de précariat avant la lettre, est plein d'opportunités professionnelles intéressantes exigeant compétence et rigueur, c'est-à-dire un certain bagage.

Dans les contrats et même dans les documents corporatifs, on utilise souvent les vocables « apprentissage » et « allouage » de façon interchangeable. « Mis en apprentissage en qualité d'alloué » est une formule qui revient fréquemment. Plus finement, on fait référence à une allouée qui agit « en qualité d'apprentisse externe ». J.-B. Marchand, commis au bureau de la guerre, confie sa fille à Margueritte Lejeune, couturière de Versailles, pour « son apprentissage en la qualité d'alloué ». Les maîtres aussi bien que les parents déploient cette équation. Un maître cordonnier à Versailles parle d'enseigner le métier « à son apprenty », un alloué de vingt-quatre ans. Dans un transport d'alloué, un maître boutonnier promet de « traiter led. Aprenty honnestement comme il appartient ». Pareillement, René Duminer, maître perruquier, accueille Marie-Anne, quinze ans, comme « aprentisse » dans un contrat d'allouage. Antoine Pavée, alloué imprimeur, quitte son maître Valleyre dix mois avant l'expiration de son brevet ; le patron « réclame [son retour] chez luy achever le tems de son apprantissage ». Après la mort de son maître d'allouage, le jeune Meignerez est transféré chez Milleret, maître imprimeur également, « pour achever auprès de luy le tems de son apprentissage ». Charles Boitet, futur fondeur de caractères, déclare « qu'il s'est mis en apprentissage comme alloué [pendant quatre ans] »[130].

130. AN, MC : XXXVIII-202, 23 mai 1720 ; X-528, 27 février 1758 ; X-550, 11 mai 1762 ; XLCI-383, 24 février 1762 ; X-557, 7 décembre 1763. AD Yvelines, 3E 15/12, Marchand-Lejeune, 14 avril 1729 et Tardif, 13 mai 1729 ; AN, MC : LVIII-563/C, 21 novembre 1711. BnF, ms. Fr. 21836, fols. 54 (24 juillet 1761), 56 (13 mai 1765), 20 (27 juin 1732), 57 (1er novembre 1767). Dans une étude sur l'allouage des filles au XVIIIe siècle à Paris, dans un échantillon d'une centaine, 58 filles sont décrites comme « allouées », 38 contrats se servent du terme « apprentissage », et 5 encore de la formule « apprentissage en qualité d'allouée ». C. H. Crowston, « Female Apprenticeship », working paper.

Une étude que j'ai effectuée en 1993, fondée sur un échantillon de 316 contrats d'apprentissage et de 60 brevets d'allouage, tous parisiens, nous permet de comparer directement alloués et apprentis[131]. Dans leur morphologie générale, il est difficile de les distinguer. L'alloué n'est pas plus vieux, il n'est pas moins éduqué, il n'est pas plus rural, il ne sert pas moins longtemps, et il ne paie pas sensiblement moins cher. En moyenne, l'alloué a 15,76 ans (l'apprenti 15,91), avec un éventail de huit jusqu'à vingt-six ans. Les plus jeunes sont les maîtres à danser (8 ans) et les peaussiers (11) ; les plus mûrs, les tapissiers (20,5) et les tissutiers-rubanniers (22). Les filles se dispersent aux deux pôles : les brodeuses (12) et les couturières (13) à peine adolescentes et les ouvrières en dentelle (18,5) parmi les plus vieilles. Variant entre deux et huit ans, la durée de service moyenne d'un alloué est légèrement plus courte (4,2 ans) que celle d'un apprenti (4,83). Il y a des disparités considérables au sein d'un même métier, les plus jeunes en général servant plus longtemps que les plus vieux (ainsi l'horloger de treize ans s'oblige pendant six ans tandis que celui de vingt-six ans ne fera que deux ans et demi). À âge constant, la variation entre professions est plus difficile à comprendre (pourquoi un tailleur d'habit requiert-il cinq ans alors qu'un tourneur ne nécessite que trois ans et qu'un tissutier-rubannier n'a besoin que de deux ans ?). La proportion des alloués qui signent leur contrat (81,5 %) est un peu plus élevée que celle des apprentis (80 %).

Dans un échantillon modeste (n = 80), mais composé de plusieurs dizaines de métiers différents (étude de 2020), on est renseigné sur de multiples facteurs définissant l'allouage et le rapprochant implicitement des pratiques structurantes de l'apprentissage. Ces alloués sont plus jeunes, l'âge moyen étant de 13,9 ans (médiane = 14), avec des écarts de huit à vingt-trois ans. La durée d'engagement est similaire à celle des imprimeurs, que nous allons regarder : 3,6 ans en moyenne (médiane = 4), avec une dispersion de six mois à huit ans. Quarante-quatre des 80 alloué.e.s savent signer, bien moins impressionnant que le chiffre de l'étude antérieure.

D'après l'étude de 1993, 57 % des alloués ne paient aucun droit au maître, tout comme 59 % des apprentis. En termes relatifs, la dispersion des montants est similaire, allant pour les alloués de 30 à 800 livres (moyenne = 200, médiane = 150). Pas plus chez les alloués que chez les apprentis n'apparaît une logique dans les sommes exigées.

131. S. L. Kaplan, « L'Apprentissage au XVIIIe siècle : le cas de Paris », p. 436-79.

Un éventailliste touche 800 livres, le cachet le plus élevé. Mais un autre ne demande que 300 livres et un troisième prend son alloué gratis. Proche des éventaillistes en réputation, les peintres ne reçoivent que 80 livres en moyenne. Dans la même catégorie, un alloué doreur ne verse que 50 livres. Plus de la moitié des alloués échelonnent leurs paiements. Les contrats d'apprentissage n'affichent aucun droit en nature, mais un alloué promet 40 livres de beurre battu par an, livré à ses frais[132]. Selon l'échantillon de 80 alloués (2020), le tiers des contrats sont payants (26), le maître recevant en moyenne 194 livres (médiane = 150), somme considérable pour une formation sans horizon clair d'ascension, avec un champ d'écarts frappant, de 21 à 550 livres. Face au niveau de certains prix, il est vraisemblable que quelques « maîtres » en aient fait un « business » auxiliaire. Un maître tabletier capable de gagner 250 livres en prêtant son expertise pendant six mois – c'était l'allouage exceptionnel de Zinory Cernfeky, « attaché à l'Église de Russie » – devait faire beaucoup de jaloux dans sa corporation[133].

Suivant l'étude de 1993, apprentis et alloués sont massivement parisiens, deux tiers pour les premiers, presque les trois quarts pour les seconds. Moins de 7 % déclarent une origine franchement rurale. Les pères des alloués sont moins nettement ancrés dans le monde des arts et métiers (51 % contre 66 %) ; moins bien introduits et donc moins familiers avec les pratiques et les possibilités du monde du travail, sont-ils plus susceptibles de se satisfaire des à-peu-près de l'allouage plutôt que des certitudes de l'apprentissage classique ? Pourtant, onze pères eux-mêmes maîtres dans les corporations et trois pères compagnons, à peine moins bien informés, engagent leurs enfants comme alloués, vraisemblablement en connaissance de cause. L'étude de 2020 indique que seuls 8 des 80 alloué.e.s n'ont pas de racines parisiennes.

Tandis que l'apprenti se voit moins fréquemment taxé à prix d'argent en cas de fuite, chez les alloués, la clause d'indemnité pour un départ prématuré sert de supplément ou de substitut au prix d'allouage proprement dit. Toujours dans le panel de 1993, un peu plus de 40 % des alloués – plutôt leurs familles ou cautions – donnent leur parole de verser (en moyenne et médiane) 190 livres en cas de départ précoce

132. AN, MC : LXXXIX-532, 27 avril 1751.

133. AN, MC : X-559, 20 février 1764. Ce cas exotique n'était certainement pas la règle. Cf. la démarche de Marie Julie Le Roy, maîtresse couturière, qui ne demande que 50 livres – somme toutefois importante – pour un allouage de « perfectionnement » recherché par Marie-Madeleine Castagniolle, fille majeure de Versailles. LVIII-563/C, 22 septembre 1710.

(l'éventail allant de 50 jusqu'à 600 livres). Jean-Baptiste Mouton, dix-huit ans, s'engage chez Jean Pinguet, maréchal-ferrant, sans bourse délier. Mais son frère et tuteur, domestique de son état, remet une caution de 100 livres que Pinguet promet de rembourser si Mouton achève son temps. Au-delà des 6 livres par mois, qu'il touchera pendant huit ans pour « l'entretien » de son alloué, fils d'un maître à danser, Charles Martin, aussi maître à danser, percevra 300 livres si « le père voudrait retirer son dit fils avant les huit années expirées ». Cependant, Martin est libre de renvoyer le garçon à tout moment sans indemniser le père, pourvu qu'il montre – plutôt affirme – que l'alloué se révèle « ne pas être exacte [*sic*] à son devoir »[134].

Dans quatre autres cas (1993), on retrouve la pénalité réciproque, sorte de symétrie dans la pratique d'indemnisation. Louis Dorian, soldat, paiera le maître de sa fille, un doreur, 100 livres si elle s'en va ; mais le maître restituera au père les 50 livres qu'il a versées pour l'allouage s'il renvoie la fille « sans cause légitime ». Un marchand de vin jure qu'il remettra 300 livres à l'horloger qui accueille son fils comme alloué si ce dernier part. Mais l'horloger « s'oblige de payer pareille somme » s'il « voudroit sans causes légitimes renvoier de chez luy » son alloué. Un maître serrurier et un menuisier contractent des arrangements analogues avec les parents de leurs alloués[135]. En revanche, une douzaine de contrats se rapprochent de la pratique courante chez les apprentis, préconisant une sanction par compensation en nature, ordinairement un doublement du temps, en cas de départ[136].

Dans l'échantillon de 80 alloués (2020), comme chez les apprentis, on retrouve le souci lancinant de la fuite de l'alloué avant l'achèvement de son terme. Si dans 75 des 80 cas, les garants de l'alloué s'engagent solennellement, mais rhétoriquement, à « rechercher » et « ramener » le jeune en fugue à son atelier, 38 % de ces dossiers (30) imposent une pénalité en cas de départ injustifié proche des valeurs du prix de l'allouage payant : 151 livres en moyenne (médiane = 100, écarts de 40 à 400 livres). Presque la moitié de ces clauses de réparation s'appliquent ici de façon réciproque : non seulement l'alloué ou ses garants sont obligés d'indemniser le maître en cas d'abandon, mais ce dernier promet de payer la même somme s'il met l'alloué à la porte ou le contraint, par « de mauvais traitements », ou une autre

134. AN, MC : LXXXIX-532, 4 mars 1751 ; LXXXV-528, 6 mai 1751.

135. AN, MC : XXXVIII-390, 22 juin 1751 ; LXXXV-528, 7 juin 1751 ; voir également XXIX-489, 8 novembre 1751 (menuisier) et XXXVIII-389, 4 juillet 1751 (maître serrurier).

136. Voir, par exemple, AN, MC : XLIX-689, 8 et 9 mars 1751.

cause impérieuse, à renoncer à son travail. La réciprocité semble une pratique moins courante dans l'apprentissage classique[137].

J'ai trouvé en 2020 que les prestations fournies par le maître sont plus inégales que ce qu'on trouve habituellement dans les contrats d'apprentissage ; même chez les alloués payants, elles sont fréquemment chiches. Huit maîtres n'en proposent aucune (à part l'éclairage et le chauffage). Les parents nourrissent leurs enfants dans 20 contrats (une fois, le maître offre « la bonne chère » au dîner, qui est fourni pour l'essentiel par la mère ; dans plusieurs autres, le maître donne la soupe et la famille le pain) et les logent dans 16 autres.

La prestation non-matérielle la plus significative concerne l'enseignement : elle est toujours présente, et quasiment toujours calquée sur l'apprentissage. Parfois les maîtres prodiguent davantage de détails sur la nature de leur enseignement dans les contrats d'allouage que dans ceux d'apprentissage, peut-être pour assurer les parents que l'allouage vise la formation autant que le fait l'apprentissage, dont il est une version alternative, autre, mais pas forcément dégradée sur le plan pédagogique. Ainsi, maître Thiboust prend Louis Carrieux comme alloué « pour luy enseigner & montrer la fonderie des caractères d'imprimerie », tandis que Habancourt, maître éventailliste, engage Madeleine Leveau, âgée de douze ans, fille d'un maître tailleur d'habits, pour qu'elle apprenne « à peindre sur feuille d'evantaille » et « pour travailler à la peinture et la lumière en hyver » avec le papier, les couleurs et les pinceaux qu'il lui fournit. Un autre maître et marchand éventailliste et son épouse promettent à une fille de treize ans de lui « montrer et enseigner à peindre en figure et paysage ».

On ne s'étonne pas des âpres conflits de terrain entre communautés quand on s'aperçoit qu'un maître peintre, de l'Académie de Saint-Luc, propose d'apprendre à peu près la même chose que ce que font les éventaillistes, sur un fond plus vaste, à une fille de onze ans : « Montrer et enseigner à peindre en evantails, sçavoir la taille,

137. Sur la pénalité réciproque, voir AN, MC : XXXVIII-202, 23 mai 1720 ; X-493, 19 mai 1750 ; X-527, 6 novembre 1757 ; XLVI-383, 24 février 1761 ; X-546, 9 août et 8 septembre 1761. Chez les imprimeurs, la pénalité unilatérale prévaut : Montalant, maître imprimeur, dénonce son alloué Puissieux pour être « absent sans [s]on consentement » ; maître Lamesle se plaint de l'alloué qui l'a quitté au bout de cinq mois « en disant qu'il alloit se faire chartreux » ; son collègue Valleyre se soucie d'empêcher son alloué-fugitif « d'aller travailleur ailleurs », c'est-à-dire pour ses concurrents. BnF, ms. Fr. 21836, fols. 27 (29 novembre 1737), 29 (19 mars 1737), 56 (27 août 1767). Dans un contrat entre un maître perruquier et le fils, quatorze ans, d'un bourgeois de Paris, ce dernier s'engage à « fournir un garçon expert dans la profession » si son enfant s'en va. LXIV-341, 24 juillet 1751.

figure et paysage, et tout ce dont il se mesle et entremet en son art de peinture. » Orpheline d'un maître boulanger de province, Jaquette Marchand entre comme allouée chez Marguerite Yrouet, ouvrière en linge, qui promet « de montrer et enseigner de blanchir toutes sortes de menu linge, soit pour homme & femme, tailler metre en œuvre et montrer à monter toutes sortes de garnitures aussy soit pour hommes & femmes egallement [...] faire l'ouvrage de linge ». Un tapissier « s'oblige de montrer et enseigner [...] le dessin de garniture et coupe et generalement tout ce qui conserne la profession de tapissier ». Esquissant une certaine spécialisation dans leur métier, deux doreurs déclarent leur intention « d'enseigner et montrer à brunir, dorer et polir les matières d'or et d'argent qui s'emploient dans la petite bijouterie » et « montrer à dorer d'or en poudre et brunir des tabatières »[138].

Tout en se ressemblant, bien des contrats d'allouage portent des marques spécifiques, sinon singulières. Valentin Hudrisier, dit Savoye, est un adulte : à vingt-cinq ans, il entame un allouage de trois ans chez un maître tapissier. En échange de 250 livres, il est nourri (y compris une chopine de vin par jour), logé et blanchi, et il promet d'apprendre diligemment, tout comme son maître s'engage à enseigner le métier sans rien cacher. Marie-Magdeleine Jourdain paie 120 livres pour passer deux ans et demi chez Anne Raquinville, coiffeuse et ouvrière en linge dans le faubourg Saint-Antoine, lieu de liberté d'entreprendre idoine pour une double formation insolite sous la tutelle d'une femme. La jeune fille ne reçoit pas la moindre allocation matérielle de sa maîtresse. Âgé de seize ans, Jean Lejeune s'engage pendant deux ans chez Jean Carpentier, compagnon menuisier, demeurant dans la paroisse Saint-Sulpice, en territoire corporatif. Sans bourse délier, il reçoit la panoplie entière de prestations : nourriture, logement, blanchissage, éclairage, chauffage (les vêtements demeurant au compte de l'alloué)[139].

Selon les statuts et règlements corporatifs, les compagnons, tel Jean Carpentier, n'ont pas le droit de prendre des alloués. En fait, cette entorse n'est point rare ; elle signale la divergence entre allouage

138. BnF, ms. Fr 218836, fol. 1, 24 mars 1724. AN, MC : XXXVIII-389, 3 juillet 1751 ; XXXVIII-390, 24 juin 1751 ; X-557, 7 décembre 1763 ; LVIII-563/C, 26 août 1709 ; X-495, 9 mars 1751. Voir, dans le même sens, XC-368, 24 mai 1751 ; XXX-432, 18 mai 1772 ; IV-549, 12 juin 17[?].

139. AN, MC : LVIII-563/C, 9 octobre 1703 et 24 mars 1715 ; XXVIII-372, 11 janvier 1761.

et apprentissage. Si l'allouage ouvre des possibilités professionnelles et psychologiques à des jeunes, notamment des filles, officiellement tenues à l'écart d'une myriade de métiers, il en ouvre pareillement pour des acteurs qualifiés, mais disqualifiés (« sans qualité suffisante »), tels les compagnons, eux-mêmes souvent apprentis brevetés et perfectionnés, mais laissés pour compte dans le système corporatif. Pour ces « maîtres » qui ne disposent pas du titre formel de maître, couronnement d'une trajectoire corporative canonique, conduire un allouage – équivalent fonctionnel de la voie royale de l'apprentissage – les dote d'un certain capital et d'une dose roborative d'amour-propre. Danoux, compagnon menuisier comme Carpentier, prend un alloué (en l'occurrence, Delasbre, âgé de quatorze ans, pendant deux ans, formation au prix de 60 livres) parce qu'il a besoin d'aide au travail et parce qu'il se flatte d'être un maître, à sa manière[140].

Pourquoi la voie de l'allouage ? L'intérêt de l'engagé.e et de sa famille

Ce que nous savons des attitudes des parents à l'égard de l'apprentissage provient des rares témoignages, indirects pour la plupart, d'une extrapolation ordinairement prudente, quelquefois hardie, et des appréciations de contemporains intéressés, à diverses fins, à cette problématique sociale, culturelle et économique[141]. Évoquer les « parents » comme une catégorie cohérente est certes problématique, comme nous l'avons vu. Le mot recouvre des situations extrêmement disparates ; les parents ne sont pas dotés du même stock et type de capital social, ne sont pas connectés aux mêmes réseaux de gens et de renseignements et ne disposent pas des mêmes moyens matériels et sociopsychologiques. Sans être dénué d'ambition, le commun des parents cherche la stabilité pour sa progéniture. Pourtant, le monde du travail est une nébuleuse d'instabilité, de mobilité, de mouvement perpétuel. Des dictionnaires dès l'époque de Colbert, période de forte expansion corporative, font la distinction entre l'élite d'« aspirants » (à la maîtrise) et la masse des travailleurs, « compagnons à vie ». Est-ce une évidence pour tout le monde, ou presque ? Est-il clair qu'acquérir les éléments d'une habileté professionnelle, quels que soient les titres

140. J. Savary des Bruslons et P.-L. Savary (dir.), *Dictionnaire universel de commerce*, t. 1, p. 325 ; *Recueil des édits, declarations, lettres patentes, arrests & reglemens registrés* [*sic*] en *la cour du Parlement de Normandie, 1718-26*, Rouen, Lallemant, 1755, p. 753 ; AN, MC : XXXVIII-202, 10 mars 1720.

141. Voir plus haut, chapitre 2, consacré aux parents.

qui y sont associés, est déjà en soi une démarche positive ? Il n'est pas possible d'esquiver cette question en abordant l'histoire de l'apprentissage et, *a fortiori*, celle de l'allouage[142].

Nous savons qu'approximativement 15 % (13 % à 20 % pour la période 1766-1775)[143] des apprentis deviennent maîtres à Paris (peut-être un peu plus en province) ; les autres, souvent fort mobiles, se casent ailleurs, pour la plupart à l'intérieur de ce monde du travail démesuré qui ne s'arrête pas aux bornes corporatives. Nous savons aussi que le système corporatif, au moins à Paris et dans les grandes villes, n'est pas un univers fermé aux non-fils-de-maître, « étrangers », *outsiders* – au contraire ! –, malgré les *fake news* répandues par la propagande libérale du siècle des Lumières. Les parents cherchant à placer leurs enfants pendant l'Ancien Régime disposent-ils de cette information, ou de versions dégradées mais susceptibles d'orienter ? Sont-ils conscients de ces tendances, même de façon vague ? Ont-ils quelques indications grâce à leur propre expérience ou à celle d'amis, de voisins ou de la famille proche du milieu du travail, qu'il soit incorporé, réglé ou libre ? Quelle sorte de champ les parents croient-ils aborder ? Ont-ils le sentiment d'avoir prise, même modestement ou partiellement, sur les facteurs façonnant l'avenir de leurs enfants ? Ou ressentent-ils une sorte d'impuissance face à tellement de variables, d'incertitudes, d'inconnus ? Ayant fréquemment du mal à payer la formation, quelle qu'elle soit, une famille choisit-elle l'allouage, en quelque sorte défensivement, sachant qu'elle ne pourrait jamais accompagner son enfant à la maîtrise, chemin financièrement onéreux ? Les parents agissent-ils par tropisme, sorte de réflexe socio-héréditaire des gens humbles, les *laboring poor* ? En substance : je place mes enfants parce que c'est ce que l'on fait, c'est ce que l'on a toujours fait dans un cycle de vie sempiternel ; j'espère le faire pour le mieux, en tout cas je n'ai guère d'autre choix. Dans l'optique optimiste, les parents exercent leur rationalité et leur discernement, ils prennent en compte leurs émotions aussi bien que leurs

142. Steven L. Kaplan, « Réflexions sur la police du monde du travail, 1700-1815 », *Revue Historique*, t. 529 (janvier-mars 1979), p. 17-78. Par exemple, 61 % des apprentis en soie à Lyon au milieu du XVIIIe siècle restent compagnons à vie (et jusqu'à 26 % deviennent maîtres). Ruben Schalk, Patrick Wallis, Clare H. Crowston et Claire Lemercier, « Failure or Flexibility? Exits from Apprenticeship Training in Pre-Modern Europe », *London School of Economics and Political Science, Working Papers*, n° 252 (novembre 2016), p. 18 (édité depuis sous le même titre dans *Journal of Interdisciplinary History*, t. 48 (Automne 2017), p. 1-27).

143. C. H. Crowston et C. Lemercier, « Surviving the End of the Guilds », dans *Apprenticeship in Early Modern Europe*, p. 303.

intérêts matériels, nonobstant les contraintes qui pèsent. Dans une perspective plus sombre, ils ne nourrissent ni naïveté ni espérance : ils font comme ils peuvent pour le bien de la famille en premier et celui de l'enfant, quand c'est possible. Ces réflexions ne nous aident pas à comprendre pourquoi les uns suivent la voie (spéculativement) royale de la trajectoire corporative, sentier à la fois connu et quelque peu abstrait, malgré les multiples obstacles, et pourquoi les autres vont vers des stratégies alternatives, comme l'allouage.

L'intérêt de l'allouage pour un.e jeune et sa famille n'est pas du tout évident, sauf dans quelques cas de figure très précis. S'il s'agit d'un candidat féminin pour une profession conventionnellement masculine, l'allouage est une solution plausible, car il n'y a pas d'autre voie, mais il mène à une existence souvent plus ou moins précaire, parfois nécessairement clandestine, dans un monde fourmillant d'ouvrier.ère.s sans-qualité, en ville ou dans les lieux dits privilégiés ou dans ce qu'on peut appeler l'*hinterland* du monde du travail : ses frontières extrêmes, dans la banlieue ou dans des zones confinant à la campagne. Sur les 60 contrats examinés dans l'étude de 1993, 18 concernent des filles. Si 5 d'entre elles entreprennent des métiers exercés habituellement par des femmes (couturières, ouvrières en dentelle), dont certains sont pratiqués ouvertement dans les communautés consacrées à des femmes, 11 s'attaquent à des professions juridiquement monopolisées par des hommes (doreur, relieur, graveur, peaussier, tailleur d'habits, brodeur, peintre, éventailliste, boutonnier). Elles seront contraintes de travailler en dehors du système, jusqu'à ce que les femmes obtiennent le droit d'entrer dans les communautés masculines, après la refondation des corporations, à la suite de leur éphémère suppression en 1776. En dehors, plus ou moins, dans la mesure où des maîtres corporatistes sous-traitent souvent à des sans-qualité, parfois de manière régulière, quasiment régularisée, et où certaines communautés ne cessent d'essayer de récupérer des sans-qualité pour les titulariser comme maîtres en échange d'un prix rarement *low cost*. Enfin, de nombreux sans-qualité, « installés » dans des lieux dits privilégiés ou même dans divers recoins urbains, obtiennent une reconnaissance non dite de leur activité de production et de distribution.

Ainsi, l'allouage ne constitue pas pour ces filles ou ces femmes un renoncement irrationnel ou une marginalisation en quelque sorte gratuite. Au contraire, l'allouage représente une espèce d'ouverture, l'occasion d'apprendre un métier dans de bonnes conditions, avec certaines protections contractuelles, et de forger des réseaux qui seront précieux plus tard. L'allouage, une « qualité » (presque) dans le sens ordinaire du terme pendant l'Ancien Régime, élaboré et exécuté selon des règles circonstanciées et ritualisées, en ce qui concerne les filles ou les femmes se formant dans des professions officiellement masculines, devient, ironiquement, une sorte d'apprentissage pour entrer dans un monde de sans-qualité, sauf rare exception débouchant sur une intégration corporatiste.

Les parents des filles, surtout les plus jeunes, semblent préférer les placer dans une boutique tenue par une femme indépendante ou dans un atelier/famille où une femme s'occupe du commerce avec son époux. Ainsi Jean Brou, bourgeois de Paris, confie-t-il sa fille à la femme d'un maître brodeur qui, elle, est maîtresse brodeuse, vraisemblablement à son propre compte, sans-qualité, illicite, mais en quelque sorte incontesté. Avec un peu de chance, et d'initiative, la fille, âgée de onze ans et obligée pendant six ans, pourra profiter de deux professeurs. De la même façon, un charron met sa fille, treize ans, comme allouée chez Jeanne-Perrette Dorliac, brodeuse en bas, épouse d'un marchand de bas. Marie-Geneviève Manoury, fille d'un défunt postillon, entre chez Syphorien Miette, maître tailleur, et sa femme, ouvrière en linge. Pour un cachet de 150 livres, le couple consent à lui apprendre « les deux professions », sa mère l'entretenant de nourriture et de vêtements pendant cinq de ses six ans d'allouage[144].

Pour un garçon, l'allouage est forcément moins attractif, à moins qu'il ne veuille entrer dans un métier où il existe pour le moment un moratoire sur l'engagement des apprentis brevetés. Ou à moins qu'il ne sache déjà, par stratégie ou tradition familiale – ce qui serait tout de même restreindre énormément ses futures options –, qu'il va travailler hors de la structure corporative. Pour Jean-Charles Mouroux, vingt-cinq ans, l'allouage est une aubaine, car il est marié et n'aurait pu en aucun cas obtenir un apprentissage. Il apprendra le métier d'horloger pendant deux ans et demi, sans jamais coucher sous le toit du maître[145]. Sans l'assise corporatiste (institutionnelle et morale) et la

144. AN, MC : XXXVIII-390, 23 juin et 11 juillet 1751 ; XXXVIII-389, 3 juillet 1751. Un cas d'allouage chez une couturière est franchement un contrat de « pré-apprentissage », anticipant le modèle articulé pendant le XIXe siècle, car la fille placée ici n'a que sept ans et doit attendre trois ans avant d'atteindre l'âge minimal d'apprentissage stipulé par les statuts de la communauté. Sa maîtresse promet de transformer son statut en celui d'apprentie enregistrée dès qu'elle sera parvenue à dix ans. AN, MC : I-452, 6 juillet 1751. Ce n'est évidemment pas le cas d'une autre allouée qui s'oblige quasiment au même moment chez une autre couturière. Elle a vingt ans et s'engage pour un an. LIII-332, 26 août 1751.

145. AN, MC : XVIII-618, 27 septembre 1751.

tradition d'une réciprocité, toujours tendue, constamment enfreinte à court terme, mais souvent honorée à long terme, le rapport entre le patron et l'alloué paraît plus mercantile et instrumental, moins façonné par des coutumes et des attentes contraignantes.

Bien que tenu, comme l'apprenti, par un contrat qui ne tolère aucun départ avant l'échéance normale, il est concevable que l'alloué se sente en général plus libre de ses actions. On peut aussi penser que la soif de sécurité l'emporte sur le goût de la liberté comme mobile du futur alloué. Dans ce scénario, le recours à l'allouage traduit la peur de l'incertitude : dans un marché du travail très serré, la stabilité de l'allouage séduirait les jeunes plutôt anxieux. Cette angoisse expliquerait alors la décision d'un tapissier sans-qualité, déjà majeur, de se soumettre à un maître de sa profession pendant trois ans. (Il est possible également, comme il l'affirme dans le contrat, qu'il ait voulu « se perfectionner » ; mais il aurait été susceptible de le faire vraisemblablement en gagnant de l'argent.) Il se peut aussi que la famille du futur alloué veuille qu'il travaille sous la tutelle d'une de ses relations, un maître qui emploie déjà un apprenti et n'a pas le droit d'en prendre un deuxième[146].

Autre hypothèse : la possibilité d'une conversion du statut, l'alloué se métamorphosant en apprenti, horizon plus ouvert. Une entente privée entre maître et famille pouvait peut-être laisser espérer à l'alloué une modification de son statut en cours de route. Ou la famille avait peut-être obtenu un engagement formel dans le contrat lui-même – engagement moral du point de vue du maître, mais qui violait et dans l'esprit et dans la lettre les règlements corporatifs. Accueillant chez lui Claude Maurice Lefevre, âgé de seize ans, pendant quatre ans comme alloué, Étienne Poilleux, maître tabletier et proche voisin, « promet et s'oblige à l'expiration des quatre années de recevoir chez lui led. Lefevre en qualité d'apprentif tabletier ». Au-delà des prestations ordinaires, le maître s'engage à fournir ses vêtements et renonce à « exiger aucuns devoirs ». Apparemment, il s'agit donc d'un apprentissage à l'apprentissage[147].

À moins qu'il y ait une barrière institutionnelle ou personnelle, dans un cas analogue, il est difficile de savoir pourquoi Bagnaz, bourgeois de Paris, ne met pas son fils, âgé de quatorze ans, directement en apprentissage avec Duhard, maître perruquier. De façon un peu obscure, ce dernier le prend comme alloué pendant quatre

146. AN, MC : CI-444, 6 février 1751.
147. AN, MC : CXXII-679, 28 février 1751.

ans, logé, nourri, sans frais, avec l'assurance écrite qu'il le reprendra immédiatement après comme apprenti breveté pendant quatre ans. Quoique Lefevre ne soit pas tout jeune, il ne paraît pas bénéficier d'une quelconque réduction du temps d'apprentissage formel. Toussaint Martin, fils d'un manœuvre, âgé également de seize ans, jouira aussi d'une transformation de statut, mais dans des conditions encore plus douteuses. Car il est alloué, pendant trois ans, à Jacques Fosseyeux, un tapissier du faubourg Saint-Antoine. Bien qu'il ne soit point maître de la communauté des maîtres tapissiers, Fosseyeux « s'oblige expressément de faire avoir aud. alloué dans le courant et avant la fin de la présente année la qualité d'apprenti de ville de quelque manière que ce soit à peine de 200 livres de dépens et indemnité envers led. Martin père ». Fosseyeux paiera lui-même les droits de brevet sur le prix de 120 livres versés par Martin père pour l'engagement de son fils. Pour honorer sa promesse, le tapissier devra trouver soit un complice dans la corporation qui n'a pas besoin d'un apprenti et veut bien couvrir sa manœuvre, soit un juré complaisant prêt à protéger l'adolescent. Fosseyeux obtient sur-le-champ une aide à très bon marché ; le jeune Martin risque de se trouver, en fin de parcours, exposé et rejeté par la corporation et interdit de travail légitime en ville[148].

La promesse de convertibilité la plus plausible provient des artisans travaillant dans les lieux dits privilégiés, qui ont le droit de fonctionner avec bien des prérogatives corporatives en dehors de la communauté (jusqu'à l'intégration automatique impliquée par leur itinéraire). Ainsi, Ducatel, fondeur à l'hôpital de la Trinité, prend Barbu comme alloué et s'engage à accueillir « led. Alloué en qualité d'apprentif » dans dix mois quand lui, Ducatel, parviendra à la maîtrise selon le protocole spécial de la Trinité, qui récompense plusieurs années d'enseignement et de travaux appliqués avec une entrée garantie dans la communauté comme maître à part entière. Pareil engagement de la part de Lachenay, nommé dans le contrat en anticipation comme maître serrurier, qui reçoit Claude Lavalard, quinze ans, comme alloué pour trois ans au prix de 150 livres. Le « maître » promet de transformer ce brevet en apprentissage dès qu'il aura complété son devoir à la Trinité et obtenu en échange sa titularisation corporative. Voilà un acteur qui prend au sérieux les règles corporatives[149].

148. AN, MC : LXIV-341, 24 juillet 1751 ; X-495, 9 mars 1751.
149. AN, MC : XXXVIII-360, 16 juillet 1747 et 1er juillet 1747.

Si la décision d'engager un allouage paraît assez fréquemment énigmatique du point de vue de la stratégie – ou simplement de l'ambition – familiale, elle s'avère franchement insaisissable quand il s'agit d'un père, maître de métier X, qui met son propre enfant en allouage chez un maître de ce même métier. Puisque la plupart des communautés dispensent un fils de maître d'entreprendre un apprentissage classique, supposant une formation « maison » quasi organique, le maître cherche-t-il à donner à son enfant une expérience de vie, une sorte de socialisation en dehors de la famille ? Le jeune homme pose-t-il des problèmes de discipline au sein de la maison ? Le maître a-t-il identifié un confrère particulièrement astucieux ou doué pour la transmission ? Quoi qu'il en soit, Briand, maître éventailliste à Paris, place son fils de treize ans en allouage pendant six ans chez Pierre Martin, également maître éventailliste, sans bourse délier. Un autre maître éventailliste paie un confrère 100 livres pour recevoir son fils, ayant aussi treize ans, en allouage pendant quatre ans. Lucy, quinze ans, fils d'un maître rubannier, entre comme alloué pendant deux ans chez Demy, maître rubannier, qui lui permet de garder la moitié de ses « façons d'ouvrage », sans doute parce qu'il a déjà une certaine dextérité dans l'exercice du métier. Le système dit de « fermage » dans la Grande Fabrique à Lyon a des similitudes avec l'itinéraire de l'alloué-fils-de-maître en insufflant davantage de fluidité dans le statut de l'apprenti. Comme à Paris, ordinairement un maître ne place pas son enfant en apprentissage. Cependant, Jacques Peillon, maître fabricant en étoffes de soie, « afferme » son fils à un confrère, Claude Picquay, par convention verbale, précisant que le garçon ne sera assujetti à aucune des règles conditionnant l'apprentissage. Mais Picquay le considère comme « apprenti » et l'appelle ainsi, jusqu'au jour où un autre confrère, Moterre, le débauche, cette fois-ci en tant que « compagnon ». Autre trajectoire lyonnaise, mais sans doute suivie ailleurs, selon des déclinaisons propres aux usages locaux : Achille Roques semble avoir travaillé dans la soie, sans trop d'aspérités, depuis son enfance, mais toujours à la marge. Il se débrouille pour trouver de l'ouvrage dans une clandestinité parfaitement bien connue. Après plusieurs décennies, il a acquis une vraie compétence et a le culot de demander au ministère de lui accorder la naturalisation professionnelle, c'est-à-dire la maîtrise dans la communauté dont il a toujours foulé les règles, mais qui a besoin de transgresseurs assidus comme lui[150].

---

150. AN, MC : X-527, 6 novembre 1757 ; XCIX-547, 16 mars 1761 ; XXXVIII-222, 2 août 1723 ; AM Lyon, HH 244, 6, 10 octobre 1752.

Pourquoi la voie de l'allouage ? L'intérêt d'un maître

Dans les contrats d'allouage, l'intérêt du maître (dans le sens de celui qui reçoit le jeune) est moins mystérieux. Tout d'abord, embaucher un alloué, c'est tordre le cou à la règle corporative très répandue qui impose un quota d'un apprenti pour chaque maître, et parfois moins en cas de rationnement du droit d'en engager ou de moratoire suspendant toute embauche. Pour les confrères corporatifs, c'est un moyen soit de fortifier le projet collectif de monopole (comme les imprimeurs, en réduisant la masse d'éventuels prétendants tout en contenant les pulsions rebelles des compagnons), soit d'affaiblir l'autorité de la communauté, en doublant le nombre d'apprentis effectifs (sinon apprentis réglementaires), ce qui est une façon de contourner les statuts et de déséquilibrer le jeu compétitif entre maîtres. En ce qui concerne son utilisation de main-d'œuvre et ses relations avec ses ouvriers, le maître en titre n'aime pas plus que le faux ouvrier la surveillance envahissante et l'ingérence parfois inquisitoriale des jurés (ou gardes). Le recours à l'alloué veut dire un peu plus de liberté pour tous les deux, et davantage de souplesse dans la lutte pour le contrôle du marché du travail. Tous les deux trouvent leur compte dans le coût sensiblement réduit de cette source de travail. Sans l'intervention corporative, le maître peut tirer un meilleur rendement de son (ou ses) apprenti(s)-alloué(s).

Grâce à ce système parallèle, le faux ouvrier expérimenté, parfois plus habile que le maître corporatif, peut disposer d'une des prérogatives les plus sacrées du maître, le droit de transmettre son savoir et de participer au processus reproductif. Dans l'échantillon de 1993, 40 maîtres et 20 maîtres sans-qualité prennent des alloués. Neuf des alloués résident dans des lieux privilégiés, dont 4 dans le faubourg Saint-Antoine, laboratoire de l'entrepreneur sans statut[151]. Enfin, la veuve-maîtresse devait pouvoir profiter de la pratique de l'allouage, car dans la plupart des communautés, elle n'a pas le droit d'obliger un apprenti (on n'en retrouve que 3 dans notre échantillon : 2 imprimeurs et un tailleur d'habits).

151. Sur la précocité de l'emploi des alloués dans le faubourg et (plus tard) leur utilisation souple en fonction de la demande sur le marché des produits, voir Alain Thillay, « Le Faubourg Saint-Antoine et la liberté du travail sous l'Ancien Régime », *Histoire, économie, société*, 11e année, n° 2 (1993), p. 227-32.

L'APPRENTISSAGE AUTREMENT

Quand on évoque l'apprentissage, le modèle canonique de l'Ancien Régime surgit d'emblée, un système de formation et de socialisation encadré par la structure et l'idéologie corporatistes. C'est le cas d'historiens encore aujourd'hui, dans le sillage des observateurs, réformateurs, critiques, moralistes et acteurs économiques du XIXe siècle. Cependant, quand on regarde de près, même au milieu du XVIIIe quand le paradigme corporatif atteint son paroxysme de prestige et d'influence, la représentation monolithique de l'apprentissage s'avère partielle, sinon illusoire. Déjà, en plein Ancien Régime, il y a d'autres manières de transmettre et d'apprendre, qui sont parfois, mais pas forcément, éloignées du modèle régnant ou en conflit ouvert avec lui. Sans s'éloigner du périmètre corporatif, mais en se passant du mécanisme officiel de l'apprentissage, les fils de maître, dispensés du brevet par quasiment toutes les communautés, se forment, chez eux, sous la houlette de leur père, et des autres acteurs de son foyer. Pendant la période 1766-75 à Paris, 26 % des nouveaux maîtres parviennent à leur adoubement comme « fils de » et non pas comme apprentis[152]. Les filles du maître, et à l'occasion d'autres membres de la famille tel un neveu, bénéficient de cette même formation informelle.

On forme des apprentis tranquillement dans des lieux privilégiés (royaux et seigneuriaux, en principe à l'abri de la main communautaire) et dans des hôpitaux et des institutions caritatives ; et peut-être un brin moins sereinement dans des espaces illicites, fixes ou mouvants, officiellement clandestins, aux interstices du territoire urbain corporatiste (notamment « en chambre ») et dans les faubourgs et la proche banlieue (quelquefois dans des ateliers de sous-traitance liés à des entreprises enracinées dans des corporations), pour ne pas parler de l'univers de l'industrie rurale où on produit et reproduit. (En raison des entraves genrées imposées par les communautés, il y a sans doute proportionnellement davantage de filles que de garçons dans ces voies alternatives.) Pour certaines de ces filières, il serait plus rigoureux de dire que l'on forme de futurs ouvriers, non des « apprentis », car, comme pour la formation par allouage au sein même des corporations – système officiel, exigeant, parallèle et paradoxal –, les jeunes ainsi

152. C. H. Crowston et C. Lemercier, « Surviving the End of the Guilds », dans *Apprenticeship in Early Modern Europe*, p. 292.

façonnés, n'étant pas d'authentiques apprentis, ne peuvent pas aspirer à la maîtrise et donc jouir de l'ascension sociale conventionnelle très largement prisée (sauf très exceptionnellement par achat d'une place, puis de façon plus régulière lors de la grande refondation du système corporatif à partir de 1776).

Un lieu célèbre pour la formation des apprentis (communément orphelins, enfants d'artisans) par des compagnons talentueux (en route, eux, vers une maîtrise quasi garantie) est l'hôpital de la Trinité, vénérable maison parisienne : un apprenti Trinité achevé jouit des mêmes prérogatives que ceux sortant des corporations directement. De multiples communautés religieuses s'occupent de la formation professionnelle (et religieuse et morale) des filles à Paris. La plus importante, les filles de Sainte-Agnès, se targue d'enseigner divers sujets à presque 450 filles pauvres et de mettre en vente des marchandises, principalement textiles, que les enfants confectionnent. Quoique formées dans de grands espaces institutionnels, ces élèves sont des « apprenties »[153]. Également hors communauté, une poignée d'enfants/adolescent.e.s, en fonction d'aptitudes, réseaux, appuis et moyens, peuvent obtenir un précieux complément de formation dans des écoles gratuites de dessin où s'apprend la géométrie à côté du trait et de diverses formes de représentation. Aborder ces voies extracorporatives, c'est effleurer la question capitale et fort peu traitée du monde économique et social des acteurs dits sans-qualité, univers d'artisans théoriquement hors-la-loi aussi bien que sans statut qui pullulent dans toutes les villes et qui sont peut-être même majoritaires dans les grandes agglomérations : vaste champ qui dépasse les frontières de cette étude.

Au XIXe siècle, malgré l'absence d'encadrement et de règles claires, en dépit des mutations industrielles majeures en cours, et nonobstant le débat, croissant et de plus en plus acerbe, sur l'état de l'apprentissage et la meilleure façon de le rajeunir, voire le réinventer, l'apprentissage que l'on rencontre tous les jours, dépourvu de tout cachet de reconnaissance ou d'appartenance, ressemble, on l'a dit, à la matrice corporative : un patron, très fréquemment encore appelé maître, accueille l'enfant/adolescent.e/jeune adulte toujours nommé

153. Clare H. Crowston : « From School to Workshop: Pre-Training and Apprenticeship in Old Regime France », dans B. De Munck, S. L. Kaplan et H. Soly (dir.), *Learning on the Shop Floor*, p. 46-63 ; « L'Apprentissage hors des corporations : les formations professionnelles alternatives à Paris sous l'Ancien Régime », *Annales, Histoire, Sciences sociales*, 60e année (2005), p. 409-441 ; et C. H. Crowston et C. Lemercier, « Surviving the End of the Guilds », dans *Apprenticeship in Early Modern Europe*, p. 293-94.

apprenti.e, le plus souvent dans un atelier de taille moyenne ou petite, parfois dans une fabrique. Au moins pendant la première moitié du siècle, il s'agit probablement du modèle qu'on trouve le plus couramment dans l'activité prud'homale et dans l'expérience populaire. Cependant, comme sous l'Ancien Régime, il y a d'autres avenues, d'autres pratiques de l'apprentissage, impulsées en partie par le sentiment de la dégradation ou du détournement de la formation classique. Il y a ceux qui, jetant l'anathème sur l'atelier comme site d'abaissement du niveau technique et de corruption morale, préconisent l'école comme pivot de la solution ; d'autres fustigent l'école, éblouie par la théorie, incapable d'apprendre à faire, fabriquer, réparer. Il y a des projets intermédiaires, mais rarement équilibrés : l'école implantée dans l'atelier ou l'atelier établi dans l'école. Ces deux propositions sont incarnées dans diverses institutions : des usines ou d'autres structures de production plus ou moins massives ou portant une signature entrepreneuriale particulière ; ou dans la multiplicité d'écoles qui prolifèrent : privées, religieuses, caritatives, associatives (promues par des syndicats ouvriers ou patronaux, sous les couleurs d'un seul métier ou pluridisciplinaires), municipales ou étatiques. Diverses organisations baptisées « patronages », fréquemment confessionnelles, parfois laïques ou « républicaines », offrent plusieurs types d'instruction, d'aide matérielle, de conseil, d'activités de loisir dites « saines », de placement comme apprenti.e chez des maîtres connus, et même un suivi à la sortie de la formation. La concurrence entre écoles (et instances de tutelle) s'intensifie pendant le dernier tiers du siècle, quand l'apprentissage est souvent englobé dans des visions plus larges de l'enseignement dit professionnel ou technique, influencées par la réflexion nationale et la concurrence économique internationale, mais aussi par la connaissance d'exemples institutionnels étrangers, une prise de conscience en plein essor dans le sillage des expositions universelles et des missions parlementaires et administratives. Ces écoles, portant des noms ou descripteurs souvent assez similaires, visent des objectifs et des niveaux bien disparates. Certaines, taxées d'élitistes, produisent plutôt des contremaîtres ou même des quasi-ingénieurs, plutôt que de « bons ouvriers ». D'autres préparent pour l'apprentissage en atelier ou façonnent des jeunes prêts à travailler immédiatement. En tout, quoique assez nombreuses, ces institutions touchent peu de monde : vers la fin du siècle, on estime qu'il y a plus d'un demi-million de jeunes, voire jusqu'à 700 000, qui n'ont pas eu accès à une formation sérieuse. C'est en partie pour eux, faute de réponses plus robustes, mais aussi comme un supplément à l'apprentissage classique en atelier, qu'on crée des milliers de cours dits du soir ou complémentaires.

Ce n'est pas ici le lieu de tenter un inventaire statistique et critique de tous ces moyens. Notons en passant que l'apprentissage se pratique de manière significative là où il n'est pas habituellement attendu et que certains clichés comparatifs concernant la forme et la qualité de l'initiation des enfants/adolescent.e.s à « l'usine » par rapport à « l'atelier » peuvent induire en erreur. Si « toutes les tentatives de restaurer l'apprentissage au XIXe siècle sont étrangement décalées par rapport aux réalités de l'économie », un certain nombre de capitalistes établissent des écoles d'apprentissage ou des programmes très élaborés d'instruction au sein de leurs usines parce qu'ils y trouvent des solutions à leurs problèmes de recrutement, de formation et de rétention. Teste, fabricant d'épingles à Lyon, est un des pionniers de cette approche autonome. Suivant une stratégie paternaliste qui fait penser à l'atelier-idéal-type qui habite l'imaginaire de certains nostalgiques de l'âge d'or, Napoléon Chaix, ancien apprenti compositeur, puis prote, enfin entrepreneur et imprimeur influent, dirige une école dans son entreprise qui demande beaucoup aux apprentis, les surveille de près et les note, et maintient un contact régulier avec leurs parents, informés de chaque étape de leur trajectoire. Pendant des décennies, Chaix parvient à garder un très grand nombre de ses « élèves » comme ouvriers. Fabrique d'instruments d'optique, la maison Baille-Lemaire forme 300 apprentis en quarante ans, dont elle conserve les deux tiers à son service. À la fin du siècle, la Compagnie des chemins de fer de l'Est se félicite des bons résultats de son choix de mettre son école de formation dans ses ateliers : ses apprentis achevés se révèlent « de bons ouvriers stables et de bonne conduite »[154].

Selon Émile Cacheux, un ingénieur avec un intérêt particulier pour l'enseignement technique, il s'agit dans ces cas « d'une façon

154. V. de Chardon, « L'Apprentissage en France de 1851 à 1919 », p. 120. Derosne, Cail et Cie, constructeur de locomotives et autres engins, semble moins soucieux de garder ses jeunes que de pouvoir s'en débarrasser, si nécessaire, dans le contexte d'un apprentissage extrêmement asymétrique, assez flexible et excluant toute tentative de socialisation : « Nous ne faisons pas de contrats d'apprentissage, nous payons nos apprentis pour rester libres vis-à-vis d'eux et ne pas avoir dans nos ateliers une centaine de jeunes gens indomptables dont nous pourrions n'être pas maître à certains moments. » Houel, cité dans *Enquête sur l'enseignement professionnel*, t. 1, p. 405. Pour un argument important sur le caractère structurellement bigarré de la production « industrielle » en France à cette époque, voir Alain Faure, « Petit atelier et modernisme économique : la production en miettes au XIXe siècle », *Histoire, Économie et Société*, t. 5 (1986), p. 531-57.

collective » de faire l'apprentissage. Il illustre son idée avec deux exemples qu'il connaît bien. D'abord, Fanien, fabricant de chaussures à Lillers, dans le Pas-de-Calais, dont les apprentis, retenus pendant un an et rétribués, sont réunis dans un « atelier-école » où « deux ouvriers professeurs » transmettent le savoir et les conseils « nécessaires pour devenir de bons ouvriers ». À quinze ans, sachant piquer, joindre, coudre à la main et à la machine et se servir « d'une foule d'outils », ils sont prêts « pour entrer à l'école professionnelle » de la maison. Dans une usine aux environs de la capitale, Gérard, fabricant de scies, forme ses apprentis dans une école dans l'atelier, mais bien abritée, car il croit que « l'apprenti doit être isolé de l'ouvrier à cause de sa moralité ». Pour assurer son entraînement, y compris « les tours de main » des ouvriers habiles, il travaille pendant deux ans sous les ordres d'un contremaître, puis, en troisième année, il est intégré, « occupé dans la salle où sont les ouvriers ». Le chef moniteur « perfectionne son apprentissage et achève son introduction dans l'existence de l'atelier »[155].

Au Creusot, les Schneider ont une structure de formation fondée sur des écoles – ou des cycles de cours – dont le fonctionnement est intimement orchestré pour répondre aux besoins de production : forges, ajustage, chaudronnerie, tournerie. Les enfants passent des examens à l'école primaire pour être acceptés : là, « on leur apprend tout ce qu'il faut pour être admis à l'usine comme apprentis [...] alors ils gagnent tout de suite et ils apprennent leur métier ». Les meilleurs de chaque promotion sont envoyés à l'école des arts et métiers de Châlons, institution prestigieuse dont Denis Poulot est ancien élève ; ils reviennent ensuite chez Schneider comme dessinateurs, plus tard chefs d'atelier. Les derniers sont pris comme mineurs ou manœuvres. Le gros des ex-apprentis semble rester sur place, y revenant même après leur service militaire : « On vient ici en sortant de l'école et on ne s'en va que quand on n'est vraiment plus bon à rien », remarque un observateur. Né au Creusot, fils d'un mineur Schneider, mort sur le lieu de travail, plus tard brièvement maire de sa commune natale en 1870, Jean-Baptiste Dumay porte un regard plus viscéralement critique du travail au Creusot où il entre à treize ans comme apprenti dans l'atelier d'ajustage. L'apprenti n'apprend rien, s'enfonce dans le confort d'une division du travail aiguë, n'avance pas, mais il rapporte :

155. É. Cacheux, *État actuel du patronage*, p. 51-52.

On groupait les tourneurs au nombre d'une trentaine environ, et chacun était spécialisé sur des boulons et des écrous toujours à peu près les mêmes pendant six mois, un an, deux ans, et même plus, et on arrivait à une dextérité de main extraordinaire avec la routine. Un jeune apprenti gagnant un franc par jour arrivait à faire dans une journée jusqu'à deux cents boulons[156].

Un préfet du Jura remarque en 1862 que dans la grande industrie, on en reste habituellement à « l'apprentissage sur le tas ». Il affirme que dans les forges, les salines, les papeteries, les fabriques de carton, entre autres, on paie un salaire aux jeunes ouvriers, suivant leur force, leur aptitude et le type de travail, sans les assujettir à une formation officielle ou authentique ou homologuée. Mais n'est-il pas justement piégé par son propre formalisme ? Si l'on rémunère ces jeunes, c'est pour récompenser un travail ; pour travailler, ils doivent apprendre quelques éléments au moins. Comment baptiser ce processus, cette initiation, réduite à sa quintessence, sans le contexte hérité, l'éco-système construit et symbolique ? On le nomme, par sa négation, son absence. On apprend « sur le tas », c'est-à-dire comme l'on peut, en regardant, en imitant. Ou on réduit radicalement : le métier disparaît, donnant lieu à des tâches, plus ou moins simples et étroites. Cette nouvelle donne, associée à une vision libérale au parfum social-darwinien, fait écho à la profession de foi de Turgot affirmant jadis que le marché du travail et celui du capital humain, libérés de toute entrave, prouveront l'inutilité de l'apprentissage (héroïque) ; et cette posture permet à Alphonse Sriber, secrétaire en 1872 de la Chambre syndicale de caoutchouc et de toiles cirées, de dénigrer cette pratique traditionnelle : « L'apprentissage », prétend-il, « se fait en quelques jours, sous les yeux des ouvriers ». Le capitalisme industriel du XIXe siècle chambarde toutes les temporalités aussi bien que le regard sur les compétences. Dans la filature du Nord, on fait « par pratique », mais cette manière d'apprendre constitue-t-elle une preuve de l'effacement de l'apprentissage, dont la définition, par ailleurs, n'est plus consensuelle ? Ainsi, à Bohain dans l'Aisne, petite

156. Jules Huret, *Enquête sur la question sociale en Europe*, Paris, Perrin, 1897, p. 15-17 ; https://maitron.fr/spip.php?article24612, notice DUMAY Jean-Baptiste, version mise en ligne le 18 février 2009, dernière modification le 28 janvier 2022 ; J.-B. Dumay : *Mémoires d'un militant ouvrier du Creusot (1841-1905)*, Paris, Maspéro, 1976 et *Le Creusot, fief capitaliste*, Paris, Association ouvrière, 1882 ; P. Ponsot, « Un militant socialiste au XIXe siècle », *La Revue socialiste*, n° 188 (1965) ; M. Perrot, « Jeunesse ouvrière », dans *Histoire des jeunes en Occident*, p. 112-13.

ville des châles (Napoléon en a acheté un pour Joséphine), « pas d'apprentissage » : comme les filles censées être nées avec une aiguille à la main, les enfants commencent à huit ans, sans instruction particulière, « brochant sur les métiers à tisser »[157].

Le manque de formation institutionnalisée peut pourtant occulter des mécanismes qui maintiennent certains traits de l'organisation de l'atelier (dans son expression non-idéalisée). Malgré la force corrosive de l'usine et de sa manière de produire sur des valeurs artisanales canoniques, des acteurs sur le lieu de travail, tout en déployant de nouvelles techniques ou d'anciennes méthodes profondément renouvelées, ne répudient pas nécessairement certains aspects structurants des relations sociales de production et de reproduction. Tandis que des voix, souvent raisonnablement bien informées, s'élèvent contre la détérioration, sinon l'effondrement de l'apprentissage, des ouvriers et des contremaîtres dans plusieurs secteurs organisent des formations – bien sûr « sur le tas » – répondant aux besoins des patrons et des salariés. Ce qu'ils ne parviennent pas à faire en usine – est-ce le propre de l'apprentissage historique ? – est de résister à des morcellements qui les empêchent de sauvegarder l'idée, sinon la pratique, du métier maîtrisé comme un tout. L'histoire d'Eugène Saulnier suggère que quand une équipe solide fonctionne dans une usine en exerçant une véritable souveraineté sur sa constitution et sa performance, on peut parler d'une sorte d'apprentissage libre *de facto*. Embauché dans une grande verrerie comme « bouche-trou » dans une « place » à l'intérieur d'une équipe de trois souffleurs et de leurs trois gamins, E. Saulnier monte doucement en savoir et en application jusqu'au niveau de souffleur au premier degré, grâce en partie à la complicité d'un vieil ouvrier, le Père Pilon, et à la faveur d'autres anciens, qui imposent une autorité fort stratifiée dans l'usine. Même quand on est protégé, le travail est dur, répétitif (« ouvrir, fermer, ouvrir, fermer, ni plus ni moins »), l'assoupissement sanctionné par un coup

157. Cité par P. Pierrard, *Enfants et jeunes ouvriers en France (XIX-XXe siècle)*, Paris, Les Éditions ouvrières, 1987, p. 75. Comme certains proches de Vincent de Gournay, tels Clicquot de Blervache ou Turgot, très hostiles au système corporatif et à certaines formes de régulation du travail, le citoyen Grégoire, rapporteur d'une commission spéciale sur la conservation des arts et métiers en 1798, a l'outrecuidance de l'intellectuel qui n'a jamais travaillé avec ses mains ou une machine d'affirmer, à propos d'une machine à faire des chaînes de fer : « Elle est telle, qu'un ouvrier peut, après un quart d'heure d'apprentissage, exécuter. » Conseil des Cinq-Cents, rapport fait par le citoyen Grégoire, au nom d'une commission spéciale sur la conservation des arts et métiers, 7 floréal an VI, Bibliothèque historique de la Ville de Paris [BHVP]. Cf. P. Bertucci, *Artisanal Enlightenment*.

de pied, les journées sans fin, la pause transformée en intermezzo de corvées[158].

Peut-on concevoir la verrerie, et d'autres grands rassemblements d'ouvriers, comme un site de la multiplication d'ateliers, assez autonomes, inspirés toujours par l'atelier d'autrefois ? En tout cas, le travail en équipe, scrupuleusement chorégraphié pour assurer la productivité qualitative, organisé assez souvent par un noyau familial et/ou réseau qui recrute, forme et gère, paraît leur ressembler, pas seulement dans la verrerie, mais aussi dans les mines et les filatures mécaniques lilloises (reproduisant « la forme de l'entreprise domestique », atelier conduit par le fileur exerçant les fonctions du maître corporatif). Dans la sidérurgie, ce type d'organisation d'esprit néo-corporatiste, frisant quelquefois l'endotechnie, les fameux « secrets du métier » actualisés, sanctuarisés, est mis en œuvre selon une division du travail à la fois verticale et horizontale, suivant un itinéraire d'apprentissage pratique qui encourage et récompense la mobilité professionnelle, nouvelle façon de concevoir le « métier entier », débouchant sur une maîtrise professionnelle élargie et approfondie plutôt que rabougrie. En forçant un peu cet argument, on peut dire que ce regard montre un genre d'usine où la mécanisation ne se traduit pas nécessairement par la déqualification, où le patron ne cherche pas forcément à diviser et réduire au maximum, où le travail est hybride, manuel et mécanique, et où le bon ouvrier peut toujours posséder son métier plus ou moins entier.

Réhabiliter une certaine catégorie d'usine comme un cheval de Troie industriel sauvegardant des pratiques fondamentales de l'apprentissage a une grande valeur heuristique, mais demeure une proposition téméraire. Pour que cette usine soit considérée comme un vrai modèle

---

158. M. Perrot, « Jeunesse ouvrière », dans *Histoire des jeunes en Occident*, p. 113-14 ; P. Pierrard, *Enfants et jeunes ouvriers*, p. 75 (qui évoque aussi les « grands garçons » qui forment les « gamins » et les « petits éclaireurs » chez les verriers) ; Laurent Marty, *Chanter pour survivre : culture ouvrière, travail et technique dans le textile. Roubaix 1850*-1914, Paris, L'Harmattan, 1996, p. 30, 40-41, 48, 61 (sans naïveté et avec de la nuance, une des premières études arguant contre l'inévitable déqualification dans le processus de l'industrialisation, notamment dans la production textile) ; Jean Cangtelaube, *La forge à la catalane dans les Pyrénées ariégeoises. Une industrie à la montagne (XVIIe-XIXe siècle)*, nouvelle édition [en ligne], Toulouse, Presses universitaires du Midi, 2005 ; V. de Chardon, « L'Apprentissage en France de 1851 à 1919 », p. 81-86 ; Y. Lequin, « L'apprentissage en France au XIXe siècle : rupture ou continuité ? », p. 96-98 (l'auteur résiste à un argument insupportablement téléologique en réifiant un idéal-type dont les parties constituantes assez fractionnées sont censées donner la preuve de la continuité de vieilles pratiques ; et il conclut avec un délicieux paradoxe qui ne demande qu'à être démontré, à savoir que le système de l'usine a sauvé l'apprentissage).

économique, technologique et social, il faudrait pouvoir mesurer la diffusion industrielle de son organisation, tâche herculéenne qui n'est pas actuellement possible. En tout cas, ce genre de montage ne peut occulter le très grand nombre d'usines (et « fabriques » et « manufactures » de toutes sortes) où « l'équipe » ne joue pas le rôle structurant et dynamique, où l'on pratique, pas forcément exclusivement, mais pour l'essentiel, une division du travail intensive, et où cette organisation permet un morcellement du travail très poussé, rétrécissant l'éventail d'activité cognitive et manuelle requise. Par ailleurs, cette division du travail n'est point l'apanage exclusif des usines. Elle pénètre dans les ateliers de taille moyenne assez rapidement et puis, par ruissellement, submerge graduellement les ateliers plus modestes, y compris souvent les citadelles familiales. À Paris, elle conquiert les ateliers traditionnels parce qu'elle les rend plus compétitifs, en raccourcissant le processus de fabrication, réduisant le coût de revient, et améliorant, dans bien des cas, la qualité. La parcellisation des tâches incite les patrons les plus énergiques à renouveler leur outillage et les techniques. La division du travail, engendrant l'hyperspécialisation, sape l'apprentissage là où il est historiquement le mieux enraciné, dans ces ateliers, à juger par les critiques virulentes des commentateurs et hommes politiques et les protestations parfois pathétiques des parents. « L'apprentissage n'a donc plus aujourd'hui, à beaucoup près, l'importance qu'il avait autrefois [...], on cherche à spécialiser chaque jour davantage les ouvriers, et il est impossible que dans un atelier où le travail est spécialisé l'apprenti ne le soit aussi », témoigne Gouin, ingénieur constructeur, devant une commission d'enquête en 1863 : « Au conseil des prud'hommes, nous voyons tous les jours des parents venant se plaindre que leurs enfants font constamment la même chose d'une année à l'autre, et qu'ils n'arrivent ainsi jamais à connaître les secrets du métier. » Les parents cherchent pour leurs enfants la formation menant à la possession « d'un état » et se trouvent fréquemment face à un apprenti qui ne maîtrise qu'une « fonction toute mécanique », observe Henri Leneveux, auteur d'un manuel de l'apprentissage (*Guide pour le choix d'un état industriel*) :

> On croit faire de son enfant, par exemple, un imprimeur sur étoffes ou en papier peint, et on est charmé d'apprendre que dès les premiers jours le maître lui accorde un salaire, bien modique, il est vrai, mais qui viendra toujours en déduction des dépenses à faire. Or, cet enfant va devenir, non pas un imprimeur, comme on l'aurait cru, mais un *tireur de chassis* ;

il restera dix ans dans la fabrique, qu'il ferait le dernier jour la même besogne que le premier, et que son gain ne s'élèverait jamais au-delà de 50 à 75 cent [*sic*]. Dans toutes les usines qui font emploi des machines, il y a de ces fonctions destinées exclusivement à l'enfance, et que des parents crédules croient quelquefois un métier ; ce n'est qu'au bout de quelque temps qu'ils s'aperçoivent de leur erreur et du temps qu'a perdu l'enfant.

Comme le note Charles Dupin, mathématicien et homme politique, l'enfant est victime d'un machinisme rampant débouchant sur une « division du travail, poussée jusqu'à l'extrême, qui ne laisse plus, à l'immense majorité des ouvriers, que la répétition automatique d'un seul et même mouvement », travail éreintant et abrutissant. Cette nouvelle manière industrielle de faire, d'après l'avocat Gustave Du Puynode, « ôte à peu près à l'ouvrier la faculté de suffire à sa vie »[159].

Si l'on imagine un modèle d'usine fonctionnant par des mécanismes tacites d'apprentissage, il est loisible de demander – malgré les tableaux noirs et toujours pertinents du Dr Villermé et du baron de Gérando, parmi d'autres – si l'usine est plus dure pour les ouvriers, notamment les jeunes, que l'atelier. Extrêmement sensible à la brutalisation de l'enfance ouvrière, Édouard Ducpétiaux, journaliste et moraliste, pose cette question :

> Personne n'ignore le régime auquel les enfants sont soumis dans les grandes exploitations industrielles ; les murs y sont de verre, et l'œil de l'observateur peut y pénétrer à chaque instant. Mais qui peut se vanter de savoir ce qui se passe à cet égard dans cette multitude de petits ateliers particuliers, fermés à tous les regards, et où le maître a seul accès et règne en despote ?

Ducpétiaux doute que l'on s'imagine que « la faiblesse des enfants, leur pudeur et leur moralité soient plus respectées dans certains ateliers

159. J. Gaillard, *Paris, la ville, 1852-1870*, p. 316-17 ; *Enquête sur l'enseignement professionnel*, t. 1, p. 390-91 ; Henri Leneveux, *Almanach-manuel d'apprentissage. Guide pour le choix d'un état industriel*, Paris, Librairie Passard, 1856, p. 29 ; Charles Dupin, *Du travail des enfants qu'emploient les ateliers, les usines et les manufactures*, 2e partie, Paris, Bachelier, 1847, p. 84 ; Gustave Du Puynode, *Des lois du travail et des classes ouvrières*, Paris, Joubert, 1845, p. 68. Laurence Montazel affirme que les prud'hommes un peu partout militent contre les excès de la spécialisation, en cassant, par exemple, certains contrats d'apprentissage manifestement trompeurs. L. Montazel, « La Résolution judiciaire des conflits en matière de contrat d'apprentissage », dans Serge Dauchy, Bruno Dubois, Farid Lekéal et Véronique Demars-Sion (dir.), *Histoire, justice et travail*, Actes du Colloque international de Lille, décembre 2003, Lille, Centre d'histoire judiciaire, 2005, p. 283-84. Sur la définition de la division du travail, voir Augustin Cochin, « Paris, sa population, son industrie », *Mémoire lu à l'Académie des sciences morales et politiques* (1864), p. 57, 80 et M.-N. Chamoux, « La Transmission des savoir-faire ».

de tailleurs, de cordonniers, de modistes, de couturières, que dans les grandes salles d'une manufacture de draps ou de coton ? ». En optimiste, libéral mais humaniste, il soupçonne que la situation – santé, bien-être – des apprentis dans la petite industrie est « à beaucoup d'égards plus déplorable encore que celle des jeunes ouvriers dans les fabriques, les mines et les usines, où la surveillance exercée par les maîtres, les agents, les surveillants, où le contrôle mutuel exercé dans plusieurs cas par les ouvriers eux-mêmes, où, en un mot, l'intérêt bien entendu des exploitants préviennent un grand nombre d'abus qui se perpétuent à l'abri de l'obscurité qui enveloppe les petites entreprises et les ateliers domestiques ». Sans illustrer ses propos sur le climat prétendu globalement positif de l'usine, le journaliste préfère énumérer des exemples des « atroces cruautés » que « la vie murée de la famille » en atelier favorise, rendant « en même temps la répression très-difficile », la maison du maître demeurant sacrée. Il cite la dame Orsel, ouvrière en soie lyonnaise, qui accable son apprentie de coups de cheville, de grappin ou de corde sur la peau nue ; ou le sieur G qui impose un protocole extrêmement rigide à 32 apprentis, recrutés loin de Paris, qui pendant tout le temps de leur engagement « ne pourraient pas sortir de sa maison ». Ils couchent sur un plancher sale « couvert de débris de paille convertis en fumier par la malpropreté et le long usage » ; ils travaillent dix-huit heures par jour ; ils mangent du pain noir en insuffisante quantité et « quelques débris de légumes » ; et ils sont fréquemment frappés « avec la dernière brutalité » avec un bâton[160].

Le témoignage d'un acteur, Norbert Truquin, brutalisé par son premier maître quand il était jeune enfant, plus tard ouvrier dans la filature picarde et canut à Lyon, rejoint en partie celui d'un commentateur bourgeois, même si le premier réunit ouvriers et apprentis dans

160. Louis-René Villermé, *Tableau de l'état physique et moral des ouvriers employés dans les manufactures de coton, de laine, et de soie*, Paris, Jules Renouard et Cie, 1840 ; Katherine A. Lynch, *Family, Class and Ideology in Early Industrial France: Social Policy and the Working-Class Family, 1825-1848*, Madison, WI, Wisconsin University Press, 1988, p. 191 ; Édouard Ducpétiaux, *De la condition physique et morale des jeunes ouvriers et des moyens de l'améliorer*, Bruxelles, Meline, Cans et Compagnie, 1843, p. 34-35, 38-41. Jean-Louis Lenhof souligne la sensation grisante de libération qui marque parfois l'entrée en usine ou en petit atelier (autonomie, salaire pour soi), mais suggère, dans le sillage de Ducpétiaux, que l'enfant/adolescent.e est moins misérable dans une usine que dans un atelier familial. Jean-Louis Lenhof, « L'enfant et les mutations du travail industriel en France au XIXe siècle : le regard des contemporains », dans Jean-Pierre Bardet, Jean-Noël Luc, Isabelle Romero et Catherine Rollet (dir.), *Lorsque l'enfant grandit, entre dépendance et autonomie*, Paris, Presses universitaires de Paris-Sorbonne, 2003, p. 733-50.

une même catégorie. Truquin souligne le contraste entre le plus petit des ateliers, « la chambre » occupée ordinairement par une famille et un ou deux apprentis ou ouvriers – local exigu, irrespirable, chimère de liberté par rapport à la réalité d'un travail « abrutissant » – et les « fabriques » où « les ateliers sont chauffés, suffisamment aérés et bien éclairés ; l'ordre et la propreté y règnent ; l'ouvrier s'y trouve en société. Les contremaîtres, à cette époque, étaient moins exigeants sur la quantité que sur la qualité. Le gain s'élevait à dix francs par semaine, quelquefois à vingt francs ; on payait les prix convenus sans faire d'observation. En l'absence des contremaîtres, on racontait des histoires, des pièces de théâtre ; des loustics improvisant une chaire s'amusaient à prêcher ; le temps passait gaiement »[161].

*

Sur le plan émotionnel, on ne peut qu'imaginer l'entrée en apprentissage, rite de passage fort variable, selon le degré de maturité psychologique et physique, le genre, les origines sociales et géographiques, l'entourage familial, l'éducation et autres expériences de vie, sans oublier la manière dont s'est nouée la relation avec le/la maître.sse. On dispose de bases plus solides, même si la tendance centrale fausse toujours la réalité individuelle, pour dresser un profil des traits permettant d'identifier certaines constantes. Un tableau classique, parfois littéraire, mais aussi inscrit dans l'épaisseur du vécu, présente l'apprenti comme un jeune garçon – le cliché est habituellement genré masculin – à la veille de la puberté, arraché en quelque sorte à sa famille (au XIXe siècle, plutôt), pour affronter un monde étranger et forcément intimidant, un déracinement entre stress et bouleversement. Nos recherches suggèrent que cette transition, sans être communément douce, n'est pas fatalement traumatisante. Le portrait « moyen » génère l'image d'un enfant moins enfantin, instinctivement plus social que sauvage, vulnérable, mais non sans ressources. Du point de vue du maître (les parents sont rarement à l'unisson), il y a des arguments pour prendre l'apprenti.e très jeune (plus facile à dompter et façonner) ou assez mûr.e (plus capable de rendre service). Pendant l'Ancien Régime, l'âge moyen d'entrée en apprentissage se

161. Norbert Truquin, *Mémoires d'un prolétaire*, Marseille, Le Mot et le reste, 2006, p. 55. M. Perrot va un peu vite en besogne en assimilant le travail dans « une chambre » à un atelier artisanal canonique. M. Perrot, « Jeunesse ouvrière », dans *Histoire des jeunes en Occident*, p. 115.

situe vers seize ans à Paris (inégalement rejoint par d'autres villes : un peu plus âgé à Nantes, peut-être un peu plus jeune à Lyon), les plus jeunes ayant presque treize ans, les plus vieux frisant vingt et un ans (avec des écarts, parfois surprenants, entre professions). La majorité sait signer, marqueur d'une alphabétisation embryonnaire. L'apprenti.e est censé.e être sain.e d'esprit et de corps, « de bonne vie et mœurs », de confession catholique et célibataire.

Également déformée par des stéréotypes, généralement à des fins intéressées, la durée moyenne de l'apprentissage est de quatre ans et dix mois à Paris, plus courte à Nantes, avec des variations temporelles et géographiques au sein de la même profession, et sans égard pour la prescription statutaire-normative. Il n'y a pas de véritable corrélation entre le prix de l'apprentissage et la durée (les contrats les plus chers étant supposés réduire le temps imposé), et aucune trace significative de la vieille coutume du « rachat » du temps en cours de route. Au XIXe siècle, la durée est débattue et fixée de gré à gré, les normes marchandes échappant à la concurrence des injonctions corporatives. Très variable, le temps dans une convention payante est présumé moins long (trois à quatre ans) que dans un accord sans bourse délier (cinq à six ans), convergence d'un vestige corporatiste et d'un calcul marchand. Selon une grande enquête parisienne vers le milieu du siècle, le temps moyen s'élève à trois ans et quatre mois ; d'après une autre, dix ans plus tard, la durée moyenne chute légèrement à trois ans et deux mois (garçons à trois ans et six mois, filles à deux ans et sept mois).

L'apprentissage est couramment payant sous l'Ancien Régime : 41 % des contrats parisiens (le tiers dans un échantillon plus grand de 1761). On ne trouve pas plus de rapport avec l'ampleur des prestations promises par le/la maître.sse qu'avec la durée. Au-delà de la grande variabilité des sommes demandées, on est frappé par les prix très élevés pour la mercerie (763 livres en moyenne à Paris, un cas de 1 200 à Bordeaux) et pour d'autres professions d'élite (horlogers : 700, épiciers : 542 en moyenne), et par la pratique commune de l'apprentissage monnayé dans un métier modeste telle la cordonnerie (44 % payants, prix moyen 178 livres, à comparer avec une profession très cotée, l'éventaillerie, où le prix moyen est à peine plus élevé). Six contrats sur dix à Paris ne demandant pas de tribut, on ne peut pas affirmer que l'argent joue le rôle d'une rançon bloquant l'entrée. Par ailleurs, l'habitude quasi universelle d'échelonner les versements facilite l'accès à des familles modestes. Au XIXe siècle, l'idée de monnayer la transmission n'est pas en contradiction avec l'idéologie régnante, comme pendant l'Ancien Régime, tout comme le recours à l'apprentissage est moins valorisé sur le plan institutionnel et symbolique. L'apparition d'un prix exigé par le maître et consenti par les parents dans les affaires devant les prud'hommes n'est point rare, mais cet usage semble – en attendant plus large investigation – bien minoritaire.

Le contrat incarne l'essence de l'engagement en apprentissage durant l'Ancien Régime et au XIXe siècle. Habituellement réalisé par écrit et devant notaire, le traité classique associe la communauté, l'administration et le public à l'accord entre maître.sse et apprenti.e ; au XIXe siècle, il est plus individuel, expression d'une relation structurellement marchande, et bien moins fréquemment écrit que verbal. Par-delà les coutumes et les styles particuliers à chaque communauté, et les usages locaux, l'itinéraire et le protocole sont plus ou moins standardisés, en tout cas au commencement de l'engagement. Les méthodes d'initiation au XIXe sont globalement semblables, mais des observateurs sont frappés par la disparité des types d'apprenti.e.s : on n'entre pas tous égaux dans l'apprentissage. Il y a aussi davantage d'ambiguïtés concernant la définition de l'apprenti.e. Il n'est pas toujours facile de l'identifier, de le/la distinguer des petites mains ou autres ouvrier.ère.s. Les promesses des maîtres et maîtresses restent similaires. Le/la maître.sse de l'Ancien Régime s'engage à « enseigner et montrer » son métier à l'apprenti.e, « sans lui en rien cacher » ; au XIXe, il/elle transmet son savoir professionnel « progressivement et complètement ». La conception d'ensemble de l'apprentissage est plus étroite et plus flottante : ni dimension corporatiste tacite d'acculturation assez expansive, ni rythme prévisible de la trajectoire professionnelle.

Les prestations canoniques de l'Ancien Régime sont loger (et/ou coucher), nourrir, chauffer, éclairer, parfois blanchir, rarement entretenir. Les maître.sse.s considèrent généralement le logement sur le lieu de travail comme un aspect crucial de leur tutelle et de leur contrôle ; la nourriture, autre moyen d'enserrer l'apprenti.e dans l'assujettissement, est plus litigieuse, sujette souvent à des négociations tendues. Privés du cadre corporatif, mais habités par certaines notions corporatistes, les acteurs du XIXe siècle se révèlent ambivalents par rapport aux prestations contractuelles. L'enquête parisienne de 1860 indique que 59 % des apprenti.e.s sont logé.e.s par leurs patron.ne.s (chiffre vraisemblablement exagéré). On entrevoit une tendance croissante à faire payer logement et nourriture ; à la fin du siècle, dans l'imprimerie et d'autres professions, l'offre de logement est rarissime. En même temps, des sondages prud'homaux montrent une présence considérable du couple structurant logé-e-nourri.e. Sorte de communion profane, la commensalité idéalisée de l'âge d'or corporatiste, représentation patriarcale et paternaliste fantasmée, n'existe pas dans la relation habituelle entre maître.sse et apprenti.e. La vision d'une table « *ganze Haus*/sans-culotte » persiste au XIXe siècle chez certains prescripteurs. Le reproche le plus répandu contre le/la maître.sse concernant l'alimentation est son insuffisance, mais sa mauvaise qualité n'échappe pas aux vives critiques des apprenti.e.s et de leurs parents.

Sur le fond et à terme, la prestation la plus importante dans le contrat est la formation. Peu de maîtres élaborent leurs méthodes d'enseignement : leur rhétorique d'engagement est floue et évasive. Les communautés, sauf une poignée d'exceptions, n'exigent aucune preuve de capacité : la maîtrise elle-même est censée témoigner de la compétence tant technique que pédagogique. Sans structure de régulation, l'apprentissage au XIXe siècle abandonne aux aléas du marché la question de l'aptitude à former. Pendant les deux périodes, il y a de nombreux cas où apprentis ou ouvriers ont remis en question la capacité du maître, faculté technique et disposition. Aux deux moments, malgré le manque de consensus normatif sur le sujet, bien des maîtres délèguent leur devoir d'enseigner essentiellement aux ouvriers (au XIXe, parfois au contremaître). L'incompétence ou l'indifférence du maître dans la transmission du savoir et du savoir-faire est une des plaintes récurrentes des apprenti.e.s et une des principales raisons évoquées pour justifier un départ précoce ou une demande de résiliation du contrat avant terme. Il n'est pas surprenant, dans la perspective du maître, que la condition *sine qua non* pour la transmission soit la soumission. Souvent, le maître semble confondre sa volonté de moraliser, en domptant, avec son obligation d'enseigner le métier sérieusement, pleinement, d'une manière qui rende l'apprenti.e plus ou moins autonome sur le marché du travail.

Dans le quotidien, tant dans le monde corporatiste qu'au XIXe siècle, l'apprenti.e doit souvent prendre l'initiative en observant, en « volant avec ses yeux », en imitant, en répétant. Il faut qu'il écoute attentivement – « regarder avec les oreilles » – car le geste est structuré par la parole. Il doit parler « la langue de métier », mais aussi pénétrer le patois de l'atelier, si la boutique est relativement grande, une des façons d'articuler la transmission formelle avec la transmission informelle, la connaissance explicite avec la tacite, et le savoir partagé avec le savoir retenu. Apprendre, c'est s'appliquer assidûment, c'est parfois lutter, mais les meilleures expériences d'apprentissage, encore aujourd'hui, sont les histoires d'un.e maître.sse passionné.e et généreux.se qui prend la peine de montrer la forêt aussi bien que les arbres, d'esquisser un tableau d'amont en aval, de présenter et décortiquer les matières premières et leur chaîne d'approvisionnement, d'exposer les techniques fondamentales, de dévoiler les tours de main, d'expliquer les méthodes d'évaluation du produit fini et de montrer comment l'écouler ou obtenir un marché pour sa fabrication. Cela dit, quelque part, l'apprenti.e apprend seul, tout en étant inséré dans un tissu de forte socialité. Même s'il se trompe quelquefois dans son auto-analyse, l'apprenti.e semble capable de discerner quand il/elle traverse le Rubicon professionnel, ayant acquis suffisamment de savoir et de savoir-faire pour marquer un début d'indépendance.

Pendant l'Ancien Régime et le XIXe siècle, on apprend comme apprenti.e titulaire et par d'autres voies, des espèces d'apprentissages parallèles, La plus importante de ces avenues alternatives ou supplémentaires est l'allouage, un curieux système hybride fonctionnant, sous l'Ancien Régime, au sein de l'ordre corporatif à des fins communautaires, mais qui évoque l'univers des sans-qualité en interdisant à la personne ainsi formée, d'une manière calquée sur un contrat d'apprentissage canonique, d'aspirer à prendre place un jour dans la communauté comme maître.sse. La présence des filles dans l'allouage est frappante. Fréquemment, elles sont reçues chez les maîtres titulaires, contrevenant ainsi aux règles communautaires, encore un exemple de la perméabilité du système. L'alloué.e, âgé.e respectivement en moyenne de 15,76 et 13,9 ans dans nos deux études, est plus jeune que l'apprenti.e ayant 15,91 ans (les filles davantage encore : 12,85 ans). La durée moyenne d'un contrat d'allouage s'élève à 4,3 ans et 3,6 ans (l'apprenti.e = 4,83). Entre 43 et 33 % des traités sont payants (l'apprenti.e = 41 %). La fuite illicite est un souci majeur comme chez les apprenti.es ; entre 40 et 38 % des marchés des alloués comportent une clause de pénalité en cas de départ prématuré, un peu plus que chez les apprenti.e.s. À l'instar de ces derni.ère.s, la population alloué.e est massivement parisienne, mais les pères des alloué.e.s sont moins densément enracinés dans les métiers que ceux des apprenti.e.s. Les prestations sont plus inégales que les services fournis aux apprenti.e.s. Malgré la concordance des contrats et un fort engagement pédagogique et paternaliste, les maître.sse.s se sentent plus libres de confier aux alloué.e.s des tâches subalternes. Toutefois, dans de nombreux cas, ils/elles donnent à ces employé.e.s novices un salaire.

L'intérêt du/de la maître.sse dans l'allouage paraît limpide. Il/elle contourne individuellement les limites imposées sur le nombre d'apprenti.e.s que maître.sse ou communauté a le droit d'accueillir. Le recours à l'allouage donne aux patron.nes davantage de souplesse, un accès légitime à une source de main-d'œuvre peu chère, et sans doute moins d'ingérence de la part des jurés, moins préoccupés de l'alloué.e que de l'apprenti.e. La motivation des parents pour la route de l'allouage est moins facile à décrypter. Si l'univers corporatiste est loin d'être fermé, seuls environ 15 % des apprenti.e.s au XVIIIe siècle à Paris deviennent maître.sses. On trouve cependant un marché du travail très animé un peu partout, selon la conjoncture, proposant du travail aux compagnons, à la fois à l'intérieur des communautés et dans le vaste champ colonisé par les sans-qualité. Nous ne savons pas de quelles informations disposent les parents ; nous ne pouvons pas affirmer qu'ils agissent généralement en connaissance de cause, encore moins qu'ils ne savent pas ordinairement ce qu'ils font. La décision de recourir à l'allouage pour des filles, qui sont confrontées à diverses sortes de barrières et d'exclusions, n'a rien d'irréfléchi ou de téméraire. Pour les garçons, l'allouage est, *ceteris paribus*, un choix moins attractif, moins judicieux, sauf dans des métiers où l'entrée est obstruée par des quotas ou des interdictions provisoires. En l'absence d'engagement professionnel précis, l'alloué.e se sent-il/elle plus libre, moins contraint.e que son homologue en apprentissage ? Sa famille a-t-elle une stratégie commerciale en dehors de l'espace corporatif ? Croit-elle, en fonction de bruits ou de promesses, à l'éventuelle « convertibilité » du statut de deuxième rang en celui d'apprenti.e ? En tout cas, ce système parallèle donne une certaine respiration supplémentaire, tonique, au marché du travail.

Ce n'est pas la seule voie alternative pour la transmission du savoir sous l'Ancien Régime. On forme des apprenti.e.s, officiel.le.s et surtout informel.le.s, dans les lieux dits privilégiés, les (autres) faubourgs, les chambres urbaines, divers types d'ateliers clandestins (souvent sous-traitant pour des maîtres.sse.s) en ville et jusqu'aux portes des banlieues, des hôpitaux, notamment la Trinité à Paris qui a une vénérable tradition de formation artisanale légitime menant parfois jusqu'à la maîtrise, de multiples charités, souvent au niveau paroissial organisant la formation des enfants, fréquemment des filles. Sans structure institutionnelle, le XIXe siècle ne subit quant à lui aucune contrainte taxinomique concernant la catégorie dite apprenti.e. S'il est parfois difficile de dire avec certitude qui est apprenti.e, ou qui ne l'est pas, pour incarner ce rôle il existe moult opportunités ou chemins. Le modèle contractuel est le type le plus commun ; faute de réglementation, pour une bonne partie du siècle, on pratique l'apprentissage sans conditions « officielles » aucunes. L'usage prévaut, contesté à l'occasion par la sollicitation du marché. On peut se former tant dans l'usine (pas toutes, bien entendu) que dans l'atelier. L'opposition classique de l'usine à l'atelier nous égare toutefois. La « révolution industrielle » – pour raccourcir imprudemment – pénètre dans les ateliers, où la parcellisation des tâches et l'hyperspécialisation mènent bien des apprenti.e.s à un travail de répétition abrutissant, ôtant toute chance de « posséder le métier » un jour. Par ailleurs, certains commentateurs remarquent que la santé physique et morale des enfants et adolescent.e.s dans les ateliers n'est pas forcément plus rassurante que dans les usines.

On peut passer par toute une panoplie d'écoles, publiques et privées, actives tant en région que dans la capitale, souvent affiliées à des ateliers qui se trouvent à l'intérieur ou à l'extérieur. Des associations caritatives, civiques et/ou confessionnelles, appelées patronages, organisent et gèrent des apprentissages. Dans la deuxième moitié du siècle, des municipalités, et des administrations à grande et moyenne échelle, établissent des mécanismes de formation. Des associations et des patrons parrainent et parfois orchestrent des cours publics dits complémentaires ou du soir. Quelques entrepreneurs montent chez eux une formation complète, généralement à travers une école liée à leurs propres ateliers ou fabriques, avec la promesse implicite pour les meilleurs éléments d'un poste dans la firme et d'une place dans une école de perfectionnement. Parfois, les dirigeants font des efforts pour tenir les parents informés de la trajectoire de leurs enfants. On apprend aussi « sur le tas », avec l'aide d'ouvriers expérimentés ou tout seul. À l'agonie pendant tout le siècle, objet de maints éloges funèbres plus ou moins sincères, l'apprentissage parvient néanmoins à survivre et à continuer de former, bon gré mal gré.

CHAPITRE 4
Parcours de l'apprenti.e

L'itinéraire de l'apprenti.e part d'un principe universellement reconnu dans le discours normatif et inégalement respecté sur le terrain : l'apprenti, classé turbulent par nature, est par définition socioculturelle « docile ». Tous ses devoirs exigent cette posture de vassalité, et tous ses droits en quelque sorte en dépendent. D'abord, cette obligation répond à la clause contractuelle par laquelle l'intéressé promet « d'apprendre de son mieux [certains contrats ajoutent : « Le plutost qui luy sera possible »] tout ce qui luy sera montré et enseigné par ledit sieur son maître. » Puis il reconnaît l'autre rôle qui n'est pas strictement parallèle au premier : il donne sa parole de « servir [le maître] fidellement en ladite profession ». Il doit lui « obéir », mais cette obéissance est conditionnelle – limitée à « tout ce qu'il luy commandera de licite et honnête ». Bien que nébuleuse, cette clause est capitale, car elle soumet le maître aux coutumes régnantes, à la loi positive et plus généralement à la loi naturelle qui gouverne les rapports entre les gens. Le maître est peut-être propriétaire du temps de l'apprenti (comme sa capacité de le céder à un confrère semble en témoigner), mais il ne peut pas disposer de sa personne comme il lui plaît. L'image de l'esclavage surgit parfois au XVIIIe siècle, assez fréquemment au XIXe : tous les contrats écartent toute dimension d'une extraction coercitive du labeur. Dans le jeu réciproque, mais fort inégal dans les relations sociales du travail, le maître ne peut compter sur la docilité de son apprenti que dans la mesure où il le traite correctement. Le sens de ce critère varie avec l'attitude et le tempérament des acteurs et les conditions de travail. Cette contrainte pesant sur le maître donne à l'apprenti des armes pour résister dans certaines circonstances. S'il y a une réciprocité implicite (et toujours asymétrique) entre maître et apprenti dans les contrats du XIXe, l'accent est néanmoins mis sur « l'obéissance » envers le patron, ou comme un traité le formule : l'apprenti doit « obéir avec soumission et respect à tout ce que le maître lui commandera ». Partageant le même esprit, la mère d'un apprenti ferblantier assure que son fils sera « doux, honnête et obéisssant ». Ni « les services qu'il rend à son maître » ni sa « docilité » ne sont suffisants pour faire un bon apprenti, suggère *Le Traité du commerce de terre et de mer* : il faut également et constamment des signes de « sa bonne conduite »[1].

Si le contrat situe l'apprenti à l'école-atelier pour sa formation technique et en famille pour sa socialisation, il lui rappelle qu'il se trouve aussi dans un commerce où les normes sont plus dures. Apprentissage « fluide » ou intransigeant, fils adoptif/fille adoptive ou main-d'œuvre bon marché, élève ou apprenti.e, protégé.e ou étranger.ère, élément de réseautage ou de circonstances, peu importe en ce qui concerne le noyau dur : l'enfant ou l'adolescent.e n'échappe pas dès le commencement à la réalité quotidienne de la production (en forme de biens ou services), de la demande qui la façonne, de l'écoulement, de l'échange, de la consommation. Tout s'achète et tout se vend. D'après un grand dictionnaire contemporain, les apprentis doivent « servir avec fidélité leurs maîtres et garder le secret sur tout ce qu'ils apprennent et ce qu'ils voient ». On ne peut trop solenniser l'assujettissement des apprentis : chez les drapiers de Sedan, communément ils « prête[nt] serment de bien servir leurs maîtres ». Quoique débutant, l'apprenti doit d'ores et déjà « faire le proffit » du maître, éviter sa perte [ou « son dommage »], l'en avertir s'il vient à sa connaissance. Cette stipulation rend l'enfant fort vulnérable. Sous prétexte de le responsabiliser et de le motiver, elle donne au maître une grande latitude pour tourmenter son apprenti (beaucoup moins souvent apprentie). Le devoir de ce dernier ne se modifie pas outre mesure au XIXe siècle, malgré maints changements dans la situation : « L'apprenti doit à son

1. Steven L. Kaplan, « L'Apprentissage au XVIIIe siècle : le cas de Paris », *Revue d'histoire moderne et contemporaine*, t. 40 (juillet-septembre 1993), p. 441 ; Archives départementales (désormais AD) Indre-et-Loire, 5 U 17, 14 mars 1853 et 10 mars, 6 mai 1854 ; N. Couchot, *Le traité du commerce de terre et de mer*, t. 1, Paris, J. Lefebvre, 1710, p. 13. Cf. l'extrapolation contractuelle – représentation absente en France – que la subordination de l'apprenti peut être « qualifiée » et que l'autorité du maître peut être limitée au lieu de travail. Bert de Munck, « From Brotherhood Community to Civil Society? Apprenticeship between Guild, Household and the Freedom of Contract in Early Modern Antwerp », *Social History*, t. 36 (février 2010), p.15.

maître fidélité, obéissance et respect », selon deux représentants des prud'hommes rémois : « Il doit être attentif aux conseils et à l'enseignement qui lui sont donnés, soumis aux ordres qu'il reçoit de son maître, respectueux envers lui dans son attitude et ses paroles »[2]. En un mot, nonobstant la rhétorique lénifiante de collaboration, la volonté d'un nombre de maîtres d'engendrer un climat de coopération douce et fructueuse, le déploiement de certains amortisseurs institutionnels, et l'élaboration par des apprentis de quelques techniques pour atténuer la brutalité verticale, le rapport du maître à l'apprenti demeure fondamentalement celui de domination-subordination[3].

LES FORMES DE LA SOUMISSION

À Paris, les contrats ne s'évertuent pas à moraliser ouvertement la vie de l'apprenti, à gérer le peu de loisir qu'il trouve, à diriger sa conscience. Rien à voir avec les traités de Moulins qui prescrivent couramment que l'apprenti ne fréquente « ni cabaret ni jeux ni surtout mauvaise compagnie », qu'il assiste à l'office (et jusqu'à 1770 qu'il rapporte tous les deux mois un billet de confession, preuve d'un catholicisme orthodoxe), qu'il informe le maître des torts faits par les compagnons et les domestiques, une sollicitation permanente à la délation qui persiste de nos jours. Elle est relayée par un bijoutier parisien qui exprime sa confiance exigeante dans son nouvel apprenti, Guillaume, au milieu du XIXe siècle : « Quand je n'y suis pas, il faut surveiller l'atelier, il faut me dire quand quelqu'un flâne ; s'il se casse quelque chose en mon absence, il faut m'en avertir ; s'il se gâche une chandelle, s'il se perd une lime, si le borax est renversé [...] il faut que je sois prévenu »[4]. La communauté parisienne sou-

2. Antoine-François Prost de Royer et Jean-François-Armand Riolz (éd.), *Dictionnaire de jurisprudence et des arrêts, ou Nouvelle édition du Dictionnaire de Brillon* [désormais *Dictionnaire Brillon*], t. 5, Lyon, Aimé de la Roche, 1786, p. 669 ; *Recueil des reglemens généraux et particuliers concernant les manufactures et fabriques du royaume*, t. 2, Paris, Imprimerie royale, 1730, p. 549, t. 4, p. 201 ; A. Nouvion-Jacquet et Charles Cordier, *Le Patron et l'ouvrier devant le conseil de Prud'hommes*, Reims, imprimerie de *L'Indépendant rémois*, 1897, p. 65.

3. Dans un essai roboratif, Philippe Bernardi rappelle la proximité, au Moyen Âge provençal, d'un langage féodal et de l'idiome de l'apprentissage. La pratique de la vassalité déteint sur les rapports entre certains maîtres et leurs apprentis. *Maître, valet et apprenti au Moyen Âge : essai sur une production bien ordonnée*, Toulouse, CNRS-Université de Toulouse-Le Mirail, 2009, p. 106, 119-21.

4. Michel Naudin, *Structure et doléances du tiers état de Moulins en 1789*, Paris, Comité des travaux historiques et scientifiques, 1987, p. 134 ; Jérôme-Pierre Gilland, *Les Conteurs ouvriers, dédiés aux enfants des classes laborieuses*, Paris, chez l'auteur, 1849, p. 224. Son maître soumet Guillaume à un chantage moral qui est censé passer pour la confiance mutuelle née

haite que l'apprenti vienne de bonne souche (catholique, « nay en légitime mariage », « de bonne famille et de probité »), mais elle exige avant tout qu'il porte « honneur et respect » au maître et à sa famille. « S'il commet une action lasche, honteuse et indigne du respect » à leur égard, dans plusieurs corporations il sera déchu du droit de parvenir à la maîtrise, menace sûrement moins dissuasive au XVIIIe qu'au XIVe siècle[5]. Maintes communautés insistent sur le célibat, comme nous l'avons noté. Bien que le mariage soit en lui-même moralisant, il risque de distraire l'apprenti et de le rendre moins dépendant et fidèle. Les rôtisseurs permettent à l'apprenti de se marier s'il obtient l'autorisation de son maître, mais beaucoup plus typiques sont les libraires qui chassent tout apprenti qui s'allie avec une femme. La « bonne conduitte » compte pour les deux parties dans un apprentissage. Herluison, maître tisserand à Troyes, refuse d'être tenu responsable des « méfaits » que son apprenti pourra commettre. Dans le traité mettant son fils en atelier, la veuve d'un boucher de la même ville répond « de tous les torts que son fils pourra faire » dans la maison de son maître, « lequel en sera creu sur son simple serment », marque aiguë de la subordination qui structure les relations de pouvoir. Dans de nombreux contrats du XIXe, par rapport à l'apprenti, le maître s'engage à « le rendre ouvrier » – donc capable de gagner sa vie – ou assez souvent « bon ouvrier » ou « bonne ouvrière autant toutefois que l'intelligence de la fille luy le permettra ». Un maître peintre du Mans prend comme apprenti le fils d'un ouvrier chaufournier rural, comptant sur son « assiduité », mais exigeant surtout qu'il « se condu[ise] bien et ne fa[sse] pas la mauvaise tête »[6].

---

d'une relation réellement réciproque. Il lui promet non seulement un enseignement sérieux, mais une place privilégiée à ses côtés : « Tu verras comme on découvre une foule de choses ! Tu peux diriger comme moi. Bientôt nous te mettrons à l'établi et tout cela te servira [...] nous ferons quelque chose va ! Tu seras mon commis quelque jour, oui ! Je ne veux pas que tu ponces : c'est trop rude. Je ne veux pas que tu blanchisses, c'est trop malpropre. Je ne veux pas que tu ranges, c'est pour ces autres mauvais sujets. Tu ne sortiras pas avec eux le dimanche ; ils ne sont bons qu'à vagabonder, à faire les polissons. » *Ibid.*, p. 225. Dominateur et possessif, le patron utilise des paroles qui peuvent avoir une connotation homo-érotique.

5. Alfred Franklin, *Dictionnaire historique des arts, métiers et professions depuis le XIIIe siècle*, Paris, Welter, 1906, p. 26, 29.

6. *Almanach des corps de marchands et des communautés d'arts et métiers de la ville et faubourgs de Paris*, Paris, Duchesne, 1758, p. 243 ; Jacques Savary des Bruslons et Philémon-Louis Savary (dir.), *Dictionnaire universel de commerce*, t. 3, Genève, Cramer et Philibert, 1742, p. 130-31 ; R. de Lespinasse, *Les Métiers et corporations de la Ville de Paris*, t. 3, Paris, Imprimerie nationale, 1886, p. 75 (1645) ; *Statuts et règlements de la communauté des maîtres rôtisseurs*, juin 1744, Archives Nationales (désormais AN), AD XI, 28 ; AN, Minutier central (désormais MC) : XLIX-689, 20 mars 1751 ; Louis Morin, « Études sur les contrats

Quoique le contrat ne rentre pas dans le détail concernant le comportement attendu de l'apprenti, il n'est pas difficile, suivant Jacques Savary, marchand, financier et célèbre auteur-expert, d'en ériger le modèle à la fin du XVIIe siècle. Au-delà de la déférence qu'il faut manifester sans cesse – fidélité, respect, soumission – et de « la crainte de Dieu » qu'on doit toujours entretenir, l'apprenti est censé s'incliner devant les ordres du maître « sans vouloir pénétrer les raisons ». Il est tenu de « ne point révéler le secret de leurs affaires ». Il doit acquérir une connaissance parfaite de tous les détails du métier : poids, mesures, marques, outils, modes de fabrication, provenance, styles, qualité des étoffes et d'autres marchandises, prix, stockage, conditionnement, emballage, transport, et ainsi de suite. S'il sert chez un commerçant il doit « se perfectionner dans la vente », se rendre « agréable aux personnes qui viennent acheter », ne pas les tromper, mentir à l'occasion, mais pas de façon chronique. Un bon apprenti ne fait pas de « mauvais restes » (et ne tente pas de les remporter), il vit en bonne intelligence avec « les autres domestiques de la maison » (compagnons et apprentis sont classés sous cette rubrique passablement infamante), et il s'habille « modestement, mais proprement »[7].

Un texte d'un limonadier et moraliste parisien, [Nicolas ?] Audiger, souligne et développe certains de ces mêmes points. Le bon apprenti fait preuve d'application, voire de zèle dans le travail ; de dévouement vis-à-vis des intérêts du maître ; d'une obéissance souriante. Et s'il « doit apprendre à bien obéir », il « doit encore apprendre à… se faire bien aimer de luy [le maître] et de sa femme ». Il étudie pour maîtriser les détails « afin de pouvoir se tirer sans embarras de toutes sortes d'affaires ». Il n'a pas le droit de se tromper dans le prix et dans le débit des marchandises, et « s'il voit faire quelque tort » à son maître,

d'apprentissage à Troyes au XVIIe siècle », *Bulletin de la Société de protection des apprentis* (1894), p. 451 ; AD Sarthe, 778 W 3, 29 mars 1871. Les couturières semblent tolérer le mariage. Voir les contrats dans AN, MC : CVIII-632. Dans certains contrats au Québec, des apprentis s'engagent à ne pas se marier pendant leur « temps ». Jean-Pierre Hardy et David-Thiery Ruddel, *Les Apprentis artisans à Québec, 1660-1815*, Montréal, Presses universitaires du Québec, 1977, p. 169.

7. J. Savary des Bruslons et P.-L. Savary (dir.), *Dictionnaire universel de commerce*, t. 1, p. 149-50, 350-51. Jacques Savary des Bruslons, aidé par son frère l'abbé Philémon-Louis Savary, sort plusieurs éditions de cet ouvrage reprenant et enrichissant le célèbre ouvrage de leur père. Le texte originel visait particulièrement les Six Corps, mais nombre de ses maximes s'appliquent aux apprentis de toutes professions. Cf. l'exégèse judicieuse de Nicole Pellegrin de la subordination de l'apprenti qui insiste peut-être trop sur les fondements religieux et trop peu sur les implications d'un « ordre des choses finalement temporaire ». Nicole Pellegrin, « L'Apprentissage ou l'écriture de l'oralité. Quelques remarques introductives », *Revue d'histoire moderne et contemporaine*, t. 40 (1993), p. 378.

il devra « luy en donner aussi tost avis, de peur d'en estre accusé luy-même ». Il ne suffit pas de savoir compter : pour dominer les multiples tâches qui se présentent, et en même temps impressionner la clientèle, s'il a le contact régulier avec le public, il doit pouvoir « calculer tant à la plume qu'aux jettons ». Il doit travailler dur et vite, commencer tôt (le premier debout pour chauffer et préparer la boutique) et terminer tard (le dernier au lit, après avoir nettoyé et rangé). Audiger souscrit à la norme des contrats : si le maître veut faire un bon apprenti, il doit lui enseigner tout, « sans luy rien cacher ». Cependant, en vérité « souvent c'est [des compagnons] plus que du maître » qu'il apprend le métier. Ainsi, il faut l'intelligence émotionnelle et pratique de « gagner l'amitié » des ouvriers en leur « bien servant », en leur donnant « tout ce qu'il faut pour leur ouvrage », en faisant leur lit et en cherchant leur manger et boire. Les exhortations d'Audiger font penser à une clause dans un contrat lyonnais qui menace l'apprenti d'une amende-pénalité de 50 livres s'il ne travaille pas « assidument ». L'auteur-commerçant anticipe l'accent psychologique et moralisateur que met Pierre Richet sur l'engagement de l'apprenti dans son dictionnaire du début du XVIIIe siècle : « L'apprentissage s'écoule vite, quand on a le cœur au métier »[8].

Au XVIIIe siècle, recevoir un apprenti constitue un honneur, une reconnaissance aussi bien qu'une responsabilité et une opportunité. Le maître dispensant une formation, transmettant son savoir, est un acteur civique estimé, disposant d'un capital social enviable. C'est pour les avantages matériels et symboliques, pour le levier commercial et le prestige, que les très nombreux maîtres dits agrégés, dans le contexte de la grande refonte du système corporatif post-Turgot, réclament instamment le droit de prendre des apprentis, prérogative astucieusement et cruellement réservée aux maîtres, anciens et nouveaux, versant les droits d'entrée exigés. Un maître artisan « qui a fait des apprentis » et ainsi a contribué à « la bienfaisance publique » jouit d'une réputation *a priori* positive dans son quartier et sa ville[9].

8. [N. ?] Audiger, *La Maison réglée et l'art de diriger la maison d'un grand seigneur ou d'autres*, Amsterdam, Michel Brunet, 1700, p. 184-6 et Paris, N. Le Gras, 1692, p. 151-53, 158, 162-63 ; Archives municipales (désormais AM) de Lyon, HH 229, 26 juin 1728 ; Pierre Richet, *Dictionnaire françois contenant généralement tous les mots*, Amsterdam, J. Elzevir, 1706, p. 63. Cf. des contrats à Moulins qui précisent le genre de travail (l'apprenti orfèvre garnira la forge de charbon). M. Naudin, *Structure et doléances*, p. 134.

9. Sur le contexte général, voir Steven L. Kaplan, *La Fin des corporations*, Paris, Fayard, 2001 ; pour un cas précis, *Affiches du Poitou* (22 février 1776), p. 30 (éloge d'un maître ferblantier) ; pour un canevas plus large, noter le statut rehaussé du maître accueillant des

Avant de pouvoir entrer en apprentissage, quelques communautés exigent une compétence préalable, par exemple, la capacité de lire et écrire. Chez beaucoup d'autres, avant de passer le contrat, le maître a le droit de prendre l'apprenti à l'essai pendant une courte période pour juger de sa docilité et de sa dextérité. Dans certaines conventions, maître et apprenti.e se jaugent mutuellement et expressément : « si d'ici trois mois », selon un contrat de la mi-XIXe siècle, « le maître et l'apprenti ne sympathisent pas ensemble, le présent traité serait résilié de plein droit »[10]. Enfin, le maître devait aussi donner une sorte de gage de sa valeur morale et professionnelle pour laquelle le critère conventionnel est un minimum d'expérience comme patron. Avant de pouvoir recevoir un apprenti, le maître boucher doit avoir accompli « douze ans de profession », le vinaigrier sept ans, le verrier et le faïencier cinq ans, le taillandier trois ans. Selon un édit du 25 juillet 1725 – mais il faudrait vérifier sur le tas –, les seuls membres de la communauté rouennaise de drapiers-drapants habilités à recevoir un apprenti sont des maîtres ayant exercé l'office de garde pendant un minimum de deux ans[11]. Pensant surtout aux fils de maîtres qui accèdent souvent à la maîtrise, certaines corporations leur interdisent de prendre un apprenti avant d'avoir atteint, dans un cas seize ans, dans un autre vingt-huit ans[12]. « Nul », disent les boucliers de fer, « ne doit prendre apprenti se il [*sic*] n'est si saige et si riche que il le puist aprendre et gouverner »[13]. Une veuve n'a pas le droit d'engager un apprenti en son nom. Elle est censée manquer de savoir et

---

apprentis dans certaines parties de l'Afrique contemporaine : E. N. Goody, *Parenthood and Social Reproduction. Fostering and Occupational Roles in West Africa*, Cambridge, Cambridge University Press, 1982, p. 204.

10. Mémoire pour la communauté des maîtres relieurs contre Fagot, *et alii*, 1758, B.N., ms. fr. 22118, fol. 176 ; Henry-René D'Allemagne, *Les anciens maîtres serruriers et leurs meilleurs travaux*, t. 1, Paris, Librairie Gründ, 1943, p. 52 ; AD Indre-et-Loire, 5 U 17, 14 mars 1853. Nous traitons la période d'essai, pratique vitale d'initiation et de découverte, dans le chapitre sur les parents.

11. R. de Lespinasse, *Les Métiers et corporations*, t. 1, p. 296 (juillet 1741) et t. 2, p. 760 (février et juillet 1659) ; Philippe Macquer et Pierre Jaubert, *Dictionnaire raisonné universel des arts et métiers*, t. 4, Paris et Lyon, Amable Leroy, 1793, p. 418 ; *Almanach des corps des marchands et des communautés* (1758), p. 243 ; [Jèze], *Tableau universel et raisonné de la Ville de Paris*, Paris, J.-P. Costard, 1760 [?], p. 220 ; *Encyclopédie méthodique. Arts et métiers mécaniques*, t. 2, Paris, Panckoucke, 1784, p. 325 ; *Recueil des statuts, déclarations, arrests du conseil et du parlement de la communauté des maistres vinaigriers de la ville de Paris*, Paris, Gissey, 1744, p. 8 ; *Recueil des édits, déclarations, lettres patentes, arrests et reglemens du roy, registrés en la cour du Parlement de Normandie, 1718-1726*, Rouen, N. et R. Lallemant, 1755, p. 825.

12. A. Franklin, *Dictionnaire historique*, p. 28 ; R. de Lespinasse, *Les Métiers et corporations*, t. 2, p. 159 (avril 1653).

13. A. Franklin, *Dictionnaire historique*, p. 27.

d'autorité, et être en quelque sorte moralement vulnérable en tant que femme. (En pratique, plusieurs communautés, dont les sculpteurs et les peintres [peintresses-doreuses], permettent à la veuve de prendre un apprenti[14].)

ENTRE INSOLENCE ET INSUBORDINATION : L'APPRENTI COMME TRUBLION

Pour des raisons qui sont d'abord idéologiques, fondées sur le besoin obsidional d'ordre, assuré par divers leviers de domination, raisons renforcées par l'expérience inégalement vécue – de prétendues données empiriques ou leur interprétation –, les apprentis sont largement perçus, dans un contexte euro-atlantique, comme contaminés par leurs éléments inconstants, immoraux, de comportement perturbateur. Certains – ceux qui alimentent les stéréotypes et justifient les appareils de contrôle social – sont censés être voyous, débauchés, tricheurs et voleurs, fornicateurs et blasphémateurs fréquentant des putains et des comédiens, ivrognes et joueurs, fainéants et parasites, orgueilleux et corrompus, insolents, voire franchement rebelles. Souvent de jeunes adultes ou au moins des adolescents mûrs, ces apprentis sont représentés comme des enfants – pervertis et dangereux, mais des enfants et comme tels particulièrement diaboliques. Selon l'opinion toute faite, cette situation est à la fois la cause et l'effet de l'érosion de l'autorité du maître (et peut-être en même temps de l'altération de la volonté du maître de faire un bon sujet, un bon chrétien et un bon ouvrier), qui mettent en péril non seulement le fonctionnement de l'atelier, donc de l'économie, mais aussi l'organisation sociale et la tranquillité publique[15].

---

14. AN, MC : XXVIII-389, 19 juillet 1751 (où l'apprenti, âgé de douze ans, sait signer, mais la veuve, théoriquement artiste de métier, ne sait pas) ; XXXVIII-391, 19 octobre 1751 (où la veuve assume toutes les prestations, contre l'habitude de ses confrères) ; XXXVIII-383, 12, 18 mai 1750 ; XXXVIII-367, 5 juin 1748.

15. Steven R. Smith : « The Ideal and Reality: Apprentice-Master Relations in Seventeenth-Century London », *History of Education Quarterly*, t. 21 (Hiver 1981), p. 454-57, et « The London Apprentices as Seventeenth-Century Adolescents », *Past & Present*, n° 61 (1973), p. 153-54 ; Ellen G. D'Oench, « Arthur Devis and the Idle Apprentice, 1752-1755 », *Eighteenth-Century Life*, t. 6 (1981), p. 73-74 ; W. J. Rorabaugh, *The Craft Apprentice: From Franklin to the Machine Age*, New York, Oxford University Press, 1986, p. 44-45, 53-54 ; J.-P. Hardy et D.-T. Ruddel, *Les Apprentis artisans à Québec*, p. 171, 181-82. Tout en renouvelant notre regard sur le XVIe siècle économique et social, Steve Rappaport montre le poids de ces stéréotypes. *Worlds within Worlds: Structures of Life in 16th Century London*, Cambridge, Cambridge University Press, 1989, p. 232-38. Le contre-stéréotype de l'apprenti rebelle et dévergondé est le cliché du maître-tyran, lui aussi sans doute fondé sur certaines réalités. Sur

À Londres, et ailleurs, pendant l'Ancien Régime, l'apprenti est identifié comme une figure majeure de désordre, turbulent non seulement sur le plan socioprofessionnel, mais également politique. En France, à la même époque, le tableau paraît moins tranché. Entre compagnons et maîtres, les relations sont souvent fort tendues. Nul doute que, dans bien des cas, des apprentis s'associent aux actions contre les maîtres. Mais la participation d'un certain nombre d'apprentis aux « cabales » organisées pour extorquer des concessions, matérielles ou morales, ou pour sanctionner des maîtres, ou au célèbre « massacre des chats » ou autre rite de harcèlement du maître, en famille ou seul, ne les met pas, en tant que groupe, à l'avant-garde de l'aliénation ou de l'insubordination. La représentation négative, voire délétère, éclipse une image assurément plus proche du vécu de la plupart des apprentis, notamment en dehors des grandes villes : l'enfant/adolescent soumis, et plutôt heureux de retrouver les bribes d'un cadre familial chez son maître. Il s'agit de l'apprenti anxieux qui s'accroche à son maître, dans certaines circonstances son seul « guide ». Est-ce à lui que pense le Parlement de Toulouse au XVIe siècle en interdisant au maître, censé exercer une influence morale excessive sur l'apprenti, de profiter des arrangements testamentaires que le jeune pourrait faire en sa faveur[16] ?

Cela dit, de nombreux apprentis sont punis pour diverses formes d'insoumission : « transportés » à d'autres maîtres pour manque de respect à l'égard du maître et/ou de sa femme ; plus rarement, congédiés pour des actes de désobéissance caractérisée en public, ou de vengeance présumée, particulièrement dans l'atelier ; « déchus du droit de parvenir à la maîtrise » pour des gestes de violence, notamment contre des femmes ou filles. Les orfèvres parisiens annoncent la couleur : face à « la légèreté naturelle » des adolescents, il faut s'attendre à des manquements et s'évertuer à les prévenir en déployant « rigueur » et « freins ». Boizard, conseiller un brin cynique à la cour des Monnaies au commencement du XVIIIe siècle, voit tout apprenti orfèvre comme

---

la brutalisation des apprentis par des maîtres à Londres, voir Max Beloff, *Public Order and Popular Disturbances, 1600-1714*, Oxford, Oxford University Press, 1938, p. 27, 30-31 et Mary Dorothy George, *London Life in the Eighteenth Century*, New York, Harper & Row, 1965, p. 418.

16. Voir S. L. Kaplan, « La lutte pour le marché du travail à Paris au XVIIIe siècle », *Revue d'histoire moderne et contemporaine*, t. 36 (juillet-septembre 1989), p. 361-412 ; Robert Darnton, *The Great Cat Massacre and Other Episodes in French Cultural History*, New York, Basic Books, 1984 ; Pierre-Jacques Brillon, *Dictionnaire des arrests ou jurisprudence universelle des parlements de France*, t. 1, Paris, G. Cavelier, 1711, p. 142.

un voleur en herbe, supposant qu'il aurait du mal à résister aux tentations offertes par les matières premières. Promettant de placer les apprentis sous observation plus ou moins permanente, les communautés des orfèvres et des chapeliers, parmi bien d'autres, mettent en avant leur refus d'homologuer un brevet si son détenteur n'est pas moralement apte. La plupart des communautés s'engagent à « casser » le brevet des mutins chroniques, le déclarant « nul » et « révoqué » sans avoir à recourir en justice. La rigueur demeure néanmoins très relative. Pour avoir volé son maître, Valade, un apprenti perruquier à Bordeaux, est condamné « en dommages-intérêts » en sus de la restitution des articles subtilisés, peine remarquablement légère[17].

L'insubordination ultime, c'est l'inversion des rôles stéréotypés : l'apprenti commet des violences contre le maître, acte infiniment plus grave, car supposé comporter non seulement de la rage, mais aussi une rébellion, tant sociale qu'individuelle. Benoist Bruneau, maître orfèvre dans la capitale, porte plainte auprès du lieutenant criminel contre Jean Loiseau, son apprenti, pour ses « excès, menaces, violences et voyes de fait ». Attendant jugement, Carrillon, garçon boulanger, est incarcéré pour avoir agressé la femme du maître (« dans son lit » pendant les fréquentes absences du mari pour acheter des grains). Quand Jean-Baptiste Ponchon, maître boulanger à Lyon, a dénoncé son apprenti, qui « a dit qu'il scavoit mieux son mestier que ledit Ponchon », pour l'avoir « maltraité en parolles atrosses » et en coups de poings et de pieds, le magistrat a inculpé le jeune homme pour « excez et violances commises par un Domestiques envers son

17. *Dictionnaire portatif du commerce*, Paris, J.-F. Bastien 1777, p. 481 ; *Dictionnaire Brillon*, t. 5, p. 671 ; *Statuts et privilèges du corps des marchands orfèvres*, éd. Pierre Le Roy, Paris, Chenault, 1759, p. 56, 82 ; Jean Boizard, *Traité des monnoies, de leurs circonstances et dépendances*, t. 1, Paris, Coustelier, 1714, p. 352 ; *Articles, statuts, ordonnances et règlemens des maîtres de la communauté des chapeliers de Paris*, éd. René Harenger, Paris, Veuve Lottin, 1755, p. 4, 6 ; *Statuts, ordonnances, privilèges et règlemens de la communauté des maîtres vitriers-peintres sur verre de Paris*, Paris, Gros, 1752, p. 8-9 ; *Statuts, ordonnances et règlemens de la communauté des maîtres et marchands chapeliers de Paris*, Paris, Valade, 1775. Cf. Nicole Pellegrin, « Contrats d'apprentissage en Haut-Poitou au XVIIIe siècle. Note de recherche », *Bulletin de la Société des Antiquaires de l'Ouest*, 4e trimestre (1987), p. 302-03, sur les préventions *a priori* contre les apprentis dans bien des contrats poitevins. Pas encore étudiée de près, la femme du maître peut jouer un rôle crucial dans la vie de l'apprenti et plus largement de l'atelier. R. Darnton évoque sa présence dans l'imprimerie, S. L. Kaplan dans la boulangerie, et le juriste F.-É. Mollot pour le XIXe siècle, sans documentation (« à Paris notamment, c'est elle qui dirige les apprentis »). R. Darnton, *The Great Cat Massacre* ; Steven L. Kaplan, *Le Meilleur Pain du monde. Les Boulangers de Paris au XVIIIe siècle*, Paris, Fayard, 1996 ; François-Étienne Mollot, *Le Contrat d'apprentissage, expliqué aux maîtres et aux apprentis*, Paris, J.-B. Gros, 1845, p. 54-55.

Maître ». Des accusations estimées fausses et infamantes contre des apprentis – c'est leur rengaine pour se justifier – poussent certains à la violence, furieux « d'être grondés mal-à-propos ». Mis en cause pour avoir mis trop de levain de chef au cours du pétrissage, un apprenti boulanger, déjà fier de son savoir embryonnaire, est profondément offensé et a frappé son maître qu'il juge injuste. Fustigé pour avoir mis « trop de champignons dans des tourtes », un apprenti pâtissier, également orgueilleux, cogne sa maîtresse-tourmenteuse avec un rouleau à pâte. Les crimes portés devant la police correctionnelle en 1791 sont punis plus sévèrement quand ils sont commis par un apprenti (ou un domestique : une même catégorie que la Révolution n'a pas encore supprimée) contre son maître[18].

Au XIXe siècle, mêmes présupposés sociogénétiques au sujet des apprentis, accompagnés peut-être par un comportement d'insoumission plus marqué, plus dense, en raison de l'éclatement des protocoles d'apprentissage et de l'érosion des moyens de l'encadrement. Comme des commentateurs d'antan, le juriste François-Étienne Mollot rappelle l'hypothèque de « l'étourderie naturelle » de l'apprenti « à son âge ». Refusant l'idée que la nature peut dédouaner l'apprenti transgressif, le moraliste Louis Bellet considère que même les jeunes ont des choix et demeurent responsables de leurs actes ou leur inertie : « Mais ne devons-nous pas aussi blâmer sévèrement les jeunes apprentis qui perdent tout le temps de leur apprentissage dans la paresse et l'oisiveté, qui se révoltent sans cesse contre la discipline de l'atelier, et dont la désobéissance semble être le caractère distinctif ? » Lui-même ancien apprenti, Adrien-César Egron ébauche une position nuancée entre volonté et pulsion ou instinct. Il laisse entendre que l'apprenti ne « tombe » pas dans « la paresse et l'oisiveté » : ces traits sont consubstantiels au niveau de développement normal de l'enfant/adolescent. Mais cette évolution est inégale, saccadée, entravée par la fragilité même de l'adolescent, difficile à saisir. Pas de psychologisation lénifiante pour Louis Million, commentateur juridico-législatif, qui met en relief « les actes coupables d'insubordination, dissipation, paresse, mauvaises mœurs, habitudes vicieuses ou fâcheuses de l'apprenti ». En évoquant des chefs de renvoi de l'apprenti, Julien Hayem et Jules Périn, spécialistes du contrat d'apprentissage, dressent quant

18. Pétition au lieutenant criminel de police, AN, Y 13221 ; Y 12154, 15 mars 1750 ; AM Lyon, HH 24 (dossiers Ponchon et Domizet) ; *La Misère des apprentifs imprimeurs* ; AN, Y 15353, 1er août 1752 ; loi du 22 juillet 1791, titre 2, dans *Collection complète des lois promulguées sur les décrets de l'Assemblée nationale*, t. 11, Paris, Imprimerie nationale, 1791, p. 127.

à eux une sorte de catalogue de violations sérieuses, des « faits », pas des analyses spéculatives : « inconduite habituelle » ; « indociles à ses leçons et insoumis à ses ordres » ; « mauvais caractère », mauvaise volonté et « négligences calculées » ; offenses ou insultes ou infidélités envers le maître ; « incapacité absolue » (résultant dans « l'absence de tout progrès » dans le travail au bout de six mois) ; « désertion ou absence indue ou trop prolongée »[19].

Le refus de travailler comme il faut est la forme primaire de la contestation de l'autorité. Il s'agit principalement d'enfants ayant du mal à faire la transition vers un milieu discipliné, passage d'une vie de gamin spontanément enclin à jouer au rôle contraignant d'employé-en-formation, conversion infiniment difficile à effectuer, nonobstant des consignes précises et des exemples partout, dans la famille et le voisinage. C'est là que « l'étourderie naturelle » se heurte brutalement à l'impératif social et économique. Les apprentis enfants-adolescents ont envie de jouer : comment réprimer ce simple penchant sans une forme, justement, de répression, qui ne peut que paraître excessive ? Sa propre mère admet que le petit Moriet, apprenti fabricant de bas près de Tours, « était à jouer lorsqu'elle le croyait à l'ouvrage » ; son maître le renvoie pour avoir perturbé l'atelier. De manière analogue, un maître perruquier à Nantes refuse de garder son apprenti Louis Francillon parce que « non seulement il ne fait rien, mais encore il empeche les autres apprentis de travailler ». Toujours à Nantes, ne comprenant pas le sérieux de son engagement, le fils Pirou est renvoyé par un cordier « parce que non seulement il perdait beaucoup de temps en s'amusant avec les autres apprentis, [mais] qu'il leur faisait par les mêmes raisons perdre également du temps ». À proximité, un tisserand et cotonnier met à pied, sans certificat de congé et sans rendre ses outils, l'apprenti Jubeau « qui ne travaille point comme il devait le faire ». L'accusation contre Dassfaut, apprenti épicier et boisselier à Tours, confirmée par trois témoins, est « que depuis six mois ledit apprentif étoit toujours à jouer sur la levée ou au bord de l'eau, ne point se tenir à l'ouvrage, jamais à la boutique avant 8 h 30 ». Averti par le bureau des

19. F.-É. Mollot, *Le Contrat d'apprentissage*, p. 50-51 ; B.-Louis Bellet, *Code-manuel des ouvriers, des contre-maîtres et des apprentis, leurs devoirs, leurs droits et leurs intérêts*, Paris, Martinon, 1847, p. 46 ; Adrien-César Egron, *Le Livre de l'ouvrier, ses devoirs envers la société, la famille et lui-même*, Paris, F. Mellier, 1844, p. 152, 399 ; Louis Million, *Le Contrat d'apprentissage. Commentaire de la loi du 22 février 1851*, Paris, Hennuyer, 1881, p. 34 ; Julien Hayem et Jules Périn, *Traité du contrat d'apprentissage. Commentaire de la loi de 22 février-4 mars 1851*, Paris, Marchal, Billard et Cie, 1878, p. 190-200.

prud'hommes à Tours concernant « sa mauvaise conduite » dans son atelier, Émile Cyriac, apprenti fabricant de limes, a juré d'être « plus raisonnable ». Mais au bout de plusieurs mois, il a repris ses mauvaises habitudes : « Il n'écoute personne et ne veut rien faire [...] il joue sans cesse dans l'atelier [...] dérangeant tout le monde. »

Imperceptiblement, le comportement indiscipliné innocent se mue en indocilité conséquente, aux yeux des patrons. Un maréchal au Mans accepte de reprendre un jeune apprenti, plus rêveur que réfractaire, qu'il a congédié quand celui-ci, repentant, jure devant les prud'hommes de remplir « ses devoirs ». Décrié pour « sa fainéantise et son impolitesse », un apprenti tourneur en chaises s'engage devant les prud'hommes à finir « loyalement » son temps « en travaillant de son mieux », tandis que son maître, jouant le jeu de la conciliation, promet de « lui montrer son état de manière à en faire un bon ouvrier ». Pas de conciliation pour Morteau, charron à Tours, car son apprenti, fils d'un garçon meunier, n'est pas seulement « paresseux », mais aussi, fatalement, « insubordonné ». Travaillant dans un atelier lyonnais, l'apprenti dit « P » ne tient aucunement compte des remontrances au sujet de sa désinvolture et de son effronterie : « travaillant passablement », il considère que son maître n'a pas à s'inquiéter d'autre chose. Condamné à trois jours de prison, P change rapidement d'attitude et « promet de ne plus donner des sujets de plainte » s'il est autorisé à retourner chez son maître, qui, bouleversé lui aussi, « implore la grâce de son élève »[20].

D'un mal-travailler généralement peu méchant, on passe à une catégorie de « mauvaise conduite » parfois malveillante et souvent gênante. Un apprenti imprimeur nantais « se mal conduit [...] fait de grandes fautes, surtout en ne corrigeant jamais des épreuves », gâchant le travail et abîmant la réputation de son maître. « S'étant mal conduit », apparemment en détériorant une partie de la production, un apprenti pâtissier, également de la Loire-Atlantique, est renvoyé. Une couturière tourangelle met son apprentie à la porte pour « manquements

20. Prud'hommes : AD Indre-et-Loire, 5 U 14, 8 novembre 1827 ; AD Loire-Atlantique, 5 U 1 45, 3 décembre 1857, 5 U 1 42, 8 décembre 1841 et 5 U 1 45, 3 décembre 1857 ; AD Indre-et-Loire, 5 U 14, 10 février 1825 et 5 U 18, 12 mai 1889 ; AD Sarthe, 778 W 4, 22 octobre 1875, et 778 W 2, 25 septembre 1867 ; AD Indre-et-Loire, 5 U 17, 10 novembre 1842 ; *L'Écho de la Fabrique* (1er mai 1845). Cf. le cas du marchand chapelier de Tours, Guirard, qui refuse de reprendre le fils Daguin pour compléter son terme de cinq ans, en raison du manque de volonté d'apprendre de l'apprenti. Chez les prud'hommes, le contrat est résilié, décision qui reçoit son écho symbolique dans « la déchirure » publique « des deux doubles de l'acte d'apprentissage ». AD Indre-et-Loire, 5 U 12, 28 août 1818.

graves » : après neuf mois de formation, la jeune personne sait faire, mais ne veut pas. La patronne demande un dédommagement, car elle comptait sur les quinze mois restant dans le contrat pour « faire des profits » après avoir investi du temps et de l'argent dans l'apprentie. Un horloger du Mans dénonce son apprenti amèrement car « il ne remplit pas ses obligations comme apprenti en ne travaillant pas la moitié du temps à l'atelier de son maître qui cependant le nourrit tous les jours suivant les conditions du contrat ». Louis Largellier, apprenti plâtrier à Tours, prétend « qu'il ne demande pas mieux que de finir le tems de son apprentissage », mais son maître ne lui apprend pas « tout ce qui concerne l'état de plâtrier », ne lui « faisant faire toujours que les mêmes choses qu'il sçavait en entrant chez lui ». Esquivant cette critique, le maître se présente comme un bon patron agressé par un apprenti violent et désobéissant. Trois témoins corroborent cette version : « Ils se culbutaient et s'injuriaient », rapporte l'un ; l'apprenti a « tenu des mauvais propos » et osait « tutoyer » son maître, selon un autre. Le maître d'une apprentie tapissière aux environs de Tours lui a fait subir « une légère correction » pour « s'être mal comportée » et avoir semé « le trouble » dans l'atelier. Sa mère l'a retirée sur-le-champ et les prud'hommes ont poussé le maître à lui accorder son congé pour aller travailler ailleurs[21].

Maître après maître, tous soutiennent que la « docilité » est la condition *sine qua non* d'un apprentissage réussi, de part et d'autre. Silvain Brivot, bonnetier à Tours, casse un accord pour une formation d'un an et demi au bout de cinq mois parce que son apprenti « ne voulait pas écouter son maître d'apprentissage », parce qu'il lui manquait « la docilité » requise pour apprendre et produire. S'engageant par convention orale à montrer au fils d'un maçon « son métier de coiffeur et à le nourrir pendant deux ans », Armand Liebert, le maître, le chasse définitivement après de multiples affrontements sur son sérieux et plusieurs fugues, malgré les exhortations et promesses du père, sur un ton doloriste et contrit chaque fois : « Il veillera sur sa conduite, le forcera à obéir à son maître, il emploiera tous les moyens pour cela. » Elie Lenée, apprenti corroyer à Nantes, ne parvient pas à persuader son maître de le reprendre après être sorti de prison où il a purgé une peine pour avoir rudement battu un ouvrier dans son

21. Prud'hommes : AD Loire-Atlantique, 5 U 1 43, 22 octobre 1849 et 5 U 1 45, 13 mars 1862 ; AD Indre-et-Loire, 5 U 14, 20 septembre 1825 ; AD Sarthe, 778 W 1, 7 octobre 1863 ; AD Indre-et-Loire, 5 U 14, 8 novembre 1827 et 27 août 1827.

atelier ; le patron le repousse moins pour cet incident violent que pour son indolence et son indiscipline. Un maître cordier au Mans se débarrasse d'un apprenti, par ailleurs « très malhonnête », principalement parce qu'il « n'écoute aucune observation ». Un chef d'atelier des tissus à Lyon est « fatigué de la mauvaise conduite de son apprenti », particulièrement de son inclination pour « de mauvaises compagnies et maisons de débauche ». Théâtralisée, l'indiscipline d'une apprentie lyonnaise esquisse le monde à l'envers. Fille de propriétaires dans la commune, la demoiselle Sablier « agissait de façon à dominer sa maîtresse [...] par une espèce d'intimidation » sociale. Parfois la désobéissance est réfléchie et intéressée. Goualt, apprenti serrurier, d'après son maître, « veut se faire renvoyer pour rompre son apprentissage [et aller travailler ailleurs], il ne veut faire que ce qui lui convient, et s'absente habituellement deux ou trois jours par semaine »[22].

Les mots et les choses sont tous les deux marqueurs d'indocilité insupportable pour des maîtres. François Nicoleau, bijoutier, refuse de garder son apprenti Riffault à cause du « ton impertinent » avec lequel le jeune s'adresse à lui tous les jours ; son « ironie » l'excède. Ferdinand Ornant, apprenti corroyeur à Tours, n'accepte pas l'idée de la soumission nécessaire. Son maître l'accuse d'un comportement rebelle, notamment « en jurant lorsqu'il lui fait des représentations sur sa conduite et son travail ». La jeune riposte « qu'il ne répond à son maître que quand il le pousse à bout ». À quoi le maître rétorque : « Il le pousse le plus qu'il a pu pour le rendre ouvrier. » « L'insolence extraordinaire », « l'inconduitte notoire » de son apprenti mènent un maître ferblantier tourangeau à croire que le jeune ne s'intéresse plus au métier. Dieudonné Billard, négociant à Tours, abandonne les 1 000 francs qu'il devait toucher pour former Raimond Chevalier, car celui-ci « se comportait de la manière la plus indécente » : « il ne voulait faire que les ouvrages qui lui faisaient plaisir » et « il ne voulait faire et remplir les devoirs d'un apprenti ». Selon le bureau des prud'hommes, « le maître a [le] droit de renvoyer un apprentif qui ne veut pas lui obéir », pourvu que les preuves soient convaincantes. Un marbrier et un tonnelier, tous deux de Tours, dénoncent des apprentis pour avoir tenu des « propos insolents », « injurieux » et « indécents » à leurs épouses. L'ultime insoumission pour certains maîtres s'incarne

22. Prud'hommes : AD Indre-et-Loire, 5 U 14, 27 décembre 1827 ; AD Indre-et-Loire, 5 U 18, 8 septembre 1880 ; AD Loire-Atlantique, 5 U 1 42, 28 juin 1844 ; AD Sarthe, 778 W 2, 19 décembre 1866 ; *L'Écho de la Fabrique* (31 juillet 1843 et 1er mai 1845) ; AD Sarthe, 778 W 2, 19 décembre 1866, 778 W 1, 8 août 1866.

dans des vols et « d'autres infidélités réitérées » dont se plaignent un menuisier à Tours et un sabotier nantais[23].

Quelles sont les implications macrosociales de cette ribambelle d'écarts de conduite plus ou moins graves, censés aller en croissant au cours du XIXe siècle ? Si ce comportement paraît impressionnant, il est globalement marginal, en quelque sorte le coût de fonctionnement normal de ce système mixte, voire ambigu, de transmission et d'exploitation parfois abusive. Il correspond à « l'esprit d'insubordination » dont on se plaint sans cesse pendant la deuxième moitié du XVIIIe siècle, crainte franchement politique, visant davantage les compagnons que les apprentis, souvent indifférenciables aux yeux de la police. Son analogue du XIXe siècle, « l'esprit de mutinerie », incarné autant par des départs non-autorisés que par l'indiscipline et/ou l'impertinence, ne semble pas avoir chamboulé l'activité économique non plus. La prétention et la désobéissance des apprentis, notamment les plus mûrs, annoncent-elles une prise de conscience éventuellement mobilisatrice ? Représentent-elles « les signes de conscience impatiente » ? Il faudra beaucoup de recherches pour pouvoir confirmer (ou infirmer) cette hypothèse. À côté d'une certaine politisation, peut-on déceler, à travers les multiples activités associées avec des « apaches », une criminalisation grandissante des apprentis ? La réponse semble être non, mais dans ce domaine également on doit creuser davantage[24].

23. Prud'hommes : AD Loire-Atlantique, 5 U 1 43, 4 septembre 1850 ; AD Indre-et-Loire, 5 U 12, 8 août 1821, 12 juillet 1820, 11 décembre 1821, 2 juin 1821, 17 septembre 1819 et 28 août 1819 ; AD Loire-Atlantique, 5 U 1 45, 19 mai 1858. Voir le cas de Rosalie Besnardeau, modiste au Mans, qui se heurte à une succession d'apprenties, qu'elle mène ordinairement quasiment à la fin de leur terme. Pour obtenir une prime de temps ou d'argent, et contrer les arguments des parents, elle déploie un répertoire d'accusations qu'elle sort pour discréditer les apprenties, telles « inexactitude », « indocilité », « désobéissance ». Voir AD Sarthe, 778 W 8, 24 mai 1882.

24. Voir Michelle Perrot, « La Jeunesse ouvrière : de l'atelier à l'usine », dans Giovanni Lévi et Jean-Claude Schmitt (dir.), *Histoire des jeunes en Occident. L'époque contemporaine*, t. 2, Paris, Seuil, 1996, p. 111 ; Lenard R. Berlanstein : « Growing up as Workers in Nineteenth-Century Paris: The Case of the Orphans of the Prince Imperial », *French Historical Studies*, t. 11 (Automne 1980), et « Vagabonds, Beggars and Thieves in Mid-Nineteenth-Century Paris », *Journal of Social History*, t. 12 (Été 1979), p. 540, 542, 544-548. Sur la soi-disant criminalité des apprentis au XXe siècle, voir P. Dufour et H. Bernard, *La Nouvelle Économie corporative d'apprentissage*, Paris, Sirey, 1913, p. 21. Sur l'insubordination comme leitmotiv du discours politique et policier du XVIIIe siècle, voir Steven L. Kaplan, « Réflexions sur la police du monde du travail, 1700-1815 », *Revue Historique*, n° 529 (janvier-mars 1979), p. 17-78. M. Perrot voit la montée de l'aliénation dans l'atelier avec la même impatience téléologique que certains magistrats et observateurs du temps de Louis XVI. Le regard de L. Berlanstein est marqué par une distinction étroitement binaire et un peu facile entre les bons apprentis, avantagés (origines sociales plus solides, niveau d'instruction plus élevé, meilleure prise en charge par le maître, notamment logement chez lui), et les mauvais (ou malheureux), désavantagés (plus pauvres, plus négligés, plus marginaux).

L'APPRENTI-FUGITIF DE L'ANCIEN RÉGIME

Une dernière obligation contractuelle pèse sur l'apprenti : il lui est défendu de « s'absenter ny aller travailler ailleurs durant led tems ». Depuis l'Ancien Régime jusqu'à la Grande Guerre, les patrons, surtout les petits et moyens, les plus vulnérables à la désorganisation provoquée par une perte soudaine de personnel, sont tourmentés par ce que certains n'hésitent pas à appeler la désertion, transgression autant morale et sociale qu'économique. Les acteurs eux-mêmes, du XVIIe jusqu'au début du XXe siècle, n'ont pas admis ce que nous savons aujourd'hui comme une évidence : que l'apprentissage est une phase hautement instable dans le cycle de vie, qu'il se laisse interrompre et reprendre, qu'il se métamorphose en cours de route (par diverses formes de transport ou de transfert, des apprentis finissent par avoir vécu sous l'égide de plusieurs maîtres[25]) et qu'il peut se terminer avant la fin de son terme légal. Aux yeux de bien des commentateurs au XVIIIe et au XIXe siècles, le départ précoce (donc, illégitime) est le grand problème de l'apprentissage du point de vue des maîtres. Comment protéger (éventuellement garantir son indemnisation) le maître qui investit (en principe) lourdement par son temps, son savoir et son énergie dans la formation pendant les premières années (et, dans le cas assez commun de l'apprentissage non-payant, par les frais d'entretien de l'enfant/adolescent.e), s'il n'est pas sûr de pouvoir profiter de la compétence et de l'expérience accumulées, et donc de la productivité accrue de l'apprenti.e vers la fin de son terme ?

Le contrat, écrit et lapidaire, avec certaines clauses ciblant le respect des obligations, est le premier instrument de la mise en application. Une des principales justifications rationnelles et pragmatiques pour le maintien en vie, sinon l'existence même, des corporations est censée être leur capacité institutionnelle à assurer la réalisation effective des contrats d'apprentissage, en privant les contrevenants – apprenti.e.s fugitif.ve.s devenu.e.s hors-la-loi du monde officiel du travail – de la

---

25. Comme nous l'avons déjà indiqué et aurons l'occasion de le répéter, un nombre important d'apprentis connaissent plusieurs maîtres dans leur trajectoire. En 1860, un maître menuisier est plutôt content que son apprenti « a[it] déjà reçu quelques enseignements chez un premier patron ». Quinze ans plus tard, selon un maître serrurier, vexé et donc pas forcément un témoin fiable, l'apprenti qui vient de le quitter a eu « 5 ou 6 maîtres d'apprentissage » dans un parcours pétri de tensions. Archives de Paris (désormais AP), D1U10 14, 3 décembre 1860 et 2 octobre 1865, D1U10 16.

possibilité de fonctionner normalement, de progresser (en accédant, par exemple, à la maîtrise), voire de trouver tout simplement de l'ouvrage (hypothèse qui ne prend pas en compte les perspectives dans le trépidant et massif univers des ouvriers sans-qualité).

Dans 92 % des contrats parisiens constituant notre échantillon initial, le présentateur-caution de l'apprenti est contraint en principe de rechercher l'apprenti évadé et de le ramener chez son maître, pour « y achever le tems qui restera à expirer ». Dans bien des contrats, l'apprenti « consent » d'avance à être ramené à la boutique, et les cautions pour la famille acceptent d'acquitter une sanction pécuniaire, une clause spéciale ciblant le fugitif. François Dubois, manœuvrier à Beauvais, s'engage à payer le maître pâtissier chez lequel son fils est en apprentissage 100 livres s'il s'en va par « dégoût pour son métier », « libertinage », ou « d'autres causes ». C'est la formule de convenance – sorte de frappe discursive préventive – qui revient dans bien des traités, mettant la faute totalement du côté de l'apprenti, dédouanant le maître de toute responsabilité provenant de la violence symbolique ou physique, ou autre abus, ou de la formation déficiente. Autre coupable, moins fréquemment invoqué : le père manipulateur, qui retire son enfant sans « raison légitime ». Le Sueur, maître graveur, touche un dédommagement de 200 livres en pareille circonstance. Un menuisier de province jure de verser la somme de 150 livres au maître de son fils, apprenti menuisier ; un autre maître menuisier exige 200. Drouard, bourgeois de Paris, promet à Charny, maître perruquier, une réparation de 10 livres par mois pour chacun des trente-six mois d'apprentissage que son fils manque d'achever. Pour d'autres perruquiers, le taux est de 60 à 200 livres. Si banale est la désertion qu'un autre perruquier demande simplement « l'indemnité d'usage » en cas de départ inopiné de l'apprenti.e. Chez certains cordonniers, la partie de l'apprenti promet de « récompenser » le maître pour l'absence de l'enfant, sans préciser la somme ; chez d'autres, l'allocation varie de 60 à 100 livres. Soulignant la valorisation croissante qu'il attache au travail de l'apprenti au cours de son engagement, un peintre impose un tarif gradué : compensation de 100 livres pour une fuite en première année ; 200 en deuxième année, puis 300, enfin 400. Les potiers d'étain demandent souvent des pénalités de 200, les éventaillistes de 150 à 300, des doreurs de 100 à 300, des pâtissiers de 60 à 150.

Dans un traité compliqué, mettant un garçon de dix ans en apprentissage chez un fabricant de bas au métier pendant dix ans, le maître impose une pénalité fugitive de 100 livres par an pour chacune des cinq dernières années. Un maître tonnelier refuse d'engager un apprenti, majeur mais orphelin, s'il ne parvient pas à obtenir une caution « de bourgeois ». Une partie importante des promesses de réparation s'appuie sur des hypothèques de biens proposés comme garantie. Plus surprenant est un maître serrurier qui accepte de compter sur la simple parole du frère de son apprenti, garçon tailleur, de verser 150 livres en cas de départ. Bien des traités fixent d'abord une punition en nature pour les fugitifs : chez les merciers, les imprimeurs-libraires et les imprimeurs en taille douce, on exige communément que l'apprenti travaille le double du temps qu'il a passé hors de la boutique, châtiment qui suppose que l'on ramène le jeune à l'atelier, ou qu'il revienne, plus ou moins contrit, de son propre mouvement.

Quelques contrats manifestent une notion de réciprocité de réparation peu commune, mais qui se pratique sans doute ailleurs. En cas de désertion de son apprenti de quinze ans pendant la dernière moitié de son engagement de trois ans, un maître perruquier demande à son père 12 livres de pénalité par mois et promet de payer la même somme, même cadence, s'il renvoie l'adolescent prématurément et sans justification (la fameuse « sans cause légitime », condition sujette à des exégèses contradictoires). Un maître doreur touchera 300 livres si son apprenti s'en va, mais il versera à la famille la même somme s'il le limoge « sans cause suffisante », formule susceptible de nourrir un bon procès. Cette même idée d'équilibre et de justesse/justice se retrouve, en 1770, chez un orfèvre, dans un contrat passé à Langres (aujourd'hui Haute-Marne) : si « l'aprantif » Guillaume s'en va avant le terme « soit par mauvaise humeur, caprice ou autrement et sans sujet », son père promet de payer au maître 200 livres ; si ce dernier, le Sieur Sabatier, « vienne à maltraiter ledit apprantif ou ne lui montre pas son État et le mette hors par caprice ou autrement, il payera pareillement audit Guillaume père pareille somme de 200 livres »[26].

26. AN, MC : X-497, 17 août, 27 septembre, 3 mai 1751 ; LXVI-487, 23 avril 1751 ; LXV-312, 22 décembre 1751 ; XXXIV-581, 12 octobre 1750 ; XLV-485, 24 novembre 1750 ; CI-449, 25 novembre 1751 ; XXX-320, 7 février 1751 ; CXVII-812, 15 mars 1759 ; I-452, 13 août 1751 ; LVIII-563, 15 avril 1783 ; V-459, 19 avril 1751 ; C-603, 2 mars 1751 ; XCV-208, 29 avril 1751 ; LXXIII-767, 10 août 1761 ; XC-408, 22 octobre 1761 ; XXXVIII-209, 19 janvier 1721 ; X-546, 18 août 1761 ; XXXVIII-361, 21 septembre 1747 ; XXVIII-222, 7 mai 1728 ; X-541, 8 juin 1760 ; X-529, 5 avril 1758 ; X-545, 7 juin 1761 (trois dossiers) ; X-527, 12 décembre 1757 ; X-551, 12 septembre 1762 ; X-522, 10 octobre 1756 ; X-623, 21 décembre 1770 ; XV-637, 10 octobre 1744 ; X-529, 3 mars 1758 ; X-529, 30 avril 1758 ; XXXVIII-246, 11 janvier 1730 ; X-560, 3 février 1764 ; XXXIII-508, 11 mai 1751 ; XXXVIII-388, 29 avril 1751 ; XXXV-668, 25 octobre 1751 ; XXXVIII-223, 26 novembre 1723 ; X-622, 28 décembre 1770 ; XXXIII-508, 19 janvier 1751 ; XLIX-689, 20 mars et 22 juin 1751 ; XXXVIII-207, 13 octobre 1720 ; I-452, 13 août 1751 ; André Garnier,

Comme le maître mercier qui demande à la police d'intervenir la veille de Noël 1732 pour l'aider à ramener son apprenti parti précipitamment, ses confrères, dans toutes les communautés, se plaignent que leurs apprentis fuient typiquement « sans aucune raison… par libertinage ». (Dans le monde post-corporatif où l'apprentissage est sujet à des forces du marché capables de l'emporter sur le contrat, quand un maître n'est pas en mesure de « donner du travail » à l'apprenti – en l'absence du système corporatif de « transport » qui permettait à la communauté de placer l'apprenti-« chômeur » chez un maître plus actif –, le départ « faute de travail » est pratiquement légitime.) Des apprentis.e.s s'en vont parce qu'ils/elles « n'ont pas la santé » pour l'atelier ; parce qu'ils éprouvent « un dégoût pour le métier » ; parce qu'ils vont s'engager « au service du roi » comme soldats ou au service de Dieu comme religieux ; assez fréquemment parce qu'ils trouvent l'opportunité d'occuper sur-le-champ une place plus profitable (en l'occurrence deux apprentis fabricants en étoffe de soie ayant achevé trois et quatre années respectivement de contrats de cinq ans). Il est pourtant clair que la raison principale d'un départ prématuré se trouve dans « les mauvais traitements » – traitements autorisés par le contrat selon le maître, traitements contrevenant à ses dispositions selon l'apprenti. Ce que le maître considère comme « la bonne discipline », l'apprenti le ressent comme de « l'esclavage », pour reprendre la formule de Martin Collant, placé par son père à l'âge de dix ans chez Tranchefilard, un maître relieur, dans un texte-pamphlet relatant les affres de l'apprentissage. En général, un apprenti se résigne à porter « le collier de misère » pendant un certain temps. Il veut bien, suivant l'injonction de Tranchefilard, « être laborieux, docile, affable, honnête, et point contentieux ». Mais pour certains apprentis, notamment les moins jeunes, il y a un seuil de tolérance au-dessus duquel ils refusent de jouer, ou plutôt de se laisser avoir. Nous traiterons plus loin la question des abus sur le lieu de travail et des mauvais traitements[27].

« La Fondation Charmolue et autres fondations charitables pour la mise en apprentissage des orphelins et des enfants pauvres. Le Contrat d'apprentissage », *Bulletin de la Société historique et archéologique de Langres*, n° 159 (1955), p. 49. Au Québec, la désertion de l'apprenti était assez commune. J.-P. Hardy et D.-T. Ruddel, *Les Apprentis artisans à Québec*, p. 77. Les clauses de pénalité pour fuite se retrouvent dans des contrats à Utrecht. Ruben Schalk, « Apprenticeship with and without Guilds: The Northern Netherlands », dans Patrick Wallis et Maarten Prak (dir.), *Apprenticeship in Early Modern Europe*, Cambridge, Cambridge University Press, 2020, p. 205.

27. Arch. Bastille, Arsenal, 11178, 24 décembre 1732 ; AD Sarthe, 778 W 2, 19 décembre 1866 ; AD Indre-et-Loire, 5 U 17, 20 janvier 1841 ; AM Lyon : HH 244, 17 décembre 1752 ; HH 241, 8 mai 1748, 19 juin 1748, 3 décembre 1748, 7 mai 1749 ; HH 215, 3 mai 1672 ;

D'un point de vue corporatif, la sanction la plus sévère contre l'apprenti parti est l'annulation de son brevet : sa carrière est cassée. Les vinaigriers sont particulièrement péremptoires : au bout de huit jours d'absence, la communauté « casse et annulle son brevet sans pouvoir espérer d'être reçu d'un autre maître ». Les boulangers vont également vite en besogne : le maître est obligé de dénoncer une fuite aux jurés, qui révoquent le brevet dès qu'ils confirment le départ. Les coffretiers, les rôtisseurs et les pâtissiers tolèrent les absences d'un mois, six semaines et trois mois respectivement avant de prononcer l'invalidation. Jusqu'à la fin du XVIIe siècle, nombre de communautés laissaient couler toute une année avant d'excommunier l'apprenti en fuite. Le but était d'inciter le maître, qui ne pouvait le remplacer qu'après annulation formelle du contrat, à le rechercher, ou de décourager le maître, mécontent de son apprenti, de provoquer sa désertion. Nul en principe ne devait recueillir un apprenti fugitif ; on ne trouve de contravention que dans les très grandes communautés, où un apprenti en fuite avait une chance de passer inaperçu[28].

À Lyon, les archives du consulat, dans ses fonctions comme tribunal, regorgent de départs prématurés. Ils se ressemblent, mais ils ne sont pas exactement pareils. Il y a des absences prolongées ou « continuelles », qui sont généralement sanctionnées par la radiation des registres d'apprentissages (acte équivalent à l'invalidation d'un brevet d'apprentissage ailleurs). Il existe aussi des absences courtes, débouchant sur une sommation de rentrer au bercail, sous menace d'exclusion. Certains apprentis parviennent à faire accepter leur départ comme légitime ou leurs absences comme justifiées. La clause de pénalité pour le fugitif ne paraît pas avoir été couramment pratiquée dans les contrats lyonnais. Un maître confiseur, en avril 1749, tente vainement de retrouver le prix d'apprentissage de 200 livres, plus des frais d'entretien, qui ont disparu avec le départ de son apprenti, cause ensuite reprise par sa veuve.

HH 241, 7 février et 30 avril 1748 ; *La Misère des apprentifs relieurs*, BnF, ms. fr. 22118, fols. 6-12 ; *La Misère des apprentifs imprimeurs, vers burlesques*, Paris, 1710. Voir aussi Henri Hauser, *Ouvriers du temps passé, XVe-XVIe siècles*, Paris, Félix Alcan, 1909, p. 38.

28. *Almanach des corps des marchands et des communautés* (1758), p. 291 ; *Tableau universel et raisonné* (1760), p. 212 ; AN, Y 15373, 30 mars 1773 ; Y 9433, 25 avril 1732 ; R. de Lespinasse, *Les Métiers et corporations*, t. 1, p. 359, 516 ; P. Macquer et P. Jaubert, *Dictionnaire raisonné universel*, t. 3, 1793, p. 382 ; A. Franklin, *Dictionnaire historique*, p. 27-29. Cf. les longues absences tolérées à Poitiers, Prosper Boissonnade, *Essai sur l'organisation du travail en Poitou depuis le XIe siècle jusqu'à la Révolution*, t. 2, Paris, H. Champion, 1900, p. 41, 51. Un double système d'enregistrement corporatif et municipal facilitait la recherche des apprentis-fugitifs en Angleterre, Olive Jocelyn Dunlop, *English Apprenticeship and Child Labour: A History*, New York, Macmillan, 1912, p. 85.

Le consulat peut prélever des droits dus par l'apprenti ou imposer des dommages-intérêts, habituellement modestes (mais notons l'affaire du 6 décembre 1781 où un maître fabricant en bas de soie demande 150 livres), rien à voir avec les sanctions contractuelles parisiennes (qui ne doivent pas être faciles à recouvrer) ou certaines pénalités prononcées par les prud'hommes, également de récupération souvent compliquée. Au mois de mars 1748, par exemple, 7 apprentis, fabricants en étoffes de soie ou passementiers, se trouvent rayés des listes, et encore 6 en avril 1749. Parmi les 4 radiés du mois de février 1748, la Veuve Barriat obtient six semaines de répit, le temps d'inciter son fils, apprenti dans la soie, à revenir à son atelier et échapper à l'exclusion ; parmi les 6 cas au mois de mai, un apprenti dans la soie obtient trois semaines pour repentir, tandis qu'un apprenti coffretier, parti à l'armée peu de temps avant la fin de son apprentissage et radié, est réhabilité et « transporté » à un nouveau maître pour quelques mois, la sévérité étant de rigueur. Pendant les années 1670, les départs précoces semblent fort nombreux ; ils reçoivent à peu près le même traitement que ces affaires au siècle suivant. Il se peut que l'on tolère des absences plus longues : il n'est pas rare de repérer des cas comme celui de Ventreux, dit La Fortune, qui n'est rayé des registres des maîtres vitriers qu'au bout de plus d'un an. On décèle également un apprenti fabricant de bas de soie et un autre dans les étoffes de soie, les deux absents dix mois (paresse officielle ou pari sur leur retour ?). Parce qu'il a vraiment envie de récupérer son apprenti, Magdinier, maître fustainier, prie le consulat de lui accorder un mois avant radiation. Certains maîtres ouvriers en soie montrent la même souplesse. Pourtant, chez les charpentiers, on raye des fugitifs au bout de quinze jours. Tant que la fuite demeure litigieuse – non résolue –, le maître se trouve privé d'aide à l'atelier et il lui est interdit d'accueillir un.e nouvel.le apprenti.e jusqu'à ce que la cour énonce la radiation. D'où l'impatience de bien des maîtres, constituant un véritable lobby corporatif[29].

Si le maître se lamente constamment de la fuite illicite de son apprenti, notons que quelquefois il la provoque, particulièrement

29. AM Lyon : HH 241, 7 février, 3, 5, 23 mars, 30 avril, 8 mai, 14, 29 mai, 8, 19 juin, 4 septembre, 11 octobre, 4, 12 décembre 1748, 4, 30 janvier, 11, 27 février, 27 mars, 17, 24, 29 avril, 7 mai 1749 ; H 244, 17 décembre 1752, 1er, 31 janvier 1753 ; HH 267, 31 mai, 6 décembre 1781 ; HH 244, 17 août, 5, 6 septembre, 6, 20 octobre 1752 ; HH 214, 10 juin, 26 septembre 1670, 1er juillet, 2 septembre 1671 ; HH 215, 13, 19 juillet 1673, 7 décembre 1672, 19 novembre 1674. Quatre-vingts ans plus tard, des maîtres partagent cette même impatience de s'octroyer un nouvel apprenti. HH 244, 31 janvier 1753.

quand il veut se débarrasser d'un élément qu'il juge médiocre, ou pire (imperméabilité à l'enseignement, immaturité, maladresse technique, dégâts des matières premières), et/ou qu'il entrevoit la possibilité de recruter en remplacement un apprenti chaleureusement recommandé pour ses qualités physiques et mentales. Dans une assemblée des anciens du corps parisien de l'orfèvrerie le 13 février 1626, les gardes relatent que ces maîtres opportunistes « trouv[a]nt des Apprentifs dont ils pouvoient tirer des conditions plus avantageuses à leurs intérêts que celles qu'ils avoient eues de leurs propres Apprentifs, se dégoûtoient de ceux-ci ; qu'ils en usoient durement avec eux, & que même ils les maltraitoient de fait, pour les porter à sortir de chez eux, afin qu'eux-mêmes pûssent remettre leurs Brevets au Bureau, & se voir par-là en état de prendre les autres ». Pour « corriger » cet égoïsme hostile aux valeurs corporatives, l'assemblée décide que tout maître dont l'apprenti se sera retiré avant la fin de son temps pour quelque raison que ce soit « n'en pourra prendre un autre qu'après une année révolue depuis la sortie du premier ». L'administration royale intervient pour dénoncer, puis empêcher le renvoi injustifié – le populisme paternaliste – dans la teinturerie normande et la draperie dauphinoise. Le consulat de Lyon refuse toute demande de dédommagement aux maîtres licenciant sans explication. La plupart des communautés mettent sévèrement en garde contre le congédiement sans justification, promettant d'organiser un « transport » de tout apprenti « mis hors de sa maison [...] sans cause légitime » chez un autre maître plus accueillant. Plus tard, les prud'hommes s'avèrent fréquemment lénifiants à l'égard des patrons péremptoires. Malgré tout, ceux de Paris sont bien sensibles au père qui raconte la peine de sa fille, apprentie peintresse sur cadre, renvoyée sans explication : mortifiée, elle a fugué pendant des semaines, « n'osant pas révéler cette disgrâce » à sa famille. Le patron, ajoute-t-il, de « caractère brusque et emporté », avait « souvent malmené sa fille ». À un autre maître, fabricant maroquinier qui a congédié un apprenti à la suite d'un accident d'atelier prétendument occasionné par ses « taquinneries », le tribunal reproche son « manque de surveillance sérieuse ». Les prud'hommes lyonnais porteront un regard plus favorable sur les maîtres cherchant à révoquer des apprentis considérés comme incompétents[30].

30. Nicolas Delamare, *Traité de la police*, t. 2, Paris, P. Cot, 1710, p. 1109 ; *Reglement pour la jurisdiction des procez et differents concernant les manufactures* [vérifié en parlement le 13 août 1669], Tours, P. Masson, 1707, p. 30, 55 ; *Statuts, ordonnances et reglemens concernant la manufacture de draps dans toutes les villes du royaume*, Paris, C. Saugrain,

Rajoutons une pratique déloyale menant au départ prématuré d'un apprenti retrouvée tant aux XVIIe et XVIIIe siècles qu'au XIXe. Pendant l'Ancien Régime, le maître s'engage, non seulement à l'égard de l'apprenti.e et de sa famille, mais sur certains points envers sa communauté et ses confrères. Par exemple, il ne peut en aucun cas chercher à débaucher un apprenti inscrit chez un autre maître, acte de perfidie sur le plan commercial et geste de trahison sur le plan moral. Quasiment toutes les communautés interdisent expressément aux maîtres de détourner l'apprenti régulièrement enregistré chez un autre. Elles se soucient vivement de ces écarts de conduite, dénoncés comme « détestables », car ils sapent la fiction d'harmonie nécessaire pour la cohésion institutionnelle et la pratique du respect mutuel élémentaire, sinon de l'esprit de corps (tant vanté par les uns, tant conspué par les autres), indispensable pour le bon fonctionnement de l'économie et du marché. La victime d'un débauchage porte plainte auprès des dirigeants corporatifs. S'ils ne parviennent pas à contraindre le maître braconnier à « rendre » l'apprenti, le maître spolié, appuyé sur les jurés, se tourne vers la justice, à Paris, vers la chambre du procureur du roi au Châtelet, qui inflige une amende pouvant aller jusqu'à 50 livres, payable immédiatement, et faute d'acquiescement, une peine de prison[31].

Les prud'hommes prennent le relais au XIXe siècle, où le débauchage peut paraître désormais toléré, sinon encouragé par l'idéologie dominante. Jean Doguet, fabricant de toiles à Mamers, poursuit son confrère Pouman qui lui a pris son apprenti, et il obtient en conciliation 128 francs en dommages, mais pas le retour du jeune homme. Un menuisier au Mans en veut à un confrère qui séduit son apprenti avec un salaire plus attrayant. Ces affaires peuvent se compliquer : un autre menuisier manceau fustige un confrère pour lui avoir enlevé un apprenti pour la deuxième fois en six mois. L'accusé, Gignon, prétend qu'il ne savait pas que le jeune était toujours en apprentissage,

1701, p. 14, 77 ; *Recueil des édits, déclarations, lettres patentes, arrêts et règlemens du Roy registrés en la Cour du Parlement de Normandie, depuis l'année 1726, jusqu'en 1740*, p. 536 (15 janvier 1737) ; *Lettres patentes du roi portant reglement pour les manufactures des étoffes qui se fabriquent en Dauphiné*, Grenoble, A. Giroud, 1752, p. 45 ; AM Lyon, HH 267, 1er mars 1781 ; *Statuts et privilèges du corps des marchands orfèvres*, p. 56 ; AP, D1U10 16, 24 juillet 1865 et D1U10 403, 27 avril 1876 ; *L'Écho de la Fabrique* (30 septembre 1841 et 31 mai 1845).

31. *Recueil des reglemens généraux et particuliers concernant les manufactures et fabriques du royaume*, t. 1, p. 295, t. 2, p. 473, t. 4, p. 256 ; Nicolas Toussaint Lemoyne Des Essarts, *Dictionnaire universel de police*, t. 3, Paris, Moutard, 1786-90, p. 463.

et il autorise son retour à son premier maître. Cependant, la mère de l'apprenti s'oppose à cette réintégration en raison du manque de transmission du savoir et d'ouvrage dans cet atelier. Belloin, plâtrier à Tours, affirme qu'il « ignorait que [Pierre Fleury] fut apprantif » et, plus surprenant, que « dans l'état de platrier la loi pour les livrets et congés d'acquits n'est pas suivie », une conception rappelant le poids de l'usage et l'absence d'une loi « nationale » et homogène sous l'Ancien Régime, et risquant d'engendrer une périlleuse fluidité dans le marché du travail. Les prud'hommes le condamnent à une réparation de 25 francs. Moreau, épicier tourangeau, soutient qu'il a reçu le jeune Théodore Sausse, apprenti chandelier, chez lui seulement comme « ami » de la famille ; que ce dernier « s'y est amusé quelque fois à travailler, mais sans avoir aucun marché avec lui ». La conciliation échoue, et le dossier semble s'éteindre. Un maître lyonnais profite d'un angle mort dans le regard des prud'hommes lyonnais, intentionnel ou involontaire, qui interdisent à un apprenti déserteur de se faire embaucher comme apprenti ailleurs. Il prétend l'engager comme « ouvrier », sans indiquer si ce dernier peut présenter un livret en bon ordre[32].

ENDIGUER LES DÉPARTS PRÉCOCES AU XIXe SIÈCLE

Au XIXe siècle, si les communautés ne sont plus, le contrat demeure le pivot du rapport maître-apprenti. La prévalence de la convention verbale dilue la force contractuelle, mais les prud'hommes, qui occupent symboliquement la place institutionnelle des corporations, malgré leur caractère et vocation fondamentalement différents, souscrivent à l'idée, étant donné l'importance cruciale du respect de la durée du traité, que tout contrat d'apprentissage prend nécessairement en compte le risque d'un départ prématuré et brusque. Ce souci se traduit concrètement ou tacitement par des incitations et des sanctions visant l'achèvement de l'apprentissage. Quand il n'y a pas de clauses chiffrées prévoyant l'exécution du temps, les prud'hommes n'hésitent pas à s'appuyer sur les us et coutumes locaux, sur les précédents ou sur une notion à la fois empirique et philosophique du juste prix.

Le conflit portant sur l'exécution des conventions, tant verbales qu'écrites, met à l'épreuve la vocation primordiale des prud'hommes,

32. Prud'hommes de Mamers, AD Sarthe, 110 AC 362, 20 septembre 1814 ; AD Sarthe, 778 W 1, 11 avril 1866 et 778 W 3, 14 août 1872 ; AD Indre-et-Loire, 5 U 12, 23 novembre 1820 et 5 U 14, 12 juillet 1827 ; *L'Écho de la Fabrique* (31 août 1843).

la conciliation. Très proche des parties par leur propre expérience de vie, les prud'hommes mobilisent tous les arguments, pragmatiques et théoriques, juridiques et moraux, psychologiques et techniques, pour éviter la rupture qu'ils regardent comme un échec pour tout le monde, leur bureau en premier. En tout cas, même si les parties sont en vive querelle, elles n'ont pas le choix : elles doivent se laisser mener en conciliation, parfois deux fois, si la première tentative échoue. Au service d'une conciliation, ou d'un règlement moins gracieux, les prud'hommes déploient d'autres outils, moins bien connus, telle l'enquête, liée ou non avec la surveillance qui peut fonctionner comme un mécanisme d'investigation ou de pression, ou l'instrument de contrôle d'un accord – parfois plutôt une trêve – bricolé entre les acteurs. L'enquête est censée réunir les preuves et témoignages, dans un sens ou l'autre ; capable de dévoiler des faits cruciaux et de contribuer à la formulation d'une proposition de conciliation probante, la surveillance est principalement la manière de suivre les résultats concrets de la conciliation.

Face aux prud'hommes un peu partout, les acteurs savent bien que sortir précocement et sans cause jugée légitime n'est pas facile, que l'argument pour cause légitime relève souvent de prétendues violences et/ou abus qui doivent être corroborés par des témoignages concluants, que les prud'hommes ne partagent pas entre eux une même vue de ce qui constitue une transgression, les excès des uns considérés comme des actions disciplinaires raisonnables par les autres. Par ailleurs, les prud'hommes adhèrent généralement à la notion que le patron doit pouvoir récupérer son investissement dans l'apprenti en profitant de son travail, notamment dans la dernière partie de son engagement. Ils savent pertinemment que l'apprenti expérimenté pèse le coût d'opportunité de rester en place plutôt que de répondre à des offres attrayantes ailleurs. Si le patron jouit sans doute d'un avantage *a priori* (un peu dans l'esprit de l'article 1781, très controversé, du Code civil, où la parole du maître prime sur celle de l'ouvrier), il a très fréquemment du mal à recouvrer les indemnités décidées par les conseils (en jugement ou en conciliation), en raison de l'insolvabilité (organique ou organisée) de la famille de l'apprenti.e. De fait, les prud'hommes lyonnais n'hésitent pas à exhorter (vainement) un maître tisseur à modérer sa demande d'indemnité, car « le père de l'apprenti est excessivement pauvre », ayant déjà vendu ses effets pour appuyer son fils[33].

33. *L'Écho de la Fabrique* (3 décembre 1843).

Le contrat écrit entre un adolescent de dix-huit ans, accompagné par son père Charles Levasseur, ancien tisserand, actuellement journalier dans la Sarthe, et un maître ouvrier en soie, Pierre Turquin, rappelle certains aspects de la gestion du départ prématuré dans les conventions de l'Ancien Régime. Levasseur « devra user toute son autorité pour que son fils accomplisse en son entier [dix-huit mois] le présent traité ». Pas de pénalité-fugitive en soi, mais une clause sans doute trop souple, voire évasive, indiquant qu'à « défaut d'une exécution » de toutes les conditions contractuelles de la part de l'une ou de l'autre des parties, « celle qui y contreviendra paiera de suite à l'autre une somme de 300 francs » pour laquelle aucun bien ne sera hypothéqué comme garantie, de part ou d'autre. Plusieurs références tant de la part d'observateurs que d'acteurs suggèrent que des montants précis sont souvent « portés aux conventions ». Au XIXe siècle, sauf à leur initiative, en raison de la mauvaise conduite ou du manque d'habileté, les maîtres détestent tout départ, même honnêtement motivé, telle une maladie plus ou moins prolongée ou un « appel sous les drapeaux ». Comme au XVIIIe siècle, une fuite traduit parfois un vrai « dégoût de la profession », mais ce qui est plutôt nouveau est la fluidité du marché du travail, malgré le livret qui ne verrouille pas grand-chose. Rien à voir avec le regard de surveillance conjoint de la communauté et de la police, sa prétention panoptique, renforcé par une correspondance entre corporations dans diverses villes, associé avec un système draconien d'enregistrement, instrument de contrôle du mouvement des gens. Au XIXe siècle, l'apprenti est tenu par un accord privé, pas par un brevet qui porte une double marque institutionnelle et publique ; s'il est un travailleur sérieux, il peut partir et se retrouver employé ou établi, sans signes distinctifs (comme l'apprentissage pleinement achevé) ou diplômes quelconques[34].

Pour le XIXe siècle, il est commode d'imaginer une typologie caractérisant différentes démarches de départ prématuré dans divers contextes. Au niveau le plus général, en regardant la volonté d'aller à la rupture, on ne sait quel poids imputer à la convention verbale qui semble moins solennelle et impressionnante que le contrat écrit, et ainsi moins sérieuse ou contraignante. Plus concrètement, il y a des cas de départ relativement simples, même si le soupçon de mauvaise foi peut persister. Le maître acariâtre est en droit d'exiger

34. AD Indre-et-Loire, 5 U 17, 14 mars 1853 ; *L'Écho de la fabrique* (1er juillet, 16 août 1845) ; S. L. Kaplan, « La lutte pour le marché du travail à Paris au XVIIIe siècle ».

compensation, mais a du mal à nier des problèmes de santé manifestes chez des apprentis, agissant en l'occurrence ouvertement. Des accidents du travail, ou des procédés chimiques potentiellement nuisibles, soulèvent d'autres questions de surveillance et de responsabilité qui sont susceptibles d'empoisonner la séparation. Le désir de « changer d'état » est loin d'être rare : un.e apprenti.e découvre, en « faisant », que le travail ne lui plaît pas, ou même éprouve « un dégoût pour le métier ». Cours normal des choses, les aléas du passage vers la vie adulte, ou simulation voilant un projet de se libérer sans frais ? Les prud'hommes rejettent en tout cas l'argument de désaffection professionnelle comme « cause légitime de départ ». Le seul motif à peu près consensuel qu'on puisse trouver relève probablement d'une reconnaissance conjointe, fondée sur le vécu de l'apprenti.e dans l'atelier, qu'il ou elle « est peu apte » à accomplir quotidiennement ce travail pour des raison physiques et/ou intellectuelles. Il y a peu d'indulgence pour le maître manifestement incapable de « fournir de l'ouvrage » régulièrement à son apprenti.e : si ce/cette dernier.ère fuit, il obtient résiliation aisément[35].

Quoique focalisés sur des enjeux matériels et locaux, certains affrontements prennent inconsciemment un ton quasi politiquc. Les maîtres incarnent l'autorité, la domination, l'inertie (derrière la fureur) ; les apprenti.e.s et leurs familles figurent le mouvement, sinon le progrès, sans sortir de la sujétion, et la liberté (derrière l'indignation). Être « tenu » par la « contrainte », semble suggérer la Veuve Chazereau, à propos du désir de son filleul de quitter son apprentissage en bijouterie, et en plus essuyer une forte pénalité – 300 francs – seulement pour vouloir avancer dans la vie, ce n'est pas juste. La mère de Marie Voehrel, apprentie couturière, n'a rien à se reprocher dans cette lutte asymétrique. Si le marché arbitre, appliquons le principe avec égalité, dit-elle en substance ; le traité verbal étant sibyllin et nos souvenirs des conventions particulières en dispute, accrochons-nous au réel. Elle paie la formation 20 francs par semaine. Pourquoi ne devrait-elle pas pouvoir, exerçant ses droits fondamentaux, arrêter de payer et ainsi retirer sa fille pour qu'elle fasse des choses plus fructueuses ? Le maître, quant à lui, se sent non seulement lésé par tous ces départs brusques le privant de ses droits d'exploitation socionaturels, mais

35. AP, Prud'hommes : D1U10 16, 11 décembre 1865 et D1U10 14, 10 octobre 1850 ; D1U10 18, 12 novembre 1877 ; D1U10 14, 4 juin et 16, 30 juillet 1860 ; D1U10 388, 6 septembre 1860 ; D1U10 16, 16 décembre 1865 ; *L'Indicateur* [Lyon] (15 janvier 1835).

également trahi. Ce n'est pas tous les jours que le dominant peut se représenter pieusement en victime. Après tout, il y a (presque) toujours contrat, et on ne plaisante pas avec des contrats, base de toutes les relations durables et équitables. Maître après maître, chacun est abasourdi et choqué par des départs « sans motif ». Comment le petit Jean Drouin peut-il me quitter, se demande le ferblantier Lemaître, le bien-nommé, alors qu'il « l'a constamment bien traité », lui montrant sa satisfaction avec une gratification quotidienne d'un franc, prime non prévue dans le contrat verbal ? Laborde, serrurier, reprend le refrain : pourquoi et comment son apprenti ose-t-il s'en aller sans rien dire quand il l'a « bien » nourri, enseigné, « dirigé », dans une ambiance sans tension ? Nogier a du mal à comprendre qu'Arthur Barbier, « qu'il venait d'enseigner », puisse se retourner contre lui. Ces maîtres se fient au contrat, garant de leurs droits, mais semblent croire qu'au-delà du lien (in-)formel juridique, il y a une sorte de supplément d'âme, peut-être l'espoir du second père que le fils adoptif allait lui montrer un brin de fidélité. Plus cynique, peut-être aussi plus cupide, ayant vu partir des apprentis précocement, Varrambon, chef d'atelier dans la Fabrique à Lyon, n'attend pas une surprise : après six mois d'un contrat de trente-neuf mois, il propose d'aider son apprenti à s'établir « comme maître », pour le prix fort de 550 francs, et de lui vendre un métier[36].

Pourtant, il est incontestable que le prétexte de la plupart des départs prématurés, et sans doute souvent la cause, est la maltraitance. Ce qui veut dire que l'atmosphère aux prud'hommes est chargée quand les deux parties se heurtent, à distance ou directement. Il y a un cocktail étrange d'émotions, vraies et fausses, si l'on peut dire, de prétentions et de réclamations, de dénonciations, d'accusations, de contre-attaques, d'alibis, d'hyperbole, de litote, et même de silence troublant sur des points délicats. C'est ce fond, ce contexte qui crispent les acteurs, pourrissent le dialogue et rendent les conciliations difficiles et assez souvent éphémères. Comme nous le verrons un peu plus loin, la maltraitance prend de multiples formes. En justifiant le départ d'un.e apprenti.e, elle est très fréquemment invoquée, parfois de façon assez mécanique, quelquefois avec des mots, des images et des précisions qui ne se trouvent pas dans le manuel de rhétorique des greffiers (ou secrétaires) concernant des blessures et des plaies qui ne se cicatrisent pas,

36. AP : D1U10 18, 5 juillet 1875 et D1U10 388, 26 avril 1860 ; D1U10 14, 21 mars 1860 ; D1U10 397, 9 mars 1869 ; D1U10 14, mars 1859.

de l'intimidation psychologique et du harcèlement moral, la description poignante de l'exploitation physique au travail, très souvent sans rapport avec la profession choisie et le tableau des repas caloriquement déficitaires et sensoriellement désolants. Habituellement, le maître s'en prend sans pathos à l'insoumission de l'apprenti.e, rebelle plus ou moins chronique contre l'autorité et la morale, aussi paresseux.se qu'indiscipliné.e. Il est tentant mais bien trop téméraire de trancher la question de la sincérité des propos à la base de ces impressions. La défense des patrons est souvent articulée dans des formules convenues directement sorties du stock prud'homal. Ce front maître-prud'hommes n'est pas systématique et en tout cas ne dénote ni la véracité des maîtres qui prétendent avoir toujours bien traité, enseigné, etc., ni la fausseté du réquisitoire des apprenti.e.s/familles[37].

Mais l'omniprésente violence est saisissante. Elle est bien illustrée par l'affaire Hofmann, fabricant d'instruments de précision à Paris, et Giroux, mineur, son apprenti. « Depuis quelque temps », selon le maître, « [l'apprenti] mettait le plus insigne mauvais vouloir à remplir ses devoirs, il ne voulait écouter aucune observation » et pour avoir été « réprimandé sévèrement sur son manque d'aptitude », il a finalement quitté l'atelier, annonçant que « cette profession ne lui convenait pas ». Giroux père propose une tout autre exégèse : « Le sieur Hofmann ne commande à son fils qu'avec brutalité, il l'emploie à des travaux domestiques, il ne l'a pas avancé [dans le savoir-faire] progressivement, et enfin son fils était souvent maltraité », tant par des coups que par des insultes[38].

La caricature s'installe rapidement dans ces dépositions. Côté maître, comment a-t-il pu garder un apache en devenir, un parasite fainéant, un incompétent sans capacité d'apprendre et/ou un perturbateur « indisciplinable » pendant un, deux, quelquefois trois ans ou plus, sans réagir décisivement ? Et pourquoi, comme c'est souvent le cas, lutter pour le garder malgré tout ? Côté parents, comment avoir confié son enfant ou adolescent.e pendant ce même laps de temps à une brute, un esclavagiste, un monstre – tout sauf un pédagogue paternel ? Quelquefois, des témoins ou des rapports d'enquête donnent

37. AP : D1U10 388, 9 février 1860 ; AP : D1U10 16, 7 juillet 1866 ; AP : D1U10 14, 16 avril 1860 ; AP : D1U10 16, 5 février, 19 mars 1866 ; AP : D1U10 388, 18 décembre 1867 ; AP : D1U10 397, 1er avril 1869 ; AP : D1U10 14, 22 août 1850, 26 septembre 1850, 10 octobre 1850, 4 janvier, 31 juillet 1851, 28 août 1851 ; *L'Écho des ouvriers* (septembre 1840).

38. AP : D1U10 16, 23 avril 1866.

raison à la famille. Cependant, ordinairement le maître obtient gain de cause, les accusations de la partie adverse étant rejetées comme « exagérées » ou « sans gravité », des « moyens détournés » pour sortir l'enfant/l'adolescent.e à des fins vénales. Au Sieur Salle, indigné de « la situation intolérable » dans laquelle le bijoutier Aillot garde ses deux fils, tous les deux apprentis (abus physiques et moraux, marginalisation dans l'atelier, brutalités quotidiennes), les prud'hommes répondent en faisant l'éloge du maître pour avoir conduit un apprentissage « en bonne foi » en donnant « un enseignement éclairé » et avoir supporté les agissements des apprentis déchaînés, l'un d'eux un « malfaiteur », plus apte pour la prison que pour le lieu du travail. Le jugement se prononce contre Salle : s'il ne ramène pas ses fils dans les trois jours – mais Aillot ne veut plus d'eux –, il est sommé de verser 500 francs au maître (néanmoins) lésé[39].

Aux yeux des patrons, et de nombreux prud'hommes – en l'occurrence dans la capitale –, les plaintes des familles sont très souvent des écrans de fumée pour occulter des manœuvres déloyales et intéressées (et bien entendu illicites). Ces parents-là sont censés ne penser que le court terme en préférant un rendement (accru) immédiat à une vraie carrière fondée sur le savoir accumulé, la réputation en cours de cristallisation et l'appui du réseau du patron, désormais protecteur plutôt que père. À une mère se plaignant de « l'intempérance » de la patronne et des « mauvais exemples » polluant son atelier, la maîtresse répond en dénonçant son manque de sincérité, car son seul objectif est de « replacer » sa fille plus avantageusement. Les parents expliquent souvent leur décision de soustraire leur enfant de l'apprentissage avec une franchise décomplexée, appuyée sur une vision d'égocentrisme libéral dans les affaires du quotidien : « On lui offre un franc par jour dehors » (et par ailleurs, le contrepoint peu cohérent : le fils « n'a rien appris de sa profession » chez son maître, un ferblantier) ; le fils, apprenti mécanicien, « n'est pas assez payé » ; puisqu'elle connaît désormais son métier, pourquoi la laisserais-je chez sa maîtresse « sans rien gagner », demande la tutrice et tante d'une apprentie ; « on ne rétribue pas assez son fils », déclare le père d'un apprenti modeleur-mécanicien ; Eugène Dejoux affirme qu'il ne restera pas encore un an chez son maître, un bijoutier, « s'il n'augmente pas ses gratifications » ; il déteste la discipline proto-Taylorienne de l'atelier

39. AP : D1U10 14, 16 juillet 1860. Sur la rubrique véreuse de « moyens détournés », voir D1U10 16, 13 novembre 1865.

d'orfèvrerie, mais Vincent Thibault, apprenti majeur, s'en va surtout parce qu'il « ne gagne pas assez pour se suffire » ; d'après sa conception de leur convention verbale, le père d'une apprentie croit qu'il a le droit de « retirer sa fille à tout moment » : en l'occurrence, il considère que le patron « ne rémunérait pas assez sa fille pour le travail qu'elle lui faisait, [travail] qui se prolongeait souvent jusqu'à 10 heures du soir ». Moins couramment, la famille parvient à retourner le reproche de cupidité contre le patron. Ainsi, Janin, bijoutier, selon le père de Semat, apprenti chez lui, « a tourmenté son fils » et lui a imposé des « travaux domestiques » dans « le seul but de le dégouter » et l'inciter à fuir « pour obtenir une indemnité » pour départ illégal chez les prud'hommes. Ces derniers n'ont accordé « aucune valeur » aux propos de Semat père et l'ont condamné à payer 400 livres en pénalité[40].

À Lyon aussi, la tension monte dans bien des ateliers vers la fin d'un traité ou au moment où l'apprenti commence manifestement à affirmer une certaine autonomie professionnelle. Les cas de départ précoce suscitent friction et courroux. Un maître décrit comment son apprenti Portier « est devenu par ses soins très habile », mais depuis peu ne travaille plus « assidument », puis, soudain, « a déserté son métier ». Sa mère explique l'affaire avec une finc concision : étant « en état de travailler », son fils n'avait plus envie de rester apprenti. Rejetant son argument léger et opportuniste selon lequel le traité n'était que verbal et que son fils, mineur au moment de l'accord, ne devait plus être astreint à remplir ses prétendues conditions, les prud'hommes condamnent la mère, « caution », à verser 200 francs au maître bafoué. Un autre apprenti, ayant vraisemblablement déniché un meilleur poste ailleurs, « avoue gâter l'étoffe afin de lasser son maître et de se faire renvoyer », façon d'échapper à une réparation quelconque. Jarry, appuyé, sinon poussé, par son père, abandonne son apprentissage à cause de « mauvais traitements » et de « mauvaise nourriture ». Soupçonnant qu'il s'enfuit pour entrer dans une boutique concurrente et en tout cas plus impressionnés par les témoins esquissant un tableau favorable de son maître, Dubesy, les

40. AP : D1U10 16, 4 septembre, 13 novembre, 24 juillet 1865 ; D1U10 14, 23 juin 1865 ; D1U10 388, 26 janvier, 16 décembre 1860 ; D1U10 16, 24 avril 1865, 7 mai 1866, 18 septembre 1865, 21 novembre 1866. Cf. D1U10 388, 6 septembre 1860 ; D1U10 14, 16 juillet 1860. Les affaires de départ inopiné deviennent plus compliquées quand un deuxième maître est impliqué dès le début, complotant parfois avec le père pour débaucher l'apprenti d'un confrère. Voir le cas de Routron, fabricant de lanternes, son collègue Jalabert, fabricant de buses, et l'apprenti Lacour, ce dernier étant le seul à être sanctionné. D1U10 388, 21 février 1876.

prud'hommes lyonnais condamnent Jarry, fils et père. Des apprentis qui arrivent avec un esprit d'indépendance et parfois d'entreprise bien ancré sont particulièrement difficiles à intégrer et garder. Un ouvrier tisseur gagnant déjà sa vie, Geoffray, se place chez Chevalier pour apprendre la fabrication des châles au quart dans le cadre d'un apprentissage de six mois. Cet apprenti à répétition « a déserté au bout de 3 mois », ayant appris l'essentiel, laissant des dettes que le chef d'atelier aura du mal à récupérer. Il est vraisemblable que ce garçon a envie de s'installer[41].

À travers le temps, et aujourd'hui encore, en pleine renaissance de l'apprentissage, les intérêts des maîtres et des apprenti.e.s ne sont pas toujours convergents. Pour des raisons récurrentes que nous avons relevées depuis l'âge de Colbert jusqu'à celui de la Belle Époque, et pour des causes particulières moins enracinées dans la pratique, les obligations contractuelles ne sont pas respectées. Il est probable qu'une minorité importante d'apprentis n'achève pas son temps, ni pendant la période corporative quand les enjeux socioéconomiques et culturels de l'apprentissage sont majeurs, ni au XIXe siècle quand il occupe une position moins centrale. L'étude de cas (*circa* 1680-1780) la plus solide concerne la Grande Fabrique lyonnaise, ruche sans pareille de la fabrication de textiles en soie, où 18 % des contrats sont annulés, 1,2 % arrêtés par la mort, 10 à 15 % interrompus (repris ultérieurement par entre le quart et le tiers des jeunes) et entre 20 % (années 1680) et 15 % (XVIIIe siècle) sont l'objet d'un transfert (appelé communément « un transport ») à un autre maître. À Londres et à Bristol, à la fin du XVIIe siècle, 40 % des apprentis s'en vont prématurément, à Vienne pendant les XVIIIe et XIXe siècles 30 %, mais seulement 12 % en Allemagne à l'époque moderne. Les proportions varient encore en fonction de la taille des villes, du métier concerné, des mouvements migratoires, et de l'activité des divers marchés du travail et des produits, parmi d'autres facteurs.

À Lyon, le tiers des maîtres engageant un apprenti le perd, entre 53 et 64 % aux Pays-Bas, et 46 % dans la ville anglaise de Shrewsbury. Inversant la perspective, la part des apprenti.e.s qui achève (quelquefois avec un changement de maître) varie entre 46 et 80 % (Shrewsbury et les Pays-Bas se situant vers le bas de la fourchette et Lyon vers le haut). Le départ précoce à Lyon est plus courant chez des maîtres les

41. *L'Écho de la fabrique* (31 mars, 31 décembre 1841 ; 29 février, 31 juillet 1844 ; 17 avril 1845).

plus récemment installés : s'agit-il de patrons moins mûrs, moins sûrs d'eux-mêmes et/ou moins capables sur le plan technique et managérial que leurs confrères plus expérimentés ? Cependant, il nous manque un profil sociologique (revenus et ressources, réseaux et famille, etc.), tant de l'apprenti.e que du maître, pour mieux comprendre ceux qui sont plus enclins à risquer un départ illicite et ceux qui sont plus susceptibles de le subir. Les abandons les plus nombreux ont lieu, pour la décennie 1740, dans les trois premières années et pour celle de 1760, durant les deux premières. Les départs ne se concentrent pas au commencent (l'épiphanie troublante du couple maître.sse-apprenti.e mal assorti) ou vers la fin (la prise de conscience de la part de l'apprenti.e qu'il/elle a suffisamment appris pour voler de ses propres ailes). D'après un examen par échantillon de documents prud'homaux à Paris entre 1848-1885, 38 % s'en vont durant la première année du contrat, 37 % pendant la deuxième, et le quart plus tard. Il n'y a donc pas d'argument statistique, à l'heure actuelle du moins, ni en France, ni ailleurs, en faveur de la thèse des deux stades qui suppose une attente intraitable de la part du maître qu'il sera compensé dans un deuxième temps pour l'énergie, le temps et l'argent qu'il a investis dans un premier temps dans la formation de l'apprenti.c, dont la valeur ajoutée au travail ne peut s'affirmer que vers la fin de son engagement. Il y a, en revanche, une masse imposante de témoignages sur deux siècles montrant à la fois cette attente généralisée de la part des maîtres qu'ils allaient pouvoir récupérer en fin de parcours leur investissement et une anxiété très répandue que le départ précoce, qu'il ait lieu après un an, deux, trois ou plus, mettait en péril cette expectative[42].

42. Ruben Schalk, Patrick Wallis, Clare H. Crowston et Claire Lemercier, « Failure or Flexibility? Exits from Apprenticeship Training in Pre-Modern Europe », *London School of Economics and Political Science, Working Papers*, n° 252 (novembre 2016), édité depuis sous le même titre dans *Journal of Interdisciplinary History*, t. 48 (Automne 2017), p. 1-27 ; Clare H. Crowston et Claire Lemercier, « Surviving the End of the Guilds: Apprenticeship in Eighteenth- and Nineteenth-Century France », dans M. Prak et P. Wallis (dir.), *Apprenticeship in Early Modern Europe*, p. 302-303 ; C. H. Crowston, *working paper* intitulé « Disruption of Apprenticeship: Early Exits and the Legal Culture of Working People », p. 14-17 ; Patrick Wallis, « Apprenticeship in Early Modern England », dans M. Prak et P. Wallis (dir.), *Apprenticeship in Early Modern Europe*, p. 274-75, 278-81 ; Georg Stöger et Reinhold Reith, « Actors and Practices of German Apprenticeship, Fifteenth-Nineteenth centuries », dans *ibid.*, p. 158 (discussion intéressante des temporalités et des mobiles du depart précoce) ; R. Schalk, « Apprenticeship with and without Guilds: The Northern Netherlands », dans *ibid.*, p. 195 (où le modèle « deux-stades » semble fonctionner) ; G. Colavizza, R. Cella et A. Bellavitis, « Apprenticeship in Early Modern Venice », dans *ibid.*, p. 123 (où on estime la fuite des apprentis à 11 %) ; Victoria López Barahona et José Antolin Nieto Sánchez, « Artisanal Apprenticeship in Early Modern Madrid », dans *ibid.*, p. 62.

À BON PORT PAR LE TRANSPORT, ET AUTRES MOYENS DE RÉGLER LES DIFFÉRENDS

Utilisé plus tard par certains conseils de prud'hommes, dont le répertoire de solutions reste marqué par des pratiques réglementaires d'antan, le « transport », déjà évoqué, est un outil de régulation, sorte de variable d'ajustement, des relations entre maîtres et apprentis qui est utilisé de manière très fluctuante. Pour les puristes, il ne peut avoir lieu que « pour causes légitimes », qui ne sont pas légion : « faute d'alimens & ouvrages » ou « par rapport à des mauvais traitemens de la part des Maîtres envers les Apprentifs », et seulement à la suite d'une sentence de police. Pour des pragmatiques, on peut y recourir, avec l'aval du bureau d'une communauté, pour réduire des frictions ou assainir n'importe quelle situation de tension à l'atelier. Le transport est organisé ordinairement à la demande de l'apprenti.e (presque toujours accompagné.e de sa famille ou son représentant légal), moins fréquemment par le maître/la maîtresse, quelquefois par des autorités de police ou de justice (ces dernières pouvant l'imposer d'office). L'opération en soi est des plus simples : un brevet, ou contrat d'apprentissage, est transféré d'un maître à un autre, sous contrôle corporatif pour assurer que les intérêts d'aucun confrère ne sont lésés, permettant à l'apprenti.e de poursuivre et achever son apprentissage ailleurs. À Paris, la passation doit être faite en principe devant notaire. Certaines communautés exigent que la transaction soit approuvée par la chambre de police spécialisée dans les arts et métiers, celle du procureur du roi du Châtelet. Il y a habituellement des frais administratifs d'ordre modeste, supportés, selon décision judiciaire ou négociations, par les uns ou les autres, rarement trop élevés pour dissuader une famille avec des ressources limitées d'y recourir[43]. Une exception au moins : la communauté des couvreurs qui réclame un cachet de 60 livres, prix intimidant[44]. À Lyon, dans les années 1680, 27 % des nouveaux.elles apprenti.e.s vont essuyer un transport, chiffre étonnant, semblant témoigner à la fois d'un

43. Délibération du 17 janvier 1741, *Statuts, ordonnances et reglemens de la communauté et du corps et des maîtres et marchands des ciseleurs doreurs-argenteurs de Paris*, Paris, Valade, 1774, p. 216 ; J. Savary des Bruslons et P.-L. Savary (dir.), *Dictionnaire universel de commerce*, t. 1, p. 541.

44. Par exemple, AN, Y 9387, 30 mai 1755 ; C. H. Crowston, « Disruption of Apprenticeship », p. 37.

dérèglement structurel et d'une capacité d'adaptation structurelle ; la proportion tombe à presque la moitié au milieu du XVIIIe siècle. Ailleurs, 11 % des apprentis néerlandais, 9 % de ceux de Shrewsbury, et des niveaux analogues pour Leiden et Utrecht sont cédés à de nouveaux maîtres[45].

Pour les brasseurs de Paris, un maître et un apprenti peuvent se séparer pour une simple « cause raisonnable ». Face à une impasse entre maître et apprenti, les jurés boulangers n'hésitent pas à recommander un transport vers un maître commode. S'il n'a pas d'ouvrage pendant un mois, un apprenti drapier à Vire peut réclamer « un second maître ». Certains commentateurs craignent un trafic ou un marché secondaire d'apprentis : par exemple, des maîtres calculateurs pourraient abuser du système, transportant un apprenti, lent ou réfractaire, pour pouvoir en recruter un meilleur. Des apprentis sûrs de leurs intérêts résistent à ce genre de manœuvre. Ainsi, Pierre Lardin, novice vinaigrier, refuse obstinément de rentrer chez le nouveau maître déniché par le maître qui voulait se débarrasser de lui, préférant un transport chez un autre qu'il connaît et estime[46].

Cependant, sur la question des transports, comme sur d'autres, c'est encore une fois dans la deuxième ville du royaume que notre information est la plus riche. La décision est prise au consulat, la municipalité lyonnaise. Bien des transports se font sans explication particulière, dans le cadre d'une catégorie d'action banale et quasi quotidienne. Ainsi, en 1781, Vandereyde, maître ébéniste, à la suite de la fuite de son apprenti, apparemment non sans arguments, se plaint de « l'inexécution du contrat ». La cour ordonne à la communauté de trouver un nouveau maître pour le fugitif, qui veut continuer, et n'accorde à Vandereyde que 24 livres sur les 150 qu'il a demandées en compensation. Cent dix ans plus tôt, Jean Charon, apprenti guimpier, est transféré dans un nouvel atelier par une procédure encore plus sommaire ; et Villemot, apprenti dans la fabrication des draps, est, lui aussi, transféré à un second maître[47].

45. R. Schalk, P. Wallis, C. Crowston et C. Lemercier, « Failure or Flexibility ? Exits from Apprenticeship Training in Pre-Modern Europe », p. 9.

46. *Dictionnaire portatif du commerce*, p. 178, 270, 314 ; AN, Y 9390, 27 février 1767 et Y 9391, 5 décembre 1769 ; *Recueil des reglemens généraux et particuliers concernant les manufactures & fabriques du royaume*, t. 1, Paris, Imprimerie royale, 1730, p. 295 ; Sentence de police, 3 août 1742, *Recueil des statuts, déclarations, arrests du conseil & du parlement* [concernant] *les maistres vinaigriers* [de Paris], Paris, Gissey, 1744, p. 219-21.

47. AM Lyon : HH 267, 1er mars 1781, HH 215, 17 février 1672 ; 22 mars 1673.

Plus souvent, le consulat semble se servir du transport comme d'un élément majeur dans une stratégie très consciente de conciliation. Jouvard, maître bourrelier, veut obtenir le retour de son apprenti déserteur. Le consulat sent que la tension entre maître et apprenti ne peut que déboucher sur des heurts. Sans nier le bien-fondé de la demande, il ordonne un transport, permettant au maître et à l'apprenti de redémarrer sans hypothèques : vision autoritaire et bienveillante plutôt que rigoriste. Effort analogue de résoudre le différend avec un minimum de froissement et de friction, quitte à être taxé d'indulgence : Lamiret, apprenti ouvrier en bas de soie, peut-être remuant, acquiert un nouveau départ dans le métier en se séparant de son premier maître dans une situation stressante. En lui trouvant, *via* la communauté, un nouveau maître voulant bien assumer sa dette au premier, le consulat lui épargne la radiation, pénalité méritée pour sa longue absence. La cour prend des risques : malgré la suggestion qu'Étienne de la Roue, apprenti dans « l'art de la soie », ne veut plus poursuivre ce métier, elle le « remet » à un nouveau patron, sachant peut-être mieux « diriger » le jeune personnel. Sa manière de concilier ne suppose pas – comme feront les prud'hommes – que, par définition, les deux parties doivent se mettre d'accord pour que le processus marche. Une certaine idée de l'intérêt général paraît primer chez les édiles de Lyon. Toussaint Couppier, maître fabricant de draps, chasse brusquement son apprenti Blanchery. La mère de ce dernier proteste vivement : selon la constitution de sa communauté, « les maistres dudit art ne pourront congédier leur apprentif sans cause légitime », ce qui n'est pas le cas, dit-elle. Notant que Couppier n'avait donné aucun signe de « mécontentement », elle morigène le maître pour ne pas avoir fourni à son fils un avertissement, puis une explication. La cour offre à Couppier la possibilité de récupérer son apprenti, mais, face à son silence, Blanchery est transféré chez un maître qu'il connaît, vraisemblablement pas une coïncidence[48].

Nonobstant le poids de la municipalité, presque toujours appuyée par la communauté concernée (pas seulement la Grande Fabrique), le maître résiste parfois à la proposition, ensuite à la décision. Burel, maître rôtisseur, repousse la solution apaisante d'un transport tant qu'il n'arrache pas des dommages-intérêts pour le départ de son apprenti. Ni le consulat ni la famille ne sont prêts à lui accorder

48. AM Lyon : HH 241, 14 août 1748 ; HH 229, 28 avril 1728 ; HH 215, 11 mai 1672, 19 décembre 1674 ; HH 114, 24 avril 1670.

même une fraction des 600 livres qu'il revendique. D'autres maîtres prennent l'initiative de présenter et de résoudre un problème en même temps. Ainsi Lenoir, maître fabricant en bas de soie, confronté au départ subit de son apprenti Quentin, qui vient juste d'entrer chez lui, informe-t-il le consulat qu'il n'a plus envie de le former, sorte de post-scriptum à la période d'essai, organisé ou tacite, qui se pratique largement. Montargnier, maître fabricant en étoffes de soie, s'arroge la liberté de « remettre verbalement » son apprenti, Mouton, qui a débarqué chez lui avec un brevet notarisé, à son confrère Michalier, un transport privé sans aucune homologation. La solution tient pour quinze mois, pendant lesquels ce dernier, ayant touché 200 livres, le prix de l'apprentissage que le père a confié à Montargnier, « [a] enseigné [à Mouton] sadite profession »[49].

Avec moins de poids socio-institutionnel, des apprentis cherchent, eux aussi, à agir de façon proactive au lieu d'attendre une décision imposée. Louis Bérard, ancien apprenti boulanger, cherche un transport de son propre chef après une longue absence. Cinq mois avant la fin de son engagement, il s'en va, sans prévenir, pour panifier pour les munitionnaires (fournisseurs) de l'armée d'Italie : il est probablement parti pour l'argent offert, mais il n'est pas impossible qu'il ait subi des pressions (« il étoit de notoriété publique dans la communauté [des maîtres boulangers de Lyon] que dans les circonstances les garçons boulangers étoient très recherchés et même pris de force »). En rentrant, Bérard découvre qu'il a été radié des listes d'apprentis capables de travailler comme compagnons de la communauté, action qu'il juge injuste, non seulement en raison de la cause qu'il servait, mais surtout parce « qu'il n'avoit jamais discontinué de travailler à ladite profession et qu'il aspirait à parvenir à la maîtrise ». Reconnaissant un élément sérieux et prometteur, le consulat lui accorde un transport pour achever les cinq mois – pas question de considérer son temps dans les fournils militaires comme équivalence – qui peuvent le légitimer éventuellement comme candidat à la maîtrise. Également ambitieux et astucieux, Laforest, engagé pendant six ans chez un maître ouvrier en gazes à toile de soie, est un de ces apprentis vigilants qui apprennent en observant. Il quitte son atelier avec encore quatorze mois à servir, car il souhaite compléter le dernier segment de sa formation chez un maître guimpier. Il a remarqué que la moitié des compagnons embauchés par son propre

49. AM Lyon : HH 267, 1er mars 1781 ; HH 241, 14 mai, 3 décembre 1748.

patron étaient des guimpiers ; en les regardant, il a trouvé leur technique attrayante. Ne voulant pas s'exclure des voies réglementaires, il demande et reçoit un transport, mais il doit servir deux ans et pas seulement quatorze mois s'il veut pouvoir briguer les deux types de maîtrise. Un apprenti de la Grande Fabrique se fait transporter pour incompatibilité d'humeur avec son maître qui refuse de lui montrer le métier et le met à la porte plusieurs fois. Des apprentis sortant pour diverses raisons – maladie prolongée menant à un licenciement, manque de travail chez un maître en difficulté commerciale, enseignement excessivement ralenti – parviennent, de leur propre initiative, parfois épaulés par leurs parents, à obtenir sans trop de peine des transports, accordés par une juridiction proche des réalités du marché du travail[50].

Le transport met en relief les mécanismes corporatifs pour régler les différends. De nombreuses communautés encouragent leurs membres (les maîtres) et leurs clients-protégés (les apprentis) à épuiser toutes les possibilités offertes par la jurande elle-même avant de chercher des solutions ailleurs. Défenseurs institutionnels attitrés des maîtres, les communautés s'évertuent toutefois à dire aux familles des apprenti.e.s qu'elles s'intéressent tout d'abord à l'harmonie et à la cohérence de la collectivité, donc à son intérêt général, qui n'est pas forcément la somme des intérêts particuliers, *a fortiori* aux rapports sereins et fructueux entre les maîtres et leurs employés/dépendants. Cosignataires, à Paris et ailleurs, des contrats d'apprentissage, les jurés (gardiens de la jurande, aussi appelés gardes, sindics, bayles, etc.) peuvent faire valoir leur vocation d'arbitre en ce qui concerne les relations sociales de la production et de la socialisation. Vouloir associer leur rôle avec le maintien du bon ordre et de la bonne police avant de favoriser telle ou telle cause, voilà la théorie, le message *urbi et orbi*. Cette ambition répond en même temps au vif désir des communautés d'optimiser leur autonomie relative, de ne se laisser déposséder ni de leur souveraineté locale ni de leur autorité sur leurs propres affaires, de repousser leur mise sous tutelle par les instances locales, régionales ou nationales de l'administration ou de la justice.

La communauté des menuisiers-ébénistes de Paris propose un menu détaillé de son offre, affichant à la fois une grande rigueur

---

50. AM Lyon : HH 241, 29 avril 1749 ; HH 214, 22 juillet 1671 ; HH 254, 4 avril 1761 ; HH 244, 5 décembre 1752 et 1er, 30 janvier 1753 ; HH 241, 12 juin 1748.

et une volonté d'être à l'écoute de tous. Leurs dirigeants s'adressent tant aux maîtres qu'aux apprentis ; tout en reconnaissant la supériorité sociale des uns, et les tares plus ou moins innées des autres, ils promettent de l'équité :

> Si un Maître est mécontent de son Apprentif, soit pour cause de fainéantisme, insolence, libertinage, friponnerie ou autres, il en portera ses plaintes aux Jurés en leur Bureau, pour être par eux apporté le Réglement à ce nécessaire ; si au contraire l'Apprentif a quelques plaintes à faire, il lui sera aussi permis de le faire venir, afin d'obtenir de ses Jurés la justice qui leur sera dûe, sur quoi sera libre auxdits Jurés d'ordonner ce que de raison, même d'annuler le Brevet ; si l'Apprentif est un si mauvais sujet, qu'ils voyent qu'il n'est pas possible d'en rien faire de bon ; mais s'ils jugent qu'ils doivent être transportés à un autre Maître, le premier Maître qui leur aura avant leur décision remis le Brevet ès mains, n'aura plus aucun droit sur cet Apprentif, et les Jurés lui donneront un autre Maître pour achever le tems qui lui reste.

Les jurés respirent la fermeté et la confiance, et ils se sentent dépositaires d'une sagesse quasi biblique. Sans doute en rajoutent-ils beaucoup, pour redorer le blason de leur office, parfois stigmatisé comme un petit despotisme, un repaire de corruption ou une piètre sinécure. Si leur latitude d'action est énorme, leur champ d'analyse paraît bien précis et leur familiarité avec les problèmes de l'atelier bien établie[51].

Un modèle de méthode et d'intervention est proposé aux corporations dans les industries des textiles, notamment la teinture. Tous les lundis, les jurés doivent se réunir à 14 heures précises pour « oüir les Dénonciations & plaintes qui leur seront faites par les Aprentifs & Maîtres [...] pour estre reglées à l'amiable ». Il ne s'agit pas d'une assemblée éphémère sans trace, ouverte à toutes sortes de soupçons : les jurés seront tenus de fournir un avis par écrit de leurs décisions, disponible pour 10 livres, prix un peu provocateur ! Des approches semblables sont diffusées par les peintres, sculpteurs, graveurs et doreurs au sein de l'Académie de Saint-Luc à Paris, par des perruquiers normands, par des drapiers du Nord, parmi d'autres. Loué pour son utilité et bon sens, le modèle est repris par *L'Encyclopédie méthodique*, peu lue par les parents d'apprentis, dont on ignore

51. *Statuts, privilèges, ordonnances et règlemens de la communauté des maîtres menuisiers et ébénistes de la ville de Paris*, Paris, J. Chardon, 1751, p. 109 ; *Dictionnaire portatif du commerce*, p. 349 ; N. T. L. Des Essarts, *Dictionnaire universel de police*, t. 6, p. 433.

l'attirance concrète pour cette proposition ou celle des menuisiers : c'est la limite sévère de ce genre de source[52].

À Lyon, dans de nombreux cas à Paris, et de façon variable ailleurs, la communauté ne peut pas se lancer toute seule dans le règlement des différends, même à l'intérieur de l'espace qu'elle considère comme le sien : elle doit obtenir d'une juridiction municipale ou royale l'autorisation pour procéder dès le commencement ou l'approbation pour agir à la fin. À Lyon, dans un style qui anticipe celui des prud'hommes au XIXe siècle, le consulat lui-même cherche à concilier les parties d'une querelle. Deux échevins sont affectés chaque année aux « arts et métiers » ; juridiction contentieuse, le consulat charge ses membres de régler un maximum d'affaires « à l'amiable ». Grâce à ses archives, nous savons que le consulat reçoit de nombreux apprentis, qui semblent accorder leur confiance aux échevins. À Rouen, les communautés disposent d'un pouvoir de discrétion assez large, mais dans la draperie, par exemple, des échevins s'occupent de bien des différends, particulièrement ceux déclenchés par le départ prématuré d'un apprenti. À Paris, comme dans beaucoup de villes, depuis la fin du XVIIe siècle, les lieutenants de police ont la compétence dans toutes les affaires concernant l'apprentissage, et plus largement la vie des corporations. Des familles se présentent volontiers chez le commissaire du quartier qui connaît bien leur monde et prélève des honoraires minimes. Magistrat aussi bien que policier, il arrive à concilier des affrontements de son propre chef ; sinon, il réfère des plaintes à la chambre présidée par le lieutenant général de police. Parfois, ce dernier lui-même, par jugement immédiat ou en demandant une information, impose une solution ; il s'en charge également quand il est question des turbulences sérieuses sur le marché du travail ou de la police des acteurs « sans-qualité ». Cependant, par une division du travail qui fonctionne depuis très longtemps, le lieutenant général renvoie habituellement les affaires concernant les arts et métiers à la chambre spécialisée au Châtelet où siège aussi le procureur du roi. C'est l'homme clé pour toutes les affaires corporatistes, à commencer

52. *Reglements pour la jurisprudence des procès et differents* [*sic*] *concernant les Manufactures, vérifiés en parlement* [13 août 1669], Tours, P. Masson, 1707, p. 33 ; *Nouveau recueil des édits, déclarations, lettres patentes et reglemens, enregistrés au parlement (1717-1726)*, Rouen, Besongre, 1742, p. 519 ; *Nouveaux reglemens accordez aux directeurs, corps et communautés de l'Académie de Saint-Luc*, Paris, J.-B. Lamesle, 1738, p. 3, 4, 18, 19 ; *Encyclopédie méthodique. La police et les municipalités*, t. 10, Paris, Panckoucke, 1791, p. 468-69. Cf. N. Delamare, *Traité de la police*, t. 2, p. 1109.

par la supervision générale de leurs pratiques de gouvernance, les réceptions à la maîtrise, les disputes sur les brevets. Il y a une barrière socialement discriminatoire à l'entrée dans cette juridiction : le coût. Il faut un avocat pour plaider ici, il y a des frais courants, telles les assignations ou la copie des documents, et il y a le risque d'être taxé des frais de la partie opposée si elle l'emporte, pour ne pas mentionner les éventuels dommages-intérêts. La confrontation et l'argumentation priment sur la conciliation dans cette cour. Les recherches récentes suggèrent que, sans doute pour ces raisons, mais aussi pour d'autres qui nous échappent pour le moment, les apprenti.es et leurs familles qui cherchent réparation devant le procureur du roi ne semblent pas nombreux[53].

SALAIRE

Dans la représentation, souvent idéalisée, du XIXe siècle, le système d'apprentissage patriarco-paternaliste du monde corporatif exclut par définition le paiement d'un salaire[54]. Beaucoup de textes normatifs de l'Ancien Régime confirment cette appréciation. Les chapeliers parisiens, dès le début du XVIIe siècle, interdisent aux maîtres de payer des « gages » d'aucune sorte aux apprentis. Un siècle plus tôt, associant la rémunération salariale avec des manipulations pour réduire la durée d'apprentissage prescrite, la constitution des horlogers défend l'octroi d'un salaire. Les boulangers de Paris et de Limoges leur emboîtent le pas. « Nos anciens Statuts n'empêchoient pas à un Maître de donner quelques salaires à son Apprentif », écrit une figure de la profession des orfèvres : « & lorsque celui-ci se trouvoit capable de travailler, il pouvoit même passer une partie du tems de son Apprentissage en *servant comme valet*, c'est-à-dire, Compagnon, *gagnant argent.* » Cette souplesse pouvait pourtant dégénérer en abus, affaiblissant l'autorité du maître et favorisant « l'indocilité » de l'apprenti. Henri IV y

53. J. Peuchet, *Dictionnaire universel de la géographie commerçante*, Paris, Blanchon, an VIII, p. 82-83 ; *Nouveau recueil des édits, déclarations, lettres patentes et reglemens, enregistrés au parlement (1717-1726)*, p. 825 ; *Encyclopédie méthodique. Arts et métiers mécaniques*, t. 4, Paris, Panckoucke, 1785, p. 421 ; *Nouveau stile de Châtelet de Paris*, Paris, Saugrain, 1746, p. 305 ; *Nouvelle instruction, ou style général des huissiers et sergens*, Paris, Libraires associés, 1752 ; C.-J. de Ferrière, *Dictionnaire de droit et de pratique*, t. 2, Paris, Joseph Saugrain, 1758, p. 154.

54. Dans la réalité brute du féodalisme provençal, l'existence assez répandue d'un salaire pour des apprentis dès le XVe siècle choque les tenants d'un système rigoureux de vassalité auquel le monde du travail est assimilé. P. Bernardi, *Maître, valet et apprenti au Moyen Âge*, p. 106, 119-21.

remédie par une ordonnance de mai 1599 : « Ne pourront les Maîtres Orfèvres donner Gages, argent ou récompense aucune durant ou après les huit années finies & accomplies pour le tems d'Apprentissage, à leurs Apprentis », de quelque « âge, Nation, ou condition qu'ils soient, sous peine aux contrevenans de cinquante écus d'amende ». À la fin du siècle suivant, les orfèvres intègrent une clause dans leurs statuts interdisant tout salaire « directement ou indirectement, sous prétexte des bons services » de leurs apprentis[55].

Il est clair, cependant, que de nombreuses communautés à travers le royaume autorisent ou tolèrent la rétribution des apprentis. Les couvreurs parisiens publient une grille de salaires, à partir de la première année de l'apprentissage, quand le jeune homme gagne 20 sous, salaire considérable pour un ouvrier pas encore doté de compétences. Les maçons paraissent suivre cette ligne, nonobstant un désaccord d'interprétation des commentateurs. À Saint-Quentin, Abbeville, Amiens et d'autres villes du Nord, on rémunère des apprentis sayeteurs : sans rémunération la première année, ils touchent la moitié de leur « façon » à partir de la deuxième année. François-Étienne Mollot, un des exégètes du XIXe siècle qui observe de près l'histoire du travail, relève « l'usage immémorial » à Lyon de la « tâche » au-delà de laquelle l'apprenti en soieries gagne la moitié de la façon de chaque pièce aussitôt qu'il a acquis les connaissances nécessaires au tissage et qu'il est devenu capable de « diriger seul un métier », d'habitude à partir de sa seconde année. Selon « une coutume » respectée à Rouen depuis l'Ancien Régime, l'apprenti reçoit un salaire dès le début : le maître retient 25 centimes par jour et cette remise génère à la fin 3 à 400 francs, pactole auquel renonce l'apprenti qui ne finit pas son temps ou se fait renvoyer pour « mauvaise conduite ». À Langon, en Aquitaine, le salaire est quasiment absent jusqu'en 1769, puis devient moins rare, particulièrement sous l'aspect de gratification souvent en nature (vêtements ou outils, par exemple). Il faudrait une vaste enquête pour prendre la mesure de l'existence d'un salaire,

55. Paul Pic, *Traité élémentaire de législation industrielle. Les lois ouvrières*, Paris, A. Rousseau, 1903, p. 896 ; *Recueil des statuts, ordonnances et reglemens de la communauté des maîtres et marchands chapeliers de la ville de Paris*, Paris, Valade, 1775, p. 3 ; C. Raillard (éd.), *Extraits des principaux articles des statuts des maîtres horlogers de la ville de Paris*, Paris, 1752, p. 91, 93, 97 ; *Statuts, privilèges et ordonnances de la communauté des maîtres boulangers de la ville de Paris*, Paris, 1766, p. 46 ; *Statuts et reglemens de la communauté des maîtres boulangers de la ville de Limoges*, Limoges, 1737, AD Haute-Vienne, C. 489 ; *Statuts et privilèges du corps des marchands orfèvres*, p. 54-55 ; Nicolas-Louis Poullin de Vieville (éd.), *Code de l'orfèvrerie*, Paris, Knapen et fils, 1785, p. 18, 545.

manifestement fort variable selon l'endroit, le métier, l'usage local et la chronologie[56].

À Paris, sans devenir une pratique courante, l'acquittement d'un salaire ou d'une rémunération analogue devient relativement commun au XVIIIe siècle dans bien des métiers et sous diverses formes. Les maîtres paveurs proposent des cachets proches les uns des autres :

56. *Dictionnaire portatif du commerce*, p. 225, 305-06 ; N. T. L. Des Essarts, *Dictionnaire universel de police*, t. 3, p. 287 ; *Encyclopédie méthodique. Arts et métiers mécaniques*, t. 2, p. 62 et t. 5, p. 335 ; Roland de La Platière (éd.), *Encyclopédie méthodique. Manufactures, arts et métiers*, t. 1, Paris, Panckoucke, 1785, p. 279 ; F.-É. Mollot, *Le Contrat d'apprentissage*, p. 31-32 ; N. Pellegrin, « L'Apprentissage ou l'écriture de l'oralité », p. 374 ; Anne-Marie Cocula, « Contrats d'apprentissage à Langon et autour de Langon dans la seconde moitié du XVIIIe siècle », *Les Cahiers du Bazadais*, t. 11 (mai 1971), p. 114. L'utilisation de l'apprenti comme travailleur salarié semble commune à l'étranger. Plus de la moitié des cas dans la grosse compilation de Sheilagh Ogilvie à travers cinq cents ans concerne des apprentis salariés. Au Québec au XVIIIe siècle, presque la moitié des apprentis touchent un salaire. Reinhold Reith dépeint le travail rémunéré comme central à l'expérience de l'apprentissage dans les pays germanophones. À Venise, où se pratique un apprentissage « à deux vitesses », le maître se sert fréquemment de l'apprenti comme ouvrier salarié. À Turin, il n'y a pas « de distinction nette » entre la formation et le travail rémunéré (ce dernier consistant en un mélange de paiement en nature et en espèces). À Florence, selon les compétences des jeunes, les apprentis touchent couramment des salaires, usage moins banal à Madrid. Joel Mokyr, plus ou moins dans la ligne de modélisation de James M. Malcomson, James W. Maw et Barry McCormack, conçoit l'apprentissage en termes de spectre remplissant diverses fonctions tels le développement et la transmission du capital humain d'un côté, et la gestion du travail rémunéré de l'autre (un pur contrat de salaire-travail représenté sous un autre nom). S. Ogilvie, *The European Guilds: An Economic Analysis*, Princeton, Princeton University Press, 2019 ; J.-P. Hardy et D.-T Ruddel, *Les Apprentis artisans à Québec*, p. 49 ; Reinhold Reith, « Apprentices in the German and Austrian Crafts In Early Modern Times: Apprentices as Wage Earners? », dans Bert De Munck, Steven L. Kaplan et Hugo Soly (dir.), *Learning on the Shop Floor: Historical Perspectives on Apprenticeship*, New York, Berghahn Books, 2007, p. 179-202 ; G. Stöger et R. Reith, « Actors and Practices of German Apprenticeship », dans *Apprenticeship in Early Modern Europe*, p. 156 (plus prudent que le premier texte de Reith) ; G. Colavizza, R. Cella et A. Bellavitis, « Apprenticeship in Early Modern Venice », dans *ibid.*, p. 108-09, 115, 124-26, 128 ; A. Bellavitis, « Apprentissage masculin, apprentissage féminin à Venise au XVIe siècle », *Histoire urbaine*, n° 15 (avril 2006), p. 63, 65, 68, 71, 73 ; Béatrice Zucca Micheletto, « A Large "Umbrella": Patterns of Apprenticeship in Eighteenth-Century Turin », dans M. Prak et P. Wallis (dir.), *Apprenticeship in Early Modern Europe*, p. 86-88, 90 ; Andrea Carausi, « The Price of an Apprenticeship: Contract and Trials in the Wool Industry in Sixteenth-Century Italy », *MEFRIM*, n° 128-1 (2016), p. 145-50 ; Christiane Klapisch-Zuber, « Disciples, fils, travailleurs : les apprentis peintres et sculpteurs italiens aux XVe-XVIe siècles », dans *ibid*, p. 139 ; V. López Barahona et J. A. Nieto Sánchez, « Artisanal Apprenticeship in Early Modern Madrid », dans *Apprenticeship in Early Modern Europe*, p. 61 ; Joel Mokyr, « The Economic of Apprenticeship in Early Modern Europe », dans *ibid.*, p. 36-37 ; J. M. Malcomson, J. W. Maw et B. McCormack, « General Training by Firms, Apprentice Contracts and Public Policy », *European Economic Review*, t. 47 (avril 2003), p. 197-227. Cf l'étude de Turin et de Rouen de B. Zucca Micheletto qui reprend l'argument bien connu, faussé par des présupposés binaires et factices, d'une évolution de la relation maître-apprenti qui se métamorphose d'une humeur tendance paterfamilias atténué à un rapport moderne, marchand et fluide – « businesslike ». « Apprentissage, travail sous-payé et relations maîtres-élèves à Turin et à Rouen à l'époque moderne », *MEFRIM*, t. 128, 1 (2016), p. 156, 159.

par exemple, 18 à 22 sous par jour en première année ; en seconde année 20 à 24 et en dernière 22 à 30, les profils des apprentis paraissant similaires (sans aucune prestation matérielle dans les contrats, les jeunes devant se charger de tous les frais quotidiens). Un maître éventailliste paie un apprenti de dix-huit ans, engagé pour quatre ans, 20 sous par jour pendant la première moitié de son temps, puis 22 durant la deuxième. Un apprenti sculpteur de quatorze ans reçoit 15 sous par jour pour ses quatrième et cinquième années. Un peintre débutant de treize ans profitera de 8 sous par jour dans sa quatrième année et 10 dans sa cinquième. Geneviève Seigneur, maîtresse sculptrice, propose de gager son apprenti, âgé de douze ans, à 3 livres par semaine dès sa troisième année. Mais elle est veuve et sans doute s'appuiera-t-elle énormément sur lui. Un autre type de salaire est offert, fondé sur la compétence des apprentis, leur capacité de produire des biens vendables, donc de valeur. Un tabletier de quatorze ans, ayant remis 90 livres à son maître pour une formation de six ans, captera deux tiers du prix de toutes les marchandises qu'il fabriquera dans ses trois dernières années. Pendant la même période, sur un engagement de cinq ans, un apprenti doreur de dix-huit ans touchera un montant non précisé pour son « ouvrage » à proportion de ce qu'il sera « en état de faire ». Un maître vitrier donne à son apprenti de dix-huit ans ce qui ressemble davantage à une gratification qu'un salaire : 6 livres par mois en première année, 12 livres pour les deux dernières. Pareille approche chez un éventailliste pour un apprenti de quinze ans : 8 livres par mois pendant trois ans, puis 12 pour l'année terminale[57].

Dans la même veine, et plus largement mise en œuvre, est la rétribution-récompense, payée en fin de parcours, conçue comme une incitation pour l'apprenti.e à ne pas quitter son poste prématurément. Lancé relativement vieux en apprentissage à l'âge de vingt ans chez un bonnetier pendant cinq ans, Jean-Baptiste Cutoteau reçoit 100 livres par an pendant ses deux dernières années. Également mature au début d'un apprentissage de la même durée chez un doreur, Pierre Testaut, vingt et un ans, touche 50 livres ses derniers six mois. Un autre doreur paie à son apprenti, âgé de seize ans,

57. AN, MC : XXXVIII-220, 20 mai 1720, 17 février 1723 ; XXXVIII-339, 30 septembre 1744 (cf. *Tableau universel et raisonné de la ville de Paris*, p. 216) ; X-463, 12 septembre 1743 ; XXXVIII-383, 12 juin 1750 ; XXXVIII-219, 7 février 1723 ; XXXVIII-390, 19 juillet 1751 ; X-553, 15 mars 1763 ; X-529, 12 mars 1758 ; XXXVIII-360, 15 juillet 1747 ; X-557, 16 octobre, 4 décembre 1763 ; X-558, 16 octobre 1763 ; XXXVIII-340, 30 septembre 1744.

dix sous par jour dans sa cinquième et dernière année. Tout jeune, à treize ans, Nicolas Frémont, apprenti rubannier, perçoit 60 livres dans sa sixième année. Un autre maître rubannier reconnaît qu'en dernière année son apprenti saura travailler : ainsi, il lui propose les deux tiers d'un salaire de compagnon. Également apprenti rubannier, un jeune de vingt et un ans obtient 15 sous par jour pendant son année ultime, un autre plus jeune 10 sous. Un maître charron propose à un adolescent de quatorze ans 3 livres par semaine dans la troisième année, 4,5 dans la dernière. Un apprenti sculpteur, quinze ans, qui débourse pour son apprentissage 150 livres, bénéficie d'une rétribution de 150 livres. Un autre jeune sculpteur, treize ans, a 5 sous par jour dans son année finale, sa cinquième ; âgé de deux ans de plus, un apprenti sculpteur sans doute plus doué ou apprécié touche 3,5 livres par semaine à ce même moment. Exactement de la même manière, au bout de la même durée, un apprenti peintre de dix-sept ans encaisse 50 livres. Son maître donne à un apprenti peintre 8 sous par jour dans son avant-dernière année et 10 sous dans la dernière. Enfin, un apprenti vitrier reçoit 6 livres par mois pendant la première moitié de son engagement, une somme doublée pour la deuxième[58].

Aux yeux de bien des observateurs au XIXe siècle, avec des nuances de taxinomie et d'interprétation, l'attribution d'un salaire aux apprenti.e.s est un phénomène assez répandu, et sans doute un des marqueurs de la crise de l'apprentissage dont on se plaint, notamment durant la deuxième moitié du siècle. François-Étienne Mollot le voit comme un fait social prosaïque, signe de l'intégration de l'apprenti, pour le meilleur et/ou le pire, dans le système de production. Au même moment, un *Code-manuel* du monde du travail indique que l'on offre communément un salaire aux apprentis, mais fort souvent en fin de parcours pour les tenir ; rarement inséré dans le contrat, écrit ou verbal, le salaire est une récompense instrumentalisée par le maître selon les circonstances. Plusieurs commentateurs l'évoquent comme une « incitation » déployée suivant des usages locaux, jamais stipulée d'avance. Sans prononcer le mot « salaire », Sébastien Commissaire, canut lyonnais, décrit un système hybride mettant en avant

58. AN, MC : CI-445, 26 mars 1751 ; XX-606, 13 décembre 1751 ; XXXIV-584, 3 octobre 1751 ; X-495, 11 mars 1751 ; LX-424, 15 juin 1751 ; LXXXIX-531, 17 janvier 1751 ; CVIII-632, 8 juin 1756 ; LXIX-658, 20 janvier 1751 ; XXXVIII-389, 25 juillet 1751 ; XXXVIII-391, 13 octobre 1751 ; XXXVIII-390, 26 juillet 1751 ; XXXVIII-389, 2 août 1751 ; XXXVIII-390, 19 juillet 1751 ; XXXVIII-222, 19 août, 14 septembre 1723 ; XXXVIII-360, 14, 17 juillet 1747 ; XXXVIII-383, 22 juin 1750 ; XXXVIII-367, 5 juin 1748.

« la tâche » comme le mécanisme standard pour « encourager » les apprentis « à travailler le plus possible » : tout ce que l'apprenti fait en plus de la quantité d'étoffes dont se compose la tâche « lui est payé comme ouvrier ». Selon les prud'hommes de Lyon, un apprenti privé de sa tâche est privé d'un droit d'usage fondamental : « pouvoir gagner quelque chose pour lui » pendant sa formation[59].

Si l'usage sert souvent à protéger des acquis et empêcher des déviations ou innovations, il peut aussi s'affirmer pour consolider des pratiques relativement nouvelles. Ici et là, « la gratification » prend l'allure d'un salaire ; ce qui était proposé, sans doute exceptionnellement et individuellement, devient un enjeu social, une réclamation de la part d'autres qui cherchent la même chose. Voilà un cas à Avignon de la cristallisation d'une nouvelle norme recherchée plutôt spontanément : un apprenti touchant habituellement 1,25 francs par jour s'adresse aux prud'hommes quand son maître cesse de le rémunérer, « pour réclamer le salaire ». Le maître argue qu'étant apprenti, par définition, le jeune homme ne peut pas revendiquer un salaire ; une conciliation improvisée épargne au tribunal l'obligation de trancher cette question épineuse. À la même époque, dans leur *Code ouvrier*, Louis André et Léon Guibourg constatent qu'il arrive fréquemment que le maître verse une somme modeste à l'apprenti « à titre d'encouragement ». Ils maintiennent que cette rétribution, qu'elle soit simplement promise ou expressément convenue, « ne modifie en rien le caractère du contrat d'apprentissage, mais elle constitue au profit de l'apprenti un véritable salaire ». Un peu plus tard, un juriste un brin cynique appelle à la lucidité : ce salaire brouille la distinction entre l'apprenti et les « petites mains », et implicitement substitue au contrat d'apprentissage un simple contrat de louage d'ouvrage : « L'apprentissage qui jadis avait pour but essentiel la connaissance du métier n'a plus aujourd'hui que le salaire. » D'un côté, dans un processus d'évolution lente mais irréversible, on repère une société protestante de patronage des jeunes à Nîmes qui exclut de ses concours les apprenti.e.s recevant « un salaire régulier », qui ne peuvent plus être considérés comme apprentis, mais plutôt comme « ouvriers » ; et de l'autre, la simple observation qu'il est rare qu'un apprenti avec « un peu de dextérité »

59. B.-L. Bellet, *Code-manuel des ouvriers, des contre-maîtres et des apprentis*, p. 61 ; *Sébastien Commissaire, ouvrier canut et martyr républicain, d'après ses mémoires*, Lyon, Éditions Claude d'Arve, 1989 [d'après celle de 1888], p. 44 ; Véronique de Chardon, « L'Apprentissage en France de 1851 à 1919 », thèse de doctorat, Université de Paris 4 (Sorbonne), 1992, p. 69-70 ; *L'Écho de la Fabrique* (5 janvier 1845).

ne demande pas un salaire. D'une part, l'enquête de la Chambre de commerce pour 1860 prétend que parmi les quelque 20 000 apprenti.e.s dans la capitale, peu sont rémunéré.e.s, mais avoue que de telles rétributions sont difficiles à apprécier et fort variables, en termes de durée et d'autres facteurs ; de l'autre, la constatation que l'apprenti salarié est assez commun, notamment en province[60].

Le vécu raconté devant les prud'hommes suggère qu'en province, au moins, le salaire est une affaire banale, même si chaque maître, et parfois son apprenti.e, semble la théoriser à sa façon. Un cordier au Mans paie son apprenti de treize ans ce qu'il qualifie de salaire : 50 centimes par jour pendant la première année, 75 centimes durant la seconde. Un patron filassier de la même ville rémunère son apprenti exceptionnellement, provisoirement, 50 centimes par jour, le temps de la maladie de son père, sorte de soutien social et moral. Serrurier à Tours, Louis Concle donne à son apprenti, engagé pour vingt-sept mois, une « prime » de 12 sous chaque dimanche, puis de 24 sous les trois derniers mois, récompense « pour donner de l'encouragement ». Apprenti compositeur nantais, Henri Chatellier fuit son entreprise, car « il est impossible de vivre » sur la base des 1,50 francs qu'il touche par jour comme « salaire ». Une apprentie fabricante d'étoffe de soie a une rétribution dans la seconde moitié de son apprentissage d'un an sous la forme du « prix de l'ouvrage » qu'elle aura fait. Pour diminuer l'ardeur de l'apprenti.e à partir précocement, maints patrons, à la façon de leurs homologues corporatifs, décalent l'application de rémunération jusqu'à la dernière période du contrat, ou retiennent

60. V. de Chardon, « L'Apprentissage en France de 1851 à 1919 », p. 69-70, 193 ; Louis André et Léon Guibourg, *Le Code ouvrier, exposé pratique de la législation et de la jurisprudence réglant le travail et les intérêts des ouvriers et apprentis*, Paris, Librairie Maresq Aîné, 1895, p. 61 ; J.-H. Cagninacci, *L'Instruction professionnelle de l'ouvrier*, Paris, A. Rousseau, 1910, p. 34, 38-39 ; *Statistique de l'industrie à Paris, résultant de l'enquête faite par la Chambre de commerce pour l'année 1860*, Paris, Chambre de commerce, 1864, p. XXXV, XXXVIII ; *Bulletin de l'Apprentissage* [organe du Comité permanent exécutif du Congrès national mixte de l'industrie, du commerce et du travail] (avril-mai 1910) ; P. Pic, *Traité élémentaire de législation industrielle*, p. 919, 904. Tout en suggérant que le salaire chez l'apprenti est assez répandu, Julien Hayem et Jules Périn suscitent allègrement une petite guerre de religion (opposant en particulier deux exégètes de prestige, Mollot et Dalloz) concernant la définition de l'apprentissage et du phénomène du salaire, le sens de son contrat, l'inflexion que peut donner un salaire au statut de l'apprenti, la relation entre le statut de l'ouvrier et celui de l'apprenti, le rôle du « temps » dans la conceptualisation du salaire au sein du rapport entre patron et apprenti, et ainsi de suite. J. Hayem et J. Périn, *Traité du contrat d'apprentissage*, p. 56-59, 70. Début XXe siècle, bien des observateurs partagent la conviction du juriste J.-H. Cagninacci que les apprentis les plus doués exigent un salaire très vite, s'ils ne le reçoivent pas dès le début, et s'en vont allègrement s'ils ne l'obtiennent pas, fragilisant encore l'institution. *L'Instruction professionnelle de l'ouvrier*, p. 47-48.

l'argent gagné pour être acquitté tout à la fin. Dagné, charpentier à Nantes, promet un salaire à partir du dix-neuvième mois dans un contrat de deux ans et demi : 1,25 francs les premiers six mois de cette phase finale, 1,50 pour les derniers. Selon son marché avec un maître faïencier de Tours, un apprenti recueille 7,20 francs par semaine pendant sa troisième année. Le fils d'un jardinier de la banlieue du Mans, Jouhumeau, reçoit un franc par jour pendant les six derniers mois de son engagement de dix-huit mois. Un apprenti peintre du Mans ne peut bénéficier de sa rémunération modeste qu'à la fin de son contrat. À Lyon, une apprentie dans la soie perçoit communément « un gage » de 20 francs, ou un peu plus, à la fin de chaque année, sorte de pourboire pour de bons et loyaux services. Rose Leroy, âgée de treize ans, fille d'un ouvrier tisseur en laine à Tours, obtient dans son contrat (écrit) d'apprentissage en passementerie une grille de salaire : 50 centimes par jour les premiers six mois, 60 les six mois suivants et 5 francs la semaine les derniers six mois. Cinq ans plus tard, toujours en Indre-et-Loire, Eugène Ferrand, fils mineur d'un homme de peine, s'engage pendant trois ans pour apprendre la poterie et empoche 2 francs la semaine la première année, puis 4 francs l'année du milieu, enfin 6 francs en année terminale[61].

Pour certains patrons, la somme payée n'a pas le statut fixe et autonome que l'on associe avec la notion de salaire, mais dépend de leur bonne volonté, des circonstances de leur commerce, de la situation du marché du travail et surtout du comportement de l'apprenti.e. Ce point de vue pourrait expliquer un certain nombre d'affrontements, quand le maître cesse brutalement d'acquitter le paiement promis, poussant l'apprenti à fuir ou finissant par un règlement chez les prud'hommes. Censé augmenter le salaire de son apprenti dans sa dernière année, Mesnil, un fondeur-mécanicien à Nantes, revient sur le montant du début, car il estime que le jeune homme, insuffisamment assidu, a perdu trop de temps à l'ouvrage. Maître chapelier dans cette même ville, Eugène Benoist avait promis à son apprenti 4 francs par semaine pendant les six premiers mois, puis un franc par jour durant la deuxième période, enfin 1,50 pendant les six derniers mois.

---

61. Prud'hommes : AD Sarthe, 778 W, 7 octobre 1864, 778 W 4, 1er et 16 décembre 1874 ; AD Indre-et-Loire, 5 U 12, 1er novembre 1819 ; AD Loire-Atlantique, 5 U 1 43, 17 novembre 1849 ; AD Indre-et-Loire, 5 U 12, 4 juin 1822 ; AD Loire-Atlantique , 5 U 1 45, 28 novembre 1857 ; AD Indre-et-Loire, 5 U 12, 14 août 1821 ; AD Sarthe, 778 W 2, 2 janvier 1867 et 15 mai 1867 ; *L'Écho de la Fabrique* (1er mai 1845) ; AD Indre-et-Loire, 5 U 17, 1er mars 1854 et 19 juin 1859.

Juste à la fin de la première tranche, le patron répudie son accord, n'y trouvant sans doute pas la valeur ajoutée qu'il escomptait, préférant ainsi voir partir l'apprenti. Épisode similaire, aussi à Nantes, quand un maître tourneur, ayant promis à un apprenti un franc par jour pendant deux mois, puis 1,50 durant deux mois, ensuite 2 francs pour les deux derniers mois d'un court apprentissage (qui suggère que le jeune homme avait une certaine expérience professionnelle), refuse l'augmentation de la deuxième phase, invitant l'apprenti à s'en aller. Mécontent des 10 francs par mois proposés par un maître charcutier de Tours, un apprenti fugue trois fois et finit par être obligé d'indemniser son maître pour obtenir son congé et officialiser la résiliation de son engagement. Un apprenti tourneur, ayant déjà travaillé dans le métier, se sauve parce qu'il considère qu'il n'est pas correctement rémunéré[62].

L'APPRENTIE

Les apprenties n'échappent pas aux préjugés et aux blocages (socioculturels, psychologiques, juridiques et institutionnels) qui entravent les ambitions et les activités des femmes[63]. On regarde la formation des filles/femmes avec moins de faveur et de sérieux que celle des garçons et des hommes. Leur présence dans l'arène économique n'est pas universellement bien accueillie : c'est une litote. L'histoire de l'apprentissage des filles et des femmes – sujet passionnant et important – aura bientôt l'attention qu'elle mérite[64]. Au cours de la période traitée

62. Prud'hommes : AD Loire-Atlantique, 5 U 1 42, 30 octobre 1844, 5 U 1 43, 23 mars 1850 et 5 U 1 45, 15 novembre 1860 ; AD Indre-et-Loire, 5 U 12, 12 décembre 1822 ; AD Sarthe, 778 W 2, 26 février 1868.

63. Voir Colin Heywood, « On Learning Gender Roles during Childhood in Nineteenth-Century France », *French History*, t. 5 (1991), p. 451-66.

64. Je fais référence aux travaux en cours de Clare H. Crowston et de Claire Lemercier. Notons que dans le Poitou, Nicole Pellegrin, autre historienne pionnière de l'apprentissage, trouve très peu de contrats d'apprenties. Dans la deuxième partie du XVIIIe siècle, ils ne représentent que 6,2 % du total. Quatorze marchés concernent des couturières à Poitiers. Toutes les filles viennent de « situations difficiles » : par exemple, 9 sont orphelines, au moins d'un père. Nicole Pellegrin, « Contrats d'apprentissage en Haut-Poitou », p. 266-67. Nancy Locklin trouve peu de contrats d'apprenties par rapport aux apprentis en Bretagne, en écho au constat de Jean-Yves Kerbois pour Nantes. N. Locklin, *Women's Work and Identity in Eighteenth-Century Brittany*, Aldershot (UK), Ashgate, 2007, p. 29 ; Jean-Yves Kerbois, « Les apprentis Nantais au XVIIIe siècle », mémoire de maîtrise, Université de Nantes, 1975. À Madrid, peu de filles/femmes sont mises en apprentissage ; elles sont majoritairement dans les textiles. V. López Barahona et J. A. Nieto Sánchez, « Artisanal Apprenticeship in Early Modern Madrid », dans *Apprenticeship in Early Modern Europe*, p. 71-75. Simona Landani montre que les contrats à Catane, souvent créatifs tout en codifiant des rapports, n'excluent pas les

ici, il y a beaucoup plus de filles et de femmes mises en apprentissage qu'on ne le croit communément, 15 % selon deux sondages importants pour les années 1751 et 1761, sans doute près du tiers en récupérant des contrats non comptabilisés, surtout des couturières, encore davantage en puisant dans des filières parallèles, alternatives et/ou auxiliaires (parfois sans cadre structurant, laissant souvent peu de traces, notamment dans la vaste sphère des artisans, marchands et ouvriers dits sans-qualité). Au sein de l'univers corporatif, à part les communautés spécifiquement féminines, telles les lingères, les couturières ou les linières-chanvrières-filassières, moins couramment les modistes, les fleuristes, les blanchisseuses, les filles/femmes peuvent se faire former dans les communautés mixtes, tels les grainiers/grainières, les fruitiers/fruitières ou certaines corporations de tailleurs d'habits[65].

À partir de 1776, une nouvelle donne s'impose, théoriquement (grâce à la loi) et pratiquement, à un degré difficile à jauger tant par l'inégalité d'exécution, au niveau de la généralité (la circonscription de l'intendant) comme de la ville, que par diverses formes de résistance, souterraines et ouvertes. Le nouveau système corporatif créé au lendemain de l'abolition des corporations tentée par Turgot ouvre désormais toutes les communautés aux femmes (et les quelques corporations féminines aux hommes). Bien que des barrières persistent, à l'avenir, elles sont informelles, « coutumières », locales et illégales.

---

femmes. « Apprenties ou jeunes salariées ? Parcours de formation dans les métiers de Catane (XVIIIe-XIXe siècles) », *Histoire urbaine*, n° 15 (avril 2006), p. 13-15. En Angleterre, Keith Snell conteste énergiquement le stéréotype de l'exclusion des filles/femmes du travail artisanal et des processus de transmission, formelle et informelle. Keith David Michael Snell, *Annals of the Labouring Poor*, Cambridge, Cambridge University Press, 1985, p. 270-72, 277-78, 284, 287, 290, 311-13.

65. P. Jaubert [et P. Macquer], *Dictionnaire raisonné et universel des arts et métiers*, t. 2, p. 302 ; J. Savary des Bruslons et P.-L. Savary (dir.), *Dictionnaire universel de commerce*, t. 1, p. 774 ; C. H. Crowston, *working paper* intitulé « Disruption of Apprenticeship », p. 6 ; C. H. Crowston et C. Lemercier, « Surviving the End of the Guilds », dans *Apprenticeship in Early Modern Europe*, p. 287. Voir aussi le contrat (27 février 1668) dirigé par Margueritte Cuillier, marchande grainière à Paris, « laquelle a reconnu & confessé avoir retenu pour apprentisse Catherine Letourneur », sa propre fille, liée pour six ans. Sa mère s'engage à « lui montrer & enseigner son trafic & négoce [...] lui fournir les alimens corporels, feu, lit, hôtel, luminaire & entretien, & faire son possible qu'en fin dudit tems elle soit capable de faire le négoce de ladite Marchandise ». *Statuts de la communauté des maîtres et marchandes grainiers, maîtresses et marchandes grainières de Paris*, Paris, G. Lamesle, 1750, p. 111-12. Sur la spécificité de la profession de sage-femme et son apprentissage, sous l'égide de maîtres chirurgiens plus ou moins interventionnistes, voir *Recueil des édits, déclarations, lettres patentes, arrêts et règlemens du Roy registrés en la Cour du Parlement de Normandie, depuis l'année 1740, jusqu'en 1754*, p. 529 (notamment le règlement du mois d'avril 1752). Voir le contrat d'une apprentie sage-femme, épouse d'un soldat invalide, « voulant se procurer l'art et la science des accouchements » : AN, MC, LVIII, 563C, 3 juin 1754.

Des femmes entrent dans des dizaines de professions qui leur étaient jusqu'ici officiellement fermées dans l'univers corporatif. L'apprentissage, source de tous les maux pour les libéraux intégristes, brièvement supprimé (plus par extrapolation que par injonction claire), reprend avec une étonnante célérité – en fait il ne s'est jamais vraiment arrêté –, se fondant sur le vieux modèle. Nous connaissons mal l'impact de la refondation corporative sur les pratiques de la transmission, institutionnelles et vernaculaires.

Une autre manière d'accéder à une formation et une socialisation passe par la voie institutionnelle – mais en dehors du système corporatif –, essentiellement caritative. Des filles sans aucun lien avec leur futur métier arrivent par l'intermédiaire des charités de paroisse, des villes ou de l'État (y compris les hôpitaux, dont certains gèrent des programmes denses et prestigieux d'enseignement professionnel, et des ateliers de travail)[66]. Malgré une sélection de métiers assez réduite, ces filles font fréquemment d'excellents apprentissages, avec des maîtres ou des maîtresses retenus pour leur sérieux ou des compagnons chevronnés. Toutes ces apprenties, quelles que soient leur provenance et leur trajectoire, ont tendance à disparaître de notre vue, se fondant dans le paysage, en devenant épouses, en travaillant ouvertement dans le territoire corporatif ou en s'établissant dans les faubourgs et des places dites privilégiées (à l'abri de l'intrusion corporative), dans les interstices urbains (comme chambrelan, par exemple), ou de banlieue (faisant partie de réseaux de sous-traitance lancés ouvertement ou subrepticement, par des entrepreneurs bien installés, soit dans des communautés, soit à travers des maisons marchandes ou bancaires).

Quoique la pratique ne soit pas très répandue, on dénombre des filles mises en apprentissage, plus ou moins discrètement, généralement dans les grandes villes, par contrat notarial, dans des corporations masculines. À Paris, par exemple, dans les communautés des peintres et des sculpteurs, ensuite à l'Académie de Saint-Luc qui réunit les deux professions, mais aussi chez les éventaillistes et sans doute chez les doreurs. Parfois, mais pas toujours, les formateurs sont

---

66. Voir Clare H. Crowston : « From School to Workshop: Pre-Training and Apprenticeship in Old Regime France », dans B. De Munck, S. L. Kaplan et H. Soly (dir.), *Learning on the Shop Floor,* p. 46-63 ; « L'Apprentissage hors des corporations : les formations professionnelles alternatives à Paris sous l'Ancien Régime », *Annales, Histoire, Sciences sociales,* 60e année, n° 2 (2005) p. 409-441 ; « Du corps des couturières à l'Union de l'Aiguille : les continuités imaginaires d'un corporatisme au féminin, 1675-1895 », dans Steven L. Kaplan et Philippe Minard (dir.), *La France, malade du corporatisme ? XVIIIe-XXe siècles,* Paris, Belin, 2004.

des maîtresses plutôt que des maîtres. Paraphé communément par un maître ou une maîtresse, le contrat est quelquefois signé par un couple, exerçant la même profession artistique, ou non (une « maîtresse doreuse et peintresse » est veuve d'un bourgeois de Paris, une maîtresse sculptrice est l'épouse d'un sculpteur, et un maître éventailliste accueille comme apprentie pour « aprendre à peindre les éventailles » une fille de douze ans, dont sa femme, sans profession stipulée, va implicitement garantir la sécurité morale). Chez les éventaillistes, on peut entrer comme « apprentisse externe », logeant et mangeant chez ses parents, pour éviter bien des problèmes. À Lyon, des filles s'engagent comme apprenties chez des maîtres ouvriers en soie et des maîtres passementiers[67].

Le savoir-faire peut également s'acquérir dans le contexte familial, autre espace informel de transmission, peut-être trop vite genré au masculin. Comme fille ou femme d'un artisan ou commerçant, éventuellement comme épouse d'un compagnon du même atelier ou d'un artisan (maître ou compagnon) de l'extérieur, du même métier ou d'un autre, souvent complémentaire, la jeune personne apprend en observant, en assistant, en remplaçant, en participant à la vie quotidienne d'un atelier ou d'une boutique, en prenant comme modèle ou guide, par exemple, sa propre mère, qui a pu suivre le même parcours. La formation de cette fille/femme – objectivement, mais pas protocolairement ni symboliquement apprentie – est liée à la gestion de la fortune et du positionnement à travers les générations, d'abord par des stratégies familiales (voire dynastiques), puis par des choix de métier (la compétence des membres de la maisonnée ; la famille comme firme). Dans le champ de la formation des filles/femmes, à côté d'histoires de conquête, il y a des histoires de survie. Prenons le cas de Claire, fille de Balthazard Chady, compagnon passementier aspirant à la maîtrise en raison de son parcours d'apprenti et de son mariage avec la mère de Claire, fille d'un maître passementier. Chady décède avant de pouvoir accéder pleinement à la maîtrise. La mère fait vivre la petite famille en entreprenant du travail de finition de

67. AN, MC : XXXVIII-383, 18 mai 1750 ; XV-637, 13 décembre 1744 ; X-557, 7 décembre 1763 ; XXXVIII-367, 5 juin 1748 ; XXXVIII-383, 12 mai 1750. AM Lyon : HH 214, 1er juillet 1671 et 215, 13 décembre 1673. Paradoxalement, les mêmes filles reçues comme apprenties sont, pendant un certain temps, autorisées à briguer une maîtrise chez les peintres et sculpteurs, mais apparemment aussi chez les doreurs, marbriers et graveurs, sans être astreintes à présenter la preuve d'un apprentissage achevé. *Encyclopédie méthodique. Arts et métiers mécaniques*, t. 6, p. 155-56 ; *Nouveaux reglemens accordez aux directeurs, corps et communautez de l'Académie de Saint-Luc*, Paris, J.-B. Lamesle, 1738, p. 19, 49.

passementerie, grâce au statut de son père et à son réseau commercial. Claire « avoit été élevée par sa mère à la fabrication de franges qui étoit son unique talent ». N'étant pas considérée comme fille de maître en raison du décès précoce de son géniteur, elle n'a pas officiellement le droit de travailler dans la passementerie. Elle le fait pourtant dans l'ombre protectrice de sa mère, mais elle craint, le jour où sa mère ne sera plus là, de perdre son seul moyen de gagner sa vie. Contre toute attente, sa pétition d'être reçue exceptionnellement comme maîtresse passementière est accordée par la corporation. Cette dernière reconnaît qu'un refus aurait été sans « convenance » et contre « l'équité », étant donné ses liens familiaux et son expérience dans la profession, que les dirigeants regardent comme valant apprentissage. Mais Claire ne devient pas maîtresse à part entière, comme les autres sont maîtres sans conditions : elle doit se contenter de travailler uniquement sur les franges qu'elle fait depuis l'âge de sept ans[68].

Il est difficile d'identifier un courant « Lumières » qui s'agite en faveur d'une place plus grande et « normalisée » pour les filles/femmes dans l'apprentissage : l'acquisition et la transmission institutionnalisées du savoir et du savoir-faire professionnels (hors les traditionnelles filières caritatives et/ou chrétiennes). Un texte de 1757 tient le discours conventionnel sur la question : « On fait différence entre les fils & les filles ; un garçon peut apprendre un Métier ; mais l'infirmité & la pudeur des filles ne souffrent qu'avec peine qu'on les mette en apprentissage ; il y a peu de professions qui puissent leur convenir. » À la marge, le débat sur l'éducation est plus ouvert sur les filles, généralement de manière assez abstraite et prudente. Globalement, on considère les filles, particulièrement d'origine sociale modeste et de situation précaire, comme n'en ayant pas besoin, ou du moins pas beaucoup : l'alphabétisation rudimentaire, l'initiation aux travaux pratiques de la maison (surtout la couture et les tâches ménagères) suffisent. Certains directeurs d'écoles (gratuites) de dessin ont envie de promouvoir l'inclusion des filles, sans engendrer de résultats mesurables. Mais les barrages sociaux habituels restent en place ; et les verrouillages de genre ne sautent pas[69].

Sans occulter les suppositions de faiblesse et d'incapacité, innées ou consubstantielles à leur rôle socioculturel, le thème de la vulnérabilité,

68. AM Lyon, HH 244, 6 octobre 1752.

69. Nicolas Nupied, *Journal des principales audiences du parlement*, Paris, Libraires associés, 1757, p. 43-45 (10 mai 1701).

tant sociale que psychologique, tant morale que matérielle, des filles/femmes se réaffirme au XIXe siècle, nonobstant de multiples fulgurances féministes révolutionnaires qui ont percé fugitivement et sont entrées en latence, dans l'attente d'un jour plus propice. Il y a des guides pour le choix d'un métier visant « des jeunes filles et des dames » qui évoquent un éventail impressionnant de possibilités professionnelles sans examiner concrètement le parcours, notamment la question de la formation. Ouvriériste catholique, fils d'un administrateur d'orphelinat, Adrien-César Egron, devenu imprimeur après avoir fait son apprentissage pendant la Terreur, se soucie de l'environnement vicieux qui menace des apprenties à tout moment, des filles pauvres et fragiles, « sans cesse en rapport avec des jeunes gens souvent débauchés, travaillant dans des ateliers nombreux et peu surveillés, fréquentant de bonne heure les petits spectacles et les salles de danse des barrières, c'est-à-dire ce qu'il y a de plus dangereux pour la jeunesse ». Champion des associations et autres patronages spécialisés dans l'organisation de l'apprentissage pour les filles les plus exposées, l'essayiste et moraliste Pierre-Armand Dufau s'inquiète de « la foule » de jeunes filles, souvent des faubourgs de la capitale, qui échappent au filet caritatif, « ces malheureuses enfants aux formes grêles, aux traits étiolés, dont le regard, la contenance et la parole décèlent une précoce et déplorable dépravation ». Ce sont toutes des filles paumées, sans le moindre sentiment de pouvoir agir [exercer de l'*agency*] pour infléchir leur propre destin[70].

Évitant la question sociophilosophique de la capacité des filles/femmes de parvenir à une certaine autonomie, un autre moraliste, mieux connu, Édouard Ducpétiaux, à peine moins condescendant et misogyne, croit fermement à l'intérêt de l'apprentissage féminin. S'il doit être conduit « sur les mêmes bases que l'apprentissage pour les jeunes garçons », il faut qu'il soit rigoureusement organisé, surveillé et géré par des femmes. Même si ce système marche, Ducpétiaux n'échappe pas aux anxiétés de ses collègues : « On n'aurait encore remédié qu'à une partie des maux qui les menacent. » Guetté par la misère, car leurs ressources ne seront jamais suffisantes pour vivre correctement et en sécurité, un certain nombre succombera aux « incessantes tentations », aux pressions, aux réalités. Ducpétiaux imagine quelques scénarios plus ou moins utopiques : des ateliers à part où les

70. Pierre-Armand Dufau, *Lettres à une dame sur la charité*, Paris, Guillaumin, 1847, p. 96, 101 ; A.-C. Egron, *Le Livre de l'ouvrier*, p. 153-54.

« apprenties » pourraient « demeurer en qualité d'ouvrières » en partageant les coûts et les bénéfices, moins sous la direction d'une sorte de cogestion encadrée que comme une entreprise hybride publique-privée (il pense à la fabrique des châles de la Sauvegère dans la région lyonnaise où les jeunes filles vivent en dortoir et où chacune dispose de son propre lit). Fin observateur des questions concernant l'apprentissage, l'ingénieur et sociologue Émile Cacheux constate que l'apprentissage des filles tend à disparaître dans le dernier tiers du XIXe siècle quand les filles demandent de plus en plus une rétribution fixe. Juridiquement, socialement et psychologiquement, les patrons trouvent qu'il est moins compliqué de gérer des rapports de travail avec des femmes adultes qu'avec des enfants/adolescentes et leurs familles et/ou patronages[71].

Nonobstant ces représentations circonspectes ou sombres de la situation de l'apprentissage féminin, nous savons qu'il y a de nombreuses apprenties au cours du XIXe siècle, engagées pour la plupart verbalement. S'il y a brouillage entre le statut de travailleuses (type petites mains) et celui d'apprentie légitime, suffisamment de familles d'apprenties se présentent devant les prud'hommes pour éliminer toute incertitude sur leur existence, peut-être plus marginale dans les grandes villes qu'ailleurs. Pourtant, à Lyon, toujours capitale de la soie, les apprenties l'emportent nettement sur les apprentis ; et à Paris, vers 1850, d'après l'enquête de la Chambre de commerce, un tiers des jeunes classés dans l'apprentissage sont des filles. Comme pendant l'Ancien Régime, elles sont consignées à un éventail de professions assez restreint. Les seules couturières forment 22 % des apprenties, tandis qu'elles emploient moins de 4 % de la population des ouvrières adultes. La division du travail de plus en plus poussée incite des patrons à affecter des apprenties (et d'autres adolescentes-ouvrières) à des tâches simples, répétitives, routinières, malgré l'élargissement théoriquement vaste de la sphère d'activité professionnelle qui leur est permise. La notion d'apprentie perd de sa spécificité, de son lien intime avec l'acquisition de compétence et de crédit symbolique. L'apprentie sérieuse, comme l'apprenti assidu, ne peut plus compter sur la conquête et la possession d'un métier entier, gagne-pain mérité et fiable. Les lignes de démarcation entre apprenties et

71. Édouard Ducpétiaux, *De la condition physique et morale des jeunes ouvriers et des moyens de l'améliorer*, t. 2, Bruxelles, Meline, Cans et Compagnie, 1843, p. 203-04 ; Émile Cacheux, *État actuel en France du patronage et de l'enseignement des apprentis*, Paris, Imprimerie nationale, 1889, p. 41.

petites mains se brouillent. Beaucoup de jeunes ouvriers et ouvrières font le même travail que les apprenti.e.s[72].

L'APPRENTI.E AU TRAVAIL : REPRÉSENTATIONS ET CONDITIONS VÉCUES

Une série de courts textes doloristes – « complaintes facétieuses » – dépeignent le monde du travail d'en bas, confondant souvent apprentis et compagnons. Démentant toute outrance, ces auteurs prétendent lever le rideau sur la vie « d'un pauvre apprentif » où « la misère est extrême ». Dans l'imprimerie, par exemple, où l'apprentissage est payant, d'une manière ou d'une autre, à chaque étape, le prote se délecte : l'apprenti porte les plus lourds fardeaux, se charge des tâches les plus ingrates, accepte volontiers « son rude martyr » malgré ses doléances. Bien entendu, il dort peu et mal, se reposant – l'ironie est l'idiome du récit – dans « un lit de forçat ». « Consultez un Apprentif, de quelque métier que ce puisse être ; il vous répondra qu'il n'est personne de plus malheureux que lui, & qu'il souffre dans sa condition plus qu'un Galérien », image évoquant le leitmotiv de « l'esclavage » : les apprentis sont « plus esclaves que les esclaves même ». L'apprenti ouvre la boutique tôt le matin, accueille les compagnons, cherche le bois et l'eau, puis du vin et du fromage, entreprend des commissions en ville pour le prote, nettoie et balaie, tout cela même le dimanche. « Mais pourquoi, dira-t-on, un ton plaintif ? » demande le narrateur : « Est-ce pour être heureux qu'on se met apprentif ? » Pourtant, s'il « déteste [son] malheureux destin », l'apprenti se rend compte que c'est aussi sa chance d'apprendre, d'acquérir des compétences, de participer au jeu culturel dans lequel « l'industrie aide à accoucher de l'art »[73].

En boulangerie, où l'urgence vitale l'emporte sur le rêve esthétique, l'apprenti mitron, lui aussi, dort mal, par bribes « sur le four », passant « toute la nuit dans la captivité », temps de « torture » plutôt que de répit. Son histoire spécifique est quelque peu faussée, car mêlée avec cet autre « esclave » dans la même prison, le garçon boulanger,

72. C. H. Crowston et C. Lemercier, « Surviving the End of the Guilds », dans *Apprenticeship in Early Modern Europe*, p. 295, 297-99.

73. *La Misère de ce monde, ou complaintes facétieuses sur les apprentissages de différens arts et métiers de la Ville et fauxbourgs de Paris*, Paris, Cailleau, 1783, p. 64, 114-125. Ancien apprenti et ouvrier imprimeur, Adrien-César Egron lit ces textes au premier degré, comme preuve que l'état d'apprenti pendant l'Ancien Régime « était si pénible et avili ». *Le Livre de l'ouvrier*, p. 143.

qui se consacre entièrement à la panification. Cependant, l'apprenti, même s'il commence à peine à mettre la main à la pâte, est lié intimement au compagnon, car ensemble c'est « toujours travailler, dans la douleur, sans goûter ni jouir d'un moment de bonheur ». Le topos misérabiliste n'est pas restreint à ce genre particulier de littérature parodique, allégorique et moralisatrice. Quand les *Affiches du Poitou* – tabloïde des élites, chronique des faits où se mêlent praticité et pathos – relatent à la fin de 1779 un terrible sinistre dans lequel un apprenti boulanger est brûlé vif dans son lit (« à peine a-t-on pu trouver quelques malheureux restes de son cadavre »), le journal pose la question qui paraît évidente : « A-t-il été si éreinté qu'il ne pouvait pas s'y échapper ? » Restif de la Bretonne, ouvrier typographe, indicateur de police et écrivain au XVIIIe siècle, reprend la représentation de l'apprentissage-épreuve, où l'enfant doit souffrir et obéir aux ordres de son maître même si l'action demandée est « basse et servile ». D'une part, « la servitude » n'est que provisoire, ce qui le distingue de l'esclavage ; de l'autre, comment ne pas s'y soumettre car, valet et élève, l'apprenti ne refuse rien à son maître, à la fois « [s]on père et [s]a mère »[74].

Distillation de stéréotypes et de burlesque, mais en même temps écho d'observateurs et d'affaires de police et de justice, cette sombre appréciation de la misère des apprentis, et de la tyrannie sur laquelle elle est fondée, ne disparaît pas au XIXe siècle. Désormais, globalement plus clinique, plus austère et châtié, le discours est décliné sur différents modes, celui de l'enquête, de la dénonciation, de l'indignation éthique, de la doctrine religieuse, de la réforme socioéducative ou du projet politique. Quand on compare l'apprentissage à l'esclavage au XVIIIe siècle, l'image demeure exotique et lointaine, le rapprochement forcé. Pourtant, quand Jules Simon, écrivain et homme public en plein XIXe siècle, fustige « l'esclavage » des apprenti.e.s tisseurs/tisseuses, ses contemporains connaissent beaucoup mieux les réalités de cette abomination et l'auteur parle en connaissance de cause de certaines pratiques frisant le travail coercitif. Inventoriant d'innombrables horreurs sur le lieu de travail, Louis-René Villermé, médecin féru de statistiques et de sociologie avant la lettre, relève des pratiques « barbares », par exemple des ouvriers dans un atelier bordelais qui « se croient autorisés à frapper les apprentis rattacheurs ».

74. *Ibid.*, p. 148-152 ; *Affiches du Poitou*, 16 décembre 1779 ; N. Pellegrin, « L'Apprentissage ou l'écriture de l'oralité », p. 382.

Portant un regard analogue, Édouard Ducpétiaux, journaliste et réformateur social, vitupère contre l'exploitation des apprenti.e.s, les jeunes filles en particulier, astreintes à des travaux « excessifs et hors de rapport avec leurs forces » ou à « des services pénibles et répugnants », sans lien avec leur prétendue formation professionnelle. L'apprentissage n'est pas encadré : « Il n'existe aucune règle, aucun contrôle [...] l'apprenti est abandonné pour ainsi dire à la discrétion du maître »[75].

Écrivant au milieu du siècle, César Fichet, réformateur, promoteur de cours gratuits pour les jeunes ouvriers, créateur des écoles d'enseignement professionnel, auteur d'un projet pour des « écoles d'apprentis », qui avait connu lui-même un misérable apprentissage dans la bijouterie, estime que les apprentis « seraient moins malheureux dans les pénitenciers que chez leurs maîtres ». Leurs situations quotidiennes « jettent dans l'âme de l'enfant un tel découragement, que, pressé par la faim, accablé de mauvais traitements, de chagrin et de misère [...] s'il ne met fin à ses jours » – Fichet raconte plusieurs cas d'apprentis poussés à l'extrême, l'un menaçant de sauter depuis le cinquième étage, l'autre plongeant dans la Seine –, « il sera capable de voler », risquant ainsi le bagne. Du point de vue de son bien-être et de son autonomie, le jeune ouvrier dans l'usine s'en tire mieux que l'apprenti, selon Léon Faucher, philosophe, journaliste et homme politique : l'apprenti est « livré au maître qui le reçoit corps et âme ; il entre dans cette famille étrangère, non pour y apprendre un métier en donnant par compensation quelques années de son travail, mais pour y remplir les plus humbles, les plus pénibles et les plus dégoûtantes fonctions de la domesticité ». En un mot, conclut Faucher, le régime spécifique de l'apprenti est celui de « l'oppression » : ni enseignement professionnel, ni éducation religieuse, ni instruction primaire ; des châtiments quotidiens, généralement sans cause et sans modération ;

75. Jules Simon, *L'Ouvrière*, Paris, Hachette, 1861, p. 32 ; Louis-René Villermé, *Tableau de l'état physique et moral des ouvriers employés dans les manufactures de coton, de laine, et de soie* [1840], Paris, CNRS, 1989, p. 428 ; É. Ducpétiaux, *De la condition physique et morale des jeunes ouvriers*, t. 1, p. 36-37. Cf. la description de la cruauté d'un maître bijoutier parisien qui préfère recruter les jeunes campagnards parce que « une fois entre ses mains, personne ne p[eut] exercer sur eux aucune surveillance » et qu'il lui est loisible de les exploiter « sans pitié et sans miséricorde, jusqu'au sang... » J.-P. Gilland, *Les Conteurs ouvriers*, p. 217. Un député, Boissel, en 1847, impute le nombre « catastrophique » de jeunes conscrits « réformés » pour constitution chétive et autres infirmités à « la misère incurable » du fait de leur expérience de travail, comme apprentis ou ouvriers, en ville ou à la campagne. Cité par J. Hayem et J. Périn, *Traité du contrat d'apprentissage*, p. 122.

enfin, « le travail ne s'arrête même pas à l'épuisement des forces et ne connaît ni règle ni frein »[76].

Journaliste, économiste et directeur de l'Institution des jeunes aveugles de la capitale, Pierre-Armand Dufau décrit l'apprentissage comme « une grande calamité » qui a lieu dans « un marais fangeux » qui met en péril la santé et la moralité des apprentis. Il raconte l'itinéraire d'un adolescent qui a envie de travailler, qui essaie d'entrer comme apprenti chez un chapelier qui « le batit avec violence », puis chez un ferblantier « qui l'accablait de travail et le nourrissait à peine [...] il maigrissait et pâlissait à vue d'œil ». S'exprimant dans les années 1870, il demande que les politiques, parmi le grand nombre de commissions qu'ils organisent, donnent priorité à l'étude de la condition catastrophique de l'apprenti. Dans une veine similaire quasiment au même moment, Alexandre Legentil, moraliste chrétien, raconte comment, « dans les ateliers, patrons et ouvriers s'unissent asses ordinairement pour malmener l'apprenti ; personne ne prend guère le parti de ce pauvre petit souffre-douleur ». Si jamais l'apprenti parvient à porter son cas devant les prud'hommes, la même ligue de patrons et ouvriers assureront sa défaite[77].

Nous connaissons mal la réalité du travail effectué par l'apprenti et sa vie sociale et psychologique avant, pendant et après le travail proprement dit. Trop de métiers de toutes sortes, trop de dispersion sociogéographique, trop de contextes et de circonstances hétérogènes, sinon singulières, et surtout trop peu de sources nous donnant une visibilité sur ces expériences. Divers témoins parlent d'une sorte de bizutage au début, certains rites d'initiation désagréables, voire méchants, d'autres simplement railleurs. En boulangerie, pendant des siècles, les garçons/ouvriers invitent l'apprenti à faire ses ablutions dans le pétrin avant le lancement de la première fournée, puis vont chercher le maître pour le mortifier. Plus cruel, affecter l'apprenti, notamment le plus chétif, à monter les sacs de 325 livres dans la chambre de farine dans le grenier. Il existe un semblable usage chez les imprimeurs qui donnent à l'apprenti des dizaines de kilos de papier à livrer en ville sur son dos. En coutellerie, on confie des instruments à réparer (« rhabiller ») aux apprentis, « qui apprennent

76. César Fichet, *Mémoire sur l'apprentissage et sur l'éducation industrielle*, Paris, Galban, 1847, p. 10 ; L. Faucher cité par J. Hayem et J. Périn, *Traité du contrat d'apprentissage*, p. III.

77. P.-A. Dufau, *Lettres à une dame sur la charité*, p. 86, 88-91. Cf. Alexandre-Félix Legentil, *De la condition des apprentis, et des œuvres principales qui tendent à l'améliorer*, Paris, P. Dupont, 1874, p. 17.

leur art aux dépens de quelques blessures, lesquelles servent, suivant un dicton des ouvriers, *à faire entrer le métier dans le sang* ». Dans de nombreux métiers, tant en Allemagne qu'en France, les ouvriers font subir aux apprentis un rituel de dénigrement : chez des ébénistes, les compagnons brûlent la première pièce soigneusement faite par un apprenti « afin que l'apprenti ne devien[ne] pas orgueilleux ». Ailleurs, pour la moindre faute – parfois des pièges montés par les ouvriers –, on abreuve l'apprenti d'insultes (« Arpette ! 36 degrés en-dessous d'un chien ») et de coups. On envoie le novice chercher des outils ou matériaux fantaisistes (par exemple, un rabat qui permet de rajouter ce qu'on a enlevé de trop), lui causant frustration et désarroi, puis on le sermonne quand il ne peut pas les présenter. Le maître intervient parfois lui-même : il demande à un apprenti maréchal ferrant de tenir la queue d'une vache à ferrer. Pour rappeler que les secrets du métier ne s'acquièrent pas aisément – brimades et rétention du savoir sont liées –, d'anciens forgerons dans la taillanderie de La Fure (Isère) ont pour usage de montrer aux jeunes un geste erroné[78].

Sur la dureté du travail lui-même, en dessous du seuil de « mauvais traitements » proprement dits, on dispose de très peu de témoignages de première main pour l'Ancien Régime : quelques allusions assez vagues dans des cas de transport d'apprentissage ou des affaires de départ, sans doute des traces, ici et là, dans les plaintes à la police. Les acteurs sont un peu plus loquaces au XIXe siècle, grâce à quelques textes (auto-)biographiques, aux prud'hommes (explicitement) et aux interventions policières (tacitement). Guillaume, un provincial, est surpris en entrant comme apprenti chez un bijoutier parisien par le fossé incongru entre la beauté des produits et le travail « si ingrat, si repoussant quand on l'exerce, surtout pour les apprentis ». Ces enfants « y sont continuellement dans l'huile noire, dans la ponce, dans les acides, dans le charbon, dans la fumée, dans les cendres, dans les ordures ». En un mot, « l'apprentissage réduit la plupart de nos enfants aux dernières horreurs des misères humaines : l'esclavage antique n'a rien qui étonne ni qui fasse horreur devant les souffrances et les ignominies qu'on leur fait subir ». On a déjà

78. *Encyclopédie méthodique. Arts et métiers mécaniques* [1784], t. 2, p. 48 ; Sven Steffens, « Le nom de l'apprenti : une analyse du vocabulaire socioprofessionnel », *Revue belge de philologie et d'histoire*, t. 79 (2001), p. 613-16 ; Denis Chevallier et Isac Chiva, « L'Introuvable objet de la Transmission », dans Denis Chevallier (dir.), *Savoir faire et pouvoir transmettre. Transmission des savoir-faire et des techniques*, Paris, Éditions de la Maison des sciences de l'homme, 1991, p. 6.

évoqué les expériences profondément odieuses des apprentis Victor Offroy, Agricole Perdiguier et Jean Grave. Apprenti chez un pharmacien, Offroy est traité en domestique : « Je ne faisais donc que balayer la boutique, nettoyer les boiseries, les vitres, récurer les mortiers, les balances, allumer le feu des alambics, etc. » Une deuxième expérience dans une épicerie ne réussit pas mieux : il devient encore « la bête de somme ». Perdiguier, futur compagnon célèbre, entre comme apprenti menuisier chez un ami de son père, passage rude, travail en toute saison de 5 heures jusqu'à 20 heures, voire plus tard, parfois même toute la nuit, complété par une corvée supplémentaire le dimanche matin. Futur pionnier de l'anarchisme, Grave veut devenir mécanicien. Cependant, son maître d'apprentissage est plus brute que formateur : furieux d'avoir pris des coups, le jeune homme a failli tuer son maître[79].

Lechaud, père d'un apprenti mécanicien près du Mans, proteste contre le maître qui « veut lui [à l'apprenti] faire tourner la roue, ouvrage au-dessus de ses forces, il en a été malade, c'est l'ouvrage d'un homme de peine et non d'un apprenti », doléance que les prud'hommes estiment « exagérée ». Ces derniers, cette fois-ci à Tours, repoussent la plainte du père d'un apprenti vitrier mettant en cause le maître pour avoir obligé l'adolescent à « faire de voyages de trop long cours et fait porter de trop lourds fardeaux, le tout au-dessus de ses forces ». À la suite d'une plainte de Guillon, apprenti dans la Fabrique de Lyon, contre « des tâches trop fortes » que son maître le contraint à accomplir, en novembre 1833 les prud'hommes délèguent deux de leurs membres pour « visiter l'étoffe et fixer les tâches », exemple d'un interventionnisme qui ne se pratique pas dans tous les conseils. Au même moment, un chef d'atelier reproche à son apprenti « son peu d'activité et d'application ». Prenant en compte « son jeune âge » et « sa faible constitution », les mêmes prud'hommes envoient deux collègues « examiner le genre d'étoffe qu'il fabrique et fixer la tâche [qu'il] sera à même de faire ». Le rythme du travail est un critère basique d'appréciation d'un apprenti dans la Fabrique. S'il ne fait pas « la tâche d'usage », notamment en raison de « paresse », un maître demande qu'il « rembourse la différence ». Dans une autre

79. J.-P. Gilland, *Les Conteurs ouvriers*, p. 209, 222 ; V. Offroy [dit de Dammartin], « Mémoires d'un apprenti », dans *Œuvres diverses*, Dammartin, Lemarié fils, 1873, p. 85-89 ; Agricol Perdiguier, *Mémoires d'un compagnon*, Paris, La Découverte, 2002, p. 54, 95-98 ; Jean Grave, *Mémoires d'un anarchiste (1854-1920)*, Paris, Éditions du Sextant, 2007, p. 38-40, 42-43, 47-48, 57.

affaire, les prud'hommes lyonnais estiment que si l'apprenti « ne fait pas sa tâche », sa caution doit payer au chef d'atelier « l'arrière des tâches ». L'apprenti doit avoir l'espace pour apprendre, mais pas au prix de négligences résultant dans des « dégâts » de matières premières : toujours à Lyon, un maître dévideur souhaite renvoyer son apprentie pour ce défaut ; un fabricant exige un dédommagement par la famille. Dans le sillage de la publication de la loi de 1874 sur le travail des enfants, la police de Paris semble plus attentive à certains abus subis par des apprentis, verbalisant par exemple fin 1876-début 1877 un maître chaisier pour avoir affecté son apprenti de douze ans à transporter – « traînant avec peine » – 56 kilos de chaises ; un patron emballeur dont l'apprenti de treize ans « s'affaisse » en portant une charge de 23 kilos ; un pâtissier qui envoie son apprenti de treize ans avec « une manne chargée de comestibles beaucoup trop lourde pour lui »[80].

Les heures semblent longues aux observateurs. Pour l'Ancien Régime, elles ne suscitent que rarement des réclamations ou reproches, l'usage (formalisé dans un certain nombre de contrats) prescrivant une longue journée de travail, variant un peu entre hiver et été, mais imposant ordinairement entre douze et quatorze heures, avec plusieurs pauses variables pour repas et collation. Dans le sillage des Anglais, des réformateurs et critiques sociaux en France lancent au XIXe siècle un mouvement pour limiter le travail des enfants. Ils visent néanmoins tout particulièrement les usines dans les grandes agglomérations : leur premier triomphe, la loi de 1841, ne concerne pas les apprentis (et n'est pas rigoureusement appliquée dans les grandes manufactures). Vers la fin du siècle, notamment en 1874, puis dans la dernière décennie, des tentatives de réduction englobant les apprentis avec les ouvriers voient le jour. En 1841, Montalan, père d'une apprentie travaillant chez Pellet de la Fabrique à Lyon, dénonce le maître pour avoir imposé « des taches trop fortes » pendant dix-sept à dix-huit heures par jour. Résiliant le contrat, appelant Pellet à davantage de « sagesse » et « d'équité », les prud'hommes semblent plus impressionnés par la dureté du labeur que par la longueur des heures.

80. AD Sarthe, 778 W 3, 24 avril 1872 ; AD Indre-et-Loire, 5 U 12, 29 mai 1821 ; *L'Écho des travailleurs* (14 novembre 1833) ; *L'Écho de la Fabrique* (2 février 1834) ; *La Tribune lyonnaise* (juillet 1845) ; *La Tribune prolétaire* (14 décembre 1834) ; *La Tribune lyonnaise* (décembre 1847 et juillet 1845) ; Karen Fiorentino, « Protéger l'enfant ouvrier. La loi du 19 mai 1874, une "législation intermédiaire" ? », *Revue historique*, t. 682 (2017), p. 350-51 ; *Bulletin de la Société de protection des apprentis* (1877), p. 122-25, et (1880), p. 192-93.

Selon un échange chez les prud'hommes de Tours en 1854, « suivant l'usage de la ville », un apprenti serrurier de douze ans ne peut pas travailler plus de dix heures (à quatorze ans, il passe à douze heures). Cependant, dans une grande enquête au début des années 1860, des experts suggèrent que la vraie brutalisation des apprentis ne provient pas de maîtres cruels, mais d'un temps de travail exorbitant, dans quelques ateliers artisanaux jusqu'à vingt et un ou vingt-deux heures, et pour certains un travail le dimanche au-delà du rangement le matin. D'après la petite Moncel, apprentie de Delaplace, maîtresse brodeuse, cette dernière la force à travailler seize heures par jour, de 6 heures jusqu'à 22 heures, « ruinant sa santé ». Si Delaplace et son mari « ont eu tort de faire travailler la jeune Moncel plus que la loi qu'ils ignoraient le permet », observent les prud'hommes parisiens, extrêmement indulgents, « ils promettent de ne plus à l'avenir la faire travailler plus de 10 heures par jour ». Le père refuse de la réintégrer dans l'atelier, comme le proposent les prud'hommes, qui accordent la résiliation à contre-cœur, exigeant des Moncel une indemnité de 100 francs en faveur du couple fautif[81].

L'apprentissage comme travail domestique

La « mise en domesticité », comme dit un bureau des prud'hommes, est probablement le plus courant des abus commis par le maître et très mal ressenti par l'apprenti.e (et parfois plus encore par les parents). La pratique de se servir de l'apprenti.e pour faire toute une série de tâches ménagères, de courses et de commissions sans aucun rapport avec la profession qu'il/elle espère apprendre semble quasi universelle et assez souvent acceptable, voire acceptée selon le type d'activité et surtout la dose exigée. Il en est ainsi en Finlande, particulièrement dans l'artisanat rural, à Madrid, à Venise (surtout pour les filles), à Florence, à Bologne, à Turin, en Bolivie, parmi le peuple Ga d'Accra au Ghana (où « la servitude perpétuelle » mène au terme de l'engagement à une cérémonie dite « la libération » de l'apprenti), au Japon, aux États-Unis, en Espagne (« on m'obligea d'abord comme on fait tous les apprentis [*sic*], à balayer la Boutique, à tirer de l'eau du puits, à laver le linge […] », relate le « garçon de bonne humeur » qui

81. *L'Écho des ouvriers* (mai 1841) ; AD Indre-et-Loire, 5 U 17, 10 mars 1854 ; *Enquête sur l'enseignement professionnel, ou Recueil des dépositions devant la commission de l'enseignement professionnel*, t. 1, Paris, Imprimerie impériale, 1864, p. 236-40 ; AP, D1U10 403, 9 novembre 1876.

acquiesce aisément). Personne à l'étranger ne semble contester l'exploitation domestique, tant qu'elle ne dépasse pas un seuil considéré comme coutumier et légitime.

Participer à « la vie de la maisonnée » est une façon, d'après les uns, de s'intégrer dans la vie de leur deuxième famille ; d'autres estiment que ce service domestique est tolérable tant qu'il ne bloque pas la formation technique, seule justification de la présence de l'apprenti.e. En France, on reconnaît la proximité du statut de domestique et de celui de l'ouvrier, y compris l'apprenti, amalgame qui sous-tend toute l'idéologie, la règlementation et la législation cherchant à assurer la subordination des ouvriers, en territoire corporatif et au-delà, pendant l'âge corporatif et après : c'est une grande continuité entre la vision corporatiste et celle de Le Chapelier. De nombreux acteurs du monde du travail et bien des commentateurs contestent l'idée que le statut (supposé ou formel) dicte la pratique des relations sur le lieu du travail. Si imaginer son rapport de domination en termes de domesticité flatte le maître, cela ne veut pas dire qu'il a le droit de traiter le compagnon (portant épée, estant collectivement en justice, organisant des cabales, entrant dans le compagnonnage : toutes manières de résister à cet assujettissement symbolique) ou l'apprenti.e comme laquais ou valet, comme serviteur ou servante[82].

De multiples textes, et même quelques contrats, interdisent aux maîtres de traiter leurs apprenti.e.s comme des travailleurs domestiques et plus communément de leur faire faire des tâches sans rapport avec le métier. Parmi les normes qu'il endosse, Audiger, dans sa *Maison réglée*, ne cesse de mettre en garde maître ou marchand contre l'affectation des apprentis à des travaux de maison tels « netoyer les souliez et autres vilenies », car « on ne met point en apprentissage

---

82. Merja Uotila, « Rural Artisans' Apprenticeship Practices in Early Modern Finland (1700-1850) », dans M. Prak et P. Wallis (dir.), *Apprenticeship in Early Modern Europe*, p. 178 ; G. Colavizza, R. Cella et A. Bellavitis, « Apprenticeship in Early Modern Venice », dans *ibid.*, p. 107 ; A. Bellavitis, « Apprentissage masculin, apprentissage féminin à Venise au XVIe siècle », p. 51, 54, 72 ; V. López Barahona et J. A. Nieto Sánchez, « Artisanal Apprenticeship in Early Modern Madrid », dans *Apprenticeship in Early Modern Europe*, p. 72-73 ; B. Zucca Micheletto, « A Large "Umbrella": Patterns of Apprenticeship in Eighteenth-Century Turin », dans *ibid.*, p. 94 ; C. Klapisch-Zuber, « Disciples, fils, travailleurs : les apprentis peintres et sculpteurs italiens aux XVe-XVIe siècles », p. 138-40 ; Hans Buechler, « Apprenticeship and Transmission of Knowledge in La Paz, Bolivia », dans Michael W. Coy (dir.), *Apprenticeship: From Theory to Method and Back Again*, Albany, State University of New York Press, 1989, p. 44 ; John Singleton, « Japanese Folkcraft Pottery Apprenticeship », dans *ibid.*, p. 18 ; E. N. Goody, *Parenthood and Social Reproduction*, p. 198-200, 204 ; W. J. Rorabaugh, *The Craft Apprentice*, p. 43 ; Alain René Le Sage, *Histoire d'Estevanille Gonzalez*, t. 1, Paris, Prault, 1741, p. 5 ; S. L. Kaplan, « La lutte pour le marché du travail à Paris au XVIIIe siècle ».

pour cela, le Marchand mesme ne le doit point souffrir, s'il est honneste homme, puisqu'il y va de sa conscience, et que souvent ces manières d'agir rebutent les apprentis, ce qui est cause qu'ils se débauchent & ne veulent point apprendre le métier ». Un tailleur d'habits de Digne, ville des Préalpes de Provence, engage un apprenti en 1719 par contrat écrit qui lui interdit de « l'occuper à d'autres œuvres & usages » que la confection des vêtements. Maintes constitutions corporatives défendent aux maîtres « d'occuper leurs apprentifs à autre travail que celui de leur métier », réprobation reprise au XIXe par des prud'hommes lyonnais. Le père d'Élise Petit, apprentie modiste, jure devant les prud'hommes parisiens en 1876 qu'il a stipulé dans leur contrat verbal l'exclusion de tout travail qui ne concerne pas la profession recherchée, soit des courses ou la domesticité[83].

La littérature au sujet de « la domestication » de l'apprenti au XIXe siècle est prolifique. C'est un des thèmes récurrents du débat sur « la crise de l'apprentissage » à laquelle nous consacrons un chapitre. Il marque les discussions parlementaires préparant la grande loi régulant l'apprentissage au milieu du siècle. Rapporteur d'une proposition allant dans ce sens, Félix Esquirou de Parieu, avocat, député de droite et futur ministre, déplore la tendance croissante des maîtres « tournant les travaux de l'apprenti vers des ouvrages pénibles [...] une déviation du contrat » de plus en plus commune. La loi, promulguée en 1851, ne la corrige pas. Son langage fort élastique concernant « les travaux et services qui se rattachent à l'exercice de la profession » permet aux exégètes, y compris un conseil des prud'hommes parisien, d'estimer que le maître peut exiger jusqu'à deux heures de corvée par jour. Si des juristes, vers la fin du siècle, tel Paul Pic, sont catégoriquement opposés à cette interprétation (« l'apprenti est un élève et non pas un domestique »), le légiste influent des années 1840-50, François-Étienne Mollot, défend la thèse du seuil raisonnable : des commissions et rangements, oui, si le temps de ces missions n'est pas démesuré ; « certains services de ménage », des courses trop longues ou des fardeaux trop lourds, non. En tout cas, rajoute Mollot, optimiste, « ces services cessent ordinairement après la première année

83. [N.] Audiger, *La Maison réglée*, p. 159 ; *Supplément et suite du recueil des Reglemens généraux et particuliers concernant les manufactures et fabriques de royaume*, p. 216 ; AD Alpes-de-Haute-Provence, 2 E 14890, 9 janvier 1719 ; *Statuts de la communauté des maîtres et marchands grainiers de Paris*, p. 112 ; *Privilèges accordés aux maîtres pâtissiers-oublayeurs de Paris*, Paris, Veuve Delormel et fils, 1757, p. 7-8 ; *L'Écho de la Fabrique* (31 mars 1844) ; AP, D1U10 403, 20 juin 1876.

d'apprentissage ». Son contemporain, Pierre-Armand Dufau, voit la porte ouverte à toutes les outrances dans la mise à profit de l'apprenti : « Tel maître, abusant de ce qu'il n'avait à rendre compte de sa conduite à personne, en faisait un domestique dont il employait tout le temps pour un peu de pain, sans s'inquiéter de lui montrer son état. » Ouvrier qui a connu toutes les misères du monde depuis l'âge de cinq ans, Norbert Truquin, installé derrière un métier à la Croix-Rousse, connu plus tard comme auteur « prolétaire », raconte l'itinéraire des tisseuses à Lyon, ces jeunes filles qui ont « le teint si jaune et la figure si fatiguée », qui travaillent l'été de 3 heures 30 jusqu'à la nuit, en hiver à peine moins. Recrutées à quinze ans en Dauphiné et Savoie, elles se placent « en apprentissage pour quatre ans, tandis que pour fabriquer du satin ou du taffetas, quatre mois suffiraient [...] les premiers six mois, on ne leur fait faire que le ménage et les cannettes »[84].

Dans l'enquête de 1863-1864 sur l'enseignement professionnel, une myriade de témoins dénonce la détérioration ou le détournement de l'apprentissage, devenu « une domesticité déguisée », un régime où les patrons font souvent « de petits domestiques des apprentis », où dans « des conditions déplorables » l'apprenti devient « un véritable domestique ». Peu après, lors de l'Exposition universelle, Wilmotte, ouvrier horloger, raconte des apprentis affectés à « des services serviles », apprenant le métier dans les interstices d'une longue journée stérile et épuisante « en regardant par intervalles le compagnon qui travaille ». Balard, imprimeur en étoffes, se lamente de ce que les apprentis « ne deviendront jamais ouvriers, ce ne sont que des hommes de peine ». Un troisième ouvrier confirme : « Les apprentis sont plutôt des commissionnaires que des élèves qui font des courses même pour les besoins de ménage des patrons. » Entre naïveté aveuglante et cynisme matérialiste, le philosophe catholique et commerçant novateur Alexandre-Félix Legentil trace une voie subtile et différenciante : si le bon apprentissage fait de l'enfant un.e « élève » et suppose une instruction rigoureuse, comment oublier que l'apprenti.e est souvent un.e adolescent.e curieux.se et velléitaire, qui s'amuse

84. J.-H. Cagninacci, *L'Instruction professionnelle de l'ouvrier*, p. 40-42 ; P. Pic, *Traité élémentaire de législation industrielle*, p. 903 ; F.-É. Mollot, *Le Contrat d'apprentissage*, p. 47-48 ; J.-P. Gilland, *Les Conteurs ouvriers*, p. 223, 234-5 ; P.-A. Dufau, *Lettres à une dame sur la charité*, p. 86 ; Marcel Debolo, *L'Apprentissage à l'atelier*, Paris, A. Rousseau, 1906, p. 144-46, 150, 153, 156-57 ; Norbert Truquin, *Mémoires d'un prolétaire*, Marseille, Le Mot et le Reste, 2006, p. 141-42 (les cannettes : l'enroulement du fil de trame).

dans les commissions en ville, excursions de découverte et de tentation, qui ne compte pas le temps (« gaspillé ») comme son père ou son maître, ne se sent pas forcément opprimé, encore moins à son âge déclassé par des tâches dites non-professionnelles[85] ?

Les apprentis, et leurs familles, n'ont pas cédé le monopole du discours sur la domesticité aux élites culturelles. Ils portent plainte devant les prud'hommes contre les maîtres qui détournent l'apprentissage de sa vocation primordiale : la formation. L'abus physique que peuvent engendrer des corvées à la maison et en ville n'est que secondaire : le reproche est avant tout une forfaiture morale, une tromperie existentielle. L'idée que le maître choisit d'utiliser son apprenti.e à des fins domestiques ou à des commissions ne relevant guère de la compétence professionnelle choque les parents et décourage leurs enfants. Roulin, horloger sarthois, a mis son fils Auguste chez un marchand de vins pour une durée de cinq ans. Le maître a pris un deuxième apprenti trois mois plus tard. Depuis ce moment-là, « il relégua Auguste dans la cuisine où il servait plutôt de domestique que d'apprenti, aussi au bout de deux ans, il ne sait rien ». La mère d'une apprentie blanchisseuse soutient que « au lieu d'apprendre l'état, on lui faisait faire les courses et faire la cuisine ». Le père d'un apprenti à Tours fulmine contre Grassin, marchand chapelier, qui prétend « vivre en bon accord » avec son fils, tout en « lui faisant faire beaucoup de commissions » et « l'employant à son service pour la table » et « ne l'envoyant ni à la messe ni aux vêpres ». Charron, père d'un apprenti pâtissier de Nantes qui passe le gros de son temps, parfois en soirée, à écouler des bonbons et autres douceurs dans la rue, éclate de rage : « n'ayant pas mis son fils pour aller vendre mais pour apprendre son état », il n'a pas envie qu'il reste stagner chez ce maître. (Ce genre de grief remonte dans la pâtisserie au moins jusqu'au début du XVIIe siècle.) Rizeray, menuisier sarthois, sermonne Louise Adam, couturière en robe, maîtresse de sa fille « qui n'a jusqu'ici rien appris », car elle est submergée par de nombreuses « courses » tous les jours. Faché est en colère contre un tonnelier tourangeau qui « ne montre point l'état à son fils [apprenti] comme il le doit et l'emploie toujours à mettre

---

85. *Enquête sur l'enseignement professionnel*, t. 1, p. 112 (Bardin, professeur de dessin), 136 (Pasteur Meyer, président de l'œuvre des apprentis de la confession d'Augsbourg), 141 (Gaumont, journaliste-expert sur l'enseignement technique), 392 (Gouin, ingénieur-constructeur et prud'homme) ; Eugène Tartaret (éd.), [*Exposition universelle de 1867.*] *Commission ouvrière de 1867. Recueil des procès-verbaux des assemblées générales des délégués et des membres des bureaux*, Paris, Augros, 1868, p. 82-84, 92-93.

du vin en bouteille plutôt que le mettre à travailler aux futaies », reproche semblable à celui d'un marchand de vin nantais contre un tonnelier peu motivé à l'idée de transmettre. Au Mans, l'apprenti d'un chaudronnier « se plaint que souvent on lui fait faire des corvées qui ne regardent nullement l'état de chaudronnier et que depuis deux ans qu'il est en apprentissage, il ne sait presque rien faire ». Félix Geari, mécanicien près de Nantes, retire son fils, apprenti vannier chez Gantier, car ce dernier lui impose quotidiennement « des travaux qui ne sont pas de nature à en faire un bon ouvrier ». Par une inversion de mauvaise foi, certaines patronnes maintiennent que leurs apprenties ne sont pas privées de développement professionnel à cause de la surcharge de travaux domestiques, mais qu'elles sont affectées à ces tâches ménagères faute d'intelligence, de dextérité et/ou de motivation. La Veuve Piepu, couturière en robes, explique que Lucie Drouhin, son apprentie, « ne pouvait rien faire [...] n'ayant aucune des dispositions nécessaires pour apprendre la profession ». Le couple Defrain, censé transmettre l'état d'ouvrière en dentelle à Léonie Jacques, ne lui donne que des travaux de maison et des courses lourdes comme une sorte de châtiment, car elle est « mauvais sujet » et voleuse de petites sommes[86].

Au lieu « d'enseigner », un couple de dévideurs à Lyon affecte son apprenti « aux soins domestiques de la maison ». Un compositeur à Nantes charge le sien de s'occuper de son cheval « au lieu de lui montrer son état ». Une journalière dans la banlieue de Tours vitupère contre le maître de son fils, apprenti cordonnier. Ce dernier, « au lieu de rester à travailler, est continuellement à courir [pour "faire des commissions"] au point qu'il a usé 13 francs de chaussures en 6 mois ». Joséphine Sauveur porte un jugement ironique sur Guesles, le menuisier qui a promis d'initier son fils au métier. Puisque son enfant passe quasiment tout son temps dans les « déménagements », elle suppose qu'il s'agit de la spécialité de cet artisan qui ne respecte pas les termes de leur marché. Vinouzé, journalière aux environs de Nantes, est furieuse que son fils traîne des charrettes

86. AD Sarthe, 778 W 1, 21 février 1866 ; AD Indre-et-Loire, 5U 17, 18 février 1847 ; AD Sarthe, 778 W 2, 23 septembre 1868 ; AD Loire-Atlantique, 5 U 1 43, 22 septembre 1848 ; AD Sarthe, 778 W 8, 25 janvier 1882 ; AD Indre-et-Loire, 5 U 12, 23 novembre 1820 ; AD Loire-Atlantique, 5 U 1 43, 22 décembre 1847 ; AD Sarthe, 778 W 1er, 4 avril 1866 ; AD Loire-Atlantique, 5 U 1 45, 16 décembre 1857 ; sentence de police, 19 juillet 1700, *Privilèges accordez aux maîtres pâtissiers-oublayeurs de la ville de Paris*, Paris, Gonichon, 1747, p. 72-73 ; AP, Prud'hommes : D1U10 383, 23 mars 1855 ; D1U10 388, 23 février 1860.

chez sa maîtresse : « Elle ne l'avait pas placé pour lui servir de domestique, mais bien comme apprenti chaudronnier. » Dans la même veine, Brutus Caban, aussi nantais, proteste contre l'exploitation que fait Moreau, fabricant de chapeaux, de son fils : « Il ne veut pas que son fils fasse les commissions outre celles concernant la chapellerie. » Pourquoi son fils, apprenti fondeur, toujours à Nantes, est-il réduit au statut de « manœuvre » mis à « tourner la roue », s'insurge son père, quand c'est la responsabilité du maître de « luy montrer au moins son état d'une manière convenable ? » Comme tant d'autres écartés d'une sérieuse instruction professionnelle, Barquin, mineur, apprenti mécanicien, fait « toutes les commissions de la maison », mais aussi les œuvres désagréables de l'atelier comme le chauffage des machines tous les matins. Sans doute aurait-il regardé ces dernières obligations, suivant une longue tradition où l'apprenti sert en échange d'être servi, comme admissibles, s'il avait eu le sentiment de progresser dans l'exercice du métier[87].

Très réticents à reconnaître le détournement des apprenti.e.s de leur état comme cause « légitim[ant] la rupture » du contrat, les prud'hommes s'efforcent de concilier, amenant le maître à s'engager solennellement à remplir ses obligations et tançant assez fréquemment l'apprenti et ses parents d'avoir exagéré le défaut d'enseignement. Ils sont particulièrement sceptiques devant les demandes de résiliation portées par les parents vers la fin du terme, *timing* commode pour un apprenti impatient de travailler ailleurs. Ainsi, quand le père de Théodore Destreguit se plaint, après plus de deux ans d'apprentissage – il reste moins de dix mois – que son maître n'emploie son fils « qu'à faire des commissions », le bureau fait son enquête, concluant que, puisque le jeune homme « sait très bien travailler » et pourrait commander jusqu'à 30 sous par jour, il faudrait supposer un maître qui a perdu sa raison pour lui faire faire des courses. Au refrain plaintif « [m]on fils n'apprend pas à travailler, il fait des commissions toute la journée », les prud'hommes opposent souvent une réponse précautionneuse, équivoque, passablement irénique : « L'apprentif doit finir

87. *L'Écho de la Fabrique* (17 avril 1845) ; AD Loire-Atlantique, 5 U 1 43, 16 octobre 1848 ; AD Indre-et-Loire, 5 U 12, 12 janvier 1822 ; AD Loire-Atlantique, 5 U 1 45, 24 août 1859, 13 février 1862 et 13 juillet 1859, et 5 U 1 42, 10 septembre 1846 ; AD Indre-et-Loire, 5 U 12, 13, 23 janvier 1821 ; AD Sarthe, 778 W 2, 15 septembre 1869 ; AP, D1U10 14, 30 avril 1860. Il y a une kyrielle de dossiers analogues, par exemple AD Indre-et-Loire, 5 U 12, 20 juillet 1820 (apprenti vitrier-peintre) et AD Loire-Atlantique, 5 U 1 42, 25 avril 1846 (chapelier) et 5 U 1 45, 13 mars 1862 (piqueuse de broderie).

son temps et le patron doit lui montrer l'état. » Les prud'hommes des industries des tissus à Paris affectionnent la repentance jugée sincère, comme celle d'une couturière prête à reprendre son apprentie, partie en colère, avec la garantie qu'elle ne travaillera plus « qu'aux travaux de son état ». Évidemment, bien des cas échappent à la sagesse officielle, particulièrement quand l'acrimonie et l'aliénation sont aiguës. La dame Barré, contremaîtresse dans une fabrique de draps près de Tours, place son frère comme apprenti chez Maubert, marchand tapissier – ce dernier « n'apprenant pas son état à son frère [...] qu'il occupait sans cesse à des corvées complètement étrangères à la profession de tapissier, de manière que l'apprenti ne voulait plus rentrer dans son atelier ». Le bureau des prud'hommes fait tout pour concilier les parties. Maubert promet dorénavant non seulement de bien enseigner la profession, mais aussi « de lui laisser libre toutes ses heures de repas, de lui permettre de n'aller à l'atelier les fêtes et dimanches [que] jusqu'à 9 heures du matin, de ne l'assujettir à aucune corvée étrangère à la profession ». Barré jure qu'elle a pesé « avec toute l'influence qu'elle pouvait avoir sur l'esprit de son frère pour l'engager à rentrer dans l'atelier de M. Maubert pour finir son apprentissage, mais que du reste elle n'espérait pas vaincre la répugnance de ce jeune homme pour continuer son apprentissage chez M. Maubert »[88].

Structurellement homologues, d'autres plaintes mettent l'accent sur l'exaction patronale sous forme de travail domestique ou autrement accessoire plutôt que sur la privation de formation. Les cas les plus frappants concernent les filles, supposées avoir une affinité quasi génétique

88. AD Indre-et-Loire, 5 U 12, 13, 23 janvier 1821 ; AD Sarthe, 778 W 2, 15 septembre 1869 ; AP, D1U10 403, 20 juin 1876 ; AD Indre-et-Loire, 5 U 17, 4, 14 février, 13 mai 1841. Sur la résistance des prud'hommes parisiens à l'annulation à la suite de l'affectation de l'apprentie « aux travaux et soins de ménage », voir AP, D1U10 379, 23 février 1855. Cf. la posture du président et du secrétaire du conseil des prud'hommes de Reims vers la fin du siècle : « L'apprenti ne sera employé, sauf conventions contraires, qu'aux travaux et services qui se rattachent à l'exercice de sa profession [...] Il est d'un usage malheureusement trop répandu d'employer l'apprenti – nous parlons des garçons – à de petits travaux, à des occupations ou à des courses complètement étrangères à sa profession. La femme du maître [mélange d'ethnographie, de folklore et de misogynie] en fait quelquefois un véritable domestique ; c'est ainsi qu'elle l'emploie à balayer, à laver sa maison, faire des courses pour le ménage, etc. » Cet abus est davantage toléré chez des apprentis « qui ne paient pas » [leur apprentissage] que chez celui qui le paie et donc s'affranchit de toute corvée. A. Nouvion-Jacquet et C. Cordier, *Le Patron et l'ouvrier devant le conseil de Prud'hommes*, p. 17. Laurence Montazel est plus impressionnée que moi par la volonté ferme des prud'hommes de prononcer la résiliation quand le travail domestique semble peser très lourd dans la journée de l'apprenti. « La Résolution judiciaire des conflits en matière de contrat d'apprentissage au XIXe et XXe siècles », dans Serge Dauchy, Bruno Dubois, Farid Lekéal et Véronique Demars-Sion (dir.), *Histoire, justice et travail*, Lille, Centre d'histoire judiciaire, 2005, p. 284.

et une prédestination sociale pour des tâches ménagères tout particulièrement. À Paris, une couturière impose à sa très jeune apprentie un cocktail nocif de travaux de ménage, courses en ville et ouvrage de nuit. À la suite du départ de sa bonne, une autre maîtresse couturière enrôle son apprentie de vingt ans pour la remplacer. Léontine Hamon, lingère de la Sarthe, met sa nièce en apprentissage chez Mme Cabaret, couturière : « Cette dame fait laver la vaisselle par sa nièce et lui fait faire les lits de la maison et d'autres corvées en dehors de son état. » Apprentie chez une lingère, une fille placée par l'hospice du Mans se révolte contre un régime presque exclusif de travaux de la maison. Cas semblable à Nantes où une autre apprentie « fait des courses en ville et travaille la nuit ». Caillant, un hongreur tourangeau, s'indigne que la maîtresse de sa fille, une couturière, « ne l'employait qu'à faire des commissions ». La dame Beury préfère verser une indemnité au maître que de voir son fils, apprenti coiffeur au Mans, consigné à faire « des travaux au dessus de ses forces » et des « commissions dans des maisons de filles ». Émile Chesne, ouvrier tapissier à Tours, prétend avoir placé sa fille chez Émilie Piot, couturière, pour « apprendre la profession de couturière ». Pas si vite, réplique cette dernière : « Aux termes du contrat verbal d'apprentissage, la jeune fille Chesne devait en outre faire l'atelier, le salon, les courses et le balayage de l'escalier », comme si ces besognes étaient consubstantielles à son métier. « Il n'y a pas dans ces conditions infraction à l'usage », estiment les prud'hommes, « si ce n'est cependant dans l'obligation de l'apprentie de balayer l'escalier ». Jugement de Salomon ? Que de pièges pour des parents qui ne connaissent pas bien les us et coutumes de l'écosystème, et ne sont pas protégés par un contrat écrit[89].

MAUVAIS TRAITEMENT(S)

De « mauvais traitements » est une formule forte, une accusation grave et une justification éventuelle d'annulation du contrat. L'acte désigné par « mauvais traitements » se traduit presque toujours par des violences, communément physiques, fréquemment aussi symboliques (des paroles blessantes, le harcèlement moral). Une manière d'agir extrêmement dure sur le lieu de travail est rarement classée dans la

89. AP, Prud'hommes : D1U10 388, 24 juin 1860 ; D1U10 397, 22 juillet 1869 ; AD Sarthe, 778 W 1, 16 novembre 1863, 15 janvier 1865 ; AD Loire-Atlantique, 5 U 1 45, 21 juin 1865 ; AD Sarthe, 778 W 2, 13 mai 1868 ; AD Indre-et-Loire, 5 U 12, 30 juillet 1822 et 5 U 18, 17 avril 1880.

catégorie de mauvais traitement débouchant possiblement sur la résiliation du contrat d'apprentissage. Ainsi, quand une mère se plaint devant le conseil des prud'hommes de Lyon des abus subis par sa fille chez son maître, notamment une journée de travail « trop prolongée » (de 5 heures à 22 heures) et des repas globalement insuffisants séparés par de trop longs intervalles, deux formes de brutalisation la rendant hors d'état de travailler, les juges trouvent la réclamation de la mère juste et raisonnable, mais estiment qu'elle ne constitue pas pour autant de « mauvais traitements » qui auraient pu entraîner une rupture du contrat. Dans l'espoir de corriger l'attitude du maître, insuffisamment paternelle, ils mettent l'atelier sous surveillance pendant un certain temps, sorte de mise à l'épreuve : un peu humiliant pour le maître, un peu de répit peut-être pour la fille[90].

Bien des commentateurs, préoccupés par « la crise de l'apprentissage » et/ou par les conditions et méthodes de l'enseignement professionnel ou technique, relèvent des abus tant matériels que psychologiques, mais ils ne signalent pas ce que l'on considère couramment comme de mauvais traitements. César Fichet évoque un système de « terreur », commun à beaucoup d'apprentis, auquel des recrues rurales et des filles sont particulièrement susceptibles d'être confrontées, qui impose des exactions choquantes, par exemple le rationnement de la nourriture en fonction de l'effort de travail. Il envisage diverses formes de « protectorat » pour mettre les apprentis à l'abri et plus généralement pour responsabiliser tous les acteurs. Cependant, la terreur structurelle qu'il décrit ne débouche pas sur l'horreur dépeinte par Adrien-César Egron, ancien ouvrier imprimeur et auteur : l'histoire d'une jeune fille nommée Maria Coussidière, parisienne, qui s'engage comme apprentie chez la dame Desvernois qui, selon des voisins, exerce sur elle « des violences répétées ». Son arrestation, à la suite de leurs plaintes, n'a pas pu empêcher la mort de Maria, sous les coups comme le confirme l'autopsie de son corps partout meurtri : « On a saisi chez la femme Desvernois un manche à balai teint encore du sang de la victime », instrument de l'expression ultime de la maltraitance. Sans les définir rigoureusement (rossée, soufflets, coups de pied, sévices), des juristes énumèrent les mauvais traitements comme une des raisons autorisant l'abrogation d'un contrat d'apprentissage. Ils en distinguent d'autres, vexations, voire

90. Dossier du 1er juillet 1855, cité par J. Hayem et J Périn, *Traité du contrat d'apprentissage*, p. 189.

tourments : nourriture indigne, logement malsain, propos inconvenants, actes indécents, obstacles à l'accès à l'instruction religieuse ou à des sorties convenues[91].

La violence est au cœur de la dénonciation pour mauvais traitement. Dans la relation entre maître et apprenti.e, dont la norme universelle est une disposition paternelle et une discipline stricte mais plutôt douce, une éruption de violence peut tout casser. Les circonstances concrètes d'une telle entorse au paradigme sont plus ou moins atténuantes ou plus ou moins aggravantes pour le maître. La posture paternelle elle-même devient aisément pente glissante : après tout, un père attentionné est capable de déraper, il peut laisser échapper une gifle (comme pour corriger son propre enfant), se sentir provoqué ou particulièrement stressé pour des raisons étrangères au comportement de son apprenti.e. Le maître est susceptible de se montrer penaud ou de craindre qu'un aveu d'erreur ou de respect puisse affaiblir son autorité, notamment vis-à-vis des autres ouvriers (et/ou apprenti.e.s). Selon la situation et le tempérament du maître, sa violence peut être impulsive ou calculée. Paradoxalement, il éclate de rage contre l'apprenti dont il veut empêcher le départ parce qu'il travaille bien, exacerbant ainsi les tensions. Faute de le dissuader, il essaie d'alourdir le coût de cette désertion, en demandant compensation non seulement pour un départ non autorisé, mais aussi pour la « détérioration » des outils, le gaspillage de matières premières, le non-remboursement de l'avance de petites sommes, et même pour la perte de clients. Il arrive aussi au maître de souhaiter le départ prématuré d'un.e apprenti.e jugé.e maladroit.e, inefficace, insoumis.e ou simplement de trop. Ou, inversement, on voit l'apprenti.e, cherchant à partir ou à récupérer une fraction du prix d'un apprentissage qui tourne mal, « pousser » son patron à le/la malmener, obtenant ainsi un prétexte pour se dégager. L'accusation de violence contre le maître s'accompagne fréquemment d'autres doléances concernant l'enseignement (défaillant), l'accueil (logement et nourriture inacceptables) ou le harcèlement moral (une tyrannie). L'apprentissage paraît dans ces moments friser le dysfonctionnement total.

---

91. C. Fichet, *Mémoire sur l'apprentissage*, p. 8, 9, 11, 123-25, 27, 32 ; A.-C. Egron, *Le Livre de l'ouvrier*, p. 155 ; J. Hayem et J. Périn, *Traité du contrat d'apprentissage*, p. 186-90. Cf. le cas de Pottier, apprenti sculpteur en bois, qui est condamné en juin 1841 à vingt ans de travaux forcés pour avoir assassiné son maître, Pontady. Ce dernier faisait travailler ses apprentis jusqu'à minuit, les battait avec ses outils, les nourrissait peu et mal. Malmené, Pottier a dû se faire soigner à l'hôpital où est mort son camarade Bellamy, épuisé par la vie menée chez Pontady. Cité par Pierre Pierrard, *Enfants et jeunes ouvriers en France (XIX-XXe siècle)*, Paris, Les Éditions ouvrières, 1987, p. 72.

Regardons d'abord la brutalisation ordinaire, qui peut être paroxystique ou persistante. Cette violence prend parfois une forme symbolique. Le problème vient de la grande réticence des prud'hommes à accepter la maltraitance essentiellement verbale (ou non dite) comme une cause suffisante pour déclencher une résiliation du contrat d'apprentissage, rupture qu'ils font tout pour éviter, surtout quand elle est initiée par le parti de l'apprenti.e. Aucune des plaintes suivantes, toutes nantaises, n'aboutit devant les prud'hommes : une apprentie lingère de quinze ans « injuriée en termes excessivement blessants » à de multiples reprises ; un apprenti cordonnier constamment rudoyé « en paroles » ; un apprenti serrurier déstabilisé par un environnement toxique d'intimidation (menée par le fils du maître, acteur clé dans les tensions au sein de nombreux ateliers), d'abus moral et de « mauvaises paroles » plutôt obscènes. Un conseil de prud'hommes parisien accorde l'annulation pour le harcèlement (« souffrance morale ») subi par un apprenti qui ignorait ses origines dites « illégitimes » jusqu'à ce que son maître, par une indiscrétion peut-être délibérée, informe tous les employés qui ne laissent pas l'apprenti, « très affecté », penser à autre chose. La composante discursive de la violence pèse dans les relations sociales du travail, rapports de domination à travers l'application de la discipline, sujette à de grandes variations selon la personnalité des acteurs, les circonstances et les usages[92].

Si l'ordre – entreprise en chantier permanent – l'emporte globalement au jour le jour pendant l'Ancien Régime, sa société est décrite à juste titre comme imprégnée de violence[93]. Elle s'exprime dans la rue, les marchés, les cabarets ; dans la recherche de la gloire, la défense de l'honneur, l'exploitation sexuelle et sociale, la pratique de la justice et de la criminalité. Rien de surprenant à ce qu'elle éclate sur le lieu de travail, souvent espace de pression, de tension, de compétition, de règlements de compte, en un mot d'équilibre fragile. En ce qui concerne les rapports entre maîtres et apprentis, nos sources pour la période 1670-1800 ne nous offrent qu'une fenêtre courte et insatisfaisante.

---

92. AD Loire-Atlantique, 5 U 1 45, 15 janvier 1862 ; 5 U 1 43, 12 novembre 1849 et 5 U 1 42, 20 mars 1843 ; L. Montazel, « La Résolution judiciaire des conflits en matière de contrat d'apprentissage », p. 284. Voir d'autres cas de violence symbolique : AD Indre-et-Loire, 5 U 12, 17 septembre 1819 et 7 août 1822 et 5 U 14, 28 juin 1827 ; AD Sarthe, 778 W 1, 16 septembre 1863.

93. Sur cet argument, voir S. L. Kaplan : *Le Meilleur Pain du monde*, p. 31-36, et *The Stakes of Regulation*, Londres, Anthem Press, 2015. Cf. Arlette Farge : *La vie fragile : violence, pouvoirs et solidarités à Paris au XVIIIe siècle*, Paris, Hachette, 1986 et *Vivre dans la rue à Paris au XVIIIe siècle*, Paris, Folio, 1992.

Le peu de cas nous interdit des conclusions hâtives, mais nous parvenons à identifier certaines dynamiques relationnelles[94]. Le procureur du roi du Châtelet manifeste de la sympathie pour un apprenti tourneur qui abandonne son atelier trois fois en peu de temps pour échapper à la maltraitance. Pour répondre aux mauvais traitements (nourriture insuffisante, couchage sans draps ou couverture) infligés à un apprenti boursier, la même chambre de justice préconise un « transport » de son brevet, solution souvent appliquée, permettant à la victime de trouver un nouveau maître dans des conditions vraisemblablement plus favorables. Chroniquement alcoolisé, le maître de Jean-Baptiste Fournier, apprenti boulanger dans la capitale, l'assomme sans cesse avec un manche à balai, au printemps de 1743. Le maître travaille mal, a des problèmes de fourniture faute de liquidités et trouve en son apprenti un bouc émissaire commode. Ulrich Bollock, apprenti ébéniste, vit un autre type de trauma. D'origine allemande et luthérienne, il est censé pouvoir faire la marqueterie les yeux fermés. Cependant, son patron met la barre haut et l'adolescent n'a pas toujours l'adresse requise. S'emportant facilement, le maître l'accuse de gaspiller du temps et de gâcher de précieuses matières premières. Chaque inspection relève des imperfections et génère des coups de pieds pénibles et finalement un coup de rabot à la tête qui met l'apprenti dans le coma[95].

Moins spectaculaires, les dossiers lyonnais sont fort instructifs dans leur discrétion. Peu de causes célèbres et proche collaboration entre les diverses communautés (pas exclusivement la Grande Fabrique) et le consulat pour trouver des solutions, anticipant un peu sur l'esprit de conciliation qui anime les prud'hommes du XIXe siècle. Comme ces derniers, le consulat reconnaît que la maltraitance, notamment la violence, est consubstantielle aux relations de travail dans beaucoup d'ateliers. Comme les prud'hommes, la cour municipale de justice fait une distinction implicite entre une violence occasionnelle, impulsive

94. Clare H. Crowston est l'historienne qui s'est penchée le plus attentivement sur les litiges à Paris concernant la catégorie combinée de mauvais traitements et d'enseignement déficient. Au regard de la très importante population de la ville – plus de 600 000 personnes au milieu du XVIIIe siècle –, elle trouve fort peu de cas : 40 par an pour 10 000 apprenti.e.s, dont à peine la moitié sur plaintes déposées par des parents, qui, suppose-t-elle, doivent exprimer leurs soucis pour leurs enfants autrement. Courriel du 30 avril 2020. Est-il concevable que des parents concernés par la question de mauvais traitements puissent obtenir des solutions au niveau de la communauté ou du commissaire du quartier, sans s'adresser à la chambre du procureur du roi du Châtelet, qui s'occupe des affaires touchant au monde du travail, notamment au sein des corporations ?

95. AN, Y 9388, 2 décembre 1757 ; Y 9373B, 25 mai 1699 ; Y 11221, 1743 [mai-juin ?] ; Y 14089, octobre 1761.

et relativement modérée, d'une part, et une violence particulièrement violente – dite « extraordinaire » –, souvent récurrente, parfois dédaigneuse, de l'autre. Elle essaie en quelque sorte de détourner le sujet en transformant les circonstances malheureuses : reconnaissance tacite du mal subi par l'apprenti, mais sans stigmatisation ou pénalisation du maître (sauf rare exception), sauvetage de l'apprentissage du point de vue de l'apprenti. Sans réduire le recours à la violence, l'approche conjointe consulaire-corporative permet à la ville d'endiguer l'hémorragie des apprentis, même si le flux reste assez important.

À Lyon, peut-être davantage qu'à Paris, les apprenti.e.s et leurs familles s'adressent en première instance – quand la police n'est pas convoquée par une tierce partie – aux responsables de la communauté pour gérer l'affaire, quelquefois *in camera*, plus couramment publiquement, devant la municipalité. Abel Champagneul, apprenti ouvrier en soie en 1670, fournit un bon exemple de la pratique lyonnaise qui durera, en termes de méthode et résultat, plusieurs siècles. L'accompagnant devant la juridiction municipale, son père se plaint amèrement de ce que son fils est « extraordinairement maltraitté » par son maître Lierney – la formule a peut-être été soufflée par le greffier – et « qu'il ne scauroit plus demeurer chez luy ». La communauté est l'absente présence, ayant tout préparé à l'avance. Grâce à elle, l'affaire trouvera un dénouement mutuellement acceptable : Champagneul sera « remis à un autre maître » – le fameux processus appelé « transport » – pour achever son temps ; et Lierney, débarrassé d'un apprenti encombrant, pourra en embaucher un autre en toute légitimité. Même abus « extraordinaire » constaté par la communauté et le consulat chez l'apprenti Ducveux, toujours dans la soie, dont « le mauvais état » physique et moral est noté et le transport ordonné. Bernaud, également apprenti dans la Grande Fabrique, souffrant « de mauvais traitemens », se voit assurer par la cour que les jurés gardes lui trouveront un nouvel atelier. Des apprentis en 1674 (soyeux), 1749 (menuisier) et 1752 (cardeur) subissent la même expérience d'abus et de transport. Aurelien Verny fuit son atelier en raison de violence physique et discursive et de nourriture inacceptable ; le consulat ordonne un transport, mais non sans l'emportement de son maître contre sa paresse, son absence fréquente et son manque de dextérité (« il gatoit tout l'ouvrage »)[96].

---

96. AM Lyon : HH 214, 2 décembre 1670 et 5 août 1670 ; HH 267, 15 février 1781 ; HH 215, 5 juin 1674 ; H 244, 5 décembre 1752 ; HH 241, 11 février 1749 et 5 mars 1749.

D'autres histoires comportent davantage d'aspérités ou d'échecs. Guyonnet, apprenti chez Sauzet, maître cordonnier, meurt. Le beau-père de l'adolescent tient le maître en partie responsable « pour l'avoir employé à des exercices trop pénibles au lieu de luy enseigner sa profession ». Sans vergogne, Sauzet, se vantant d'avoir consacré « beaucoup d'attention » à l'apprenti décédé, exige quant à lui le paiement de la moitié du prix de l'apprentissage qui lui est dû. « Rebuté » par un maître violent, Sibylla, apprenti cordonnier en fuite, demande le remboursement d'un tiers du prix qu'il a versé pour sa formation ; non seulement il est condamné à verser le tiers restant à son maître, mais il est également radié de la liste des apprentis. Biollay, apprenti ouvrier en soie, a subi de la violence de la part de son maître qu'il a abandonné, et « ne pourrait se résoudre de retourner chez luy dans la juste appréhension qu'il avoit d'estre de nouveau maltraitté ». Les autorités s'engagent à le placer chez un maître bienveillant, à condition qu'il verse 60 francs, restant du prix de l'apprentissage, à son tortionnaire. « Pour apprendre ledit art de la soye », Pierre Jacquemon a signé pour six ans de formation chez Guillaume Chairbanc. « Si fort maltraitté », il s'enfuit, mais la cour ne le transporte pas : le contrat est « déchiré » et l'apprenti astreint à payer 6 francs à son maître. Vers 1652, Estienne Colomb s'est senti « obligé de quitter ledit Sieur Bouillement [maître passementier] à cause de la trop grande rigueur et violence ». Il ne consulte ni sa famille ni la communauté : il part et se débrouille comme travailleur illicite nomade, traversant une bonne partie du royaume, toujours dans le même métier. En 1670, il adresse une pétition au consulat lui demandant de l'inscrire dans le registre des compagnons et reçoit une réponse favorable[97].

La violence scande les relations entre apprentis et maîtres dans bien des villes petites et moyennes de la partie de l'Occitanie qui constituera le futur département de l'Hérault. À Clermont en 1768, François Geisse, apprenti tisserand, donne une définition simple de la synergie de la violence symbolique et physique : son maître Bertès « l'a insulté dans beaucoup d'occasions tant par parolles que par voyes de fait ». À Agde, Joseph Maurel, apprenti serrurier, est autant indigné que meurtri par la maltraitance de son maître André Inquimbert qui « le traite comme un esclave toujours le baton à la main et même luy commande et fait faire des choses qu'un apprenti ne doit pas faire ».

97. AM Lyon : HH 244, 6 septembre et 17 août 1752 ; HH 214, 11 avril 1669, 2 septembre 1670, 15 juillet 1671.

Si, en mars 1773, Inquimbert et son épouse ont attaqué Maurel et sa tante, venue le soutenir, « avec des marteaux et autres outils », c'est parce que, affirment-ils de leur côté, ils se sont sentis menacés, moralement et commercialement : les plaintes de l'apprenti mettaient en question leur « honneur et réputation ». Au mois d'août 1773, le père de Jean Cazalet, apprenti fabricant de bas de coton à Ganges, « dit [que] quoiqu'un maître doive user de douceur et modération pour apprendre et enseigner à son apprenti le mestier dont il se melle », son patron, Banoure, dit la Grenouille, et sa femme ne cessent de maltraiter le jeune. L'exemple le plus récent : la femme du maître s'en est prise à Jean, installé sur son métier, pour avoir « gatté quelque peu le coton », s'est jetée sur lui, « le pris aux cheveux et luy donna des coups de poing ». La Grenouille la rejoint, « culbute [Jean] par terre en luy donnant plusieurs coups ». En 1789, Mathieu Cot, tailleur d'habits à Clermont, « a saboulé » son apprenti André Pons à plusieurs reprises ; ce dernier est accusé d'avoir répliqué en nature. À Lunel, c'est le retour du refoulé en 1713 : un témoin prétend que Chanson, maître fabricant de bas, a battu son apprenti, Pierre Reboul, en se justifiant ainsi : « C'est parce qu'il est camizard. » Reboul vient de Marsillargues, bourg célèbre pour un temple protestant plusieurs fois détruit[98].

Le XIXe siècle : les mauvais traitements en province

Les relations entre maîtres et apprenti.e.s ne sont pas plus violentes au XIXe siècle, mais les sources sont plus loquaces[99]. Émile Victor, apprenti typographe au Mans, demande la résiliation de son contrat « pour inexécution des conditions », notamment « des coups répétés » et « des injures graves envers lui et Madame sa mère ». François Letourneaux, poêlier à Tours, enjoint à son apprenti Faucher de regagner l'atelier et terminer son temps, ou de verser une indemnité. Face à des mauvais traitements « extrêmement graves », laissant l'enfant provisoirement immobile chez lui à Loches, le père Faucher déclare que la reprise de son apprentissage est tout

98. AD Hérault : 10B456-151 ; 10B92-2382 ; 10B573-404 ; 10B453-34 ; 10B710-2180.

99. Dans un éditorial qui paraît relever du vœu pieux, un journal lyonnais prétend que « les voies de fait ne sont plus dans nos mœurs. Si un apprenti se conduit mal, le maître doit en référer aux parents, et ensuite, au besoin, au Conseil [des prud'hommes], mais s'il se conduit bien, pourquoi souffrirait-il les actes de brutalité de ses maîtres, il faut même dans l'enfant respecter la dignité humaine. L'émancipation de la classe prolétaire n'est qu'à ce prix ». *L'Écho de la Fabrique* (février 1841).

bonnement « impossible » à envisager. Nouet, sellier-carrossier sarthois, exige le retour de son apprenti, deux fois parti de sa boutique pour échapper au traitement violent de son maître et du fils de ce dernier, qui l'ont battu. Déserteur également récidiviste, Brault, fils d'un cultivateur de la région nantaise, apprenti boulanger, se plaint d'être « frappé » par son maître, qui sollicite une indemnité importante (« hors de raison », d'après Brault père). À Tours, les parents d'un apprenti ébéniste mettent en relief « les meurtrissures et contusions » inscrites sur le corps de leur fils. Réclamant avec insistance une compensation pour la perte de son apprenti, le maître, Monneau, minimise la portée de sa conduite : il ne s'agissait que de « quelques soufflets à l'occasion de son mécontentement ». Cet incident rappelle l'affrontement entre un apprenti et le Sieur Lecouedic, maître cordonnier nantais, qui reconnaît – tout en dédramatisant – avoir donné « quelques calottes à l'enfant ». Même aveu minoré d'un autre Nantais, un chaudronnier : « Il n'a fait que pousser » son apprenti qui dit avoir été « frappé continuellement ». Les prud'hommes pressent l'adolescent de réintégrer son atelier. Lepassier, journalier tourangeau, fustige les mauvais traitements subis par son fils, apprenti boulanger, exigeant une résiliation et 24 francs de dommages pour « voies de fait ». Le maître, Danfaut, nie les mauvais traitements à l'égard de l'adolescent, mais concède « qu'il n'a point à se plaindre de lui ». Une fille vivant chez le boulanger relate « qu'elle avait entendu Danfaut battre son apprentif qui criait très fort ». Châtelu, fabricant de draps nantais, a pris le fils Lauren comme apprenti, mais a très vite abandonné son affaire à son fils à lui. Ce dernier « a frappé avec brutalité l'apprenti à plusieurs reprises », selon Lauren père, qui souligne vigoureusement que le fils Châtelu « n'a aucun droit sur lui »[100].

Le maître est rarement passif dans ces accrochages, se contentant de démentir les charges l'incriminant. Invoquée par les maîtres comme une ritournelle dans leur défense, l'insubordination, selon eux, est à

100. AD Sarthe, 778 W 2, 18 septembre 1867 ; AD Indre-et-Loire, 5 U 18, 29 mai 1827 ; AD Sarthe, 778 W 1, 24 mai et 7 juin 1865 ; AD Loire-Atlantique, 5 U 1 45, 9 avril 1862 ; AD Indre-et-Loire, 5 U 12, 30 août 1818 ; AD Loire-Atlantique, 5 U 1 43, 12 novembre 1849 et 5 U 1 45, 15 février 1862 ; AD Indre-et-Loire, 5 U 14, 16 juin 1820 ; AD Loire-Atlantique, 5 U 1 45, 30 mai 1860. Pour des cas similaires à Lyon, voir *L'Écho de la Fabrique* (1er mai, 1er juillet 1845). Le maître se trouve pris parfois au milieu des violences opposant des apprentis à des apprentis (le cas de la brutalisation des apprentis par des ouvriers étant bien mieux connu) » : AD Loire-Atlantique, 5 U 1 43, 30 juin 1848 et 5 U 1 45, 11 août 1858.

l'origine de la plupart des disputes et des désordres dans l'atelier[101]. Ces échanges dégénèrent parfois en une sorte de ping-pong pernicieux. Cassa, apprenti pâtissier à Nantes, quitte Borget, son maître, en raison des « soufflets répétés ». « S'il l'a frappé », se justifie le maître, « c'est que le jeune homme [lui] a manqué de respect ». En quête de conciliation, les prud'hommes les mettent en cause tous les deux. Borget « s'engage à agir avec modération envers son apprenti » et ce dernier « à mettre toute la docilité possible envers son maître et à lui obéir en tout de ce qui lui sera commandé » – sans même reprendre la formule de conditionnalité de l'Ancien Régime : « Obéir en tout ce qui est licite et honnête. » Duriac, maître forgeron à Nantes, et son fils frappent l'apprenti François Bureau, fiché « indocile » et perturbateur (« fort peu exact à remplir ses engagements »). La relation entre Gaulet, apprenti ferblantier à Tours, et son maître Julien se dégrade en récriminations interminables. L'apprenti se dit mal traité, renvoyé plusieurs fois arbitrairement, puis ramené à l'atelier quasiment de force. Julien cite de son côté quelques vols censés avoir été commis par l'apprenti « ayant manqué de fidélité dans sa maison ». Picard, cordonnier, se plaint des mauvais traitements subis quotidiennement par son fils, apprenti chez Zanger, ébéniste tourangeau. Le maître déclare quant à lui « qu'il est faux qu'il ait maltraité son apprenti » qui s'est montré « extrêmement taquin [et] a provoqué les autres ouvriers » à l'injurier et le battre. Des témoins de chaque côté confirment les allégations réciproques. Voulant éviter la rupture, le Bureau des prud'hommes estime que l'apprenti manque de preuves probantes. Les mêmes juges refusent la demande de résiliation pour mauvais traitements d'Antoine Olsa, quinze ans, apprenti d'un cordonnier ambulant, « battu » et mal logé, parce qu'il « n'a pas fait la

101. Sur l'origine et le caractère des tensions entre maître et apprenti dans un contexte loin de la France, voir l'accent mis sur le maintien de l'hétéronomie comme l'objectif primordial du maître, but qui conditionne autant la cadence de la transmission du savoir que la manière de discipliner l'apprenti. H. Buechler, « Apprenticeship and Transmission of Knowledge in La Paz, Bolivia », dans *Apprenticeship from Theory*, p. 44-45. Cf. la tentative extrêmement tonique de théoriser à la fois la spécificité de l'adolescence dans le jeu social et la subordination de l'apprenti en dehors d'un regard téléologique qui met toutes les pratiques au service de l'avènement graduel de l'industrialisation. Peter Rushton, « The Matter in Variance: Adolescent and Domestic Conflict in the Pre-Industrial Economy of Northeastern England, 1600-1800 », *Journal of Social History*, t. 25 (Automne 1991), p. 89-92, 95, 100-102. Voir, enfin, un effort plus modeste de penser l'aporie dans le processus de faire apprendre un « art » à une personne dont le statut est domestique. La question implicite est : en service, peut-on réellement apprendre avec l'ambition (qui devient de plus en plus pressante) de quitter (ou de casser) l'hétéronomie ? Thomas Dyche, *Nouveau dictionnaire universel des arts et des sciences, françois, latin & anglois*, t. 1, Avignon, Veuve Girard, 1756, p. 65.

preuve ». Après enquête, les prud'hommes lyonnais rejettent de même la demande de résiliation avec indemnité de Cecillon fils, apprenti à la Fabrique, pour avoir été « mal logé, mal nourri et maltraité » : ce sont des accusations infondées d'un garçon connu pour « l'insubordination ». Guillaumau, maître fumiste de Nantes, reproche l'indocilité de son apprenti à l'égard de ses ouvriers ; cependant, selon l'enfant, ces derniers le battent gratuitement. Plusieurs patrons, souhaitant garder leur patine paternelle, semblent avoir sous-traité en quelque sorte la maltraitance à leurs ouvriers, ou à un contremaître[102].

Accusé de violence, Léon Bonnière, ébéniste à Tours, répond que « les mauvais traitements qu'a éprouvé [l'apprenti] sont on ne peut plus légers, que d'ailleurs c'est lui qui les a provoqué[s] », car il est « toujours récalcitrant et indocile ». Sans y attacher une signification lourde, les prud'hommes de Tours reconnaissent « une violence légère » que Rivière, fabricant passementier, a infligée à son apprentie « ayant mal fait l'ouvrage qu'il lui avait donné à faire ». Repoussant l'accusation de maltraitance, Gaillard, serrurier nantais, explique que « s'il avait frappé [l'apprenti], c'est par suite de désobéissance ». Moriceau, maître cordier, ne nie pas directement avoir « battu » son apprenti, mais remarque simplement qu'il « ne veut pas travailler ». Le conseil des prud'hommes du Mans, parfois d'un ton condescendant et lourdement paternaliste, estime que « les faits » [de mauvais traitements] « ne sont pas prouvés », tout comme il exhorte l'apprenti d'un carrossier se plaignant, lui aussi, de mauvais traitements, à retourner à l'atelier et à « travailler consciencieusement pour contenter son patron », et tout comme il invite Page, apprenti de Papillon, maître cordier, à reprendre le travail, malgré ses traces corporelles de passage à tabac, à moins que Papillon « le bat[te] encore », ce qui justifierait son retour devant les prud'hommes, pourvu qu'il présente des preuves et des témoins. On a mis la barre bien haut. Face à un apprenti rebelle, Dournan, maître chapelier nantais, inverse l'accusation de violence : il dit que son apprenti a frappé son épouse. L'apprenti dément : il n'a fait « que de parer le coup qu'elle voulait lui

102. AD Loire-Atlantique, 5 U 1 42, 14 et 15 juillet 1847 ; AD Indre-et-Loire, 5 U 12, 25 septembre 1820 et 17 janvier, 26 septembre 1822 ; *L'Avenir* (29 novembre 1847) ; AD Loire-Atlantique, 5 U 1 45, 7 décembre 1859 ; AD Sarthe, 778 W 2, 13 octobre 1869 et 778 W 1, 7 octobre 1864 ; J.-P. Gilland, *Les Conteurs ouvriers*, p. 208 (« Mais voilà un contremaître qui arrive sournoisement, avec une sangle en main, et qui frappe à tort à travers sur les apprentis en les traitant de fainéants, et en les accablant d'injures si grossières que l'on ne peut même pas les répéter »).

porter ». François Chanly, serrurier aux environs de Nantes, tente une réfutation par comparaison, une sorte de pesage coût-bénéfice : s'il a peut-être « brutalisé » son apprenti, il l'a aussi formé avec brio. L'enfant est « plus avancé qu'il le dit dans son éducation professionnelle », souligne le maître, qui montre plusieurs excellentes clés qu'il a faites[103].

De nombreux maîtres avouent ou même regrettent d'avoir perdu leur sang-froid – « de s'être emporté », d'avoir « piqué une colère », d'avoir cédé « à la vivacité » –, mais ils imputent l'entière responsabilité aux apprentis. Un fondeur nantais « a battu » son apprenti de quatorze ans (une seule fois, insiste-t-il) « parce qu'il y avait été forcé », face au comportement insoumis de l'enfant. Après avoir donné « une tape » à son apprenti, Martineau, doreur à Tours, se dit « fâché de sa vivacité », mais allègue l'insolence et « les propos malhonnêtes » de l'adolescent. Pierre Collier, maître couvreur à Nantes, ne cache pas avoir frappé son apprenti, mais l'a fait didactiquement « pour lui apprendre qu'un apprenti doit toujours être poli envers son maître ». Lory, entrepreneur des carrières, également nantais, prétend que « s'il s'est permis de frapper [son apprenti], c'est qu'il lui avait ris au nez sur une observation qu'il venait de faire pour son travail ». Maître menuisier tourangeau, Guiche concède qu'il s'est laissé aller à la violence : « Quelquefois dans des moments de vivacité, il a pu lui faire [à son apprenti] supporter quelques corrections »[104].

L'argument repris en boucle par les patrons invite les prud'hommes à regarder au-delà de la plainte futile et égoïste de l'apprenti, mutin d'instinct, à prendre en compte les implications pour le bon fonctionnement des choses. Il faut préserver l'inviolabilité hiérarchique du maître : la moindre entorse à l'impératif de subordination et de déférence met en péril l'ordre social, la double

103. AD Indre-et-Loire, 5 U 14, 13 décembre 1847 et 11 janvier 1827 ; AD Loire-Atlantique, 5 U 1 45, 6 mars 1862 ; AD Sarthe, 778 W 2, 29 mai 1867 et 778 W 1, 13 décembre 1865 et 778 W 2, 29 janvier 1868 ; AD Loire-Atlantique, 5 U 1 45, 11 août 1857 et 11 février 1858.

104. AD Loire-Atlantique, 5 U 1 45, 13 juillet 1859 ; AD Indre-et-Loire, 5 U 12, 27 juin 1822 ; AD Loire-Atlantique, 5 U 1 45, 23 mars 1859 et 9 février 1862 ; AD Indre-et-Loire, 5 U 12, 22 septembre 1818. Cf. le cas d'un patron tourangeau qui garde son calme face à un apprenti se plaignant de « mauvais traitements » et cherchant une résiliation immédiate. Fougère, son maître, dit aux prud'hommes, un peu sidérés : « Il aurait bien des choses à dire contre [l'apprenti], mais il consent qu'il se retire de chez lui, fait remise du tems qu'il a à faire pour finir le tems de son apprentissage et consent qu'il aille travailler où bon lui semblera. » AD Indre-et-Loire, 5 U 14, 17 mai 1827.

tranquillité des processus de la production et de la reproduction. Suivant cette ligne, la violence du maître ne peut que très rarement être gratuite ou injuste. Son emportement n'est que l'affirmation nécessaire de son autorité et de la soumission de l'apprenti, dont les droits s'amenuisent de façon spectaculaire dans ce genre d'épreuve de force.

Le XIXe siècle : les mauvais traitements à Paris

On ne relève pas de singularités parisiennes par rapport au reste de la France, que ce soit pour les présupposés et attentes des patrons, les enjeux mis en avant par les prud'hommes et les attitudes des apprentis. Des familles saisissent les prud'hommes, refusent parfois la conciliation proposée et poursuivent leur plainte contre des maîtres qu'elles accusent, quelquefois de manière assez brumeuse, de « mauvais traitements ». Sans expliquer ou illustrer la brouille, mais insistant sur l'urgence de mettre leurs enfants à l'abri, elles demandent une résiliation, en deux cas, par exemple, tout au début de l'apprentissage, à quatre et sept mois de deux contrats de trois ans chacun[105]. Une autre catégorie de plaintes vise une violence physique plus franche, mais, le plus souvent, ne justifiant pas, aux yeux des prud'hommes, la rupture contractuelle, car – c'est la formule consacrée – l'action est « sans gravité » (par exemple, un apprenti ciseleur roué de coups, tout comme un apprenti chemisier), « la plainte n'a aucune gravité » (un apprenti lapidaire giflé souvent) ou encore « n'a pas la gravité que [la famille] semble [y] attacher » (deux frères, apprentis lapidaires, battus à plusieurs reprises). Les prud'hommes n'osent toutefois pas mettre en avant des circonstances atténuantes pour un bijoutier nommé Paquet. La mère de l'apprenti malmené témoigne que le bijoutier « avait exercé sur son fils les sévices les plus graves, [qu'il] avait poussé la brutalité jusqu'à le meurtrir avec une barre de fer, dont il a longtemps porté les marques, qu'il avait pris plaisir à lui arracher une partie de ses cheveux, et qu'en outre, on l'avait privé de nourriture et le faisait travailler jusqu'à des heures indues ». Paquet prétend quant à lui avoir bien traité un jeune « pas toujours tranquille ». Sur la base d'une enquête entreprise par un membre du conseil confirmant que le maître « s'est livré à des actes

105. AP, Prud'hommes : D1U10 16, 21 novembre 1866 ; D1U10 379, 2 avril 1860 ; D1U10 18, 24 décembre 1877.

d'emportement des plus violents et les plus répréhensibles », les prud'hommes le condamnent à accepter une annulation et remettre 300 francs en dommages à la famille[106].

Sans se prononcer sur la validité des dénonciations parentales, on pourrait caractériser la catégorie la plus commune des violences signalées comme une sorte de pot-pourri de malveillance. Joseph Chanut, apprenti cordonnier, dit avoir été battu, mal nourri et contraint de faire des courses et « vagabonder ». Marie Basson se plaint d'avoir subi « de la maltraitance », de la mauvaise nourriture et une instruction « pas convenable » de la part de sa maîtresse, une dévideuse de soie. Laporte fulmine contre Bertrand, opticien, pour avoir « malmené » son fils, réduit à ne faire que « l'homme de peine ». La Veuve Lauran s'en prend au maître fabricant de bronze qui a « maltraité » son fils et « ne lui a pas montré son art ». Le Sieur Serodeau, peintre sur cadran, est accusé d'avoir « maltraité » l'apprentie [Aline Delordre], et de l'avoir « négligée dans la connaissance de sa profession ». Les prud'hommes le sanctionnent, mais seulement pour avoir mis Aline à la porte sans prévenir ses parents. Cependant, dans l'affaire de Joseph Chalange, apprenti ciseleur – maltraité, mal nourri (alimentation « mauvaise et insuffisante ») et exposé à de « mauvais exemples » et des « fautes morales » –, les prud'hommes s'indignent des « sévices » du maître et prononcent la résiliation[107].

Les prud'hommes reçoivent des doléances de la part de parents troublés par un traitement qui s'approche de ce que nous appelons le harcèlement moral. Ainsi, Sylvain Pean ne reproche pas au Sieur Brassoud, fabricant d'instruments de chirurgie, « la manière dont [il] a démontré son fils [*sic*], mais qu'on le tourmente et qu'on lui aigrit le caractère en l'accusant de tous les petits accidents qui arrivent dans les ateliers du Patron, dont on le rend responsable ». Le père craint que le fils ne craque s'il n'est pas libéré de son obligation. Le maître est-il sensible au fait que son apprenti ne s'est pas simplement enfui ? Le père d'Anne Gendron, apprentie modiste en chapeaux, ne supporte pas que sa maîtresse ne cesse de la dénigrer et donc de la démoraliser en lui reprochant constamment son manque « d'exactitude », de

106. AP, Prud'hommes : D1U10 18, 13 septembre 1875 ; D1U10 14, 28 août 1851 ; D1U10 379, 17 décembre 1847 ; D1U10 16, 8 mai 1865 ; D1U10 18, 30 août 1875 ; D1U10 16, 23 janvier 1865.

107. AP, Prud'hommes : D1U10 397, 28 juin 1869 ; D1U10 388, 22 mars 1860 ; D1U10 14, 24 septembre 1860 ; D1U10 16, 27 mai 1867 ; D1U10 16, 24 juillet 1865 ; D1U10 379, 15 avril 1852.

l'insulter et de la traiter de « mauvais sujet ». La violence symbolique met également en colère Pizzala, qui a retiré sa fille d'un apprentissage avec un bijoutier après dix-huit mois (la moitié de son temps), car le patron l'injurie en permanence, l'abreuve de « mauvaises expressions » et la gronde gratuitement. Un autre cas souligne l'importance de la « direction » que doit exercer « un bon maître » : ce dernier a le devoir de « diriger » son apprenti.e tant sur le plan moral que professionnel. Aux yeux des parents – et de quasiment tous les moralistes de l'époque –, un manque de direction morale équivaut à une forme de harcèlement. À la suite d'une plainte de la mère d'une apprentie polisseuse, une enquête diligentée par les prud'hommes prouve que les maître et maîtresse, « loin d'avoir eu pour leur apprentie Dourlan les soins » appropriés et nécessaires, « l'ont maltraitée et mal dirigée [...] le Patron s'est conduit vis-à-vis d'elle d'une façon immorale »[108].

Ni muets ni contrits, à Paris, comme ailleurs, les maîtres réagissent généralement, pour défendre leurs intérêts matériels immédiats, mais aussi leur réputation, le conseil des prud'hommes étant une puissante caisse de résonance dans la communauté des affaires, capable de stigmatiser des individus. La contre-attaque des maîtres est parfois à la hauteur de la violence pour laquelle ils sont mis en question : des dénonciations de « mauvais traitements les plus sinistres peuvent être accompagnées de contre-dénonciations forgées pour expliquer leurs gestes, les relativiser, voire les justifier ou les occulter. Sous-jacente à cette riposte dure est l'idée que la domination est constamment contestée : à l'atelier, c'est une insubordination intolérable. La violence du maître est donc presque toujours corrective ou prophylactique : il faut qu'il recadre l'apprenti.e et sa famille ; qu'il réaffirme sa supériorité hiérarchique, sociale et professionnelle. Face à un père biologique défaillant ou juste faible, une mère molle, ou juste sentimentale, le maître se sent obligé de et habilité à remplir le vide d'autorité paternelle/maternelle. Dans cette optique, les mauvais traitements mis en relief sont occasionnés par l'indocilité et l'indiscipline.

108. AP, Prud'hommes : D1U10 16, 4 février 1867 ; D1U10 379, 9 novembre 1849 ; D1U10 388, 16 décembre 1867 ; D1U10 16, 7 mai 1866. Je n'ai pas décelé un cas franc de harcèlement sexuel. La plainte d'une mère d'apprentie évoque le comportement douteux du maître, entrepreneur aisé et fabricant plumassier, qui fait des « tentatives » à l'égard d'une ouvrière âgée de vingt et un ans. Quand le père de cette dernière tombe malade, le maître essaie de l'accompagner depuis la fabrique à Thiais au sud de la capitale jusqu'à Paris, ou au moins jusqu'à la gare, l'occasion de l'amener d'abord dans « un établissement » où il peut lui procurer de la nourriture pour le voyage. Le récit est flou, mais suggestif. Voir D1U10 403, 2 mars 1876.

Tout naturellement, Berthet, sertisseur, dit « que s'il a donné un soufflet à l'apprenti, c'est qu'il y a été forcé par l'insoumission de son élève » ; face à « l'insubordination » de l'adolescent, la plainte de son père « n'a aucune valeur » : nous voilà de retour au système domestique soigneusement élaboré pendant l'Ancien Régime. Le père d'un apprenti fabricant de bronze allègue de « mauvais traitements » pour justifier le retrait de son fils, mais le bureau prud'homal maintient « qu'il est prouvé que l'apprenti est insubordonné, batailleur et paresseux », donc « nuisible » à la vie de l'atelier. Le mal est sans commune mesure entre la maltraitance chronique dont Petit, apprenti opticien, est victime (le maître « le maltraite et le bat souvent et violemment ») et l'insoumission chronique de l'apprenti (« les fréquentes absences, l'indocilité, le peu d'aptitude au travail »). Les prud'hommes tranchent en faveur de Lafleur, l'opticien, s'appuyant sur une évaluation, fondée, comme souvent, sur une « surveillance » organisée des parties, dont les modalités, y compris le degré de pénétration dans l'atelier, et la durée, ne sont jamais précisées. Aux « mauvais traitements » nébuleux contre son fils, réprouvés par la Veuve Louche, Leskowitch, ciseleur, répond concrètement que l'enfant est « insubordonné et désobéissant », qu'il crée « du désordre dans l'atelier », grippant le processus de production. Les « sévices » dont se plaint le Sieur Biche (la « brutalisation de son fils ») n'ont « aucune gravité », d'après les prud'hommes, en comparaison de « l'indocilité, l'insubordination et l'infidélité » (divers larcins) de l'apprenti ciseleur, « sourd à tous les bons avis qui lui sont donné [*sic*] ». Pourtant, le père inverse la logique patronale normative : ce ne sont pas les actes prétendument rebelles de son fils qui ont provoqué la cruelle maltraitance, mais cette dernière qui a suscité son départ prématuré. Le père de Laure Bural, qui aspire à l'état de dessinatrice en broderie, affirme que son maître la battait depuis son arrivée dans l'atelier « et ne lui avait rien montré ». Hautain, le maître cite ses infirmités d'élève (analphabète, une « intelligence rebelle »), avoue l'avoir battue (« parfois et très rarement »), mais justifie ces gestes qui auraient été « autorisés » par les parents « en cas de mécontentement », une analyse vigoureusement écartée par les prud'hommes[109].

Un dossier, toujours parisien, de 1860 cristallise en quelque sorte les représentations aux antipodes déployées par des critiques sociaux,

109. AP, Prud'hommes : D1U10 18, 5 janvier 1874 ; D1U10 16, 27 mai 1867 ; D1U10 16, 9 janvier 1865 ; D1U10 14, 4 juin 1860 ; D1U10 16, 18 mars 1867 ; D1U10 18 379, 23 décembre 1850.

mêlant propagande (clichés et stéréotypes) et ethnographie-de-l'enquête (sciences sociales embryonnaires) : le père opportuniste, un peu prédateur et âpre au gain, et la maîtresse (communément il s'agit plutôt d'un patron artisanal jamais genré femme) autoritaire, spéculatrice (employant de nombreuses apprenties plutôt pauvres et vulnérables) et parlant une langue de Tartuffe, faussement mère-de-famille. La dame Sauvage, brunisseuse, fait de la sociologie aussi bien que de la morale dans sa réfutation des reproches de « traitements rigoureux » formulés par Belorgey à l'égard de sa fille Eléanore. D'abord, elle s'occupe de filles « dans l'abandon », délaissées « pour la presque totalité par leurs parents ». Face à ces jeunes sans repères ou éducation basique, « il a fallu établir des règles très sévères dans l'atelier ». Eléonore s'est révélée spécialement réfractaire, « jetant le trouble » dans l'atelier, ameutant les autres filles et cherchant d'emblée « un prétexte pour se faire renvoyer ». Elle n'était pas le seul élément remuant, ce qui explique « la nécessité de punitions devant le désordre et les mauvais instincts des filles qui ont manqué d'exemples ». Sauvage n'épargne pas le père, démasquant son irresponsabilité paternelle et son jeu commode de *deus ex machina* salvateur. Après l'avoir engagée dans un apprentissage de sept ans, inhabituellement prolongé tant dans le métier et l'endroit que dans le siècle, il ne la voit guère, selon la brunisseuse, sceptique à l'égard de ses mobiles. Les prud'hommes la suivent : « attendu que depuis 5 ans » Belorgey « n'a pris aucun souci d'elle ; qu'aujourd'hui qu'elle sait travailler, il veut la reprendre et recueillir ainsi le fruit de l'instruction professionnelle aux mains de la dame Sauvage », il n'y a aucune raison d'accorder une résiliation du contrat. Si le père ne la ramène pas pour achever son temps, il est condamné à une indemnité de 300 francs que la dame Sauvage aura sans doute de la peine à récupérer[110].

Le maître est souvent dur, voire pire ; sans doute, l'apprenti.e aussi, même si leur relation est tout sauf symétrique. Au-delà de l'essentialisme qui nous invite à percevoir le maître, dans le sillage de tout dominant, comme moins crédible que l'apprenti.e, fiable parce que faible, il faut toujours rester prudent en utilisant des documents tels les jugements des prud'hommes, où les oppositions sont fréquemment binaires, les éléments du dossier fort réduits (hyper-résumés, allusifs, parfois amphigouriques), l'investissement idéologique pesant, l'opportunité de contrôler, recouper ou corroborer les propos extrêmement

110. AP, Prud'hommes : D1U10 14, 4 juin 1860.

limitée, l'exclusion de toute la dimension non verbale pénalisante (tellement importante comme information en soi dans la dénonciation et la justification et pour l'appréciation de ce qui est digne de confiance). En tout cas, il ne faut pas sous-estimer les dégâts et les inconvénients que peut causer un apprenti – aliéné, immature ou méchant – dans un atelier, mettant le maître en difficulté par rapport à ses autres employés et même à ses clients. Comme la famille de l'apprenti.e qui se sent trahie, trompée ou indignée par l'expérience de son enfant, il serait surprenant que le maître de bonne volonté n'éprouve pas de semblables émotions face à des dérangements, des déceptions et des pertes entraînés par des apprentis indisciplinés, indifférents ou rebelles. L'enjeu principal de la plupart des jugements – la survie ou la suppression du lien contractuel – a tendance à crisper les positions, accentuer les frictions, brouiller les souvenirs, mener à des récits déformés (« exagérés », dans le langage des prud'hommes, eux-mêmes en proie quelquefois à l'hyperbole ou à la minoration).

Letannoux, ferblantier, met en scène sa version des faits dans la cause qui l'oppose à l'apprenti René Jeuffrant. Il prétend avoir trouvé ce gamin dans un état piteux, sans aucun appui familial. Son nouveau maître a dû le vêtir et l'entretenir d'urgence. Non seulement René ne montre aucune gratitude pour ces soins non professionnels, mais dans le travail il a une attitude d'insouciance, « un manque d'exactitude » qui se mue d'abord en « inconduite », puis en « insoumission ». Obtenant facilement une annulation des conventions, Letannoux rechigne à fournir le certificat du temps fait, prisé par tous les apprentis, jugés bons ou difficiles. Le chef de Staiger et Cie, graveurs, esquisse grossièrement les segments d'un abrégé de *bildungsroman* d'apprenti graveur. Dans un premier temps, Émile Quennerville, fils mineur d'un peintre, se comporte dans l'atelier de façon convenable. Par la suite, cependant, « les mauvaises fréquentations l'avaient tellement changé qu'il était devenu d'une Paresse incroyable ». Il semble tiraillé entre la voie vers l'*apache* et celle menant au *sublime*. Il finit par manifester « une insoumission sans exemple ». Devant une situation aussi funeste pour les autres apprentis que pour le contremaître, le patron a conclu « qu'il n'était plus possible de le gouverner »[111].

Frédéric Tréteaux, quoique fils mineur, a acquis une petite expérience dans le métier avant de s'engager auprès de Chevenot, menuisier en voitures, heureux d'accueillir un jeune qui sait s'orienter dans

111. AP, Prud'hommes : D1U10 14, 30 juillet 1860 ; D1U10 16, 7 janvier 1867.

l'atelier. En quelque mois, pourtant, les choses dégénèrent. Frédéric refuse de plus en plus « d'obéir à son patron » ; en ne suivant pas des ordres, il provoque « un désordre notoire » dans l'atelier, et il maintient son « insoumission » malgré la « bienveillance » que Chevenot lui accorde. Bijoutier, Bourdier se plaint de son apprenti Cornnet, devenu en dix-huit mois « d'une insoumission sans exemple » qui « ne veut plus rien faire » et repousse ses « avis paternels » l'exhortant à « se corriger ». Le père raconte une autre histoire fondée sur un harcèlement moral trahissant une incapacité « à diriger » un apprenti et conduisant son fils à éprouver un véritable dégout pour la profession. Thouvenin pousse à l'indiscipline son fils, apprenti graveur sur métaux, en venant souvent à l'atelier pour se plaindre du traitement qui lui est accordé, empêchant l'enseignement et la production. Ce garçon plutôt tranquille est devenu agité et un peu agitateur. Bony, mécanicien, fustige son apprenti pour « sa mauvaise volonté » et « sa mauvaise conduite ». Roulissot, tailleur en diamants, reproche à son apprenti « son indocilité » et « son mauvais exemple dans l'atelier ». L'apprentie de la dame Cohadon, brunisseuse, est « une fille d'une insoumission et d'une paresse sans exemple », formules tirées du catalogue du secrétaire du conseil des prud'hommes. Plus pittoresque, Gentil, un maître sellier pas forcément fidèle à son nom, décrit son plus jeune apprenti comme « un petit drôle qui ne veut rien faire » ; « insolent et provocateur », il a bien « demandé » le soufflet qu'il a reçu. Deux bijoutiers en mars et mai 1867 renvoient leurs apprentis pour « insolence » et « insoumission », un sentier battu. Nonobstant la « maltraitance » décrite par sa mère, Gilles, apprenti ciseleur, récolte « tous les torts », selon les prud'hommes, car « il s'est montré rebelle » et « insolent » en « refusant du travail »[112].

Après avoir braqué les projecteurs sur le maître exploiteur et le maître violent, et évoqué l'apprenti.e léthargique, récalcitrant.e ou incapable, il est utile de rappeler que beaucoup d'apprentissages – peut-être la plupart – se déroulent dans un climat positif, que les abus sont fréquemment marginaux et rarement volontairement cruels, et que les tensions structurelles ne débouchent pas forcément sur des heurts quotidiens. Si l'apprentissage est une période de stress considérable, de part et d'autre, surtout au début et vers la fin, si la relation entre maître et

112. AP, Prud'hommes : D1U10 14, 3 décembre 1860 ; D1U10 16, 4 septembre 1865 et 10 juillet 1865 ; D1U10 18, 27 septembre 1875 et 16 août 1875 ; D1U10 16, 9 juillet 1866 ; D1U10 397, 20 juillet 1869 ; D1U10 16, 4 mars 1867, 27 mai 1867 et 9 juillet 1866.

apprenti.e est fortement asymétrique, si la précarité sociopsychologique du dominé est flagrante, cela ne veut pas dire que chaque jour s'avère un combat vital. Malgré son caractère anecdotique, citons l'expérience d'un apprenti globalement heureux, révélée au XIXe siècle, mais qui aurait pu être racontée pendant l'Ancien Régime. C'est le genre d'histoire qui n'est que très rarement repérée aux archives où prévalent ordinairement la pathologie et la malveillance. Il s'agit d'un témoignage recueilli par Armand Audiganne, journaliste, libéral modéré et sociologue précoce dans la veine Leplaysienne :

> Mon patron était un homme asses vif de parole, mais très honnête, soigneux, habile dans son état, et prompt à encourager la bonne volonté de ceux qui travaillaient sous sa direction. S'il ne laissait point passer, sans les relever des fautes un peu graves, il ne s'appesantissait jamais sur les petits manquements qui avaient pour origine une simple légèreté accidentelle ; il ne se fâchait pas pour des riens. On voyait bien qu'il souffrait d'avoir un reproche à faire [...]. Le maître chez lequel j'avais été mis en apprentissage n'avait pas le tort de me confier des travaux au-dessus de mes forces ; il était plutôt trop prudent, il craignait toujours de me faire passer trop vite d'une œuvre simple à une autre plus complexe. Peut-être son enseignement était-il pour cette raison un peu plus lent, mais aussi il était plus solide. Ce qu'on avait appris auprès de lui, on le savait de manière à ne jamais l'oublier[113].

Post-scriptum sur la maltraitance habillée en punition autorisée

Pendant l'Ancien Régime, maintes communautés interdisent expressément la punition corporelle d'apprentis, question intrinsèquement ambiguë pour de nombreux maîtres s'installant dans un rôle provisoirement paternel. Comme disait un commissaire de police parisien morigénant un maître boulanger qui justifiait son traitement violent d'un apprenti en invoquant le droit d'un père : « Vous corrigez sans la verge ou vous risquez la prison. » (Selon la grande enquête sur le travail de 1901, les boulangers se trouvent parmi les très rares professions où la punition corporelle demeure commune.) Poursuivant une attitude courante jadis, des maîtres au XIXe siècle s'efforcent de distinguer la violence socialement acceptable, traduite par le châtiment corporel, de la maltraitance. D'éminents juristes, tel François-Étienne Mollot, estiment que si le maître peut infliger à l'apprenti « de légères

113. Armand Audiganne, *Les Ouvriers en famille*, 7e éd., Paris, Cappelle, 1866, p. 45, 47.

punitions » (par exemple, des retenues dans les jours de sortie), « il lui est défendu d'user envers lui de mauvais traitements, de le frapper, de lui refuser une partie de sa nourriture ordinaire [...] ». Son collègue Louis Million note que, tandis que la loi du 22 germinal an XI (12 avril 1803) – premier texte régulant l'apprentissage au XIXe siècle – dit que le contrat sera annulé en cas de mauvais traitements de la part du maître, celle de 1851, mesure phare sur la pratique de l'apprentissage, « n'a pas cru devoir comprendre parmi les obligations du maître celle de s'abstenir de *tout mauvais traitement* ». D'où l'argument que le maître père-de-famille, s'appuyant tant sur l'usage que sur le droit romain, peut appliquer des corrections corporelles « quand elles ne sont pas exagérées ». Million refuse de se ranger à cet avis : « Il nous semble que tout châtiment corporel doit être sévèrement interdit. » Dans son manuel de vulgarisation, Louis Bellet soutient que les maîtres « ne doivent jamais, pour aucun motif, frapper leurs apprentis, les priver de nourriture, en un mot, les maltraiter ». Une des expressions autobiographiques la plus saisissante de l'indignation de l'apprenti maltraité émane de Guillaume, travaillant dans la bijouterie :

> Vois-tu cela, lui disait le maître en lui montrant la pièce mal achevée ou défectueuse : vois-tu cela ? et le prenant par la nuque, il lui cognait le visage sur cette pièce anguleuse et tranchante, au risque de lui briser la mâchoire, de le rendre infirme ou de l'éborgner. Et quand Guillaume versait quelques pleurs arrachés par la douleur ou par la rage, le maître courait à sa baguette : Ah ! tu pleures, toi ! ah ! paysan, ah ! chien, tu pleures ! Je vais te faire pleurer pour quelque chose[114].

---

114. AN, Y 15356, 15 juin 1756 ; V. de Chardon, « L'Apprentissage en France de 1851 à 1919 », p. 242 ; F.-É. Mollot, *Le Contrat d'apprentissage*, p. 49 ; L. Million, *Le Contrat d'apprentissage*, p. 23 ; B.-L. Bellet, *Code-manuel des ouvriers, des contre-maîtres et des apprentis*, p. 46 ; J.-P. Gilland, *Les Conteurs ouvriers*, p. 236-37. « Tenu des mêmes obligations que le père de famille, a-t-il [le maître] tous les attributs de la puissance paternelle ? », demande le juriste J. de Lacoste Lareymondie à l'aube du XXe siècle : « Nous sommes obligés de constater que le patron est quelque peu désarmé et que les moyens mis à sa disposition ne correspondent nullement à la responsabilité qui pèse sur lui. » Jean de Lacoste Lareymondie, *Le Contrat d'apprentissage. Étude de la législation française*, Niort, G. Glouzot, 1906, p. 80. Cf. l'accent mis sur l'impunité du maître, exerçant au Québec un pouvoir quasiment illimité. J.-P. Hardy et D.-T. Ruddel, *Les Apprentis artisans à Québec*, p. 174-75. Voir aussi deux histoires révulsantes de maltraitance. D'abord, Jean-Louis, apprenti d'un restaurateur, qui l'insulte sans cesse et lui donne des gifles et des coups de poing au ventre : « Je me demande comment, pendant ces huit mois, je n'ai pas craqué. Heureusement que mes parents m'ont aidé à tenir le coup et que l'inspecteur de l'apprentissage a fini par intervenir, parce que j'étais écœuré, vidé, je n'en pouvais plus. » Gilbert Declercq, « Apprenti, oui. Préposé aux corvées, non », *CFDT Magazine*, n° 30 (juillet-août 1979), p. 24-26. Puis le récit de « l'esclavage » d'un apprenti boulanger au début du XXIe siècle : *Libération* (14 avril 2004) et Christophe Lavigne, *Du pain sec et de l'eau, histoire d'une maltraitance*, Paris, M. Lafon, 2005.

Des maîtres plaident quelquefois que les mauvais traitements pour lesquels ils sont mis en cause relèvent strictement de leur fonction disciplinaire. Si interdire la parole pendant huit jours et enfermer une apprentie dans une salle sans feu par un froid excessif ne constituent pas une punition acceptable, des prud'hommes parisiens n'y voient pas une raison impérieuse pour la résiliation du contrat. La dame Niqueux, couturière à Tours, nie avoir maltraité son apprentie, la petite Caillant, qui demande l'abrogation de son engagement. « Quelques soufflets » et « une claque » ne signifient pas abus mais « correction » pour que la fille devienne « docile et honnête », abandonne son « inconduitte » réitérée et cesse de répandre des « propos malhonnêtes ». Arrangeant une conciliation, les prud'hommes donnent plutôt raison à la maîtresse. À écouter Marotte, ciseleur sur métaux, en 1866, le recours à la gifle, le coup de pied ou pire est une sorte de tropisme naturel et légitime : le soufflet qu'il a infligé à son apprenti Gilles n'est que geste paternel, car le maître est obligatoirement, sur le plan moral, un père de famille provisoire. Le patron explique aux prud'hommes parisiens « qu'il avait donné à son apprenti une tâche des plus faciles à faire, que [Gilles] s'était rebellé, l'avait insulté et menacé et [Marotte] déclare que la correction qu'il a infligée à l'enfant ne peut être considérée comme un maltraitement, mais correction paternelle ». Long, bijoutier, s'estime fonctionner selon le même paradigme : son soufflet et son coup de pied sont une manière de « corriger paternellement ». Tout en reconnaissant que certains maîtres croient fondé leur recours à la punition corporelle, le père de Rodolphe Guérard, apprenti mécanicien, conteste vigoureusement la justification que s'octroie son maître Parod en giflant et autrement malmenant son fils : « Bien qu'il ait autorisé le Sieur Parod à corriger paternellement son fils, s'il manquait à ses devoirs, il en avait abusé en le maltraitant. » Considérant les griefs du père « dénués de fondement », les prud'hommes donnent entièrement raison à Parod, effaré par l'idée de perdre un bon élément au mi-parcours de son apprentissage (dix-huit mois accomplis sur trois ans contractés), désormais capable de produire des profits pour son maître[115].

115. L. Montazel. « La Résolution judiciaire des conflits en matière d'apprentissage », p. 284 ; AD Indre-et-Loire, 5 U 12, 30 juillet 1822 ; AP, Prud'hommes : D1U10 16, 9 juillet 1866, 27 mai 1867 et 18 mars 1867 Sur la punition corporelle administrée à des apprenti.e.s à l'étranger, voir J.-P. Hardy et D.-T. Ruddel, *Les Apprentis artisans à Québec*, p. 175 ; P. Wallis, « Apprenticeship in Early Modern England », dans *Apprenticeship in Early Modern Europe*, p. 278 ; B. de Munck, « From Brotherhood Community to Civil Society? », p. 15 ;

LA FIN DU PARCOURS

Les tensions entre maître et apprenti s'exacerbent pendant la dernière partie de leur collaboration, car celui-ci, conscient de sa capacité de fonctionner dorénavant comme un ouvrier, est tenté d'aller travailler là où il peut obtenir un salaire ou gagner davantage d'argent, ou trouver des conditions de travail plus satisfaisantes ; de son côté, le maître estime que l'apprenti lui doit chaque minute du temps restant sur le contrat, parce que c'est le moment où il peut récupérer son investissement dans la formation, un apprenti habile étant enfin en mesure de lui rapporter des bénéfices conséquents. Si la première moitié de l'apprentissage est, au moins pour le patron, « la plus pénible », remarque une couturière tourangelle, la deuxième est le « beau » moment, « le plus avantageux » pour la maison. Furieux que son apprenti souhaite lui faire perdre ce beau moment, le Sieur Couchet, menuisier à Tours, exige 300 francs de dommages « pour lui tenir lieu du profit qu'il eût pu faire sur ledit apprenti » s'il avait achevé les dix-sept mois restant sur son contrat. La lamentation bilieuse du mécanicien Parod, choqué on l'a vu par l'idée qu'on pouvait attacher plus d'importance à un soufflet administré à son apprenti qu'à sa perte du temps de ce même apprenti, parti de l'atelier précocement, déjà travailleur assez accompli, s'inscrit dans la même logique. Les recherches les plus récentes, trop robustes pour ne pas nous inciter à nous interroger, mettent en question ce modèle « two-stage », anecdotiquement omniprésent, qui suppose que l'apprenti.e est d'abord formé.e pendant une bonne moitié de son apprentissage avant d'être capable de commencer à amortir sérieusement l'investissement du maître dans son éducation professionnelle. Selon cet argument, marqué particulièrement par l'expérience britannique, la formation était moins intensive et plus morcelée que l'on ne le prétend, et l'apprenti.e fournissait du travail utile parallèlement à son enseignement, quasiment dès le début, dans un attelage symbiotique[116].

A.-M. Steidl, « Between Home and Workshop: Regional and Social Mobility of Apprentices in 18th-19th Centuries Vienna », *MEFRIM*, t. 128 (2016), p. 176-77 (voir les lettres des parents d'apprenti.e.s au conseil municipal de Vienne protestant contre le traitement « inhumain » des enfants).

116. AD Indre-et-Loire, 5 U 12, 13 juillet 1822 et 20 juillet 1820 ; AD Sarthe, 778 W 1, 21 septembre 1864, 10 janvier, 14 novembre 1866, 3 août 1868 et 778 W 3, 24 juillet 1872 ;

Nous avons examiné ce que l'on peut appeler la politique assurantielle de bien des maîtres, imposant des pénalités plus ou moins lourdes pour sanctionner des départs précoces ; des clauses contractuelles enjoignant la famille ou ses représentants de « ramener » l'apprenti fugitif à l'atelier ; l'engagement des communautés pour soutenir les maîtres en réprimant le débauchage et en menaçant les apprentis fautifs d'une radiation institutionnelle les privant à la fois du brevet et du droit de briguer plus tard la maîtrise. En l'absence de cadre corporatif et de pratique généralisée du contrat écrit, au XIXe on se fie forcément aux prud'hommes, coriaces partisans de l'achèvement du contrat, mais dont les conciliations sont par nature fragiles et les sanctions manquent de dents (surtout en cas d'insolvabilité des familles). En tout cas, les prud'hommes, sans doute en raison de l'expérience de la moitié de leurs membres comme patron, laissent fortement entendre – mystification ou lucidité, c'est selon – que le système « two-step » est pour eux une réalité encore plus comptable que symbolique, l'enjeu étant moins le goût de domination que celui du profit.

Les maîtres ne supportent pas l'idée que l'apprenti qu'ils ont formé va renforcer l'atelier d'un concurrent, ou même qu'il va travailler seul pour son compte ; les prud'hommes déploient leur inventaire finalement assez limité pour inciter l'apprenti à rejoindre son maître d'origine. Le maître rival méprise la doléance du plaignant, ou s'efforce de minimiser sa complicité en insistant sur le fait qu'il ne savait pas que le/la jeune était encore apprenti.e, qu'il l'a accueilli.e « en confrère travaillant chez lui à la tâche » ou comme « ouvrier » simple (les « papiers », si cruciaux à chaque virage, entrée et/ou sortie, au XVIIIe siècle, objets d'une police jamais parfaite, mais ordinairement tenace, pèsent bien moins dans les relations sur le marché du travail au XIXe, malgré l'obligation formelle de chaque ouvrier de porter un livret). Certains maîtres sont spécialistes du débauchage, mettant en scène des altercations susceptibles de faciliter le départ légal d'un apprenti qu'ils convoitent.

AD Indre-et-Loire, 5 U 18, 19 octobre 1876 ; AD Loire-Atlantique, 5 U 1 451, février 1860, 9 octobre 1861 ; Patrick Wallis, « Apprenticeship and Training in Premodern England », *Journal of Economic History*, t. 68 (2008), p. 832-61. Clare H. Crowston et Claire Lemercier, spécialistes de cette question pour la France, suivent Wallis. C. H. Crowston et C. Lemercier, « Surviving the End of the Guilds », dans *Apprenticeship in Early Modern Europe*, p. 303-304. B. Zucca Micheletto semble un peu moins enthousiaste. « A Large "Umbrella": Patterns of Apprenticeship in Eighteenth-Century Turin », dans *ibid.*, p. 88. Le *two-stage* semble fonctionner dans les Pays-Bas du Sud. Bert De Munck, Raoul De Kerf et Annelies De Bie, « Apprenticeship in the Southern Netherlands, c. 1400-c. 1800 », dans *ibid.*, p. 224-25.

Ainsi, Valnet, un patron lyonnais, « subtilise les élèves en leur donnant le conseil de se plaindre de la nourriture[117] ».

Si les derniers mois d'un apprentissage génèrent fréquemment un raidissement des relations, il y a bien entendu beaucoup de dénouements sans incidents et même franchement heureux. Parmi ces derniers, les cas où les apprentis, confortablement intégrés, sur l'invitation du patron, prolongent leur engagement, désormais comme compagnons ou ouvriers. Grenier, après quatre ans de formation en petite teinturerie, chez Renault à Rouen, devient ouvrier, puis, au décès de son maître, « gouverne la boutique sans la veuve pendant près de 14 ans, à la satisfaction des marchands qui l'ont emplöié ». Auguste Fermont est content de demeurer après la fin de son temps chez Martin, marchand ébéniste au Mans (mais aurait aimé toutefois que ce dernier signe son livret formalisant la transition). Il n'est pas difficile d'imaginer l'impression qu'un maître un peu attentif et attentionné peut faire sur un enfant/adolescent ou même sur un jeune adulte, moins une emprise qu'une influence forte et durable, l'aidant à perfectionner ses compétences, à trouver d'autres maisons où travailler ailleurs en ville ou ailleurs en France, à briguer une maîtrise où l'appréciation du maître d'apprentissage est communément sollicitée. Le réformateur de l'enseignement professionnel, ancien ouvrier imprimeur, Anthime Corbon se demande si le choix de l'apprenti de rester ne traduit pas moins une pulsion de fidélité ou le jeu de la réciprocité qu'un déficit paralysant de confiance, car il aurait pu mieux se positionner professionnellement en sortant et en proclamant son autonomie. Cependant, l'auteur du *Dictionnaire des professions*, Édouard Charton, conteste ce cynisme : le patron comprend vite le rôle indispensable de cet élément bien incorporé dans l'organisation du travail et le récompense correctement, tout en flattant son estime de soi. À la fin du siècle, presque 40 % des ouvriers imprimeurs – 5 000 sur 13 000 – ne quittent pas la boutique de leur apprentissage ; 57 % des horlogers et 20 % des 8 500 ouvriers dans l'ameublement interrogés dans l'enquête agissent de même[118].

117. *L'Indicateur* (31 mai 1835).

118. Arrêt du conseil, décembre 1719 dans *Recueil des édits, déclarations, lettres patentes, arrests et reglemens du roy, registrés en la cour du Parlement de Normandie, 1718-1726*, p. 136 ; AD Sarthe, 778 W 3, 24 juillet 1872 ; *Articles, statuts, ordonnances et privilèges accordez à la communauté de fondeurs, mouleurs en terre et en sable, cizeleurs et faiseurs d'instruments de mathématiques*, Paris, Veuve Vauzon, 1714, p. 5 ; Anthime Corbon, *De l'enseignement professionnel*, Paris, Dubuisson, 1859, p. 38 ; É. Charton, *Dictionnaire des professions, ou Guide pour le choix d'un état*, Paris, Hachette, 1880, p. 37 ; Office du travail, *Rapport sur l'apprentissage dans l'imprimerie, 1899-1901*,

Pendant l'apprentissage, une sorte de marché secondaire des apprentis fonctionne, illicite mais utile, et admis par de nombreux maîtres à condition qu'ils le contrôlent. Certains essaient de monter des combines permettant aux apprentis des lieux dits privilégiés, telle la Galerie du Louvre, de se faire louer par des patrons en ville. Certains maîtres, détournant le système dit de « transport » régenté par la communauté pour re-placer des apprentis mal intégrés, louent ainsi des apprentis pour des durées variables. Les maçons parisiens transforment leurs meilleurs apprentis en « manœuvres », salariés, laissant les autres trouver des solutions marchandes convenables. Besançon, maître boulanger dans la capitale, loue (il dit « prête ») son apprenti, qui n'a accompli que dix-huit mois de service – la moitié du temps normatif – à des confrères à court de main-d'œuvre. À Dijon, vers le début du XVIIIe siècle, dans des circonstances fumeuses, des apprentis se muent en chambrelans, travaillant notamment dans des professions de tissus et vêtements. À Rouen, les montages néo-corporatifs des hauts justiciers dans les faubourgs et la banlieue génèrent un marché parallèle, bien plus flexible, ouvrant des possibilités de location des apprentis en ville ou ailleurs. Certaines communautés autorisent des apprentis ayant fait trois ans complets à être placés par leurs maîtres à la journée, le salaire étant perçu par le maître qui accorde une gratification à l'apprenti. Sans approbation, Sébastien Finet, un apprenti teinturier lyonnais, quitte son maître sporadiquement pour travailler comme compagnon. Plus d'un siècle plus tard, Tissier, apprenti opticien, se glisse hors de l'atelier certains soirs pour aller travailler pour le confrère de son maître, apparemment intéressé par « les moyens de faire de sa maison », autrement dit, ses secrets du métier. Toujours au XIXe, le Sieur Fourmi, serrurier à Tours, « prête » son apprenti Forget Savari, également serrurier, qui accepte de verser 20 % de son salaire directement à Fourmi, pratique bien rodée au XVIIIe. Un maréchal serrurier, au lieu de parfaire l'habileté croissante de son fils, le met à contribution à l'extérieur ; appuyé par sa grand-mère, l'apprenti demande aux prud'hommes la restitution de presque 200 francs pour « ses travaux à la journée » (le père remarque gentiment que « son travail était mauvais »)[119].

p. LXVIII, LXXI ; V. de Chardon, « L'Apprentissage en France de 1851 à 1919 », p. 250-51. Pour un exemple de la force constante qu'exerce le maître sur l'apprenti, voir J. Singleton, « Japanese Folkcraft Pottery Apprenticeship », dans *Apprenticeship from Theory*, p. 23.

119. Arrêt du Parlement de Paris, 8 août 1708, dans C. Raillard (éd.), *Extraits des principaux articles des Statuts des maîtres horlogers de la ville de Paris*, p. 97 ; *Statuts, ordonnances*

Si la relation entre maître et apprenti demeure tendue, elle atteint son apogée dans les semaines qui précèdent la fin du temps contractuel. Au XVIIIe siècle, l'apprenti compte prendre possession de son brevet d'apprentissage signé : c'est son billet de confession de travailleur, sa licence pour naviguer librement et de front sur le marché du travail, et la preuve de sa persévérance : il a fait correctement son temps. « Après l'expiration desdites trois années » – il s'agit d'un commentaire juridique sur un contrat de boulanger – « les Maîtres d'apprentissages seront tenus de certifier, au bas desdits brevets ou actes, qu'ils ont eu leur entière exécution, sans qu'ils puissent, sous quelque prétexte que ce soit, faire remise d'aucune portion du temps dudit apprentissage, sous peine de cent cinquante livres ». Si une dispute éclate justement sur cette question, l'affaire est d'habitude réglée en interne, par les jurés et les anciens. Si ces derniers considèrent que l'apprenti a légitimement accompli son temps, ils peuvent certifier le congé (nom générique des papiers de sortie) ; si la communauté n'agit pas, ou si le maître résiste, l'apprenti doit demander au procureur du roi du Châtelet à Paris, ou à une juridiction de police en province, de lui fournir le brevet-sésame, l'autorisant à travailler comme compagnon où cela lui plaît. À Lyon, l'apprenti à qui est refusée sa « bonne quittance » d'apprentissage l'obtient en se plaignant au consulat – la municipalité. Il en a besoin pour se faire inscrire dans le livre des compagnons, régulateur du marché du travail, lui permettant de se faire embaucher. Un maître, à son tour, n'a pas le droit de prendre comme ouvrier un compagnon sans ce congé, ou l'équivalent d'ailleurs. *A priori*, le consulat n'intervient que quand le maître ne peut pas ou ne veut pas agir, ou formule une objection. Son maître est décédé avant de pouvoir fournir le document à Joseph Mayet, apprenti fabricant d'étoffes en soie. Histoire analogue pour Jacques Blanc, apprenti achevé dans la teinturerie en soie, parti à l'armée et rentré après la mort de son maître. Arguant que son maître a refusé le congé injustement, Baptiste Mottet supplie les juges d'accorder ce laisser-passer.

---

et règlements de la communauté des maîtres rôtisseurs, p. 7-8 ; *Encyclopédie méthodique. Arts et métiers mécaniques* (1785), t. 4, p. 335 et t. 2, p. 62 (1784) ; AN, Y 15375, 6 mars 1775 ; *Recueil des déclarations, edits, lettres patentes et arrêts du conseil, registrez au parlement de Dijon*, t. 5, Dijon, Jean Ressayre, 1710, p. 250-51 ; *Recueil des édits, déclarations, lettres patentes, arrests et reglemens du roy, registrés en la cour du Parlement de Normandie, 1718-1726*, p. 262 ; *Nouveau recueil des édits, déclarations, lettres-patentes, arrêts et reglemens… lesquels ont été enregistrés au parlement de Rouen*, Rouen, Besougue, 1742, p. 690 ; AD Indre-et-Loire, 5 U 14, 27 décembre 1828 ; AM Lyon, HH 241, 29 août 1748 ; AP, D1U10 16, 5 février 1866 et D1U10 18, 6 mars 1876.

La frustration attend Guillomeau, encore un ouvrier en soie, qui a délaissé son apprentissage huit mois avant la fin, voilà des années. Depuis, il a travaillé pour beaucoup de maîtres, à Lyon et ailleurs, et en raison de cette expérience espère que le consulat l'inscrira illico dans le catalogue des compagnons. Cette cour estime qu'il faut qu'il termine son apprentissage en retrouvant l'atelier de son ancien maître, mais six mois feront l'affaire, compromis de raison. S'il est né dans « une province non désignée » par les règles corporatives – en l'occurrence à Nîmes et à Paris –, un apprenti peut encourir un double péril : refus d'enregistrer son brevet au commencement de l'apprentissage et refus de lui donner quittance à la fin[120].

Dans les grandes villes en particulier – mais le recrutement très large pour le Tour de France nous laisse croire qu'il y a des foyers d'excellence un peu partout –, on fait volontiers l'hypothèse que le brevet signifie non seulement du temps capitalisé, mais aussi l'acquisition d'un certain savoir et des bases de l'habileté, désormais testée tous les jours, tant sur le marché des produits que sur le marché du travail. Mystification à en croire les élites intellectuelles[121], cette présomption traduit l'état d'esprit de la culture populaire du travail, de l'orgueil des maîtres d'apprentissage et de leurs communautés – nonobstant de nombreuses exceptions (négligence par le maître ou défaillance du maître plus ou moins imposteur). Il n'est pas fortuit que le compagnon de Paris (apprenti breveté de la capitale) jouisse d'une priorité d'embauche dans la capitale et sur bien des marchés de l'Hexagone, d'un droit de s'établir – « ouvrir boutique » – dans tout le royaume et d'un accès bien plus facile à la maîtrise, de préférence aux compagnons formés ailleurs, quels que soient leur expérience ou palmarès. Le brevet vaut quelque chose sur le plan professionnel, même si ce n'est pas encore un CAP (Certificat d'aptitude professionnelle, allusion à un diplôme du début du xxe siècle). Il vaut plus encore

120. N. T. L. Des Essarts, *Dictionnaire universel de police*, t. 2, p. 282 ; AM Lyon : HH 215, 4 octobre 1673 ; HH 241, 27 mars 1749 et 30 avril 1748 ; HH 215, 1er mars 1673 ; HH 244, 9 décembre 1752 ; HH 241, 21 janvier 1749 ; H 244, 17 août 1752 ; HH 214, 11 mars 1670 ; HH 267, 3 janvier et 30 novembre 1781.

121. Cette présomption relève-t-elle de la mystification ? C'est l'argument implicite dans la sévère critique que font certains encyclopédistes et savants qui, loin de réhabiliter le travail de l'atelier (figuré par l'*homo faber*), pointe ses défauts, notamment l'absence totale de savoir théorique (donc scientifique) requis pour toute réalisation artisanale sérieuse. Rejetant cette disqualification méprisante, les boulangers, par exemple, contestent vigoureusement le jugement de Parmentier et de Cadet de Vaux – chimiste et physicien – selon lesquels ils ne savent pas faire du pain, et les « secrets du métier » ne sont que des préjugés et des superstitions entravant le progrès. Voir S. L. Kaplan, *Le Meilleur Pain du monde*.

dans les quelques communautés qui soumettent déjà au XVIIIe siècle l'apprenti à un examen, sorte de mini-anticipation du chef-d'œuvre sur la route de la maîtrise : on trouve, par exemple, dans bien des contrats parisiens des fabricants d'étoffe, cette formule : la communauté est enjointe de « faire faire aud. apprenti dans la dernière année du présent brevet dans le bureau de lad. Communauté une aulne sur chacune des 4 draps ordinaires et accoutumés »[122].

Au XIXe siècle, éclaté, sans ossature, peu et fort inégalement régulé, plus facilement détourné (la division du travail de plus en plus poussée engendrant une hyperspécialisation précoce) et très discuté (la fin du consensus Ancien Régime sur cette pratique canonique), l'apprentissage n'a ni la même cohérence ni le même poids. Agiter un livret, fraîchement acquis, marquant la transition du statut d'apprenti à celui d'ouvrier, n'a pas la même signification que brandir un brevet d'apprentissage. L'apprenti a moins à perdre que son congénère du XVIIIe siècle, en renonçant à achever son apprentissage. Cela ne veut pas dire que l'apprentissage pratiqué au XIXe siècle ne produit pas d'excellents ouvriers et des techniciens disposant d'un savoir rarement atteint ou pas encore disponible au siècle des Lumières, mais qu'il y a une bien plus importante inégalité de compétences, un plus grand relativisme par rapport aux critères pour la fabrication du bon ouvrier, une tolérance vis-à-vis d'un certain appauvrissement du niveau général, un argument économique, industriel et idéologique pour un apprentissage moins central pour les processus de production et de reproduction, plus diversifié, moins lourd et linéaire, plus empirique et opportuniste. Prenant la parole dans une (encore très rare) assemblée d'ouvriers en 1867, un ouvrier balancier de haute précision met en garde contre « l'illusion » de l'apprentissage actuel : « L'ouvrier sortant d'apprentissage se reconnaît très-souvent incapable, c'est qu'il comprend que ce n'est nullement le certificat d'acquit que lui a délivré son patron qui a pu faire de lui un bon ouvrier. »

---

122. AM Lyon, HH 267, 20 octobre 1771 ; *Dictionnaire Brillon*, t. 5, p. 666 ; *Statuts, ordonnances et reglemens de la communauté des maîtres passementiers et enjoliveurs de la ville de Paris*, Paris, 1717, p. 4 ; *Dictionnaire portatif du commerce*, p. 155, 157, 267, 480, 485 ; *Statuts, ordonnances, privilèges et reglements de la communauté des vitriers-peintres de la ville de Paris*, 1752, p. 26 ; *Code de la librairie et de l'imprimerie*, p. 145 ; AN, MC : X-495, 3, 7 mars 1751. Sur la préférence parisienne, voir J. Savary des Bruslons et P.-L. Savary (dir.), *Dictionnaire universel de commerce*, t. 1, p. 192, 197 ; *Supplément et suite du recueil des Reglemens généraux et particuliers concernant les manufactures et fabriques de royaume*, p. 234-36 (notamment l'arrêt du conseil du 23 avril 1697). La corporation des couteliers de Châtellerault érige des barrières xénophobes (et « corporatistes ») pour assurer la qualité des aspirants à la maîtrise et protéger sa chasse gardée. N. Pellegrin, « Contrats d'apprentissage en Haut-Poitou », p. 269.

Quoi qu'il en soit, l'apprenti sait et sent qu'il a besoin de ce papier, qui signifie peut-être pour lui « accomplissement », mais surtout, pour reprendre le mot du père d'une apprentie modiste, « libération », l'ouverture officielle de la porte sur le monde du travail. Martin, père d'un apprenti horloger, en bisbille avec son maître Foucault (qui « ne lui a montré rien »), n'est pas content du document ambigu rédigé par ce dernier, à la suite d'une conciliation effectuée par les prud'hommes du Mans. Même si son fils ne peut pas se targuer de bien connaître le métier, il a besoin du marqueur reconnu d'une certaine expérience : « Ne l'ayant pas trouvé assez clair, Mr le secrétaire [des prud'hommes] lui a donné un second certificat relatant ce qui s'est passé devant le Conseil pour qu'il puisse obtenir un livret d'ouvrier du commissaire de police. » Des dizaines, voire des centaines d'apprentis « inachevés », qui s'en vont sans avoir rempli leur contrat, en l'occurrence résilié pour une raison ou une autre, demandent au bureau des prud'hommes d'exiger du patron ou de la patronne un « certificat de temps fait » qui ne dit rien sur la compétence réelle, mais témoigne d'un passage, plus ou moins long ou court, dans un atelier, supposant une dose assez variable de familiarisation avec le métier (treize mois sur deux ans contractés par un fondeur en fer, dix-huit mois sur cinq ans par un polisseur d'acier, cinq mois sur trois ans pour une plumassière, par exemple). Faute d'un congé d'acquit dénotant l'accomplissement de l'apprentissage, un tel document est le seul espoir pour obtenir (par voie licite/normale) le livret nécessaire pour circuler et travailler légalement. L'accès au livret semble la finalité à court terme pour de nombreux apprentis : « un livret le tenant quitte de tout compte » ou, pour les assidus et/ou les chanceux, un certificat du maître ne commentant pas les qualifications obtenues, mais plus simplement « qui tienne quittance de la fin de son apprentissage »[123].

Le patron du XIXe siècle, le plus souvent sans contrainte contractuelle écrite et sans surmoi corporatif, paraît quelquefois encore moins disposé que son homologue des siècles précédents à laisser partir un apprenti adroit à la fin de son temps. Quand son apprenti laisse

123. *Rapports des délégations ouvrières* [à l'Exposition universelle de 1867], éd. Arnould Desvernay, t. 1, Paris, A. Morel, 1869, p. 24 ; AD Sarthe, 778 W 8, 24 mai 1882, 778 W 2, 11 septembre 1867, et 778 W 3, 24 mai 1871. Pour la demande d'un « certificat de temps fait » : AP, D1U10 14 : 23 janvier 1865, 6 février 1865, 24 juillet 1865, 7 août 1865, 4 septembre 1865, 11 décembre 1865, 9 juillet 1866. Tout à la fin du XIXe siècle, un petit nombre d'imprimeries organise des examens après trois ans d'apprentissage pour évaluer le savoir des apprentis en fin de parcours. Ceux qui sont très mal notés doivent redoubler une année de formation. Office du travail, *Rapport sur l'apprentissage dans l'imprimerie, 1899-1901*, p. 246-59.

entendre son intention de partir, Roulier, maréchal-ferrant manceau, le bat et le renvoie, pour souligner son refus de lui donner un congé normal. L'affaire finit en une conciliation peu amène : en échange d'une indemnité pour le peu de temps qui reste, Roulier accorde sèchement « un certificat constatant qu'il [l']a eu chez lui pendant 18 mois en qualité d'apprenti, qu'il le tient quitte de tout engagement ». Ne voulant pas accepter le départ parfaitement licite de Julien Moreau, apprenti tisserand à Tours, Pillet, fabricant d'étoffes d'esprit vengeur, retient ses outils pour l'empêcher de travailler ailleurs et s'efforce d'imposer une pièce de congé plus importante que ce qu'il a rendu. Amer à l'approche du départ de son apprenti, Armand Tomieux, fondeur au Mans, « a renvoyé le jeune Leply quoique son apprentissage fut bientôt fini et il ne veut pas lui donner de certificat ». Le maître tente de monnayer un départ qu'il déteste. Hubault, serrurier au Mans, refuse de « lui signer [à son apprenti] un livret ou un certificat constatant qu'il a rempli ses engagements sans qu'au préalable le Sr Aubert [père de l'apprenti] ne lui verse une somme de 5 fr à titre de pot-de-vin ». Mathieu Pommier, maître poëlier à Nantes, extorque une « semaine de congé » supplémentaire. En échange d'un certificat, Mallet, maître menuisier au Mans, exige le paiement de six jours et demi restant sur le contrat avant de donner congé à son apprenti. Pour un certificat, Delaporte, imprimeur manceau, demande une rallonge d'engagement pour une période non précisée. Pour obtenir « la libération de l'apprentissage » et le certificat l'attestant, la famille d'un apprenti tonnelier au Mans paie 100 francs au maître. Il fallait un esprit particulièrement retors chez un maître serrurier nantais pour refuser un certificat de congé à François Guillaud qu'il a gardé « depuis 7 ans comme apprenti »[124].

Néanmoins, il est probable que la plupart des apprentis se séparent sans heurts de leurs maîtres à la fin de leur temps. Un des ouvriers-témoins d'Armand Audiganne explique comment les choses se passent dans de bonnes conditions, loin du stress et des rancœurs que nous venons de décrire :

124. AD Sarthe, 778 W 2, 31 juillet 1867 ; AD Indre-et-Loire, 5 U 14, 1er mars 1867 ; AD Sarthe, 778 W 2, 22 janvier 1868, 778 W 1, 23 décembre 1863 ; AD Loire-Atlantique, 5 U 1 42, 5 juillet 1844 ; AD Sarthe, 778 W 4, 25 avril 1877, 11 décembre 1875 et 14 avril 1875 ; AD Loire-Atlantique, 5 U 1 42, 23 février 1842. Voir également *L'Écho de la Fabrique* (15 mars 1845). Les maîtres confondent parfois le certificat de congé (ou « billet d'acquit ») avec le livret. Chaque ouvrier doit se procurer et porter le livret ; pour l'obtenir, l'apprenti doit ordinairement présenter aux autorités son document de sortie, certificat ou billet. AD Sarthe, 778 W 2, 24 avril 1867 ; AD Loire-Atlantique, 5 U 1 42, 26 août 1842.

> J'avais dix-sept ans quand je terminai mon apprentissage. Je n'étais pas sans doute un ouvrier achevé, mais, suivant la clause inscrite dans le contrat et aujourd'hui dans la loi [de 1851], on m'avait enseigné l'état de serrurier *progressivement* et *complètement*. Les leçons avaient été mesurées à mes forces, et la profession m'avait été démontrée dans son entier. Comme mon patron prenait un autre apprenti et n'avait pas besoin d'un ouvrier payé, il me délivra mon congé d'acquit le jour même où finissait mon engagement.

L'apprenti doit encore trois semaines pour compenser son maître pour une absence (avec remplacement) de trois semaines. Bon prince, ou plutôt bon père, le maître libère le jeune homme de cette dette, lui disant qu'il « [est] content de la manière dont [il s']était acquitté de [s]es obligations » et qu'il ne veut pas exiger un supplément de travail « quoiqu'il en eût le droit ». Bien entendu, il y a des contre-exemples, où l'attitude du maître, sans sentiment ou trace d'un lien d'affect, est purement comptable : « Le Sr Chante [père d'un apprenti à la Fabrique à Lyon] réclame du sieur Lami [son patron] un livret pour son fils qui a fini son apprentissage ; le sieur Lami déclare que son apprenti, ayant eu mal au doigt et ayant des engelures, ne lui a fabriqué qu'un quart de velours pendant 9 jours, et il demande que son élève remplace ce temps perdu et finisse sa pièce, avant de lui faire délivrer un livret. » Les prud'hommes donnent raison au maître[125].

*

Si la relation maître-apprenti est fondée contractuellement et moralement sur une certaine réciprocité, celle-ci est de caractère manifestement asymétrique. Puisque l'apprenti est normativement, en quelque sorte par définition, « docile », la soumission doit être sa caractéristique et son obligation primordiales. Le maître exige des signes symboliques et concrets de la volonté de l'apprenti d'accepter son propre assujettissement, tacitement aligné sur celui d'un domestique, voire d'y participer. Dans certaines villes – mais pas Paris –, cette subordination est lourdement moralisée (prohibition du cabaret et de la fréquentation de « mauvaise compagnie », preuve d'une stricte catholicité). Partout, le maître veut du respect, pour lui-même

125. Cité par A. Audiganne, *Les Ouvriers en famille*, p. 47 ; *L'Écho de la Fabrique* (8 janvier 1832).

et surtout son épouse, point chronique de friction (car elle exerce une double autorité mal définie sous les toits de l'atelier et de la maison), et de la fidélité, personnelle et commerciale (d'emblée il faut s'efforcer de « faire le profit » du patron et « éviter sa perte »). On craint, en France comme ailleurs dans le monde, la réputation-stéréotype de l'apprenti comme perturbateur, comme élément instable, parfois en sourde révolte contre son aliénation, tenté par l'immoral sous toutes ses coutures (criminalité, sexualité), et la version post-corporative et post-révolutionnaire est encore plus menaçante. L'impertinence met en relief le couple se mal-conduire/mal travailler. L'insubordination dépasse nettement le périmètre du patron : depuis le XVIIIe siècle au moins jusqu'au début du XXe, elle est une des préoccupations majeures de l'État, soucieux du bon ordre à tous les niveaux.

La démonstration de désobéissance la plus détestable pour les maîtres, tant sous l'Ancien Régime qu'au XIXe siècle, est le départ inopiné de l'apprenti.e avant la fin de son temps d'engagement. Pourtant, les deux contextes sont fort différents. Tous les règlements de la longue phase corporatiste visent à recenser, surveiller et en quelque sorte immobiliser les acteurs du marché du travail : enregistrement à plusieurs fins, respect rigoureux de l'engagement, congé écrit tant pour sortir que pour entrer, livret avant la lettre pour passer chez un autre maître. Ce système théoriquement universel et panoptique de contrôle permanent, chantre du travail maximisé et contempteur des dimanches et autres intermèdes, vise à tenir les gens en place aussi longtemps que possible, à les décourager de changer de poste. La sortie du compagnon est jugée plus dangereuse, car elle dérange fréquemment toute la boutique, peut signaler une cabale et déclencher un mouvement collectif ; mais le départ précoce d'un.e apprenti.e est plus vexant, plus personnel, perçu comme une désertion, une trahison, une espèce de défiance fondatrice de mauvaises habitudes, une agression contre le maître-formateur-père-de-famille, parricide symbolique contestant son autorité intimement et le privant souvent, selon le timing de la fuite, de ce qui est considéré comme sa prérogative de récupérer son investissement dans la formation et l'entretien de l'apprenti.e. Suivant la ligne Turgot-Le Chapelier, qui frôle parfois l'aporie, le XIXe siècle se voit comme post-corporatiste, mais pas post-réglementaire. La régulation n'est évidemment pas consubstantielle au libéralisme comme elle l'est au corporatisme, mais cette idéologie-là, qui façonne ou influence l'administration publique et la gestion privée des affaires touchant au marché (et plus largement au monde) du travail, n'est pas plus tolérante à l'égard de l'apprenti.e qui s'approprie sa liberté avant l'achèvement de son obligation que ne l'était l'Ancien Régime.

L'apprentissage est un stade fort instable dans le cycle de vie qui se laisse interrompre et reprendre : bien des apprenti.e.s ont plusieurs maître.sse.s pendant leur trajectoire. Appuyé.e sur des contrats sans équivoque sur ce point (clauses enjoignant à la famille de ramener un.e apprenti.e en fuite ; pénalités financières prévues ou dommages-intérêts prononcés en cas de départ prématuré ; menace d'ostracisme professionnel [radiation des registres] ; l'apprenti.e mis.e hors-la-loi interdit.e à vie de travailler licitement dans l'enceinte corporatiste) et étayé.e par des communautés unanimes et pleinement mobilisées sur cette question, le/la maître.sse fait tout pour que le contrat aille à son terme (sauf quand il/elle souhaite provoquer une rupture pour se débarrasser d'un « mauvais » élément). Le camp patronal impute volontiers le départ à l'indiscipline, la paresse, le mauvais caractère, ou le libertinage. Les apprenti.e.s dénoncent quant à eux communément les mauvais traitements physiques et psychologiques, une discipline draconienne à la limite de « l'esclavage », un enseignement fautif ou inadéquat, une nourriture insuffisante ou infecte. À l'instar de l'univers corporatiste, soutenue par les prud'hommes, qui évoquent le concert communautés-justice du XVIIIe siècle, dans sa version lyonnaise, la bataille contre le départ précoce continue au XIXe siècle, voire s'amplifie. Sans renoncer à l'héritage rhétorique, mais amené.e.s à reconnaître le déficit de régulation et l'excès de fluidité du marché du travail, les patron.ne.s privilégient l'opportunisme des jeunes, cherchant toujours un rendement plus important et immédiat au détriment d'une formation solide, encouragés par leurs parents, censés être « cupides » et myopes, bien plus directement mis en cause que pendant l'Ancien Régime, plus agressifs dans leurs reproches aux maître.sse.s calqués sur les mêmes thèmes de brutalisation, exploitation et négligence. Il est vraisemblable qu'une minorité considérable d'apprenti.e.s – peut-être davantage – n'achèvent pas leur temps pendant les deux époques, malgré le recours au procédé de « transport » permettant à l'apprenti.e d'entrer chez un.e patron.ne plus accueillant.e.

Le topos misérabiliste de l'Ancien Régime est caricatural, mais nous rappelle que le travail quotidien des apprenti.e.s est souvent assez rude, physiquement et psychiquement éprouvant. Un torrent de littérature moralisatrice et réformatrice souligne que les conditions dans l'apprentissage non (ou à peine) régulé du XIXe siècle ne sont pas moins pénibles, tant à l'atelier qu'à l'usine. Il ne s'agit pas seulement du bizutage au commencement (« il faut faire entrer le métier dans le sang »), mais des pratiques ordinaires. « L'esclavage » est une image récurrente, à la fois extravagante et révélatrice. L'horaire de travail est plus facile à mesurer que le fardeau physique et mental à l'œuvre. Les longues heures – quatorze, voire seize – depuis l'aube jusqu'au soir n'occasionnent que rarement des critiques au siècle des Lumières. Un mouvement d'indignation face à l'enfance ouvrière, d'inspiration anglaise, surgit au siècle suivant. Cependant, dans un premier temps, libéralisme et traditionalisme obligent, il ne touche pas les apprenti.e.s. Contrairement aux normes et souvent aux règles corporatistes de l'Ancien Régime, des maître.sse.s rémunèrent leurs apprenti.e.s, particulièrement vers la fin de leurs parcours, incitation à rester jusqu'au terme du contrat. Au XIXe siècle, l'attribution d'un salaire, qui se généralise au cours de la période, brouille la frontière entre les apprenti.e.s et les « petites mains », et entre le contrat de l'apprentissage et celui du louage d'ouvrage. Là encore, des patron.ne.s retiennent une partie du paiement jusqu'à l'achèvement du temps.

La misogynie n'épargne pas l'apprentissage. Pourtant, beaucoup plus de filles et de femmes qu'on ne le pense communément s'engagent comme apprenties, représentant peut-être jusqu'au tiers des inscrits parisiens au XVIIIe siècle, en dépit de nombreuses barrières institutionnelles (jusqu'à 1776) et sociales. Les filles peuvent se former dans le système corporatiste, dans les quelques communautés féminines, ou comme allouées plus ou moins illicites chez les hommes, et même comme apprenties dans une corporation masculine, pratique tolérée dans certaines communautés, ou par jeu familial, comme fille ou femme d'un maître ou épouse d'un compagnon aspirant ; ou par voie caritative, menant à l'intégration ou la marginalisation ; ou directement dans l'univers des sans-qualité et « fausses ouvrières », où énormément de filles/femmes passent leur vie professionnelle, en concurrence ou en complicité clandestine avec des maître.sse.s en communauté. Fort difficile d'imaginer Rousseau optant pour un autre choix, mais il demeure dommage qu'Émile n'ait pas été une fille, car seule une telle figure romanesque, mais ancrée dans la vie de tous les jours, aurait pu, peut-être, faire sauter quelques-unes des clôtures que les philosophes les plus éclairés sauvegardaient pieusement. Voyant des bénéfices de toutes sortes à l'introduction de plus en plus de femmes et de filles dans l'entreprise, pas forcément comme apprenties, les patrons, grands et petits, du XIXe siècle s'avèrent moins ténébreux, mais pas moins phallocrates. Les moralistes continuent de colporter des poncifs sur la fragilité et la vulnérabilité des filles/femmes et l'anxiété et la susceptibilité des hommes face à elles, tandis que quelques proto-sociologues rappellent que la contrainte la plus lourde pour elles, à côté du sexe et du genre, peut-être même antérieure à eux, reste la misère matérielle de beaucoup d'entre elles. Malgré l'élargissement du champ et le démantèlement des vieilles structures, le nombre d'apprenties ne semble pas proliférer, alors que la tendance, sous la pression de la division croissante du travail, est de les consigner à une spécialisation extrêmement poussée, leur refusant ainsi l'accès à « la possession du métier ».

L'abus sans doute le plus courant commis par le/la maître.sse – car, avec un peu de casuistique, il se justifie plus facilement que les autres – est l'obligation imposée à l'apprenti.e de faire un travail sans rapport avec la profession choisie pour formation, d'habitude de nature domestique (témoignant tant de la porosité entre l'atelier et la maison que de l'assimilation entre l'ouvrier et le domestique), mais aussi des courses, des rangements et d'autres tâches sans intérêt et quelquefois éreintantes. Tromperie pour les parents (expressément interdit dans bien des contrats écrits et verbaux, par des constitutions corporatistes et par certaines lois), ce détournement de l'apprentissage surprend, rend furieux et rebute les jeunes. De la même manière, un peu comme pour les corvées, les autorités, judicaires et administratives, jugent les mauvais traitements en fonction d'un seuil qui reste subjectif : il existe une violence symbolique (ou harcèlement moral) acceptable, mais aussi une violence physique admissible, tant que l'action n'est pas « excessive ». La barre de la « gravité » est mise très haut. Pourtant, l'énumération de faits de maltraitance est glaçante, parfois plus que choquante. Le/la maître.sse avoue assez régulièrement avoir été « exaspéré.e », « excédé.e » à tel ou tel moment et « poussé.e » à des extrêmes. Il/elle assume « sa vivacité » éphémère, mais tient forcément l'apprenti.e pour responsable, car insolent.e, indocile, inattentif.ve, paresseux.se, ou lui/elle-même violent.e.

Les prud'hommes confortent bien des maître.sse.s dans leur posture de victimisation : voulant partir précocement à la poursuite du profit et sans honneur, l'apprenti.e aurait « provoqué » l'explosion du/de la patron.ne, l'aurait entraîné.e à le/la battre. Autrement dit, un garçon ou une fille rangé.e et discipliné.e ne recevrait jamais de coups. Sans doute faut-il relativiser ces sévices (comment articuler ce que l'on sait, souvent de source « pathologique », avec ce que l'on ne sait pas, la partie immergée de l'iceberg ?). Ce comportement est très variable, et peut-être exceptionnel. Souvent, il est spécifique à une situation particulière, ayant lieu une seule fois. Il est vrai que la dureté est considérée comme une forme banale de discipline ordinaire. Elle tend à occulter le sang-froid, la modération, et même la gentillesse qui sont sans doute le lot commun des apprenti.e.s. Certains maîtres essaient de justifier leur violence en invoquant leur charge de père-de-famille : l'exercice de la prérogative de punition corporelle au sein de la famille, prétention rarement agréée par la justice. Au-delà de la double violence physique et symbolique, il y a d'autres formes de maltraitance qui vexent et tourmentent les apprenti.e.s : nourriture indigne et/ou insuffisante, logement malsain, discours autoritaire, propos injurieux ou de moralité déplacée, enseignement bâclé ou oublié.

La fin du parcours de l'apprenti.e, rite de passage inaugurant une nouvelle phase dans le cycle de vie, marque l'achèvement du temps contractuel. Il ouvre la voie à un départ autorisé ; quand les relations sont bonnes entre maître.sse et apprenti.e, il est même solennisé par une fête de l'atelier, une sorte de réception du nouveau compagnon par ses confrères. Pour naviguer tranquillement sur le marché du travail, jamais un long fleuve tranquille, l'ex-apprenti.e doit brandir son brevet signé, qui ne témoigne pas d'un niveau de savoir reconnu – quoique quelques communautés imposent un examen à l'apprenti sortant, un certificat d'aptitude professionnelle (dit CAP) avant la lettre, mais qui est perçu comme l'indicateur d'une certaine capacité, un pari raisonnable pour une embauche. Parfois, dans une situation de tension ou mauvaise volonté, le patron refuse le document, que l'apprenti.e doit demander à la communauté ou, éventuellement, à une instance judiciaire. De longue date, des maître.sse.s font tourner un marché secondaire d'apprenti.e.s ; ces dernier.ère.s sont « loué.e.s », « prêté.e.s », mis.es à la disposition de confrères, le tout subrepticement, car de manière illicite. Un certain nombre d'apprenti.e.s, une fois breveté.e.s, choisissent de rester chez le/la patron.ne comme compagnon, pratique poursuivie au XIXe siècle, nonobstant le décentrage de l'apprentissage. Relativement dévaluée, la formation réalisée représente pour des jeunes (et leurs futurs employeurs) un accomplissement. Si des commentateurs mettent en question « l'illusion » de l'apprentissage (« l'ouvrier » sortant estimé « très-souvent incapable »), des jeunes eux-mêmes, y compris ceux qui n'ont pas achevé leur temps, n'oublient pas d'exiger « un certificat de temps fait », signe probable d'un minimum d'habileté.

CHAPITRE 5
La régulation assumée, puis contestée, de Colbert à Necker

La tension entre liberté et égalité, ou entre laisser-faire et régulation, est au centre de l'histoire moderne, sans doute de l'histoire tout court, en ajustant quelque peu ces termes, en Europe et dans une grande partie de la planète. Elle alimente l'affrontement social, moral, politique et économique aujourd'hui encore, tout comme elle a fait l'objet de grands débats culturels, philosophiques et idéologiques des siècles durant. Couramment déployé actuellement, le vocable de « régulation » est historiquement d'incidence assez rare avant notre époque. Il y a des traces dans la France et l'Italie du XIVe siècle, et au XVe siècle en Angleterre, où il dérive du bas latin *regulare*, signifiant diriger, contrôler ou régner[1]. Dans la deuxième moitié du XIXe siècle, en France, le mot s'associe à la science de la mécanique et de l'énergie ou à des matières physiologiques. Quasiment jusqu'à l'éclosion de « la révolution conservatrice » de Ronald Reagan, des juristes et des économistes parlaient de « réglementation » plutôt que de « régulation ». À partir du moment où la chute du mur de Berlin achève le discrédit dans lequel est tombée la notion de planification, le terme « régulation » vient encadrer le débat autour de la plupart des questions concernant la relation de l'État à l'économie.

Aux États-Unis, le mot perce initialement à l'époque de l'Exposition universelle de Philadelphie, en 1876, au milieu d'une industrialisation galopante et d'un capitalisme exubérant. Par la suite,

1. Dans une recherche en anglais, le *Ngram viewer* de Google Books révèle une hausse frappante pendant le siècle des Lumières dans l'usage du mot « regulation », avec un fléchissement surprenant vers 1775, suivi d'une reprise.

il surgit pendant la période de turbulence sociale et de réforme dite l'ère « Populiste-Progressive » et atteint son premier âge d'or avec le New Deal. Plus récemment, en France comme aux États-Unis, le mot a pris des connotations générales et sectorielles plus précises, mais il fait référence aux idées structurantes précoces de règles et prescriptions émanant de et soutenues par une autorité publique ; au contrôle ou à la gestion ou à la modification de certains comportements ; à l'instauration de l'ordre, ce qui implique la fin de divers désordres, ou à l'assujettissement à diverses espèces de gouvernance ; à l'intervention directe, mais intermittente, des autorités dans les activités économiques habituellement cédées aux particuliers ou à des groupes habilités ; à l'engagement au service de l'intérêt public ou de la *res publica* ; ou même à la volonté d'ériger l'égalité à la hauteur de la liberté comme une valeur et une pratique dans le jeu social et économique de tous les jours[2].

La régulation est une manière de faire société, parfois à l'échelle locale, sans onction d'en haut. Par exemple, le recours à l'économie morale – l'application des normes pour garantir les nécessités vitales de la communauté – est une forme de régulation à la fois conventionnelle, coutumière et spontanée ; il en va de même pour le règlement des différends sans passer par la justice formelle, au niveau du village (ou au sein d'un autre corps). Pourtant, on associe généralement la régulation à un pouvoir territorial, principalement, mais pas exclusivement, des monarchies, tout particulièrement entre la Renaissance et la Révolution. Sous d'autres noms, les monarchies – absolues, administratives, limitées – pratiquent toutes sortes de régulation, en fonction de leur constitution, de leurs ambitions ou de leurs moyens ; c'était leur vocation dans la formation de l'État, la recherche de la cohésion sociale, la gestion de la classification sociale, la répression de la contestation, l'assurance de l'approvisionnement, l'organisation de la défense et la conduite de la guerre, la promotion de la croissance

2. Sur l'utilisation du mot et du concept de régulation en France, voir Elisabeth Zoller, « Droit et régulation », 27 oct. 2008, disponible sur le site web de l'Académie des Sciences morales et politiques : http://www.asmp.fr/presentation/institution.htm. Voir également ces textes qui stimulent la réflexion : James Q. Wilson (dir.), *The Politics of Regulation*, New York, Basic Books, 1980 ; George Stigler, *The Citizen and the State: Essays on Regulation*, Chicago, University of Chicago Press, 1982 ; Thomas K. McCraw, *Prophets of Regulation*, Cambridge, MA, Harvard University Press, 1986 ; Cass Sunstein, *After the Rights Revolution: Reconceiving the Regulatory State*, Cambridge, MA, Harvard University Press, 1990 ; Barry Mitnick, *The Political Economy of Regulation: Creating, Designing and Removing Regulatory Forms*, New York, Columbia University Press, 1980. Voir également Steven L. Kaplan, *The Stakes of Regulation*, Londres, Anthem Press, 2015.

économique et la mobilisation des ressources fiscales, et ainsi de suite. En France, où l'absolutisme s'installe pour compléter la prétention d'origine de droit divin, le roi incarne le rôle de suprême régulateur.

Du trône émanent (théoriquement) les différentes formes de « police », mot protéiforme qui recouvre tout l'éventail de la régulation, à la fois verbe, substantif et adjectif, qui désigne la façon dont la vie sociale et civile doit être organisée. La police est alors l'emblème du progrès de la civilisation, car les peuples sans police sont considérés comme des peuples barbares. Les États dotés d'une police inapte ou imparfaite dépérissent vite, tandis que ceux qui possèdent une « bonne » police se maintiennent solidement. Sans exclure les possibilités de changements, la police implique l'existence d'un processus social qui tend inexorablement à l'équilibre et à la continuité. Selon un commissaire de police parisien écrivant vers 1770, la police n'est rien moins que « la science de gouverner les hommes ». Concrètement, à l'échelle « nationale », il existe une « police des grains », une « police du travail » ou une « police industrielle et commerciale » qui façonnent la politique publique, et son exécution, sur les questions les plus délicates concernant l'ordre et le bien-être publics. À l'échelle locale, il y a une police du marché, des livres, du pain, des prostituées, des nourrices, du jeu, des immondices, de la marée, de l'urbanisme, des dimanches, du bâtiment, et ainsi de suite.

Si la régulation est pensée, légitimée, ciblée, et de temps à autre déclenchée au centre et au sommet, elle est pratiquée tous les jours, parfois sans se référer à la hiérarchie, voire carrément récupérée et intégrée dans leur arsenal par diverses autorités locales et régionales, en principe complémentaires, souvent rivales. Les parlements exercent ce qu'ils appellent « la grande police », par voie quasi législative (arrêts de règlement) et sur ordre du procureur général adressé à ses centaines de députés ou substituts. Ils se trouvent fréquemment en concurrence directe avec les intendants, grands leviers de l'absolutisme, magistrats et administrateurs, chargés de tous les sujets majeurs (« justice, police et finance »), secondés par un réseau de subdélégués. Le contrôle de la régulation est un enjeu capital à l'échelle locale : à côté des officiers issus du parlement ou de l'intendance se positionnent des agents de la municipalité, qui a sa propre assise, des juges de plusieurs juridictions, des lieutenants de police et même des représentants de différentes corporations.

LES COMMUNAUTÉS COMME OBJETS ET INSTRUMENTS DE POLICE

Les communautés d'arts et métiers, dites plus tard corporations (celles créées ou adoubées par le monarque, ou par une juridiction seigneuriale, noble ou ecclésiastique, celles fondées par ou en complicité avec des municipalités, ou celles plus ou moins autoproclamées, mais simplement tolérées ou repêchées par un parlement, une municipalité ou un intendant, ou même le bureau du commerce, instance royale) sont à la fois objets du regard plus ou moins rigoureux de la police et instruments de son fonctionnement. Les régulateurs les observent de plus ou moins près – la surveillance est fort variable –, vérifiant qu'elles remplissent les conditions de leurs constitutions, ou « statuts et règlements », concernant leurs élections, leurs finances, leurs actions sur le marché du travail et le placement (les rapports avec les compagnons), leurs relations étrangères (c'est-à-dire avec d'autres corporations), leur administration « mutualiste » et leur recrutement interne (le parcours de l'apprentissage à la maîtrise). Et la police se sert des communautés pour entreprendre une panoplie de missions de régulation, sous-traitant aux communautés moult affaires qu'elle devait en principe prendre en charge elle-même : l'obtention et la distribution des matières premières ; le contrôle de qualité sur ces dernières et sur les produits finis ; la surveillance des ouvriers sans-qualité ; la fixation des prix ; et la police des compagnons (enregistrement dès leur arrivée en ville, embauchage, comportement dans l'atelier, rémunération, départ exigeant un congé écrit). Les communautés effectuent un service public tout en représentant leurs membres – les maîtres – qui relèvent, eux, strictement de ce qu'on appelle de nos jours le secteur privé.

Sous un autre angle, de façon oblique, les corporations participent collectivement à une sorte de régulation totale, sinon totalisante. Les « communautés d'arts et métiers » constituaient les maillons de la « grande chaîne de la condition corporative », car une large partie de la population appartenait à un corps de ce type, des assemblées villageoises ou communautés urbaines jusqu'aux parlements, aux universités, aux académies, au clergé et à la noblesse qui représentent eux-mêmes chacun une corporation. Le roi était la source de la légitimité et le garant de l'intégrité de la chaîne, mais il était en même temps lié par elle et en dépendait de façon subtile. Cette grande chaîne instaurait des liens de dépendance, de réciprocité et de solidarité et constituait pour les sujets le seul moyen de communiquer avec leur souverain. Composée d'anneaux multiples, de taille, de cohésion et de solidité variables, elle fondait d'une certaine manière la « constitution politique » du royaume, puisqu'elle classait et organisait les sujets. L'idée de la chaîne forgeait un puissant surmoi commun, mécanisme redoutable d'intégration psychologique et politique et de régulation sociale et morale. Officiellement, le modèle corporatif ne s'appliquait qu'à une partie relativement restreinte des professions, mais dans la pratique, il conditionnait l'organisation du travail aux quatre coins du royaume, même dans les espaces dit « libres », en ville et à la campagne.

Selon la logique de « police », l'entrée en apprentissage elle-même agit comme une forme de régulation, car elle mobilise et en quelque sorte embrigade (mais n'*incorpore* pas) une partie de la jeunesse, recrutée essentiellement dans le menu peuple, l'astreint à des règles de socialisation et d'obéissance, et la prépare pour une vie de travail. Malgré la montée d'un capitalisme énergique, pendant l'Ancien Régime le travail est pensé autant comme un genre de contrôle social majeur que comme un moteur invincible de production lucrative. Conçu comme la punition du péché originel, le travail-devoir-pénitence assure la paix sociale ici-bas et le salut au-delà (« travailler, c'est se sauver », rappelle le théologien J.-B. Massillon). La police veut mettre autant de monde que possible au travail, idéalement sans interruption (elle déteste dimanche et fêtes), et avec un minimum de *turnover* (elle aime les gens qui bougent peu). L'apprenti apprend à se soumettre à « l'autorité domestique » qu'exercent « naturellement » les maîtres sur les ouvriers, perçus comme « naturellement » turbulents et mutins (« la mine d'ouvrier », marqueur quasi racial, peut faire peur, bien au-delà de l'Ancien Régime). Sauf aux interstices (tantôt larges) et aux marges (tantôt expansives), le travail comporte recensement répété, surveillance chronique et classification récurrente, traitement embryonnaire pour les apprentis, incessant pour les compagnons (enregistrement obligatoire, congé écrit requis, livret commun à partir du milieu du XVIIIe siècle, placement imposé, autres entraves à la mobilité, interdiction de tomber « hors condition », ou chômer ou vagabonder plus d'une semaine)[3].

3. Jean-Baptiste Charles Lemaire, *La police de Paris en 1770, mémoire inédit composé par ordre de G. de Sartine sur la demande de Marie-Thérèse*, éd. A. Gazier, *Mémoires de la Société de l'histoire de Paris et de l'Ile-de-France*, t. 5, 1878, p. 22-23 ; sentence du lieutenant civil du 24 septembre 1618, Bibliothèque nationale de France (désormais BnF), ms. fr. 21640, fols.

La police de l'apprentissage – sa régulation – est donc communément d'une double provenance, celle de l'État et de ses prolongements et celle des communautés individuelles, avec des médiations occasionnelles, notamment des parlements et encore plus fréquemment des municipalités. La monarchie s'adresse logiquement à l'apprentissage à travers les corporations dans lesquelles la majorité (visible) est hébergée. Les interventions des deux principales autorités de tutelle, macro et micro, extérieure et intérieure, centrale et périphérique, sont souvent inextricablement imbriquées. La communauté réglemente l'apprentissage à travers sa constitution, forgée en principe à la suite des discussions parmi les maîtres, qui est soumise au ministère pour homologation dans le conseil royal, passant quelquefois par le regard des édiles de la ville et/ou des parlementaires. C'est à la demande de Louis IX qu'Étienne Boileau, prévôt de Paris, a présidé à la rédaction du *Livre des métiers*, qui pose pour la première fois les statuts et règlements de plus d'une centaine de métiers, les constitutions corporatistes, dorénavant imitées et/ou adaptées par des milliers

273-77 ; sentence de police du 14 septembre 1720, BnF, ms. fr. 21800, fols. 60-61 ; remontrances, 2 au 4 mars 1776, dans J. Flammermont (éd.), *Remontrances du Parlement de Paris au dix-huitième siècle*, t. 3, Paris, Imprimerie nationale, 1888-98, p. 316 ; Poussot, inspecteur de police, au lieutenant général Marville, 11 octobre 1746, Bibliothèque de l'Arsenal, ms. Bastille 11596 ; Nicolas Delamare, *Traité de la police*, t. 3, Paris, M. Brunet, 1719, p. 446 ; Nicolas Toussaint Lemoyne Des Essarts, *Dictionnaire universel de police*, t. 7, Paris, Moutard, 1786-90, p. 346-47 et t. VIII, p. 72 ; sentence de police, 20 juillet 1743, Archives de la Préfecture de police (désormais APP), fonds Lamoignon, XXXV, p. 203-07 ; arrêt du Conseil, 8 mars 1713, Arsenal, ms. Bastille, 10321 ; ordonnance de police, 24 avril 1784 (paulmiers) et 13 avril 1785 (tissutiers-rubanniers), Archives nationales (désormais AN), AD XI 25 ; sentence de police, 5 septembre 1720, APP, fonds Lamoignon, t. 27, p. 131-37 ; ordonnance de police, 17 août 1781, t. 3, p. 161-64 ; Jacques Savary des Bruslons et Philémon-Louis Savary (dir.), *Dictionnaire universel de commerce*, t. 2, Genève, Cramer et Philibert, 1742, p. 1017, 1019 ; sentence de police, 14 octobre 1741, dans Edme de la Poix de Fréminville, *Dictionnaire ou traité de police générale des villes, bourgs, paroisses, et seigneuries de la campagne*, Paris, Gissey, 1758, p. 31 ; N. Delamare, *Traité de la police*, t. 4, Paris, J.-F. Hérissant, 1738, p. 91 ; Alfred des Cilleuls, *Histoire et régime de la grande industrie en France aux XVIIe et XVIIIe siècles*, Paris, Giard et Brière, 1908, p. 166 ; Edmond Soreau, *Ouvriers et paysans de 1789 à 1791*, Paris, Les Belles Lettres, 1936 ; Émile Levasseur, *Histoire des classes ouvrières et de l'industrie en France avant 1789*, t. 2, Paris, A. Rousseau, 1903, p. 384, 488 ; lettres patentes du 2 janvier 1749 et édit d'août 1776, dans François Isambert *et alii*, *Recueil général des anciennes lois françaises*, t. 22, Paris, Belin-LePrieur, 1821-33, p. 221 ; AN, Y 9376, 21 mai 1723, 6 octobre 1724 ; Y 9384, 18 juin 1751 ; Y 9376, 6 juillet 1723 ; Y 9380, 14 avril 1741 ; Y 15608, 19 août 1744 ; sentence de police, 24 novembre 1769, dans Jean-Baptiste Denisart, *Collection de décisions nouvelles et de notions relatives à la jurisprudence actuelle*, t. 3, Paris, Veuve Desaint, 1776-77, p. 421 ; AN, Y 15612, juillet 1746 ; sentence de police, 31 octobre 1739, APP, fonds Lamoignon, t. 33, p. 613-17 ; lettres patentes, 12 septembre 1781, dans F. Isambert, *Recueil général des anciennes lois françaises*, t. 27, p. 79 ; AN, Y 11732, 2 mars 1788 ; Y 11030, 2, 4, 9, 23 août 1786 ; Y 12826, 23 octobre 1778, 21 juillet 1780 ; Y 12826, 18 novembre 1785.

de communautés d'arts et métiers. Ces dernières ne sont pas simplement des congrégations morales et des groupements d'intérêts voués à garantir à leurs membres des privilèges économiques, un statut social et une assistance mutuelle, mais également des organes de réglementation, de représentation et de reproduction qui s'établissent de décennie en décennie, de siècle en siècle partout en France. L'évolution du monde du travail incorporé à travers la longue durée n'a pas été sans trouble ni tumulte, principalement d'ordre politique (à partir de la fin du XIIIe siècle, le roi, « propriétaire éminent de tous les métiers », a soumis les communautés à des exactions fiscales de plus en plus onéreuses, provoquant, dès le XIVe siècle, une forte et parfois violente résistance des hommes des métiers à la mainmise de l'État) et économique (mutations, lentes et vives, dans les marchés des matières premières, des produits finis et du travail ; émergence de multiples formes de concurrence, malgré la promesse de monopole ; effets très variables des guerres incessantes et des révoltes nobiliaires et populaires, des crises monétaires, des pénuries vitales et des hécatombes démographiques). Les corporations, dit-on souvent, auraient connu leur âge d'or aux XVe et XVIe siècles. C'est là une vision évidemment idéalisée, qui suppose qu'elles soient restées unies et aient permis l'ascension sociale en leur sein. L'apprentissage serait resté une expérience de socialisation plutôt que d'exploitation ; le compagnon aurait toujours pu espérer devenir maître, et la corporation serait restée une fraternité harmonieuse et solidaire. Rien de tel en vérité.

LA POLICE DE L'APPRENTISSAGE : L'INTÉRÊT ROYAL

C'est dans la deuxième moitié du XVIe siècle, époque signalée par certains historiens comme le début de l'État moderne, que nous repérons des traces d'une certaine volonté monarchique de réexaminer la situation de l'apprentissage et, ce faisant, des corporations dans leur globalité. À l'égard de la monarchie, les communautés, particulièrement en milieu urbain, vivent entre l'hétéronomie (à la fois avantageuse et nuisible) et l'autonomie (constamment minée). En se développant, face à une carte bigarrée du corporatisme et un assemblage plutôt anarchique de communautés de toutes tendances (rangées et désordonnées, soumises et rebelles ou récalcitrantes, robustes et branlantes), l'État s'évertue à renforcer son autorité en étendant la grande chaîne incorporant davantage de métiers et de gens et en limitant la latitude de la gestion des jurandes dans le but à la fois de mieux contrôler, de combattre les particularismes jugés excessifs et de standardiser les normes et les procédés. Les communautés s'efforcent de sauvegarder une liberté d'action maximale, tout particulièrement dans le domaine intime et identitaire de la reproduction, c'est-à-dire du recrutement (depuis l'apprentissage jusqu'à l'octroi de la maîtrise), gage de son affranchissement, son héritage et son intégrité. La mise en accusation de la sagesse et de l'efficacité de la conduite de l'apprentissage offre au pouvoir l'opportunité non seulement de revoir ce problème vital de l'accessibilité de l'apprentissage et de sa gestion, mais également de réévaluer toute une palette de pratiques d'administration corporative.

À part une dénonciation assez sibylline des États généraux de Moulins en 1566 réclamant une plus étroite surveillance ministérielle pour moraliser le recrutement des communautés, c'est Henri III qui évoque ce problème et d'autres questions connexes dans un dense et ambitieux édit de décembre 1581. Ce dernier est tout d'abord un réquisitoire, vif mais pas toujours cohérent, contre de nombreux « abbuz », saillants et souterrains, dans le système corporatiste et pour « l'égalité de faveur et de justice à tous nos sujets », notamment concernant l'accès du menu peuple au monde des arts et métiers, remontrance anticipant le thème central de la critique des libéraux des Lumières. La mesure constitue également une sorte de sévère autocritique monarchique : le gouvernement n'a pas assez surveillé, assez contrôlé, assez sanctionné, laissant la corruption et la tyrannie s'incruster dans les communautés auxquelles il a sous-traité trop de responsabilité pour la gouvernance de l'institution et pour la régulation de la reproduction.

La pièce maîtresse de cette législation est une aspiration récurrente du trône d'étendre l'autorité monarchico-corporative dans tout espace dans le royaume où fonctionne une masse critique d'arts et métiers : dans toutes les villes, faubourgs, bourgs bourgades et autres « lieux non jurez » où il n'y a ni maîtrises ni communautés. Cette opération n'apporte pas directement des remèdes aux dérèglements incriminés, mais en intégrant de plus en plus de gens et de plus en plus d'activités économiques et sociales dans le système, la couronne croit qu'elle avance vers une rationalisation, sinon une certaine uniformisation, des communautés qui lui permettra de mieux appréhender et mieux gérer la vie corporative et le parcours individuel en son sein. L'édit facilite l'entrée des nouveaux arrivants en les dispensant, par exemple, du chef-d'œuvre, souvent « la ruine de l'artisan » par son coût et sa longueur, et de toute une panoplie de gênes fréquemment associées, telle l'extorsion de « présents et festins ». Cette indulgence est également accordée aux ouvriers sans-qualité des villes d'ancienne incorporation, car – le regard royal est cruellement lucide – ils sont souvent « plus capables » que les maîtres en place ; mais il s'agit de dispositifs exceptionnels de très courte durée, moins d'un an.

En « bon père de famille » – la formule gravée dans le surmoi corporatif –, Henri III reconnaît que, si la « visitation » sérieuse des ateliers des maîtres est cruciale à instaurer, tout commence avec l'apprentissage, le début d'un grand cycle. S'il se méfie des velléités rebelles des jurandes, dans un premier temps, il doit compter sur la solidité de leurs constitutions individuelles, leur enjoignant de les appliquer strictement pour ce qui touche les relations entre maîtres et apprentis, le « loyer » de l'apprentissage et certaines prestations contractuelles. Nonobstant les prétendus usages de certaines communautés, l'édit stipule que le maître ne peut en aucun cas exiger de l'argent en échange d'une réduction de la durée d'un apprentissage, qu'il ne peut refuser un « certificat » d'achèvement, et que l'apprenti est autorisé à porter plainte pour tout abus (un tiers de l'amende éventuelle étant réservée « à l'apprenti dénonciateur ».) Ajoutons que cette loi régularise la levée des droits dus au roi au cours de l'itinéraire de recrutement, la fiscalité jetant son ombre sur une partie très importante des mesures authentiquement réformistes pendant tout l'Ancien Régime[4].

Seize ans plus tard, Henri IV fait promulguer un édit reprenant le fond du texte de son prédécesseur, loi qui manifestement n'a pas reçu une pleine exécution. Face aux mêmes « débordemens » dans de nombreuses communautés, où la licence engendre « l'ignorance », « l'incapacité », « l'avarice » et « les malversations », ce roi parie, lui aussi, sur le renforcement considérable de la police à l'intérieur, pour éliminer des « faussaires » et autres usurpateurs, tel « le roi des merciers » qui s'est érigé à Paris comme le chef des artisans et des marchands. Il table également sur une vaste extension de la

4. René de Lespinasse, *Les Métiers et corporations de la ville de Paris*, t. 1, Paris, Imprimerie nationale, 1886, p. 84-94 ; J.-B. Denisart, *Collection de décisions nouvelles*, t. 2, p. 370, 571. Cf. l'argument de François-Félix de Lafarelle, homme politique et écrivain, selon lequel Henri III, par son édit, octroie « aux jurandes et maîtrises l'étendue et la forme d'une institution générale » capable de porter l'autorité royale et l'intérêt public. F.-F. de Lafarelle, *Du progrès social au profit des classes populaires non indigentes* ; [suivi d'un] *Plan d'une réorganisation disciplinaire des classes industrielles en France*, Paris, Guillaumin, 1847, p. 379.

grande chaîne, comportant un corporatisme robuste – engagement de foi et discipline collective – seule force capable d'assainir l'économie urbaine et de fidéliser ses acteurs. Henri IV vise cette fois-ci le monde tentaculaire des commerçants, « tous les marchands » exerçant au comptoir, dans la boutique ou aux étals, tant dans les villes et bourgs « jurez » que « non jurez » : désormais ils sont tous sommés, dans les trois mois, de signaler leur appartenance en créant de nouvelles communautés, élisant leurs chefs, et se soumettant à la police de leurs activités. Une forte intégration permettra à l'État, selon les promoteurs de cette législation, de se débarrasser plus efficacement des entraves à l'ascension des jeunes. Désencombré, lubrifié, le chemin pour « obtenir le degré de maîtrise » sera largement ouvert. Comme l'édit de 1581, celui de 1597 cherche à améliorer la collecte des droits royaux. À nouveau, cette grande mesure fait long feu. Ces lois ambitieuses et finalement peu efficaces soulignent un des paradoxes-signatures de l'absolutisme érigé sur un vaste territoire densément peuplé : son impuissance récurrente à mettre en œuvre sa législation, concrètement et partout, c'est-à-dire la volonté du monarque-divin/prince-modernisateur[5].

L'appétit pour un corporatisme quasi universel ne s'émousse pas pendant le Grand siècle. Réagissant à la prolifération de « la licence » et « des abus » dans le comportement des artisans et des marchands et à l'indifférence et à l'avarice des officiers corporatifs, l'édit de mars 1673, marqué du sceau de Colbert, exige l'exécution de ceux de 1581 et 1597 et le « renouvellement » des constitutions de chaque communauté, opportunité de codifier avec netteté les règlements tout en récupérant des droits royaux. Grâce à une perspective panoptique, Colbert croit qu'il peut remettre de l'ordre de manière systémique, y compris « de [la] règle dans les apprentissages », dont l'incurie est dénoncée dans un édit de mars 1669, tout en ajustant le degré de contrainte en raison d'autres impératifs politiques et d'économie politique. Car Colbert, malgré sa vieille réputation mercantiliste, n'est pas un « restricteur » invétéré, formule libérale des Lumières pour stigmatiser un interventionnisme acharné. Opérant sur plusieurs registres en même temps, il ouvre des espaces de liberté économique pendant qu'il en ferme d'autres, ce qui a permis à un historien de suggérer qu'il est à la fois pour et contre les corporations. (Par ailleurs, dans un *Testament politique* sans doute apocryphe, le grand

5. R. de Lespinasse, *Les Métiers et corporations*, t. 1, p. 96-100.

ministre de Louis XIV se demande, en protolibéral, si l'apprentissage, orchestré, formel, est vraiment obligatoire : est-il « juste » ou « nécessaire » d'exclure du commerce des ouvriers motivés, doués, peut-être d'origine étrangère simplement pour « manque d'un brevet d'apprentissage »[6] ?)

On demeure dans la continuité avec l'édit de mars 1691 : même constat d'un « relaschement » de gouvernance et de rigueur au sein des communautés (« peu de règle dans les apprentissages », pratiques exploitatrices dans les chefs-d'œuvre qui « rebutent » les éléments « les plus habiles », chaos et corruption dans les élections et l'administration des jurés, perturbées par des « brigues et caballes ») ; même conviction que seul un contrôle central plus poussé, une véritable mainmise royale, peut imposer de l'ordre et de la responsabilité ; même mélange, toujours troublant, mais jamais fatalement antinomique, de volonté réformiste et boulimie fiscale. Les « bonnes intentions » de Henri III et Henri IV sont « éludées ». Non seulement la couverture corporative reste insuffisante, mais la manipulation électorale des jurés et leurs diverses manigances pour garder le pouvoir sapent la discipline collective.

Quel remède propose-t-on pour ces excès de démocratie oligarchique ? Remplacer les jurés élus par des jurés « en titre d'office » – c'est-à-dire des maîtres avec au moins dix ans d'expérience (pour assurer leur familiarité avec les affaires de la communauté) prêts à payer une somme significative pour acquérir cet office, devenu charge

6. *Ibid.*, t. 1, p. 117-19 ; édit de mars 1669, dans *Statuts du corps des marchands fabriquants de draps d'or, d'argent et de soie*, Paris, Valade, 1777, p. 151-52 ; Daniel Jousse, *Nouveau commentaire sur l'ordonnance du commerce du mois de mars 1673*, Paris, Debure, 1761 ; Steven L. Kaplan, *La Fin des corporations*, Paris, Fayard, 2001, p. 11 ; *Testament politique de Messire Jean-Baptiste Colbert*, La Haye, 1694, p. 496 ; Kate E. Tunstall, « Make Way for the Ghost! Forgery, Patriotic Mythology and the Living Dead », dans Walter Stephens, Earle Havens et Janet E. Gomez (dir.), *Literary Forgery in Early Modern Europe, 1450-1800*, Baltimore, Johns Hopkins University Press, 2018, p. 246-47, qui propose comme possible auteur du *Testament* de Colbert un ancien militaire et journaliste, Gatien de Courtilz de Sandras. Le *Testament* conclut, à propos de l'apprentissage (p. 496) : « Je croirois donc que quand [Sa Majesté] feroit une Ordonnance, par laquelle elle supprimeroit tous les les reglemens faits jusques ici à cet égard, elle n'en feroit pas plus mal. » Selon Ernest Nusse, avocat libéral écrivant un siècle après l'édit de 1673, Colbert « avait rêvé la suppression de l'apprentissage : on en trouve preuve dans son testament politique… [mais] ne faites pas de confusion, ce que voulait Colbert, c'était la destruction de l'obstacle que l'apprentissage opposait à la liberté du travail, non la ruine de l'enseignement professionnel… » « L'Apprentissage au point de vue de la loi et des mœurs », *Bulletin de la Société de protection des apprentis* (1877), p. 57. Des adversaires des corporations du début du XIXe siècle ne manquent pas de mobiliser Colbert contre leur résurrection. Voir V. Roux, pour la Chambre de commerce du département de la Seine, *Rapport ; et sur un projet de statuts et réglemens pour MM les Marchands de vin de Paris*, Paris, Stoupe, 1805, p. 70.

vénale, ou s'associer avec un financier y voyant une spéculation intéressante. Louis XIV reconnaît franchement que de pressants besoins d'argent imposés par la guerre expliquent en partie cette démarche, mais il prétend que le gouvernement serait en mesure de contrôler les candidats et de choisir des personnes susceptibles de « veiller avec plus d'exactitude et de sévérité » à l'administration de la communauté, lesquelles personnes seraient contraintes de rendre des comptes et de se plier à des exigences réglementaires stipulées par la loi. Il devient pourtant plus difficile de concilier politique corporative et ponction fiscale dès que l'on se rend compte que le gouvernement savait fort bien que toutes les corporations, hormis les plus impécunieuses, achèteraient collectivement les offices en question, pour sanctuariser la part vitale de leur autonomie très relative, c'est-à-dire la direction de la reproduction, atténuant ainsi, de façon variable mais sans doute forte, l'impact de la réforme. Dans l'immédiat, l'édit nomme des commissaires pour prendre en main la conduite du chef-d'œuvre (un mois maximum de temps requis, pas de banquets ou autres sommes extorquées), lancer le processus de révision des constitutions communautaires (clé de la reprise de contrôle étatique, mais tâche herculéenne, jamais menée à bien), actualiser la tenue de registres chroniquant toutes les étapes de la reproduction (car même le bon apprenti ne peut tout faire lui-même : « il appartient aux rois seuls de faire des maîtres ») et remettre sur « un pied ferme et modéré » le droit royal à être payé à l'occasion du brevet et de la réception[7].

Le dernier mouvement panoptico-colbertiste de la monarchie dans le domaine du corporatisme a lieu au moment même où le libéralisme s'empare des leviers de la politique publique dans les années 1760. Il s'agit d'un édit de mai 1767 (suivi par un arrêt du conseil du 23 août 1767) reprenant nommément les injonctions de 1581, 1597, 1673 et 1691 à tous artisans et commerçants opérant en dehors des remparts corporatifs de se réunir en communautés, intégration censée rendre plus performante la régulation à la fois de la production (favorisant la prospérité) et de la reproduction (favorisant l'ascension socio-économique et ainsi la justice). Associée maladroitement à un projet ambigu (mi-social, mi-vénal ?) de créer des maîtrises dans toutes les communautés en France destinées à faciliter l'entrée des compagnons industrieux incapables de payer la réception, cette mesure – confuse, tourmentée, prise en tenaille colbertienne entre la liberté et la police,

7. R. de Lespinasse, *Les Métiers et corporations*, t. 1, p. 123-27.

et ne touchant que très indirectement l'apprentissage – n'est guère mise en œuvre[8].

LA RÉGULATION DE L'APPRENTISSAGE À LA VEILLE DE LA POUSSÉE LIBÉRALE

Ce dernier tour de piste législatif met en relief un changement dans la régulation post-Louis XIV (sauf en ce qui concerne le contrôle du marché du travail et la subordination ouvrière), d'abord dans la forme (plus discrète, en bureau, plus ciblée, parfois plus décentralisée ou « externalisée » aux cours de justice), puis dans le fond (moins audacieux, moins uniformisant, moins étroitement astreignant, plus pragmatique). Au niveau du ressort « local », où la justice et la police sont intimement intriquées, les litiges de l'apprenti sont souvent résolus rapidement. Le lieutenant général de police de Dijon, au début du XVIIIe siècle, tranche dans des disputes sur la durée de l'engagement ou les conditions de réception de l'apprenti, comme le procureur du roi au Châtelet dans la capitale décide quand l'autorité domestique du maître devient mauvais traitement ou quand la recherche tenace de l'apprenti-fugitif cache le refus du maître d'accorder un certificat signalant l'achèvement de l'apprentissage. Au-delà des règlements en première instance ou équivalent, quand les enjeux sont importants et les parties dotées de moyens, la régulation des affaires concernant l'apprentissage a lieu suivant le cours de la justice hiérarchique ordinaire. Dans l'espoir d'éviter des frais et d'écourter l'attente, l'apprenti peut se tourner vers le Bureau du commerce (à partir des années 1720), au lieu de passer par les conseils royaux, plus lents et byzantins, organisme de plus en plus actif dans le domaine du travail, au sens large. Sans idéologie fixe, penchant toutefois vers l'ouverture et le « laisser vivre » et contre le monopole, le bureau préfère dire *oui* au compagnon serrurier lillois hors règle qui n'a pas achevé son apprentissage, mais cherche une dispense pour briguer la maîtrise en arguant d'une grande expérience à l'établi (ou encore au garçon vinaigrier rouennais qui fabrique des eaux-de-vie depuis une décennie, ou à « l'élève » épicier parisien qui « vit au comptoir » depuis quinze ans) ; et *non* aux bonnetiers de Blois et aux merciers de Thionville demandant

8. *Ibid.*, t. 1, p. 161-62 ; Conseil secret, parlement de Paris, 15, 17, 19 juin 1767, AN, X1B 8954 ; arrêt daté du 30 octobre 1767, Archives départementales (désormais AD), Vienne, E 71 ; S. L. Kaplan, *La Fin des corporations*, p. 59-62.

création de communautés formelles. Le Bureau appuie la requête, inattendue ici, d'un apprenti pour une réduction d'un droit de brevet illicitement gonflé, et d'autres demandes, plus familières, contre des communautés provinciales refusant le droit d'établissement d'apprentis parisiens[9].

Au XVIIIe siècle, malgré l'accumulation de critiques acerbes visant l'attitude des jurés, la monarchie délègue la régulation au jour le jour – sous menace de sanctions sévères contre les chefs en cas de transgression de leurs propres constitutions, ou autres actions arbitraires ou frauduleuses – aux communautés, elles aussi, sur bien des questions, investies dans le bon ordre. C'est à la communauté, en se référant strictement à ses statuts et règlements, ces fameuses constitutions théoriquement passées au peigne fin par les autorités à plusieurs niveaux avant d'être homologuées, de gouverner et de trancher plutôt que d'improviser, de spéculer ou d'innover. Avec un degré assez variable de détail et de précision, ces constitutions traitent le parcours entier de l'apprenti.e depuis son arrivée chez son maître à son départ définitif, ensuite sa réapparition à la porte corporative s'il cherche du travail ou son intégration comme maître à son tour. Tous les statuts stipulent les « règles générales » : durée de l'apprentissage, nombre d'apprentis permis par maître, procédés rituels et légaux pour l'engagement (le contrat doit-il être passé devant notaire ? Doit-il incorporer certaines instructions ou obligations ? Les jurés, gardes ou sindics sont-ils parties prenantes, et avec eux la communauté-institution, dans l'accord ?). Au-delà de l'orchestration d'un « transport » plaçant un apprenti chez un nouveau maître à la suite de problèmes avec le maître initial (pour cause de mort, de cession de commerce, de mauvais traitements, de frictions chroniques et insupportables), certaines communautés proposent une manière de concilier des disputes entre le patron et son apprenti.e.

Ici et là, les statuts élaborent quelques points précis : une injonction contre la tentation de réduire le temps de l'apprentissage en échange d'argent ; une interdiction aux maîtres de débaucher l'apprenti.e d'un confrère ou d'accueillir un.e apprenti.e sorti.e précocement ;

9. Déclaration du roi d'août 1701, édit de novembre 1706, et enregistrement parlementaire du 1er février 1707 dans *Recueil des déclarations, édits, lettres patentes et arrêts du conseil concernant les maires, échevins, capitouls, jurats et autres officiers*, Dijon, J. Ressayre, 1712, p. 70-71, 164 ; AN, F12 699, 19 janvier, 30 avril, 15 juin, 20 juillet, 31 août, 22 octobre 1731 ; AN, F12 704, 28 août 1741 ; AN, F20 105, 23 août 1764 et F12 105, 13 février 1766 ; S. L. Kaplan, *La Fin des corporations*, p. 56-59.

l'organisation de la recherche des apprentis fugitifs ; une prohibition de l'effort des compagnons d'imposer les apprentis de leur choix (problème récurrent, par exemple, chez les fabricants de papier, qui empêchent les maîtres de « former des apprentis » sans payer une sorte d'amende d'autorisation) ; des indications sur les devoirs des apprentis et des maîtres ; des protocoles pour l'inscription dans le registre officiel à l'arrivée (et quelquefois à la sortie). Si les prestations spécifiques fournies par le maître sont habituellement laissées aux négociations contractuelles, assez souvent une communauté exige que les maîtres logent l'apprenti.e chez eux[10].

Ordinairement, ce sont des lois générales, telles celles de 1749 et de 1781, qui s'occupent de l'insubordination tant des compagnons que des apprentis, dans le contexte de la lutte pour le contrôle du marché du travail. Cependant, certaines constitutions communautaires évoquent elles-mêmes l'interdiction faite aux apprentis de s'assembler et de refuser de montrer du respect au maître et à son épouse. Les boursiers parisiens veulent protéger les maîtres autant contre le vol que contre la violence collective des ouvriers et apprentis. Dans le Code de l'imprimerie parisienne, repris en partie dans les statuts, les apprentis, à côté des ouvriers (cible première), sont interdits « d'agir en nom collectif », en cabale, association ou autrement. Les statuts des manufacturiers de draperie de Saint-Lô, des drapiers de Reims et des sergers de Beauvais défendent « à tous cabaretiers et taverniers » – avec quels leviers juridiques ? – « de retenir un ouvrier ou apprentif, les jours de travail, à boire ou manger en leur maison », les cabarets étant des lieux légendaires pour la préparation des cabales ou réunions d'assemblées séditieuses. Gardant un souvenir obsédant d'une espèce de grève des apprentis en 1671, les orfèvres parisiens refusent aux apprentis le droit de s'attrouper ou d'essayer d'arracher un salaire. À ce propos, il existe des statuts qui envisagent un salaire pour l'apprenti sage et efficace en fin de parcours, en temps réel ou en différé (pour l'inciter à rester jusqu'à la fin)[11].

10. *Encyclopédie méthodique. Arts et métiers mécaniques*, t. 5, Paris, Panckoucke, 1788, p. 554.

11. Antoine-François Prost de Royer et Jean-François-Armand Riolz (éd.), *Dictionnaire de jurisprudence et des arrêts, ou Nouvelle édition du Dictionnaire de Brillon* [désormais *Dictionnaire Brillon*], t. 5, Lyon, Aimé de la Roche, 1786, p. 674 ; *Statuts de la communauté des maîtres et marchands boursiers*, Paris, Valade, 1774, p. 7 ; *Code de la librairie et de l'imprimerie de Paris*, Paris, 1744, p. 175-78 ; *Statuts et règlemens pour la manufacture de draperies de la ville de Saint-Lo* (septembre 1666), *Supplément et suite au Recueil des règlemens généraux et particuliers concernant les manufactures et fabriques du royaume*, Paris, Imprimerie royale, 1730, p. 19 ;

Organisation particulière des relations (tant sociales qu'économiques) de production, la Grande Fabrique de Lyon possède un code de régulation de l'apprentissage qui aurait pu servir de modèle à travers le royaume, avec quelques ajustements. Le candidat-apprenti doit avoir au moins quatorze ans, être célibataire, et venir de la région lyonnaise étroitement définie. Un extrait baptistaire est requis pour entrer dans un contrat d'une durée de cinq ans que seul un notaire peut rédiger et que « au moins » trois gardes de la communauté doivent signer. Le premier dispositif de discipline est l'exigence de présence : l'apprenti travaille la journée et n'a pas le droit de « s'absenter pendant la nuit de la maison du maître ». Un maître doit « sommer » un apprenti absent plus de huit jours de « se réintégrer ». Pour ce faire, ce dernier se présentera au bureau corporatif pour articuler sa demande et promettra de « remplacer le tems qu'aura duré son absence » à la fin de son apprentissage. Une absence de deux mois équivaut à une radiation du registre d'apprentis et à une interdiction de compter le temps déjà fait dans un engagement futur. Si le maître « manque d'ouvrage » à donner à l'apprenti – cas qui vaut souvent résiliation du contrat au XIXe siècle –, le Bureau, averti, peut autoriser l'apprenti à travailler ailleurs pour une période de six mois maximum. La communauté rappelle au maître qu'il ne peut limoger son apprenti « sans cause légitime », terme qui reste sciemment flou[12].

LE CONTRAT : MATRICE ET PRÉMISSE DE TOUT UN PARCOURS

Au quotidien, de manière visible et parfois viscérale, la principale force régulatrice de l'apprentissage est le contrat qui l'instaure[13]. Nous l'avons traité dans les chapitres précédents ; nous y revenons ici en raison de son rôle comme matrice de la régulation. Étant donné son poids énorme, nous focalisons sur l'expérience corporative. Du point

Recueil des règlemens généraux et particuliers concernant les manufactures et fabriques du royaume, t. 2, Paris, Imprimerie royale, 1730, p. 193, 505 ; *Statuts et privilèges du corps des marchands orfèvres de la ville de Paris*, éd. Pierre Le Roy, Paris, Chenault, 1759, p. 55.

12. *Arrêt du conseil qui ordonne l'exécution des statuts et règlemens pour les fabriques de Lyon, communauté des maîtres marchands et maîtres ouvriers à façon en étoffes d'or, d'argent et de soie*, 19 juin 1744, p. 17-29.

13. On dit aussi « marché » et « traité » pour parler d'un contrat d'apprentissage au XVIIIe siècle. *Dictionnaire raisonné des domaines et droits domaniaux*, Rouen, J.-J. Le Boulenger, 1762, p. 65. Au XIXe, on dit également « police » pour ce contrat. Alain Cottereau, Gérard Lyon-Caen, Xavier Prétot et Yvon Desdevises, « Le premier modèle de l'institution prud'homale (1806-1866) », *JusticeS, Revue générale de droit processuel*, n° 8 (octobre-décembre 1997), p. 16n.

de vue de l'apprenti.e et de son entourage (et peut-être quelquefois du maître, pas trop blasé ou cynique et plutôt dans la force de l'âge), le contrat est tout sauf un document impersonnel, froid, distant, nonobstant la chorégraphie stéréotypée de la communauté et le verbe convenu. Les participants ne sont pas spectateurs : c'est un acte qui les concerne, qui parle d'eux, qui construit leur avenir proche. Chaque partie avance des intérêts, qui sont pris en compte, d'une manière ou d'une autre, inégalement : cependant, pas de surprises, juste une tension certaine, relevant de l'incertitude et de l'imprévisible. À moins que la période d'essai ait précédé la signature, il s'agit non de la consécration, mais de la création d'une relation. Il se peut que les parties ne se soient pas vues auparavant ; en tout cas, elles ne cessent de se jauger. Le contrat est censé les lier, mais certains éléments menacent aussi de les opposer. Le contrat pose le cadre réglementaire de leur rapport, une régulation à la fois intime et publique.

Ce cadre instaure des relations de domination et de subordination, mais aussi d'échange et de solidarité (évidemment inégales), de dépendance mutuelle sur certains points, de complicité potentielle tout comme un antagonisme en puissance. À la fin, leurs tempéraments (et en certains cas l'âge de l'apprenti.e et la compétence professionnelle du maître), autant que les règles fixant leurs rôles vont s'avérer déterminants. Les deux parties auront à ajuster et à improviser, si l'on suppose qu'ils partagent fortement l'ambition de faire de leur association un succès. Comme nous l'avons démontré dans le chapitre sur les parents, en termes psychologiques et idéologiques, ce cadre s'appuie sur une métaphore familiale fortement paternaliste, empruntée à la liturgie chrétienne et à une théâtralité royale où la figure du père incarne une vision tendue d'autorité, de sauvegarde, de peur, de mansuétude et d'exigence. La filiation hiérarchique est familière : du père divin au roi-divin-paternel en arrivant au royaume pleinement terrestre (mais guère moins absolu) du père de famille qui par nature gouverne bien, sagement, efficacement.

En principe le trope est rassurant pour les deux parties, mais surtout pour la famille de l'apprenti, cherchant à justifier sa (con-)cession et à imposer une sorte d'hypothèque morale. Il promet une continuité d'influence et de conscience familiales : le père sortant transfère (provisoirement) la charge inaliénable au père adoptif, le maître, ne lui en déplaise. Ce dernier n'est pas piégé, mais même s'il n'adhère pas à la fiction, quelque part elle le tient. Au XIXe siècle, on le nomme parfois « un second père », et la loi majeure de 1851 le somme d'assumer la mission de « père de famille » (cette idéalisation paternaliste, de bonne facture libérale, est volontiers rétro-projetée sur l'Ancien Régime, particulièrement par des corporatistes s'évertuant à bonifier leur récit). La frontière structurellement brouillée entre la gouvernance du foyer familial et celle de l'atelier invite le maître, père-de-famille chez lui, à ne pas changer de chapeau chaque fois qu'il quitte un espace pour l'autre, et peut l'inciter à mettre l'apprenti à contribution dans les deux cas. On ne sait pas si, aux yeux de l'apprenti.e, cette double incarnation est crédible et si elle lui laisse la possibilité d'esquisser un espace-refuge où il/elle arrive épisodiquement à échapper à l'emprise de l'un et de l'autre pour un bref moment.

Sans être vital pour la régulation de l'apprentissage, comme il le devient au XIXe siècle pour atténuer la volonté laisser-fairiste, le modèle père-de-famille donne un certain cachet à l'apprentissage, même s'il est absent du contrat. Ce dernier, en tout état de cause, structure concrètement, sinon moralement, les relations entre le maître, n'échappant pas totalement à des responsabilités dépassant le travail, au sens strict, et l'apprenti, n'échappant pas à une figure d'autorité, quel que soit son pedigree. Malgré les multiples inégalités, on peut y lire une certaine logique de réciprocité, une sorte de donnant-donnant tacite qui traverse tout le document, esquissant pour les optimistes une voie vers une collaboration asymétrique et rappelant pour les pessimistes que l'arrangement est faussement transactionnel étant donné les grandes disparités de pouvoir et de ressources entre les parties. Néanmoins, en termes d'attentes et d'obligations, le contrat dessine les droits et les devoirs des uns et des autres sur le registre de domination/subordination, comme on l'a vu dans les chapitres 3 et 4. Globalement, il faut obéir au maître, défendre ses intérêts et l'avertir de problèmes à l'horizon. Bien des contrats demandent « la docilité », « la discipline » (la maîtrise de soi tant à l'intérieur de l'atelier que dehors) et encore plus « du respect », tant pour l'épouse du maître que pour lui. Cette sujétion est la condition *sine qua non* pour obtenir la bienveillance du maître, qui n'est pas forcément spontanée ou gratuite, mais souvent dépendante de la bonne conduite de l'apprenti. La conditionnalité est toujours à sens unique. Le maître n'a pas à mettre des arrhes, à montrer patte blanche : il sera doux, éduquera et protégera, inculquera des valeurs chrétiennes… si l'apprenti le mérite.

Ce dernier est censé « apprendre » avec assiduité et application, devoir qui suit logiquement l'obligation centrale du maître « de montrer et d'enseigner » tous les aspects de sa profession, « sans rien cacher ». Quelques contrats articulent plus concrètement les produits, matières et/ou méthodes qui doivent être étudiés, mais jamais avec force détails. Quelquefois des contrats stimulent sa diligence en offrant des récompenses, immédiates et/ou différées. Le périmètre de travail légitime est rarement défini dans le contrat, même si l'on remarque ici et là une formule le restreignant aux éléments pertinents à la transmission du savoir-faire du métier en question. Reléguant implicitement ces questions aux usages communautaires, ce silence ouvre la porte à des abus.

PRÉVENIR LA FUITE

Le contrat gère la question fort délicate de la temporalité du rapport maître-apprenti. Il fixe la durée une fois pour toutes, la loi corporative, renforcée par la police et le parlement, interdisant toute modification, rachat par l'apprenti ou prolongement par le maître, transgressions relativement rares, car difficiles à couvrir administrativement. Le maître ne suit pas toujours la prescription communautaire quant au nombre d'années de formation ; ordinairement, on les altère sans ambages si l'apprenti accepte[14]. Les premières incertitudes largement dissipées par une bonne période d'essai, le souci de la plupart des maîtres porte justement sur la deuxième phase de l'apprentissage, la période sur laquelle ils misent pour récupérer et fructifier leur investissement dans la formation et l'entretien de l'apprenti, dorénavant de plus en plus capable de créer de la valeur. Le cauchemar de tous est un départ précoce, l'apprenti se croyant capable de gagner de l'argent ailleurs ou voulant régler ses comptes avec un patron dur ou désagréable. Dimension cruciale de la régulation, la prévention et plus largement la gestion du départ prématuré ont été traitées en profondeur dans le chapitre 4. Le contrat prévient l'apprenti que son absence peut déboucher sur la résiliation immédiate de son brevet et sa radiation des registres, dans certains cas dès huit ou quinze jours d'errements, à l'encontre de la politique de certaines corporations, plus enclines à prolonger considérablement la tolérance pour inciter le maître à rechercher le fugitif plus énergiquement ou le décourager de provoquer la désertion d'un apprenti qui le mécontente[15].

14. Par exemple, AN, MC, X-547, 29 octobre 1761.

15. AN, MC, X-546, 23 août 1761 ; *Almanach des corps de marchands et des communautés d'arts et métiers de la ville et faubourgs de Paris*, Paris, Duchesne, 1758, p. 291 ; [Jèze], *Tableau universel et raisonné de la ville de Paris*, Paris, J.-P. Costard, 1760, p. 212 ; AN, Y 15373, 30 mars 1773 ; Y 9433, 12 avril 1732 ; R. de Lespinasse, *Les Métiers et corporations,*

Communément, les parents ou le sponsor sont sommés de « ramener » à la boutique l'apprenti en fuite pour terminer son engagement (et compenser le « temps perdu », jour pour jour). Pour impliquer directement l'apprenti dans la police de ses devoirs, de nombreux contrats insèrent une formule par laquelle l'apprenti « consent à être ramené ». Assez fréquemment, le contrat contient une clause de pénalité-indemnité contre la famille ou le sponsor, appuyée sur leurs hypothèques immobilières, susceptibles de les mettre dans l'embarras[16].

Autre technique pour dissuader l'apprenti de partir précocement : l'offre d'un salaire, ou l'équivalent. Le salaire n'est pas encore un régulateur d'activité et de fidélité comme il le deviendra au XIXe siècle, où il bouleverse les structures de l'apprentissage dans bien des endroits, mais déjà on aperçoit les signes avant-coureurs au XVIIIe. Fréquemment interdit par des constitutions corporatives, rejeté par l'usage, ou insuffisamment testé pour sa valeur coût-bénéfice, il demeure relativement discret. Quand on a recours au salaire, d'un montant d'ailleurs fort variable, c'est souvent pour la fin du contrat, quand l'apprenti est en mesure de contribuer plus concrètement à l'économie commerciale de la boutique. Dans quelques cas, le maître retient le salaire quotidien ou mensuel jusqu'à la fin du contrat comme levier ultime pour

t. 1, p. 359, 516 ; abbé P. Jaubert [et P. Macquer], *Dictionnaire raisonné et universel des arts et métiers*, t. 3, Lyon, Amable Leroy, 1801, p. 382 ; A. Franklin, *Dictionnaire historique*, p. 27-29. Cf. les longues absences tolérées à Poitiers : Prosper Boissonnade, *Essai sur l'organisation du travail en Poitou depuis le XIe siècle jusqu'à la Révolution*,, t. 2, Paris, H. Champion, 1900, p. 41, 51. Un double système d'enregistrement corporatif et municipal facilitait la recherche des apprentis-fugitifs en Angleterre. Olive Jocelyn Dunlop, *English Apprenticeship and Child Labour: A History*, New York, Macmillan, 1912 p. 85. À Québec au XVIIIe siècle, la désertion de l'apprenti est assez courante. Jean-Pierre Hardy et David-Thiery Ruddel, *Les Apprentis artisans à Québec, 1600-1815*, Montréal, Presses de l'Université du Québec, 1977, p. 77. Au cours du XVIIIe siècle à Paris, avec une accélération probable après 1750, on trouve des apprentis « sortis », en cavale en cours d'apprentissage, naviguant sur les flots orageux du marché du travail, passant d'auberge en auberge à la recherche d'emploi. On ne peut suivre Antoine Léon dans l'argument idéalisé que la « dégradation » de l'apprentissage ne commence qu'à partir de 1791. *La Révolution française et l'éducation technique*, Paris, Société des études Robespierristes, 1968.

16. Steven L. Kaplan, « L'Apprentissage au XVIIIe siècle : le cas de Paris », *Revue d'histoire moderne et contemporaine*, t. 40 (1993), p. 443 (échantillon de 316 contrats) ; AN, MC : XXVIII-222, 7 mai 1728 ; X-541, 8 juin 1760 ; X-545, 7 juin 1761 (3 contrats) ; XC-408, 22 octobre 1761 ; XXXVIII-207, 13 octobre 1720 ; X-529, 30 avril 1758 ; XXXVIII-246, 11 janvier 1730 ; XXXVIII-361, 21 septembre 1747 ; V-459, 19 avril 1751 ; XXXVIII-388, 29 avril 1751 ; XXXV-668, 25 octobre 1751 ; XXXVIII-223, 26 novembre 1723 ; X-622, 28 décembre 1770 ; XXXIII-508, 19 janvier 1751, 11 mai 1751 ; XLIX-689, 20 mars, 22 juin 1751.

retenir l'apprenti jusqu'au bout, pratique qui ne témoigne pas d'emblée de la fiabilité du contrat[17].

PRESTATIONS

Le contrat énumère les prestations qui seront effectuées par chaque partie, dont les enjeux sont autant symboliques que matériels, psychologiques qu'économiques, et dont les négociations, que l'on imagine volontiers fréquemment vives et ardues, nous échappent. Qui va se charger de quoi, et quelles sont les implications de ces choix (ou contraintes) ? Articulé encore en quelques contrats dans l'idiome d'autrefois, l'éventail de prestations canoniques couvre, nous l'avons vu : loger, nourrir, éclairer, coucher, chauffer, blanchir et plus rarement vêtir ou entretenir[18]. Certaines nous paraissent exercer en quelque sorte une fonction régulatrice dans les relations sociales de production. D'abord, la première décision importante du maître, décision plus politique que logistique : loger l'apprenti ou non. L'accueillir dans la maison familiale, c'est assumer symboliquement une fonction paternelle, c'est un pas vers l'intégration provisoire dans la famille, mais aussi une manière de contrôler intimement son emploi du temps, d'infléchir plus ou moins sa conduite. Pour l'apprenti, l'entrée dans un foyer autre, c'est traverser un Rubicon, c'est concrétiser la rupture, c'est se soumettre à l'autorité d'un patron figurant un père de substitution. Pour le maître, permettre à l'apprenti de rentrer chez lui tous les jours, c'est diluer son empire, c'est générer l'ambiguïté, c'est casser la cadence et l'esprit de la socialisation, c'est laisser à l'apprenti l'illusion d'un degré de liberté qui ne peut que nourrir un goût d'indépendance, c'est le rendre moins disponible, moins utile aussi bien que moins soumis. Certaines communautés imposent le logement comme une obligation, mais les maîtres ne suivent pas nécessairement. Pour des raisons économiques (le dénuement contraignant certaines familles à se délester des charges) ou géographiques (la grande distance entre le lieu de travail et le ménage familial), ou pour faciliter la séparation (sorte de sevrage émotionnel),

17. AN, MC : XXXVIII-222, 19 août, 14 septembre 1723 ; XXXVIII-220, 7 février 1723 ; XXXVIII-384, 25 juillet 1750 ; XXXVIII-360, 14 juillet 1747 ; X-463, 12 septembre 1743 ; X-557, 16 octobre 1763 ; XXXVIII-340, 30 septembre 1744 ; X-557, 4 décembre 1763.

18. AN, MC : XXXVIII-209, 7 janvier 1721 (boutonniers) ou XXXVIII-202, 20 mai 1720 (rubanniers).

les parents cherchent à faire loger leurs enfants (demande qui s'intensifie au XIXe siècle, sans pour autant être satisfaite). Le logement est de loin la condition la plus commune dans les contrats, mais elle n'est point universelle[19].

LE NOTAIRE : FIGURE CLÉ DU DISPOSITIF DE RÉGULATION

Les parties d'un contrat d'apprentissage ont d'autres options, mais pendant le XVIIIe siècle, particulièrement dans des villes d'incorporation, elles passent devant un notaire. Il est difficile de cerner le notaire, acteur quasi obligatoire dans la plupart des transactions qui construisent les relations sociales et dynamisent l'activité économique, y compris l'apprentissage, surtout dans les grandes et moyennes villes où les corporations fonctionnent. Charge souvent gardée dans la même famille pendant des générations, monument de la notabilité, protagoniste aussi bien dans le drame public que privé de la vie quotidienne à une époque où cette frontière est résolument brouillée, l'étude notariale est simultanément spectrale et palpable, insaisissable et abordable, ésotérique et profane, lointaine et proche. La représentation sociale (et sans doute sociogéographique) du notaire est stratifiée, comme la propension à y recourir : pour les uns, c'est comme se rendre chez le boulanger, pour d'autres le bijoutier ; pour les uns, c'est une certitude familière, pour d'autres un pari inhabituel. On ne s'y rend pas avec la même assurance, ni muni du même capital matériel ou symbolique.

À Paris, par exemple, en quête d'apprentissage, on n'a pas de choix : la vaste majorité des communautés exigent un contrat notarié, quelques-unes imposant leur propre notaire, l'acte devant parfois être rédigé et signé dans le bureau corporatif. Dans ce genre de huis clos, mise en scène quelque peu intimidante, quel poids, quelle voix les parents ou leur mandataire peuvent-ils déployer, particulièrement les petits artisans ou commerçants, les paysans, les simples gens sans expérience rhétorique ? Bien des notaires ont des contrats-modèles, tirés des manuels professionnels[20] ou hérités de leurs prédécesseurs,

19. S. L. Kaplan, « L'Apprentissage au XVIIIe siècle : le cas de Paris », p. 439. Louis Foucher, douze ans, obligé d'un éventailliste, et Louis Thiebault, treize ans, apprenti d'un tabletier, coucheront pendant la première année de service chez eux comme une sorte de transition entre famille biologique et famille sociale. AN, MC : X-495, 15 janvier 1751 et CI-445, 28 mars 1751. Méfions-nous de notre appréciation de la signification d'un âge pendant l'Ancien Régime, où les gens sont contraints de mûrir rapidement.

20. Par exemple, les quatre modèles dans C.-J. de Ferrière, *La Science parfaite des notaires, ou le Parfait notaire*, nouv. éd, F.-B. De Vismes, Paris, Saugrain, 1752, deux tomes.

ou encore fournis par la corporation. Au sein d'une même communauté, à travers l'univers corporatif et même plus généralement, ces contrats se ressemblent intimement sur les questions structurantes de domination et de subordination, de droits et de devoirs ; ils divergent, et s'individualisent souvent nettement, sur le caractère, le contenu et la responsabilité pour des prestations concernant la vie matérielle et morale de l'apprenti.e, sur le prix en cas d'apprentissages payants, sur des pénalités pour la fuite, sur la prise en charge de la maladie, sur l'éducation (religieuse ou profane), et sur l'éventualité d'un salaire ou d'autres récompenses. On ne sait pas si ces différences ou spécificités résultent de l'initiative de la famille, préparée d'avance, ou le fruit de l'entremise notariale en raison de son appréciation de la situation, voire du rapport de forces entre les parties. Si la posture du notaire est formellement neutre, il émet une certaine onction, plus ou moins mystificatrice. Il est porteur de la solennité aussi bien que de la légalité. La rédaction/signature est une cérémonie qui marque à jamais un moment essentiel du cycle de vie. L'apprentissage est un acte public : d'une manière ou d'une autre, la communauté est impliquée, pas seulement les deux parties ; et, à travers la charge notariale et l'engagement corporatif, la royauté elle-même. L'apprenti prend-t-il la mesure des choses encadrées ainsi ?

On aimerait croire à l'intervention bienveillante d'un notaire proactif voulant bien prendre en compte les caractéristiques propres de chaque cas, tout comme à l'existence du notaire comme sage médiateur, se servant de son influence pour atténuer des tensions, voire régler des problèmes entre les parties, à la manière du juge de paix au début du XIXe siècle. Plus concrètement, le notaire en province, notamment en dehors des grands centres urbains, semble disposé ou à même d'agir ou réagir, d'infléchir sciemment la prescription canonique, de montrer davantage de souplesse ou de latitude sur telle ou telle question. Sans pouvoir le démontrer précisément, on a la forte impression que les notaires de l'Aquitaine laissent entendre une conscience de la naissance de l'enfance, fin XVIIIe, et que ceux du Poitou, malgré le corset imposé par l'usage, parviennent à exprimer « des sensibilités plurielles » plus ou moins attentives aux soucis et aux volontés tant des apprentis et de leurs familles que des maîtres.

Autour de Langon, 50 kilomètres au sud-est de Bordeaux, au cours du XVIIIe siècle les contrats deviennent plus favorables aux apprentis, abandonnant leur assignation au statut de domestique et leur concédant plus fréquemment des salaires. En un mot, « l'apprenti est davantage assujetti à son ouvrage, il l'est moins à son maître : les liens de subordination se sont lentement modifiés ». Hypothèse optimiste, qui reste à tester ailleurs[21].

Il est possible que le notaire en province soit plus sensible à des finalités humaines et aux espoirs tangibles et immédiats concernant l'apprenti.e et sa famille. À Paris, il apprend le métier de son mieux ; en province – en attendant une enquête bien plus étendue –, le maître enseigne de telle sorte que l'apprenti soit « capable de gagner sa vie », formule qui prospère au XIXe siècle. Quand il vit dans un environnement agricole, le notaire est enclin à respecter les usages remontant à la nuit des temps en insérant, par exemple, un calendrier spécifique dans des contrats permettant aux apprentis de retourner chez eux pour faire la récolte, parfois le labourage, puis l'emblavage, avec l'obligation de compenser ce temps perdu à la fin de la durée formelle.

ALTERNATIVES CONTRACTUELLES

Quand une famille met un enfant en apprentissage, elle ne passe pas forcément par un notaire, si elle n'y est pas contrainte par des règles corporatives. Moins chères, les alternatives sont parfaitement légitimes : à la famille de décider si le coût supérieur de l'aura et de la protection notariales (tant psychologiques que juridiques) vaut la différence. Ainsi, sur 33 apprentis inscrits dans le registre de la communauté des maîtres tailleurs d'habits de Poitiers à la veille de la Révolution, seulement 11 contrats ont été établis par notaire. Plus du tiers sont le fruit d'un accord strictement verbal, les autres relevant d'un traité sous seing privé[22].

À part l'économie, le sous seing privé peut donner aux parents un sentiment de maîtrise non des mots (la stéréotypisation notariale a l'avantage de bien sonner et la vocation de couvrir l'essentiel), mais des choses : sans filtre exogène, il est possible d'avoir l'impression d'imprimer sa volonté directement, au risque de miner le projet faute d'expérience et de doigté dans le genre. Dans

21. N. Pellegrin : « Contrats d'apprentissage en Haut-Poitou », p. 263, 291-92, 306 et « L'Apprentissage ou l'écriture de l'oralité, p. 372 ; A.-M. Cocula, « Contrats d'apprentissage à Langon », p. 120-21.

22. *Gazette des tribunaux*, n° 18 (1783), t. 15, p. 285 ; N. Pellegrin, « Contrats d'apprentissage en Haut-Poitou », p. 263-64.

les villes modestes, les bourgs et le plat pays en général, l'acte sous seing privé est très largement pratiqué. Il n'est pas nécessairement éphémère et feutré, car depuis 1706 des particuliers peuvent le faire enregistrer au contrôle des actes, un appareil proto-bureaucratique, qui garde trace de diverses transactions pour un prix modique, à la portée du menu peuple. Comme chez les tailleurs poitevins, les perruquiers de Tours acceptent des « brevets sous seing privé » rapportés par le maître. Dans un métier de soie à Lyon en 1761, une convention d'apprentissage est cassée après deux ans accomplis, apparemment parce qu'elle n'était pas un acte notarié. Les causes de cette décision ne sont pas claires, comme l'histoire de l'usage dans l'apprentissage de l'acte sous seing privé, qui reste à faire[23].

Le notariocentrisme et le silence des archives occultent également le rôle du contrat verbal, important pendant le siècle des Lumières, massif au siècle suivant. Nous savons, par exemple, qu'il se pratique dans l'apprentissage, même dans le cas des mineurs, dans le secteur des textiles à Laval : « traités quoique verbaux, actes d'engagement pour apprentissage et service », le lien entre ces deux fonctions sociales étant plus visible à la campagne qu'en ville. Il n'est pas surprenant que le marché verbal se prête assez fréquemment à des disputes (mais il nous manque des éléments pour les comparer concrètement avec des formes écrites). Faute d'accord sur les points majeurs de la convention passée entre les deux, il est difficile de trancher entre les versions de Magdelaine Sollenard, « coeffeuse », et de la demoiselle Galland, brièvement son apprentie, dans une affaire portée en janvier 1770 devant le prévôt des marchands de Lyon, « gardien de la police des arts et métiers ». La maîtresse prétend avoir proposé une introduction sommaire au métier pour 72 livres ; son apprentie jure que Sollenard avait promis une vraie formation chez ses clientes. Étant donné la contestation systématique des supposées obligations de chaque partie, comment « exécuter les conventions de cet acte ? », se demande le greffier[24].

---

23. AD, Indre-et-Loire, E 456, 17 mai, 18 septembre 1784 ; Archives municipales (désormais AM) de Lyon, HH 254, 20 mai 1761.

24. *Supplément et suite au Recueil des règlemens généraux et particuliers concernant les manufactures et fabriques du royaume*, p. 479-81 ; AM Lyon, HH 177, 27 janvier 1770.

RÉGULATION CORPORATIVE : LE BREVET

Au jour le jour, pendant l'Ancien Régime, la régulation de l'apprentissage, comme de toutes les activités ordinaires, est endogène, assumée par la communauté. Cette dernière n'a aucune prise directe sur l'atelier, sauf au moment des « visites » des jurés, qui peuvent s'arrêter au pas de la porte. Chez lui, le maître est quasiment souverain (et le demeurera pendant tout le XIXe siècle). Sans abuser de l'apprenti ou manipuler la durée de son engagement, le maître décide tout le reste : l'horaire, les critères d'assiduité et du bon travail, les méthodes d'enseignement et d'évaluation, les relations avec le ou les compagnons, les conditions de vie (particulièrement couchage et alimentation), les responsabilités plus ou moins domestiques, les éventuelles punitions et récompenses. Certains maîtres se soucient de la conduite de leurs apprentis en dehors du travail, mais cette police est habituellement laissée aux familles et aux autorités locales, qui sont également sommées d'aider en cas de fuite – le départ précoce – d'un apprenti.

Les jurés/gardes de la corporation s'occupent de tout ce qui relève du recrutement formel de l'apprenti. L'attitude corporative est fort variable. Il y a des communautés interventionnistes et draconiennes (exigeant que le contrat soit rédigé par leur notaire dans leur bureau, par exemple), et d'autres qui optent pour une discrétion quasi laisser-fairiste. Pendant très longtemps, le contrat est une affaire entre l'apprenti et le maître, ce dernier toujours cru sur parole. Il se mue en « brevet » quand la communauté réclame une pratique plus transparente et plus régulière au nom de l'équité et du bon ordre. Le brevet a une double signification : il est le contrat lui-même et en même temps l'acte qui « se délivre à un Apprentif après qu'il a servi le tems porté par les Statuts » (en principe, le contrat ne doit pas les contredire, ce qui n'est pas toujours le cas). Un spécialiste du contrôle des actes caractérise le brevet « comme un double Contrat de louage appelé louage d'industrie », qui est davantage une rubrique fiscale qu'un usage courant urbain. « La négligence des maîtres » incite les communautés à s'impliquer davantage dans la gestion de l'initiation de l'apprenti. Du côté des orfèvres, elle pousse la juridiction exerçant une tutelle sur la communauté, les cours des monnaies, à demander des vérifications (à propos de l'âge de l'apprenti, de la certification des contrats sous seing privé, pour les mettre sur le même plan que le contrat notarial, c'est-à-dire l'équivalent du brevet) et des éclaircissements (notamment en faveur des apprentis qui doivent être informés des règles corporatives les concernant)[25].

La forme du brevet est importante, mais il ne devient pleinement légitime et en quelque sorte opérationnel qu'à partir de son enregistrement. « Pour éviter fraudes et abus [...] par collusion et intelligence qui pourroient être [*sic*] entre les Maîtres et les Apprentifs », la communauté parisienne de selliers et carrossiers requiert un brevet, rédigé indispensablement par notaire, qui sera consigné sur un registre spécial du bureau. Pour sauvegarder les droits de la communauté et ceux de l'apprenti, selon leur formule, les mégissiers, également de la capitale, veulent que le brevet soit « enregistré au Papier dudit Métier ». Les drapiers et sergers de Grenoble ordonnent l'inscription du brevet dans « le Livre de la communauté ». Les vitriers-peintres sur verre parisiens font enregistrer les brevets « ès livres de Confrairie pour obvier aux abus ». En Alsace, comme à Paris, les orfèvres voient l'enregistrement comme un moyen de combattre les manipulations sur le nombre d'apprentis engagés, sur la durée prescrite, sur les droits demandés, etc. Justement pour contrecarrer des manœuvres internes, clandestines ou consensuelles, la plupart des juridictions imposent un double enregistrement, par la corporation elle-même, mais aussi par une instance extérieure et publique. Les maîtres, tous métiers confondus, de Caen doivent déposer les brevets, contrôlés préalablement par les communautés, au siège local de police, comme les maîtres de très nombreuses corporations de Rouen et les manufacturiers de draps d'Elbeuf. C'est la municipalité qui reçoit les brevets des peintres-sculpteurs-brodeurs d'Amiens, les fabricants de draperie et de sergeterie de Bayeux, les manufacturiers de serge de Chartres. À Pau, après avoir fait enregistrer le brevet dans la maison commune des orfèvres, on doit le présenter au greffe de la cour des monnaies. Même avant la formalisation royale par un édit d'août 1647 de l'obligation de faire enregistrer les brevets devant le procureur du roi au Châtelet, magistrat spécialiste des

25. J. Savary des Bruslons et P.-L. Savary (dir.), *Dictionnaire universel de commerce*, t. 1, p. 549-50 ; *Dictionnaire Brillon*, t. 5, p. 662 ; Denis Diderot *et alii* (dir.), *L'Encyclopédie ou dictionnaire des sciences, des arts et des métiers*, t. 2, Paris, P. Briasson *et alii*, 1751-65, p. 414 ; N.-T.-L. Des Essarts, *Dictionnaire universel de police*, t. 1, p. 328 ; *Commentaire sur les tarifs du Contrôle des actes et de l'insinuation et sur les droits du centième denier*, Orléans, J. Rouzeau-Montaut, 1758, p. 129 ; *Arrêt de la Cour des monnoies, 16 mai 1744 servant de règlement pour le brevet d'apprentissage qui doit être passez entre les maîtres orfèvres et les apprentifs*, Bibliothèque de l'Hôtel de la Ville de Paris (ex-Bibliothèque administrative).

affaires des arts et métiers de Paris, des doreurs, des chapeliers, des taillandiers-ferblantiers, des tissutiers-rubanniers, et des bouchers, parmi bien d'autres, suivent ce protocole. À l'encontre des Parisiens, les maîtres dijonnais ne passent pas par la police pour un second enregistrement[26].

Pour des raisons purement fiscales, en période de terrible pression de guerre à l'aube du XVIIIe siècle, Louis XIV crée des offices de « greffiers des brevets d'apprentissage » affectés à l'enregistrement et tacitement à la surveillance de l'accueil des apprentis. Magnanimement, le monarque « permet » aux communautés de les racheter pour récupérer le contrôle de leur recrutement. Le prétexte officiel pour l'imposition de cette lourde charge de « vénalité » est particulièrement léger : faute d'une attention rigoureuse, les communautés perdent des documents importants, situation qui embarrasse individus et institutions qui auront besoin un jour d'une certification ou d'une vérification. Il n'y a aucune preuve d'une incurie généralisée dans la gestion

---

26. *Statuts et ordonnances de la communauté des maîtres selliers, lormiers et carrossiers de la ville de Paris*, Paris, « chez Vente », 1770 ; *Statuts pour les maîtres et marchands mégissiers de Paris*, Paris, Paulus-du-Mesnil, 1743 ; *Lettres patentes du roi portant règlement pour les manufactures des étoffes qui se fabriquent en Dauphiné*, Grenoble, A. Giroud, 1752, p. 44 ; *Statuts, ordonnances, privilèges et règlements des maîtres de la communauté des vitriers-peintres sur verre de Paris*, Paris, J.-F. Grose, 1743, p. 8 ; *Règlemens pour l'orfèvrerie dans la province d'Alsace*, dans *Code de l'orfèvrerie*, Paris, Knapen et fils, 1785, p. 147 ; *Statuts et privilèges du corps des marchands orfèvres*, p. 77-78 ; *Dictionnaire raisonné des domaines et droits domaniaux*, t. 3, p. 242-44 ; *Statuts et règlements des maîtres peintres, illumineurs, sculpteurs et brodeurs de la ville d'Amiens*, Amiens, Charles Caron Hubault, 1742, p. 4 ; *Supplément et suite au Recueil des règlemens généraux et particuliers concernant les manufactures et fabriques du royaume*, t. 2, p. 345, 77, 80 ; *ibid.*, t. 1, p. 52, 77 ; AD Pyrénées Atlantiques (Pau), B 4193 ; R. de Lespinasse, *Les Métiers et corporations*, t. 1, p. 112 ; *Recueil des statuts, ordonnances et règlemens de la communauté des maîtres et marchands chapeliers de la ville de Paris*, Paris, Valade, 1775, p. 2 ; *Statuts, ordonnances et règlemens de la communauté du corps des maîtres et marchands ciseleurs, doreurs, argenteurs*, Paris, Valade, 1777, p. 345 ; *Articles, statuts, ordonnances et règlemens des maîtres de la communauté des chapeliers de Paris*, éd. René Harenger, Veuve Lottin, 1754, p. 4 ; *Statuts, règlemens, arrêts et sentences des maîtres taillandiers-ferblantiers de Paris*, Paris, Gonichon, 1754, p. 11 ; *Ordonnances du Roy Henry Troisième confirmez par Henry IV et Louis XIII, contenant les statuts des marchands tissutiers, rubanniers de la ville de Paris*, Paris, P. Charpentier, 1750, p. 6 ; *Statuts, ordonnances, lettres et arrêts de la communauté des maîtres peaussiers de Paris*, Paris, 1743, p. 10 ; N. Delamare, *Traité de la police*, t. 3, Amsterdam, 1729, p. 43 et t. 2, Paris, Cot, 1710, p. 1228 ; Clare H. Crowston, Steven L. Kaplan et Claire Lemercier, « Les Apprentissages parisiens aux XVIIIe et XIXe siècles », *Annales, Histoire, Sciences Sociales*, 73e année (2018), p. 857. Malgré un encadrement national, les imprimeurs de Troyes, sans aucune explication, cessent d'enregistrer leurs apprentis, selon Louis Morin, « L'apprentissage », *Bulletin de la Société de protection des apprentis* (1901), p. 265. À Turin, on n'enregistre les apprentis que vers la fin du XVIIIe siècle, après des crises sociales et économiques : Béatrice Zucca Micheletto, « A Large "Umbrella": Patterns of Apprenticeship in Eighteenth-Century Turin », dans Maarten Prak et Patrick Wallis (dir.), *Apprenticeship in Early Modern Europe*, Cambridge, Cambridge University Press, 2020, p. 93.

de la mémoire – donc des documents et inscriptions dans les communautés. En revanche, moult apprentis ont des difficultés plus tard quand il faut montrer patte blanche pour une raison ou une autre et ils se rendent compte qu'ils n'ont pas gardé leurs certificats d'achèvement ou de bon travail, ou pire, découvrent, en essayant d'obtenir un document de remplacement, que le maître n'avait jamais enregistré le brevet, ce qui veut dire qu'ils n'ont pas d'existence légitime comme apprenti accompli.

Le « faux » compagnon Cochet est bloqué dans sa tentative d'entrer dans la corporation de la fabrication des étoffes en soie à Lyon justement parce que l'apprentissage qu'il a effectué quinze ans auparavant n'a pas été inscrit. Claude Lavallée, également apprenti fabricant en soie, souffre trente mois de statut ambigu en raison de « la négligence » de son maître, probablement une tentative de tromperie. Les tapissiers lyonnais poursuivent un maître qui ne fait pas répertorier son apprenti, ce dernier toutefois régularisé. Michel Morin de Pau, formé comme orfèvre, « ayant travaillé chez plusieurs maîtres en qualité d'apprentif, ensuite comme garçon », brigue une maîtrise, mais « ne pouvoit justifier de son apprentissage conformément aux règlemens ». Il sollicite et obtient une dispensation royale pour candidater, à condition de faire le chef-d'œuvre standard et de montrer un certificat de catholicité, apparemment plus facile à se procurer qu'une preuve de brevet. « Du deffaut de rapport de brevet », Pierre Damon, autre compagnon orfèvre sans papiers, lui de Clermont, suit la même voie de repêchage. Il fait le chef-d'œuvre et subit une interrogation supplémentaire par « le général provincial » sur les règlements et les alliages. Un fils de maître orfèvre du Poitou, formé à la maison, cherchant à présent une maîtrise à Pau, n'a aucun brevet à soumettre, mais fait accepter un certificat du juge de Parthenay certifiant la validité de sa formation. Vers la fin de son apprentissage de trois ans chez un mercier parisien au prix de 450 livres, le jeune Jean-Baptiste Patin est paniqué en apprenant qu'il ne pourra obtenir le certificat officiel d'achèvement, entravant fatalement son itinéraire professionnel, parce que son maître n'a jamais pris la peine de faire enregistrer le brevet, soit pour éviter de payer des droits au corps, soit parce qu'il fait travailler illicitement plusieurs apprentis en même temps[27].

---

27. Édit enregistré au parlement de Rouen le 7 octobre 1704, *Nouveau recueil des édits, déclarations, lettres patentes, arrêts et règlemens*, partie I, Rouen, J.-B. Besongne le fils, 1714,

ENREGISTREMENT

Au moins dans les grandes villes, la plupart des brevets semblent se faire en présence de représentants de la communauté. Chez les boulangers de Lyon, l'usage requiert qu'un garde participe à la signature du contrat et à son enregistrement ; chez ceux de Limoges, « au moins deux bayles », autre nom pour les chefs. À Paris, la présence d'un juré ou garde est demandée chez les horlogers, les bouchers et les chapeliers ; et « d'au moins deux » chez les charcutiers, les menuisiers, les boulangers et les savetiers (même « s'ils ne savent pas signer »). Communément, les vitriers, les rubanniers, les potiers d'étain et les peintres-sculpteurs appellent quatre jurés pour ratifier, les faïenciers-émailleurs cinq, et les fabricants en drap d'or, argent ou soie cinq ou six[28]. Les motivations des jurés sont hétérogènes. Il y a des autori-

p. 270-72 ; N. Delamare, *Traité de la police*, t. 4, Amsterdam, 1729, p. 645 ; Guillaume Blanchard, *Compilation chronologique contenant un recueil en abrégé des ordonnances, déclarations et lettres patentes des rois de France, qui concernent la justice, la police et les finances*, t. 2, Paris, Veuve Moreau, 1715, p. 27 ; J.-B. Denisart, *Collection de décisions*, t. 1, p. 142 ; *Privilèges accordés aux maîtres pâtissiers-oublayeurs de Paris*, Paris, Veuve Delormel et fils, 1757, p. 90 ; *Recueil d'arrêts, ordonnances, statuts et règlemens concernant la communauté des maîtres queulx, cuisiners-traiteurs de Paris*, octobre 1761, Paris, Lebreton, 1761, p. 104-05, 113 ; R. de Lespinasse, *Les Métiers et corporations*, t. 1, p. 315, 394 ; AM Lyon, HH 247, 14 août 1765, HH 267, 31 mai, 6 décembre 1781, HH 244, 5 décembre 1752 ; AD Pyrénées-Atlantiques, Pau, B 4193 (affaires Morin, 15 mars 1784 ; Dauman, 30 juillet 1783 ; compagnon de Parthenay, circa avril 1779) ; *Arrest du conseil d'État portant enregistrement des brevets d'apprentissage dans le corps des marchands merciers de Paris*, 7 septembre 1747, Bibliothèque historique de la Ville de Paris [BHVP].

28. C.-J. de Ferrière, *La Science parfaite des notaires*, t. 2, Paris, Charles Osmont, 1728, p. 111 ; *Dictionnaire portatif du commerce*, Paris, J.-F. Bastien, 1777, p. 17, 191, 251, 349, 486 ; *Ordonnances du Roy Henry Troisième*, p. 6 ; *Statuts et règlements pour les maîtres boulangers de la ville de Lyon*, Lyon, L. Buisson, 1768, p. 6-7 ; R. Harenger (éd.), *Articles, statuts, ordonnances et règlemens des maîtres de la communauté des chapeliers de Paris*, p. 5 ; « Statuts et règlements des boulangers de Limoges », 1733, AD Haute-Vienne, C 489 ; *Statuts, ordonnances, privilèges et règlements des maîtres de la communauté des vitriers-peintres sur verre de Paris*, Paris, J.-F. Grose, 1752, p. 6 ; N. Delamare, *Traité de la police*, t. 2, Paris, Cot, 1710, p. 841, 1228, 1336 ; *ibid.*, t. 3, Amsterdam, 1729, p. 43, 127 ; *Statuts, articles, ordonnances et règlemens de la communauté des savetiers de Paris*, Paris, Valleyre, 1743, p. 90-91 ; *Statuts, privilèges, ordonnances et règlemens de la communauté des maistres boulangers de Paris*, Paris, 1766, p. 12, 47-48 ; C. Raillard (éd.), *Extraits des principaux articles des statuts des maîtres horlogers de la ville et fauxbourgs de Paris*, Paris, 1752, p. 97 ; AN, MC : XXXVIII-360, 2, 14 juillet 1747 ; XXXVIII-339, 12 juillet, 24 août 1744 ; XXXVIII-246, 10 janvier, 1er mars 1730 ; XXXVIII-222, 14 septembre 1723 ; XXXVIII-365, 10 mars 1748 ; XXXVIII-366, 21 avril 1748 ; X-531, 8 juillet 1758 ; XXXVIII-221, 12 juin 1723 ; X-544, 7 janvier 1761 ; X-545, 7 juin 1761 ; X-553, 25 janvier 1763 ; X-528, 18 janvier 1758 ; XXXVIII-221, 4 avril 1723 ; XXXVIII-222, 5 août 1723 ; XXXVIII-361, 22 octobre 1743 ; X-495, 1er, 30 mars 1751 ; X-550, 29 mai 1762 ; X-555, 2 août 1763 ; X-622, 11 décembre 1770. À Anvers, pendant l'Ancien Régime, ni une corporation ni d'autres tierces parties ne jouent un rôle dans la

taires qui s'épanouissent en faisant étalage de leur pouvoir ; il y a des fervents-scrupuleux, fiers de leurs traditions particulières et investis dans la promotion du bon fonctionnement et de la cohésion communautaires, tant par la surveillance rigoureuse du comportement de tous les acteurs que par l'exhortation ; et il y a des âpres-au-gain, les officiers recevant fréquemment une rémunération dite modique pour leur assiduité. Cependant, le concours des jurés à l'enregistrement n'est pas une condition *sine qua non* de la qualité de l'administration. Dans la capitale, les paumiers déclarent que la participation de leur juré n'est pas impérative ; dans les contrats des merciers, des épiciers, des bonnetiers et des tapissiers – toutes communautés puissantes et aisées – et des paveurs, une corporation pauvre, il n'y a jamais de présence corporative[29].

Au-delà de la commémoration officielle des rites de passage, plusieurs facteurs étroitement liés poussent les communautés à s'occuper de près des règles de l'enregistrement : le maintien du bon ordre ; la prévention de la fraude, de la tricherie, de la concurrence déloyale et du parasitisme (par exemple, le recours aux « contre-lettres » signées subrepticement pour garantir des remises de temps ou le paiement d'un salaire, ou l'organisation d'un trafic pour fournir de la main-d'œuvre à bon marché sous le couvert de l'apprentissage) ; l'engagement moral en faveur de l'équité (formelle, réelle ou imaginaire), du fair-play et de la considération confraternelle ; l'équilibre du marché du travail ; l'amélioration de l'image collective (la face harmonieuse et cohésive). Ne pas insister sur la régularité de l'enregistrement, c'est surtout mettre en péril un précepte de la vie corporative, à la fois fondamental et théorique : le respect absolu de ce qui est dû à chacun. Un enregistrement rapide et transparent rassure tout le monde,

---

rédaction ou la mise en application du contrat d'apprentissage. Il tourne autour d'obligations réciproques et autorégulatrices. Bert de Munck, « From Brotherhood Community to Civil Society? Apprenticeship between Guild, Household and the Freedom of Contract in Early Modern Antwerp », *Social History*, t. 36 (février 2010), p. 14-15.

29. *Dictionnaire portatif du commerce*, p. 388 ; AN, MC : XXXVIII-223, 7 décembre 1723 ; X-541, 18 juin 1760 ; XXXVIII-221, 7 avril 1723 ; XCIX-547, 15 janvier 1761 ; XC-367, 26 janvier 1751 ; XXXVIII-209, 23 juin 1728 ; X-559, 16 janvier 1764 ; X-541, 18 juin 1760 ; X-493, 22 juillet 1750 ; X-495, 24 mars 1751 ; XCIX-547, 15 janvier 1761 ; CXVII-812, 15 mars 1759 ; I-452, 13 août 1751 ; LXXV-566, 17 octobre 1737 ; CX-265, 14 juillet 1709 ; CXVII-818, 10 juillet 1761 ; XCIII-63, 18 décembre 1761 ; XXXVIII-202, 20 mai 1720 ; XXXVIII-220, 17 mai 1723 ; XXXVIII-340, 30 septembre 1744. Les merciers, les épiciers et (souvent) les bonnetiers font partie des Six Corps de Paris, l'élite corporative qui prétend suivre des pratiques particulières de recrutement ; les perruquiers constituent à la fois maîtrises canoniques et charges vénales, donnant une coloration distincte à leurs brevets.

empêche des manipulations (apprentis furtifs, « faux » apprentis, apprentis-passagers clandestins), qui rendent furieux et aliènent des maîtres, notamment ceux qui ne pratiquent ni la manière forte ni la fourbe. Enfin, l'inscription de la réception sur le registre maintient un flux d'argent régulier sous forme de droits, plus significatifs pour certaines communautés que pour d'autres[30].

Ayant déterminé que les deux parties ont rempli toutes les conditions requises pour se lier, les jurés donnent leur accord moyennant paiement du droit de brevet et d'autres petites sommes qui y sont attachées. Les autorités dans bien des endroits interdisent l'enregistrement sans des reçus témoignant du paiement. Les droits sont très variables, selon la taille, le dynamisme et/ou l'influence de la communauté ; les coutumes du lieu ; la conjoncture (ponctionnée exceptionnellement par le monarque en temps de guerre, la corporation peut alors augmenter provisoirement les droits sur la réception tant des apprentis que des maîtres). Les écarts peuvent être conséquents. À Paris : très cher chez les drapiers (300 livres), les bouchers (202 livres), et les maréchaux (120 livres), le prix du brevet est extrêmement modéré chez les parcheminiers, les cardeurs, les savetiers, et les bouquetières (15 livres), mais également dans des communautés plus puissantes comme les marchands de vin (12 livres) et les libraires-imprimeurs (10 ou 30 livres). Pour 94 corporations, d'après le *Tableau universel et raisonné* (1760), son prix moyen s'élève à 45,8 livres en éliminant les Six Corps de nos calculs[31].

Généralement, une partie des droits est destinée au fond général de la communauté et une portion à une mission caritative, « interne » (une confrérie, comme celle de Saint-Crespin chez les cordonniers à Cluses, ou une chapelle non spécifiée, comme chez les perruquiers de Toulouse), ou « externe » (l'hôpital général pour le gros des corporations parisiennes et tourangelles). Dans beaucoup de communautés, les jurés s'attendent à des espèces de jetons de présence, ordinairement 1 ou 2 livres au XVIIIe siècle. L'extorsion des suppléments, en argent ou en nature, assez commune à l'occasion des chefs-d'œuvre

30. *Statuts, ordonnances et privilèges des maîtres serruriers de la Ville, fauxbourgs et banlieue de Paris*, Paris, Ballard, 1707, p. 28-29 ; C. Raillard (éd.), *Extraits des principaux articles des statuts des maîtres horlogers de la ville et fauxbourgs de Paris*, p. 97, 106-07 ; *Articles, statuts, ordonnances et règlemens des maîtres de la communauté des chapeliers de Paris*, p. 5 ; jugement du 21 février 1778, Cour de la monnaie de Pau, AD Pyrénées-Atlantiques, B 4193 ; *Nouvelles instructions, ou style général des huissiers et sergens*, Paris, Libraires associés, 1752, p. 109-10.

31. *Tableau universel et raisonné de la ville de Paris* ; à Lyon, les prix sont un peu moins chers. AM Lyon, HH 24.

ou de l'installation du nouveau maître, semble peu répandue par rapport aux apprentis. Même si l'apprenti n'est pas obligé de payer sa formation, pratique très courante, le poids des droits, oscillant entre 5 et 45 livres, est lourd pour la majorité, sortant du menu peuple, dont les parents vivent fort modestement[32].

Le brevet lui-même n'est pas la seule dépense à régler. « Voici ce qu'il en coûte pour chaque apprentif », écrit un des jurés des relieurs en juin 1757 : « Trente livres pour la bourse de la communauté [le brevet proprement dit], 3 jetons à chaque garde, 2 jetons au maistre qui fait cet apprentif, 2 livres au clerc de la communauté, ce qui va à la somme d'environs 65 livres en tout. » Le tuteur d'un apprenti conteste vigoureusement le bien-fondé de ce montant « parce que cela n'est point paiable sur notre règlement », qu'il veut suivre à la lettre, avouent les jurés relieurs. « Nous ne prétendons point rançonner les apprentifs », insistent-ils, « mais recevoir des petits droits qui sont de droit pour les peines que l'on a pour recevoir les deniers du roi et mille autres choses ». Parmi ces choses : les relieurs s'habillent « décemment » pour la réception de l'apprenti. Chez les libraires-imprimeurs, il y a encore d'autres frais : un certificat de M. le Recteur attestant de ses connaissances en latin (9 livres au recteur, 3 livres à son domestique !) ; un certificat de vie et de mœurs signé de 2 libraires et de 2 imprimeurs ; un certificat de catholicité signé du curé ou du vicaire ; le droit de l'hôpital (1 livre) ; et une contribution pour les pauvres de la communauté qui n'est pas taxée. Ces suppléments plus ou moins silencieux ne sont pas astronomiques. Mais ils s'ajoutent à d'autres frais, et le tout pèse lourd sur la plupart des budgets[33].

Conscient du fardeau réel représenté par la palette de droits et suppléments exigés, et du pouvoir de levier moral et financier sur l'apprenti et sa famille dont sa générosité pourrait le doter, le maître avance parfois l'argent requis pour sceller leur rapport. À Paris, Chesneau, maître tissutier-rubannier, verse les 26 livres 5 sous pour le

32. *Code de l'Hôpital général de Paris*, Paris, Veuve Thiboust, 1786, p. 39-40 ; *Arrêt du parlement* [de Paris] *en faveur de l'Hôpital général, contre les corps & communautés de Paris, au sujet des brevets d'apprentissage*, 9 février 1748, BHVP ; arrêt du Conseil, 28 août 1696, concernant les teinturiers en soie, laine et fil de Paris, dans *Supplément et suite au Recueil des règlemens généraux et particuliers concernant les manufactures et fabriques du royaume*, t. 2, p. 290-91 ; comptes du Sr Jautez, maître perruquier et trésorier, 1777-78, AD Haute-Garonne, E 1222 ; enregistrement, 1740-90, AD Indre-et-Loire, E 456 ; Simone Dujourdy, « Soixante ans d'apprentissage au XVIIIe siècle dans les cantons de Cluses et de Sallanches en Haute Savoie », *Revue savoisienne*, n° 1276 (1987), p. 61.

33. Lemonnier [juré relieur ?] au secrétariat de la lieutenance générale de police, juin 1757, BnF, manuscrits français (ms. fr.) 22118, fol. 65, et ms. fr. 21839, fol. 32.

prix du brevet à Rousseau, seize ans, récemment arrivé du Dijonnais, geste reproduit par bien de ses confrères. Deux maîtres fabricants en étoffe de soie lyonnais ont la même expérience en février 1748 : ils remettent l'argent pour l'inscription de leur apprenti qui, à peine régularisé, se sauve. Dans d'autres cas, le maître se charge de tous les frais qu'il incorpore dans le prix de l'apprentissage, évitant à la famille un deuxième choc. C'est ce que fait un maître boutonnier parisien qui inclut le coût total du brevet dans la somme de 100 livres demandée aux parents dans le contrat. Seules les communautés d'élite, tels les Six Corps, ne paraissent pas se soucier de cette question, en raison de la relative aisance de bien de leurs recrues. Ainsi, sans détailler les postes de ce budget d'enregistrement, un épicier, de manière cavalière, demande 100 livres tout compris à la famille de l'apprenti[34].

En général, un peu partout, les communautés demandent aux maîtres de porter les brevets-contrats à l'enregistrement dans un délai allant de trois à quinze jours. Dans la Grande Fabrique de Lyon, institution à la fois remuante et disciplinée, entre les années 1680 et 1760, 69 % des contrats sont immatriculés en une semaine, et 92 % au bout d'un mois. Les fabricants de bas au métier d'Orléans donnent une semaine, les orfèvres de Paris de trois à huit jours, les chapeliers de la capitale une quinzaine, les imprimeurs un mois. Les menuisiers et les ébénistes parisiens avertissent contre la tentation de « garder [les apprentis] chez eux plus d'un mois avant de les obliger sous prétexte de les avoir à l'essai ». Les pâtissiers aussi proposent « un mois après l'essay », sans préciser la durée de ce dernier. Comme nous l'avons montré ailleurs dans ce livre, l'essai est très couramment pratiqué, souhaité tant par le patron que les parents, pendant l'Ancien Régime et les deux siècles suivants. La période d'essai peut s'avérer étonnamment longue : trois, six, neuf, voire douze mois, en raison de diverses circonstances. Par exemple, chez les éventaillistes, le fils, âgé de dix-sept ans, d'un bourgeois de Paris commence son essai le 7 octobre 1754 et est intégré le 24 mai 1755 ; Eloy Bizet, fils d'un laboureur de Picardie, est en essai depuis presque deux ans, protégé par un juré éventailliste qui couvre son cousin germain, Louis Leblond, également en une sorte de préapprentissage éternisé. Antoine Roze, dix-sept ans, apprenti cordonnier, prend quatorze mois, Jean Terrine, dix-huit ans,

34. AN, MC : XXXVIII-223, 12 juin et 20 décembre 1723 ; XXXVIII-246, 1er janvier 1730 (entre 16 et 17 livres dans les trois cas) ; XXXVIII-221, 12 juin 1723 ; XXXVIII-223, 20 novembre 1723 ; XXXVIII-246, 10 janvier 1730 ; AM Lyon, HH 241, 1er, 7 février, 5 mars 1748 ; AN, MC : XXXVIII-222, 2 juillet 1723 ; X-557, 26 octobre 1763.

apprenti chapelier, treize mois, Claude Fily, quinze ans, apprenti cordonnier, dix mois avant de se décider ou d'être accepté, c'est selon. Les essais prolongés sont regardés comme des subterfuges et sont illégaux, menaçant le statut de l'apprenti putatif. À Lyon, la communauté des couteliers apprend par « bruit commun » que Bataille, un maître vétéran, emploie au moins un apprenti non déclaré, selon lui parce qu'il « a une surcharge de travail » et qu'un marché du travail tendu ne lui donne pas d'autre option. À Tours, des perruquiers tentent de préenregistrer des apprentis pas encore formellement engagés, expression de bonne foi prophylactique pour les uns, crainte de sanctions pour les autres. De nombreux maîtres annoncent leur « intention » de faire enregistrer leurs apprentis « sy tost que ledit acte sera passé ». Malgré une pression considérable, un buraliste chez ces mêmes perruquiers en 1783 refuse catégoriquement d'inscrire le candidat-apprenti jusqu'au moment où le maître « présentera le brevet »[35].

Tours nous offre un excellent poste d'observation pour rendre compte des décalages pratiqués entre la rédaction/signature du brevet et son enregistrement au bureau communautaire. Au cours du XVIIIe siècle (1734 à 1790), la corporation des perruquiers adoube 279 apprentis, ou 5 par an en moyenne. D'après le registre des inscriptions, entre novembre 1748 et mars 1775, 171 maîtres prennent des apprentis, chiffre sans doute en deçà de la réalité ; une poignée goûte la direction de l'apprentissage plus que leurs confrères, pas tout à fait

35. Ruben Schalk, Patrick Wallis, Clare H. Crowston et Claire Lemercier, « Failure or Flexibility? Exits from Apprenticeship Training in Pre-Modern Europe », *London School of Economics and Political Science, Working Papers*, n° 252 (novembre 2016), p. 6, édité depuis sous le même titre dans *Journal of Interdisciplinary History*, t. 48 (Automne 2017), p. 1-27 ; *Statuts et règlemens des fabriquants de bas au métier de la ville d'Orléans* (2 avril 1691), dans *Supplément et suite au Recueil des règlemens généraux et particuliers concernant les manufactures et fabriques du royaume* ; *Statuts et privilèges du corps des marchands orfèvres*, p. 53-54 ; *Articles, statuts, ordonnances et règlemens des maîtres de la communauté des chapeliers de Paris* ; *Code de la librairie et de l'imprimerie de Paris*, p. 133 ; *Statuts, privilèges, ordonnances et règlemens de la communauté des maîtres menuisiers et ébénistes de Paris*, Paris, J. Chardon, 1751 ; arrêt du Conseil, 19 juin 1745, dans *Privilèges accordez aux maîtres pâtissiers-oublayeurs de la ville de Paris*, 1747, p. 106, 109 ; *Privilèges accordez aux maîtres pâtissiers-oublayeurs de la ville de Paris*, Paris, Veuve Delormel et fils, 1757, p. 138, 142 ; *Statuts, articles, ordonnances et règlemens de la communauté des savetiers de Paris*, p. 91 ; AN, MC : X-516, 24 août 1755 ; X-516, 28 août 1755 ; C-522, 1er juillet 1755 et 29 septembre 1756 ; X-543, 15 décembre 1760 ; X-545, 17 mai 1761 ; X-552, 25 octobre 1762 ; I-452, 13 août 1751 ; AD Indre-et-Loire, 17 mai 1784, 23 avril 1783, 23 décembre 1785, 13 décembre 1786, 8 juin 1787, 3 avril 1788, 1er mars 1789, 24 juillet 1789, 14 juillet 1790, 6 septembre 1790 ; AM Lyon, HH 241, 11 février 1749. Nicole Pellegrin indique que 31 % des contrats poitevins dans son échantillon ont été postdatés, signalant un grand éventail de périodes d'essai. N. Pellegrin, « Contrats d'apprentissage en Haut-Poitou », p. 302.

spécialistes en la matière, mais plus sollicités ou plus pugnaces dans le recrutement. Sur le total, 8 maîtres font enregistrer le jour même de la signature, 3 le lendemain, 24 dans les trois à quatre jours, 34 après une semaine, et encore 31 au bout de deux. Plus de 58 % des maîtres d'apprentissage se régularisent donc dans un temps jugé normal. Le comportement de 31 autres prenant un mois pour soumettre le brevet est toujours estimé raisonnable (presque 19 %). Un quart de la population est en pleine transgression, 18 étant deux mois en retard, 5 trois mois, 12 entre quatre et six mois ; deux maîtres attendent un an ou davantage, deux autres plus de deux ans. On ne sait pas pourquoi les retardataires sont autorisés à légitimer une situation manifestement aberrante et s'ils subissent des pénalités. Leurs mobiles sont également insaisissables : manque de disponibilités de trésorerie du maître et/ou de l'apprenti ? manigance du maître tenant plusieurs apprentis en même temps ou désirant tirer un peu plus de labeur peu cher du futur apprenti ? « faux » apprenti servant comme compagnon non qualifié bon marché ? doutes sérieux de la part du maître sur le choix de l'apprenti, ou vice versa ? Quand maître Regnard obtient l'enregistrement du brevet de l'apprenti Mouet exactement sept ans après la signature du contrat, on peut imaginer que le buraliste bienveillant ne veut pas casser la carrière du jeune qui vise la maîtrise[36].

RÉGULATION DU NOMBRE

Un des grands enjeux de l'enregistrement est la régulation quantitative de l'apprentissage : combien d'apprentis en même temps un maître peut-il accueillir ? La communauté doit s'occuper de sa reproduction à moyen et à long terme, et de sa cohésion à court terme. L'apprentissage n'est pas du tout un sujet sulfureux, sauf quand dans la vie de tous les jours, il influe sur le champ de la concurrence, il paraît favoriser tel ou tel maître aux dépens d'autres. Sans contrôle, le maître énergique, ne se souciant que de son intérêt particulier, va recruter des apprentis, obtenant une main-d'œuvre bon marché et souvent des émoluments ; ce faisant, il construit une notoriété qui déteint sur sa réputation comme artisan et figure commerciale. Ses confrères vont se sentir lésés dans une conception largement conditionnée par la croyance dans un inexorable jeu à somme nulle. Sans

36. AD Indre-et-Loire, E 456. Je remercie vivement la professeure Mary Gayne pour m'avoir fourni tous les documents cités ici concernant l'apprentissage des perruquiers à Tours.

pratiquer une politique de nivellement (par le bas), la plupart des communautés cherchent, à la lumière de leurs valeurs fondatrices, à maintenir des règles auxquelles tout le monde est astreint, fiction d'équité et d'harmonie démentie fréquemment par des faits tels des performances économiques exceptionnelles qui résultent non de la manipulation ou de la tricherie – le contraire de ces règles de base – mais du dynamisme, de l'innovation, des réseaux, du capital familial. L'intérêt communautaire est-il toujours calculé étroitement en fonction des intérêts particuliers des maîtres sans prendre en compte des problématiques collectives moins immédiates et matérielles ? par exemple, certains jurés parviennent-ils à considérer sérieusement le conseil du *Dictionnaire de Brillon* selon lequel il faut aussi restreindre le nombre d'apprentis par atelier pour assurer de bonnes conditions de transmission de savoir-faire, idéalement « un seul élève » pour le maître[37] ?

En tout cas, la communauté veut que l'apprentissage forge l'union et la force de l'avenir, pas la discorde immédiate. Il faut satisfaire les maîtres en s'efforçant de normaliser la rigueur, mais aussi ne pas dégoûter les compagnons, de plus en plus mobilisés (et fréquemment organisés) au cours du XVIIIe siècle. Leur revendication est bien cristallisée par le garçon boulanger de Marseille en 1764 qui enrage quand son maître engage simultanément cinq apprentis (nonobstant la limite corporative de deux) : « Il n'est pas possible qu'un apprentif puisse faire l'ouvrier comme le garçon. » Plus d'une décennie plus tôt, des compagnons pâtissiers parisiens s'associent pour obtenir un arrêt interdisant aux maîtres d'employer plus de deux apprentis à la fois. À Nantes, chez les imprimeurs en indienne, des compagnons entravent la formation des apprentis, une façon de montrer leur hostilité à la prolifération des apprentis dans le métier. Cette doléance devient un véritable refrain au XIXe siècle quand des ouvriers refusent de former des apprentis ou les harcèlent et les déstabilisent, font pression pour l'imposition de ratios limitant leur emploi dans chaque boutique, puis à partir des années 1880 lancent des grèves contre leur présence, comme nous le verrons plus loin[38].

---

37. *Dictionnaire Brillon*, t. 5, p. 670-71.

38. Archives de la ville de Marseille, FF 373, août 1764 ; arrêt, 4 juillet 1750, BnF, Inv. F 22582 ; Véronique de Chardon, « L'Apprentissage en France de 1851 à 1919 », thèse de doctorat, Université de Paris 4 (Sorbonne), 1992, p. 201-11, 406 (au moins 37 grèves pour la limitation du nombre d'apprentis entre 1885-1910) ; Samuel Guicheteau, « La révolution

Selon les constitutions corporatives de la grande majorité des communautés en France, en termes normatifs, qui ne se traduisent pas toujours dans l'action pratiquée et tolérée, un maître ne peut retenir qu'un apprenti à la fois. Les manufacturiers de serge de Chartres insistent sur ce quota, tout en admettant que certains l'enfreignent. Les statuts des fabricants d'étoffes normandes sont particulièrement catégoriques sur cette restriction. Bien des communautés accordent une certaine souplesse à l'embauche d'un second apprenti vers la fin du temps du premier : les boulangers de Lyon, comme les imprimeurs et les horlogers parisiens, le permettent un an avant l'expiration du contrat initial. Les luthiers et les vitriers de Paris fixent le moment à mi-parcours, après la deuxième année pour une durée de quatre ans. Les boulangers de Limoges, comme ceux de la communauté du faubourg Saint-Germain-des-Prés au XVIIe siècle, sont plus stricts : un deuxième apprenti peut entrer quand il ne reste que trois mois sur le compte du premier. Encore plus draconiens, les maîtres cuisiniers parisiens exigent que le premier apprentissage soit entièrement achevé. Les cordonniers de Belfort anticipent sur le jeu du ratio du XIXe siècle, l'établissant à un apprenti pour quatre compagnons par atelier. Dans la petite corporation des perruquiers de Blois, le débat est virulent sur le rapport entre l'exégèse constitutionnelle et la pratique sur le tas. Une assemblée convoquée par le lieutenant de la communauté fin mars 1787 dénonce la violation des statuts interdisant l'emploi d'un second apprenti, en l'occurrence engagé par le mal-nommé Ménager, autre officier de l'association. Belliqueux, ce dernier proclame que « les maîtres avait le droit de faire tel nombre d'aprentif qu'il jugerois a propos [*sic*] ». Divisée, l'assemblée refuse même d'ordonner au greffier de « donner acte des injures et menaces »[39].

---

des ouvriers nantais. Le façonnement d'une identité sociale et culturelle, des années 1760 aux années 1830 », thèse de doctorat soutenue le 10 novembre 2006, à l'Université Rennes 2, p. 151-53 ; Jean Coignet, *Proposition de loi sur le contrat de l'apprentissage*, Lyon, Chambre de commerce et d'industrie, 1905.

39. *Supplément et suite au Recueil des règlemens généraux et particuliers concernant les manufactures et fabriques du royaume*, t. 2, p. 37 ; *Supplément et suite au Recueil des règlemens généraux et particuliers concernant les manufactures et fabriques du Royaume*, p. 42, 55, 67, 80, 215 ; *Dictionnaire portatif du commerce*, p. 154, 157, 161, 175, 178, 188, 191, 208, 214, 215, 218, 223, 239-40, 248, 261, 266, 275, 286, 304, 314, 336, 349, 362, 384, 391, 445, 449, 451, 456, 462-63, 471, 478, 481, 487 ; *Notes d'arrêts du Conseil souverain d'Alsace*, Colmar, Decker, 1742, p. 314 ; N. Delamare, *Traité de la police*, t. 4, Amsterdam, 1729, p. 635, 770 ; C. Raillard (éd.), *Extraits des principaux articles des statuts des maîtres horlogers de la ville de Paris*, p. 94, 97 ; *Statuts et règlements pour les maîtres boulangers de la ville de Lyon*, p. 7-8 ; « Statuts et règlements des menuisiers de Limoges, janvier 1647 » (non-maîtres, tolérés, mais ne pouvant engager d'apprentis), C 514, et « Statuts et règlements des boulangers de Limoges »,

Un nombre considérable de corporations fixe le contingent à deux : les imprimeurs de Nancy, les maîtres drapiers de Metz (et, d'après un compilateur, tous les drapiers et sergers du royaume, selon une décision de 1669)[40], les teinturiers de Paris et du ressort du parlement de Flandres, les pâtissiers parisiens au XVIIe siècle, parmi bien d'autres. La communauté des teinturiers de la capitale autorise deux apprentis aux maîtres âgés de moins de cinquante ans et un troisième à ceux qui dépassent ce seuil (concession à l'usure d'une longue vie de besogne ou à la maturité commerciale ?). Pour obtenir un deuxième apprenti, un maître horloger supplie le conseil royal en 1751 pour une dérogation. Des producteurs royaux ou caritatifs, tels les Galeries du Louvre ou l'Hôpital de la Trinité, décrochent justement par privilège royal le droit à deux apprentis. Un article des statuts de 1751 des tourneurs parisiens permet à un maître sans beaucoup de travail de louer (ou « céder ») son droit d'apprenti à un collègue, pratique, semble-t-il, relativement commune. Cependant, il est extrêmement difficile de pister des traces de ce marché secondaire. Selon leur charte de 1615, les fabricants de draps d'or, d'argent et de soie de Paris peuvent recevoir jusqu'à trois apprentis chacun. Pour rendre les nouvelles communautés de l'ère post-Turgot plus attrayantes, un notable lyonnais propose d'octroyer à leurs maîtres la prérogative de prendre trois apprentis. Les meuniers, brièvement incorporés au XIIIe siècle, comme bien d'autres métiers au XIVe, pouvaient disposer « d'autant d'aprentifs qu'ils jugeoient a propos », âge héroïque de la maîtrise[41].

1733, C 489, AD Haute-Vienne ; « Statuts des boulangers du faubourg Saint-Germain des Prez », 23 mai 1658, cité par N. Delamare, *Traité de la police*, t. 2, Paris, Cot, 1710, p. 875 ; *Dictionnaire Brillon*, t. 5, p. 671 ; D. Diderot *et alii* (dir.), *L'Encyclopédie*, t. 2, p. 29, 351, 374, 405 ; N. T. L. Des Essarts, *Dictionnaire universel de police*, t. 5, p. 153 ; N. Delamare, *Traité de la police*, t. 2, p. 1457 ; *Statuts et règlemens pour la communauté des maistres cordiers-criniers de la ville de Paris*, Paris, Moreau, 1743, p. 34, 52 ; *Statuts, ordonnances et privilèges des maistres potiers d'étain de Paris*, Paris, Grun, 1742, p. 10, 22 ; *Statuts de la communauté des maîtres et marchands boursiers de la Ville de Paris*, Paris, Valade, 1774, p. 6 ; procès-verbal, 29 mars 1787, AD Loir-et-Cher, E 755.

40. Nous n'avons pas déniché d'exemple d'un argument plaidant pour un apprenti supplémentaire en raison de l'exigence technique ou physique de l'ouvrage en question.

41. *Table des matières contenues dans les ordonnances des ducs de Lorraine*, Nancy, Babin, 1769, p. 96 ; Règlement général d'août 1669 dans *Recueil des édits, déclarations, lettres patentes et arrêts du conseil enregistrés au Parlement de Metz*, t. 5, Metz, Veuve Antoine, 1788, p. 606 ; *Les Règlemens des manufactures et teintures des étoffes qui se fabriquent dans le royaume*, Paris, Charles Saugrain, p. 13, 76 ; *Recueil des édits, déclarations, lettres patentes, arrêts et règlemens du Roy registrés en la Cour du Parlement de Normandie, 1726-1740*, Rouen, Lallemant, 1755, p. 535 ; *Recueil des édits, déclarations, lettres patentes, arrêts et règlemens du Roy registrés au Parlement de Flandres*, t. 5, Douay, Derbaix, 1787, p. 675 ; *Privilèges accordés aux maîtres pâtissiers-oublayeurs de Paris*, p. 7, 78 ; AN, MC, CXV-662, 24 mai 1751, cité par Marie-Agnès Dequidt,

Dans la perspective collective, accueillir des apprentis suppose une certaine santé économique aussi bien qu'une volonté politique. Des communautés anémiées par un manque de vigueur de l'économie locale ou régionale, ou par des mutations sociodémographiques, sont enclines à chercher une convalescence ou au moins une pause, en se tournant vers l'austérité stratégique. D'autres communautés, fières de leurs bons fondamentaux, comme l'on dirait de nos jours, sans problème aigu de trésorerie et suffisamment lucides et agiles pour réfléchir sur l'avenir, agissent de manière préventive pour empêcher une concurrence anarchique ou autres heurts capables de déchirer la communauté, et s'orientent, elles aussi, vers une politique de restriction. Dans ces deux cas, la communauté agit pour protéger la collectivité, et le monopole théorique qui la sous-tend, en circonscrivant le nombre global d'apprentis. Fermant partiellement le robinet de reproduction, les administrateurs corporatifs espèrent retrouver graduellement de nouveaux équilibres, processus non sans effets pervers : un recrutement plus exclusif, voire incestueux (seuls des fils de maîtres atteignant la maîtrise) et une trésorerie atrophiée (faute de droits de réception à la fois d'apprentis et de maîtres).

Au XVIIe siècle, les doreurs parisiens doivent affronter des temps durs :

> Attendu la pauvreté dudit mestier [...] la grande partie des maistres [...] ne peuvent gagner leur vie, et il se voit que la plus grande partie des apprentifs, après leur apprentissage, ne pouvans trouver de la besogne, sont constraints de s'employer à estre aides à maçons et autres pareils vils exercices, ce qui prouve de la trop grande quantité d'apprentifs que les maistres prennent ; et pour éviter aux abbus, attendu le consentement de tous lesdits maistres doreurs, que doresnavant lesdits maistres ne pourront prendre aucun aprentif pendant 10 ans.

Leurs voisins, les paumiers, mettent l'accent sur la stagnation de la demande et la compétition « ruineuse » entre maîtres, conduisant nombre d'eux à la mendicité. Face au déclin d'espaces d'activités

---

Horlogers des Lumières : Temps et société à Paris au XVIIIe siècle, Paris, CTHS, 2014, p. 157 ; P. Jaubert [et P. Macquer], *Dictionnaire raisonné et universel des arts et métiers*, t. 4, p. 259 ; *Privilèges accordez aux ouvriers demeurans dans les galleries du Louvre*, Paris, 1704, p. 119-24 ; Marcel Fosseyeux, *Les Maisons d'apprentissage à Paris sous l'ancien régime*, Paris, Société de l'histoire de Paris, 1913, p. 8 ; *Statuts du corps des marchands fabriquants de draps d'or, d'argent et de soie*, 1773, p. 53 ; S. L. Kaplan, *La Fin des corporations*, p. 190 ; Michael Sonenscher, *Work and Wages: Natural Law, Politics and the Eighteenth-Century French Trades*, Cambridge, Cambridge University Press, 1989, p. 31 ; *Dictionnaire Brillon*, t. 5, p. 658 ; N.-T.-L. Des Essarts, *Dictionnaire universel de police*, t. 6, p. 433 ; *Dictionnaire portatif du commerce*, p. 349.

(« destruction des jeux de paume ») et aux changements dans les mœurs (moins d'engouement tant pour la paume que pour le billard), beaucoup de maîtres ne tiennent plus. Les uns quittent la profession, fuyant leurs créanciers et déracinant leurs familles, tandis que d'autres connaissent l'humiliation d'être « réduits à servir comme garçons » leurs anciens confrères. Les paumiers optent, eux aussi, pour la solution d'un moratoire de dix ans (renouvelable) sur l'accueil d'apprentis dans le but de freiner la concurrence et donner de l'oxygène à un corps de maîtres restreint[42].

Les relieurs parisiens vivent une histoire analogue. La communauté arrache une série de moratoires dès 1702 pour parer à « la misère affreuse des maistres », dont le nombre « est devenu trop considérable ». En 1757, Louis XV met fin à « cette suspension qui tend à rendre les maîtrises héréditaires ». Dans l'esprit libéral qui influe de plus en plus sur la politique royale, le monarque condamne « cette prohibition qui ôte aux ouvriers qui ont reçu un génie propre à se distinguer dans leur art la récompense la plus flatteuse qu'ils puissent espérer, qui est de faire valoir leur industrie pour leur compte particulier ». Suivant une voie similaire – des arrêts suspendant entièrement l'apprentissage entre 1724 et 1760 –, les libraires-imprimeurs parisiens, incapables de conjurer la concurrence mutilante, souhaitent implicitement limiter l'accès à la maîtrise à la famille du maître et remplacer le compagnon traditionnel par l'alloué qui n'aspire pas à monter en grade au sein de la corporation. Sous pression royale et réformiste, à partir des années 1760, la communauté renouvelle quelque peu son recrutement d'apprentis[43].

À divers moments, les brossiers, les brasseurs, les limonadiers, les tapissiers, les vitriers et les traiteurs de Paris, les boulangers de Lyon, les chaudronniers de Lille, les cordiers de Bordeaux, les corroyeurs de

42. *Statuts, ordonnances et règlemens de la communauté du corps des maîtres et marchands ciseleurs, doreurs, argenteurs*, Paris, Gonichon, 1740, p. 13, p. 41 ; R. de Lespinasse, *Les Métiers et corporations*, t. 2, p. 127 ; *Recueil des édits, déclarations, lettres patentes, ordonnances, etc., etc., etc.* [*sic*], t. 2, Paris, Ruault, 1774-75, p. 1188-90 *; Statuts et règlemens de la communauté des maîtres paulmiers de la ville de Paris* (1726), BnF, 8° Le Senne 4214.

43. BnF, ms. fr. 22118 : fols. 102 (sentence de police, 6 mai 1712), 161 (arrêt du conseil, 12 avril 1757), 176 (« Mémoire pour la communauté des maîtres relieurs contre Fayot », 1868) ; A. E. Roquet [Ernest Thoinan], *Les Relieurs français, 1500-1800*, Paris, Paul, Huin et Guillemin, 1893, p. 61, 73-83 ; délibérations des imprimeurs, 17 juillet 1724 et 21 mars 1737, BnF ms. fr. 21857, fols. 86, 369 ; délibérations des imprimeurs, 17 juillet 1730, et arrêt du conseil, 6 juin 1741, ms. fr. 22064, fols. 175, 180 ; arrêt du conseil, 21 juin 1751, ms. fr. 21858, fol. 150 ; délibérations des imprimeurs, 8 octobre 1765, ms. fr. 21859, fol. 344.

Rennes et les orfèvres de Bayonne et de Paris obtiennent des moratoires sur la réception d'apprentis durant de dix à quinze ans. D'autres politiques permettent à quelques communautés de réaliser des objectifs analogues. Déployant un malthusianisme plus subtil, l'énorme corporation des tailleurs d'habits de Paris cantonne l'accueil d'apprentis à 10 par an pour toute la compagnie. Les perruquiers s'efforcent de restreindre la compétition en interdisant aux maîtres et aux locataires de charges de tenir « des écoles » ou « des académies de coeffure » qui offrent une sorte d'apprentissage-ersatz tronqué. « Depuis 40 ans on ne fait plus d'apprentis », avouent les brodeurs parisiens vers la fin du XVIIe siècle : seuls les fils de maître peuvent monter à la maîtrise. Les batteurs d'or et d'argent et les tripiers de la capitale agissent de même, tout comme les bouchers de Troyes. Conscient de ses droits, nouvellement conquis, un lobby ouvrier parvient à faire passer une loi limitant le nombre d'apprentis dans les ateliers et les chantiers des ports à 20 % de l'effectif des ouvriers[44].

TRANSGRESSIONS

Des maîtres manœuvrent de diverses manières pour contourner les règles. Chez les menuisiers parisiens, et sûrement ailleurs, il est assez commun qu'un maître sollicite un confrère « n'ayant pas assez d'occupation pour se charger de faire des élèves », de prêter son nom, contre des espèces trébuchantes, lui assurant une couverture pour engager un nouvel apprenti. Dans une formule alambiquée, la

44. *Dictionnaire portatif du commerce*, p. 163, 386, 440, 462 ; P. Jaubert [et P. Macquer], *Dictionnaire raisonné et universel des arts et métiers*, t. 2, p. 351 ; *Statuts et règlemens de la communauté des maitres vitriers de la ville de Paris* (1666), BHVP ; Pierre Quef, *Histoire de l'apprentissage : aspects de la formation technique et commerciale*, Paris, L.G.D.J., 1964, p. 78 ; Louis Mannory, *Plaidoyers et mémoires*, t. 10, Paris, Claude Herissant, 1764, p. 152 ; *Statuts et règlements pour les maîtres boulangers de la ville de Lyon*, p. 102 ; N. T. L. Des Essarts, *Dictionnaire universel de police*, t. 7, p. 375 ; *Statuts et privilèges du corps des marchands orfèvres*, p. 59 ; Déclaration du roi, 25 janvier 1780, AN, F12 769B ; Pierre Richelet, *Dictionnaire François contenant généralement tous les mots*, Amsterdam, J. Elzevir, 1706, p. 140 ; *Almanach des corps de marchands et des communautés d'arts et métiers de Paris*, p. 134, 182, 191-92, 222, 228, 247-248 ; AD Aube, E 1156 ; BnF, Coll. Joly 1733, fol. 105 et ms. fr. 22118, fol. 182 ; S. L. Kaplan, *La Fin des corporations*, p. 223 ; Pierre-Bruno Boissier, *Projet de décret de la Convention nationale pris au nom du comité de marine*, Paris, vendémiaire an IV. Dans les États allemands, de nombreuses communautés imposent des limites sur le nombre d'apprentis entrant dans un atelier depuis le XIVe siècle (communément un ou deux). On trouve de multiples cas de moratoire, certains de très longue durée. Georg Stöger et Reinhold Reith, « Actors and Practices of German Apprenticeship, Fifteenth-Nineteenth Centuries », dans M. Prak et P. Wallis (dir.), *Apprenticeship in Early Modern Europe*, p. 152-53.

communauté des tapissiers paraît suggérer que, dans certaines occasions non précisées, un maître peut accueillir un apprenti « sous un autre nom que le sien ». Une maîtresse couturière contrevient à la loi corporative en prenant une deuxième apprentie, de façon désarmante, en racontant très ouvertement et par écrit son méfait (en misant sur une tolérance de la communauté pour l'enregistrement extrêmement tardif). Dans le contrat par lequel Charlotte Rivarde, maîtresse couturière, prend Jeanne Richard, âgée de dix-sept ans, comme apprentie pendant trois ans en échange d'un prix élevé de 300 livres, la maîtresse avoue avoir « actuellement une apprentisse dont le tems d'aprentissage n'est pas encore expiré », l'empêchant « à présent [de] faire enregistrer le présent brevet à sa communauté ». Sa solution : « Elle promet et s'oblige de faire enregistrer le présent audit Bureau dans neuf mois au plus tard [...] sans que le retard de l'enregistrement puisse prolonger le tems du présent aprentissage. » Legrand, coiffeuse, fonctionnant dans les marges de la communauté des perruquiers parisiens, prend en même temps deux apprenties, âgées de seize et treize ans par contrat devant notaire, et mise précisément sur sa relative invisibilité pour échapper au contrôle. Un doreur prend la voie contraire : ayant besoin d'un second apprenti, il demande et obtient une dérogation auprès du procureur du roi chargé des affaires corporatives, et il fait signer le contrat sereinement[45].

Il est vraisemblable que beaucoup de maîtres qui truandent le fassent sans ambages et sans alibi, recourant au mensonge vital. La communauté des perruquiers à Tours interdit plus d'un apprenti par boutique. À la suite d'une visite de deux prévôts-gardes, probablement en raison d'une délation, maître Pierre Petilleau se trouve accusé d'abriter trois faux apprentis, des jeunes gens « occupés à razer et à accomoder ». Le patron explique que deux sont de passage, voulant bien « luy rendre service », tout comme le troisième, fils d'un voisin. Les trois ne sont pas là « par amusement », affirme la communauté, qui dit avoir des preuves que le premier, Guimor, a déjà essayé de se faire prendre comme apprenti par plusieurs maîtres, et que le maître avait « entrepris de leur montrer et enseigner [à tous les trois] à travailler dans ledit art » en échange d'un cachet. La

45. *Statuts, privilèges, ordonnances et règlemens de la communauté des maîtres menuisiers et ébénistes de Paris*, p. 108 ; *Nouveau recueil des statuts et règlemens du corps et communauté des maîtres-marchands tapissiers de Paris*, Paris, Gissey, 1756, p. 1435 ; AN, MC, X-528, 22 février 1758 ; CVII-466, 9 septembre 1750 ; X-555, 4 juillet 1763.

communauté dénonce Petilleau pour sa « conduitte reprehensible », pour avoir « trahi » son engagement corporatif. Quasiment au même moment, dans la même corporation, maître Jacques Douteau, lui-même prévôt, demande à un collègue prévôt, Thomas, d'enregistrer son nouvel apprenti. Après vérification, Thomas se dit surpris de voir qu'il a déjà un apprenti non certifié. Douteau avoue être en retard, mais assure qu'il n'a que faire d'enregistrer ce premier. Le deuxième garçon auquel son collègue fait allusion n'est pas du tout là comme apprenti, ce qui serait contre les statuts. Fils d'un ouvrier en soie en chômage prolongé, « mandiant » de dix ans errant dans la campagne, cet enfant est chez Douteau comme « œuvre de charité » : nourri, soigné, envoyé à l'école. « Mensonges et dissimulations », riposte Thomas : l'enfant a quatorze ans et est le neveu de Douteau, qui le forme « dans l'état de perruquier ». Le maître incriminé avance « ses intérêts particuliers [...] en trahissant ceux de sa communauté, dont il est officier », circonstance aggravante. Ce dernier tente de rallier des soutiens en retournant l'accusation contre Thomas, dénoncé pour avoir accueilli lui-même deux apprentis ou peut-être davantage[46].

LA RÉGULATION DU SAVOIR-FAIRE

L'enregistrement est un impératif universel : les communautés le font pour maintenir le bon ordre chez elles, et l'État en a besoin dans la logique de sa prétention panoptique concernant le monde du travail : une surveillance et classification permanente, où l'enregistrement de l'apprenti est assimilé à celui du compagnon, chaque fois qu'il change de boutique et à l'usage du congé et du livret, autres formes d'inscription, d'inspection et de contrôle. La régulation de la compétence, cependant, au moins jusqu'au moment de passage à la maîtrise, ne suscite aucun accord général. À quelques exceptions près, les corporations semblent se contenter de supposer que l'achèvement de l'apprentissage témoigne tacitement de l'acquisition d'un certain savoir-faire et que le compagnonnage comme stage probatoire va muscler l'habileté et la mettre constamment à l'épreuve sur un marché réel de ressources humaines[47].

46. Délibérations de la communauté des perruquiers de Tours concernant le nombre d'apprentis autorisé, 16 février 1749, AD Indre-et-Loire, E 455 ; des plaintes et des enquêtes du 2 février, juillet-août, 16 septembre, *ibid.*

47. Les maçons admettent que « l'apprentissage ne suff[it] point pour acquérir les connoissances qu'exige l'art de bâtir ». Ils ne proposent rien pour l'améliorer. Ils attendent le moment

Dans quelques métiers que nous connaissons, et sans doute dans de nombreuses communautés dispersées sur une grande étendue dont les coutumes nous échappent, les maîtres ont recours à un processus institutionnel d'évaluation. Une remarque dans un texte de 1754, visant particulièrement les Anglais, met en relief la question qui turlupine certains corporatistes français : « L'abus des apprentissages est que réellement l'objet n'est pas rempli », c'est-à-dire que le jeune n'apprend pas pleinement le métier, situation qu'un examen pourrait à la fois mesurer et (à terme) corriger. Dans les communautés de teinturiers ancrées dans le ressort du parlement normand, les gardes sont sommés de faire passer une épreuve, dite une « expérience, aux apprentis en fin de parcours pour déterminer s'ils ont les compétences pour être inscrits dans le livre des compagnons, les admettant à travailler avec une recommandation où ils veulent. Si « l'expérience se trouve défectueuse, l'aprenti sera renvoïé chez son Maître pour y continuer son apprentissage pendant un an ; après lequel, si son expérience n'a pas plus de succès, il sera réputé incapable de parvenir au compagnonnage ». À Douai, la communauté du grand et bon teint impose « une expérience de la teinture » avec les mêmes conditions qu'en Normandie, pimentées d'une petite suggestion : le maître de l'apprenti recalé devrait en porter une part de responsabilité. Selon la constitution de la Grande Fabrique à Lyon, au bout de son temps, l'apprenti subira un « examen » – la fabrication d'une aune d'une

de la candidature à la maîtrise pour administrer un « examen » au maçon et entrepreneur, épreuve traduite au XVIIIe siècle par le chef-d'œuvre et « le trait à dessiner ». *Encyclopédie méthodique. Jurisprudence*, t. 4, Paris, Panckoucke, 1785, p. 655. Les charpentiers parisiens ne font pas subir d'examen aux apprentis-devenant-compagnons, mais en imposent un aux compagnons prêts à briguer la maîtrise. Un candidat doit servir trois mois chez un juré et réussir un examen « sur le trait géométrique ». C'est seulement après avoir été « jugé capable par les jurés » qu'il a le droit de tenter le chef-d'œuvre. *Encyclopédie méthodique. Arts et métiers mécaniques*, t. 1, Paris, Panckoucke, 1782, p. 589. Après l'apprentissage, la grande majorité des communautés s'intéresse plus « à la vie et mœurs » des compagnons qu'à leur niveau de compétence. *Statuts, ordonnances et règlemens de la communauté des maîtres passementiers-boutonniers-enjoliveurs de Paris*, Paris, Bouillerot, 1717, p. 1-2. Quant au livret, au XIXe siècle, sujet secondaire dans l'apprentissage, dans une « visite » faite dans le XIe arrondissement, sur 213 apprentis, très dispersés, 92 ont un livret. *Bulletin de la Société de protection des apprentis* (1880), p. 185. La Cour de cassation (février 1839) décide que le livret ne s'applique pas aux apprentis. Cependant, la loi de 1874, renouvelle l'utilisation du livret. Julien Hayem, bon connaisseur du sujet, remarque que « dans la pratique, beaucoup d'apprentis font usage des livrets ». Julien Hayem, *Étude sur l'apprentissage dans l'antiquité et dans les temps modernes au triple point de vue historique, législatif et judiciaire*, dans *Dictionnaire de l'industrie*, Paris, C. Maréchal, 1879, p. 16. Le juriste Paul Merlet maintient que le congé, au moins pendant la deuxième moitié du XIXe siècle, n'a plus « le rôle protecteur qu'on attendait de lui » : méprisé par le maître, utilisé à minima par l'apprenti, silencieux sur la capacité du futur ouvrier. Paul Merlet, *Les Lois sur l'apprentissage et leurs conséquences économiques et sociales*, Paris, Jouve, 1912, p. 75-76.

étoffe pleine ou façonnée – conduit par le bureau pour déterminer s'il a « la capacité » de passer compagnon ; en cas d'échec, l'apprentissage est prolongé d'office de six mois[48].

À Paris, le maître d'apprentissage dans la teinture doit conduire l'examen en présence des jurés huit jours après la fin de l'apprentissage. Hubert Visse, âgé de dix-huit ans, futur apprenti fabricant en étoffes d'or et d'argent, signe un brevet qui annonce d'emblée que son maître lui fera « faire dans la dernière année du présent brevet dans le bureau de ladite communauté une aulne sur chacun des quatre draps ordinaires et accoutumés », formule qui reprend quasiment mot à mot la clause dans la constitution communautaire qui, par ailleurs, n'indique pas de sanctions en cas d'échec. Des statuts des fabricants de bas soumettent l'apprenti à un examen, en rappelant qu'un maître qui ne fait pas « du moins 50 draps par an » n'a pas le droit de former des jeunes, garantie minimum de sa compétence. Les couvreurs de Paris font faire « une expérience » à leurs apprentis au bout de trois ans pour mesurer leur capacité. Les chaudronniers du même lieu organisent, eux aussi, une évaluation pour voir si les apprentis et les compagnons « sont en état de travailler & de faire de bons ouvrages », mais elle paraît intervenir au cours du compagnonnage. La plupart des corporations attendent le chef-d'œuvre – dont le sérieux est assez souvent contesté – pour jauger la solidité professionnelle du candidat à la maîtrise. Elles considèrent que le brevet signé est suffisant pour que l'apprenti achevé, chrysalide d'office, puisse gagner sa vie. Certains maîtres attentionnés, comme un tanneur de Nantes au début du XVIIIe siècle, prennent la peine d'ajouter au brevet quelques mots d'appréciation personnelle : il est « content et satisfait » de son apprenti qui « a bien et fidellement servy et travaillé au métier de tanneur »[49].

---

48. François Veron de Forbonnais, *Éléments du commerce*, première partie, Leyde, Briasson *et alii*, 1754 ; règlement du Roy, 15 janvier 1737, *Recueil des édits, déclarations, lettres patentes, arrêts et règlemens du Roy registrés en la Cour du Parlement de Normandie*, p. 535 ; *Recueil des édits, déclarations, lettres patentes, arrêts et règlemens du Roy registrés au Parlement de Flandres*, t. 5, p. 675 ; *Les Règlemens des manufactures et teintures des étoffes qui se fabriquent dans le royaume*, p. 75-76 ; *Règlement pour la juridiction des procèz et différents concernant les manufactures, vérifiés en Parlement du 13 aoust 1669*, Tours, P. Masson, 1707, p. 84 ; *Recueil des règlemens généraux et particuliers concernant les manufactures et fabriques du Royaume*, t. 4, p. 435, 438 ; *Arrêt du conseil qui ordonne l'exécution des statuts et règlemens pour les fabriques de Lyon, communauté des maîtres marchands et maîtres ouvriers à façon en étoffes d'or, d'argent et de soie*, 19 juin 1744, p. 17-29.

49. AN MC, X-495, 7 mars 1751 ; *Statuts du corps des marchands fabriquants de draps d'or, d'argent et de soie*, p. 80-81 ; *Recueil des règlemens généraux et particuliers concernant les*

L'ATTAQUE CONTRE L'APPRENTISSAGE : AUX ORIGINES DU LIBÉRALISME DU XIXe SIÈCLE

Vu du XIXe siècle, le libéralisme plus ou moins hégémonique est une idéologie cristallisée dans le creuset de la Révolution française. Si on y regarde de plus près, on s'aperçoit que, tout en préparant le démarrage d'un nouveau capitalisme, musclé et industriel, il a des racines profondes dans l'Ancien Régime, à l'époque des Lumières économiques. Fondé sur des prétentions scientifiques revendiquées, mêlant observations et déductions et avançant diverses hypothèses déclarées vérifiables ou simplement « évidentes », enracinées dans la nature et ses lois, ce libéralisme est une façon de gouverner, un programme de dérégulation tous azimuts associant proscriptions explicites et prescriptions tacites, qui devient à sa manière un système de régulation en filigrane. Fortement théorisé, habité par la tentation métaphysique, le libéralisme s'est toutefois forgé dans la lutte politique où le tangible l'emporte sur l'abstrait, même si son engagement avec le réel est brouillé par de puissants présupposés. Il est le produit de deux grands combats pour mettre fin au monde corseté de restrictions et de règlements : d'abord, celui pour la libération du commerce des grains et la fin du contrat social des subsistances, une rupture

---

manufactures et fabriques du Royaume, t. 1, p. 296 et t. 2, p. 465 ; *Dictionnaire portatif du commerce*, p. 225, 251 ; *Recueil des statuts, lettres patentes, édits, déclarations du Roy au profit de la communauté des maîtres et marchands chaudronniers de Paris*, éd. Toussaint Joseph Charlot, Paris, Veuve Lamesle, 1750, p. 76-77 ; étude Lebreton, 14 décembre 1704, AD Loire-Atlantique, E II 1502. À l'étranger, à certains moments, l'examen en fin d'apprentissage ne paraît pas avoir été rare, par exemple en Angleterre ou à Madrid (où il revient fin XVIIIe après une éclipse le siècle précédent). Cependant, dans les États allemands il est limité à quelques métiers tels les orfèvres et fabricants de certaines étoffes, et à Venise, notamment chez les miroitiers. Jonathan F. Scott, *Historical Essay on Apprenticeship and Vocational Education*, Ann Arbor, MI, Ann Arbor Press, 1911, p. 56-57 ; Victoria López Barahona et José Antolin Nieto Sánchez, « Artisanal Apprenticeship in Early Modern Madrid », dans M. Prak et P. Wallis (dir.), *Apprenticeship in Early Modern Europe*, p. 50 ; G. Stöger et R. Reith, « Actors and Practices of German Apprenticeship », dans *ibid.*, p. 161 ; G. Colavizza, R. Cella et A. Bellavitis, « Apprenticeship in Early Modern Venice », dans *ibid.*, p. 112. Cf. le rite de passage (cérémonie *dwow*), marqué par la bénédiction du maître et un échange de dons (prestation du côté de l'apprenti fixée en fonction de ce qu'il a appris), qui remplace en quelque sorte l'examen chez les tisserands de Sénégal. Roy M. Dilley, « Secrets and Skills: Apprenticeship among Tukolor Weavers », dans Michael W. Coy (dir.), *Apprenticeship: From Theory to Method and Back Again*, Albany, State University of New York Press, 1989, p. 192. Voir un autre contexte d'apprentissage où la manifestation de loyauté compte au moins autant que l'affirmation de compétence, et où le bizutage sert d'une sorte d'examen d'initiation : Jack Haas, « The Process of Apprenticeship: Ritual Ordeal and the Adoption of a Cloak of Competence », dans *ibid.*, p. 87-92.

dramatique qui modifie foncièrement la nature de la royauté, la relation entre État et société et le jeu du marché (l'économique désormais désencastré du social) ; ensuite, celui de l'abolition des communautés d'arts et métiers, incarnation-type des corporations, structures structurantes de l'Ancien Régime, éléments de « la constitution politique et sociale » : attaquer les corporations revenait à contester l'ordre social et politique tout entier. Philosophes, grands commis d'État, magistrats, clercs, commerçants et même laboureurs se retrouvent, engagés inégalement, au sein d'un lobby libéral, davantage groupe de pression que véritable mouvement, pour mener plusieurs farouches campagnes de propagande, une critique virulente de la « police », c'est-à-dire des mécanismes de régulation qui régissaient chaque domaine (grains/subsistances et corporations/travail), à la fois voisins et distincts dans leurs dispositifs, mais intimement intriqués dans leurs finalités stratégiques. Puisqu'il était une des pierres angulaires du système corporatiste qui nous intéresse ici, et un emblème notoire de ses prétendus abus, l'apprentissage est la cible d'un réquisitoire impitoyable, et fréquemment fort éloigné de la réalité des pratiques.

L'attaque est menée en premier lieu par le chef de file de la ligne libérale non physiocratique, âme d'un « cercle » de talentueux polémistes, mentor de Turgot, Jacques Claude Vincent de Gournay. S'appuyant sur sa double expérience de négociant international et d'intendant du commerce, il prône une politique globalement libérale, mais avec des nuances (il admire les *Navigation Acts*, d'inspiration protectionniste, et il ne préconise pas le désengagement de l'État de l'économie sur tous les fronts). Une économie se fiant au principe du marché, fondée sur une liberté et une concurrence quasi illimitées, s'autorégule. Suivant la célèbre formule « laissez faire, laissez passer », le système corporatiste, bastion de règlements, de « gênes » asphyxiantes, dont les effets délétères sont aggravés par la corruption endémique, n'a pas lieu d'être, car en refrénant l'économie et en excluant du monde du travail « des masses d'hommes » ainsi réduits à la précarité, voire à la misère, il mine l'intérêt national et le bien commun. Citant comme preuve les Anglais et les Hollandais (qu'il croit à tort délestés du poids des corporations), Gournay affirme que l'apprentissage formel est inutile là où le marché fonctionne bien ; formalisé, donc déjà en quelque sorte déformé, ce système de formation génère des « abus », il tend à l'exploitation et finit paradoxalement par rabaisser le niveau de compétence. Comme bien des libéraux en croisade, Gournay est parfois cavalier avec les faits : ainsi, il prétend que certains métiers pour lesquels les maîtres exigent dix ans d'apprentissage peuvent être appris en dix jours[50].

L'analyse de Gournay est reprise et affinée par son protégé Simon Clicquot de Blervache, qui entre dans les affaires de négoce familiales, tente sa chance dans la poésie, puis la magistrature, avant de devenir inspecteur des manufactures. Partant de l'idée que « le droit au travail » est « la propriété du peuple », son « patrimoine national », sa seule route vers une certaine sérénité quotidienne, Clicquot s'en prend à toutes les barrières à l'entrée, notamment à l'apprentissage. Excessivement « long » (jusqu'à douze ans, fantasme l'auteur) et « dur », il est aussi fiscalisé, sujet à des ponctions, autorisées et/ou illicites qui obèrent les familles sans garantir une formation correcte à l'enfant. « Que d'obstacles », écrit-il, « ces Reglemens n'opposent-ils aux pères de famille pour l'établissement de leurs enfans ? » Le statut de l'apprentissage est encore dégradé par les exceptions – « les privilèges » – accordées aux fils de maître, dispensés de l'embrigadement-standard (socialisation, bizutage, formation, exactions), favorisés dans l'ascension technique et financière vers la maîtrise allégée. Comme Figaro, Clicquot se demande si un accident de naissance « donne plus d'aptitude et de connoissances ». L'apprentissage est finalement une contrainte factice que le bon fonctionnement du marché rend superfétatoire et stérile (« où l'intérêt commande, il ne faut point de Loi »). Dans cette logique, à quoi bon nourrir le monstre réglementaire qu'est la corporation et le couple « barbare » qu'il engendre, l'apprentissage-compagnonnage ? Face à l'arbitrage implacable du consommateur, le patron n'embauchera que des ouvriers réellement capables (où et comment ils étaient formés l'indiffère souverainement) ou révélant sur-le-champ un potentiel technique et moral probant. Partageant l'antipathie de Gournay pour la réglementation, et pour l'apprentissage institutionnel (« entrave misérable »), Clicquot s'engage dans une sorte de subversion ouverte du système en siégeant au bureau royal du

50. S. L. Kaplan, *La Fin des corporations*, p. 24-29 ; Jacques Claude Vincent de Gournay, « Mémoire à la chambre de commerce de Lyon », fin 1752, AM Lyon, fols. 202-09 ; Anne-Robert-Jacques Turgot, *Éloge de Monsieur de Gournay*, dans *Oeuvres de Monsieur Turgot*, éd. Dupont de Nemours, t. 3, Paris, 1808, p. 328, 351n ; Takumi Tsuda, « Un économiste trahi, Vincent de Gournay (1712-1759) », dans T. Tsuda (éd.), *Traités sur le commerce de Josiah Child avec les Remarques inédites de Vincent de Gournay*, dans Economic Research Series, n° 20, The Institute of Economic Research, Hitotsubashi University, Tokyo, 1983, p. 462, 470-478. Cf. l'ouvrage classique de Gustave Schelle, *Vincent de Gournay*, Paris, Guillaumin et Cie, 1897, p. 89-93, 122-23, 222-24 ; et les recherches récentes de Loïc Charles, Frédéric Lefebvre et Christine Théré, *Le Cercle de Gournay. Savoirs économiques et pratiques administratives en France au milieu du XVIIIe siècle*, Paris, INED, 2011.

commerce, où il milite pour une réduction de la durée de l'apprentissage, la suppression des limites sur le nombre d'apprentis que peut accueillir chaque maître ou chaque communauté, et la simplification et la standardisation de l'itinéraire vers la maîtrise, trajet « d'iniquité » et de dilapidations[51].

Jean Auffray, lui aussi, passe vraisemblablement par le négoce avant de devenir écrivain prolifique, fortement lié aux économistes Pierre Samuel Dupont de Nemours et l'abbé Nicolas, et membre de trois académies provinciales. Il publie à Lyon en 1762 un essai entérinant chaleureusement les conclusions de Clicquot de Blervache, qu'il considère comme un appel à l'abolition. Le système corporatif saigne à blanc l'économie française et décourage toute initiative. Pareillement fourvoyé, l'État sanctifie des règlements sans lesquels il craint de voir la société incapable de fonctionner et de rester unie. En réalité, fait valoir Auffray, le ciment social le plus puissant, qui a en outre l'avantage d'être le catalyseur économique le plus dynamique, n'est autre que l'intérêt des individus libres et concurrents. Un acheteur ou une acheteuse choisissant au mieux de ses intérêts ne se soucie aucunement du brevet d'apprentissage ou du chef-d'œuvre menant à la maîtrise. Le marché éliminerait d'office les mauvais ouvriers : « Une comparaison [...] est plus puissante que tous les règlements. » Les corporations pèchent tout autant par manque d'humanité que par manque d'efficacité, selon Auffray, qui brosse un tableau beaucoup plus sombre – et ubuesque – que Clicquot : l'apprentissage, qui dure souvent une dizaine d'années, est une véritable « servitude », une « vie de forçat » se réduisant à un labeur « bas et vil ». Les clauses contractuelles visant à forcer les apprentis en fuite à retourner auprès du maître soulignent leur condition abjecte : « Ne croiroit-on pas être à Tunis ? » s'indigne l'auteur. L'apprentissage et le compagnonnage ensemble représentent « de vrais brigandages, des vols manifestes ». Les citoyens devraient être libres d'apprendre le métier de leur choix de la façon qui leur convient[52].

Descendant d'une vénérable famille normande de hauts magistrats, président des requêtes au parlement de Rouen, Bigot de Sainte-Croix fait partie du nombre croissant de membres de l'élite sociale et

51. Simon Clicquot de Blervache, *Considérations sur le commerce et, en particulier, sur les compagnies, sociétés et maîtrises*, Amsterdam [Paris, P. Guillyn], 1758 ; S. L. Kaplan, *La Fin des corporations*, p. 29-36.

52. Jean Auffray, *Idées patriotiques sur la nécessité de rendre la liberté au commerce*, Lyon, Louis Cutty, 1762.

intellectuelle de province désireux d'embrasser la cause libérale. Composé en 1767, son *Essai sur la liberté du commerce et de l'industrie* (ou *Essai sur les abus de privilège exclusif*), exigeant le démantèlement du système corporatiste, reste plus ou moins confidentiel jusqu'en 1775, date à laquelle il est publié par la presse physiocratique afin de préparer l'opinion aux réformes dramatiques de Turgot. Considéré comme un membre « orthodoxe » de l'école de Quesnay, auteur en 1768-69, lors d'une crise socioéconomique aiguë provoquée par le grand tournant libéral de 1763-64, d'un tranchant *Avis du parlement de Dauphiné, en faveur d'une liberté absolue dans le commerce des grains*, Bigot fait le pont entre les deux grandes questions de politique publique de l'époque, les grains et le travail, et entre les deux moments sismiques de la première et de la seconde libéralisation. Prônant « l'ordre naturel » cher aux physiocrates, Bigot adopte la vision d'ensemble de Clicquot, empruntant souvent ses exemples directement au texte de son prédécesseur[53]. À l'instar de ce dernier, son message politique consiste à sommer l'État de quitter des sphères où il n'a pas sa place. Denses, invasifs, souvent tyranniques, parfois sibyllins, les règlements, qui justifient le monopole et ses privilèges pernicieux et exclusifs, nient l'inviolable droit naturel au travail, bloquent les échanges, étouffent la créativité et, ce faisant, paralysent l'économie et affaiblissent l'État. Le refrain est familier : la liberté doit être totale (« sans entraves »), l'intérêt doit dicter le comportement de chaque acteur (individu plutôt que collectif), le gouvernement doit rester « indifférent » à la qualité du travail et des marchandises (« n'est-ce donc pas toujours aux consommateurs à faire la loi ? ») et « la concurrence doit suppléer à toutes les précautions des règlemens » : elle fixe les (« justes ») prix, distribue loyalement les matières premières, ouvre le jeu à tout le monde, récompense le talent, garantit la bonne foi. Inexorablement, le libéralisme est choquant : il décrie des valeurs traditionnelles, il disqualifie des pratiques habituelles, il se moque des attentes ancrées dans la nuit des temps au nom d'un grand soir émancipateur. En soutenant avec insistance que « l'ouvrier doit avoir la liberté de faire mal », Bigot charge la barque, même dans ce climat fébrile.

Dans l'apprentissage, le magistrat diagnostique un tissu « d'abus révoltants », sans élaborer au-delà de l'extorsion de fonds et de la

53. Nous avons utilisé l'édition de 1775 de l'essai de Bigot, reproduit sous le titre *Traité de la liberté générale du commerce et de l'industrie*, dans *Encyclopédie méthodique. Commerce*, t. 76, Paris, Panckoucke, 1783, p. 760-97.

longueur insoutenable, jusqu'à dix ans, affirme-t-il. Couplé avec la phase de compagnonnage (« servitude » encore plus diabolique, accompagnée souvent par le célibat forcé à vie et la dissipation), l'apprentissage est « le plus grand obstacle aux progrès des arts et du commerce ». La formation, tout comme l'embauche d'un adolescent, est une affaire commerciale et personnelle : elle n'a pas de dimension institutionnelle, publique ou morale. Elle dépend du jeu des intérêts individuels (« voulez-vous que les hommes soient justes et honnêtes ? Faites qu'ils aient intérêt de l'être »). Le patron déterminera sa stratégie en fonction des données du marché : former sur place, n'intégrer que des jeunes déjà expérimentés, affecter le candidat à des tâches parcellaires dès le début, etc. On doit supposer qu'il ne lui fera pas mal, pour reprendre le vocable de Bigot, qui reconnaît pourtant l'existence de maîtres cruels. Le remède au joug du corporatisme est son abolition. Si Bigot croit que la liberté elle-même est un instrument de régulation, il prévoit, comme Turgot, un mécanisme de renfort, en l'occurrence des « associations », sous la surveillance de la police. Quant à l'apprentissage, il « n'en subsistera pas moins de fait », régi désormais par les lois du marché[54].

LA ROUTE VERS LA DÉRÉGULATION PASSE PAR LA CHINE

En 1768, à l'instigation du ministère L'Averdy, paraît une fable d'intention clairement didactique et édifiante, écrite avec une grande imagination créatrice et une ironie mordante : cette odyssée cochinchinoise de *Chinki* est l'œuvre de l'abbé Gabriel-François Coyer, brièvement jésuite, écrivain fécond et candidat perpétuel à l'Académie française, philosophe surtout connu pour sa féroce critique de l'oisiveté de la noblesse et pour son projet de réforme de l'instruction. *Chinki* est un conte allégorique : la Chine, ce royaume de l'absurde et du non-sens économique, c'est bien évidemment la France[55].

54. Les libéraux ont du mal à accepter l'idée qu'ils ne renoncent pas à la régulation tout en vomissant les règlements. D'où la remarque de Bigot (Turgot prêtait-il l'oreille ?) : « Pourquoi le même édit qui supprimera les statuts des communautés, ne prononceroit-il pas l'abrogation de tous les règlemens ? » *Traité de la liberté générale*, p. 783.

55. Pour tout ce qui suit concernant le parcours de Chinki : abbé G.-F. Coyer, *Chinki : histoire cochinchinoise qui peut servir à d'autres pays*, Londres, 1768. Cf. Leonard Adams, *Coyer and the Enlightenment* dans *Studies on Voltaire and the Eighteenth Century*, éd. Theodore Besterman, t. 123, Oxfordshire, The Voltaire Foundation, 1974. Sur la commande de l'œuvre, voir G. Schelle, *Vincent de Gournay*, p. 247, et Georges Weurlesse, *Le Mouvement physiocratique en France de 1756 à 1770*, 2 vol., t. 1, Paris, F. Alcan, 1910, p. 167-168, 195. Parmi les œuvres les plus importantes de Coyer, citons *La Noblesse commerçante*, Londres, et Paris, Duchesne,

Nanti d'une famille nombreuse (pas moins de 24 enfants) et disposant, de ce fait, de ressources limitées, en dépit de sa relative aisance de laboureur (type de paysan souvent cossu), Chinki se rend en ville dans l'espoir de placer son fils aîné, et accessoirement la plus âgée de ses filles, en qualité d'apprentis, afin d'augmenter leurs chances de gagner leur vie. Il est consterné de se heurter à toutes sortes de barrières qui paraissent grotesquement contraires aux intuitions fondées sur le calcul tout simple auquel il s'est livré, en tant que citoyen raisonnant en termes de coûts et de bénéfices. À chaque pas, il découvre une absence criante de bon sens et de justice élémentaire dans l'organisation du travail. Incapable d'accepter l'idée que tout le monde adhère à des pratiques si inéquitables et irrationnelles, Chinki persévère dans sa quête. Pour finir, cependant, force lui est d'en venir à la conclusion que le défaut est inhérent au système et que le corps social tout entier doit être purgé. Il rentre chez lui, à la fois écœuré et éclairé.

Coyer dénonce tout d'abord le carcan de règlements tentaculaires qui enserrent les arts et métiers, étouffent l'initiative, limitent les choix et gonflent les coûts. « Encore des réglemens, dit Chinki, ne pourrai-je découvrir un Art où il n'y en ait point ? » Ce ne sont partout que contrôles et contraintes, espions et inquisition. Les corporations singent les pratiques policières de l'État, implicitement condamnées.

1756 et *Plan d'éducation publique*, Paris, Duchesne, 1770. Coyer connaît-il un autre abbé, écrivain prolifique (romans, histoires, géographies, histoires naturelles, sermons, etc.), Claude-François Lambert, qui a parodié l'apprentissage en 1750, soulignant non seulement son inutilité, mais aussi sa cruauté, leitmotiv libéral ? Date : vers 1450 ; lieu (mytho-ethnographique) : Bergen, Bordeaux du Nord, célèbre pour son négoce, attirant des jeunes aspirants à devenir marchands, riches et puissants, mais obligés de passer par un apprentissage de huit ans « si dur & si cruel, qu'à peine pourroit-on trouver des exemples dans le paganisme ». Il consiste, entre autres choses, en trois étapes-clés. 1. Le jeu de l'eau : Mis à nu et attaché à une corde, le novice est jeté dans la mer où il doit plonger trois fois par-dessous un vaisseau ; retiré de l'eau, « on le faisoit fouetter par quatre estafiers jusqu'à ce qu'il fût tout en sang ». 2. Le jeu de la fumée : « On pendoit le jeune Apprentif pendant une demi-heure à la cheminée, sous laquelle on faisoit un feu de poil, d'arrêtes de poisson & d'autres matières puantes. » Quasiment « suffoqué », on descendait « ce pauvre misérable » et « le fustigeoit de nouveau jusqu'à ce qu'il fût tout en sang ». 3. Le jeu du fouet : Au milieu d'une grande foule, des gens masqués dansaient autour de l'apprenti encore une fois déshabillé, puis quatre hommes travestis en moines, chacun maniant une gaule, le battaient impitoyablement. « Pour que personne ne fût attendri par les lamentations » du jeune, on faisait retentir le son des timbales et des trompettes. Après avoir passé ces trois examens *huit fois*, l'apprenti est reçu membre de la Société des Marchands. Pourtant, « la plupart de ceux qui souhaitoient faire leur apprentissage à Bergen étoient obligés d'y renoncer, par la crainte qu'ils avoient de ne pouvoir soutenir cette espece de martyre ; & c'est précisément ce que la Compagnie avoit en vuë ». Terrible caricature de l'âge d'or du corporatisme pré-moderne. C.-F. Lambert, *Histoire générale, civile, naturelle, politique et religieuse de tous les peuples du monde*, t. 1, Paris, Prault fils, 1750, p. 292-95.

Or, pour Coyer, comme pour tous les Gournayiens, c'est le client qui doit régner, c'est au marché et à lui seul de fixer ce qui est bon, utile et désirable : « L'ouvrier qui fera mal en sera puni par le rebut de ses ouvrages », tout bonnement. Parle-t-on de carrière ? L'apprentissage fait moins figure d'initiation que d'obstruction, laquelle devient, si on la surmonte, un tourment prolongé. D'abord, il n'est pas facile de trouver une place d'apprenti, en partie parce que les corporations réduisent presque toujours à un seul le nombre d'apprentis qu'un maître peut accueillir pendant une période donnée, mais aussi parce qu'elles fixent une limite au nombre d'apprentis que la communauté entière est habilitée à former au cours d'une même année. Dans l'un et l'autre cas, fait remarquer Coyer, les intérêts du futur travailleur et de sa famille, et en dernier ressort ceux du public, sont sacrifiés aux besoins étriqués et égoïstes du monopole. Chinki croit avoir découvert un habile tailleur à qui confier son fils :

> Heureux Maître, rendez mon fils aussi habile que vous… J'ai déjà un apprentif, vous le voyez… Qu'importe ? vous les formerez ensemble. Votre peine n'en sera guère plus grande… S'il importe ! payerez-vous cent taels d'amende pour moi, qui serai obligé outre cela de vous rendre votre fils ? Un seul apprentif ; tel est le règlement. Cela ne peut pas être, reprit Chinki ; vos règlemens dérègleroient le bon-sens. N'est-il pas du bien public de multiplier, autant qu'il est possible, les hommes occupés ?

Contrarié encore une fois dans ses espoirs, Chinki s'aventure dans l'atelier d'un potier afin d'acheter un pot où cuire son riz. Impressionné par l'adresse de l'artisan, il s'enquiert des possibilités de placer son fils en apprentissage chez lui. Le potier reconnaît volontiers qu'un tel arrangement lui serait profitable, ainsi qu'au jeune garçon, « mais, [ajoute-t-il] nous avons un statut qui défend de dresser plus de dix apprentifs par an. J'ai eu mon tour ». Tenace, Chinki annonce son intention de sonder un des collègues du potier. Ne vous donnez pas cette peine, lui est-il répondu, le quota est atteint. « Il faut s'en tenir au règlement. » Chinki repart en se disant : « Celui qui a réglé les pots raisonnait comme une cruche. »

« Dieu soit loué », s'exclame-t-il bientôt en faisant la connaissance d'un bonnetier disposé à engager son fils. Cependant, même si l'on parvient à trouver une place, il n'est pas sûr, les conditions étant ce qu'elles sont, que l'apprentissage soit un itinéraire valable et raisonnable :

> Mon fils saura donc faire des bonnets dans un an ou deux, au plus... Non, l'apprentissage est de quatre ans... Eh bien ! soit ; dans quatre ans il sera Maître ?... Pas encore, il faut, outre cela, six ans de compagnonnage. Y pensez-vous ? dit Chinki. Dix ans pour être Maître dans l'Art des bonnets ! Celui qui a fait le règlement du bonnet n'avoit point de tête. Naru [c'est son fils], tu ne feras pas de bonnets.

Qu'il s'en aille plutôt fabriquer des barriques, suggère le bonnetier ; or dans cette branche, l'apprentissage est de sept ans, sans même compter le compagnonnage. « Il n'en faudroit pas tant », réplique Chinki, « pour apprendre à construire un Vaisseau ». Un système sensé prévoirait une période relativement souple, ne durant que le temps nécessaire au jeune homme pour apprendre son métier, solution que tous les Chinki du monde accueilleraient avec beaucoup plus d'ardeur que les maîtres, même ceux qui sont totalement tournés vers le marché, lesquels exigent quand même un certain temps de travail en contrepartie des enseignements qu'ils dispensent.

Chinki apprend que la voie de la maîtrise n'est pas seulement longue et tortueuse, mais aussi fort onéreuse. Il est scandalisé de s'entendre dire qu'il faudra compter 900 taels – en d'autres mots 900 livres – pour apprendre à tailler le verre et pour avoir le droit de le faire. « Je vois que l'ouvrier habile, mais pauvre, ne peut sortir de l'indigence, et que l'ouvrier ignorant, mais assez aisé pour acheter une maîtrise, peut s'enrichir. » Cette situation reflète à la fois l'injustice et une politique myope. Chinki n'a pas les moyens de payer un tel prix. Plus loin dans le conte, Chinki, répartissant de façon plus détaillée les coûts entre diverses sous-catégories (parmi lesquelles il inclut une imaginaire « imposition annuelle sur les apprentifs et compagnons », mais ne tient pas compte des pots-de-vin qui figuraient souvent dans le tableau), en arrive au total de 1 400 taels, lequel est encore plus nettement hors de sa portée.

Autre dépense qui n'est pas comprise dans ces calculs pour l'apprentissage : ce qu'il en coûte pour la prochaine étape vers l'intégration communautaire, l'exécution du chef-d'œuvre – ou pour ne pas avoir à l'exécuter. Coyer en fait une des pratiques courantes des corporations hypocrites et corrompues. Dans la communauté des doreurs, un fils de maître, normalement tenu de ne présenter qu'une ébauche d'ouvrage-test, trouve le moyen de ne payer que la bagatelle de 30 taels, alors qu'un vernisseur, apprenti breveté sans relations, doit régler trois fois plus pour obtenir une dispense. Avec son ingénuité coutumière, et non sans l'aide de quelques distorsions et exagérations que peu de lecteurs auront détectées, Chinki dénonce la piètre moralité des communautés, surchargées d'inutiles règlements et vérifications, mais en même temps toujours prêtes à faire des exceptions en faveur de ceux qui peuvent payer comptant. « Si le chef-d'œuvre est utile, l'argent ne sçauroit le remplacer ; s'il est superflu dans les Arts purement méchaniques, comme je le pense, pourquoi l'exiger ? »

Inévitablement, Chinki, après avoir étudié le système de recrutement des corporations, conclut qu'il est éminemment discriminatoire et de ce fait aussi inacceptable (puisque injuste) que déroutant (en raison de son irrationalité économique). Encore une fois, Coyer entremêle les faits avérés et la caricature, mais d'une façon extrêmement plausible. Bien que le recrutement de la communauté des boulangers soit grand ouvert, surtout après 1750, l'auteur brosse un petit tableau pour peindre la prétendue arrogance dynastique et l'insularité de l'univers incestueux des communautés :

> Maître, dit Chinki à un Boulanger, je vous amène un apprentif, si vous voulez le recevoir… Est-il fils de Maître ?… Oui, de Maître Laboureur, vous voyez son père… Bonhomme, reprit le Boulanger, apprenez que votre fils, après son apprentissage, fût-il aussi habile que moi, ne sera pas reçu à la Maîtrise, n'étant pas fils de Maître Boulanger. Si au moins il étoit fils de compagnon, on pourroit l'avancer ; tel est le règlement. Je croiois, dit Chinki, qu'on jugeoit l'ouvrier par l'ouvrage ; et non par la naissance. Le fils d'un Maître hérite-t-il de l'habileté du père ? Le mien ne fera pas Boulanger.

Comme de nombreux Français « du peuple » (dont Coyer théorise la condition ailleurs), Chinki est tenté un instant par des chemins parallèles à l'organisation corporatiste, trajectoires alternatives débouchant sur un champ de travail plus ou moins ouvert et stable. Il n'est pas surprenant qu'il réserve cette voie secondaire – empruntée autant par des hommes que des femmes – à sa fille, qui ne saurait trouver avant 1776 beaucoup d'opportunités dans l'univers hyper-masculin des corporations. Envisageant la possibilité de placer sa fille auprès d'une brodeuse elle-même « sans-qualité » – sans papiers, sans légitimité, mais pas forcément sans habileté – qui paie un maître pour avoir le droit d'utiliser son nom, Chinki demande si la petite, une fois prête à se mettre à son compte, sera en mesure d'opérer « non au grand jour, comme vous, mais dans l'obscurité, en se contentant de petits profits ». Sa fille, apprend-il, pourra se hasarder à suivre cette voie, mais elle courra à tout moment le risque de voir les jurés de la corporation saisir tous ses outils et sa marchandise, ce qui lui coûtera plus en une seule journée qu'elle ne pourrait gagner au prix de plusieurs années de travail.

Dans la logique de l'apologue, la théorisation doctrinale cède le pas à l'appréciation du sens commun. Au bout du compte, pour Coyer, les remèdes sont tout trouvés. Il faut abolir les maîtrises et « qu'il n'y eût plus de Maîtres que les bons ouvriers », selon l'idéal libéral. Ainsi, « toutes les formalités, les longueurs, la perte du tems, les vexations intéressées d'apprentissage et de compagnonnage » disparaîtraient. Dorénavant, la « qualité » ne pourrait être acquise que grâce à la dextérité et à la réussite commerciale : la préférence héréditaire cesserait d'exister, de même que la discrimination fondée sur les rites de passage institutionnels. Étant donné que les fabricants de toutes sortes jouiraient de « la plus grande liberté » et que les consommateurs exerceraient une totale souveraineté en décidant ce qu'ils voudraient acheter et à quel prix, les amendes corporatives (voire de police) et les confiscations n'auraient plus leur place. Les corporations se métamorphoseraient en « simples associations, en forme de recensement, sans blesser en aucune façon la liberté la plus entière ». Derrière ces supposées anecdotes et évaluations qui fondent l'offensive anticorporatiste et qu'illustrent à leur manière les mésaventures de Chinki, on retrouve les lignes de force de la pensée libérale des Lumières, reprise par certains révolutionnaires, puis codifiée et intériorisée au XIXe siècle.

LA LIBERTÉ FRAPPE ; OU GENÈSE D'UN AUTRE MODE DE RÉGULATION

En février 1776, Turgot, contrôleur général du royaume, dont le ministère préside aux affaires économiques et sociales, fait promulguer un édit abolissant les communautés d'arts et métiers. Il s'agit d'une des mesures les plus radicales osées avant la Révolution, une transformation de la France au nom des lois de la nature, dont les deux principales sont la liberté et la propriété. « C'est, après la liberté du commerce des grains, un des plus grands pas qu'ait à faire l'administration vers l'amélioration, ou plutôt la régénération du Royaume », explique Turgot à Louis XVI. Aux yeux de ce ministre, la société française est dans une large mesure gangrenée et paralysée parce que son organisation est mauvaise (c'est-à-dire incorrecte). Le modèle corporatif, inféré de la grande chaîne (métaphorique et quasi institutionnelle), contrevient en effet aux lois de la nature, qui sont antérieures à toutes les formes d'arrangement social et politique. Il touche toute la France, mais dans son application quotidienne vise en particulier le monde du travail urbain. En leur conférant un rang, une voix, un privilège et un capital culturel, en les contraignant au moyen de règlements et de devoirs, en les situant hiérarchiquement, l'incorporation donne aux maîtres une « constitution » sociale et politique, en même temps qu'une licence professionnelle. S'en prendre aux corporations revient donc à contester l'ordre social et politique tout entier. Cibler la suppression brusque et intégrale des communautés d'arts et métiers, c'est détruire l'outil principal de régulation du monde du travail, pilier du système global, et c'est mettre ce monde à l'envers, privant les maîtres de leur statut et de leur autorité sociale et les vouant désormais à « errer dans le vide », à vivre dans l'anomie de « l'isolement », à ne plus savoir comment se représenter et se faire représenter.

Deux contemporains commentent ce que j'ai appelé « le carnaval de Turgot ». Le premier, ravi de la nouvelle de la fin des corporations, populaire et sans doute apocryphe, mais qui exprime une position tout à fait crédible :

J'abolis les Brevets, bannis les exacteurs,
Plus de maîtres à Cythère,
Plus d'inconstans jurés, plus de jurés trompeurs ;
Tout ce que je fais, moi, chacun le pourra faire,
Sans gêne, sans contradicteurs
Trompera qui voudra ; liberté toute entière.

Louis Petit de Bachaumont, dans ses *Mémoires secrets*, présente le second, le prince de Conti, corporatiste convaincu. Lors d'une réception chez lui au moment même de la promulgation de l'édit de Turgot, un chien parut soudain dans le salon.

> [Il] fit ses ordures en présence de Son Altesse sérénissime, et sans aucun respect pour l'auguste compagnie. Un huissier vint le battre, le chasser à coups de baguettes. « Arrêtez, lui dit le Prince, liberté, liberté tout entière », persiflant ce mot favori des économistes, leur secte et leur système[56].

56. Louis Petit de Bachaumont, *Mémoires secrets pour servir à l'histoire de la république des lettres*, t. 9, Londres, John Adamson, 1780, p. 45 (18 février 1776) ; « La réforme de l'amour, épître à Zirphe », citée par François Métra, *Correspondance secrète, politique et littéraire en France depuis la mort de Louis XV*, t. 3, Londres, 1787-90, p. 116 (1er juin 1776).

L'avènement du libéralisme n'est pas la fin de la régulation. Annoncer la fin de l'intervention étatique permanente n'est pas renoncer à administrer (ce n'est même pas la fin de l'intervention, dorénavant étiquetée autrement). Le libéralisme est une manière de gouverner, nonobstant son affectation de distanciation flegmatique nonchalante. Même les ultras, tel Turgot, reconnaissent que la régulation ne peut pas se réduire à un laisser-faire déchaîné, ne peut pas être sous-traitée complètement à l'ingéniosité dynamique du marché. Ainsi, sur des bases territoriales plutôt que professionnelles, mais sans engendrer une nouvelle cogestion, les arts, métiers et commerces seront recensés et surveillés ; certains d'entre eux, particulièrement sensibles, demeureront carrément réglementés (pharmacie, orfèvrerie, boulangerie, par exemple). Le marché du travail n'échappera pas à des contrôles vigilants, voire inquisitoriaux : les libéraux ne sont pas moins motivés que les réglementaristes à assurer « l'autorité domestique des maîtres » sur leur personnel. Plus tard, Turgot regrettera de ne pas avoir disposé de cinq ans supplémentaires d'absolutisme pour achever la (dé-)construction libérale. Cependant, pour les maîtres, dans le très court terme, la métamorphose semble totale, le choc profond, un tremblement de terre inscrivant 10 sur l'échelle de Richter sociopolitique et psychologique. La joie de nombreux compagnons (et même de quelques apprentis) en apprenant leur « émancipation » est contrebalancée par le grand désarroi de milliers de communautés ébranlées par « cette apocalypse » et ce « changement de la constitution monarchique ».

Texte fondateur du libéralisme, le préambule de l'édit de février 1776 est une diatribe violente contre le corporatisme. Avec les communautés, Turgot abolit l'apprentissage, qu'il refuse de concevoir comme une pratique neutre, perverti ou corrompu par le corporatisme, dans lequel il est ingénument niché, digne ainsi de jouir d'une vie institutionnelle utile post-suppression. Expression de l'essence historique du corporatisme, l'apprentissage peut exister demain, mais sur un tout autre plan, en tant que processus libre et idiosyncrasique se déroulant selon les dispositions individuelles et les encouragements ou sanctions du marché, plutôt que comme l'instrument solennel et rigide d'un quelconque système officiel. En parlant de l'apprentissage qu'il souhaite annihiler, le ministre s'en indigne : il s'inspire de « l'esprit du monopole », qui exclut de la même façon arbitraire des femmes « des métiers les plus convenables à leur sexe ». Il asservit les jeunes pour des durées excessivement longues. La barbarie est telle « que dans un grand nombre de communautés, il suffit d'être marié pour être exclu de l'apprentissage ». Ce sont des dispositions « contraires à l'humanité et aux bonnes mœurs », des règlements « rédigés par l'avidité » dans des « temps d'ignorance ». Dans un monde composé demain « d'entrepreneurs » et « d'ouvriers » plutôt que de maîtres et de compagnons, les uns et les autres n'auront pas besoin des communautés pour trouver des solutions idoines à leurs problèmes. Les uns chercheront des formations sur les lieux du travail notoirement excellents et les autres ne recruteront pas « au hazard » des jeunes qui « gâteroient les marchandises et rebuteroient les acheteurs ». Turgot affirme ne pas « craindre » un instant que l'abolition des apprentissages (pas plus que du compagnonnage et du chef-d'œuvre) puisse « exposer le public à être mal servi ». L'assujettissement au capitalisme, suggère-t-il, sera plus doux et discret que la sujétion corporatiste[57].

Turgot tombe en disgrâce plusieurs mois après les célèbres six édits de février 1776, qui mobilisent une kyrielle d'adversaires, pas seulement les antilibéraux. Très rapidement, un édit du mois d'août annonce le « rétablissement » des corporations, formule extrêmement équivoque. Août ne fut pas ce retour en arrière escompté par certains corporatistes béatement optimistes ou revanchards. La couronne ne fait pas sortir les anciennes communautés du tombeau. Elle ne les délivre pas des graves accusations qui pesaient sur elles. Au contraire, le gouvernement est bien d'accord pour dire que le corporatisme d'hier a vécu. Il décide pourtant que l'abolition n'est pas la solution qui convient à ce problème complexe, délicat et extrêmement important, que ce soit du point de vue de l'État ou de celui de la société. La monarchie propose un corporatisme remanié qui conserve diverses caractéristiques de son prédécesseur, mais en abandonne beaucoup d'autres, ce qui transforme radicalement sa nature. Pour les maîtres aux quatre coins du royaume, la promulgation de l'édit d'août avec toutes ses ambiguïtés n'offre pas matière à réjouissances. À peine moins secoués par ce deuxième décret que par celui de février, beaucoup d'entre eux ne s'étaient pas encore résignés aux changements à la veille de la Révolution[58].

57. R. de Lespinasse, *Les Métiers et corporations*, t. 1, p. 165-75. Réaction corporatiste à la brutalité qu'ils prêtent au libéralisme de Turgot : « Quelle police pouvait être plus douce que celle des jurandes ? », demandent les magistrats du parlement de Paris ; « Est-ce la verge à la main qu'elle [la société française] donnera des leçons sur la liberté ? », interrogent les Six Corps. « Remontrances du parlement de Paris, 2-4 mars 1776 », dans J. Flammermont (éd.), *Remontrances*, t. 3, p. 310 ; « Réflexions des Six Corps », BnF, Collection Joly de Fleury 462, fols. 155-56.

58. Cf. la remarque concernant la période suivant l'édit de février 1776 formulée en 1789 par la communauté des fruitiers-orangers-grainiers (amalgame résultant d'un mariage forcé des

LE NOUVEAU CORPORATISME : VERS UNE RÉGULATION MODERNE ET RATIONNELLE, HARMONISÉE ET ALLÉGÉE

Fin 1776, il s'agit d'une rupture profonde dans une continuité relative, appliquée inégalement dans un grand pays qui demeure étonnamment balkanisé après un siècle et demi d'absolutisme affiché. Cette refondation est associée à l'anti-Turgot, le banquier genevois et philosophe devenu plus tard ministre de l'Économie, Jacques Necker, sévère critique d'un libéralisme intégral, auteur d'un célèbre *Éloge de Colbert*. Necker met en œuvre une réorganisation massive des corporations sur une échelle et dans un esprit assez proches de la vision d'extension corporative rêvée par le contrôleur général de Louis XIV. Soucieux d'assurer un développement économique ordonné, et convaincu, comme Colbert, que celui-ci découlerait le plus efficacement d'un mélange équilibré de régulation et de liberté, Necker envisage un système plus souple et moins pesant, plus équitable et pourtant moins contraignant que l'ancien, pluraliste, mais dans une logique essentiellement unitaire, menant vers une rationalisation et une standardisation que l'on peut qualifier, vu ses mobiles et ses moyens, de proto-bureaucratiques. Les corporations perdent une très grande partie de leur particularité, de leur identité, de leur enracinement traditionnel, de leur passé vivant, de leur vocation morale, de leur autonomie – avec certaines exceptions stratégiquement négociées. Désormais, théoriquement, structurellement, fonctionnellement – malgré la grande disparité de types de matières premières, de techniques, de marchés, de stock de capital, d'habitudes –, toutes les communautés sont pareilles.

En principe, le recrutement n'est plus jalousement sélectif, local et indépendant. Dans le rituel corporatiste d'antan, l'ascension à l'appartenance – la maîtrise – traduit une initiation et une socialisation spécifiques, un partage de secrets et de coutumes, un pedigree moral et parfois religieux vérifié, une transmission de savoir contrôlée, des prélèvements fluctuants, voire capricieux. Brutalement, tout cela passe à la trappe. À présent, sans ambages, la marchandisation remplace les rites ; l'argent devient le seul et unique prix de la maîtrise, apportant

corporations imposé par l'édit d'août), endeuillés et orphelins : « Mais quoique les maîtrises ayent été rétablies, le choc qu'elles avaient éprouvé était si grand qu'il en subsiste encore des traces. » « Mémoire au Roi et aux États-Généraux pour la communauté des maîtres fruitiers-orangers-grainiers », vers mai 1780, AN, B III 115.

une grande clarté en ce qui concerne les maîtres qui arrivent à partir de cette nouvelle loi, mais confusion pour les anciens membres, fractionnés en plusieurs catégories en fonction de leur volonté de payer divers droits de confirmation de statut. La communauté morale et fraternelle prend le même chemin que la grande chaîne, devenant le vestige rouillé et folklorique d'un autre temps. Geste encore plus iconoclaste : les corporations sont ouvertes aux femmes qui ne sont plus cantonnées à quelques communautés féminines ; les étrangers ne sont plus exclus, et même les juifs peuvent parfois y entrer. Donc, l'accès est bien plus facile sur le plan institutionnel et social, mais également financier, car les droits d'entrée sont simplifiés, purgés d'éléments abusifs et considérablement modérés.

La morphologie se transforme, tant sur le plan individuel que global : il y aura davantage de gens incorporés, mais moins de corporations, compression entreprise pour favoriser une organisation plus rationnelle, moins encombrante et coûteuse, plus facile à surveiller. Ainsi, Paris passe de plus d'une centaine à une cinquantaine de corps et communautés. Certaines professions, comme certaines zones territoriales économiquement peu actives, sont désincorporées ou laissées dehors, tandis que des métiers présentant dcs « analogies » entre eux (professions du bois, du cuir, des textiles, des métaux, de l'alimentation) sont réunis d'office, fusions contraintes, mélanges « tyranniques » de cultures et de pratiques que la majorité de maîtres ne pardonneront jamais et qui empêcheront bien des communautés de retrouver une cohésion. Enfin, pour mieux mobiliser les nouvelles communautés à des fins de régulation plus efficace, le gouvernement souhaite réduire leur capacité d'agir librement et/ou de résister. Souvent arènes d'une vie politique riche et houleuse, trahissant les limites de l'harmonie idéologiquement normative, les communautés à l'avenir n'auront plus le droit d'organiser leur gouvernance à leur manière, ni de débourser de l'argent à leur goût. À la place des assemblées de plusieurs types recrutant fréquemment dans toutes les classes de maîtres, l'édit impose un appareil oligarchique resserré de pilotage et un contrôle sur les dépenses.

L'édit d'août a un aspect paradoxal, un peu dans le style de Colbert. D'une part, pour la première fois, il devient possible d'envisager un maître ou une maîtresse indépendamment de sa communauté, accélérant le processus de séparation entre métier et corporation en lente gestation depuis un siècle. De l'autre, que l'on considère les nouvelles communautés d'après 1776 comme éviscérées ou simplement modernisées, l'État croit fermement qu'il ne peut pas atteindre ses objectifs de régulation en dehors du cadre néo-corporatiste. L'État considère les communautés – plus « maigres », plus homogènes, structurellement plus soumises – comme des mécanismes permettant de classifier et de surveiller, de recueillir des renseignements, d'extraire des ressources, de mobiliser les talents, de favoriser des collaborations à l'intérieur de communautés « réunies » et à travers des corporations disparates, et même des acteurs hors structure, en ville ou ailleurs, d'assurer une exigence qualitative tant pour les marchandises que pour les services, de promouvoir la communication vers le public en autorisant la publicité et de nouveaux espaces de commercialisation. En nationalisant la fonction réglementaire, l'État espère que les corporations prises individuellement auront plus de mal à décourager la concurrence et à freiner l'innovation. En même temps, l'État réserve aux communautés un grand nombre de pouvoirs significatifs, y compris de police : conduire des inspections sur les marchandises et les hommes et femmes (papiers, enregistrement, placement, mobilité), diffuser des informations, prévenir ou réprimer des fraudes, gérer la distribution et la certification de certaines matières premières, réorganiser les secours mutuels. Grâce à des mesures royales et à des statuts corporatifs contrôlés par l'État, Necker vise la création d'un climat de tension fructueuse entre la liberté et une notion souple, volontairement vague, de responsabilité, définie par l'État, une espèce de laisser-faire régulé.

Sans le rendre obligatoire, l'édit d'août reconnaît que l'apprentissage demeure apprécié par beaucoup de familles cherchant un avenir pour leurs enfants et prisé par bien des maîtres auxquels il offre des avantages tant matériels que symboliques. C'est un des rares piliers de l'ancien corporatisme auquel l'État-refondateur ne touche pas. Ayant ratifié le principe, il laisse chaque communauté préciser les règles dans leurs nouvelles constitutions, assujetties à un contrôle par le gouvernement. Globalement, les propositions reprennent les formules traditionnelles, misant généralement sur un recrutement assez ouvert, mais parfois antagoniques de l'esprit du nouveau corporatisme (conditions de religion et d'origine géographique), le tout rendu particulièrement compliqué dans les communautés fusionnant plusieurs métiers dits apparentés. La législation d'août montre ses dispositions favorables à l'apprentissage, perçu comme une garantie professionnelle, en accordant à ceux qui auront complété ce cycle de formation prescrit par leur communauté le droit de postuler pour la maîtrise dès l'âge de vingt ans, les autres devant attendre leur vingt-cinquième anniversaire[59].

Pour diverses raisons, les nouvelles constitutions arrivent au ministère au compte-gouttes, principalement par une sorte de subversion tacite, de nombreuses (anciennes) communautés espérant une vie aussi courte pour l'édit d'août 1776 que pour celui de février, mais aussi parce que des municipalités, des parlements ou des intendants freinent le processus dans le but de renégocier ou d'infléchir certaines prescriptions et parce que de nombreuses communautés manquent de suffisamment de membres légitimes pour s'organiser. À Caen, plusieurs corporations se sentent paralysées faute de titres et de statuts. Elles n'osent ni engager des apprentis, ni se livrer à bien d'autres activités corporatives fondamentales. Au contraire, les cordonniers de Rouen adoptent une attitude positive : en l'absence de contraintes spécifiques, leurs maîtres s'arrogent le droit d'engager un nombre illimité d'apprentis, tant qu'ils les font officiellement enregistrer auprès du bureau de la communauté[60].

Encore un paradoxe, nonobstant une visée nettement bureaucratique, l'édit d'août fait coexister, pour des raisons de realpolitk, trois catégories de maîtres, ou plus exactement de maîtres et assimilés. Cette fragmentation statutaire des maîtres s'avère la plus grande faiblesse de cette réforme ambitieuse. En premier lieu, les personnes ayant profité du bref intermède de liberté suivant l'édit de 1776 pour s'inscrire auprès de la police afin d'ouvrir boutique, qui payeront un droit annuel au roi en restant en dehors d'une corporation ou un prix fixe (un tiers du droit d'entrée) versé une fois pour entrer dans une communauté. Viennent ensuite les anciens maîtres, qui ont plusieurs options. Ils peuvent s'acquitter d'un droit de « confirmation » (soit un cinquième du droit d'entrée) afin d'avoir leur place dans les communautés n'embrassant qu'une seule profession, ou bien un

59. Le fils de maître peut commencer à exercer dès dix-huit ans, pourvu qu'il ait travaillé au moins deux ans sous la direction de son père. Suivant le modèle d'août, l'admission ouverte est l'option par défaut. Dans une phrase, où l'on croit entendre la voix de Turgot et qui nous rappelle à quel point certains *a priori* libéraux avaient envahi le discours et la pratique du nouveau corporatisme, le contrôleur général Joly de Fleury repoussa la demande de la communauté des fabricants d'étoffes d'Elbeuf le priant de placer un moratoire de dix ans sur les brevets de tous les apprentis autres que les fils de maîtres : « Je ne scaurois adopter une pareille délibération, elle est contraire au droit naturel que doit avoir tout citoyen d'acquérir les connoissances nécessaires pour embrasser une profession qui luy convient. » Joly de Fleury à de Crosne, intendant de Rouen, 16 avril 1782, AN, F12 156.

60. AN, F12 751 ; Geneviève Blondel, « Les Communautés rouennaises », DES, université de Caen, 1962, p. 30.

droit de « réunion » (soit un quart, soit un tiers du droit d'entrée), dans les corporations regroupant plusieurs professions. S'ils refusent de satisfaire à ces exigences financières, ces anciens maîtres rejoignent la troisième catégorie, dite d'« agrégés », qui ont le droit de travailler normalement, mais, selon une formule du ministère, « ne pourroient être admis comme maîtres dans les nouveaux corps et communautés… ni participer aux avantages et privilèges ».

Parmi ces derniers figurent avant tout la faculté d'engager des apprentis et le droit de garantir leur succession professionnelle à leur veuve, souvent sa seule manière de survivre (prérogative incontournable, à côté des faveurs pour l'accès à la maîtrise réservées aux fils de maître, pour tous ceux qui conçoivent la famille comme la matrice de leur vision corporatiste) ; l'exclusion de toute participation dans la vie politique de la communauté et le risque d'être relégués en dernier pour l'allocation de certaines matières premières sont aussi de lourdes pénalités. Flétris comme renégats, déserteurs, passagers clandestins, opportunistes et parasites, ces agrégés, réfugiés à la périphérie, attendant leur chance, entre boycott et embuscade, détestent le nouveau corporatisme, tout d'abord comme une razzia fiscale, une réforme hypocrite qui réduit le droit au travail à un tribut régalien.

Beaucoup plus nombreux que le gouvernement ne le prévoyait au début, souvent plus influents localement qu'il ne l'escomptait, parfois nécessaires juste pour relancer une communauté dépourvue de membres, les agrégés narguent les autorités. Ces dernières se servent des prérogatives canoniques du maître, surtout l'apprentissage, comme d'un appât pour les amener à réintégrer le bercail. Le rôle de maître d'apprenti est toujours regardé non seulement comme une double occasion de gain (main-d'œuvre très bon marché et prix d'accueil), mais également une source de capital social, de prestige et de reconnaissance tant civiques que commerciaux et d'estime de soi et de fierté. La justification pour rationner le droit d'apprentissage est fort simple et conforme aux canons du corporatisme, insistant sur la nature incomplète ou viciée de l'agrégation : « Il n'y a qu'aux maîtres à qui il puisse être permis d'en avoir, et qui puissent donner à l'apprentif la faculté d'aspirer à la maîtrise, laquelle faculté ne peut être accordée à une personne qui n'est que tolérée dans une communauté et qui n'y est pas maître. » Refuser à un agrégé le droit de prendre des apprentis, c'est le stigmatiser, le soumettre à une espèce d'émasculation symbolique, le priver du droit d'exercer sa paternité et de se hisser au rang de notable dans son voisinage[61].

Pour faire appliquer cette mesure d'exclusion, le gouvernement paraît avoir compté sur des initiatives s'exerçant de bas en haut plutôt qu'en sens inverse, préservant ainsi sa capacité d'intervenir au moment propice avec des solutions apaisantes visant à rassembler tout le monde à l'intérieur corporatif. Certaines communautés ne reçoivent jamais la nouvelle, ou alors fort tardivement, tandis que d'autres s'empressent d'y donner suite, poussées par un esprit revanchard et/ou par leurs intérêts. Contrariée par la léthargie de la municipalité lyonnaise sous ce rapport, la corporation des teinturiers de soie obtient du ministère une déclaration officielle de cette interdiction. Les teinturiers se retournent contre un nombre important de leurs propres agrégés qui ont des apprentis, un peu dans l'espoir que cette sévérité les incitera à régulariser leur statut de maître en adhérant à la corporation. Les charpentiers-menuisiers-layetiers poursuivent quant à eux des agrégés-maîtres d'apprentissage, les mettant à l'amende et contraignant leurs apprentis à souffrir un transport chez un maître légitime. Le projet de constitution que les chapeliers lyonnais présentent en 1784 met spécifiquement l'accent à la fois sur la perte du privilège d'apprentissage et sur la soumission de tous les agrégés aux taxes et charges diverses qui grèvent les maîtres ordinaires[62].

À Sainte-Menehould, Sarreguemines et Boulay, la police veut serrer encore plus la vis aux agrégés en leur interdisant de prendre non seulement des apprentis, mais aussi des compagnons, défense qui aurait bel et bien obligé nombre d'entre eux à fermer boutique ou à opérer dans la clandestinité. Les stigmates de l'agrégation sont fort mal vus à Nancy, où la communauté des merciers refuse la maîtrise à un aspirant, fils d'un défunt maître mercier, parce que le jeune homme a l'imprudence de fournir un certificat d'apprentissage signé du nom de Girardon, marchand mercier bien connu, mais agrégé seulement, et de ce fait jugé incompétent. À Troyes, à Saint-Quentin, à Amiens et dans plusieurs villes du Poitou, entre autres, la police et les autorités

61. « Articles de règlement », AN, F12 750 ; « Règlement que S. M. veut être provisoirement observé par la communauté d'arts et métiers établie par l'Édit d'avril 1777 », mai 1782, AD Rhône, 1 C 39.

62. Corporation des teinturiers de la soie à Necker, juin 1779, et à Flesselles, 16 septembre 1779, AN, F12 772 ; projet d'arrêt, et (lettre) de Cotte à Joly de Fleury, 18 octobre 1779, F12 763 ; AM Lyon, HH 267, 6 décembre 1781 ; projet de statuts, 1784, F12 763 (le ministère décèle des signes indiquant que l'interdiction d'engager des apprentis incite certains agrégés à revoir leur position).

corporatives prennent de vigoureuses mesures pour empêcher les agrégés d'accueillir des apprentis[63].

On dispose de quelques échos de voix allant à contre-courant, dans cette campagne. Si les cordonniers de Troyes manifestent un excès de zèle en persécutant leurs agrégés, ceux de Caen tolèrent les apprentissages sous la tutelle d'un agrégé. Un certain nombre de dirigeants de communautés font observer que l'invalidité des agrégés ne peut manquer de paralyser les facultés reproductrices de leur association. Craignant de voir s'opérer « un vuide extraordinaire d'ouvriers », un des chefs de la communauté des fabricants de bas de Lyon prône avec vigueur une idée que caressent depuis des années les maîtres entreprenants : que chaque maître légitime forme deux apprentis à la fois. Joly de Fleury, l'un des contrôleurs généraux qui durent faire face à ce genre de problèmes, préfère parer à la question de pénurie en habilitant les agrégés à prendre des apprentis dans les villes ou bourgs où les maîtres titulaires sont en petit nombre[64].

À travers tout le royaume, les agrégés sont de leur côté emplis d'amertume par cet interdit draconien. En 1789, ils ont convaincu toute une partie de leurs « frères ennemis », membres à part entière des corporations. Deux cahiers corporatifs d'Alençon, par exemple, parlant précisément un langage identique, celui des agrégés eux-mêmes, réclament que cette injustice et cette erreur soient réparées au nom d'un consensus qui s'est peu à peu cristallisé :

> Les anciens maîtres, d'accord avec les nouveaux, depuis la création des édits dénommés ci-dessus, qui leur a retiré le droit de faire des apprentis, demandent à jouir de ce privilège, demande d'autant plus juste qu'il est malheureux qu'un ouvrier, établi depuis longtemps, ayant acquis l'expérience due à son état, se voie privé, par un nouveau maître sortant même

63. Intendant du commerce à Thomas (Boulay), 10 octobre 1782, AN, F12 778 ; lieutenant général de bailliage de Sainte-Menehould au contrôleur général, 18 octobre 1777, F12 787 ; lieutenant général de Sarreguemines au contrôleur général, 20 mars 1782, et Tolozan à La Porte, intendant de Lorraine, 8 avril 1782, intendant à Tolozan, 29 septembre 1787, et mémoires, mai-septembre 1787, AN, F12 778 ; projet de statuts pour la corporation des cordonniers, Troyes, 17 décembre 1784, AD Aube, E 1221 ; AM Lyon, HH II, 18 décembre 1779 ; « Inventaire des papiers relatifs aux communautés des arts et métiers du ressort du Parlement de Paris », AN, F12 750 ; Bernadette Menu, « Les Corporations amiénoises au XVIIIe siècle », DES, faculté de droit, Lille, 1964, p. 60 ; P. Boissonnade, *Essai sur l'organisation du travail en Poitou*, t. 2, p. 556.

64. AD Calvados, 6 E 78 (agrégés prenant des apprentis, 26 septembre, 3 octobre 1783) ; Rolandy de la communauté des bonnetiers et fabricants de bas de soie au contrôleur général, 5 août 1780, AN, F12 780 ; Joly de Fleury à Tolozan, 12 février 1781, F12 778.

d'apprentissage, de faire des apprentis. Cet abus est dans le cas de mettre tous les jours quantités de jeunes gens hors d'état d'acquérir de la science dans quelque état que ce soit[65].

Il est pourtant impossible à l'heure actuelle de mesurer avec la moindre précision l'impact de l'exclusion des agrégés sur le processus de reproduction corporative. L'édit du mois d'août et les dizaines de lois de prolongement des délais pour le ralliement des agrégés et d'interprétation des modalités d'application ont été très inégalement exécutés. Toutes les communautés n'ont pas su se (re-)lancer ; à la veille de la Révolution, un certain nombre se décarcasse encore pour se mettre sur pied. De nombreuses communautés n'ont pas de constitutions, parce qu'elles n'ont pas soumis de propositions ou qu'elles n'ont pas obtenu l'approbation ; d'autres, théoriquement en règle, n'ont pas mis en œuvre leurs nouveaux statuts. Si beaucoup d'agrégés se sont racheté une légitimité corporative, d'autres languissent toujours à la marge ou, ici et là, gèrent illicitement leurs communautés. À partir de 1789 et d'un autre mois d'août traumatisant, la double menace d'une révolte ouvrière assez répandue et d'une ultime suppression législative incite bien des communautés divisées à se ressaisir et se réconcilier pour faire front à ces graves défis.

*

Concevant le travail, d'après la tradition chrétienne, comme une forme de pénitence permanente, l'État élabore des règles pour encadrer cette activité quasi universelle, dont le but est le contrôle tant social que moral, avant de devenir l'orchestration de la croissance économique et de la prospérité générale. La régulation est pensée à travers la grande chaîne de la condition corporatiste, expression de « la constitution monarchique » qui enserre autant de gens que possible. En ville, les communautés sont les organes principaux de la représentation aussi bien que de la régulation ; elles s'occupent en premier lieu de la police du monde du travail, du vivre-ensemble, de la production et de la reproduction. L'apprentissage est un des mécanismes

65. René Jouanne (éd.), *Cahiers de doléances des corps et corporations de la Ville d'Alençon pour les états généraux de 1789*, Alençon, Imprimerie alençonienne, 1929, p. 81, 87 (communautés des serruriers-maréchaux taillandiers-éperonniers-cloutiers et des selliers-carrossiers-bourreliers-charrons).

fondamentaux de ce système d'homéostasie, subtil alliage de dynamisme et de sécurité. Mêlant de manière toujours ambiguë d'audacieux projets d'assainissement (visant à mettre fin à la corruption et à élargir l'accès au monde du travail légitime) avec une rapacité fiscale (souvent aggravée par les besoins de la guerre), la monarchie depuis le XVIe siècle cherche à rationaliser et homogénéiser ces institutions de l'ordre quotidien que sont les communautés en les étendant aux quatre coins de la France urbaine. Le trône manifeste un intérêt pour l'apprentissage, comme le point d'entrée, l'aspiration largement partagée de la masse de familles humbles et travailleuses, le garant d'un dispositif équilibré et efficace sur le plan social aussi bien qu'économique. Le génie de Colbert est sa volonté de fixer de façon ductile pour le monde du travail à tous ses niveaux des codes, des normes (plus proches des coutumes que des règles) et des lignes de conduite capables de lui donner une grande capacité de respiration. Pour l'apprentissage, cela se traduit par une approche pragmatique, à la fois plus cohérente et plus fluide qu'auparavant, démarche poursuivie au XVIIIe siècle.

Le contrat d'apprentissage est un cadre de régulation qui construit les termes d'une relation asymétrique entre maître et apprenti, un rapport de domination/subordination imposant aux deux acteurs des devoirs et des droits inégalement répartis et contraignants. Il engendre de l'obéissance et de l'insoumission, de la tension et de la détente, du raidissement et de l'assouplissement, de la complicité et de l'antagonisme, de la dépendance mutuelle et de la méfiance réciproque, de l'ambition et de la résignation. Structure structurante pendant l'Ancien Régime, le contrat est établi d'après un modèle plus ou moins rigide, enrichi et/ou infléchi par des apports fort variables de la famille et du maître, par des prescriptions corporatistes et par des usages locaux. Très couramment avant la Révolution française, de moins en moins au XIXe siècle avec le déclin ininterrompu du contrat écrit, malgré plusieurs campagnes pour le rendre obligatoire à l'encontre du précepte libéral, c'est le notaire, figure de médiation cruciale dans les relations sociales et économiques, omniprésent mais mal connu, qui rédige le contrat, le solennise dans un quasi-huis clos forcément intimidant pour le menu peuple. Vecteur d'une certaine standardisation, le notaire est aussi capable de marquer ou même d'orienter le contrat en fonction de son propre regard normatif et socioculturel ou en réponse à des demandes spécifiques de la famille. Le contrat verbal et celui sous seing privé prévalent après la Révolution, sans amender ou altérer les soucis basiques des parties : pour l'apprenti, la promesse de bons traitements et d'un enseignement sérieux, et pour le maître, l'assurance d'un apprenti docile et fidèle dans son engagement de ne pas partir avant la fin de son temps.

Le contrat d'apprentissage comme document agissant, dont la durée utile dépasse la fin de la période de formation, est nommé brevet, appellation qui subsiste au XIXe siècle. Pour qu'un apprentissage soit conforme au droit positif, ce brevet, titre payant, théoriquement à un prix mesuré, doit être enregistré par la communauté concernée et/ou par une autorité judiciaire pour assurer le bon ordre, l'équité entre maîtres, la prévention de la fraude et la concurrence déloyale. L'apprenti a besoin du brevet signé par son maître en fin de parcours pour se faire inscrire sur le livre des compagnons et se faire embaucher licitement ; s'il découvre, bien des années après la fin de son apprentissage, que le brevet n'a jamais été enregistré (un maître manipulateur ayant cherché à cacher son existence, par exemple), il n'a aucune assise professionnelle légitime : il devient un hors-la-loi errant ou un sans-qualité plus ou moins sédentaire et vulnérable. Le brevet est le mécanisme majeur pour contrôler le nombre d'apprentis permis par boutique ou par métier, champ miné où la fiction égalitaire est en vive tension avec le dynamisme individuel, l'impératif de la cohésion en butte aux ineffables forces du marché. Menace tant pour les apprentis (dilution de l'enseignement) que pour les compagnons (concurrence accrue à l'horizon, pression vers le bas sur les salaires), la multiplication du nombre d'apprentis risque de déstabiliser les communautés et fragiliser le monopole, autre fiction rebattue, en aggravant la compétition entre maîtres. Certains de ces derniers manœuvrent de moult manières, grossièrement ou avec imagination, pour contourner les règles. Pendant l'Ancien Régime, la limitation sévère du nombre d'apprentis nuit aux maîtres les plus énergiques cherchant accès à une main-d'œuvre bon marché et à des formes de capital symbolique aussi bien que matériel ; au XIXe siècle, quand les communautés ne jouent plus, le spectre du patron spéculateur n'est pas suffisamment troublant pour surmonter l'allergie libérale à toute entrave rappelant le monde corporatiste honni (ingérence dans la vie de l'atelier, atteinte aux principes fondateurs de la liberté). Sorte de visa ou d'acquit de congé, le brevet ne compense pas l'absence de la moindre mesure, sauf dans quelques professions, pour réguler la compétence des apprentis, faiblesse qui persiste jusqu'au XXe siècle.

Si l'obsession corporatiste conditionne la pensée et l'action libérales pendant tout le XIXe siècle, il ne faut pas oublier que ce libéralisme doit son existence (ou au moins son origine moderne) à ce même mécanisme global de contrôle tant exécré. On ne peut qu'évoquer en passant le double assaut violent et impitoyable pendant la deuxième moitié du XVIIIe contre les systèmes de régulation de l'approvisionnement (fondement du contrat social des subsistances) et du travail (autre garant de l'ordre quotidien). Déchaînant de vastes désordres sociaux, ce combat, qui a sapé les bases symboliques, matérielles et politiques de la monarchie, a forgé le libéralisme qui a triomphé brièvement au début de la Révolution, puis s'est installé de façon pérenne au XIXe. L'apprentissage a été un des éléments significatifs dans cet affrontement. Dans une société désormais atomisée, sans groupements ou pouvoirs intermédiaires (« sociétés partielles »), où l'action est impulsée par l'intérêt de chaque individu dans un champ (autorégulant) de concurrence illimitée, selon la logique du laisser-faire, l'apprentissage n'a plus sa place. Avec une ironie malicieuse, mais aussi vicieuse, Chinki-Coyer montre comment l'apprentissage, sorte d'esclavage, exercice inutile et en tout cas hors de la portée des masses, est contraire au bon sens, à la loi de la nature et à la meilleure science sociale et économique. Dans une société où tout le monde a « la liberté de faire mal », à quoi bon l'apprentissage prolongé, coûteux et stérile, demandent Clicquot, Bigot et autres épigones de Gournay. Il n'est qu'une barrière à l'entrée, une vexation de plus, une entorse à la liberté du travail qui constitue *la* propriété populaire par excellence, le vrai patrimoine du peuple.

Malgré quelques revers en chemin, en 1776 Turgot offre au libéralisme son deuxième grand triomphe du siècle des Lumières, fugitif mais annonciateur d'un monde nouveau, avec la suppression des corporations. Ce serait un monde à l'envers pour le gros des maîtres, qui prévoient le chaos dans les relations du travail, l'anarchie dans la production mettant fin à l'exigence de qualité, la « confusion sociale » mêlant tout et annihilant les hiérarchies, « l'isolement » des individus qui vont « errer » éternellement dans le « vide », l'apothéose de la « philosophie moderne », c'est-à-dire le libertinage et la rébellion. Grisés par la liberté, bien des contemporains oublient trop rapidement une des leçons majeures de Turgot : l'avenir du libéralisme n'est pas la fin de la régulation, même s'il faut trouver un nouveau langage pour en parler sans choquer. Le libéralisme est lui aussi une manière de gouverner, nonobstant son iconoclasme et son hyperbole. Avec une certaine volupté, Turgot abolit l'apprentissage, pour lui clairement un abus énorme et organique en soi plutôt qu'une pratique neutre, voire fructueuse, nichée malheureusement dans un système corporatiste qui l'a corrompue. Non moins que les satanés restricteurs, les libéraux à vocation publique sont déterminés à maintenir l'autorité domestique des maîtres, c'est-à-dire la subordination domestique des ouvriers de tous âges et de toutes espèces.

Il est tentant de s'imaginer déjà dans un « long XIXe siècle » : on y arrive par une rêverie contrefactuelle, supposant une victoire durable de Turgot, dans ses multiples projets de modernisation capitaliste – sorte de grand bond en avant forçant les gens à être libres – qui auraient rendu la Révolution inutile. Mais en fait le libéralisme recule vertigineusement entre février et août 1776, trois mois après la chute de Turgot. Le vieux système corporatiste n'est pas rétabli ; il est repensé, refondé, de manière assez radicale, une métamorphose en partie menée par Necker, régulateur persuadé de l'utilité d'une liberté robuste mais encadrée, par ailleurs laudateur de Colbert qui aurait pu se reconnaître dans ce plan. Tout en favorisant un assouplissement d'ensemble, l'État ne freine ni son appétit pour le contrôle central ni sa boulimie fiscale ; le nouveau système n'exclut quasiment personne, ni femmes, ni protestants et étrangers, à condition de payer l'entrée, mais il les agence dans une veine proto-bureaucratique, visant une extension globale (permettant des contractions sectorielles et territoriales stratégiques), une rationalisation et une standardisation. Un des rares piliers de l'architecture traditionnelle que l'État-refondateur ne touche quasiment pas, l'apprentissage est relancé, mais il n'est plus obligatoire comme jadis ; la volonté d'imposer une approche nationale cède à l'empiétement communautaire, réinsérant l'apprentissage dans un parcours requis. Signe d'une politique dure et controversée, soulignant le prestige et l'avantage associés à l'apprentissage, seuls les artisans qui se font maîtres, à part entière, selon les nouvelles règles, ont dorénavant la prérogative d'engager des apprentis.

Dans le prisme révolutionnaire, à l'échelle nationale, malgré l'abîme qui les sépare – mais on aurait pu également mettre l'accent sur certaines continuités qui ne cessent de les rapprocher –, on ne reconnaît aucune distinction entre l'ancien et le nouveau corporatisme. La Révolution effectue, en ce qui concerne les communautés d'art et métier, et l'idéologie corporatiste qui les sous-tend, un retour en arrière au système dit canonique, avant les chambardements, pourtant décisifs, de 1776. On aborde un monde corporatiste fictif, version très rudimentaire de la caricature qui sera déployée par ses adversaires dans la campagne pour le détruire, et de l'idéalisation qui sera invoquée par ses partisans les plus fervents pour justifier sa restauration, ou au moins sa résurrection partielle. Sous cette forme reconstituée, à la fois massivement concrète et chimérique, omniprésente et spectrale, les corporations entrent dans la Révolution avec des idées et des attentes différentes, complémentaires, contradictoires, toutes sujettes à modification quasiment instantanée, en fonction de leurs informations, leurs moyens, leurs intérêts, leur volonté, leur capacité de mobiliser : pour sauver leur existence même, pour se racheter, pour se réaménager ou pour tenter de négocier une reddition qui paraît inexorable. Parmi les atouts sur lesquels elles comptent s'appuyer se trouve leur gestion de l'apprentissage, processus de reproduction qui semble consubstantiel à toute politique de régénération nationale.

CHAPITRE 6

La régulation au sein du libéralisme : de la Révolution à la Grande Guerre

Dès le début de la Révolution, il est évident que l'avenir des corporations et de leurs pratiques habituelles, comme celui de la plupart des grandes institutions structurantes de l'Ancien Régime, est en jeu. Cependant, depuis 1776, et surtout depuis la rédaction des cahiers de doléances, une partie importante du public indique qu'elle ne croit plus que le sort de l'apprentissage dépende nécessairement du destin des communautés. Si de nombreux cahiers réclament la fin des corporations, aucun ne demande la suppression de l'apprentissage. Jusqu'à leur dernier acte en 1791, les communautés résistent à l'idée (« funeste », « inconsidérée », « calamiteuse ») de ce découplage, qui pourrait compromettre tout effort de se distancier de la représentation toxique des corporations comme incarnations de privilège, de parasitisme et de pouvoir arbitraire. Après avoir miraculeusement échappé à la vengeance ritualisée de la nuit du 4-5 août purifiant la nation de ses vestiges malsains, les communautés rallient la stratégie de passer pour des révolutionnaires résolus et indispensables à la cause de la régénération. Elles affichent leur expérience dans la régulation du travail et le maintien de l'ordre – souci croissant des autorités qui doivent faire face à la fois à une fronde rurale et à un mouvement ouvrier urbain –, mais, en revendiquant leur gestion de l'apprentissage, système qui marche bien aux yeux de beaucoup de Français, elles s'évertuent à se réinventer comme des institutions sociales utiles, performantes et patriotes.

Avec le triomphe de la thèse ultra-libérale en 1791 – le début du long moment Le Chapelier –, l'apprentissage devient une pratique orpheline, sans aucune charpente institutionnelle ni structure de régulation. La pratique persiste, de sa propre inertie, guidée par des repères et des usages locaux, par une sorte de tropisme traditionnel. Au moins pendant la première moitié du XIXe siècle, la demande demeure relativement forte, tant du côté des patrons que de celui des familles cherchant à placer leurs enfants. Le contrat reste le pivot du couple maître-apprenti, quoiqu'il évolue dans sa forme et même jusqu'à un certain point dans son contenu par rapport à l'héritage corporatiste. L'idéologie libérale pèse, tacitement et parfois explicitement, sur les tentatives d'imaginer un apprentissage efficace et pertinent pour cette nouvelle époque. Pas d'entorse à la liberté, c'est-à-dire pas de contraintes, ou aussi peu que possible : aucun modèle de contrat n'est imposé, aucune limite au nombre d'apprentis pour favoriser la transmission ou atténuer la concurrence anarchique ; aucun mécanisme pour mesurer la compétence des apprentis achevés. Le cercle de conseillers autour de Napoléon, soucieux de la promotion de la croissance économique (exigeant un fond de tranquillité sociale), participe à la préparation de la loi de Germinal du début du siècle, seule législation pendant des décennies traitant – de manière fort succincte – la question de l'apprentissage, puis à la création des conseils de prud'hommes, de genèse strictement lyonnaise, un appareil de conciliation et de régulation des conflits dans le monde du travail qui s'étend assez rapidement et va peser avec plus ou moins de force jusqu'à nos jours. Des milliers d'affaires d'apprentissage passeront devant les prud'hommes, avant et après la promulgation de la loi de 1851, consacrée spécifiquement à l'apprentissage. La loi est un échec, mais elle est vivement discutée, elle influence d'autres mesures de régulation passées dans les années 1870 et 1890, et elle demeure la seule architecture réglementaire jusqu'au lendemain de la Première Guerre mondiale.

L'APPRENTISSAGE DANS LA RÉVOLUTION : UN OBJET ÉQUIVOQUE

Dupont, protégé de Turgot, comme d'autres hyper-libéraux, est surpris et déçu de ce qu'extrêmement peu de cahiers suivent celui de son fief, le bailliage de Nemours, dans son rejet de l'apprentissage comme « formalité » lourde et inutile rattachée au vieux système qui faisait du travail un privilège exclusif. Bien plus représentatif est le cahier du tiers état de La Rochelle qui, en souhaitant « l'abolition des maîtrises », ne les confond pas avec l'apprentissage, outil vital pour la production « des hommes véritablement instruits » qui font marcher l'économie. Le cahier du tiers de Paris va dans le même sens, en soutenant que l'apprentissage est « le seul moyen de fournir au commerce des sujets doués des connoissances qu'il exige ». Il y a accord pour dire qu'à l'avenir, il faudra des aménagements, en particulier une loi fixant la durée de la formation dans chaque métier et un dispositif d'examen par des experts, nommés par le juge local pour évaluer le savoir-faire de l'ouvrier à la fin de son temps. Le cahier de Péronne propose quant à lui un mécanisme d'enregistrement des apprentis par la police. Le tiers de la sénéchaussée d'Anjou, comme celui de la sénéchaussée d'Angoumois et du bailliage de Meaux, cherche à maintenir un cadre pour l'apprentissage et l'ascension socioéconomique des ouvriers en réformant profondément l'écosystème corporatif. Nulle revendication liée au travail n'est entérinée avec plus d'enthousiasme à Paris et en province que celle qui prône un retour à l'apprentissage obligatoire, aboli – au moins tacitement aux yeux d'innombrables contemporains – dans la législation engendrant le nouveau corporatisme lancée en août 1776. Le cahier du tiers de Beauvais déplore la dilution de compétence résultant de cette ouverture des corporations, quelque part non moins néfaste que leur suppression. Il suit bien d'autres listes de doléances en réclamant que l'apprentissage du futur soit rigoureux[1].

Les Six Corps de Paris – chefs symboliques du corporatisme parisien, sinon national – reprennent certains des arguments des cahiers à des fins plus politiques (et nombrilistes) dans leur tentative d'ancrer leur légitimité en se projetant comme un rempart contre « le chaos de l'Anarchie ». Pour donner un exemple des périls tapis dans un univers dépourvu de corporations, ils attirent l'attention sur l'apprentissage, institution universellement appréciée dont la suppression déboucherait sur « la licence la plus effrénée à la place des mœurs, de l'amour du travail et de la capacité nécessaire à tout état ». En province, plus

1. *Archives parlementaires de la Révolution française*, éd. Jérôme Mavidal *et alii*, Paris, Librairie administrative de Paul Dupont, 1879 : t. 4, p. 213-14 (Nemours) ; t. 2, p. 38 (Domfront) ; t. 3, p. 484 (La Rochelle) ; t. 5, p. 285 (Paris) ; t. 5, p. 360 (Péronne) ; t. 2, p. 43 (Anjou) ; t. 2, p. 18 (Angoumois) ; t. 3, p. 730 (Meaux) ; t. 2, p. 307 (Beauvais). Steven L. Kaplan, *La Fin des corporations*, Paris, Fayard, 2001, p. 380. Cf. comment des partisans de l'apprentissage au début du XXe siècle interprètent la discordance entre la voix des cahiers et celle des révolutionnaires de 1789-91 : Eugène Dolfus-Francoz, *Essai historique sur la condition légale du mineur, apprenti, ouvrier d'industrie ou employé de commerce*, Lyon, Rey, 1900, p. 22-23 ; Jean de Lacoste-Lareymondie, *Le Contrat d'apprentissage. Étude de la législation française*, Niort, G. Glouzot, 1906, p. 15-18 (qui regrette vivement que la Révolution opte pour « l'apprentissage libre » plutôt que « réglementé dans la liberté », thème majeur de la critique modérée du libéralisme au XIXe siècle).

discrètement, entre 1789 et 1791, maintes communautés plaident leur cause à travers l'apprentissage présenté comme une sorte de discipline civique en synergie avec la tâche de régénération nationale dans la mesure où cette dernière a besoin de l'ordre pour progresser. Un très conservateur collectif de communautés de Bayonne vante la contribution à l'harmonie sociale durable de leur modèle de reproduction par apprentissage, tandis qu'un groupe similaire de Clermont argue en substance que le versant lumineux d'un apprentissage efficace devrait faire oublier la partie ténébreuse de l'héritage corporatif. Par contraste, le « tiers état » du corps des orfèvres parisiens, en révolte retentissante contre « l'aristocratie » qui domine sa propre communauté aussi bien que d'autres, croit que la seule façon de sanctuariser l'apprentissage, instrument vital pour empêcher la détérioration générale de la compétence, est de l'exciser complètement de la carcasse corporative. Des organisations ouvrières, notamment le Club typographique et l'Union fraternelle de la charpente, également favorables au découplage total de l'apprentissage, instrument précieux de transmission technique et de socialisation morale, et du corporatisme, héritage délétère, préconisent la création d'écoles pour épauler le processus de formation[2].

Ébranlées au mois d'août 1789, puis médusées par leur répit, ensuite vivement contestées jusqu'à leur suppression définitive en 1791 par de nombreux compagnons devenus révolutionnaires à leur tour et à leur manière, enfin critiquées et/ou désavouées par une minorité influente d'hommes politiques et divers administrateurs et officiers locaux, les communautés survivent néanmoins. Elles fonctionnent donc, et continuent de croire que l'apprentissage, entre autres choses, doit avoir lieu sous leur égide. Pourtant, l'apprentissage

2. Délibérations des Six Corps, Archives nationales (désormais AN), KK 1343, fols. 151-71 (1789) ; les commissaires des députés des corporations de Bayonne à l'Assemblée nationale, février 1790, 5 E 648, Archives départementales (désormais AD), Seine-Maritime ; pétition des syndics et maîtres des huit communautés de Clermont-Ferrand à l'Assemblée nationale (1790), AD Haute-Garonne, E 1283 (modèle largement distribué en France, repris par les cordonniers de Toulouse, entre autres) ; Mémoire d'un « membre du Tiers état du corps de l'orfèvrerie », 27 avril 1789, AN, T1490[16] ; « Pétition du corps et du commerce de l'orfèvrerie arrêtée dans l'assemblée générale du 22 septembre 1790 et présentée à l'Assemblée Nationale », AN, T 1490[6] (qui comporte aussi un « projet d'un nouveau régime pour le corps de l'orfèvrerie ») ; « Observations des Gardes de l'Orfèvrerie soumises à l'Assemblée nationale sur la pétition qui lui a été présentée par quelques membres de leur corps », AN, AD XI 65 ; S. L. Kaplan, *La Fin des corporations*, p. 390, 407-09, 411, 441, 454, 469-72, 489-90, 544. L'Assemblée encyclopédique, groupement de futurs ex-maîtres, désormais entrepreneurs principalement dans le bâtiment, très hostile au Club typographique et à d'autres « organisations séditieuses », s'engage à fonder une « école gratuite de construction », probablement une formation de perfectionnement post-apprentissage. *Ibid.*, p. 489-90.

semble leur échapper, assez précocement à Paris, avec plus de décalage en province, en raison de l'incertitude, du manque d'information, de l'incitation diffuse mais répandue que l'on peut désormais faire les choses autrement, en se passant des repères traditionnels. Au moment de son abolition, par exemple, la communauté des tapissiers-miroitiers de la capitale affirme n'avoir reçu que 4 apprentis depuis l'automne de 1789, les maçons-charpentiers personne depuis la fin de 1788. Christophe-Philippe Oberkampf, fondateur d'une fabrique de toiles imprimées à Jouy-en-Josas, se soucie de la « concurrence nuisible » qu'entraîne la liberté du travail et de la « facilité de former des établissements sans maîtrises » poussant des ouvriers, qui savourent « l'indiscipline », à se passer d'apprentissage[3].

En tout cas, l'étude de l'apprentissage pendant la Révolution reste à faire, tout particulièrement à Paris où le travail comme objet historiographique est éclipsé par l'accent mis sur la politisation de tous les domaines de la vie, y compris les relations sociales de production. Tout comme nous savons que les gens ne cessent pas de travailler, même pendant la guerre (malgré le manque d'études sur le lieu du travail civil), nous avons des indications que l'apprentissage continue de se faire, sans doute de manière moins ordonnée et moins systématique, dans le Poitou, dans les basses et moyennes vallées de la Dordogne et de la Garonne, à Nantes et certainement ailleurs. À Paris, on continue d'accueillir des apprentis, passant souvent devant notaire, mais aussi sous seing privé, sans forcément se préoccuper de l'enregistrement, avant et après l'abolition des corporations. Pour régler des différends, comme celui du père d'une apprentie couturière et de la maîtresse, qui l'a congédiée plusieurs mois avant le terme de leur traité, depuis 1790, on peut compter sur le juge de paix, établi dans les districts, quasiment sur place, alternative rassurante, notamment pour les parents.

3. S. L. Kaplan, *La Fin des corporations*, p. 513 (à titre indicatif, car les archives ne sont pas complètes, nous relevons globalement à Paris 1 830 réceptions à la maîtrise en 1788, 588 en 1789 (la plupart dans les six premiers mois), et 20 en 1790) ; Alain Dewerpe et Yves Gaulupeau, *La Fabrique des prolétaires : les ouvriers de la manufacture d'Oberkampf à Jouy-en-Josas, 1760-1815*, Paris, Presses de l'École normale supérieure (Ulm), 1990, p. 67. Cf. la formule d'Antoine Thibaudeau, montagnard quelque peu désabusé : « Trop de liberté et trop peu de règles » entravent le bon fonctionnement des ateliers, y compris la formation. Jean-Pierre Guinot, *Formation professionnelle et travailleurs qualifiés depuis 1789*, Paris, Domat-Montchestien, 1946, p. 58. Cf. la Révolution américaine, qui a conduit compagnons et apprentis à rejeter l'idéologie de la subordination. W. J. Rorabaugh, *The Craft Apprentice: From Franklin to the Machine Age in America*, New York, Oxford University Press, 1968, p. 36.

L'État ne manifeste de l'intérêt pour l'apprentissage que quand il s'agit de métiers stratégiques (une mesure de réquisition des manufactures de papier en 1793-94 oblige les ouvriers à former des apprentis), du bon ordre (un code rural menace d'emprisonnement un apprenti qui aurait frappé son maître) ou de l'assistance publique (un projet de traitement social de la misère, par la mise en apprentissage des « enfans peu fortunés » ; ou l'emploi à l'hôpital général de Paris d'un « inspecteur des apprentis » œuvrant pour la bonne marche du système de mise en apprentissage qui fonctionne comme avant). Dans la capitale, il est vraisemblable que la Révolution accélère l'offre de formations en lieu et place d'un apprentissage formel, tel le Sr Mallais qui promet que ses clients seront en mesure de « coeffer les femmes » après quinze jours d'instruction (« il s'engage à remettre l'argent, si les élèves, à la fin de leur apprentissage, ne sont pas en état d'exécuter tout ce qu'il vient d'avancer »)[4].

Comme complément à l'apprentissage, plusieurs cahiers plaident pour un programme d'enseignement professionnel et/ou technique pour « les enfants du pays ». Plus concrètement, la noblesse de Lyon propose des cours de chimie pour perfectionner l'art de la teinture, tandis qu'un cahier angevin envisage des « écoles d'industric » pour apprendre, notamment aux paysans, comment travailler le lin, le chanvre, la laine et d'autres matières. Sur un terrain plus familier,

4. Marie-Agnès Dequidt, *Horlogers des Lumières : Temps et société à Paris au XVIIIe siècle*, Paris, CTHS, 2014, p. 264-66 ; Nicole Pellegrin, « L'Apprentissage ou l'écriture de l'oralité. Quelques remarques introductives », *Revue d'histoire moderne et contemporaine*, t. 40 (juillet-septembre 1993), p. 373, 386 ; Anne-Marie Cocula, « Les contrats d'apprentissage : une source à la confluence de l'économie et de la société d'ancien régime », *Bulletin de la Société d'histoire moderne*, 77e année (1978), p. 8, 10, 12 ; Samuel Guicheteau, « La révolution des ouvriers nantais. Le façonnement d'une identité sociale et culturelle, des années 1760 aux années 1830 », thèse de doctorat soutenue le 10 novembre 2006, à l'Université Rennes 2, p. 151-53 ; Archives de Paris (désormais AP), D5U1, carton 1, 1er mai 1791 ; loi du 23 nivôse an II, dans *Lois et actes du gouvernement*, t. 8, 1er brumaire au 18 germinal an II, Paris, Imprimerie impériale, 1897, p. 234 ; *Code rural, ou recueil chronologique des décrets de l'Assemblée nationale constituante qui intéressent plus particulièrement le régime de la campagne*, Paris, Prault, 1792, p. 429, 456 ; « Mémoire de M. Lambert », 19 janvier 1790, dans *Nouvelle lettre d'un patriote à un magistrat*, Paris, Royez, 1788 ; Décret relatif à la levée du camp de Sablons, 2 brumaire an III et décret relatif à l'organisation des secours à accorder annuellement aux enfants, aux vieillards et aux indigents, 24 juin 1793, Bibliothèque historique de la Ville de Paris [BHVP] ; *Annonces, affiches et avis divers*, 11 août 1790, p. 223, et 30 novembre 1791, p. 335. Cf. l'arrêté directorial sur l'apprentissage dans la papeterie dans Antoine Léon, *La Révolution française et l'enseignement technique*, Paris, Société des études Robespierristes, 1968, p. 209-10. François D'Ivernois soutient que la guerre est responsable en partie d'une chute supposée d'inscriptions en apprentissage, situation aggravée par la disette chronique et l'inflation déstabilisatrice. *Tableau historique et publique des pertes que la Révolution française et la guerre ont causées au peuple français*, Londres, Baylis, 1799, p. 227-29.

d'autres demandent la généralisation des écoles gratuites de dessin, dont certaines ont connu un succès au XVIIIe siècle. Ces thèmes sont à peine abordés dans les plans d'éducation parfois ambitieux de révolutionnaires de diverses tendances, dont un nombre considérable vise en premier lieu la fabrication des élites. Léonard Bourdon, révolutionnaire radical, envisage une dose de matières techniques dans les petites écoles, modeste anticipation de « l'atelier dans l'école », et Michel Le Peletier, magistrat, noble et montagnard, esquisse une espèce de préapprentissage intégrant « le travail de mains » dans l'expérience de tous les élèves. Mais l'apprentissage n'est pas un objet central pour ces penseurs et politiciens. Situé par de nombreux contemporains aux antipodes du corporatisme, il n'est pas critiqué frontalement ; implicitement, on paraît supposer que sa substantifique moelle reste de bonne facture. Il y a d'autres raisons pour éviter d'y toucher : le champ est tellement vaste, affectant des centaines de milliers de Français, aujourd'hui et demain, qu'il est difficile d'imaginer des solutions plus ou moins universelles et praticables sur les plans tant financier que logistique ; face à un monde du travail terriblement perturbé, ce n'est pas le moment idoine pour traiter cette problématique complexe ; chez bien des intellectuels et autres acteurs révolutionnaires, il y a toujours une certaine réticence à envisager une éducation populaire de masse ; enfin, demeure l'idée-rationalisation que l'apprentissage relève de la sphère privée (pour Le Peletier, suivi par Robespierre, « il n'est pas du ressort de la loi »), qu'il appartient essentiellement aux parents, que l'État n'a pas à s'y immiscer[5].

LE CONTRAT AU XIXe SIÈCLE

Il y a donc une forte volonté, au lendemain de la Révolution, de ne pas penser l'apprentissage, ou de ne le penser que comme une affaire ne relevant pas de la sphère publique et ne méritant pas une attention particulière de la part des autorités tant que l'ordre n'est pas perturbé. La clé de voûte du système d'encadrement de l'apprentissage sous l'Ancien Régime est le contrat. Pour les affaires privées sur toutes les échelles, le contrat ne perd rien de son lustre au XIXe siècle ; au contraire, c'est un des instruments majeurs de la réécriture du

5. A. Léon, *La Révolution française et l'enseignement technique*, p. 87-88, 107-08, 110-13, 158, 160-61, 215-18 ; J.-P. Guinot, *Formation professionnelle*, p. 47-48, 51 ; Léonard Bourdon, *Mémoire sur l'instruction et sur l'éducation nationale*, Paris, Cailleau, 1791 ; Michel Le Peletier [de Saint-Fargeau], *Plan d'éducation nationale*, Paris, Convention nationale, 1793.

droit privé, déteignant même sur le droit public. En ce qui concerne l'apprentissage, la plupart des commentateurs prennent note du déclin frappant du recours au contrat écrit, regardé à la fois comme symptôme et résultat de la détérioration de l'apprentissage comme institution socioéconomique majeure. Il y a de moins en moins d'apprentissages formels, même si, selon l'avocat François-Étienne Mollot, spécialiste du contrat, ce dernier, sous une forme écrite, demeure très courant dans les années 1840. Les promoteurs de la loi de 1851 sur l'apprentissage, forgée pour réguler cette pratique, mais aussi pour la revivifier, font du contrat la cheville ouvrière de leur conception réformiste. Bardin, professeur de dessin dans une école de la capitale, au début des années 1860, prétend pourtant que seul un apprenti sur quinze a un contrat écrit. Témoignant de la décadence de l'apprentissage vers la fin du siècle, Charles Lucas, architecte militant en faveur de son renouvellement, remarque que de moins en moins de parents sont prêts à engager leurs enfants dans un accord contraignant pour trois ou quatre ans, les privant de la souplesse de poursuivre immédiatement des voies plus avantageuses, et que de plus en plus de patrons délaissent un instrument qu'ils ne peuvent pas faire exécuter (d'après certains, faute de l'existence de « puissantes corporations »).

Optimiste, l'ingénieur Émile Cacheux, écrivant au même moment, croit que le contrat peut donner « de bons résultats » lorsqu'il est établi « avec une certaine solennité » et une clause permettant au patron de poursuivre l'apprenti défaillant pour recouvrer des dommages pendant trente ans. Le grand patronage de la Société de protection des apprentis reconnaît qu'elle a échoué dans sa campagne visant à imposer le contrat écrit, principalement à cause de l'insolvabilité de tant de familles. Ceux qui plaident pour le contrat préfèrent l'imaginer fondé sur la confiance et l'intérêt mutuels plutôt que sur la méfiance instrumentalisée. Armand Audiganne, proche du milieu ouvrier, le conçoit non comme un levier pour régler des conflits, mais surtout comme « le moyen d'éviter des discussions ultérieures sur ce qui a été convenu ». En tout cas, malgré un assez large consensus sur l'échec de la loi de 1851, le débat politique sur l'avenir de l'apprentissage au seuil du XXe siècle vise toujours le rôle du contrat comme outil, sinon cadre, de régulation[6].

6. François-Étienne Mollot, *Le Contrat d'apprentissage, expliqué aux maîtres et aux apprentis, selon les lois, règlements et usages des conseils de prud'hommes*, Paris, J.-B. Gros, 1845, p. 39 ; *Enquête sur l'enseignement professionnel, ou Recueil des dépositions devant la commission de l'enseignement professionnel*, t. 1, Paris, Imprimerie impériale, 1864, p. 112 ; F. de Donville [pseud.

Les formalités concernant le contrat – dans tous ses avatars – rappellent celles de l'Ancien Régime. L'acte de l'apprentissage est contracté par l'apprenti.e lui/elle-même s'il/elle est majeur.e ; par le père, la veuve, le tuteur, la personne autorisée par les ayants droit, ou le juge de paix, s'il/elle est mineur.e. Le secrétaire des prud'hommes ou le notaire sont aptes à dresser l'acte et à assumer son enregistrement. François-Étienne Mollot résume les caractéristiques du contrat de la première moitié du siècle. Si sur certains points la version post-1791 évoque les soucis d'avant, sur un sujet la distance se creuse, car Mollot met en garde contre la tentation des parents de préférer un « contrat de louage » (sacrifiant la formation de l'enfant au gain du très court terme), ou pire, un « contrat de domesticité ». Pour lui, l'enseignement doit être au cœur du traité, idéalement effectué par le maître lui-même. Cet enseignement est censé être compréhensif, non concentré sur une seule tâche. Pour le reste, les conditions sont généralement déterminées de gré à gré, à savoir la durée de l'apprentissage (communément de trois à quatre ans pour un apprentissage payant, cinq à six ans sans bourse délier), son prix (qui dépend en partie de la virtuosité et de la réputation du maître, et du temps consenti par le/la jeune) et les diverses prestations (logement, nourriture, etc.). En cas de différence d'interprétation, Mollot maintient que la partie « faible » – l'apprenti – doit profiter du bénéfice du doute.

Pour faire valoir ses droits, le maître jouit d'une délégation tacite « d'une partie du pouvoir du père sur la personne de l'élève » (tout d'abord, sa capacité à requérir l'obéissance). Pourtant, avertit Mollot, « ces droits du maître ont des limites » : ils ne justifient pas l'exploitation domestique, le travail de nuit, ou « autres abus ». « L'humanité » l'emporte sur une lecture étroite du modèle paternaliste. L'éducation morale est invoquée plus explicitement ici que dans les contrats du XVIIIe siècle. Le maître est sommé de surveiller la conduite et les mœurs de l'apprenti non seulement dans le foyer-atelier, mais

---

de F. Tulou], *Guide pour le choix d'une profession à l'usage des jeunes filles et des dames*, Paris, Garnier frères, 1894, p. 229 ; Charles Lucas, Rapport pour le section « Économie Sociale » (IV. Apprentissage), dans Alfred Picard (éd.), *Rapports du jury international* (Exposition universelle internationale de 1889), t. 4, Paris, Imprimerie nationale, 1891, p. 14 ; Véronique de Chardon, « L'Apprentissage en France de 1851 à 1915 », thèse de doctorat, Université Paris 4 (Sorbonne), 1992, p. 68-69, 154 ; Émile Cacheux, *État actuel du patronage et de l'enseignement des apprentis*, Paris, Imprimerie nationale, 1889, p. 9-10 ; Armand Audiganne, *Les Ouvriers en famille*, 7e éd., Paris, Capelle, 1866, p. 37 ; Jean Coignet, *À propos de la loi sur le contrat de l'apprentissage*, Lyon, Chambre de commerce et de l'industrie, 1905. Sur la problématique des conventions verbales ailleurs, voir Pamela Sharpe, « Poor Children as Apprentices in Colyton, 1598-1830 », *Continuity and Change*, t. 6 (1991), p. 265-66.

également en dehors. Il doit accorder jusqu'à deux heures d'école tous les jours de 19 heures à 21 heures, moment de grande fatigue, mais opportunité rare dans les conventions de l'Ancien Régime. Enfin, les raisons de la résiliation éventuelle sont élaborées avec davantage de précision : indocilité, mauvaise conduite, désertion, santé handicapante, infidélités diverses, d'un côté ; et enseignement fautif, mauvais traitements, nourriture insuffisante ou piteuse, étalage de propos ou actes indécents devant l'apprenti.e, de l'autre[7].

Un contrat-type proposé dans un manuel du notariat dans le dernier tiers du XIXe siècle, tout en s'inspirant de l'esprit (et parfois de la lettre) de la loi de 1851, ressemble globalement au contrat de Mollot. Il laisse au maître le choix de ses méthodes, mais il précise que l'enseignement est sa responsabilité primordiale, et il doit être fait « progressivement et complètement » dans le but, articulé désormais explicitement, de fabriquer « le bon ouvrier », formule en soi nébuleuse, mais évidente pour ceux qui vivent près du monde du travail : un ouvrier plus ou moins autonome, capable de gagner sa vie. Au-delà d'assurer la transmission professionnelle, le contrat caractérise la posture générale du maître vis-à-vis de l'apprenti : il est censé, nous l'avons vu, « se conduire envers son apprenti en bon père de famille », métaphore qui fait appel à un répertoire d'actions, d'interdits et de sentiments que tout le monde connaît, plus ou moins. Si le maître y adhère, et si l'apprenti accepte l'injonction implicite de se comporter en tant que fils de ce père provisoire, l'apprentissage devait se bien passer. La mission du maître est assez large, dépassant le cahier de charges d'un simple patron, car il doit « surveiller [l]a conduite et [l]es mœurs » de l'apprenti, « soit dans la maison, soit au dehors ». Si ce dernier commet « des fautes graves » ou manifeste « des penchants vicieux », le maître est obligé d'avertir les parents. Ce contrat est bien plus loquace sur des sujets majeurs que le gros des engagements du XVIIIe siècle. Ainsi le maître ne peut-il affecter l'apprenti « qu'aux travaux et services qui se rattachent » à sa profession, et « dans la limite de ses forces ». Le document précise le nombre d'heures par jour que chaque apprenti a le droit d'accomplir, en fonction de son âge, selon la loi (tranches d'avant quatorze ans, entre quatorze et seize, plus de seize ans). Il doit disposer de deux heures

7. Alexis Robert, *Petit guide pratique des patrons, ouvriers et apprentis devant les Conseils de Prud'hommes*, Paris, Pillet aîné, 1860, p. 22 ; F.-É. Mollot, *Le Contrat d'apprentissage*, p. 25-31, 37, 44-46, 52-55, 63-66, 69.

par jour « pour compléter son éducation » (non professionnelle), invitation prometteuse, mais vague.

L'apprenti, qu'il soit fille ou garçon, a des devoirs cruciaux, déjà articulés de cette manière pendant l'Ancien Régime, à l'égard de son patron paternel : il s'oblige (ou, s'il est mineur, son père doit « obliger son fils ») à se conduire envers son maître « avec obéissance, fidélité et respect, et à l'aider par son travail dans la mesure de son aptitude et de ses forces ». Sur le risque de départ précoce, ce contrat est plus laconique que le document du XVIIIe. Par ailleurs, l'apprenti est contraint de compenser son maître avec du temps supplémentaire s'il est absent plus de quinze jours, pour maladie ou autres causes. Si le contrat est payant, la famille de l'apprenti a un an pour remettre la somme agréée. Enfin, une période d'essai d'un mois – en pratique elle varie entre un et cinq mois – permet aux uns ou aux autres de rompre le présent traité sans être tenu d'aucune indemnité, formalisation d'une pratique qui remonte à la nuit des temps. Persuadé de l'avantage d'un « acte public », un ancien apprenti décrit comment il a procédé, quoiqu'il soit difficile de démêler s'il est passé par un secrétaire des prud'hommes, un greffier de la justice de paix ou un notaire. « Quant à moi », écrit-il, « mon père n'était pas en position de payer une somme d'argent à mon patron : il fut convenu que je payerais l'instruction qui me serait donnée avec mon temps ; c'est là ce qui arrive le plus communément ». Donc, sur un engagement de cinq ans, « les deux dernières représentaient le prix que j'aurais dû payer ». Quant aux conditions matérielles, l'apprenti indique qu'il n'y a dans son cas rien à signaler, « car mon patron n'était chargé ni de me loger, ni de me nourrir ; je revenais tous les soirs à la maison ». On est loin du modèle du père-de-famille dans sa version canonique de 1851 ou sa mouture mythique de l'Ancien Régime[8].

Les critiques de la rigidité libérale mettent en garde contre la pratique de la convention verbale, incapable, selon eux, d'encadrer efficacement l'apprentissage et encore moins de contribuer à sa renaissance. Avant et après 1851, les hérauts de l'apprentissage s'accordent sur leur préférence pour un contrat écrit, particulièrement parce qu'il protège mieux la partie faible, l'apprenti.e, les clauses sur la durée et les prestations étant les plus litigieuses. Rédacteur d'une

8. « Formule de contrat d'apprentissage » empruntée à Anselme Defénois et Auguste Vavasseur, *Traité pratique, formulaire général du Notariat de France et d'Algérie*, Paris, L'Administration du *Journal des notaires et des avocats*, 2 tomes, 1868, par J. de Lacoste Lareymondie, *Le Contrat d'apprentissage*, p. 149 ; A. Audiganne, *Les Ouvriers en famille*, p. 37-39.

revue consacrée à l'enseignement professionnel, Gaumont, au début des années 1860, déclare que « le contrat d'apprentissage n'existe véritablement plus dans la plupart des ateliers ». Thunot, président d'un des conseils de prud'hommes parisiens, estime que le tiers des arrangements d'apprentissage sont des conventions écrites dans son domaine. Le noyau de ces contrats est l'obligation réciproque entre le maître « en bon père de famille » s'engageant à « apprendre sérieusement son état » à l'apprenti.e et le père réel (car c'est essentiellement pour ce prud'homme une affaire entre adultes) veillant à ce que l'apprenti soit attentif « aux leçons que l'on lui donnera dans l'atelier ». Sa conclusion est sombre : « tout cela s'exécute médiocrement » en raison de deux propensions négatives, du père vers « la cupidité » et du patron vers « l'exploitation ». Croyant toujours au pari contractuel, certains conseils de prud'hommes font pression sur les patrons pour recourir à la convention écrite, mais ce n'est plus pertinent quand la relation entre le patron et l'enfant/adolescent.e passe principalement par un salaire. Quand son père propose d'amener Petit-Pierre voir un futur maître dans l'espoir de « passer un contrat », le fils, garçon très sérieux, répond assez péremptoirement dans l'idiome d'orgueil du jeune ouvrier (suivant le roman autobiographique de Léon Jasmin, maître menuisier et anarchiste) :

> Inutile papa de passer un contrat pour cela. Ce que vous conviendrez ensemble je vous jure que je m'y conformerai en tous points pourvu que je sois menuisier, car je tiens à prouver que ma parole est plus solide que les verrous d'une prison.

Le président Thunot semble entendre les propos d'un Petit-Pierre, car il prétend que les prud'hommes jugent un contrat verbal comme s'il était écrit, quand les acteurs paraissent crédibles, position qui ne semble guère constituer une doctrine[9].

9. B.-Louis Bellet, *Code-manuel des ouvriers, des contre-maîtres et des apprentis, leurs devoirs, leurs droits et leurs intérêts*, Paris, Martinon, 1847, p. 60 ; *Enquête sur l'enseignement professionnel*, t. 1, p. 112-13 (Baudin), 150 (Gaumont), 237 (Thunot) ; Laurence Montazel, « La Résolution judiciaire des conflits en matière de contrat d'apprentissage aux XIXe et XXe siècles », dans Serge Dauchy, Bruno Dubois, Farid Lekéal et Véronique Demars-Sion (dir.), *Histoire, justice et travail*, Actes du Colloque international de Lille, décembre 2003, Lille, Centre d'histoire judiciaire, 2005, p. 286 (sur la croyance des industriels du département de la Seine que sans convention écrite, pas d'apprentissage) ; Léon Jamin, *Petit-Pierre, Histoire et souvenirs d'un apprenti*, Paris, Niclaus frères, 1912, p. 16 (« il convient de dire que Petit-Pierre sauta, également, au cou de son patron d'apprentissage d'avoir accepté de le prendre sans contrat », *ibid.*, p. 17).

Au Mans, à Nantes et à Tours, des conseils soulignent que le « traité verbal » se prête à des « querelles » et des « disputes », notamment sur les obligations de part et d'autre. À Pontlieue, à l'est du Mans, une fabricante de rabats nie avoir promis de nourrir, coucher et entretenir son apprentie, différend débouchant sur une résiliation. À proximité, un sculpteur et son apprenti se retrouvent chez les prud'hommes : « Les conditions n'ayant été que verbales, ils sont aujourd'hui en désaccord sur les conditions. » Pour trancher un conflit sur la durée de l'engagement entre un carrossier et un propriétaire-cultivateur de Saint-Aubin, ce même bureau envoie son secrétaire enquêter sur « l'usage » dans la profession aux alentours. Joseph Gallouis met sa fille de quatorze ans chez Marguerite Monrousseau, maîtresse lingère de Tours, « à la charge de la nourrir, l'entretenir, lui montrer son état ». Cette dernière ne retient pas la même version de l'accord, qui est rompu. Cherchant les « bons offices » des prud'hommes, un jardinier et son apprenti trouvent une solution : ils finissent par accepter que les 50 francs versés au maître ne représentent pas le coût des prestations, mais une prime anti-fugitif à rembourser si le garçon ne part pas avant la fin de son temps[10].

Le contrat sous seing privé est un mode alternatif pour organiser l'apprentissage, parfois décrit comme une convention verbale écrite. Facile à faire, sans frais, il offre la trace officiellement informelle d'un accord, à moins d'être enregistré. Procédure peu coûteuse, cet enregistrement dans les bureaux de l'État répandus à travers l'Hexagone crée pour les historiens l'opportunité d'entreprendre une sorte de recensement, certes fastidieux à réaliser, mais susceptible de dévoiler des arrangements sur la formation dans des espaces mal connus en dehors des villes (et donc, pour le XVIIIe siècle, à l'écart de la mainmise corporative). Un petit sondage dans les archives de Paris révèle une très grande richesse d'information dans ces enregistrements extrêmement succincts. Bien des contrats sont de plus de quatre ans et de très nombreux sont payants. Cependant, on ne retrouve pas, au premier abord, la corrélation supposée par François-Étienne Mollot entre durée courte et apprentissage payant : un contrat de dix ans pour le fils d'une blanchisseuse chez un fabricant de jouets d'enfants, par exemple, coûte 200 francs. Une apprentie destinée à apprendre

10. AD Loire-Atlantique, 5 U1 45, 3 décembre 1857 ; AD Sarthe : 778 W 4, 20 février 1876, 778 W 1, 2 mars 1864 et 13 avril 1864, et 778 W 3, 30 avril 1873 ; AD Indre-et-Loire, 5 U 12, 30 novembre 1821 et 5 U 14, 5 août 1825.

pendant cinq ans à « dessinez et coloriez » paie 300 francs (mais un autre engagement de la même durée chez la même femme ne vaut que 100 francs). Un doreur sur métaux touche 200 francs pour une formation de cinq ans. La prise en charge de l'hébergement et de la nourriture n'est pas rare, et s'accompagne tant de contrats courts (trois ans ou moins) que de plus longs (cinq ans ou plus)[11].

Selon Charles Noiret, ouvrier tisserand normand, critique acerbe du capitalisme (dont le témoignage nous rappelle l'impératif de cartographier la mosaïque infiniment complexe d'usages locaux), « quelquefois les engagements entre le maître et les apprentis se font verbalement, mais ordinairement les conventions sont portées sur un écrit sous seing double, dont chaque partie a un exemplaire ». Il remarque que ces contrats donnent lieu à des manquements, et finissent par « être violés ou inexécutés ». Noiret note « qu'il faudrait plaider pour avoir raison » dans un différend de sous seing privé, « ce qui ne peut se faire sans dépenser beaucoup d'argent ». Les prud'hommes du Mans, trente ans plus tard, parlent de « sousseing verbal » ou de « sousseing » tout court. Dans un cas, un apprenti chapelier en fugue est amené à revenir terminer son temps : il est mineur, mais l'engagement par sous seing est valable, « parce qu'il est fait en sa faveur ». Un autre cas montre la même épaisseur humaine que l'on retrouve dans les disputes relevant des conventions notariales : une maîtresse lingère qui souhaite que « le sousseing verbal » soit « détruit » parce que son apprentie « ne revient [travailler] que quand elle veut, part avant l'heure sans permission » et se comporte avec « une insolence intolérable »[12].

LE NOMBRE PARFAIT EST CELUI QUI EXCLUT TOUTE IDÉE DE COMPTER

En l'absence de toute structure ou de contrôle au XIXe siècle, on attend beaucoup du contrat, seule quasi-institution avec un peu de prise sur l'apprentissage. Le camp minoritaire de réformateurs-régulationnistes aimerait utiliser le contrat pour imposer une limite

11. AP, DQ79133 : 1er janvier 1823, 31 août 1822, 7 mai 1821, 1er décembre 1821, 1er septembre 1821, 15 avril 1821, 19 août 1822, 2 octobre 1822, 25 octobre 1822 ; DQ79145 : 15 février 1825, 23 mars 1826, 4 septembre 1825, 13 novembre 1825, 1er septembre 1818, 1er janvier 1824.

12. Charles Noiret, *Mémoires d'un ouvrier rouennais*, Rouen, François, 1836, p. 17 ; AD Sarthe, 778 W 2, 11 mars, 13 mai 1868.

sur le nombre d'apprentis chez chaque maître, seule façon d'optimiser les chances pour l'adolescent d'obtenir une formation correcte et de lui accorder un minimum de protections contre l'exploitation sans vergogne. Ce n'est pas un problème qui intéresse passionnément même les partisans de la revigoration de l'apprentissage : on veut bien parler de la qualité pédagogique, technique et morale de la formation, mais le nombre d'apprentis dans un établissement paraît un simple détail, un facteur à prendre en compte après avoir réglé les points centraux. Soulever le sujet semble mettre en question le fondement de la culture politique (et économique) : la liberté, l'héritage Turgot-Le Chapelier qui imprègne quasiment tous les aspects de la vie. L'idée de fixer une limite au nombre d'apprentis qu'un patron a le droit d'employer est considérée comme un exemple par excellence de la régulation corporative, donc un retour en arrière vers un univers oppressif, vers un système de relations sociales de production nocif, autoritaire, injuste. Jules Claye, un imprimeur connu comme un entrepreneur de progrès social d'inflexion paternaliste, fulmine contre l'idée de malmener la liberté, pivot de l'organisation économique et politique. Il rappelle que, hier, l'apprentissage était la corvée chronique entre autres « traditions pernicieuses », étouffant la transmission du savoir-faire, tandis que sa conception d'une formation partagée, dans le cadre d'une école nichée à l'intérieur de l'atelier, est la méthode la plus performante pour la fabrication du « bon ouvrier ». Claye reçoit 11 apprentis pour 110 compositeurs, proche du ratio de 10 % réclamé par les ouvriers dont il abhorre les velléités « d'ingérence » dans les affaires du patron. Leur campagne réitérée pour la réduction du nombre d'apprentis est intrinsèquement « contre notre liberté », martèle-t-il, et contre l'intérêt général[13].

Denis Poulot, ancien apprenti, contremaître, entrepreneur dans la machine-outil et théoricien de « la question sociale », à sa manière, rejoint l'imprimeur dans sa réprobation de la revendication ouvrière « du droit de déterminer le nombre d'apprentis », leur route illusoire à la conquête d'une augmentation du salaire. « Tellement attentatoire aux principes de liberté », cette tentative d'imposer un quota est une usurpation du contrôle de l'atelier, insiste le pourfendeur du « sublimisme », mode d'insoumission ouvrière. Quelques députés ont

13. Jules Claye, *De la situation faite aux imprimeurs de Paris par la Société typographique, lettre à ses confrères*, Paris, J. Claye, 1870, p. 5-6, 8-9, 11-14, 16. Cf. sa conception de l'apprentissage dans son *Manuel de l'apprenti compositeur*, Paris, J. Claye, [1871] 1874.

vainement essayé de faire insérer une délimitation du nombre d'apprentis admis pour chaque maître dans la grande loi de régulation de l'apprentissage de 1851. « Contraire à la liberté individuelle », cette restriction, d'après ses critiques, empêcherait le bon fonctionnement de l'entreprise et entraverait l'enseignement des jeunes[14].

Mais même les libéraux du milieu du XIXe siècle ne peuvent pas nier les situations d'exploitation rude d'une multitude d'apprentis et la forte tentation des patrons de « spéculer » sur cette main-d'œuvre très peu chère, sans se soucier de leur instruction. François-Étienne Mollot remarque que la loi désormais refondatrice de 1851 ne refuse pas au maître le droit de prendre plusieurs apprentis à la fois. Pourtant, avertit-il, « il faut du moins que le nombre des apprentis ne soit pas tel qu'il place le maître dans l'impossibilité de consacrer à chacun d'eux, l'enseignement et les soins qu'il est tenu de leur fournir ». Peu sentimental, Mollot est néanmoins choqué par le maître « spéculateur », sans doute pas très convaincant comme chef d'entreprise, qui, « ne voulant ou ne pouvant pas se procurer des ouvriers, croirait devoir composer tout son atelier avec des apprentis ». Dans un autre type d'atelier à apprentis, ces derniers « font entre eux l'office de maîtres, les plus avancés montrant [à] ceux qui le sont moins ». Pour cet avocat, dans ces deux cas, « le contrat d'apprentissage est dénaturé » : sans « enseignement sérieux, ce n'est plus qu'une exploitation de la jeunesse ouvrière ». Typographe, journaliste, puis homme politique, Henri Leneveux dévoile « les combinaisons peu honnêtes qui s'établissent sous ce prétexte [d'apprentissage par spéculation], et dont quelques-unes sont de véritables crimes »[15].

Libéral modéré, enquêteur à la manière de Le Play, Armand Audiganne s'inquiète du patron « spéculateur qui reçoit plus [d'apprentis] qu'il ne pouvait en instruire ». Les ouvriers, souvent sollicités pour les initier, dénoncent la dégradation des conditions de leur accueil et de leur formation. Sabrié, ouvrier opticien, participant aux assemblées ouvrières convoquées à l'occasion de l'Exposition universelle de 1867, fustige, lui aussi, les patrons « spéculant souvent sur

---

14. Denis Poulot, *Question sociale. Le Sublime ou le Travailleur comme il est en 1870 et ce qu'il peut être*, Paris, Librairie internationale A. Lacroix, Verboeckhoven et Cie, 1870, p. 287. Cf. J.-H. Cagninacci, *L'Instruction professionnelle de l'ouvrier*, Paris, A. Rousseau, 1910, p. 17.

15. F.-É. Mollot, *Le Contrat d'apprentissage*, p. 28-29 ; Henri Leneveux, *Almanach-manuel d'apprentissage. Guide pour le choix d'un état industriel*, Paris, Librairie Passard, 1856, p. 6. Cf. Isabelle Bertaux-Wiame, « Transformations et permanence de l'artisanat boulanger en France », t. 2 : « L'apprentissage en boulangerie dans les années '20 et '30 », tapuscrit, Paris, CORDES, 1978, p. 12.

les apprentis », en recrutant jusqu'à 10 en même temps qu'ils gardent cinq ans « en ne leur apprenant rien ». Un deuxième opticien reprend la critique de ces patrons égoïstes qui spéculent en occupant 7 ou 8 apprentis « dont ils font des hommes de peine qui, jusqu'à l'âge de 15 à 16 ans ne sont que des machines ». Vers la fin du XIXe siècle, la question du nombre d'apprentis provoque des grèves, comme nous l'avons noté. Une enquête lancée à la toute fin du siècle révèle que la plupart des ateliers qui ont répondu ont un rapport d'un apprenti pour 10 ouvriers (537) ; une masse considérable (284) indique 2 pour 10 ; dans 88 cas, le ratio est de 4 ou 5 pour 10. À Paris, dans l'imprimerie, il y a un apprenti pour 5 ouvriers, dans l'ameublement entre un pour 7 et un pour 10. La quantité excessive d'apprentis les empêche d'apprendre leur métier, conclut la grande enquête sur le travail menée par Edmond Briat, mécanicien et syndicaliste, à l'orée du XXe siècle. Il préconise une sorte de contingentement par branche pour éviter la saturation. Polytechnicien, industriel et vice-président de la Chambre de commerce de Lyon, Jean Coignet s'inquiète de son côté vivement du retour de « l'esprit jaloux des corporations de l'Ancien Régime » incarné par le désir de priver le patron de sa liberté de choisir comme apprenti les personnes dont il a envie, autant qu'il en souhaite[16].

RÉGULER LE SAVOIR-FAIRE AU XIXe SIÈCLE

Aux yeux des formalistes de l'Ancien Régime, le brevet achevé et signé (mais pas nécessairement commenté), avant l'expérience de perfectionnement fourni par le compagnonnage, signifie un relatif accomplissement, extrêmement variable, mais reconnu. Loin d'être

16. A. Audiganne, *Les Ouvriers en famille*, p. 36 ; Procès-verbal de la 5e assemblée des délégués, Eugène Tartaret (éd.), [*Exposition universelle de 1867.*] *Commission ouvrière de 1867. Recueil des procès-verbaux des assemblées générales des délégués et des membres des bureaux*, Paris, Augros, 1868, p. 83 ; É. Cacheux, *État actuel du patronage*, p. 35 ; V. de Chardon, « L'Apprentissage en France de 1851 à 1919 », p. 248-50, 254 ; Ministère du Commerce et de l'Industrie, Conseil supérieur du travail, session de 1902, *L'Apprentissage*, rapport de M. Briat, Paris, Imprimerie nationale, 1902, p. XXV ; J. Coignet, *À propos de la loi sur le contrat de l'apprentissage*, p. 3. Voir le texte de Gournay, père fondateur libéral, cent cinquante ans avant l'entrepreneur lyonnais, adressé à la Chambre de commerce lyonnaise : la limitation du nombre d'apprentis « est contraire à la propagation des arts, et totalement opposée aux principes qu'on devroit suivre pour multiplier [...] les hommes occupés ». Nuisible à l'État, aux miséreux et au commerce, cette « entrave » ne profite qu'à une étroite élite. Comme d'autres marchés, celui des apprentis s'autorégule : « Le nombre des ouvriers peut être quelques fois trop petit, mais ne peut jamais être trop grand [...] parce que la consommation le réduit toujours dans la juste proportion du besoin. » Vincent de Gournay, « Mémoire », 1752, papiers de la Chambre de commerce, Archives municipales (désormais AM) de Lyon.

un diplôme, il est toutefois perçu comme l'indicateur d'un réel niveau de compétence professionnelle. Au XIXe siècle, la notion de « crise » prolongée, étroitement associée à l'apprentissage, tourne autour de la question de la compétence : comment l'inculquer, comment l'évaluer, en l'absence de tout cadre institutionnel, sauf au niveau de l'entreprise ou de la localité. Le certificat d'achèvement d'engagement, appelé congé d'acquit, ne porte pas la reconnaissance d'une certaine qualification, implicite dans l'ancien brevet corporatiste. Requis théoriquement pour se faire embaucher, l'acquit est « sans valeur » dans l'esprit de bien des acteurs du monde du travail, discrédité par « la complaisance » ou « la méchanceté » des maîtres, cherchant à se débarrasser de ou à retenir leurs apprentis, rien de plus qu'un simple instrument de surveillance. Pourtant, le considérant utile et en tout cas exigé par la loi, de nombreux patrons déplorent que le congé soit tombé en « désuétude ». On discute de toutes sortes de mécanismes pour reconnaître (et parfois récompenser) un savoir-faire : épreuves, concours, bourses, prix. À part quelques grandes firmes, les structures les plus impliquées dans ces efforts sont des municipalités et des patronages. Parmi ces derniers, l'Association des enfants de l'ébénisterie de la capitale est une des plus actives, organisant une journée annuelle d'examens jugés par des jurys composés de patrons, de contremaîtres et d'ouvriers. Les apprentis sont testés par paliers : en première année, on impose une sorte de mini-chef-d'œuvre qui doit être fait en une seule journée ; en sixième année, il s'agit d'un projet de six jours.

Plusieurs groupes d'ouvriers, suivis par quelques commentateurs, imaginent un genre de « diplôme » de fin de parcours, pour d'aucuns une véritable attestation de compétence, conditionnée par la réussite à un examen organisé par des prud'hommes, omniprésents dans l'univers (idéal-type) des apprentis, ou par une commission mixte choisie dans chaque branche. Les promoteurs d'un signe standardisé de savoir-faire y voient une source de motivation et d'estime de soi pour l'apprenti.e – l'absence de titre témoignant en principe « d'insuffisance de capacité professionnelle » – et une manière indirecte de « contrôler [la qualité de] l'instruction professionnelle donnée par le patron ». Suivant une pratique habituelle des réformateurs de toutes sortes, ils citent le succès d'un système d'examen-diplôme comme marqueur du bon ouvrier en herbe en Suisse, en Autriche-Hongrie et bien entendu en Allemagne, postulat contesté par Rembert, ouvrier ferblantier, qui raille « un de ces vulgaires certificats [...] qui attestent des qualités qu'il [l'apprenti achevé] ne possède pas ».

Le Congrès de l'apprentissage de 1911 appelle quant à lui à la création d'un « diplôme » en fin d'apprentissage sanctionné par un examen, vœu exaucé immédiatement par le ministre du Commerce (et poète-chansonnier) Maurice Couyba, annonçant par son « certificat de capacité professionnelle », le CAP (« Certificat d'aptitude professionnelle »), diplôme qui fonctionne dans maintes professions depuis un siècle[17].

GERMINAL

La suppression des corporations (loi d'Allarde, mars 1791) et l'interdiction de toute association patronale ou ouvrière dans un univers atomisé qui n'est plus formé que d'individus poursuivant leurs intérêts particuliers (loi Le Chapelier, juin 1791) inaugurent le régime libéral qui gouverne désormais les relations sociales et économiques sans les structurer pendant tout le XIXe siècle, et au-delà. La fin des corporations n'est pas la fin de l'apprentissage, mais le début de son orphelinage, errement sempiternel qui minera sa réputation et son efficacité. Rétrospectivement, on voit Allarde-Le Chapelier comme la fin de l'apprentissage « obligatoire », ouvrant une brèche qui ne sera jamais colmatée[18]. Pourtant, sur le plan législatif, la refondation corporatiste

17. Fernand Dubief, *L'apprentissage et l'enseignement technique*, Paris, V. Giard et E. Brière, 1910, p. 25-26 ; Fernand de Ribes-Christofle, *L'apprentissage et l'enseignement professionnel en France*, Paris, Fédération des industriels et des commerçants français (Société du Recueil Sirey), 1905, p. 26 ; Placide Astier et Isidore Cuminal, *L'Enseignement technique, industriel et commercial*, Paris, G. Roustan, 1909, p. 43 ; R. Henry, *Rapport sur l'apprentissage dans les industries du vêtement*, Roubaix, Congrès national de l'Apprentissage, 1911, p. 28 ; Marcel Debolo, *L'Apprentissage à l'atelier*, Paris, A. Rousseau, 1906, p. 183 ; *Bulletin de la Société de protection des apprentis* (1884), p. 87-88, 90 et (1901), p. 268 ; Joseph Barberet, *Le Travail en France. Monographies professionnelles*, 6 vol., Paris, Berger-Levrault et Cie, 1886-1890, t. 5, p. 165 ; Julien Fouqué, « La Crise de l'apprentissage », *Bulletin de la Société de protection des apprentis* (1900), p. 299, 320-21 ; Rembert, ouvrier ferblantier, « Le problème de l'apprentissage », dans la Ligue française de l'enseignement, *La Question de l'apprentissage*, Paris, 1913, p. 60-64 ; A. de la Croix-Laval, *Rapport sur la crise de l'apprentissage*, Lyon, Œuvre des cercles catholiques d'ouvriers de Lyon, 1913, p. 59 ; *Bulletin de l'apprentissage* (juin 1911) ; *Bulletin de la Société de protection des apprentis* (1912), p. 385, 389 ; V. de Chardon, « L'Apprentissage en France de 1851 à 1919 », p. 172-73. Sur la question de la certification, voir Guy Brucy, *Histoire des diplômes de l'enseignement technique et professionnel (1880-1965). L'État, l'école, les entreprises et la certification des compétences*, Paris, Belin, 1998. Les ouvriers imprimeurs de Lyon demandent des examens *au début*, plutôt qu'à la fin, de l'apprentissage – avant de démarrer et après trois mois – pour donner une rationalité au numérus clausus qu'ils cherchaient à faire installer. Joseph Broichot, *Rapport sur la réglementation de l'apprentissage*, Lyon, Imprimerie nouvelle, 1900, p. 2-13.

18. Voir, par exemple, Octave Gréard, *Éducation et instruction*, Paris, Hachette, 1889, p. 179 ; Louis André et Léon Guibourg, *Le Code ouvrier, exposé pratique de la législation et de*

du mois d'août 1776 avait déjà déclenché son désencastrement, bouleversant le schéma classique de la construction de l'ouvrier qualifié, rendant l'apprentissage facultatif, altération récusée, parfois ignorée, par bien des communautés reconstituées. La pratique de l'apprentissage continue, ou reprend, après 1791, comme on vient de l'indiquer, mais on ne peut pas chiffrer cette transition d'un apprentissage à cheval entre public et privé à une formation plus ou moins privatisée.

La Révolution rejette l'idée de faire de l'apprentissage une affaire qui implique l'État : il appartient strictement à la famille et à l'atelier. L'État s'intéresse à la mise en apprentissage des enfants pauvres ou abandonnés ou des orphelins, un peu plus tard à la création des écoles d'arts et métiers visant un niveau qui dépasse celui de l'apprentissage. Dans un climat culturel favorable à toutes sortes de projets de régénération, les propositions concernant l'apprentissage sont rarissimes. Sous le Directoire, on s'émeut des désordres causés par la fuite d'apprentis avant la fin de leur engagement, soulevant le problème de l'exécution des contrats vernaculaires. Persuadé que l'apprentissage a été « aboli », Gillet, chef des ateliers publics à Bruxelles, avance l'idée de le « rétablir » en 1800, proposition qui n'aura pas de suite. Il rédige un contrat-modèle très proche du protocole basique de l'Ancien Régime : cinq ans, prestations habituelles, promesse du maître d'enseigner la profession « dans toutes ses parties » (avec des détails techniques peu communs) ; de même, l'apprenti jure « fidélité » et « exactitude », les parents « cèdent » provisoirement au maître « leur autorité paternelle », une pénalité sanctionne un départ précoce, et l'apprenti touche un salaire (par pièce) au bout de six mois dans l'atelier[19].

L'apprentissage pâtit en quelque sorte du débat assez vif sur la restauration des corporations qui marque les deux premières décennies du XIXe siècle. Dans l'esprit des communautés pendant leurs derniers mois d'existence, les corporatistes citent le besoin de clarifier le statut équivoque de l'apprentissage comme argument pour leur rétablissement. Leurs critiques l'attaquent avec véhémence, et de façon

la jurisprudence réglant le travail et les intérêts des ouvriers et apprentis, Paris, Librairie Maresq aîné, 1898, p. 41.

19. A. Léon, *La Révolution française et l'enseignement technique*, p. 256-58 ; J.-P. Guinot, *Formation professionnelle*, p. 59-60 ; Colin Heywood, *Childhood in Nineteenth-Century France: Work, Health and Éducation among the 'Classes Populaires'*, Cambridge, Cambridge University Press, 2002, p. 198 ; Jean-Claude-Michel Gillet, *Essai sur les moyens d'extirper la mendicité du sol de la République*, Paris, Imprimerie de Gillé fils, an XI, p. 45, 51, 55-56, 59-60.

historiquement caricaturale, pour mieux plomber cette nostalgie corporative. Répondant à la demande d'un groupe de marchands de vin parisiens souhaitant rétablir leur communauté et, implicitement, réhabiliter le système corporatiste, Vital Roux, économiste, banquier et négociant, rappelle ses abus exorbitants et souligne l'inutilité de l'apprentissage, imprégné de « l'esprit exclusif » et toxique du corporatisme. Dix ans plus tard, Louis-Pierre Deseine, sculpteur, graveur et pamphlétiste, plaide pour la résurrection des communautés, « seules capables d'arrêter le désordre qui s'est introduit dans toutes les branches de l'industrie nationale, par l'indiscrète liberté accordée à chacun d'exercer telle profession qu'il lui plaît », ce qui laisse prévaloir « l'intérêt particulier » sans « preuve de capacité » ni de « probité » et entrave la croissance de la richesse. Peu après, Antoine Levacher-Duplessis, avocat, reprend le thème du « honteux désordre » résultant de la suppression des communautés qui ouvre la voie à la fraude et à la mauvaise foi, alors qu'un juste, « modéré » mais rigoureux apprentissage (pas trop long, ni trop dispendieux, donc largement accessible) aurait pu les atténuer, voire les empêcher. Banquier et économiste, Michel-Frédéric Pillet-Will réfute l'influent texte de Levacher en mettant en avant l'antienne libérale que l'apprentissage, imbu de « l'esprit de monopole » et marqué par diverses « dispositions tyranniques », n'est pas « nécessaire » pour atteindre « la perfection » dans les arts et les manufactures[20].

20. Vital Roux, pour la Chambre de commerce de Paris, *Rapport sur les jurandes et maîtrises ; et sur un Projet de statuts et réglemens pour MM. les marchands de vin de Paris*, Paris, Stoupe, 1805, p. 51, 147 ; Louis-Pierre Deseine, *Mémoire sur la nécessité du rétablissement des maîtrises et corporations, comme moyens d'encourager l'industrie et le commerce*, Paris, Fain, 1815, p. 2-12 ; A. Levacher-Duplessis, *Requête au Roi et mémoire sur la nécessité de rétablir les corps de marchands et les communautés des arts et métiers*, Paris, J. Smith, 1817, p. 17, 25-26, 28, 30, 45 ; Michel-Frédéric Pillet-Will, *Réponse au Mémoire de M. Levacher-Duplessis*, Paris, Didot l'aîné, 1817, p. 27, 41, 54. Cf. le fantasme corporatiste véhiculé par Deseine : « Je tiens pour certain que sous Bonaparte, on avait agité au conseil d'état la proposition du rétablissement de toutes les maîtrises et corporations : c'était l'avis de la majorité du conseil ; il n'y eut que quelques membres un peu trop entichés de républicanisme. La proposition fut ajournée, et il est plus que probable qu'on y serait revenu. » *Mémoire sur la nécessité*, p. 27. Sur le refus des corporations, voir Claire Lemercier, *Un si discret pouvoir. Aux origines de la Chambre de commerce de Paris, 1803-1853*, Paris, La Découverte, 2003, p. 143-80. Les textes de Vital Roux et de Antoine Levacher vont connaître une postérité aux antipodes l'un de l'autre, le premier portant « une sorte de libéralisme économique dogmatique » qui traverse tout le siècle et le second influençant des penseurs corporatistes majeurs tel La Tour du Pin. Alain Cottereau, « La désincorporation des métiers et leur transformation en "publics intermédiaires" : Lyon et Elbeuf, 1790-1815 », dans Steven L. Kaplan et Philippe Minard (dir.), *La France, malade du corporatisme ? XVIIIe-XXe siècles*, Paris, Belin, 2004, p. 140-41 ; M. H. Elbow, *French Corporative Theory, 1789-1948*, New York, Octagon Press, 1966 (Columbia University Press, 1953), p. 20.

Si ce débat déconsidère l'apprentissage, anachronisme gothique, il reconnaît aussi que la pratique est loin de disparaître. Ce point de vue est si largement partagé qu'il serait imprudent de ne pas le prendre en compte, et sage de faire en sorte que l'apprentissage marche correctement, sans forcément l'encourager. La question de l'apprentissage semble s'imposer dans la discussion au sujet de l'ordre public (la crainte de l'insubordination ouvrière englobant la turbulence et la désertion des apprentis), de la compétitivité de la France dans l'arène économique internationale (comment produire de « bons ouvriers », porteurs de l'excellence et du bon goût), de l'intérêt de Napoléon, un peu à la manière de Colbert, de pratiquer une politique de régulation industrielle compatible avec une forte dose de liberté (mais l'apprentissage peut-il fonctionner dans l'intérêt général sans aucun cadre et sans le regard scrutateur et bienveillant de l'État ?). Jean-Antoine Chaptal, chimiste, industriel et chef d'un super-ministère gérant à la fois l'ordre public et l'économie sous le Consulat, s'inquiète du grand « vide » du monde libéral. « La liberté, dont la sagesse ne règle pas l'usage, dont la loi ne pose pas les limites, peut quelquefois devenir funeste », avertit Regnaud de Saint-Jean-d'Angély, révolutionnaire conservateur, puis conseiller de Napoléon. Même le très libéral Vital Roux ne nie pas « les abus de la liberté illimitée ». Dans le but de les restreindre tant soit peu, quelques patrons, juges de paix et maires se demandent, depuis des années – dès le refus de l'Assemblée nationale de mettre fin définitivement à l'existence des corporations, dans le sillage de la nuit du 4-5 août 1789 –, si l'arsenal de la police du travail de l'Ancien Régime ne contient pas certains éléments pertinents et s'ils peuvent les faire appliquer, notamment là où ces anciens règlements n'ont pas été expressément abrogés.

Autour de Louis Costaz, pragmatique conseiller économique de Napoléon, un groupe de fonctionnaires prépare en l'an IX un projet d'ampleur réglementaire qui, en ce qui nous concerne ici, tente une modeste quadrature du cercle, respectant les présupposés fondamentaux du libéralisme, mais postulant que l'apprentissage est une institution économique significative. L'État n'a pas vocation à nourrir l'apprentissage, mais il admet que ce dernier produira toujours les ouvriers les plus habiles. Handicapé par la suspicion libérale que toute entreprise de régulation cache une velléité de restauration corporative, le fond est minimaliste, nonobstant les effets d'annonce : essentiellement une structure juridique pour la prévention de l'inexécution des contrats d'apprentissage. Le projet Costaz anticipe néanmoins la rédaction de la loi du 22 germinal an XI (12 avril 1803) intitulée « Manufactures, Fabriques et Ateliers »[21].

Loi modeste et circonspecte, voire timorée, Germinal fournit tout de même la seule ossature réglementaire que connaîtra l'apprentissage pendant presque un demi-siècle. Malgré le climat globalement hostile à ce genre d'intervention, elle signale une nécessité et une volonté de réguler. Son terrain d'action est assez étroit. En quelques courts articles, la loi traite « des obligations entre les ouvriers et ceux qui les emploient », les apprentis étant considérés comme de petits ouvriers plutôt que comme une catégorie *sui generis* ou hybride d'enfants/adolescents cherchant une formation justement pour devenir ouvrier. La préoccupation cardinale est l'(in-)exécution du contrat, souci partagé du maître et de la famille, mais historiquement porté également par les communautés, souvent parties elles-mêmes du contrat et en tout cas responsables de la gestion du parcours d'avancement des jeunes, de leur éventuelle ascension sociale. Tout en refusant d'assumer le rôle de surveillance, de discipline et de garantie des corporations, l'État précise ici que le contrat ne peut être rompu sans indemnité que dans plusieurs cas (au-delà de la vaste et vague rubrique de « l'inexécution des engagements ») : « mauvais traitements » par le maître ; « inconduite » de l'apprenti ; ou « si l'apprenti s'est obligé à donner, pour tenir lieu de rétribution pécuniaire, un temps de travail dont la valeur serait jugée excéder le prix ordinaire des apprentissages » : autrement dit, la durée de formation, selon l'usage professionnel et/ou local, l'emporte sur l'équivalence imposée d'office par le maître qui accueille l'apprenti sans bourse délier. Cette dernière clause de révision est fustigée par des libéraux comme une entorse au droit, tant commun que naturel. Par ailleurs, le maître ne pourra pas retenir l'apprenti au-delà de son temps, ni lui refuser un congé d'acquit, le document-sésame qui lui permet de se faire embaucher légalement. Germinal rappelle aux acteurs leurs responsabilités et leurs droits.

21. Vital Roux, *Rapport*, p. 2 ; Julien Hayem, *Histoire de l'apprentissage*, Paris, Chaix, 1865, p. 64-65 ; J. de Lacoste Lareymondie, *Le Contrat d'apprentissage*, p. 18-20 ; E. Dolfus-Francoz, *Essai historique sur la condition légale du mineur, apprenti, ouvrier*, p. 36-40 ; M. Debolo, *L'Apprentissage à l'atelier*, p. 78-79 ; Paul Merlet, *Les Lois sur l'apprentissage et leurs conséquences économiques et sociales*, Paris, Jouve, 1912, p. 15 ; A. Cottereau, « La désincorporation des métiers », dans *La France, malade du corporatisme ?*, p. 126-33, 137 ; J.-P. Guinot, *Formation professionnelle*, p. 58-59. Un des frères de Costaz, Claude-Anthelme, économiste et secrétaire de la Société d'encouragement pour l'industrie nationale, a rédigé, lui aussi, un pamphlet anticorporatiste : *Corps de marchands et communautés d'arts et métiers*, Paris, Huzard, 1821.

Le « mauvais traitement », formule qui remonte au moins jusqu'au XVIe siècle, est un trope pour l'exploitation de l'apprenti par le maître, sous toutes ses formes : travail excessif, dégradant ou peu pertinent à la profession enseignée ; violence physique ou symbolique ; conditions d'hébergement ou d'alimentation inacceptables. L'inconduite de l'apprenti signifie l'insolence, la désobéissance, la rébellion, peut-être aussi la mauvaise foi. Face aux périls d'une liberté trop absolue, les législateurs souhaitent revenir à une relation maître-apprenti plus équilibrée, mieux arrimée, sinon plus apaisée. La répartition des devoirs favorise l'apprenti, asymétrie inattendue. La faiblesse de la loi du 22 germinal provient en fait non de ce qu'elle dit, mais de ce qu'elle n'aborde pas[22].

La portée de cette législation demeure extrêmement restreinte. Si elle n'ouvre pas la voie, comme certains critiques le prétendent, « au despotisme du fort sur le faible », si elle ne peut pas être réduite à une « loi de répression » en ce qui concerne l'apprenti, cette mesure ne définit pas la relation entre maître et apprenti au-delà des obligations de base et n'articule pas les objectifs de l'apprentissage, ni comme engagement personnel, ni comme mécanisme de transmission du savoir, ni comme processus socioéconomique ayant une incidence au-delà de la famille et de l'atelier. Elle n'établit pas de cadre pour la conduite de l'apprentissage et n'aborde que marginalement le contenu du contrat. Germinal érige quelques petites barrières de sauvegarde, mais aucun système de protection de l'apprenti. La maison du maître n'est pas dépeinte comme « une école » ; l'apprenti n'y figure pas

22. Julien Hayem et Jules Périn, *Traité du contrat d'apprentissage. Commentaire de la loi de 22 février-4 mars 1851*, Paris, Marchal, Billard et Cie, 1878, p. 8, 13-14, 67-69, 139-40 (montrant comment la loi de Germinal influe sur les considérations dans la loi de 1851, concernant notamment les débauchages, horreur pour certains maîtres, opportunité irrésistible pour d'autres) ; Fernand Dubief, « L'Apprentissage », *Bulletin de* l'AFDET, n° 18 (juillet 1907), p. 9 ; F.-F. de Lafarelle, *Du progrès social au profit des classes populaires non indigentes* ; [suivi d'un] *Plan d'une réorganisation disciplinaire des classes industrielles en France*, Paris, Guillaumin, 1847, p. 409, 411 ; L. André et L. Guibourg, *Le Code ouvrier*, p. 41 ; Julien Hayem, *Étude sur l'apprentissage dans l'antiquité et dans les temps modernes au triple point de vue historique, législatif et judiciaire*, dans *Dictionnaire de l'industrie*, Paris, C. Maréchal, 1879, p. 12 ; F.-É. Mollot, *Le Contrat d'apprentissage*, p. 17, 23 ; Louis Million, *Le Contrat d'apprentissage. Commentaire de la loi du 22 février 1851*, Paris, A. Hennuyer, 1881, p. 3. En imposant une révision du contrat pour réduire la durée jugée excessive, des conseils de prud'hommes dans la seconde moitié du XIXe siècle s'inspirent implicitement de l'humble loi de germinal. L. Montazel, « La Résolution judiciaire des conflits en matière de contrat d'apprentissage », p. 281. Cf. l'argument stimulant, mais pas convaincant de Claude Didry sur les liens entre l'héritage révolutionnaire, le droit du travail et la question sociale. *L'Institution du travail : droit et salariat dans l'histoire*, Paris, La Dispute, 2016.

comme « élève ». Il n'y a rien dans le texte sur le rôle du maître dans l'éducation technique/professionnelle ou morale de l'apprenti. Au fond, la loi souscrit à la fiction que le maître et l'apprenti (entouré ou non) sont des acteurs libres et égaux, leurs intérêts engendrant plus ou moins inexorablement un rapport juste et solide. Germinal n'évoque pas plus la résolution des conflits, question qui se trouve au cœur de la création des conseils de prud'hommes, dont les travaux rendront la loi du 22 germinal an XI quelque peu moins creuse[23].

LES PRUD'HOMMES : ORIGINES, ORGANISATION, MISSION

La création et l'extension des conseils de prud'hommes sont sans doute l'étape clé dans la régulation des relations à l'intérieur de l'apprentissage au jour le jour. Ce n'est pas le lieu ici de regarder de près cette étonnante aventure sociale, juridique et culturelle qui continue encore aujourd'hui. Nous souhaitons juste évoquer la façon prud'homale de conduire la tâche extrêmement délicate de favoriser à la fois le dynamisme économique et le fragile lien social de l'entreprise. Les prud'hommes incarnent ainsi le rôle idéalisé de « véritable juge de paix » de l'industrie, ou du travail, ou de l'atelier, ou de la famille, c'est selon. Des historiens donnent diverses lectures à cette expérience. Faut-il y voir la manifestation d'une continuité de politique publique de long terme, une déclinaison « moderne » de la police du travail d'autrefois ? Ou s'agit-il d'une innovation d'inspiration mixte, corporatiste et révolutionnaire, mêlant la rhétorique de l'harmonie et de l'égalité dans un philtre libéral ? Est-ce la fin de « l'ancien paternalisme » ou sa récupération et réinvention ? Les conseils de prud'hommes sont-ils conçus « avant tout comme organismes de contrôle et de discipline dans l'intérêt patronal » (évoluant lentement en « un outil non négligeable de la défense ouvrière »), ou est-il question d'emblée d'une vision irénique, non cynique et plus ou moins équilibrée ? Dans le contexte de la politique industrielle napoléonienne, ne doit-on pas insister davantage sur le désir d'améliorer la qualité du travail à travers une formation sérieuse débouchant sur la nette supériorité des produits, plutôt que sur le rapprochement de

23. Ernest Nusse, « L'Apprentissage au point de vue de la loi et des mœurs », *Bulletin de la Société de protection des apprentis* (1877), p. 60-61 ; Charles Berteaux, *La Crise de l'apprentissage*, Paris, A. Rousseau, 1909, p. 34-36 ; P. Merlet, *Les Lois sur l'apprentissage*, p. 15-16 ; J. Hayem et J. Périn, *Traité du contrat d'apprentissage*, p. 88-89 ; J. de Lacoste Lareymondie, *Le Contrat d'apprentissage*, p. 19-25 ; J.-P. Guinot, *Formation professionnelle*, p. 62-63.

personnes aux intérêts divergents ? Est-ce le moment où le pragmatisme déplace ou au moins infléchit quelque peu l'idéologie ? Ouvre-t-on la passerelle institutionnelle entre le monde des sans-culottes (bien plus bigarré que l'on ne le dit) et l'âge encore balbutiant de la fabrique, dans la perspective de bricoler un nouvel idiome transversal[24] ?

Napoléon établit le premier conseil de prud'hommes en 1806 à Lyon, où il existe une tradition de traitement des différends socio-économiques par la voie de la conciliation parmi les maîtres dans l'industrie de la soie remontant à l'Ancien Régime. Il est difficile de dépouiller les archives judiciaires du consulat lyonnais, par exemple, à l'époque de Colbert, sans être frappé par une tonalité, sinon une méthode, de règlement des conflits qui fait penser aux prud'hommes post-révolutionnaires. Par exemple, cette affaire de résiliation d'un contrat d'apprentissage, estimée sans espoir, mais finalement résolue après examen, avec une double condition : que le maître restitue les effets de l'adolescent et que ce dernier s'engage à « ne plus travailler

24. A. Nouvion-Jacquet et Charles Cordier, *Le Patron et l'ouvrier devant le conseil des prud'hommes*, Reims, Imprimerie de *L'Indépendant rémois*, 1897, p. VII ; Monique Kieffer, « Aux origines de la législation du travail en France. La légalisation des syndicats et la démocratisation des conseils de prud'hommes », thèse de doctorat, Université de Paris 8, 1986, p. 109, 286, 288, 290-91, 385 ; Alain Cottereau, Gérard Lyon-Caen, Xavier Prétot et Yvon Desdevises, « Le premier modèle de l'institution prud'homale (1806-1866) », *JusticeS, Revue générale de droit processuel*, n° 8 (octobre-décembre 1997), p. 10-11 ; Alain Cottereau, « Justice et injustice ordinaire sur les lieux de travail d'après les audiences prud'homales (1806-1866) », *Le Mouvement social*, n° 141 (octobre-décembre 1987), p. 25-59 ; Jean-Gaspard Jutet, *Manuel indispensable de l'ouvrier, du domestique, du maître et de l'apprenti*, Paris, chez l'auteur, 1854, p. 28-29 ; F.-F. de Lafarelle, *Du progrès social*, p. 412-13 ; J. Hayem et J. Périn, *Traité du contrat d'apprentissage*, p. 213. Sur la diversité des prud'hommes et la complexité de leurs origines, voir aussi : François-Étienne Mollot, *De la compétence des conseils de prud'hommes et de leur organisation*, Paris, L. Colas, 1842 et *De la Justice industrielle des prud'hommes expliqué aux ouvriers et à ceux qui les emploient*, Paris, L. Colas, 1847 ; Jules Vilain, *Guide théorique et pratique des conseils de prud'hommes*, Bruxelles, M. Weissenbruch, 1861 ; Ernest Thomas, *Les Conseils de prud'hommes, leur histoire, et leur organisation*, Paris, A. Ghro, 1887 ; Jules Gouffier, *Des Conseils de prud'hommes ; organisation, compétence, procédure*, Paris, A. Rousseau, 1897 ; Paul Olin, *Des conseils de Prud'hommes*, Paris, Godde, 1930 ; Jean-Louis Le Hir, *Des Prud'hommes et des conseils de prud'hommes, leur origine, fonctions diverses*, Douai, Dechristé, 1861 ; Marc Sauzet, « La juridiction des Conseils de Prud'hommes », *Annales du droit commercial*, t. 2 (1889), p. 97-113, 145-71 ; Paul Delsalle : « Tisserands et fabricants devant les prud'hommes. Essai sur les relations professionnelles et les conflits du travail dans la région de Roubaix-Tourcoing, 1810-1848 », *Revue du Nord*, t. 67, n° 265 (1985), p. 555-562 et « Tisserands et fabricants chez les prud'hommes dans la région de Lille-Roubaix-Tourcoing (1810-1868) », *Le Mouvement social*, n° 141 (octobre-décembre 1987), p. 61-80 ; René Bourrigaud, *Les prud'hommes de Nantes au XIXe siècle*, Nantes, Goubault, 1990 ; Béatrice Craig, « Justice bourgeoise ? Justice masculine ? Les Conseils de Prud'hommes au début du XIXe siècle, l'exemple de Tourcoing », *Histoire sociale* [Université d'Ottawa], n° 50 (novembre 1992), p. 257-282.

dudit art de la soye » à l'avenir. Ordinairement, un des échevins, « négociant » ou proche du milieu des entreprises, est chargé chaque année des « contraventions » relevant des arts et métiers : « En conséquence, lorsqu'un apprenti se plaignait d'un maître, ou le maître de son apprenti, le plaignant se rendait chez cet échevin, lequel fesait venir, devant lui, les parties ; il tachait de les arranger à l'amiable en se conformant aux lois ; s'il ne réussissait point, on les fesoit venir au consulat. » Là, ce même échevin, le mieux informé et le plus proche des parties, jouait le rôle de rapporteur ; prenant acte de l'échec de la conciliation, on passait rapidement au jugement. « On se louait beaucoup de cet établissement à Lyon », selon un observateur, « où la plus grande partie des gens du peuple sont des manufacturiers illitérés [*sic*], exposés sans cesse à des discussions d'intérêts, les uns vis-à vis des autres »[25].

Les prud'hommes émergent d'une double prise de conscience, du centre (l'impératif impérial de penser la législation industrielle pour avancer la croissance économique et assurer la discipline et la stabilité du marché du travail), et de la périphérie (le besoin spécifiquement lyonnais de faire face à des problèmes d'organisation de la production et des relations sociales de production dans un contexte concurrentiel intense, déployant des outils nourris par les us et coutumes et/ou hérités de l'Ancien Régime, et d'autres engendrés par la Révolution). D'en haut et d'en bas, on cherche un instrument de régulation souple, efficace et crédible. Le premier conseil est dominé par le patronat (en l'occurrence, textile), qui détient 5 sièges par rapport aux 4 réservés aux chefs d'ateliers et à certaines catégories de maîtres-ouvriers patentés ; les simples ouvriers sont exclus. À la suite du succès fulgurant de l'institution pionnière, le nombre de conseils se multiplie promptement (36 déjà sous le Premier Empire). Leur composition se démocratise et s'élargit, et le mécanisme électoral est remanié, dans le ferment de 1848. Désormais, les ouvriers votent, et élisent autant de membres que les patrons ; le paritarisme, amplifié par un système électoral impliquant chaque collège dans le choix de l'autre, renforce l'autorité des conseils et leur poids dans la conciliation.

Beaucoup de plaintes sont adressées aux conseils, qui semblent avoir réussi la conciliation dans près de 90 % des cas (si l'on inclut

25. AM Lyon, HH 215, 28 novembre 1674 ; J. Peuchet, *Dictionnaire universel de la géographie commerçante*, Paris, Blanchon, an 8, p. 82-83.

les affaires retirées avant l'audience), sans compter les règlements informels à la suite de contacts à l'atelier ou même au domicile des prud'hommes engagés. « Les Prud'hommes sont investis d'un pouvoir discrétionnaire très grand », d'après deux praticiens, « ils ne devront en user qu'avec la plus grande circonspection et se souvenir que la conciliation est la base de leur institution ». Les bureaux du conseil sont en principe d'accès facile, ouverts souvent tous les jours en ville, avec un règlement des différends pratiquement sur-le-champ, moyennant des frais généralement modiques. Cela dit, n'oublions pas l'avertissement du philosophe et homme politique Jules Simon : psychologiquement et socialement, c'est souvent un vrai défi pour le père, simple ouvrier, de se présenter devant les prud'hommes pour sa fille ou son fils. Les prud'hommes n'arrivent à Paris qu'à partir de 1843, en partie à cause de la résistance des grands patrons (notamment banquiers et négociants) au sein de la Chambre de commerce, qui considèrent que la police suffit pour le maintien de la subordination et que les prud'hommes figurent un cheval de Troie pour le retour des corporations. Le juriste François-Étienne Mollot mène une robuste campagne en faveur d'une implantation parisienne au nom des valeurs libérales et sociales qui sous-tendent justement l'expansion de l'activité capitaliste. Prolifique commentateur juridique et semi-vulgarisateur de l'information concernant l'apprentissage, il restera longtemps un conseiller des prud'hommes parisiens, notamment pour ce qui est du conseil des industries des métaux[26].

Les prud'hommes sont caractérisés avant tout par leur diversité – d'origine, d'habitus, de parcours, de profession, de région, de culture et de sensibilité sociopolitique et morale, d'engagement dans

26. A. Nouvion-Jacquet et C. Cordier, *Le Patron et l'ouvrier*, p. 31 ; A. Robert, *Petit guide pratique des patrons, ouvriers et apprentis devant les Conseils de Prud'hommes*, p. 3, 9 ; A. Cottereau : « Justice et injustice ordinaire sur les lieux de travail », p. 38 et *passim* et « Les prud'hommes au XIXe siècle, une expérience originale de pratique du droit », *JusticeS, Revue générale de droit processuel*, n° 8 (octobre-décembre 1997), p. 9-21 ; A. Audiganne, *Les Ouvriers en famille*, p. 49 ; A. Cottereau, G. Lyon-Caen, X. Prétot, et Y. Desdevises, « Le premier modèle de l'institution prud'homale (1806-1866) », p. 12, 13, 16 ; Monique Kieffer, « La législation prud'homale de 1806 à 1907 », *Le Mouvement social*, n° 141 (octobre-décembre 1987), p. 9-24 ; J. Simon, « L'Apprentissage des jeunes ouvriers dans la petite industrie », *Revue des deux mondes* (février 1865), p. 736 ; Claire Lemercier, « Prud'hommes et institutions du commerce à Paris des origines à 1870 », version provisoire pour le Colloque « Histoire d'une juridiction d'exception : les prud'hommes », 2006, p. 4, 16-17, 19-20. Cf. le regard ambivalent que le corporatiste Antoine Levacher-Duplessis porte sur les prud'hommes, héritiers, d'après lui, de la vocation corporatiste. A. Levacher-Duplessis, *Requête au Roi et mémoire sur la nécessité de rétablir les corps de marchands et les communautés des arts et métiers*, p. 29.

cette tâche au-delà et en dehors de l'entreprise. Même si l'on arrivait à dresser une sorte de portrait idéologique collectif, à l'aide d'éléments tirés des résumés – pas tout à fait des procès-verbaux – de leurs conciliations et jugements, énormément d'individus échapperaient à la cristallisation de cette tendance centrale. Parler d'*une* attitude prud'homale par rapport à telle ou telle problématique relève de la gageure. Par ailleurs, l'époque et son climat sociopolitique pèsent sur les prud'hommes. Ceux du début, ceux marqués par 1848 et ceux entrant en service dans le dernier quart du siècle, où syndicats patronaux et ouvriers s'affrontent et des grèves éclatent, ne partagent vraisemblablement pas les mêmes présupposés et ne pratiquent pas les mêmes techniques. Interrogé par un ministre au cours d'une enquête sur l'enseignement professionnel en 1863, Thunot, président d'un des conseils parisiens, a du mal à cacher son parti pris pour les patrons (comme lui), dotés à ses yeux naturellement et socialement d'une supériorité morale et hiérarchique. Tout en reconnaissant qu'il y a parfois des abus graves ou « des faits de brutalité bien constatés », il croit *a priori* le patron dans des affaires de rupture de contrat (les prétextes habituels des parents, cible primordiale pour ce prud'homme, mauvaise nourriture ou correction violente, sont « rarement » vrais, leur cupidité les poussant à tout faire pour léser le maître). Écrivant vers la fin du siècle, A. Nouvion-Jacquet, président du conseil de prud'hommes de Reims, et Charles Cordier, son secrétaire, membre officieux, un patron et un ouvrier, cèdent moins facilement à des préventions sociales. Ils contestent un jugement prononcé le 5 janvier 1875 par un conseil parisien qui décide « que le maître doit être cru sur son affirmation » dans une dispute concernant la durée de l'apprentissage. « Nous pensons qu'il n'est pas prudent d'appliquer l'article 1781 du Code civil [donnant un primat absolu au mot du maître] aux contrats d'apprentissage », arguent-ils : « Outre que cet article paraît viser surtout les domestiques et gens de maison, cette disposition, vestige de l'ancien droit coutumier, constitue un privilège exorbitant au profit du maître et n'est plus en rapport avec nos mœurs et les principes d'égalité qui régissent la Société actuelle »[27].

Nouvion-Jacquet et Cordier esquissent une sorte de modèle d'action pour le traitement de l'apprentissage, puissamment aiguillonné

27. A. Nouvion-Jacquet et C. Cordier, *Le Patron et l'ouvrier*, p. 14-15 ; Thunot dans *Enquête sur l'enseignement professionnel*, t. 1, p. 237-38.

par la loi de 1851 que nous examinerons plus loin, et animé par des valeurs personnelles : il est peu vraisemblable qu'il devienne la norme nationale. D'abord, ils élaborent une définition simple et assez précise : « L'apprentissage est l'étude que fait un individu, généralement mineur, chez un maître ou patron, sous sa surveillance et son enseignement, des connaissances théoriques et pratiques qui lui permettront à un moment donné d'exercer une profession, un métier, un art manuel, et même de l'enseigner à son tour. » Comment parvenir à ce résultat ? Une rencontre, un accord (contrat verbal ou écrit), puis une relation engendrant « des obligations et des devoirs réciproques », dans le meilleur des cas une affinité, voire un type de dépendance mutuelle. Ce processus est tout sauf mécanique, il est fréquemment incomplet, parfois saboté, involontairement ou délibérément. Pour favoriser son succès, les deux auteurs ont une double stratégie. Premier volet, sans proposer de moyens concrets, Nouvion-Jacquet et Cordier souhaitent que les familles soient mieux informées et mieux préparées, et que les maîtres, malgré les usages dont ils sont imprégnés, soient plus attentifs aux besoins spécifiques de chaque cas. : « Nous avons été frappés de l'ignorance où sont les apprentis et leurs parents de leurs obligations envers les patrons, et aussi de la coupable insouciance que trop de maîtres apportent à leur tour dans l'accomplissement de leurs devoirs. » Mieux orientées, les familles guideront leurs enfants vers une entente respectueuse et fructueuse avec le maître, selon les deux représentants des prud'hommes rémois, qui refusent de douter de leur bonne foi à la manière du Président Thunot. Les maîtres devraient comprendre que c'est tout à leur avantage de gagner l'adhésion de l'apprenti à leur entreprise et leur façon de faire, et que mettre de la clarté et de la mansuétude dans leur relation dès le début est la meilleure façon d'obtenir une obéissance franche et éclairée. L'intérêt public est aussi en jeu ici, car le « bon ouvrier » que tout le monde cherche à fabriquer depuis presque un siècle (en chronologie post-corporatiste) trouve sa genèse dans l'atelier du patron dès les premiers jours de son engagement : « L'enfant est un être maniable et qui devient aisément ce qu'on le fait. » Le pari de le voir s'épanouir et contribuer tant à sa propre sécurité économique qu'à la richesse et la renommée de la nation est perdu « s'il est négligé dans les années d'apprentissage »[28].

28. A. Nouvion-Jacquet et C. Cordier, *Le Patron et l'ouvrier*, p. 15, XXIII.

Le deuxième volet s'appuie sur le paradigme père-de-famille que prône la loi de 1851, seul cadre législatif de la deuxième moitié du XIXe siècle, qui semble congédier l'envie sempiternelle du maître de s'installer sous le rempart de son « autorité domestique ». L'apprenti a l'obligation d'être « soumis et respectueux envers son maître » : il lui doit les mêmes égards qu'à ses propres parents. Mais Nouvion-Jacquet et Cordier contestent autant l'utilité que la légitimité d'un rapport de force réduit à la simple domination-subordination. Selon les articles 8 et 12 de la loi, le maître « doit se conduire en bon père de famille ». Les deux auteurs offrent une exégèse expansive des droits de l'enfant/adolescent pris dans un espace-temps de liminarité, au seuil de changements profonds physiques et psychologiques, et des devoirs du maître qui ne peut échapper au rôle de père-remplaçant, métaphore-recette pour consolider et moraliser cette relation. (D'autres prud'hommes, tel Thunot de Paris, évoquent bien plus sommairement, presque mécaniquement, la responsabilité du patron de « se conduire vis-à-vis de l'apprenti en père de famille ».) « L'obligation » du maître – car c'est bien plus qu'une invitation dans cette herméneutique prud'homale – « dérive du droit qu'a l'enfance ou la jeunesse de trouver partout aide et protection contre sa faiblesse, son inexpérience et même ses mauvais penchants ». Le vrai père de l'apprenti compte évidemment sur l'engagement du maître : « Le père de famille que sa situation oblige à se séparer de son enfant à l'âge où la transformation physique et morale s'opère chez celui-ci, a le droit d'attendre de celui à qui il le confie, qui le remplacera, sinon complètement, du moins dans la plus large mesure possible, les soins et la surveillance dont son enfant aura besoin. » Tout en suggérant au maître qu'il va profiter très concrètement de tous ces gestes et soins « paternels » en façonnant un apprenti dévoué, discipliné et astucieux, les commentateurs rémois construisent un impressionnant appareil de protection autour de l'apprenti.e[29].

Protection en premier lieu morale, remarquablement circonstanciée, le programme repose moins sur des suppositions théoriques que sur une observation attentive : « Le maître devra veiller à ce que l'apprenti ne soit pas exposé aux grossièretés ou aux brutalités de ses subordonnés, qu'il n'en soit point le jouet ou la risée, qu'il ne serve pas d'intermédiaire pour des correspondances plus ou moins intimes, qu'il ne soit pas le témoin de paroles ou d'actes de nature à

29. *Ibid.*, p. 14, 20; Thunot, *Enquête sur l'enseignement professionnel*, t. 1, p. 237.

compromettre son innocence et sa moralité, qui le familiariseraient avec le mal et feraient naître ou développeraient en lui de mauvais penchants. » Les prud'hommes entendent inoculer l'apprenti contre toutes les formes de « sublimisme », l'esprit subversif et toxique dénoncé par Denis Poulot. On doit veiller de manière encore plus sévère et étroite quand il s'agit d'une apprentie, au point « d'entendre les chants ou les conversations des ouvriers ou ouvrières entre elles ». Il faut s'efforcer de ne pas faire travailler les deux sexes dans le même atelier, ou proches l'un de l'autre ; si le maître a des fils, il ne devrait pas « pouvoir coucher une apprentie dans sa maison ». La responsabilité du maître s'étend à la conduite des apprenti.e.s en dehors de chez lui, mais les prud'hommes sont bien moins loquaces sur cet aspect[30].

La protection dans leur schéma est physique et matérielle aussi bien que morale. Si le maître s'engage à héberger et nourrir l'apprenti, il doit fournir un logement salubre et convenable et une nourriture suffisante et saine : « Il lui doit ce qu'il doit à ses propres enfants, car l'apprenti n'est pas un domestique », rappel récurrent dans le texte prud'homal. À ce propos, Nouvion-Jacquet et Cordier soulignent que la loi de 1851 interdit – sauf conventions contraires – l'imposition de travaux qui ne se rattachent pas à l'exercice de la profession. « La femme du maître fait [de l'apprenti] quelquefois un véritable domestique », écrivent-ils, « c'est ainsi qu'elle l'emploie à balayer, à laver sa maison, faire des courses pour le ménage, etc. ». Le président et le secrétaire sont hostiles à ce détournement, mais parce qu'ils vivent dans le monde réel et connaissent l'empire des usages, ils ne sont pas inflexibles. Lorsque l'apprenti ne paie pas son apprentissage, « les juges peuvent admettre à la rigueur que de temps à autre l'apprenti soit appelé à rendre tel ou tel service personnel à son maître comme compensation des pertes de marchandises ou de matières que son inexpérience, son inhabileté ou même sa maladresse peuvent lui causer ». Aucune tolérance pour ce genre d'exploitation quand l'apprenti paie. En tout cas, l'apprenti ne peut pas mesurer en temps réel « le préjudice matériel ou moral » que lui coûtent ces pratiques, car en raison de tout ce temps perdu, « l'apprenti souvent ne connaît pas son métier » à la fin de son temps, et se trouve voué

30. A. Nouvion-Jacquet et C. Cordier, *Le Patron et l'ouvrier*, p. 15. Cf. le souci de la conduite et des mœurs de l'apprenti dans une convention-type des années 1840, apparemment proposée par un conseil de prud'hommes (des métaux) : Pierre-Armand Dufau, *Lettres à une dame sur la charité*, Paris, Guillaumin, 1847, p. 91.

à passer sa vie à errer de boutique à boutique sans pouvoir se fixer nulle part[31].

Cependant, pour les jeunes filles, les prud'hommes n'ont pas la même clarté réglementaire. Elles peuvent tout à fait entreprendre les travaux de lavage, balayage ou nettoyage étrangers à leur future profession, car « ils sont en effet du ressort de la femme et peuvent les habituer à l'ordre et à la propreté ». Toutefois, même – surtout – pour les jeunes filles, par définition contemporaine hyper-vulnérables, il y a une ligne rouge, et elle est morale. Pas question – malgré les « usages » chez les couturières, modistes, lingères et autres – d'envoyer l'apprentie chercher la marchandise chez le client ou la lui rapporter après le travail de la journée. C'est l'heure de l'affluence dans la ville où ces jeunes filles sont « exposées à toutes les rencontres, à toutes les entreprises », au risque, en se trouvant dans des « rues écartées et sombres », de tomber dans « la débauche », sinon « la prostitution ». Les auteurs n'osent pas aborder plus franchement la question de la sexualité[32].

Enfin, le rôle paternel n'autorise pas de « corrections corporelles ». À l'encontre d'autres prud'hommes, à en juger par leurs interventions, Nouvion-Jacquet et Cordier considèrent que l'on ne peut pas brutaliser un apprenti parce qu'il est insoumis, même s'ils reconnaissent que des « manquements répétés » au respect qu'il doit à son maître génèrent des circonstances atténuantes. En tout cas, la question du châtiment « est la cause des difficultés les plus nombreuses au cours de l'apprentissage », selon ces auteurs qui conseillent d'éviter le risque d'être accusé de mauvais traitements en administrant des punitions de substitution plutôt douces, telles la suppression d'une journée de sortie ou la privation de « certains plaisirs promis » ou d'une gratification accordée en récompense de bons services. Au fil du siècle, différents conseils produisent des avis aux antipodes les uns des autres, sur de multiples questions importantes. Concernant les mauvais traitements,

31. *Ibid.*, p. 15, 17-18. Cf. Gouin, ingénieur et prud'homme au début des années 1860, qui témoigne d'avoir cassé en conseil des contrats extrêmement défavorables à l'apprenti, ne lui donnant pas « une position différente de celle d'un homme de peine ». Ici, l'abus est articulé d'avance, mais, comme le remarque le prud'homme, « on n'a pas besoin d'aller en apprentissage » pour « apprendre à des enfants à faire manœuvrer des emporte-pièces ». *Enquête sur l'enseignement professionnel*, t. 1, p. 392.

32. A. Nouvion-Jacquet et C. Cordier, *Le Patron et l'ouvrier*, p. 15. Cf. F.-É. Mollot : si le maître « a des apprentis des deux sexes, il doit les tenir dans des ateliers séparés, et, à plus forte raison, éloigner les filles apprenties des hommes ouvriers ». Mollot, *Le Contrat d'apprentissage*, p. 55.

« la jurisprudence lyonnaise » est la plus commune : le 17 avril 1855, le conseil juge que, « bien qu'une apprentie se montre insoumise et insolente envers ses maîtres, ceux-ci n'ont pas le droit d'exercer des voies de fait contre elle ». Pourtant, dans un cas semblable, un conseil parisien refuse de prononcer la résiliation du contrat en raison justement des circonstances que ces prud'hommes regardent comme atténuantes : l'apprenti G a poussé son maître R à des excès – on reconnaît « des mauvais traitements » – en réponse à des « actes de désobéissance répétés et [d]es insultes »[33].

En ce qui concerne l'enseignement, les auteurs laissent beaucoup de latitude au maître. Celui-ci s'engage nécessairement à transmettre le savoir-faire de base de façon progressive et en rapport avec les aptitudes et l'habilité de l'apprenti, qu'il a pu déjà tester pendant la période d'essai (« le maître a l'habitude d'avoir des individus sous ses ordres ; il doit pouvoir les juger en peu de temps »). En tout état de cause, il n'est soumis à aucune règle ni obligation de résultat : « Le maître est le juge des progrès de l'apprenti. » Le patron n'est pas tenu d'instruire lui-même l'apprenti ; il peut se faire suppléer par des contremaîtres ou des ouvriers. Enfin, l'apprenti sera exposé à « tous les procédés en usage dans la profession », mais n'a aucun droit d'être initié « aux procédés particuliers » au maître, autrement dit à ses secrets[34].

Nouvion-Jacquet et Cordier relient « les services » que le maître rend à l'apprenti avec « une équivalence » en temps et travail de l'apprenti ou en argent que ce dernier verse pour sa formation/entretien. Cependant, ils admettent qu'il est « extrêmement difficile » d'assigner une durée minimum ou maximum. Dans l'esprit de « la réciprocité » qu'ils prisent, et au nom d'une pratique « équitable », les prud'hommes croient que, tout en reconnaissant la variabilité de la durée contractuelle par profession et circonstances, pourvu que le maître fournisse logement, nourriture et d'autres prestations, il faut lui laisser du temps, « lorsque l'apprenti sera en état de lui rendre de véritables services », pour profiter de cette contribution « comme compensation du temps qu'il a passé, des soins qu'il a donnés, des

33. A. Nouvion-Jacquet et C. Cordier, *Le Patron et l'ouvrier*, p. 14-15, 26, 63. Les deux affaires, la seconde sans date, sont citées par J. Hayem et J. Périn, *Traité du contrat d'apprentissage*, p. 104-05.

34. A. Nouvion-Jacquet et C. Cordier, *Le Patron et l'ouvrier*, p. 26, 64. Des prud'hommes à Orléans, Lille, Nantes, Limoges, Douai et un peu partout ailleurs traitent des affaires concernant l'enseignement dans l'apprentissage dans la deuxième moitié du siècle. L. Montazel, « La Résolution judiciaire des conflits en matière de contrat d'apprentissage », p. 281, 284.

pertes qu'il a pu subir à raison des malfaçons de l'apprenti ». C'est la théorisation du paradigme des « deux stades » de l'apprentissage dont de récentes recherches ont mis en question la réalité[35].

Nouvion-Jacquet et Cordier ne se préoccupent pas spécialement du problème du départ précoce, pourtant une des plus grosses catégories d'affaires examinées par les conseils, ce « deuxième stade » où l'abcès est crevé, à tort ou à raison. Le prud'homme Gouin regrette que la loi ne fasse pas plus pour sanctionner et à terme empêcher les principaux acteurs de conspirer objectivement pour induire l'apprenti à abandonner son patron avant l'achèvement du contrat, notamment le père, « complice » de son fils, et un autre maître prêt à trahir son confrère en embauchant le jeune fugitif. Autre président de conseil, Thunot relève, lui aussi, la mauvaise foi du père opportuniste qui dénonce le maître pour mauvaise nourriture ou logement insalubre après deux ans : derrière ses réclamations « se cache trop souvent un sentiment mauvais d'ingratitude et de cupidité ». Le père cherche à faire libérer son fils pour qu'il puisse gagner davantage ailleurs, « avant que le patron ait pu retirer le bénéfice légitime de ses soins envers l'enfant ». Les demandes des patrons exigeant la réintégration d'un apprenti parti ailleurs sont légion. Quand Thunot ne peut pas trouver de solution à l'amiable, il n'hésite pas à imposer des dommages et intérêts significatifs. Il ne précise pas combien de fois les parents des « enfants intraitables » paient l'indemnité à laquelle ils sont condamnés[36].

LES PRUD'HOMMES EN ACTION : LYON D'ABORD, PUIS PARIS

L'idée que les prud'hommes pourraient combler le « vide » d'encadrement et de régulation – la loi de Germinal ne remplissant point cette mission – attire les réflexions de nombreux observateurs à travers le siècle. En l'absence d'une législation robuste – la loi de 1851 fera semblant sans apporter les remèdes espérés –, les prud'hommes sont

35. *Ibid.*, p. 10-11, 23. Sur le modèle des deux stades, voir le chapitre 4 (Parcours de l'apprenti.e).

36. *Enquête sur l'enseignement professionnel*, t. 1, p. 392-93, 236-38. Sur la fréquence des affaires de rupture devant les prud'hommes, voir Michelle Perrot, « La Jeunesse ouvrière : de l'atelier à l'usine », dans Giovanni Lévi et Jean-Claude Schmitt (dir.), *Histoire des jeunes en Occident. L'époque contemporaine*, t. 2, Paris, Seuil, 1996, p. 107-08. Cf. la Chambre de commerce parisienne qui note que les patrons cherchent eux-mêmes une résiliation devant les prud'hommes face à l'insolence agressive : « Un patron ne peut accepter d'être en guerre ouverte avec un petit ouvrier. » *Statistique de l'industrie à Paris, résultant de l'enquête faite par la Chambre de commerce pour les années 1847-1848*, Paris, Guillaumin, 1851, p. 59.

sommés, dans cette logique, moins d'exécuter la loi que de pratiquer une inspection vigoureuse sur le terrain : une reconnaissance et éventuellement un contrôle des ateliers. Dès la première suggestion dans ce sens, des critiques fusent : ces attributs ne font pas partie du domaine prud'homal de compétence et sont, par ailleurs, contraires aux principes fondateurs du libéralisme régnant. Au milieu du siècle, en pleine expansion prud'homale, intrigué par le phénomène de « discipline industrielle », Félix de Lafarelle, économiste et député, est frappé par le corset qui entrave les prud'hommes. Ils peuvent tenter l'inspection de l'atelier, mais seulement après avoir prévenu le patron avec 48 heures d'avance, et ils doivent suivre un protocole assez rigide, censé abriter les secrets du métier. Qu'est-ce qui reste ? demande Lafarelle. Peut-être examiner les conditions hygiéniques dans lesquelles les ouvriers évoluent, tâche importante, mais de portée limitée. Peu après, plus pessimiste, Maurice Maignen, directeur du patronage ouvrier de Saint-Vincent-de-Paul, militant pour un apprentissage renouvelé, déplore un manque d'audace dans la propension des prud'hommes – pense-t-il aux Parisiens ? – à éviter l'intervention sur le lieu de travail. Il leur reproche même « une faiblesse » de comportement. Aux antipodes, voilà une décennie à peine plus tard l'élan d'enthousiasme de Denis Poulot, patron « social », qui les encense juste au moment où bien des patrons délaissent le recours à cette instance en faveur d'autres juridictions considérées plus hospitalières. Impressionné par la capacité des prud'hommes à agir, il loue leur effort infatigable pour concilier les adversaires : « Ils se rendent sur les lieux, appellent les parties chez eux, vont dans les ateliers voir des pièces, sujet de la discussion, se chargent de la surveillance des apprentis et s'assurent, par des visites fréquentes, si certains patrons exécutent bien les décisions prises par eux »[37].

37. F.-F. de Lafarelle, *Du progrès social*, p. 413-15 ; M. Maignen, témoignant dans *Enquête sur l'enseignement professionnel*, t. 1, p. 172 ; D. Poulot, *Question sociale*, p. 302. Voir aussi C. Lemercier, « Prud'hommes et institutions du commerce à Paris des origines à 1870 », et A. Cottereau, « Justice et injustice ordinaire sur les lieux de travail ». Faute de confiance dans l'offre prud'homale, des ouvriers vers la fin des années 1860 se demandent si la surveillance des apprentis ne se ferait pas mieux par l'intermédiaire des chambres syndicales. Eugène Tartaret (éd.), [*Exposition universelle de 1867.*] *Commission ouvrière de 1867. Deuxième recueil des procès-verbaux des assemblées générales des délégués et des membres des bureaux*, Paris, Lefèbvre, 1869. Au début du XXe siècle, un projet du député radical-socialiste Henri Michel pour réformer la loi de 1851 et relancer l'apprentissage, influencé sans doute par l'important Rapport Briat du Conseil supérieur du travail (1901-02), envisage de charger expressément les prud'hommes de la surveillance des apprentis au travail. J. Coignet, *Proposition de loi sur le contrat d'apprentissage*, p. 1. Vice-président de la Chambre de commerce de Lyon, Coignet flaire l'ogre corporatiste derrière le programme de la refondation de l'apprentissage. *Ibid.*, p. 3.

Le juriste François-Étienne Mollot voit les prud'hommes comme des agents cruciaux dans l'exécution des contrats, piliers du système d'apprentissage. Si les lois existantes, raisonne-t-il dans les années 1840, ne leur confient pas une autorité suffisante à cet égard, il croit que « leur zèle officieux et éclairé peut y suppléer provisoirement ». Concevant les prud'hommes comme un moteur pour la revigoration de l'apprentissage, il envisage un jour où ils auront le « droit de le diriger dans toutes ses phases, en prenant sous leur protection paternelle la jeunesse ouvrière qui se recommande par tant de titres à l'intérêt public ». Soixante ans plus tard, Paul Merlet, également juriste, vante « l'heureuse influence » des prud'hommes sur l'apprentissage, sans préciser. Mais comme Mollot, il regrette le déficit législatif qui les laisse démunis et les entraîne à « interpréter » plutôt qu'à « appliquer » : face au « caractère vague des dispositions légales », ils ont appris à compléter les lacunes de la loi en « se basant sur les usages ». Dans le même esprit, vers le même moment, le légiste Paul Pic estime que la politique prud'homale lyonnaise de déléguer certains de ses membres à l'effet d'inspecter les ateliers, quoique « peu légale », est « d'une efficacité incontestable ». Sans doute les différentes représentations des prud'hommes relèvent-elles de l'hétérogénéité des conseils et d'une certaine mystification concernant leur vocation et leurs moyens[38].

Joseph-Marie Benoît, d'une famille paysanne dans l'Ain, canut, puis député ouvrier en 1848 (où il participe à un comité cherchant à régler les différends entre patrons et ouvriers), est un des rares hommes politiques qui essaient justement de fournir aux prud'hommes un cadre législatif pour agir utilement et socialement. Nuls autres ne sont mieux placés pour « établir une réglementation variable comme les métiers et les industries », informés comme ils le sont par les usages locaux, et visant en particulier une protection sérieuse pour le plus faible. Eux seuls, jouissant d'une autorité incontestable dans ce domaine, peuvent empêcher que les pères ou les tuteurs « spéculent sur leurs enfants » comme sur toute autre marchandise et atténuer la voracité des grands centres manufacturiers cherchant à drainer tous les enfants des foyers campagnards. Benoît maintient que charger les prud'hommes de la régulation des

38. F.-É. Mollot, *Le Contrat d'apprentissage*, p. 7-8 ; P. Merlet, *Les Lois sur l'apprentissage*, p. 16 ; Paul Pic, *Traité élémentaire de législation industrielle. Les lois ouvrières*, Paris, A. Rousseau, 1903, p. 919.

contrats d'apprentissage n'est point une atteinte portée à la liberté des contrats, car cette liberté ne peut se traduire par la négation des « droits des faibles ». Rapporteur de la législation qui deviendra la loi de 1851 censée réguler l'apprentissage, P.-Auguste Callet, journaliste et député de la Loire siégeant avec la droite, riposte que l'amendement porté par Benoît – proposé à plusieurs reprises – est liberticide. Il enlève la liberté que la loi tient à garantir, ce qui ne surprend pas parce que la nouvelle mission assignée aux prud'hommes ressemble à celle des anciennes corporations. La France risque de devenir un pays, suggère-t-il, où la liberté fleurit exclusivement dans les endroits où les prud'hommes ne fonctionnent pas[39].

Du côté anti-étatiste, il paraît manifeste que certains conseils transgressent les principes de la liberté industrielle en intervenant de façon illégale, soit en devançant des plaintes, soit en outrepassant la loi qui les constitue. L'argument libéral demeure vif, incarné au milieu du XIXe siècle par la Chambre de commerce de la capitale. Il y a désormais une solide culture « laisser-fairiste », comme il existait sous l'Ancien Régime une culture « police ». Il y a des bornes que les prud'hommes ne devraient pas franchir, des règles ontologiques antérieures à toute tentative de régulation. Selon la Chambre, par sa nature même, « la surveillance de la conduite des patrons envers les apprentis » est restreinte : « Des officiers municipaux, des inspecteurs spéciaux ne peuvent pénétrer partout où l'on travaille. » Pour cela, il faudrait « qu'ils exerçassent une inquisition gênante dans l'intérieur des familles, et l'on renoncerait alors à prendre des apprentis ». Par ailleurs, des conseils de prud'hommes « manquent de temps pour faire de semblables visites chez les patrons ». Ils risqueraient de « mécontenter » ceux qui les ont élus « en pénétrant dans leur atelier ». C'est un milieu de méfiance et de rivalité : ils pourraient laisser à penser « qu'ils viennent moins pour visiter des apprentis, que pour tirer parti de ce qu'ils peuvent voir en modèles de produits ou en procédés de travail ». Aux parents de faire le bon choix tout au début, puis d'accorder leur confiance aux maîtres connus pour leur talent[40].

De la jalousie commerciale qui met l'atelier hors limites, on passe par glissando au caractère sacré du foyer familial proclamé inviolable. Cette allergie à l'ingérence incite Eugène Tallon, député centre-droit

39. Cet échange est récapitulé dans J. Hayem et J. Périn, *Traité du contrat d'apprentissage*, p. 24.

40. *Statistique de l'industrie à Paris, 1847-48*, p. 60.

et réformateur-moraliste, rapporteur du projet qui deviendra en 1874 une loi majeure concernant la protection de « l'enfance ouvrière », à invoquer une autre version du paradigme père-de-famille : « Oui, nous nous sommes arrêtés devant l'autorité du père de famille ; nous n'avons pas voulu faire pénétrer l'inspection dans le foyer domestique ; nous n'avons pas voulu y créer des irritations, des difficultés, des divisions qui eussent été des plus funestes et des plus regrettables. » Sincèrement motivé en faveur de l'amélioration de la vie des apprentis, son cri de ralliement est « hors de la famille ». Ce qu'il appelle pudiquement des « considérations d'un ordre supérieur » – au fond, politiques plutôt qu'axiologiques – l'amène à ce cantonnement strict : « Nous ne touchons au travail que là où il ne s'effectue pas sous l'autorité paternelle et dans le foyer domestique. » Même si l'écosystème de l'apprentissage évolue en fonction des mutations industrielles, la position de Tallon laisse beaucoup d'apprentis, eux, dehors[41].

Une intrusion de ce genre n'est pas la vocation des prud'hommes, affirme catégoriquement le président Thunot de Paris. Malgré la demande sociale pour l'intervention des prud'hommes dans la régulation de la vie des apprentis, « nous ne croyons pas que la loi nous investisse du droit de faire d'office des enquêtes dans les ateliers ». La surveillance des apprentis est rare et a lieu seulement à la suite d'une plainte précise, jamais de façon spéculative, voire préventive. Ainsi, explique Thunot, le conseil peut envoyer un de ses membres pour contrôler la réintégration d'un apprenti chez son maître d'apprentissage dans le sillage d'une conciliation, ou pour vérifier par leur « conduite » si l'enfant et le maître remplissent leurs obligations. Quand il paraît que le maître contrevient à la loi en faisant travailler l'apprenti le dimanche, les parents ne viendront pas se plaindre – leur « avidité » ne cesse de choquer le président – tant que les patrons paient l'enfant pour son temps (« il faut bien se persuader que les pauvres enfants », déclare ce prud'homme, « sont exploités par leur famille aussi souvent que par leur patron »). Pour une surveillance « sévère » et utile, il faut un corps d'inspecteurs dédiés, qui n'existera pas pendant encore un moment[42].

D'emblée, les prud'hommes lyonnais, pionniers, marchant sur les traces de leurs prédécesseurs corporatistes, montrent davantage

41. Eugène Tallon, rapporteur, cité dans les débats parlementaires par E. Nusse et J. Périn, *Commentaire de la loi du 19 mai 1874 sur le travail des enfants et des filles mineures employés dans l'industrie*, Paris, Marchal, Billard et Cie, 1878, p. LXXXI, CXV.

42. Thunot, cité dans *Enquête sur l'enseignement professionnel*, t. 1, p. 236, 239-41.

de volonté interventionniste que la plupart de leurs successeurs. Ils dérivent (ou bricolent) leur autorité de la loi de 1806 les créant, de leur qualité de « juges de police » (juridiction « disciplinaire » qui ne les dote pas toutefois du droit de se saisir d'office des contraventions, même dans le cas de flagrant délit), et d'une pratique un peu tautologique par laquelle ils codifient des « usages » qu'ils évoquent pour justifier leurs décisions qui, à leur tour, deviennent un fond cumulatif de justification. Donc, si ces prud'hommes, face à une dispute autour de la rupture d'un contrat, trouvent que les éléments pour trancher avec confiance en préparant une conciliation ne sont pas suffisants, ils envoient un membre enquêter sur place, voire soumettre l'atelier à une surveillance qui peut se prolonger. Quand un maître dans la Fabrique se plaint de la « négligence » réitérée d'un apprenti qui « fait mettre à bas son métier » et ne réalise pas « ses tâches », le bureau surveille l'atelier le temps d'obtenir une vue solide sur l'affaire. Il met sous « surveillance » un apprenti « imbu de dégoût » pour sa profession, un autre taxé de « mauvais vouloir » et un troisième incriminé pour « insubordination ». Face à des apprentis réfractaires dans leur désobéissance, les prud'hommes ont recours à des moyens énergiques : Serpinet, futur canut, est condamné à un jour de prison « pour cause de mauvaise conduitte » ; un autre apprenti est incarcéré pendant vingt-quatre heures pour avoir semé la pagaille à l'atelier en se bagarrant ; un troisième essuie une peine de trois jours de prison pour manque de respect aux prud'hommes chargés de le surveiller ; un apprenti réputé « bon ouvrier » écope de soixante-douze heures de prison pour indiscipline sans manifestation de remords (mais quand il fait son « repentir » sur les marches de la maison d'arrêt, son patron court chez les prud'hommes pour obtenir son pardon). Dans cette même veine activiste, le conseil mobilise des médecins pour examiner des apprentis, pour éclaircir certains différends : un apprenti est-il « pas assez robuste » pour fabriquer des velours ? un apprenti imprimeur sur étoffes mérite-il un arrêt du travail ou simule-t-il ? malade de ses yeux, un autre doit-il renoncer à son travail ? Difficile, en revanche, d'affirmer que les prud'hommes interviennent également dans des querelles sur la qualité de l'enseignement ou celle des conditions matérielles d'accueil, en lançant des investigations sur le lieu de travail[43].

43. J. Hayem et J. Périn, *Traité du contrat d'apprentissage*, p. 234-36 ; J. Hayem, *Étude sur l'apprentissage dans l'antiquité et dans les temps modernes*, p. 19 ; *L'Indicateur* (15 janvier 1835,

La mise sous surveillance, installée à Lyon par des juges-chefs d'atelier, traduit-elle un parti pris prud'homal contre les apprentis ? Peu de cas sont lancés à la demande des apprenti.es et de leur entourage. Les interventions prud'homales peuvent paraître dirigées au service des patrons. Cependant, le même conseil repousse la demande d'un maître pour des indemnités, suivant les protocoles du contrat, pour avoir péremptoirement renvoyé son apprenti « au lieu de s'adresser au conseil pour réclamer la surveillance d'un de ses membres ». Le conseil veut des preuves des prétendues fautes de l'apprenti avant de le condamner ; la simple parole du maître ne suffit plus. Les prud'hommes se montrent intransigeants vis-à-vis de « ces spéculateurs égoïstes [...] une lèpre pour notre fabrique », en l'occurrence un maître qui garde 6 apprentis dans son atelier d'étoffes qu'il exploite indûment. S'il y a des cas où les prud'hommes se révèlent particulièrement tendres avec les jeunes, c'est quand le maître s'avère singulièrement dur. Ainsi, l'affaire d'une apprentie « appelée à la barre du conseil » par son maître pour une réclamation de 3 francs 50 cents. Face à cette figure agressive et véhémente, la fille « fut saisie d'une crise nerveuse qui émeut tout l'auditoire ». Sauf le maître qui persiste à réclamer opiniâtrement son argent. Bertrand, négociant, le prud'homme présidant la séance, « tira de sa poche les 3fr 50, objet de litige, et les remet au demandeur, qui ne rougit pas de le recevoir »[44].

Les statistiques annuelles sur l'activité des prud'hommes lyonnais donnent une idée de l'importance des cas concernant l'apprentissage, et plus généralement de la robuste vitalité de cette instance. Pendant l'année 1842, 97,8 % des 4 858 causes sont réglées en conciliation, bel emblème de l'ambition – la vocation historique – de la figure prud'homale. Sur ce chiffre global, 1 574 affaires – presque le tiers – visent des conflits entre des apprentis et des « chefs d'atelier », dont 165 débouchent sur une résiliation du contrat (plusieurs dizaines pour des raisons de santé, vérifiées par un médecin mandaté par le conseil). Les prud'hommes prennent l'initiative d'assujettir 261 apprentis à

9 novembre 1834) ; *L'Avenir* (8 novembre 1846) ; *L'Écho de la Fabrique* (15 novembre 1841) ; *La Tribune lyonnaise* (novembre 1845) ; *L'Écho de la Fabrique* (15 juillet et 15 novembre 1843) ; *La Tribune lyonnaise* (juin 1845, septembre 1850) ; *L'Indicateur* (31 mai 1835). Marcel Debolo, économiste et juriste, relate que, dans la soierie, au début du XXe siècle, les prud'hommes font des « visites » dans les ateliers pour constater des « travers des apprentis », pas ceux des patrons. *L'Apprentissage à l'atelier*, p. 270-71.

44. *L'Écho de la Fabrique* (15 novembre 1843, 15 décembre 1843, 15 janvier 1843, 15 juillet 1843, 15 mars 1844, 15 février 1843, 30 septembre 1844).

une « surveillance » pour évaluer le bien-fondé des plaintes les concernant : il semble que les maîtres soient responsables du déclenchement de quasiment toutes ces investigations. Si 3 apprentis sont condamnés à de courtes peines de prison pour « mauvaise conduitte », l'inclination « paternelle » des prud'hommes, selon un observateur, a ramené 142 apprentis « à une bonne conduitte ». L'année suivante, le conseil traite un total de 4 855 causes en 156 audiences publiques, 97,5 % résolues par conciliation. (Au-delà des audiences, lors de 150 séances au secrétariat, 416 dossiers sont réglés « par voie d'arbitrage » et plus de 2 000 avis ou consultations sont donnés au bureau de la présidence – encore une preuve du dynamisme des prud'hommes.) Mille quatre cent trente-sept cas – 30 % du total – opposent maîtres et apprentis. Pour divers motifs, 250 apprentis sont placés sous surveillance, donnant lieu à 210 résiliations (et 51 examens médicaux). Douze ruptures de contrat sont prononcées pour « abus de travail exercés envers des enfants trop jeunes ou trop faibles ». Le nombre global d'affaires augmente considérablement durant l'année 1844, s'élevant à 5 469, entendues en 153 audiences publiques qui génèrent seulement 85 jugements (les conciliations montent à 98,5 % de tous les dossiers). Le nombre de contestations maître-apprenti.e baisse un peu à 1 417. Des « prud'hommes-chef d'ateliers » enquêtent sur 277 cas (ateliers « visités assidument ») parce que « ces apprentis ne se conduisaient pas bien ou parce que leurs maîtres ne leur donnaient pas les soins convenables ». Ces surveillances entraînent 134 résiliations – chute importante –, dont 10 pour des abus de travail (« en dessus des forces » des apprentis impliqués). Dix ans plus tard, à peine 20 % des 4 624 dossiers concernent l'apprentissage, dont 374 qui génèrent des surveillances d'atelier témoignant d'une volonté accrue de regarder ce qui se passe sur le lieu de travail. À l'échelle nationale, Denis Poulot, entrepreneur, prétend en 1870 que 50 % de toutes les causes prud'homales sont relatives à l'apprentissage. Mais le recensement officiel des affaires indique que les prud'hommes s'occupent de moins en moins d'affaires concernant l'apprentissage entre 1860 (3 318 cas sur 42 160 dossiers traités, ou 7,8 %) et 1880 (1 001 sur 41 316 affaires, ou 2,3 %), malgré l'expansion importante du nombre de conseils, sans doute en grande partie parce qu'on pratique de moins en moins l'apprentissage formel[45].

45. *L'Écho de la Fabrique* (31 janvier 1843, 31 mars 1844, 5 février 1845) ; V. de Chardon, « L'Apprentissage en France de 1851 à 1919 », p. 187-88, 190-91 ; D. Poulot, *Question*

Sur bien de ces points, le conseil de prud'hommes des industries des métaux de Paris suit une voie analogue à celle des Lyonnais, sans doute avec un brin plus de circonspection sur certaines questions et d'agressivité sur d'autres. À l'instar de leurs prédécesseurs, leur méthode demeure la conciliation. En 1851, 2 883 affaires ont été portées devant ce conseil ; « presque toutes [se sont] terminées par la voie de la conciliation ». À la suite de « difficultés » constatées dans les relations entre un.e maître.sse et son apprenti.e et – c'est l'élément décisif – référées aux prud'hommes, ces derniers commencent leur tentative de rapprocher les parties : pacification, accommodement, ou transaction, il y a des accents différents. Tantôt à cette étape, tantôt après l'échec d'une première conciliation, à la suite de l'éclosion de « nouvelles difficultés », et l'organisation d'une seconde, le bureau peut décider de mettre en place une surveillance, souvent dans le but d'instiller la confiance, l'équanimité, le sens de l'existence de bornes nettes, conditions *sine qua non* pour le succès d'une entente ou d'un compromis[46].

Dans le sillage d'un départ précoce et des accusations de mauvaise nourriture, de faible enseignement et de corvées incessantes, le conseil charge un de ses membres, M. Blanc, de « surveiller » l'atelier de Gillot, monteur en bronze, avec une attention particulière pour le rapport entre maître et apprenti. Nous ne connaissons pas la nature précise de cette mission, si Blanc pénètre dans l'atelier, s'il interroge ouvriers, apprentis, et éventuels témoins, combien de temps il passe, si la surveillance se mue en « enquête », autre outil auquel le conseil peut faire appel, fréquemment quand l'affaire échappe à tout effort de rapprochement et passe en jugement. Des surveillances semblables sont mises en œuvre pour tâcher de trouver un chemin commun pour

sociale, p. 316 ; M. Kieffer, « Aux origines de la législation du travail », p. 380-81. D'après le *Compte général de la justice civile et commerciale de France*, V. de Chardon relève 3 500 cas concernant l'apprentissage en 1857, puis pendant dix ans, plus de 3 000 affaires, ou presque ; à la fin des années 1860, le nombre varie : 2 700 en 1867, une petite remontée à 2 900 en 1868, une baisse jusqu'à 2 225 en 1869 ; ensuite une quasi-dégringolade : 1 625 en 1870, 1 250 en 1871, suivie d'un rebond pendant six ans, et par la suite un plafonnement autour de 1 500 durant cinq ans. À partir du milieu des années 1880, le chiffre dépasse rarement 1 000 affaires par an. V. de Chardon, « L'Apprentissage en France de 1851 à 1919 », p. 184, 390. Sur l'importante question des usages, voir A. Cottereau, « Justice et injustice ordinaire sur les lieux de travail », p. 28-30. Le juriste F.-É. Mollot alerte : « Mais l'usage est si voisin de l'abus… » *Contrat d'apprentissage* », p. 6.

46. Pour une étude des décisions des prud'hommes parisiens en rapport avec l'apprenti.e/famille et le/la maître.sse, voir Clare H. Crowston, Steven L. Kaplan et Claire Lemercier, « Les Apprentissages parisiens aux XVIIIe et XIXe siècles », *Annales, Histoire, Sciences Sociales*, 73e année (2018), p. 876-886.

Roulisset, tailleur de diamants, et Ledoux, son apprenti, ou Fremond, sertisseur, et son apprenti Lasse. Pas de détails, hélas ; mais la certitude que les conciliations ont échoué. Dans une autre affaire, cette fois-ci sous la houlette du conseil des industries des tissus, on lance une surveillance avec l'objectif de déterminer si le porte-feuilletiste Marx transmet réellement son savoir-faire professionnel à Charles Sans, son apprenti, ou s'il « ne lui montre rien », comme le prétend sa mère. Sans pouvoir observer sur le tas, tout ce que nous pouvons conclure est que ces prud'hommes ne restent pas passifs ; ils font appel à des experts, à l'instar des Lyonnais, particulièrement des médecins, quand la santé est un enjeu dans les frictions entre maître et apprenti.e/famille ; ils ne manquent pas d'idées normatives sur le bon comportement, mais ils consultent les « usages locaux » pour mieux comprendre les attitudes des acteurs ; et s'ils ont des présupposés forts, ils cherchent réellement des renseignements, ils veulent être justes, dans le cadre et suivant les contraintes de l'ordre social de l'époque[47].

Les prud'hommes des métaux trahissent, comme les premiers Lyonnais, un goût pour l'expérimentation. Avec l'aide de François-Étienne Mollot, ils abordent la proposition controversée de l'établissement de « commissions d'enquête », envisagée mais jamais instituée à Lyon, justifiée par une lecture large de la loi de Germinal. Les prud'hommes de Rouen sont censés avoir monté une telle commission, mais ils n'osent pas procéder spontanément, de leur propre initiative. Mollot admet que la notion de commission d'investigation provoque « de l'inquiétude », mais il croit possible de forger un projet non-coercitif, qui pourrait être perçu par les patrons comme confraternel et constructif. Les « métaux » s'intéressent à la publicité, pour des raisons politiques et pédagogiques, par la diffusion écrite des jugements rendus. Ils ne sont pas timides ; ils veulent se positionner pour montrer leur capacité et leur contribution, et défendre leur pré-carré. Ils vivent mal la concurrence d'autres juridictions, réprouvée comme un empiètement illicite. Les juges de paix et de temps en temps les commissaires de police interviennent dans le champ qui leur est exclusivement attribué, selon leur interprétation. Ces prud'hommes s'offusquent de l'appétit de leurs proches collègues, porteurs d'une même cause générale. Ainsi, ils n'acceptent pas que

47. AP, D1U10 14, 28 décembre 1854, D1U10 18, 16 août 1875, D1U10 388, 6 septembre 1860 ; D1U10 4, fols. 195-96 ; D1U10 16, 21 octobre 1867 ; D1U10 4, fol. 153 (17 août 1850).

le conseil dit des industries diverses s'empare des dossiers concernant la fabrication de caisses de piano : « Que c'est à tort puisque cette profession est un accessoire de celle des facteurs de piano qui appartient au conseil [des métaux]. » Ces bisbilles territoriales font penser aux jalousies, rivalités et litiges interminables des anciennes communautés. Elles confortent la thèse que les prud'hommes, héritiers de certaines de leurs pratiques, s'efforcent subrepticement de ressusciter des formes et de l'esprit corporatifs. Impossible d'exorciser le fantasme du corporatisme pendant le XIXe siècle[48].

La loi de 1851 : le cadre manquant ?

À partir du milieu des années 1840, il y a une convergence de frémissements réformistes en faveur d'une refondation institutionnelle de l'apprentissage. La disposition pour agir est alimentée par plusieurs ferments : le regret, inégalement partagé, qu'au lendemain de la suppression du régime corporatiste (vicieux), étant donné le désir très largement répandu de garder l'apprentissage (vertueux), on n'ait pas créé une ou des institutions pour l'encadrer, l'encourager et le surveiller ; la prise de conscience grandissante d'une « crise » multifactorielle de et dans l'apprentissage (problématique à laquelle on consacre ici un chapitre) ; un sens collectif de culpabilité d'avoir exclu les apprentis des protections érigées pour les enfants travaillant dans les manufactures par la loi de 1841 ; un malaise plus général par rapport à une partie de la jeunesse qui ne semble pas seulement négligée, mais vouée à l'échec professionnel et à la misère sociale ; un sentiment, marqué à gauche, mais affectant de grands pans du paysage politique français, que le grand balancier entre régulation et liberté, programmé en faveur de cette dernière en 1789-91, est allé trop loin dans cette direction, bouleversant le tissu social ; la peur, justement, que le désordre provenant d'en bas puisse remonter en haut, directement ou obliquement, plombant l'économie et sa compétitivité internationale, faute de marchandise de haute qualité et de suffisamment de bons ouvriers.

Des voix demandant un vrai débat politique s'élèvent dans des patronages et des œuvres investies dans l'apprentissage. Le juriste François-Étienne Mollot parle pour bien d'autres commentateurs

48. AP, D1U10 4, Délibérations des prud'hommes (métaux) : fols. 15-16 (10 juin 1845), 190 (1er décembre 1861, 22 (3 septembre 1845), 25 (1er octobre 1845), 32 (11 janvier 1846), 109 (31 août 1849), 164 (28 février 1851), 297.

intéressés par la question en soutenant « qu'un sujet aussi grave que l'apprentissage mérite de fixer l'attention du législateur ». Depuis un demi-siècle, les dispositions de la loi sont « fort insuffisantes ». L'apprentissage « touche sur beaucoup de points à des questions d'ordre public et de personnes », déclare Mollot, « il aurait besoin d'être protégé et formulé par une loi particulière ». En 1845, le gouvernement soumet au Conseil général des manufactures et du commerce un avant-projet, dont certains éléments seront retenus dans la loi de 1851. On consulte des Chambres de commerce (celle de Paris à plusieurs reprises), des prud'hommes et des industriels. Sans doute ému par l'élan de 1848, malgré son ancrage à l'extrême-centre, Henri-Alexandre Peupin, ancien horloger, prud'homme et député, forge une proposition assez étoffée. Certaines de ses préconisations sont claires et fortes, suscitant une levée de boucliers libérale : l'âge minimal de douze ans pour s'engager auprès d'un maître, une limitation du nombre d'apprentis par atelier afin de ne pas donner au maître un prétexte pour éviter de s'occuper attentivement de leur formation, et un plafond de douze heures de travail par jour pour les apprentis âgés de moins de seize ans. Peupin envisage un corps d'inspecteurs, sous la houlette des prud'hommes, pour contrôler l'application de la loi. S'il y a, à mi-siècle, un consensus législatif qu'il est nécessaire de faire quelque chose, la question de l'apprentissage demeure clivante, et il faudra encore plusieurs moutures avant de trouver la bonne formule qui débouche sur la loi du 22 février 1851[49].

Cet ultime projet est défendu par son rapporteur, homme politique adroit et tenace, maître du jeu de commissions, Auguste Callet, qui sait parler du social à une assemblée conservatrice en le diluant dans le moral. Il s'appuie sur un regard historique sélectif, composite, plutôt irénique, plus proche sur le fond du grand magistrat Antoine-Louis Séguier que de Turgot, son adversaire philosophique et politique. Cependant, il a intégré le triomphe du libéralisme comme un

49. F.-É. Mollot, *Le Contrat d'apprentissage*, p. 6-8 ; J. de Lacoste Lareymondie, *Le Contrat d'apprentissage*, p. 30-31 ; Olivier Tholozan, « Le Débat parlementaire de 1851 sur le contrat d'apprentissage », dans Francis Hodern (dir.), *Construction d'une histoire du droit du travail*, dans *Cahiers de l'IRT* (Aix-en-Provence), n° 9 (avril 2001), p. 209 ; V. de Chardon, « L'Apprentissage en France de 1851 à 1919 », p. 28-34 ; J.-P. Guinot, *Formation professionnelle*, p. 114-19 ; Lee Shai Weissbach, *Child Labor Reform in Nineteenth-Century France. Assuring the Future Harvest*, Baton Rouge, Louisiana State University Press, 1989, p. 117-20 ; Jean-Michel Chapoulie, *L'École d'État conquiert la France. Deux siècles de politique scolaire*, Rennes, Presses universitaires de Rennes, 2010, p. 14. Voir la documentation considérable traçant la genèse de la loi de 1851, AN, F 12 4830.

fait incontournable, qui doit être davantage canalisé vers le marché que vers les relations sociales. Plus que le dynamisme économique, Callet prise la cohésion sociale fondée idéalement sur un paternalisme chrétien, éclairé et consensuel. Dans cette logique, l'apprentissage est en crise d'abord pour des raisons idéologiques et historiques avant de l'être pour des raisons industrielles ; il souffre parce qu'il a été délaissé par les révolutionnaires et jamais pris en main pendant un demi-siècle. Il est en crise parce que les libéraux, fidèles à leurs origines intellectuelles, n'ont jamais envisagé un compromis sur une question complexe, qui ne rentrait pas dans un raisonnement binaire. « L'éducation professionnelle a tous les hasards d'une liberté sans limites », constate Callet : entre « le despotisme » et « la licence », le paradigme libéral ne laisse pas d'espace. Pourtant, argue-t-il, « chaque atelier est une véritable école ». L'État reconnaît ses responsabilités pour « stipuler les garanties pour la santé et la moralité des élèves », mais il ne veut pas voir qu'il a « précisément les mêmes motifs d'intervention au contrat d'apprentissage ». Bien sûr, on ne peut envisager pour l'apprentissage un type de « système d'inspection et de surveillance » analogue à celui que l'on a institué dans le ressort de chaque académie chargée de gérer l'enseignement à tous les niveaux. Callet se veut lucide :

> Les relations du maître et de l'apprenti ont quelque chose d'intime que le législateur doit respecter. L'atelier touche de près au foyer domestique et l'État n'a pas le droit d'y pénétrer sans une absolue nécessité[50].

Toujours est-il que « ces garanties sont nécessaires ». Callet se tourne vers l'histoire, où il frise la nostalgie, comme une provocation, sans y céder : « Les garanties existaient dans la législation abolie en 1789 », rappelle-t-il aux députés. Mais la sollicitude royale était entachée « de l'esprit de privilège qui animait nos vieilles institutions », favorisant le monopole et restreignant la concurrence. Cela dit, « l'apprentissage n'était pas moins protégé par la communauté elle-même », qui veillait à la fidèle exécution du contrat. Dans sa vision idéalisée, le juré-« visiteur », prud'homme musclé avant la lettre, « assure la protection [de l'apprenti] » : initié « aux mystères de la profession », convenablement logé, habillé et nourri, « paternellement élevé ». Lors de la convocation des États généraux en 1789, tout en exigeant la suppression des privilèges, y compris des maîtrises, et des « autres

50. Pour ce paragraphe et tout ce qui suit sur la présentation de Callet, voir le long extrait de son intervention parlementaire reproduit par J. Hayem et J. Périn, *Traité du contrat d'apprentissage*, p. 2-8n.

coutumes gênantes de notre législation industrielle », les cahiers de doléances réclament expressément la rédaction « d'une loi générale sur l'apprentissage ». Cette loi, remarque Callet, un peu théâtralement, « est encore attendue ». La législation de 1791 « a rompu le faisceau qui unissait entre eux les maîtres, les compagnons et les apprentis », comme s'ils étaient tous membres de la communauté à part entière. Les lois Allarde-Le Chapelier ont « substitué le régime d'une liberté absolue ». Le député ne sous-estime pas l'apport décisif de la liberté, notamment la croissance économique et la prospérité. Mais faut-il oublier pour autant que « la liberté avec ses avantages a aussi ses périls » ? À certaines de ses menaces, on s'ajuste, elles finissent par rendre les gens plus résilients ; d'autres périls, « plus affligeants », sont « ceux qui troublent l'ordre moral ». Callet cite à ce propos l'apprentissage, « par exemple, [qui] a donné lieu à des abus » qui ont pesé sur la conduite de « la classe ouvrière », souvent agitée, et sur l'industrie, touchée dans certaines branches par « la décadence ».

La loi du 22 Germinal an XI s'évertue à pallier les premiers inconvénients qu'entraîne « l'absence de toute législation sur la matière », sans prétendre remplir le vide. Elle protège « la liberté de l'apprenti contre les exigences tyranniques, et la probité du maître contre la mauvaise foi de l'apprenti ». Toutefois, cette loi est notoirement insuffisante, souligne Callet. La création de l'institution prud'homale « a corrigé en partie ces abus en ramenant au joug de l'équité ceux qui voulaient s'en affranchir ». Pourtant, elle aussi pâtit de « l'insuffisance » : même si ses conseils couvraient toute la France et sa mission s'élargissait, « une loi sur l'apprentissage n'en serait pas moins indispensable ». Elle saurait guider les juges dans leur mission d'éviter le conflit en clarifiant les droits et les devoirs de chacun et en dotant d'un caractère légal les multiples « règles tacites » et « coutumes salutaires » qui façonnent le comportement des gens et dont dépendent autant les magistrats que les justiciables.

Avec une grande habileté, Callet navigue entre une régulation utile (des « gênes salutaires ») et une liberté excessive (le timide projet du ministère du Commerce qui craint une loi armant « l'apprenti contre le maître, le maître contre l'apprenti », qui risque de « compromettre par des règles arbitraires la liberté du contrat d'apprentissage »). Ayant osé critiquer la liberté sans borne, il présente des propositions qui sont comme des gages donnés aux libéraux. Malgré le précédent de 1841, le rapporteur refuse de fixer un âge au-dessous duquel aucun enfant ne peut être mis en apprentissage. Pour un homme qui se flatte de donner le primat au moral, il faut une certaine acrobatie intellectuelle pour justifier la protection d'une catégorie d'enfants (travaillant dans des manufactures ou ateliers à moteur mécanique ou à feu continu et dans des ateliers ou fabriques occupant plus de 20 ouvriers) à l'exclusion des autres, plus nombreux, parfois du même âge. César Fichet, critique social, puis Jules Simon, ont démontré que les premiers ne sont pas forcément plus misérables, plus opprimés que les seconds (les propos de Fichet sur la brutalisation des « apprentis villageois », brusquement transplantés en ville, couchés dans des armoires infestées d'insectes, réduits à manger un pain de boulangerie, « peu nutritif », plutôt qu'une miche de pâte ferme de la campagne, sont saisissants)[51].

L'objection contre l'emploi des enfants de douze ans, suivant l'analyse de Callet, est qu'ils sont trop petits pour apprendre, donc voués à une exploitation honteuse comme enfant de peine. Il prétend que la loi contiendra des dispositions pour prévenir ce type d'abus. Socialement, c'est-à-dire moralement, allègue-t-il, l'alternative est pire : « Mais si vous empêchez l'enfant de devenir apprenti avant son douzième anniversaire, qu'en ferez-vous jusque-là ? Vous vous chargez de le loger, de le vêtir, de le nourrir ? » Des familles nombreuses et indigentes ne peuvent pas le faire. « Serait-ce, par hasard, protéger cet enfant que de dire aux parents pauvres », demande le législateur : « Vous ne pouvez ni le vêtir, ni l'envoyer à l'école ; n'importe, vous le garderez nu, souffrant, ignorant, jusqu'à ce qu'il ait atteint sa douzième année. » Au lieu de construire son argument sur le dogme libéral froid, impitoyable – l'État ne peut pas enfreindre la liberté des familles, fussent-elles les plus vulnérables –, Callet l'appuie sur le pathos, figurant sa version de la question sociale.

Dans le même esprit, disons philanthropique, Callet rejette également l'imposition d'une limite au nombre d'apprentis que pourrait former simultanément un même maître. D'abord, l'ouvrier intelligent et organisé peut s'occuper très convenablement de trois ou quatre en même temps. Aveuglé par un légalisme naïf, il affirme que sa loi

---

51. J. Simon : *L'Ouvrier de huit ans*, Paris, Librairie internationale, 1867, p. 222-27 et « L'Apprentissage des jeunes ouvriers », p. 721-22 ; César Fichet, *Mémoires sur l'apprentissage et sur l'éducation industrielle*, Paris, Galban, 1847, p. 1-9, 23, 33. Voir aussi L. S. Weissbach, *Child Labor Reform in Nineteenth-Century France*, p. 112, 115-22 ; O. Tholozan, « Le Débat parlementaire de 1851 sur le contrat d'apprentissage », p. 217 ; Suzanne Touren, *Le Travail des enfants dans les manufactures*, Paris, Librairie des lois, 1931, p. 86, 106. Jeanne Gaillard semble croire que les apprentis étaient largement couverts par la loi de 1841, mais puisque la loi tombe très rapidement en « désuétude » à Paris, sa pertinence est marginale. Jeanne Gaillard, *Paris, la ville (1852-70)*, Paris, H. Champion, 1976, p. 297-98.

permet en tout cas d'exiger que l'apprentissage soit « sérieux », que le maître en ait dix ou qu'il n'en ait qu'un : « C'est tout ce que réclame la justice. » Plus important pour lui cette fois-ci, c'est l'argument des Lumières économiques qui hante tout le XIXe siècle : limiter le nombre des apprentis, c'est limiter le nombre des ouvriers et celui des maîtres, c'est « interdire à une infinité de personnes » l'accès à toutes sortes de professions. Puis, le coup de massue à cette époque : cela revient « au rétablissement des corporations que vos pères ont abolies », à refaire du travail « un privilège » étatique. « L'État procurera-t-il », interroge Callet, « un abri et du pain à tous ces enfants à qui l'on parle d'ôter la liberté qu'ils ont de se choisir à leurs risques et périls un maître et une carrière ? » Au nom de la commission parlementaire, comme s'il anticipait le reproche, il se défend de « tout esprit de système ». Il dit se fonder sur l'expérience, l'observation, guidé par le gyroscope du juste milieu, où « l'on peut régler la liberté sans la blesser » et frapper l'abus « en respectant l'usage ». Il suit en somme les traces conciliatrices des prud'hommes, en y mettant théoriquement un peu de muscle.

Pour rendre le contrat structurant, plus performant, bien moins susceptible d'abus, de nombreux commentateurs réclament depuis des années un accord obligatoirement écrit. Pour éviter des contestations et permettre des contrôles, Callet stipule un contrat forcément écrit. Cependant, pour ne pas réduire la liberté des contractants, une majorité de l'Assemblée – Callet ne conteste pas hardiment – vote un amendement autorisant le contrat tant verbal qu'écrit, ce qui paraît donner existence même à des accords tacites. Toujours appelé « brevet » à Lyon et à Rouen, parmi d'autres endroits, à la manière des corporations, le contrat contient l'état civil des acteurs, la durée de l'apprentissage et les conditions matérielles (s'il y a, par exemple, logement et/ou nourriture). Ayant promis un édifice de protection pour l'apprenti, il peut paraître surprenant que Callet n'ait pas prévu des critères concrets pour la sélection des maîtres auxquels des enfants seront confiés pendant une période prolongée. La loi demande seulement que le futur maître ait au moins vingt et un ans et qu'il n'ait pas subi de condamnation pour crime ou pour certains délits ayant entraîné une incarcération, incapacité peut-être éphémère, car le préfet pourrait la lever sur l'avis du maire. Le silence de la loi sur les qualifications professionnelles du maître et l'ambiguïté autour de son profil moral peuvent être particulièrement troublants pour la famille, qui met son enfant chez une personne que, assez souvent, elle ne connaît pas. « L'atelier peut être composé de repris de justice et de femmes perdues : le maître lui-même peut avoir été condamné pour vol [...] il peut être brutal, ignorant, débauché », note Jules Simon. « Que deviendra un enfant dans un milieu pareil ? » L'article 5 de la loi vise à rassurer les parents des jeunes filles mineures sur au moins un point précis : aucun maître, s'il est célibataire ou en état de veuvage, ne peut les loger chez lui (mesure qualifiée comme relevant d'une « morale de nuit » par Victor Schœlcher, député de gauche). Cette dernière clause moralisatrice devient la loi, et elle sera appliquée, ici et là : par exemple, quand la femme de son maître Thirest, passementier, meurt, la fille Chataignet, apprentie logée et nourrie, rentre chez son père, et le contrat verbal liant les deux familles est modifié pour prendre en compte les changements financiers et logistiques[52].

Callet entend réaliser son objectif de moraliser les relations entre maître et apprenti à travers l'idiome familial employé dans le Code civil, mais attribué à la pratique corporative dans ces associations qui se représentent d'abord comme des « communautés morales ». La loi dit que le maître « doit se conduire envers l'apprenti en bon père de famille », notion que nous avons examinée à plusieurs reprises, notamment dans le deuxième chapitre (« Parents »). Faute de pouvoir (ou vouloir) énumérer toutes les obligations du maître, la loi se sert « d'une seule expression » – bon-père-de-famille – censée les subsumer. Si Callet avait retenu, plus étroitement, la notion d'« administrateur diligent », il aurait risqué de se voir reprocher que l'administrateur gère les choses, pas les êtres humains. Il insiste sur le bon-père-de-famille pour souligner que le maître « a sous sa garde un dépôt plus précieux, l'innocence d'un enfant, sa santé, sa force, sa croyance, sa moralité ». Si l'analogie paternelle semble juste à François-Étienne Mollot (pour qui le maître n'est rien moins qu'un « second père » pour l'apprenti), pour Julien Hayem et Jules Périn, équipe de juristes-historiens, avec cette image on est plus dans la chimère que dans le droit. Le maître ne jouit pas de tous les droits qui appartiennent au père, dont la prérogative de punition corporelle, parmi bien d'autres. Ces auteurs semblent craindre que certains acteurs, notamment les parents, ne prennent littéralement le transfert symbolique du pouvoir

52. A. Audiganne, *Les Ouvriers en famille*, p. 35-36 ; J. de Lacoste Lareymondie, *Le Contrat d'apprentissage*, p. 35, 46-47 ; J. Hayem et J. Périn, *Traité du contrat d'apprentissage*, p. 48-49 ; Pierre Brizon, *L'Apprentissage hier-aujourd'hui-demain*, Paris, Pages libres, 1909, p. 70-71 ; J. Simon, *L'Ouvrier de huit ans* ; AP, D1U10 379, 23 mars 1855. Cf. M. Debolo, *L'Apprentissage à l'atelier*, p. 140, qui rapporte qu'au commencement du XXe siècle, il est difficile d'amener des patrons à signer des contrats.

et de la responsabilité paternels. Cela pourrait-il rendre compte du comportement des parents qui agissent comme si leur devoir de regard, pour ne rien dire de leur attachement affectif, cessait avec la signature du contrat, les dispensant de rendre visite ou même de s'enquérir du bien-être de leur enfant, « grave et coupable erreur », plus grave encore que la négligence du maître[53] ?

En tant que bon-père-de-famille, le maître doit « surveiller la conduite et les mœurs de l'apprenti, soit dans la maison, soit au dehors », et avertir ses parents en cas de « fautes graves » ou de « penchants vicieux ». Les prud'hommes sévissent sans doute plus contre cette négligence – « fermant les yeux » – que contre des mauvais traitements, censés fréquemment être provoqués par des apprentis. Le cas de Meunier fils n'est pas typique, mais reste instructif. En mettant leur fils en apprentissage chez Guillemin, les époux Meunier, plus angoissés ou plus aisés que d'autres parents, ont payé un tribut exceptionnel au maître (dépassant de beaucoup le prix habituel d'apprentissage), pour qu'il tienne et surveille leur fils avec la plus grande rigueur. Guillemin néglige son « éducation industrielle », lui confie des courses étrangères à la profession, et chaque soir à 19 heures « le [fait] sortir de chez lui » et ne lui permet de rentrer qu'entre 23 heures et minuit quand il rentre lui-même, « ne s'inquiétant pas de ce que devient ledit apprenti pendant cette sortie du soir qu'il lui imposait ». Les prud'hommes des métaux de Paris prononcent la résiliation du contrat sans indemnité, jugement finalement peu marqué par l'indignation[54].

L'apprenti a des obligations envers le maître qui remplace provisoirement son père : le même modèle tient dans l'esprit de la réciprocité que Callet veut insuffler à la loi, quelque peu plus favorable à l'apprenti que le rapport esquissé dans les contrats de l'Ancien Régime. Ainsi, l'apprenti « doit à son maître fidélité, obéissance et respect ». Silencieuse sur certains points clés, la loi est loquace sur d'autres, qui semblent ne pas requérir articulation, sauf pour contribuer à l'équilibre des devoirs (par exemple, l'apprenti « doit aider [son patron] par son travail, dans la mesure de son aptitude et de ses forces »). La loi ne se tait pas sur l'obligation du maître de transmettre son savoir, mais elle est fort laconique, à la façon de la plupart des contrats corporatistes : « Le maître doit enseigner

53. J. Hayem et J. Périn, *Traité du contrat d'apprentissage*, p. 102-03, 156, 159, 160. Presque tous les commentateurs conçoivent la notion d'enfant en termes plus métaphoriques que chronologiques : on est considéré enfant (au moins) jusqu'à la majorité légale.

54. *Ibid.*, p. 107.

à l'apprenti, progressivement et complètement, l'art, le métier ou la profession spéciale qui fait l'objet du contrat. » Tout en demandant s'il s'agit d'un conseil ou d'un devoir, des exégètes s'accordent pour donner au maître la possibilité de déléguer son enseignement à un contremaître ou à un ouvrier de sa boutique. Sur un point au moins, concernant la formation, qui a trait à un des abus le plus criant et répandu dans l'apprentissage, le maître n'a juridiquement aucune latitude : « Il n'emploiera jamais l'apprenti, sauf conventions contraires, qu'aux travaux et services qui se rattachent à l'exercice de sa profession. » Par ailleurs, le patron n'imposera jamais des tâches « insalubres » ou « au-dessus de ses forces ». À la fin de l'apprentissage, sans le soumettre à la moindre évaluation de compétence, le maître doit délivrer à l'apprenti un document – « congé d'acquit » – certifiant l'exécution du contrat, son accomplissement. La loi ne lui demande pas d'assumer la responsabilité de sa pédagogie et n'exige pas de l'apprenti qu'il démontre sa maîtrise des bases professionnelles[55].

Une partie importante de la loi de 1851 examine les conditions matérielles du travail de l'apprenti. Pas d'âge minimum d'entrée, ni de limite du nombre d'apprentis par atelier, lignes rouges libérales non franchies. Aux contractants de déterminer la durée de l'apprentissage. Cependant, la loi de 1851, à l'instar de celle de Germinal, laisse la possibilité d'une correction judiciaire, si le temps convenu « dépasse le maximum de la durée consacrée par les usages locaux ». Ici, la liberté cède le pas à la protection. Pourtant, comme un hommage à Tocqueville, aucun appétit jacobino-bonapartiste pour la nationalisation des normes. Jusqu'à l'âge de quatorze ans, un apprenti ne peut travailler que dix heures par jour, douze heures entre quatorze et seize ans. Aucun travail de nuit avant seize ans, pas de labeur dimanche et fêtes, sauf le rangement de l'atelier avant 10 heures le dimanche matin ou par suite de conventions particulières ou « conformément à l'usage » : l'injonction s'émousse. L'apprenti de moins de seize ans ne sachant pas lire, écrire ou compter, ou n'ayant pas terminé « sa première éducation religieuse », peut prendre jusqu'à deux heures par jour pour son instruction, prélevées sur la journée de

55. P. Merlet, *Les Lois sur l'apprentissage*, p. 62n, 70-71 ; J. de Lacoste Lareymondie, *Le Contrat d'apprentissage*, p. 69. En Italie, fin XIXe siècle, des dommages-intérêts étaient mis à la charge du patron dans le cas où l'apprenti, à la fin de son temps, aurait été « incapable d'être reçu comme ouvrier dans les ateliers de sa profession ». Peupin proposait une idée similaire dans son projet de loi. J.-H. Cagninacci, *L'Instruction professionnelle de l'ouvrier*.

travail ordinaire. Aucune méthode n'est avancée pour certifier l'exécution de cette clause par le maître. Pour ce dernier, d'abord assuré de dix heures de travail effectif de la part de l'apprenti, les deux heures sanctuarisées sont une perte sans compensation, particulièrement sensible quand le travail est l'unique forme de remboursement des frais de l'apprentissage. Par ailleurs, il y a toute une logistique à prévoir, selon les lieux, mais aussi les circonstances de chaque atelier, pour que l'apprenti puisse trouver une école ou autre institution pour obtenir des cours idoines[56].

Si rien n'est dit sur l'énorme problème du départ précoce, hantise du maître, la désertion est un des actes sur la liste des fautes pouvant déboucher sur la résiliation du contrat devant les prud'hommes, souvent avec dommages-intérêts. Parmi les autres causes possibles de rupture se trouvent des « manquements » aux stipulations agréées. Du côté de l'apprenti : « inconduite habituelle » ; indocilité et mauvais vouloir aux leçons ou ordres du maître ; défaut du paiement du prix convenu de l'apprentissage. De la part du maître : mauvais traitements, insuffisance de l'enseignement, logement malsain, nourriture mauvaise ou maigre, propos inconvenants ou toute autre entorse à la moralité. Pour les deux : toute infraction à la loi de 1851[57].

COMMENT ÉVALUER CETTE MESURE DE RÉGULATION LONGUEMENT MÛRIE ?

Comme toutes les mesures de compromis, la loi de 1851 est pétrie de tensions, voire de contradictions. Elle est héritière d'un libéralisme conquérant, au début surchauffé, subversif, ensuite progressivement transformé en rempart conservateur. Tout en rappelant les tyrannies insupportables de l'Ancien Régime, le libéralisme endort, prétendant inaugurer un espace-temps où tout se fait spontanément, naturellement, sans contrainte, propulsé par le génie de l'intérêt particulier qui concourt inexorablement à l'intérêt général. Cette drogue douce dérobe à la vue la vocation profonde du culte du laisser-faire : gouverner de manière forte et déterminée. Miser pratiquement tout

56. P. P. Pompée, directeur d'école, dans *Enquête sur l'enseignement professionnel*, t. 1, p. 83 ; L. Million, *Le Contrat d'apprentissage*, p. 28 ; J. Simon, *L'Ouvrier de huit ans*, p. 246-47 ; Georges Duveau, *La Vie ouvrière sous le Second Empire*, Paris, Gallimard, 1946, p. 427.

57. J. Hayem et J. Périn, *Traité du contrat d'apprentissage*, p. 273 ; J. de Lacoste Lareymondie, *Le Contrat d'apprentissage*, p. 81, 83-84. L'apprenti doit compenser tout « temps perdu » pour maladie ou absence injustifiée.

sur la liberté individuelle et sur un État qui n'intervient que très sélectivement n'est pas une démission politique. Parmi les ennemis-fétiches du libéralisme, le corporatisme resurgit en permanence, mais jumelé à l'absolutisme étouffant et corrupteur. L'apprentissage est le fruit de ce couplage, même s'il n'est pas irrémédiablement gangréné. La seule cure pour l'apprentissage est une longue et discrète réhabilitation dans ce que l'on appelle plus tard la société civile et le secteur privé, sans aucune implication directe de l'État. C'est contre cette situation que toutes sortes d'acteurs, soucieux de réanimer un apprentissage considéré en état de délabrement, sinon moribond, se révoltent, plus ou moins vigoureusement, au cours du XIXe siècle. La loi de 1851 est la première tentative sérieuse de traiter l'apprentissage comme un problème collectif, public, important, depuis un demi-siècle.

Il nous paraît stérile de nous contenter de caractériser cette loi comme libérale, manière codée d'expliquer tous ses défauts, même si ces derniers sont effectivement nombreux. Oui, Callet et ses amis défendent la liberté individuelle sur certains points clés (âge d'entrée, nombre d'apprentis illimité) pour des raisons tant stratégiques que de conviction profonde. Néanmoins, malgré ses multiples faiblesses, il n'en demeure pas moins qu'il s'agit enfin d'une mesure de régulation, d'intervention étatique. Ce n'est pas la loi d'encadrement ou « d'organisation » qu'espèrent les divers lobbies promouvant la renaissance de l'apprentissage. Mais elle affirme la volonté de l'État de « ramener de l'ordre », comme le dit Callet, quasiment dans la lignée des édits de Henri III et Henri IV, déjà examinés, reconnaissant la nécessité de remédier à quelques abus, de fixer des critères. Si la loi respecte la liberté individuelle sur un certain nombre de questions, elle l'enfreint sur d'autres. Elle renforce des droits, mais elle impose des devoirs, parfois nébuleux et relativement faciles à éluder, souvent assez spécifiques et réellement contraignants. Ce n'est pas un lit de Procuste dans lequel le maître est sommé de s'installer, mais ce n'est pas non plus une carte blanche permettant tout et/ou n'importe quoi.

Le contrat n'est pas forcément écrit, mais il est (re-)projeté au centre de la relation maître-apprenti et devient carrément un instrument de régulation. Le maître ne sera pas fatalement tourmenté par l'étalon du bon-père-de-famille ; il choisit en fin de compte les conventions auxquelles il veut bien se soumettre. Le paternalisme de la loi se nourrit d'une vision chrétienne et moralisatrice bien plus que d'une conception sociale. Le social est, en quelque sorte, hors de portée ; c'est une boîte de Pandore à ne pas ouvrir. Mais cela n'empêche pas Callet d'imaginer la loi comme un outil puissant pour la protection des « faibles », en l'occurrence incarnés par les apprentis, comme une tentative de réguler – de freiner et filtrer – les conséquences néfastes d'une liberté absolue, dont la victime-type est le faible. Le député sait qu'il risque de « blesser la dignité des parents et des maîtres », mais il table sur le calcul que les bienfaits de la loi feront vite oublier ses inconvénients[58].

Quelques optimistes parlent d'une mesure qui adoucit la vie des apprentis et bride la rapacité des maîtres, mais davantage d'observateurs pointent un échec, une loi « incomplète et insuffisante », « impuissante », sans « aucun effet », n'apportant « aucun progrès ». La loi ne requinque pas l'apprentissage ; au contraire, le nombre de contrats dits « sérieux » continue de baisser dans les années suivantes, et le pourcentage des jeunes jouissant d'une instruction professionnelle décline aussi. Le défaut cardinal de la loi est son inexécution. La législation ne prévoit aucun mécanisme d'application, au-delà du jeu ordinaire des prud'hommes, dont la juridiction n'est ni élargie ni renforcée, restant théoriquement passive. Sans un système de surveillance morale, matérielle et pédagogique, la mesure demeure un tigre de papier. En l'absence d'une observation attentive et suivie, effectuée, par exemple, par un corps d'inspecteurs dédié, comment vérifier la propension paternaliste du maître, le bon traitement de l'apprenti, la rigueur de sa scolarisation élémentaire ou religieuse, la loyauté et l'efficacité de l'œuvre d'enseignement, le respect de l'interdiction de certaines formes de travail (excessif ou sans rapport avec le métier), et la capacité professionnelle de l'apprenti en fin de parcours, pour ne pas mentionner sa docilité et sa bonne foi ?

Ainsi, les « garanties » dont parle Callet, déjà bien circonscrites, deviennent illusoires. Il mise trop sur la bonne volonté des acteurs, qui échappent aussi bien aux sanctions qu'à la surveillance s'ils s'écartent de leurs obligations. A. Nouvion-Jacquet et Charles Cordier, du conseil de prud'hommes de Reims, se plaignent du caractère sibyllin de l'injonction bon-père-de-famille : comment l'apprécier, la juger ? Pareille obscurité sur la perception de l'obligation

---

58. J. Hayem et J. Périn, *Traité du contrat d'apprentissage*, p. 64 ; J. de Lacoste Lareymondie, *Le Contrat d'apprentissage*, p. 35, 54 ; O. Tholozan, « Le Débat parlementaire de 1851 sur le contrat d'apprentissage », p. 211, 221.

du maître à transmettre son savoir-faire, progressivement et complètement : comment l'évaluer, sans un examen en fin de parcours ? Les auteurs, un peu dépités, soulignent : « La loi n'en dit rien. » D'un côté, l'apprenti peut se sentir paradoxalement délaissé dans un régime qui prône la présence d'un deuxième père, et de l'autre, le maître peut se sentir démuni face à l'insubordination de son apprenti.e-fils/fille, ou à sa désertion (à quoi bon un jugement d'indemnité des prud'hommes pour compenser ses pertes quand les parents sont souvent insolvables ?)[59].

Maurice Maignen, militant catholique ouvrier, dit avoir été, au moins dans un premier temps, soulagé par la loi de 1851. « Avant cette loi, nous étions dans une situation tout à fait mauvaise », avoue-t-il, « les enfants étaient complètement victimes de l'atelier et du patron ». Il loue la promulgation de la loi comme « un bienfait » – positif pour l'apprentissage « non pas, peut-être, tant comme action suivie que comme effet moral ». Le problème majeur est qu'elle « n'organise pas une inspection officielle ». Cela signifie, d'après Maignen, que peu de gens manifestent un intérêt soutenu pour la loi[60]. « Cependant », ajoute-t-il, « comme nous réclamons au nom de la loi, nous sommes écoutés ». Ce qui importe pour le militant chrétien, c'est l'engagement « à l'origine » de l'autorité locale, en l'occurrence, Pierre-Marie Piétri, avocat, ex-républicain, futur sénateur, et préfet de police de Paris de 1852 à 1858. Piétri a chargé tous les commissaires de police « de veiller à l'exécution » de la loi de 1851. « Quand nous avions à nous plaindre, pour nos apprentis, d'une contravention », raconte Maignen, « nous nous adressions à un commissaire de police, qui dressait un procès-verbal, sur lequel nous nous faisions rendre justice ». Vers la fin de la décennie, cependant, il rapporte que « la loi

59. Pour ce paragraphe et le précédent : P. Merlet, *Les Lois sur l'apprentissage*, p. 57-86 ; P. Brizon, *L'Apprentissage hier-aujourd'hui-demain*, p. 72 ; M. Debolo, *L'Apprentissage à l'atelier*, p. 255-69 ; L. Million, *Le Contrat d'apprentissage*, p. 111-12 ; J. Hayem, *Étude sur l'apprentissage dans l'antiquité et dans les temps modernes*, p. 22 ; Étienne Martin Saint-Léon, *La Crise de l'apprentissage et la réforme de l'enseignement professionnel*, Lyon, Chronique sociale de France, 1908, p. 7 ; A. Nouvion-Jacquet et C. Cordier, *Le Patron et l'ouvrier*, p. XII. Cf. Stéphane Lembré, « La "crise" de l'apprentissage : de l'échec à la loi (XIXe siècle-années vingt) », dans Natacha Coquery et Matthieu de Oliveira (dir.), *L'Échec a-t-il des vertus économiques ?*, Paris, IGPDE et Comité pour l'histoire économique et financière de la France, 2015, p. 310-12.

60. Il faudrait étudier les manuels qui sont sortis au lendemain du passage de la loi de 1851. Voir, par exemple, J.-G. Jutet, *Manuel indispensable de l'ouvrier, du domestique, du maître et de l'apprenti*. Il serait également intéressant de recenser les références à la loi dans les contrats écrits ou dans les échanges chez les prud'hommes. Voir le contrat d'une fille de treize ans à Tours, 27 juillet 1858, AD Indre-et-Loire, 5 U 17.

de 1851 est tombée en désuétude » assez brutalement : « Les commissaires de police ne tiennent plus la main à son exécution. » Son unique recours est désormais les prud'hommes. Ses relations avec eux sont rares et peu satisfaisantes : il y trouve un soutien mou. Mais Maignen parvient à visiter assez librement les ateliers où il suit des apprentis, même s'il ne gagne pas toutes ses « luttes » contre l'immoralité et l'irréligiosité. Persévérant, en 1863 il plaide toujours pour « l'exécution de la loi sur l'apprentissage »[61].

À partir des années 1870-80, le débat s'accélère sur l'intérêt de revoir et réparer la loi de 1851. « Quelque peu archaïque », ne répondant plus « aux nécessités actuelles », la loi est néanmoins, selon le juriste Paul Pic, écrivant en 1903, « encore aujourd'hui la loi organique de l'apprentissage ». (À peine dix ans plus tard, son confrère Paul Merlet caractérise la loi comme « encore aujourd'hui la loi fondamentale en matière d'apprentissage ».) Devant l'opposition du patronat local, hostile à toute ingérence de l'État dans les relations patron/apprenti, un très modeste projet de modification de la loi de 1851 lancé en 1905 par les Chambres de commerce de Besançon et de Lyon échoue. La même année, Fernand de Ribes-Christofle, entrepreneur activiste, relate une enquête de 1901 auprès de centaines d'industriels sur la décadence de l'apprentissage débouchant sur des propositions pour la modification de la loi de 1851. Parmi les réformes les plus discutées se trouvent la création d'un appareil de surveillance, vieille idée, probablement rattachée aux prud'hommes (Ribes-Christofle est contre), un examen certifiant le bon niveau d'instruction professionnelle de l'apprenti à la fin de son temps (il est pour), une limitation du nombre d'apprentis (contre), et la liberté d'établir, ou non, un contrat, mais s'il y a contrat, l'obligation qu'il soit écrit (pour). Ces idées alimentent sans doute les multiples projets de législation et les congrès consacrés à l'apprentissage à la veille de la Grande Guerre. La loi de 1851 dure quant à elle jusqu'à son remplacement par une mesure bien plus effacée en 1928[62].

---

61. Maignen témoignant dans *Enquête sur l'enseignement professionnel*, t. 1, p. 172. Un décret du 17 décembre 1868 établit une commission pour enquêter sur tous les aspects de l'apprentissage dans les petits ateliers (moins de 10 ouvriers) : « La commission ne fonctionnera jamais. » J.-P. Guinot, *Formation professionnelle*, p. 128.

62. P. Pic, *Traité élémentaire de législation industrielle*, p. 897 ; P. Merlet, *Les Lois sur l'apprentissage*, p. 25 ; Conseil supérieur du travail, session de 1902, *L'Apprentissage*, rapport de M. Briat, p. XXII-XXIII, 2 ; J. de Lacoste Lareymondie, *Le Contrat d'apprentissage*, p. 125 ; V. de Chardon, « L'Apprentissage en France de 1851 à 1919 », p. 295 ; F. de Ribes-Christofle, *L'Apprentissage et l'enseignement professionnel*, p. 13-25, 32.

VERS UNE RÉGULATION MOINS TIMORÉE : LA LOI DE 1874

La loi de 1851 survit longtemps, mais plusieurs projets législatifs envisagent de la corriger et/ou compléter, notamment en ce qui concerne l'âge d'entrée au travail, les heures de labeur et les exigences scolaires. Ils débouchent sur les lois de 1874, 1892, 1898, 1900, et 1902, parmi d'autres, classées habituellement comme des mesures de sauvegarde de « l'enfance ouvrière », intégrées dans une généalogie remontant à la loi de 1841, novatrice en son temps. Les historiens de la question les rapprochent assez rarement de la loi de 1851, toujours considérée comme traitant une problématique à part. Une commission parlementaire, menée par Eugène Tallon, magistrat, moraliste et député centre-droit, discute au début des années 1870 des propositions concernant la protection des enfants, y compris des apprentis. Il rejette la revendication de certains adversaires pour lesquels la loi de 1851 « doit être respectée dans toutes ses prescriptions ». Il évoque les 25 540 apprentis à Paris dont seuls 4 000 jouissent du contrat écrit, le seul qu'il considère comme vraiment solide, dans son interprétation forte de la loi de 1851. Tenant parfois un discours alambiqué, Tallon paraît cibler surtout la majorité, les exclus de cette élite et toute une jeunesse en dehors de tout système de transmission organisée du savoir-faire. Même les apprentis contractuels « couverts », d'après Tallon, sont toujours vulnérables à une exploitation honteuse, comme si la loi de 1851 n'existait pas :

> C'est en effet en état d'apprentissage, sous les ordres d'un patron parfois peu éclairé, brutal même, que l'enfant peut être le plus exposé à de mauvais traitements. On doit redouter alors qu'il ne souffre d'une autorité plus arbitraire, d'un appât du gain plus excité par la misère, d'une observance moins rigoureuse des règles de l'hygiène[63].

Des critiques accusent Tallon de confondre les statuts très différents de « vrais » apprentis et des enfants-travailleurs, en atelier ou en manufacture. D'autres y voient une tentative voilée d'abroger la loi

63. Tallon cité par E. Nusse et J. Périn, *Commentaire de la loi du 19 mai 1874*, p. LXXX, et les remarques du député Clément, *ibid.*, p. LXXVI ; E. Tallon, 14 mai 1872, sur le projet de loi Joubert du 19 juin 1871. Tallon doit son pessimisme sur la condition des apprentis, selon sa propre évaluation, en grande partie à celui d'Octave Gréard, grande figure de l'enseignement en France. Voir son *Éducation et instruction*, p. 187.

de 1851, devenue soudain (et brièvement) sacro-sainte. Le rapporteur de la loi de 1874 préfère éviter une querelle sur la définition précise d'apprenti ou sur la question de savoir lequel des deux sites, le petit/moyen atelier ou la grande manufacture, est plus susceptible d'infliger de « graves abus » aux jeunes travailleurs. Sa position, que la version finale de l'acte législatif va saboter en restreignant les articles « applicables aux enfants placés en apprentissage », est « l'égalité » : « On n'aurait pas fait une loi juste, si cette loi n'avait pas été égale pour tous. » Le mantra de Tallon, en ce qui concerne notre sujet, demeure que l'apprenti est (très souvent) un enfant, et qu'il faut impérativement reconnaître la prépondérance des intérêts de l'enfance sur ceux de l'industrie[64].

La modification primordiale de la loi de 1851, qui ne fixait aucun âge d'admission, est l'imposition d'un minimum de douze ans, avec des dérogations possibles pour certaines industries. Les partisans d'exceptions, sur les nerfs, dénoncent le minimum de douze ans comme la fin pratique de l'apprentissage, car « il faut absolument que l'enseignement de la profession soit reçu jeune », d'après le député Ducarre, qui ajoute l'idée assez contestée que l'atelier est de nature moins dangereuse pour un enfant que la rue. Son collègue Cordier avance « qu'il est bon que l'apprentissage ne commence pas trop tard ; l'enfant alors est plus rebelle, moins docile, moins apte à ses fonctions ». Sans nier qu'ils sont en partie motivés simplement

64. Sur la difficulté qu'Eugène Tallon doit affronter, voir E. Nusse et J. Périn, *Commentaire de la loi du 19 mai 1874*, p. 64. Les mots « industriel » et « industrie » évoluent, notamment dans la deuxième moitié du XIXe siècle, le premier signifiant les patrons de tout type d'atelier, le deuxième tout type de fabrication, au risque de nombreuses confusions, frictions et méprises. Ainsi, les inspecteurs établis par la loi de 1874 ne visitent pas les ateliers de modistes, couturières, lingères : selon leur lecture de l'article 4, les seules filles mineures prises en compte sont celles travaillant dans « des usines et manufactures ». Karen Fiorentino, « Protéger l'enfant ouvrier. La loi du 19 mai 1874, une "législation intermédiaire" ? », *Revue historique*, n° 682 (2017), p. 354. Mais une des commissions parisiennes instaurées par la loi de 1874 essaie de faire comprendre le sens de la loi aux ateliers des couturières, vraisemblablement pas exclues. *Bulletin de la Société de protection des apprentis* (1880), p. 169. Par ailleurs, « quelques industriels, parmi lesquels des graveurs, des sculpteurs, des ornemanistes, des copistes surtout, dont l'état touche par plusieurs de ses côtés aux arts libéraux pensent n'être pas soumis à l'inspection pour les apprentis qu'ils reçoivent ». *Ibid.*, p. 180. Cf. l'excellente discussion de Jacqueline Lalouette sur l'évolution du sens attaché au mot « maître » au cours du XIXe siècle. Elle cite F. Ducellier sur la France à mi-siècle : « Il y a dans le terme même de *maître*, dont nous avons été obligés de nous servir pour être bien compris, quelque chose qui ne peut plus s'accorder avec notre état social. [...] Ce mot explique une idée de supériorité, soit l'autorité nécessaire dans la famille du chef de maison sur ses domestiques. Or, peut-il s'appliquer justement de nos jours au chef industriel ? » Jacqueline Lalouette, « Les insaisissables corporations du premier XIXe siècle : enquêtes sur les usages d'un mot », dans S. L. Kaplan et P. Minard (dir.), *La France, malade du corporatisme ?*, p. 170.

par la pénurie de main-d'œuvre, des industriels de la filature soutiennent « que le travail fort délicat de la filature exige le concours de petites mains souples et agiles, de doigts déliés, doués d'un tact subtil », qualités plus communes à dix ans qu'à douze ou treize. D'autres métiers exigent une petite taille aussi bien qu'une grande dextérité de mains. Les patrons récusent l'idée qu'il s'agit d'une régression ou au moins d'un refus du progrès social et moral. Selon l'un d'entre eux, le travail « est plus facile qu'on ne croit, plutôt des exercices gymnastiques », tandis que pour un autre, tout aussi hypocrite, il n'est proposé à l'apprenti que « du travail facile, fait en jouant ». Des manufactures de moulinage de soie demandent non seulement des jeunes de dix ans, mais les réclament « pour 10 heures indispensables »[65].

La charpente de la loi de 1874, même si elle accorde des dérogations, est sans ambiguïté. L'âge standard d'admission est de douze ans. À partir de cet âge, on doit travailler jusqu'à douze heures. Pourtant, entre dix et douze ans (cas exceptionnel prévu), l'enfant ne peut travailler plus de six heures par jour. Par ailleurs, il a l'obligation de fréquenter l'école primaire jusqu'à douze ans. S'il peut présenter un certificat de l'instituteur, visé par le maire, témoignant de l'achèvement de ce cycle, il a le droit d'effectuer l'horaire maximal permis. Faute de remplir cette condition, de douze à quinze ans, l'enfant doit assister à l'école plusieurs heures par jour, prises sur la journée de travail, dans le procédé dit « demi-temps », une espèce d'« alternance » avant la lettre, pratique à laquelle bien des patrons résistent. Ce demi-temps réduit le travail quotidien à six heures. Un autre règlement interdit le travail de nuit jusqu'à seize ans (vingt et un ans pour les filles). Tallon est fier d'avoir resserré fermement « une fissure » dans la loi de 1851 qui permettait aux patrons-prédateurs d'imposer du « travail servile » les dimanches et les fêtes sous la forme de ménage de maison. Désormais, aucun travail ces jours fériés, même

65. Ducasse, député, cité par E. Nusse et J. Périn, *Commentaire de la loi du 19 mai 1874*, p. CCCXXIX ; E. Tallon cité par *ibid.*, p. LXXXI ; Ducarre, député, cité par *ibid.*, p. CCCXXXII, CCCXXXVIII ; *ibid.*, p. CDXXIII ; Cordier, député, cité par *ibid.*, p. XL ; *ibid.*, p. CDXXV, CDXXIII, XL, CDXXVII, CCCXLVI, CDXXIII, CDXXXIII-CDXL. Sur les dérogations industrielles, voir aussi *ibid.*, p. 68. Ducarre, en veine d'apocalypse, met en garde que le critère d'un âge minimum et l'extension du « demi-temps » (l'obligation de scolarité pendant deux heures par jour pris sur le temps du travail) vont rendre l'apprentissage « impossible, et, sans apprentissage, pas de bons ouvriers ; sans ouvriers intelligents, pas de bons industriels ; c'est une partie des ressources et de la richesse du pays qui se trouverait compromise ». (Sur plusieurs bancs : « Très bien ! Très bien !). *Ibid.*, p. CCCXXIX.

pas le soi-disant « rangement » de l'atelier. Il serait intéressant de tester l'hypothèse provocatrice de Julien Hayem et Jules Périn, selon laquelle la loi de 1874 a contribué à remettre en vigueur la loi de 1851, dont on a maintes fois sonné le glas, car, face aux rigueurs de la nouvelle loi, de nombreux industriels « cherchent à échapper à la loi de 1874 en s'adressant à la loi de 1851, qui leur paraît plus facile et moins coûteuse à observer »[66].

Il y a une autre dimension de la loi de 1874 qui nous intéresse, car elle s'efforce d'éviter la grande faiblesse de celle de 1851 : le manque de dispositifs d'observation et d'exécution. La loi crée une série de structures qui, au moins sur le papier, esquissent un appareil de surveillance et de contrôle, sans doute inadéquat (maillage territorial trop peu dense, orchestration politique quelque peu cacophonique, mécanisme un peu usine à gaz), mais un pas sérieux vers une culture de responsabilité et de régulation jusqu'ici inconnue dans ce domaine socio-industriel. Sera nommé un corps de quinze inspecteurs divisionnaires, rémunérés par l'État, recrutés idéalement chez des ingénieurs expérimentés, couvrant tout l'Hexagone. En principe, ils ont accès aux lieux de travail et aux enfants à l'œuvre (mais pas à leurs lieux d'habitation, angle mort sensible), aux registres d'emploi, aux feuilles d'assistance à l'école, aux livrets que le maire est censé distribuer à la famille de chaque enfant-ouvrier (instrument pour vérifier l'âge des enfants). Le Conseil général peut nommer et payer un inspecteur pour travailler sous l'égide d'un inspecteur divisionnaire. Dans chaque département, se tiendra au moins une commission (composée de bénévoles) par arrondissement, chargée de veiller à l'application de la loi localement et de pratiquer un contrôle mal défini sur les inspections, sinon les inspecteurs. Une commission supérieure de 9 personnes, nommées par la présidence de la République, supervise tout le système et propose des règlements pour améliorer la mission de protection. Les inspecteurs disposent de sanctions, en l'occurrence des amendes relativement importantes, qui peuvent frapper des patrons

66. J. Hayem et J. Périn, *Traité du contrat d'apprentissage*, p. VI. Sur sa conception, le contenu et l'application, voir Eugène Tallon : *La vie morale et intellectuelle des ouvriers*, Paris, E. Plon et Cie, 1877, p. 135-45, et *Manuel pratique pour l'application de la loi du 19 mai 1874*, Paris, Dunot, 1877 ; Gustave Maurice, *Guide pratique de l'inspecteur du travail des enfants et des filles mineures dans l'industrie*, Paris, Bouquin, 1875 ; et K. Fiorentino, « Protéger l'enfant ouvrier. La loi du 19 mai 1874, une "législation intermédiaire" ? », p. 327-58. Début 1875, le conseil des prud'hommes parisien des métaux s'en prend aux patrons qui abusent de l'usage de nettoyage/rangement dominical, y trouvant « un prétexte » pour de nombreuses sortes d'exploitation. AP, D11014 4, procès-verbal du 15 février 1875, fol. 338.

imposant des conditions de travail insalubres, dangereuses, moralement menaçantes et ainsi de suite.

De futures recherches nous diront l'efficacité et les limites de cette loi et de ses moyens. Pour l'instant, nous n'avons que des impressions qui révèlent des avancées, des tensions et des blocages. Premier point positif, triomphe en tout état de cause du principe de régulation par intervention : des inspecteurs inspectent, certains souvent et avec une apparente rigueur, d'autres moins énergiquement, et avec mansuétude à l'égard des patrons. Le mot d'ordre au lendemain de la promulgation de la loi est la tolérance, sinon l'indulgence. Même Tallon, impatient de résultats après des années de discussion – « [une loi] en élaboration depuis près de 30 ans » –, exhorte les inspecteurs à pratiquer la pédagogie et l'avertissement doux pour que le public ciblé comprenne la mesure, puis s'imprègne de ses avantages. Le député encense « l'œuvre d'efficace propagande et de conciliation » de l'inspecteur divisionnaire du département de la Seine, qui réunit séparément les chambres patronales de chaque industrie, devenues « les plus utiles auxiliaires du législateur » (mais pas les chambres ouvrières, dont Tallon déplore « une indifférence regrettable), dans le but d'examiner les meilleures méthodes pour faire évoluer chaque entreprise selon les nouvelles règles[67].

Les inspecteurs résistent aux tentatives de contrôle exercées par les commissions locales, fréquemment bien plus exigeantes et agressives, qui mènent des visites d'investigation de leur propre initiative, parfois mal accueillies tant par les patrons que par les inspecteurs. Malgré la « suprématie » législative que la commission revendique vis-à-vis de l'inspection, elle est peu secondée par les préfets, qui ont du mal à recruter et à garder ses membres. D'après un commentateur écrivant en 1895, les commissions, « constituées partout après le vote de la loi [...] ne fonctionnèrent que dans quelques rares localités, notamment du département de la Seine ». Mais leur vitalité, au moins au commencement, provoque le courroux des hommes politiques aussi bien que de divers patrons qui dénoncent leur ingérence insupportable. Leurs membres « se crurent des inspecteurs au petit pied et renouvelèrent, d'une façon vraiment abusive, leurs visites dans les ateliers et usines », se plaint Richard Waddington, industriel, historien et député, qui se

67. E. Tallon, *Vie morale*, p. 141-43, 146 ; Commission du XIe arrondissement, *Bulletin de la Société de protection des apprentis* (1880), p. 178 ; K. Fiorentino, « Protéger l'enfant ouvrier. La loi du 19 mai 1874, une "législation intermédiaire" ? », p. 343, 345.

vante d'être un patron social. Il accuse même certains membres de ces institutions, éminemment sociales, d'utiliser leur entrée chez un industriel comme occasion de surprendre « certains secrets de fabrication », angoisse chronique frisant la paranoïa chez les patrons, grands et modestes. Il demande leur suppression et l'obtient en 1892, comme rapporteur d'une nouvelle loi sur la protection des enfants ouvriers[68].

Les commissions, notamment à Paris, vérifient attentivement l'application de la loi de 1874. Un nombre fort élevé de patrons prétend ignorer la loi. La commission locale du Ier arrondissement de la capitale constate « l'insuffisance de l'inspection », qui a pour effet de lui enlever « tous les moyens de vaincre la négligence, et quelquefois la mauvaise volonté de certains fabricants ». Mais elle n'est pas intransigeante, proposant même, pour rasséréner des patrons furieux des barrières imposées à leur utilisation des apprentis, de leur permettre de faire faire le fameux rangement le samedi soir pendant deux heures en « ne [le] considérant pas comme travail ». La commission du IVe arrondissement est tiraillée entre la compassion sociale et une sévérité exemplaire. Si « les maîtres d'apprentissage en majorité semblent comprendre l'importance de la loi de 1874 » et si beaucoup d'apprentis ont et le livret et le certificat d'école, que faire du cas d'un atelier rue Quincampoix où le maître accueille un enfant ne sachant ni lire ni écrire, « complètement abandonné par sa mère adonnée à la boisson » ? « Le patron refusant d'envoyer l'enfant à l'école pendant le jour et menaçant de l'abandonner, pourrait-on se contenter de l'école du soir ? », demande la commission. Difficile de séparer vie professionnelle et vie privée chez des apprentis logés chez leurs employeurs. Théoriquement inaccessibles, des informations parviennent par bribes aux inspecteurs et aux commissions. À Paris, où le logement est fort cher, les apprentis sont fréquemment mal installés dans des pièces mal aérées, vivant dans la promiscuité. Dans les métiers de bouche, un peu partout, le couchage est épouvantable (deux apprentis pâtissiers partagent le même lit improvisé au-dessus du four comme dans les fournils du XVIIIe siècle)[69].

68. *Bulletin de la Société de protection des apprentis* (1880), p. 166-67 ; Louis Bouquet, « Organisation de l'inspection des fabriques en France », *Bulletin de l'inspection du travail* (1895), p. 91-110 ; K. Fiorentino, « Protéger l'enfant ouvrier. La loi du 19 mai 1874, une "législation intermédiaire" ? », p. 351-53.

69. *Bulletin de la Société de protection des apprentis* (1880), p. 165, 168 ; K. Fiorentino, « Protéger l'enfant ouvrier. La loi du 19 mai 1874, une "législation intermédiaire" ? », p. 351.

Souvent détestée, en tout cas difficile à organiser, l'école du « demi-temps » ne fonctionne pas bien, sauf dans les grandes entreprises. Accueillant des apprentis éreintés, peu susceptibles d'apprendre, l'école du soir, alternative plébiscitée par bien des maîtres, « non-prévue par la loi, et dont l'application exclusive facilite de la part des patrons et des enfants la violation continuelle de la loi », selon la commission du XIe arrondissement, finit par « autoriser à travailler au moins dix heures par jour, ce qui est absolument inadmissible ». Pour la commission du VIe arrondissement, l'application de la limite de six heures par jour pour des enfants devant être scolarisés est « une chimère », tout comme l'organisation du demi-temps. Cela dit, l'incidence de non-études est fort variable : par exemple, une inspection de 163 ateliers (596 garçons et 83 filles) engageant des apprentis dans ce quartier révèle que 73 % possèdent un certificat d'école[70].

Il y a une disparité de traitement entre la grande industrie et les ateliers. L'inspecteur divisionnaire de la troisième circonscription basée dans l'Est se plaint de ce que ces derniers sont les sites les moins connus et visités, mais vraisemblablement ceux où le plus grand nombre d'infractions est commis. Reprenant la même analyse, le Conseil supérieur loue le civisme des grands et déplore que les petits patrons, « peu éclairés eux-mêmes », ne portent aucun intérêt à l'instruction des quelques enfants travaillant chez eux et semblent ignorer, ou « feignent d'ignorer », les injonctions de la loi concernant les conditions d'hygiène, de salubrité et de sécurité. Les membres de la commission du 11e relèvent le même contraste sans en donner la même lecture. Les inspecteurs choisissent de ne pas regarder le paysage de manière équilibrée : « Cette préoccupation exclusive des grands ateliers nous semble en désaccord avec le vœu de la loi. » C'est chez les patrons n'accueillant qu'un ou deux apprentis que l'inspection « est appelée à rendre les plus réels services ». Sans snober les « manufacturiers de premier ordre », cette commission s'attache aux nombreux « petits industriels » au sein de « la laborieuse population » des quartiers de la Roquette et de Sainte-Marguerite. « Loin de nous témoigner une défiance » concernant une loi, neuve et complexe, ils nous ont chaleureusement reçus, se félicite la commission, sans préciser toutefois leur degré de conformité aux prescriptions de la loi. Dans le sillage de la publication de la loi, la police de Paris semble

70. *Bulletin de la Société de protection des apprentis* (1880), p. 66, 67, 183, 194.

plus attentive aux abus subis par des apprentis, verbalisant de nombreux patrons en 1876 et 1877 pour avoir imposé à leurs apprentis des tâches au-dessus de leurs forces[71].

La loi du 2 novembre 1892 abroge formellement celle du 19 mars 1874, vengeance libérale et entrepreneuriale sur cette tentative de concilier protection et laisser-faire. Se concentrant sur le travail des femmes et des enfants, la mesure de 1892 est muette à l'égard de la loi de 1851. L'apprentissage est tacitement marginalisé, même si certaines règles fixées dans cette mesure s'appliquent aux apprentis (la loi touche autant les « ateliers » que les usines, les manufactures et les mines ; seuls les « ateliers de famille » sont nommément exclus, là où ne peinent que les membres d'une même famille, ce qui n'exclut pas quelques ouvriers et/ou apprentis de l'extérieur). L'âge d'entrée dans les manufactures est de douze ans pour les enfants munis d'un certificat d'études primaires ; il est repoussé à treize ans pour ceux qui n'en sont pas pourvus, suivant l'obligation scolaire établie par la loi dite Ferry de mars 1882. L'enfant de moins de treize ans doit montrer un certificat d'aptitude physique délivré gratuitement par un médecin nommé par le préfet. Âgé de moins de seize ans, un enfant ne peut travailler plus de soixante heures par semaine ; de seize à dix-huit ans, il peut exercer son activité onze heures par jour ; des filles peuvent travailler onze heures à partir de dix-huit ans. Aucun labeur de nuit n'est autorisé pour les garçons avant dix-huit ans, pour les filles avant vingt et un ans. Implicitement, le dimanche n'est pas une journée absolument sacrée, au moins pour les garçons ayant atteint dix-huit ans et les filles vingt et un ans. La loi crée un service d'inspection qui paraît moins bien assis que celui de 1874, et remplace les commissions souvent très actives de 1874 par des comités de patronage départementaux pour la protection des apprentis et des enfants employés dans les manufactures, dotés de très peu de leviers d'intervention, parfois de simples organes de salon[72].

71. K. Fiorentino, « Protéger l'enfant ouvrier. La loi du 19 mai 1874, une "législation intermédiaire" ? », p. 350-51 ; *Bulletin de la Société de protection des apprentis* (1877), p. 122-25, et 1880, 192-93.

72. A. Nouvion-Jacquet et C. Cordier, *Le Patron et l'ouvrier*, p. 21 ; J. de Lacoste-Lareymondie, *Le Contrat d'apprentissage*, p. 73 ; V. de Chardon, « L'Apprentissage en France de 1851 à 1919 », p. 224, 226 ; Louis Bouquet, *Le Travail des enfants, des filles mineures et des femmes dans l'industrie. Commentaire de la loi du 2 novembre 1892*, Paris, Berger-Levrault, 1893, p. 44-45. Dans un argument un peu décousu, L. André et L. Guibourg dépeignent la loi de 1992 comme un complément fondamental de celle de 1851, mais, ce faisant, séparent

Une fois que ses implications pratiques sont saisies, la loi de 1892 est largement contournée. Bien des patrons trouvent le système de triple horaire trop compliqué à gérer de manière efficiente. Comment coordonner toute la logistique et la fabrication quand il faut prendre en compte une journée de dix heures pour les enfants, une autre de onze heures pour les femmes, et une troisième de douze heures pour les hommes ? De nombreux chefs d'entreprise décident, selon un commentateur, « de couper la poire en deux », en augmentant l'horaire des enfants jusqu'à onze heures, avec l'indulgence des inspecteurs, et réduisant la journée des hommes jusqu'à 11 heures. Pourtant, le malaise ne cesse de monter, car l'ambiguïté est en soi oppressante et les solutions bricolées – « la désorganisation » pour certains – ne peuvent ni satisfaire tout le monde ni répondre à tous les cas de figures industriels et commerciaux[73].

Un lobby industriel presse pour une révision, que le parlement promet dans ses débats au cours de 1893, tout en laissant traîner l'affaire jusqu'à la fin du siècle. La loi censée remettre de l'ordre, passée en mars 1900, ne fait qu'exacerber encore la situation. Elle fixe uniformément à dix heures la journée des enfants (définis ici comme ayant jusqu'à dix-huit ans), celle des filles/femmes et celle des hommes – environ 100 000 dans ce cas – « travaillant dans les mêmes locaux que les enfants et les femmes ». Pour permettre à tout le monde de s'adapter en douceur, la loi conçoit la réduction d'heures par plusieurs paliers, arrivant à dix heures en 1904. Globalement, le patronat accueille mal cette législation. Pour optimiser la souplesse managériale, beaucoup d'industriels (particulièrement dans le bâtiment, la construction mécanique, la fonderie, l'aciérie et le meuble) renvoient leur personnel de moins de dix-huit ans, y compris des apprentis ; d'autres s'abstiennent d'engager des apprentis comme ils le faisaient auparavant. Brandissant de prétendues « statistiques officielles », quelques observateurs se lamentent devant une hémorragie d'apprentis dans les années suivant la publication de la loi de 1900. Des promoteurs du renouveau de l'apprentissage, imputant sa « crise » en partie à cette mesure néfaste, deviennent des alliés objectifs des patrons cherchant l'abrogation de la loi. Jules Charles-Roux, armateur et homme politique marseillais, avertit que « tant que

---

désormais l'apprentissage dit « de l'industrie » de celui qui a lieu dans « le commerce, les magasins et les bureaux ». L. André et L. Guibourg, *Le Code ouvrier*, p. 42.

73. P. Brizon, *L'Apprentissage hier-aujourd'hui-demain*, p. 73-75.

le Parlement n'aura pas apporté des modifications à cette loi dans un sens plus libéral et plus pratique, l'apprentissage sera tari dans sa source ». Les Chambres de commerce se rangent contre une proposition de gauche visant à réduire l'horaire de tous à dix heures, une manière « sociale » de résoudre le problème, tandis qu'un partisan du retour de l'apprentissage au premier plan, membre d'un influent patronage parisien, revient à la vieille panacée libérale : « Ne règlementons pas »[74].

*

Tout comme la refondation d'août 1776 ébauche implicitement une disjonction entre profession et corporation, la rédaction des cahiers des doléances à la veille de la Révolution met en évidence un désir croissant de découplage entre le système corporatiste, vivement critiqué, et la pratique de l'apprentissage, plébiscitée. Emblèmes criants de l'Ancien Régime, les communautés échappent, dans un premier temps, à l'éradication des privilèges parce qu'elles sont utiles. Des maîtres un peu partout s'efforcent, à l'instar de leurs compagnons mutins, de « se révolutionner », de ne pas abandonner aux mains rebelles de ces derniers le levier d'engagement révolutionnaire. Évoquant leur vocation historique à faire la police du travail, les communautés prônent leur capacité singulière d'assurer l'ordre – de réguler – au moment où le désordre proliférant, tant urbain que rural, menace l'existence même de la Révolution. Pour renforcer leur prétendu éloignement des injustices du monde d'avant, elles s'emparent de l'apprentissage, conçu comme nécessaire pour la régénération nationale qu'elles seules savent orchestrer. Sur le tas, la pratique de l'apprentissage ne disparaît pas malgré les grands bouleversements ; les projets de rénovation de l'appareil éducatif ne prennent pas en compte un apprentissage considéré comme naturel et immobile, relevant du secteur privé.

Au lendemain de la Révolution, dans le sillage de la suppression dite définitive des corporations, face à un libéralisme épanoui estimant que toute régulation, nonobstant l'avertissement de Turgot, est liberticide, l'apprentissage se trouve orphelin, sans cadre

74. *Ibid.*, p. 75-80 ; J.-H. Cagninacci, *L'Instruction professionnelle de l'ouvrier*, p. 63-65 ; *Bulletin de la Société de protection des apprentis* (1905), p. 146. Sur la stagnation de l'apprentissage, et la léthargie des apprentis, avant la loi de 1900, voir Stéphane Lembré, *Histoire de l'enseignement technique*, Paris, La Découverte, 2016, p. 42.

d'organisation et de contrôle. Un étroit courant préconisant une résurrection corporatiste s'évertue à embellir l'attractivité de l'idée en y associant justement l'apprentissage délaissé. Dans le cénacle napoléonien, peu troublé par le surmoi libéral, quelques conseillers se soucient de l'apprentissage directement (la fuite chronique des apprentis avant la fin de leur temps, et autres tohu-bohu de l'atelier) et indirectement (la nécessité de former des ouvriers de haute qualité pour faire face au défi industriel des pays rivaux). Ces préoccupations contribuent à la promulgation de la seule législation, dite de Germinal (12 avril 1803), traitant (très partiellement) de l'apprentissage pendant la première moitié du XIXe siècle. Mesure extrêmement prudente, voire frileuse, elle est néanmoins une vraie loi de régulation, ciblant l'inexécution du contrat, énumérant des responsabilités inégalement contraignantes pour le maître et le petit ouvrier (la catégorie spécifique d'apprenti est évitée), cherchant à revenir à un climat plus apaisé entre le maître et l'apprenti, protégeant celui-ci contre des abus de celui-là au grand dam des libéraux, qui dénoncent des atteintes aux droits absolus de la propriété et de la liberté. Pourtant, Germinal pâtit de limites sévères : aucune vision concernant les objectifs, micros et macros, de l'apprentissage, sur le plan socioéconomique et politique, localement et nationalement ; aucun cadre pour la conduite des acteurs au-delà de la fiction ou de l'illusion que leurs intérêts vont les guider vers un rapprochement prolongé ; maints angles morts concernant la vulnérabilité de l'apprenti ; aucun mécanisme pour la résolution des disputes.

Les mêmes cercles napoléoniens abordent directement ce dernier problème en créant le premier conseil de prud'hommes en 1806 à Lyon, ville où une longue tradition favorise le règlement des conflits par la conciliation, grâce à la complicité historique entre la municipalité et les corporations, notamment la Grande Fabrique. Comment appréhender les prud'hommes, dont les conseils prolifèrent assez rapidement, offrant un accès relativement facile à cette justice style « juge de paix » de l'atelier ou de la famille, aux faibles (toujours susceptibles de blocages sociopsychologiques) et aux forts (qui comptent sur la solidarité de leurs confrères-patrons) ? Déclinaison moderne de l'ancienne police du travail ? Rétro-innovation, synthèse d'éléments corporatistes et révolutionnaires ? La fin du paternalisme ou sa réinvention ? On les théorise, si l'on y est hostile, comme la concrétisation de la nostalgie corporatiste ; si l'on est neutre, voire bienveillant, comme une réponse adaptée aux besoins changeants du monde du travail où la question sociale ne peut se résoudre à la subordination domestique des ouvriers. Très divers, les prud'hommes ne partagent pas tous les mêmes valeurs, la même vision de la société, avant comme après l'égalisation du poids entre patrons et ouvriers dans le conseil ; ils ne souscrivent pas à « une doctrine une ». Leurs méthodes sont similaires, mais certains conseils sont plus interventionnistes, davantage façonnés par l'audace des Lyonnais de la première heure, qui s'octroyaient la prérogative (sinon le droit) de se saisir des différends, de conduire enquête et surveillance, de mobiliser des médecins, de ne pas confondre vraisemblance et vérité, de chercher des preuves et des témoins si possible, de prendre les apprenti.e.s au sérieux sans se fier aux stéréotypes et aux stigmatisations canoniques. Quelques conseils, à certains moments, peuvent passer pour un ersatz d'encadrement, une structure de régulation embryonnaire, sans s'appuyer sur un modèle ou un ethos corporatiste.

Depuis le début du XIXe siècle, il y a un quasi-consensus selon lequel l'apprentissage, sans gouvernail, est à la dérive, en grand péril : ses critiques souhaitent le voir disparaître (ce qui constituerait la preuve tautologique et marchande qu'il n'est pas utile, encore moins nécessaire) ; ses partisans plaident pour une réforme urgente et majeure (re-structurante, pour le bien public et privé, pour l'intérêt de l'État et la compétitivité internationale de l'économie, pour la moralisation de la jeunesse, pour la sécurité des familles). Plusieurs projets de rénovation ou de revitalisation sont discutés dans les années 1840. Aucun des courants de la révolution de 1848 ne s'empare de la question, même ceux qui sont préoccupés par le monde du travail ; le plan d'un centriste, Peupin, horloger et prud'homme, pour un fort engagement régulateur de l'État est repoussé par les libéraux. Un autre modéré, Auguste Callet, moraliste chrétien, homme des transactions, reprend le flambeau du dessin, fluctuant dans sa gestation entre l'ambition et la circonspection, qui deviendra la « grande » loi sur l'apprentissage de 1851, la seule législation sur le sujet jusqu'après la Grande Guerre. Tout en se conformant à des positions-phares du libéralisme, notamment, au nom de la liberté, au refus de fixer un âge minimum pour entrer en apprentissage, de limiter le nombre d'apprentis par boutique et d'autoriser un contrôle trop intrusif dans l'atelier, Callet croit à la nécessité de l'intervention de l'État pour remettre l'apprentissage sur des bases viables ;

anti-corporatiste affirmé, il regrette néanmoins la suppression inconsidérée des corporations sans prendre en compte l'avenir des institutions essentielles tel l'apprentissage ; patriote économique, il ne veut pourtant pas sacrifier la cohésion sociale à un économisme rampant et irresponsable ; paternaliste, il estime que la question morale l'emporte sur la question sociale.

Cette dernière conviction est incarnée dans le noyau central de la loi de 1851, le contrat écrit (que Callet n'a pas réussi à rendre obligatoire, face à l'objection-type des libéraux : mesure liberticide). L'apprentissage est pour lui fondé sur une réciprocité asymétrique privilégiant la soumission de l'apprenti, non pas à une figure autoritaire abstraite, mais à un « second père » auquel le père réel cède une part importante de son pouvoir (au risque même de le déresponsabiliser). Callet mise à fond sur le modèle « père-de-famille », qui demeure facultatif pour le maître, dont on ne stipule ni les conditions requises (capacité professionnelle, tempérament, histoire personnelle) pour devenir maître d'apprentissage, ni le programme de formation (sauf une formule diablement floue), pas plus qu'on n'instaure de dispositif pour assurer ses obligations morales à l'égard de l'apprenti.e et de sa famille. La loi impose un horaire du travail permis et des exigences de scolarisation, mais aucun appareil de vérification. Dépourvu des protections promises par Callet, l'apprenti.e reste vulnérable, facile à sanctionner, avec peu de recours hors rébellion dont l'expression la plus commune, crainte et haïe par le maître, le départ prématuré, n'est pas spécifiquement examinée ici. Sans contraintes ni contrôles, tout dépend de la bonne volonté des maîtres concernant la transmission, la moralisation et le traitement, supposé paternel, notion à la fois exemplaire et ambiguë.

Pour sauver l'apprentissage, avec la loi de 1851, Callet désire « ramener de l'ordre », sa rhétorique paternaliste et moralisatrice rappelant celle de Henri III, lui aussi troublé par les excès de liberté/« libertinage ». La loi est généralement considérée comme un échec – « impuissante », sans aucun effet » – par des observateurs de tous bords. Elle ne ranime pas l'apprentissage ; le nombre de contrats écrits continue de baisser, et plus largement le pourcentage des jeunes jouissant d'une instruction professionnelle diminue également. Le défaut principal de la mesure est son inexécution. La législation ne comporte aucun mécanisme d'application. Sans un système de monitoring, il est impossible d'assurer les objectifs pédagogiques, matériels, moraux et humains. Au lieu de forger le type d'ossature d'encadrement qui manque cruellement depuis 1791, la loi propose une régulation molle et lénifiante. Certains fervents du renouveau de l'apprentissage voient la loi comme « un bienfait », quoique éphémère, car elle leur donne accès aux ateliers, pendant quelques années, parfois avec l'appui de la police. Des patrons se délectent dans la dénonciation à la fois de l'ineptie et du caractère insupportablement intrusif de la loi de 1851, avant de devenir plus tard ses zélés défenseurs quand elle paraît préférable aux nouvelles lois de régulation plus contraignantes à l'horizon.

Le terrain post-1851 demeure tendu et contesté. Les patrons sont globalement hostiles à toute régulation. Réformateurs et moralistes, tel le député Eugène Tallon, un Callet plus social, combatif, mais précautionneux, militent pour le primat des intérêts des enfants sur ceux de l'industrie, pour reprendre sa formule. La loi de 1874, législation mélioriste plutôt que transformatrice, régulation mesurée, mais réelle, dont Tallon est rapporteur, modifie celle de 1851 sur un point primordial : l'âge minimum est dorénavant de douze ans (mais avec des dérogations). Le travail de nuit est interdit jusqu'à seize ans, les enfants sans certificat d'études doivent pouvoir assister à l'école plusieurs heures par jours prises sur la journée de travail, et personne ne doit être forcé de « ranger » ou pratiquer d'autres corvées les dimanches et fêtes. Pour éviter l'écueil dramatique de 1851, Tallon obtient la création de mécanismes d'observation et de surveillance, y compris un corps d'inspecteurs à plusieurs niveaux et des commissions citoyennes pour veiller à l'exécution de la loi. Malgré le sabotage patronal des mesures concernant l'école et l'horaire, la loi de 1874 représente un pas vers l'émergence d'une culture de responsabilité.

Une loi de novembre 1892 freine cette culture embryonnaire en affaiblissant les structures de contrôle pour assurer son application, abrogeant la législation de 1874, marginalisant la question de l'apprentissage, et passant sous silence la loi de 1851. Centrée sur les femmes et les enfants, elle crée un triple horaire pour les enfants, les femmes et les hommes dont la mise en œuvre s'avère embrouillée et logistiquement cauchemardesque. Largement contournée, la loi de 1892 est finalement modifiée par une mesure de 1900, visant à ramener, par étapes jusqu'à 1904, le travail de tout le monde à dix heures. Encore une fois attaquée par des patrons, la législation est également vilipendée par des champions de l'apprentissage, car elle est censée avoir provoqué « une hémorragie d'apprentis », les patrons échappant aux contraintes de cette loi en renvoyant tous ceux qui avaient moins de dix-huit ans et en n'embauchant désormais que des hommes adultes. Moralité tirée par un groupe de soutien à l'*aggiornamento* de l'apprentissage : pour avancer la cause, il vaut mieux abandonner la recherche de la régulation.

CHAPITRE 7
La « crise » de l'apprentissage (1791-1919)

La « crise » occupe une place majeure dans l'histoire et l'historiographie de l'apprentissage en France. Elle « éclate » au XIXe siècle, sans occulter des racines antérieures, et n'atteint son apogée qu'à la veille de la Grande Guerre. À une époque où la recherche sur des microbes pathogènes fait florès, la « crise » est conceptuellement en partie d'impulsion médicale : il s'agit de la manifestation intense de certains phénomènes pathologiques, mais elle ne suit pas le parcours canonique de l'affection : son éruption n'est pas brusque, son accès n'est pas prévu nécessairement pour une période limitée et son issue n'est pas forcément un changement décisif dans la condition d'origine (la cassure se trouve autant en amont qu'en aval). La notion de crise peut également se nourrir de l'idiome dramatique où le nœud de l'action est caractérisé par un affrontement de forces antagoniques conduisant, après bien des péripéties, à un dénouement, solution guère fixée une fois pour toutes.

Des dysfonctionnements, reconnus pendant toute l'histoire de l'apprentissage, semblent s'accumuler et s'aggraver au début de la crise, suggérant une détérioration de la situation, traduite par une sorte de récit de chute, perçue (ou imaginée) par rapport à un point de référence, plus ou moins idéalisé ou autrement altéré, en l'occurrence arrimé dans l'Ancien Régime. Certains témoins conçoivent ce délabrement comme l'expression d'une « décadence », note d'alarme, voire de scandale, langage autant moralisateur que technique, mettant en relief le domaine économique, moteur de la nation, mais ne le détachant pas de l'humain, c'est-à-dire du social. Si la crise de l'apprentissage fait mal à l'économie, argumente-t-on, elle fait surtout terriblement mal aux apprenti.e.s et, partant, au segment fort vulnérable de la société auquel ils/elles appartiennent. Vu d'un autre angle, tant que l'économique est encastré dans le social, l'apprentissage n'obéit pas seulement aux impératifs économiques. Une fois que le libéralisme réalise le désencastrement de l'économique, désormais autonome, bientôt hégémonique, l'apprentissage en devient une simple variable dépouillée de ses anciennes protections et prérogatives dans une équation capitalistique. En ce sens, la crise de l'apprentissage jalonne la phase finale de la sortie de l'encastrement, un processus de cicatrisation un peu enfiévré. Plus concrètement, la crise peut être figurée par une discordance, qui devient fossé de plus en plus difficile à combler, entre, d'une part, un usage jadis célébré comme utile, fructueux, voire nécessaire, inscrit dans une représentation traditionnelle des relations sociales, et, d'autre part, une pratique désormais jugée obsolète, voire oiseuse, plus entrave que facilité, déconnectée de la vraie question sociale, reléguée au musée.

Ainsi, pour bien des observateurs, la crise marque la fin d'un monde déjà pleinement renié qui se cramponne aux vestiges du vieil ordre qui, malgré tout, n'a pas disparu des têtes et des usages ; elle signifie la fin – enfin – de l'Ancien Régime résiduel, de ses traces sociales (dont l'apprentissage) et de son noyau dur économique (par exemple, la prédominance de l'atelier petit ou moyen, très souvent familial), car la crise est crise fondamentalement en raison de profondes modifications dans le mode de production (pour certains son renversement même). La mutation économique achève le travail que le libéralisme, puissant levier politique et culturel, malgré sa longue emprise, n'a su faire tout seul, par voie discursive. Avec l'accélération de la grande vague d'industrialisation, notamment le machinisme, la division du travail et la concentration croissante du capital et du travail, le système qui façonnait, nourrissait et exigeait l'apprentissage (dans le sens courant du terme hérité d'autrefois) est en passe de céder définitivement la place à une nouvelle modernité, qui l'actualise, le déforme ou le remplace, et en tout cas le déclasse. Si l'*Encyclopédie* a su associer l'*homo faber*, situé dans les arts et métiers de l'époque, avec une approche scientifique (et même proto-Tayloriste), cette modernité conquérante de la machine exalte une technologie qui semble rendre ringard le savoir-faire traditionnel, les tours de main et les secrets de l'atelier, et dévalue implicitement plus encore l'apprentissage, vieille école. Car le patronat, grand et petit, aura toujours besoin d'apprentis, mais « d'apprentis d'un genre nouveau, apprentis vraiment modernes »[1], d'un adolescent sachant enlever proprement un croquis et calculer rapidement plutôt que d'un jeune mal dégrossi ; mais il ne sera pas forcément nommé apprenti, tout comme son patron pourrait être moins communément appelé maître, pour des raisons tant techniques que socioculturelles[2].

QUELLE CRISE ?

Métaphore porteuse, mais rarement univoque, la « crise » n'est pas une notion consensuelle. De fait, une poignée d'observateurs la considère comme une *fake news*, perspective soutenue particulièrement par des ouvriers, qui y voient une tentative de manipulation par le patronat cherchant des leviers pour imposer de nouvelles solutions capitalistes favorables à leurs intérêts à eux. Ceux qui veulent sincèrement sauver l'apprentissage sont d'accord qu'il lui faut un sérieux *aggiornamento*, qui se traduit pour les uns par une véritable refondation, pour les autres par une séquence de retouches et de réglages. Le gros des commentateurs reconnaît la réalité de la crise, comme une situation de détresse, voire de paroxysme, mais en fait des exégèses hétérogènes, supposant des conséquences et réclamant des remèdes qui varient en fonction des facteurs qu'ils privilégient : techniques, pédagogiques, productivistes, « qualitativistes », moraux, managériaux, et sociaux, parmi d'autres.

Certains *libéraux*, retournant aux sources, y trouvent la confirmation de leur doxa : l'apprentissage n'est jamais une nécessité, encore moins une nécessité institutionnalisée. Un large groupe central (mais débordant le centre à gauche et à droite) de *pragmatistes* envisage une copieuse palette de rénovations pour adapter l'apprentissage à de nouvelles conditions. Les *définitionnistes* imaginent le chemin du renouveau à travers une conception plus rigoureuse de ce qu'est un apprenti, de ce que signifie la dénomination, à l'heure actuelle et demain. Les *contractualistes* se donnent une mission épistémologique encore plus ciblée : ne seront considérés apprentis que les adolescents qui s'engagent par un contrat écrit et enregistré, comportant certaines

1. Édouard Petit, *De l'école à la cité. Études sur l'éducation populaire*, Paris, F. Alcan, 1910, p. 75-77.

2. Sur l'usage et la signification du mot » maître », voir des réflexions perspicaces de Jacqueline Lalouette, « Les insaisissables corporations du premier XIXe siècle : enquêtes sur les usages d'un mot », dans Steven L. Kaplan et Philippe Minard (dir.), *La France, malade du corporatisme ? XVIIIe-XXe siècles*, Paris, Belin, 2004, p. 170.

clauses imposées par une règle administrative ou juridique et sujet à un contrôle officiel assurant son application. Se représentant l'apprentissage comme un rempart contre une dérive industrialo-capitaliste encore plus impitoyable qu'avant, des *réformateurs sociaux* un peu rêveurs voient la crise comme une sommation solennelle de résister à ce rouleau compresseur en ranimant l'apprentissage comme une sorte d'amortisseur, symbolique et pratique. D'une sensibilité sur certains points similaire, des *néo-corporatistes*, pas tous dans la nostalgie mystificatrice, avancent que l'on ne peut prétendre réajuster (ou réveiller) l'apprentissage sans une organisation, pour les uns autonome, englobante et obligatoire, pour les autres bricolée avec des dispositifs existants (tels les Chambres de commerce, des municipalités, plus tard des syndicats mi-parties).

Les *institutionnalistes*, loin d'être tous corporatistes, soutiennent que l'apprentissage relève d'un tissu de pratiques sociales et culturales (aussi bien que techniques et commerciales) qui ne peuvent être réduites à un type ou un autre d'enseignement professionnel. Si les *paternalistes* ne se reconnaissent pas dans l'esprit de l'Ancien Régime, ils souhaitent néanmoins revigorer le modèle du père-de-famille, modernisé, ancré davantage sur le comportement que sur l'affect, mais capable d'humaniser des relations de production au sein de l'atelier et de rendre ainsi l'apprentissage à la fois plus pertinent, plus performant et plus attirant. Avec l'idée que l'on ne peut surmonter la crise que pas à pas, les *caritativistes*, appliquant à leur tour un certain paternalisme, misent sur une nouvelle génération de patronages, encore plus engagés et généreux, pour revitaliser l'apprentissage par un mélange d'approches forgeant de meilleures relations entre patrons (sélectionnés), parents (informés) et apprentis (éclairés et protégés). Proches de ces deux derniers groupes, les *moralistes* réagissent tant viscéralement que socialement à la décadence de l'apprentissage, sorte de profonde dépravation à leurs yeux. Ils visent à « moraliser » les apprenti.e.s en leur donnant un statut plus solide, en partie grâce à la restauration du rôle de maître qu'ils préconisent : responsabiliser ensemble ce vieux couple passablement scindé aiderait l'apprentissage à retrouver son caractère vertueux, exemplaire et productif.

Se concentrant sur la structuration et la mise en pratique de la formation – l'enseignement professionnel ou technique –, arrachées au contexte organique de l'apprentissage classique, les partisans de *l'école à l'atelier* se heurtent aux champions de *l'atelier à l'école*, affrontement qui va progressivement dominer le débat. Désespérés par la longue paralysie du parlement et l'inertie de gouvernements successifs concernant la question de l'apprentissage, les *girondins* croient que les seules solutions sont locales et partielles. En revanche, les *jacobins* ne se fient qu'à la démarche centrale, législative ou administrative, mais, en ce qui concerne l'apprentissage, entre autres questions majeures, ils ont du mal à éviter des mini-guerres de religion, opposant en l'occurrence les tenants des ministères de l'Instruction publique/de l'Éducation nationale et ceux du Commerce/de l'Industrie. Sans aucune foi dans l'action publique, et généralement allergiques à la présence de l'État, sauf comme bailleur de subventions, sans conditions, les *privatistes* – confessionnels, patronaux ou autres – comptent sur les initiatives provenant du secteur privé. Sceptiques à l'égard des résultats d'un laisser-faire intégriste, les *internationalistes* économiques ne prétendent pas savoir comment redynamiser l'apprentissage, mais ils soulignent le péril que représente sa décadence pour la réputation et la richesse de la nation, « faillite » qui sape sa capacité de tenir face à la concurrence de l'étranger autant sur le marché du travail (le débarquement d'ouvriers très qualifiés) que sur les marchés des produits où la France a longtemps régné[3]. En l'absence d'une mémoire longue, faute d'intervention plus tôt, en fonction de l'évolution économique, et en raison de la cacophonie de voix proposant diverses solutions à cette « déplorable situation », les *pessimistes* pensent qu'il y a « fort peu à compter sur le relèvement de l'apprentissage proprement dit »[4].

3. *Enquête sur l'enseignement professionnel, ou Recueil des dépositions devant la commission de l'enseignement professionnel*, t. 2, Paris, Imprimerie impériale, 1865, p. 762 ; F. Devinck, pour la Commission d'encouragement des études des ouvriers à l'Exposition universelle de 1867, *Rapport* présenté à l'empereur, 3 mars 1868, t. 3, Paris, Morel, 1869, p. 10 ; Émile Cacheux, *État actuel du patronages et de l'enseignement des apprentis*, Paris, Imprimerie nationale, 1889, p. 5-8 ; J.-H. Cagninacci, *L'Instruction professionnelle de l'ouvrier*, Paris, A. Rousseau, 1910, p. 2-5, 74-78, 89 ; Georges Alfassa, « La Crise de l'apprentissage », *La Réforme sociale* (9 décembre 1907, volume pour 1908), p. 278 ; Auguste Beignet, *La Décadence de l'apprentissage en France : causes, effets, remèdes*, Paris, G. Grassin, 1911, p. 76 ; Placide Astier et Isidore Cuminal, *L'Enseignement technique, industriel et commercial en France et à l'étranger*, Paris, G. Roustan, 1909, p. 378, 402, 405 ; « Pour une fête de l'apprentissage », *Travail, revue d'études économiques, sociales et d'apprentissage*, n° 52 (5 juillet 1921). Sur le rôle de l'État dans la promotion du patriotisme économique, voir César Fichet, *Mémoire sur l'apprentissage et sur l'éducation industrielle*, Paris, Galban, 1847, p. 13-14, 23 ; Auguste Boudra, *Pour l'apprentissage*, Lyon, chez l'auteur, 1909, p. 5-7, 9-11 ; Paul Pic, *Traité élémentaire de législation industrielle. Les lois ouvrières*, Paris, A. Rousseau, 1903, p. 919. Cf. Stéphane Lembré, *École des producteurs. Aux origines de l'enseignement technique (1800-1940)*, Rennes, Presses universitaires de Rennes, 2013, p. 129-37, 141-42, 153.

4. Pour les trois paragraphes précédents : A. Beignet, *La Décadence de l'apprentissage*, p. 19, 20, 77 ; Marcel Debolo, *L'Apprentissage à l'atelier*, Paris, A. Rousseau, 1906, p. 36-37 ; Gustave Dron, « L'Organisation de l'apprentissage », Conférence AFDET, Nancy, 1909, p. 13-14 ; *Bulletin de l'apprentissage*, organe du comité exécutif permanent du Congrès

DÉFINITIONS

La crise de l'apprentissage, apparemment si évidente, met paradoxalement en relief le défaut d'accord sur la signification précise du phénomène. Elle évoque des images et expériences divergentes. En se lamentant sur l'apprentissage ou en le critiquant, on ne parle pas exactement de la même chose. Sans doute, pour la plupart des observateurs, s'agit-il de la formation, version plutôt resserrée, essentiellement un enseignement professionnel ou technique bien élaboré, visant à inculquer un savoir-faire précis. Pour certains, le statut d'apprenti est déterminé quasi mécaniquement : on est apprenti légitime si l'on exerce dans un atelier de taille moyenne ou petite, exécutant principalement à la main sous l'autorité d'un maître. Appeler « apprenti » un enfant travaillant dans une usine, notamment mécanisée, n'est rien moins qu'une usurpation, suivant cette logique, d'ailleurs assez largement contestée. Sous un autre angle, on peut désagréger la catégorie de l'apprentissage en trois représentations : ceux qui insistent sur le fait qu'un apprentissage véridique ne peut avoir lieu qu'en atelier ; ceux qui préconisent l'école, bien outillée, comme site idoine pour obtenir une qualification ; et ceux qui exigent un cocktail des deux pour un apprentissage plein et entier. D'autres projettent une vision autant idéologique que technique, où la finalité n'est pas la seule fabrication d'un bon ouvrier, mais plutôt d'un ouvrier bon, moral/moralisé et, de préférence, chrétien. D'autres encore conçoivent l'apprentissage en

national mixte de l'industrie, du commerce et du travail, n° 1 (mai 1909) ; Rembert, ouvrier ferblantier, « Le problème de l'apprentissage », dans la Ligue française de l'enseignement, *La Question de l'apprentissage*, Paris, 1913, p. 60-63 ; Charles Berteaux, *La Crise de l'apprentissage*, Paris, A. Rousseau, 1909, p. 70 ; Véronique de Chardon, « L'Apprentissage en France de 1851 à 1919 », thèse de doctorat, Université de Paris 4 (Sorbonne), 1992, p. 302 ; P. Astier et I. Cuminal, *L'Enseignement technique, industriel et commercial*, p. 26-39 ; Étienne Martin Saint-Léon, *La Crise de l'apprentissage et la réforme de l'enseignement professionnel*, Lyon, Chronique sociale de France, 1909, p. 15-16. S. Lembré, *École des producteurs*, p. 38. Ce dernier auteur est tiraillé entre deux postures : d'une part, il semble tenté par une relique de la sirène du post-modernisme volatilisé (la « crise » comme une « construction » discursive sciemment instrumentale) et, de l'autre, il paraît admettre son ancrage dans l'expérience vécue. Voir *ibid.*, p. 209. Cf. ministère de l'Instruction et des Beaux-arts, sous-secrétariat d'État de l'enseignement technique, conseil supérieur de l'enseignement technique, session de juin 1925, *Le problème de l'apprentissage*, p. 3-6, 8-9, 12-13, 16-17, 22 ; Auguste Keufer, « La Crise de l'apprentissage », *Le Mouvement socialiste* (1er janvier 1908) ; A. Vallet, « La Crise de l'apprentissage », dans *ibid.* (15 octobre 1908) ; Paul Delesalle, « Enquête sur la crise de l'apprentissage » (notamment sur la tension entre une spécialisation utile et l'impératif du « métier entier »), dans *ibid.* (15 novembre 1908).

termes moins étroits, comme une expérience tant de socialisation, au sens large, que de transmission de savoir, inspirée par le paradigme corporatiste.

Ce dernier constituait la charpente partagée du système de production et de reproduction, mais il n'assurait pas de consensus sur le sens du statut de l'apprenti. Les ouvriers font et vivent des distinctions dans le type d'apprentissage. Depuis les frictions entre apprentis et alloués, formés de manière très proche, entre compagnons de la ville et compagnons « battant semelle » (itinérants quasi permanents, membres des compagnonnages, associations clandestines, ou indépendants), ou entre compagnons de la ville et ceux des lieux dits privilégiés (à l'abri de la mainmise corporative), principalement sous l'Ancien Régime, les ouvriers ont souvent montré un vif intérêt pour la définition et le contrôle de l'apprentissage (au-delà de leur désir d'imposer un quota d'apprentis par boutique). Au XVIIIe siècle, une famille, bien informée ou conseillée, cherchant à placer son fils dans un fournil, passe quelquefois par une des auberges spécialisées dans l'accueil des garçons boulangers, qui ont des moyens d'influencer le choix d'un maître à la recherche d'un apprenti et de déterminer ce que l'adolescent va apprendre et à quelle cadence. En l'an XII (1803-04), 352 livrets sont remis à des « ouvriers » présentés comme « apprentis » à Nantes. Mais tous ces apprentissages ne se valent pas ou ne renvoient pas aux mêmes attentes et expériences. Ils sont moins courants dans les branches marquées par la concentration (corderie, brasserie, verrerie) que dans les métiers de l'ameublement, du vêtement, de la chapellerie, du tissage et de l'indiennage. Dans les manufactures, seuls les ouvriers les plus habiles peuvent réclamer le statut d'apprenti tels les imprimeurs et les graveurs en indienne. En revanche, dans les ateliers des secteurs de la production dispersée, la présence d'un apprenti signale un style canonique d'acquisition de compétences. En tissage, par exemple, les apprentis se trouvent communément dans de petites boutiques. En 1843, la commission chargée d'appliquer la loi relative au travail des enfants distingue les apprentis de la métallurgie, qui reçoivent une formation classique, de la main-d'œuvre, des « petites mains » dans les manufactures textiles, parfois brutalisées, appréciées pour une certaine dextérité, mais ne bénéficiant d'aucune instruction systématique.

En 1848, les mécaniciens de Nantes déplorent la marginalisation fréquemment subie par les apprentis dont le titre ne garantit rien et dont l'état réel est brouillé :

> Dans les ateliers ayant pour but de façonner ces jeunes gens à la perfection de l'art (mais ces établissements sont très rares), l'apprenti n'y est admis qu'à 14 ans sachant lire et écrire au moins [...] dans la proportion de un apprenti sur 15 ouvriers [...], mais dans les ateliers où l'apprentissage est une spéculation pour le patron et où les travaux s'exécutent au rabais, l'apprenti est admis sans instruction préalable, sans condition de temps et consacre trois à cinq ans à faire des travaux de routine qui, au bout de ce temps, le laissent à l'état de manœuvre avec des prétentions plus élevées[5].

Moins de vingt ans plus tard, Jules Simon, philosophe et homme politique, se soucie de la pratique de plus en plus limitée de l'apprentissage et du rétrécissement de sa portée à Paris en particulier, mais aussi à Lyon. Selon lui, par exemple, dans l'industrie de la peau de la capitale, les tanneurs ne forment pas d'apprentis. Pour 1 283 ouvriers, on n'a recensé que trois enfants, employés comme ouvriers auxiliaires à raison de un franc par jour. Les boyautiers, qui occupent 125 hommes et 119 femmes, n'ont qu'une apprentie unique. Les mégissiers, pour 612 ouvriers, n'emploient que 23 enfants, dont 8 ouvriers auxiliaires et 15 apprentis. Un manœuvre entre dans une tannerie ou une boyauderie en qualité de (jeune) homme de peine, relate Simon, et se fait ouvrier peu à peu en voyant faire les autres. Au contraire, pour les drayeurs, l'apprentissage est payant – 400 francs à l'entrée – et l'apprenti touche une gratification quotidienne fort modique. Qui plus est, note l'écrivain, « il ne sait pas complètement son métier, car il y a presque autant de métiers que d'ateliers ». Rien que dans le corps d'état des corroyeurs, on distingue les ouvriers de couteau et de table, les metteurs au vent et à l'huile, les dégraisseurs, estampeurs de brides, cambreurs, cambruriers, chauffeurs, et ainsi de suite. L'ouvrier qui n'a travaillé que le mouton pendant son année d'apprentissage ne peut entrer dans une maison où l'on travaille la chèvre sans verser de nouveau 400 francs, et faire un second apprentissage aux mêmes conditions que le premier. Dans les papiers peints, les enfants employés sont « plutôt des ouvriers auxiliaires que des apprentis », affectés à des travaux qui ne les préparent pas « à devenir ouvriers plus tard ». À Lyon, Simon

5. Tout ce qui concerne Nantes m'a été aimablement communiqué par Samuel Guicheteau, de son admirable thèse, « La Révolution des ouvriers nantais. Le façonnement d'une identité sociale et culturelle, des années 1760 aux années 1830 », thèse de doctorat soutenue le 10 novembre 2006, à l'Université Rennes 2, chapitre 8 (la longue citation provient d'une enquête de 1848, AD Loire-Atlantique, 1 M 2124, pièce 54).

découvre également une tour de Babel d'usages divergents. L'apprenti.e tisseur/tisseuse paie 50 francs son entrée et est logé.e et nourri.e pendant quatre ans. Dans le moulinage, pas d'apprentissage : ni les moulineuses ni les dévideuses ne sont considérées comme « ouvrières », les premières classées « manœuvres » et les secondes « servantes ». Cependant, observe le réformateur, « il faut un apprentissage de quatre ans pour être dévideuse »[6].

Jules Simon n'est pas le seul à suggérer que l'apprentissage, en se détériorant, se dénature, ne correspond plus à la définition quasi normative héritée du passé, surtout lointain, mais même des premières décennies du XIXe siècle. En tout cas, au fil du siècle, la représentation de l'apprentissage est de plus en plus éclatée. L'idée privilégiant une formation professionnelle sérieuse persiste comme une sorte de noyau dur, mais ce dernier est insensiblement déplacé, détourné, érodé, tant par les déclinistes que par les réformateurs (qui peuvent parfois être les mêmes), tant par les thuriféraires d'un retour aux sources que par les promoteurs d'un choc modernisateur.

En 1848, la Chambre de commerce de Paris propose une distinction assez enracinée dans la pratique entre deux types de jeunes (les très sérieux et les moins sérieux, articulant le clivage moins en termes ouvertement sociaux qu'en termes moraux), deux types de patrons (l'artisan orgueilleux misant sur la transmission réussie comme une proposition gagnant-gagnant et le maître court-termiste, âpre au gain et/ou contraint par sa situation commerciale à profiter de tout instant), et deux types de formations (un enseignement poussé du type supposé Ancien Régime dans les meilleurs cas et une acquisition du savoir par « le vol » des yeux ou une sorte d'osmose de routine) :

> Il y a par le fait deux natures très-différentes d'apprentissage. Ou l'enfant est placé pour apprendre une profession difficile, et il doit donner à son éducation un temps assez long, travail onéreux pour le patron devant être compensé, soit par un paiement de prix de pension, soit plus tard, par un travail plus productif ; ou bien l'enfant, dans une profession facile, doit rendre des services immédiats : il est alors comme un jeune ouvrier, seulement il ne reçoit pas un salaire direct, son travail étant payé par un entretien plus ou moins complet de la part du patron, et par l'avantage d'être mis à même de suivre les procédés de l'état auquel il se destine et de s'instruire par exemple. Cette dernière position est la plus fréquente,

6. J. Simon, « L'Apprentissage des jeunes ouvriers dans la petite industrie », *Revue des deux mondes* (février 1865), p. 732-34.

et les jeunes gens sont surtout reçus chez les maîtres, à raison des services qu'ils peuvent rendre presque dès leur entrée à l'atelier.

Le type deux, sur toute la ligne, continuera de gagner du terrain jusqu'au brouillage de la frontière démarquant l'apprenti, d'une part, de l'ouvrier débutant/petites mains/enfant de peine, de l'autre[7].

Si Rousseau reliait l'apprentissage avec un type de socialisation bourgeoise, Gustave Berger, adepte de l'économie sociale vers la fin du XIXe siècle, à la suite de nombreux patronages, l'associait avec « les enfants du pauvre », sans en tirer une théorie fonctionnelle de recrutement. Ces derniers, les « plus déshérités », qui doivent se poser incessamment « la dure question du pain quotidien », sont aux yeux des juristes Ernest Nusse et Jules Périn voués à la fabrique, tandis que « c'est à ceux qui ont le bonheur d'avoir des facultés plus développées, des ressources moins précaires, des parents dévoués [...] qu'est réservé l'apprentissage ». D'autres se battent contre l'élitisation de l'apprentissage, le concevant non comme la consécration d'un succès héroïque et méritant, mais au contraire comme un ascenseur social pour les segments résolus du menu peuple. Eugène Tallon, journaliste, moraliste et député du centre-gauche, refuse un test sociogénétique pour un processus de transformation ouvert à tous ceux qui souhaitent entrer dans le monde du travail : « L'apprentissage, dans la véritable acception du mot et dans sa portée générale, constitue l'éducation professionnelle de l'ouvrier. » Ce qui est déterminant, ce ne sont pas les origines de l'apprenti.e, mais les « conditions bonnes ou mauvaises » de cette expérience :

Incomplète ou mal dirigée, l'éducation de l'apprenti laisse peser, pour la vie entière, sur tout homme dont le travail manuel soutient l'existence, le poids de l'ignorance de son état ; elle le rejette dans les rangs inférieurs des salariés, rend sa position précaire ; et ferme à jamais à ses yeux l'espoir de l'améliorer. Bien dirigé et perfectionné, l'apprentissage professionnel place au contraire l'ouvrier au premier rang des producteurs de son état, fait rechercher et rémunérer avantageusement son travail, donne par suite à sa famille et à lui-même la sécurité de l'avenir et le légitime désir d'élever sa condition[8].

7. *Statistique de l'industrie à Paris, résultant de l'enquête faite par la Chambre de commerce pour les années 1847-1848*, Paris, Guillaumin, 1851, p. 58.

8. Gustave Berger, « Monographie de l'apprentissage français à l'exposition de l'économie sociale » (extrait du *Bulletin de la Société de protection des apprentis* (octobre-décembre 1889), Paris, Chaix, 1890, p. 4, 6) ; Ernest Nusse et Jules Périn, *Commentaire de la loi du 19 mai 1874 sur le travail des enfants et des filles mineures, employés dans l'industrie*, Paris, Marchal,

Représentant d'un courant « réaliste », teinté ou tenté par un spencérisme inavoué, les juristes-écrivains Ernest Nusse et Jules Périn, constatant le clivage qui sépare – ou devait départager objectivement – candidats à l'apprentissage des simples ouvriers débutants, s'inquiètent de la tendance législative à « confondre » dans un panier unique « tous ceux qui apprennent un métier ». S'ils se félicitent de la volonté de la cour de Douai en avril 1856 de statuer sur cette question, ils ne peuvent pas épouser sa décision avec enthousiasme, car elle fait éclater le bon sens taxinomique :

> Que la qualification d'apprentis ne doit pas être restreinte aux jeunes ouvriers qui, en vertu d'un contrat d'apprentissage, s'obligent à travailler pour leur maître aux conditions et pour un terme convenus ; que cette qualification doit être entendue dans son sens général, s'appliquer à toute personne qui apprend un métier et conséquemment aux jeunes employés des manufactures, usines et ateliers[9].

Suivant cette logique, en déclarant que « tout jeune ouvrier est, dans un sens large, un apprenti », on éviscère la notion de l'apprentissage de sa spécificité pratique et culturelle, donnant à sa décadence une dimension ontologique. La décision met en relief une tension profonde entre une disposition héritée de la Révolution française (et quelque peu paradoxalement des pratiques quotidiennes de l'Ancien Régime), visant à démocratiser l'accès à l'apprentissage, terroir social populaire par excellence, et une prise de conscience croissante que les mutations technologiques et culturelles du XIXe siècle imposent logiquement une stratification réservant l'apprentissage à une catégorie particulière de jeunes. Le jugement de Douai ne semble pas faire jurisprudence. À l'aube du XXe siècle, la désignation de « l'apprenti » n'a pas encore retrouvé un sens net, incontesté. Rembert, ouvrier ferblantier, ne supporte pas le galvaudage de ce terme. Si l'objectif d'un engagement auprès d'un patron n'est pas d'obtenir, à la fin, la possession « du métier complet », on ne peut qualifier le jeune travailleur d'apprenti : « Il [l'industriel] pourra les embaucher avec la dénomination de manœuvres, petites mains, mais *jamais* sous le titre d'apprentis »[10].

Billard et Cie, p. XX ; Eugène Tallon, *La vie morale et intellectuelle des ouvriers*, Paris, E. Plon et Cie, 1877, p. 155.

9. Cité par E. Nusse et J. Périn, *Commentaire de la loi du 19 mai 1874*, p. 30.
10. Rembert, « Le problème de l'apprentissage », p. 63-64.

GENÈSES ET STRUCTURES

Avant d'entreprendre un audit circonstancié de la crise de l'apprentissage – sa « dégradation » ou sa « disparition » –, de nombreux commentateurs à travers le long XIXe siècle font remonter le lent processus d'affaiblissement à l'abolition des corporations, sorte de cause première de cette tourmente. Le trouble aurait commencé en 1791, pour la plupart, dès 1776 pour certains. Octave Gréard, inspecteur général de l'Instruction publique au début des années 1870, n'est pas le seul à regretter que les révolutionnaires aient décidé de détruire le système corporatiste au lieu de le réformer à fond. Il aurait été possible de conserver ce socle, assaini et renforcé, pour structurer l'apprentissage. Pourquoi un traitement global et brutal, selon cet argument, plutôt qu'une approche nuancée et différenciée ? Personne en 1791 ne semble avoir pris en considération l'apprentissage ou pensé son avenir possible, selon la représentation prédominante du XIXe siècle ; même des libéraux s'en offusquent. S'ensuivent plusieurs décennies de bricolage, sur fond de négligence plus ou moins bénigne. D'où le sentiment au début de la Troisième République « que depuis 80 ans, nous nous agitons dans le malaise ». Pour le gros des écrivains se penchant sur cette question, la crise de l'apprentissage traduit un constat sociopolitique et économique objectif, pas du tout l'aveu d'une envie de retrouver un quelconque âge d'or.

Pourtant, pour beaucoup, la crise demeure intimement liée au passé ; pour eux, on ne peut mesurer l'apprentissage de leur temps qu'à l'aune de l'Ancien Régime, réel ou imaginaire. Le récit de la crise du XIXe siècle présuppose un système antérieur robuste. Les libéraux des Lumières, de Gournay à Roland de La Platière en passant par Turgot, nient avec véhémence que le vieux système était sain, encore moins florissant : les mécanismes de recrutement et d'avancement, à commencer par l'apprentissage, étaient au contraire corrompus et sclérosés (hostiles au droit naturel au travail, à la concurrence libre ouverte à tous, à l'intégrité des protocoles). En quelque sorte, le système était en crise chronique, structurellement branlant, économiquement et socialement délétère ; seule la suppression pouvait mettre fin à cette crise larvée et débilitante.

Pour les corporatistes de l'Ancien Régime, au contraire, ce sont les libéraux qui ont provoqué la première crise de l'apprentissage et bouleversé le cadre dans lequel il prospérait en abolissant brutalement ce dernier par deux fois, en 1776 et à nouveau en 1791, générant de la confusion, de l'anomie, de l'anarchie, de la malhonnêteté, de la licence, autrement dit un monde sans foi ni loi : pas de règles, ni d'ordre, encore moins d'harmonie. Sauf du côté de la droite traditionaliste, personne ne prend les cris d'orfraie des corporatistes pour des prophéties. Cependant, en faisant leur autopsie collective, des commentateurs repèrent des filiations entre l'ancien système et l'actuel, défaillant. Par exemple, Eugène Tallon, réformateur parfois iconoclaste et passablement interventionniste, sensible au fonctionnement de la parenté sociale et sceptique quant à l'efficacité de l'autorégulation, impute la crise en partie à la perte du « sentiment paternel » qui avait su « effacer les aspérités » d'un apprentissage dont on ne peut nier la « sévérité ». Il s'approprie le moule corporatiste (bien plus tard marxiste) de l'idéalisation de la famille patronale dont l'apprenti est pleinement « membre », bénéficiant, au-delà d'un lit sous son toit et d'une place à sa table, d'un second père qui « pren[d] également soin de sa capacité, de sa conduite et de sa moralité »[11].

Pointer la fin des corporations est néanmoins une manière indirecte de mettre en cause la doctrine d'une liberté totale du travail, d'un libéralisme fréquemment supposé débridé, posture critique pas toujours aisée à assumer (d'où l'explication apologétique d'un écrivain précisant que s'il aborde la « politique », c'est exclusivement « du côté professionnel »). Intransigeant et brutal, ce libéralisme a toujours suivi aveuglément l'affirmation quasi simultanée de Turgot et d'Adam Smith, selon lesquels un apprentissage formalisé est superflu, donc une gêne, comme la matrice corporatiste d'où il sort. La tentative d'éviter de mettre l'apprentissage et le corporatisme sur le même plan demeure une gageure. Tout le monde ne partage pas

11. Paul Merlet, *Les Lois sur l'apprentissage et leurs conséquences économiques et sociales*, Paris, Jouve, 1912, p. 100 ; Edmond Labbé, *Rapport sur l'apprentissage à l'école et à l'atelier*, dans Congrès national de l'apprentissage, *Questions générales*, Roubaix, 1911, p. 1-2 ; A. Beignet, *La Décadence de l'apprentissage*, p. 12-13 ; Octave Gréard, *Des écoles d'apprentis, Mémoire adressé à Mr le Préfet de la Seine par l'inspecteur général de l'instruction publique*, Paris, Charles de Mourgues frères, 1872, p. 2 ; E. Tallon, *Vie morale*, p. 170-72. Rendant concret le dépérissement du paradigme paternaliste au début du XXe siècle, le juriste J.-H. Cagninacci souligne que moins de la moitié des 18 000 apprentis en 1860 est logée et nourrie par le patron (par rapport à 56 % en 1848 et à 59 % pour le seul critère du logement en 1860), indicateur tombant à moins de 3 % en 1901. J.-H. Cagninacci, *L'Instruction professionnelle de l'ouvrier*, p. 34 ; *Statistique de l'industrie à Paris résultant de l'enquête faite par la Chambre de commerce pour les années 1847-1848*, p. 57 ; *Statistique de l'industrie à Paris résultant de l'enquête faite par la Chambre de commerce pour l'année 1860*, Paris, Chambre de commerce, 1864, p. XXXIV.

l'idée de l'architecte Alcide Vaillant, promoteur de l'apprentissage, et néo-corporatiste au début du XXe siècle, pour qui le système corporatif « pouvait être élargi, assoupli, rendu capable de répondre aux exigences nouvelles ». Bien des observateurs, cependant, reconnaissent les « conséquences dissolvantes » du libéralisme et s'accordent sur un point, la crise de l'apprentissage serait en partie le résultat de « la désorganisation des métiers »[12].

Cette crise ne découle pas seulement de l'absence de « cadres traditionnels », comme le remarque l'avocat J.-H. Cagninacci, mais de cadres tout court, de structures structurantes. Le concept de « l'apprentissage libre » est un oxymore aux yeux du directeur de l'école professionnelle de l'horlogerie de Lyon, Auguste Boudra : sans règlements clairs et exécutoires, sans garanties de part et d'autre, la reproduction socioéconomique ne peut pas se réaliser, car « la liberté des apprentissages » ne marche pas. Dénonçant « une politique placide et coupable de ne rien faire » pour soutenir l'apprentissage face au machinisme, à la division du travail et à la concurrence qui met en péril tant d'artisans, deux néo-corporatistes plaident pour un système d'encadrement, moderne et efficace, pas forcément authentiquement corporatiste, mais capable de porter la lourde charge de la formation et de la socialisation. Souhaiter des mécanismes de gouvernance n'est pas nécessairement succomber à la nostalgie. Deux hommes politiques qui s'occupent de près des questions de l'institutionnalisation de l'enseignement professionnel, Placide Astier et Isidore Cuminal, se lamentent du « vide » dans lequel on essaie de former des jeunes. Sans structuration aucune, il n'est pas surprenant que l'apprentissage se détériore, que les relations sur le lieu du travail s'enveniment, que

12. Alcide Vaillant, *L'Apprentissage, la liberté du travail et l'esprit de corps*, Paris, Congrès national mixte, 1909, p. 3 ; A. Beignet, *La Décadence de l'apprentissage*, p. 17. Libéral zélé, Ernest Nusse rapproche Colbert, censé « avoir rêvé la suppression de l'apprentissage », de Turgot, qui l'a fait, quoique fugitivement. *L'Apprentissage au point de vue de la loi et des mœurs*, Paris, A. Chaix, 1877, p. 9. Sur les mêmes thèmes, voir Pierre Pierrard, *Enfants et jeunes ouvriers en France (XIX-XXe siècle)*, Paris, Les Éditions ouvrières, 1987, p. 71 ; S. Lembré, *École des producteurs*, p. 37 ; et Y. Lequin qui, sans les énumérer, prétend que 87 textes (de types ordonnances, règlements, lois, etc.) paraissent entre mars 1791 (suppression des corporations) et la loi Astier de 1919 (établissant les bases modernes de l'apprentissage). « Apprenticeship in Nineteenth-Century France: A Continuing Tradition or a Break with the Past ? », dans Steven L. Kaplan et Cynthia J. Koepp (dir.), *Work in France: Representations, Meaning, Organization and Practice*, Ithaca, N.Y., Cornell University Press, 1986, p. 457 (voir la version française dans *Formation emploi*, nos 27-28 (juillet-décembre 1989), p. 91-100). Cf. comment le débat autour du libéralisme aide à faire de l'apprentissage une question politique nationale dans les années 1860, juste à la veille de la fixation sur la « crise », selon Jeanne Gaillard, *Paris, la ville (1852-1870)*, Paris, H. Champion, 1976, p. 309.

des abus s'affirment et se répandent. Il faut de l'orchestration, même quand la musique est libérale[13].

LA CRISE AVANT LA FIN

Rapprocher la crise de l'apprentissage de la fin ultime des corporations en 1791 occulte un autre variant précoce de la crise situé en plein XVIIIe siècle, en dehors du milieu parlant le langage de l'économie politique ou de la science économique. Il s'agit du mouvement de création des écoles gratuites, notamment de dessin, nourri à la fois par le regard très négatif que porte le libéralisme sur les pratiques corporatistes et le regard simultanément bienveillant et féroce des encyclopédistes et de leur cercle de sympathisants sur les pratiques artisanales. Ses promoteurs les plus connus, peintres-académiciens et professeurs, constatent l'échec du système de production (la qualité des marchandises fabriquées) et de reproduction (la qualité des compétences transmises) du monde dit des arts et métiers (extrêmement hétéroclite, traversé de tensions profondes, notamment entre les pôles « artistiques » et « mécaniques »). Parfois incantatoire, souvent sibyllin, généralement évasif sur l'application concrète, leur discours peut passer pour l'annonce homérique d'une voie franchement alternative à la formation canonique (l'école novatrice, voire salvatrice) supplantant l'atelier (insulaire, atone et dépassé) ou plus modestement pour celle d'une dose d'*aggiornamento* principalement de caractère théorique sous forme de « complément » ou de « supplément », supposant une collaboration cordiale (ou au moins diplomatique) avec les communautés plus ou moins défectueuses.

Dans un texte de 1767, Jean-Baptiste Descamps, peintre du roi et fondateur de l'école de dessin de Rouen, qui a pesé intellectuellement sur tout le mouvement, identifie certains éléments de détérioration qui anticipent sur le diagnostic de crise au siècle suivant. Avant l'éclosion des écoles, avant l'effet heureux de l'influence académique dans le sillage de Colbert – leur effet précis n'est pas explicité –, la formation déficiente, voire vicieuse dispensée par l'apprentissage formel débouchait sur une médiocrité rampante. Tout en reconnaissant que les arts

13. J.-H. Cagninacci, *L'Instruction professionnelle de l'ouvrier*, p. 1, 56 ; Auguste Boudra, *L'Apprentissage et l'école-atelier*, Lyon, Saillard, 1907, p. 3-4 et *Pour l'apprentissage*, p. 2-11 ; P. Dufour et H. Bernard, *La Nouvelle Économie corporative d'apprentissage*, Paris, Sirey, 1913, p. 10-15 ; P. Astier et I. Cuminal, *L'Enseignement technique, industriel et commercial*, p. 6-9, 17-19.

et métiers ont été trop longtemps « négligés », Descamps est frappé par « la grossièreté » des marchandises, par « l'ignorance révoltante » de beaucoup d'ouvriers. Capable de renouveler *tous* les métiers, y compris les plus pénibles, le dessin suscitera un sens esthétique – « le goût » – et une sensibilité pour le geste précis. Dans l'esprit mercanto-libéral de Vincent de Gournay, devançant la posture de lamentation du déclin de l'apprentissage suscité ou aggravé par les expositions universelles de la deuxième moitié du XIXe siècle, Descamps et ses collègues déplorent le péril de cette décadence pour la réputation et la compétitivité de l'industrie française à l'étranger. Antoine Ferrand de Monthelon, animateur de l'école de Reims, tient l'affaissement de l'apprentissage pour responsable de l'immobilisme dans les arts et métiers, du défaut de rigueur et de l'absence d'innovation[14].

Fondateur de l'école parisienne, lancée avec une grande énergie, Jean-Jacques Bachelier, reprend bien de ces thèmes. Comment remuscler l'industrie dans l'arène internationale et enrichir le pays face aux carences profondes d'une formation avilie engendrant « l'ineptie d'une multitude d'ouvriers, gens sans goût, sans principes, sans précision, livrés à un tâtonnement, à une routine d'opérations qui dégrade les projets les mieux conçus » ? Comment ne pas prendre acte de l'existence d'une crise – malgré le flou de la dénonciation, le défaut d'exemples, l'aplanissement chronologique – devant « la médiocrité » générale de la formation (les apprentis « abandonnés à la routine et aux pratiques aveugles ») et de la production (la prolifération du mauvais

14. Jean-Baptiste Descamps, *Sur l'utilité des établissemens des écoles gratuites de dessin en faveur des métiers*, Paris, Regnard, 1767, p. 3-6, 22, 29 ; Antoine Ferrand de Monthelon, *Projet pour l'établissement d'écoles gratuites de dessein* [*sic*], s.d.n.l et *Mémoire de M. Ferrand de Monthelon, ancien professeur de l'Académie de peinture et de sculpture*, Paris, 1748. Sur Descamps, dépeint comme le penseur primordial du concept des écoles de dessin, voir Frédéric Morvan Becker, « L'École gratuite de dessin de Rouen, ou la formation des techniciens au XVIIIe siècle », thèse de doctorat, Université de Paris 8, 2010. Dans une démarche qui se veut plus « sociale » que celles des deux historiens majeurs des écoles de dessin, Agnès Lahalle (*Les Écoles de dessin au XVIIIe siècle entre arts libéraux et arts mécaniques*, Rennes, Presses universitaires de Rennes, 2006) et Renaud d'Enfert (*L'Enseignement du dessin en France. Figure humaine et dessin géométrique, 1750-1850*, Paris, Belin, 2003), F. Morvan Becker critique, par exemple, le manque de distinction entre les très nombreuses écoles « créées » et celles qui ont réellement fonctionné et il essaie de problématiser les relations complexes entre corporatisme et académisme, entre artistes et artisans, entre maîtres et apprentis, entre écoles et communautés, entre écoles et apprentis (entre autres), entre municipalités (ou autres agences de régulation tels la police et les juges locaux) et communautés. Tous les trois s'installent dans une vision des corporations bien datée. Cf. Ulrich Leben, « New Light on the École royale gratuite du dessin; The Years 1766-1815 », *Studies in the Decorative Arts*, t. 1 (Automne 1993), p. 101, 104, 108 ; et Marcel Grandière, *L'Idéal pédagogique en France au dix-huitième siècle,* Oxford, The Voltaire Foundation, 1998, p. 185-86, 188-92, 408.

goût, métaphore de la décadence) ? L'inventaire des maux augure le tableau de crise du XIXe siècle : les maîtres eux-mêmes manquent des « principes » de base pour saisir les nuances du métier et l'enseigner correctement, combinant la « théorie profonde et raisonnée » avec une « pratique intelligente » (Bachelier souscrit à la science encyclopédiste opposée à la culture populaire du travail qui se moque des prétendus « secrets ancestraux » des métiers, chimère mutilante). Au mieux, ils transmettent un métier tronqué, privant la nouvelle génération de l'autonomie relative assurée par une possession entière de la profession. Mal formés, les appentis vivent toute leur vie professionnelle comme « des manœuvres », comme plus tard les enfants de peine du milieu du siècle prochain deviennent des hommes de peine. Dans la suite logique, « l'amour du travail » est « presque éteint ». Nonobstant son optimisme souriant, mais un peu mystificateur, sur la volonté des maîtres (de tous les métiers !) d'envoyer leurs apprentis et leurs compagnons suivre des cours à l'école de dessin (et quelquefois de s'y inscrire eux-mêmes), Bachelier n'offre guère de prise aux analystes du XIXe siècle cherchant l'Éden perdu de l'apprentissage-dans-le-corporatisme[15].

Par ailleurs, le peintre propose un « cours complet public des arts mécaniques », manière de faire face aux carences de l'apprentissage, mais également d'appuyer la renaissance de l'intérêt pour les arts et métiers imputée à D'Alembert et à Diderot, auxquels il rend hommage. Négligés, voire « dédaignés », les arts mécaniques, s'occupant de « toutes choses nécessaires à la vie », se contentent très souvent de pratiques surannées, d'une « routine » confortable mais stérilisante. Le « perfectionnement » de ces arts doit commencer avec un renouveau dès le départ : à dix ans, un enfant comprend mieux instinctivement ce qu'il aura plus de peine à concevoir intellectuellement cinq ans plus tard. Mais Bachelier ne semble pas envisager une sorte de préapprentissage. Son projet manque de cohérence. Le cours sera « l'Encyclopédie mise en action », mais la traduction de cette belle formule en

15. Jean-Jacques Bachelier : *Discours sur l'utilité des écoles élémentaires en faveur des arts mécaniques* [prononcé le 10 septembre 1766], Paris, Imprimerie nationale, 1792, p. 2, 4-6, 9-11, 13, 16, et *Collection des discours de M. Bachelier, Professeur de l'Académie Royale de Peinture, Directeur de l'École Royale de Dessin ; prononcés à l'occasion des Distributions de Prix depuis l'origine de cet établissement*, Paris, Imprimerie royale, 1790, p. 22, 25, 26, 35, 41, 51, 58, 63. Cf. *Gazette de France* (7 juillet 1766 et 7 août 1772) ; *Almanach du voyageur à Paris*, Paris, Hardouin, 1785 ; *Pétition des souscripteurs de l'école gratuite de dessin*, Paris, Imprimerie royale, 1792, p. 9 ; P. A. J.-B***D. V. [A.-J. Brard ?], *Le Réveil de J.-J. Rousseau*, Genève, 1783, p. 23-24.

pédagogie et en pratique n'est pas élaborée. Il veut montrer machines, matières et opérations de tous les métiers dans « le même lieu », en quelque sorte pour créer le spectacle et suggérer les éventuelles synergies. Pourtant, il admet que « pour bien connaître les arts mécaniques [...] il faut les étudier dans les ateliers mêmes ». En fin de compte, son cours semble au mieux une espèce d'apéritif générique pour stimuler l'appétit pour un apprentissage plus qu'un vrai levier de transformation[16].

Dans un texte emphatique et assez chaotique, mais plus ouvertement politique dans sa critique de l'apprentissage que les autres, Rozoy, écrivain proche du milieu académicien, revendique les titres de réformiste, moraliste, colberto-libéral et patriote. Il s'inquiète de la « routine dangereuse » et de la « monotonie froide » qui se sont emparées de la sphère des « arts méchaniques » dont la source se trouve dans la formation largement corporative qui n'a pas les qualités requises pour faire « le bon ouvrier ». Même avant d'entrer en apprentissage, l'enfant est fréquemment abandonné à une « inertie léthargique » qui le met en péril de chuter dans « la dissipation » dont il ne peut sortir seul. Rozoy propose de résoudre le problème de la conduite individuelle (avant et pendant l'apprentissage) aussi bien que celui du comportement de l'appareil productif et commercial par l'école gratuite. Inspiré par « la philosophie », porté par la géométrie (« la matrice des opérations de l'esprit »), le dessin saura inculquer l'habileté et former le « goût », clé « au beau » et à « l'utile », imprudemment négligé, mais aussi important pour couper la pierre ou plier le fer que pour fabriquer les éventails (« l'État a plus besoin d'artisans que d'artistes »).

L'échec des communautés est autant social que moral et technique. Parfois touchées par la corruption et toujours d'accès difficile, elles rançonnent les familles, excluent les enfants sans ancrage corporatif ou abondantes espèces trébuchantes, et ne contrôlent pas le sérieux de l'enseignement. À ce propos, Rozoy évoque le pamphlet caustique et truculent de l'abbé Coyer, philosophe original, membre du cercle de Gournay, intitulé *Chinki*, analysé précédemment. Grâce aux « établissemens nouveaux » – les écoles de dessin –, les pères comme « Chinzi » [*sic*], selon Rozoy, ne vivront plus l'humiliation et la frustration dans le placement de leurs enfants. C'est une promesse fort

---

16. Jean-Jacques Bachelier, *Projet d'un cours public des arts et métiers*, Paris, Imprimerie royale, 1789, p. 6-9, 11-12, 16, 18-20.

téméraire, car l'auteur avoue lui-même que l'école de dessin, tout en accueillant et formant le tout-venant, ne remplacera pas l'atelier (ni l'onction corporatiste de la maîtrise), mais l'incitera (éventuellement le contraindra), par le jeu de l'émulation (« glorieuse »), à hausser considérablement le niveau de formation, favorisant autant le savoir-faire que la vertu[17].

Une proposition dans les années 1770 pour la création d'une école gratuite des tailleurs (première phase d'une plus ambitieuse « école générale et gratuite pour tous les arts mécaniques ») constitue une autre figure de la crise précoce de l'apprentissage, s'inspirant à la fois du mouvement encyclopédique, du courant « dessiniste » et de l'esprit du « tournant économique » des Lumières. Le point de départ est une appréciation très alarmante de l'état dégradé de l'apprentissage. Au lieu de participer à la marche « de nouveaux progrès » impulsée par « les découvertes continuelles » qui mettent « les arts mécaniques » au défi, beaucoup de professions, dont le métier de tailleur d'habits, font obstruction à tout changement, sombrent dans « la routine », s'arc-boutent sur la « médiocrité ». Pour s'en sortir, selon cet auteur, proche du monde du travail, il faut renouveler profondément l'apprentissage en rejetant « les préjugés » et « les mauvais procédés » cautionnés par une tradition dépassée et une autorité arbitraire, pour le refonder sur « les principes » des sciences. Pour mettre fin « aux abus » notoires de l'apprentissage classique (perte de temps, extorsion d'argent et exploitation domestique) et garantir que les apprentis ne seront plus « les victimes des maîtres ignorants » (qui ont misé sur le « privilège » plutôt que sur « l'habileté » pour avancer leurs carrières), il faut créer une école où l'on enseignera « la véritable manière d'habiller » à travers « les proportions géométriques » et la coupe économique (« diviser l'étoffe par quarrés »), qui refuse le gaspillage tout en soignant le goût. Seule l'école gratuite et rationnelle est désormais capable d'assurer le triomphe « des nouvelles lumières », de « la dextérité » et de « la probité » ; de promouvoir une croissance économique dans toute l'industrie de l'étoffe par un puissant effet multiplicateur ;

17. [B.-F. ?] De Rozoy, *Les Écoles gratuites de dessin pour les arts méchaniques* [*sic*], Paris, Imprimerie de Quillau, 1769. Voir, dans cette veine de la critique d'un apprentissage inutile, abusif ou autrement défectueux, l'attitude de la municipalité de Douai en 1777, pestant contre « les années d'apprentissage » qui ont dégénéré en « années d'oisiveté dangereuses pour la jeunesse », faute de bonnes pratiques et de formation et de surveillance des maîtres et des communautés. La municipalité autorise les apprentis qui le souhaitent à fréquenter l'école de dessin et enjoignent aux maîtres de ne pas les en empêcher. G. Dron, « L'Organisation de l'apprentissage », p. 12 ; A. Lahalle, *Les Écoles de dessin au* XVIII*e* *siècle*, p. 272-73.

de faire « l'artiste » aussi bien que le « bon citoyen » ; de redorer le blason de l'apprentissage[18].

Tous ces projets se situent dans l'espace « Lumières », positionnement stratégique et revendiqué par quasiment tout le monde lettré, dans le dernier tiers du XVIIIe siècle : nobles tant d'épée que de robe, abbés et évêques, « publicistes » de Grub Street et académiciens de province. Personne, dans ce mouvement de renouveau scientifique, encyclopédiste, et esthétique de l'enseignement professionnel, n'ose demander directement la fin des corporations. Cependant, ses champions assimilent le corporatisme à un refus obstiné de se remettre en question, à une paresse intellectuelle, à une tromperie sur l'éducation, en un mot à l'obscurantisme. Dans le même temps, d'autres écrivains, réclamant, eux aussi, leur place parmi les porteurs du progrès, ne s'en prennent pas aux corporations, ne voulant pas en faire des boucs émissaires pour les défauts de l'Ancien Régime en général ou pour le système de formation technique en particulier. Conscients d'une crise de l'apprentissage, ils se voient comme réformateurs, autant que les « dessinistes » et leurs soutiens libéraux.

Illustrant cette perspective : un texte publié par le philosophe naturaliste Jean-Baptiste-René Robinet, encyclopédiste, traducteur de Hume, censeur royal. Écrivant juste après la première tentative de supprimer les corporations, il anticipe le discours de moult commentateurs au XIXe siècle qui reconnaissent et dénoncent les abus dans le système de l'apprentissage (durée démesurée, frais excessifs, exclusion d'une partie importante du « peuple »), mais qui croient fermement que le choix violent de Turgot était calamiteux : on aurait pu réformer le vieux système en profondeur, tant les structures structurantes, les corporations (qui ont donné « la règle », selon le vocable de Robinet), que le mécanisme de formation-reproduction, car ce système avait des éléments « utiles ». Conservateur, attaché aux cadres hérités du passé, Robinet remarque que l'apprentissage est rétabli rapidement, avec une promesse d'*aggiornamento*, dans le contexte de la refondation des communautés sur de nouvelles bases à partir du mois d'août 1776.

---

18. Abbé P. Jaubert, *Dictionnaire raisonné et universel des arts et métiers* [nouvelle édition, revue en profondeur, de l'ouvrage de Philippe Macquer], t. 4, Lyon, Amable Leroy, 1801, p. 549-54. Sur le « progrès par économie », voir Steven L. Kaplan et Sophus Reinert (dir.), *The Economic Turn: Recasting Political Economy in Enlightenment Europe*, Londres, Anthem Press, 2019, p. 1-33. Cf. l'idée, vague mais enthousiaste, pour l'établissement des « écoles d'apprentissage » tant dans les campagnes que dans les villes, proposée par A.-J. Brard [?], *Le Réveil de J.-J. Rousseau*, p. 44-45.

Cette refonte lui semble relever du bon sens, avec un léger parfum d'Edmund Burke :

> Les meilleures institutions sont sujettes à des abus ; il peut encore y avoir des institutions qui soient elles-mêmes un abus. S'ensuit-il qu'il faille les abroger ? Je ne le pense pas. Elles peuvent avoir pris dans l'État une réelle consistance, s'être alliées avec tant d'autres institutions bonnes & utiles, exercer une telle influence sur le régime National, avoir tant d'habitudes, de rapports, de convenances avec la constitution, ou la condition actuelle de la masse des citoyens, que leur suppression deviendroit très-dangereuse, & plus nuisible que les abus qu'on aperçoit.

Autrement dit, les défauts qui fragilisent l'apprentissage proviennent non de l'essence sociale et politique de ces institutions, mais de « la foiblesse, l'ignorance ou les passions des hommes [qui] en ont abusé ». Les corporations elles-mêmes ne semblent pas intéresser spécialement Robinet. Cependant, elles donnent « la règle ». Tout en concédant les déficiences de l'apprentissage, l'auteur soutient qu'on ne peut pas raisonnablement l'abandonner. Aujourd'hui, dans une grande ville – tant Londres que Paris, malgré les propos retentissants d'Adam Smith et de Turgot, « l'apprentissage semble être devenu nécessaire aux arts et au commerce »[19].

Jésuite, avocat, grand commis, et philosophe-écrivain prolifique, Louis Philipon de La Madelaine s'intéresse à l'instruction du menu peuple, essentiellement au travail, sans s'informer des conditions sociales précises et du caractère des institutions actuelles. Chaque enfant du peuple doit posséder une profession, « le soutien de leur existence et l'instrument de leur fortune ». Il ne semble pas douter de la volonté et de l'intérêt des maîtres de former et de rendre autonome les (futurs) ouvriers. Il idéalise le monde des arts et métiers au lieu de le scruter, voire de le pénétrer pour prendre sa mesure. Il sent que l'on doit améliorer cet enseignement et les chances de ces enfants/adolescents. Il propose la lecture commune de livres traitant les principes développés par les maîtres – livres que « les assemblées iront consulter dans la salle des études » mise à disposition par les communautés. Philipon imagine une sorte d'institutionnalisation de cet enrichissement de l'apprentissage en atelier, anticipant ainsi un des grands débats du XIXe siècle. Ce module deviendra insensiblement une

19. Jean-Baptiste-René Robinet, *Dictionnaire universel des sciences morale, économique, politique et diplomatique, ou Bibliothèque de l'homme d'État et du citoyen*, t. 5, Londres, Libraires associés, 1778, p. 534-35.

étape requise dans l'itinéraire de l'apprenti : « Il faudroit assujettir les apprentifs de chaque profession à s'assembler un jour de la semaine chez le syndic de leur jurande, à y recevoir des leçons, à y travailler sous ses yeux ; à y subir une sorte d'examen. » Nul ne parviendra à la maîtrise sans présenter un dossier des certificats des syndics et chaque année, preuve d'avoir assisté à « des cours publics », encore une question très clivante à la fin du XIXe siècle. Ces cours obligatoires seront à la charge des corporations, non aux frais de la cité. Sans expliquer comment il compte résoudre les problèmes logistiques et financiers, Philipon souhaite étendre cet enseignement à la France rurale. Son idée est d'amener le curé à remplacer un prône ou un catéchisme par une instruction relative à l'agriculture, à l'industrie ou au commerce. Mobilisant les notables – juge, procureur, curé, « chef ou général de la jeunesse » –, il envisage la constitution de petites bibliothèques et l'organisation de discussions dans la chambre des assemblées des habitants. Faute d'une compétence à la lecture très répandue, on doit supposer que les textes seront lus à haute voix[20].

DÉNONCER LA CRISE À L'AUBE DU XIXe SIÈCLE

Ancien des usines du Creusot, puis professeur de chimie à l'École Centrale, ensuite élu député au Conseil des Cinq-Cents avant d'entrer dans le Tribunat, Joseph Bosc est peut-être le premier à sonner l'alarme de la crise de l'apprentissage dans un XIXe siècle naissant. Il se distingue de la profusion des voix endeuillées plongées dans une profonde nostalgie corporatiste qui croît lors de la Restauration, au point d'embarrasser la monarchie avec leur revendication d'un retour à l'Ancien Régime. Comment « régénérer » la nation en oubliant la formation et la socialisation de sa jeunesse dans le monde du travail ? La corporation n'est plus de mise pour Joseph Bosc, même s'il entretient une idée exaltée de ses origines (comme une sorte de bureau de ressources humaines, d'éducation permanente et d'évaluation technique). Pourrie par la fiscalité royale et interne, mue respectivement par la raison d'État et par la cupidité des jurés, et débouchant sur l'exclusion du menu peuple, la communauté des arts mécaniques n'a jamais gêné les arts mécaniques ; au contraire, son système de formation et

20. Louis Philipon de La Madelaine, *Vues patriotiques sur l'éducation du peuple, tant des villes que de la campagne, avec beaucoup de notes intéressantes*, Lyon, Bryset-Pontus, 1783, p. 272-75. Voir Simone Gougeaud-Arnaudeau, *Entre gouvernants et gouvernés : le pédagogue du XVIIIe siècle*, Villeneuve-d'Ascq, Presses universitaires du Septentrion, 2000.

de contrôle, dont l'apprentissage était le principal moteur, assurait la compétence professionnelle et la confiance sociale. L'apprentissage n'a pas été interdit, rappelle Bosc, mais à présent stigmatisé, délaissé, il risque de disparaître, menaçant le grand projet de « consolidation » (post-)révolutionnaire : « Au milieu des ruines où nous avons vécu, et au sein de la subversion des principes, les institutions les plus sages sont restées sans garantie et sans force ; et celles qui prescrivent la nécessité des apprentissages se sont éteintes par suite du système qui dominait. » Autrement dit, ce n'est pas le corporatisme qui a miné l'apprentissage, mais le libéralisme, qui n'est pas encore intouchable en France.

« Les économistes, grands spéculateurs de cabinet, et zélés partisans de la liberté indéfinie », selon Bosc, promeuvent une contrevérité : que l'on peut se passer de la régulation, « d'une police quelconque ». Il invite ses lecteurs à juger eux-mêmes les effets « ruineux » du « laissez faire », menant dans beaucoup de domaines au « désordre » et à la « confusion ». En ce qui concerne la production des biens, le public exige de l'habileté, de la rigueur, de la probité, un savoir-faire que seuls une régulation, des protocoles, des normes peuvent « garantir ». L'auteur maintient que la concurrence n'a pas fait ce qu'elle avait promis : le perfectionnement des marchandises et une baisse de leur prix. Elle incite les artisans à « s'entrechoquer » et à « se dévorer », ce qui dessert l'intérêt général :

> Actuellement, un citoyen se fait épicier, comme il met à la loterie. Un ouvrier, qui a eu une altercation avec son maître s'établit à côté de lui, dans l'espoir de lui enlever ses pratiques ; mais, dira-t-on, ce marchand imprudent, cet ouvrier indocile se ruineront, et les choses reprendront leur niveau ? C'est, à mon avis, un calcul bien immoral que celui qui établit le bien public sur la ruine des citoyens imprudens ; n'eût-il pas mieux valu prévenir le malheur ?

L'apprentissage rétabli et renforcé, affirme cet écrivain, empêcherait ces dégâts, ces gaspillages. Il donnerait une structure à la reproduction artisanale et, partant, à sa production. Joseph Bosc préconise une politique interventionniste : « Ce n'est pas en employant le langage de la conviction que l'on rétablira l'usage des contrats d'apprentissage [...] mais par l'autorité de la loi. » Il va loin, mettant l'État à la place des corporations, et fermant les espaces de latitude que l'on avait toujours laissés aux ouvriers dits sans-qualité ; et il aborde franchement la question de « l'obligation » qui tourmente tous les commentateurs cherchant à réformer l'apprentissage, du milieu du XIXe siècle jusqu'à la Grande Guerre : « Je voudrais que nul citoyen ne pût exercer une profession mécanique qu'il n'eût été en apprentissage chez un maître connu, établi et payant patente ; qu'il n'exerce son métier, en qualité de compagnon, chez un ou plusieurs chefs d'atelier, et enfin présenté un chef-d'œuvre de son art, qui sera jugé par un juri [*sic*] examinateur nommé par la municipalité du lieu où il voudrait fixer sa résidence. »

Bosc réactualise certaines règles de l'apprentissage de l'Ancien Régime : l'apprenti ne peut quitter son maître avant la fin de son engagement ; le maître ne peut débaucher l'apprenti d'un confrère ; l'apprenti ne peut partir sans avoir obtenu un congé, « certificat » visé par la municipalité, rite de contrôle qui se répète quand il quitte un futur maître en tant que compagnon. Cependant, Bosc n'est pas un éternel résistant à la modernité. S'il se fie à l'atelier plutôt qu'à l'école, il reconnaît que le savoir-faire, son objectif primordial, évolue, que l'on y arrive par de nouvelles voies, que l'excellence n'est jamais figée. D'où son désir, à l'instar des encyclopédistes, de faire entrer une dose importante de théorie dans la formation pour sortir les apprentis (et leurs maîtres) de « l'ancienne routine qui perpétue les erreurs ». Sans renier ou discréditer la culture populaire du travail, il voudrait unir la « savante théorie des sciences transcendantes » aux « démonstrations rigoureuses de la pratique journalière ». La bonne recette pour cet alliage est encore débattue aujourd'hui. Bosc prétend trouver son bonheur si ses apprentis apprennent à « raisonner sur la pratique »[21].

MORT OU MORIBOND

Le « cycle brillant » pour le « premier » apprentissage a pris fin pendant la Révolution et dans ses séquelles, relève le *Bulletin de l'apprentissage* de 1910, citant l'ingénieur Charles Barbier qui affirme en 1818 que « l'apprentissage est mort, on ne le ressuscitera pas ». D'autres commentateurs situent « la crise de l'apprentissage » plus tard. Placide Astier, ancien apprenti pharmacien, plus tard député, qui s'efforcera de réorienter sérieusement l'apprentissage à la veille de la Grande Guerre, la fixe au milieu du XIXe siècle, à l'instar de Pierre Brizon, militant socialiste, député et professeur à l'école nationale professionnelle de Voiron, institution pionnière dans l'enseignement

21. Joseph Bosc, *Essai sur les moyens d'améliorer l'agriculture, les arts et le commerce en France*, Paris, C. F. Patris, an VIII, p. 12, 17, 39-43.

technique. Le secrétaire général de la Fédération du travail du livre, ancien apprenti compositeur et positiviste, Auguste Keufer, la place vers 1880. Les uns parlent de « la disparition » plus ou moins « progressive » de l'apprentissage, laissant croire qu'il succombe à ses faiblesses intrinsèques ; les autres évoquent sa « destruction », formule suggérant qu'il capitule face à des forces exogènes (« tué par le cheval vapeur », par exemple : nous reviendrons sur le débat sur la causalité). Un marqueur peu contesté, particulièrement à partir du dernier tiers du XIXe siècle : « il n'y a plus de bons ouvriers », ou il y a « un manque d'ouvriers habiles », constat suivi parfois par une lamentation au sujet de la dépendance croissante à l'égard des ouvriers étrangers, seuls à proposer une compétence solide dans de nombreuses professions (Placide Astier et son secrétaire Isidore Cuminal évoquent une « invasion » et une situation « affligeante », d'autres frôlent le nationalisme xénophobe en parlant d'« humiliation »).

Mais si la double « insuffisance » en nombre et en « savoir technique » est une preuve qu'un « apprentissage sérieux » dans la capitale et aux environs est « une exception », est-ce également vrai en province ? Il y a une lueur de lumière de la part de ceux qui prétendent que la crise de l'apprentissage est strictement une affaire de Paris et d'autres grandes villes (en 1904, le syndicat des fabricants de toile d'Armentières assure qu'il « est pratiqué couramment aussi bien dans le tissage que dans les préparations ; il ne présente pas de difficultés », phénomène commun dans le Nord, dans les villes de toute taille), tandis que d'autres rapportent – en l'occurrence chez les carrossiers dans les années 1880 – que « l'apprentissage, en province, se fait assez mal ». Dès 1860, Anthime Corbon, ancien artisan, réformateur social et député, puis sénateur, est bien plus radical, voire hyperbolique : « L'apprentissage ne se fait plus nulle part ou à peu près ; on ne fait presque plus d'apprentis dans l'industrie française. » L'institution s'est en quelque sorte suicidée. Inspecteur général de l'Instruction publique et sociologue de l'éducation, Édouard Petit, écrivant avant la Première Guerre mondiale, convaincu du besoin pressant de refonder le système de formation des ouvriers, est frappé – constat grave mêlé d'un brin d'ironie – par la disproportion entre le consensus massif autour de l'idée que « l'apprentissage se meurt ! l'apprentissage est mort », d'une part, et le manque de clarté et d'accord, autant sur les détails, âprement débattus, que sur les grands principes des mesures dites de réforme à mettre en place, d'autre part. En fin de compte, à quoi bon l'avalanche de « rapports, volumes, articles, conférences », puis « de missions, consultations, interviews, questionnaires et réponses [...] toute une bibliothèque », le tout produit par une pléiade de « spécialistes », de ministres, de députés, de syndicalistes, de patrons, de publicistes, et de divers « orateurs »[22] !

Comme phénomène pratique, quotidien, les représentations de l'apprentissage et des apprentis sont très polarisées entre la fin de la Restauration et la Grande Guerre. L'inventaire du moraliste chrétien Alexandre Legentil est incurablement négatif : « défaut d'éducation première », « mauvaises conditions de placement », « mauvaise

22. P. Astier et I. Cuminal, *L'Enseignement technique, industriel et commercial*, p. 376, 378, 405 ; Pierre Brizon, *L'Apprentissage hier-aujourd'hui-demain*, Paris, Pages libres, 1909, p. 67 ; Eugène Oscar Lami (dir.), *Dictionnaire encyclopédique et biographique de l'industrie et des arts industriels*, Paris, Librairie des dictionnaires, 1891, p. 191 ; Auguste Keufer, *L'Apprentissage dans l'industrie du livre*, Congrès national du livre, mars 1917, p. 1-3 ; M. Debolo, *L'Apprentissage à l'atelier*, p. 1 ; Charles Kula, dans les « Travaux » du *Bulletin de la Société de protection des apprentis et des enfants employés dans les manufactures* (février 1906), p. 229-33 ; G. Dron, « L'Organisation de l'apprentissage », p. 12, 20 ; C. Berteaux, *La Crise de l'apprentissage*, p. 70-71, 362-63 ; R. Henry, *Rapport sur l'apprentissage dans les industries du vêtement*, Congrès national de l'Apprentissage, Roubaix, 1911, p. 2, 4 ; Fernand Dubief : « L'Apprentissage », *Bulletin de* l'AFDET, n° 18 (juillet 1907), p. 5 et *L'apprentissage et l'enseignement technique*, Paris, V. Giard et E. Brière, 1908 ; P. Dufour et H. Bernard, *La Nouvelle Économie corporative d'apprentissage*, p. 21 ; *Bulletin de la Société de protection des apprentis* (1884), p. 66 ; Émile Levasseur, *Questions ouvrières et industrielles en France sous la Troisième République*, Paris, A. Rousseau, 1907, p. 451, 861 ; Joseph Barberet, *Le Travail en France. Monographies professionnelles*, 6 vol., Paris, Berger-Levrault et Cie, 1886-1890, t. 3, p. 408 ; Anthime Corbon, débat au Sénat, 3 mai 1880, cité dans *Bulletin de la Société de protection des apprentis* (1880), p. 123-26 ; Ministère du Commerce, de l'industrie, Direction du travail, *Rapport sur l'apprentissage dans l'imprimerie, 1899-1901*, Paris, Imprimerie nationale, 1902, p. V-VI ; É. Petit, *De l'école à la cité*, p. 75-77. Certains commentateurs font l'inventaire précis des professions où les apprentis sont absents ou en extrême pénurie, par exemple *Bulletin de la Société de protection des apprentis* (1884), p. 357 et (1912), p. 312-13. Sur l'importante question de l'incidence géographique de la réalité et de la représentation de la crise de l'apprentissage, voir : V. de Chardon, « L'Apprentissage en France de 1851 à 1919 », p. 249, 331 ; S. Lembré, *École des producteurs*, p. 40 ; J. Gaillard, *Paris, la ville*, p. 305-06 ; et Nicole Pellegrin, qui montre la centralité d'un regard spatialement différencié pour saisir l'apprentissage pendant l'Ancien Régime, « L'Apprentissage ou l'écriture de l'oralité. Quelques remarques introductives », *Revue d'histoire moderne et contemporaine*, t. 40 (juillet-septembre 1993), p. 376-77. Sur A. Keufer, qui illustre bien les tensions entre politiques et syndicalistes et entre les partisans et les antagonistes de l'intervention de l'État dans la question de la formation, voir Françoise F. Laot, « Le GEHFA, les syndicats et l'histoire de la formation », dans Guy Brucy, Françoise F. Laot et Emmanuel de Lescure, *Mouvement ouvrier et formation : Genèses de la fin du XIXe siècle à l'après Seconde Guerre mondiale*, Paris, L'Harmattan, 2009, p. 15, 16. Cf. Stéphane Lembré, « La "crise" de l'apprentissage : de l'échec à la loi (XIXe siècle-années vingt) », dans Natacha Coquery et Matthieu de Oliveira (dir.), *L'Échec a-t-il des vertus économiques ?*, Paris, IGPDE et Comité pour l'histoire économique et financière de la France, 2015, p. 312. Exemple de la panique dans certaines professions concernant le manque d'ouvriers compétents : fin XIXe-début XXe siècles, les grands imprimeurs de Paris sous-traitent leur travail délicat à des ouvriers à Leipzig. Georges Alfassa, « La Crise de l'apprentissage », *Bulletin de la Société de protection des apprentis* (février 1906), p. 263,

tenue des ateliers », « leçons d'immoralité que reçoivent les apprentis ». Dans la même veine, Jean-Paul Mazaroz, artisan-entrepreneur et corporatiste, dépeint une situation grave et détestable : des jeunes fort mal formés, peu surveillés, atteignant vingt ans « n'ayant aucun métier entre les mains », donc en colère, désorientés, exploités, jaloux, aliénés, « devenus les véritables ennemis de la société ». Aux antipodes politiques, Anthime Corbon avait déjà relevé l'impact psychologique néfaste d'une formation bâclée, d'un « diplôme » bidon, et de la perte de statut de l'apprenti qui, au terme de son enrôlement, prend conscience de son incapacité et se sent « humilié ». Il trouve le milieu corrompu, pas seulement le système de reproduction. Un cercle vicieux enserre des acteurs médiocres dans une pratique de travail-comme-formation dégradante et stérile : des « enfants de peine » deviennent des « hommes de peine » sous les auspices d'une transmission piégée. Pourquoi donc, se demande-t-il, tenir à une méthode pourrie et ternie ? Bien sûr, il faut faire de bons ouvriers, mais par d'autres moyens. Le corbonisme, regard sombre, n'écartant pas l'éventualité de jeter le bébé avec l'eau du bain, reste longtemps influent. Bien plus mesurée, une enquête menée dans les années 1860 sous l'égide du ministère de l'Agriculture et du Commerce concède que « l'apprentissage n'a plus, à beaucoup près, l'importance qu'il avait autrefois »[23].

Dans une perspective plus positive, Ferdinand Ducarre, fabricant et député lyonnais, croit que l'apprentissage a toujours en France « une importance capitale », constituant « cette première étape de la vie de l'ouvrier, qui en fera un homme intelligent ou un incapable, suivant qu'il sera bien ou mal guidé en commençant ». Léon Durassier, secrétaire général de la Société de protection des apprentis, qui est là justement pour assurer ces conseils, refuse l'idée de la « décadence » de

23. Alexandre-Félix Legentil, *De la condition des apprentis, et des œuvres principales qui tendent à l'améliorer*, Paris, P. Dupont, 1874, p. 13, 16 ; Jean-Paul Mazaroz cité par E. Tallon, *Vie morale*, p. 168-69 ; Anthime Corbon, *De l'enseignement professionnel*, Paris, Gerner Baillière et Cie, 1859, p. 38, 43, 58-59, 74-76 ; Cf. Michelle Perrot, « La Jeunesse ouvrière : de l'atelier à l'usine », dans Giovanni Lévi et Jean-Claude Schmitt (dir.), *Histoire des jeunes en Occident. L'époque contemporaine*, t. 2, Paris, Seuil, 1996, p. 86. Cf. le tableau d'une « crise de l'apprentissage » à Anvers entre les XVIe et XVIIIe siècles – assez nébuleux et alambiqué – exposant que l'apprentissage est bien moins prisé comme moyen de formation que comme source de prestige social et de capital culturel, d'acquisition de distinction plutôt que de compétence. Bert De Munck, « La Reproduction d'une crise. L'apprentissage des menuisiers et des charpentiers à Anvers (XVIe-XVIIIe siècle) », dans Gérard Bodé et Philippe Marchand (dir.), *Formation professionnelle et apprentissage, XVIIIe-XXe siècles*, Lille/Paris, INRP et *Revue du Nord* (2003), p. 36-37, 41, 43-44, 50.

l'apprentissage : il a dû s'adapter à « l'évolution industrielle », mais « nous admirons toujours les merveilles qui sortent des mains de nos ouvriers ». Eugène Tallon avance dans le même sens : ébranlé par les « exigences » de la nouvelle économie, l'apprentissage a dû évoluer, mais il reste la meilleure manière d'enseigner un métier manuel, « développ[ant] mieux » que d'autres méthodes « les aptitudes et les capacités » des jeunes. Tacitement, Durassier, Tallon et d'autres semblent concéder que l'apprentissage doit être appréhendé comme une institution segmentée, désormais consignée à la niche, vaillante et industrieuse sans être ni dynamique ni industrielle, des articles de Paris et autres marchandises de luxe ou « d'art ». Il s'agit d'un apprentissage qui ne saurait être pertinent dans l'économie de pointe, en usine et fort mécanisée, position de repli que contestent bien d'autres défenseurs d'un apprentissage moderne. D'esprit positif, mais brumeux, le *Bulletin de la Société de protection des apprentis* de 1871 veut toujours croire que « l'apprentissage n'est rien autre chose [*sic*] que la question de l'avenir de notre classe ouvrière tout entière ». L'année suivante, avec une ferveur analogue, un intervenant de la Société fraternelle des protes des imprimeurs soutient que « la question de l'apprentissage est plus importante qu'on ne le pense ; elle touche de très près la question sociale », une question sociale parasitée et ainsi quelque peu émoussée par la question morale. Le mauvais apprenti fait un mauvais ouvrier : un peu à la manière de Mazaroz et de Corbon, cet orateur avertit que « le mauvais ouvrier mécontent de lui-même ne tarde pas à être mécontent des autres ; tout cela se tient et s'enchaîne »[24].

Dans le contexte de la « crise de l'apprentissage », comment identifier un apprenti, mauvais ou bon ? Historiquement, en France, on associe l'apprenti avec un contrat – souvent, et de préférence, écrit, mais pas exclusivement. Un des indicateurs communément déployés par les commentateurs pour signaler la décadence de l'apprentissage est justement le recul de l'engagement par contrat. Plusieurs grandes enquêtes, notamment à Paris, font ressortir cette diminution. En 1848, selon l'enquête de la Chambre de commerce, la base

24. Ferdinand Ducarre, dans E. Nusse et J. Périn, *Commentaire de la loi du 19 mai 1874*, p. CCCXXIX ; Léon Durassier cité par J.-H. Cagninacci, *L'Instruction professionnelle*, p. 72 ; E. Tallon, *Vie morale*, p. 157 ; *Bulletin de la Société de protection des apprentis* (1871), p. 133 ; Rapport de M. Divry sur *Le Manuel de l'apprenti* par Mr J. Claye, assemblée générale, 7 juillet 1872, Société fraternelle des protes des imprimeurs typographiques, Paris, E. Bière, 1873, p. 69-70.

de référence à l'époque, il paraît que 4 077 apprenti.e.s, ou 22,4 %, s'engagent par contrat écrit dans des entreprises parisiennes (contre 11 390 par convention verbale et 2 690 « par contrat de nature inconnue »), débouchant sur un rapport moyen de un apprenti pour 17 ouvriers sur fond d'une grande dispersion (un pour 7 dans les métaux précieux, un pour 10 dans l'alimentation, un pour 33 dans le bâtiment). L'enquête conduite par la même institution en 1860 est invoquée par plusieurs auteurs, mais ils confondent nombre d'apprentis avec nombre total d'enfants travaillant (y compris les « petites mains » qui demeurent à l'extérieur de l'univers de l'apprentissage), et ils doivent faire face à l'accroissement important de la ville de Paris depuis douze ans, qui fausse toute comparaison directe. Ces écrivains veulent montrer un déclin dans l'utilisation du contrat écrit, marqueur privilégié, et en prenant en compte l'expansion urbaine, il y en a sûrement un. Cependant, en termes absolus, 4 523 apprentis des 19 742, ou 22,9 %, passent par un contrat écrit. On estime à un pour 21 la proportion moyenne d'apprentis par rapport aux ouvriers. Un professeur de l'enseignement technique proche de l'univers de placement, est plus radical, mettant le taux de contrat écrit en 1863 à un sur 15 apprentis. Pourtant, au même moment, le président d'un des conseils de prud'hommes parisiens, dans une appréciation également impressionniste, évalue la portion écrite au tiers du total de tous les contrats confondus. En 1875, dans un monde ouvrier qui ne cesse de croître, seuls 4 500 enfants, ou 16,64 % des apprentis, prennent service par un contrat écrit, pleinement normalisé comme l'unique « contrat régulier ». Selon des informations préfectorales de 1880 à 1890 dans 22 départements, il y a sept fois et demi plus d'apprentis accueillis par conventions orales que par contrats écrits.

Les exégètes statistiques de l'époque relèvent une « décroissance plus forte encore » pendant le quart du siècle suivant, confirmée par une enquête de 1902 avare de chiffres précis dans la version rapportée ici (« dans 17 professions où l'on formait autrefois des apprentis, il n'en est plus formé »), appréciation renforcée par un décompte sommaire des enfants placés en apprentissage par la Société de protection des apprentis (1877-1906) révélant une baisse tendancielle d'inscriptions par contrat, une incapacité de répondre à la demande des éventuels employeurs et davantage de contrats rompus qu'achevés. Ce qui permet au juriste J.-H. Cagninacci de conclure que « l'apprentissage a à peu près complètement disparu » et à l'avocat

Paul Merlet de juger que « cette disparition de l'apprenti est constatée partout »[25].

Exploitant les résultats de la Société de protection, moins un véritable échantillon qu'une cohorte symptomatique, Merlet souligne l'érosion frappante de l'apprentissage dans la capitale. En 1899, sur 112 enfants se présentant pour l'apprentissage, 15 ont été renvoyés après quelques jours d'essai ; 10 sont partis sans indication de cause pendant l'essai ; 3, fort prometteurs, ont été retirés par les parents pendant la même période ; 14 qui avaient été placés à l'essai n'ont point continué. En tout, 42 enfants n'ont pas achevé l'essai, tandis que 43 seulement l'ont mené à son terme. Douze se sont encore désistés au dernier moment, en laissant 31 qui ont réellement démarré leur

25. *Statistique de l'industrie à Paris, résultant de l'enquête faite par la Chambre de commerce pour les années 1847-1848*, p. 56 ; *Statistique de l'industrie à Paris, résultant de l'enquête faite par la Chambre de commerce pour l'année 1860*, p. XXXI-XXXIV ; J.-H. Cagninacci, *L'Instruction professionnelle*, p. 1, 20-26, 29 ; P. Merlet, *Les Lois sur l'apprentissage*, p. 149-55 ; Bardin, puis Thunot dans *Enquête sur l'enseignement professionnel*, t. 1, Paris, Imprimerie impériale, 1864, p. 112, 237 ; P. Pic, *Traité élémentaire de législation industrielle*, p. 622, 895 ; Moréno-Henriques, commentaire sur l'analyse d'A.-F. Legentil, *De la condition des apprentis*, p. 39 ; V. de Chardon, « L'Apprentissage en France de 1851 à 1919 », p. 166-67, 388, 493 ; Lenard R. Berlanstein, « Growing up as Workers in Nineteenth-Century Paris: The Case of the Orphans of the Prince Imperial », *French Historical Studies*, t. 11 (Automne 1980), p. 565-567. Sur le caractère du contrat du XIXe siècle, voir François-Étienne Mollot, *Le Contrat d'apprentissage, expliqué aux maîtres et aux apprentis*, Paris, J.-B. Gros, 1845, p. 18-19 ; Louis André et Léon Guibourg, *Le Code ouvrier, exposé pratique de la législation et de la jurisprudence réglant le travail et les intérêts des ouvriers et apprentis*, Paris, Maresq Aîné, 1895, p. 3. Sur la prolifération de modèles pour le contrat écrit, voir : Julien Hayem et Jules Périn, *Traité du contrat d'apprentissage. Commentaire de la loi de 22 février-4 mars 1851*, Paris, Marchal, Billard et Cie, 1878, p. 63 ; Laurence Montazel, « La Résolution judiciaire des conflits en matière de contrat d'apprentissage au XIXe et XXe siècles », dans Serge Dauchy, Bruno Dubois, Farid Lekéal et Véronique Demars-Sion (dir.), *Histoire, justice et travail*, Centre d'histoire judiciaire, 2005, p. 291. Jeanne Gaillard note que les patrons des grandes usines parisiennes, notamment en métallurgie, prennent acte de la décadence de l'apprentissage dès le milieu du XIXe siècle et cherchent des solutions, créant leurs propres systèmes de formation, ou puisant dans les réservoirs provinciaux. *Paris, la ville*, p. 305. Le député F. Ducarre avertit ses collègues au début des années 1870 qu'il « est reconnu aujourd'hui que l'apprentissage devient presque impossible dans les grandes villes ; dans tous les cas, il est impossible dans les grandes usines où l'on ne peut pas donner à l'enfant les soins, l'attention, les indications qu'exige l'enseignement professionnel sans lequel il n'y a pas d'apprentissage véritable ». Ducarre, dans E. Nusse et J. Périn, *Commentaire de la loi du 19 mai 1874*, p. CCCXXVIII. « Véritable » ou pas, en tout cas sans le définir rigoureusement, Yves Lequin soutient que l'apprentissage prospère notamment à l'usine à la fin du XIXe et au début du XXe siècles. Ne confond-il pas simple initiation au travail et apprentissage ? « Apprenticeship in Nineteenth-Century France », dans *Work in France*. Cf., sur la pénurie de main d'œuvre au début du XXe siècle, Jean-Michel Chapoulie, *L'École d'État conquiert la France. Deux siècles de politique scolaire*, Rennes, Presses universitaires de Rennes, 2010, p. 28. Voir sur la lecture taxinomique et statistique Claire Lemercier, « Classer l'industrie parisienne au XIXe siècle », Actes et communications de l'INRA (2004), p. 237-271.

apprentissage. Merlet spécule sur la proportion de ceux qui deviendront ouvriers en fin de parcours. Il déplore un « déchet considérable » entre l'entrée initiale en boutique et l'achèvement de la durée prévue, c'est-à-dire des ruptures de convention, formelles ou *de facto*, autant provoquées par des départs précoces de jeunes que par le limogeage par le patron. Sans preuve ou précision, l'auteur postule que l'usine « ne profite pas de ce déchet », mais que l'apprenti.e « va à la rue et à ses métiers faciles »[26].

MACHINISME, DIVISION DU TRAVAIL ET DÉCADENCE DE L'APPRENTISSAGE

Cette décadence-là n'est pas la réification des diatribes libérales, s'appropriant le sens de l'histoire, inlassablement réitérées depuis Gournay et Turgot. Elle ne provient pas principalement d'un héritage défectueux de l'Ancien Régime, mais d'une grande rupture technologique pas tout à fait prévue par les prophètes de l'économie politique. Quasiment tous les observateurs considèrent que le choc sismique qui a bouleversé l'apprentissage, peut-être irrémédiablement, résulte de la mutation industrielle marquée par le machinisme et la division de plus en plus drastique du travail. Même s'il faut un certain temps pour que « le moteur de fer remplace le moteur de chair » – ou, comme l'on dira plus tard, pour que l'apprenti soit formé pour devenir « une machine conduisant d'autres machines » –, le changement semble brusque à bien des témoins. Rapidement, face à « la production mécanique » de beaucoup de pièces et de marchandises (dans le bâtiment, par exemple, « l'emploi de matériaux préparés mécaniquement dans les usines » rend inutile le recours « à des ouvriers habiles ») et à « l'extrême division du travail » qu'elle induit, l'apprentissage paraît anachronique. Menaçant « l'industrie familiale » – mais bien moins précipitamment que moult commentateurs ne le

26. P. Merlet, *Les Lois sur l'apprentissage*, p. 155-56. Cf. l'étude des chiffres de la Société de protection de 1877-98 qui rapporte un total de 1 544 apprenti.e.s dont 76,61 % par contrat écrit. Apparemment seuls 409 apprentissages se sont « régulièrement » terminés, soit 26,42 % des enfants placés. L'auteur prétend qu'il n'y a aucune corrélation entre le type de contrat et son achèvement, sans préciser en termes statistiques. Julien Fouqué, *La Crise de l'apprentissage et les progrès de l'enseignement professionnel*, Paris, A. Rousseau, 1900, cité par Léon Durassier, « Rapport du jury international » (classe : apprentissage, protection de l'enfance ouvrière), Ministère du Commerce, de l'Industrie, des Postes et des Télégraphes, *Exposition universelle internationale de 1900, à Paris*, Paris, Imprimerie nationale, 1901, p. 25-27.

prétendent –, le machinisme exige, d'après eux, une refondation de l'apprentissage, sinon sa relégation pure et simple[27].

La trajectoire du futur bon ouvrier est chahutée : la mécanisation « réduit son rôle de créateur à celui d'un comparse ». Choqué par le système néo-smithien qui réduit le travail à « un exercice d'automate », Eugène Buret, économiste et journaliste, écrit en 1840 : « Qu'y a-t-il pour l'intelligence dans la fonction d'un homme qui passe toute sa vie douze et quatorze heures par jour à fabriquer la vingt-cinquième partie d'une épingle ? » En rétrécissant le champ d'activité de l'apprenti, note Octave Gréard plusieurs décennies plus tard, la spécialisation substitue « le machinisme au raisonnement, la routine au progrès ». « Fléau » de l'apprentissage, selon un ingénieur-constructeur participant à l'enquête sur l'enseignement professionnel de 1863, la division du travail met en question sa finalité, et donc son sens. À la même occasion, Bardet, professeur de dessin industriel, regrette vivement la marginalisation de l'apprenti à l'intérieur de ce qu'on continue de nommer inconsidérément l'apprentissage. L'ouvrier cordonnier en ville, sortant d'un apprentissage, n'a pas plus « un métier entre les mains » que les 12 000 ouvriers des usines de chaussures de Fougères. Bien avant ce qu'on peut appeler le moment Denis Poulot, on a déjà fait le deuil de l'apprentissage bien conçu et bien exécuté. Un ingénieur des arts et manufactures à l'aube du XXe siècle est frappé par la « décroissance »

27. É. Cacheux, *État actuel du patronage*, p. 38 ; M. Debolo, *L'Apprentissage à l'atelier*, p. 4-5 ; Émile Delorme, *L'Apprentissage et l'enseignement technique*, Paris, A. Michalon, 1909, p. 4-5, 12 ; P. Astier et I. Cuminal, *L'Enseignement technique, industriel et commercial*, p. 12 ; R. Henry, *Rapport sur l'apprentissage dans les industries du vêtement*, p. 2 ; P. Brizon, *L'Apprentissage hier-aujourd'hui-demain*, p. 9-13 ; E. Labbé, *Rapport sur l'apprentissage à l'école et à l'atelier*, p. 1-2 ; G. Dron, « L'Organisation de l'apprentissage », p. 7-9 ; Paul Jannettaz, « Compte-rendu analytique du Congrès national de l'apprentissage », *Bulletin de l'Association française pour le développement de l'enseignement technique* (décembre 1911), p. 837-38. Jeanne Gaillard met fortement en garde contre l'enterrement précoce des petites entreprises à Paris. *Paris, la ville*, p. 311-15. La division du travail, tellement évoquée (et habituellement fustigée) au cours du XIXe siècle, a-t-elle été absente pendant l'Ancien Régime, supposition tacite qui structure l'argument du déclin ? Parmi d'autres, Michael Sonenscher a bien montré qu'une division du travail assez poussée caractérisait le fonctionnement ordinaire de bien des métiers, que la pratique se développe encore plus dans des ateliers en pleine expansion, et qu'elle s'étend et s'élargit avec la montée de la sous-traitance, théoriquement interdite, assez généralisée et largement tolérée. *The Hatters of Eighteenth Century France*, Berkeley, University of California Press, 1987 ; *Work and Wages: Natural Law, Politics and the Eighteenth-Century French Trades*, Cambridge, Cambridge University Press, 1989. Dans ce sens, voir également S. L. Kaplan, *La Fin des corporations*, Paris, Fayard, 2001, p. 16 et *passim* et Jean-Pierre Hirsch, *Les deux rêves du commerce. Entreprise et institution dans la région lilloise (1780-1860)*, Paris, Éditions de l'EHESS, 1992, qui, au-delà de la division du travail pendant l'Ancien Régime, rappelle avec brio la coexistence aussi fructueuse que paradoxale de la liberté et de la régulation dans le monde des affaires, et l'amplification inattendue du rôle de l'État au XIXe siècle.

du « savoir des ouvriers ». Parallèlement, d'autres remarquent que, grâce à un maître complaisant ou irresponsable, un enfant peut « compléter » son prétendu apprentissage dans un temps très court, parfois un an (« quelques heures » en ce qui concerne la grande industrie, selon un avocat, moins narquois que dépité) : on est loin de l'apprentissage-« servage » des libéraux des Lumières. L'acquit de congé signé par le patron à la fin du temps de l'apprentissage est une caricature de la certification de capacité du brevet, type Ancien Régime, idéalisé même par les adversaires tenaces du corporatisme, fortement allergiques à tout ce qui pourrait rappeler la culture du chef-d'œuvre, voire à un simple examen de compétence, prôné par plusieurs conseils de prud'hommes. Sortant d'un apprentissage, même prolongé, un adolescent peut s'avérer complètement « ignorant de son métier »[28].

Affecté à des tâches parcellaires – souvent à une seule activité –, l'apprenti est désormais « impuissant à exécuter aucune œuvre ensemble [*sic*] », selon Eugène Tallon : le « nouveau système de travail qualifié d'un vocable nouveau, la *spécification* », présente « un avantage matériel immédiat » – l'apprenti est payé –, mais « un danger permanent » de se voir « dépossédé de son métier » chaque fois que la technologie évolue. Cette évolution se traduit par un chômage récurrent, une concurrence âpre et une précarité chronique qui mettent ces jeunes « spécialistes » davantage « à la merci de l'arbitraire du patron ». Et le réformateur de conclure : « Le jeune ouvrier n'acquiert plus les connaissances de sa profession, il passe à l'état de machine dans la fabrication professionnelle d'un objet dont il discerne à peine l'utilité ; son goût ne se forme pas [qualité dont se targue tout

28. E. Nusse et J. Périn, *Commentaire de la loi du 19 mai 1874*, p. XIX ; Eugène Buret, *De la misère des classes laborieuses en Angleterre et en France*, t. 2, Paris, Paulin, 1840, p. 156 et t. 1, p. 305 ; Octave Gréard, *Éducation et instruction*, Paris, Hachette, 1889, p. 188 ; Gouin et Bardin dans *Enquête sur l'enseignement professionnel*, p. 390, 112 ; J.-H. Cagninacci, *L'Instruction professionnelle de l'ouvrier*, p. 51-56 ; Fernand de Ribes-Christofle, *L'Apprentissage et l'enseignement professionnel en France*, Paris, Fédération des industriels et des commerçants français, 1905, p. 5 ; P. Merlet, *Les Lois sur l'apprentissage*, p. 86-88 ; F. Dubief, « L'Apprentissage », p. 7-8, 11 ; *Travail : revue d'études économiques, sociales et d'apprentissage*, n° 52 (5 juillet 1923), p. 98 ; J. Barberet, *Le Travail en France*, t. 1, p. 103, 189-90 et t. 3, p. 137, 144 ; G. Alfassa, « La Crise de l'apprentissage », *La Réforme sociale* (9 décembre 1907), p. 280 (ce dernier texte paraît être essentiellement l'essai publié cinq ans avant dans les *Annales des sciences politiques*, 15 juillet 1903) ; P. Pic, *Traité élémentaire de législation industrielle*, p. 913. À ceux qui se plaignent que la division du travail ruine « toutes les traditions d'enseignement », produisant « une main-d'œuvre dépourvue de savoir », les libéraux répondent que toute décision économique demeure « sous la dépendance des intérêts privés », qui sont « inaccessibles aux combinaisons sentimentales », l'économique n'étant plus encastré dans le social. *Bulletin de la Société de protection des apprentis* (1900), p. 149-50.

particulièrement l'artisanat parisien], son intelligence reste fermée. » Presque vingt ans plus tôt, un autre réformateur, Anthime Corbon, avait déjà mis en garde contre un apprentissage abîmé engendrant de simples travailleurs (manœuvres) et une voie sans issue pour des jeunes vifs et intelligents condamnés à « confectionner *divisionnairement* », même s'il maintient – l'idée de progrès et l'inégalité naturelle l'y obligent – que « la machine, si elle se substitue au labeur hébétant de l'homme, ne diminue pas le champ du travail, qu'au contraire elle ouvre à l'homme intelligent une plus vaste carrière »[29].

Des ouvriers mécaniciens, participant à l'Exposition de Londres en 1862, réprouvent les « apprentissages de spécialistes », plaidant pour une expérience dans « chaque branche de la mécanique ». Peu après, à l'occasion de l'Exposition de 1867, des ouvriers délégués dénoncent des apprentissages qui initient l'adolescent à « quelques travaux accessoires », le laissant « étranger à l'ensemble des procédés de sa profession ». Dans les années 1870, les ouvriers chapeliers et arquebusiers dénoncent la dépossession du métier subie par la plupart des apprentis, réduits par l'extrême division du travail au rôle « d'auxiliaires », incapables de « gagner [leur] pain ». Deville, un conseiller aux prud'hommes (section des métaux), explique que « tout contrat d'apprentissage comporte l'enseignement intégral du métier », mais que faute « d'une jurisprudence industrielle » appropriée, les familles lésées n'ont pas de recours. Seuls 10 % des ateliers travaillant sur les métaux sont en mesure de « démontrer » tout le métier à un apprenti. Au commencement du xxe siècle, l'ingénieur des mines et critique social Georges Alfassa est frappé par l'impéritie professionnelle des adolescents à l'issue de leur apprentissage détérioré : ils « ignorent les notions les plus élémentaires du métier et ne se doute[nt] même pas que sa pratique exige ces notions ». Si tous s'accordent à dire que la nouvelle dynamique industrielle rend l'apprentissage classique périmé, quelques commentateurs laissent entendre que certaines de ses faiblesses sont apparues plus tôt : autrement dit, que l'apprentissage s'est révélé si vulnérable si vite parce qu'il avait déjà été fragilisé dans son fonctionnement[30].

29. E. Tallon, *Vie morale*, p. 159-62 ; A. Corbon, *De l'enseignement professionnel*, p. 140-43.

30. Les témoignages ouvriers cités par Jean-Pierre Guinot, *Formation professionnelle et travailleurs qualifiés depuis 1789*, Paris, Domat-Montchrestien, 1946, p. 125 ; G. Alfassa cité par J.-H. Cagninacci, *L'Instruction professionnelle de l'ouvrier*, p. 46 ; P.-S.-Auguste Cochin, « Paris, sa population, son industrie », *Mémoire lu à l'Académie des sciences morales et politiques*

FORMATION : LA « GRANDE DÉPERDITION »

Il est vrai que la dénonciation d'une formation médiocre, d'un enseignement fragmentaire, d'une transmission inadéquate remonte bien avant le triomphe du machinisme et de la concentration de la production. Dans une enquête de 1841, publiée dans leur *Moniteur*, les prud'hommes rapportent que « l'enseignement pratique donné dans les ateliers est routinier, généralement insuffisant pour faire des ouvriers habiles, instruits, capables de perfectionner dans la sphère de leur travail les procédés en usage ». Ils condamnent la tentation de réduire l'apprenti.e à l'état de domestique ou de commissionnaire, mais s'en prennent tout particulièrement à la spécialisation : « Dans l'enseignement des apprentis, il y a des abus graves : tantôt le fabricant ou l'artisan après avoir enseigné quelques-uns des procédés de sa

(juin 1864), p. 57 (« l'apprenti devient très-habile, mais il ne sait que le huitième d'un métier », à propos de la production des châles). Cf. Denis Poulot, *Question sociale. Le Sublime, ou le travailleur comme il est en 1870 et ce qu'il peut être*, Paris, Librairie internationale A. Lacroix, Verboeckhoven et Cie, 1870, p. 257 ; J.-B. Dumay, *Mémoires d'un militant ouvrier du Creusot (1841-1905)*, Paris, Maspéro, 1976 ; Industries du bois et de l'ameublement (rapports de Chanut, Goumain et Levraux, respectivement professeur des techniques, ébéniste, et délégué du comité du patronage), Congrès national de l'apprentissage, Roubaix, 1911 ; Ministère du Commerce et de l'Industrie, Conseil supérieur du travail, session de 1902, *L'Apprentissage*, rapport de M. Briat, au nom de la commission permanente, Paris, Imprimerie nationale, 1902, p. 28. Ce dernier évoque l'apprentissage chez un mécanicien à Paris : « L'enfant est mis à l'ajustage, quelquefois au tour, mais on ne lui apprend pas à conduire les machines, à fraiser, à raboter, etc. Or, l'apprentissage d'un enfant est complètement raté si on ne le fait pas passer successivement par les nombreuses spécialités de la profession. N'en connaissant qu'une ou deux, il ne sera jamais un ouvrier, et par suite, il subira toute sa vie des conditions inférieures de salaire et de fréquents chômages. » L'apprentissage n'empêche pas l'ouvrier de se trouver lui-même métamorphosé en machine, remarque le militant chef d'une délégation ouvrière lyonnaise participant aux échanges du passage Raoul à l'occasion de l'Exposition universelle de 1867 : « La résistance n'est qu'un moyen transitoire qui n'empêcherait pas les machines de nous absorber, et les machines appartiennent aux gros capitaux. » D'où la mise en garde : « Guerre au capital, car l'alliance du travail et du capital est un mythe. » Procès-verbal de la 4e assemblée des délégués, 1er septembre 1867, Eugène Tartaret (éd.), [*Exposition universelle de* 1867.] *Commission ouvrière de 1867. Recueil des procès-verbaux des assemblées générales des délégués et des membres des bureaux*, Paris, Augros, 1868, p. 57-59. Voir l'étonnante division du travail – encore plus poussée que la fameuse fabrication d'épingles d'Adam Smith – autant dans la production dite artisanale qu'à l'usine : *Bulletin de la Société de protection des apprentis* (1900), p. 292 et (1909), p. 155 ; Georges Lefranc, *Histoire du travail et des travailleurs*, Paris, Flammarion, 1975, p. 170 ; J. Gaillard, *Paris, la ville*, p. 316-18 ; Jean-Marc Olivier, *Le travail en Europe occidentale des années 1830 aux années 1930. Mains-d'œuvre artisanales et industrielles, pratiques et questions sociales*, Paris, Armand Colin, 2020, p. 166-67. Pour l'inculcation et le développement du goût chez l'apprenti.e/ouvrier.ère, voir Stéphane Lembré et Audrey Millet (dir.), *Art et industrie : les enjeux de la formation (XVIIIe-XXe siècles)*, dans *Artefact*, n° 2 (2014).

profession, occupe entièrement l'élève à ce travail dès qu'il sait l'exécuter afin d'en tirer plus de bénéfice au lieu de lui enseigner successivement les autres procédés, tantôt il agit ainsi jusqu'au dernier temps de l'apprentissage dans la crainte que l'élève dès qu'il saura à peu près son métier ne déserte l'atelier pour aller travailler ailleurs comme ouvrier. » Triste diagnostic confirmé par le journaliste, économiste et futur ministre Léon Faucher : « Le plus généralement, les apprentis sont négligés de toutes les manières ; on les exploite, on ne songe pas à les former, aucune espèce d'éducation ne leur est réservée, ils ne reçoivent ni instruction primaire, ni instruction professionnelle [...] ils n'obtiennent qu'une nourriture grossière et à peine suffisante, trop heureux lorsque la brutalité des maîtres n'aggrave pas cette misère par des châtiments quotidiens administrés le plus souvent sans cause et habituellement sans modération »[31].

L'image-épithète de « servitude » – tentation de rapprocher l'esclavage proprement dit du travail « libre » coercitif, plus ou moins réglementé – revient fréquemment dans le débat sur l'apprentissage. Jadis, les libéraux des Lumières imputaient spécifiquement au corporatisme la descente de l'apprentissage dans la servitude ténébreuse. Les corporations péchaient tout autant par manque d'humanité que par manque d'efficacité, selon Jean Auffray, académicien provincial, proche des physiocrates : l'apprentissage, qui durait souvent une dizaine d'années, était une véritable « servitude », une « vie de forçat » se réduisant à un labeur « bas et vil ». Les clauses contractuelles visant à forcer les apprentis en fuite – esclaves fugitifs ? – à retourner auprès du maître soulignaient leur condition abjecte, s'indignait l'auteur. Dans son éloge de Turgot, Condorcet reprend cette évocation de l'esclavage en parlant des « chaînes » qui ligotent l'apprenti. Au XIXe siècle, ironiquement, on attribue l'apprentissage-servitude à l'opération ordinaire du marché, solution prétendument transformatrice qu'avaient préconisée ces mêmes libéraux. Écrivant dans les années 1840, Félix de Lafarelle, homme politique et néo-corporatiste, déplore la déformation de l'apprentissage, sous pression libérale, en « une espèce de servitude, constituée au profit du maître ». Il plaide pour le retour d'un apprentissage qui offre « une profitable et bien heureuse éducation professionnelle ». À la même époque, un ouvrier serrurier brosse un tableau extrêmement morne de « l'école spéciale de

31. Les deux citations sont tirées de V. de Chardon, « L'Apprentissage en France de 1851 à 1919 ».

servitude » qu'est l'apprentissage : manipulation spéculative du patron qui fait faire par les jeunes des travaux qui sont les plus lucratifs pour lui, sans leur apprendre les bases du métier leur permettant une éventuelle quasi-autonomie. Quand le maître est absent, les ouvriers sont encore plus cruels, raillant et démoralisant les apprentis au lieu de les aider[32].

S'il y a, ici et là, de bons apprentis ayant fait de bons apprentissages, Anthime Corbon estime qu'ils pèsent peu par rapport à la « grande déperdition » que représente ce système de (non-)formation. Tout le monde en prend pour son grade : les parents manquant de sollicitude « éclairée », donc de moyens ; le patron, dur, cupide, ou simplement médiocre, professionnellement et moralement ; l'apprenti, qui « n'a pas conscience du mal qu'on lui fait », soit comme élève passif, indifférent, sot, distrait ou abusé, qui a « perdu » quatre années dans l'atelier, soit comme victime d'emblée de « la simple division du travail », enfant de peine dès le début (en attendant de devenir adulte de peine, et d'agir de même avec son fils), vite « usé », « éreinté ». Ce qui manque à l'analyse rude de Corbon, c'est l'historicité : l'éducation professionnelle de l'apprentissage – faisant abstraction de ses autres fonctions, désuètes ou sans intérêt à ses yeux – a-t-elle toujours été aussi « stupide » ?

Depuis bien longtemps, Octave Gréard ne discerne rien de prometteur dans ce temps long d'engourdissement : au début, l'apprenti est « jeté dans l'atelier sans vocation, le plus souvent sans notion préparatoire au métier » ; et à la fin, il sort n'ayant « saisi que de bric et de broc quelques pauvres notions du métier ». Jules Simon n'est pas moins sombre, mais tend à épargner l'apprenti et sa famille pour charger le patron peu scrupuleux, l'opinion publique trop souvent capricieuse, et (tacitement) l'État-(non-)régulateur. « Le véritable secret de la supériorité d'un peuple, c'est la bonne organisation de l'apprentissage » : en France, il est dans un état navrant. Pour beaucoup, c'est « du service domestique » : quand un enfant « a porté des boîtes et des cartons, du matin au soir, dans tous les coins de Paris, pendant trois ans, à quel métier est-il bon ? » Alternative : on met l'enfant à un

32. Jean Auffray, *Idées patriotiques sur la nécessité de rendre la liberté au commerce*, Lyon, Louis Cutty, 1762 ; Nicolas de Condorcet, *Vie de Monsieur Turgot* (1786), dans A. Condorcet O'Connor et M. F. Arago (éd.), *Œuvres de Condorcet*, t. 5, Paris, F. Didot frères, 1847, p. 67-69 ; F.-F. de Lafarelle, *Du progrès social au profit des classes populaires non indigentes*, Paris, Guillaumin, 1847, p. 390, 436 ; le serrurier cité par V. de Chardon, « L'Apprentissage en France de 1851 à 1919 ».

établi, « et il apprend au moins quelque chose ; mais alors, il arrive trop souvent que le patron en [fasse] un spécialiste, ce qui rend son savoir très court et très peu productif ». Grâce à cette « manœuvre », lui faisant « faire indéfiniment un seul genre d'ouvrage », le patron « a pendant trois ans un ouvrier pour rien » et l'apprenti n'a aucune perspective professionnelle sérieuse. Simon ne nie pas qu'il y a de nombreux « excellents patrons aimant leur apprenti, leur faisant du bien », mais ils sont minoritaires, et de loin, par rapport aux autres[33].

Plusieurs témoignages de l'enquête de 1863 sur l'enseignement professionnel, reprenant certains thèmes d'une étude de 1848, déplorent la mauvaise qualité de la formation des apprenti.e.s : négligée par le patron, désordonnée, ou sous-traitée à des contremaîtres ou à des ouvriers de compétence fort variable. Ce dernier problème est souvent pointé jusqu'au début du XXe siècle : Maurice Maignen, militant dans une association ouvrière et catholique, ressent de la nostalgie pour l'ère où les apprentis étaient entourés d'ouvriers sachants et fiers de transmettre. Les maîtres consciencieux, adroits manuellement, ne sont pas capables de fournir un enseignement théorique suffisant, entraînant une véritable stagnation du métier. Joseph Broichot, un syndicaliste ouvrier lyonnais écrivant en 1900, note que l'apprenti, couramment « livré à lui-même, sans surveillance, employé à faire des courses ou au nettoyage de l'atelier, ne peut acquérir, pendant les 3 ou 4 années qu'il consacre à ce prétendu apprentissage, les notions nécessaires à l'exercice de son métier ». Évoquant l'apprentissage au-delà de leur propre domaine, les imprimeurs parisiens en 1902 remarquent la fréquence d'un enseignement à la portion congrue dispensé irrégulièrement par des patrons ignorants. L'ouvrier-novice manque « [d]es premières notions des arts et des sciences appliqués », observe J.-H. Cagninacci au même moment[34].

33. A. Corbon, *De l'enseignement professionnel*, p. 38-39, 74-76 ; O. Gréard, *Des écoles d'apprentis*, p. 5-7 ; J. Simon, « L'Apprentissage des jeunes ouvriers », p. 730, 742.

34. *Enquête sur l'enseignement professionnel*, notamment les propos de Gaumont, du *Journal de l'enseignement professionnel*, t. 1, p. 142 ; *ibid.*, p. 179 ; « Rapport sur l'enseignement industriel adressé au ministère de l'Agriculture et du Commerce par les professeurs du Conservatoire », cité dans *ibid.*, p. 665-66 ; É. Cacheux, *État actuel du patronage*, p. 34 ; Joseph Broichot, *Rapport sur la réglementation de l'apprentissage*, Lyon, Imprimerie nouvelle, 1900, p. 1-2 ; ministère du Commerce, de l'Industrie, direction du travail, *Rapport sur l'apprentissage dans l'imprimerie, 1899-1901*, p. XCII-XCVI ; J.-H. Cagninacci, *L'Instruction professionnelle de l'ouvrier*, p. 33, 70-71.

Mauvais patrons ?

Selon maints contemporains, comme nous venons de le voir, le patron porte une lourde responsabilité dans la crise de l'apprentissage. C'est moins la dénonciation des abus – histoire vieille et familière – que l'idée que l'exploitation dépasse, bien au-delà des corvées et des brimades ordinaires, le seuil d'une certaine normalité. La contrepartie tacite d'un bizutage, même dur et/ou prolongé, était jusque-là l'initiation éventuelle. Le maître d'apprentissage assumait traditionnellement, en échange d'une grande latitude d'autorité, une importante responsabilité : exploiter et/mais transmettre ; tirer profit et/mais forger un bon ouvrier. À partir du milieu du XIXe siècle – des signes avant-coureurs s'affichant bien avant –, des observateurs relèvent une évolution assez nette dans la relation entre le chef/mentor et le serviteur/élève. Le maître s'efface devant le patron. Le rapport se modernise et se marchandise. Les amortisseurs historiques sont délaissés. Le marché l'emporte sur le statut. La réciprocité, fictive et/ou réelle, cède à la domination, pratiquée et/ou ressentie. Toutefois, les changements de comportement frappent, mais ils s'inscrivent graduellement et fort inégalement en fonction des secteurs, voire des ateliers. Ils modifient la vie de nombreux enfants (et de leurs familles) ; pour d'autres, ils ne pèsent pas lourd, ou ne se manifestent que par des variations d'intensité de la pression quotidienne.

Aux yeux des commentateurs, l'impression générale est inquiétante, sinon calamiteuse : la pratique de l'apprentissage, inestimable pour la France, malgré le machinisme et la division du travail accélérée, est sapée par ses propres acteurs, subversion qui menace l'économie et même l'ordre social. L'agressivité passive devient active : « l'apathie » déplorable de plus en plus de patrons se mue en « mauvais vouloir patronal ». Une délégation ouvrière de Dôle n'est pas la seule à se demander si « les chefs d'atelier, patrons ou directeurs, s'intéressent à faire de leurs apprentis de bons ouvriers ». D'après les imprimeurs en taille douce, recrutés à Paris et en province, de nombreux patrons paraissent chercher sciemment la mutilation professionnelle des apprentis, les privant, par l'hyperspécialisation, de la possibilité de se retrouver plus tard dans une position d'autonomie (relative) sur le marché du travail. L'exploitation sans scrupules se généralise en « système », suivant Georges Alfassa, engendrant un véritable détournement de la notion même d'apprentissage : « Sous le nom d'apprentis, on embauche de la main-d'œuvre enfantine, sans avoir jamais eu l'intention de rien enseigner »[35].

Selon des observateurs, cette « dégradation de l'apprentissage » par les patrons eux-mêmes s'exprime de trois manières, plus ou moins intriquées. La première concerne l'appauvrissement ou même l'abandon de la transmission, de cette fonction d'enseignement, quasi sacerdotale, souvent contractuelle. Des ouvriers imprimeurs parisiens associent intimement « l'abaissement du savoir-faire des ouvriers » aux exactions des maîtres, qui préfèrent les voir laver les toilettes plutôt qu'apprendre le métier sous leur houlette. « Quelques patrons barbares tirent d'un enfant tout ce qu'il peut fournir à la production industrielle en ne lui apprenant que le moins possible », expose un militant des Œuvres des cercles catholiques d'ouvriers de Lyon : « C'est aux *gendarmes* qu'ils vont avoir affaire ! » Le « défaut d'instruction » est une des plaintes les plus communes portées devant les prud'hommes par l'apprenti.e et sa famille contre le patron[36]. Des chambres syndicales ouvrières dénoncent « la négligence » du maître-pédagogue et son attitude cavalière par rapport aux « promesses » concernant la formation qu'il a faites aux parents. Il y a maints patrons qui peuvent « juger le travail de leur personnel, dans ses résultats », note un juriste, mais « ignorent la partie manuelle de leur métier et sont obligés de s'en remettre, pour l'instruction technique des apprentis, aux contremaîtres et aux ouvriers ». Ces derniers n'y sont pas enthousiastes quand la structure de rémunération, notamment aux pièces, ne compense pas le temps qu'ils donnent aux apprentis, souvent détestés dans ces milieux, car perçus comme des concurrents déloyaux[37].

Le deuxième mode de dégradation patronale suit logiquement : au lieu de former des apprentis pleinement et d'investir ainsi dans la qualité, la réputation et la compétitivité de la production française, de

35. C. Berteaux, *La Crise de l'apprentissage*, p. 118, 120 ; délégation ouvrière à l'exposition universelle de 1889, *Questionnaire adopté par les corporations ouvrières de Dôle*, Dôle, J.-B. Pillot, 1889, p. 5 ; Rapport des imprimeurs en taille douce, *Exposition universelle de 1867*, t. 2, p. 40-5 ; G. Alfassa, « La Crise de l'apprentissage », *La Réforme sociale* (février 1906), p. 259.

36. Nous évoquons de nombreuses plaintes des apprenti.e.s devant les prud'hommes contre des maîtres-formateurs déficients dans les chapitres 2 et 4.

37. Jules Claye, imprimeur, *De la situation faite aux imprimeurs de Paris par la Société typographe, lettre à ses confrères*, Paris, J. Claye, 1870 ; A. de la Croix-Laval, *Rapport sur la crise de l'apprentissage*, Lyon, Œuvre des cercles catholiques d'ouvriers de Lyon, 1913, p. 42 ; Rapport de Mr Divry sur *Le Manuel de l'apprenti*, p. 65 ; *Bulletin de la Société de protection des apprentis* (1905), p. 142-43 ; J. Fouqué, « La Crise de l'apprentissage », *ibid.* (1900), p. 294, 296 ; J. Barberet, *Le Travail en France*, t. 1, p. 47, 188-89.

nombreux patrons se tournent vers l'exploitation « sans scrupules » de rendements immédiats, qui se généralise en « système ». En exerçant son autorité, le patron peut tenir l'apprenti en « demi-domesticité » ; ce dernier est ordinairement « plus soumis et plus traitable » que l'ouvrier. Pour les plus malheureux, cette demi-domesticité se traduit par un régime de corvées perpétuelles sans aucun lien avec la profession, des tâches d'entretien à la maison et dans l'atelier, et des courses à l'extérieur de livraison ou d'approvisionnement. Les plus favorisés sont affectés à une opération précise, qu'ils répètent tous les jours, une fois ou cent fois, pendant plusieurs années, suivant la méthodologie parcellaire intensifiée du capitalisme industriel français. Ingénieur, Georges Alfassa, plutôt orienté lui-même vers des solutions du marché, reproche à ces patrons de ne pas avoir bien compris leur propre intérêt en minant l'apprentissage, institution susceptible de renouveau, capable de dynamisme. Pour Lequien, moraliste et directeur d'une école de dessin, l'œuvre de l'apprentissage, « cette tâche si paternelle, si honorable, de donner un état à l'enfant, un bon ouvrier à l'industrie, un homme à la société, cette mission si sainte est faussée par l'intérêt ». Cet intérêt n'est pas celui, entreprenant et productif, de la théorie libérale, mais un intérêt mesquin et abject, qui ne génère ni l'excellence ni l'innovation techniques et qui ne contribue pas au bien public[38].

Devenus adversaires objectifs de l'apprentissage, ces patrons engagent une guérilla permanente contre lui par le biais de la « spéculation » qui dévalorise l'institution et l'enfant l'incarnant tout en tirant de la valeur de ce processus destructeur. C'est la troisième façon d'avilir l'apprentissage. Spéculer, c'est prendre autant d'apprentis que possible en profitant de leur capacité de travail en échange d'un salaire habituellement fort modeste. Au lieu d'investir du temps, de l'argent et de l'espoir dans une formation correctement faite, pourquoi ne pas recruter des adolescents quasi formés ou débaucher un apprenti capable voulant bien quitter son maître ? Bien de ces patrons – prédateurs, prudents ou simplement opportunistes –, d'après Bardin, spécialiste de l'enseignement professionnel, « spéculent sur le travail des apprentis comme sur une marchandise ». « En ne prenant quelquefois les apprentis que par pure spéculation au lieu de

38. A. Beignet, *La Décadence de l'apprentissage*, p. 26-30 ; A. Keufer, *L'Apprentissage dans l'industrie du livre*, p. 4-5 ; G. Alfassa, « La Crise de l'apprentissage », *La Réforme sociale* (février 1906), p. 257-62 ; *Enquête sur l'enseignement professionnel*, t. 1, p. 209.

se faire des conseillers bienveillants, en quelque sorte paternels, pour former le jeune au goût du travail, à l'ordre et à la bonne conduite, dignes d'un bon ouvrier », remarquent des ouvriers tourneurs sur bois en 1867, les patrons « se laissent guider par la cupidité, et souvent donnent le mauvais exemple ; ces causes parfois occasionnent la perte et le malheur du jeune ouvrier ». Sorti de l'itinéraire de formation, il devient « enfant de peine », condition euphémisée sous l'appellation de « petites mains », voué à rester « manœuvre à vie »[39]. Ce qui est souvent étiqueté comme « exploitation » et « spéculation », Horace Say, l'économiste qui a dirigé l'enquête de la Chambre de commerce parisienne en 1848, le considère comme la stratégie rationnelle d'un patron « pour compenser les sacrifices des premières années » de l'apprentissage ; cette politique consistant à « tirer un profit immédiat de l'enfant », convient l'auteur, amène toutefois le maître à ne pas « se préoccuper de l'enseignement méthodique » de l'apprenti.e. Anthime Corbon croit quant à lui qu'un patron malin saurait faire les deux, mais il estime que le nouvel écosystème socioéconomique et culturel, dans lequel le patron fonctionne, rend quasi chimérique la quête de la famille de l'enfant de trouver un maître avec « la bienveillance, le tact, l'intelligence » que réclame la formation professionnelle[40].

S'ils ne peuvent pas nier la part de responsabilité des patrons dans la crise de l'apprentissage, ces critiques se défendent d'être « anti-patron ». Ils n'accablent que les mauvais patrons, tout en leur trouvant souvent des circonstances atténuantes. Même Octave Gréard, dont l'image de l'apprenti trahi et/ou meurtri reste frappante, reconnaît que « tout contrat est une gêne [et que] les meilleurs parmi les patrons en supportent malaisément les obligations : à l'apprenti qu'il faut surveiller et dont la présence leur impose un contrôle, ils préfèrent un jeune ouvrier-aide qu'ils payent, mais qu'ils peuvent toujours congédier ».

39. On dit aussi « petits domestiques » et « petits ouvriers », quelquefois « demi-ouvriers ». Rapport Paul Jannettaz, *Bulletin de la Société de protection des apprentis* (1912), p. 314.

40. A. Beignet, *La Décadence de l'apprentissage*, p. 26-30 ; A. de la Croix-Laval, *Rapport sur la crise de l'apprentissage*, p. 42 ; P. Jannettaz, « Compte-rendu analytique du Congrès national de l'apprentissage », p. 838 ; F. de Ribes-Christofle, *L'Apprentissage et l'enseignement professionnel*, p. 13 ; A. Keufer, *L'Apprentissage dans l'industrie du livre*, p. 4-5 ; *Enquête sur l'enseignement professionnel*, t. 1, p. 112, 179 ; Ouvriers tourneurs sur bois, *Exposition universelle 1867*, t. 3, p. 29-30 ; *Statistique de l'industrie à Paris, résultant de l'enquête faite par la Chambre de commerce pour les années 1847-1848*, p. 58-59 ; A. Corbon, *De l'enseignement professionnel*, p. 17-23, 26-27. Si des patrons, artisans et industriels, « spéculateurs », font de l'emploi des apprentis « un moyen de concurrence contre les ouvriers », rappelle E. Tallon, il ne faut pas perdre de vue les néfastes conséquences de « la spéculation des parents sur le profit qu'ils retirent du travail des enfants ». E. Tallon, *Vie morale*, p. 33, 166-68.

Certains membres de la Société de protection des apprentis, patronage à forte inflexion libérale et paternaliste, un peu mal à l'aise face à cette inversion des rôles, montrent bien plus de sympathie pour ces patrons qui deviennent victimes d'une autre sorte d'inversion : ils se trouvent soudain dominés par les supposés dominés. Ou comme le dit l'ingénieur Émile Cacheux, « si l'apprenti est protégé, il n'en est pas de même du patron ». Si l'apprenti titulaire n'est plus « pupille » mais simplement « ouvrier bon marché », c'est aussi parce qu'il l'a cherché. La relation contractuelle et morale est asymétrique, de façon contre-intuitive : « Le patron est lié et l'enfant ne l'est pas. » Comme son homologue de l'Ancien Régime, mais sans une puissante structure corporative pour l'étayer, le maître pâtit en effet terriblement du refus de bien des apprentis d'achever leur temps :

> Le patron qui vient demander un apprenti et donne ses conditions, sait bien que l'enfant ne lui produira rien pendant la première période quelque fois assez longue de l'apprentissage ; il fait des conditions moyennes ; dans la première il sera en perte, surtout s'il couche et nourrit ; il compte sur la seconde, pendant laquelle l'enfant nécessitera un enseignement moindre et produira davantage, pour se rattraper. C'est ce que l'enfant et quelquefois les parents ne veulent pas accorder ; ils ont profité des sacrifices du patron, mais ne veulent pas se soumettre aux conséquences qui leur sont préjudiciables.

Dans « la plupart des cas », selon cette voix du patronage, quoique « ouvrier incomplet », l'enfant, vers la fin de son apprentissage, peut gagner davantage chez un nouveau patron. Il ne se gêne pas pour tenter sa chance ailleurs et les confrères de son maître ne se gênent pas pour l'accueillir, malgré l'infraction à la loi. Si le patron manque à ses engagements, il est justiciable des prud'hommes et, s'il est condamné, « il paye car il est solvable et saisissable ». Mais si l'enfant manque aux siens, quels sont les moyens d'action du patron ? « Il peut battre l'enfant », mais il risque des sanctions. Également imprudent serait de le priver de nourriture s'il doit le nourrir. Il n'a pas le droit non plus d'imposer des heures supplémentaires ou le travail le dimanche. « Que reste-t-il donc au patron ? » Il demande que la famille soit punie. Si les prud'hommes condamnent les parents à payer une indemnité au patron, « les parents qui ne possèdent rien sont insaisissables, et le patron est réduit à faire saisir les gages du père qui peut changer d'atelier pour se soustraire à de nouvelles saisies ». C'est bien là ce qui fait la force de l'apprenti : « Le patron est impuissant contre lui. » Au-delà du contrat écrit qu'il devrait solliciter nonobstant son antipathie pour l'esprit « d'obligation », le seul salut pour le patron est de « détrui[re] l'espoir » que l'apprenti a de travailler ailleurs en imposant une police bien plus stricte sur les autres patrons, susceptibles de pénalités, et d'exiger que l'apprenti soumette un livret, dans sa version originelle, correctement paraphé à chaque étape, relatant son parcours de formation et de travail à tout futur employeur, à peu près la solution type Ancien Régime. Dans le monde à l'envers du XIXe siècle, « il faut égaliser les droits des parties », comme le demande Turney, président de la Chambre syndicale des Fleurs et des Plumes[41].

La Société de protection des apprentis, parmi d'autres patronages, ressent une grande nostalgie pour le modèle « père-de-famille »[42], une des rares reliques du monde corporatiste que les libéraux n'ont pas vilipendées, paradigme repris et adoubé par la loi de 1851, la mesure la plus importante concernant l'apprentissage depuis le XVIIIe siècle. Ses adeptes associent la perte de l'autorité, voire de la légitimité du patron avec l'érosion de la relation – le discours la représentant autant que la pratique – qui instaurait un lien entre l'enfant et son maître, portant l'idée de la réciprocité. En 1867, un article publié par la Société dans son *Bulletin* insiste sur « le devoir impérieux » du patron d'assumer le rôle « d'un second père, pour les enfants qui lui sont confiés ». Recette ancestrale, exhortation canonique, fiction utile, mais tout sauf ringarde, elle persiste longtemps malgré l'évidente usure : que deviendront ces enfants, l'avenir de notre industrie, s'ils ne rencontrent chez leurs patrons que des hommes indifférents qui les considèrent comme des bêtes de somme, et qui, ayant le lucre pour seul mobile, ne comprennent pas que, même de ce point de vue, ils trouvent leur compte à s'occuper des intérêts de leurs apprentis ? Treize ans plus tard, le *Bulletin* de ce même patronage se lamente de la disparition « de la vieille coutume » par laquelle « le patron adopt[ait] véritablement l'apprenti » :

41. O. Gréard, *Éducation et instruction*, p. 181 ; *Bulletin de la Société de protection des apprentis* (1891), p. 255, (1882), p. 39-43, (1877), p. 120, (1900), p. 292, 298-99. « Nous désirons qu'après avoir protégé les enfants contre les exigences non justifiées des patrons », dit un procès-verbal d'une séance de la Société (janvier 1881, p. 53), « la loi vienne protéger efficacement les patrons contre la mauvaise foi des enfants ».

42. Sur le modèle père-de-famille, et également sur le traitement des parents et le rôle du salaire (discutés dans les deux sections suivantes), voir le chapitre 2 sur les parents. Pour une tentative de conceptualisation historique du paternalisme contemporain, voir Alain Lemenorel, « Du paternalisme à la culture d'entreprise », dans *Le travail à l'époque contemporaine*, dans Actes du 127e Congrès national des sociétés historiques et scientifiques, « Le travail et les hommes » (Nancy, 2002), Paris, Éditions du CTHS, 2005, p. 173-186.

On ne voit plus des liens de famille se former entre eux, l'apprenti s'asseoir à la table commune, traité comme un enfant de la maison ; on ne voit plus cette vie patriarcale, dont le souvenir accompagnait l'apprenti dans tout le cours de sa carrière[43].

Octave Gréard théorise l'éclipse du paradigme « père de-famille ». « Admettre chez soi, à l'égal de ses propres enfants, un enfant qu'on ne choisit pas », écrit-il, « est une nécessité qu'on s'impose lorsqu'un intérêt supérieur le commande, ou un acte de dévouement auquel on s'oblige lorsqu'un sentiment élevé le prescrit ». Pourtant, c'est une « lourde responsabilité », qui devient insensiblement insupportable quand le patron ne trouve plus le revenu matériel et psychique auquel il s'attend. « La condition morale » disparaît des contrats, comme dans les faits, « la tutelle ne subsiste guère que de nom », et « l'apprenti s'élève comme il peut ou comme il veut », constate Gréard sans sourciller. L'apprenti « n'appartient plus à ses parents, il n'appartient pas à son patron ». L'administrateur-éducateur-philosophe conclut ainsi : « Là où l'obligation a survécu, elle est le fait de la probité personnelle, non l'effet de l'institution », un accident sinon une aberration. Quelques années avant le début de la Grande Guerre, au moment paroxystique dans la campagne pour la renaissance de l'apprentissage, ses partisans appellent vaguement à un retour « aux obligations réciproques », mais stipulent que la « responsabilité » du patron demeure « limitée à l'enceinte de leur usine, atelier, magasin ou bureau », non comme père, mais comme manager éclairé[44].

L'effondrement du paradigme du père-de-famille est accéléré par l'abandon de la tradition de loger et de nourrir l'apprenti.e. Et l'effritement de cette pratique coutumière est sans doute également une des conséquences de l'effacement du paradigme. « Ordinairement, l'apprenti était logé par le maître qui remplaçait ainsi le père de famille », selon un texte de 1867 : « Cet usage tend à disparaître, à Paris surtout. » Ce renoncement affaiblit à la fois le processus de socialisation et celui de transmission, et dilue l'intensité de l'expérience de l'enfant : « C'est certainement un mal sérieux, un mal moral ; car l'enfant est privé de la sollicitude paternelle que le contrat d'apprentissage

43. René de Saint-Mauris, « Étude sur les sociétés paternelles », *Bulletin de la Société de protection des apprentis* (1867), p. 229 ; L. Lefébure, « Exercice de 1879-1880 », *ibid.* (1880), p. 239.

44. O. Gréard, *Éducation et instruction*, p. 209-10 ; Rapport sur le Congrès national de l'apprentissage de 1911, *Bulletin de la Société de protection des apprentis* (1912), p. 375-79, 389.

imposait au maître ; un mal industriel, car les ouvriers ainsi formés ne savent qu'imparfaitement la théorie de leur profession. » Dix ans plus tard, l'évaluation d'un patron, membre de la Chambre syndicale des instruments de précision, est lénifiant pour ses confrères et affligeant pour le système :

> Le recrutement des ouvriers devient de plus en plus difficile, un grand nombre de chefs de maisons ne voulant plus nourrir ni coucher leurs apprentis, d'abord à cause de la cherté croissante de la nourriture et des logements, ensuite ils hésitent à prendre la responsabilité de la surveillance des apprentis après les heures de travail.
> D'un autre côté, beaucoup de familles d'ouvriers ont absolument besoin d'être déchargées de la nourriture et du logement de leurs enfants et les mettent en apprentissage dans n'importe quelle industrie pourvu que cette condition soit remplie.

Le patron qui accepte de loger et nourrir exige une durée d'apprentissage plus longue sans s'engager sur l'instruction qu'il compte prodiguer[45]. Début XXe siècle, le logement est fort rare et communément très défectueux pour les apprentis, selon les inspecteurs du travail, qui citent, dans les métiers de bouche en particulier, des conditions de couchage déplorables : promiscuité, saleté, manque de nécessaire pour se laver. « Ni commensal » dans la famille d'adoption ni « élève dans l'atelier », l'apprenti s'éloigne du maître et quelque part aussi du métier, et le patron est de plus en plus désinvesti dans l'institution[46].

Piètres parents

En « spéculant » sur leurs enfants – forme intime d'abus –, les parents dévalorisent, voire minent l'apprentissage. Impossible de mesurer l'incidence réelle de la « préférence funeste » du père et/ou de la mère pour l'avantage à court-terme, mais les attestations anecdotiques pullulent. On les accable de « cupidité », de chantage, de précipitation et de myopie lorsqu'ils ne prennent en compte que le retour immédiat de l'apprentissage au lieu de le voir comme une étape clé dans le parcours de leur enfant vers un avenir assuré tant sur le plan

45. Petite annonce de 1873 : « Offres par les patrons : M. Royer, fabricant de compas, rue de l'Ancienne-Comédie, 12, demande un apprenti. Il offre la nourriture et le logement (5 ans d'apprentissage) ; sans nourriture, il se contentera de 3 et ½. » *Bulletin de la Société de protection des apprentis* (1873), p. 380.

46. *Ibid.* (1867), p. 314 et (1877), p. 104, 198 ; É. Levasseur, *Questions ouvrières et industrielles*, p. 865, 957.

professionnel que social. On les accuse de ne pas préparer leurs enfants avant l'atelier, en les envoyant à l'école, et de ne pas les appuyer et surveiller une fois qu'ils sont entrés en apprentissage. Enfoncer les parents devient un véritable fonds de commerce pour l'un des grands patronages parisiens, la Société de protection des apprentis, sorte de monument à la crise de l'apprentissage, dont la vocation sociale principale est justement d'organiser des apprentissages solides censés avancer simultanément les intérêts des familles, des enfants-candidats, des patrons (pour lesquels elle montre parfois une grande complaisance) et de la société. En 1877, alors que la Société se soucie avec une énergie particulière de placer les enfants, elle rapporte : « Une des grandes difficultés qu'éprouve votre Comité [de placement] pour obtenir un grand nombre de contrats [son obsession], est l'exigence presque unanime des parents, qui demandent soit à être débarrassés complètement de l'enfant en le plaçant logé et nourri, soit à le placer avec une rétribution élevée que ne peuvent accorder des patrons prenant l'engagement de faire non pas de petits ouvriers, mais des ouvriers sachant bien leur état. » Presque une décennie plus tard, le comité relate un cas précis : « Pour un garçon placé à l'essai pour être couché et nourri, le père vint à la veille de signer le contrat, et, apprenant que le patron était content de l'enfant, il se crut en devoir d'exiger des conditions de fantaisie ; l'enfant devait avoir une chambre spéciale pour lui ; du chocolat le matin ; du café après le dîner, etc., etc. ; il va sans dire que l'enfant fut rendu au père. » En partant, l'enfant pleurait, avouant que « chez lui, on mourait de faim », et le père, coriace et fier, de déclarer : « Je ne suis pas patron, mais je montrerai que je suis aussi fort qu'un patron. » En 1909, déplorant la rigidité des parents, prêts à faire de leur enfant « un manœuvre à vie » en échange de ce qu'il peut « gagner de suite », la Société traite l'attitude des parents comme l'une « des causes profonde » de la décadence de l'apprentissage[47].

47. Direction du travail, *Rapport sur l'apprentissage dans l'imprimerie, 1899-1901*, p. XCII-XCVI ; E. Tallon, *Vie morale*, p. 169, 172, 184 ; A. Keufer, *L'Apprentissage dans l'industrie du livre*, p. 7 ; P. Merlet, *Les Lois sur l'apprentissage*, p. 96-97 ; A. Beignet, *La Décadence de l'apprentissage en France*, p. 24 ; ouvriers tourneurs sur bois et ouvriers fondeurs, *Exposition universelle de 1867*, t. 3, p. 21, 29-30 ; P. Astier et I. Cuminal, *L'Enseignement technique, industriel et commercial*, p. 12 ; C. Berteaux, *La Crise de l'apprentissage*, p. 109 ; R. Henry, *Rapport sur l'apprentissage dans les industries du vêtement*, p. 5 ; *Bulletin de la Société de protection des apprentis* : (1878), p. 120-21 ; (1882), p. 38, 40, 151-52 (rapport de la Caisse de patronage des apprentis du XIIIe arrondissement) ; (1884), p. 66, 195 ; (1886), p. 83-84, 86-87 ; (1905), p. 54-55 ; (1909), p. 74, 236. Cf. les nombreuses professions (chemisiers, passementiers, bijoutiers-joailliers, etc.) qui « ne font plus d'apprentis » : *ibid.* (1884), p. 353, 354 ; J. Barberet, *Le Travail en France*, t. 1, p. 187-88.

Octave Gréard est loin d'être le seul à fustiger la complicité entre le patron et le père : ce dernier reçoit parfois une prime en acceptant une formation raccourcie et fortement spécialisée, « au détriment de l'apprenti », qui risque de finir, d'après Auguste Beignet, fils d'un tisserand angevin, passé par une école de dessin, puis architecte, « déclassé et meurs-de-faim ». Ces jeunes, sans une vraie capacité, mal rémunérés dans le marché du travail, et voués à une vie de « misère probable », Émile Delorme, chimiste industriel, les baptise « des pseudo-apprentis ». Si l'avidité est « la plus grande plaie », d'autres parents caressent une ambition qui sape à sa manière la centralité de l'expérience en atelier, en rejetant le travail manuel et en reclassant leurs enfants dans des métiers « propres », flatteurs et stables, comme employés de bureau ou fonctionnaires. Si bien des commentateurs reprochent aux mères et pères tous les vices sordides, d'autres, comme Léon Hiélard, vice-président de la Chambre de commerce parisienne, suggèrent pourtant que c'est moins la vénalité que la pauvreté et la précarité qui incitent les parents à chercher un rendement rapide sur le travail de leurs enfants. D'où l'idée reprise par quelques hommes politiques et des organisations ouvrières tant à Lyon qu'à Paris d'apporter une aide financière aux familles d'apprenti.e.s nécessiteuses. Reconnaître le poids de la pauvreté de bien des parents met en relief le caractère déplacé de l'accusation récurrente de leur cupidité. Certains commentateurs ressentent une certaine gêne vis-à-vis des familles ; les autres comprennent que la revitalisation de l'apprentissage ne passe pas par la stigmatisation des parents. Comment les amener à participer au travail de renouvellement ? L'idée de fournir une orientation, ébauchée un demi-siècle plus tôt, fait son chemin au début du XXe : des « bureaux » d'orientation comme dans le Nord, l'accueil à l'école primaire, ou la réception chez les patronages[48].

48. O. Gréard, *Des écoles d'apprentis*, p. 8 (cf. O. Gréard dans *Éducation et instruction*, p. 183 : « Et en présence de la complicité du père et du patron […] que peuvent faire les conseils de prud'hommes ») ; A. Corbon, *De l'enseignement professionnel*, p. 74-76 ; G. Dron, « L'Organisation de l'apprentissage », p. 11 ; P. Jannettaz, dans *Bulletin de l'AFDET* (décembre 1911), p. 838 ; M. Biojou, dans *Bulletin de l'Apprentissage*, organe du comité exécutif permanent du Congrès national mixte de l'industrie, du commerce et du travail (juin 1909) ; E. Nusse et J. Périn, *Commentaire de la loi du 19 mai 1874*, p. XL ; É. Delorme, *L'Apprentissage et l'enseignement technique*, p. 3, 14 ; Léon Hiélard, *De l'apprentissage dans l'industrie parisienne*, Paris, Chaix et Cie, 1870, p. 4-5 ; *Bulletin de la Société de protection des apprentis* (1880), p. 239 ; Adolphe Baudoin, dans *Bulletin de la Société de Saint-Vincent-de-Paul*, n° 17 (1850), p. 125-27, cité par Katherine A. Lynch, *Family, Class and Ideology in Early Industrial France: Social Policy and the Working-Class Family, 1825-1848*, Madison, WI, University of Wisconsin Press, 1988, p. 169 ; J.-H. Cagninacci, *L'Instruction professionnelle de l'ouvrier*, p. 43-44. Le

Relations marchandes ou familiales ? Le salaire comme rupture symbolique

Le salaire de l'apprenti représente lui-même un marqueur de la décadence et de la crise de l'apprentissage. Il signale une rupture symbolique (inscrite à la fois dans le réel et dans l'imaginaire à un degré difficile à mesurer) dans les relations entre le maître/patron et l'apprenti. Le salaire existait sous l'Ancien Régime, et même avant[49], mais il était plutôt exceptionnel, sauf vers la fin de l'engagement. Sa prolifération grandissante au cours du XIXe siècle trouble l'équilibre de la vie de l'atelier. Pour Gaumont, fondateur de la revue *Enseignement professionnel*, thuriféraire de l'école plutôt que de l'atelier, le geste de payer un salaire équivaut à l'annulation du contrat, symboliquement et pratiquement. L'éclosion du salaire met en relief une inversion frappante : souvent dans le passé (et encore pendant le XIXe siècle), l'apprenti payait son maître pour jouir des multiples avantages de l'accueil sous le double toit de sa maison et de son atelier, tandis que, désormais, de plus en plus fréquemment, le patron doit payer l'apprenti. Cette contrainte, fruit de la réorganisation lente mais inexorable de la production et de la concurrence accrue pour les ouvriers, et d'une profonde mutation d'attitudes à l'égard de la socialisation des adolescent.e.s dans le marché du travail, pousse bon nombre de maîtres à repenser leurs priorités et leur budget. Comment recouvrer l'investissement initial dans la vie quotidienne de l'apprenti, tant l'enseignement que le logement, la nourriture et l'entretien ? L'incitation est forte à monétiser autant que possible la présence dans l'atelier de l'apprenti (quelquefois en imposant un contrat prolongé au-delà du temps coutumier), aux dépens de sa formation professionnelle, tâche onéreuse dont les bénéfices risquent d'échapper au maître. La nature même de l'apprentissage semble changer. Considéré dans le temps principalement comme enseignant et mentor,

---

thème de la précarité et/ou de la pauvreté des parents constitue « une des causes de la crise » qui traverse le Congrès de l'apprentissage de 1911, Rapport de P. Jannettaz, *Bulletin de la Société de protection des apprentis* (1912), p. 314.

49. Et les lecteurs de la Belle Époque proches de la question de l'apprentissage le savent. Voir Louis Morin (typographe, puis archiviste), « Étude sur les contrats d'apprentissage à Troyes au XVIIe siècle », *Bulletin de la Société de protection des apprentis* (1894), p. 445, 451 et (1901), p. 264, 267.

dorénavant le patron est celui qui arrache du labeur, tout comme l'apprenti soutire de l'argent : asymétrique, la marchandisation est pourtant mutuelle, arguent les défenseurs d'un patronat moderne. Cette mue ne justifie-t-elle pas ce qu'on stigmatise comme la spécialisation[50] ?

Un regard sur la longue durée rappelle que le patron/maître a toujours spéculé, tant qu'il pouvait, sur le travail de son apprenti, quels que soient les règlements ou les usages de l'époque. Si les rapports de force peuvent paraître plus favorables à l'apprenti au XIXe siècle, ses intérêts ne sont pas nécessairement mieux servis ni ses droits mieux protégés, notamment à l'atelier, moyen ou petit, mais aussi à l'usine. Dans cette dernière, note Jules-César Houel, diplômé de l'École des arts et métiers d'Angers, ingénieur et industriel influent, l'apprentissage formalisé, corset plutôt que garantie, ne sert à rien, sauf à entraver les uns et les autres : « Je dois dire ici que nous ne faisons pas de contrats d'apprentissage ; nous payons nos apprentis pour rester libres vis-à-vis d'eux et ne pas avoir dans nos ateliers une centaine de jeunes gens indomptables dont nous pourrions n'être pas maîtres à certains moments[51]. »

Le surgissement du salaire, tant dans les représentations que dans les pratiques, entraîne nostalgiques et sentimentalistes à s'en servir pour expliquer l'érosion du modèle paternaliste, encore encensé dans la loi de 1851. Pressé de faire valoir sa mise de fonds, le maître a du mal à s'imaginer dans un rôle de père-de-famille vis-à-vis d'un agent pleinement économique, son fils adoptif contractuel, avec lequel il entretient des relations compliquées, en partie antagoniques, un rapport de force mettant en relief « une défiance réciproque » à la place d'une réciprocité d'intérêt et d'affect. Vue de la perspective de 1900, la rupture ressemble à une double dérobade :

50. G. Alfassa : « La Crise de l'apprentissage », *Bulletin de la Société de protection des apprentis* (février 1906), p. 255-59, 265 et « La Crise de l'apprentissage », *La Réforme sociale* (9 décembre 1907), p. 281 ; C. Berteaux, *La Crise de l'apprentissage*, p. 118-24 ; témoignage de Gramont, *Enquête sur l'enseignement professionnel*, t. 1, p. 150 ; A. Keufer, *L'Apprentissage dans l'industrie du livre*, p. 4. En attendant une grande étude sur le mouvement des salaires, notons quelques données que Véronique de Chardon tire de l'enquête de la Chambre de commerce de Paris pour 1860 : 26 % des ouvriers dans le secteur de l'ameublement touchent un salaire, 13 % dans les « articles de Paris », et 8 % dans les métaux précieux/la joaillerie. « L'Apprentissage en France de 1851 à 1919 », p. 166-67.

51. Témoignage de Jules-César Houel, *Enquête sur l'enseignement professionnel*, t. 1, p. 405. Mettant en avant l'allergie de la petite industrie à se charger des responsabilité qu'entraîne un contrat écrit, É. Levasseur fait écho à l'argument de Houel : *Questions ouvrières et industrielles*, p. 45.

Mais surtout le patron est toujours enclin à tirer profit de l'enfant au lieu de l'instruire et il s'assure la connivence des parents, en lui accordant un salaire immédiat, qui a pour effet de transformer l'apprenti en ouvrier, de permettre de le traiter comme tel, et de ne prendre envers lui aucun engagement. De la sorte, si l'apprenti est de mauvaise volonté, le patron le renvoie, et si le patron est trop exigeant, l'enfant s'en va sans aucune intervention légale ou paternelle.

C'est un discours commémorant la perte du maître et son apprenti idéalisés. « L'apathie » imputée à certains patrons à l'égard de la vocation de maître d'apprentissage est censée provenir de cette rupture associée au salaire. Elle est sans doute aussi liée à la disparition progressive des patrons-praticiens – le maître travaillant dans l'atelier à côté des ouvriers et apprentis. L'entrepreneur prend le pas sur l'artisan : mettant de moins en moins régulièrement la main à la pâte, le patron/maître non seulement n'a que peu d'intérêt pour l'apprentissage, mais il n'est plus en mesure, en termes de savoir-faire technique, de le diriger[52].

Même si l'hypothèse n'est pas entièrement absente du débat, quasiment tout le monde sait qu'il est trop tard pour revenir sur le salaire alloué de plus en plus communément aux apprentis. Perçu comme une des causes de la décadence de l'apprentissage[53], plus tard le recours généralisé au salaire est promu comme un des remèdes à la crise. Si les petites mains, sans aucune instruction, peuvent ramener de l'argent à la maison, si peu que ce soit, la famille, souvent indigente, ne va pas accepter de différer la contribution de l'enfant pendant plusieurs années. Pour avoir de bons candidats à l'apprentissage, de plus en plus de voix s'accordent pour demander aux patrons « de consentir un sacrifice immédiat en payant leurs apprentis ». Débarrassé.e d'un fardeau tant psychologique que matériel, l'apprenti.e salarié.e va pouvoir se concentrer sur la conquête des compétences. Devant un salaire érigé en convention, le patron et les parents auront moins d'incitation à manœuvrer pour assujettir l'enfant[54].

52. É. Delorme, *L'Apprentissage et l'enseignement technique*, p. 14 ; É. M. Saint-Léon, *La Crise de l'apprentissage*, p. 11 ; J. Fouqué, « La Crise de l'apprentissage », p. 294 ; *Bulletin de l'Apprentissage*, organe du comité exécutif permanent du Congrès national mixte de l'industrie, du commerce et du travail, n° 9 (janvier 1910) ; M. Debolo, *L'Apprentissage à l'atelier*, p. 5-7.

53. « La majeure partie des mauvaises ouvrières que l'industrie des fleurs emploie proviennent, non de ce que leur apprentissage a été défectueux, mais bien de ce qu'elles ont abandonné leur apprentissage dans le but d'un salaire immédiat. » Bourdin, *Bulletin de la Société de protection des apprentis* (1884), p. 190.

54. P. Dufour et H. Bernard, *La Nouvelle Économie corporative d'apprentissage*, p. 15 ; *Bulletin de l'apprentissage*, (juin 1909 et mars 1910) ; Rembert, « Le problème de l'apprentissage »,

C'est la faute à l'apprenti.e

Pour ce qu'il fait et ce qu'il ne fait pas, parfois pour ce qu'il est censé être, l'apprenti.e, à son tour, est tenu responsable par maints observateurs de jouer un rôle dans la décadence de l'apprentissage. « À côté du patron rapace, brutal ou négligent [et] du père de famille avide, insouciant ou vaniteux », écrit Alexandre Legentil au lendemain de la Commune, « nous trouvons l'enfant paresseux, indocile, savant dans l'art du vagabondage, commençant sa carrière par le ruisseau pour finir par le bagne, quand la misère et l'inconduite ne le fauchent pas avant le temps ». Appréciation sévère, mais rejointe par d'autres. « L'esprit d'indépendance et d'insubordination rend l'apprenti rebelle à toute autorité ; il a hâte de s'émanciper et de se dégager au plus tôt d'une tutelle qui lui pèse », rapporte son contemporain, Eugène Tallon, véhiculant une image que l'on rencontre, à un moment ou un autre, partout en France, au Royaume-Uni, ailleurs en Europe, au Canada et aux États-Unis. Il continue : « On le voit courir la camaraderie, découcher de la maison du maître, changer d'atelier, et promener d'un quartier à l'autre son humeur instable et vagabonde. » Directeur du personnel de l'entreprise Chaix et socio-économiste pendant la Belle Époque, Gustave Berger frise l'essentialisme en laissant entendre que c'est dans « la nature » des jeunes de se rebeller et donc qu'ils ont naturellement besoin de « redressement ». Georges Picot, juriste et philanthrope, lui emboîte le pas au début du xxe siècle : « naturellement faibles », les adolescents tiennent « l'apprentissage pour une atteinte à leur liberté » ; à la fois insoumis et indolents, ils sapent l'institution qui les socialise et les forme[55].

Quasiment au même moment, un rapport de la Chambre de commerce de la capitale enfonce un dernier clou : « Ce n'est pas médire d'eux [les apprentis] que de constater que toute tutelle leur est presque insupportable, même lorsque leur avenir est en jeu ; aussi sont-ils très peu disposés à accepter un contrat dont les stipulations aliènent pour un temps leur liberté. » Il est cocasse d'entendre un

---

p. 60-64 ; « Industries du bois et de l'ameublement » (rapports de Chanut, Goumain et Levraux,), Congrès de Roubaix (1911), p. 3-7 ; P. Pierrard, *Enfants et jeunes ouvriers*, p. 74.

55. A.-F. Legentil, *De la condition des apprentis*, p. 12 ; E. Tallon, *Vie morale*, p. 171 ; É. Levasseur, *Questions ouvrières et industrielles*, p. 864 ; G. Berger, « Monographie de l'apprentissage français », p. 3-6 ; Georges Picot, « La Crise de l'apprentissage », *Bulletin de la Société de protection des apprentis* (1909), p. 236-37.

libéral fervent comme Picot reprocher au jeune son goût immodéré pour la liberté. Évidemment, chaque chose en son temps. D'autres moralistes élargissent la liste des vices constitutifs du personnage social qu'est l'apprenti : il manque de « motivation » et « d'aspiration » aussi bien que de « discipline » ; il est capricieux ; il est impoli, voire insolent ; il est malhonnête. Le cas concret de mutinerie le plus communément cité reprend un thème lancinant qui traverse toute l'histoire corporative : le départ de l'apprenti avant l'achèvement de son temps, le plus souvent pour obtenir un poste plus rémunérateur, poussé par sa famille ou de son propre chef. La Chambre syndicale de la chaussure en gros propose une solution fréquemment avancée au cours du XIXᵉ siècle, pratique courante pendant l'Ancien Régime : l'obligation de l'enfant de verser « une prime d'apprentissage », garante de sa fidélité, qui lui sera rendue en fin de parcours. Médecin et homme politique du Nord, Gustave Dron peut comprendre les « hésitations » d'un patron à l'idée « d'affronter des ennuis et des soucis de ce dressage professionnel et moral des jeunes », réfractaires à la discipline, « trop émancipés » – l'apprenti ingouvernable, vieille antienne. Sans une réciprocité active – perspective peu vraisemblable à en juger par la résiliation en cours de route « de la moitié, voire de deux tiers des contrats » –, pourquoi les patrons engageraient-ils leur responsabilité ? Suivant la logique de leurs propres présupposés, les moralistes et autres critiques sociaux ne sollicitent pas les témoignages des apprentis eux-mêmes : forcément sots et/ou doloristes, donc sans intérêt. Des bribes d'une sorte de discours indigène s'échappent de rares autobiographies ou de propos spontanément indignés et fâchés ou froidement calculés devant les prud'hommes[56].

---

56. Rapport Monduit (9 juin 1909), cité par Philippe Lacombrade, « Le Patronat parisien et l'enseignement professionnel à la Belle Époque : modèles européens et modernisation du système français (1902-1914) », dans G. Bodé et P. Marchand (dir.), *Formation professionnelle et apprentissage*, p. 218 ; *Bulletin de la Société de protection des apprentis* (1880), p. 122 et (1884), p. 342 ; J. Barberet, *Le Travail en France*, t. 5, p. 164. P. Merlet, *Les Lois sur l'apprentissage*, p. 98 ; J. Gaillard, *Paris, la ville*, p. 302, citant un délégué cantonal du IIIᵉ arrondissement (nouveau) lors d'une discussion sur l'apprentissage ; G. Dron, « L'Organisation de l'apprentissage », p. 12-13. Cf. la forte propension d'O. Gréard à absoudre les apprentis de ces accusations, non pas parce qu'ils sont irréprochables, mais parce qu'ils sont très jeunes et vulnérables, manquant des outils cognitifs et moraux pour résister. *Éducation et instruction*, p. 176-77. Chirurgien et philanthrope, le Dr Marjolin observe que « les parents sont les premiers à débaucher les enfants de l'apprentissage, sitôt qu'ils ont quelques notions d'un état manuel, afin de les faire produire ». *Bulletin de la Société de protection des apprentis* (1882), p. 13.

C'EST LA FAUTE AUX OUVRIERS

Les ouvriers n'échappent pas à une mise en cause pour leur rôle dans le parcours de décadence menant à la crise de l'apprentissage. Ex-apprentis eux-mêmes, intimement familiers avec l'expérience, côtoyant probablement tous les jours des apprentis qu'ils ne traitent pas comme des égaux, situés de manière intrinsèquement équivoque dans les relations sociales de production entre les néophytes et le patron, qui les coiffe tous, les ouvriers pèsent dans la vie quotidienne de l'atelier. On les accuse d'abord de maltraiter fréquemment les apprentis, donc de les déstabiliser et de les décourager. Comme on l'a vu, certains actes relèvent du bizutage que les anciens, dans beaucoup d'institutions, continuent de pratiquer à l'égard des nouveaux de nos jours encore – bizutage qui devient mauvais traitement si les brimades ne s'arrêtent pas au bout d'un temps raisonnable. Le geindre ou le brigadier dans un fournil qui met du savon dans le levain de la première pétrissée de l'apprenti, le garçon tonnelier dont « la malice » est de « donner à un apprenti un fût mal rogné, pour lui faire son jable », le garçon tailleur qui tend des ciseaux qui ne coupent pas, le compagnon chapelier qui mélange pour l'apprenti des produits chimiques qui compromettent la préparation des fourrures. Bien plus graves sont les brutalités, « usages barbares » et « odieux abus » dénoncés par le réformateur et moraliste belge Édouard Ducpétiaux, qui suggère également que ce sont les ouvriers qui « dépouille[nt] la robe d'innocence » de l'apprenti et la jettent loin de lui. Moult témoins rapportent que les ouvriers associent les apprentis à ce que l'on appelle communément « leurs débauches », libations et ébats. « Il serait à désirer que la loi, venant au secours des chefs d'établissement qui veulent le bien, s'interposât entre les ouvriers et les apprentis, et vînt défendre aux premiers de traiter rudement les enfants, d'en faire leurs esclaves, comme il arrive trop souvent », propose Adrien-César Egron, imprimeur qui a fait son apprentissage à Orléans pendant la Terreur[57].

57. Édouard Ducpétiaux, *De la condition physique et morale des jeunes ouvriers et des moyens de l'améliorer*, t. 1, Bruxelles, Meline, Cans et Compagnie, 1843, p. 29, 37 ; Adrien-César Egron, *Le Livre de l'ouvrier, ses devoirs envers la société, la famille et lui-même*, Paris, P. Mellier, 1844, p. 143. Ouvrier serrurier, puis député républicain, Jérôme-Pierre Gilland évoque le climat moralement délétère du lieu de travail. *Les Conteurs ouvriers, dédiés aux enfants des classes laborieuses*, Paris, chez l'auteur, 1849, p. XIII. Situé un peu plus loin de l'atelier qu'A.-C. Egron

Si la prévalence du sublimisme (évoqué par l'ancien ouvrier et entrepreneur Denis Poulot, à l'époque de la Commune), ou d'autres modes de subversion ou de perversion de la vie de l'atelier, tout comme son tableau pathologique et sa contagiosité, restent à cerner et à mesurer, la méfiance ouvrière à l'égard des apprentis – mais pas son étendue – est bien établie. Le ressentiment fondateur traduit l'ironie de leur situation, produit du système qu'ils dénoncent : les ouvriers voient l'apprentissage comme une source de concurrence qui est intrinsèquement déloyale. Ils imputent à la (re-)production de nombreux apprentis une pression permanente qui entraînerait une baisse de leurs salaires et un risque de chômage accru. Ils sont indignés par le cynisme du maître qui joue crûment les ouvriers contre les apprentis. Ils supportent mal l'opportunisme, qu'ils ont peut-être pratiqué eux-mêmes, de l'apprenti impatient qui quitte son atelier avant la fin de son temps et s'offre sur le marché « à bas prix », pénalisant les ouvriers. Leur hantise – pas totalement chimérique – est d'être remplacés par des apprentis, expérience qu'avaient déjà vécue les ouvriers paveurs à Paris en 1561 quand les maîtres, réagissant contre « le prix excessif des journées » exigé par les compagnons, les « abandonnèrent entièrement [...] & ne mirent dans leurs ateliers que des Apprentis et des Manœuvres : un seul Maître avait jusqu'à seize apprentis », malgré la limite réglementaire d'un apprenti par boutique. Trois siècles plus tard, les ouvriers déchargent leur inquiétude et leur colère sur les apprentis, non seulement en les maltraitant, mais en installant un climat glacial, sinon hostile. Anthime Corbon a bien capté le retentissement moral sur des jeunes (« le découragement, la tristesse de l'apprenti »). La même crainte de créer une compétition nuisible à leurs intérêts pousse les ouvriers à refuser de former les apprentis ou à le faire mal, portant un coup sérieux à l'apprentissage puisque, à en croire les ouvriers fondeurs de la capitale parmi bien d'autres témoins, les maîtres leur sous-traitent couramment cette tâche. Autre effet dissuasif par rapport à l'effort consenti vis-à-vis de la formation des apprentis : le développement du travail aux pièces, car le temps de l'enseignement représente une perte de salaire[58].

---

ou J.-P. Gilland, l'avocat François-Étienne Mollot suggère un peu naïvement que l'atelier fonctionne selon le donnant-donnant : l'apprenti cherche la nourriture et la boisson de l'ouvrier et ce dernier lui offre une leçon et d'autres soins. F.-É. Mollot, *Le Contrat d'apprentissage*, p. 48.

58. *Bulletin de la Société de protection des apprentis* (1908), p. 31 ; procès-verbal de la 4e assemblée des délégués, E. Tartaret (éd.), *Commission ouvrière de 1867. Recueil des*

Un nombre considérable d'ouvriers partout en France, dans la plupart des métiers, y compris ceux qui se déclarent prêts à collaborer à la réforme de l'apprentissage, même avec les chambres patronales, pendant la deuxième moitié du XIXe siècle, exigent la limitation du nombre d'apprentis par atelier ou boutique. C'est encore une thématique majeure, et arène de conflit, de l'Ancien Régime, qui demeure très vive jusqu'à la veille de la Grande Guerre. Dans la majorité des anciennes communautés, pour imposer des équilibres moraux, sociaux et commerciaux entre maîtres et pour assurer une vraie formation aux apprentis, un maître ne pouvait recevoir qu'un apprenti (un second parfois vers la fin de l'apprentissage en cours). Pendant le XIXe, tandis que certains maîtres ne prennent plus d'apprentis, l'appétit d'autres pour la multiplication des réceptions en apprentissage va croissant, signe d'une mutation ou d'une détérioration dans la relation historique et normative entre le maître et ses charges. Des ouvriers mènent un combat, d'abord fort dispersé, sorte de guérilla rhétorique, plus tard syndical et mieux coordonné, une campagne d'action collective pour endiguer la multiplication excessive de compétence et de compétition. Il s'agit concrètement de réduire dans chaque atelier le ratio d'apprentis par rapport aux ouvriers, qui a explosé dans certaines professions comme l'imprimerie, l'ameublement ou la serrurerie, ou de fixer un quota absolu, type corporatiste.

---

procès-verbaux des assemblées générales des délégués et des membres des bureaux, p. 59 ; *Exposition universelle de 1867*, t. 3, p. 21, 40-41 ; ministère du Commerce, de l'Industrie, direction du travail, *Rapport sur l'apprentissage dans l'imprimerie, 1899-1901*, p. 239-59 ; F. Dubief, « L'Apprentissage », p. 18 ; J. Broichot, *Rapport sur la réglementation de l'apprentissage* ; É. Cacheux, *État actuel du patronage*, p. 35 ; V. de Chardon, « L'Apprentissage en France de 1851 à 1919 », p. 204, 252 ; Nicolas Toussaint Lemoyne Des Essarts, *Dictionnaire universel de police*, t. 7, Paris, Moutard, 1788, p. 610 ; A. Corbon, *De l'enseignement professionnel*, p. 19-21, 28, 30-31, 34, 37 ; O. Gréard, *Des écoles d'apprentis*, p. 5-6 ; J. Fouqué, « La Crise de l'apprentissage », p. 294, 318 ; J.-H. Cagninacci, *L'Instruction ouvrière*, p. 56, 58-59 ; P. Merlet, *Les Lois sur l'apprentissage*, p. 11, 92 ; C. Berteaux, *Crise de l'apprentissage*, p. 16-17 ; *Bulletin de la Société de protection des apprentis* (1909), p. 147, 146-50, 235 (arguments « pour la reconstitution de l'apprentissage » et contre l'égoïsme, la naïveté, l'ignorance et l'obstructionnisme des ouvriers) ; J. Gaillard, *Paris, la ville*, p. 300 ; Bernard Charlot et Madeleine Figeat, *Histoire de la formation des ouvriers, 1789-1985*, Paris, Minerve, 1985, p. 123 (cf. leur argument « lutte-des-classes » est un peu forcé, p. 29, 42). Rembert, ouvrier ferblantier, rappelle que l'application à l'apprenti du travail aux pièces est terriblement nuisible à son avenir : « Au bout de 6 mois [d'apprentissage], un an au plus, le patron oblige l'enfant à travailler aux pièces. Méthode funeste, aussi déprimante pour l'enfant, à mon avis, que le tabac ou l'alcool. Car cette manière de production rend l'enfant nerveux à outrance et irascible. » « Le problème de l'apprentissage », p. 54-55. Cf. Jean-Louis Lenhof, « L'enfant et les mutations du travail industriel en France au XIXe siècle : le regard des contemporains », dans Jean-Pierre Bardet, Jean-Noël Luc, Isabelle Robin-Romero et Catherine Rollet (dir.), *Lorsque l'enfant grandit, entre dépendance et autonomie*, Paris, Presses universitaires de Paris-Sorbonne, 2003, p. 746.

À Paris, les tourneurs en bois, les tailleurs d'habits, les imprimeurs et d'autres proposent des ratios contraignants d'un apprenti pour 5 ou pour 10, voire 15 ouvriers dans l'atelier, c'est selon. L'avocat Marcel Debolo flaire un troublant parfum corporatiste dans la demande de quota ; au nom de la liberté justement, Fernand de Ribes-Christofle, un des porte-paroles de la Fédération des industriels et commerçants français, s'y oppose ; Georges Alfassa, ingénieur des mines, admet un numerus clausus, mais d'application décentralisée, imposé par des prud'hommes en réponse à des situations particulières. Entre 1885-1910, 37 des 85 grèves concernant l'apprentissage visent à limiter le nombre d'apprentis ; 11 souhaitent une réglementation globale de l'institution de l'apprentissage et de ses procédés (nombre, durée, horaire, salaire, etc.) « À bas les apprentis », scandent les ouvriers tonneliers syndiqués de Perpignan en 1902, s'en prenant à leurs rivaux-interlopes sur le marché du travail. Face à la résistance ouvrière à leurs droits et à leurs aspirations, Paul Gemähling, professeur d'économie politique, se demande, sur un ton d'ironie empathique, si les apprentis ne devraient pas former un syndicat contre les ouvriers[59].

---

59. *Statuts et règlemens pour les manufactures de draperie & sergeterie de la ville de Beauvais*, février 1667, dans *Recueil des Règlemens généraux et particuliers concernant les manufactures et fabriques du royaume*, t. 2, Paris, Imprimerie royale, 1730, p. 187 ; *Statuts, ordonnances et privilèges des maîtres serruriers de la ville de Paris*, Paris, Ballard, 1707, p. 30-31 ; *Statuts, ordonnances et Règlemens de la communauté des maîtres boursiers de Paris*, Paris, Vaugon, 1713, p. 3, 5 ; règlements des maîtres distillateurs d'eau de vie, circa 1634, cité par N. Delamare, *Traité de la police*, t. 4, Amsterdam, 1729, p. 833 ; arrêts du conseil, 30 avril, 12 mai 1731, dans *Supplément et suite au Recueil des reglemens généraux et particuliers concernant les manufactures et fabriques du royaume*, t. 2, p. 606, 608 ; *Statuts, ordonnances, privilèges et Règlemens de la communauté des vitriers-peintres*, Paris, Grou, 1752, p. 7 ; *Règlemens et Statuts des maistres tondeurs de draps*, Lyon, Delaroche, 1754, p. 6 ; *Règlement pour la jurisdiction des procez concernant les manufactures vérifié en Parlement* [*sic*], *13 août 1669*, Tours, P. Masson, 1777, p. 29, 54 ; P. Jaubert [et P. Macquer], *Dictionnaire raisonné et universel des arts et métiers*, t. 2, p. 598. (un nombre de communautés bien moins important autorise deux apprentis : sentence de police, 19 juillet 1700) ; *Privilèges accordez aux maîtres pâtissiers-oublayers de Paris*, Paris, Gonichon, 1747, p. 75 ; *Reglemens particuliers concernant la fabrique des bas et autres ouvrages de bonneterie au mestier*, s.d., circa 1720, dans *Recueil des reglemens généraux et particuliers concernant les manufactures*, t. 4, p. 3 ; *Recueil des anciennes et nouvelles* [*sic*] *statuts, lettres patentes, divers arrêts du Conseil et de la Cour du Parlement, sentences et ordonnances de police concernant l'état du corps des marchands bonnetiers de Rouen*, Rouen, Prevost, 1740, p. 23 (lettres patentes, février 1672) ; Jacques Savary des Bruslons et Philémon-Louis Savary (dir.), *Dictionnaire universel de commerce*, t. 1, Paris, Veuve Estienne, 1741, p. 935 ; *Lettres patentes du roi, portant reglements pour les manufactures des étoffes qui se fabriquent en Dauphiné*, Grenoble, A. Giroud, 1752, p. 44 ; *Dictionnaire portatif du commerce*, Paris, J.-F. Bastien, 1777, p. 204, 246, 380, 480 ; maître fabricant d'indiennes, 28 juillet 1765, Archives de la ville de Marseille, FF 373 (les ouvriers contestent ici énergiquement le manque de limite sur le nombre d'apprentis admis) ; Joel Mokyr, « The Economics of Apprenticeship », dans Maarten Prak et Patrick

Depuis toujours, les ouvriers rêvent de contrôler le recrutement des apprentis ou d'exercer un droit de regard sur leur activité. Pendant l'Ancien Régime, quand leur nombre est habituellement limité par la corporation, les maîtres leur donnent une large liberté d'encadrer leur socialisation aussi bien que leur travail. Depuis le XVIIe siècle au moins, les ouvriers papetiers de Thiers en Auvergne essaient d'imposer leurs propres fils et neveux comme apprentis, d'extorquer un paiement (pour eux, « un droit ») à l'occasion de l'intégration de chaque apprenti (qui n'appartient pas à leur famille) dans l'atelier. Ils menacent de « damner » – d'y interdire le travail – un atelier où le maître résiste ou cherche à sanctionner « des tracasseries » réservées aux novices et rançonnent parfois le patron et l'apprenti pour financer le nouvel arrivant avec « débauches et orgies ». Le ministre de l'Intérieur en 1815 réfléchit à une mesure standardisant la réglementation concernant l'apprentissage et les prétentions des ouvriers dans les fabriques de papier partout dans l'Hexagone. Au même moment, lors des luttes entre ouvriers charpentiers et calfats à la Navale à Nantes, ces derniers s'efforcent de circonscrire la future compétence des apprentis charpentiers : les constructeurs ne cessent de tenter de briser le contrôle ouvrier sur l'apprentissage. Comme en Auvergne, les compagnonnages – sociétés secrètes interdites bien avant Le Chapelier – continuent de fonctionner, un peu partout, au grand dam d'un mécanicien-serrurier-inventeur de Bordeaux qui menace de retourner à Paris si les autorités s'avèrent incapables d'effectuer une police efficace : « J'ai la douleur de voir mon atelier désert, la raison pour laquelle les ouvriers m'ont quitté est que j'en pris pour apprentif le fils d'une pauvre femme dont je veux faire gratuitement un sujet et que les compagnons du devoir [une des branches

Wallis (dir.), *Apprenticeship in Early Modern Europe*, Cambridge, Cambridge University Press, 2020, p. 36 ; F. Dubief, « L'Apprentissage », p. 14 ; J. Broichot, *Rapport sur la réglementation de l'apprentissage*, p. 2-13 ; M. Debolo, *L'Apprentissage à l'atelier*, p. 54-56 ; F. de Ribes-Christofle, *L'Apprentissage et l'enseignement professionnel*, p. 29-30 ; C. Berteaux, *La Crise de l'apprentissage*, p. 348-49 ; G. Alfassa, « La Crise de l'apprentissage », *La Réforme sociale* (décembre 1907), p. 291 ; statistiques citées par V. de Chardon, « L'Apprentissage en France de 1851 à 1919 », p. 201-11 et, par ailleurs, p. 130, 228 ; Paul Gemähling, *Travailler au rabais, la lutte syndicale contre les sous-concurrences ouvrières*, Paris, Bloud et Cie, 1910 ; É. Levasseur, *Questions ouvrières et industrielles*, p. 864. Sur la question de la limitation du nombre d'apprentis dans d'autres sociétés, voir : Patrick Wallis, « Apprenticeship in England », dans P. Wallis et M. Prak (dir.), *Apprenticeship in Early Modern Europe*, p. 251 ; Béatrice Zucca Micheletto, « A Large "Umbrella": Patterns of Apprenticeship in Eighteenth-Century Turin », dans *ibid.*, p. 91 ; Bert De Munck, Raoul De Kerf, et Annelies De Bie, « Apprenticeship in the Southern Netherlands, c. 1400-c. 1800 », dans *ibid.*, p. 238.

prééminentes du compagnonnage] entendent fournir eux-mêmes les apprentifs aux chefs d'ateliers. » En dehors de l'influence compagnonnique, des garçons boulangers du faubourg Saint-Antoine s'évertuent à exercer un véto sur le choix des apprentis par leurs maîtres dans les années 1760-1770. En 1810, le père d'un apprenti serrurier à Nantes se plaint quant à lui de l'attitude des ouvriers de la boutique qui, « n'étant point intéressés à pousser un apprentif, ne lui montrent point et, en outre, le maltraitent ». Selon l'enquête de la Chambre de commerce de Paris en 1848, « dans quelques professions, les ouvriers s'opposent très-vivement à l'introduction d'apprentis parmi eux ». Parmi les grèves de la fin du siècle provoquées par la question de l'apprentissage, certaines tentent d'obtenir, ou de ressusciter, un droit de regard sur le recrutement des apprentis (aspirant à privilégier les membres de leurs familles ou syndicats pour l'accès à la formation)[60].

De nombreux ouvriers, notamment pendant la deuxième moitié du XIXe siècle, maintiennent qu'ils contribuent non à la détérioration de l'apprentissage, mais à sa remise en état, à la résolution de sa crise. Se réunissant avec l'approbation de l'empereur pour discuter certains aspects de la question sociale (par exemple leur droit d'assemblée et d'association, leur représentation institutionnelle), des ouvriers délégués à l'Exposition universelle de 1867 abordent également la situation et l'avenir de l'apprentissage, « une des questions les plus importantes que les ouvriers aient à examiner », mais sujet qui les trouble, car ils savent que bien de leurs confrères n'ont rien fait depuis des décennies « pour que l'atelier devienne une école de bonne tenue »[61]. Sans doute mus en partie par leurs propres souvenirs

60. Georges et Hubert Bourgin (éd.), *Les patrons, les ouvriers et l'État. Le régime de l'industrie en France de 1814 à 1830*, t. 1, Paris, A. Picard, 1912, p. 9-11, 15-20 ; S. Guicheteau, « La Révolution des ouvriers nantais », p. 573 ; Jean-Louis Gaudet, pétition au préfet Delacroix, 17 floréal an XIII, AD Gironde IM 334 (aimablement communiqué par Jeff Horn) ; Samuel Guicheteau, *La Révolution des ouvriers nantais. Mutation économique, identité sociale et dynamique révolutionnaire (1740-1815)*, Rennes, Presses universitaires de Rennes, 2008, p. 127 ; *Statistique de l'industrie à Paris, résultant de l'enquête faite par la Chambre de commerce, 1847-1848*, p. 59 ; statistiques citées par V. de Chardon, « L'Apprentissage en France de 1851 à 1919 », p. 201-11 ; É. Levasseur, *Questions ouvrières et industrielles*, p. 864 ; F. de Ribes-Christofle, *L'apprentissage et l'enseignement professionnel*, p. 29-30 ; C. Berteaux, *La Crise de l'apprentissage*, p. 348-49. Une grève éclate à l'usine Christofle en 1895 pour exiger que la direction renonce à l'embauche récente d'un groupe d'apprentis.

61. Sur cette note de (quasi-)remords, voir « Intervention des délégués ouvriers », *Bulletin de la Société de protection des apprentis* (1868), p. 290-91. Concernant les ambitions (parfois radicales) et les méthodes (parfois audacieuses) des délégations ouvrières à l'exposition de 1867, voir *Rapports des délégations ouvrières* [à l'Exposition universelle de 1867], t. 1, éd. Arnould Desvernay, Paris, A. Morel, 1869, p. 7-11 ; *Commission ouvrière de 1867. Recueil*

et blessures de l'adolescence, ils dénoncent un apprentissage qui est en soi « un abus » (tourneurs en bois), d'une durée excessive (peintres en céramique, ouvriers en papiers de couleur et de fantaisie), marqué par un traitement sans aucun sentiment « paternel », fréquemment d'une « brutalité » surprenante (bourreliers), par une mauvaise nourriture (opticiens), et un manque flagrant d'enseignement sérieux « n'ouvrant nullement l'intelligence » (imprimeurs en taille douce, tourneurs en bois, bourreliers, fondeurs). Le maître prend trop d'apprentis « par pure spéculation » (opticiens, imprimeurs en taille douce). Quasiment tous se plaignent de ce que, au début, sont imposés uniquement des « corvées », du travail « servile » ou « domestique », et qu'à la fin, les apprentis sortent sans être des « ouvriers complets » (peintres en céramiques), avec la pénible conscience d'être « incapables » (imprimeurs en taille douce)[62]. Quelle tristesse et quel scandale, remarquent les tourneurs en chaise, de voir des ex-apprentis mutilés, cantonnés à des petits segments du répertoire professionnel, qui, « ne sachant pas assez travailler, ne font que végéter d'atelier en

des procès-verbaux des assemblées générales des délégués et des membres des bureaux, p. 10 ; Henry Fougère, *Les Délégations ouvrières aux expositions universelles sous le second empire*, Montluçon, A. Herbier, 1905, p. 171-73, 185-203, 207 ; Michel Cordillot, « La Commission ouvrière de 1867 », *Cahiers d'histoire* [de l'Institut de recherches marxistes], n° 37 (1989), p. 49-54 ; Claudine Boulifard, « Associationnisme ouvrier et coopératif : les associations ouvrières de production et les Expositions universelles sous le second Empire », *Revue de l'économie sociale*, n° 19 (1990), p. 51-70 ; Antoine Savoye, « 1867, réformateurs sociaux et représentants ouvriers face à face », *Revue de l'économie sociale*, n° 19 (1990), p. 710-96 ; Édouard Vasseur, « Pourquoi organiser des expositions universelles ? Le "succès" de l'Exposition universelle de 1867 », *Histoire, économie et société*, 24e année (octobre-décembre 2005), p. 572-94 ; Simon Vacheron, « L'Exposition universelle de 1867 et la question ouvrière », mémoire de master 2, Université de Paris-Sorbonne (Paris 4), 2010-11 ; Philippe Alexandre, « Les défis de la modernité industrielle. Les délégués ouvriers et agricoles de Lorraine aux expositions universelles (1878-1900) », dans Anne-Laure Carré, Marie-Sophie Corey, Christine Demeulenaere-Dougère et Liliane Hilaire-Pérez (dir.), *Les Expositions universelles en France au XIXe siècle*, Paris, CNRS éditions, 2012, p. 317-29 ; Antoine Picon, « Expositions universelles, doctrines sociales et utopies », dans *ibid.*, p. 40-42 ; Liliane Hilaire-Pérez, « Les identités à l'épreuve de la modernité dans les Expositions universelles aux XIXe et XXe siècles », dans Christine Demeulenaere-Dougère et Liliane Hilaire-Pérez (dir.), *Les Expositions universelles : les identités au défi de la modernité*, Rennes, Presses universitaires de Rennes, 2014, p. 7-25.

62. L'enquête du Conseil supérieur du travail en 1902 demande à divers acteurs : « Le temps consacré à l'apprentissage est-il généralement employé à faire exécuter à l'apprenti des travaux nécessaires pour l'enseignement complet du métier ? Ou bien l'emploie-t-on souvent à des besognes spéciales ou sans grande utilité pour lui, telles que courses, etc. ? » Les Chambres de commerce et les syndicats patronaux déclarent le plus souvent que l'apprenti est mis sur des travaux édifiants. Cependant, 20 % des Chambres et 36 % des syndicats patronaux sont d'un avis contraire ; et trois quarts des syndicats ouvriers affirment que l'enfant est fréquemment affecté à des tâches éloignées de son instruction. Cité par C. Berteaux, *La Crise de l'apprentissage*, p. 90-91.

atelier » ! Trouvant leur avantage dans « la misère » des parents, les patrons les induisent en erreur, car en ne faisant pas de l'apprenti « un bon ouvrier », « un ouvrier libre » suffisamment robuste pour gagner sa vie, ils ne remplissent pas leur « devoir » à l'égard de la famille (fondeurs, peintres en céramique, tourneurs en bois). Ce ne sont pas les ouvriers, mais les maîtres, qui fabriquent un « danger social » en ruinant l'apprentissage[63].

Au-delà de l'énumération des doléances, acte cathartique, beaucoup d'ouvriers souhaitent mettre fin juridiquement et pratiquement aux mensonges et à l'exploitation abusive dont pâtissent les apprentis, en organisant une « surveillance » efficace par une commission composée de membres des chambres syndicales et des conseils de prud'hommes, une « commission paritaire » dite « un patronage ». Sans un vrai encadrement, tous les ouvriers sont d'accord, il ne sera pas possible de refonder l'apprentissage sur des bases saines et solides. Les tourneurs en bois et en chaises et les peintres sur porcelaine placent beaucoup d'espoir dans un contrat attentivement rédigé dont les clauses seront réellement appliquées – cette « bonne exécution » vainement promise par la loi de 1851. Plusieurs délégations demandent que les patrons soient obligés, sous contrôle, d'accorder du temps scolaire à des apprentis ne sachant pas lire. Parmi d'autres, les tailleurs d'habits plaident pour l'introduction de cours du soir deux fois par semaine pour des apprentis avancés, traitant à la fois le pratique et le théorique, sous la houlette de professeurs choisis par les ouvriers, garants naturels de la rigueur. Dans la même veine, dans les années 1870 et 1880, les ouvriers bronziers, rejoints par des cimentiers, des charpentiers et d'autres chambres syndicales parisiennes, souhaitent une refonte plus approfondie des pratiques de formation, pour mettre fin à la dépossession du métier effectuée par tant de patrons qui n'enseignent que

---

63. *Rapports des délégations ouvrières* [de 1867], éd. A. Desvernay, t. 2, p. 5 et 3, p. 6-8, 21, 29-30, 40-41. À la fin du XIXe siècle, des ouvriers réclament encore l'interdiction de la pratique d'affecter des apprentis à des travaux domestiques. Ministère du Commerce, de l'industrie, Direction du travail, *Rapport sur l'apprentissage dans l'imprimerie, 1899-1901*, p. 239-59. Cf. le commentaire sur l'expérience concrète de l'apprentissage tronqué et l'avenir de la classe ouvrière (et l'affection pour des métaphores de pathologie) : « Or, ces spécialistes [les apprentis sortant sans "un vrai métier"], ignorant les ressources complètes de leur métier, sont la lèpre de l'industrie. Incapables de comprendre les bienfaits de la solidarité par l'association, ils sont, malgré eux, le plus grand obstacle à l'émancipation des travailleurs. » Rabougrissement professionnel débouche sur rabougrissement politique. Eugène Tartaret (éd.), [*Exposition universelle de 1867.*] *Commission ouvrière de 1867. Deuxième recueil des procès-verbaux des assemblées générales des délégués et des membres des bureau*, Paris, Lefèbvre, 1869, p. 208. Voir aussi H. Fougère, *Les Délégations ouvrières aux expositions universelles,* notamment p. 122-23.

des compétences parcellaires et dont trois quarts des apprentis sortant « ne savent presque rien ». Enfin, il y a un désir général et vague de transformer l'acquit – le brevet de départ de chaque apprenti ayant achevé son temps – en une sorte de certification de capacité, levier sur le marché du travail et signe de fierté de l'adolescent.e[64].

DU CAPITALISME (HEAVY) À LA RÉGULATION (LITE)

Sans prescrire excessivement – la crainte d'enfreindre la liberté demeure très aiguë, et pas seulement du côté patronal –, les aggiornamentistes veulent peser sur l'expérience d'apprentissage elle-même. Flétrie par Anthime Corbon, puis Octave Gréard et ensuite Eugène Tallon, la pratique de l'extrême division du travail dans la prétendue formation de l'apprenti.e est largement considérée comme une supercherie, une trahison d'éthos et peut-être du contrat, un abus qui déforme totalement le système de transmission. Cette spécialisation étroite et intense continue d'être fustigée tant par les ouvriers que par les moralistes et les pragmatistes. Dans un premier temps, ces derniers misent sur la pression de l'opinion éclairée (y compris patronale), sur le poids de la honte, sur une prise de conscience des parents dans la rédaction du contrat, sur l'intervention des patronages, et même sur un sursaut d'indignation des prud'hommes, réputés pourtant guindés. Après l'échec total de cette campagne contre la « spécification », aisément assimilée au « progrès » ou classée comme dommage collatéral, quelques partisans hardis du renouvellement évoquent l'idée peu orthodoxe de faire interdire cette pratique qui frappe au cœur même de l'institution. Déplorant le massacre des enfants par cette voie de nivellement par le bas, le *Bulletin de l'apprentissage*, par exemple, somme les Chambres de commerce, des chambres syndicales, des commissions régionales « de veiller et d'établir un contrôle sévère et efficace », sans préciser sur quelles bases, par quels biais, ou demande

64. *Rapports des délégations ouvrières* [à l'Exposition universelle de 1867], t. 3, p. 7-8, 19-20, 22, 29-30, 40-41 ; *Commission ouvrière de 1867. Deuxième recueil des procès-verbaux*, p. 177 ; divers groupes d'ouvriers cités par le *Bulletin de la Société de protection des apprentis* (1884), p. 377-79 et J. Barberet, *Le Travail en France*, t. 2, p. 163, 384. J. Simon fait l'éloge des ouvriers mécaniciens en précision et mécaniciens en voitures qui ont fondé une école d'apprentissage. *Bulletin de la Société de protection des apprentis* (1884), p. 250-51. Georges Duveau évoque rapidement l'idée soulevée dans ces discussions de se passer de la tutelle, irrésolue au mieux, des patrons en créant une société coopérative de l'apprentissage et de l'enseignement professionnel. *La Pensée ouvrière sur l'éducation pendant la Seconde République et le Second Empire*, Paris, Domat-Montchrestien, 1948, p. 250.

« des mesures » aux législateurs sans fournir de raisonnement politique ou juridique pour mobiliser le parlement ou les ministres[65].

Si le capitalisme, figuré par la division du travail, confondu avec le libéralisme, c'est-à-dire l'antirégulation, est tenu pour partiellement responsable de la crise de l'apprentissage, beaucoup d'observateurs mettent plutôt en cause les graves erreurs et défauts de la grande mesure politique concernant l'apprentissage au XIXe siècle, la loi du 22 février 1851, censée le réguler – loi déjà analysée dans le chapitre précédent, mais tout aussi cruciale pour la question qui nous occupe ici. D'un côté se dresse Fernand de Ribes-Christofle, industriel libéral, ferme sans être rigide, qui déclare que la décadence de l'apprentissage résulte fatalement des changements économiques inaugurant « la vie industrielle moderne », alors que l'avocat Paul Merlet situe « le point de départ » de la crise dans la loi de 1851. Au moment de son passage, arrachée au forceps et au prix de maintes concessions à un milieu où le libéralisme pèse lourd, cette loi est louée par ses champions comme une mesure indispensable, solide et historique, après un demi-siècle de silence politique sur le sujet. Louis Million, juriste qui y consacre un épais commentaire dix-huit ans plus tard, prétend que « la loi a déterminé avec soin les rapports des maîtres et des apprentis, en tenant compte des intérêts d'ordres différents qu'elle avait à sauvegarder », affirmation hyperbolique et éloignée de la réalité (l'auteur lui-même concède que la plupart des chefs d'ateliers acceptent des apprentis sans jamais s'inquiéter des dispositions de la loi sur l'apprentissage). Si la loi donne bonne conscience aux gardiens de l'oriflamme pendant un certain temps, assez rapidement d'autres commentateurs la mettent en cause comme molle et floue, voire opaque, suscitant des interprétations trompeuses et/ou antagoniques.

Dans les années 1860, Maurice Maignen, du mouvement ouvrier catholique, réclame un simple toilettage qui donne une loi de 1851 « ressuscitée et confirmée », tandis qu'un des responsables de l'enquête sur l'enseignement professionnel demande à haute voix s'il ne faut pas « réviser » la loi pour la rendre plus « efficace ». À l'aube du XXe siècle, le juriste Charles Berteaux formule une analyse pénétrante que d'autres avaient à peine esquissée : la loi de 1851 pâtit d'un manque d'ambition dans sa conception même. C'est une simple loi de police au lieu d'être une loi organique et constitutive de l'apprentissage. Professeur d'enseignement technique et homme politique, Pierre

65. *Bulletin de l'apprentissage* (mars 1910 et juin 1911).

Brizon lui fait écho : « Ce que les hommes d'esprit moderne auraient dû voter, ce n'est pas une loi sur le contrat, mais une organisation de l'apprentissage : surveillance, certificat, écoles techniques, etc. » Comme il est trop tard pour insuffler cette grande respiration, de nombreux critiques imaginent des démarches de refonte, grandes et petites, conduisant à une renaissance de l'apprentissage[66].

Une doléance largement partagée déplore le manque de protection que la loi offre aux apprenti.e.s. : l'obligation d'accorder deux heures par jour à l'enfant n'ayant pas achevé sa scolarité ordinaire devient fâcheusement « facultative » chez bien des maîtres, recul par rapport à la loi de 1841 prescrivant des règles fermes pour les enfants dans de grands ateliers ou usines ; il n'y a aucune supervision ou contrôle, pour assurer à l'apprenti.e une bonne instruction professionnelle, au-delà d'un vaporeux principe annonçant ce devoir ; la loi a négligé de « garantir l'instruction morale » aussi bien qu'intellectuelle ; il n'y a quasiment aucun critère pour sélectionner les artisans qui souhaitent devenir maîtres d'apprentissage ; la prérogative du offre consistant à déléguer à une autre personne le soin d'instruire l'apprenti.e ou à engager de nombreux apprenti.e.s n'est ni discutée ni réglée dans la loi de 1851 ; elle ne préconise aucun moyen pour reconnaître l'acquisition de savoir-faire de l'apprenti.e en fin de parcours ; elle ne prévoit pas de mécanisme pour le paiement de l'apprentissage[67].

La loi dégage un parfum de paternalisme, mais ne définit pas clairement les obligations réciproques du patron-père (ou du

66. P. Merlet, *Les Lois sur l'apprentissage*, p. 57-58 ; F. de Ribes-Christofle, *L'Apprentissage et l'enseignement professionnel*, p. 14, 18-19 ; Louis Million, *Le Contrat d'apprentissage : commentaire de la loi du 22 février 1851*, Paris, A. Hennuyer, 1881, p. III ; « Résumé de l'enquête sur l'enseignement professionnel par la sous-commission » (Morin), dans *Enquête sur l'enseignement professionnel*, t. 2, p. 795 ; *ibid.*, t. 1, p. 178 ; C. Berteaux, *La Crise de l'apprentissage*, p. 63 ; P. Brizon, *L'Apprentissage hier-aujourd'hui-demain*, p. 72. À la veille de la Première Guerre mondiale, P. Astier et I. Cuminal rejoignent le noyau de la critique de F. de Ribes-Christofle, en l'exagérant considérablement dans leur version : la loi de 1851 « portait en elle un germe de caducité, car l'apprentissage familial prévu par cette loi était dès lors presque irréalisable ». *L'Enseignement technique, industriel et commercial*, p. 402.

67. J.-H. Cagninacci, *L'Instruction professionnelle de l'ouvrier*, p. 16-17, 62-63 ; F. Dubief, *L'Apprentissage et l'enseignement technique*, p. 10 ; Jean de Lacoste Lareymondie, *Le Contrat d'apprentissage. Étude de la législation française*, Niort, G. Glouzot, 1906, p. 115-19 ; P. Merlet, *Les Lois sur l'apprentissage*, p. 59, 69-71, 73-74 ; J. Hayem et J. Périn, *Traité du contrat d'apprentissage*, p. 135, 242-45 ; *Enquête sur l'enseignement professionnel*, p. 141, 82, 172, 237, 392 ; C. Berteaux, *La Crise de l'apprentissage*, p. 197-208 ; F. de Ribes-Christofle, *L'Apprentissage et l'enseignement professionnel*, p. 26-28 ; L. André et L. Guibourg, *Le Code ouvrier*, p. 64. Cf. J. Simon : « Ce n'est pas parce qu'un enfant devient apprenti qu'il a besoin d'être ménagé et d'apprendre à lire », écrit Jules Simon, « c'est parce qu'il est un enfant et parce qu'il sera un homme ». « L'Apprentissage des jeunes ouvriers », p. 727-29.

patron-instituteur) et celles de l'apprenti.e-fils/fille (domestique ou élève) à l'égard du maître (« l'insubordination » et le départ illicite inquiétant tout particulièrement le patron). Le refus d'imposer un âge minimal d'entrée est dénoncé comme un reniement de la responsabilité paternelle de l'État. Jules Simon n'est pas le seul à trouver choquant qu'un enfant puisse entrer dans un atelier dit familial ou traditionnel avant huit ans (où il lui arrive de travailler douze heures), tandis que dans « la grande industrie » il lui est interdit de travailler avant huit ans ou plus de huit heures par jour jusqu'à l'âge de douze ans. Loin de respecter la liberté des familles, le laxisme législatif permet aux patrons « spéculateurs » d'abjurer leur rôle de « second père » et d'exploiter pendant de longues heures tous les jours « ces malheureux chétifs esclaves », sous « le titre menteur d'apprentis »[68].

Si une grande partie de ces reproches relève, selon les critiques, des décisions politiques de ne pas traiter ces questions dans la législation, la loi n'est pas dépourvue d'éléments positifs ou prometteurs. Mais elle est « inexécutée », selon Eugène Tallon, glosant vingt ans après sa promulgation, une appréciation très répandue : « L'intervention des commissaires de police est tombée en désuétude ; la juridiction des prud'hommes est considérée comme trop restreinte dans son état actuel, et insuffisante dans son action. » Son impact est « presque illusoire », note Octave Gréard, « car la loi manque de sanctions », et en ce qui concerne celles qui existent, « on s'entend pour les violer »[69].

---

68. P. Merlet, *Les Lois sur l'apprentissage*, p. 60-64 ; C. Berteaux, *La Crise de l'apprentissage*, p. 184 ; J. Simon, « L'Apprentissage des jeunes ouvriers », p. 720, 738 ; J. Hayem et J. Périn, *Traité du contrat d'apprentissage*, p. 117-18 ; Isabelle Bertaux-Wiame, « Transformations et permanence de l'artisanat boulanger en France », t. 2 : « L'apprentissage en boulangerie dans les années '20 et '30 », tapuscrit, Paris, CORDES, 1978, p. 12-13. Cf. les remarques de Daniel Bertaux et Isabelle Bertaux-Wiame sur « l'autorité que le maître d'apprentissage [xxe siècle] retire [...] de la loi elle-même » et la « surexploitation » qu'elle engendre, facilitée par une rhétorique paternaliste : la loi considère que le maître doit se comporter comme un père vis-à-vis de l'apprenti. « Voila une heureuse formule – mais un père n'a-t-il pas vis-à-vis de ses enfants presque tous les droits ? En fait, l'apprenti a un statut d'enfant (ses parents continuent à toucher les allocations familiales) ; mais l'autorité parentale passe de son père à son maître d'apprentissage, chez qui il va habiter pendant trois ans. *Padre padrone* : aux rapports d'autorité patron/ouvrier, maître/apprenti, se superpose le rapport père/fils, qui se situe quant à lui au-dessus des lois. » D. Bertaux et I. Bertaux-Wiame, « Une enquête sur la boulangerie artisanale par l'approche biographique », Paris, CORDES, 1980, p. 146. Même si la loi de 1851 a été rédigée dans la peur d'évoquer des souvenirs corporatistes honnis par le surmoi libéral qui pèse sur le parlement, ses auteurs, curieusement, ne semblent pas craindre que l'orchestration paternaliste risque de faire penser aux communautés d'arts et métiers de l'Ancien Régime. Cette thématique est très peu traitée dans la littérature ; voir la timide allusion dans J.-P. Guinot, *Formation professionnelle*, p. 118

69. E. Tallon, *Vie morale*, p. 33, 165 ; O. Gréard, *Des écoles d'apprentis*, p. 10 ; A. Keufer, *L'Apprentissage dans l'industrie du livre*, p. 3 ; P.-S.-A. Cochin, « Paris, sa population,

Sans application, la loi de 1851 ne peut pas assurer « la surveillance de l'apprentissage » – la formule devient une rengaine – sans laquelle la mesure est incapable de contribuer à enrayer la détérioration de cette institution de socialisation et de formation. Le rêve d'une surveillance poussée – par exemple, l'inspection de la vie de l'atelier – débouche parfois sur des fantasmes bien intentionnés mais peu réalistes, tel le projet des ouvriers du bâtiment parisiens au début du XXe siècle de faire fermer des « ateliers frauduleux » pratiquant une « spécialisation intensive » sous « le couvert d'un apprentissage problématique ». Pour beaucoup d'exégètes, à l'instar du juriste Marcel Debolo, « la réforme capitale » concernant la gestion de l'apprentissage est la surveillance, défi cardinal jamais franchement pris en compte par les auteurs de la loi de 1851.

Face au prestige croissant des conseils des prud'hommes et à leur manifeste succès, notamment à Lyon où ils ont su prendre des initiatives d'inspection, admirées par les uns, réprouvées par les autres, l'idée de leur confier la supervision de l'apprentissage revient fréquemment. L'objection récurrente est que les prud'hommes ne peuvent servir à la fois comme instructeurs et juges, que leur fonction est de concilier, puis juger, pas de lancer des enquêtes ou de prendre en charge la répression. Particulièrement contestée est la notion des « visites » dans les ateliers – déjà entreprises sur plaintes particulières –, car les patrons n'accepteraient pas que d'autres patrons et des ouvriers fassent « intrusion » et découvrent leurs « secrets ». Au lieu de raviver l'apprentissage, la légitimation d'une autorité « inquisitoriale » inciterait des maîtres à abandonner la formation d'apprentis. Cependant, même certains libéraux admettent que l'on a besoin « d'un agent d'exécution ». Parmi les suggestions se trouvent des comités de patronages, des conseils de travail locaux, et/ou des commissions mixtes, syndicales ou semi-publiques. Des bijoutiers parisiens, à travers une commission syndicale mixte, intermédiaire entre parents et patrons, « arbitre[nt] » si nécessaire, proposent une surveillance du début jusqu'à la fin de l'apprentissage, garantissant la transmission de « l'ensemble de leur métier ». Le projet le plus robuste envisage un service d'inspecteurs, des agents salariés, indépendants, sans liens locaux, mais placés dans une structure décentralisée, mandatés pour faire des

son industrie », p. 82 ; C. Berteaux, *La Crise de l'apprentissage*, p. 166, 197-216, 318-28 ; J.-P. Guinot, *Formation professionnelle*, p. 121-22 ; P. Merlet, *Les Lois sur l'apprentissage*, p. 64 ; P. Astier et I. Cuminal, *L'Enseignement technique, industriel et commercial*, p. 10-12, 14, 17.

visites et sanctionner, directement ou indirectement par des contraventions. Généralement approuvé, le concept d'une agence d'inspection sur le lieu de travail trouble néanmoins des libéraux convaincus tels le juriste Merlet, qui craint de « faire revivre, sous une forme un peu détournée, les règlements des anciennes corporations »[70].

Pour de nombreux commentateurs, la surveillance est cruciale, mais ce qui prime – notamment dans le sillage de l'échec cuisant de la loi de 1851 à assurer cette tâche – est en fait plutôt « l'exécution des contrats ». Sans un système d'inspection, soit par des prud'hommes salariés, avec une implantation élargie, soit par un corps d'inspecteurs dédiés, avertit Jules Simon, le contrat ne sera « qu'une lettre morte »[71]. Pour bien des contemporains – non seulement les libéraux –, la loi de 1851 est connue comme « la loi sur le contrat », ce dernier étant le mécanisme qui définit et structure l'institution et la pratique de l'apprentissage. Le contrat est une des grandes continuités qui traversent des siècles de l'histoire française : décisif pour réaliser toutes sortes d'échanges, gérer loyalement les intérêts et garantir juridiquement les droits et devoirs engagés, il porte une tradition qui se modernise constamment. Cheville ouvrière du système corporatif, où le passage par une convention écrite était obligatoire, le contrat, dont la mission est renforcée par le Code civil, semble l'instrument non moins idoine pour réguler l'apprentissage dans un monde ardemment libéral et agressivement moderne. Des critiques, depuis la Restauration, alertent sur les risques d'un laisser-faire juridique, d'une pénurie de conseils pour guider les parents, d'un décentrage du contrat écrit,

70. C. Berteaux, *La Crise de l'apprentissage*, p. 337-38, 340-42 ; E. Tallon, *Vie morale*, p. 174-78 ; J. Simon, « L'Apprentissage des jeunes ouvriers », p. 739-40 ; O. Gréard, *Éducation et instruction*, p. 183 ; le président de l'Union mutuelle des compagnons du bâtiment, *Bulletin de la Société de protection des apprentis* (1912), p. 181 ; M. Debolo, *L'Apprentissage à l'atelier*, p. 171-72, 178, 258 ; F. Dubief, « L'Apprentissage », p. 14 ; Rembert, « Le problème de l'apprentissage », p. 60-61 ; les bronziers cités par J. Barberet, *Le Travail en France*, t. 2, p. 162-64 ; G. Alfassa, « La Crise de l'apprentissage », *La Réforme sociale* (9 décembre 1907), p. 287-88 ; F. de Ribes-Christofle, *L'Apprentissage et l'enseignement professionnel en France*, p. 23-25 ; P. Merlet, *Les Lois sur l'apprentissage*, p. 62-63 ; L. Montazel, « La Résolution judiciaire des conflits en matière de contrat d'apprentissage », p. 282.

71. J. Simon, « L'Apprentissage des jeunes ouvriers », p. 740. Presque un demi-siècle plus tard, le *Bulletin de l'apprentissage* (juin 1911) observe que, si l'on arrive à introduire un « pré-apprentissage sérieux » et à élargir le recrutement, « le vieux contrat d'apprentissage, si délaissé actuellement et pour cause, renaîtra de lui-même. Il renaîtra parce que nous aurons dressé des enfants capables de faire honneur à l'atelier, et qu'entre les parties contractantes, il n'y aura ni surprise, ni duperie, ni incompatibilité ». Honnie à souhait, la loi de 1851 a eu un talent exceptionnel pour rester dans le débat. Au Congrès national de l'apprentissage de 1911, elle est encore évoquée. *Bulletin de la Société de protection des apprentis* (1912), p. 383.

et d'une dévalorisation générale du contrat d'apprentissage, tant verbal qu'écrit. Face aux freins politiques – une répugnance à l'idée de réglementer l'apprentissage –, l'idée se répand qu'une réhabilitation du contrat pourrait peut-être faire l'affaire, que chaque famille bien informée pourrait accomplir individuellement ce que la société refuse d'entreprendre collectivement, en injectant une dose de police – de régulation et de responsabilité – dans le contrat. De nombreux partisans du projet qui devient finalement la loi de 1851 le conçoivent essentiellement comme une remise en forme et à la mode du contrat. Si, à partir des année 1860, certains réformateurs n'hésitent pas à déclarer la loi de 1851 « un échec total », c'est souvent en raison de l'échec de la tentative de faire du contrat une convention écrite et obligatoire.

Au cours de la deuxième moitié du XIXe siècle, la pratique du contrat écrit continue de s'éroder. Même la convention verbale s'étiole, si cet arrangement implique non seulement une poignée de main scellant un accord sur les heures et la rémunération, mais une discussion des conditions, des droits et des devoirs. En juin 1853, le gouvernement envoie une circulaire aux préfets leur demandant une appréciation sur l'impact de la législation de 1851. Leur réponse quasi unanime : la loi n'exerce aucune influence sur le recours à des contrats écrits d'apprentissage. Un décret du 17 décembre 1868 nomme une commission spéciale pour s'occuper de toutes les questions concernant l'apprentissage ; elle n'a jamais fonctionné. Après un long silence pendant les années 1870, les préfets relancent, avec une vigueur fort inégale, leurs enquêtes sur les contrats qui s'avèrent massivement verbaux, quand ils existent, et qui ne semblent pas fomenter de contestation particulière. Un échantillon de 12 départements montre que les contrats écrits représentent à peine 15 % du total à la fois en 1879 (419 sur 3 271) et 1888 (363 sur 2 249)[72].

Il y a quelques indications, par ailleurs, d'une remise en question du statut sacro-saint du contrat écrit. Certaines voix au sein de la très bourgeoise Société de protection des apprentis osent affirmer que, tout en gênant le patron, il ne garantit pas les droits et devoirs des uns et des autres ; d'autres, libéraux zélés, détestent tout ce qui relève de « l'obligation », entorse à la liberté, et considèrent le contrat comme

72. *Bulletin de l'apprentissage* (mars 1910) ; J.-P. Guinot, *Formation professionnelle*, p. 125 ; p. 43-48, 308 ; E. O. Lami (dir.), *Dictionnaire encyclopédique et biographique de l'industrie et des arts industriels*, p. 191.

symptomatique de « l'excès de formalités » qui entravent l'activité économique. Encensé comme la seule manière de sauver l'apprentissage, le contrat écrit, aux yeux d'une minorité de plus en plus vive, sert plutôt à saper l'institution chancelante. Quelques chambres syndicales patronales dans les années 1880 soutiennent ouvertement le contrat verbal comme instrument flexible et (donc) moderne. Le débat éclate au Congrès national de l'apprentissage de 1911. Si « un très grand nombre de nos collègues », selon le rapporteur, demande « la remise en vigueur du contrat [écrit] d'apprentissage », certains le trouvent « inutile et nuisible » (industries de textiles), d'autres « inopérant » ou peu pertinent (grosse métallurgie et mines). Même parmi les partisans du contrat, son caractère écrit n'est plus un article de foi. L'idée encore balbutiante émerge que ce qui compte est l'accord sur « les obligations réciproques imposées aux chefs d'entreprise et aux apprentis », esquissant un « contrat moral » qui prime sur toute formalité[73].

*

La rhétorique d'une « crise de l'apprentissage » s'installe très tôt et plane sur le long XIXe siècle. Elle est le cadre du débat sur cette vieille pratique de formation et de socialisation. Phénomène plurivoque, cette crise est nourrie par des appréciations fort disparates sur l'apprentissage : son passé et son héritage ; sa définition et sa morphologie ; son recrutement et ses pratiques actuelles ; son rôle dans le développement de l'économie française et sa compétitivité internationale ; son influence sur le bien-être moral et matériel d'une partie importante des enfants et des jeunes. Face aux mutations profondes qui transforment le paysage technologique, l'apprentissage est-il devenu ringard et obsolète ? La crise est-elle fondamentalement politique, sociale et culturelle plutôt qu'économique ? Pour les adversaires de l'apprentissage, cette crise – épreuve réelle, mesurable – est le signe bienvenu et irréfragable d'un système qui a fait son temps, pourri par le corporatisme, dépassé par le « progrès ». Pour ses partisans, dont le soutien

73. *Bulletin de la Société de protection des apprentis* (1880), p. 123 et (1884), p. 66-68, 73-74, 84 ; J. Barberet, *Le Travail en France*, t. 1, p. 186 ; Rapports sur le Congrès de 1911 à Roubaix, *Bulletin de la Société de protection des apprentis* (1912), p. 322-23, 387. Voir le modèle néo-corporatif, reprenant concrètement des pratiques d'engagement de l'Ancien Régime, notamment des contrats d'apprentissage rédigés sous l'égide des chambres syndicales patronales et ouvrières, et signés par au moins un représentant de chacune. J. Barberet, *Le Travail en France*, t. 1, p. 187.

d'ensemble n'exclut pas le regard critique, la crise met en relief objectivement, d'un point de vue pragmatique, les faiblesses et les vices d'un mécanisme toujours utile, voire nécessaire et, d'un point de vue apocalyptique, les affres et l'agonie d'une grande et belle institution de nature atemporelle et de vocation « service public » qui a pâti de la mauvaise volonté, de la négligence et du sabotage permanent, minée autant par le libéralisme que par la révolution industrielle.

Si quasiment tous les commentateurs fixent l'origine de la décadence de l'apprentissage au moment de la fin des corporations en 1791 (ignorant que certains réformateurs-éducateurs de la fin de l'Ancien Régime relèvent des symptômes de cette détérioration bien avant la Révolution), ils ne sont en fait pas du tout d'accord sur la définition même de l'apprentissage – statut et activité –, dispute qui dure jusqu'au XXe siècle. Il est moribond sinon mort, il persiste, mais de plus en plus sur un champ segmenté, habité par des niches d'élites et des zones bien plus nombreuses de soi-disant apprenti.e.s peu formé.e.s, au mieux capables de faire plusieurs tâches et ainsi de gagner leur vie, au pire des « enfants de peine » destinés à devenir des « hommes de peine », déclassés d'emblée, voués à la précarité permanente. L'éclosion du « machinisme » et de l'intensification de la division du travail est identifiée comme une des causes structurelles de la détérioration de l'apprentissage. C'est la vingtaine d'étapes pour la fabrication d'une épingle, qu'Eugène Buret reprend d'Adam Smith, l'hyperspécialisation (travailler « divisionnairement » ou par « la spécification »), l'extrême parcellisation et la routinisation abrutissante qui privent les enfants/jeunes de la « possession du métier entier ». Cette « grande perdition » de la formation sérieuse et honnête incite plusieurs observateurs à rapprocher cet apprentissage corrompu de l'esclavage. Vue de cet angle, la « crise » paraît réelle et inquiétante, profondément enracinée dans la lutte pour définir et renouveler certaines institutions et pratiques fondamentales de la vie sociale et économique de tous les jours et démarquer le périmètre légitime de l'intervention de l'État

Au-delà de la transformation technologique, les critiques hésitent entre deux acteurs nocifs, ou partagent la responsabilité entre les deux, les parents et les maîtres. Ces derniers sont fréquemment des prédateurs (« spéculateurs »), indifférents à leurs devoirs contractuels et paternels. Ils sont accusés de saboter l'institution de l'apprentissage en la détournant de ses objectifs louables (transmission morale et technique, réciprocité, socialisation) en faveur de l'exploitation optimisée (brutalisation cynique, sous-traitance de la formation, abandon de toute surveillance, éloignement de l'apprenti à l'égard du métier). Aux yeux de leurs plus sévères détracteurs, les parents sont aussi cupides que les patrons et souvent de mèche avec eux pour maximiser les profits des deux côtés. Myopes, concentrés sur le rendement immédiat, ils sacrifient l'opportunité pour leurs enfants de posséder un métier et de se forger une vraie autonomie. Tout comme certaines voix formulent des circonstances atténuantes pour les maîtres (ils sont plus exposés que leurs propres apprentis qui les lâchent quasiment en masse…), d'autres rappellent pourtant que la misère plus que l'avidité rend compte de la conduite des parents, sans ressources et souvent au désespoir.

Le salaire symbolise la rupture entre maître et apprenti ; la marchandisation asymétrique des relations accélère la sape du modèle père-de-famille, du jeu de l'intimité-complicité, de l'investissement dans la reproduction et dans la fabrication du bon ouvrier. Dans ce sinistre tableau de la dégradation de l'apprentissage, les apprenti.e.s aussi sont mis.e.s en cause : on pointe leur nature essentialisée (paresseuse, insolente, insoumise, capricieuse) et leur propension à partager les défauts de leurs parents. Les ouvriers, en position équivoque entre maître et apprenti, ne sont eux-mêmes pas exempts de tout blâme. Craignant la concurrence éventuelle des jeunes, ils essaient de contrôler leur recrutement, de limiter leur nombre et de les mettre à contribution en les domptant (bizutage, brutalités, sabrage de l'enseignement délégué).

Pour de nombreux analystes, le manque flagrant de régulation – c'est-à-dire d'encadrement et de contrôle continu – est la cause majeure de la diminution progressive de la vitalité de l'apprentissage, de sa cohérence et de sa pertinence. Suivant cette logique, ce n'est pas la mutation industrielle qui a inexorablement coulé l'apprentissage, mais l'incapacité sociopolitique de résister au rouleau compresseur du couple capitalisme-libéralisme. Des partisans d'une renaissance de l'apprentissage, d'un tempérament politique modéré, misaient sur la loi de 1851 pour changer la donne. De multiples angles morts et déficits de précision anémient cette mesure : absence de critères pour la sélection du maître, de méthodes pour contrôler l'enseignement, le temps de travail et l'entente entre le maître et l'apprenti. Pour diverses raisons, cette législation a échoué, un échec qu'on ne saurait imputer seulement à son manque d'exécution rigoureuse : selon les soutiens les plus vifs d'un apprentissage renouvelé, la faute en revient essentiellement à ce qu'elle était bien plus une mesure de police que la loi d'organisation et d'encadrement nécessaire. Les adeptes de la loi de 1851 espèrent la réparer en partie en relançant le contrat écrit comme pivot de la campagne pour enrayer la détérioration de l'apprentissage, mais les libéraux refusent de cautionner toute pratique contraignante (convention obligatoire ou écrite, par exemple), certains privilégiant un contrat purement moral qui supprimerait toute formalité.

CHAPITRE 8
Sortir de la crise : par l'école, par l'atelier ou autrement ?

La « crise » de l'apprentissage demeure un topos robuste à travers le long XIXe siècle. Il est d'abord déploration, une sorte de lamentation analytique, scrutant les origines du déclin de l'institution, objet de regrets sauf pour des libéraux zélés louant dans son étiolement un dénouement inexorable et bénéfique. Même parmi eux, pourtant, beaucoup croient toujours à son utilité et se joignent à une palette de « réformateurs » de tout poil qui participent à un débat de plus en plus concret sur les moyens d'effectuer *aggiornamento*, adaptation, ajustement, réhabilitation, réanimation, segmentation, transformation, c'est selon. L'idée de revaloriser le travail manuel remporte beaucoup de suffrages, mais son application – l'institutionnalisation de l'initiation des enfants – suscite la discorde. Cette question conduit à une dispute plus large et fondamentale entre champions de l'école et promoteurs de l'atelier. Pour « *les écolistes* », la crise elle-même est la preuve de l'échec de l'atelier, site privilégié et historique de l'apprentissage, devenu cul-de-sac replié sur lui-même dispensant un enseignement aléatoire menant à une hyperspécialisation plutôt qu'à la possession du métier entier. Ces réformateurs veulent préserver les enfants de la corruption, tant professionnelle que morale, de l'atelier en faisant de l'école le centre de gravité de la formation et de l'espoir. Aiguillonnés par le succès de nombreuses écoles, ici et là, dans la fabrication d'élites, ils envisagent des solutions plus générales, telle la création d'écoles dites d'apprentissage, que la loi les établissant appellera écoles manuelles d'apprentissage.

Les « *atelieristes* » ripostent. « L'atelier » sait s'adapter ; au milieu d'une métamorphose sans précédent, il demeure le lieu du dynamisme.

Incarnant l'inertie, l'école est censée être trop théorique, entre les mains de professeurs sortis de l'université sans les compétences industrielles requises. L'école éloigne les enfants du monde réel du travail, est incapable de leur apprendre « le goût », les induit en erreur sur leur avenir. Cela dit, même les thuriféraires les plus enflammés de l'atelier admettent, eux aussi, la nécessité d'y incorporer une dose d'école, symboliquement à l'intérieur, mais pratiquement dehors, sous la forme de cours du soir ou « complémentaires », garantissant la primauté de l'atelier.

Comment mettre en place un système capable d'articuler école et atelier devient la question cardinale pendant le dernier tiers du siècle. Une multitude de partisans de la refondation de l'apprentissage, y compris de nombreux (néo-)corporatistes, restent hostiles à ce qu'ils appellent l'étatisme. Ils veulent limiter le rôle de l'État, tout en l'impliquant, principalement comme bailleur de fonds. Anticipant l'aveu, franc mais décourageant, du premier ministre socialiste Lionel Jospin, en 1999, que « l'État ne peut pas tout », le ministre de l'Agriculture et du Commerce rappelle en 1880 que « l'État ne peut pas faire des charpentiers ». Qui plus est, celui-ci ne doit pas non plus s'immiscer dans des affaires relevant de la décision individuelle où il risque de faire plus de mal que de bien. Certaines lois, par exemple, visant à protéger des enfants/jeunes, comme celle de 1900 sur l'horaire du travail, d'après ses critiques, ont fait terriblement de mal à l'apprentissage.

Réduire l'État à la portion congrue comporte pourtant des périls. Mettant en garde contre un nouveau Sedan, convoquant un patriotisme économique, teinté d'un brin de xénophobie, le radical assez modéré Placide Astier plaide à l'aube du XXe siècle pour « l'obligation », tout sauf tyrannique, seul moyen de garantir les intérêts vitaux de l'État et de l'industrie. Il évoque l'idée d'un apprentissage dit « raisonné », mais il s'intéresse peu, à proprement parler, à l'apprentissage, et s'oppose nettement à tout retour en arrière (pas de doctrine de père-de-famille, pas de socialisation et moralisation des enfants/jeunes). Cet homme politique féru de l'enseignement technique souhaite instituer des cours obligatoires pour des jeunes au moins jusqu'à dix-huit ans, capables de toucher un jour jusqu'à un million de personnes. Même en donnant une tonalité cocorico à l'obligation, celle-ci peine à convaincre : « La France n'est pas l'Allemagne », remarque sèchement un observateur libéral.

Tiraillé non seulement entre libéraux de plusieurs sensibilités et interventionnistes préférant éviter cette étiquette, mais aussi entre partisans farouches de la tutelle du ministère du Commerce et de l'Industrie et ceux favorisant le ministère de l'Instruction publique pour tout ce qui touche à l'enseignement professionnel (le monde du travail contre l'université), le débat ne débouche pas sur de nouvelles lois avant la Grande Guerre. Même le compromis dit du « condominium » proposant une co-tutelle entre ces frères-ennemis ne forge pas un modèle durable. Mais la discussion continue : deux congrès consacrés à l'apprentissage mobilisant des centaines, voire des milliers de participants, avant la Première Guerre mondiale, un troisième après ; une littérature militante importante ; une hostilité partagée à des remèdes généraux imposés par l'État ; et une activité intéressante et parfois innovante sur le plan local.

« REMETTRE EN HONNEUR » LE TRAVAIL MANUEL

Une des raisons non immédiatement matérielles qui éloignent les parents de l'apprentissage est le discrédit dans lequel est tombé le travail manuel (et leur « funeste préférence » pour le travail de bureau). D'où l'idée que le retour de l'apprentissage passe par la réhabilitation des métiers de la main. Si les uns regardent le dédain pour le manuel comme « un préjugé atavique » ou « antique », d'autres rappellent que ce genre de travail fleurissait naguère, pendant l'Ancien Régime, sauvegardé par le corporatisme, mis en valeur – lecture naïve ou tendancieuse – par l'encyclopédisme. Pour le « remettre en honneur », il faut montrer que l'adresse et l'imagination qu'il demande relèvent d'une double intelligence. « Dans les écoles du peuple, il faut aussi que la main travaille en même temps que la tête », plaide l'économiste Gustave Du Puynode. Le travail manuel exige des compétences cognitives et culturelles aussi bien que de la dextérité et (parfois) de la force. « Pour les esprits étroits, qui ne veulent pas voir la place immense que le travail a pris dans la société, depuis cinquante ans, et qui puisent leurs arguments dans les mœurs léguées par les siècles des corvées, d'abrutissements, où le travailleur était considéré comme une bête de somme », s'indigne Denis Poulot, ancien ouvrier et thuriféraire de la doctrine selon laquelle travail manuel, justice, progrès économique et ascension sociale vont de pair, « nous comprenons que, pour ces esprits, un homme instruit ne doive pas travailler manuellement ». Peu après, l'éminent chimiste et ancien ministre Jean-Baptiste

Dumas, également président de la Société de protection des apprentis, met en garde contre le dénigrement du travail manuel : « Ne leur [aux enfants] présentons jamais le travail manuel comme une tâche pénible et déplaisante. » Presque un demi-siècle plus tard, Placide Astier et Isidore Cuminal plaident dans le même sens, contre le long règne des « préjugés », notamment le « faux point d'honneur » qui stigmatise un métier manuel comme « une infériorité sociale ». Il faut « une propagande incessante » pour combattre « la peur irrationnelle de se noircir les mains » et pour montrer au contraire que le travail manuel est une source de « dignité » et de « joie », selon le syndicaliste socialiste Auguste Keufer ». Déjà au commencement de la Troisième République, Henri Leneveux, typographe, journaliste et homme politique, imagine la réhabilitation nécessaire du travail manuel comme un tremplin pour un plus vaste mouvement vers la démocratisation sociale. Partant du raisonnement d'Anthime Corbon, ancien apprenti tisserand et homme politique, revendiquant au nom de « l'esprit démocratique » une place centrale dans toute la population pour le travail manuel (« dédaigné, méprisé jusqu'à présent »), Leneveux y voit la possibilité de « faire naître les sentiments de confraternité entre enfants de conditions très différentes », de mettre fin à la ségrégation socioculturelle, et de résister à ceux, de part et d'autre du capital et du travail – asymétriquement « lutteurs du combat pour la vie » –, qui mènent obstinément la France vers la guerre sociale ouverte. C'est dans une logique également fougueuse, mais plus étroitement pragmatique, qu'un congrès national consacré à la renaissance de l'apprentissage à la veille de la Grande Guerre constitue comme un de ses objectifs « la Glorification du travail manuel »[1].

1. Denis Poulot, *Question sociale. Le Sublime ou le travailleur comme il est en 1870 et ce qu'il peut être*, Paris, Librairie internationale A. Lacroix, Verboeckhoven et Cie, 1870, p. 275 ; Gustave Du Puynode, *Des lois du travail et des classes ouvrières*, Paris, Joubert, 1845 (conservateur, il préférait voir « les enfants du peuple » tricoter » pendant leur loisir que de lire), p. 110-11 ; Jean-Baptiste Dumas dans le *Bulletin de la Société de protection des apprentis* (1882), p. 189 ; la profession de foi de l'école d'enseignement technique du Havre (« que le travail manuel doit faire partie intégrante d'un bon système d'éducation générale, puisqu'il contribue à développer l'activité, l'observation, la perception et l'intuition »), dans *ibid.* (1891), p. 205 ; Placide Astier et Isidore Cuminal, *L'Enseignement technique, industriel et commercial, en France et à l'étranger*, Paris, G. Roustan, 1909, p. 49-50 (cf. leur évocation-analogie recherchée de l'affirmation de Colbert que « le commerce maritime ne dérogeait pas à la noblesse », à la fois peu pertinente et fort révélatrice de leur désir de changer les attitudes à l'égard du travail – croisade multiséculaire) ; A. Keufer, *L'Apprentissage dans l'industrie du livre*, Congrès national du livre, mars 1917, p. 6-7 ; Henri Leneveux, *Le Travail manuel en France*, Paris, G. Baillière et Cie, s.d., p. 159-66, 168, 170-77, 182-83, 190 ; Paul Jannettaz, Rapport sur le Congrès de Roubaix, *Bulletin de la Société de protection*

Il fallait infléchir l'opinion générale concernant le travail manuel, mais il était non moins urgent d'éclairer les attitudes des familles les plus proches du monde de l'apprentissage, son terreau de candidats. Jusqu'ici, les enfants avaient fort peu d'opportunité de découvrir l'éventail de métiers susceptibles de les intéresser et leurs parents – résignés, hostiles ou favorables au champ du travail manuel – étaient pitoyablement mal informés. Dans le répertoire des réformistes déjà, pendant la deuxième moitié du XIXe siècle, l'idée d'exposer les enfants à la pratique de certains socles de métiers dès l'école primaire se diffuse plus largement. Le projet est assez simple : si l'on montre le travail sur le bois, le cuir ou le métal aux tout-petits, ils pourraient trouver une piste, en parler avec leurs pères et mères, obtenir de l'école des références éventuelles d'artisans. D'abord, il s'agit de consacrer quelques heures par semaine au travail manuel, davantage pour montrer que pour faire mettre la main à la pâte, ce qui représente une démarche qui n'est pas tout à fait improvisée, mais n'exigeant ni une organisation poussée ni des investissements significatifs. Des groupes enthousiastes vis-à-vis de ce petit pas vers l'acculturation à l'idée du travail manuel se plaignent amèrement du

des apprentis (1912), p. 314 ; Julien Hayem, « L'Apprentissage : rapport présenté au Congrès du Parti républicain démocratique », Paris, novembre-décembre 1911, p. 21-22 ; Charles Berteaux, *La Crise de l'apprentissage*, Paris, A. Rousseau, 1909, p. 125 ; Gustave Dron, « L'Organisation de l'apprentissage », Conférence AFDET, Nancy, 1909, p. 11 ; Conseil supérieur de l'enseignement technique, Ministère de l'Instruction et des Beaux-Arts, sous-secrétariat d'État de l'enseignement technique, *Le Problème de l'apprentissage. Les solutions proposées*, Paris, Imprimerie nationale, juin 1925, p. 3-7. Cf. le préjugé contre le travail à la main profondément enraciné dans l'Ancien Régime : Jean-Baptiste de La Curne de Sainte Palaye et Georges-Jean Mouchet, *Glossaire de l'ancienne langue françoise depuis son origine jusqu'au siècle de Louis XIV*, Paris, 1775-77, p. 1303-05, texte qui explore la tension entre arts libéraux et « serviles » [« arts des mains »] et se moque de l'idée, dont Rousseau n'est pas le premier adepte, « de proposer l'apprentissage d'un *Métier*, d'un *Art des Mains*, comme le moyen le plus propre de nous tranquilliser sur la conservation de notre liberté ». Malgré son discours exalté en faveur d'une société ouverte et en mouvement, Denis Poulot demeure un élitiste ; il a une idée bien précise du visage du nouvel apprentissage, que nous aborderons plus loin : « Vous pensez qu'un homme instruit ne peut pas être ouvrier ; mais visitez des ateliers, des manufactures, vivez parmi les travailleurs, et vous trouverez par centaines des travailleurs, non seulement instruits, mais capables de vous embarrasser, sinon vous clouer, sur une infinité de questions qu'ils connaissent très bien ; ils sont aujourd'hui des centaines, avec les écoles professionnelles, ils seront des centaines de mille. » *Question sociale*, p. 275. Pour un traitement récent et judicieux, voir Renaud d'Enfert, « L'Introduction du travail manuel dans les écoles primaires de garçons, 1880-1900 », *Histoire de l'Éducation*, n° 113 (2007), p. 30-68, notamment son allusion à la vocation sociopolitique de l'investissement dans le travail manuel (p. 40). Sur la persistance de l'aversion pour le travail manuel sur un plan plus général, voir Patricia H. Smith, *From Lived Experience to the Written Word: Reconstructing Practical Knowledge in the Early Modern World*, Chicago, University of Chicago Press, 2022, p. 21.

« peu d'empressement apporté par le personnel enseignant de l'école primaire à nous aider »[2].

Cette résistance de l'intérieur est assez répandue. Bonne cause rhétorique (rassurant la bourgeoisie, car elle renforce les barrières sociales décisives ; rassurant les moralistes, car elle valorise une condition sociale qui est communément dépréciée), la campagne pour le travail manuel ne suscite pas forcément l'adhésion là où on l'attendrait logiquement, parmi les champions de l'instruction technique. Grande figure dans ce champ, Pierre-Philibert Pompée, premier directeur de l'école municipale parisienne dite Turgot, puis fondateur de l'école professionnelle d'Ivry, où il devient maire, estime que le travail manuel à l'école primaire n'est ni praticable ni utile, ni même souhaitable. Il exige trop de place, trop de ressources, et surtout trop de temps. Déjà les instituteurs ont du mal à enseigner tous les fondamentaux. Des travaux manuels ne profitent qu'à un petit nombre qui emporte de l'école quelques éléments de dessin linéaire. Un « apprentissage anticipé », avance Pompée, serait mieux servi par des doses de théorie (par exemple, « des notions élémentaires des sciences naturelles et mécaniques, chimiques » pour les futurs agriculteurs) que par des faux-semblants de travail manuel. Une enquête de terrain prouverait

> que l'introduction de l'atelier dans l'école primaire et même secondaire n'a rien de sérieux, et que, là où il existe, le travail manuel est considéré comme une récréation et comme un jeu. Or, il n'est pas bon de donner ce caractère au travail qui doit faire vivre celui qui s'y livre. Ce n'est donc pas, à mon avis, par cette combinaison qu'on établira un apprentissage meilleur que celui qui existe[3].

Son collègue Adolphe Delahaye, directeur de l'école professionnelle des Batignolles, souscrit à cette analyse : « Je pense que la théorie doit rester la théorie, le travail manuel rester le travail manuel. » Les mélanger ne débouche sur rien de fructueux. (Vingt ans plus tôt, le moraliste César Fichet proposait de former des « théoriciens-praticiens »

---

2. Marcel Debolo, *L'Apprentissage à l'atelier*, Paris, A. Rousseau, 1906, p. 19 ; « Industries du bois et de l'ameublement » (rapports de Chanut, Goumain et Levraux), Congrès national de l'apprentissage, Roubaix, 1911, p. 14 ; *Bulletin de l'Apprentissage* (juin 1911) ; Auguste Villemin (président, Fédération nationale des bâtiments et des travaux publics), « Le problème de l'apprentissage », dans le recueil de la Ligue française de l'enseignement, *La Question de l'apprentissage*, Paris, 1913, p. 35.

3. Témoignages de Pierre Philibert Pompée, *Enquête sur l'enseignement professionnel*, t. 1, Paris, Imprimerie impériale, 1864, p. 86-87.

qui formeraient, à leur tour, de futurs apprentis à la main et à la tête dans un contexte scolaire avant leur entrée dans « un protectorat de l'apprentissage » où ils seraient à l'abri des abus coutumiers.) Au début de son mandat, Delahaye envoyait certains enfants travailler au dehors, au milieu de la journée, chez des artisans voisins : « Les études souffraient ; les enfants revenaient fatigués [...] le reste de la journée était perdu. » L'impact moral était bien plus grave que la perturbation scolaire : « Je me suis aperçu qu'il y avait là des graves inconvénients comme habitudes, comme fréquentations ; les élèves revenaient le képi incliné sur la tête, prenaient des allures douteuses, etc. » Depuis, il a monté un atelier pédagogique dans son école, où il laisse des élèves destinés aux écoles des arts et métiers s'initier au travail sur le fer (pas question du bois à l'âge de la machine à vapeur qui s'empare de l'imaginaire des enfants et de leurs familles), mais uniquement en fin de journée (19 heures). Aux yeux d'autres instituteurs, l'enseignement manuel est étranger à la mission de l'école ; comme le remarque assez sèchement un inspecteur général de l'enseignement technique, à Amiens en 1895, « il ne faut pas confondre l'école primaire avec l'école d'apprentissage »[4].

L'initiation au travail manuel est censée préparer les enfants pour l'apprentissage : conditionner le choix du métier, mais aussi donner une notion concrète, quoique rudimentaire, de la pratique. L'idée d'une sorte de « préapprentissage » est loin d'être neuve, même si la formule est consacrée pendant la Belle Époque. Déjà, au siècle des Lumières, non seulement on en parle, mais on en fait également. Impulsées dans un but très concret pour favoriser l'intégration des enfants pauvres, parfois orphelins, les écoles de charité de certaines paroisses parisiennes forment les élèves pour un apprentissage qu'elles organisent souvent directement. Préoccupé tant par leur vulnérabilité naturelle que par les risques d'oisiveté menant à la dissipation chez des enfants attendant l'apprentissage, Antoine

4. Témoignages de P. Delahaye, *Enquête sur l'enseignement professionnel*, t. 1, p. 89 ; César Fichet, *Mémoire sur l'apprentissage et sur l'éducation industrielle*, Paris, Galban, 1847, p. 32-33 ; Jacquemart, inspecteur général, cité par Jean-Michel Chapoulie, *L'École d'État conquiert la France*, Rennes, Presses universitaires de Rennes, 2010, p. 29. Cf. le rapport de L. Lefébure à la Société de protection des apprentis : « Un enfant peut, sans doute, comme cela se pratique en certains pays, interrompre ses classes et passer deux ou trois heures, dans un atelier de serrurerie ou de menuiserie [...] mais il risque, par contre, de sortir de l'école avec une instruction primaire insuffisante, sans être parvenu à acquérir l'habileté de main qui le dispensera de recommencer un véritable apprentissage. » *Bulletin de la Société de protection des apprentis* (1880), p. 241.

Ferrand de Monthelon, un des créateurs de l'école de dessin de Reims, théorisant des phases de développement de l'enfant, propose une préformation, fortement théorique, mais aussi manuelle, entre la fin de l'école (douze ans) et l'entrée en atelier (vers quinze ans). Rêvant sans doute d'une refonte radicale de l'apprentissage, Jean-Jacques Bachelier, fondateur de l'école gratuite de dessin de la capitale, préconise lui aussi dans le court terme, sans en préciser les modalités, une formation scolaire pour préparer l'intégration dans l'atelier (diagnostic des aptitudes, choix de profession, introduction à certains aspects du monde du travail). Jean-Baptiste Descamps, pionnier dans l'organisation des écoles de dessin, conçoit leur programme autour des arts et métiers comme un préapprentissage pour les uns, impatients de se mettre en marche, mais pas encore fixés sur une profession, ou comme une sorte de perfectionnement pour les autres, déjà apprentis achevés[5].

5. Clare H. Crowston, « From School to Workshop: Pre-training and Apprenticeship in Old Regime France », dans Bert De Munck, Steven L. Kaplan et Hugo Soly (dir.), *Learning on the Shop Floor: Historical Perspectives in Apprenticeship*, New York, Berghahn Books, 2007, p. 48-49, 51, 56, 58-60 ; A. Ferrand de Monthelon : *Projet pour l'établissement d'écoles gratuites de dessein* et *Mémoire de M. Ferrand de Monthelon, ancien professeur de l'Académie de peinture et de sculpture*, Paris, 1748 ; Jean-Jacques Bachelier, *Discours sur l'utilité des écoles élémentaires en faveur des arts mécaniques* [prononcé le 10 septembre 1766], Paris, Imprimerie nationale, 1792, p. 16 ; Jean-Baptiste Descamps, *Sur l'utilité des établissemens des écoles gratuites de dessin en faveur des métiers*, Paris, Regnard, 1767, p. 15-16. Les « dessinateurs » ont tous en tête *Émile*, mais peut-être aussi John Locke, célèbre pour son intérêt pour l'éducation, qui plaide, de façon platonique, pour une éducation incluant le dessin et l'initiation à un métier (pour la dextérité et la santé) et qui propose à la fin du XVIIe siècle la création d'une « école du travail » réservée aux enfants indigents. En France, l'abbé de Saint-Pierre reprend l'idée d'un enseignement de la chose manuelle, tant dans l'agriculture que dans les métiers. Voir Pierre Quef, *Histoire de l'apprentissage : aspects de la formation technique et commerciale*, Paris, Librairie générale de droit et de jurisprudence, 1964, p. 90-91. « Faut-il, dans les écoles, enseigner quelques professions aux enfans du peuple ? » se demande Louis Philipon de La Madelaine, grand commis et écrivain. Répondant non, il énumère des raisons, pédagogiques, logistiques, socioculturelles (coût, organisation, obligation d'exclure certains métiers et de privilégier d'autres, etc.) : « Ne vaut-il pas mieux, en facilitant le développement de ses membres [ceux d'un enfant ayant de cinq à douze ans], en lui donnant l'agilité & la force, le rendre capable de remplir tous les états ? Qu'il ne connoisse aucune profession ; mais qu'il soit propre à toutes : c'est l'essentiel. De retour dans la maison paternelle, il se formera facilement à celles vers qui ses goûts ou les circonstances le feront pencher. » Louis Philipon de la Madelaine, *Vues patriotiques sur l'éducation du peuple, tant des villes que de la campagne, avec beaucoup de notes intéressantes*, Lyon, Bryset-Pontus, 1783, p. 131-32. Sans grande clarté ni cohérence, P. A. J. B***[A. J. Brard ?], *Le Réveil de J.-J. Rousseau*, Genève, 1783, visant la petite bourgeoisie et peut-être une partie de la bourgeoisie, préconise du travail manuel à l'école dès le début. Plutôt que des sentiments, la délicatesse, l'honneur : « Ne seroit-il pas plus simple de commencer par les rendre indépendans des caprices du sort, en les accoutumant de bonne heure au travail ? oui, au travail des mains. Le rabot & la lime n'ont jamais avili celui qui les a préférés à la plume, dont l'abus fait tant de malheureux fainéans. »

Un peu habité par l'ombre d'Émile, le jacobin et réformateur de l'éducation Michel Lepeletier imagine une espèce de préapprentissage, jusqu'à douze ans, préconisant « le travail de mains » comme « la principale occupation ». Un autre émule anonyme de Jean-Jacques esquisse une vision précoce d'un atelier de préapprentissage qui aurait pu plaire à Anthime Corbon ou Octave Gréard : travail sur le bois et le fer, dans des salles spacieuses, pour initier les enfants à des travaux favorisant leur dextérité et les amener à prendre conscience de leurs aptitudes et préférences pour tel ou tel métier. Justement, dans la deuxième moitié du XIXe siècle, parmi les bonnes raisons de ne pas commencer un apprentissage avant quinze ans, selon Anthime Corbon, il y a la possibilité de trouver une école primaire où, dès l'âge de dix ans, l'enfant obtient « un certain enseignement professionnel » qui lui donne « l'habitude de tenir des outils » et peut-être « la révélation de ses aptitudes ». Même si cette dose d'enseignement professionnel s'avère introuvable, il conseille « aux familles ouvrières qui ne sont point trop pressées de tirer parti de leurs enfants » de les mettre à l'école deux ou trois ans de plus que la période coutumière pour leur permettre de mûrir en se cultivant, mais de les obliger en même temps « à suivre les cours du soir autant que faire se peut » pour se familiariser avec divers métiers et techniques de travail. Le rédacteur de la revue *Enseignement professionnel*, déposant devant la commission de l'enquête de 1863-64 sur ce sujet, loue les vertus pour la motivation et l'orientation des enfants de la pratique d'un programme « mixte » de travaux manuels et « d'enseignement ordinaire ». À la même occasion, un directeur d'école à Charleville vante les mérites d'une section dans son école proposant le latin et les travaux manuels, élargissant ainsi les choix possibles pour les élèves à la sortie. Pour préparer les jeunes à un enseignement professionnel, la commission gérant cette enquête se soucie moins de leur dextérité que de leur manque « d'instruction primaire, et surtout [du] peu d'habitude des formes scientifiques du raisonnement ». Les sociaux-libéraux de la commission d'encouragement chargée d'amener des ouvriers à participer à l'Exposition universelle de 1867 exhortent les parents à envoyer leurs enfants à l'école autant qu'ils le peuvent, parce qu'elle les prépare intellectuellement et émotionnellement pour l'atelier, même s'il n'y a aucune (pré-)formation technique. La délégation des ouvriers imprimeurs, à cette même occasion, propose un cours d'enseignement professionnel intégré dans l'école primaire pour aider les enfants à choisir un métier et les parents à peser toutes les options[6].

Quelques années plus tard, Octave Gréard, proche de Corbon, avance un plan de préapprentissage, informel mais assez élaboré, dans le contexte d'un projet pour la création d'un prototype d'école d'apprentis pleinement institutionnalisée. Comme son prédécesseur, il considère que les premières années d'un apprentissage classique sont « nulles », voire « funestes ». S'inspirant d'une longue tradition d'enseignement professionnel, tel le dessin, il imagine initier les enfants en primaire aux outils basiques et à la notion et pratique de la « technologie », tout en les « moralisant » pour qu'ils puissent résister aux forces délétères de l'atelier plus tard. Haut fonctionnaire dans les services de l'Instruction publique, Gréard évite d'expliquer comment réaliser un préapprentissage en dehors d'une école d'élite. Peut-être certaines fonctions d'organisation pourraient-elles être assumées par les associations qui, il l'espère, prendront « la direction éclairée de l'apprentissage ». Il met en avant le travail de Gustave Salicis, polytechnicien, officier naval, philanthrope, pédagogue, militant « manueliste », qui a beaucoup écrit sur l'enseignement du travail manuel, notamment à l'école primaire, pour laquelle il a soumis au conseil municipal de Paris un projet créant une institution « primaire » introduisant les enfants au travail manuel. Salicis a développé son modèle au lendemain de la loi du 28 mars 1882, proposée par Jules Ferry, qui a rendu obligatoire l'instruction primaire (de six à treize ans) et qui a mis au programme l'initiation aux travaux manuels, l'usage des outils et les caractéristiques de diverses matières, sans indiquer modalités, heures affectées, fréquence, etc. Jamais rigoureusement appliquée, sauf ici et là dans la capitale, cette injonction reconnaît la montée en puissance du groupe de pression « manueliste » et encourage Martin Nadaud, paysan creusois, maçon parisien, puis député, à forger un projet de

6. Michel Lepeletier [Lepelletier], *Plan d'éducation nationale, présenté à la Convention par Maximilien Robespierre au nom de la commission d'instruction publique*, 13 juillet 1793, imprimé par ordre de la Convention nationale, p. 9-10, 16-17 ; P. A. J. B*** D. V., *Le Réveil de J.-J. Rousseau*, p. 42-43 ; Anthime Corbon : *De l'enseignement professionnel*, Paris, Gerner Baillière et Cie, 1859, p. 128, 131-33, et *Bulletin de la Société de protection des apprentis* (1880), p. 128 ; *Enquête sur l'enseignement professionnel*, t. 1, p. 142, 346 et t. 2, p. 7, 785, 791 ; Président de la Commission d'encouragement pour les études des ouvriers, dans *Rapports des délégations ouvrières* [à l'Exposition universelle de 1867], éd. F. Devinck, t. 3, p. 10. Le type de préapprentissage improvisé et myope, que Corbon abhorre, est figuré par le père sarthois qui met son fils de dix ans à « tourner la roue » – tâche fort pénible, rémunérée 50 centimes la journée – dans un atelier de cordier où il espère vraisemblablement le placer plus tard comme apprenti. Archives départementales (dorénavant AD), Sarthe, 778 W 1, 7 octobre 1864.

loi visant l'établissement systématique du travail manuel dans toutes les écoles. Il le présente à la Société de protection des apprentis, où Roche, patron-syndicaliste, applaudit la pratique très tôt d'une « gymnastique des doigts », mais sans viser des métiers précis. Son collègue, l'architecte Charles Lucas, invoque une fusion assez intime entre le travail manuel et l'enseignement lui-même, qui pourrait s'incarner dans un module de préapprentissage[7].

L'appel pour l'institutionnalisation d'un préapprentissage, sous la forme « d'ateliers spéciaux » ou intégré dans le programme de l'école primaire, retentit jusqu'à la Première Guerre mondiale. Pour une partie importante du patronat, le problème n'est pas que l'apprentissage ruine l'enfant, mais que l'enfant, insuffisamment préparé, ruine l'apprentissage. Le *Bulletin de l'apprentissage*, organe d'un lobby patronal, fait remarquer « combien la tâche sera facilitée lorsque, par un préapprentissage sérieux, l'enfant aura été "débrouillé" ». Le juriste Julien Fouqué est un des rares commentateurs à considérer avec mépris cette ineptie (« préparer à tout, c'est ne préparer à rien »), dont le but à terme est de « remplacer l'atelier industriel » par l'école. La grande majorité n'associe pas le préapprentissage avec un assaut de l'école contre l'apprentissage en atelier : il est plutôt un levier pour accélérer la réhabilitation et le renouveau de celui-ci. Son but est triple : psychologique, technique et moral. Il s'adresse à la phase délicate du développement – à l'âge de douze à quatorze/quinze ans – quand les enfants sont toujours fragiles, fortement impressionnables et de moins en moins disciplinés. L'idée d'un prolongement formel de la scolarité

7. Octave Gréard : *Des écoles d'apprentis, Mémoire adressé à Mr le Préfet de la Seine par l'inspecteur général de l'instruction publique*, Paris, Charles de Mourgues frères, 1872, p. 47-55, 64, 82, 92-93, et *Éducation et instruction*, Paris, Hachette, 1889, p. 329-30 ; Gustave Salicis : *Enseignement primaire et apprentissage*, Paris, Sandoz et Fischbacher, 1875, puis *De l'enseignement manuel et professionnel en Allemagne et dans les pays du Nord*, Paris, Delgrave, 1887, enfin *Enseignement du travail manuel*, Paris, Imprimerie nationale, 1889 ; *Bulletin de la Société de protection des apprentis* : (1880), p. 240 ; (1881), p. 195-96, 199 et (1882), p. 13 ; Bernard Charlot et Madeleine Figeat, *Histoire de la formation des ouvriers, 1789-1985*, Paris, Minerve, 1985, p. 140. G. Salicis a créé, rue d'Ulm, une « école normale de travail manuel » qui n'a pas duré. En compensation, Salicis est nommé inspecteur général du travail manuel, au sein du ministère de l'Instruction publique, soupçonné d'être hostile à cette cause. *Bulletin de la Société de protection des apprentis* (1891), p. 203, 205. Comme exemple de l'enthousiasme assez fervent pour la cause manuelle, voir le cas d'un industriel à Creil qui a rebaptisé son école (250 élèves formés en quatorze ans) « École de travail manuel ». *Ibid.* (1901), p. 345-49. Renaud d'Enfert dessine des liens entre l'allongement de la scolarité jusqu'à treize ans et l'enseignement manuel : « L'Introduction du travail manuel dans les écoles primaires de garçons, 1880-1900 », p. 38. Sur la diffusion de la pratique de l'enseignement du travail manuel, voir *ibid.*, p. 32, 46-47, 53-54, 57.

se répand ; au grand dam des libéraux, certains auteurs veulent que ce préapprentissage de un ou deux ans soit obligatoire. Auguste Beignet, un néo-corporatiste, plaide pour un début très précoce, une sorte de pré-préapprentissage. Entrepreneur parisien de couverture-plomberie, plus tard proche de l'extrême droite, Charles Kula insiste sur l'exigence professionnelle et sur l'attention à la motivation et à l'état d'esprit. À l'encontre de Corbon, il veut que l'enfant intègre l'atelier « le plus tôt possible ». Mais comme ce penseur, il croit qu'il ne faut pas se hâter trop vite. L'enfant a besoin de se découvrir : c'est une erreur de faire entrer un enfant directement de l'école primaire à l'atelier sans lui donner la possibilité de « connaître ses goûts » et de conditionner ses mains (« aborder un métier au hasard des circonstances aboutit à 70 % de déchet »). Fondateur d'un programme de préapprentissage dit [rue] des Épinettes, fondé sur un seul « métier type », démarche contestée (« une expérience de 30 ans nous a prouvé que tous les enfants qui avaient eu de bons débuts dans la ferblanterie devenaient toujours d'excellents ouvriers »), Kula cherche avant tout à donner à l'enfant « les qualités essentielles de tout bon artisan : l'habileté de la main, l'habitude de l'ajustage, l'habitude de tracer son travail avant de l'entreprendre ». Brocardant les irréductibles de la culture générale – « la plume chasse l'outil » –, il appelle sa méthode « la culture générale manuelle ». Si le préapprentissage fonctionne bien, quand l'enfant entre en apprentissage, il sera prêt à « produire », non relégué à « faire les courses ou le ménage ». Auguste Villemin, architecte et entrepreneur en bâtiment, et d'autres souhaitent un prolongement de la scolarité non seulement pour préparer la tête et la main pour le monde du travail – une période baptisée « la transition » –, mais aussi pour sauver l'enfant de « la rue », « des dangers de la rue », « de la débauche », « du ruisseau » – le sort vraisemblable de l'enfant « abandonné » entre douze et quinze ans. S'alignant sur Corbon et Gréard, le socialiste et syndicaliste Auguste Keufer prend le contre-pied : il faut un préapprentissage pour sauver l'enfant, non de la rue, mais de l'atelier. En « ouvrant son esprit » et « dirigeant ses aptitudes », le préapprentissage l'abrite de la corruption de l'apprentissage classique[8].

8. *Bulletin de l'apprentissage* (janvier 1910) et (mars et juin 1911) ; Auguste Beignet, *La Décadence de l'apprentissage en France : causes, effets, remèdes*, Paris, G. Grassin, 1911, p. 36 ; *Bulletin de la Société de protection des apprentis* : (1900), p. 308-09 ; (1909), p. 166, 170, 172, 242 ; (1911), p. 55, 58-61, 380 ; 1912, p. 201, 203, 371, 377, 378 ; Charles Kula dans la *Revue pédagogique* (février 1919), p. 118-20 ; Dominique Barjot, « Apprentissage et transmission du savoir-faire ouvrier dans le B.T.P aux XIXe et XXe siècles », *Revue d'histoire*

L'APPRENTISSAGE EN DÉTRESSE, L'ÉCOLE À LA RESCOUSSE

Paradoxalement, la mise en valeur du travail manuel soulève des interrogations sur son application professionnelle, c'est-à-dire sur la transmission du savoir par l'apprentissage orthodoxe ; plus précisément des doutes concernant le passage de l'école primaire à l'atelier comme site privilégié. Dans la discussion de la crise, ce questionnement n'est guère surprenant, car l'atelier est consubstantiel à la notion et à la pratique de l'apprentissage. La crise elle-même est invoquée comme preuve de l'échec de l'atelier, méthode qui a mal vieilli, qui n'a pas su s'adapter aux profondes mutations industrielles soit à cause de leur caractère massif et inexorable, transformant tant le mode que les relations de production, soit en raison de l'inertie et/ou du désarroi du patron dépassé par l'innovation et la concurrence. La supposée décadence de l'apprentissage implique la détérioration du fonctionnement de l'atelier, comme lieu, mais aussi comme approche, dans la conduite de l'apprentissage. « Le maître n'est plus maître » est la ritournelle d'une plainte récurrente : logiquement, avec lui périclite son poste de commandement et théâtre d'opérations, l'atelier. Le lien personnel avec le maître est fort usé, sinon rompu, miné moins par l'exploitation ordinaire que par la médiation du salaire, l'éloignement du patron et l'expansion prodigieuse, puis l'éclatement du savoir. L'atelier est devenu un espace insulaire, replié sur lui-même, où l'enseignement s'avère aléatoire, de portée limitée, parcellaire, voire improvisé. L'idée même de transmission ne paraît plus pertinente dans le nouveau système de production et de reproduction : trop personnalisée, trop statique, trop axée sur des « secrets du métier » ou

---

moderne et contemporaine, t. 40 (juillet-septembre 1993), p. 488 ; Alcide Vaillant, *L'Apprentissage, la liberté du travail et l'esprit de corps*, Paris, Congrès national mixte, 1909, p. 25-26 ; M. Fontègre, « Orientation professionnelle et recrutement des apprentis » (rapport, première section), *Foire de Lyon, Congrès de l'apprentissage* (1921), p. 13-14. Rapporteur général du Congrès de l'apprentissage à Roubaix (1911), Paul Jannettaz remarque que le mot préapprentissage « a eu beaucoup de succès, mais [qu']il a été pris dans des sens très divers ». On peut en saisir plusieurs déclinaisons par des mots clés : éveiller ; préparer ; dessin et géométrie ; travaux manuels spécialisés ; enseignement purement théorique. *Bulletin de la Société de protection des apprentis* (1912), p. 317-18. Cf. Jean-Pierre Briand, « L'apparition du "préapprentissage" dans les grandes villes au début du XXe siècle », *Formation-Emploi*, n° 27-28 (juillet-décembre 1989), p. 42-64. Sur « la préparation de l'apprentissage », voir aussi Philippe Marchand, « Les écoles pratiques de commerce et de l'industrie dans le Nord de la France, 1892-1940 », dans Thérèse Charmasson (dir.), *Formation au travail, enseignement technique et apprentissage*, Paris, Comité des travaux historiques et scientifiques, 2005, p. 35-37.

des règles coutumières tacites qui ne sont plus de mise. Cette réduction de voilure correspond mieux à la nouvelle mission du maître, qui se consacre désormais à la « spécialisation » et à la « spéculation ». Il n'est pas motivé et sans doute de moins en moins en mesure d'inculquer « le métier complet », de faire « un ouvrier capable de dominer son métier », de fabriquer « le bon ouvrier », sempiternel cas de figure idéal. Les ferblantiers parisiens disent que l'apprentissage par la voie de l'atelier ne leur donne pas les moyens de jouir de l'autonomie rêvée et promise[9].

Avant même de relever les graves défauts pédagogiques de l'apprentissage-en-atelier, de nombreux observateurs disqualifient l'atelier sur le plan moral comme une source de ténèbres plutôt que de lumières, un geyser de corruption. Détaché de la formation, le maître est également indifférent à l'écologie morale de l'atelier. Les « liens de patronage » – vieille passerelle entre l'ancien et le nouvel apprentissage, figurée par la loi boiteuse de 1851 – se distendent. C'est le « prix de revient » qui prime, suggère le juriste Paul Pic : « l'idée morale et tutélaire » s'efface, tout comme la vision de l'apprenti comme « pupille ». Que ce soit professionnellement ou moralement, l'apprenti n'est ni guidé ni surveillé. Littéralement « démoralisé », il n'a plus de repères pour s'orienter, plus de garde-fous pour le réfréner. « De l'aveu de tous [...] l'atelier, qui devrait servir à développer les forces de l'enfant, use son corps avant que la nature ait achevé de le former, engourdit son intelligence [...] abâtardit en lui l'esprit de métier », s'écrie Octave Gréard en 1872 : « Déplorable école de mœurs publiques, autant que de mœurs privées, il déprave l'homme dans l'enfant, l'ouvrier dans l'apprenti, le citoyen dans l'ouvrier, et ne forme même pas l'ouvrier. » Un quart de siècle plus tôt, le ton n'est

9. Fernand Dubief, *L'apprentissage et l'enseignement technique*, Paris, V. Giard et E. Brière, 1910, p. 26-29, 158-59 ; Industries du bois et de l'ameublement (rapports de Chanut, Goumain et Levraux), Congrès national de l'apprentissage, Roubaix, 1911, p. 3-7 ; *Bulletin de la Société de protection des apprentis* (1884), p. 95 ; G. Dron sur la formation scholastique, cité par Philippe Marchand, « La qualification en débat parmi les responsables politiques, économiques et éducatifs du Nord (1860-1940) », dans Gérard Gayot et Philippe Minard (dir.), *Les Ouvriers qualifiés de l'industrie (XVI-XXe siècle)*, Lille, *Revue du Nord*, h. s. (2001), p. 144. Observateur parfois réducteur, mais astucieux, Augustin Cochin, ancien membre du conseil municipal de Paris, estime que le problème n'est pas la décadence morale ou pédagogique de l'atelier, mais son inadaptation radicale à l'âge industriel : « Les machines, l'extrême division du travail, enfin le caractère particulier de l'industrie parisienne qui *finit* plutôt qu'elle ne fabrique, voici trois raisons qui s'opposent à ce que l'atelier soit une école d'apprentissage. » P.-S.-Augustin Cochin, « Paris, sa population, son industrie », *Mémoire lu à l'Académie des sciences morales et politiques* (juin 1864), p. 57-58.

pas plus optimiste chez César Fichet, critique social, qui suggère que la décadence « objective » de l'apprentissage (déclin dans le nombre de contrats écrits, taux élevé de résiliations, plaintes concernant l'instruction) est précédée par la corruption morale. « Si l'apprentissage actuel est le plus communément corrupteur pour la morale et stérile pour l'habileté professionnelle, il est évident qu'il y a un principe de mal social qu'il faut combattre énergiquement », maintient au début des années 1860 Marguerin, directeur de l'école Turgot à Paris, qui rajoute la croyance largement partagée que « la moralité de l'enfant n'est pas respectée dans les ateliers »[10].

L'atelier est la cible spécifique d'une myriade de critiques. Maurice Maignen, directeur de l'œuvre de patronage de Saint-Vincent-Paul, pense aussi que « la déchéance du travail manuel » est aggravée par « l'immoralité croissante des ateliers ». Porté par sa foi, il postule un lien intime entre la quête de la capacité professionnelle et l'environnement moral : « L'ouvrier moral est généralement habile. » « Par les propos qu'y entend l'apprenti, les mauvais exemples qu'il a trop souvent sous les yeux, par les fausses idées d'indépendance qui s'y propagent », avise Lequien, directeur d'une école communale de dessin à Paris, « l'atelier est un funeste milieu pour la moralité » des apprentis, ce qui explique pourquoi « les classes moyennes hésitent à mettre leurs enfants en apprentissage et redoutent pour eux la contagion ». Directeur d'une école primaire singularisée par une dimension « école professionnelle théorique » à Charleville, qui forme de futurs apprentis, Rossat remarque que l'atelier mène au cabaret, puis au chômage récurrent plutôt qu'à une carrière stable de bon ouvrier. En créant l'œuvre de Saint-Nicolas en 1827-1828, l'abbé Bervanger souhaite d'abord « soustraire » l'apprenti aux mauvaises influences de l'atelier.

10. Paul Pic, *Traité élémentaire de législation industrielle. Les lois ouvrières*, Paris, Rousseau et Cie, 1903, p. 909-10 ; G. Dron, « L'Organisation de l'apprentissage », p. 24 ; P. Astier et I. Cuminal, *L'Enseignement technique, industriel et commercial*, p. 22-23 ; O. Gréard, *Des écoles d'apprentis*, p. 17 (quinze ans plus tard, Gréard renouvelle sa critique virulente de l'atelier dans *Éducation et instruction*, p. 187 : « Cette vigueur naissante de l'enfant que l'atelier exploite prématurément, cet esprit qu'il endort et corrompt, sont autant de forces vives qu'il détruit ») ; Eugène Tallon, *La vie morale et intellectuelle des ouvriers*, Paris, E. Plon et Cie, 1877, p. 167-68 ; C. Fichet, *Mémoire sur l'apprentissage* ; Émile Marguerin, cité dans *Enquête sur l'enseignement professionnel*, t. 1, p. 28. Cf. les propos de Léon Lefébure, membre actif d'un grand patronage parisien, qui voit la racine de la décadence de l'apprentissage comme « un mal moral » qui doit être combattu dans la famille, fragilisée par la pauvreté et un manque de volonté, puis dans l'atelier (qu'on fuit en faveur du cabaret – vieille antienne de la littérature moralisatrice remontant au moins au XVIIe siècle). *Bulletin de la Société de protection des apprentis* (1880), p. 242.

La proximité de l'atelier et de la maison familiale – phénomène courant pendant une partie importante du XIXe siècle – rend encore plus grave la menace de « la contagion » de la corruption dont le patron est le vecteur, car maître de ces deux lieux entremêlés. « On a respecté l'atelier comme le domicile du citoyen », rappelle Eugène Tallon, parlementaire et réformateur, exprimant la réticence libérale à intervenir, dont la contrepartie est la promesse de bonnes mœurs des patrons, pacte désormais rompu. En tension avec son patron qui n'exerce plus les qualités d'un maître, l'apprenti ne se replie pas forcément sur sa famille, car il a trouvé la soif de liberté et il n'a plus envie de céder son salaire aux siens ni de faire ainsi acte de soumission. Ou bien sa famille est trop pauvre pour le loger et le nourrir, même s'il se trouve en danger (d'où la suggestion de la distribution hebdomadaire des « pains d'apprentissage » à la famille). Des moralistes déplorent « son goût pour la rue ». Les plus excessifs le voient désormais comme une menace non seulement pour lui-même, mais pour la société. C'est l'apache avant la lettre, future recrue des classes dangereuses : par son manque d'amarres et son comportement, il est susceptible de favoriser « l'anarchie », sinon la cause « révolutionnaire ». Si le patron se soucie peu du sort individuel d'un adolescent meurtri par les défauts du système de l'apprentissage, il se sent autrement concerné quand ces mêmes défauts, y compris les mauvaises mœurs, risquent non seulement d'affecter la production et la renommée de l'industrie française, mais aussi de mettre en péril la paix sociale[11].

11. Maignen, Lequien, Rossat et Gaumont (pour l'abbé Bervanger), cités dans *Enquête sur l'enseignement professionnel*, t. 1, p. 151, 179, 211, 346 ; le Dr Marjolin, chirurgien, commentant le risque tant physique que moral pour la santé de l'apprenti, *Bulletin de la Société de protection des apprentis* (1873), p. 317-19 ; E. Tallon, cité dans *ibid.*, p. 286. Au début du XXe siècle, l'appel en faveur de « la rémunération » des parents miséreux pour les encourager à mettre ou garder leurs enfants en apprentissage devient assez commun. Voir des organisations ouvrières de Lyon rejoignant la Chambre de commerce de Bourges et des instances nationales, *Bulletin de la Société de protection des apprentis* (1909), p. 167-68, 170-71. Sur le jeu entre l'ignorance et la dépravation, voir *Réflexions d'un ouvrier tailleur* [Grignon] *sur la misère des ouvriers en général* (1833), cité par Jacques Rancière et Alain Faure, *La Parole ouvrière, 1830/1851*, Paris, Union générale d'éditions, 1976, p. 75-77. Cf. les remarques astucieuses de Claude Grignon sur la corruption morale, l'atelier et l'école : *L'Ordre des choses* : *les fonctions sociales de l'enseignement technique*, Paris, Éditions de Minuit, 1971, p. 160-62 ; et sur la démoralisation des ateliers, Georges Duveau, *La Pensée ouvrière sur l'éducation pendant la Seconde République et le Second Empire,* Paris, Domat-Montchrestien, 1948, p. 249-50. Les très nombreux défenseurs de l'atelier (en soi, et comme seul salut pour l'apprentissage) balaient les critiques de l'atelier en soulignant les défauts de l'école (seule alternative dans ce débat) : « On ajoute, au point de vue moral, que les écoles professionnelles ou autres tiennent trop longtemps l'enfant dans une tutelle d'esprit qui arrête le développement de sa conscience personnelle, qu'il s'y habitue trop à vivre sous l'œil d'un maître, ne se dirige point par lui-même

Quelques témoignages chez les prud'hommes, plutôt rares et de valeur anecdotique, appuient néanmoins la thèse de la gangrène morale par l'atelier. « Élevée dans les fleurs », à onze ans, Caroline Perniot entre comme apprentie dans une fabrique parisienne de fleurs artificielles. Motivée, disciplinée, elle n'apprend rien, car l'atelier n'est qu'une « école de vice » où elle ne voit que des « scènes scandaleuses » provoquées par sa maîtresse et son mari, et par plusieurs des ouvrières (dont deux sont enceintes), où elle n'entend que des propos dépravés, « les mots qu'une jeune fille ne peut entendre sans quoi son innocence ait à en souffrir ». Louis Gontard, quant à lui, apprenti dévergondé, selon son maître, un fabricant de lorgnettes, également de Paris, fait du tapage dans l'atelier, sème « le désordre » par son « insoumission » et ses « méfaits », s'autorise de longues absences, « des vagabondages » libertins. Son père déplore les absences du patron, indifférent à son devoir de surveillance. Ce dernier veut renvoyer l'apprenti définitivement, mais le jeune Gontard est pour le moment dans une « maison de détention » pour ses frasques[12].

DE L'IMMORALITÉ À LA SUBVERSION NONCHALANTE : LE SUBLIMISME

Denis Poulot établit le lien entre l'immoralité de l'atelier et son peu de disposition à transmettre le savoir technique. La corruption des apprentis dans l'atelier, qu'il connaît intimement, qu'il théâtralise à des fins idéologiques, est une préoccupation majeure de ce polémiste, diplômé de l'École des arts et métiers de Châlons (1847),

et entre ainsi dans la vie mal préparé à la liberté et à l'absence de direction que comporte le monde », dystopie libérale. Cité dans *Bulletin de la Société de protection des apprentis* (1867), p. 315. Difficile de savoir où la constatation des tourments et du bizutage ordinaires prend fin et où commence le voyeurisme hyperbolique ou fantasmé de certains moralistes. Par exemple : « L'atelier a ses inconvénients. L'apprenti est entouré d'hommes qui ne se gênent pas toujours pour échanger entre eux des propos obscènes ou grossiers ; souvent ils trouvent un certain plaisir à débaucher l'enfant et à le pervertir au moral comme au physique. » Émile Cacheux, *État actuel du patronages et de l'enseignement des apprentis*, Paris, Imprimerie nationale, 1889, p. 48-49. Ou : « Cet état d'esprit révolutionnaire n'existe pas seulement chez l'adulte ; d'année en année il progresse chez l'enfant : les statistiques sont unanimes à constater une croissance régulière de la criminalité chez les jeunes [...] elle se rattache aussi à la crise de l'apprentissage. » Paul Merlet, *Les Lois sur l'apprentissage et leurs conséquences économiques et sociales*, Paris, Jouve, 1912, p. 167. Sur le prétendu débordement d'apaches, voir J.-H. Cagninacci, *L'Instruction professionnelle de l'ouvrier*, Paris, A. Rousseau, 1910, p. 97. Lenard Berlanstein conteste énergiquement la thèse de la criminalité des apprentis : « Growing up as Workers in Nineteenth-Century Paris: The Case of the Orphans of the Prince impérial », *French Historical Studies*, t. 11 (1980), p. 551-76.

12. Archives de Paris, D1U10 397, 5 août 1869 et D1U10 16, 7 août 1865.

puis ajusteur-tourneur, contremaître, et enfin entrepreneur-fabricant. Refoulant la question de la domination capitaliste, patronale et politique, il conçoit ce qu'il appelle « la question sociale » comme le site d'un affrontement manichéen entre les bons et les mauvais ouvriers. Plus précisément, « on ne dit plus en parlant d'un travailleur d'ordre, de conduite, c'est un bon ouvrier, et du paresseux, violent et ivrogne, c'est un mauvais ouvrier, on dit de l'un c'est un *ouvrier*, de l'autre c'est un *sublime* ». Poulot décrit le *sublimisme* en termes de pathologie contagieuse, « lèpre capitale qui ronge la classe laborieuse ». Envahissant et implacable, le sublimisme détient une très forte majorité sur le lieu de travail.

Placés sous la conduite « d'ouvriers vrais », nous assure l'auteur, des apprentis deviendront « de bons ouvriers, matériellement et moralement », car ce mentor-là « montre à travailler consciencieusement, il gourmande [l'apprenti] s'il entend dire des saletés ». Mais si ce dernier est mis sous l'autorité d'un sublime, par ailleurs souvent lui-même bien formé techniquement, il devient un apprenti sublime :

> Le sublime dans un atelier est un dissolvant, s'il y a des apprentis, il les protège, les instruit. Quelles bonnes intentions ! Il leur fait chercher des outils impossibles, tels que le marteau à trois pannes ; les fait battre et boire, les grise au besoin ; leur apprend la manière de tirer une *loupe* ; du travail, il ne leur en parle jamais. Au lieu de devenir ouvrier, l'enfant devient sublime. Chacun sait combien les penchants se développent facilement chez de jeunes natures, qui ont souvent dans leur famille des exemples regrettables. Aussi les résultats sont certains. Sur cent apprentis, nous défions qu'on nous montre dans la mécanique, à Paris, plus de vingt travailleurs qui ne soient pas des sublimes de la plus belle espèce.

D'où la décadence calamiteuse de l'apprentissage, la crise de cette institution et, pour Poulot, « le devoir social capital, pressant, urgent » de ne « plus faire d'apprentis dans les ateliers »[13].

13. D. Poulot, *Question sociale*, p. 12, 15, 33, 44, 71, 258. Cf. les commentaires de C. Grignon, *L'Ordre des choses*, p. 159 et l'analyse d'Alain Cottereau, « Vie quotidienne et résistance ouvrière à Paris en 1870 », dans la réédition de D. Poulot, *Le Sublime, ou le travailleur comme il est en 1870, et ce qu'il peut être*, Paris, Maspéro, 1980, p. 7-104. Voir aussi Pierre Cogny, « Zola et "Le Sublime" de Denis Poulot », *Cahiers de l'Association internationale des études françaises*, n° 24 (1972), p. 113-129. Le texte de Poulot, dense et riche, renseigne sur quasiment tous les aspects du monde du travail et l'environnement d'un capitalisme de plus en plus musclé, mais pas du tout homogène. Énergiquement anti-ouvrier, il ne se réduit ni à un « diagnostic pathologique » esquissant une stratégie d'hégémonie patronale, ni à un manuel (reconstitué) sur le répertoire de pratiques de résistance ouvrière à la domination de classe et à un capitalisme prédateur. La rhétorique parfois bakhtinienne exige un regard approfondi, tout comme le jeu quelquefois réciproque de dérision. En fin de compte, les multiples nuances

Poulot exhorte ses confrères-patrons et les observateurs du monde du travail à regarder la réalité en face, donc à ne plus s'arc-bouter sur des clichés dictés par les images d'Épinal d'antan, notamment sur cette idée que l'on obtient des « capacités plus grandes » grâce à l'apprentissage dans l'atelier. « Ce qu'il faut », martèle-t-il, « c'est l'apprentissage à l'école », mais il n'a pas de stratégie politico-pédagogique pour mettre ainsi à l'abri des dizaines et dizaines de milliers d'apprentis un peu partout qui sont la proie des sublimes (soit 60 % des ouvriers à Paris, selon l'auteur). Il défend passionnément les trois écoles professionnelles d'arts et métiers, mais ne les érige pas en modèle viable pour une extrapolation à une très grande échelle et ne nie pas que leur vocation principale est la production d'élites (ingénieurs, chefs d'entreprise, contremaîtres, tant fils d'ouvriers et de paysans que de bourgeois). En revanche, l'esprit et le programme de ces écoles sont susceptibles de constituer un prototype commun : un travail très dur (presque douze heures par jour), accordant au travail manuel sept heures (suffisantes pour « faire des ouvriers »), avec le reste consacré aux mathématiques et au dessin (indispensables), puis à la grammaire, l'écriture et à la comptabilité (utiles). C'est le genre d'école, pense le patron-réformateur, qu'aurait approuvé Rousseau, car elle formera « des hommes tout en faisant des ouvriers ». Tandis que l'atelier dans l'apprentissage classique est au mieux un cul-de-sac, au pire une tragédie, les écoles elles-mêmes « sont les ateliers » où on fabrique à la fois des ouvriers compétents et sûrs d'eux-mêmes et « les outils pour résoudre la question sociale »[14].

---

l'emportent sur la facilité manichéenne, même s'il est toujours tentant de voir deux camps s'affrontant, de parler d'une violence symbolique de part et d'autre, de cohérence idéologique des deux côtés. Dans son parcours, ses analyses (notamment sa conception de l'inversion/subversion, puis le détournement du sens qui donnent le sublime), sa vision sociale (luttes, mais aussi solidarités, collaborations sur des dispositifs assurantiels), ses propres relations sur le lieu de travail, et son écriture même, il n'y a pas que le portrait, ou cliché, du patron-type. Je me cantonne évidemment aux questions concernant l'apprentissage. Sans prétendre à un « décryptage » à la manière astucieuse d'Alain Cottereau, je m'efforce de dégager des éléments, disons, ethnographiques, sans me laisser mystifier par la revendication réaliste de Poulot. Ou comme l'indique Bernard-Pierre Lécuyer dans sa lecture critique de Poulot/Cottereau, il faut rester attentif à « ce qui revient à l'observateur et ce qui est le fait du patron moralisateur ». *Revue française de sociologie*, t. 22 (1981), p. 635.

14. D. Poulot, *Question sociale*, p. 15, 33, 255-59, 264-66, 276-77, 283. L'invocation du Rousseau de l'*Émile* et l'impératif « d'apprendre à devenir des hommes » sont assez communs dans le débat autour de la crise. Par exemple : A. Keufer, *L'Apprentissage dans l'industrie du livre*, p. 14.

DE L'ATELIER-CUL-DE-SAC À L'ÉCOLE-PORTEUSE-D'ESPÉRANCE

Le désenchantement à l'égard de l'atelier est assez répandu, quoique globalement la critique soit moins implacable que celle de Poulot. Toute l'expérience du transfert du savoir technique est problématisée par une enquête sur l'enseignement professionnel (13 séances, une trentaine de dépositions) ouverte par le gouvernement impérial en 1863 devant une commission, présidée par le ministre de l'Agriculture et du Commerce, composée de spécialistes de l'éducation technique, tel le général Arthur Morin, polytechnicien, directeur du Conservatoire des arts et métiers ; de généralistes familiers avec les investigations de cette nature, comme Frédéric Le Play, homme politique et sociologue ; et d'industriels, soucieux de la qualité du travail, tel Jean Dolfus, « manufacturier » de Mulhouse. L'impulsion immédiate est l'Exposition universelle de Londres de 1862 qui a secoué bien des observateurs français, choqués, dans le contexte d'une concurrence internationale acharnée, de voir que certains pays rivaux rattrapaient ou dépassaient la France dans plusieurs domaines industriels et même artistiques. Le regard focalisait en amont sur la production et reproduction d'ouvriers – les « fabricants d'excellence » – là où le diagnostic d'une crise de l'apprentissage semblait particulièrement pertinent. La commission évalue trois niveaux d'une hiérarchie de formation : satisfecit pour le sommet, la France engendrant des chefs d'entreprise (et leur entourage, notamment ingénieurs) d'une valeur supérieure ; l'échelon intermédiaire, y compris contremaîtres et dessinateurs, est prometteur, mais a besoin de davantage d'écoles appropriées ; c'est à la base que la France est la plus faible, hypothèse prévisible et de plus en plus admise. Tout en traitant un sujet plus large, la commission s'interroge sur « les inconvénients et les avantages » de l'apprentissage dans l'atelier, et même sur la question préalable : « Doit-on, en général, donner la préférence à l'apprentissage fait dans l'atelier ? » Selon Eugène Tallon, homme politique soucieux de l'éducation, « la plupart des déposants s'accordent à reconnaître que l'apprentissage se pratique dans des conditions déplorables » : l'apprenti est détourné de l'enseignement pour être employé comme un domestique et le peu d'instruction qu'il obtient le voue à la spécialisation[15].

15. *Enquête sur l'enseignement professionnel*, t. 1, p. V-VIII, XIII-XIV et t. 2, p. 781-83, 785-91 ; E. Tallon, *Vie morale*, p. 164. Cf. Stéphane Lembré, *Histoire de l'enseignement technique*, Paris, La Découverte, 2016, p. 40.

S'appuyant sur des informations provenant des préfets et des Chambres de commerce et sur les travaux d'une nouvelle revue, la bien nommée *Enseignement professionnel*, au-delà des témoignages des experts, la commission pose des questions importantes et controversées : faut-il transformer l'école en centre de gravité pour la formation ? faut-il y organiser des ateliers, ou vaut-il mieux insérer l'école dans l'atelier ? en étoffant et élargissant l'offre éducative, doit-on sous-traiter ce complément (à côté d'autres fonctions de moralisation, protection contractuelle, conseils) à des patronages, sortes de successeurs emblématiques, allégés et pudiques, des anciennes corporations, dont l'expansion, spécialement dans la capitale, mais également en province, constitue un marqueur de la crise ? La commission s'avère pourtant fort peu prescriptrice, discrétion libérale oblige. L'enquête ne débouche pas sur un projet de loi concernant l'enseignement professionnel dont on parle à l'époque. Face à « la gravité » de la situation, « on s'étonnera donc qu'aucune solution ne soit proposée », regrette Tallon, « [...] [que] la question de l'enseignement professionnel sommeille depuis cette époque dans les archives ministérielles ». Mais il ne nie pas les effets toniques d'une prise de conscience de la nécessité de réforme « pour développer dans toute sa plénitude la force productive de la nation », réveil renforcé par des rapports d'autres expositions internationales au sujet de « la pente fatale sur laquelle glisse rapidement notre industrie nationale ». Grâce à ce mouvement, « partout on réclame » – comme chez les Allemands, les Autrichiens et autres peuples voilà peu – « l'organisation de l'enseignement professionnel »[16].

Cette organisation, on la revendique dans la France d'en bas aussi bien que d'en haut. Autorisés à s'assembler pour se pencher sur les intérêts de la classe ouvrière, les délégués à la commission ouvrière constituée à l'occasion de l'Exposition universelle de 1867 discutent énergiquement la question de l'apprentissage (défectueux aux yeux d'un grand nombre de participants) et les moyens de mieux former les futurs ouvriers. Le respect pour le savoir est universel, mais nuancé selon ses expressions et sa temporalité. Eugène Tartaret, ébéniste, un

16. E. Tallon, *Vie morale*, p. 158, 163, 170. Tallon trahit en même temps des sursauts d'optimisme, au moins en ce qui concerne l'opinion publique empruntant la bonne voie. *Ibid.*, p. 180, 192. Sur l'échec de la proposition de loi sur l'enseignement technique, rédigée par le général Morin et son adjoint à la direction du Conservatoire, qui ne s'intéresse que très indirectement à la question de l'apprentissage, et qui occasionne la cristallisation d'un lobby (polytechniciens, scientifiques, industriels, membres des Chambres de commerce de Paris et de Lyon) favorable à la tutelle du ministère du Commerce sur l'éducation technique, voir J.-M. Chapoulie, *L'École d'État conquiert la France*, p. 1-4.

des meneurs, ne choque personne en déclarant que « l'ouvrier qui ne sait que lire, écrire et compter, ne sait rien, et qu'il faut qu'il sache encore bien travailler dans toute l'acceptation du mot ». (Cela dit, moult ouvriers rappellent que tous ne bénéficient pas encore de cette base essentielle : la première priorité, avant de parler savoir-faire, est l'instruction gratuite et obligatoire[17].) Plusieurs délégués imaginent un enseignement professionnel intégré dans l'école primaire, faisant fonction d'une sorte de préapprentissage ; d'autres le conçoivent comme une sorte de formation permanente, accessible tant aux ouvriers qu'aux apprentis, principalement à travers des cours du soir. Quelle qu'en soit la modalité, « c'est indispensable », soutient Eugène Varlin, relieur, souvent gréviste et militant ouvriériste international, « pour le perfectionnement des ouvriers qui n'ont rien à apprendre de la plupart des patrons qui ne sont pas aptes dans leur métier et qui ne sont que des exploiteurs ». Voilà un levier ouvrier souvent oublié dans la lutte des classes.

Le délégué des dessinateurs-mécaniciens fait l'éloge des écoles de métiers depuis celle, pionnière, de La Rochefoucauld-Liancourt dans les années 1780, mais constate qu'« aujourd'hui, elles ont dévié de leur but ». L'école n'est pas forcément la solution, car en « s'éloignant des ateliers » et en donnant le primat à la théorie, absolument nécessaire, mais rendue incompréhensible (« trop savante »), au détriment de la pratique, elle ne vise pas « la masse des ouvriers ». Peut-être une école officielle, accréditée, contrôlée par des gens de « l'extérieur », n'est-elle plus la bonne réponse, note le bibliothécaire de la Commission ouvrière, parlant dans l'idiome de l'orgueil populiste consubstantiel au monde du travail depuis la nuit des temps : « Or, en technologie, il y a quelqu'un qui en sait plus que l'Académie des sciences, plus que le dictionnaire des arts et métiers, ce quelqu'un est tout le monde ; c'est sur le concours de tout le monde que nous comptons pour édifier notre œuvre. » C'est ici la réaffirmation de la culture populaire du travail, malmenée depuis l'ère des Lumières. L'idée de prendre en charge eux-mêmes leur propre éducation, et surtout celle de leurs

17. Reprenant un argument exprimé par maints groupes ouvriers, les tailleurs de cristaux (1867) dénoncent « l'ignorance » d'énormément d'apprentis de tous les métiers, incapables de lire ou écrire, en raison de la « négligence » de leurs parents, ou de leur « misère ». Ils prônent l'urgence de l'instruction « gratuite et obligatoire » jusqu'à douze ans, au moins, même s'il faut donner des « primes » aux familles les plus nécessiteuses. Rapport des tailleurs de cristaux, *Exposition universelle de 1867*, t. 3, p. 15. On verra comment la notion d'obligation ne cesse de tourmenter non seulement les libéraux, vrais croyants, mais bien d'autres qui craignent le retour en force de l'État.

enfants, séduit énormément d'ouvriers, adeptes de la doctrine de « la théorie pratique », esquissée par Joseph Bosc en 1800, et avant par certains écrivains économiques : « La propagation de cet enseignement professionnel mutuel assurerait à la France la suprématie dans l'industrie universelle, plus sûrement que les cours du Conservatoire et de l'école de Turgot. »

Deguergue, tailleur, préfèrerait quant à lui une école professionnelle dédiée à son état, capable de résister tant à « la ruine de la routine » qu'au *deskilling* par le machinisme, pour faire le « bon ouvrier », celui qui possède le métier « complet ». Se situant sciemment du côté des modernes, il plaide pour une école ouverte chargée de « vulgariser les secrets du métier ». Affichant une sorte de libéralisme ouvrier, plusieurs délégués se méfient de toute intervention directe de l'État dans la gestion de l'enseignement (souvent coûteuse, autoritaire, élitiste), optant pour des initiatives décentralisées, entreprises par des chambres syndicales ouvrières de chaque métier, qui pourraient s'occuper également de la rédaction des contrats d'apprentissage et de la surveillance de la formation en atelier. Le modèle, à peine esquissé, ressemble à un apprentissage dorénavant conduit par les ouvriers, globalement confortables avec l'atelier comme site de transmission, pourvu que celui-ci soit entre leurs mains, et en même temps à une sorte de deuxième apprentissage (ou compagnonnage dynamique) disponible pour tous les ouvriers à tout moment[18].

---

18. Pour les trois paragraphes précédents : Eugène Tartaret (éd.), [*Exposition universelle de* 1867.] *Commission ouvrière de 1867. Recueil des procès-verbaux des assemblées générales des délégués et des membres des bureaux*, Paris, Augros, 1868, p. 82-84, 98-107 ; et *Deuxième recueil des procès-verbaux des assemblées générales des délégués et des membres des bureaux*, Paris, Lefèbvre, 1869, p. 207-10, 212, 217. Sur la priorité donnée à l'école gratuite, obligatoire et prolongée, et sur les objections libérales, voir F. Devinck dans *Rapports des délégations ouvrières* [à l'Exposition universelle de 1867], t. 1. Sur la « déviation » de l'école vers un élitisme favorisant les « abstractions » et oubliant « le pain des lendemains », voir Victor Denniée, *De l'enseignement professionnel*, Paris, chez l'auteur, 1852, p. 2, 3, 5, 7-9, 13, 16-18, 31. Sur l'école comme véhicule de l'oppression de l'État ou de classe aux yeux des ouvriers et leur méfiance par rapport à son enseignement, voir G. Duveau, *La Pensée ouvrière sur l'éducation*, p. 251 ; Michelle Perrot, « La Jeunesse ouvrière : de l'atelier à l'usine », dans Giovanni Lévi et Jean-Claude Schmitt (dir.), *Histoire des jeunes en Occident. L'époque contemporaine*, t. 2, Paris, Seuil, 1996. Cf. G. Duveau, qui voit un positionnement ouvrier pour l'école contre l'atelier plus tranché que ce que je relève, idée reprise par Jeanne Gaillard : « Avant 1848 la pensée ouvrière [catégorie d'analyse schématique] hésite entre la formation par l'atelier et la formation par l'école ; dans les années 1860, c'est à l'école qu'elle veut confier le soin d'assumer l'éducation professionnelle. » G. Duveau, *La Pensée ouvrière sur l'éducation*, p. 250 ; Jeanne Gaillard, *Paris, la ville (1852-70)*, Paris, H. Champion, 1976, p. 306-08. En 1848, un délégué des ouvriers rubanniers de la région de Saint-Étienne indique : « Une école professionnelle est urgente pour notre industrie, dont l'apprentissage se fait d'une manière déplorable… » Cité par Pierre Pierrard, *Enfants et jeunes ouvriers en France (XIX-XXe siècle)*, Paris, Les Éditions ouvrières, 1987,

Pendant une vingtaine d'années, l'école s'impose comme le pivot du débat sur l'avenir de l'apprentissage : génériquement, l'école comme détentrice récurrente de l'espoir depuis presque toujours ; spécifiquement, comme pôle pour les uns complémentaire de, pour les autres alternatif à un atelier pâtissant sérieusement de la crise de l'apprentissage auquel il est étroitement identifié. L'école comme cadre de solution se réfère autant à quelques grandes réussites dans le passé redevenues d'une pertinence urgente qu'à plusieurs voix fougueuses. Il est question de divers types d'écoles ou de pratiques d'enseignement, plus ou moins susceptibles d'être imités, tel le réseau d'écoles du travail sur le bois des associations ouvrières illicites dites compagnonnages ; des écoles de dessin (parfois élargies à des sujets auxiliaires comme la géométrie ou la mécanique) dans de nombreuses villes ; des cours d'institutions privées telle la Société philomathique de Bordeaux ; de multiples écoles rendues célèbres par les travaux de leurs élèves présentés dans des expositions universelles ou par la presse : l'école municipale « d'apprentissage » de Nantes, les écoles professionnelles de Mulhouse, Charleville, Lille et Rouen, l'école de la Martinière de Lyon (« *Labore et Constantia* ») et l'école « d'apprentissage » du Havre ; des formations au travail manuel, associées avec des patronages, par le biais d'une école et/ou de cours, tel Saint-Nicolas, sous l'égide des frères de la doctrine chrétienne à Paris ; des formations proposées par des « sociétés paternelles » montées par des syndicats, d'abord patronaux, ensuite ouvriers (dans la capitale, la chambre syndicale des ferblantiers lance le projet d'une « école d'apprentissage » pour les nombreux métiers du bâtiment) ; des « écoles d'apprentissage » mises en route par des entrepreneurs au sein de leurs propres établissements pour recruter des ouvriers aptes à remplir les besoins spéciaux de leurs industries (allant de la fabrication des éléments pour les chemins de fer à l'instruction pour des facteurs de piano) ; des écoles Turgot (ex-Colbert, changement de nom qui est tout un programme), Tournefort et Diderot (cette dernière établie à la Villette, baptisée d'abord « école municipale pour apprentis, plus tard « école municipale professionnelle ») ;

p. 77. Sur cette époque, voir aussi Robert D. Anderson, *Education in France, 1848-1870*, Oxford, Clarendon, 1975. Sur la terminologie multiple pour parler de l'enseignement professionnel, voir : le témoignage de P. Pompée, *Enquête sur l'enseignement* professionnel, t. 1, p. 67-68 ; Léon Retail, *Rôle économique de l'apprentissage et de l'enseignement technique*, Paris, Presses universitaires de France, 1925, p. 3, 59 ; Thérèse Charmasson *et alii* (dir.), *L'Enseignement technique de la Révolution à nos jours (1789-1926)*, t. 1, Paris, Economica-INRP, 1987, p. 26-30 ; Stéphane Lembré, *École des producteurs. Aux origines de l'enseignement technique (1800-1940)*, Rennes, Presses universitaires de Rennes, 2013, p. 20.

et du trio prestigieux et sélectif des écoles d'arts et métiers, dont la généalogie remonte au duc de la Rochefoucauld-Liancourt au siècle des Lumières, de Châlons-en-Champagne, d'Angers et d'Aix-en-Provence, institutions glorifiées par Denis Poulot[19].

LES « ÉCOLISTES » ET L'ÉCOLE DITE D'APPRENTISSAGE

Le moins connu des personnages intervenant dans le débat sur l'école est sans doute Gustave Salicis, malgré sa distinction lors de la guerre de Crimée et sa vaine mais spectaculaire tentative de soulever ses compatriotes contre la reddition aux Prussiens, début 1871. Ce polytechnicien mène une croisade plutôt discrète, dans ses nombreux livres et comme agent public (y compris comme inspecteur

---

19. Agricol Perdiguier, *Le livre du compagnonnage*, t. 1, Paris, chez Perdiguier, 1857, p. 139, t. 2, p. 272 ; Eugène Oscar Lami (dir.), *Dictionnaire encyclopédique et biographique de l'industrie et des arts industriels*, Paris, Librairie des dictionnaires, 1891, p. 760 ; E. Tallon, *Vie morale*, p. 181-87 ; O. Gréard, *Éducation et instruction*, p. 105, 189, 196 ; *Bulletin de la Société de protection des apprentis* (1884), p. 90, 91 ; *Reports of the U. S. Commissioners to the Paris Universal Exposition, 1878*, Washington, D. C., U.S. Government printing Office, 1880 ; Édouard Ducpétiaux, *De la condition physique et morale des jeunes ouvriers et des moyens de l'améliorer*, t. 2, Bruxelles, Meline, Cans et Compagnie, 1843, p. 188-89 ; André Prevot, *L'Enseignement technique chez les frères chrétiens au XVIIIe et au XIXe siècles*, Paris, Ligel, 1964, p. 13, 15-16, 25, 47-52, 61-65, 101, 126-33, 151 ; numéro thématique « L'offre locale d'enseignement. Les formations techniques et intermédiaires, XIXe-XXe siècles », par Gérard Bodé et Philippe Savoie (dir.), dans *Histoire de l'éducation*, n° 66 (1995) ; Raymond Oberlé, *L'Enseignement à Mulhouse de 1798 à 1870*, Strasbourg, Faculté des lettres et Éditions Ophrys, 1961 ; Serge Tomamichel, « Les prémices de l'enseignement professionnel en Savoie (1860-1939) », dans Denis Varaschin, Hubert Bonin et Yves Bouvier (dir.), *Histoire économique et sociale de la Savoie de 1860 à nos jours*, Genève, Droz, 2014 ; J.-M. Chapoulie, *L'École d'État conquiert la France*, p. 10-12 ; Philippe Savoie, « L'Enseignement technique industriel en France : l'influence des écoles d'arts et métiers », dans Gérard Bodé et Philippe Marchand (dir.), *Formation professionnelle et apprentissage, XVIIIe-XXe siècles*, Lille/Paris, INRP et *Revue du Nord* (2003), p. 129-41. Le libéral pragmatique Ernest Nusse évoque le reproche, en s'interrogeant sur son bien-fondé, selon lequel la prolifération de prétendues « écoles » et autres « fabriques d'apprentis » traduit une impatience cupide de recruter une provision régulière de main-d'œuvre bon marché plutôt que l'objectif de produire « des ouvriers complets ». *Bulletin de la Société de protection des apprentis* (1884), p. 378. Cf. S. Lembré, *Histoire de l'enseignement technique*, p. 37, 42-43. Les écoles d'arts et métiers encensées par Poulot sont vivement attaquées par bien des ouvriers qui dénoncent leur élitisme dans la sélection, le programme (leur fétichisation de la théorie} et le placement. G. Duveau, *La Pensée ouvrière sur l'éducation*, p. 270. Pour la défense (précoce) de ces institutions, voir deux textes réformateurs et moralisateurs canoniques : Charles Dupin, *Avantages sociaux d'un enseignement public appliqué à l'industrie*, Paris, Bachelier, 1824, p. 10-12, 18, 21-29 et Louis-René Villermé, *Tableau de l'état physique et moral des ouvriers employés dans les manufactures de coton, de laine et de soie*, 1840, Paris, CNRS, 1989, p. 451-55. En contrepoint du courant enthousiaste, voir la résistance bourgeoise et universitaire au développement institutionnel de l'enseignement professionnel : Maurice Crubellier, *L'Enfance et la Jeunesse dans la société française, 1800-1950*, Paris, A. Colin, 1979, p. 137-38.

général de l'Instruction publique), en faveur de l'enseignement du travail manuel dès le premier degré. Proposé en plusieurs déclinaisons institutionnelles, cet enseignement pouvait servir comme une sorte de préapprentissage, ou, éventuellement, favorisant « l'œil » et « la main » un peu aux dépens de « la plume et du livre », dispenser les enfants d'un très long passage en atelier professionnel avant de se faire embaucher comme ouvriers compétents. Grâce à une orientation très précoce lui permettant de choisir sa profession, l'enfant ne connaîtrait jamais « le dégoût du travail », force de démoralisation et d'aliénation. Salicis conçoit un « apprentissage scolaire » de trois ans (par contrat entre l'école et la famille, légèrement subventionnée) préparant l'élève à être prêt immédiatement pour la production en entrant dans l'atelier : formé comme « encyclopédiste du travail manuel [...] il peut se mettre à tout ». Ce système inculquerait également les bonnes valeurs sociales, c'est-à-dire, conservatrices : l'enfant, mis à l'abri de la privation et de l'insécurité, s'épanouirait dans la tranquillité, avec le tempérament d'un « modéré ». Intimement impliqué dans l'organisation des cours visant l'habileté au travail à l'école de la rue Tournefort, en 1873, Salicis annonce un projet de loi, qui ne semble pas avoir attiré d'appuis politiques sérieux, pour la création à Paris « d'un grand établissement d'enseignement primaire et professionnel, muni d'ateliers élémentaires, dans lequel les enfants des deux sexes recevraient les notions usuelles des connaissances nécessaires à l'homme, au travailleur, au citoyen ». L'accusation récurrente suivant laquelle il souhaite « supprimer l'apprentissage » fâche ce haut fonctionnaire un peu électron libre ; au contraire, son école « abrégerait des deux tiers le temps si pénible de l'apprentissage ». Salicis jouit d'un bref succès avec la fondation d'une École normale supérieure de travail manuel qui a tenu peu de temps, et d'une réussite inégale mais plus durable avec l'introduction du travail manuel dans les écoles primaires supérieures[20].

Les deux « écolistes » les plus marquants, Anthime Corbon et Octave Gréard, constituent implicitement une sorte d'équipe pour la promotion d'une école dite d'apprentissage, dont la définition

20. G. Salicis, *Enseignement primaire et apprentissage*, p. 78-83, 120-41, 151-53, 164-73, 188 ; *Instruction pour l'enseignement manuel dans les écoles primaires*, Paris, Chaix, 1885 ; *L'Opinion nationale* (20 janvier 1873) ; *Bulletin de la Société de protection des apprentis* (1873), p. 335. Octave Gréard est plus attaché à une approche de culture générale que G. Salicis, mais l'opposition entre les deux semble moins tranchée que ne le suggère R. d'Enfert : « L'Introduction du travail manuel dans les écoles primaires de garçons, 1880-1900 », p. 42-43, 45.

n'est pas totalement invariable. Gréard développe le projet dans les années 1870, inspiré par la critique mordante des effets aussi nuisibles qu'inefficaces de l'atelier, faite par son ami Corbon, et ce dernier, comme membre du Sénat, prend le relais en 1880 pour parrainer la tentative de passer à l'acte législatif. Haut fonctionnaire dans le domaine de l'éducation – adoubé par Jules Ferry « premier instituteur de France » –, Gréard met en garde le gouvernement, si soucieux d'encourager la croissance économique : l'apprentissage, dans sa forme historique et fortement dégradée, « cette pépinière de l'industrie, tue l'industrie ». Ayant étudié la question de près, en France et à l'étranger, il trouve très peu de modèles intéressants : l'école du Havre est la grande exception. Les autres, au mieux, constituent des « correctif[s] aux abus de l'atelier », mais ne sont pas des « mode[s] d'éducation ». L'école d'apprentissage envisagée par Gréard, puis incarnée dans l'établissement de la Villette, ouvert fin 1872, se situe d'abord dans le monde dit des classes laborieuses (mais du côté des familles pouvant entretenir un enfant qui ne rapporte rien à la maison jusqu'à seize ans). Gréard n'oublie jamais cette sociologie : pour vacciner les enfants contre le sublimisme, il faut les « moraliser » et, quelque part – il est condescendant peut-être sans s'en rendre compte –, les civiliser (langage, vêtements, hygiène, manières, mais également « vertus civiles », « sentiment du devoir », sensibilité à « la justice » et à « l'égalité »). Ces enfants resteront ouvriers, mais deviendront ouvriers à l'abri, de bons ouvriers et de « bons sujets » (République oblige...), capables de gagner leur vie même avec une certaine aisance relative, surtout sans tomber dans la précarité. Aux adolescents, à partir de treize ans, et pendant trois ans, « seront enseignés théoriquement et pratiquement [*sic*] » les métiers de fer et de bois (à l'instar du Havre) : le refus du théorique, pour ce haut fonctionnaire pénétré des leçons de l'*Encyclopédie*, est un des défauts majeurs de l'atelier. Les deux premières années imposeront six heures par jour « d'exercices manuels » (principalement sous la houlette de contremaîtres expérimentés) à côté de quatre heures « d'études intellectuelles », tandis que l'économie quotidienne pendant la dernière année sera de huit heures contre deux heures. Au-delà du travail directement sur les métiers, on proposera de l'enseignement dit général, de la « technologie » (outils, matières premières, méthodes de transformation, hygiène) et du dessin/dessin géométrique. « Que deviendront les jeunes gens que nous allons rendre à la vie ouvrière ? », demande l'auteur : « Ils sortent certainement de l'école plus vigoureux, plus instruits, pourvus de solides principes, sérieusement préparés au métier qu'ils doivent exercer. » Pourtant – Gréard est lucide –, il reste « bien des difficultés » à vaincre et « bien des préjugés » à détruire, avant de pouvoir « persuader aux parents et aux patrons qu'il y a intérêt, disons le mot dans sa crudité, qu'il y a profit, pour eux comme pour la société à laisser l'apprenti se former dans une atmosphère de travail intelligent, de moralité et de santé »[21].

L'école de la Villette connaît un éclatant succès, malgré certaines déceptions que son fondateur avoue sans ambages. Des « atelieristes » implacables reprochent l'étroitesse de son offre professionnelle, car il y a une abondance de métiers hors de sa portée. Gréard ne nie pas l'existence de contraintes impérieuses (notamment logistiques et financières), mais note que, grâce à l'apport théorique et aux méthodologies qu'il donne, on peut apprendre une multiplicité de métiers, car « un petit nombre de lois explique une infinité de phénomènes ». Par ailleurs, en fonction des circonstances, une école pourrait bénéficier d'une certaine expansion : par exemple, La Villette acquiert rapidement une machine à vapeur, de grosses machines-outils et la capacité de traiter plusieurs professions dites mécaniques (« au besoin, on y ferait des locomotives », dit un de ses soutiens passionnés). Albert Huret, président du syndicat des patrons carrossiers (Seine), fait partie des nombreux entrepreneurs qui déclarent qu'ils « voudr[aient] une école d'apprentissage sur le modèle de celle de la Villette ». Martin Nadaud, apprenti sur le tas dans les chantiers parisiens

---

21. O. Gréard, *Éducation et instruction*, p. 218, 222-24, 229-33, 236-37, 240-41, 244-47, 249-52, 254-55, 258, 260-62 ; *Bulletin de la Société de protection des apprentis* (1868), p. 292 ; Émile Levasseur, *Questions ouvrières et industrielles en France sous la Troisième République*, Paris, A. Rousseau, 1907, p. 355. Octave Gréard s'appuie sur le paradigme tripartite de César Fichet, élaboré trente ans plus tôt : « 1. L'initiation à ce qu'il appelait la gymnastique du métier, maniement des outillages et étude des matières premières ; 2. La description par l'épure des pièces à réaliser ; 3. La réalisation en nature de ces mêmes pièces. » Écrivant en 1900, Julien Fouqué remarque que l'école d'apprentissage, comme le craignait O. Gréard, reste impuissante à empêcher des départs précoces de jeunes tentés par l'appât du gain immédiat. « La Crise de l'apprentissage », *Bulletin de la Société de protection des apprentis* (1900), p. 311-12 Cf. Denis Poulot, qui partage la conviction de « la nécessité de l'apprentissage par l'école professionnelle », mais croit, de manière donquichottesque, que l'on peut le faire sur le modèle de son *alma mater*, les écoles d'arts et métiers, approche que Gréard rejette comme élitiste. *La Question sociale*, p. 259, 264, 266-67, 283. Le lobby « écoliste » est quasi reproduit dans la composition de la commission chargée d'étudier les questions relatives à l'enseignement professionnel à Paris. Parmi ses membres, sous la présidence du sénateur Anthime Corbon, se trouvent M. Nadaud (député), H. Tolain (sénateur), D. Poulot, G. Salicis, O. Gréard, accompagnés par plusieurs ingénieurs mécaniciens, inspecteurs des Écoles de la ville, conseillers municipaux et professeurs. *Bulletin de la Société de protection des apprentis* (1880), p. 223.

devenu député, voit dans La Villette la riposte définitive à toutes les objections à ce genre de transmission. L'adolescent passe par la « rotation » en première année, essayant une palette de métiers, meilleur moyen de « révéler à l'enfant ses goûts, ses aptitudes, sa vocation ». L'année suivante, « l'apprenti se fixe sur le choix d'un métier », relate le député : « Ceux qui sortent de cette école sont plus recherchés par les patrons du dehors que les autres apprentis qui ont donné 5 ans de bénéfices à des maîtres »[22].

Gréard restera très attaché au concept et à l'institution de l'école d'apprentissage. Mais il doit semer le trouble parmi ses propres troupes quand il dément – tentative d'apaisement ? manipulation politique ? automystification ? – « qu'il s'agit de substituer l'école à l'atelier ». Une telle pensée, soutient ce pédagogue, serait « contre la nature des choses et le bon sens ». Prenant un ton qu'il veut neutre, il remarque que dans un apprentissage traditionnel de cinq ans, « il n'y a de réellement profitable pour l'éducation professionnelle que la dernière année ou les deux dernières années de l'atelier ». Autrement dit, entré dans l'atelier à quinze ans, l'apprenti ne commence à exercer sérieusement son futur métier qu'à seize ou dix-sept ans. Il est employé essentiellement à « des occupations domestiques où il a tout à perdre et rien à gagner ». Gréard propose donc son école comme une meilleure alternative : « Or ne conçoit-on pas une école qui reçoive l'enfant pour le préparer – par le maniement des outils générateurs de toutes les formes du travail, combiné avec l'étude de la technologie et du dessin industriel – à aborder de haute main la pratique de sa profession ? » Il déploie une sorte de casuistique qui lui permet de rester fidèle à lui-même (pas complètement cependant à Corbon) et de ne pas totalement s'aliéner la *sanior pars* du camp d'en face : « Supprimer l'apprentissage de l'atelier dans ce qu'il a de réel, serait une chimère. Mais est-il chimérique de chercher à remplacer la partie presque nulle, bien plus, radicalement funeste, de l'apprentissage de

22. Joseph Barberet, *Le Travail en France. Monographies professionnelles*, 6 vol., Paris, Berger-Levrault et Cie, 1886-1890, t. 3, p. 408 ; *Bulletin de la Société de protection des apprentis* (1880), p. 40. Cf. l'appel de « M. Robert, entrepreneur », pour la fondation « d'une véritable École publique d'apprentissage pour les principales professions ouvrières », ce qu'il décrit comme « une grande école multiple où soient enseignés simultanément, sous la direction de contre-maîtres habiles et pratiques, les diverses professions qui demandent un trop long apprentissage ». L'aboutissement : « L'ouvrier verra enfin que l'on songe à lui, et ne pourra pas dire qu'il n'y a que des écoles militaire, polytechnique ou normale ; il y aura de vraies Écoles professionnelles, où l'enseignement pratique d'un métier sera, non pas l'accessoire, mais le principal. » *Bien public* (3 mars 1873).

l'atelier par une sorte de stage méthodique et raisonné ? » Réduire les trois ans de scolarisation à la Villette à « un stage » paraît incongru, voire factice. Sortant de cette école, un « apprenti » est censé pouvoir intégrer sans difficulté les meilleures maisons. Est-ce cela le sens de la réhabilitation qu'esquisse Gréard ? L'apprenti retrouve l'atelier et profite de ses activités quand il entre (son diplôme en poche) comme ouvrier ? Ou le réformateur éducatif se dédit-il en rabaissant l'école d'apprentissage à une expérience de préapprentissage – « un apprentissage préparatoire à l'atelier »[23] ?

Deux sénateurs, Corbon et Tolain, amis de Gréard, s'évertuent à lever l'ambiguïté, sans totalement réussir, en défendant devant la chambre haute leur projet de loi en 1880 pour la création des écoles d'apprentissage. Depuis plus de deux décennies, la virulence de la rhétorique d'Anthime Corbon ne s'est guère émoussée. De l'analyse poussée de ses livres, il passe à l'exhortation au Sénat. Il est impatient d'agir ; son idiome est l'impératif : pour répondre aux « nécessités » patriotiques, économiques et morales de la nation – notamment aiguillonner la croissance économique, revitaliser la compétitivité internationale, renforcer le lien social et régénérer la formation ouvrière –, il faut institutionnaliser et propager l'école d'apprentissage. La crise de l'apprentissage est en fait le naufrage de l'atelier : « S'il ne se fait pas à l'atelier [...] il faut bien qu'il se fasse quelque part. » Si envoyer un enfant en atelier est une abomination morale, une faute et une impasse professionnelle et sociale, Corbon se veut réaliste. Même si l'école d'apprentissage est la solution idoine, elle ne couvrira pas tout le territoire et elle mettra du temps à s'insérer dans le tissu éducatif et économique. D'où son recours à un système double, repris par Gréard, sans doute la source de l'ambiguïté déconcertante. Pour armer l'enfant des classes laborieuses pour la vie et, ce faisant, le diriger vers une profession, Corbon souhaite que l'enseignement général et l'enseignement professionnel rudimentaire soient menés de manière parallèle à l'école primaire. Il faut « habituer » les élèves au travail manuel (bois, métal), en somme organiser une sorte de préapprentissage. Avec un peu d'imagination et de la bonne volonté, ce dernier, insiste Corbon, est facile à faire. Il préparera l'enfant (dans le meilleur des cas) pour l'école d'apprentissage, sinon pour mieux vivre l'atelier[24].

23. O. Gréard, *Éducation et instruction*, p. 214-22.

24. Anthime Corbon, débat du 3 mai 1880 (Sénat), *Bulletin de la Société de protection des apprentis* (1880), p. 124-27, 129. Voir aussi A. Corbon, *De l'enseignement professionnel*, p. 72-73, 128, 1732, 175-77. Cf. S. Lembré, *École des producteurs*, p. 87.

DE LA CRITIQUE VIRULENTE À L'ACCOUCHEMENT MODESTE

Henri Tolain, vétéran des causes ouvrières et de la bagarre politique, radicalise quelque peu le discours de Corbon, notamment en réponse à une sévère critique du projet par le ministre de l'Agriculture et du Commerce. Ce dernier l'accablait pour de multiples défauts : fondé sur une analyse alarmiste de l'économie et même de l'état de l'apprentissage, trop ambitieux, inadapté à une grande partie de l'Hexagone, trop centralisé, trop cher. Réfutant les positions point par point, Tolain met davantage encore l'accent sur la décadence morale et matérielle, le déclin relatif de l'économie française dans le monde, la détérioration dramatique de l'enseignement professionnel, l'abandon des enfants, dans l'atelier et dans les rues, la résignation des élites, sans volonté de résister à ou de tenter d'infléchir certaines tendances lourdes de la révolution industrielle, particulièrement la domination des hommes par les machines et l'extrême division du travail. L'enjeu ultime n'est rien moins que la démocratie elle-même : si on laisse s'instaurer chez les jeunes « la paresse d'esprit » et s'éteindre « l'amour du travail », la capacité citoyenne s'en trouvera entamée[25].

Tout le mal ne provient pas de l'atelier, mais celui-ci l'aggrave au lieu de le combattre. Il est cause et complice de la décadence : quel énorme paradoxe que le site historique de la transmission du savoir et du démarrage d'une ascension sociale (lente mais sûre) soit le théâtre de la déqualification et du déclassement. L'enfant sort de l'atelier quasi décervelé, plus ou moins débauché, incapable de raisonner sur le travail ou la société. Il ne sait faire ni « l'analyse » ni « la synthèse ». Il est tout sauf « l'ouvrier complet » ou le « bon citoyen », des catégories quelque peu idéalisées par le sénateur. Dans l'atelier, l'apprenti « ne reçoit aucune notion de sciences appliquées qui

---

25. Henri Tolain, débat du 3 mai 1880 (Sénat), *Bulletin de la Société de protection des apprentis* (1880), p. 128-39, 144-47 ; Rapport de H. Tolain, 12 février 1879, dans *ibid.*, p. 38-39 ; H. Tolain, *Rapport fait au nom de la Commission chargée d'examiner la proposition de loi, adoptée par la Chambre des députés sur les écoles manuelles d'apprentissage*, Paris, Mouillot, 1880 ; H. Tolain, *Rapport sur la création d'écoles d'apprentissage*, Paris, C. de Mourgues frères, 1881, p. 1-8, 13-14, 17-23. Sur sa vision de « chaque ouvrier, véritable artisan, complet dans son métier », voir Citoyen Tolain, *De la République du travail*, Paris, La Bibliothèque, 1879, p. 7. Sur sa vie, voir https://maitron.fr/spip.php?article136028, notice Tolain Henri, Louis, version mise en ligne le 1er décembre 2010, dernière modification le 23 décembre 2020. Sur la loi de 1880 et ses suites, voir : J.-M. Chapoulie, *L'École d'État conquiert la France*, p. 19-22.

seules font progresser l'industrie et peuvent lui ouvrir des horizons nouveaux ». Comment prétendre que l'atelier demeure l'espace privilégié de transmission quand il a montré pendant tout le XIXe siècle son impuissance à s'adapter aux grandes mutations qui ne cessent de bouleverser l'économie et la société ? S'appuyant sur sa propre expérience comme ouvrier ciseleur, Tolain assure bien savoir « ce qu'on apprend en apprentissage [...] rien de plus que ce qu'il serait très facile d'apprendre à l'école primaire ». Après quatre ou cinq ans d'atelier, l'apprenti maîtrise peu de choses, « même pas le maniement de tous les outils usuels », un enseignement rabougri que l'on pourra organiser « dans un atelier adjoint à l'école primaire ». Cette dernière étape d'initiation est importante, voire fondamentale, mais Tolain ne veut pas qu'elle occulte l'essentiel (et ravive ainsi le paradoxe confondant) : l'atelier a fait son temps ; il sera remplacé comme structure structurante par l'école, nouvelle incarnation de l'apprentissage meurtri. L'atelier ne disparaîtra pas totalement ; il serait en quelque sorte purgé, puis réinventé, pris en main par et subordonné à l'école. Cette dernière permettra, « si elle est organisée sérieusement [...] de mettre un enfant, au bout de 3 années d'apprentissage [au sein de l'école] en état de gagner sa vie » dans plusieurs spécialités. Aux yeux des sceptiques, cette prétention d'employabilité immédiate demeure fort hypothétique.

Une loi du 11 décembre 1880 autorise la création, par des communes et des départements, d'« écoles manuelles d'apprentissage », entre autres choses[26]. Comme c'est souvent le cas, il y a un double

26. « Écoles *manuelles* d'apprentissage » : ce nouveau vocable dénote pour les uns pléonasme (bien sûr, une école dédiée à l'apprentissage va se consacrer essentiellement au manuel), pour les autres oxymore (comment concilier l'école, dont l'esprit est d'essence académico-universitaire, et le manuel, qui ne prospère qu'à l'atelier ?). Les rédacteurs parlementaires de la loi ont peut-être envie de faire un pied de nez à leurs détracteurs en insistant justement sur le caractère profondément pratique, terre-à-terre, populaire de leur projet. Sans doute les rédacteurs ministériels de la loi ont-ils envie, par prudence, de distinguer cette école bicéphale (relevant du « double enseignement » d'Octave Gréard) des autres (soit du côté général, soit du côté professionnel), de la doter d'une catégorie « spéciale » qui sera célébrée si l'école réussit et vite oubliée comme une aberration si elle échoue. Cette école, considérée comme « expérimentale », est assimilée par les uns à l'école primaire, par les autres à l'école primaire supérieure. Voir Ministère de l'Instruction public et des Beaux-arts, *Programmes généraux des Écoles manuelles d'apprentissage*, Paris, Imprimerie nationale, 1888 ; Charles Lucas, *Conférence sur l'enseignement professionnel en France depuis 1789* [Conférences de l'Exposition universelle internationale de 1889], Paris, Imprimerie nationale, 1890, p. 22-24 ; Félix Martel, *L'Enseignement technique en France*, t. 2, Paris, Imprimerie nationale, 1900, p. 1 ; et T. Charmasson *et alii* (dir.), *L'Enseignement technique de la Révolution à nos jours*, t. 1, p. 32-37.

décalage entre le discours de ses promoteurs les plus ardents et le texte de la loi, d'une part, et entre ce dernier et son interprétation et sa mise en œuvre, de l'autre. L'État est moins directement engagé dans l'établissement de ces écoles que ne le souhaitent ses partisans, pas forcément étatistes, mais méfiants à l'égard d'une décentralisation poussée. Il faut attendre sept ans pour la rédaction du programme définitif. Dès le mois de mai 1881, le ministère de l'Instruction publique (en accord avec le ministère de l'Agriculture et du Commerce, dans l'esprit d'une gestion partagée dite « condominium » qui régnera un certain temps) demande au sénateur Tolain de présider une commission chargée d'élaborer « un projet d'école nationale mixte d'enseignement primaire supérieur et professionnel ». De quoi s'agit-il au juste ? D'un plan pour renforcer l'existence institutionnelle des écoles d'apprentissage ou au contraire pour les phagocyter dans un nouveau cadre qui les asphyxie ? Comment Tolain peut-il lire l'ambition que dévoile le ministre-commanditaire de « créer une école nationale d'enseignement primaire supérieur et d'enseignement professionnel *préparatoire à l'apprentissage* » [nous soulignons] ? Tolain ne veut pas préparer qui que ce soit pour l'apprentissage. Comme il le fait valoir fortement dans ce même rapport, le but de la loi de 1880, telle qu'il la conçoit, est de « remplacer, et même remplacer avec avantage, ce qu'était pour les jeunes gens l'apprentissage d'autrefois ». Il veut bien encourager la socialisation dans le travail manuel à l'école primaire, mais dans l'espoir que ce programme de quasi-préapprentissage mènera à l'école d'apprentissage plutôt qu'à l'atelier. La municipalité de Paris crée alors 6 écoles d'apprentissage, toutes spécialisées (meuble, céramique, livre...) dans les années 1880. Dans la France entière, on n'en recense que 25 en 1890[27].

VERS LE PRAGMATISME RÉFORMISTE ET PATRIOTIQUE

À l'occasion de l'Exposition universelle de 1889, les organisateurs de la section « économie sociale » posent des questions analogues concernant l'atelier (rapports entre patrons et apprentis, influence de l'expérience d'apprentissage sur le développement moral, professionnel,

27. Henri Tolain et P. Jacquemart, « École nationale d'enseignement primaire supérieur et professionnel », Rapport au ministre de l'Instruction publique, dans *Bulletin administratif et l'instruction publique*, t. 24, n° 149 (1881), p. 1131-42 ; J.-M. Chapoulie, *L'École d'État conquiert la France*, p. 19-22.

physique et intellectuel de l'apprenti, fréquence avec laquelle il est préféré sur le marché du travail aux élèves sortant d'une école professionnelle), l'école professionnelle (vise-t-elle à forger des ouvriers ou des contremaîtres ? Combien de temps consacre-t-elle à des travaux pratiques ?) et les sociétés de patronage (jouent-elles un rôle dans l'instruction professionnelle ?). Tout à la fin du siècle, une enquête auprès des syndicats ouvriers de l'imprimerie à travers l'Hexagone révèle une sérieuse méfiance par rapport à l'atelier (« défectueux » dans l'enseignement, « à peu près nul » ; organisation qui laisse l'apprenti « trop livré à lui-même »), mais en même temps un manque d'enthousiasme à l'abandonner totalement. La partie quantitative, mal menée et rapportée, donne 23 syndicats préférant l'atelier, 13 l'école, et 19 pour une solution mixte[28].

L'engagement idéologique et la bataille politique n'aveuglent pas les soutiens de l'école, qu'ils présentent non comme une panacée, mais comme un nouveau départ, une solide alternative, plus ductile et moins sectaire que ne le prétendent ses pourfendeurs. La ligne est majoritairement pragmatique : « il faut s'incliner devant le fait » que l'atelier, seul, ne peut plus porter la charge. L'école signifie le bon ordre, le programme pensé, l'équilibre nécessaire, des choix bien informés, un espace protégé d'épanouissement. C'est la fin des corvées les plus insupportables, même si cela n'est pas forcément l'essentiel ; c'est surtout le retour à une notion de maîtrise, relative et graduelle, d'un savoir qui permettra à l'enfant d'exercer son métier pleinement, ayant capitalisé beaucoup de connaissances, mais sachant ce qu'il ne sait pas et comment y remédier. Les cyniques remarquent que, face aux dégâts de la crise, on ne peut pas faire pire à l'école ; les optimistes préfèrent croire que, grâce aux outils acquis à l'école, tant l'esprit critique que des informations précises, on pourra toujours faire mieux après. On reproche pourtant à l'école sa distance avec la « réalité », réprobation qu'entonnent encore en 2021 des entrepreneurs face à l'alternance qui leur paraît contraignante. Les défenseurs de l'école, loin de jouer les bonimenteurs, maintiennent

28. Gustave Berger, « Monographie de l'apprentissage français à l'exposition de l'économie sociale » (extrait du *Bulletin de la Société de protection des apprentis*, octobre-décembre 1889), Paris, Chaix, 1890, p. 20-24 ; Ministère du Commerce et de l'Industrie, Direction des travaux, *L'Apprentissage industriel. Rapport sur l'apprentissage dans l'imprimerie, 1899-1901*, Paris, Imprimerie nationale, 1902, p. 239-59. Un quart de siècle plus tard, la thématique n'a pas radicalement changé. Voir l'annonce d'un débat sur « L'Apprentissage doit-il se faire dans des Écoles ou des ateliers », dans *Bulletin du comité de patronage des apprentis du XIIIe arrdt* (juin 1917), p. 19.

toutefois qu'on y arrivera, juste plus lentement. L'absence de cadence et de pression commerciale sera vite compensée une fois que l'enfant entrera dans le marché du travail[29].

Les adeptes de l'école refusent l'idée d'une opposition immanquablement fatale séparant une culture semi-savante d'une culture de métier. L'idée des deux cultures est bien saisie par une servante bretonne – anecdote rapportée par Gustave Salicis, promoteur inlassable du travail manuel à l'école – qui explique que « les enfants ne travaillent pas à l'école, ils étudient ». Si les gens de l'école ne parlent pas le même langage que les gens de l'atelier, c'est un phénomène à la fois souhaité et voué à terme à disparaître, car l'atelier rejoindra l'école de plusieurs manières, mais après avoir été redressé et rajeuni. Ses champions jurent que cette école-là ne sera pas un cheval de Troie des humanités, comme s'en plaignent des jusqu'au-boutistes de l'atelier

29. P. Astier et I. Cuminal, *L'Enseignement technique, industriel et commercial*, p. 328 ; F. Dubief, *L'apprentissage et l'enseignement technique*, p. 28 ; C. Grignon, *L'Ordre des choses*, p. 215-16, 220 ; discours de G. Salicis, Société de l'orphelinat de la Seine (pour l'assistance et l'apprentissage des orphelins et des enfants abandonnés), Paris, Société de l'orphelinat de la Seine, 1879, p. 21 ; Auguste Boudra (directeur de l'école professionnelle de l'horlogerie), *Pour l'apprentissage*, Lyon, chez l'auteur, 1909, p. 14-15 ; E. O. Lami, *Dictionnaire encyclopédique et biographique de l'industrie et des arts industriels*, p. 760 ; peintres sur céramique dans *Rapports des délégations ouvrières* [à l'Exposition universelle de 1867], t. 3, p. 40-41 ; *Bulletin de l'Apprentissage* (juin 1909) ; Silvanus P. Thompson, *Apprenticeship Schools in France*, Londres, Hamilton, Adams & Co., 1879, p. 3-8, 11, 16, 53, 57-58, 64 ; Conseil supérieur de l'enseignement technique, Ministère de l'Instruction et des Beaux-Arts, sous-secrétariat d'État de l'enseignement technique, *Le Problème de l'apprentissage. Les solutions proposées*, p. 14-17, 22 ; L. Durassier, « Rapport du jury international » (groupe XVI-économie sociale, hygiène assistance publique), Ministère du Commerce, de l'Industrie, des Postes et des Télégraphes, *Exposition universelle internationale de 1900*, p. 101-02 ; Farez (ingénieur et professeur), *L'Apprentissage méthodique des métiers dans les écoles publiques*, Douai, L. Crépin, 1881, p. 4-7, 10, 12, 14, 17. Voir la brillante juxtaposition de l'école et de l'apprentissage par François Sigaut, « L'Apprentissage vu par l'ethnologue. Un stéréotype ? », dans Denis Chevallier (dir.), *Savoir faire et pouvoir transmettre. Transmission et apprentissage des savoir-faire et des techniques*, Paris, Maison des sciences de l'homme, 1981, p. 34, 40-41. Jean-Pierre Grosse montre l'engouement pour la théorie en pleine Révolution, tandis que bien plus tard Émile Cacheux relate l'hostilité à cette même théorie : J.-P. Grosse, « Le Projet de l'an II : promotion ouvrière et formation professionnelle », *Annales historiques de la Révolution française*, n° 300 (avril-juin 1995), p. 210, 217-18 ; É. Cacheux, *État actuel du patronage*, p. 46-47. Sven Steffens évoque des questions cruciales mais difficiles à cerner (visant particulièrement la Belgique et l'Allemagne) : l'antagonisme d'abord des patrons à l'assistance des apprentis et des ouvriers au cours de l'enseignement technique, et l'hostilité des apprentis particulièrement à la dimension théorique de cet enseignement (« aux contenus souvent éloignés de leurs aspirations »). Sven Steffens, « De l'atelier à l'école : la perception de l'apprentissage dans les métiers artisanaux (Belgique, Allemagne, XVIIIe-XXe siècles) », dans G. Bodé et P. Marchand (dir.), *Formation professionnelle et apprentissage*, p. 77-78. Concernant le déficit d'enthousiasme des jeunes pour les cours complémentaires et autres formes d'enseignement professionnel, voir S. Lembré, *Histoire de l'enseignement technique*, p. 42. Sur la préférence pour l'atelier, notamment dans le Nord, entre les deux guerres mondiales, voir S. Lembré, *École des producteurs*, p. 289, 292.

(gage demandé : que les enseignants soient des « techniciens », des maîtres ou des ouvriers, surtout pas des « universitaires »). « L'écolisme » politique au début du XXe siècle est en quelque sorte centriste et prudent, sans rompre la communauté d'esprit avec ses alliés, mais prenant la mesure des choses avec un œil rivé sur les perspectives législatives, sur la possibilité d'avoir l'impact le plus fort et durable sur la population la plus grande.

Tout en critiquant l'atelier comme manifestement insuffisant, les partisans de cette ligne ne le diabolisent pas : il sert toujours, notamment dans la France profonde, à la campagne et dans de petites villes, et, sujet à des modifications de méthode et de comportement, servira encore demain, notamment à l'intérieur de l'école. Bien des familles ne pourront (ou ne voudront) pas profiter de l'opportunité d'envoyer leurs enfants dans une école spéciale après le primaire. D'où l'idée, déjà largement présente, mais de manière très inégale et dispersée, d'imaginer la dissémination du savoir par des cours de type varié, de penser l'école en termes fluides et maniables, hors-les-murs ou au moins hors-les-horaires et peut-être hors-les-méthodes habituelles. Malgré le goût jacobin pour « une solution une » – taille unique, approche universelle et uniforme –, l'option « école » offrira une panoplie d'hypothèses et de possibilités. Au centre de l'optique scolaire se trouve l'apprenti comme acteur individuel, plutôt qu'une institution quelconque – atelier, école ou collectivité. Une forte pulsion patriotique façonne le projet « écoliste » : en fabriquant le bon ouvrier/bon sujet, il sert l'intérêt national. Ce dernier invite à regarder ailleurs : il n'est pas possible d'ignorer les résultats extrêmement impressionnants des Allemands qui, sans renoncer à l'atelier (le nouveau régime « corporatiste » doit corriger « sa forme archaïque), ont misé massivement sur l'école et l'enseignement technique[30].

30. C. Fichet, *Mémoire sur l'apprentissage*, p. 27 ; G. Berger, « Monographie de l'apprentissage français à l'exposition de l'économie sociale » ; P. Astier et I. Cuminal, *L'Enseignement technique, industriel et commercial*, p. 327-30 ; P. Pic, *Traité élémentaire de législation industrielle*, p. 897, 909, 911. Dès le XVIIIe siècle, l'apprentissage en Allemagne intéresse des Français : « Résumé de divers écrits publiés en Allemagne sur la durée des Apprentissages », *Journal de l'agriculture, du commerce, des arts et des finances* (janvier 1771), p. 3-23. Sur l'attrait du modèle allemand, avant 1870, voir *Enquête sur l'enseignement professionnel*, t. 1, p. 6, 37-38 et t. 2, p. 3-5, 8-11, 14, 40, 121 ; *Bulletin de la Société de protection des apprentis* (1868), p. 6. Sur la hantise de ce modèle, voir G. Lemarchand, *L'Apprentissage et les écoles professionnelles*, Paris, Pradier 1909, p. 31 ; Ministère du Commerce et de l'Industrie, Conseil supérieur du travail, session de 1902, *L'Apprentissage*, rapport de M. Briat, au nom de la commission permanente, Paris, Imprimerie nationale, 1902, p. 5, 12, 27 ; Auguste Boudra : *L'Apprentissage et l'école-atelier*, Lyon, Saillard, 1907, et *Pour l'apprentissage*, p. 2-3 ; F. Dubief,

INTENSIFIÉE AU XIXe SIÈCLE, LA MISE EN QUESTION DE L'ATELIER REMONTE AU XVIIIe

Dans le système corporatiste, remontant à la nuit des temps, sauf dans certains métiers principalement commerciaux, l'initiation se déroule forcément sur le lieu de production. *A priori*, on est formé par le maître (ou ses délégués) chez le maître (ou sur son chantier à l'extérieur). Si l'on reproche parfois au maître un comportement irresponsable, on ne met pas en question l'atelier, outil-site de travail incontournable. La première contestation de l'atelier, entendu comme méthode pédagogique, est tardive ; elle éclate au XVIIIe siècle dans le sillage de la création dans de nombreuses grandes villes d'écoles de dessin, dont la justification relève en partie d'une appréciation négative des pratiques corporatistes de formation. Les fondateurs des écoles à Rouen et à Paris, par exemple, expliquent comment l'application du dessin et de la géométrie, parmi d'autres sujets, peuvent compléter et enrichir les savoirs transmis dans l'atelier. Il est cependant très difficile de mesurer l'impact de l'engouement pour les écoles de dessin sur le parcours de l'apprentissage, car le recrutement des

---

L'Apprentissage et l'enseignement technique, p. 286-300 ; É. Cacheux, *État actuel du patronage*, p. 6-8 ; J.-H. Cagninacci, *L'Instruction professionnelle de l'ouvrier*, p. 103-04, 364 ; C. Berteaux, *La Crise de l'apprentissage*, p. 360 ; A. Vaillant, *L'Apprentissage, la liberté du travail et l'esprit de corps*, p. 11, 16-20, 24 ; Paul Guillot, *L'Enseignement professionnel en France, son état, son avenir*, Paris, Podone, 1909 ; M. Barbe, *La Question de l'apprentissage*, Paris, Ligue française de l'Enseignement, 1913, p. 7-8 ; P. Dufour et H. Bernard, *La Nouvelle Économie corporative d'apprentissage*, Paris, Sirey, 1913, p. 19-20. Le paradigme allemand pèse dans l'évaluation de la Chambre de commerce parisienne dans un rapport de 1909, cité par Philippe Lacombrade, « Le Patronat parisien et l'enseignement professionnel à la Belle Époque : modèles européens et modernisation du système français (1902-1914) », dans G. Bodé et P. Marchand (dir.), *Formation professionnelle et apprentissage*, p. 223-24. Dans son grand livre si astucieusement intitulé, Claude Digeon montre comment le miroir de l'Allemagne façonne l'image que les Français se font d'eux-mêmes. *La Crise allemande de la pensée française (1870-1914)*, Paris, Presses universitaires de France, 1959 (sur le patriotisme économique, p. 364-66). Sur le prolongement de la fixation allemande jusqu'à la fin du XXe siècle, voir *Liaisons sociales*, n° 56 (février 1991), p. 26. Voir également Allan Mitchell, *The Divided Path: The German Influence on Social Reform in France after 1870*, Chapel Hill, University of North Carolina Press, 1991. Ce modèle – « l'obsession allemande » – est critiqué très vaguement par Stéphane Lembré, *Histoire de l'enseignement technique*, p. 44, et très concrètement par Gérard Bodé : « L'Enseignement technique en France et en Allemagne : écoles de perfectionnement et cours professionnels, 1820-1940 », dans G. Gayot et P. Minard (dir.), *Les Ouvriers qualifiés de l'industrie (XVI-XXe siècle)*, p. 147-59, et « Le "Modèle" de formation professionnelle allemand au XIXe siècle : naissance d'un malentendu ? L'exemple de l'Alsace-Lorraine (1871-1918) », dans G. Bodé et P. Marchand (dir.), *Formation professionnelle et apprentissage, XVIIIe-XXe siècles*, p. 409-11.

écoles est extrêmement large sur le plan socioculturel et le nombre de métiers visés et réceptifs assez limité. Pour beaucoup, cependant, le dessin reste « la grammaire universelle » de l'enseignement professionnel quasiment jusqu'à notre ère[31].

Par ailleurs, le paradigme de « l'école gratuite » professionnelle n'est pas strictement confiné au dessin. Chaleureusement appuyés par les autorités administratives et académiques, confortés par des analyses encyclopédistes (la science établissant les fondements rationnels d'un productivisme qui mène insensiblement vers le taylorisme), Antoine Augustin Parmentier et Antoine-Alexis Cadet de Vaux, tous deux chimistes, pharmaciens et écrivains, créent une école de la boulangerie dans les années 1780, après avoir consulté quelques boulangers

31. Voir la discussion au début de ce chapitre, et : Agnès Lahalle, *Les Écoles de dessin au XVIIIe siècle entre arts libéraux et arts mécaniques*, Rennes, Presses universitaires de Rennes, 2006 ; Renaud d'Enfert, *L'Enseignement du dessin en France. Figure humaine et dessin géométrique, 1750-1850*, Paris, Belin, 2003 ; Frédéric Morvan Becker, « L'École gratuite de dessin de Rouen, ou la formation des techniciens au XVIIIe siècle », thèse de doctorat, Université de Paris 8, 2010. Sur l'enseignement du dessin dans les années 1840, voir aussi Renaud d'Enfert, « L'École, royale, nationale, impériale de dessin et de mathématiques au milieu du XIXe siècle : fréquentation, recrutement, débouchés », dans T. Charmasson (dir.), *Formation au travail, enseignement technique et apprentissage*, p. 59, 60, 63. Comme dans son excellente thèse, l'auteur ne cartographie pas clairement le va-et-vient entre la formation institutionnelle du dessin et la formation sur le lieu de travail. L'ouvrier imprimeur Adrien-César Egron, dans les années 1840, loue l'utilité du dessin linéaire, géométrique et d'ornement dans l'instruction de tous les apprentis (*après* leur journée de travail). Adrien-César Egron, *Le Livre de l'ouvrier, ses devoirs envers la société, la famille et lui-même*, Paris, P. Mellier, 1844, p. 151. Anthime Corbon s'enthousiasme pour l'enseignement du dessin, associé à la géométrie, dans le programme de l'école primaire. *De l'enseignement professionnel*, p. 153, 170-72. La conclusion de la grande enquête de 1863-64 sur l'enseignement professionnel souligne que « le dessin, sous toutes les formes et avec toutes ses applications, a été presque unanimement signalé comme celui qu'il importe le plus de généraliser ». Selon un expert des Frères des écoles chrétiennes témoignant devant cette commission, « le dessin, c'est l'écriture industrielle ». Témoin, lui aussi, le directeur d'un énorme établissement mécano-métallurgique met l'accent sur la nécessité d'une formation dans le dessin, rejoint un peu plus tard par les bijoutiers-joailliers parisiens. D'après un grand dictionnaire des métiers de l'époque, le dessin est « la base de tous les arts industriels ». *Enquête sur l'enseignement professionnel*, t. 1, p. 64, 401 et t. 2, p. 792, 797-98 ; J. Barberet, *Le Travail en France*, t. 1, p. 188 ; Édouard Charton, *Dictionnaire des professions, ou Guide pour le choix d'un état*, Paris, Hachette, 1880, p. 66, 92, 105, 186, 316, 514. Le message change à peine au début du XXe siècle. « Mon patron d'apprentissage », relate Gaston Lucas, serrurier, « exigeait de tous ses apprentis qu'ils suivent, en dehors de leurs heures de travail, les cours de dessin qu'organisait l'école des Beaux-Arts de Poitiers ». Adélaïde Blasquez, *Gaston Lucas, serrurier, chronique de l'anti-héros*, Paris, Plon, 1976. En 1853 à Tours, Pierre Turquin, « tisseur-ferrandinier », permet à son apprenti de prendre deux heures par jour à s'instruire, soit par la lecture et l'écriture, soit par le dessin, et « il ne sera pas tenu compte de ce temps à la fin de l'apprentissage ». AD Indre-et-Loire, 5 U 17, 14 mars 1853. Citant Rousseau, la publication *Travail : Revue d'enseignement technique, d'études économiques et sociales*, n° 43 (5 octobre 1922), p. 341 déclare qu'il est « indispensable de connaître le dessin » pour tous les métiers du bois, et bien d'autres.

chevronnés, mais pas la communauté des maîtres boulangers de Paris. Elle cible les apprentis et les jeunes ouvriers de la capitale et dans d'autres villes à travers le royaume, et même des maîtres curieux et pas encore désespérément « pris dans la routine ». Dans la mesure où l'école suppose que les boulangers ne savent pas vraiment faire du pain, faute de bien conduire le pétrissage et de dompter la fermentation et en l'absence de connaissances physico-chimiques sur les composants de la farine – c'est une version agressive de l'idée encyclopédiste qui prospère au XIXe siècle selon laquelle la maîtrise de bien des métiers dépend de la synergie du double savoir théorique et pratique –, l'école ne suscite pas la confiance des boulangers qui se sentent dépossédés de l'essentiel de leur culture quotidienne (les « secrets du métier », patrimoine commun des initiés du fournil, se trouvent discrédités comme « préjugés et erreurs populaires »). C'est au fournil que l'on apprend à fermenter, pas dans le laboratoire, tempête César Bucquet, meunier-boulanger autodidacte, adversaire de Parmentier, comme d'autres bien plus tard crieront : « C'est en forgeant qu'on devient forgeron »[32].

Tout en annihilant les corporations, la Révolution n'a pas explicitement contesté le rôle structurant de l'apprentissage dans la transmission du savoir professionnel. Proche de Robespierre, bientôt martyr jacobin, Michel Lepeletier explique, dans son grand projet de réforme éducative, que l'apprentissage « n'est pas du ressort de la loi » et qu'il se fait en fonction de « l'intérêt » de chaque partie (comme, au XXe siècle, le libéralisme n'est pas l'apanage de la droite). L'État organise l'enseignement primaire, mais il y a trop de professions de toutes sortes pour pouvoir les apprendre à l'école (« une chimère »). L'atelier prend le relais de l'école et se charge de la formation, voire du perfectionnement de chaque apprenti. L'école ne perd jamais son appétit pour avoir la responsabilité de tous les aspects de l'éducation des futurs citoyens (ou sujets). Pendant la première moitié du XIXe siècle, de nombreuses écoles de type professionnel ou technique sont fondées, à Paris et en province, sur initiative privée, parfois confessionnelle, ou publique, des établissements créés pour améliorer la vie des enfants autant que la vie des apprentis, visant à approfondir leur savoir par de nouvelles approches, mais sans mettre en question

32. Steven L. Kaplan, *The Bakers of Paris and the Bread Question, 1700-1775*, Durham, N. C., Duke University Press, 1996, p. 51-58 ; C. Berteaux, *La Crise de l'apprentissage*, p. 268-69.

directement le rôle de l'atelier qui entre dans certaines de ces écoles et en accompagne bien d'autres.

Dans le sillage de questions posées en 1848, l'atelier – dans sa version révolutionnaire et « nationale », geyser éphémère du travail –, tout en restant vénérable, symbole de la continuité à travers la longue durée, devient toutefois vulnérable, comme on vient de le montrer. De multiples censeurs commencent à exposer ses faiblesses, ses infirmités, ses échecs. Les enjeux sont multiples : philosophiques, politiques, institutionnels, symboliques, managériaux, émotionnels. Des patrons, déchus en quelque sorte de la maîtrise, mis en accusation, supportent mal l'idée que des officines et des intérêts exogènes, jamais impliqués dans la tradition de transmission, viennent s'emparer du système de reproduction du savoir-faire. C'est l'intrusion fâcheuse, encore une fois (des successeurs) des encyclopédistes dans des ateliers qu'ils connaissent à peine, c'est la culture savante soumettant la culture populaire du travail. Les « atelieristes » repoussent l'assaut des « écolistes ». Ces derniers, tel Anthime Corbon, s'identifiant avec une culture émancipatrice plutôt que conquérante, ne pardonnant pas les tartuferies et les brutalités de certains patrons, reconnaissent néanmoins la ténacité du refrain emblématique de l'atelier : « C'est pas à l'école qu'un ouvrier se fait. » L'affrontement sera dur et durable, sans déboucher sur une polarisation rigide. Ainsi, il n'est pas surprenant que des administrateurs et des professeurs de maintes écoles soient parmi les défenseurs les plus vifs de l'atelier. La défense de l'atelier n'est pas forcément l'apothéose du patron, et le soutien à l'école n'est pas nécessairement le rejet du patron[33].

L'ATELIER CONTRE-ATTAQUE

Au cours de la grande enquête sur l'enseignement public en 1863 – de manière oblique, le procès de l'apprentissage ou de sa crise –, Marguerin, directeur de l'école Turgot à Paris, recrutant largement dans « les classes laborieuses », comme le remarquent les organisateurs, proclame que « c'est à l'atelier, ce n'est pas à l'école, que doit se faire l'apprentissage professionnel de l'enfant ». Il reconnaît les reproches faits à l'atelier : « la moralité de l'enfant n'est pas respectée », il n'est

33. Michel Le Peletier [de Saint-Fargeau], *Plan d'éducation nationale,* Paris, Convention nationale, 1793, p. 9-10, 37-38 ; A. Corbon, *De l'enseignement professionnel,* p. 36 [4e éd., 1859].

pas accueilli « convenablement », il est affecté à un travail parcellaire et répétitif pour augmenter le profit immédiat de son patron. Marguerin ne nie pas « des faits affligeants », mais les voit comme plutôt marginaux, éclipsés par la présence très fréquente de « patrons consciencieux et paternels ». Conclusion : « Je ne crois pas que la condition générale de l'apprentissage soit assez mauvaise pour que les apprentis soient enlevés aux ateliers par une mesure aussi radicale que le serait l'établissement systématique du travail manuel dans les écoles de tous les degrés. » Écartant « l'introduction de l'atelier dans l'école primaire et même secondaire », tentative de l'école de s'approprier l'atelier tout en le discréditant, geste quasi théâtral, sans intérêt éducatif, Pierre Philibert Pompée, qui a précédé Marguerin à la tête de Turgot, confirme la supériorité de l'atelier comme socle indispensable d'un apprentissage qui doit rester entre les mains de « l'industrie privée ». Participant de la même réflexion, Montjean, directeur de l'école Chaptal, sorte de Turgot haut-de-gamme, proposant une formation industrielle et commerciale aux enfants de la bourgeoisie, est catégorique : « La meilleure école d'apprentissage, la plus efficace et la plus pratique, c'est l'atelier. » D'après le directeur de l'école professionnelle de Mulhouse, « pour l'apprentissage pratique lui-même, aucune école ne peut valoir un atelier »[34].

Ce point de vue est repris par de nombreux défenseurs d'un système traditionnel, comme le juriste Ernest Nusse, qui souscrit au principe que « l'atelier est une école », notamment chez les patrons touchés par l'esprit des patronages, renonçant au rôle de « spéculateur » pour embrasser encore plus fortement « la qualité d'instituteur professionnel ». Son confrère Georges Picot ne fait pas dans la dentelle : « Il faut se défier de l'école et se rapprocher de l'atelier. » « Parlez aux hommes compétents », prononce-t-il avec force, des ouvriers, des contremaîtres, « des travailleurs d'élite » : « il ne s'agit plus de théories, ni de formules, mais de faits précis, recueillis à la source », pas de « discussions vides, mais d'une réalité vive ». Il veut bien encourager dix-huit mois de « pré-apprentissage », aidant les enfants

34. Témoignages dans *Enquête sur l'enseignement professionnel*, t. 1, p. 3, 28, 82, 87. Cf. la position ambivalente (presque « ni-ni ») de M. Maignen, éducateur catholique. Pour devenir « bon ouvrier » un enfant doit côtoyer des ouvriers habiles, particulièrement dans de grands ateliers dynamiques. Mais « en général, l'enseignement professionnel des apprentis est très restreint dans les ateliers, il y est même presque nul ». « Espèce de petit commissionnaire », l'apprenti apprend par le vol de ses yeux ; on appelle cette méthode « attrape-science », car « il faut qu'il l'attrape, personne ne la lui montre ». *Ibid.*, p. 177-79.

à bien choisir leur profession. Mais après, souligne-t-il, il faut se fier à l'apprentissage et à l'atelier, couple inséparable, seul endroit idoine pour la transmission du savoir. Picot aime citer Jules Simon, « grand humaniste » et ami de la scolarité, qui raisonne ainsi en 1865 : il est « impossible » de remplacer l'apprentissage dans l'atelier par les écoles d'apprentissage, car ces dernières sont trop coûteuses et trop élitistes (« on y sacrifiera toujours involontairement la pratique à la théorie »). Un cortège d'autres critiques se contentent d'affirmations péremptoires, signes d'allégeance, du type : « il est impossible de former des ouvriers dans une école » ; « l'atelier est l'école d'apprentissage la plus parfaite » ; ou « l'apprentissage ne peut se faire qu'à l'atelier ou au chantier ; c'est un axiome ». Suggérant vaguement l'intérêt de concilier « les méthodes anciennes demeurées bonnes, avec les contingences nouvelles », les néo-corporatistes P. Dufour et H. Bernard n'imaginent pas un enseignement professionnel « donné en dehors de l'atelier »[35].

L'argument en faveur de l'atelier semble dispenser de démonstration : il va sans dire. Il est inscrit dans l'histoire, dans la nature, dans les normes. Quelques commentateurs prennent néanmoins la peine de mettre en avant ses vertus : socialisation et sociabilité avec des ouvriers (en l'occurrence, sympathiques et attentionnés plutôt que corrompus et corrupteurs) ; familiarité rapprochée avec l'évolution de

35. Ernest Nusse, « L'Apprentissage au point de vue de la loi et des mœurs », *Bulletin de la Société de protection des apprentis* (1877), p. 66 ; G. Picot, « La Crise de l'apprentissage », *ibid.* (1909), p. 242 ; J. Simon, « L'Apprentissage des jeunes ouvriers dans la petite industrie », *Revue des deux mondes* (février 1865), p. 724, et *L'Ouvrier de huit ans*, Paris, Librairie internationale, 1867, p. 235-37. É. Cacheux, *État actuel du patronage*, p. 33-34, 47 ; A. Boudra, *L'Apprentissage et l'école-atelier*, p. 14 ; A. Keufer, *L'Apprentissage dans l'industrie du livre*, p. 2, 10 ; *Bulletin de l'apprentissage* (juin 1911) ; *Bulletin de la Société de protection des apprentis* (1880), p. 29, 241-42 et (1912), p. 180-81 ; *L'Apprentissage*, rapport de M. Briat, p. 333-34 ; M. Debolo, *L'Apprentissage à l'atelier*, p. 19-30, 340, 354 ; F. de Ribes-Christofle, *L'Apprentissage et l'enseignement professionnel*, p. 60-61 ; C. Berteaux, *La Crise de l'apprentissage*, p. 357-59 ; P. Dufour et H. Bernard, *La Nouvelle Économie corporative d'apprentissage.* Cf. J.-H. Cagninacci, *L'Instruction professionnelle de l'ouvrier*, p. 1. La formation « sur le tas » demeure « l'accès privilégié au savoir-faire dans les métiers manuels qualifiés », en Allemagne mais aussi en Belgique. Sven Steffens, « Le Métier volé. Transmission des savoir-faire et socialisation dans les métiers qualifiés au XIXe siècle (Belgique-Allemagne) », dans G. Gayot et P. Minard (dir.), *Les Ouvriers qualifiés de l'industrie (XVI-XXe siècle)*, p. 121. Le raisonnement galvaudé justifiant la mise en apprentissage, plus ou moins socialement forcée, des jeunes enfants fragiles et vulnérables – réponse bien faible aux critiques sévères d'Anthime Corbon – est une sorte de leçon morale et sentimentale (« où est le mal ? »), accentuant les valeurs de la virilité, notamment apprises au travail manuel, souvent éprouvant, parfois roboratif, « mais la vie est un ensemble de peines et de plaisirs ». La peine tend à l'emporter, mais « le bon travailleur sent naître [...] en soi une force qui le protège contre la peine ». J. Simon, *L'Ouvrier de huit ans*, p. 239.

la demande et de la mode et avec les rythmes de production sous les conditions et contraintes de « la réalité » (référence récurrente) ; le meilleur environnement pour saisir le fonctionnement d'un métier ; et surtout le contact (théoriquement) intime et quotidien avec le patron, « le meilleur professeur », « l'homme du métier ». Beaucoup d'exégètes préfèrent relever les abondants défauts de l'école que d'énumérer les mérites évidents de l'atelier. Maintes professions ne peuvent pas être enseignées à l'école, telle la métallurgie. Impossible d'apprendre le goût dans une salle de classe. Les professeurs sont fréquemment médiocres, connaissant mal leurs sujets, « théoriciens, non praticiens », et souvent, suivant la formule de Fernand Dubief, député, ministre du Commerce en 1905, « inspirés par les traditions de l'Université [...] des hommes qui ont peu côtoyé le monde du travail, avec leurs programmes de culture générale beaucoup plus que d'enseignement pratique ». De propension élitiste, les professeurs fabriquent des « déclassés prétentieux » sans un vrai appétit ni une capacité solide pour le travail manuel. « Il ne faut pas retomber dans le défaut de l'enseignement universitaire », avertit l'entrepreneur Julien Hayem : « On a trop fait de bacheliers incapables de gagner leur vie, il faut éviter maintenant de faire dans nos industries des bacheliers qui ne connaîtraient que la théorie et s'éloigneraient de l'atelier. »

Ce sont là les manifestations d'une guerre culturelle, tour à tour chaude et froide, qui couve encore aujourd'hui. En l'occurrence, on cherche comme apprentis – futurs « bons ouvriers » – des enfants d'origine authentiquement classe ouvrière, sortis des milieux pauvres, non des travestis petit-bourgeois, prêts à dévier vers les bureaux ou la fonction publique, et on veut les former dans un lieu authentiquement consacré à la transmission professionnelle par des enseignants authentiquement proches du monde du travail, et donc de l'entreprise, des manuels rompus au métier. C'est une affaire politique aussi bien que culturelle, les forces de l'atelier ne voulant pas perdre le contrôle de leur sort et tomber sous la domination des intrus. Même avec « un caractère pratique et professionnel », note Eugène Tallon, homme politique proche des « écolistes », l'école « ne peut façonner l'ouvrier autant que l'apprentissage aux épreuves et aux exigences de la vie réelle ». Éloignée justement des réalités de la production et de la commercialisation, l'école engendre « une atmosphère pédagogique » qui ne prépare pas la jeunesse pour le monde du travail. Elle suinte l'inertie, tandis que l'entreprise requiert dynamisme et ouverture à la nouvelle technologie. Enfin, des écoles qui incorporent un atelier font faire des marchandises qui entrent en « concurrence déloyale » avec les productions des ateliers-entreprises. Admirateur du succès éclatant des allemands dans l'enseignement professionnel, le juriste Paul Pic reconnaît que cette tendance est « trop exclusive, qu'il ne suffi[t] pas de transformer les écoles d'enseignement professionnel général en écoles techniques spécialisées, en vue de tel ou tel métier, pour inculquer à l'enfant la pratique du métier ; que cette pratique ne peut s'acquérir qu'à l'atelier [...] »[36].

PAS SEULEMENT PAR L'ATELIER

Un certain nombre d'inconditionnels de l'atelier, de toutes couleurs politiques, croient que s'arc-bouter sur l'acquis canonique est une posture étriquée et impolitique. Apologiste sans ambages de l'atelier, Fernand Dubief, ministre du Commerce en 1905, concède que « l'apprentissage seul à l'atelier » est insuffisant : il faut y greffer un enseignement professionnel complémentaire obligatoire. Il insiste sur ce dernier point, car une abondance de cours facultatifs, offerts depuis les années 1880, notamment par des patrons et des patronages, n'ont pas réussi à juguler « la décroissance dans la valeur technique » des ouvriers. Bien plus à droite que ce médecin radical-socialiste du Nord, Fernand de Ribes-Christofle, grand patron libéral, le rejoint sur l'idée que « l'on ne peut faire un bon ouvrier qu'à l'atelier ». Comme Dubief, il favorise une solution de « mixité », l'atelier complété par l'école, notamment par le biais de cours, de préférence organisés par des chambres syndicales (mixtes) car l'État et les municipalités « ne répondent pas aux besoins présents » – des cours qu'il a fini par souhaiter obligatoires après un temps de flottement. Ribes-Christofle reprend l'idée, portée par le couple Astier-Cuminal, selon laquelle, si l'atelier semble céder trop facilement, sous des pressions matérielles

36. Pour ce paragraphe et le précédent : A. Beignet, *La Décadence de l'apprentissage*, p. 74-78 ; G. Lemarchand, *L'Apprentissage et les écoles professionnelles*, p. 30-36 ; M. Debolo, *L'Apprentissage à l'atelier*, p. 26 ; F. Dubief, *L'Apprentissage et l'enseignement technique*, p. 16 ; E. Tallon, *Vie morale*, p. 179 ; J. Fouqué, « La Crise de l'apprentissage », p. 313-15 ; J. Hayem, « L'Apprentissage : rapport présenté au Congrès du Parti républicain démocratique », p. 21 ; G. Bertin et L. Vergoz, « Rapport » sur le Congrès de l'apprentissage de 1909, dans *Bulletin de la Société de protection des apprentis* (1909), p. 158 ; P. Pic, *Traité élémentaire de législation industrielle*, p. 912-13 ; Véronique de Chardon, « L'Apprentissage en France de 1851 à 1919 », thèse de doctorat, Université de Paris 4 (Sorbonne), 1992, p. 280-83. Cf. la suspicion réciproque des gardiens du temple « universitaire » relative à la participation des « maîtres-ouvriers » comme enseignants des travaux manuels (« ateliers scolaires ») à l'école. R. d'Enfert, « L'Introduction du travail manuel dans les écoles primaires de garçons, 1880-1900 », p. 59.

et morales, à la spécialisation précoce et poussée, une bonne dose de savoir « complémentaire » – la théorie renouvelant et fortifiant la pratique – permettrait aux apprentis d'être mieux à même de résister à l'extrême division du travail. Convaincu que l'école est trop « artificielle » et élitiste, G. Lemarchand, spécialiste de « propagande sociale », croit néanmoins qu'un programme « mixte » représente la seule façon de sortir de la crise aiguë de l'apprentissage. Inspecteur général de l'enseignement technique, défenseur chaleureux de l'atelier, mais vivement sensible à la crise de l'apprentissage, Edmond Labbé souscrit au projet de mêler la sagesse pratique de l'atelier avec l'enseignement technique que fournit l'école, car l'atelier seul ne peut fournir le haut niveau de technicité et d'outillage théorique qu'exige l'industrie aujourd'hui[37].

Peu de monde repousse le principe de ce genre de synergie entre l'atelier et l'école, cette dernière déclinée de plusieurs manières, avec « la souplesse » que loue Edmond Labbé. Le débat oppose principalement l'enseignement facultatif, préférence libérale, et l'enseignement obligatoire, position pragmatique. L'idée commune se résume dans la formule « l'école-dans-l'atelier ». Si l'inverse, « l'atelier-dans-l'école », proposée comme un pas vers la rénovation de l'apprentissage, semble aux « atelieristes » une mystification, un projet irréalisable et visant à décentrer, puis rabaisser l'atelier, l'école-dans-l'atelier a du sens, car elle maintient la primauté de l'atelier, à travers une série d'options cherchant toutes à enrichir l'expérience de l'apprentissage en « complétant » le travail de l'atelier. Ce paradigme a déjà fait ses preuves maintes fois dans les entreprises (à la Ciotat, au Creusot, à Saint-Chamond). Face aux besoins d'une industrie moderne, hautement technique, devant affronter une intense concurrence internationale, Jules-César Houel, directeur d'une grande société de construction

37. F. Dubief, *L'Apprentissage et l'enseignement technique*, p. 26-27, 158 ; F. de Ribes-Christofle, *L'Apprentissage et l'enseignement professionnel*, p. 55, 57 ; P. Astier et I. Cuminal (qui maintiennent qu'en « associant l'école et l'atelier », on mettra l'apprenti-devenu-ouvrier en mesure de produire davantage et d'une meilleure qualité), *L'Enseignement technique, industriel et commercial*, p. 367, 405 ; G. Lemarchand, *L'Apprentissage et l'enseignement professionnel. Brochure de propagande sociale*, p. 30-35 ; E. Labbé : *Rapport sur l'apprentissage à l'école et à l'atelier*, p. 1-4, 7-10 et *Rapport sur l'enseignement technique*, Lille, L. Danel, 1922 ; Stéphane Lembré, « L'École nationale professionnelle d'Armentières entre formation, technique et industrie au début du xxe siècle » (2013), p. 8-9, *passim*. Cf. C. Berteaux, *La Crise de l'apprentissage*, p. 238-41, 260-69, 318-28. Oubliant les objections tant de Corbon et Gréard que de Poulot, le *Bulletin de l'apprentissage* (avril-mai 1910), reprenant les vœux d'une chambre syndicale patronale de Grenoble, soutient que les enfants doivent entrer dans l'atelier dès que possible, notamment pour profiter « du contact d'ouvriers expérimentés ». Un demi-siècle auparavant, César Fichet souhaite déjà que « l'enseignement pratique marche de pair avec l'enseignement théorique ». *Mémoire sur l'apprentissage*, p. 29-31.

de locomotives et de machines à vapeur, témoigne en 1863 qu'il est « du plus grand intérêt de développer l'instruction des apprentis en annexant, comme nous l'avons fait à Fives [site d'une grande usine], l'école à l'atelier »[38].

La flexibilité de ce modèle – l'école, *lato sensu* – plaît aux « atelieristes ». Dans son expression maximale, plus facile à mettre en place au sein de grands établissements ou de grands centres industriels capables de créer ou d'intégrer des écoles communales, il s'agit d'un « demi-temps » où les apprentis consacrent une partie de chaque jour (rarement une vraie moitié, plus couramment une portion bien plus modeste) à un « enseignement général » prolongeant les fondamentaux de l'école primaire et/ou à un « enseignement technique », ciblant les spécialités industrielles de la région. Maints patrons contestent le mi-temps : trop d'école, trop coûteux, branle-bas des équipes de production, risque de subversion de la discipline. Plus communément, on propose une école symboliquement dans l'atelier, mais matériellement en dehors – des cours dits tour à tour « complémentaires professionnels », de « perfectionnement » (ciblant au départ des « adultes »), « d'apprentis » ou « d'apprentissage » ou simplement « du soir ». Les cours littéralement proposés en soirée, à la fin du temps de travail, sont de plus en plus déconseillés, car les apprentis sont trop fatigués pour pouvoir s'y investir[39]. Les réformateurs préconisent des cours – parfois

---

38. Jules-César Houel dans *Enquête sur l'enseignement professionnel*, t. 1, p. 399-400 ; L. Durassier, « Rapport du jury international » (groupe XVI-économie sociale, hygiène assistance publique), Ministère du Commerce, de l'Industrie, des Postes et des Télégraphes, *Exposition universelle internationale de 1900*, p. 253-54. Voir aussi l'opposition à « l'importation de l'atelier à l'école » de Marguerin, directeur de l'école Turgot et de la Chambre de commerce de Mulhouse, *Enquête sur l'enseignement professionnel*, t. 1, p. 29-30 et t. 2, p. 768-69.

39. Déjà, à l'occasion de l'Exposition universelle de 1867, « M. Lazare Levy [opticien, un des délégues ouvriers] dit : "Si les cours ont lieu le soir et que l'on y admette les apprentis, il faut réclamer la réduction des heures de travail." Il ajoute que les ouvriers et les apprentis sont obligés de travailler trop longtemps, et que lorsqu'ils arrivent le soir à l'école, ils sont fatigués et ne peuvent profiter utilement de la science que l'on y enseigne. » *Commission ouvrière de 1867. Recueil des procès-verbaux des assemblées générales des délégués et des membres des bureaux*, p. v (5ᵉ assemblée générale). Cf. Jean Grave, futur savetier, puis anarchiste et journaliste, qui raconte sa formation : « En rentrant en apprentissage, pour ne pas perdre ce que j'avais appris à l'école, mes parents m'envoyaient à l'école du soir [...] Mais on ne m'y apprenait pas grand-chose, et j'y dormais le plus souvent. » (Il s'intéressait beaucoup plus à un cours de dessin « dans la classe d'à côté ».) *Mémoires d'un anarchiste (1854-1920)*, Paris, Éditions du Sextant, 2009, p. 40. Le dessin est également le cours complémentaire préféré d'Agricol Perdiguier : « Il y avait là un compagnon qui démontrait, tous les soirs après la journée, et pour une faible rémunération mensuelle, le dessin linéaire à ses confrères. » *Mémoires d'un compagnon*, Paris, La Découverte, 2002, p. 103. Deux fabricants de passementerie associés autorisent leur apprentie, âgée de treize ans, à arrêter le travail à 20 heures (!) « pour assister à l'école du soir », mais l'obligent à rajouter deux mois en fin de parcours (contrat de base de dix-huit mois).

deux heures par jour, souvent huit heures par semaine – pris sur la journée de travail ou sur une combinaison du temps du patron et celui du loisir des enfants. Globalement, les patrons y sont nettement moins défavorables qu'au mi-temps, quoiqu'il y ait des plaintes prosaïques du type « si l'apprenti part tôt, qui va ranger l'atelier » ou « a-t-on vraiment besoin de la théorie qu'il ramène ? ». Peut-être par provocation, Anthime Corbon, « écoliste » averti, met justement en doute les résultats de ces cours : les apprentis qui y assistent assidûment ne paraissent pas « bien remarquablement supérieurs aux autres apprentis ». Il faut en fait rassurer des patrons troublés par la crainte que les cours « ne visent subrepticement la suppression de l'apprentissage à l'atelier ». D'autres rechignent à l'idée de payer pour les cours ou de subir « l'obligation », même quand ils sont organisés non par l'État, mais par les Chambres de commerce ou des chambres syndicales locales, telle la chambre syndicale des ouvriers typographes » qui monte dans les années 1890 des cours professionnels (enseignés par des praticiens) qui ont « exclusivement pour but de perfectionner les apprentis »[40].

AD Indre-et-Loire, 5 U 17, 1er mars 1854. Cf. l'intérêt des apprentis charpentiers pour le dessin, sous l'égide de « quelques compagnons rencontrés dans les chantiers ». Propos recueillis en avril 1856 par Frédéric Le Play et Adolphe Focillon, dans *Naissance de l'ingénieur social* [*Œuvres européennes*, chapitre 2, « Les Charpentiers de Paris », p. 96], Paris, Presses des Mines, http:/books.openÉditions.org/presse mines/1426.

40. E. Labbé cité par Philippe Marchand, « Pour une histoire de la formation professionnelle des adultes. Le cas du Nord de la France (milieu XIXe-1914) », dans G. Bodé et P. Marchand (dir.), *Formation professionnelle et apprentissage*, p. 167-68 ; *Bulletin de la Société de protection des apprentis* (1884), p. 186 ; P. Jannettaz, « Rapport sur le Congrès de l'apprentissage de Roubaix (taxinomie des cours) », dans *ibid.* (1912), p. 319-20 ; C. Berteaux, *La Crise de l'apprentissage*, p. 260-69 ; 346, 348, 353 ; A. Corbon, *De l'enseignement professionnel*, p. 35-36 ; G. Berger, « Monographie de l'apprentissage français à l'exposition de l'économie sociale », p. 15-16 ; É. Cacheux, *État actuel du patronage*, p. 42-47 ; J.-M. Chapoulie, *L'École d'État conquiert la France*, p. 25 ; *Chambre syndicale des ouvriers typographes de Lyon, Cours professionnels pour les apprentis/Règlement,* Lyon, Imprimerie nouvelle, 1894. Très difficile de prendre la mesure des résultats des cours, apparemment souvent abandonnés par des apprentis pour diverses raisons : paresse, pression professionnelle, rejet d'un enseignement jugé médiocre, beau temps, etc. Les diverses appréciations statistiques restent à contrôler. Au commencement du XXe siècle, le rapport Cohendy recense 4 223 cours différents, d'origine bigarrée (associations, syndicats patronaux et surtout ouvriers, etc.). On estime qu'ils ont touché environ 17 % des jeunes « en âge d'être formés », conventionnellement de quatorze à dix-huit ans, chiffre qui paraît bien optimiste. G. Bodé, « Le "Modèle" de formation professionnelle allemand au XIXe siècle : naissance d'un malentendu ? L'exemple de l'Alsace-Lorraine (1871-1918) », dans *Formation professionnelle et apprentissage*, p. 416. Selon l'industriel F. de Ribes-Christofle, en 1907 seuls 95 000 apprentis sur 900 000 recensés participent à l'enseignement à l'école ou dans des cours ; à peine la moitié y assiste assidûment (à Paris : 18 000 sur 110 000). En Autriche, où l'assistance est obligatoire, 87 % des inscrits sont fidèles. P. Lacombrade, « Le Patronat parisien et l'enseignement professionnel à la Belle Époque », dans *Formation professionnelle et apprentissage*, p. 219-21. Voir aussi V. de Chardon, « L'Apprentissage en France de

LIBERTÉ OU CONTRAINTE, INITIATIVE PRIVÉE OU ÉTATISME ?

La crise de l'apprentissage s'affirme sur fond de tension croissante entre le libéralisme (hérité de l'Ancien Régime/Révolution) et un interventionnisme tant social que politique et économique (avec quasiment les mêmes racines). Le discours longtemps dominant est articulé par la Société de protection des apprentis : il faut améliorer la condition des apprentis par « tous les moyens en respectant la liberté de l'industrie et l'autorité du père de famille ». Reprenant un argument vigoureusement soutenu depuis les années 1840 sur la compatibilité de certaines contraintes visant à protéger et assurer le développement (psychologique et social) des enfants, un rapport occasionné par l'Exposition internationale de 1867 se demande si l'instruction gratuite et surtout obligatoire ne serait pas « une atteinte à la liberté ». Par une délicieuse ironie de l'histoire, le libéralisme s'est approprié la tutelle du concept parfois équivoque de paternalisme. La famille devance – presque – l'individu comme unité de base de la liberté, puis défenseur de la liberté. « L'intrusion », en synergie avec « l'obligation », est le fil rouge de beaucoup de projets de sauvetage de l'apprentissage, aux yeux des libéraux. Ces derniers les refusent non seulement pour résister à « toute atteinte à la liberté du travail », mais aussi pour s'opposer à toute tentative « de faire échec à la volonté paternelle »[41].

Dans la lignée de Turgot, certains libéraux ne voient aucune raison pour pratiquer l'acharnement thérapeutique sur l'institution moribonde de l'apprentissage. Avec une certaine volupté polémique, ils imputent plutôt la détérioration de l'apprentissage – plusieurs fois anéanti par leurs ancêtres doctrinaux – aux réformes conçues pour le sauver. Après avoir dénoncé le prodigieux coût de l'introduction des études professionnelles – sorte de préapprentissage – dans les écoles, puis la généralisation de l'enseignement complémentaire professionnel « obligatoire jusqu'à 18 ans », l'entrepreneur et économiste

1851 à 1919 », p. 244-45, 254 ; et, sur l'hostilité de certains milieux patronaux à la scolarisation de l'apprentissage, S. Lembré, *École des producteurs*, p. 65.

41. G. Berger, « Monographie de l'apprentissage français à l'exposition de l'économie sociale », p. 17 ; F. Devinck, pour la Commission d'encouragement des études des ouvriers à l'Exposition universelle de 1867, t. 3, p. 10 ; Ernest Nusse et Jules Périn, *Commentaire de la loi du 19 mai 1874 sur le travail des enfants et des filles mineures, employés dans l'industrie*, Paris, Marchal, Billard et Cie, 1878, p. XXI.

Julien Hayem s'interroge : « L'industrie et le commerce ne sont-ils pas assujettis à un trop grand nombre d'obligations ? » Il cite, entre autres, « l'obligation de n'employer les enfants et les filles que pour un temps déterminé » ; « l'obligation d'instruire tous les enfants » ; « l'obligation d'observer le repos hebdomadaire pour tout notre personnel ouvrier » ; « l'obligation de verser une lourde contribution pour la retraite ouvrière » ; « l'obligation d'assurer contre les accidents du travail tout notre personnel ouvrier ». Chaque jour, rajoute-t-il, « nous sommes sous le coup de nouvelles vexations, de nouvelles tracasseries ». Ce ne sont pas seulement les patrons qui sont corsetés par l'État, car l'administration « étouffe la classe ouvrière sous les fleurs d'une protection outrancière ». Et de conclure par une question : « Peut-on réorganiser l'apprentissage sans instituer l'apprentissage obligatoire[42] ? »

Libéraux modérés, néo-corporatistes, réformateurs du centre et même de la gauche et de la gauche syndicaliste, tous veulent promouvoir un renouveau de l'apprentissage, mais « sans recourir autant que possible à l'intervention de l'État ». Répondant à la demande d'Anthime Corbon en 1880 d'établir à travers le pays un dense réseau d'écoles d'apprentissage, le ministre de l'Agriculture et du Commerce, républicain modéré, adversaire de l'État tentaculaire, s'exclame, comme nous l'avons déjà évoqué : « L'État ne peut pas faire des charpentiers ! » Trente-cinq ans plus tard, le socialiste Auguste Keufer, secrétaire-général de la Fédération du travail du livre, déplore « la fâcheuse habitude » des Français de tout demander à l'État : d'innombrables commissions, enquêtes et rapports depuis 1851 constituent la preuve que l'État ne saura jamais ragaillardir l'apprentissage. Sommant les industriels et autres patrons de prendre le combat pour l'apprentissage en main, l'organe du comité permanent du Congrès national mixte de l'industrie, du commerce et du travail, libéralo-réaliste, soutient que l'État ne sait pas être efficace, notamment en ce qui concerne « le fait d'éducation ». Privilégiant « l'initiative privée » et l'action locale, appuyées sur des subventions publiques, le comité repousse l'idée d'une « loi générale réglant minutieusement tous les détails du préapprentissage et de l'apprentissage », lit de Procuste inconfortable, « cortège de vexations, d'inquisitions et de rigueurs » traduisant « une triple obligation » pesant sur les patrons,

42. J. Hayem, « L'Apprentissage : rapport présenté au Congrès du Parti républicain démocratique », p. 22, 26, 28, 48. Cf. V. de Chardon, « L'Apprentissage en France de 1851 à 1919 », p. 294, 296, 312.

les parents et les enfants. Hyper-libéral, mais proche des rénovateurs, Georges Picot s'en prend à « l'État qui se présente avec ses promesses, s'engageant à faire des merveilles, la loi à la main ». Il est prêt à « montrer l'incapacité absolue des fonctionnaires essayant de modifier les mœurs à coups de sanctions pénales ».

Oui à la protection des enfants, étroitement circonscrite ; non à la promotion de l'État administratif parasitaire. Dépeignant un État incapable de bien administrer quoi que ce soit, mais prompt à « grever le patron de nouvelles charges », l'avocat Paul Merlet fait écho à la position libérale : c'est à l'État de « stimuler les initiatives privées qui cherchent à remédier à la crise de l'apprentissage ». Se penchant sur « le rôle de l'État », un congrès de l'apprentissage à la foire de Lyon au lendemain de la Grande Guerre dresse une très fine distinction entre « l'étatisme » indésirable (« l'apprentissage ne doit pas être un service de l'État ») et la tâche de régulateur qui incombe à l'État (« la direction générale, la surveillance et le contrôle des organisations d'apprentissage »). Mais, au jour le jour, c'est une affaire pour « les intéressés », les professionnels locaux, « les seuls compétents », non pour « les fonctionnaires » (surtout ceux du ministère de l'Instruction publique)[43].

Les critiques de « l'étatisme » soulignent que certaines mesures, rangées dans la catégorie « réformes sociales », minent la campagne pour relancer l'apprentissage. La loi du 30 mars 1900 devient le grand exemple, sorte de cause célèbre, leçon de ce que le gouvernement ne doit pas faire. Le premier article de la mesure interdit aux enfants de moins de dix-huit ans et à toutes les filles/femmes de travailler plus de dix heures. C'est la clause « humaine », assez largement louée. Le second article défend aux patrons de faire travailler plus de dix heures des hommes œuvrant sur le même lieu qu'apprenti.e.s et femmes : prohibition dénoncée tant par les ouvriers (la mesure ne peut que

43. A. Beignet, *La Décadence de l'apprentissage*, p. 19 ; P. Tirard, débat au Sénat, 3 mai 1880, dans *Bulletin de la Société de protection des apprentis* (1880), p. 139-40 ; A. Keufer, *L'Apprentissage dans l'industrie du livre*, p. 7-8 ; *Bulletin de l'apprentissage* (juin 1910 et mars 1911) ; G. Picot, « La Crise de l'apprentissage », *Bulletin de la Société de protection des apprentis* (1909), p. 238 ; P. Merlet, *Les Lois sur l'apprentissage*, p. 278-84 ; « Le rôle de l'État », rapport de M. Nardon inspecteur général de l'enseignement technique, Foire de Lyon, Congrès de l'apprentissage, 6e section, présidée par le sénateur Jossot (Côte d'or), s.d. [1922]. Cf. S. Lembré, *École des producteurs*, p. 17, 27-28, 38. Noter l'analogie dessinée par Merlet entre l'État et « le rôle du bon père de famille », image récurrente – mais pas toujours invoquée avec la même signification – dans la discussion sur l'apprentissage. Merlet voit l'État jouant le rôle du bon père de famille « qu'il a lui-même exigé du patron : le père de famille ne se borne pas à imposer sa volonté, à dicter ses ordres ; il fait appel à l'initiative de ses enfants, la développe, l'encourage ». P. Merlet, *Les Lois sur l'apprentissage*, p. 280.

déprécier leurs salaires et limiter leur capacité de gagner de l'argent) que par les patrons (encore une « gêne » qui grève leur cadence de production et, en refusant des dérogations saisonnières et cycliques, impose une rigidité pénalisante). La loi ordonne une réduction progressive des heures, atteignant son but en 1904. Cependant, la réaction est immédiate, et dément la suggestion de ses défenseurs que la critique n'est que « chantage » politique « sans conséquence ». De nombreux patrons renvoient leurs apprentis pour marquer leur colère ; d'autres annoncent qu'ils n'en accueilleront plus, et les rapports des inspecteurs, notamment à Toulouse et à Marseille, confirment cette démarche ; certains même organisent des fraudes, en cachant le travail des enfants et des femmes, pour échapper aux éventuelles pénalités. Des ouvriers, ici et là, font grève pour contraindre leurs patrons à se débarrasser des apprenti.e.s. Des Chambres de commerce réclament une « rectification » législative, tandis que plusieurs grandes sections professionnelles du Congrès de l'apprentissage de 1911 exigent une révision « pour favoriser l'apprentissage au lieu de l'entraver », demande reprise dans un « vœu général » en fin de réunion[44].

Prétendant résumer la situation, Georges Picot, président de la Société de protection des apprentis, dramatise en termes extravagants, évoquant une « catastrophe » pour l'apprentissage et toute l'économie, et jouant sur les stéréotypes des moralistes :

> Les apprentis disparurent des établissements de métallurgie et d'un grand nombre d'ateliers ; dans toute l'étendue de la France, l'émotion fut vive, les protestations générales [...] dans certains faubourgs, les adolescents de 15 ans étaient congédiés par centaines ; tout observateur impartial doit attribuer aux conséquences néfastes de cette loi l'accroissement du vagabondage et de la criminalité infantile.

---

44. Édouard Petit, *De l'école à la cité. Études sur l'éducation populaire*, Paris, F. Alcan, 1910, p. 78 ; *Bulletin de l'apprentissage* (juin 1909, mars 1910 et juin 1911) ; G. Dron, « L'Organisation de l'apprentissage », p. 10-11 ; G. Lemarchand, *L'Apprentissage et les écoles professionnelles*, p. 30-31 ; C. Berteaux, *La Crise de l'apprentissage*, p. 136-39 ; A. Keufer, *L'Apprentissage dans l'industrie du livre*, p. 5 ; Avis des Chambres de commerce de Lyon et d'Elbeuf, *Bulletin de la Société de protection des apprentis* (1901), p. 393-405 ; H. Fauré le Page, président de la Chambre syndicale des armuriers à Soulé, président de la commission du Congrès mixte de l'industrie du bâtiment, 14 novembre 1908, *Bulletin de la Société de protection des apprentis* (1909), p. 148 ; Rapport sur le Congrès de Roubaix, *ibid.* (1912), p. 314, 373, 376, 382, 387, 388 ; É. Levasseur, *Questions ouvrières et industrielles*, p. 440-44, 867. Cf. une autre lecture de la loi de 1900, mettant l'accent sur l'optimisation de la production : M. Lecointre [professeur à l'école pratique de commerce et d'industrie de Roubaix], « Rapport sur l'apprentissage dans les industries textiles », dans *Congrès national de l'apprentissage de Roubaix*, AFDET, 1911, p. 1-2. Voir aussi B. Charlot et M. Figeat, *Histoire de la formation des ouvriers*, p. 123, 563.

Commentateurs et praticiens sont sur la même longueur d'onde. Le juriste J.-H. Cagninacci estime que « cette loi a eu sur la crise de l'apprentissage une influence des plus funestes ». Barbier, un patron, la considère comme « la plus néfaste qu'on ait pu faire contre l'emploi des apprentis à l'atelier ». « Nuisible à toute industrie en général employant des apprentis », indique Fernand de Ribes-Christofle, aggravant « la décadence de l'apprentissage ». S'il ne regarde pas la loi de 1900 comme ayant administré « le coup mortel » à l'apprentissage, explique Charles Kula, industriel parisien, c'est qu'il est en fait gravement atteint depuis plus de trois décennies. L'anathème jeté sur la place excessive de l'État est le leitmotiv de cette semonce. On retrouve les formules-slogans familières : pour préserver leur « liberté », des patrons fuient « l'obligation », en l'occurrence « un corset insupportable »[45].

Les défenseurs d'un État actif sont fréquemment les plus convaincus que l'intérêt vital de la nation exige la réanimation de l'apprentissage, moins souvent que la passivité de l'État a contribué directement à l'affaiblissement de cette institution. Les corporatistes sont les critiques les plus virulents du modèle libéral, déchaînant l'individu et ligotant l'État. Face au désengagement de l'État depuis 1791 dans les affaires du monde du travail, sauf dans sa mission répressive, ils se moquent vivement de l'idée libérale « qu'il fallait attribuer à l'esprit de réglementation administrative la cause véritable de la crise de l'apprentissage » (selon la déclaration du président de la Chambre de commerce de Lyon tout au début du XXe siècle). Quand ils déplorent le déficit de réglementation et dénoncent l'individualisme rongeur, ils se débattent (encore) avec Turgot, non pas parce qu'ils sont archaïsants, mais parce que Turgot est tellement moderne, c'est-à-dire dans une logique pleinement capitaliste. « La liberté du travail, affirme l'architecte Alcide Vaillant, était justement la cause de la disparition de l'apprentissage. » Cent vingt-cinq ans après Turgot, dit-il, peut-on vraiment croire que le marché autorégulateur est tout ce qu'il faut pour produire de bons ouvriers et d'excellentes marchandises ? Que l'individu, grisé par son droit naturel au travail, parvient tout seul à se

45. G. Picot, dans *Bulletin de la Société de protection des apprentis* (1909), p. 237 (mais sur l'hémorragie des apprentis, le président est contredit par certains de ses membres : *ibid.*, p. 58-59, 74) ; Barbier dans *ibid.* (1909), p. 168 ; J.-H. Cagninacci, *L'Instruction professionnelle de l'ouvrier*, p. 66-68 ; F. de Ribes-Christofle, *L'apprentissage et l'enseignement professionnel*, p. 16 ; Charles Kula, dans *Travaux du Bulletin de la Société de protection des apprentis* (février 1906), p. 229.

creuser un trou sur le marché du travail (ou éventuellement des produits), un échec témoignant simplement de son manque de talent ou de dynamisme ? « Est-il un raisonnement plus spécieux et plus vain, un sophisme plus dangereux, moralement parlant, que cette puérile sentimentalité ? » demande cet architecte. Pour autant, il ne souhaite pas voir l'État s'approprier l'organisation et le fonctionnement de la formation professionnelle des jeunes[46].

Chimiste et entrepreneur, plutôt de gauche, Émile Delorme, frappé par l'évolution vertigineuse et souvent complexe de la technologie, non seulement en usine, mais aussi dans les ateliers bien plus modestes, constate au commencement du XXe siècle que l'apprentissage, même fort bien fait, ne suffit pas pour donner à l'ouvrier « un enseignement professionnel complet ». Il faut d'urgence un système complémentaire assez élaboré (et « obligatoire »). « Or, pour organiser cet enseignement », demande Delorme, « doit-on compter sur la Liberté ? Nous ne le pensons pas ». Pourtant, même ceux qui défendent un rôle clé pour l'État n'osent pas toujours le dire sans détour. Ils veulent que l'État reste modeste, qu'il gouverne, mais pas trop, surtout pas trop directement. Il doit déléguer, décentraliser, laisser l'intendance aux villes et autres localités. Il doit davantage proposer que commander, inciter qu'encadrer, rendre possible que rendre obligatoire. On ne s'intéresse pas à sa capacité de concevoir ou d'accoucher, mais avant tout à sa volonté de payer. Ernest Nusse, juriste notoirement libéral, se bat énergiquement pour que l'apprentissage soit « réglementé législativement » plutôt que d'être abandonné « au régime de la liberté des conventions », notions incantatoires mais suggestives. Il reconnaît cependant que « toute question d'enseignement est délicate, parce qu'elle suppose dans une certaine mesure l'intervention de l'État ; or il n'est point toujours aisé de marquer exactement la limite où doit finir cette intervention, à peine de devenir oppressive ».

Bismarckien, courant semi-libéral, le juriste Julien Fouqué s'étonne de ce que, « tout en déplorant la disparition de l'apprentissage, on para[isse] en France, s'incliner devant le fait accompli et l'on ne tente

46. A. Vaillant, *L'Apprentissage, la liberté du travail et l'esprit de corps*, p. 7-89 ; A. Beignet, *La Décadence de l'apprentissage*, p. 21-23. Vaillant redoute que l'État ne pollue les cours d'apprentissage avec un contenu « politique », propagande inadmissible. Alcide Vaillant, « L'Organisation de l'apprentissage », *Bulletin de la Société de protection des apprentis* (1912), p. 207. J. Barberet ne peut pas pardonner à l'État, après « l'abolition de l'apprentissage sérieux » en 1791, de ne pas avoir – s'entend après la Révolution – pris « des mesures pour assurer l'instruction professionnelle des apprentis ». *Le Travail en France*, t. 1, p. 47.

rien, ou presque rien, pour le faire revivre ». Dans une telle situation, « il semble donc naturel de recourir à l'État ». Ce dernier a déjà fait part de sa vocation pour la protection des enfants au travail. « N'est-ce pas lui qui doit obtenir que l'apprentissage s'accomplisse sans perversion morale, sans déchéance physique, sans étiolement de la race ? » Fouqué connaît pourtant par avance la réaction des « partisans de la non-intervention » : ceux-ci chercheront à montrer que des « règles précises et immuables » ne fonctionnent jamais bien dans un monde de grande diversité, que ces règlements deviennent vite des « gênes » pour tous les acteurs, que l'ingérence finit par saborder l'apprentissage au lieu de le requinquer. Spécialiste de l'éducation, Modeste Leroy, député (Gauche démocratique), parle de « l'intervention indispensable de l'État ». Cependant, son ami Gustave Dron, sénateur (gauche radicale), fin négociateur, s'éloigne de ceux « qu'on accusait de vouloir tout ramener à l'État », pour que « demain les industriels [viennent] collaborer avec nous [sur son projet d'enseignement professionnel] parce qu'ils savent que nous voulons leur laisser le rôle qui leur convient »[47].

Bien d'autres rejoignent cette vision d'une sorte de (presque) troisième voie, théorisée par Émile Cheysson, ingénieur et industriel, proche de Frédéric Le Play, préoccupé par le problème rencontré chaque fois qu'on touche « à l'une quelconque des questions sociales : quelle part doit-on faire à l'action publique ? quelle part à l'initiative privée ? » Ce dilemme traduit, à sa manière tendancieuse mais évocatrice, l'antagonisme entre « le socialisme d'État » (« envahissant, ombrageux, ennemi de toute velléité d'indépendance ») et « le libéralisme d'État », pas du tout un oxymore dans l'histoire française (« ne se résignant à l'action directe que malgré lui, quand il s'agit d'un grand intérêt public », mais préférant toujours l'initiative privée). Tant que l'État agit comme « guide » et « soutien », pesant sur « l'opinion publique » plutôt que d'imposer « la coercition de la loi »,

47. Émile Delorme, *L'Apprentissage et l'enseignement technique*, Paris, A. Michalon, 1909, p. 12-14 ; E. Nusse, dans *Bulletin de la Société de protection des apprentis* (1877), p. 51 et (1880), p. 121 ; J. Fouqué, « La Crise de l'apprentissage », p. 295, 300-303, 317 ; Modeste Leroy et Gustave Dron au Congrès de l'apprentissage (Roubaix, 1911), dans *ibid.* (1912), p. 173, 390 ; Émile Cheysson, « Discours », dans *ibid.* (1893), p. 236-37 ; « Vœux généraux », Congrès de Roubaix, dans *ibid.* (1912), p. 388-89. Le rapport de la section menée par « l'économie sociale » à l'Exposition universelle de 1900 à Paris prévoit « un rôle de plus en plus prépondérant de l'État dans l'apprentissage et la protection de l'enfance ouvrière ». L. Durassier, « Rapport du jury international » (groupe XVI-économie sociale, hygiène assistance publique), p. 253. Cf. P. Lacombrade, « Le Patronat parisien et l'enseignement professionnel à la Belle Époque », dans *Formation professionnelle et apprentissage*, p. 229.

s'appuyant sur les patrons bienveillants, mais aussi sur les associations (quasi corporatives), Cheysson perçoit des bases pour une sortie de crise. Approuvant l'idée de limiter le rôle de l'État tout en l'impliquant de façon importante et discrète, d'autres commentateurs préconisent la mobilisation des Chambres de commerce, des chambres syndicales, ouvrières et patronales, des « comités locaux dits « d'apprentissage », des « associations d'enseignement populaires ». « Il convient de faire le plus large appel à l'initiative privée », insistent les industries du bois et de l'ameublement au Congrès de l'apprentissage en 1911. Le rapport général de ce dernier plaide également pour « une très grande liberté » laissée à l'action privée. La méfiance à l'égard de l'État demeure vive, même pour les gros travaux préparatifs qu'admettait volontiers Turgot, un des pères fondateurs du libéralisme à la française, qui aurait aimé une aide supplémentaire de l'État absolutiste pour déblayer le terrain en préparation de ses réformes radicales. Fortement engagés dans la régénération de l'apprentissage, les industriels du bâtiment, à travers leur comité permanent, veulent bien que l'État procède « législativement » pour établir les bases des nouvelles structures, mais avertissent que celui-ci « est de profession tentaculaire et que partout où il pose un pied, il s'établit domiciliairement »[48].

LA NÉCESSITÉ IMPÉRIEUSE DE L'OBLIGATION

Placide Astier et Isidore Cuminal, hommes politiques inscrits au parti radical socialiste, très investis dans l'enseignement professionnel/technique, partagent un intérêt particulier pour les fonctions de l'apprentissage. Ils font l'hommage requis aux « règles s'inspirant d'un sage libéralisme » – moins profession de foi que de pragmatisme et de prudence politiques –, mais ils donnent expression, de façon ferme mais globalement modérée, à l'argument sur la « nécessité » de l'intervention de l'État pour dénouer la crise de l'apprentissage, sur l'impératif de passer par « l'obligation ». Non sans un brin d'ironie, ils admettent que « le système de la liberté a fait chez nous ses preuves ». En vigueur depuis l'abolition des corporations, « qu'a-t-il donné ? » Du bilan positif, ils ne disent pratiquement rien, mais ils remarquent qu'on entend depuis plus d'un demi-siècle les mêmes plaintes des

48. É. Cheysson, « Discours », *Bulletin de la Société de protection des apprentis* (1893), p. 236-37 ; *ibid.* (1912), p. 321, 380 ; G. Bertin et L. Vergoz, « Rapport », dans *ibid.* (1909), p. 162 ; « Vœux généraux », Congrès de Roubaix, dans *ibid.* (1912), p. 388-89. Voir également *Enquête sur l'enseignement professionnel*, t. 1, p. 345.

intéressés : « On ne fait plus d'artisans complets, les bons ouvriers sont de plus en plus rares, nos plus riches industries nationales, celles qui portaient la marque du goût français, se voient menacées par la concurrence étrangère. » Grâce au compagnonnage et au Tour de France – hypothèse intéressante, à confirmer –, les petits ateliers en province « ont formé des ouvriers instruits de tous les détails de leur métier ». Cependant, à leur tour, ces ateliers ont subi « la loi commune », c'est-à-dire qu'ils se sont « industrialisés » ou ont disparu. Les jeunes gens préfèrent « pour la plupart » entrer dans les vastes usines, chantiers ou magasins « où l'on n'exige d'eux aucune préparation particulière », et où ils touchent un salaire tout de suite « en échange d'un geste automatique ». Voilà la version courte de la genèse de la décadence de l'apprentissage, d'après Astier et Cuminal[49].

En proposant la voie de l'obligation, ces deux hommes politiques maintiennent qu'ils écartent toute vengeance idéologique. Ils se fondent sur moult opinions, d'origines diverses, mais convergentes sur cette question, notamment sur une grande enquête lancée à l'aurore du XXe siècle par le Conseil supérieur du travail, associée au nom de son énergique rapporteur, Edmond Briat, ancien apprenti mécanicien, prud'homme et syndicaliste ouvrier aux multiples engagements entre réforme, coopération, et révolution. Il a envoyé un questionnaire détaillé à des centaines de syndicats patronaux et ouvriers, à des Chambres de commerce, et aux conseils de prud'hommes. Malgré un faible taux de réponses et une appréciation des résultats pas toujours précise, il a présenté des données et des analyses qui semblent avoir été largement acceptées et qui ont constitué en tout cas la référence pour le débat au moins jusqu'à la fin de la Grande Guerre. Peu de surprises : seulement 10 % de contrats écrits (mais dont la restauration est souhaitée par 80 % des répondants), une grande diversité de situations recouvrant la désignation « apprenti » (très rarement logé chez le patron, une durée d'engagement variant de un à cinq ans, médiane de trois), d'importantes différences d'attitude entre ouvriers et patrons (sur la limitation du nombre d'apprentis, le type

49. P. Astier et I. Cuminal, *L'Enseignement technique, industriel et commercial*, p. 327, 375-79, 399. Cf. des arguments pour l'intervention de l'État : É. Delorme, *L'Apprentissage et l'enseignement technique*, p. 9-10 ; D. Poulot, *Question sociale*, p. 267-68 ; L. Durassier, « Rapport du jury international » (groupe XVI-économie sociale, hygiène assistance publique). Sur l'ambivalence à l'égard du rôle de l'État dans les années 1860, voir « Résumé de l'enquête sur l'enseignement professionnel par la sous-commission » (Morin), dans *Enquête sur l'enseignement professionnel*, t. 2, p. 798.

d'inspection ou de surveillance étatique des ateliers, le genre de certificat ou diplôme à la fin de la formation), un consensus sur l'urgence d'améliorer la formation-apprentissage, face à la pénurie croissante d'ouvriers qualifiés, deux tiers des répondants pour une forme ou une autre d'enseignement professionnel et trois quarts (apparemment de ces derniers) favorables à des cours obligatoires pris sur le temps de travail (ouvriers plutôt enthousiastes, patrons divisés, Chambres de commerce hostiles)[50].

L'exégèse de l'enquête que font d'Astier et Cuminal semble loyale. Ils mettent en relief une des conclusions incontestables de Briat : « Il y a décroissance de l'instruction professionnelle des ouvriers français. » Ils raisonnent : « Puisque le régime de liberté est condamné par la longue expérience que nous avons faite, puisque nos industriels[51] et nos négociants, malgré des initiatives méritoires, ont été impuissants à faire face aux impérieuses nécessités de l'industrie moderne et de la concurrence internationale, il ne reste pas d'autre solution que l'obligation, sous le contrôle de l'État », solution fortement approuvée dans les questionnaires Briat. Balayant toute accusation d'une dérive « tyrannique, tracassière » dans l'application de « cette obligation », ses promoteurs insistent sur le fait que « l'obligation est commandée impérieusement » par l'intérêt vital national et le bien public : « par l'avenir de notre industrie et notre commerce ; par l'intérêt du patron et de l'ouvrier ; par la sauvegarde de la main-d'œuvre nationale ; par la richesse même du pays ».

Ponctué d'un patriotisme économique teinté d'une note xénophobe et de quelques restes mercantilistes dans un contexte de tensions internationales, le discours Astier-Cuminal vise à mobiliser largement : « N'est-il pas affligeant de voir le contremaître, l'ouvrier

---

50. Ministère du Commerce et de l'Industrie, Conseil supérieur du travail, session de 1902, *L'Apprentissage* rapport de M. Briat, p. III-IX, XI-XXI, XXIV-XXV ; J.-M. Chapoulie, *L'École d'État conquiert la France*, p. 11-12. Cf. V. de Chardon, « L'Apprentissage en France de 1851 à 1919 », p. 228-30 ; Stéphane Lembré, « La "crise" de l'apprentissage : de l'échec à la loi (XIXe siècle-années vingt) », dans Natacha Coquery et Matthieu de Oliveira (dir.), *L'Échec a-t-il des vertus économiques ?*, Paris, IGPDE et Comité pour l'histoire économique et financière de la France, 2015, p. 311 ; Isabelle Lespinet-Moret, *L'Office du travail (1891-1901). La République et la réforme sociale*, Rennes, Presses universitaires de Rennes, 2007.

51. Depuis le dernier tiers du XIXe siècle, le mot « industriel » est utilisé pour signifier le patron, chef d'un atelier modeste ou d'une usine considérable. Le terme « artisan » tend à disparaître et le mot « maître » à s'éclipser tout doucement. Goguenard, Gustave Dron, député-maire de Tourcoing, s'inquiète un peu pour la survie du mot « apprenti » si, suivant le mode allemand, en pratiquant des cours complémentaires dits de perfectionnement, les élèves se mettent dorénavant à se désigner comme « des perfectionnés ». « L'Organisation de l'apprentissage », p. 20.

français, quelques fois même le patron, supplanté, dans son propre pays, par un concurrent suisse, allemand ou belge », des secteurs entiers, tels l'électronique ou la chimie, des maisons établies dans l'Hexagone « avec un personnel et des capitaux étrangers » ? En partie en raison de la crise de l'apprentissage, la France a connu une « invasion ». Désormais, il s'agit d'une guerre par d'autres moyens, mettant la nation en péril sur plusieurs fronts :

> Nous ne sommes plus libres, il faut le dire, d'accepter la bataille économique, ou de la refuser. Elle nous est imposée par nos rivaux sur tous les marchés du monde et jusque sur notre propre marché. Déserter le combat ou demeurer les bras croisés équivaudrait *à un nouveau Sedan*, aussi désastreux que l'autre.

« Douloureusement marquée » par la guerre avec l'Allemagne en 1870, mais déjà avertie par plusieurs expositions universelles, « l'opinion publique », selon Gustave Berger, est focalisée sur la question de l'instruction requise pour « rivaliser » avec des nations économiquement dynamiques, en Europe et ailleurs. Politiques, éducateurs et industriels citent volontiers Bismarck, qui promet de vaincre la France sur le terrain économique après l'avoir fait sur le terrain des armes grâce en partie à un système d'enseignement technique nettement supérieur. Placide Astier et Isidore Cuminal partagent le cri d'alarme du maire de Roubaix pour qui la France doit faire face « à un réel péril national » de compétitivité internationale et qui voit dans « le relèvement de l'apprentissage » la solution fondamentale. Ils sont d'accord avec Jules Simon, humaniste qui ne parvient pas à se dégager du champ de la métaphore militaire : la France est sérieusement « menacée », mais elle a « les plus grandes ressources » pour mener « la guerre industrielle », à condition qu'elle puisse retrouver, à côté de ses savants et de ses ingénieurs, « des ouvriers sans égaux et sans rivaux ». Et ce sont « les enfants des ouvriers », avait déjà protesté le sénateur Tolain, ancien apprenti et ouvrier sur bronze, qui sont exclus du modèle d'éducation française[52].

52. G. Berger, cité dans *Bulletin de la Société de protection des apprentis* (1891), p. 203 ; maire de Roubaix cité dans *ibid.* (1912), p. 175 ; Bismarck, cité dans *ibid.* (1911), p. 37 ; J. Simon, cité dans *ibid.* (1884), p. 255 ; H. Tolain, cité dans *ibid.* (1880), p. 35-37. Cf. G. Bertin et L. Vergoz, secrétaires-généraux du Congrès de l'apprentissage de 1909, cités dans *ibid.* (1909), p. 159-60 : « L'ignorance professionnelle entraîne la perte irrémédiable de nos industries au profit des nations rivales plus conservatrices de la science des métiers. » Voir aussi E. Nusse, « L'Apprentissage au point de vue de la loi et des mœurs », dans *ibid.* (1884), p. 380 ; J. Gaillard, *Paris, la ville*, p. 319-23 ; P. Lacombrade, « Le Patron parisien

L'obligation balise la route de la refondation de l'instruction professionnelle d'en bas, et donc du renforcement de la puissance nationale. Placide Astier et Isidore Cuminal ne cessent de rassurer, répétant que l'obligation n'est une menace ni pour le patron, ni pour l'ouvrier. Au premier, elle procurera le personnel techniquement formé dont il a besoin pour vaincre ses rivaux étrangers et redorer le blason des produits français dans le monde. « Tout en haussant la personnalité » du second, elle lui permettra de maîtriser son métier et d'améliorer considérablement sa condition de vie. L'obligation « complètera l'enseignement de l'atelier ou du magasin toutes les fois que ceux-ci – et les faits démontrent que c'est le cas le plus général – seront hors d'état de pourvoir eux-mêmes aux exigences d'un apprentissage sérieux »[53].

L'apprentissage sérieux est le fruit d'un pragmatisme lucide. Il ne s'agit pas de ressusciter l'apprenti de jadis, réel ou idéalisé, son expérience de vie, son mûrissement. On recherche une compétence plutôt qu'une socialisation globale. Salarié, l'apprenti n'est plus affecté à un père adoptif. Même la moralisation souvent brandie comme une avancée impérative n'est qu'une dimension secondaire. On ne fabrique ni l'homme ni le citoyen, en tout cas pas sciemment, mais le bon ouvrier : l'ouvrier techniquement bon. L'apprentissage sérieux se définit par la conquête de compétence, passant nécessairement par l'instruction professionnelle. Dans le projet législatif envisagé par ses auteurs, l'obligation, ce sont des cours professionnels/techniques que, dans un premier temps, 400 000 jeunes gens et jeunes filles de moins de dix-huit ans employés dans l'industrie et le commerce suivront *obligatoirement* (sur une population totale de 900 000), selon des modalités à déterminer par des commissions locales (cours surtout du soir, cours sur le lieu de travail pris sur le temps de travail, cours dans des écoles, et ainsi de suite). Théoriquement, mais suivant

et l'enseignement professionnel à la Belle Époque », dans *Formation professionnelle et apprentissage*, p. 215. 219. Le souci de la concurrence internationale pèse sur le débat autour de l'apprentissage pendant l'Ancien Régime, visible dans la politique de Colbert, qui voit un bon système d'apprentissage comme un atout majeur dans la compétition entre nations, puis dans la violente critique libérale de l'apprentissage de Clicquot de Blervache (protégé de V. de Gournay, thuriféraire du laisser-faire intégral), qui le tient responsable en partie de la stagnation de l'industrie française et sa perte d'attractivité. Steven L. Kaplan, *La Fin des corporations*, Paris, Fayard, 2001, p. 31.

53. Dans la version corporatiste d'Alcide Vaillant, l'obligation est bien plus dure : obligation des cours complémentaires ou du soir, bien entendu, mais plus largement, obligation des patrons de former des apprentis et obligation des parents de mettre leurs enfants en apprentissage (ou en d'autres études). *Bulletin de la Société de protection des apprentis* (1912), p. 320.

des formules différentes, les patrons seront responsables d'assurer (et documenter) l'assiduité de leurs apprentis et autres ouvriers. Dans cette optique, « l'obligation » ne remplacera pas l'apprentissage, mais elle le rendra plus vigoureux, plus solide, plus résistant, un apprentissage que certains appellent « raisonné » par rapport à l'apprentissage d'héritage historique[54].

L'approche dirigiste ne paraît pas du tout raisonnable aux libéraux. Leur base doctrinale relève de la notion fondatrice de la limitation obligatoire, naturelle et fructueuse du pouvoir de l'État. En l'occurrence, selon l'industriel Julien Hayem, « l'État n'a le droit et le devoir de s'occuper de l'éducation professionnelle des enfants que si les parents font défaut : ces derniers sont les tuteurs naturels et les guides autorisés de leurs enfants, c'est à eux que s'impose l'obligation de s'occuper de leur avenir ». Les critiques évoquent aussi le problème de concilier « cette obligation avec les réalités si variées de la vie industrielle », à savoir la multiplicité de professions qui n'ont pas toutes les mêmes besoins de l'apprentissage ; qui ont des méthodes, des rythmes, et des coutumes disparates ; qui ne sont pas toujours séparables de leurs lieux d'implantation et des habitudes de leurs patrons qui ne sont pas également disposés à (ou capables de) libérer leurs employés adolescents deux heures par jour, quatre fois par semaine, sur le temps de travail. Georges Picot se moque de ces rêveurs étatistes, qui « [ne] vivent [pas] en présence des faits » : agitant « une baguette de fée » et « le mot magique d'obligation », ils s'attendent à ce que « tous les obstacles s'abaissent ». Ce sont des jacobins qui croient tout réussir en soumettant « à une règle uniforme les catégories les plus diverses ». Même les piétés démocratiques d'Astier sont mystificatrices, sinon hypocrites. La prétention universaliste est creuse. L'obligation, selon les libéraux, ne saura jamais toucher qu'une petite minorité de jeunes fortement motivés et étayés, avides de s'imprégner de l'enseignement professionnel. Au fond, l'obligation est une histoire de cultiver des élites : au lieu de fabriquer de bons ouvriers à travers un apprentissage enrichi, elle affectera seulement les doués et les ambitieux qui veulent se passer de l'apprentissage ordinaire ou visent tout de suite une place de « maître-ouvrier » ou de contremaître. Enfin, conclut Hayem, quasiment en ricanant, la France n'est pas l'Allemagne[55].

54. Pour les trois paragraphes précédents : P. Astier et I. Cuminal, *L'Enseignement technique, industriel et commercial*, p. 327, 375-79, 399.

55. J. Hayem, « L'Apprentissage : rapport présenté au Congrès du Parti républicain démocratique », p. 22-24. On peut parler d'une obsession française par rapport à l'Allemagne :

PROJETS LÉGISLATIFS

Si le long débat sur la crise de l'apprentissage, amplifié par l'éclosion d'une nouvelle phase de la question sociale et par l'expérience des expositions universelles, ouvrant sur des perspectives de comparaison internationales, est assez intense et souvent de très bonne qualité, il peine à mobiliser la volonté législative sur un projet réellement ambitieux. Le parlement vote des lois sur la création de certaines écoles à vocation professionnelle, de manière plutôt fragmentée, puis sur d'importantes mesures sociales concernant le travail (heures par jour ; protection contre les accidents ; hygiène et sécurité des établissements industriels). Cependant, les partisans d'une loi restructurant de manière compréhensive l'enseignement professionnel/technique, abordant forcément ainsi l'apprentissage, ne parviennent pas à réaliser leur objectif. Ils n'abandonnent pas.

Pendant presque vingt ans, Placide Astier collabore à la préparation d'une série de projets de loi visant l'introduction raisonnée et institutionnelle de l'enseignement professionnel. S'attacher à lui, qui a laissé son nom de manière posthume à la loi qui est finalement votée dans les conditions consensuelles de l'après-guerre, est céder

---

ennemie, rivale, voisine. Sous la pression de la crise de l'apprentissage, puis des expositions internationales, la France devient curieuse des institutions et des pratiques d'autres pays. De multiples visites de terrain ont lieu, suivies par des rapports plus ou moins détaillés sur ce que l'on fait ailleurs. P. Astier et I. Cuminal en parlent assez longuement dans leur livre. Le juriste Jean de Lacoste Lareymondie propose un bon sommaire dans le sien. Selon ce dernier, « tous les pays du monde civilisé ont, comme la France, connu la crise de l'apprentissage » ; si un nombre important a cherché des remèdes, « ils nous ont devancé de beaucoup ». Il y a les pays suivant le mode libéral, plus ou moins : l'État ne s'y immisce pas (le Royaume Uni, décrit comme autorisant l'apprentissage entrepris « d'initiative privée » ; les États-Unis, où l'apprentissage existe à peine ; et divers tableaux en Italie, Espagne, Belgique et aux Pays Bas) ; et le paradigme allemand, suivi par d'autres en Europe centrale, « rétablissant un régime corporatif » et rendant l'apprentissage « obligatoire ». Jean de Lacoste Lareymondie, *Le Contrat d'apprentissage. Étude de la législation française*, Niort, G. Glouzot, 1906, p. 142-46. Un juriste libéral s'inquiète des contraintes importées de l'étranger. Le patron français ne suivra pas la loi badoise qui rend le patron responsable de l'assiduité de l'apprenti aux cours ni la loi cantonale de Soleure qui demande à la police de conduire des élèves récalcitrants aux cours, mission payée par le patron. J. Fouqué, « La Crise de l'apprentissage », p. 316. La Chambre de commerce de Paris souscrit en 1909 à « l'obligation », mais compte sur une multitude de dérogations face à une résistance patronale importante. Rapport de F. de Ribes-Christofle, cité par P. Lacombrade, « Le Patronat parisien et l'enseignement professionnel à la Belle Époque », dans *Formation professionnelle et apprentissage*, p. 229-30. Voir un résumé de l'argument libéral contre l'obligation, autant moral et social qu'économique. Marion Fontaine, François Jarrige et Nicolas Patin (dir.), *Le Travail en Europe occidentale, 1830-1939*, Paris, Atlande, 2020, p. 399.

à une facilité téléologique, mais en même temps reconnaître l'engagement ardent d'Astier dans les discussions législatives, à la fois animées et interminables. S'inspirant d'un programme de Fernand Dubief, brièvement ministre du Commerce et de l'Industrie en 1905, qui a échoué, Astier envisage, sans plus de succès, l'instauration de cours obligatoires dans les communes où le ministère les juge « nécessaires », ce qui se traduit par un recrutement très sélectif – une obligation assez « arbitraire selon les critiques » – en fonction d'une stratégie industrielle façonnée d'en haut et imposée grâce aux préfets, qui choisiront les commissions chargées d'organiser l'enseignement (méthode hyper-centralisée qui suscite sur-le-champ l'opposition des patrons et des ouvriers voulant exercer leur choix sur leur terrain). Ensuite, Astier appuie mollement le projet, influent mais voué à l'échec, de son collègue Henri Michel, déposé en 1907, qui cherche à revigorer l'apprentissage en remettant au centre (encore une fois !) le contrat, partout écrit, mais écrit et obligatoire dans certaines professions, désignées par des conseils des prud'hommes ou par des commissions paritaires ouvrier-patron. Michel réfléchit aussi à une restriction du nombre d'apprentis par atelier et à un examen en fin d'itinéraire qui anticipe de façon rudimentaire le Certificat d'aptitude professionnelle (CAP) qui marque encore aujourd'hui la fin heureuse d'un certain type d'apprentissage. Astier n'est pas excité par le projet corporatiste d'Auguste Villemin, président de la Fédération nationale des bâtiments et des travaux publics, qui compte bien plus sur les Chambres de commerce que sur l'État, plaçant la renaissance d'un apprentissage obligatoire entre les mains de centaines de sociétés corporatives d'apprentissage établies (et autofinancées) sous la houlette des Chambres[56].

56. G. Dron, « L'Organisation de l'apprentissage », p. 12-18. Auguste Villemin mérite davantage d'attention. Corporatiste convaincu mais pragmatique, il envisage un régime « d'obligation » contraignant à la fois la participation des patrons et des apprentis, avec une sorte de surveillance de l'atelier cruellement absente de la loi de 1851 (prise en charge dans son plan par les sociétés corporatives). L'État ne joue qu'un rôle à la marge, la Chambre de commerce fonctionnant comme grand ordonnateur partout où elle existe. Par ailleurs, Villemin regrette que Astier comme Dron paraissent éviter d'utiliser le mot « apprentissage » dans leurs projets dits « éducatifs ». Auguste Villemin, « L'Organisation de l'apprentissage », *Bulletin de la Société de protection des apprentis* (1912), p. 204-10. Autre corporatiste proche du monde du bâtiment, l'architecte Auguste Beignet, espérant ressusciter l'ancien « esprit de corps » et le transformer en un « esprit professionnel » approprié au XXe siècle, se méfiant autant de l'individualisme égoïste que de la mainmise universitaire (« théoricienne ») sur l'apprentissage, se rapproche assez étroitement du programme de Villemin (considérant les Chambres de commerce actuelles comme « les derniers vestiges des anciennes institutions corporatistes d'autrefois »). A. Beignet, *La Décadence de l'apprentissage en France.*

Mais Astier est vivement intéressé par certains aspects du projet de loi (dit de « système transactionnel ») formulé par son collègue, Gustave Dron, député-maire de Tourcoing, champion sans équivoque de « l'obligation » et du rapprochement des patrons et des ouvriers dans le processus de reproduction de compétence. Dron s'efforce d'éviter des pièges institutionnels et politiques, notamment en ce qui concerne la rivalité âpre entre les ministères du Commerce/de l'Industrie et de l'Instruction publique pour la tutelle de l'enseignement professionnel. Cet affrontement devient la grande métaphore pour des tensions structurantes entre atelier et école comme site décisif de formation ; entre l'abandon de l'enfant, « jeté dans l'atelier sans vocation », livré « à la seule imitation du mal », et une volonté de « respecter » l'enfant et de lui inculquer « les habitudes d'ordre et de travail » ; entre une instruction pratique et un enseignement théorique ; entre une préoccupation strictement technique et un souci de la dimension civique et morale de l'apprentissage ; entre une sensibilisation marquée à l'égard de la culture générale et une relative indifférence à ce champ comme point de départ. Ces heurts reflètent des différences philosophiques sérieuses, des ressentiments socio-psychologiques et culturels accumulés et des luttes de pouvoir. Député également, et ami de Dron, moins diplomate, Modeste Leroy, membre actif de l'Association française pour le développement de l'enseignement technique et de la Société de protection des apprentis, révèle toute la violence symbolique que ce combat peut susciter. Rattacher les institutions de l'éducation professionnelle au ministère de l'Instruction publique revient « à leur complet anéantissement [...] il y aurait un réel péril national à mettre sous l'hégémonie de l'Université tous enseignements spéciaux qui ressortissent actuellement aux Ministères de l'Agriculture, des Colonies, du Commerce, de la Guerre, de la Marine ou des Travaux publics ». L'enseignement professionnel est éloigné de l'Université par des différences doctrinales et méthodologiques, et par des cascades de « dédain » que les soutiens de l'enseignement classique réservent pour « les “bestiaux” ou les “épiciers” de l'enseignement spécial ». Vibrant de colère, Leroy rajoute que les latinistes de l'Université n'ont pas un « monopole » sur « le pouvoir de culture » – « une culture réaliste, pratique [...] l'éducation pratique de la démocratie laborieuse ».

Dron le législateur prône un compromis, sinon une franche réconciliation, envisageant un double système de « condominium » et de « fusion ». Le premier donne une tutelle partagée aux deux ministères qui s'occupent conjointement non pas de deux écoles séparées (par exemple, une école primaire supérieure et une école pratique de commerce et d'industrie), mais d'une seule dispensant les deux types d'enseignement. Le second réalise une sorte d'association heureuse – réponse explicite au défi du modèle allemand – des parties théoriques et pratiques de l'enseignement, grâce en partie à un atelier, bien équipé, physiquement attaché à l'école. Inspiré autant par Octave Gréard que par les industriels du Nord, bien informé, confiant, Dron croit fermement à la solution transactionnelle : « La loi qui rétablira la pratique de l'Apprentissage sera une loi pour l'industrie par la plus-value professionnelle qu'elle donnera aux ouvriers, une loi de paix sociale par le rapprochement qu'elle amènera dans le monde du travail. Agissez donc pour qu'elle soit votée au plus tôt »[57].

LE LOBBY APPRENTISSAGE

La loi n'est pas votée, pas plus qu'une nouvelle mouture du projet de Dron en 1911, instaurant des cours obligatoires, donnant des responsabilités importantes aux maires (comme lui), et imposant aux chefs d'entreprise le devoir de déclarer à la mairie leurs apprentis de moins de dix-huit ans. D'autres projets se succèdent, rencontrant le même destin. Malgré de nombreux échecs législatifs, il y a dans la décennie précédant la Première Guerre mondiale un jaillissement d'activités en faveur du réveil de l'apprentissage. Des « sociétés pour le développement de l'apprentissage », suivant l'exemple du bâtiment, s'établissent dans des villes, grandes et moyennes. L'inspiration est corporatiste, mais de confession en quelque sorte laïque, tournée vers l'avenir, éloignée des souvenirs lointains, sans doute plus proche des comités d'organisation de Vichy que des jurandes d'antan. Plusieurs

57. G. Dron, « L'Organisation de l'apprentissage », p. 12-13, 19-21, 23-27 ; Modeste Leroy, président du Congrès national de l'apprentissage (1911), dans *Bulletin de la Société de protection des apprentis* (1912), p. 321, 329, 332, 340-41. Sur la guerre des ministères, voir F. Martel, *L'Enseignement technique en France*, p. 1-2, 4 ; V. de Chardon, « L'Apprentissage en France de 1851 à 1919 », p. 312 ; S. Lembré, « La "crise" de l'apprentissage : de l'échec à la loi (XIXe siècle-années vingt) », p. 313 ; J.-M. Chapoulie, *L'École d'État conquiert la France*, p. 5 ; et sur le contexte institutionnel de la guerre des ministères aussi bien que le clash intellectuel (incarné ici principalement par O. Gréard/A. Corbon et G. Ollendorf), B. Charlot et M. Figeat, *Histoire de la formation des ouvriers*, p. 144-47, 151. Sur les prolongements des tensions entre les deux ministères et les deux programmes, et la recherche d'une meilleure articulation entre l'entreprise et l'école au sein de « l'alternance », voir Marcel Malmartel, *L'Apprentissage : un passé ou un avenir ?*, Paris, Païdeia, 1989, p. 2-4 ; et, sur l'accusation que l'Éducation nationale est « déconnectée des réalités de l'entreprise », Jean-Jacques Arrighi et Damien Brochier, *L'Apprentissage au sein de l'Éducation nationale : une filière sortie de la clandestinité*, Paris, CEREQ, 2009, p. 29-30.

groupements, fondés dans le sillage des expositions universelles de 1878 et 1889, renaissent quelques années plus tard pour promouvoir la cause d'un « nouvel » apprentissage. À la suite de discussions tenues lors de l'exposition de 1900, un groupe composite de fonctionnaires, formateurs, industriels, parlementaires, techniciens et commerciaux créent l'Association française pour le développement de l'enseignement technique (AFDET), mobilisant 600 adhérents en un an. Leur but est de porter des formations fondées sur l'enseignement technique, et placées sous la tutelle du ministère du Commerce et de l'Industrie (l'Instruction publique est soupçonnée de dévaloriser le travail manuel, ou tout au moins de mettre excessivement l'accent sur la théorie). L'AFDET lance un bulletin, convoque conférences et réunions, fait du lobbying pour la prolongation de la scolarité obligatoire jusqu'à treize ans et l'établissement de cours d'apprentissage obligatoires (treize à dix-huit ans), anticipe l'instauration du Certificat d'aptitude professionnelle (examen et diplôme de qualification) et soutiendra vivement la loi d'Astier qui ne verra le jour qu'en juillet 1919[58].

En avril 1909, le comité permanent du Congrès national mixte de l'industrie, du commerce et du travail organise une réunion de trois jours consacrée à la formation des enfants et adolescents, que ses plus zélés champions dépeignent comme le premier congrès français consacré à l'apprentissage. La tendance dominante est libérale (« un Congrès de la liberté »), teintée d'une discrète touche corporatiste, encore le signe d'un rapprochement balbutiant, fondé sur un refus du dirigisme (les chefs se targuent de l'absence de tout ministre) et un goût de l'association structurée (promotion de « sociétés corporatives » pour chaque secteur). La méthodologie est leplaysienne allégée : leur programme est bâti sur une enquête par correspondance menée auprès de 360 « groupements corporatifs patronaux et ouvriers ». Prenant en compte ces résultats, les congressistes s'avèrent très concernés par l'état de l'apprentissage : « menacé », en « déclin » avancé dans plusieurs industries, mais globalement susceptible de retrouver une troisième vie prospère (ce sauvetage n'étant rien moins qu'une « obligation

58. V. de Chardon, « L'Apprentissage en France de 1851 à 1919 », p. 297 ; C. Lucas, « Conférence sur l'enseignement professionnel en France depuis 1789 », *Exposition universelle internationale, conférences du Groupe de l'économie sociale*, Paris, Guillaumin, 1889, p. 7-9 ; Auguste Béchaux, *L'Exposition d'économie sociale*, Angers, Germain & Grassin, 1889 ; *Bulletin de l'apprentissage* (mars et juin 1910) ; J.-M. Chapoulie, *L'École d'État conquiert la France*, p. 13-14, 16-18 ; S. Lembré, *Histoire de l'enseignement technique*, p. 46.

morale »). Les participants sont massivement contre un « remède général » à la crise de l'apprentissage, car cette approche présuppose la main lourde de l'État central. L'énergie et la volonté doivent venir d'en bas (mais pas trop bas), des acteurs sur le terrain, de « toutes les forces de l'initiative privée ». Les meneurs naturels de l'affaire sont les Chambres de commerce, « les véritables organisations qui peuvent travailler au relèvement de l'apprentissage ». Difficile de mesurer l'impact de ce congrès sur le débat. Il semble avoir inspiré un groupement dit « Des syndicats ouvriers indépendants du Sud Est » qui font de l'apprentissage un des grands thèmes de leur congrès à Grenoble en mars 1910 : « Le rapporteur débute en démontrant la nécessité de poursuivre sans relâche l'œuvre du relèvement de l'apprentissage, dont le déclin constitue un redoutable péril pour le monde du travail »[59].

À l'occasion de l'Exposition internationale du Nord de la France en 1911, soutenue par la mairie de Roubaix, l'AFDET organise ce qu'elle présente comme « le premier Congrès national de l'apprentissage », du 2 au 5 octobre de cette même année, avec l'objectif de discuter de la crise de l'apprentissage et de proposer des remèdes. Bien plus important que la réunion rivale mais complémentaire de 1909 grâce à plusieurs réseaux associatifs et syndicaux, le Congrès de Roubaix attire 9 000 personnes inscrites officiellement (mais probablement 2 000 participants réels). Sont représentés : syndicats ouvriers et patronaux, Chambres de commerce, conseils des prud'hommes, délégations étrangères, hauts fonctionnaires et assimilés (tel Edmond Briat), parlementaires (entre autres, Placide Astier et Gustave Dron). L'AFDET et ses soutiens parviennent en peu de temps à préparer un rassemblement dense et riche, où l'on aborde des questions fondamentales et sectorielles, de méthode et d'application.

Nonobstant la conviction des participants que la crise est « réelle » et « menaçante », et leur volonté d'émouvoir l'opinion et de passer à l'action, ce n'est pas un congrès consensuel. Sans être corsetés par l'apriorisme libéral à la manière du congrès de 1909, ses membres entretiennent une certaine suspicion à l'égard de l'État, acteur lourd, qui aime prendre la place sans trop discuter ensuite, qui est plutôt sprinter que coureur de longue distance, facilement distrait, même

59. *Bulletin de l'apprentissage* (mars 1910) ; *Bulletin de la Société de protection des apprentis* (1909), p. 143, 167-68, 171, 233-38, 243-46. « L'obligation » n'occupe pas une place centrale au Congrès. Mais l'idée, apparemment proposée par « un membre éminent » de la Chambre de commerce parisienne, que les parents devraient être légalement tenus de mettre leurs enfants en apprentissage, provoque une réaction négative (« la pente est glissante, qui conduit à l'autorité et s'éloigne de la liberté humaine »). *Ibid.*, p. 163.

capricieux. Mais il ne faut pas se leurrer : selon les congressistes, revigorer l'apprentissage est un acte politique qui exige nécessairement la collaboration de l'État, et pas simplement comme bailleur de fonds. Il doit encadrer sans embrigader, orienter, puis déclencher. On doute de l'État, sans lui jeter l'anathème, tout comme on prise l'initiative privée, sans en faire un fétiche. Il y a un très large accord, par exemple, sur la nécessité de refaire la loi de 1851, donc de créer une armature minimale (même si la perspective d'atteindre « l'organisation de l'apprentissage » par « voie législative » ouvre toutes sortes de possibilités) ; sur l'impératif de « l'obligation » des cours d'apprentissage, dits complémentaires, huit heures par semaine prises sur la journée de travail (mais refus « que l'apprentissage soit obligatoire pour les enfants des deux sexes à partir de l'âge de quatorze ans, vœu porté par Auguste Villemin au nom du Bâtiment et des Travaux publics) ; ou encore sur la pratique d'une inspection périodique programmée d'avance, ciblant l'instruction à laquelle l'apprenti a droit, mais pas un contrôle de l'apprentissage dans l'atelier, forme d'intrusion de l'État dénoncée par la plupart des patrons, invoquant la préservation de l'intimité de leur foyer et de leur liberté, vieux riff libéral. Au-delà de l'attitude à l'égard de l'État/étatisme, les participants sont divisés sur le besoin d'inscrire une dimension morale et hygiénique ou de socialisation humaine, voire humaniste, dans la mission de l'apprentissage, dont l'objectif principal, dans sa version la plus instrumentale, est plutôt de « fournir à l'industrie nationale les éléments de production méthodiquement instruits qui leur font défaut »[60] ; sur l'utilité de fixer une limite au nombre d'apprentis par rapport aux ouvriers dans chaque lieu de travail ; sur le type d'attestation de fin d'apprentissage à retenir (examen ou non ; simple reconnaissance du temps passé ou évaluation de compétence).

Par-delà une déploration partagée de « l'abaissement de la valeur professionnelle », et l'éloge commun de valeurs plus ou moins positivistes, telles « réalité », « utilité », « rationalité », « précision » et « organisation », les congressistes ne souscrivent pas pour autant à la même définition de l'apprentissage, même si tout le monde veut le réparer ou le régénérer. Le champ, pour tous, est balisé par l'engagement dans un travail manuel, mais il y a un mouvement insensible,

60. Sauf de façon oblique, on ne soulève même pas une question chère à Gustave Dron : l'apprentissage comme vecteur de « paix sociale » aussi bien que fondement incontournable pour la croissance économique. G. Dron, « L'organisation de l'apprentissage », p. 27.

associé à une volonté de moderniser et de refonder la base de légitimité, laissant derrière l'image de l'atelier familial (et le « regard attendri sur le passé lointain »), pour aller vers une vision institutionnelle de la formation professionnelle, notion qui a moins de texture et plus de régularité. Mais elle demeure trop large et ductile pour forger une description et un programme clairs. Concrètement, les uns y voient une formation mixte d'école et d'atelier visant à fabriquer, plus ou moins, une version un peu diluée du « bon ouvrier », tandis que les autres considèrent que le pilier central de l'apprentissage, l'élément essentiel d'un apprentissage digne du XXe siècle, consistent en un enseignement professionnel, qui peut se décliner de plusieurs façons, à diverses échelles : l'école dans l'atelier ; l'atelier dans l'école ; les deux « juxtaposés », vision plutôt brumeuse ; l'école d'apprentis à la manière d'Octave Gréard ; ou des cours, dits complémentaires, techniques ou à mi-temps (cette dernière catégorie esquissant une sorte d'alternance avant la lettre). L'institutionnalisation du préapprentissage attire presque tout le monde, mais divise sur l'interprétation précise à appliquer : une nébuleuse expérience « préparatoire », une dose de travail manuel en fin d'école primaire, ou un ou deux ans pour « consolider les connaissances acquises et surtout orienter la jeunesse vers les carrières commerciales, industrielles ou agricoles ». Enfin, il faut distinguer le vrai du faux ou, autrement dit, déterminer qui est apprenti.

> À côté de l'apprenti véritable, c'est-à-dire de l'adolescent qui travaille pour apprendre un métier, avec ou sans contrat d'apprentissage explicite, se trouve l'adolescent qui est là uniquement en vue d'un travail ; producteur et rémunéré. Bien que souvent on lui donne le nom d'apprenti, ce n'en est pas un ; c'est un petit ouvrier ; personne ne s'occupe de sa formation professionnelle.

À l'instar des congressistes de 1909, ceux de Roubaix rejettent un moule universel pour l'apprentissage dans tous les domaines et dans tous les lieux. Puisque l'industrie est extrêmement diverse, dans sa morphologie, sa technologie et son fonctionnement quotidien, il faut une pluralité de modèles d'apprentissage (et plus largement, d'enseignement professionnel). Les vieux us et coutumes ont volé en éclats ; les stéréotypes du passé, même récent, ne sont plus pertinents. Même dans les ateliers familiaux, les pratiques de production, comme les modes de transmission, évoluent. Plus d'hésitation sur la légitimité de pratiquer l'apprentissage en usine, même si sa pertinence variera considérablement. Dans certaines usines très mécanisées, par exemple, « un apprentissage spécial » paraît superflu, car « en quelques semaines, en quelques mois, un jeune peut se mettre au courant de l'opération de sa machine ». Mais attention aux conclusions hâtives : « L'opinion était assez répandue, il y a quelques années, que l'apprenti n'avait pas besoin d'une éducation professionnelle », remarque Maurice Couyba, ministre du Commerce et de l'Industrie, clôturant le Congrès de 1911 ; cependant, « l'avis contraire prédomine aujourd'hui ». De part et d'autre, on a tiré des leçons : « Un jeune ouvrier, possédant des connaissances théoriques et techniques, tire un meilleur parti de sa machine et évite souvent des accidents qui la rendraient indisponible, et en cas de transformation dans l'outillage, en cas de chômage, il peut constamment utiliser son savoir professionnel dans une industrie similaire. »

Les participants à Roubaix envisagent une carte de l'apprentissage segmentée : tous les secteurs auront une sorte de formation, mais pas forcément la même, en fonction des besoins spécifiques industriels, commerciaux ou régionaux, des habitudes locales, départementales, etc. Certains apprentissages ne demanderont pas à être formalisés, d'autres fonctionneront mieux avec un contrat écrit. Leur gestion pourrait aussi être variable plutôt que nationale et uniforme : par les Chambres de commerce, par des « organisations professionnelles ou corporatives » régentées par des ouvriers et des patrons, par des commissions mixtes paritaires avec d'autres structures, ou même par le cercle familial au sein des usines : le système est proche de celui de 1909, jusqu'à la tonalité corporatiste, quoique atténuée ici[61].

---

61. AFDET, *Congrès national de l'apprentissage*, Roubaix, 1911 dans *Bulletin de l'AFDET* (n° 33), p. 18-19 ; Paul Jannettaz, secrétaire-général du Congrès, « Compte-rendu analytique du Congrès national de l'apprentissage », Paris, AFDFET dans *Bulletin de l'AFDET* (décembre 1911), p. 823-33, 834, 836-42, 844, 862 ; V. de Chardon, « L'Apprentissage en France de 1851 à 1919 », p. 298-314 ; *Bulletin de la Société de protection des apprentis* (1912), p. 312, 334-37, 374, 379-80, 381, 386. L'approche néo-corporatiste n'est plus stigmatisée comme réactionnaire, stérile ou séditieuse, mais elle continue de susciter de la résistance, comme l'indique cette anecdote racontée par Louis Lacau, architecte : « J'applaudis à ce que M. Villemin a dit au sujet des organisations corporatives au Congrès de Roubaix. J'ai voulu dire quelques mots à ce sujet au Congrès de Roubaix, mais M. Dron m'a répondu : "Cela ne nous intéresse pas, vous voulez revenir aux corporations anciennes." Ces messieurs ne veulent pas admettre que nous nous servions d'un mot ancien pour exprimer une idée adaptée à nos besoins d'aujourd'hui ; il est véritablement regrettable de se chamailler ainsi à propos de mots. » *Ibid.*, p. 254. Malgré toute l'énergie investie dans le débat depuis plus de deux décennies – maints rapports, enquêtes, congrès –, en 1917 Auguste Keufer, influent leader syndicaliste, regrette l'absence totale d'un consensus sur la meilleure méthode pour former un enfant, pour constituer l'apprentissage. A. Keufer, *L'Apprentissage dans l'industrie du livre*, p. 7-9.

LA LOI ASTIER

Ce n'est qu'en 1919 que la mesure que portait depuis de longues années Placide Astier, disparu en 1918, parvient finalement à passer. Le choc de la guerre a aidé : rappel brutal de la puissance industrielle allemande, de la dureté de la concurrence internationale, et éveil de la conscience du rôle que devait jouer la formation dans la réorientation de l'économie vers la paix et la gestion de la démobilisation. On a sonné le tocsin voilà plus de soixante-dix ans. Dans la longue attente de l'action, la notion d'une crise a perdu son acuité et son urgence, sinon sa crédibilité. Pour les libéraux résolus, l'apprentissage est désuet depuis des siècles. Au milieu de la Belle Époque, en pleine ruée vers la modernisation, en dépit de multiples projets de loi déposés au parlement, malgré le marqueur de Roubaix, l'apprentissage risque, un moment, de passer pour ringard, même auprès des gens qui se soucient de sa décadence depuis longtemps. Astier, quant à lui, semble enregistrer sa perte de normativité. Rétrospectivement associée à la réhabilitation de l'apprentissage, la loi qui porte son nom n'en parle pas. Elle s'intéresse à l'organisation de « l'enseignement technique industriel ou commercial » qui a pour objet « l'étude théorique et pratique des sciences et des arts ou métiers en vue de l'industrie ou du commerce ». Diderot aurait pu proposer ce genre de définition post-corporatiste.

Pour Placide Astier, cette conception de l'enseignement professionnel incarne la substantifique moelle de l'apprentissage, la partie nécessaire et faisable. La loi traite la question de l'instruction technique comme l'homme politique, en technicien, avec une grande discrétion idéologique. Sensible aux patrons en particulier, la mesure ne fustige pas le libéralisme, mais elle octroie le rôle prépondérant à l'État (qui jure d'écouter les maires) et assure une place paritaire aux ouvriers. Elle esquisse l'ossature d'administration et de contrôle pour l'enseignement technique et l'établissement et la gestion des écoles nationales, départementales ou communales (mais silence radio sur le financement) ; l'articulation des institutions privées et publiques, entre elles, et avec les autorités locales et centrales aussi bien qu'avec des entreprises, des organismes et des associations représentant les divers intérêts en jeu ; et la création des cours professionnels ou de perfectionnement « pour les apprentis [rare mention], les ouvriers et les employés du commerce et de l'industrie ».

Clairement, cette dernière partie évoque particulièrement Placide Astier, car c'est à travers les cours qu'il espérait atteindre le plus de jeunes gens et de jeunes filles. Ces cours pourront les toucher et les former parce qu'ils seront obligatoires jusqu'à dix-huit ans – comme l'avait conçu Astier –, pris sur la journée légale de travail et que le patron sera *obligé* de les accorder (entre quatre et huit heures par semaine, sous certaines conditions). Cet enseignement exige une assiduité contrôlée par le professeur et le chef d'entreprise qui doivent viser une fois par semaine un livret appelé à devenir l'unique ticket d'entrée aux examens de certification professionnelle (le CAP), proposés au bout de (« au moins ») trois ans de préparation, c'est-à-dire de cours suivis. Il est prévu d'autres voies d'admission pour les élèves d'une école d'enseignement technique ou des jeunes travaillant dans le commerce ou l'industrie, mais résidant dans des communes où les cours obligatoires ne sont pas organisés. Pour pouvoir mobiliser les jeunes, il faut d'abord les recenser ; les patrons sont invités à déclarer à la mairie le nombre d'adolescent.e.s de moins de dix-huit ans qui travaillent chez eux.

Justement, le système d'Astier est ouvert sans parvenir à l'universalité : le ministre du Commerce et de l'Industrie, s'appuyant sur des commissions locales et départementales instituées par cette loi, sélectionnera « les communes dans lesquelles l'organisation des cours professionnels est reconnue nécessaire », en fonction « des besoins des professions commerciales et industrielles de la localité », test on ne peut plus pragmatique, ciblant l'immédiat et s'assurant d'une large adhésion, sans être à l'abri de l'arbitraire déclenché par le clientélisme. Soulignons cependant qu'Astier lui-même aspirait toujours à mobiliser des centaines de milliers d'élèves, non pour faire des *über*-ouvriers – l'élite dénoncée par certains patrons hostiles à ce projet –, mais une armée de travailleurs véritablement habiles. Les cours professionnels seront « soumis exclusivement à l'inspection de l'enseignement technique : rappel que l'Instruction publique n'a rien à voir avec cette éducation-là. Enfin, la loi fait appel quasi fortuitement au rôle historique du maître dans la transmission du savoir, souvenir peu pertinent pour le système Astier : les cours peuvent être organisés par les patrons des usines et ateliers, même à l'intérieur de leurs établissements[62].

62. « Loi relative à l'organisation de l'enseignement technique industriel et commercial » du 27 juillet 1919, *Journal officiel de la République française*, p. 7744-7748. La loi dite Astier prend un coup à peine un an après son passage : la loi du 20 juin 1920 retire brusquement au ministère du Commerce et de l'Industrie la tutelle de l'enseignement technique, désormais

Selon un journaliste proche du milieu de l'enseignement professionnel, la loi de 1919 a été moralement importante, mais, concrètement, ce fut une grande déception, car sans avoir réglé la question du financement, elle « reste, pour ainsi dire, inopérante »[63]. Et l'auteur d'ajouter : « Cette question de l'apprentissage dépasse le concept patronal et ouvrier. Nous ne saurions trop le répéter. Elle est d'ordre général et profondément social. » Estimant que la question de l'apprentissage demeure toujours sans réponse, l'AFDET, avec d'autres groupes, monte « le Deuxième Congrès national de l'apprentissage » à Lyon au mois d'octobre 1921. Un de ses « vœux » demande « que l'apprentissage soit rendu obligatoire tant à l'égard des parents que des patrons, et qu'un contrat écrit d'apprentissage intervienne entre les parties contractantes, et que soit fixée la rémunération de l'apprenti »[64]. Malgré plusieurs résurgences de l'apprentissage, notamment après la Seconde Guerre mondiale, il faudra toutefois attendre le XXIe siècle pour une renaissance musclée, et peu fidèle à ses origines, histoire toujours en cours[65]…

*

affecté à un sous-secrétariat à l'enseignement technique rattaché au ministère de l'Instruction publique. J.-M. Chapoulie, *L'École d'État conquiert la France*, p. 30. Un peu cavalier dans sa manière de rendre compte de la conception d'Astier, cet auteur nous rappelle à juste titre que le vote de sa loi « ne s'accompagne pas dans les années immédiatement suivantes d'un développement important de l'enseignement technique ». *Ibid.*, p. 25-26, 32-33. Du point de vue des régions, concernant les cours obligatoires proposés par Astier, voir Fabrice Flore-Thebault, « Les apprenti.e.s dans le Rhône, 1950-1960 », dans M. Thivend (dir.), *Apprentissage et formations techniques et professionnelles de filles et de garçons, XIXe-XXe siècles* dans *Cahiers Pierre Léon*, n° 6 (2005), p. 43-46.

63. Sur le financement consenti au projet Astier plusieurs années plus tard, voir Stéphane Lembré, « La naissance de la taxe d'apprentissage (1890-1925) : une voie française pour le financement de l'enseignement technique », *Histoire de l'éducation*, t. 157 (2022), p. 151-182. Cf. un texte contemporain par une figure influente dans la sphère de l'enseignement professionnel/technique, notamment dans le Nord : Edmond Labbé, *L'Apprentissage et la taxe d'apprentissage*, Paris, Eyrolles, 1928.

64. *Travail : revue d'enseignement technique, d'études économiques et sociales*, n° 29 (5 août 1921) et n° 32 (5 novembre 1921). Cf. le même journal sous un titre légèrement modifié (signalant un changement de camp ?) qui se plaint en 1923 que « la question vitale de l'apprentissage n'a pas encore conquis la place qui devrait être la sienne ». *Travail : revue d'études économiques, sociales et d'apprentissage*, n° 52 (5 juillet 1923).

65. Voir la manchette du *Monde*, le 11 janvier 2021 : « Dopé par les aides, l'apprentissage se positionne comme une solution "anticrise". » L'article relève un niveau record de contrats, grâce à des subventions importantes de l'État (depuis un certain temps, l'accès à l'apprentissage n'est plus réservé au travail manuel, mais couvre un large espace depuis le CAP jusqu'au Master 2). Voir l'épilogue pour une évocation de la plus récente sortie de crise de l'apprentissage, peut-être enfin (le début de) la renaissance tant souhaitée, ou une sorte de gadgetisation peu durable.

Il y a des petits airs d'*Émile* dans la volonté de plusieurs réformateurs de sortir de la crise en réhabilitant le travail manuel comme base de la refondation d'un apprentissage moderne, c'est-à-dire pas forcément classique dans son agencement. L'apprentissage est déconsidéré en soi, aux yeux de bien des dominants, car il s'agit du travail manuel, activité nécessaire mais avilissante, réservée au menu peuple, marqueur d'infériorité sociale, culturelle et économique permanente. Aux yeux des réformateurs, ce point de vue est objectivement erroné, sociocentrique et moralement injuste. Décrasser le travail manuel, c'est tenter de « décastifier » le monde du travail où il se pratique tous les jours, de modifier sa représentation, de lui accorder de la dignité. Arguant que le travail manuel exige l'intelligence conjointe de la tête et de la main, ces écrivains, un peu à la manière de Jean-Jacques, veulent montrer qu'il contribue considérablement au développement cognitif et physique, à la construction de l'homme et du citoyen autant que du bon ouvrier. Engager (même modestement) au travail manuel constitue une espèce de préapprentissage qui prépare tant à la vie qu'à une profession. Au-delà de la sensibilisation d'un grand public (notamment de ses composantes bourgeoises), sorte de propagande pour une démocratie sociale, et par-delà la reconquête de nombreuses familles ouvrières désabusées se tournant vers les bureaux comme promesse d'un meilleur avenir pour leurs enfants, l'institutionnalisation du travail manuel aurait l'immense avantage d'introduire les enfants, tous ensemble, à cette pratique comme occupation ordinaire. Pour ceux parmi eux – majoritaires – qui vont entrer assez rapidement dans le monde du travail, ne portant désormais plus les stigmates d'un déclassement inné et d'une démoralisation immédiate, ce serait une opportunité d'explorer, de comparer, de toucher outils et matières premières, de formuler une préférence de métier en connaissance de cause, compatible avec leur tempérament et leur goût, sinon avec leur aptitude. Anthime Corbon, Octave Gréard et Gustave Salicis ont élaboré des modèles, chacun à sa manière, pour l'instauration d'un enseignement du travail manuel, dans le contexte d'un préapprentissage plus ou moins élaboré. L'idée de mettre une dose de travail manuel dans le programme de l'école avait déjà été proposée sous l'Ancien Régime et, comme au siècle suivant, avait déjà rencontré des résistances à l'intérieur de l'école.

La proposition de mettre en avant le travail manuel au sein de l'école publique constitue une critique à peine voilée de l'atelier, site historique de l'apprentissage, désormais tenu en grande partie responsable de la décadence qui a mis l'apprentissage en crise. Bien avant Denis Poulot, de nombreux critiques dénoncent l'atelier comme un nid de corruption morale et de médiocrité professionnelle, un lieu souvent plus périlleux pour l'apprenti.e que la rue, un cul-de-sac pour les enfants/jeunes affiché *no future*. Si la « crise » traduit le naufrage de l'atelier, l'école doit être dorénavant la clé de voûte de l'organisation de l'enseignement professionnel. Déjà, la France peut se vanter d'avoir d'excellentes écoles de formation technique un peu partout, mais insuffisantes en nombre pour transformer l'enseignement professionnel et ciblant des élites du monde du travail et de sa périphérie. Inspiré en partie par ses réussites, Octave Gréard crée l'école de la Villette où, en trois ans, un élève est instruit sur la théorie et la pratique, « moralisé », « civilisé ». Les sénateurs Corbon et Tolain adaptent et promeuvent quant à eux l'école d'apprentissage, lui donnant des objectifs de politique publique aussi bien que de pédagogie et de moralité. Lucides, ils se rendent malgré tout compte que l'école seule ne pourrait jamais « couvrir » tout l'Hexagone et que l'atelier, même s'il ne sait plus transmettre sérieusement, n'est pas un site maudit s'il est mis sous la tutelle de l'école qui saura le purger et le réinventer. La finalité de l'école dite « manuelle » d'apprentissage, qui naît dans les années 1880 et jouit d'un succès limité, n'est pas de préparer pour l'apprentissage, mais de le remplacer. Dans les décennies suivantes, le réformisme « écoliste » devient plus pragmatique, plus réaliste (assainir l'atelier plutôt que l'accabler), plus labile (envisager un bouquet de solutions aussi intéressantes pour les familles les plus modestes que pour celles qui sont en cours d'ascension sociale), plus patriotique, (autant orienté vers la macro-économie et la concurrence internationale que vers des buts plus Émiliens).

Surpris par la virulence de la critique des écolistes, notamment au début de leur campagne, les ateliéristes contre-attaquent en affirmant fièrement que « ce n'est pas à l'école qu'un ouvrier se fait ». Ils s'en prennent à l'école directement : trop théorique, trop éloignée des rythmes de travail et autres réalités de l'économie. Si l'on écarte les clichés déformateurs, avancent-ils, on découvre un atelier souvent moderne, proposant une formation de pointe donnée par des « professeurs du métier », dans une ambiance apaisée où les intérêts des apprentis sont protégés. S'il est « lui-même une école », selon certains acteurs, d'autres conviennent volontiers que l'atelier doit s'ouvrir à l'école sous diverses formes, à condition de la phagocyter, de ne lui accorder aucune autonomie. L'école sera incarnée par des cours

« complémentaires », mais les acteurs se divisent sur la question de leur caractère : requis ou facultatifs. Bien des atelieristes – y compris anti-libéraux et corporatistes – sont allergiques à « l'obligation », surtout quand l'État se profile derrière. D'où le refus de toute loi « générale » imposant un appareil de contrôle central. Les atelieristes citent la loi de 1900, fixant les horaires des usines et des ateliers employant sur le même lieu apprenti.e.s, femmes et hommes, comme l'exemple par excellence d'une action prétendument « réformiste » abîmant l'apprentissage au moment où sa renaissance est largement souhaitée, car, en réagissant aux nouvelles contraintes législatives entravant leur liberté managériale, de nombreux patrons limogent leurs apprentis et refusent d'en recevoir de nouveaux.

Certains participants dans la discussion appellent à la poursuite d'une troisième voie (entre « socialisme d'État » et « libéralisme d'État ») qui dote l'État de la mission mesurée de « guider » et de financer, sans commander. Cependant, des hommes politiques éloignés de tout excès, comme Placide Astier, remarquent que la liberté n'a pas fait ses preuves dans toutes les sphères, tout particulièrement celle de l'enseignement professionnel. La France entière en pâtit, perdant prestige et réputation, tandis que ses voisins et ses rivaux la dépassent et que des étrangers prennent les meilleurs postes. La solution idoine qu'avance Astier, appuyée sur une grande enquête menée par Edmond Briat, ouvrier-syndicaliste, est « l'obligation ». Invoquant des intérêts vitaux d'État et de société, sonnant le tocsin, il assure qu'il n'y a rien de « tyrannique » dans cette proposition. L'alternative est encore une défaite nationale humiliante comme en 1870, « encore un Sedan ».

Des collègues d'Astier développent la notion de « l'apprentissage raisonné » (imaginant un rapport de travail et de formation sans structure paternaliste, sans mission de socialisation et de moralisation, sans réciprocité active, sans prétexte de conflit). Cependant, l'apprentissage en soi n'intéresse pas tellement Astier. Il rêve d'atteindre des centaines de milliers de jeunes, contraints de suivre des cours, organisés et surveillés localement, jusqu'à l'âge de dix-huit ans. À la veille de la Première Guerre mondiale, il accompagne quelques projets législatifs en faveur de l'enseignement professionnel et/ou de l'apprentissage, préparés par plusieurs députés suivant cette question depuis longtemps. Parmi leurs idées se trouvent un contrat obligatoire, des mécanismes pour limiter le nombre d'apprentis par unité de travail et un diplôme sanctionnant un niveau de compétence jugé correct. Le programme le plus étoffé est fondé sur le système dit « transactionnel » qui placerait les écoles dispensant une formation technique ou professionnelle sous l'égide conjointe du ministère du Commerce et de l'Industrie et de celui de l'Instruction publique. Ce compromis (dit de « condominium ») ne met pas fin à une acrimonieuse guerre culturelle qui couve toujours, quoique de manière plus discrète.

Match nul entre les écolistes et les atelieristes ? En tout cas, la tension persiste et le territoire historique de l'apprentissage demeure contesté. On ne peut pas parler d'une renaissance de l'apprentissage. Il continue de montrer des signes de ce qu'on appelle depuis des décennies de la décadence. La pratique ne s'arrête pas, mais sa vitalité se révèle très inégale. Il est toujours désiré par beaucoup de familles et organisé et conduit par de nombreux patrons à des échelles fort différentes. L'enjeu économique, politique et social est considéré comme majeur, mais il est souvent exprimé en termes alambiqués ou opaques. Si la « crise » devient moins aiguë, au moins sur le plan discursif, le débat ne cesse pas. Malgré les clivages et les heurts, des « lobbys » apprentissage » se constituent au début du XXe siècle avec l'ambition de mettre la pression tant sur le parlement que sur le public intéressé. Un groupement libéral, mené par un comité national mixte réunissant industriels, négociants et ouvriers, hostile à l'étatisme, méfiant à l'égard de l'école, et dévoué au sauvetage de l'apprentissage, convoque un « congrès de l'apprentissage » en 1909. L'AFDET – l'Association française pour le développement de l'enseignement technique –, proche des forces antagonistes au ministère de l'Instruction publique, en monte un autre, plus ambitieux et plus fréquenté, à Roubaix en 1911. Moins inamical à l'égard de l'État, mais voulant tout de même restreindre son rôle à l'encadrement et au financement, favorable à l'obligation, à un préapprentissage à l'école, à un contrôle non intrusif sur l'enseignement, le congrès ne trouve pas de consensus sur la définition de l'apprentissage. Il reprend le courant segmentationniste de la seconde moitié du XIXe siècle, rejetant la conception d'un moule universel pour refonder l'apprentissage ; et il prône une ribambelle de types de formation selon les besoins de l'industrie, les préférences locales et la demande fluctuante des familles. On est loin de l'ambition démesurée d'un corporatisme totalisant et tentaculaire qui demeure vivace depuis Henri III jusqu'à Jacques Necker en passant par Colbert.

Au lendemain de la Grande Guerre, si la crise de l'apprentissage n'a que peu d'écho, l'affrontement terrible avec les Allemands

– encore une fois – traumatise la France à plusieurs niveaux. Pour ceux qui sont chargés de la production et de la reproduction dans le monde de l'industrie et du travail, demeure (toujours) la forte impression d'un lien intime entre la puissance du pays et son système de formation professionnelle. En 1919, un an après le décès de Placide Astier, le parlement lui rend hommage en passant une loi portant son nom, en gestation depuis 1905, ébauchant l'organisation de l'enseignement technique, industriel et commercial, législation dans laquelle le mot « apprentissage » ne figure pas. L'État-architecte se charge de la charpente administrative, mais la loi laisse la gestion aux autorités locales et départementales, en collaboration avec des entreprises, des syndicats et des associations. Il y a beaucoup de lacunes, d'ambiguïtés, d'interrogations quant à la mise en place de ce (futur) système. Le rêve universalisant d'Astier n'est pas à l'horizon, mais son levier primordial est retenu : dans un esprit égalitaire, cours professionnels ou de perfectionnement obligatoires jusqu'à l'âge de dix-huit ans[66].

L'AFDET, dont Astier a été un membre fondateur, considère que la question de l'apprentissage ne doit pas être marginalisée. Elle mobilise ses troupes et sympathisants pour s'assembler à l'occasion de son deuxième congrès de l'apprentissage à Lyon en 1921, où une minorité qui se fait entendre demande un apprentissage obligatoire par le biais d'un contrat écrit, stipulant le montant d'un salaire promis. Entre les deux guerres, l'apprentissage retrouve enfin un ancrage plus ou moins solide dans la société et dans une partie de l'économie. Mais s'il n'est plus vraiment menacé, s'il ne risque plus de se trouver relégué à une alcôve dans la grande maison de l'enseignement professionnel et technique, il reste malgré tout sujet à une redéfinition récurrente de son rôle et de son sens.

66. Au moment d'achever ce livre, j'ai reçu l'annonce de cette publication qui me semble fort intéressante : Gérard Bodé, Stéphane Lembré et Marianne Thivend (dir.), *Une formation au travail pour tous ? La loi Astier, un projet pour le XXe siècle*, Paris, Garnier, 2022.

RÉFLEXIONS EN FIN DE PARCOURS[1]

Depuis le début, l'apprentissage déborde le champ de la formation professionnelle et de la socialisation des jeunes, définition étroite de son rôle. Sans atteindre le rang d'un « fait social total », l'apprentissage est une idée et une pratique qui touche beaucoup de personnes (enfants, parents, patrons et leurs corporations, politiques, régulateurs, réformateurs), mais aussi de nombreux points sensibles dans le fonctionnement de la société (la marche de l'économie, les intérêts de l'État, la culture politique, l'articulation de positions idéologiques concernant la chose publique, l'élaboration de normes sociales et morales, l'évolution des représentations de l'enfance et de l'adolescence). L'histoire de l'apprentissage traite la capacité d'une société non seulement de produire des biens et des services (mieux, davantage, plus vite), mais en même temps de reproduire le capital humain requis (efficacement et en douceur) en acculturant la jeunesse engagée et en transmettant des savoirs et des comportements estimés utiles et idoines.

Ce qui frappe au bout de cette enquête, qui n'est que l'ébauche d'une histoire méthodique de l'apprentissage, c'est la continuité de la pratique elle-même. Au fil de deux siècles et demi, l'apprentissage est l'objet de violentes attaques, de suppressions, de résurrections, plus tard d'une longue phase de « décadence », de débats acrimonieux, d'une « crise » censée témoigner de sa mort, d'un mouvement considérable de réforme et de rénovation, enfin d'une paradoxale marginalisation-dans-l'*aggiornamento*. Pendant que l'apprentissage

1. Pour une récapitulation systématique de l'argument et de la démonstration, étape par étape, voir les conclusions à la fin de chaque chapitre.

subit ces aléas et ces bouleversements, l'apprenti.e continue de travailler et (probablement) d'apprendre. Dans quelles conditions précises ? avec quels effectifs et quelle répartition spatiale ? avec quels résultats ? difficile à dire : une grande partie du « vécu » échappe au chercheur, au moins pour le moment. Ce n'est ni une variante de la dissonance cognitive projetée sur un plan collectif, ni une sorte de modèle à deux étages (une réalité plus sociale en bas ; une autre plus culturelle rappelant la superstructure tellement décriée) que je propose ici. Le social et le culturel demeurent imbriqués (avec l'économique et le politique), chacun ayant plus ou moins de poids à tel ou tel instant. Par ailleurs, en soulignant une continuité à travers le temps, je ne privilégie pas une approche diachronique à une démarche synchronique, les deux se trouvant souvent enchevêtrées. La leçon est modeste : en focalisant sur le dire, plus ou moins élitiste, parfois retentissant, il ne faut pas occulter le faire – le quotidien humble, qui n'est évidemment pas le même dans de petites villes et dans de grandes, autre variable qui traverse la trame analytique. Faute de pouvoir compter les apprenti.e.s, on risque de ne pas les prendre pleinement en compte : il n'est pas suffisant de savoir qu'il y a, bon an, mal an, aux alentours de 10 000 apprenti.e.s « légitimes » à l'œuvre à Paris au XVIIIe siècle et 19 000 au milieu du XIXe. Imaginons une centaine de milliers dans l'Hexagone entier, voire infiniment plus en dénichant les apprenti.e.s sans-qualité du XVIIIe et en étendant notre regard des villes jusqu'à la lisière de la campagne, tant dans l'usine que dans l'atelier, au XIXe, quand tout.e apprenti.e est sans-qualité.

La centralité du contrat est une autre continuité dans la trajectoire de l'apprentissage. Comme c'est souvent le cas, une continuité porte souvent sa propre contradiction, ou irrégularité. Ainsi, le contrat Ancien Régime est presque toujours écrit et signé sous l'égide d'un notaire, tandis que celui du XIXe est très majoritairement une convention verbale ; le premier, instrument générique et omniprésent, appliqué à de multiples fins, s'occupant tant de la propriété que des obligations entre personnes, est façonné par un droit d'une très grande diversité (coutumier, écrit, romain, etc.), pendant que le nouveau droit, à la fois hostile à l'ancien et pénétré par de nombreuses survivances, incarné dans les codes napoléoniens, propose une forme contractuelle pour l'apprentissage très proche de celle d'autrefois. Les contrats, anciens et nouveaux, remplissent les mêmes fonctions, en partie de la même manière. Le contrat solennise et scelle l'engagement réciproque, car la relation part d'un accord librement consenti, en connaissance de cause, par deux parties de poids fort inégal. Il chorégraphie et légitime le rapport de domination-subordination, tout en tempérant la sévérité de l'assujettissement : l'apprenti a des droits aussi bien que des devoirs, et le patron des obligations aussi bien que des prérogatives.

Au XVIIIe siècle, malgré le manque de sanctions explicites, le contrat est censé contraindre le maître à se comporter d'une manière correcte à l'égard de son apprenti, conduite morale et astucieuse, selon cette logique, car elle incitera l'apprenti à travailler fidèlement et assidûment. Le maître doit traiter son apprenti « doucement et humainement » (ou « honnêtement »), parfois « comme un père de famille », voire comme « son propre fils », plus rarement « avec tendresse » ; et l'apprenti doit favoriser les intérêts commerciaux de son maître, mais il n'obéit qu'aux ordres « licites » et/ou « honnêtes ». J'ai longuement analysé le modèle du « père-de-famille », relation normative prônée par de nombreuses constitutions corporatives, et instaurée comme le pivot du contrat avancé par la loi de 1851, seule mesure significative de régulation de l'apprentissage au XIXe. L'idée de l'entrée de l'apprenti dans sa « seconde famille », tout comme la description du maître comme « un second père », protecteur autant qu'enseignant, portant une responsabilité tant morale que technique, sont bien plus développées au XIXe qu'auparavant. Le contrat s'efforce de régler l'environnement matériel aussi bien que moral en stipulant certains aspects des conditions de travail (la durée du service toujours, quelquefois des indications sur les heures de travail, salaires ou autres gratifications, le coût de l'apprentissage, souvent payant au XVIIIe, moins au siècle suivant), les prestations prises en charge par le maître et les soins laissés à la famille ou à l'apprenti lui-même concernant logement (quasi systématique sous l'Ancien Régime, abandonné graduellement au fil du XIXe), nourriture (très variable) et diverses formes d'entretien.

La prestation-phare du maître – plutôt son devoir primordial (à côté des obligations paternalistes qui sont très inégalement respectées) – est l'enseignement de sa profession, quintessence de l'apprentissage. Au siècle des Lumières, l'apprentissage existe en dehors des débats très vifs sur l'éducation et des calculs risques-bénéfices à propos de son extension vers les masses populaires. De Voltaire à Restif de la Bretonne en passant par Louis-Sébastien Mercier, de nombreux écrivains craignent en effet un menu peuple qui sait lire : il n'est plus soumis. Au XIXe siècle, la plupart des partisans du renouveau de l'apprentissage sont toutefois persuadés que l'apprenti ne peut plus négocier son passage professionnel sans les fondamentaux de l'école primaire. La formation de l'apprenti sous l'Ancien Régime demeure enclavée, un enseignement à part. À cette époque, le maître un peu partout promet de « montrer et enseigner sa profession et tout ce dont il se mesle et entierement en icelle sans luy en rien cacher ». À part davantage d'ambiguïté concernant la transparence – les « secrets du métier » se métamorphosent de plus en plus en brevets d'invention et une distinction se cristallise entre le savoir nécessaire pour fonctionner convenablement sur le marché du travail et l'ésotérisme industriel et capitaliste –, le XIXe réinvestit le paradigme classique : le maître s'engage à transmettre son savoir « progressivement et complètement ». Certains contrats au XXe ajoutent « méthodiquement », raffinement purement rhétorique. Le « progressivement » vise sans doute à calmer l'impatience des apprentis, qui ne sont pas dans un moule corporatiste menant à une sorte de quasi-certification en fin de parcours et qui pourraient être tentés de chercher du travail (mieux) rémunéré avant d'avoir maîtrisé les fondamentaux. Le programme d'études demeure extrêmement vague pendant nos trois siècles. Sauf assez rare exception – j'en ai cité plusieurs cas, davantage au XVIIIe qu'au XIXe –, le maître dit en substance : je suis le virtuose, car vous m'avez sollicité ; ayez confiance en moi ; je vous donnerai « le métier ». Hormis par extrapolation, conjecture et quelques traces fugitives d'archives, on ne sait malheureusement pas comment les apprentis apprenaient. Ils ont « écouté » ou « volé » avec leurs yeux, ils ont imité, dans le meilleur des scénarios ils ont suivi la direction intéressée ou généreuse d'un mentor.

Face à cet important élément de continuité, il existe des facteurs significatifs de rupture de portée variable. D'abord, au XIXe, comme sous l'Ancien Régime, le maître est censé enseigner lui-même. C'est le sens du contrat au XVIIIe, l'attente des parents, l'injonction des communautés. Pendant cette période, je trouve des cas où le maître se fait remplacer, faute de temps et sans doute parfois de compétence, mais ces occasions ne sont pas légion. Au XIXe, il y a néanmoins bien davantage de souplesse dans la pratique et dans la théorie. L'enseignement par le maître lui-même ne semble pas précisé dans le gros des contrats ; il est simplement supposé. Quasiment tous les commentateurs croient que le maître peut sous-traiter s'il a une bonne raison ; l'apprenti n'a aucune base pour se sentir lésé, si le remplaçant est capable. Les plaintes ciblant le renoncement par le maître sont nombreuses ; celles dénonçant l'enseignement déficient, visant le maître, le sont aussi. Deuxièmement, l'obligation du maître de « moraliser » l'apprenti dans le contexte de sa formation est plus communément invoquée au XIXe que sous l'Ancien Régime, probablement parce que les apprentis jouissent de plus de liberté, la « rue », réifiée, fait peur, l'influence chrétienne à travers des patronages est assez puissante, et le lien entre bon travail et solide moralité est plus clairement exprimé. La troisième dimension de discontinuité, sur laquelle je reviendrai là où son impact se révèle décisif, est la formation au XIXe siècle infléchie par la capacité d'adaptation du patron à l'évolution de son métier et de son commerce. C'est l'enseignement saucissonné de la profession : sous la pression, ou en réponse à l'invitation, de la division du travail, on transmet une petite parcelle du métier, on forme « divisionnairement » ou « par spécificité », une transgression implicite (quelquefois explicite) du contrat. La division du travail touche déjà certaines professions au XVIIIe siècle, mais pas au prix de fragmenter et rabougrir la formation.

La discontinuité sans doute la plus saisissante dans le champ de la formation est l'attaque soutenue, impensable sous l'Ancien Régime, menée par les champions de l'école, contre l'atelier, site historique de l'apprentissage, comme source principale de sa dégradation, de l'échec de la transmission sérieuse et de l'immoralité qui s'empare des apprentis. Les atelieristes ripostent vivement et résistent à cette « OPA » intellectuelle sur l'apprentissage, mais la bataille qu'ils ont gagnée a laissé des dégâts, la guerre a persisté encore longtemps et n'est peut-être pas encore terminée. Enfin, une dernière grande rupture est signalée par l'élaboration, à partir de la deuxième moitié du XIXe siècle, d'une vision très large de l'enseignement dit professionnel et/ou technique, impulsée principalement par la grande vague de mécanisation, puis l'intense compétition industrielle internationale, mais aussi par la crise de l'apprentissage, qui semble annoncer une impasse définitive dans le système canonique de transmission. Cette nouvelle approche débouche sur une massification de l'accès à des connaissances et au savoir-faire, fondée sur une idée plus ou moins égalitariste et une conception néo-colbertiste de la raison d'État.

Je me suis penché longuement sur les parents, car l'apprentissage est principalement une affaire de famille. Il est difficile de s'approcher des parents dans les archives : on arrive à en rencontrer quelques-uns indirectement, souvent fortuitement. Ils ont des visages multiples, mais des profils sociologiques similaires, sauf à la marge, où on est surpris d'aborder parfois des familles des classes moyennes, ou de la petite bourgeoisie, phénomène plutôt Ancien Régime. La problématique des parents dans le processus de l'apprentissage est assez semblable pendant toute la période : leur représentation de et leur relation avec leur enfant, qui est très fréquemment, voire habituellement un.e adolescent.e., la capacité et l'ambition stratégique de la famille, le choix d'un métier, la recherche d'un maître, la démarche contractuelle (le rôle des parents dans la formulation du contrat, question aussi pertinente pour le traité écrit que pour le marché verbal), le suivi au-delà de la période d'essai (tant le contact avec l'enfant qu'avec le maître). Les familles des deux époques partagent certains des mêmes handicaps, particulièrement un manque d'information et d'orientation. Les parents de l'Ancien Régime projettent une image de réserve ou de retenue – on parle très peu d'eux –, comme si le passage par de multiples médiations (notariales, corporatistes) les éclipsait. Les parents du XIXe siècle sont quant à eux en quelque sorte *outed* par une nouvelle littérature intrusive d'investigation/dénonciation, d'ethnographie (ou parfois d'inquisition) morale, de conseil, de critique de l'apprentissage : on en parle beaucoup. Par une sorte d'excès populiste, certains commentateurs leur prêtent un degré d'*agency* et donc de responsabilité qu'ils n'ont pas en général ; à l'opposé, par une surcharge misérabiliste, d'autres leur imputent une espèce d'inanition matérielle et morale les privant de toute capacité d'agir (notamment de façon judicieuse) et les soumettant à des caricatures cruelles.

Parfois équitablement et, plus souvent, injustement, les parents du XIXe siècle subissent des reproches auxquels leurs prédécesseurs échappent. La banalisation rapide et implacable du salaire, présent mais plutôt feutré au sein d'un parcours-apprenti théoriquement plus ordonnancé au XVIIIe, liée à la transformation industrielle et à l'absence de toute structuration pour l'apprentissage dans un environnement social et économique fortement individualiste au XIXe siècle, où le gré-à-gré divise et isole les parents, piège beaucoup de familles, surtout les plus modestes. Doivent-ils refuser l'aubaine du salaire même très modique dans l'espoir qu'un jour leur enfant possédera un métier qui lui permettra de s'épanouir en gagnant davantage et plus régulièrement ? Est-il juste de leur reprocher ce manque d'horizon ? En tout cas, ce salaire-sirène amplifie la susceptibilité des parents du XIXe à des critiques virulentes.

Les « enfants » sont inséparables de leurs parents dans cette histoire. L'âge moyen est assez constant à travers les siècles, à peu près seize ans. Il y a beaucoup de variations, selon le métier et les circonstances. Les communautés imposent fréquemment un minimum de douze ans, quoiqu'un apprenti orfèvre de dix ans, un boulanger de onze ans, un horloger de huit ans, une éventailliste de neuf ans ne soient pas surprenants. Le maximum est généralement de trente ans (comme aujourd'hui). La dispersion d'âges est similaire au XIXe siècle, quoique certaines industries réclament de tout petits enfants pour des tâches délicates ou des espaces d'accès resserré (un enfant étiqueté apprenti et œuvrant dans un atelier de moins de 20 salariés peut commencer avant huit ans et travailler plus de huit heures, même après la première loi sur « l'enfance ouvrière » de mars 1841). Entre apprentis « enfants » et apprentis « adultes » se déploie un abîme – physique, psychologique, culturel. Hormis le fait de travailler, quels points communs se manifestent par ailleurs entre des apprentis travaillant respectivement sur l'or, le cuir, le bois, la farine, les tissus, les immondices, les vieux vêtements, les toits et les instruments de précision ? Ils se distinguent également par leur apparence : l'apprenti boulanger habillé d'un vieux sac de froment, le boucher enveloppé d'un tablier souillé de sang, la blanchisseuse en jupon blanc et camisole retroussée, l'imprimeur d'indiennes en blouson couvert de taches bleues, le meunier en veste de cuir, « l'élève » épicier portant chemises avec col. S'ils ont une même vocation d'apprendre, les apprentis ne constituent en aucun sens un groupe homogène.

L'enfance est aussi une catégorie élastique. L'idée de l'adolescence émerge timidement vers la fin du XVIIIe siècle ; il lui faut une centaine d'années avant de s'installer chez les médecins et psychologues. Tout le monde, et les parents en première ligne, est conscient que cette phase de développement, cette transition, est un moment tendu, voire angoissé : la puberté, des changements profonds et plutôt mal compris, physiques et psychiques. Dans le domaine de l'apprentissage d'alors, on connaît empiriquement le processus de *growing up*, mais on n'a pas les clés de ses mystères. La sexualité est tue, sauf par allusions, plus ou moins distantes (références à la débauche, à l'immoralité, à l'interdiction de se marier ou de fréquenter des « filles des rues », à des restrictions concernant l'accueil d'une apprentie chez un maître, obligatoirement marié et en ménage).

L'idée d'un cycle de vie « naturel » semble assez largement répandue dans l'univers populaire, autant rural qu'urbain. Il est normal, voire souhaitable, selon cette logique, de placer un enfant à un certain moment à l'extérieur, chez d'autres, connus ou non, pour qu'il puisse apprendre, se préparer, trouver ses marques, se construire, tout en travaillant. Assez souvent, la décision est contrainte par le dénuement : la misère a aussi ses cycles impérieux. Toutefois, certains acteurs se rendent compte que ce qui est apparemment normal, ou au moins courant, n'est pas moins troublant. Il y a des indications que certains contemporains – pas forcément les parents et leur progéniture – perçoivent que l'apprentissage casse ou abrège l'enfance. Car l'enfant est privé d'une certaine liberté estimée naturelle. Ainsi, le discours de plusieurs patrons cherchant à obtenir des dérogations dans les années 1870 pour employer de très jeunes enfants, de sept à dix ans, justifie l'exception en décrivant le travail requis dans l'atelier ou l'usine comme « un jeu », comme « jouer », c'est-à-dire ce que les enfants savent faire et aiment. Même type d'allusion (et illusion) concernant les apprentis devant les prud'hommes où des maîtres se plaignent de ce qu'au lieu de travailler, l'enfant sorte « jouer » ou entraîne les autres apprentis à se joindre à lui pour « des jeux ». Autrement dit, l'enfant régresse vers l'enfance. À quel âge faut-il arrêter de jouer ?

En évoquant la famille de l'apprenti, comment ne pas penser à sa deuxième famille, à cette autre transition de la famille biologique à la famille sociale, celle d'adoption, foyer provisoire ? Il y a quelque chose de bouleversant de chaque côté. L'enfant est arraché de la familiarité (pas forcément du confort et de la sécurité, car nous ne savons pas comment ses parents le traitent et quelle est leur capacité de le nourrir et l'entretenir). Le ménage du maître est de son côté dérangé, dans ses routines ; c'est une intrusion, même si elle est souhaitée, et il faut faire face au problème pratique d'intégrer l'étranger dans cette autre famille biologique, peut-être déjà une famille d'accueil ayant dû faire des ajustements peu agréables. Le maître endosse-t-il le costume de père de famille, prêt à conjuguer responsabilités morales avec impératifs de gestion industrielle et commerciale ? Se voit-il comme mentor, ou plus étroitement comme patron ? Fait-il le calcul qu'il faut imposer d'emblée soumission et déférence ou qu'il saura obtenir davantage de respect et d'assiduité au travail en traitant l'apprenti avec retenue, sinon douceur ? Bien entendu, pour que le pari paternaliste fonctionne, le père de famille doit avoir affaire à un apprenti qui accepte d'être fils adoptif.

Les archives laissent entendre le rôle clé joué par la mère de famille d'apprentissage (le veuf est un cas à part ; la maîtresse également, mariée ou veuve, car elle doit relever davantage de défis). L'épouse du maître est souvent chargée de la logistique et de la vie matérielle, de la maison, avec une incidence sur l'atelier. S'intéresse-t-elle à la vie émotionnelle de l'apprenti ? Exige-t-elle des signes de sa subordination ou joue-t-elle la carte d'une certaine réciprocité ? De nombreux exemples nous montrent que, si elle est autoritaire, méchante ou juste extrêmement froide, le comportement de l'apprenti risque d'être infléchi. Déjà obligé de servir les compagnons (faire le feu et les lits, chercher à boire et à manger), il le prend mal si elle l'enrégimente pour nettoyer sa maison ou faire la vaisselle, transgressant la frontière floue mais réelle entre le lieu de travail et le lieu de vie. Nonobstant leurs statuts corporatistes spécifiques, comme le compagnon, l'apprenti est assimilé juridiquement au domestique ; l'un et l'autre détestent cet amalgame. Des apprentis fuient à cause du harcèlement de la femme, ou se révoltent, se joignant aux compagnons au XVIIIe siècle, au moins une fois pour massacrer ses chats, acte de vengeance et d'affirmation.

Au-delà des personnalités des parents provisoires (ou employeurs), la relation avec la famille, hors atelier, dépend en grande partie de l'écosystème établi par le contrat. Si l'apprenti est logé, il est présent presque tout le temp et en contact avec les membres du ménage : est-il correctement logé (assez fréquemment, ce n'est pas le cas, même d'après les critères frustes régnants) ? est-il favorablement accueilli ? S'il est nourri – charge tant symbolique que matérielle, complexe, souvent partagée entre parents et maître, collaboration commune sous l'Ancien Régime, progressivement moins courante au cours du XIXe siècle –, quelles sont les conditions de cette prestation ? L'apprenti est-il commensal régulier du maître et de la famille (pleine intégration peu présente, notamment dans les grandes villes) ? Mange-t-il avec les compagnons à part ? La nourriture, variable décisive pour l'apprenti, peu sociologue, est-elle suffisante et est-elle convenable ? La famille biologique de l'apprenti vit-elle loin du lieu de l'apprentissage ? L'apprenti rentre-t-il tous les dimanches pour au moins une partie de la journée dite de repos, ou ne voit-il ses parents que très rarement au cours de son engagement ? L'échelle joue aussi dans l'adaptation de l'apprenti. Entre une petite affaire tenue par le maître-travaillant, secondé par un ou deux compagnons et/ou apprentis, et un *business* où le maître-dirigeant emploie de nombreux ouvriers et une pléiade d'apprentis (pour ce dernier cas, il faudra attendre le XIXe siècle), il y a une énorme différence dans l'expérience du néophyte : ce qu'il voit, ce qu'il fait, comment il apprend. Peut-être les moments psychologiquement déterminants pour l'apprenti ont-ils lieu au début. Le maître l'initie-t-il rapidement à la profession par l'enseignement ou l'affecte-t-il – court bizutage ou exploitation prolongée ? – à des tâches étrangères au métier, lourdes, dégradantes ou simplement sans intérêt et sans utilité pour le novice, des corvées démoralisantes, que ce soit pour la maison ou l'atelier ?

Il y a certains sujets importants qui ne se prêtent pas au regard continuité-rupture (que j'entends dans son sens souple et non manichéen), en partie parce que nous ne les connaissons pas bien. La question des filles/femmes dans l'apprentissage et plus largement de l'influence omniprésente du « genre », parfois occultée ou refoulée, dans le monde du travail est très insuffisamment étudiée. La pratique et l'itinéraire de l'apprentie sont parallèles à, mais différents de, l'expérience des garçons/hommes. Les apprenties sont plus nombreuses qu'on ne le croyait, jusqu'à 30 % de l'univers de l'apprentissage dans la capitale aux XVIIIe et XIXe siècles (les apprenties londoniennes sont moins présentes). Il y a probablement une proportion plus importante dans les structures de formation alternatives, tant informelles dans le milieu des sans-qualité qu'institutionnelles (organisations caritatives). Les filles/femmes paraissent être confinées à un éventail assez étroit de métiers. Leurs contrats, pour autant, ne diffèrent pas des conventions des garçons. On les retrouve chez des maîtres, quoique bien plus communément chez des maîtresses, souvent dans les professions traditionnellement féminines (la lingerie, la couture, la blanchisserie, la broderie).

Certains moralistes maintiennent que les filles devraient rester en toute sécurité chez elles, formées par leurs mères, tout d'abord dans les tâches du ménage. Ils dépeignent le monde, notamment dans sa dimension masculine, comme trop périlleux pour elles. Une apprentie envoyée faire des livraisons ou autres commissions vers la fin de la journée court un risque : la rue est perfide, un piège-séducteur, qui initie des jeunes personnes à des plaisirs néfastes et addictifs. De la même manière, l'apprentie ne peut pas être hébergée par un maître célibataire ; des départs soudains, demandant des modifications de convention, suivent le décès d'une épouse de maître. Chez les prud'hommes, la mère plaidant pour son fils ou sa fille est parfois moins bien reçue et écoutée que son mari, porte-parole naturel de la famille. Un ouvrier chargé de la formation des apprentis repousse la contremaîtresse qui le supervise : il refuse de se soumettre à une femme. Un maître mécanicien, furieux de la fugue de son apprenti, écarte toute discussion avec sa mère, venue pour trouver une solution : le père est le seul interlocuteur digne et légitime. D'une façon générale, la misogynie ordinaire se manifeste partout, réflexe quotidien tant au XIXe qu'au XVIIIe siècle.

L'économie de la France corporatiste est extrêmement complexe, fragmentée, bigarrée, avec un grand éventail de modèles d'organisation du travail, de techniques, de marchés, d'ambitions. Impossible de la caractériser à l'échelle du royaume ; face à la diversité d'activités et de pratiques, même en se restreignant au niveau d'une grande ville, l'exercice serait ardu. Il y a de tout : des communautés consacrées à la production alimentaire pour répondre à des besoins vitaux et courants ; d'autres fabriquant des vêtements, des chaussures, des outils, des ustensiles, ou fournissant des services de tous les jours ; d'autres encore spécialisées dans les produits d'art, de luxe, d'export et ainsi de suite. On y relève de la stagnation et de la routinisation à côté de l'innovation et du dynamisme, au sein non seulement d'une même communauté, mais aussi d'un même métier. Pourtant, à aucun moment pendant l'Ancien Régime on ne peut affirmer que, sauf de manière extrêmement sectorielle, à la suite de telle ou telle nouvelle méthode, un changement économique ou technologique a chambardé le système de l'apprentissage canonique. L'histoire du XIXe siècle se déroule autrement.

La rupture la plus éloquente dans le champ de l'apprentissage est impulsée par la grande poussée d'industrialisation du XIXe siècle, processus transformateur, mais inégal en pénétration et en cadence selon le secteur. La mécanisation, la division du travail de plus en plus intensive et la spécialisation qu'elle entraîne, la concentration du capital et du travail et l'accélération effrénée de la concurrence nationale et notamment internationale constituent un véritable *game-changer* : le jeu lui-même, et non simplement ses règles, se métamorphosent. Ces mutations ne chamboulent pas l'apprentissage du jour au lendemain. Le changement est comme une vague de fond qui déferle au ralenti. Certains la perçoivent, la ressentent avant les autres. Ses conséquences initiales ne sont pas forcément une surprise, car elle a déjà touché d'autres pays et son impact était visible sur divers marchés, mais aussi lors des expositions internationales. Elle se manifeste prioritairement et principalement dans la réorganisation du travail en usine, où l'on commence à produire autrement et plus rapidement. Elle affecte même des ateliers classiques, suscitant des innovations en méthodes et en marchandises, passant quelquefois par un début de mécanisation et presque toujours par une spécialisation inédite, l'introduction de nouveaux outils et un recours à des éléments préfabriqués, qui deviennent un nouveau genre de matière première.

Pour l'instant, on n'est pas en état de cartographier et mesurer ces mutations technologiques et industrielles, ni d'apprécier leur impact idéologique, cognitif et/ou émotionnel, ni d'évaluer les implications pour la pratique de l'apprentissage. Ce dernier évolue, il s'adapte, de temps à autre il disparaît, pas nécessairement où on l'aurait imaginé. Certains patrons le repensent et le réorganisent au sein de leurs usines, créant des écoles et divers systèmes de formation, en fonction du type de travail visé. À l'occasion, l'atelier semble coloniser l'usine, avec l'installation de plusieurs équipes, parfaitement intégrées dans leur fonctionnement, mais autonomes dans leur recrutement. Elles forment des apprentis à leur manière pour répondre aux besoins du programme établi par les gérants de l'usine. Nous supposons, par extrapolation, que bien des patrons de petits et moyens ateliers parviennent à profiter des opportunités créées par cette industrialisation et ses ramifications d'intensité variable : les uns intègrent des apprentis dans leur façon de travailler, tandis que les autres ne parviennent plus à tenir dans le paysage en voie d'émerger. Nous rencontrons plus facilement dans les archives des patrons qui, par appât du gain ou panique face à la concurrence et aux nouvelles contraintes, exploitent leurs apprentis sans vergogne, « spéculent » sur eux, comme l'on disait, c'est-à-dire en embauchent beaucoup, non pour les former, mais seulement pour bénéficier d'une main-d'œuvre bon marché. Chargés de travaux parcellaires, de nombreux apprentis, tout au long du siècle, se plaignent amèrement de ne faire qu'une tâche pendant des mois, voire des années. Le vénérable objectif de « posséder le métier », ambition de chaque apprenti corporatiste ou sans-qualité sous l'Ancien Régime, a de moins en moins de prise au XIXe siècle dans cet univers de capitalisme industriel, de machinisme et de rationalité proto-taylorienne.

L'autre rupture primordiale dans le déroulement de l'apprentissage au cours de notre longue période est la fin de l'encadrement, c'est-à-dire concrètement la fin des corporations. Historiquement, l'apprentissage existe au sein d'un complexe système politique, social et taxinomique qui est considéré comme un des piliers de « la constitution monarchique ». L'apprentissage assure la reproduction tant de la profession que de la corporation (ne pas confondre les deux), et sur un plan bien plus modeste de la structure sociale. Corporation est un néologisme de la deuxième moitié du XVIIIe : l'on dit ordinairement communautés d'arts et métiers. Je ne reprendrai pas ici les arguments qui figurent dans le chapitre que j'ai consacré au corporatisme. Je rappelle simplement la place centrale de la corporation en France et la place centrale de l'apprentissage dans la corporation. Celui-ci est encastré dans la communauté et gouverné par ses lois, ses règles, ses usages, sa culture. Surveillées par l'État et d'autres instances administratives et judiciaires, les structures corporatistes de l'apprentissage se ressemblent quant à elles assez étroitement et façonnent la pratique de l'apprentissage, très répandue, hors les corporations.

Au moment de la suppression initiale des corporations, une des plus radicales réformes, en tandem avec l'annihilation presque contemporaine de la police des grains, premier grand triomphe du libéralisme sur la régulation, les communautés, paniquées, y voient une tentative de détricoter l'ordre social, débouchant sur le monde à l'envers, voire la fin du monde. Sur le moment, elles ne mettent pas l'accent sur l'apprentissage, sciemment aboli par Turgot, ministre libéral, tranchant et philosophe. L'apprentissage renaît avec la refondation du système corporatif sur de nouvelles bases. Dans la mesure où les cahiers de doléances, sollicités par le roi en 1789, expriment l'opinion de bon nombre de Français, on pourrait dire globalement que le pays est en somme assez hostile aux corporations et très favorable à l'apprentissage, considéré comme une institution à part, nichée par commodité dans l'appareil corporatiste, sans être corrompue par cette proximité. Au cours de la Révolution, les corporations s'efforcent malgré tout de passer pour des institutions re-nées, dorénavant révolutionnaires, indispensables tant pour la préservation de l'ordre que pour la régénération de la nation. Elles mettent en avant l'apprentissage comme élément stratégique pour l'avenir du pays, idée reprise dans un autre contexte par les soutiens de l'apprentissage dans la deuxième moitié du XIXe siècle. Il n'empêche : si les corporations échappent quasi miraculeusement à l'éradication qui paraissait inexorable la nuit du 4/5 août 1789 orchestrant l'immolation des privilèges, puis à la mise à mort implicite de la Déclaration des droits de l'homme à la fin du même mois, elles succombent « définitivement » en 1791.

Quoique l'apprentissage ne soit pas expressément visé ou mentionné dans cette abolition, il est rendu orphelin par la démolition de sa « maison ». Il peut reprendre activité dans le nouveau monde du laisser-faire, à condition de jouer selon les nouvelles (dé-)règles. Opération d'une complexité vertigineuse et d'une grande lourdeur pour les maîtres, la désincorporation laisse beaucoup de familles cherchant à placer leurs enfants en apprentissage dans l'incertitude, sinon le trouble. Le député libéral Isaac Le Chapelier, adepte de Turgot, un des chefs révolutionnaires essayant de penser la France régénérée (et la fin de la Révolution, notamment populaire), les somme de se débrouiller dans ce paysage fraîchement éclaté. *Caveat emptor* ! Le libéralisme libère ; des hommes et des femmes libres n'ont plus besoin d'une pratique encadrée. Pas de doula corporatiste pour l'accouchement de l'apprentissage. C'est une affaire qui sera réglée par et sur le marché, de gré à gré, entre individus responsables et (inégalement) souverains, chacun frayant son propre chemin, comme il l'entend et comme il le peut.

D'où le drame et la particularité de l'apprentissage à partir du XIXe siècle. Désormais, sans encadrement ou code de régulation, ni local ni national, l'apprentissage fonctionne comme un libre-service : on fait son shopping, on prend ce qu'on veut, personne ne contrôle l'utilisation. C'est cette brutale discontinuité qui sépare l'apprentissage de l'Ancien Régime de la conception et de la pratique de la formation du XIXe, rupture qui débouche assez promptement sur la fameuse « crise » de l'apprentissage. Si le débat sur les causes de cette crise est parfois houleux, il y a un accord très large, traversant une grande partie du champ politique et culturel, sur le fait que la décision de supprimer le système corporatiste en bloc, sans mettre à l'abri l'apprentissage et la charpente le soutenant, a été fâcheuse. La « décadence » de l'apprentissage commence avec le refus de remplacer cette ossature par une architecture bien plus légère, dessinée néanmoins avec un soubassement règlementaire, une structure *administrative* et humaine discrète, respectueuse des dizaines de milliers d'individualités, mais capable de les orienter, sans les embrigader, vers des pratiques de formation pertinentes et porteuses.

Isaac Le Chapelier a donné son nom à une loi de juin 1791 interdisant toute assemblée ou association composée, d'un côté, des patrons, ou de l'autre, des compagnons/ouvriers – corps à la fois nocifs et superflus dans une société atomisée où seuls les individus interagissent et soumise à l'arbitrage théoriquement infaillible du marché mû par la concurrence illimitée. Le marché est le seul engin de régulation, sauf en ce qui concerne l'ordre public : comme Turgot, Le Chapelier n'hésite pas à contraindre les gens à être libres. Le libéralisme est une gestion de l'ordre public, à sa manière, certainement pas la chienlit. On impute à tort à Le Chapelier l'abolition des corporations, qui a eu lieu en fait quelques mois auparavant ; toutefois, son nom demeure intimement associé à la croisade contre le corporatisme, qui ne cesse d'animer la pensée et la politique libérales jusqu'à la veille de la Grande Guerre. Entravant toute forme de représentation sociale et politique, « l'effet Le Chapelier » étouffe la culture politique post-révolutionnaire, interdisant syndicats (et grèves) aussi bien que d'autres corps intermédiaires.

Loin des discours, l'apprenti.e assure la persistance de l'apprentissage au XIXe siècle. Cependant, l'apprentissage, à la suite du démantèlement institutionnel et de l'anathème jeté sur le modèle traditionnel, est en plein désarroi. D'où viendront de nouveaux critères pour le conduire ? Comment le monde du travail, dépossédé de délibération et d'expression collectives, trouvera-t-il les nouvelles normes nécessaires pour guider l'action et éviter des heurts ? Qui assurera la loyauté, sans parler de l'efficacité, du fonctionnement ? Au XVIIIe siècle, malgré une érosion importante d'apprenti.e.s en cours de contrat – entre un quart et un tiers quittent l'itinéraire originel, mais pas forcément le métier –, l'apprentissage en communauté forme l'apprenti pour une éventuelle autonomie et lui décerne un statut à l'achèvement qui lui donne des droits dans le marché du travail. Même si je ne cesse de souligner le fait qu'on ne peut pas penser l'apprentissage comme une affaire corporatiste, le paradigme corporatiste déteint sur tout ce qui touche aux pratiques de reproduction sous l'Ancien Régime. En quelque sorte, l'univers tentaculaire des sans-qualité, pleinement hors corporation, n'est pas pleinement désincorporé en ce qui concerne la manière de mener l'apprentissage. Hors corporation, il reste encadré par l'imaginaire corporatiste largement intériorisé. Des apprentis sans-qualité suivent un parcours parallèle, plus souple, mais proche de celui des communautés. À part la dimension (théoriquement) téléologique de la trajectoire en corporation menant vers la maîtrise (cependant, le sans-qualité peut, lui aussi, rêver de cet aboutissement un jour, mais seulement par voie détournée), on peut parler d'une sorte de consensus vécu sur la définition de l'apprentissage. Cette définition est brouillée au XIXe siècle. Paradoxalement, dans la sphère publique on parle beaucoup plus de l'apprentissage qu'au XVIIIe, mais on ne parle pas toujours de la même chose. Sans armature, ni corps intermédiaires constituant des communautés de travail et souvent de vie, ni ethos partagé, privé d'une histoire, dénué de normes et de règles reconnues, en l'absence de mécanismes de surveillance et de contrôle, l'apprentissage est à la dérive.

Au XIXe siècle, il devient difficile de partager une vision du bon ouvrier dans tel ou tel métier. Si les méthodes de travail de l'Ancien

Régime sont assez variables, dans le processus de transmission, il y a un accord sur les objectifs professionnels, peu ou prou. Cette grammaire commune n'existe plus au XIXe, ou est en tout cas en train de perdre prise. Qui est maître, qui est capable d'être maître d'apprentissage, dans cet univers de travail atomisé ? Qui est apprenti et qui est « petites mains » ou jeune ouvrier dans tel ou tel atelier, telle ou telle fabrique ou usine ? Si le contrat n'est pas, en principe, déterminant, de nombreux contemporains refusent la classification d'apprenti.e à ceux/celles qui ne se sont pas engagé.e.s par marché écrit. On pourrait soutenir que le brouillage de définition et le manque d'encadrement troublent davantage les politiques, les polices, les justices et divers commentateurs et experts que les patrons et les enfants/adolescents qui pratiquent l'apprentissage par une espèce de tropisme ou atavisme. Mais à terme, la confusion va incorporer, à sa manière, tout le monde. Il devient difficile de penser les étapes adaptées d'un parcours d'apprentissage, d'identifier des compétences, de prendre des décisions économiques qui dépendent de l'existence de ces compétences, de négocier, dans l'opacité et l'incertitude, le marché du travail. Cette situation est aggravée par le bouleversement du mode de production : la mécanisation, la division du travail et la concentration du travail génèrent une demande pour de nouvelles compétences et pour la prise en compte d'autres façons d'organiser, de fabriquer et, à terme, de penser le travail. Les patrons, groupe très divers qui se prête mal à la généralisation, semblent se débrouiller – grands patrons industriels et petits patrons artisanaux (le mot « artisan » tend à s'effacer au cours du XIXe siècle), patrons urbains et patrons ruraux, patrons parisiens et patrons provinciaux. Il paraît également que bon nombre de familles se débrouillent, ou se démènent, pour trouver une formation qui ressemble à et généralement s'appelle un apprentissage.

La « crise » de l'apprentissage est intimement associée au long XIXe siècle, même si j'ai retrouvé de profondes racines dès le siècle des Lumières. Je crois avoir démontré, nonobstant une rhétorique parfois sibylline, qu'elle est un phénomène réel, pluriel, prolongé, changeant, important. Il reste, par ailleurs, épineux d'articuler la dénonciation de la « décadence » en haut avec la pratique en bas ou la représentation locale de ces pratiques. Dans des témoignages et des remarques chez les prud'hommes, je décèle des bribes d'une conscience de la dégradation de certains aspects du processus de l'apprentissage. Le décalage entre le centre et la périphérie n'est pas surprenant dans un pays comme la France où le pouvoir tant politique qu'intellectuel, est tellement concentré au sommet. En ce qui concerne la crise de l'apprentissage, je ne m'attends pas à détecter des cris d'orfraie dans l'atelier, mais peut-être des échos des soucis exprimés à l'échelle nationale, ou leur critique, dans les milieux politiques, culturels, éducatifs et réformistes des villes moyennes et grandes de province. Les voix de Lyon et de Lille, par exemple, sont très présentes dans la discussion de la crise ; sans doute des recherches locales en exposeront d'autres et ouvriront la voie à la mise en rapport de la grande angoisse des partisans de l'apprentissage, toutes persuasions confondues, et l'expérience des apprenti.e.s. et de leurs maîtres (parfois ouvriers) *in situ* sans se limiter aux seules appréciations des préfets, des patrons, des Chambres de commerce, des moralistes et/ou des réformateurs.

En outre, à Paris, pendant ce même XIXe siècle, on entend un double discours sur ce qui se passe dans la France profonde qu'il faudra vérifier, puis clarifier : d'une part, que l'apprentissage en province suit son cours sempiternel et que même certains patrons de Paris y recrutent à la fois leurs ouvriers, car bien formés, et leurs futurs apprentis, surtout campagnards, car dociles, pas encore pourris par la ville et l'atelier ou l'usine ; et d'autre part, que l'apprentissage en province est dans un état de stagnation, discrète mais dense, avec des signes de crise semblables à ce que l'on trouve dans la capitale et d'autres agglomérations : transmission du savoir-faire abrégée ou négligée, exploitation (corvées, travaux domestiques, divers abus), division du travail poussée et hyperspécialisation privant l'apprenti.e d'accéder à « la possession du métier ».

Le spectre du corporatisme hante le XIXe siècle ; c'est une absente présence permanente. Les libéraux dénoncent maintes tentatives de rétablir, ouvertement ou subrepticement, les ou des corporations, comme le retour du refoulé, horreur mettant en péril propriété, liberté et progrès, la nouvelle société portée par le marché et la machine. Chaque effort pour revigorer l'apprentissage est minutieusement scruté comme signe possible d'un cheval de Troie corporatiste. Certains libéraux le détectent dans la création des conseils de prud'hommes, une des rares formes de quasi-régulation de l'apprentissage. En effet, la méthode de conciliation qui est la principale mission prud'homale s'inspire des pratiques corporatistes de la Grande Fabrique de Lyon et, de façon moins méthodique, d'autres communautés situées ailleurs, pendant l'Ancien Régime. Les libéraux résistent farouchement à l'idée d'une surveillance des ateliers pour assurer le bien-être et la loyauté de l'apprenti tant parce qu'elle rappelle le style invasif de la police corporatiste que parce qu'elle empiète sur la liberté individuelle. Jusqu'aux années 1880-90, les promoteurs de la refondation de l'apprentissage se sentent obligés, comme un test religieux, d'affirmer leur dégoût pour la voie corporatiste. L'ironie de cette persistance corporatiste dans le nouveau monde libéral a pour écho une ironie analogue : des corporatistes, remontant graduellement à la surface, n'omettent pas d'exprimer leur méfiance à l'égard de l'État, doxa libérale qu'ils brandissent comme un sauf-conduit. Ainsi, vers la fin du siècle et à l'aurore du suivant, de nombreuses propositions favorisant un apprentissage plus robuste et rationnel, y compris celles qui sont portées par des corporatistes avérés – « modernes », se distanciant de l'Ancien Régime –, veulent confiner l'État au rôle quasi passif de bailleur de fonds.

À ce propos, le rôle de l'État constitue un autre paramètre de rupture, évidente mais pas totale. Appuyé sur un monarque qui se représente comme absolu (et d'instauration divine), l'État de l'Ancien Régime, à part son bref et mouvementé tournant libéral (1763-75), demeure fort, musclé, volontiers interventionniste, centralisateur, bien implanté sur son territoire. Cependant, c'est un État non seulement limité par des facteurs technologiques (communication, transport, collecte d'information), mais piégé par les excès de sa propre hubris boulimico-panoptique. Il parvient rarement, par exemple, à légiférer et faire systématiquement exécuter à l'échelle de son territoire entier et il est obligé de tolérer pas mal de désordre et de résistance à sa volonté, même de l'intérieur de son appareil étatique. Néanmoins, c'est un État administratif, de police, régulateur ; de son propre chef et à travers le système corporatiste, il supervise l'institution de l'apprentissage.

La Révolution enterre l'absolutisme comme système politique, social et idéologique, mais pas l'État qu'il a nourri, ni certaines pratiques associées à l'Ancien Régime. Après l'Empire, tellement bariolé dans sa construction et ses institutions, l'État ne sera plus jamais vraiment faible, mais avec chaque modification de régime, le style et la substance de son action continuent de changer. Le libéralisme reste un ethos puissant, quelquefois grisant, prônant un État modeste, voire quiétiste, sans jamais renoncer à sa pleine autorité régalienne. L'héritage de la Révolution de 89 et de celle de 93 pèse sur le XIXe siècle de façon bien plus lourde que le corporatisme, tout comme les souvenirs impériaux-bonapartistes. Jusqu'au dernier tiers du XIXe, l'État ne manifeste que très peu d'intérêt à s'immiscer énergiquement dans les affaires de l'apprentissage ou de l'enseignement professionnel. Pour une grande partie du siècle, il semble souscrire à la vue turgoto-lechapelierienne que l'apprentissage – en soi inutile – est une matière privée qui ne regarde les autorités centrales qu'à la marge.

Il peut paraître évident que la rupture est spectaculaire sur la question de la régulation, car l'esprit libéral continue de prospérer. S'il y a des exemples sidérants de la démission sociopolitique des leaders libéraux face à des questions urgentes et dramatiques (par exemple, Turgot en 1770 et 1775 et Roland de La Platière en 1792 devant des crises aiguës des subsistances), il ne faut pas se leurrer : le libéralisme se conçoit comme une démarche, une méthode de gouvernance. Le Chapelier rassure en postulant un dynamisme et une prospérité dans la tranquillité : ni coalitions, ni demandes collectives, ni affrontements entre le capital et le travail. C'est en soi une force de frappe régulationniste considérable. Promettant, en réponse à chaque choc éventuel, de nouveaux équilibres dans tous les domaines, le laisser-faire est une façon de traiter, pas de délaisser, les affaires, de conjuguer le politique et l'économique (souvent au prix du social, dommage collatéral). Si on laisse faire dans certaines matières, dans d'autres on agit, on s'ingère, on cogne (les mêmes cas de Turgot et Roland). Le libéralisme vise à limiter le pouvoir politique, mais jamais à le déstabiliser, encore moins à le fragiliser (tout comme il ambitionne de protéger la liberté individuelle sans supposer que les individus sont des égaux). Sans jamais sous-estimer la valeur relative et stratégique de la liberté, la régulation colbertiste est d'ordre structurel, prescriptif, prophylactique. Ses adhérents ne rechignent pas à agir vigoureusement en aval, mais ils préfèrent intervenir en amont. Théoriquement requise seulement pour corriger les déficiences avérées du marché, pour combler ses échecs, la régulation libérale – politique et étatique – est plutôt tardive, réactive, réparatrice, compensatrice et souvent répressive.

Dès le début du XIXe siècle, des administrateurs, des penseurs et certains hommes politiques s'inquiètent de ce système antisystème, des risques de prôner une dérégulation exubérante et de pratiquer une autorégulation fondée sur l'égocentrisme économique des individus poursuivant sans entrave leurs intérêts, et des inconvénients majeurs de laisser ainsi l'apprentissage aller à vau-l'eau. D'où la loi de Germinal (1803), d'inspiration bonapartiste, qui impose certaines protections pour l'apprenti et garanties pour la sécurité du maître. Puis, de la même source, la création des conseils de prud'hommes, tribunaux gratuits, bientôt paritaires, de conciliation et, si nécessaire, de jugement. Suivant les tendances plus ou moins proactives et/ou interventionnistes de chaque instance, les prud'hommes offrent un simulacre de structuration intermittente des relations entre apprentis et maîtres. Enfin, survient bien plus tard la « grande loi » de 1851, censée régler, une fois pour toutes, la question de l'apprentissage. Revanche ratée des régulationnistes, c'est une mesure tempérée, voire minée, par le souci de ne pas transgresser la doctrine libérale. L'argument pour la continuité dans cette sphère s'avère en fin de compte un rapprochement factice, un exercice forcé.

Le contrat d'apprentissage constitue lui-même un rempart de régulation quand il est clairement rédigé et couvre tous les points essentiels et quand sa conception de formation-transmission-soumission-protection-socialisation suscite l'adhésion de toutes les parties. Il est structuré pour assurer l'application d'un modèle de relations et de comportement dans le contexte de cet équilibre délicat du couple tendu et symbiotique de production-reproduction. Sous l'Ancien Régime, mais aussi, ici et là, dans le monde post-corporatiste, le contrat type corporatiste est formulé en partie pour prévenir, sinon régler, des conflits. Aux XVIIe et XVIIIe siècles, dans la mesure où le contrat est contrôlé et signé par des représentants de la communauté, qui exercent une mission de police tant en raison de la constitution corporatiste qu'au nom de et en complicité avec des autorités de police et de justice, on peut avancer que cette convention penche pour un règlement des différends directement par et entre les parties via concertation ou conciliation, effectuées par la communauté seule ou en collaboration avec des magistrats. Créés avec cette vocation irénique et régulatrice, les conseils de prud'hommes prétendent fonder leurs démarches sur le contrat qu'ils sacralisent. Ils revendiquent une prouesse quasi oraculaire pour déterminer ce qui a été vraiment dit, visé et voulu dans une convention verbale, de surcroît vivement contestée. Les contrats de l'Ancien Régime ne sont pas toujours sans équivoque, mais sur certains points clés, les maîtres et les communautés se targuent de l'impossibilité de toute ambiguïté ou chicane. Le plus important concerne l'obligation de l'apprenti d'achever la durée prévue. Le départ précoce obsède les maîtres tant sous l'Ancien Régime qu'au XIXe siècle.

Au-delà de notions sentimentales ou axiologiques, telle la fidélité et la loyauté, le maître compte sur l'apprenti, pas forcément dévoué, mais sérieux, pour aller à la fin de son terme afin de lui permettre, dans la deuxième portion de l'apprentissage, de récupérer l'investissement en temps et en argent pour la formation et l'entretien de l'apprenti. Certains chercheurs soutiennent que ce dernier, dans beaucoup de métiers, apprend des éléments basiques et/ou devient utile bien plus tôt que ce que prétendent des maîtres, et que statistiquement les départs ne paraissent pas se concentrer dans la dernière partie : donc, objectivement, pas de stress concernant l'achèvement du contrat. Toujours est-il qu'en France, entre 1670 et la fin du XIXᵉ siècle, d'innombrables maîtres semblent croire qu'ils sont sévèrement pénalisés par une sortie prématurée, parfois caractérisée ou ressentie comme une « désertion » ou une « trahison ». Le contrat corporatiste a presque toujours une clause interdisant ce départ, autorisant ou enjoignant les parents ou quelquefois le maître à « ramener » le fugitif et avertissant que l'apprenti qui ne revient pas remplir ses obligations ne pourra jamais reprendre du travail légitime comme compagnon dans ce métier ou briguer un jour la maîtrise. Un nombre important de contrats infligent un coût financier à l'apprenti et/ou sa famille, généralement une indemnité en argent, garantie par des biens hypothéqués, sorte de police d'assurance et instrument de dissuasion en même temps. Des dispositions semblables paraissent dans un certain nombre de contrats au XIXᵉ siècle. L'absence de pénalités annoncées d'avance n'empêche pas le maître lésé de demander réparation aux prud'hommes, somme fréquemment difficile à recouvrer faute de garanties ou de solvabilité.

Le départ précoce provoque, ou est provoqué par, des affrontements terribles. L'apprenti, ou sa famille, justifie très fréquemment sa sortie par divers abus de la part du maître : détournement de l'apprentissage en contraignant le débutant à faire des commissions ou des corvées sans rapport avec la profession désignée dans le contrat, formule déployée dans maintes conventions au XIXᵉ siècle, quelquefois au XVIIIᵉ ; logement insalubre ; nourriture infecte ou insuffisante ; et surtout maltraitance, particulièrement violence symbolique (harcèlement) et/ou physique (coups). Au XIXᵉ siècle, ce genre d'affaires va pratiquement toujours aux prud'hommes, qui se trouvent à la marge en concurrence avec la justice ordinaire. Ceux-ci cherchent la conciliation ; faute d'accord, ils tranchent, parfois après enquête et convocation de témoins. Les prud'hommes détestent résilier un contrat, notamment à la demande de l'apprenti. Globalement, j'ai l'impression que les patrons s'en sortent mieux que les apprentis/parents, souvent accusés d'exagération (l'abus n'est pas assez grave), de manigance (les doléances sont fabriquées par opportunisme, l'apprenti espérant partir légalement et travailler ailleurs pour un meilleur salaire et des conditions plus favorables) ou d'insupportables provocations (l'insolence et la rébellion de l'apprenti semant désordre dans l'atelier, minant l'autorité du maître et ternissant sa réputation). Sous l'Ancien Régime, la police s'empare couramment de la querelle, procédé payant et possiblement lent. Bien des communautés, pourtant, s'évertuent à régler les disputes en interne au lieu de recourir à la justice de tutelle, par une procédure de conciliation plus ou moins autoritaire, mais allouant des concessions aux deux camps et permettant à la communauté d'affirmer sa capacité et son autonomie régulatrices. On trouve des exemples dans quelques communautés à Rouen, Lille et Paris, moins communément à Dijon et Caen, et un mécanisme superbement rodé à Lyon depuis l'époque de Colbert, ou avant, associant le corporatisme et la justice municipale.

Toujours dans la rubrique de la régulation, dans la colonne de la discontinuité, on peut inscrire la gestion de la conduite des maîtres. Dans l'univers corporatiste, on limite le nombre d'apprentis – généralement un seul – qu'un maître peut accueillir pendant la durée d'un contrat. On le fait bien moins pour assurer que le maître a le temps de se consacrer à la formation de son apprenti que pour prévenir la jalousie au sein de la communauté (le vivre-ensemble dépend du maintien de la fiction de l'égalité confraternelle) et réguler la future concurrence dans la profession. Au XIXe siècle, par scrupule libéral et par intérêt – les deux s'emboîtent –, on refuse toute restriction sur le nombre d'apprentis au nom de la liberté individuelle et de celle du travail.

Pour contrôler les actions des maîtres, chaque communauté exige que le contrat, dit brevet (le nom est repris de temps en temps au XIXe), soit enregistré rapidement. L'apprentissage n'est pas validé tant que l'inscription dans les registres n'a pas lieu. Elle est retardée pour diverses raisons : l'intervalle de la période d'essai avant la formalisation, mais aussi pour cause de manœuvres afin d'occulter l'existence d'autres apprentis ou d'éviter de verser des droits dus à la communauté ou à une institution caritative. Si le brevet n'est jamais enregistré, quand le terme de l'apprenti est achevé, l'apprenti ne reçoit pas le document, qui fait office de certification de son statut et de sa légitimité sur le marché du travail. Au XIXe siècle, en l'absence croissante de traités écrits, on ne peut enregistrer le contrat avec les prud'hommes, la police ou la municipalité. De toutes les façons, l'apprentissage n'accorde pas un statut au jeune qui ne bénéficie pas de la reconnaissance généralement réservée à son homologue de l'Ancien Régime.

Dans l'attitude à l'égard du travail manuel, il n'y a pas de fracture entre l'Ancien Régime et le XIXe siècle, juste quelques nuances de ton. Depuis quarante-cinq ans, je conteste la représentation béate de « la réhabilitation » du travail artisanal au XVIIIe siècle (dans la lignée de l'apothéose de l'*homo faber* au siècle des Lumières). Prendre le discours encyclopédiste pour argent comptant, sans interrogation aucune, relève pour moi de la tyrannie de l'historiographiquement correct. Diderot et quelques-uns de ses collègues s'intéressent aux métiers sans passer beaucoup de temps à l'atelier ou à s'entretenir avec les artisans. En promouvant, à juste titre, la base théorique/scientifique requise et peu prise en compte – en anticipation de nombreux commentateurs « écolistes » du XIXe siècle –, ces philosophes s'en prennent au travail routinier, parfois complètement gratuitement, presque toujours sans historiciser les processus de fabrication mis en accusation. Ce faisant, ils stigmatisent ce que j'appelle la culture populaire du travail, le seul patrimoine de la majorité d'artisans, ouvriers ou maîtres. Fustiger leurs « secrets du métier » ou leurs « tours de main » comme symptômes d'un archaïsme têtu et mortifère entravant l'avènement du progrès traduit une arrogance insoutenable et un manque de compréhension du travail et de la transmission dans l'atelier. Cela dit, grâce à la diffusion de l'*Encyclopédie* et de multiples *Descriptions des arts et métiers* (trop peu souvent inspirées de l'approche d'André-Jacob Roubo, praticien et héritier avant d'être théoricien, fils et petit-fils de menuisiers, thuriféraire de l'art du trait) et en citant Rousseau, on peut à la rigueur mettre le XVIIIe siècle cultivé du côté du travail manuel. Pourtant, ni les encyclopédistes, propageant une subversion plus générale, ni Émile, derrière son établi, esquissant un homme nouveau, ne parviennent à dissiper la prévention profondément enracinée dans la culture dominante de l'Ancien Régime considérant le travail manuel comme une activité vile et mécanique, confiée aux inférieurs, pénitents vedettes du péché originel dont ils restent porteurs de la souillure. À quel titre le travail manuel, irrigué par la sueur du front, mériterait-il une reconnaissance particulière ?

La Révolution détruit, libère, purge, rachète, renouvelle. Les fondements juridiques et politiques de multiples oppressions et anathèmes d'antan sont démantelés, comme la Bastille, brique par brique. Cependant, les prisons mentales, difficiles à atteindre, sont plus réfractaires à l'émancipation générale. Ainsi, la société du XIXe siècle, sa *sanior pars* bien entendu, mais aussi bien d'autres composantes, ayant intériorisé voilà longtemps certaines valeurs hégémoniques traditionnelles, continuent de se méfier du monde du travail et de ses classes potentiellement dangereuses, en tout cas plus ou moins misérables, immorales, toujours avilies, contaminées, mais autrement que sous l'Ancien Régime, car le travail manuel, sans être pleinement purifié, est désormais perçu principalement comme une source de richesse. Production et productiviste priment sur des conceptions plus statiques et punitives. Dans le débat sur la formation ouvrière, un sentiment plus moral et civique que proprement social s'affirme, à savoir que le mépris pour le travail manuel, alimenté et aggravé par un déficit d'information et de familiarité, plombe la campagne pour la renaissance de l'apprentissage.

Paradoxalement, les champions de l'apprentissage-dans-l'école (au grand dam de beaucoup des professeurs) étaient plus favorables à l'introduction de l'enseignement du travail manuel dès l'école primaire, dans le cadre d'une espèce de préapprentissage ou dans le déroulement ordinaire du programme, que les partisans de l'apprentissage-dans-l'atelier. Sur un point essentiel, il y a consensus : il faut inculquer, tant à l'opinion publique en général qu'aux enfants, un sens de la valeur intrinsèque du travail manuel, lui rendre à la fois son innocence et sa pertinence et légitimer sa double vocation industrielle et esthétique. Les écrivains qui plaident pour la réhabilitation ou la revalorisation du travail manuel visent moins la bourgeoisie, arc-boutée sur le royaume des diplômes et allergique aux velléités rousseauistes coûteuses et chimériques, que les classes « inférieures » elles-mêmes, qui intériorisent de plus en plus le dédain ambiant pour le travail manuel qui les fait vivre et fait fonctionner de très importants secteurs de l'économie. Une part croissante du milieu populaire rêve de placer ses enfants dans des bureaux ou des boutiques où le travail semble propre et en tout cas est moins rude. Si le bois devient ringard, suggèrent les zélateurs du travail manuel, pourquoi pas une initiation au métal, la matière première de l'avenir, pour les enfants de neuf-dix ans à l'école ?

Le mouvement encourageant un *aggiornamento* de l'apprentissage, et plus largement une nouvelle organisation de l'enseignement professionnel et technique, n'hésite ainsi pas à célébrer « la gloire du travail manuel ». On ne sait pas dans quelle mesure cette campagne touche le public, bourgeois ou populaire ou entre les deux, mais le mot même d'artisan tend à s'évaporer au cours du XIXe siècle. Le maître d'apprentissage, quelle que soit sa profession, est globalement groupé avec des « patrons » et/ou « industriels ». Il n'est pas tellement surprenant que les promoteurs du monde artisanal (souvent encore robuste, mais très dispersé) militent dans les années 1920-1930 pour leurs propres institutions (créations des Chambres de métiers et de l'artisanat en 1925) et une réinvention de l'apprentissage en leur sein (grâce à la loi Walter-Paulin de 1937), c'est-à-dire pour une renaissance forte de leur existence. Sans doute la « révolution » de l'apprentissage à l'heure actuelle – son tournant « supérieur » comportant une rupture sémiologique et institutionnelle avec la tradition – a-t-elle eu du mal à se faire reconnaître dans un premier temps précisément parce que la notion de l'apprentissage est historiquement consubstantielle au travail manuel, champ tout sauf supérieur.

ÉPILOGUE

DE LA LOI D'ASTIER À LA FIN DU XXe SIÈCLE

J'ai imaginé ce qui suit comme une excursion historique à la manière de Sainte-Beuve plutôt qu'un post-scriptum érudit. En traversant le siècle depuis la loi d'Astier, je veux évoquer les grandes lignes de l'évolution de l'apprentissage jusqu'à nos jours. À la veille de cette mesure (étroitement associée depuis avec l'apprentissage auquel pourtant elle fait à peine allusion), il n'y a consensus ni sur le passé ni sur l'avenir de l'apprentissage. La « crise de l'apprentissage » scande tout le XIXe siècle. Elle ne s'exprime pas avec une seule voix et avec une cohérence soutenue. Parmi ses messages, il y en a deux qu'on trouve pendant toute la période, mais qui marquent particulièrement le dernier quart. Soit l'apprentissage est en grave difficulté (déprécié, délaissé, amorphe, voire inerte), mais représente une fonction d'une grande importance sociale et économique et mérite ainsi un sauvetage, une réhabilitation, une renaissance ou un *aggiornamento*, c'est selon. Soit, sans corporations ou autre structuration, sans contrat écrit, sans appui politique, dans un écosystème favorisant mécanisation et hyperspécialisation, l'apprentissage est agonisant ou mort, comme le constatent la plupart des préfets interrogés à ce sujet entre 1877 et 1890 par le ministère du Commerce (appréciation contestée par l'expérience de multiples patrons, l'activité chez les prud'hommes, des indications dans la presse et des recherches scientifiques très récentes)[1].

---

1. Clare H. Crowston, Steven L. Kaplan et Claire Lemercier, « Les Apprentissages parisiens aux XVIIIe et XIXe siècles », *Annales, Histoire, Sciences Sociales*, 73e année (octobre-décembre 2018), p. 850.

Ces deux points de vue s'affrontent toujours au début du XXe siècle. Certains affirment en 1913, comme d'autres déjà en 1863, et même de manière balbutiante en 1813, que la décadence, dans laquelle l'apprentissage est embourbé, doit « fatalement amener sa disparition », d'après la formule du juriste Jean Popineau. À l'autre pôle se trouvent des partisans enthousiastes d'un apprentissage renouvelé qui se rencontrent dans des congrès et des associations. Entre les deux, bien des observateurs, tous persuadés de la nécessité de proposer un enseignement professionnel, posent des questions pertinentes : peut-on séparer nettement cette instruction et l'apprentissage ? (« L'apprentissage est en train de disparaître, en est-il de même de l'enseignement professionnel en général ? » se demande le catholique social Étienne Martin Saint-Léon.) L'avocat J.-H. Cagninacci, tirant la leçon de l'expérience allemande, exemple décisif dans ce domaine, doute fort que l'on puisse enterrer l'apprentissage sans blesser mortellement l'enseignement professionnel. Avec une bonne école à tous les niveaux, suggère le chimiste Émile Delorme, l'apprentissage « ne sera plus indispensable ». Ce à quoi l'architecte Alcide Vaillant, vice-président de la Société pour le développement des métiers du bâtiment, riposte : « Organisé par les pouvoirs publics au lieu et place de l'apprentissage, l'enseignement technique serait une erreur et une faute. » Rappelons que même ses champions ne sont pas d'accord sur la définition de l'apprentissage, que certains commentateurs, tel Placide Astier luimême, tendent à amalgamer apprentis et jeunes travailleurs (reconnaissance implicite que le statut d'apprenti a fait son temps), tandis que d'autres, comme l'avocat Marcel Debolo, distinguent soigneusement « apprentis » et « petites mains », et que les participants au débat se servent indifféremment des termes d'enseignement professionnel et d'enseignement technique au moment où les législateurs s'évertuent à leur donner des significations précises[2].

2. Jean Popineau, *L'Organisation centrale de l'enseignement professionnel*, Saint-Amand, Bussière, 1913, p. 3 ; Étienne Martin Saint-Léon, *La Crise de l'apprentissage et la réforme de l'enseignement professionnel*, Lyon, Chronique sociale de France, 1908, p. 13-14, 18 ; J.-H. Cagninacci, *L'Instruction professionnelle de l'ouvrier*, Paris, A. Rousseau, 1910, p. 364, 374-98 ; É. Delorme, *L'Apprentissage et l'enseignement technique*, Paris, A. Michalon, 1909, p. 31 ; Alcide Vaillant, *L'Apprentissage, la liberté du travail et l'esprit de corps*, Paris, Congrès national mixte, 1909, p. 19 ; Placide Astier et Isidore Cuminal, *L'Enseignement technique, industriel et commercial en France et à l'étranger*, Paris, G. Roustan, 1909, p. 1-2, 4-5 ; F. de Ribes-Christofle, *L'Apprentissage et l'enseignement professionnel en France*, Paris, Fédération des industriels et commerçants français, 1905, p. 36-39 ; Marcel Debolo, *L'Apprentissage à l'atelier*, Paris, A. Rousseau, 1906, p. 340-49, 355-56. Cf. Odette Hardy-Hémery, « Les milieux patronaux du Nord et la question de la taxe d'apprentissage dans les années 1920 », dans Gérard

Comme on l'a vu, la loi d'Astier se distingue non seulement comme la première charte de l'enseignement technique, mais aussi comme un engin sociopolitique qui utilise le pouvoir de l'État, habituellement réfractaire, pour imposer une obligation qui, tout en la contraignant, dote toute la jeunesse ouvrière d'un droit à la formation. La loi introduit des cours obligatoires pris sur le temps de travail, entre quatre et huit heures par semaine, en principe pendant un laps de temps de trois ans, phase d'acquisition culminant dans un examen pour certification de compétence (CAP : certificat d'aptitude professionnelle), enseignement que doivent organiser en premier lieu les communes (plus tard épaulées par des acteurs privés et publics). Visant une vraie massification assise sur une ambition égalitaire, réunissant femmes et hommes, la loi connaît des résultats mitigés : sur 800 000 à 900 000 jeunes travailleurs (apprentis avec contrats et un contingent bien plus important de travailleurs sans aucun contrat ou statut officiel), seuls 160 000 à 200 000 ont probablement suivi les cours, pour des périodes variables ; la petite proportion présentant le CAP a profondément déçu les autorités. La couverture spatiale du territoire est fort inégale : les cours se mettent en place et attirent du monde là où des entreprises les promeuvent pour favoriser leur développement industriel. Une décision politico-administrative, mettant désormais l'enseignement dit technique, jusque-là sous l'égide du ministère du Commerce et de l'Industrie, *a priori* plus proche des patrons, sous la tutelle du ministère de l'Instruction publique, provoque des remous considérables, la vaste majorité des Chambres de commerce manifestant leur opposition. La tension, parfois vive, entre école et atelier, fondée sur une assez longue expérience et loin de se calmer, freine le progrès de l'enseignement technique. La loi d'Astier, rappelons-le, constitue une victoire pour les ateliéristes pragmatiques : la formation principale demeure « sur le tas », avec un complément

---

Bodé et Philippe Marchand (dir.), *Formation professionnelle et apprentissage, XVIIIe-XXe siècles*, Lille/Paris, INRP et *Revue du Nord* (2003), p. 233-35. Voir également un texte très frappant – violent, revendicatif – par Léon Jamin, menuisier, artisan-enseignant, journaliste, anarchiste, dans lequel il dénonce le « dualisme » déformant et dominateur des patrons, qui touche les pratiques de l'enseignement professionnel. En raison de l'affrontement (« la haine ») entre « ouvriers et patrons », « Capital et Travail », les patrons imposent « des cours disciplinaires » dont le but n'est pas de forger une vraie habileté, mais de mieux exploiter les ouvriers – « esclaves ». Les cours relèvent de « la fumisterie » et de « la duperie ». Jamin exige des cours d'enseignement professionnel développés et enseignés par les ouvriers, en « accord avec les syndicats patronaux ». Léon Jamin, *Petit-Pierre, Histoire et souvenirs d'un apprenti*, Paris, Niclaus frères, 1912, p. 124, 252, 255, 266, 269, 271-3, 276.

d'enseignement tant pratique que théorique, dont le contrôle restera l'enjeu majeur.

L'absence d'une source de financement dédié, qui plombe l'exécution de la loi d'Astier, est suppléée, en partie, par une mesure du 13 juillet 1925 instituant une taxe d'apprentissage, prise sur la masse salariale des entreprises[3]. Nonobstant son titre, la loi nourrit toujours une certaine confusion entre la notion générique d'enseignement technique, censé bénéficier, lui aussi, de cette loi, et l'apprentissage, dont la définition reste brouillée. Cette mesure permet malgré tout aux petits patrons d'obtenir des subsides facilitant l'engagement d'apprentis. Une loi du 3 mars 1928 esquisse un pas vers la caractérisation (nouvelle époque) de l'apprentissage. Elle est curieusement déshistoricisée, comme si l'apprentissage rationnel n'avait jamais existé, au moins pas dans un passé récent. Ainsi, on émerge d'une sorte d'état de nature : l'apprentissage consiste en une rudimentaire organisation du travail, plus ou moins en famille ; le long passé du contrat écrit (à côté d'autres conventions), accompagné de l'héritage parallèle du conflit entre maître et apprenti conscient de ses droits, est refoulé. Cette loi moderne est censée inaugurer l'apprentissage comme rapport exigeant un contrat écrit (vieux sésame de l'idéal de l'apprentissage fiable et efficace), qui ébauche la question des prestations (nourriture) et du salaire et implique l'inscription dans des cours obligatoires débouchant sur un examen de certification, le CAP. Cet apprentissage actualisé ne me semble pas signifier que « l'objet de l'apprentissage change radicalement », comme l'estime un sociologue écrivant en 2018. Réduire l'apprentissage d'avant à une simple « familiarisation avec la pratique d'un métier » revient à faire l'économie de l'expérience de tout le XIXe siècle (et avant), à niveler et dévaloriser gratuitement. L'obligation imposée à un chef d'atelier ou un artisan de donner ou faire donner « une formation professionnelle méthodique et complète » ne change rien au fond ; c'est reprendre les termes d'un contrat d'apprentissage quelconque du XIXe siècle (ou d'avant). On reste dans la continuité, non dans la rupture[4].

On rame vers une définition qui a pourtant été disponible, et proche de la réalité, depuis un certain temps : pour obtenir le statut d'apprenti, il faut avoir rempli l'obligation de l'école primaire

3. Voir Christian Pouthier, *La Taxe d'emploi : mode d'emploi*, Paris, Berger-Levrault, 1986, p. 9, 11, *passim*.

4. Claude Didry, « L'apprentissage à l'épreuve du droit du travail », *Artefact*, t. 3 (2018), p. 39-51.

(treize-quatorze ans), être entré dans la vie professionnelle qui comporte une double formation, celle de l'atelier (ou l'équivalent) et celle dite « scolaire », des cours théoriques et pratiques, reprenant le vieux concept du « demi-temps » détesté par presque tous les patrons et anticipant la nouvelle cadence/partage dite d'alternance. Une dernière loi ferme une petite boucle, celle de 1937 nommée Walter-Paulin, qui refonde la catégorie, sinon la réalité bigarrée et brouillonne, de l'artisanat. L'apprentissage est traité, au moins implicitement, comme le pré carré de l'artisanat, accaparement facilité par les chambres de métiers, récemment instaurées, mais qui sera énergiquement contesté vers la fin du siècle quand l'intérêt de l'apprentissage (re-)devient clair pour toutes sortes d'entreprises, notamment les grandes et moyennes, incitation chronique fournie comme toujours par l'expérience allemande. L'année suivante, l'industrie obtient, pour son secteur, une loi plaçant l'apprentissage dans son giron. Jamais exécutée, faute de décrets d'application (refusés pourquoi ?), la mesure aurait créé une sorte d'apprentissage quasi obligatoire, sous le regard d'offices d'orientation professionnelle tenus par les entreprises, et imposé un quota sur le nombre d'apprentis autorisé, calculé en fonction de leur ratio à l'effectif ouvrier, demande exprimée avec véhémence par des ouvriers dans le dernier tiers du XIXe siècle et pendant l'Ancien Régime.

L'échec des cours de Placide Astier (qui seront rebaptisés Centres de formation d'apprentis – CFA – en 1961) et les carences notoires de l'apprentissage dans l'entreprise, tant dans l'usine que dans l'atelier, auraient dû amener l'État à charger l'école de cette mission importante, mettant fin à une querelle qui couve depuis un siècle. Face aux nombreuses urgences à la veille de la Seconde Guerre mondiale, comme le note, avec ironie, l'historien Antoine Prost, « faute de pouvoir mettre les jeunes au travail, on les met à l'école » : c'est le début de ce qu'il nomme « la scolarisation des apprentissages », terme large et labile, recouvrant plusieurs types d'enseignement professionnel ou technique (notamment les « centres d'apprentissage » devenus plus tard collèges d'enseignement technique). Sur fond de luttes d'influence dans ce domaine bigarré, l'apprentissage classique est tombé bien bas. Beaucoup de syndicalistes, enseignants et ouvriers – mais peut-être pas « le consensus » que d'aucuns prétendent –, reprenant à leur compte le salmigondis de clichés, caricatures et vérités concernant l'exploitation au travail et la maltraitance sur le lieu du travail et en dehors, écartent l'apprentissage comme formation crédible. Seule l'école, où on peut apprendre un métier et protéger les jeunes, est le lieu idoine pour faire fonction d'apprentissage : c'est la revanche des « écolistes » de la fin du XIXe siècle. Le coup de grâce est infligé par les experts-rédacteurs du long rapport de l'Éducation nationale pour le Ve Plan (1966) qui refuse même de mentionner le mot « apprentissage ». *No future* ?

Voyons le sort de l'apprentissage d'une autre perspective. « Inspecteur d'apprentissage de la Chambre de métiers de la Sarthe » dans les années 1960, M. Bouchard donne ses impressions du « vécu » et du « ressenti » de cette pratique pendant sa période d'activité assez loin de la capitale. Il note que la représentation de l'apprentissage demeure assez négative, tant aux yeux « du public » qu'à ceux des autorités. Cela lui rappelle « la crise de l'apprentissage » du XIXe et du début du XXe siècle, épreuve non pas de rhétorique mais de relations du travail à l'atelier qu'il associe à l'image de l'exploitation, voire de la brutalisation de l'apprenti. Homme qui revendique la modernité, l'inspecteur tient néanmoins à une distinction du type XIXe siècle (déjà en partie anachronique) entre l'apprentissage en milieu artisanal où le produit est fabriqué de bout en bout (« de A à Z ») dans l'atelier et la formation dans l'industrie où les tâches sont de nature « parcellaires ». Autre phénomène fin XIXe/début XXe dont l'écho, à ses yeux, demeure fort plus d'un demi-siècle plus tard : la tension entre le patron et la sphère de l'Éducation nationale. Cette dernière, dit-il, est présente là où les maîtres d'apprentissage et les entrepreneurs préfèrent ne pas la voir : par exemple, l'État ou l'administration représentés aux examens du CAP ou à d'autres moments (les inspections, en principe aux mains des inspecteurs des Chambres de métiers, mais ceux-ci sont nommés et habilités par l'Éducation nationale). Ou, sur le plan idéologique, avec des retombées pratiques : « Affrontement de doctrines pédagogiques concernant la prédominance et la prééminence qu'il conviendrait d'accorder au comprendre sur le savoir-faire », opposition aggravée par ce que Bouchard appelle « affrontements de doctrines éducatives relatives à la coexistence des enseignements publics et privés ». Il reprend, par ailleurs, un avertissement classique que ma propre expérience, bien plus enclavée, me permet de vérifier : « Il est bien difficile de se relever d'un mauvais apprentissage. » La vie de l'apprenti des années 1960 est certes plus complexe que celle de son homologue de l'Ancien Régime ou du XIXe siècle, mais son objectif reste le même : s'approcher « du seuil de l'autonomie ».

L'inspecteur d'apprentissage réfléchit sur des ambiguïtés concernant l'apprenti de son temps qui évoquent des continuités qui persisteront :

> L'apprenti est-il un élève, c'est-à-dire un adolescent qui apprend, qui ne produit pas, qui donc reçoit gratuitement, sa formation ? L'apprenti est-il un jeune salarié, c'est-à-dire un adolescent qui vend ses services et qui, par conséquent produit sans recevoir de formation au sens véritable du terme[5] ?

L'apprenti doit faire face à une situation déconcertante : « Il n'est ni l'un ni l'autre puisqu'il est l'un et l'autre. » Le risque, pour lui, est une confusion qui nuit à son estime de soi et au sens qu'il a de son identité, encore un souci depuis toujours, relevé comme un problème critique à l'aube du XXIe siècle. L'apprenti ne peut pas être les deux – élève et salarié juvénile – car, administrativement, il faut bien le ranger dans une catégorie. (L'INSEE n'est pas plus lénifiant que la grande chaîne de la condition corporative.) Bouchard prend très au sérieux ce désarroi, en quelque sorte autant objectif que subjectif, histoire d'organisation taxinomique et de normes, d'un côté, et de représentation de soi et d'ancrage émotionnel de l'autre : « Ni élève, ni travailleur, entouré d'indifférence ou d'une discrète commisération, peut-être même d'un secret mépris, l'apprenti en tant que tel souffre du manque d'informations concernant son état et de la négligence apportée à définir son statut. » L'inspecteur d'apprentissage n'évite pas le problème qui m'a beaucoup taraudé au cours de cette enquête : pourquoi n'arrive-t-on pas à cerner la signification précise du vocable apprenti :

> L'ancienneté même de ce terme d'apprenti paraît impliquer un anachronisme fâcheux et même néfaste. Ce terme s'applique indifféremment à des conditions bien différentes et l'opinion publique ne peut guère s'y reconnaître[6].

---

5. En passant, Marcel Bouchard soulève une question au cœur de bien des conflits entre apprentis/familles et maîtres depuis des centaines d'années : comment concilier travail productif et formation ? Le débat porte autant sur le seuil que sur le *timing*.

6. M. Bouchard, « Le rôle de l'artisanat dans la formation professionnelle et dans l'éducation nationale contemporaine », *VIIIe Colloque sur l'artisanat et l'apprentissage*, Publications des Annales de la Faculté des lettres et des sciences humaines, Aix, Éditions Ophrys, 1965, p. 168, 172-75, 184-85, 188-89. Cf. Gilles Moreau : « Le travail plutôt que l'école. Les formes masculines et féminines d'adhésion à l'apprentissage en entreprise », dans Marianne Thivend (dir.), *Apprentissages et formations techniques et professionnelles de filles et de garçons, XIXe-XXe siècles*, dans *Cahiers Pierre Léon*, n° 6 (2006), p. 59 et « L'Apprentissage, une orientation comme une autre », dans Michèle Guigue (dir.), *Le Point de vue des jeunes sur l'orientation en milieu scolaire*, Paris, L'Harmattan, 2001.

Comme au XIXe siècle, dans le récit de l'apprentissage au XXe siècle, l'annonce de sa mort est toujours prématurée. Même en inventoriant les signes de stagnation, voire d'éclipse, on décèle des facteurs-phénix de résurrection, sinon de renaissance. Pour deux raisons principalement, l'État inaugure avant même la fin de la sinistre décennie 1960 une campagne de réhabilitation de l'institution-pratique à l'assassinat de laquelle il a collaboré. La première est la prise de conscience que l'apprentissage est indispensable pour la production et la reproduction dans des dizaines de milliers de petits commerces et entreprises d'artisanat. La seconde est un mélange de culpabilité/repentance, d'humanisme, de paternalisme (plutôt de gauche, donc honteux) et de pragmatisme. À part la soudaine illumination exprimée dans la déclaration *ex cathedra* que l'apprentissage est « une forme d'éducation professionnelle » après tout, le reste relève du sens commun. Il faut sauver le soldat Apprenti, tourmenté, détesté par l'école et la détestant, se sentant mal à l'aise au mieux, fréquemment tout bonnement exclu, sans repères suffisants pour lui permettre de son propre chef de se faire une place dans la vie active et de s'affirmer comme homme et citoyen. Paradoxalement, ce sont les « écolistes » qui se rendent compte que l'intégration scolaire a échoué et qu'il ne reste (quasiment ?) que l'apprentissage comme mécanisme de socialisation – vieille idée de l'Ancien Régime, reprise timidement au XIXe siècle – pour faciliter l'intégration sociale des jeunes.

Quelques mesures consolident la rédemption. La loi du 16 juillet 1971 formalise le statut de l'apprentissage comme une forme d'éducation et le définit précisément : « Il a pour but de donner à des jeunes travailleurs, ayant satisfait à l'obligation scolaire, une formation générale, théorique et pratique en vue de l'obtention d'une qualification professionnelle sanctionnée par un des diplômes de l'enseignement technologique. » Pas d'ambiguïté : l'apprenti est un ouvrier, pas un élève. Il doit avoir rempli son obligation scolaire et atteint seize ans. La formation fait l'objet d'un contrat, engagé pratiquement entre l'apprenti et un employeur ayant obtenu l'agrément du comité départemental de formation professionnelle. Cependant, ce contrat est juridiquement et moralement assuré pour partie dans une entreprise, pour partie dans un Centre de formation d'apprentis. Il stipule la durée (deux années, sauf dérogation pour une troisième), la rémunération et certains aspects des conditions de travail. Il garantit une formation professionnelle « méthodique et complète », reprenant la formule, quelque peu controversée, de la loi du 3 mars

1928, qui a certainement inspiré les rédacteurs de la mesure de 1971. Le CFA joue un rôle central, tant dans la loi que dans le contrat qu'elle préconise. Il doit administrer au moins trois cent soixante heures de cours à l'apprenti pendant l'année. Il est soumis au contrôle technique, pédagogique et financier de l'État ; en cas d'insuffisances ou manquements graves, l'État peut dénoncer la convention homologuant la création du CFA qu'il a signée avec une collectivité locale, une chambre consulaire, un établissement public, une entreprise, une école privée, etc. En 1973, le parlement établit une « inspection de l'apprentissage » pour surveiller le comportement des divers acteurs et institutions, vite remise aux calendes grecques.

En 1977, une loi accordant encore une fois un statut à l'apprenti évoque un souci chronique depuis le Moyen Âge en enjoignant aux employeurs de ne donner aux apprentis que « les tâches [...] en rapport direct avec la profession prévue au contrat ». Plusieurs circulaires rappellent que la durée conventionnelle est de deux ans, un point qui demeure sensible dans le milieu. D'une part, un mauvais souvenir de discrimination plane sur l'apprentissage du fait du privilège des collèges d'enseignement technique où les élèves disposaient de trois ans pour préparer le CAP, ce qui leur permettait de jouir d'un taux de réussite bien plus élevé que celui des apprentis classiques, limités à un cursus de deux ans pour amasser le savoir-faire et la connaissance théorique nécessaires pour se présenter à l'examen. D'autre part, ce contrat « court », restreint à deux ans, pose un problème aux patrons, qui a de profondes racines dans l'expérience de l'apprentissage. D'après leur logique, ces derniers sont en effet durement pénalisés, car il faut deux ans pour former correctement un jeune travailleur, occupation pour laquelle ils ne sont pas rémunérés. Comme des maîtres depuis des siècles, ils soutiennent que l'apprenti n'est en mesure de fournir un labeur réellement « productif » dans le sens industriel et commercial qu'à partir de la troisième année, le moment où le patron récupère son investissement dans la formation. La question reste encore litigieuse aujourd'hui.

Jusqu'à la fin du siècle, des lois se succèdent, faisant et défaisant, raffinant et modifiant, toutes dénommées « réformes », montrant que des doutes continuent de persister sur la bonne recette pour l'organisation et l'opération de l'apprentissage. Une mesure importante, associée au ministre très « social » Philippe Séguin, ouvre à l'apprentissage tout un éventail de diplômes, enrichissant cette voie de formation, le rescolarisant en quelque sorte. Désormais, l'apprenti peut travailler davantage au CFA (la dose horaire est augmentée) et il est mieux payé (hausse de salaire mandatée). Après une dégringolade du niveau robuste de 360 000 apprentis en 1960, dans le système estimé pourtant caduc, à moins de 150 000 en 1974, on assiste, vers la fin du siècle, à un essor considérable de l'apprentissage en entreprise (200 000 en 1991, bientôt 380 000 apprentis en 2008), accompagné par un net déclin dans les effectifs du lycée professionnel.[7] « L'apprentissage sort du coma », comme le constate un journal dans les années 1990, et se taille une part importante du marché de la formation professionnelle. À la fin des années 1990, grâce à l'engagement de l'État (dérégulant, dépensant, souriant…), qui a tout refoulé de la planification gaullienne, l'image de l'apprentissage (tacitement, essentiellement en entreprise, mais bientôt accueillant les jeunes de l'enseignement supérieur dans une myriade de voies professionnelles, notamment techniques) est restaurée, son blason redoré, sa capacité d'attraction (tant de patrons que de jeunes) ravivée. La prise de conscience que l'apprentissage peut aider dans la lutte contre le chômage dans les années 1990 a conforté l'État dans sa démarche. La remonétisation de l'apprentissage invite, aujourd'hui comme aux époques de Colbert, de Turgot-Necker, de Corbon, de Louis-Napoléon Bonaparte et d'Astier, à raisonner sur les rapports entre l'apprentissage et l'économie (organisation de production, croissance, compétitivité). Dans la lente remontée de l'apprentissage, le gros des effectifs intègre des maisons de moins de cinq salariés, mais il y a des indications, à l'instar des ajustements conséquents de la deuxième moitié du XIXe siècle, qui montrent que des entreprises plus lourdes commencent à s'y intéresser (le Crédit lyonnais annonçant l'ouverture de deux Centres de formation d'apprentis, par exemple…). Le mouvement croissant en faveur de la décentralisation, avec un cortège de dévolution de pouvoirs touchant l'enseignement, promet un investissement conséquent dans l'apprentissage en région.

La décision – ou était-ce une proposition ? – de changer l'appellation de « maître d'apprentissage » en « tuteur », bouleversement taxinomique, sociopsychologique et moral, a-t-elle été le réflexe moderniste d'un administrateur ou le fruit d'une réflexion critique ? Ce putatif changement a-t-il pénétré le monde du travail ? En tout

7. Un récent article dans *Le Monde* (12 octobre 2022) montre comment le lycée professionnel n'a pas du tout bénéficié de toute l'attention prodiguée à l'apprentissage, notamment sous la présidence d'E. Macron.

cas, pas dans les fournils de France et de Navarre. Tuteur ou maître, cette figure continue de jouer un rôle absolument capital, assez similaire à celui de ses homologues sous l'Ancien Régime et durant le XIXe siècle, mais pas sous le signe du modèle « père-de-famille ». La relation classique maître-apprenti est infléchie (et enrichie) par l'introduction de l'alternance ; le maître en est dorénavant le garant, assurant l'articulation de la vie en atelier/entreprise avec l'enseignement en CFA ou dans une école.

Globalement, l'apprentissage ne représente qu'à peu près 4 % de l'univers des jeunes de seize à vingt-quatre ans, proportion probablement comparable à celle du XIXe et du XVIIIe siècles. Sur ce fond démographique, quel tableau social peut-on imaginer, de façon très provisoire, évaluant certaines facettes de l'impact de l'apprentissage ? L'apparente facilité « d'insertion » des apprentis dans la vie active séduit certains commentateurs, mais est-ce un leurre ? Cette insertion cache-t-elle un cul-de-sac ou révèle-t-elle une voie vers une certaine ascension sociale ? Le fait qu'il soit pour de nombreux jeunes une solution par défaut inquiète hommes/femmes politiques et syndicalistes : « [Il faut] faire en sorte que l'apprentissage soit davantage choisi, et non subi par le jeune. » Le nombre de ruptures de contrat à la fin du XXe siècle est-il – je trouve des chiffres fort variables, allant jusqu'à 40 % – un marqueur de mécontentement comme il l'a été pendant l'Ancien Régime et au XIXe siècle ? Les parents se sont-ils arrêtés de bouder l'apprentissage, vieux tropisme ? On ne peut répondre que par extrapolation des chiffres signalant une progression des inscriptions. Les filles sont-elles présentes dans cette reprise ? Sur ce plan, l'an 2000 ressemble un peu au XVIIIe siècle : approximativement 30 % sont des apprenties, plutôt cantonnées dans une poignée d'activités. Comme pendant la deuxième moitié du XIXe siècle, on continue de se plaindre d'une orientation inadéquate. Les origines sociales des apprentis en entreprise, très majoritairement modestes, ne paraissent pas se distinguer beaucoup du profil des apprentis du XVIIIe siècle ; de nos jours encore, l'endogamie chez les artisans façonne tous les rapports et les fils d'artisans réussissent mieux que les autres. Récemment, un sociologue proposait une suggestive typologie d'apprentis : 15 % sont des « héritiers », des mitrons nés dans le pétrin qui avancent via les relations familiales, s'intéressent peu à la dimension scolarité et s'installent plus aisément que les autres ; 40 % sont des « réservistes » : ils entrent dans l'apprentissage par des réseaux relationnels, fondés sur famille et amis ; et 45 % sont des « intrus », plus confortables dans le

CFA que dans une entreprise, où ils ont du mal à trouver le sésame. C'est le début peut-être d'une explication des ruptures et réussites[8].

L'APPRENTISSAGE À L'AURORE DU TROISIÈME MILLÉNAIRE

Malgré certains signes encourageants (augmentation du nombre d'apprentis, percée de contrats pour des diplômes dans le supérieur), au commencement du nouveau siècle *L'Humanité* brosse un tableau noir évocateur des années 1860-1870 et de la plume sombre d'Anthime Corbon : exploitation de l'apprenti en entreprise, rythme effréné du travail, heures excessives, maltraitance (pouvant aller jusqu'à des viols) et absence de formation. Le journal demande, entre autres, la création d'un lien fort entre le CFA et l'entreprise, l'établissement d'un corps d'inspecteurs (comme en 1874) et l'instauration d'un mécanisme pour la vérification de la capacité de formation dans l'entreprise. *L'Humanité*, comme bien des contemporains, continue d'associer l'apprentissage à sa forme canonique, ancré dans l'atelier, proche de l'artisanat, essentiellement fondé sur le travail manuel, transformé bien entendu par moult évolutions technologiques. Mais l'apprentissage est plus complexe et peu constant dans son évolution. D'un côté, les autorités ont compris que l'apprenti évoqué par *L'Humanité* ne supportait pas l'école comme vécu et comme contexte symbolique de son itinéraire ; de l'autre, l'apprenti voit bien qu'une scolarisation, qui doit lui sembler sournoise, se poursuit. On peut

8. Je m'appuie beaucoup sur le brillant ouvrage d'Antoine Prost, *Histoire de l'enseignement et de l'éducation*, t. 4, *L'école et la famille dans une société en mutation (depuis 1930)*, Paris, Perrin, [1981] 2004, p. 625-67 ; et sur le lumineux article de Gilles Moreau, « Apprentissage : une singulière métamorphose », *Formation Emploi*, n° 101 (janvier-mars 2008), p. 119-25 (grâce à Catherine Agulhon, « G. Moreau – *Le monde apprenti* », *Revue française de pédagogie*, t. 148 (2004), p. 179-180, je viens de découvrir le livre de G. Moreau qui m'est arrivé trop tard pour cet essai) ; G. Moreau, « Le travail plutôt que l'école », dans *Apprentissages et formations techniques et professionnelles*, p. 57-59 ; Marcel Malmartel, *L'Apprentissage : un passé ou un avenir ?*, Paris, Païdeia, 1989, p. 26-34 ; *Liaison sociale*, n° 65 (janvier 1992), p. 33-36, 38 ; Prisca Kergoat, « De l'indocilité au travail d'une tranche des jeunesses populaires. Les apprentis et la culture ouvrière », *Sociologie du travail*, t. 48 (octobre-décembre 2006), p. 549 ; Jean-Michel Martin, Charles Poncelet, Michel Dréano et Marylise Lebranchu, respectivement, dans Pierre-Yvon Trémel et Alain Griset (dir.), *Témoignages et urgences* (colloque juillet 2000), Paris, APCM, 2002, p. 3, 13, 99, 141 ; Sébastien Ramé, « L'apprentissage dans l'artisanat et le commerce à la fin du XXe siècle », dans Thérèse Charmasson (dir.), *Formation au travail, enseignement technique et apprentissage*, Paris, éditions du CTHS, 2005, p. 209-12. En vérifiant une référence, je suis tombé par hasard sur un travail qui paraît fort intéressant : Thomas Marshall, « La transmission entre le maître et l'apprenti, dans les métiers manuels de l'artisanat : un processus de médiation globale », Mémoire de sciences de l'information et de la communication (S.I.C.), Master Recherche, Université de Bourgogne, 2005-2006.

parler d'une certaine segmentation de l'apprentissage, dans le quotidien, pas encore dans l'imaginaire collectif. Il y a au moins deux composantes : les jeunes qui vivent l'apprentissage comme « substitutif » à l'école, se cramponnant à un style d'intégration que l'on décrit comme « forme ancienne » ; puis les jeunes – forcément les « modernes » dans ce jeu binaire –, bien dotés de capitaux scolaires, qui conçoivent l'apprentissage comme un complément (« voire une suite logique ») de l'école pour faciliter ou accélérer leur insertion professionnelle. Dans les années à venir, la définition de l'apprentissage va devenir, encore une fois, objectivement brouillée en raison de sa complexification, sa différenciation, sa floraison dans des secteurs inattendus.

On sait que l'on est entré pleinement dans l'âge du marketing quand *Les Échos* rejoint *Le Figaro* pour soutenir que le vrai problème de l'apprentissage, malmené depuis des lustres, est son image. Celui-là dénonce le chapelet de clichés l'entourant, le dépréciant, le réduisant au recyclage des échecs scolaires. Il propose la fondation d'un « Observatoire » pour tenir la chronique uniquement de cette institution mal aimée (geste qui sauve ou baiser de la mort ?). Celui-ci critique vivement la caricature de l'apprentissage comme « voie de garage » et « filière de l'échec des jeunes », mais il préfère une campagne de communication élaborée autour d'un bon jingle à une réponse bureaucratique : « L'apprentissage a changé, c'est le moment d'y penser. » Déplorant « l'image d'Épinal » d'une pratique « passéiste », un sénateur breton, manifestement peu friand de la longue durée, qui affirme que l'apprentissage « existe depuis 75 ans dans notre pays », regrette qu'il « ne [soit] pas suffisamment connu », notamment par les parents. Comme pour chaque ministre héritant de la responsabilité de l'apprentissage, charge sympathique et ô combien problématique, l'optimisme est politiquement de mise : ainsi, Nicole Péry, secrétaire d'État aux droits des femmes et à la formation professionnelle (1998-2002), constate « un changement d'image de l'apprentissage », véritable caméléon : désormais 20 % des apprentis proviennent des classes au-dessus de la troisième, « il ne s'agit plus d'une voie de relégation ». Quel apprentissage ? En tout cas, ces tentatives de « boosterisation » n'ont pas suffi à empêcher de nombreux parents de me vilipender (plus ou moins poliment) pour le projet de déclassement à leurs yeux que j'aurais fomenté pour mes étudiants en deuxième année de licence en histoire à l'université de Versailles-Saint-Quentin, en organisant, il y a quelques années, une soirée d'information sur l'apprentissage dans la boulangerie et la meunerie[9].

Bernard Glatigny, artisan-patron, formateur d'apprentis et collaborateur de la Chambre de métiers, c'est-à-dire plus au fait des réalités de l'apprentissage sur le tas, porte un regard plus sombre et nuancé. L'apprentissage bouge et en même temps stagne. Malgré la multiplication des diplômes (l'auteur est un nostalgique de l'époque qui a précédé la mainmise de l'Éducation nationale) et l'augmentation du nombre d'apprentis bacheliers, leur performance au CAP, titre honteusement « dévalorisé », demeure inégale et leur formation est inadaptée à l'entreprise. Souvent, les apprentis les moins capables sont ceux qui entrent dans l'entreprise. Dans la réflexion concernant l'apprentissage et dans la pratique, on a tendance à oublier les moins qualifiés. Ce sont communément des « échecs scolaires », mais ceci n'est pas qu'une simple catégorie statistique : il s'agit fréquemment d'une tragédie, d'« un échec de vie ». Glatigny dénonce l'orientation « forcée » au collège, peut-être utile pour les uns, mais parfois humiliante pour les autres. La perte de 25 % des jeunes par abandon de contrat n'est pas un bon signe de santé. Quelque part, étant donné la manière dont l'État traite l'apprentissage, ce dernier mérite sa stigmatisation, conclut l'artisan-écrivain : tout est fait pour que l'apprentissage (classique) soit une « voie de relégation ».

Un autre artisan, Jean-Pierre Crouzet, boulanger-entrepreneur de Niort et président de la Confédération nationale des boulangers-pâtissiers, réagissant en 2003 à l'annonce d'un projet de réforme de l'apprentissage de Renaud Dutreil, secrétaire d'État à l'Artisanat (entre autres fonctions), souligne « la nécessité impérieuse de rendre les métiers plus attrayants vis-à-vis des jeunes ». Mais il met en garde contre l'optimisme béat et un brin caricatural de bien des acteurs politiques et patronaux concernant la réhabilitation de l'apprentissage : « Il est de bon ton de louer les vertus de l'apprentissage au cours de conversations entre gens de bonne compagnie, mais dès qu'il s'agit d'aller un peu plus loin, on découvre alors qu'être apprenti c'est très

9. Pour ce paragraphe et le précédent : *L'Humanité* (31 mars 2000) ; *Les Échos* (5 janvier, 28 juin, 18 juillet 2000) ; *Le Monde* (5 septembre 2000) ; *La Vie des métiers*, n° 591 (avril 1999) ; Gilles Moreau, « La conversion de l'apprentissage à l'ordre scolaire », *Chroniques du travail*, n° 1 (2011), p. 128-29, 132-35, 137 ; J.-J. Arrighi et D. Brochier, *L'Apprentissage au sein de l'Éducation nationale : une filière sortie de la clandestinité*, Marseille, Céreq, 2009, p. 1, 6-7, 31-36, 38, 60 ; Nicole Péry dans *Témoignages et urgences* (colloque juillet 2000), p. 73-75.

bien pour les enfants des autres, mais surtout pas pour ses propres enfants[10]. » Conservateur, attaché à certaines valeurs héroïques qui paraissent aujourd'hui ringardes, telle « la notion du travail », il plaide pour une politique lucide de formation qui ne nie pas les réalités du terrain :

> En premier lieu, il me paraît indispensable de réformer la terminologie qui apparaît non seulement désuète mais dévalorisante. Les mots ne sont pas anodins ; ils ont un poids, ils sont inscrits dans la mémoire collective. Les termes « apprentissage » comme « apprenti » sont-ils aujourd'hui adaptés ? Il faut les bannir, parler d'école d'entreprise, d'étudiant des métiers et communiquer à l'aide d'une terminologie valorisante. Le jeune doit bénéficier d'un statut similaire à celui de l'étudiant d'université.

Ne pouvant pas purger cette mémoire collective de tant de traumatismes, d'humiliation, de honte, de préjugés sociaux et culturels, de stigmatisation irréversible, les gardiens du temple de la formation des jeunes devaient tout repenser et rebaptiser.

Personne ne goûte cette radicalité discursive – homme suprêmement pragmatique, Crouzet est aussi passé maître dans l'art de la provocation. En tout cas, les propositions du gouvernement de Raffarin, pourtant poitevin comme lui et grand protecteur des boulangers quand il avait occupé le ministère de Dutreil dans les années 1990 (on l'appelait affectueusement « Raf-farine), n'ont pas suscité un grand enthousiasme. « La mesure phare de la politique éducative » de Dominique de Villepin, Premier ministre en 2005, n'a pas non plus traité la problématique articulée par Crouzet et, plus généralement, n'a pas aidé la cause du renouveau de la formation des jeunes, notamment de ceux qui quittent la scolarité précocement. L'apprentissage, tellement négligé au fil du temps, commente *Le Monde*, est « sa carte magique ». Voulant relancer l'emploi de la jeunesse (22 % de cette population est au chômage), promouvoir leur insertion sociale et économique et redynamiser le recrutement par l'apprentissage, sous-utilisé, « moteur » de croissance économique, le Premier ministre propose d'abord de diminuer l'âge d'entrée de seize à quatorze ans, puis, à la suite d'un tsunami de controverses, de recevoir des jeunes

---

10. On connaît tous une histoire semblable. En voilà une racontée par *Le Monde* (18 octobre 2017) : « Invité sur France Inter, le 30 août, Antoine Frérot, président de Veolia, chante les louanges de cette filière. Puis la journaliste lui demande : "*Est-ce que vous avez poussé l'un de vos enfants à être apprenti ?*" Réponse : "*Non, je ne l'ai pas fait car étant brillants, l'un voulant être médecin... Le problème ne s'est pas posé.*" Mr Frérot a eu beau tenter de se justifier par la suite, seule est restée dans les esprits sa réflexion malhabile. »

à quinze ans dans des contrats « junior »[11]. Des figures de l'artisanat, tel André Daguin, cuisinier-virtuose et syndicaliste, débordent d'enthousiasme (l'apprentissage à quatorze ans, c'est une mesure de « salut public » : après tout, le renommé pâtissier Pierre Hermé n'avait que quatorze ans quand il a commencé…), tandis que d'autres, tant artisans qu'entrepreneurs, considèrent qu'à quatorze ans l'apprenti n'a ni la maturité physique ou psychologique, ni la maîtrise des compétences scolaires nécessaires pour bien fonctionner dans l'entreprise, petite ou grande. D'autres commentateurs s'offusquent de ce retour en arrière à l'ère de l'enfance ouvrière ou s'inquiètent du risque d'offrir « une dernière chance » à des très jeunes, déjà plus ou moins déscolarisés, incapables de rebondir s'ils échouent, des gosses naufragés. Pour le chercheur et « pédagogue » Philippe Meirieu, ce projet signifierait « condamner à perpétuité à des tâches de pure exécution », régression au tristement célèbre « enfant de peine » se muant en « homme de peine » de la deuxième moitié du XIXe siècle[12].

Préoccupé par le chômage des jeunes qui sont délaissés et par les troubles dans les banlieues (où un état d'urgence est déclaré), Dominique de Villepin risque, aux yeux du public, d'assimiler la notion de l'apprentissage avec l'échec scolaire, une variable d'ajustement social et une sorte de marginalisation morale (l'apprentissage, demande un employé de bureau, père de famille, est-il réservé désormais aux « casseurs » ?). En tout cas, son programme paraît illisible à beaucoup de parents et enseignants. Soucieux de la réaction parfois violente de certains de ces derniers, Laurent Hernant, ancien secrétaire d'État à l'insertion professionnelle, met en garde contre la résurgence d'une guerre de religion entre « l'école du savoir académique et celle du savoir-faire », leitmotiv de bien des débats, vifs et souvent stériles, du début du XXe siècle. Optant pour une ambiguïté prudente, il semble voir dans le contrat à quatorze ans une manière d'évoluer vers un préapprentissage institutionnalisé (comme Octave Gréard et Gustave Salicis l'imaginaient dans les années 1870-1880), une préparation pour le vrai apprentissage, « voie d'excellence ». Cette idée revient à de

11. Des dispositions de l'automne 2011 autorisent un patron à conclure un contrat d'apprentissage avec un jeune de quinze ans « s'il justifie avoir achevé le cycle de collège » (article L.6222-1 du Code du travail), *La Boulangerie française*, n° 351 (1er octobre 2011).

12. Pendant la deuxième campagne présidentielle, Emmanuel Macron fut accusé, notamment par Jean-Luc Mélenchon et son parti, de vouloir mettre en apprentissage les enfants à partir de douze ans. Le président a démenti. *Le Monde* (4 avril 2022). Valérie Pécresse préconisait une entrée en apprentissage dès l'âge de quatorze ans dans sa campagne. *Le Figaro* (1er mars 2022).

multiples reprises, notamment sous la forme d'une phase obligatoire au collège dite « découverte de l'apprentissage » (2014). Déjà présente dans la loi Pénicaud de 2018 (« Avenir professionnel »), Emmanuel Macron vient de la reprendre dans le discours présentant la politique d'éducation de son deuxième mandat à la Sorbonne, le 25 août 2022, rappelant son intérêt particulier pour l'enseignement professionnel[13].

La « crise » hante l'histoire française, polymorphe, mais omniprésente, catégorie herméneutique qui s'efforce de passer pour naturelle. Au XXIe siècle, elle est primordialement économique, accessoirement sociale et toujours culturelle, sans l'avouer. Déjà au centre d'une crise séculaire entre le Premier Empire et la Première Guerre mondiale, l'apprentissage au XXIe siècle semble intimement lié à la crise du moment. Il est mis en valeur par la crise économique (contre le chômage dévastateur des jeunes) et/ou conçu moins comme une formation que comme « une œuvre sociale », d'après un sondage des employeurs en 2010, cyniques ou lucides, c'est selon. La droite, au pouvoir, veut doubler rapidement le nombre d'apprentis, passant de 400 000 en 2010 à 800 000 en 2015. La mémoire est courte, le répertoire politique maigre et la problématique plus ou moins immuable. Constatant que l'apprentissage pâtit toujours d'une mauvaise image comme « orientation par défaut », Nadine Morano, ministre déléguée auprès du ministre du Travail, de l'Emploi et de la Santé [Xavier Bertrand], chargée de l'Apprentissage et de la Formation professionnelle, annonce « une grande campagne auprès des jeunes et de leurs parents », de contenu brumeux, visant à déclencher « une véritable révolution culturelle » dont l'objet est de rehausser la figure de l'apprentissage et mettre en valeur la formation par alternance. En quête d'inspiration, N. Morano part en pèlerinage, comme Astier un siècle auparavant, non pas à Lourdes, pas directement pertinent, mais en Allemagne, haut lieu historique de la célébration de l'apprentissage. Elle ne paraît pas en avoir rapporté de nouvelles idées : primes pour les entreprises jouant le jeu, aides pour l'apprenti dans sa vie

13. Pour ce paragraphe et les trois précédents : *Le Figaro* (9 juin, 12 septembre, 15, 16 novembre 2005) ; *Le Monde* (7 avril, 10, 29 novembre, 2 décembre 2005, 26 août 2022) ; *Libération* (28 novembre 2005) ; *La Croix* (15 novembre, 1 décembre 2005) ; Bernard Glatigny, *Vers une France sans artisans. Les impasses de l'apprentissage,* Paris, Albin Michel, 2007, p. 9-10, 28-31, 37, 40-41, 45-49, 53, 56, 58, 66, 69, 129 ; *Les Nouvelles de la Boulangerie-Pâtisserie*, n° 653 (1 octobre 2003) ; *La Boulangerie française* (juin 2006), n° 382 (mai 2014). À l'instar du système dit du « Condominium », fin-XIXe-début XXe siècle, la personne chargée de s'occuper de la voie professionnelle dans le gouvernement Macron-Borne, Carole Grandjean, est rattachée à deux ministères historiquement en tension, Travail et Éducation nationale.

quotidienne, un discours ciblant l'alternance dans le supérieur se prêtant plus aisément à l'exaltation et une douteuse proposition, déjà débattue au XIXe siècle, de baisser le seuil d'expérience exigée pour devenir maître d'apprentissage (de cinq à trois ans). Dans un rapport du 12 mars 2014, l'Inspection générale des affaires sociales se lamente sur le fait que, malgré les politiques mises en œuvre depuis de nombreuses années, « l'apprentissage n'a pas réussi à se construire une image de formation de qualité ».

Pendant les années Sarkozy/Fillon, l'apprentissage pour la fabrication des élites semble l'emporter sur la mission populaire. On insiste sur le fait qu'il peut permettre aux jeunes de devenir ingénieur ou chef d'entreprise ; on parle nettement moins de l'itinéraire du futur ébéniste ou pâtissier. À quatre reprises, le chef de l'État exprime son souhait de « rendre l'alternance obligatoire », notamment en dernière année du bac professionnel, proposition jugée peu réaliste et à prix prohibitif. Pendant son quinquennat, il y a une augmentation significative des contrats dits de professionnalisation, visant le bac +2 ou 3. Dans un marché du travail qui se durcit, l'apprentissage prend l'allure de voie royale pour trouver un emploi. Un pourcentage très élevé d'apprentis dans les grandes entreprises sont repris comme employés permanents, les directions des ressources humaines étant contentes de trouver une maturité professionnelle et une « opérationnalité » immédiate. L'éventail de grandes entreprises, parfois prestigieuses, investies dans l'alternance s'élargit : banques, assureurs, industries du luxe, de l'alimentation, de la communication et de l'information aussi bien que des secteurs technologiques. Bien des grandes écoles développent des filières en alternance : ESSEC, Supélec, Centrale Paris ou encore Centrale Nantes. D'autres écoles de management suivent cette piste. Les universités s'y intéressent également, par exemple les huit facultés de la région parisienne réunies dans le CFA Sup 2000. HEC, à l'époque, fait montre d'une insularité étonnante, sans jamais regarder ailleurs en Europe, notamment outre-Rhin. Elle semble considérer l'apprentissage « comme une spécialité franco-française » qui « nuirait à l'image d'une école qui se positionne dans une compétition mondiale ». La tendance est pourtant claire : presque le quart des 425 000 contrats d'apprentissages concerne la formation post-bac. Par ailleurs, les régions se chargent d'une grande partie de la promotion et de l'organisation de l'apprentissage, dotées de fonds tant par l'État que par des conseils régionaux. Les nouveaux acteurs clés se nomment responsable du développement de l'apprentissage au conseil régional d'Île-de-France ou directeur du Centre de formation d'apprentis interuniversitaire de la région Centre[14].

Grosso modo, les mêmes tendances persistent pendant le quinquennat suivant, sauf l'indicateur le plus important : le nombre d'apprentis tombe. Pauvre François Hollande : il ne parvient pas à inverser la courbe du chômage, sa mission capitale. Mais il ne relève pas non plus son deuxième pari, plus discret, d'atteindre 500 000 apprentis en 2017 (à comparer avec celui de Xavier Bertrand de dépasser 800 000 en 2010). L'apprentissage chute de 8 % en 2013, de 3,2 % en 2014 ; la baisse continue pendant la première moitié de 2015. Rien ne souligne plus la place incontournable que l'apprentissage occupe désormais dans la *res publica* que la traque constante de « ses » chiffres. Jean-Marc Ayrault, qui conduit le premier gouvernement Hollande, fait passer juste avant sa chute début 2014 une loi majeure « relative à la formation professionnelle et la démocratie sociale » qui vise à booster l'apprentissage en lui donnant des bases organisationnelles et financières plus solides. D'inspiration décentralisatrice, la mesure prolonge la politique de transfert aux régions de certaines compétences concernant la gestion de l'apprentissage. Les entreprises, furieuses, perdent leur contrôle sur l'utilisation de la taxe d'apprentissage qu'elles versent. Les défenseurs du projet, telle l'Association des Régions de France, mettent en avant un argument social et territorial : moins de domination des ressources par la vorace région parisienne et les écoles de commerce, beaucoup plus d'attention au soutien à l'artisanat et « aux bas niveaux de qualifications ». Malgré ce geste significatif, divers patrons – et CFA – n'ont pas oublié la décision de Jean-Marc Ayrault en 2013 de raboter un demi-milliard du budget d'aide à cette filière, provoquant un déclin d'embauches par les entreprises, petites et grandes.

Le président Hollande demande à Manuel Valls, son deuxième Premier ministre, de réparer les dommages apparemment subis par la filière de l'apprentissage. Leader qui se veut de son temps, Valls laisse entendre qu'il va lancer, lui aussi, « une vaste opération de communication » pour « enrayer la spirale infernale ». Plus efficace sans doute est la palette d'incitations financières destinée aux patrons des très petites entreprises (TPE) et des petites et moyennes entreprises (PME) pour accueillir des apprentis, l'affectation de 4 000 agents de Pôle Emploi à

14. Pour ce paragraphe et le précédent : *Le Parisien* (5 janvier, 29 septembre 2010) ; *L'Express* (14 janvier 2010) ; *Le Figaro* (27 janvier, 7 juillet, 10 novembre, 8 décembre 2010) ; *Le Point* (3 mars, 20 mai 2010) ; *Le Monde* (13 avril 2010, 30 juin 2011, 7 mars 2012) ; *La Boulangerie française*, n° 382 (mai 2014).

la recherche des maîtres d'apprentissage (les jeunes se plaignent qu'ils ont du mal à en trouver), l'autorisation des CFA à jouer les « intermédiaires » entre les jeunes et leurs éventuels employeurs et l'annonce de 4 000 apprentissages dans la Fonction publique. Difficile de dire si Manuel Valls peut légitimement revendiquer le crédit pour une petite lueur d'espoir durant l'été de 2015, une augmentation de plus de 40 000 apprentis.

On se souvient de la remarque malencontreuse prêtée à François Hollande sur les « sans-dents », mais il est clair qu'il se soucie réellement du sort des marginaux, des laissés-pour-compte, des exclus, notamment parmi les jeunes. Il semble penser l'apprentissage comme une voie principalement pour eux, pour pallier la formation insuffisante des jeunes les plus touchés par le chômage. Associer l'apprentissage avec « le décrochage scolaire » déplaît aux gens qui souhaitent promouvoir un apprentissage résolument « moderne », désormais pudiquement dit « alternance », et approprié, ou détourné, de plus en plus par l'enseignement supérieur (les effectifs « supérieur » dans l'apprentissage ont quadruplé depuis 1995, tandis que la part des apprentis de faible niveau de qualification a baissé entre 2000 et 2012 de 83 à 61 %). Conscience sociale versus promotion du système méritocratique par tous les moyens (chômage de 50 % chez les non-diplômés, de 2 % chez les bac +2) ? Sans doute pas si simple, mais l'affrontement est réel, sans être encore violent. Au sein du camp d'un apprentissage (disons) populaire, fléché jeunes délaissés ou simplement chômeurs, il y a un débat – qui fait curieusement écho aux tensions entre l'alternance « supérieur » et l'apprentissage des jeunes plus ou moins à la dérive – entre ceux qui considèrent que la logique scolaire doit céder promptement à la logique dite professionnelle ou de qualification, et ceux qui maintiennent que l'apprentissage étroitement technique va générer des ouvriers psychologiquement fragiles et socialement vulnérables, rongés de doute sur leur place exacte et sur la vision qu'ils ont d'eux-mêmes. Entre lucidité et cynisme, certains commentateurs suggèrent que ce qui compte politiquement est moins la représentation qu'a l'apprenti de lui-même que celle qu'a le public de l'apprentissage : « Pour beaucoup – à commencer par l'Éducation nationale », écrit le journaliste Marc Landré en 2016, « l'apprentissage n'est ni plus ni moins qu'une voie de garage, un cul-de-sac, une filière de l'échec vers laquelle sont orientés les élèves qui ne sont "pas assez bons" pour l'enseignement général ». Et d'ajouter que les parents, suivant des instincts « profondément ancré[s] dans l'ADN tricolore », participent en toute innocence au dénigrement de l'apprentissage, préférant guider leur enfant vers ce qu'on appelait le « bac S » menant à une école de commerce que vers une formation en boucherie qui le voue « à vendre de la viande toute sa vie ».

Deux économistes, Pierre Cahuc et Marc Ferracci, reprochent au CAP son caractère trop « académique », consacrant un temps excessif à la culture générale et aux autres sujets dont la connaissance n'est pas requise pour l'exercice du métier. On se retrouve dans le débat récurrent sur l'utilité de la *Princesse de Clèves*. Brandissant les critères de « l'efficacité » et de « l'équité », ils promeuvent un système « pratique » (étayé par l'inéluctable invocation du modèle allemand) qui n'évite pas une certaine condescendance. Également économiste, mais d'un tout autre point de vue, Mathilde Lemoine avertit qu'il « est illusoire de croire que l'apprentissage peut réparer un défaut de connaissances de base ». Bien sûr, elle cite l'Allemagne, mais pour rappeler que ce pays « offre depuis longtemps plusieurs années de formation de transition entre l'enseignement initial et l'apprentissage », référence nébuleuse, mais qui fait penser au préapprentissage d'Anthime Corbon et d'Octave Gréard de la seconde moitié du XIXe siècle, orienté autant vers la tête que vers les mains. Pour elle, la sensibilité à la primauté de la compétence cognitive des jeunes est beaucoup plus fondamentale pour une politique intelligente et durable de l'emploi que le seul souci du coût du travail. Avec la même vigueur qu'un juré corporatif ou un prud'homme dénonçant le départ précoce d'un apprenti avant la fin de son contrat, M. Lemoine plaide pour une réduction drastique « des sorties précoces du système scolaire ».

Encore un économiste – quel marché porteur ! –, Bertrand Martinot, lui aussi, veut « s'inspirer des bonnes pratiques allemandes ». Les autres, suggère-t-il, se servent de l'expérience allemande de manière superficielle, « sans regarder de près, faute d'en maîtriser la langue » [Et vlan !]. Sa thèse, plutôt un constat, est sans équivoque : « En France, l'apprentissage est en panne » ; la preuve, pour lui, réside justement dans les chiffres comparatifs : en Allemagne, 16 % des quinze/vingt-quatre ans sont en apprentissage, alors qu'en France ils ne sont que 5 % (et seulement 8 % de cette cohorte sont au chômage par rapport au quart dans l'Hexagone)[15]. Martinot semble balayer l'impératif social

15. Pointant l'inspiration allemande » de la loi Macron-Philippe-Pénicaud sur l'apprentissage de 2018, Pierre-Cyrille Hautcoeur écrit que près de deux tiers des jeunes allemands commencent un apprentissage, et les trois quarts d'entre eux l'achèvent. *Le Monde* (16 février 2018). Même les Américains s'intéressent à l'apprentissage allemand. Lors de la première visite de la chancelière allemande à la maison blanche trumpiste en mars 2017, Jared Kushner et

(le sens même de l'héritage de Bismarck) : « Il faut faire de l'apprentissage une voie normale, et non une filière destinée à rattraper ceux qui sont en échec scolaire. C'est le cœur du problème. » Il ne voit pas l'intérêt de l'argument sur la préparation pour l'apprentissage (et pour la vie) que met en relief sa collègue Mathilde Lemoine. On n'arrive pas à intégrer 200 000 apprentis de plus durant un quinquennat parce que l'apprentissage est conçu comme un mécanisme de régulation de crise plutôt que comme le fondement d'un système de formation solide.

Fin XIXe-début XXe siècle, l'enseignement technique et professionnel est régenté selon le système dit « condominium », compromis politique partageant le contrôle entre deux ministères qui se détestent cordialement, Instruction publique et Commerce/Industrie. L'idée dyarchique repousse énarques et économistes de notre époque (jusqu'au deuxième mandat d'Emmanuel Macron). Pour réussir, la direction de l'apprentissage doit être menée d'une façon claire et cohérente par une institution appliquant « une politique une » (comme l'on disait en l'An II), selon Bertrand Martinot, qui affirme « qu'un aigle à deux têtes ne marche jamais ». Donc, l'Éducation nationale gouverne, sans collaboration avec le ministère du Travail ou de l'Emploi (Yvon Gattaz, ancien président du Conseil national du patronat français, futur Medef, déplore la répartition de la responsabilité pour l'apprentissage entre « 14 ministères »), forgeant des principes généraux, déléguant certains aspects de l'apprentissage aux régions, qui l'administrent en consultation avec les partenaires sociaux, un peu à la manière allemande. Il faut une dévolution vers les régions, mais « trop de décentralisation tue la décentralisation », murmurent en substance des critiques. Les disparités des résultats de l'apprentissage régional et les inégalités ainsi engendrées troublent les observateurs les plus jacobins – depuis 2010, le nombre de jeunes entrant en apprentissage est en hausse en Corse (27 %) et en Alsace (20 %), mais en baisse en Bourgogne (29 %) et en Bretagne (22 %). Contrôlant le contenu de la formation, les CFA donnent des inflexions particulières à leur enseignement et ne sollicitent pas fréquemment les entreprises. Devant ce paysage, comment imaginer l'élaboration d'une vraie politique nationale de l'apprentissage, relayée par des méthodes et des objectifs nourris proches du terrain[16] ?

Ivanka Trump, proches conseillers du président, ont organisé une table ronde sur l'apprentissage. *Ibid.* (23 mars 2017).

16. Pour ce paragraphe et les quatre précédents : *Le Monde* (3 mars, 5 juillet, 19 août 2014, 13 janvier, 28 mai, 1er, 2 juin, 4, 13, 24 novembre, 21 décembre 2015) ; *L'Express* (4 mars 2015) ; *Le Point* (14, 19 avril 2015) ; *Le Figaro* (5 mars, 12 mai, 23 octobre 2015,

Hautement politisé depuis le commencement du XXe siècle – sans doute la meilleure garantie que l'apprentissage n'allait pas retomber dans l'oubli ou, pire, la marginalité polémique –, le processus s'est nettement intensifié avec le tournant jacobin du gouvernement Macron. Rien de nostalgique, de romantique ou d'idéal-type dans cette vision de l'apprentissage. Il faut le promouvoir, parce qu'il marche, pas seulement pour la formation basique mais (surtout) pour l'insertion qui jugule le chômage, souci primordial de tout gouvernement : Matignon souligne que 7 apprentis sur 10 achevant leur contrat trouvent un emploi dans les six mois (même constat fait à l'époque Hollande). Pourtant, pour assurer son bon fonctionnement à terme, il faut modifier les représentations persistantes qui dévalorisent l'apprentissage depuis des lustres (l'idéologie qui prône que 80 % d'une classe d'âge doit obtenir un bac prend le relais du mépris franco-français – traditionnel – pour le travail manuel). Un premier pas vers une transformation culturelle nécessaire, selon Emmanuel Macron, serait d'accorder « un vrai statut à l'apprenti », thème familier dans « le combat des mentalités », pour reprendre la formule d'un parlementaire, mené par les champions de l'apprentissage depuis 1850.

Dans un premier temps, un ambitieux projet de réorganisation de l'apprentissage, reprenant une grande partie du contrôle auparavant cédé aux régions, provoque de fortes tensions entre les branches (menées par Pierre Gattaz du Medef et manifestement soutenues par le ministère) et les chambres de métiers, puis entre centre et périphérie (craignant « la privatisation totale de l'apprentissage [...] au profit du Medef », Hervé Morin, président des Régions de France, affirme : « Nous n'avons pas vocation à être l'aneth sur le saumon, ou le cornichon sur la charcuterie »). Début 2018, le dialogue reprend – concertation tendue, mais réelle – et un accord s'esquisse. Après avoir obtenu un certain nombre d'assurances et d'amendements, les régions finissent par se rallier au projet : les optimistes, d'esprit girondin, espèrent ainsi récupérer un rôle dans l'orientation et la sauvegarde de CFA faibles dans les quartiers difficiles urbains et à la campagne et quelques leviers financiers compensatoires. Mais ils échouent dans leur demande de véto sur l'installation de nouveaux CFA dynamiques, susceptibles de mettre en péril les lycées professionnels gérés par les régions. La loi dite « Avenir professionnel » (septembre 2018),

17-18 septembre 2016) ; Élodie Raitière, *Apprentissage alternance : bien choisir sa formation*, Paris, *L'Étudiant*, 2014, p. 12, 20, 44-47.

vaste mesure au service de la création d'une « nouvelle société de compétences », formule techno-moderniste, touchant tous les aspects de la question de l'emploi (et du chômage), mais comportant aussi « une réforme en profondeur de l'apprentissage », ôte finalement aux régions certaines compétences remontant à la grande époque décentralisatrice.

Mais le geste un brin autoritaire et sa carapace centralisatrice dissimulent une volonté plutôt libérale visant à introduire davantage de souplesse dans l'apprentissage (mettre fin « à la logique administrative », version polie de l'idiome Turgotien), tout en l'encadrant par l'État, en même temps qu'un goût avéré pour la promotion d'une alternance élitiste. La mesure simplifie la procédure contractuelle (conclusion, exécution, rupture), élargit l'univers de recrutement en permettant aux jeunes de vingt-six à vingt-neuf/trente ans de suivre la voie de l'apprentissage, et facilite la mise en place d'une aide unique aux employeurs d'apprentis versée au titre des contrats conclus dans les entreprises de moins de 250 salariés. Sur le plan institutionnel, le CFA subit des modifications fondamentales. Se met en place un allègement des conditions de création et de fonctionnement des CFA (la fin de « la gestion malthusienne ») : la région ne délivre plus une autorisation indispensable ; il n'y a plus d'« organisme gestionnaire » pour encadrer les centres ; ils peuvent se développer librement en réponse aux besoins des entreprises ; la loi met en concurrence les nouveaux CFA et les CFA historiques, car ils seront désormais financés en fonction du nombre de contrats inscrits (les « vieux » centres formant plusieurs métiers risquent de devenir moins attractifs que les CFA « maison » et en tout cas, malgré leur structure spécifique, tous les anciens se trouveront financièrement pénalisés pour les contrats déjà en cours, nettement moins bien subventionnés que les nouveaux) ; on leur demande davantage de transparence et la mise à disposition des familles de toutes les informations pour qu'elles puissent prendre des décisions en connaissance de cause. Pour ma part, j'apprécie tout particulièrement l'obligation de publier le taux d'obtention des diplômes ou titres professionnels pour aider les futurs apprentis et leurs parents à faire un bon choix, le genre d'information qui manquait cruellement aux familles, au XIXe siècle en particulier.

Victimes des rigidités – protections ? – du système, des apprentis sur le tas savourent dans la loi Pénicaud quelques points concrets et relativement simples : la possibilité d'une embauche tout au long de l'année ; l'assouplissement des conditions de rupture du contrat (le passage chez les prud'hommes est écarté, sauf exception) ; la conservation de l'année engagée en cas de rupture ; une flexibilité sur la durée légale du travail pour les mineurs (jusqu'à quarante heures) ; une aide de 500 euros pour les mineurs voulant obtenir un permis de conduire (leur mobilité étant souvent la clé de leur capacité de tenir leur double obligation) et le projet vénérable et inlassablement séduisant, qui ne cesse de revenir, de la création d'une espèce de préapprentissage (« une prépa métier » composée de périodes d'immersion en milieu professionnel et dans les CFA en classe de 3e). Par ailleurs, la loi n'entérine pas une proposition récurrente consistant à confier aux CFA une mission de prévention des conflits entre employeurs et apprentis, rôle évocateur des vocations corporatistes et prud'homales respectivement de l'Ancien Régime et du XIXe siècle. Sans réussir à la faire passer, des éléments de la Macronie de gauche discutent l'idée qu'avait énergiquement soutenue Roger Fauroux, énarque, homme politique et grand industriel, de créer des CFA publics au lieu de les consigner – les brader ? – de plus en plus au secteur privé (dans le sillage de la loi Pénicaud, parmi les entreprises établissant des CFA se trouvent Accor, Korian, Sodexo et L'Oréal). Enfin, en contrepoint de l'élan libéral du moment, l'initiative d'imposer des critères plus rigoureux pour devenir maître d'apprentissage n'a aucune chance d'aboutir.

La promesse de la ministre du Travail, Muriel Pénicaud, de réaliser « une révolution copernicienne » dans la gestion de l'apprentissage semble signifier que désormais tout tourne autour de l'État-soleil. Le refus du gouvernement de donner davantage de prise aux régions devient encore un *casus belli*. S'exprimant plus tard dans une tribune collective, douze présidents de régions, de posture peu héliocentrique, s'en prennent vivement à l'État pour avoir trahi ses engagements, pour avoir dépossédé complètement les régions de leur gestion de l'apprentissage, leur proximité du terrain et leur expérience en la matière leur permettant d'appréhender, d'analyser et de réagir bien plus fructueusement que le lointain État parisien. Écartés même du rôle de « co-constructeur » du nouveau système, ces présidents critiquent le gouvernement pour avoir favorisé les intérêts des branches les plus puissantes au détriment des besoins des territoires et ceux de l'enseignement supérieur (« plus rémunérateurs ») aux dépens de ceux de l'apprentissage populaire débouchant sur le CAP. La figure projetée de prince généreux occulte un comptable revêche qui impose une logique strictement quantitative pour déterminer l'utilité d'une politique. La vanité de M. Pénicaud insupporte les présidents. Tandis qu'ils se considèrent responsables de la robustesse de l'apprentissage dont a hérité le régime Macron, elle revendique pour sa (toute nouvelle) politique – le transfert de compétence entre collectivités et État n'a lieu qu'en janvier 2020 – l'augmentation impressionnante du nombre de contrats : hausse de 16 % en 2019 (pour elle, l'effet, hyper-rapide, de sa loi), c'est-à-dire 50 700 apprentis de plus en un an pour un total de 485 000 à la fin de l'année, proche du but recherché de 500 000. Les présidents de région reprochent au gouvernement, quand celui-ci célèbre le bond de 30 % des contrats dans le supérieur (10 % de tous les masters universitaires se font en apprentissage, en plus de la forte implication des grandes écoles et écoles de business/management) sans se soucier du chiffre nettement plus modeste enregistré pour le niveau bac pro « et diplômes inférieurs » (8 %), d'être obnubilé par l'étroite conception macronienne du « succès », où l'ingénieur pèse bien plus que « le boulanger, le maçon, le charpentier, le coiffeur », dont les territoires ont pourtant un besoin vital. Les régions reprochent ainsi au gouvernement d'être installé dans la représentation, au lieu de s'investir dans les réalités quotidiennes.

« Les préjugés sur l'apprentissage se dissipent peu à peu », juge la présidente d'une association de directeurs de CFA, rejointe par Jean Castex, Premier ministre, qui estime qu'« on est en passe de gagner la bataille de l'image ». L'anxiété, le doute persistent pourtant. Sur le terrain, on ne cesse d'entendre l'invitation pressante à agir, l'auto-exhortation : « Il faut changer les mentalités, l'apprentissage n'est pas une voie de garage mais une voie d'excellence », plaidoirie exprimée en l'occurrence par le vice-président de l'Union des entreprises de proximité, qui paraît sous-estimer foncièrement la tâche. Une fois cela rappelé, il n'en reste pas moins que jusqu'au commencement de 2020, tout paraît baigner pour l'apprentissage jusqu'à l'irruption du Covid-19, déclenchant encore une crise, cette fois d'abord sanitaire, puis économique. Tout comme les petites/moyennes et très petites entreprises sont généralement plus touchées que les grands groupes et autres gros établissements, les apprentis de la formation dite « infra-bac » souffrent plus que les autres. Les jeunes peinent à trouver des employeurs, des maîtres d'apprentissage ; obligés de quitter les CFA au bout de trois mois s'ils ne trouvent pas un contrat, ils rejoignent la cohorte des décrocheurs et des chômeurs (les CFA eux-mêmes pâtissent de la situation, car ils sont financés strictement en fonction du nombre de contrats inscrits). On prévoit une hémorragie de 50 000 ou 60 000 apprentis avant la prochaine rentrée. De nombreuses associations et figures politiques demandent d'urgence à l'État de venir à la rescousse « pour limiter la casse ».

Sollicité de tous les côtés, brandissant l'oriflamme du « quoi qu'il en coûte », le gouvernement divulgue « un plan massif de relance de l'apprentissage ». Des entreprises de toutes tailles recevront des aides variant de 5 000 à 8 000 euros pour chaque embauche contractuelle (les uns, avec moins de 250 salariés, sans conditions, les autres obligés de prendre des apprentis représentant 5 % de leur effectif, ou de rembourser les subventions). Les jeunes peuvent désormais demeurer dans les CFA sans contrat jusqu'à six mois. On promet de maintenir le financement des CFA jusqu'à la fin de 2021. Ayant mesuré les difficultés de la formation à distance, le ministère décide une aide de « premier équipement » aux apprentis pour acquérir un ordinateur portable. Un vague projet de « mobilisation territoriale » pour assister les jeunes dans leur recherche d'une entreprise est annoncé : il aurait mérité une élaboration plus concrète et ambitieuse, car c'est structurellement le point faible de la pratique d'apprentissage. Jean Castex fait appel aux entrepreneurs dans des termes évoquant le patriotisme pragmatique de Placide Astier : l'enjeu, martèle-t-il, est autant « culturel et sociétal » qu'économique. Dans une tribune publiée dans *Les Échos*, plusieurs chefs de grands groupes s'engagent à accueillir un nombre important de « jeunes en alternance » (ce dernier vocable éclipsant quelquefois le terme conventionnel d'apprentissage, sans doute réhabilité, mais tout de même un peu vieilli)[17].

Grâce à l'engagement financier et moral du gouvernement, l'apprentissage, comme s'il avait été deux fois vacciné, puis deux fois boosté, sort de deux ans de pandémie ravageuse en excellent état. Mesure grossière et étroite pour un phénomène social et humain complexe, le nombre d'entrées est l'étalon guetté et commenté : de 369 000 en 2019, la cadence augmente de 42 % dans les six premiers mois de 2020 pour atteindre 525 600 en fin d'année (les aides « exceptionnelles » démarrant en août 2020). Malgré l'intensification

17. Pour ce paragraphe et les six précédents : *L'Évènement du jeudi* (24-30 avril 1997) ; *Le Monde* (18, 21 octobre, 29 décembre 2017, 17, 20 janvier, 1er, 10 février, 7 mars 2018, 19 avril, 7 septembre 2019, 23 janvier, 5 février, 15, 16 mai 2020) ; *La Vie des artisans* (6 décembre 2017) ; *Le Parisien* (3 février 2020) ; *Libération* (2 janvier, 9 février 2018) ; *Le Point* (5 février, 27 septembre 2020) ; *Le Figaro* (28 décembre 2017, 3, 5 février, 25 mai, 5 juin, 31 août, 7-8, 24 novembre 2020) ; *L'Express* (4 juin 2020) ; *Les Nouvelles de la Boulangerie-Pâtisserie*, n° 953 (1er mars 2018), n° 965 (1er octobre 2018), n° 972 (15 janvier 2019), n° 973 (1er février 2019), n° 986 (15 septembre 2019) et n° 997 (1er mars 2020) ; *Les Échos* (31 août 2020) ; *La Boulangerie française*, n° 382 (mai 2014), n° 384 (juillet 2014) et (juin 2006). Cf. l'argument de l'économiste Philippe Aghion pour « un revenu d'apprentissage » transformant le dispositif de subventions aux entreprises pour l'emploi d'apprentis en rémunération directement versée aux jeunes. *Le Monde* (27-28 mars 2022).

des problèmes sanitaires, les inscriptions montent jusqu'à 718 000 en 2021. Tout le monde reconnaît que la locomotive de cette poussée vertigineuse est le supérieur, mais les diverses officines et exégètes se disputent sur les statistiques que l'on doit considérer les plus parlantes. Globalement, il semble que presque la moitié des contrats en 2020 concernent les bac +3 et +5 et que 60 % en 2021 se consacrent à la préparation d'une qualification de niveau supérieur au bac. En même temps, le chômage des jeunes tombe à 15,9 % en 2021, chiffre naguère inespéré. Après un moment de suspense au lendemain des élections, le gouvernement annonce d'abord un prolongement des aides exceptionnelles aux entreprises jusqu'à l'été de 2022, puis jusqu'à la fin de l'année, donnant la visibilité demandée tant par les éventuels apprentis que par les patrons pour prendre des décisions.

Une double critique, financière et sociale (ou socioculturelle), plane sur le projet « apprentissage » depuis son lancement. En pleine crise, il parait inopportun et vain de mettre en question la dépense massive d'argent en extrême urgence. Mais personne ne doute que la promotion stéroïdée de la formation par alternance ne saurait devenir pérenne. Les adversaires politiques du président parlent *sotto voce* de « situation ruineuse » et de « coûts excessifs », jusqu'à ce que France Compétences, organisme crée début 2019 en application de la loi « Avenir professionnel », autorité nationale unique de régulation et de financement de la formation professionnelle et de l'apprentissage, commence à essuyer des difficultés financières. Malgré deux apports de fonds fort conséquents de la part de l'État et des prêts bancaires, France Compétences se trouve obéré de déficits lourds de 4,6 milliards en 2020 et de 3,2 milliards en 2021 (situation aggravée par une prévision catastrophique pour 2022). La Cour des comptes étrille sa calamiteuse gestion (coûts immodérés des formations, disparités injustifiées entre elles, tolérance excessive pour des effets d'aubaine inutiles) et, plus largement, la manière (politique et culturelle) de penser et de faire de ce grand projet macronien[18].

18. La Cour des comptes ne répond pas à toutes les questions qu'elle soulève, expressément et implicitement. Récemment, *Libération* (27 septembre, 23 novembre 2022) a publié deux « enquêtes » – plutôt des débuts d'enquêtes – mettant en cause la politique de libéralisation de la création et de la gestion des CFA et celle d'ouverture massive de l'apprentissage à l'enseignement supérieur privé. Très généreusement subventionnés, les nouveaux CFA « privés » échappent à un rigoureux contrôle qu'il soit pédagogique ou financier. Les titres des articles de *Libération* donnent le ton : « Enseignement supérieur : boîtes à diplômes et machines à sous » et « Apprentissage dans le Supérieur : les dérives d'une "réforme open bar" ». La journaliste affirme que « depuis quatre ans ces milliards d'euros d'argent public viennent surtout engraisser les fonds

Au-delà de l'analyse du gouffre financier, de l'interrogation fondamentale sur la capacité de l'État de soutenir la prodigieuse croissance de l'apprentissage, la Cour pose des questions concernant le sens et les implications du projet, passant d'un regard comptable à une critique sociale et implicitement politique. Elle relativise le succès, encensé partout, de l'opération en pointant la progression bien moins forte des contrats au niveau bac et surtout infra-bac, ce dernier en particulier constituant le premier foyer du chômage des jeunes. Elle demande, de manière oblique, si le gouvernement a bien choisi sa cible depuis le démarrage. La Cour conseille une attention plus énergique sur les moyens d'attirer davantage de jeunes issus des banlieues difficiles ou de la grande ruralité (une meilleure information et des liens plus forts entre collèges ou lycées et CFA) et de diminuer le taux de ruptures de contrat, plus élevé dans les bas niveaux de qualification. Le rapport reproche à la loi « Avenir professionnel » des angles morts du libéralisme, par exemple, de ne pas avoir pris en compte le fait que la vive concurrence entre CFA risquait de fragiliser les formations peu attractives mais nécessaires à quantité d'entreprises et d'avoir cédé tacitement le contrôle de la qualité des formations – préoccupation sérieuse depuis Colbert – à une obscure main invisible au sein de chaque CFA, faute d'avoir équipé la structure chargée de cette tâche de moyens adéquats.

Avant et après ce rapport de la Cour, des commentateurs anticipent ou prolongent ses critiques. À gauche, mais pas seulement, on met en question le bénéfice social d'un investissement énorme dans l'accélération des trajectoires professionnelles des bac +3 ou 5 qui ne rencontrent pas d'obstacles insurmontables dans la recherche d'un emploi. Un syndicaliste demande ce que veut dire dorénavant un apprentissage, question lancinante à travers le XIXe siècle. Problématique culturelle, mais aussi financière, car s'il relève de la formation professionnelle, dans cette logique, il appartient aux entreprises de le financer ; mais s'il s'agit de « la formation initiale », c'est l'affaire de l'État. Pourquoi payer pour la formation dont les entreprises ont besoin, quand un apprenti est « presque

---

d'investissement qui achètent les organismes de formation. L'apprentissage est un filon qui rapporte très gros. Et il est facile de tirer sur les coûts vu le peu de régulation. L'État laisse faire des abus en tout genre ». Il ne fait aucun doute que de puissants lobbys ont pesé sur des décisions et que France Compétences n'a pas su mettre de l'ordre dans ses affaires. Il faudrait scruter de près le processus de libéralisation, et le poids de groupes tel Galileo Global Education, qui se décrit comme « leader mondial de l'enseignement supérieur indépendant », c'est-à-dire privé (57 écoles dans 15 pays dans les arts, la création, le design, la communication, et le management). L'entrée très récente de l'ancienne ministre du Travail, Muriel Pénicaud, dans le conseil d'administration de Galileo n'est pas sans susciter quelques interrogations. *Le Monde* (2 décembre 2022) ; *Libération* (13 février 2023).

aussi productif qu'un ouvrier qualifié », réflexion qui réveille le vieux débat sur le détournement de l'apprentissage pour obtenir de la main-d'œuvre bon marché. Un reproche assez répandu avance que l'engouement pour l'apprentissage chanté par le gouvernement est un miroir aux alouettes, car il tient uniquement aux primes qui dopent l'apprentissage et vont forcément disparaître prochainement. Riposte du gouvernement : lecture superficielle, parce que cet engouement est fondé non pas sur un caprice éphémère, mais sur l'appréciation d'un système profondément transformé par la loi Pénicaud qui a doté la France de nouvelles structures performantes (tels les nouveaux CFA) qui vont continuer à susciter l'entrée d'énormément de jeunes dans l'apprentissage.

Le gouvernement forge assez rapidement un début de réponse à la Cour des comptes. Dès l'été de 2022, il annonce une baisse de crédits pour les CFA à travers France Compétences, tout en maintenant les aides extraordinaires aux entreprises. Censées être de l'ordre de 10 %, ces réductions touchent de manières très différentielles les CFA, apparemment sans prendre en compte le type d'activité frappé (ce n'est pas mon sujet, suggère élégamment le directeur de l'officine). Les acteurs sur le terrain hurlent. Par exemple, cette directrice de deux CFA à Lyon dont le programme de formation dédié aux aides soignants – en principe une priorité nationale, médicale, sociale, morale – subit des coupes de 34 % au milieu du gué. La Première ministre reste sereine. Élisabeth Borne mise sur un million d'apprentis d'ici peu.

Les champions de la pénétration du « supérieur » dans l'apprentissage y perçoivent une césure. L'apprentissage prend un autre sens. Grâce à l'arrivée imposante de tant de bac +3 et 5, on ne peut plus regarder l'apprentissage comme une « voie de garage », selon ce point de vue : objectivement, « la formation n'est plus réservée aux parcours avant le bac [...] on se débarrasse de son image de cursus "au rabais" ». Jusqu'ici, on croyait que c'était l'apprentissage, institution et surtout pratique, qui était entaché et qui entachait. Il se trouve maintenant que ce sont les apprentis, massivement recrutés jusqu'à récemment dans le menu peuple, qui sont ternis et qui ternissent. En segmentant, selon les bons principes du marché qui régente les choses, on trouve d'un côté les nouveaux apprentis du supérieur, savonnettes à vilain à leur façon, parvenus à peine arrivés dans ce monde-là, et de l'autre les apprentis canoniques, l'ex-majorité, principalement issue du monde ouvrier, mais contenant des éléments capables parfois de devenir petits patrons.

Le monde à l'envers, une véritable inversion d'image, une mutation qui me paraît, pour l'instant, une affaire plutôt confidentielle.

Aux nouveaux apprentis « supérieurs » de disséminer la bonne nouvelle, peut-être mobilisatrice, et en tout cas surprenante, sinon renversante. Quel soulagement pour les parents bourgeois, sûrement des gens modernes et adaptables, qui n'auront plus honte dans les dîners en ville de dire que leur fille, future avocate à la cour, leur fils, futur publicitaire-conseil, gérant chez Havas, sont de futurs ex-apprentis. Soyons juste sur le plan sociologique (évidemment, on ne peut être juste en quelques mots). Faciliter la vie des héritier.ière.s n'est pas l'unique fonction de l'apprentissage élargi à, puis dominé par le supérieur. Ce système séduit de plus en plus de jeunes en provenance des milieux populaires qui n'auraient pas pu intégrer les établissements supérieurs en dehors de la voie de l'apprentissage, qui offre une rémunération en cours d'études et une sociabilité moins codée, voire moins inaccessible que dans le parcours classique.

Pour les acteurs de l'apprentissage du monde artisanal et assimilé, cette inversion ressemble plus à une métamorphose kafkaïenne. Ils se réveillent (doucement) et ils ne sont plus ce qu'ils étaient auparavant. Ils sont en quelque sorte dépouillés de leur image. Je pense moins aux actuels apprentis qu'à leurs maîtres d'apprentissage et à leurs collègues à eux, les vieux de la vieille. Par cet inattendu renouveau, en se « débarrassant » des anciens stéréotypes, quelque part on s'est débarrassé d'eux, ou au moins on les a rudement déplacés. Eux aussi, ils seront obligés, à leur tour, de segmenter, de reformuler certains discours, de repenser certaines bornes, stratégies et alliances. Cependant, comme la vieille noblesse, assaillie et rongée par les parvenus, ils vont se battre pour garder leurs titres, leurs préséances, leur histoire. Quittant le plan symbolique et psychologique, on décèle des signes très concrets d'un agacement social et moral. L'organe de la Confédération des boulangers-pâtissiers raille l'apothéose soudaine de ces arrivistes. Qui se bat depuis des lustres pour l'apprentissage, institution, pratique et expression de certaines valeurs proches de leurs expériences ? Puis, non sans amertume, ces artisans, comme ceux des autres métiers, rappellent comment l'apprentissage, leur héritage, a été la victime – dans la vraie vie – de l'idéologie de 80 % de chaque classe d'âge au niveau bac, un contrat social qu'ils ne détestent pas en soi : certes, de plus en plus d'apprentis boulangers obtiennent un bac, mais ils ne peuvent pas accepter la manière par laquelle la doctrine a été en quelque sorte mobilisée contre l'apprentissage, au nom d'une démocratisation dont ils ont fait les frais.

Est-il possible de rester respectable et attractif quand la doxa est tellement violente ? Dans une veine similaire, un chef de l'U2P (Union des entreprises de proximité, comme les boulangers de la Confédération, tous patrons, voués à se trouver un jour du côté du Capital dans le grand affrontement contre le Travail imaginé depuis des lustres…), proche des boulangers, ne peut pas cacher un vrai ressentiment contre « les grandes écoles », sans doute une métaphore pour le supérieur en général, leur reprochant d'avoir empiété sur son terrain – elles ont de fort beaux domaines, à elles, après tout – et de s'être approprié leur outil de travail et de formation, l'apprentissage. Cela dit, nuançons : des artisans tel Bernard Glatigny notaient déjà en 2007 que le tiers du corps des apprentis était ancré dans le tertiaire, loin de la figure de l'apprentissage « médiéval », pénible, manuel et exploiteur qui hante toujours l'imaginaire collectif (y compris celui de certains scientifiques).

Ces tensions évoquent vaguement, mais comme des cousins lointains, des frictions importantes de la fin du XIXe-début XXe siècle entre les défenseurs d'un apprentissage dans l'atelier, soupçonneux du monde académique, sans besoin de l'école sauf à la marge, moderne mais traditionnel, un apprentissage tenu et transmis par des maîtres/patrons passés par la même voie, et les partisans d'un apprentissage hybride revendiquant la proximité avec la réalité nonobstant les moqueries des atelieristes, méfiant à l'égard de l'atelier mais non hostile, nourri par la théorie sortie de l'université, porté par des professeurs, dans le sillage des encyclopédistes, ennemis de la culture populaire du travail. Toutes sortes d'autres ironies saisissent l'historien de l'apprentissage qui scrute ces développements très récents. Un peu comme les vieux atelieristes, certains apologistes du néo-apprentissage insistent sur le fait que les apprentis-étudiants croient fermement à l'idée d'« apprendre par la pratique » – c'est sans doute forcer le trait. Les nouveaux apprentis vont conquérir le monde, ils sont en herbe les premiers de la cordée. Les apprentis qui remplissent ces pages ont peu d'horizon au-delà de l'atelier, sauf exception. Patrons pour la plupart tranquilles – sauf dans certaines crises aiguës, telle la hausse spectaculaire de l'énergie aujourd'hui –, les gens passés par l'apprentissage et qui soutiennent l'apprentissage artisanal aujourd'hui semblent tentés par un discours sans-culottique[19].

---

19. Pour ce paragraphe et les sept précédents : *Le Monde* (11 janvier, 9 février, 25 mai, 11 juillet, 6 septembre, 8 octobre, 25 novembre 2021, 3 février, 2 mars, 4 avril, 2, 9, 24 juin, 26 août 2022) ; *Le Figaro* (31 janvier, 9, 21 juillet, 11 août, 10, 16 décembre 2021, 20 janvier, 3 février, 1er mars, 13 avril, 25 mai, 23, 27 juin 2022) ; *L'Obs* (4 octobre 2021) ; *La Croix* (4 février 2022) ; *Le Point* (17, 28 mars 2022) ; *Libération* (15 août 2022) ; *Les Nouvelles de la Boulangerie-Pâtisserie* n° 1040 (15 février 2022), n° 1050 (15 juillet 2022).

INDEX DES NOMS

D

H

I

J

K

L

N

O

P

Q

R

S

W

Y

Z

INDEX DES LIEUX

D

E

F

G

H

I

J

K

L

M

N

O

P

INDEX DES NOTIONS

H

I

J

L

M

O

P

R

T

U

TABLE DES MATIÈRES

Composition et mise en pages
Nord Compo à Villeneuve-d'Ascq

Imprimé en France en avril 2023
par l'Imprimerie Maury S.A.S. à Millau (12)

72-2488-8/11
Dépôt légal : mai 2023
N° d'impression : C23/72860M